KB057397

지식 정보 법전 03

법률과 용어·판례를 같이보는

# 민법법령·판례·용어 사전

편저 : 대한법률콘텐츠연구회
감수 : 이병태 법학박사

- 공무원시험·변호사시험을 준비하는 로스쿨재학생 및 졸업생과
법률관련 각종 시험을 준비하는 수험생들을 위한 필독서 -

# 머 리 말

민법은 사법관계를 규율하는 근본이 되는 법으로 그 중요성은 크지만 내용이 방대하고 자주 개정되어 배우고 익히기가 쉽지 않습니다.

이 책은 이러한 민법 학습의 특성을 고려하여, 변호사시험을 준비하고 있는 로스쿨 재학생 및 졸업생, 법무사 시험 등 각종 시험을 준비하고 있는 수험생과, 법률 실무가들, 민법에 관심이 있는 일반인들이 민법에 관한 궁금한 내용을 찾아볼 수 있도록 펴낸 책입니다.

본서는 최근 개정된 민법과 최신판례, 법률용어를 수록하였습니다. 법학의 기본은 법조문입니다. 그래서 본서에서는 민법의 전체 조문을 수록했습니다. 법을 접하다 보면 익숙하지 않은 법률용어로 인해 법률의 의미 파악이 어렵습니다. 그래서 본서에서는 법률을 습득하는 데 도움이 되도록 관련 법률용어 편에 관련된 법률 용어들을 수록하여 독자들이 해당 법률을 공부하다가 모르는 용어가 나오면 관련 법률용어 편에서 그 의미를 찾아볼 수 있도록 하였습니다. 그뿐만 아니라 판례를 수록하여서 법조문의 적용되는 모습도 파악할 수 있게 하였습니다.

민법은 2022년 12월에 개정되어 2023년 6월 시행되는 법률로 갱신하였으며 판례 역시 2023년 7월에 판결된 것까지 포함하여 최신 건으로 실어, 최신의 추이에 알맞게 법률을 알 수 있게 하였습니다.

이 책이 법학을 공부하거나 민법에 관심이 있는 일반인들에게도 민법을 이해하는 데 도움이 되었으면 합니다.

편저자 드림

# 차 례

## 관 련 법 령

## 민법

### 제1편 총칙

제1장 통칙 ········ 3
제2장 인 ········ 6
제1절 능력 ········ 6
제2절 주소 ········ 11
제3절 부재와 실종 ········ 12
제3장 법인 ········ 14
제1절 총칙 ········ 14
제2절 설립 ········ 20
제3절 기관 ········ 23
제4절 해산 ········ 30
제5절 벌칙 ········ 34
제4장 물건 ········ 34
제5장 법률행위 ········ 36
제1절 총칙 ········ 36
제2절 의사표시 ········ 38

제3절 대리 ······ 41
제4절 무효와 취소 ······ 47
제5절 조건과 기한 ······ 49
제6장 기간 ······ 54
제7장 소멸시효 ······ 56

## 제2편 물권

제1장 총칙 ······ 63
제2장 점유권 ······ 64
제3장 소유권 ······ 69
제1절 소유권의 한계 ······ 69
제2절 소유권의 취득 ······ 78
제3절 공동소유 ······ 83
제4장 지상권 ······ 88
제5장 지역권 ······ 93
제6장 전세권 ······ 94
제7장 유치권 ······ 100
제8장 질권 ······ 103
제1절 동산질권 ······ 103
제2절 권리질권 ······ 109
제9장 저당권 ······ 114

# 제3편 채권


제1장 총칙 …… 121

제1절 채권의 목적 …… 121

제2절 채권의 효력 …… 126

제3절 수인의 채권자 및 채무자 …… 137

제1관 총칙 …… 137

제2관 불가분채권과 불가분채무 …… 137

제3관 연대채무 …… 138

제4관 보증채무 …… 142

제4절 채권의 양도 …… 147

제5절 채무의 인수 …… 149

제6절 채권의 소멸 …… 151

제1관 변제 …… 151

제2관 공탁 …… 163

제3관 상계 …… 165

제4관 경개 …… 168

제5관 면제 …… 170

제6관 혼동 …… 170

제7절 지시채권 …… 170

제8절 무기명채권 …… 173

제2장 계약 …… 175

제1절 총칙 …… 175

제1관 계약의 성립 …… 175

제2관 계약의 효력 …… 178

제3관 계약의 해지, 해제 ······ 182
제2절 증여 ······ 187
제3절 매매 ······ 190
제1관 총칙 ······ 190
제2관 매매의 효력 ······ 192
제3관 환매 ······ 201
제4절 교환 ······ 202
제5절 소비대차 ······ 202
제6절 사용대차 ······ 205
제7절 임대차 ······ 208
제8절 고용 ······ 217
제9절 도급 ······ 219
제9절의2 여행계약 ······ 226
제10절 현상광고 ······ 227
제11절 위임 ······ 229
제12절 임치 ······ 239
제13절 조합 ······ 241
제14절 종신정기금 ······ 253
제15절 화해 ······ 253
제3장 사무관리 ······ 256
제4장 부당이득 ······ 257
제5장 불법행위 ······ 263

# 제4편 친족


제1장 총칙 ······ 273

제2장 가족의 범위와 자의 성과 본 ······ 276

제3장 혼인 ······ 278

제1절 약혼 ······ 278

제2절 혼인의 성립 ······ 278

제3절 혼인의 무효와 취소 ······ 281

제4절 혼인의 효력 ······ 285

제1관 일반적 효력 ······ 285

제2관 재산상 효력 ······ 287

제5절 이혼 ······ 289

제1관 협의상 이혼 ······ 289

제2관 재판상 이혼 ······ 293

제4장 부모와 자 ······ 296

제1절 친생자 ······ 296

제2절 양자(養子) ······ 301

제1관 입양의 요건과 효력 ······ 301

제2관 입양의 무효와 취소 ······ 308

제3관 파양(罷養) ······ 311

제1항 협의상 파양 ······ 311

제2항 재판상 파양 ······ 311

제4관 친양자 ······ 313

제3절 친권 ······ 314

제1관 총칙 ······ 314

제2관 친권의 효력 ········ 320
제3관 친권의 상실, 일시 정지 및 일부 제한 ········ 323
제5장 후견 ········ 325
제1절 미성년후견과 성년후견 ········ 325
제1관 후견인 ········ 325
제2관 후견감독인 ········ 330
제3관 후견인의 임무 ········ 331
제4관 후견의 종료 ········ 335
제2절 한정후견과 특정후견 ········ 335
제3절 후견계약 ········ 337
제6장 삭제 ········ 340
제7장 부양 ········ 341
제8장 삭제 ········ 343
제1절 삭제 ········ 343
제2절 삭제 ········ 343
제3절 삭제 ········ 344

# 제5편 상속

제1장 상속 …… 344
제1절 총칙 …… 344
제2절 상속인 …… 345
제3절 상속의 효력 …… 348
제1관 일반적 효력 …… 348
제2관 상속분 …… 350
제3관 상속재산의 분할 …… 352
제4절 상속의 승인 및 포기 …… 353
제1관 총칙 …… 353
제2관 단순승인 …… 355
제3관 한정승인 …… 357
제4관 포기 …… 360
제5절 재산의 분리 …… 361
제6절 상속인의 부존재 …… 362
제2장 유언 …… 363
제1절 총칙 …… 363
제2절 유언의 방식 …… 365
제3절 유언의 효력 …… 366
제4절 유언의 집행 …… 369
제5절 유언의 철회 …… 372
제3장 유류분 …… 373

# 관련 법률용어

## 민법

총　　칙 ········· 383
물 권 법 ········· 502
채 권 법 ········· 591
친　　족 ········· 709
상　　속 ········· 747

## 민사특별법

민사특별법 ········· 773

## 부동산등기법

총　　칙 ········· 782
등기소와 등기관 ········· 784
등기장부 ········· 785
등기절차 ········· 787

# 관련법령


제1편 총　칙 ······························ 3

제2편 물　권 ······························ 63

제3편 채　권 ······························ 121

제4편 친　족 ······························ 273

제5편 상　속 ······························ 344

# 민법

[시행 2023. 6. 28.]
[법률 제19098호, 2022. 12. 27., 일부개정]

법무부(법무심의관실) 02-2110-3164

## 제1편 총칙

### 제1장 통칙

**제1조(법원)** 민사에 관하여 법률에 규정이 없으면 관습법에 의하고 관습법이 없으면 조리에 의한다.

**유해인도[망인의 유해에 대한 권리의 귀속주체가 문제된 사건]**
[대법원 2023. 5. 11., 선고, 2018다248626, 전원합의체 판결]

【판시사항】

공동상속인들 사이에 협의가 이루어지지 않는 경우, 제사주재자를 결정하는 방법

【판결요지】

[다수의견] 대법원 2008. 11. 20. 선고 2007다27670 전원합의체 판결(이하 '2008년 전원합의체 판결'이라 한다)은 제사주재자는 우선적으로 망인의 공동상속인들 사이의 협의에 의해 정하되, 협의가 이루어지지 않는 경우에는 제사주재자의 지위를 유지할 수 없는 특별한 사정이 있지 않는 한 망인의 장남(장남이 이미 사망한 경우에는 장손자)이 제사주재자가 되고, 공동상속인들 중 아들이 없는 경우에는 망인의 장녀가 제사주재자가 된다고 판시하였다.

그러나 공동상속인들 사이에 협의가 이루어지지 않는 경우 제사주재자 결정방법에 관한 2008년 전원합의체 판결의 법리는 더 이상 조리에 부합한다고 보기 어려워 유지될 수 없다.

공동상속인들 사이에 협의가 이루어지지 않는 경우에는 제사주재자의 지위를 인정할 수 없는 특별한 사정이 있지 않는 한 피상속인의 직계비속 중 남녀, 적서를 불문하고 최근친의 연장자가 제사주재자로 우선한다고 보는 것이 가장 조리에 부합한다. 그 이유는 다음과 같다.

① 법적 안정성과 판례의 규범력을 확보하기 위하여는 불가피하게 기존의 판례를 바꾸는 경우에도 그 범위를 되도록 제한적으로 하여야 한다. 특히 제사와 같이 관습에 바탕을 둔 제도에 있어서는 기존의 생활양식, 이에 대한 사회 일반의 인식 등을 고려할 때 종래와 완전히 다른 방식을 새롭게 채택하는 것에 신중해야 한다. 2008년 전원합의체 판결에서 조리에 부합한다고 본 제사주재자 결정방법이 현재의 법질서와 조화되지 않는다면 기존 법규범의 연장선상에서 현재의 법질서에 부합하도록 이를 조금씩 수정·변형함으로써 명확하고 합당한 기준을 설정할 필요가 있다.

② 민법 제1008조의3은 제사용 재산의 특수성을 고려하여 제사용 재산을 유지·보존하고 그 승계에 관한 법률관계를 간명하게 처리하기 위하여 일반 상속재산과 별도로 특별승계를 규정하고 있다. 이러한 취지를 고려하면 어느 정도 예측 가능하면서도 사회통념상 제사주재자로서 정당하다고 인정될 수 있는 특정한 1인을 제사주재자로 정해야 할 필요가 있다. 특히 공동상속인들이 장례방법이나 장지 등을 둘러싸고 서로 망인의 유체에 대한 권리를 주장하는 경우, 공동의 제사주재자를 인정하는 것은 분쟁해결에 도움이 되지 않는다.

③ 제사는 기본적으로 후손이 조상에 대하여 행하는 추모의식의 성격을 가지므로, 제사주재자를 정할 때 피상속인과 그 직계비속 사이의 근친관계를 고려하는 것이 자연스럽다. 다만 직계비속 중 최근친인 사람들이 여러 명 있을 경우에 그들 사이의 우선순위를 정하기 위한 기준이 필요한데, 연령은 이처럼 같은 순위에 있는 사람들 사이에서 특정인을 정하기 위한 최소한의 객관적 기준으로 삼을 수 있다. 같은 지위와 조건에 있는 사람들 사이에서는 연장자를 우선하는 것이 우리의 전통 미풍양속에 부합할 뿐만 아니라, 실제 장례나 제사에서도 직계비속 중 연장자가 상주나 제사주재자를 맡는 것이 우리의 문화와 사회 일반의 인식에 합치한다는 점에서도 그러하다.

가족공동체 내에서 어떤 법적 지위를 부여받을 때에 같은 순위자들 사이에서 연장자를 우선하는 것은 이미 우리 법질서 곳곳에 반영되어 있다. '장사 등에 관한 법률' 제2조 제16호는 연고자의 권리·의무를 행사하는 순서에 관하여 순위가 같은 자녀 또는 직계비속이 2명 이상이면 최근친의 연장자가 우선순위를 갖는다고 정한다. '장기 등 이식에 관한 법률' 제12조 제3항도 같은 조 제1항 제2호 및 제2항에 따라 장기 등의 기증에 관한 동의를 하거나 뇌사자 또는 사망한 자의 장기 등의 적출에 관한 거부의 의사표시를 할 수 있는 가족 또는 유족으로서 선순위자 1명을 확정할 때 이에 포함되는 사람이 2명 이상이면 그중 촌수, 연장자순(촌수가 우선한다)에 따른 1명으로 한다고 규정하고, '생명윤리 및 안전에 관한 법률' 제16조, '첨단재생의료 및 첨단바이오의약품 안전 및 지원에 관한 법률' 제16조 등에도 유사한 취지의 규정이 있다. 민법 제877조가 양부모의 존속 또는 연장자를 입양할 수 없다고 규정하는 취지도 가족관계 내 나이에 따른 기본 질서를 반영한 것이고, 종중의 종장 또는 문장 선임에 관한 종중규약이나 관례가 없으면 생존하는 종중원 중 항렬이 가장 높고 나이가 많은 연고항존자가 종장 또는 문장이 되는 것이 우리의 일반 관습인 것도 종족집단 내에서 연장자를 우선하는 전통이 반영된 것이다.

또한 제사주재자는 금양임야, 묘토 등 제사용 재산에 관한 권리를 가짐과 동시에 유체·유해의 처리 또는 분묘의 관리 등에 관한 의무를 부담하거나, 제사 관련 비용 등을 현실적으로 부담하게 되는데, 향후에는 제사에 대한 의식이 점차 약해짐에 따라 제사주재자의 일처리나 의무부담이 더욱 부각될 수밖에 없다. 그렇다면 제사주재자를 정할 때 같은 근친관계에 있는 직계비속 사이에서는 연장자를 우선하는 것에 대해서 우리 사회 전반의 인식이 이를 용인하지 않는다고 보기도 어렵다.

결국 피상속인의 직계비속 중 최근친의 연장자를 제사주재자로 우선하는 것은 현행 법질서 및 사회 일반의 보편적 법인식에 부합한다고 볼 수 있다.

④ 한편 피상속인의 직계비속 중 최근친의 연장자라고 하더라도 제사주재자의 지위를 인정할 수 없는 특별한 사정이 있을 수 있다. 이러한 특별한 사정에는, 2008년 전원합의체 판결에서 판시한 바와 같이 장기간의 외국 거주, 평소 부모를 학대하거나 모욕 또는 위해를 가하는 행위, 조상의 분묘에 대한 수호·관리를 하지 않거나 제사를 거부하는 행위, 합리적인 이유 없이 부모의 유지 또는 유훈에 현저히 반하는 행위 등으로 인하여 정상적으로 제사를 주재할 의사나 능력이 없다고 인정되는 경우뿐만 아니라, 피상속인의 명시적·추정적 의사, 공동상속인들 다수의 의사, 피상속인과의 생전 생활관계 등을 고려할 때 그 사람이 제사주재자가 되는 것이 현저히 부당하다고 볼 수 있는 경우도 포함된다.

[대법관 민유숙, 대법관 김선수, 대법관 노정희, 대법관 이흥구의 별개의견] 망인의 유체·유해에 대한 권리의무의 귀속에는 제사용 재산의 승계에 관한 민법 제1008조의3이 적용된다. 공동상속인들 사이에 협의가 성립되지 않아 망인의 유체·유해에 대한 권리의무의 귀속

이 다투어지는 경우, 법원은 망인의 명시적·추정적 의사, 망인이 생전에 공동상속인들과 형성한 동거·부양·왕래·소통 등 생활관계, 장례 경위 및 장례 이후 유체·유해나 분묘에 대한 관리상태, 공동상속인들의 의사 및 협의가 불성립된 경위, 향후 유체·유해나 분묘에 대한 관리 의지와 능력 및 지속가능성 등 제반 사정을 종합적으로 고려하여 누가 유체·유해의 귀속자로 가장 적합한 사람인지를 개별적·구체적으로 판단하여야 한다. 따라서 다수의견과 달리, 여기에는 배우자가 포함된다.

**제2조(신의성실)** ① 권리의 행사와 의무의 이행은 신의에 좇아 성실히 하여야 한다.
② 권리는 남용하지 못한다.

**손해배상(기)[위법한 쟁의행위로 인한 노동조합원 등에 대한 손해배상청구에서 책임제한이 문제된 사건]**

[대법원 2023. 6. 15., 선고, 2017다46274, 판결]

【판시사항】

[1] 제조업체가 위법한 쟁의행위로 조업을 하지 못함으로써 입은 고정비용 상당 손해배상을 구하기 위하여 증명하여야 할 사항 및 이때 간접반증이 없는 한 제품이 생산되었다면 그 후 판매되어 제조업체가 매출이익을 얻고 생산에 지출된 고정비용을 회수할 수 있다고 추정되는지 여부(적극) / 쟁의행위 종료 후 상당한 기간 안에 추가 생산을 통하여 쟁의행위로 인한 부족 생산량이 만회되는 등 매출 감소의 결과에 이르지 아니할 것으로 볼 수 있는 사정이 증명된 경우, 고정비용 상당 손해 발생의 추정이 복멸되는지 여부(적극)

[2] 권리 행사가 권리남용에 해당하기 위한 요건

[3] 위법한 쟁의행위로 인한 손해배상청구사건에서 개별 조합원 등에 대한 책임제한의 정도를 판단하는 기준

【판결요지】

[1] 제조업체가 위법한 쟁의행위로 조업을 하지 못함으로써 입은 고정비용 상당 손해배상을 구하는 경우, 제조업체는 조업중단으로 인하여 일정량의 제품을 생산하지 못하였다는 점 및 생산 감소로 인하여 매출이 감소하였다는 점을 증명하여야 할 것이지만, 제품이 생산되었다면 그 후 판매되어 제조업체가 이로 인한 매출이익을 얻고 또 생산에 지출된 고정비용을 매출원가의 일부로 회수할 수 있다고 추정함이 상당하고, 다만 해당 제품이 이른바 적자제품이라거나 불황 또는 제품의 결함 등으로 판매가능성이 없다는 등의 특별한 사정에 대한 간접반증이 있으면 이러한 추정은 복멸된다. 그리고 쟁의행위 종료 후 상당한 기간 안에 추가 생산을 통하여 쟁의행위로 인한 부족 생산량이 만회되는 등 생산 감소로 인하여 매출 감소의 결과에 이르지 아니할 것으로 볼 수 있는 사정이 증명된 경우도 마찬가지이다.

[2] 권리 행사가 권리의 남용에 해당한다고 할 수 있으려면, 주관적으로 권리 행사의 목적이 오직 상대방에게 고통을 주고 손해를 입히려는 데 있을 뿐 행사하는 사람에게 아무런 이익이 없는 경우이어야 하고, 객관적으로는 권리 행사가 사회질서에 위반된다고 볼 수 있어야 한다. 이와 같은 경우에 해당하지 않는 한 비록 권리의 행사에 의하여 권리행사자가 얻는 이익보다 상대방이 입을 손해가 현저히 크다고 하여도 그러한 사정만으로는 이를 권리남용이라 할 수 없다.

[3] 불법행위로 인한 손해배상사건에서 과실상계 또는 책임제한의 사유에 관한 사실인정이나 비율을 정하는 것은 원칙적으로 사실심의 전권사항에 속하는 것이지만, 그것이 형평의 원칙에 비추어 현저히 불합리하다고 인정되는 경우에는 위법한 것으로서 허용되지 않는다.

노동조합 및 노동관계조정법은 쟁의행위의 주체가 노동조합이고(제2조, 제37조), 노동조합은 쟁의행위에 대한 지도·관리·통제책임을 지며(제38조 제3항), 쟁의행위는 조합원 과반수의 찬성으로 결정하여야 한다(제41조 제1항)고 규정하고 있다. 이처럼 노동조합이라는 단체에 의하여 결정·주도되고 조합원의 행위가 노동조합에 의하여 집단적으로 결합하여 실행되는 쟁의행위의 성격에 비추어, 단체인 노동조합이 쟁의행위에 따른 책임의 원칙적인 귀속주체가 된다.

위법한 쟁의행위를 결정·주도한 노동조합의 지시에 따라 실행에 참여한 조합원으로서는 쟁의행위가 다수결에 의해 결정되어 일단 방침이 정해진 이상 쟁의행위의 정당성에 의심이 간다고 하여도 노동조합의 지시에 불응하기를 기대하기는 사실상 어렵고, 급박한 쟁의행위 상황에서 조합원에게 쟁의행위의 정당성 여부를 일일이 판단할 것을 요구하는 것은 근로자의 단결권을 약화시킬 우려가 있다. 그렇지 않은 경우에도 노동조합의 의사결정이나 실행행위에 관여한 정도 등은 조합원에 따라 큰 차이가 있을 수 있다. 이러한 사정을 전혀 고려하지 않고 위법한 쟁의행위를 결정·주도한 주체인 노동조합과 개별 조합원 등의 손해배상책임의 범위를 동일하게 보는 것은 헌법상 근로자에게 보장된 단결권과 단체행동권을 위축시킬 우려가 있을 뿐만 아니라 손해의 공평·타당한 분담이라는 손해배상제도의 이념에도 어긋난다. 따라서 개별 조합원 등에 대한 책임제한의 정도는 노동조합에서의 지위와 역할, 쟁의행위 참여 경위 및 정도, 손해 발생에 대한 기여 정도, 현실적인 임금 수준과 손해배상 청구금액 등을 종합적으로 고려하여 판단하여야 한다.

## 제2장 인

### 제1절 능력

**제3조(권리능력의 존속기간)** 사람은 생존한 동안 권리와 의무의 주체가 된다.

**제4조(성년)** 사람은 19세로 성년에 이르게 된다.

*[전문개정 2011. 3. 7.]*

**제5조(미성년자의 능력)** ① 미성년자가 법률행위를 함에는 법정대리인의 동의를 얻어야 한다. 그러나 권리만을 얻거나 의무만을 면하는 행위는 그러하지 아니하다.
② 전항의 규정에 위반한 행위는 취소할 수 있다.

**제6조(처분을 허락한 재산)** 법정대리인이 범위를 정하여 처분을 허락한 재산은 미성년자가 임의로 처분할 수 있다.

**제7조(동의와 허락의 취소)** 법정대리인은 미성년자가 아직 법률행위를 하기 전에는 전2조의 동의와 허락을 취소할 수 있다.

**제8조(영업의 허락)** ① 미성년자가 법정대리인으로부터 허락을 얻은 특정한 영업에 관하여는 성년자와 동일한 행위능력이 있다.

② 법정대리인은 전항의 허락을 취소 또는 제한할 수 있다. 그러나 선의의 제삼자에게 대항하지 못한다.

**제9조(성년후견개시의 심판)** ① 가정법원은 질병, 장애, 노령, 그 밖의 사유로 인한 정신적 제약으로 사무를 처리할 능력이 지속적으로 결여된 사람에 대하여 본인, 배우자, 4촌 이내의 친족, 미성년후견인, 미성년후견감독인, 한정후견인, 한정후견감독인, 특정후견인, 특정후견감독인, 검사 또는 지방자치단체의 장의 청구에 의하여 성년후견개시의 심판을 한다.

② 가정법원은 성년후견개시의 심판을 할 때 본인의 의사를 고려하여야 한다.

*[전문개정 2011. 3. 7.]*

**유언효력확인의소**

[대법원 2022. 12. 1., 선고, 2022다261237, 판결]

**【판시사항】**

[1] 후견심판 사건에서 가사소송법 제62조 제1항에 따른 사전처분으로 후견심판이 확정될 때까지 임시후견인이 선임된 경우, 임시후견인의 동의가 없이도 사건본인이 유언을 할 수 있는지 여부(원칙적 적극) 및 아직 성년후견이 개시되기 전인 경우, 의사가 유언서에 심신 회복 상태를 부기하고 서명날인하도록 요구한 민법 제1063조 제2항이 적용되는지 여부(소극)

[2] '의사능력'의 의미 및 의사무능력을 이유로 법률행위의 무효를 주장하는 경우, 그에 대한 증명책임의 소재(=무효를 주장하는 측)

**【판결요지】**

[1] 가사소송법 제62조 제1항은 후견심판이 확정될 때까지 사건본인의 보호 및 재산의 관리·보전을 위하여 임시후견인 선임 등 사전처분을 할 수 있음을 정하였고, 가사소송규칙 제32조 제4항은 가사사건의 재판·조정 절차에 관한 필요한 사항에 대하여 대법원규칙으로 정하도록 한 위임 규정(가사소송법 제11조) 및 그 취지(가사소송규칙 제1조)에 따라 '가사소송법 제62조에 따른 사전처분으로 임시후견인을 선임한 경우, 성년후견 및 한정후견에 관한 사건의 임시후견인에 대하여는 특별한 규정이 없는 이상 한정후견인에 관한 규정을 준용한다.'고 정하였다.

가정법원은 피한정후견인에 대하여 한정후견인의 동의를 받아야 하는 행위를 정할 수 있고(민법 제13조 제1항), 피한정후견인이 한정후견인의 동의가 필요한 법률행위를 동의 없이 하였을 때는 이를 취소할 수 있다(같은 조 제4항).

한편 민법 제1060조는 '유언은 본법의 정한 방식에 의하지 아니하면 효력이 발생하지 아니한다.'고 정하여 유언에 관하여 엄격한 요식성을 요구하고 있으나, 피성년후견인과 피한정후견인의 유언에 관하여는 행위능력에 관한 민법 제10조 및 제13조가 적용되지 않으므로(민법 제1062조), 피성년후견인 또는 피한정후견인은 의사능력이 있는 한 성년후견인 또는 한정후견인의 동의 없이도 유언을 할 수 있다.

위와 같은 규정의 내용과 체계 및 취지에 비추어 보면, 후견심판 사건에서 가사소송법 제62조 제1항에 따른 사전처분으로 후견심판이 확정될 때까지 임시후견인이 선임된 경우, 사건본인은 의사능력이 있는 한 임시후견인의 동의가 없이도 유언을 할 수 있다고 보아야 하고, 아직 성년후견이 개시되기 전이라면 의사가 유언서에 심신 회복 상태를 부기하고 서명날인하도록 요구한 민법 제1063조 제2항은 적용되지 않는다고 보아야 한다.

[2] 의사능력이란 자기 행위의 의미나 결과를 정상적인 인식력과 예기력을 바탕으로 합리적으로 판단할 수 있는 정신적 능력이나 지능을 말하고, 의사무능력을 이유로 법률행위의 무효를 주장하는 측은 그에 대하여 증명책임을 부담한다.

**제10조(피성년후견인의 행위와 취소)** ① 피성년후견인의 법률행위는 취소할 수 있다.

② 제1항에도 불구하고 가정법원은 취소할 수 없는 피성년후견인의 법률행위의 범위를 정할 수 있다.

③ 가정법원은 본인, 배우자, 4촌 이내의 친족, 성년후견인, 성년후견감독인, 검사 또는 지방자치단체의 장의 청구에 의하여 제2항의 범위를 변경할 수 있다.

④ 제1항에도 불구하고 일용품의 구입 등 일상생활에 필요하고 그 대가가 과도하지 아니한 법률행위는 성년후견인이 취소할 수 없다.

*[전문개정 2011. 3. 7.]*

**제11조(성년후견종료의 심판)** 성년후견개시의 원인이 소멸된 경우에는 가정법원은 본인, 배우자, 4촌 이내의 친족, 성년후견인, 성년후견감독인, 검사 또는 지방자치단체의 장의 청구에 의하여 성년후견종료의 심판을 한다.

*[전문개정 2011. 3. 7.]*

**제12조(한정후견개시의 심판)** ① 가정법원은 질병, 장애, 노령, 그 밖의 사유로 인한 정신적 제약으로 사무를 처리할 능력이 부족한 사람에 대하여 본인, 배우자, 4촌 이내의 친족, 미성년후견인, 미성년후견감독인, 성년후견인, 성년후견감독인, 특정후견인, 특정후견감독인, 검사 또는 지방자치단체의 장의 청구에 의하여 한정후견개시의 심판을 한다.

② 한정후견개시의 경우에 제9조제2항을 준용한다.

*[전문개정 2011. 3. 7.]*

**대여금[지적장애를 가진 사람의 의사능력이 문제된 사건]**

[대법원 2022. 5. 26., 선고, 2019다213344, 판결]

【판시사항】

[1] 의사능력의 의미 및 의사능력 유무는 구체적인 법률행위와 관련하여 개별적으로 판단해야 하는지 여부(적극) / 의사능력이 인정되기 위해서는 법률행위의 일상적 의미뿐만 아니라 법률적 의미나 효과에 대해서도 이해할 수 있어야 하는지 여부(적극)

[2] 지적장애를 가진 사람에게 의사능력이 있는지 판단하는 기준

[3] 지적장애 3급의 장애인인 甲이 乙 주식회사와 체결한 굴삭기 구입자금 대출약정에 기한 대출금채무를 연체하자 乙 회사가 甲을 상대로 대출원리금의 지급을 구하는 소를 제기하였고, 이에 甲이 대출약정 당시 의사능력이 없었으므로 대출약정이 무효라고 주장한 사안에서, 제반 사정에 비추어 지적장애인인 甲이 대출약정의 법률적인 의미나 효과를 이해할 수 있었다고 보기 어려우므로, 甲은 대출약정 당시 의사능력이 없다는 이유로 대출약정은 무효라고 볼 여지가 많은데도, 이와 달리 본 원심판결에 법리오해 등의 잘못이 있다고 한 사례

**【판결요지】**

[1] 의사능력이란 자기 행위의 의미나 결과를 정상적인 인식력과 예기력을 바탕으로 합리적으로 판단할 수 있는 정신적 능력이나 지능을 말한다. 의사능력 유무는 구체적인 법률행위와 관련하여 개별적으로 판단해야 하고, 특히 어떤 법률행위가 일상적인 의미만을 이해해서는 알기 어려운 특별한 법률적 의미나 효과가 부여되어 있는 경우 의사능력이 인정되기 위해서는 그 행위의 일상적인 의미뿐만 아니라 법률적인 의미나 효과에 대해서도 이해할 수 있어야 한다.

[2] 장애인복지법 제2조 제2항 제2호, 장애인복지법 시행령 제2조 제1항 [별표 1] 제6호, 장애인복지법 시행규칙 제2조 제1항 [별표 1] 제6호에 따르면, 특별한 사정이 없는 한 지능지수가 70 이하인 사람은 교육을 통한 사회적·직업적 재활이 가능하더라도 지적장애인으로서 위 법령에 따른 보호의 대상이 된다. 지적장애인에 해당하는 경우에도 의학적 질병이나 신체적 이상이 드러나지 않아 사회 일반인이 보았을 때 아무런 장애가 없는 것처럼 보이는 경우가 있다. 반면 지적장애를 가진 사람이 장애인복지법령에 따라 지적장애인 등록을 하지 않았다거나 등록 기준을 충족하지 못하였다고 해서 반드시 의사능력이 있다고 단정할 수 없다.

이러한 사정을 고려하면, 지적장애를 가진 사람에게 의사능력이 있는지를 판단할 때 단순히 그 외관이나 피상적인 언행만을 근거로 의사능력을 쉽게 인정해서는 안 되고, 의학적 진단이나 감정 등을 통해 확인되는 지적장애의 정도를 고려해서 법률행위의 구체적인 내용과 난이도, 그에 따라 부과되는 책임의 중대성 등에 비추어 볼 때 지적장애를 가진 사람이 과연 법률행위의 일상적 의미뿐만 아니라 법률적인 의미나 효과를 이해할 수 있는지, 법률행위가 이루어지게 된 동기나 경위 등에 비추어 합리적인 의사결정이라고 보기 어려운 사정이 존재하는지 등을 세심하게 살펴보아야 한다.

[3] 지적장애 3급의 장애인인 甲이 乙 주식회사와 체결한 굴삭기 구입자금 대출약정에 기한 대출금채무를 연체하자 乙 회사가 甲을 상대로 대출원리금의 지급을 구하는 소를 제기하였고, 이에 甲이 대출약정 당시 의사능력이 없었으므로 대출약정이 무효라고 주장한 사안에서, 대출약정 이후 甲에 대해 한정후견이 개시되었고, 그 심판절차에서 이루어진 甲에 대한 정신상태 감정 결과의 내용과 감정 시기 등에 비추어 대출약정 당시 甲의 지능지수와 사회적 성숙도 역시 감정 당시와 비슷한 정도였을 것으로 보이는 점, 대출금액이 소액이라고 볼 수 없고, 위 대출약정은 굴삭기 구입자금을 마련하기 위한 것으로서 굴삭기는 실질적으로 대출금채무의 담보가 되고 대출금은 굴삭기 매도인에게 직접 지급되는데, 이와 같은 대출 구조와 내용은 甲의 당시 지적능력으로는 이해하기 어려운 정도라고 볼 수 있는 점, 대출약정 당시 甲이 제출한 굴삭기운전자격증은 위조된 것이었고, 甲의 지적능력에 비추어 굴삭기를 운전할 능력이 있었다고 보기도 어려우며, 甲이 자격증을 위조하면서까지 대출약정을 할 동기를 찾기 어려운 등 대출약정의 체결 경위에 합리적인 의사결정이라고 보기 어려운 사정이 있고, 오히려 제3자가 대출금을 실제로 사용하기 위해서 甲을 이용한 것은 아닌지 의심이 드는 점 등에 비추어, 지적장애인인 甲이 대출약정의 법률적인 의미나 효과를 이해할 수 있었다고 보기 어려우므로, 甲은 대출약정 당시 의사능력이 없다는 이유로 대출약정은 무효라고 볼 여지가 많은데도, 이와 달리 본 원심판결에 법리오해 등의 잘못이 있다고 한 사례.

**제13조(피한정후견인의 행위와 동의)** ① 가정법원은 피한정후견인이 한정후견인의 동의를 받아야 하는 행위의 범위를 정할 수 있다.

② 가정법원은 본인, 배우자, 4촌 이내의 친족, 한정후견인, 한정후견감독인, 검사 또는 지방자치단체의 장의 청구에 의하여 제1항에 따른 한정후견인의 동의를 받아야만 할 수 있는 행위의 범위를 변경할 수 있다.

③ 한정후견인의 동의를 필요로 하는 행위에 대하여 한정후견인이 피한정후견인의 이익이 침해될 염려가 있음에도 그 동의를 하지 아니하는 때에는 가정법원은 피한정후견인의 청구에 의하여 한정후견인의 동의를 갈음하는 허가를 할 수 있다.

④ 한정후견인의 동의가 필요한 법률행위를 피한정후견인이 한정후견인의 동의 없이 하였을 때에는 그 법률행위를 취소할 수 있다. 다만, 일용품의 구입 등 일상생활에 필요하고 그 대가가 과도하지 아니한 법률행위에 대하여는 그러하지 아니하다.

*[전문개정 2011. 3. 7.]*

**제14조(한정후견종료의 심판)** 한정후견개시의 원인이 소멸된 경우에는 가정법원은 본인, 배우자, 4촌 이내의 친족, 한정후견인, 한정후견감독인, 검사 또는 지방자치단체의 장의 청구에 의하여 한정후견종료의 심판을 한다.

*[전문개정 2011. 3. 7.]*

**제14조의2(특정후견의 심판)** ① 가정법원은 질병, 장애, 노령, 그 밖의 사유로 인한 정신적 제약으로 일시적 후원 또는 특정한 사무에 관한 후원이 필요한 사람에 대하여 본인, 배우자, 4촌 이내의 친족, 미성년후견인, 미성년후견감독인, 검사 또는 지방자치단체의 장의 청구에 의하여 특정후견의 심판을 한다.

② 특정후견은 본인의 의사에 반하여 할 수 없다.

③ 특정후견의 심판을 하는 경우에는 특정후견의 기간 또는 사무의 범위를 정하여야 한다.

*[본조신설 2011. 3. 7.]*

**제14조의3(심판 사이의 관계)** ① 가정법원이 피한정후견인 또는 피특정후견인에 대하여 성년후견개시의 심판을 할 때에는 종전의 한정후견 또는 특정후견의 종료 심판을 한다.

② 가정법원이 피성년후견인 또는 피특정후견인에 대하여 한정후견개시의 심판을 할 때에는 종전의 성년후견 또는 특정후견의 종료 심판을 한다.

*[본조신설 2011. 3. 7.]*

**제15조(제한능력자의 상대방의 확답을 촉구할 권리)** ① 제한능력자의 상대방은 제한능력자가 능력자가 된 후에 그에게 1개월 이상의 기간을 정하여 그 취소할 수 있는 행위를 추인할 것인지 여부의 확답을 촉구할 수 있다. 능력자로 된 사람이 그 기간 내에 확답을 발송하지 아니하면 그 행위를 추인한 것으로 본다.

② 제한능력자가 아직 능력자가 되지 못한 경우에는 그의 법정대리인에게 제1항의 촉구를 할 수 있고, 법정대리인이 그 정하여진 기간 내에 확답을 발송하지 아니한 경우에는 그 행위를 추인한 것으로 본다.

③ 특별한 절차가 필요한 행위는 그 정하여진 기간 내에 그 절차를 밟은 확답을 발

송하지 아니하면 취소한 것으로 본다.

*[전문개정 2011. 3. 7.]*

**제16조(제한능력자의 상대방의 철회권과 거절권)** ① 제한능력자가 맺은 계약은 추인이 있을 때까지 상대방이 그 의사표시를 철회할 수 있다. 다만, 상대방이 계약 당시에 제한능력자임을 알았을 경우에는 그러하지 아니하다.

② 제한능력자의 단독행위는 추인이 있을 때까지 상대방이 거절할 수 있다.

③ 제1항의 철회나 제2항의 거절의 의사표시는 제한능력자에게도 할 수 있다.

*[전문개정 2011. 3. 7.]*

**제17조(제한능력자의 속임수)** ① 제한능력자가 속임수로써 자기를 능력자로 믿게 한 경우에는 그 행위를 취소할 수 없다.

② 미성년자나 피한정후견인이 속임수로써 법정대리인의 동의가 있는 것으로 믿게 한 경우에도 제1항과 같다.

*[전문개정 2011. 3. 7.]*

## 제2절 주소

**제18조(주소)** ①생활의 근거되는 곳을 주소로 한다.

② 주소는 동시에 두 곳 이상 있을 수 있다.

**국적이탈반려처분취소소송**

[서울행법 2022. 4. 29., 선고, 2021구합65798, 판결 : 항소]

**【판시사항】**

미국 시민권을 취득한 부모 사이에서 태어나 대한민국 및 미국의 복수국적자인 甲이 국적법령에 따라 국적이탈신고를 하였으나 법무부장관이 '국적법 제14조에 따라 대한민국 국적을 이탈하려고 하는 사람은 외국에 주소를 두고 거주한 상태여야 하나, 甲은 이탈신고 당시 국내에 생활근거를 두고 있었던 것으로 판단된다.'는 이유로 위 신고를 반려한 사안에서, 제반 사정을 종합하면, 甲은 아버지의 주한미군 근무로 인하여 일시적으로 대한민국에 체류 중이기는 하지만 甲의 생활근거가 되는 곳은 대한민국이 아닌 미국이므로, 甲은 국적법 제14조 제1항의 '외국에 주소가 있는 경우'에 해당하여 위 처분이 위법하다고 한 사례

**【판결요지】**

미국 시민권을 취득한 부모 사이에서 태어나 대한민국 및 미국의 복수국적자인 甲이 국적법령에 따라 국적이탈신고를 하였으나 법무부장관이 '국적법 제14조에 따라 대한민국 국적을 이탈하려고 하는 사람은 외국에 주소를 두고 거주한 상태여야 하나, 甲은 이탈신고 당시 국내에 생활근거를 두고 있었던 것으로 판단된다.'는 이유로 위 신고를 반려한 사안이다.

국적법 제14조 제1항에 따르면 복수국적자로서 외국 국적을 선택하려는 자는 외국에 주소가 있는 경우에만 재외공관을 통하여 국적이탈신고를 할 수 있고, 민법 제18조 제1항에 따르면 주소란 '생활의 근거되는 곳'으로 이는 생활관계의 중심적 장소로서 생계를 같이하는 가족 및 소재하는 자산의 유무 등 생활관계의 객관적 사실에 따라 판정해야 하는데, 甲은 출생 이후 만 17세였던 위 신고 시까지 총 8년 6개월 25일간 대한민국에 거주하였으나, 미국 군인인 甲의 아버지가 주기적으로 미국 및 미국 외의 여러 지역을 오

가며 근무함에 따라 미성년자인 甲도 미국에서 생활하다가도 아버지의 해외 파견 시마다 부모와 함께 해외로 출국하여 생활해온 점, 아버지가 주한미군 파견으로 용산과 평택에서 근무함에 따라 甲도 미국 주소가 부여되고 미국 내 학교와 동일한 지위가 인정되는 미군기지 내 학교들에서 통상의 미국 중고등학교 교과과정을 이수하는 등 대한민국에 소재하고 있는 동안에도 실질적으로 미국에서와 거의 동일한 생활환경이 조성된 특수한 지역인 미군기지 내에서 주로 생활한 점, 甲의 부모는 甲이 미국 내 주소로 두고 있는 부동산을 소유하고, 각종 예금, 대출, 보험 등의 금융계약을 미국에서 체결하는 등 경제생활의 근간을 모두 미국에 두고 있으며 甲과 그 가족들은 추후 아버지의 근무지 변경에 따라 다시 미국으로 돌아갈 예정인 점 등을 종합하면, 甲은 아버지의 주한미군 근무로 인하여 일시적으로 대한민국에 체류 중이기는 하지만 甲의 생활근거가 되는 곳은 대한민국이 아닌 미국이므로, 甲은 국적법 제14조 제1항의 '외국에 주소가 있는 경우'에 해당하여 위 처분이 위법하다고 한 사례이다.

**제19조(거소)** 주소를 알 수 없으면 거소를 주소로 본다.

**제20조(거소)** 국내에 주소없는 자에 대하여는 국내에 있는 거소를 주소로 본다.

**제21조(가주소)** 어느 행위에 있어서 가주소를 정한 때에는 그 행위에 관하여는 이를 주소로 본다.

## 제3절 부재와 실종

**제22조(부재자의 재산의 관리)** ① 종래의 주소나 거소를 떠난 자가 재산관리인을 정하지 아니한 때에는 법원은 이해관계인이나 검사의 청구에 의하여 재산관리에 관하여 필요한 처분을 명하여야 한다. 본인의 부재 중 재산관리인의 권한이 소멸한 때에도 같다.

② 본인이 그 후에 재산관리인을 정한 때에는 법원은 본인, 재산관리인, 이해관계인 또는 검사의 청구에 의하여 전항의 명령을 취소하여야 한다.

**제23조(관리인의 개임)** 부재자가 재산관리인을 정한 경우에 부재자의 생사가 분명하지 아니한 때에는 법원은 재산관리인, 이해관계인 또는 검사의 청구에 의하여 재산관리인을 개임할 수 있다.

**제24조(관리인의 직무)** ① 법원이 선임한 재산관리인은 관리할 재산목록을 작성하여야 한다.

② 법원은 그 선임한 재산관리인에 대하여 부재자의 재산을 보존하기 위하여 필요한 처분을 명할 수 있다.

③ 부재자의 생사가 분명하지 아니한 경우에 이해관계인이나 검사의 청구가 있는 때에는 법원은 부재자가 정한 재산관리인에게 전2항의 처분을 명할 수 있다.

④ 전3항의 경우에 그 비용은 부재자의 재산으로써 지급한다.

**제25조(관리인의 권한)** 법원이 선임한 재산관리인이 제118조에 규정한 권한을 넘는 행위를 함에는 법원의 허가를 얻어야 한다. 부재자의 생사가 분명하지 아니한 경우에 부재자가 정한 재산관리인이 권한을 넘는 행위를 할 때에도 같다.

**특정경제범죄가중처벌등에관한법률위반(배임)**

[대법원 2022. 5. 26., 선고, 2021도2488, 판결]

【판시사항】

법원이 선임한 부재자 재산관리인이 그 관리대상인 부재자의 재산에 대한 범죄행위에 관하여 법원으로부터 고소권 행사에 관한 허가를 얻은 경우, 형사소송법 제225조 제1항에서 정한 법정대리인으로서 적법한 고소권자에 해당하는지 여부(적극)

【판결요지】

법원이 선임한 부재자 재산관리인이 그 관리대상인 부재자의 재산에 대한 범죄행위에 관하여 법원으로부터 고소권 행사에 관한 허가를 얻은 경우 부재자 재산관리인은 형사소송법 제225조 제1항에서 정한 법정대리인으로서 적법한 고소권자에 해당한다고 보아야 한다. 그 이유는 다음과 같다.

[1] 형사소송법은 "피해자의 법정대리인은 독립하여 고소할 수 있다."라고 정하고 있다(제225조 제1항 참조). 법정대리인이 갖는 대리권의 범위는 법률과 선임 심판의 내용 등을 통해 정해지므로 독립하여 고소권을 가지는 법정대리인의 의미도 법률과 선임 심판의 내용 등을 통해 정해진다.

법원이 선임한 부재자 재산관리인은 법률에 규정된 사람의 청구에 따라 선임된 부재자의 법정대리인에 해당한다. 부재자 재산관리인의 권한은 원칙적으로 부재자의 재산에 대한 관리행위에 한정되나, 부재자 재산관리인은 재산관리를 위하여 필요한 경우 법원의 허가를 받아 관리행위의 범위를 넘는 행위를 하는 것도 가능하고, 여기에는 관리대상 재산에 관한 범죄행위에 대한 형사고소도 포함된다. 따라서 부재자 재산관리인은 관리대상이 아닌 사항에 관해서는 고소권이 없겠지만, 관리대상 재산에 관한 범죄행위에 대하여 법원으로부터 고소권 행사 허가를 받은 경우에는 독립하여 고소권을 가지는 법정대리인에 해당한다.

[2] 고소권은 일신전속적인 권리로서 피해자가 이를 행사하는 것이 원칙이나, 형사소송법이 예외적으로 법정대리인으로 하여금 독립하여 고소권을 행사할 수 있도록 한 이유는 피해자가 고소권을 행사할 것을 기대하기 어려운 경우 피해자와 독립하여 고소권을 행사할 사람을 정하여 피해자를 보호하려는 데 있다.

부재자 재산관리제도의 취지는 부재자 재산관리인으로 하여금 부재자의 잔류재산을 본인의 이익과 더불어 사회경제적 이익을 기하고 나아가 잔존배우자와 상속인의 이익을 위하여 관리하게 하고 돌아올 부재자 본인 또는 그 상속인에게 관리해 온 재산 전부를 인계하도록 하는 데 있다. 부재자는 자신의 재산을 침해하는 범죄에 대하여 처벌을 구하는 의사표시를 하기 어려운 상태에 있다. 따라서 부재자 재산관리인에게 법정대리인으로서 관리대상 재산에 관한 범죄행위에 대하여 고소권을 행사할 수 있도록 하는 것이 형사소송법 제225조 제1항과 부재자 재산관리제도의 취지에 부합한다.

**제26조(관리인의 담보제공, 보수)** ① 법원은 그 선임한 재산관리인으로 하여금 재산의 관리 및 반환에 관하여 상당한 담보를 제공하게 할 수 있다.

② 법원은 그 선임한 재산관리인에 대하여 부재자의 재산으로 상당한 보수를 지급할 수 있다.

③ 전2항의 규정은 부재자의 생사가 분명하지 아니한 경우에 부재자가 정한 재산관리인에 준용한다.

**제27조(실종의 선고)** ① 부재자의 생사가 5년간 분명하지 아니한 때에는 법원은 이해관계인이나 검사의 청구에 의하여 실종선고를 하여야 한다.

② 전지에 임한 자, 침몰한 선박 중에 있던 자, 추락한 항공기 중에 있던 자 기타 사망의 원인이 될 위난을 당한 자의 생사가 전쟁종지후 또는 선박의 침몰, 항공기의 추락 기타 위난이 종료한 후 1년간 분명하지 아니한 때에도 제1항과 같다.*〈개정 1984. 4. 10.〉*

**제28조(실종선고의 효과)** 실종선고를 받은 자는 전조의 기간이 만료한 때에 사망한 것으로 본다.

**제29조(실종선고의 취소)** ① 실종자의 생존한 사실 또는 전조의 규정과 상이한 때에 사망한 사실의 증명이 있으면 법원은 본인, 이해관계인 또는 검사의 청구에 의하여 실종선고를 취소하여야 한다. 그러나 실종선고후 그 취소전에 선의로 한 행위의 효력에 영향을 미치지 아니한다.

② 실종선고의 취소가 있을 때에 실종의 선고를 직접원인으로 하여 재산을 취득한 자가 선의인 경우에는 그 받은 이익이 현존하는 한도에서 반환할 의무가 있고 악의인 경우에는 그 받은 이익에 이자를 붙여서 반환하고 손해가 있으면 이를 배상하여야 한다.

**제30조(동시사망)** 2인 이상이 동일한 위난으로 사망한 경우에는 동시에 사망한 것으로 추정한다.

## 제3장 법인

### 제1절 총칙

**제31조(법인성립의 준칙)** 법인은 법률의 규정에 의함이 아니면 성립하지 못한다.

**손해배상(기)**

[대법원 2022. 8. 25., 선고, 2018다261605, 판결]

【판시사항】

[1] 법률상 사항에 관한 법원의 석명 또는 지적의무

[2] 종중의 법적 성질 및 종중규약의 자율성

[3] 甲 종중이 '정기 대의원회의가 총회를 갈음한다.'고 정한 규약에 따라 대의원회의의 의결을 거쳐 乙 주식회사 등을 상대로 불법행위에 기한 손해배상을 구하였는데, 항소심에서 위 소가 총유재산의 관리·처분에 관하여 적법한 사원총회의 결의 없이 이루어진 것이고 이는 단시일 안에 보정될 수 없는 것으로서 부적법하다고 한 사안에서, 항소심이 직권으로 위 소가 부적법하다고 한 것은 석명의무를 위반하여 필요한 심리를 다하지 아니함으로써 판결에 영향을 미친 잘못이 있고, 위 규약이 종원이 가지는 고유하고 기본적인 권리의 본질적인 내용을 침해하는 등 甲 종중의 본질이나 설립 목적에 크게 위배된다고 보기 어려운데도, 이와 달리 본 원심판단에 심리미진 등의 잘못이 있다고 한 사례

**【판결요지】**

[1] 민사소송법 제136조 제1항은 "재판장은 소송관계를 분명하게 하기 위하여 당사자에게 사실상 또는 법률상 사항에 대하여 질문할 수 있고, 증명을 하도록 촉구할 수 있다." 라고 정하고, 제4항은 "법원은 당사자가 간과하였음이 분명하다고 인정되는 법률상 사항에 관하여 당사자에게 의견을 진술할 기회를 주어야 한다."라고 정하고 있다. 당사자가 부주의 또는 오해로 증명하지 않은 것이 분명하거나 쟁점으로 될 사항에 관하여 당사자 사이에 명시적인 다툼이 없는 경우에는 법원은 석명을 구하면서 증명을 촉구하여야 하고, 만일 당사자가 전혀 의식하지 못하거나 예상하지 못하였던 법률적 관점을 이유로 법원이 청구의 당부를 판단하려는 경우에는 그러한 관점에 대하여 당사자에게 의견진술의 기회를 주어야 한다. 그와 같이 하지 않고 예상외의 재판으로 당사자 일방에게 뜻밖의 판결을 내리는 것은 석명의무를 다하지 않아 심리를 제대로 하지 않은 잘못을 저지른 것이 된다.

[2] 종중은 공동선조의 분묘수호와 제사, 그리고 종원 상호 사이의 친목도모 등을 목적으로 자연발생적으로 성립한 종족 집단체로서, 종중이 규약이나 관습에 따라 선출된 대표자 등에 의하여 대표되는 정도로 조직을 갖추고 지속적인 활동을 하고 있다면 비법인사단으로서 단체성이 인정된다. 이와 같은 종중의 성격과 법적 성질에 비추어 보면, 종중에 대하여는 가급적 그 독자성과 자율성을 존중해 주는 것이 바람직하고, 따라서 원칙적으로 종중규약은 그것이 종원이 가지는 고유하고 기본적인 권리의 본질적인 내용을 침해하는 등 종중의 본질이나 설립 목적에 크게 위배되지 않는 한 그 유효성을 인정하여야 한다.

[3] 甲 종중이 '정기 대의원회의가 총회를 갈음한다.'고 정한 규약에 따라 대의원회의의 의결을 거쳐 乙 주식회사 등을 상대로 불법행위에 기한 손해배상을 구하였는데, 항소심에서 위 소가 총유재산의 관리·처분에 관하여 적법한 사원총회의 결의 없이 이루어진 것이고 이는 단시일 안에 보정될 수 없는 것으로서 부적법하다고 한 사안에서, '정기 대의원회의가 총회를 갈음한다.'고 규정한 규약이 무효인지, 위 소가 총유재산의 관리·처분에 관하여 적법한 사원총회의 결의 없이 이루어진 것으로 부적법한 소인지는 당사자 사이에 전혀 쟁점이 된 바가 없었고, 항소심도 그에 대하여 甲 종중에 의견진술의 기회를 주거나 석명권을 행사하였던 사실은 없었던 것으로 보이는데, 항소심이 직권으로 위 소가 총유재산의 관리·처분에 관하여 적법한 사원총회의 결의 없이 이루어진 것이고 이는 단시일 안에 보정될 수 없는 것으로서 부적법하다고 한 것은, 당사자가 전혀 예상하지 못한 법률적인 관점에 기한 뜻밖의 재판으로서 당사자에게 미처 생각하지 못한 불이익을 주었을 뿐 아니라 석명의무를 위반하여 필요한 심리를 다하지 아니함으로써 판결에 영향을 미친 잘못이 있고, 위 규약이 종원이 가지는 고유하고 기본적인 권리의 본질적인 내용을 침해하는 등 甲 종중의 본질이나 설립 목적에 크게 위배된다고 보기 어려운데도, 이와 달리 본 원심판단에 심리미진 등의 잘못이 있다고 한 사례.

**제32조(비영리법인의 설립과 허가)** 학술, 종교, 자선, 기예, 사교 기타 영리아닌 사업을 목적으로 하는 사단 또는 재단은 주무관청의 허가를 얻어 이를 법인으로 할 수 있다.

## 부당이득금

[대법원 2022. 7. 28., 선고, 2021다235132, 판결]

**【판시사항】**

[1] 법률행위의 당사자에게 일정한 의무를 부과하거나 일정한 행위를 금지하는 법규에서 이를 위반한 법률행위의 효력을 명확하게 정하지 않은 경우, 그 법률행위의 효력을 판단하는 방법

[2] 의사인 甲이 乙 재단법인과 乙 법인이 개설한 병원에 관해 경영위탁계약을 체결한 후 직접 진료도 하면서 병원을 운영하였는데, 위 계약이 의료법인 등이 다른 자에게 그 법인의 명의를 빌려주는 것을 금지하는 의료법 제33조 제10항에 위반되어 무효인지 문제 된 사안에서, 제반 사정을 종합하면 乙 법인이 의료법 제33조 제10항을 위반하여 의사인 甲에게 명의를 대여한 행위가 그 사법상 효력까지 부정해야 할 정도로 현저히 반사회성을 지닌 것이라고 단정할 수 없으므로, 위 경영위탁계약이 무효라고 볼 수 없다고 한 사례

[3] 공익법인의 설립·운영에 관한 법률 제2조에서 정한 '공익법인'의 의미

**【판결요지】**

[1] 계약 등 법률행위의 당사자에게 일정한 의무를 부과하거나 일정한 행위를 금지하는 법규에서 이를 위반한 법률행위의 효력을 명시적으로 정하고 있는 경우에는 그 규정에 따라 법률행위의 유·무효를 판단하면 된다. 법률에서 해당 규정을 위반한 법률행위를 무효라고 정하고 있거나 해당 규정이 효력규정이나 강행규정이라고 명시하고 있으면 이러한 규정을 위반한 법률행위는 무효이다. 이와 달리 이러한 규정을 위반한 법률행위의 효력에 관하여 명확하게 정하지 않은 경우에는 규정의 입법 배경과 취지, 보호법익과 규율대상, 위반의 중대성, 당사자에게 법규정을 위반하려는 의도가 있었는지 여부, 규정 위반이 법률행위의 당사자나 제3자에게 미치는 영향, 위반행위에 대한 사회적·경제적·윤리적 가치평가, 이와 유사하거나 밀접한 관련이 있는 행위에 대한 법의 태도 등 여러 사정을 종합적으로 고려해서 효력을 판단해야 한다.

[2] 의사인 甲이 乙 재단법인과 乙 법인이 개설한 병원에 관해 경영위탁계약을 체결한 후 직접 진료도 하면서 병원을 운영하였는데, 위 계약이 의료법인 등이 다른 자에게 그 법인의 명의를 빌려주는 것을 금지하는 의료법 제33조 제10항에 위반되어 무효인지 문제 된 사안에서, 의료법 제33조 제10항은 "의료기관을 개설·운영하는 의료법인 등은 다른 자에게 그 법인의 명의를 빌려주어서는 아니 된다."라고 정하고 있는데, 위 조항에서 정하는 '다른 자'에는 비의료인뿐만 아니라 의료인도 포함되는바, 위 경영위탁계약은 그 실질이 의료법인 등이 다른 의료인에게 명의를 대여하는 것으로서 의료법 제33조 제10항에 위반되기는 하나, 특별한 사정이 없는 한 의료인이 병원을 운영하고 질병 치료를 위한 진료행위를 한다는 사실에서 정상적인 의료기관과 본질적인 차이가 있다고 보기 어렵고, 반대로 비의료인의 의료기관 개설행위 금지규정 등과 비교하면 국민보건상 위험성에 영향을 미치는 정도가 달라 불법성 측면에서 본질적인 차이가 존재하는 점 등을 종합하면, 乙 법인이 의료법 제33조 제10항을 위반하여 의사인 甲에게 명의를 대여한 행위가 그 사법상 효력까지 부정해야 할 정도로 현저히 반사회성을 지닌 것이라고 단정할 수 없으므로, 위 경영위탁계약이 무효라고 볼 수 없다고 한 사례.

[3] 공익법인의 설립·운영에 관한 법률(이하 '공익법인법'이라 한다) 제2조는 "이 법은 재단법인이나 사단법인으로서 사회 일반의 이익에 이바지하기 위하여 학자금·장학금 또는 연구비의 보조나 지급, 학술, 자선에 관한 사업을 목적으로 하는 법인(이하 '공익법인'이라 한다)에 대하여 적용한다."라고 정하고 있으며, 위 법 시행령 제2조는 제1항과 제2항에서 법 제2조의 공익법인의 범위를 구체적으로 한정하고 있다.

공익법인법 제2조에서 정하는 공익법인은 민법 제32조에서 정한 비영리법인 중 순수한 학술, 자선 등 위 시행령 제2조 제1항 각호에서 정한 사업을 목적으로 하는 법인 또는 주로 위와 같은 순수한 학술, 자선 등의 사업을 목적으로 하면서 그와 함께 부수적으로 그 밖의 사업을 함께 수행하는 법인을 말한다.

**제33조(법인설립의 등기)** 법인은 그 주된 사무소의 소재지에서 설립등기를 함으로써 성립한다.

**제34조(법인의 권리능력)** 법인은 법률의 규정에 좇아 정관으로 정한 목적의 범위내에서 권리와 의무의 주체가 된다.

**제35조(법인의 불법행위능력)** ① 법인은 이사 기타 대표자가 그 직무에 관하여 타인에게 가한 손해를 배상할 책임이 있다. 이사 기타 대표자는 이로 인하여 자기의 손해배상책임을 면하지 못한다.

② 법인의 목적범위외의 행위로 인하여 타인에게 손해를 가한 때에는 그 사항의 의결에 찬성하거나 그 의결을 집행한 사원, 이사 및 기타 대표자가 연대하여 배상하여야 한다.

**손해배상(기)**

[대법원 2022. 6. 16., 선고, 2022다204708, 판결]

【판시사항】

[1] 학생에게 부여된 학습권이 학교의 설립·운영 주체 또는 학교교육의 단계에 따라 법적 근거를 달리한다고 볼 수 있는지 여부(소극)

[2] 미성년자인 학생도 학습권의 주체로서 국가의 교육권한과 부모의 교육권 범주 내에서 자신의 교육에 관하여 스스로 결정할 권리를 가지는지 여부(적극) 및 이와 같은 학생의 학습권은 부모의 교육권과 구별되는 독자적인 권리인지 여부(적극)

[3] 사립초등학교를 운영하는 甲 학교법인이 학교를 무단으로 폐교함으로써 학습권 및 교육권이 침해되었다는 이유로 재학생과 학부모 등이 甲 법인과 이사장을 상대로 위자료 지급을 구한 사안에서, 甲 법인 등이 일방적·전격적으로 폐교 결정을 함에 따라 재학생들의 학습권은 물론 학부모들의 학교선택권 등 자녀교육권이 모두 침해되었다는 이유로 甲 법인 등의 위자료 지급의무를 인정한 원심판단을 수긍한 사례

【판결요지】

[1] 헌법은 모든 국민이 능력에 따라 균등하게 교육을 받을 권리를 가진다고 하여 국민의 기본권으로 학습권을 규정하였고(제31조 제1항), 교육에 관한 국민의 권리 등에 관한 기본적 사항을 정한 교육기본법은 모든 국민에 대하여 평생에 걸쳐 학습하고 능력과 적성에 따라 교육받을 권리가 있음과 동시에 의무교육을 받을 권리로 6년의 초등교육과 3년의 중등교육을 명시하였으며(제3조, 제8조), 사립학교의 설립·운영의 근거로 법

인이나 사인(私人)이 법률로 정하는 바에 따라 학교 등을 설립·경영할 수 있음을 규정하였고(제11조 제2항), 학생을 포함한 학습자의 기본적 인권이 학교교육 과정에서 존중되고 보호되어야 함을 규정하였다(제12조). 즉, 학생에게 부여된 학습권은 위와 같은 헌법과 교육기본법의 관련 규정에 근거를 둔 것으로, 이는 학교의 설립·운영 주체가 국공립학교 또는 사립학교인지 여부나 학교교육의 단계가 유아·초등·중등·고등교육 과정인지 여부에 따라 법적 근거를 달리한다고 볼 수 없다.

[2] 학습권의 주체인 학생은 비록 그가 미성년자인 경우에도, 부모와 국가에 의한 교육의 단순한 대상이 아니라 독자적인 인격체로서 국가의 교육권한과 부모의 교육권 범주 내에서 자신의 교육에 관하여 스스로 결정할 권리를 독자적으로 가진다. 따라서 학생의 학습권의 내용·범위가 국가의 교육권한과 부모의 교육권이라는 내재적인 한계 내에서 인정된다고 하여, 학생에게 부여된 학습권이 부모의 교육권에 포함될 뿐 이와 구별되는 독자적인 권리에 해당하지 않는다고 볼 수는 없다.

[3] 사립초등학교를 운영하는 甲 학교법인이 학교를 무단으로 폐교함으로써 학습권 및 교육권이 침해되었다는 이유로 재학생과 학부모 등이 甲 법인과 이사장을 상대로 위자료 지급을 구한 사안에서, 甲 법인 등이 미리 상당한 기간을 두고서 관할 교육청 및 학교 구성원들과 충분한 의견수렴·논의를 거치거나 수년간의 유예기간 동안 점진적 폐교 방식을 채택하지 아니하였고, 관할 교육청으로부터 폐교인가처분이 내려지기도 전에 교직원을 상대로 근로계약종료를 통보하였음은 물론 폐교인가신청에 대한 반려처분이 내려졌음에도 학교를 정상화하거나 학생들의 학습권과 학부모들의 교육권이 침해되지 않도록 적절한 대책을 마련하려는 노력을 하지 아니한 채, 오히려 학생들의 전출을 계속적으로 종용하면서 위 반려처분을 위반하여 일방적·전격적으로 학교에 대한 폐교 결정을 함에 따라 재학생들의 학습권은 물론 학부모들의 학교선택권 등 자녀교육권이 모두 침해되었다는 이유로 甲 법인 등의 위자료 지급의무를 인정한 원심판단을 수긍한 사례.

**제36조(법인의 주소)** 법인의 주소는 그 주된 사무소의 소재지에 있는 것으로 한다.

**제37조(법인의 사무의 검사, 감독)** 법인의 사무는 주무관청이 검사, 감독한다.

**제38조(법인의 설립허가의 취소)** 법인이 목적 이외의 사업을 하거나 설립허가의 조건에 위반하거나 기타 공익을 해하는 행위를 한 때에는 주무관청은 그 허가를 취소할 수 있다.

**비영리법인설립허가취소**

**[대북전단 살포를 이유로 한 법인설립허가취소의 취소를 구한 사건]**

[대법원 2023. 4. 27., 선고, 2023두30833, 판결]

【판시사항】

[1] 민법 제38조에서 정한 비영리법인이 '공익을 해하는 행위를 한 때'의 의미 및 이에 해당하기 위한 요건 / 그중 해당 법인의 행위가 직접적이고도 구체적으로 공익을 침해하는지 판단하는 방법 / 법인의 설립허가를 취소할 때 고려할 사항

[2] 甲 사단법인이 접경지역 지원 특별법상 접경지역에서 북한의 지도부나 체제를 비판하는 내용을 담은 대북전단지 등을 대형 풍선에 실어 북한 방향 상공으로 살포하자, 통일부장관이 '위 전단 살포 행위가 접경지역에 거주하는 주민들의 생명·신체의 안전에 대한 위험을 초래하고, 남북관계에 긴장상황을 조성하는 등 공익을 해하였다.'는 등의

이유로 甲 법인에 대한 법인설립허가를 취소한 사안에서, 위 전단 살포 행위가 일방적으로 '공익을 해하는 행위를 한 때'에 해당한다고 쉽게 단정할 수 없음에도, 이와 달리 본 원심판단에 법리오해의 잘못이 있다고 한 사례

【판결요지】

[1] 민법 제38조에서 정한 비영리법인이 '공익을 해하는 행위를 한 때'란 법인의 기관이 직무의 집행으로서 공익을 침해하는 행위를 하거나 사원총회가 그러한 결의를 한 경우를 의미한다. 여기에 법인설립허가취소는 법인을 해산하여 결국 법인격을 소멸하게 하는 제재처분인 점(민법 제77조 제1항) 등을 더하여 보면, 민법 제38조에 정한 '공익을 해하는 행위를 한 때'에 해당하기 위해서는, 해당 법인의 목적사업 또는 존재 자체가 공익을 해한다고 인정되거나 해당 법인의 행위가 직접적·구체적으로 공익을 침해하는 것이어야 하고, 목적사업의 내용, 행위의 태양 및 위법성의 정도, 공익 침해의 정도와 경위 등을 종합하여 볼 때 해당 법인의 소멸을 명하는 것이 공익에 대한 불법적인 침해 상태를 제거하고 정당한 법질서를 회복하기 위한 제재수단으로서 긴요하게 요청되는 경우이어야 한다. 나아가 '해당 법인의 행위가 직접적이고도 구체적으로 공익을 침해한다.'고 하려면 해당 법인의 행위로 인하여 법인 또는 구성원이 얻는 이익과 법질서가 추구하는 객관적인 공익이 서로 충돌하여 양자의 이익을 비교형량 하였을 때 공공의 이익을 우선적으로 보호하여야 한다는 점에 의문의 여지가 없어야 한다. 또한 법인의 해산을 초래하는 설립허가취소는 헌법 제10조에 내재된 일반적 행동의 자유에 대한 침해 여부와 과잉금지의 원칙 등을 고려하여 엄격하게 판단하여야 하고, 특히 국가가 국민의 표현행위를 규제하는 경우, 표현내용과 무관하게 표현의 방법을 규제하는 것은 합리적인 공익상의 이유로 비례의 원칙(과잉금지의 원칙)을 준수하여 이루어지는 이상 폭넓은 제한이 가능하나, 표현내용에 대한 규제는 원칙적으로 중대한 공익의 실현을 위하여 불가피한 경우에 한하여 엄격한 요건하에서 허용될 뿐이다.

[2] 통일부장관으로부터 법인설립허가를 받은 甲 사단법인이 접경지역 지원 특별법상 접경지역에서 북한의 지도부나 체제를 비판하는 내용을 담은 대북전단지 50만 장 등을 대형 풍선 여러 개에 실어 북한 방향 상공으로 살포하자, 통일부장관이 '위 전단 살포 행위가 접경지역에 거주하는 주민들의 생명·신체의 안전에 대한 위험을 초래하고, 남북관계에 긴장상황을 조성하는 등 공익을 해하였다.'는 등의 이유로 甲 법인에 대한 법인설립허가를 취소한 사안에서, 북한의 인권문제에 관한 국제적·사회적 관심을 환기시키기 위한 위 전단 살포 행위는 표현의 자유, 결사의 자유에 의하여 보장되는 甲 법인의 활동에 속하는 것으로, 접경지역 주민들의 생명·신체의 안전에 대한 위험 야기, 남북 간의 군사적 긴장 고조, 대한민국 정부의 평화적 통일정책 추진에 대한 중대한 지장 초래 등 통일부장관이 위 처분의 이유로 내세우는 공익은 매우 포괄적·정치적인 영역에 속하는 것이자 그 저해에 관한 근본적인 책임을 甲 법인이나 위 전단 살포 행위에만 묻기는 어려운 것이어서, 위와 같은 甲 법인의 헌법상 기본권에 근거한 활동보다 통일부장관이 위 처분으로 달성하고자 하는 공익을 우선적으로 보호하여야 한다는 점에 의문의 여지가 없는 경우에 해당한다고 보기 어렵고, 위 전단 살포 행위의 태양 및 위법성의 정도, 공익 침해의 정도와 경위를 종합해 볼 때, 위 처분을 통하여 甲 법인의 법인격 소멸을 명하는 것이 공익 침해 상태를 제거하고 정당한 법질서를 회복하기 위한 유효적절한 제재수단으로서 긴요하게 요청되는 경우에 해당한다고 보기도 어려워 위 전단 살포 행위가 일방적으로 '공익을 해하는 행위를 한 때'에 해당한다고 쉽게 단정할 수 없음에도, 이와 달리 본 원심판단에 법리오해의 잘못이 있다고 한 사례.

**제39조(영리법인)** ① 영리를 목적으로 하는 사단은 상사회사설립의 조건에 좇아 이를 법인으로 할 수 있다.
② 전항의 사단법인에는 모두 상사회사에 관한 규정을 준용한다.

## 제2절 설립

**제40조(사단법인의 정관)** 사단법인의 설립자는 다음 각호의 사항을 기재한 정관을 작성하여 기명날인하여야 한다.

1. 목적
2. 명칭
3. 사무소의 소재지
4. 자산에 관한 규정
5. 이사의 임면에 관한 규정
6. 사원자격의 득실에 관한 규정
7. 존립시기나 해산사유를 정하는 때에는 그 시기 또는 사유

**손해배상(지)·손해배상(지)·손해배상(지)**
**[저작권신탁관리업자의 공연사용료 분배규정 개정이 신탁계약상 채무불이행 또는 불법행위에 해당하거나 무효에 해당하는지 문제된 사안]**
[대법원 2022. 11. 17., 선고, 2019다283725, 283732, 283749, 판결]

【판시사항】

[1] 저작권법 제2조 제3호에서 정한 '공연'의 개념 중 '공중에게 공개한다'는 것의 의미

[2] 단체 내부규정의 효력 유무에 관한 판단 기준

[3] 저작권신탁관리업자인 甲 법인이 음악저작물 사용료 분배규정을 개정하여 유흥주점·단란주점·노래연습장 등 업소에서 노래반주기에 메들리 곡을 재생하는 것에 대하여 수록곡으로서의 공연사용료만 분배하고 로그데이터를 기반으로 한 공연사용료는 분배대상에서 제외하기로 하자, 음악저작자들로 甲 법인의 회원인 乙 등이 위 분배규정 개정은 신탁계약상 채무불이행 또는 불법행위에 해당하거나 현저히 불공정하여 무효라며 손해배상을 구한 사안에서, 위 업소가 노래반주기에 수록된 음악저작물을 영업시간 중 재생하는 것은 저작권법상 공연으로 볼 수 있으나, 위 분배규정의 개정이 사회관념상 현저히 타당성을 잃은 것이라거나 저작권의 본질적 내용을 침해하는 것으로 볼 수는 없으므로, 같은 취지에서 乙 등의 주장을 모두 배척한 원심판단은 정당하다고 한 사례

【판결요지】

[1] 저작권법 제2조는 제3호에서 "공연"을 저작물 또는 실연·음반·방송을 상연·연주·가창·구연·낭독·상영·재생 그 밖의 방법으로 공중에게 공개하는 것으로, 제32호에서 "공중"을 불특정 다수인(특정 다수인을 포함한다)으로 각 규정하고 있다.

공중에게 공개한다 함은 불특정인 누구에게나 요금을 내는 정도 외에 다른 제한 없이 공개된 장소 또는 통상적인 가족 및 친지의 범위를 넘는 다수인이 모여 있는 장소에서 저작물을 공개하거나, 반드시 같은 시간에 같은 장소에 모여 있지 않더라도 위와 같은 불특정 또는 다수인에게 전자장치 등을 이용하여 저작물을 전파, 통신함으로써 공개하는 것을 의미하므로, 공중이 공개된 장소에서 저작물을 접할 수 있는 상태에 있는 한 공중이 실제로 있는지 여부를 불문한다.

[2] 단체의 설립목적을 달성하기 위하여 수행하는 사업 또는 활동의 절차·방식·내용 등을 정한 단체 내부의 규정은 그것이 선량한 풍속 기타 사회질서에 위반되는 등 사회관념상 현저히 타당성을 잃은 것이라는 등의 특별한 사정이 없는 한 이를 무효라고 할 수 없다.

[3] 저작권신탁관리업자인 甲 법인이 음악저작물 사용료 분배규정을 개정하여 유흥주점·단란주점·노래연습장 등 업소에서 노래반주기에 메들리 곡을 재생하는 것에 대하여 수록곡으로서의 공연사용료만 분배하고 로그데이터를 기반으로 한 공연사용료는 분배대상에서 제외하기로 하자, 음악저작자들로 甲 법인의 회원인 乙 등이 위 분배규정 개정은 신탁계약상 채무불이행 또는 불법행위에 해당하거나 현저히 불공정하여 무효라며 손해배상을 구한 사안에서, 위 업소가 노래반주기에 수록된 음악저작물을 영업시간 중 재생하는 것은 고객의 유무나 가창 여부에 상관없이 저작권법상 공연으로 볼 수 있으나, 위 분배규정의 개정은 음악저작물이 실제 이용되고 있는 비율이나 방식을 정확하게 파악하기 어려운 상황에서 음악저작물의 현실적인 이용 상황과 변화 등 다양한 여건을 고려한 것으로 보여 사회관념상 현저히 타당성을 잃은 것이라고 단정하기 어렵고, 또한 메들리 곡에 대한 공연사용료 중 로그데이터를 기반으로 한 공연사용료만을 분배대상에서 제외한 것일 뿐 분배 자체를 모두 부정한 것이 아니어서 저작권의 본질적 내용을 침해하는 것이라고 볼 수도 없으므로, 같은 취지에서 乙 등의 주장을 모두 배척한 원심판단은 정당하다고 한 사례.

**제41조(이사의 대표권에 대한 제한)** 이사의 대표권에 대한 제한은 이를 정관에 기재하지 아니하면 그 효력이 없다.

**제42조(사단법인의 정관의 변경)** ① 사단법인의 정관은 총사원 3분의 2 이상의 동의가 있는 때에 한하여 이를 변경할 수 있다. 그러나 정수에 관하여 정관에 다른 규정이 있는 때에는 그 규정에 의한다.
② 정관의 변경은 주무관청의 허가를 얻지 아니하면 그 효력이 없다.

**제43조(재단법인의 정관)** 재단법인의 설립자는 일정한 재산을 출연하고 제40조제1호 내지 제5호의 사항을 기재한 정관을 작성하여 기명날인하여야 한다.

**제44조(재단법인의 정관의 보충)** 재단법인의 설립자가 그 명칭, 사무소소재지 또는 이사임면의 방법을 정하지 아니하고 사망한 때에는 이해관계인 또는 검사의 청구에 의하여 법원이 이를 정한다.

**제45조(재단법인의 정관변경)** ① 재단법인의 정관은 그 변경방법을 정관에 정한 때에 한하여 변경할 수 있다.
② 재단법인의 목적달성 또는 그 재산의 보전을 위하여 적당한 때에는 전항의 규정에 불구하고 명칭 또는 사무소의 소재지를 변경할 수 있다.
③ 제42조제2항의 규정은 전2항의 경우에 준용한다.

**전세권설정등기말소**

[대법원 2021. 5. 7., 선고, 2020다289828, 판결]

**【판시사항】**

근로자직업능력 개발법 제32조 제1항에 따라 설립된 甲 비영리법인이 乙 등으로부터 건물을 임차하면서 임대차보증금을 전세금으로 하는 전세권설정등기를 마쳤고, 위 전세권을 기본재산으로 하는 정관변경을 하여 주무관청의 허가를 받았는데, 그 후 乙 등이 전세권 소멸통고를 하자, 甲 법인이 위 전세권 소멸통고는 주무관청의 허가를 받지 않아 무효라고 주장한 사안에서, 전세권을 기본재산으로 하는 정관의 변경에 대해 주무관청의 허가를 받은 이상 전세권 소멸통고에 대해 또다시 주무관청의 허가를 받을 필요가 없다고 본 원심판단에 법리오해 등의 잘못이 없다고 한 사례

【참조조문】

근로자직업능력 개발법 제32조 제1항, 제5항, 민법 제42조 제2항, 제45조 제3항

**제46조(재단법인의 목적 기타의 변경)** 재단법인의 목적을 달성할 수 없는 때에는 설립자나 이사는 주무관청의 허가를 얻어 설립의 취지를 참작하여 그 목적 기타 정관의 규정을 변경할 수 있다.

**제47조(증여, 유증에 관한 규정의 준용)** ① 생전처분으로 재단법인을 설립하는 때에는 증여에 관한 규정을 준용한다.

② 유언으로 재단법인을 설립하는 때에는 유증에 관한 규정을 준용한다.

**제48조(출연재산의 귀속시기)** ① 생전처분으로 재단법인을 설립하는 때에는 출연재산은 법인이 성립된 때로부터 법인의 재산이 된다.

② 유언으로 재단법인을 설립하는 때에는 출연재산은 유언의 효력이 발생한 때로부터 법인에 귀속한 것으로 본다.

**제49조(법인의 등기사항)** ① 법인설립의 허가가 있는 때에는 3주간내에 주된 사무소 소재지에서 설립등기를 하여야 한다.

② 전항의 등기사항은 다음과 같다.

1. 목적
2. 명칭
3. 사무소
4. 설립허가의 연월일
5. 존립시기나 해산이유를 정한 때에는 그 시기 또는 사유
6. 자산의 총액
7. 출자의 방법을 정한 때에는 그 방법
8. 이사의 성명, 주소
9. 이사의 대표권을 제한한 때에는 그 제한

**제50조(분사무소설치의 등기)** ① 법인이 분사무소를 설치한 때에는 주사무소소재지에서는 3주간내에 분사무소를 설치한 것을 등기하고 그 분사무소소재지에서는 동기간내에 전조제2항의 사항을 등기하고 다른 분사무소소재지에서는 동기간내에 그 분사무소를 설치한 것을 등기하여야 한다.

② 주사무소 또는 분사무소의 소재지를 관할하는 등기소의 관할구역내에 분사무소를 설치한 때에는 전항의 기간내에 그 사무소를 설치한 것을 등기하면 된다.

**제51조(사무소이전의 등기)** ① 법인이 그 사무소를 이전하는 때에는 구소재지에서는 3주간내에 이전등기를 하고 신소재지에서는 동기간내에 제49조제2항에 게기한 사항을 등기하여야 한다.

② 동일한 등기소의 관할구역내에서 사무소를 이전한 때에는 그 이전한 것을 등기하면 된다.

**제52조(변경등기)** 제49조제2항의 사항 중에 변경이 있는 때에는 3주간내에 변경등기를 하여야 한다.

**제52조의2(직무집행정지 등 가처분의 등기)** 이사의 직무집행을 정지하거나 직무대행자를 선임하는 가처분을 하거나 그 가처분을 변경·취소하는 경우에는 주사무소와 분사무소가 있는 곳의 등기소에서 이를 등기하여야 한다.

*[본조신설 2001. 12. 29.]*

**제53조(등기기간의 기산)** 전3조의 규정에 의하여 등기할 사항으로 관청의 허가를 요하는 것은 그 허가서가 도착한 날로부터 등기의 기간을 기산한다.

**제54조(설립등기 이외의 등기의 효력과 등기사항의 공고)** ①설립등기 이외의 본절의 등기사항은 그 등기후가 아니면 제삼자에게 대항하지 못한다.

② 등기한 사항은 법원이 지체없이 공고하여야 한다.

**제55조(재산목록과 사원명부)** ① 법인은 성립한 때 및 매년 3월내에 재산목록을 작성하여 사무소에 비치하여야 한다. 사업연도를 정한 법인은 성립한 때 및 그 연도말에 이를 작성하여야 한다.

② 사단법인은 사원명부를 비치하고 사원의 변경이 있는 때에는 이를 기재하여야 한다.

**제56조(사원권의 양도, 상속금지)** 사단법인의 사원의 지위는 양도 또는 상속할 수 없다.

## 제3절 기관

**제57조(이사)** 법인은 이사를 두어야 한다.

**제58조(이사의 사무집행)** ① 이사는 법인의 사무를 집행한다.

② 이사가 수인인 경우에는 정관에 다른 규정이 없으면 법인의 사무집행은 이사의 과반수로써 결정한다.

**제59조(이사의 대표권)** ① 이사는 법인의 사무에 관하여 각자 법인을 대표한다. 그러나 정관에 규정한 취지에 위반할 수 없고 특히 사단법인은 총회의 의결에 의하여야 한다.

② 법인의 대표에 관하여는 대리에 관한 규정을 준용한다.

**제60조(이사의 대표권에 대한 제한의 대항요건)** 이사의 대표권에 대한 제한은 등기하지 아니하면 제삼자에게 대항하지 못한다.

**제60조의2(직무대행자의 권한)** ① 제52조의2의 직무대행자는 가처분명령에 다른 정함이 있는 경우 외에는 법인의 통상사무에 속하지 아니한 행위를 하지 못한다. 다만,

법원의 허가를 얻은 경우에는 그러하지 아니하다.

② 직무대행자가 제1항의 규정에 위반한 행위를 한 경우에도 법인은 선의의 제3자에 대하여 책임을 진다.

*[본조신설 2001. 12. 29.]*

**제61조(이사의 주의의무)** 이사는 선량한 관리자의 주의로 그 직무를 행하여야 한다.

**제62조(이사의 대리인 선임)** 이사는 정관 또는 총회의 결의로 금지하지 아니한 사항에 한하여 타인으로 하여금 특정한 행위를 대리하게 할 수 있다.

**제63조(임시이사의 선임)** 이사가 없거나 결원이 있는 경우에 이로 인하여 손해가 생길 염려 있는 때에는 법원은 이해관계인이나 검사의 청구에 의하여 임시이사를 선임하여야 한다.

**관리비**

[대법원 2019. 9. 10., 선고, 2019다208953, 판결]

【판시사항】

[1] 적법한 대표자 자격이 없는 비법인 사단의 대표자가 한 소송행위를 후에 적법한 대표자가 추인한 경우, 행위 시에 소급하여 효력을 가지게 되는지 여부(적극) 및 이러한 추인은 상고심에서도 할 수 있는지 여부(적극)

[2] 비법인 사단에 대하여 민법 제63조에 의하여 법원이 선임한 임시이사가 정식이사와 동일한 권한을 가지는지 여부(원칙적 적극)

[3] 구 유통산업발전법에 따른 대규모점포의 개설등록 및 구 재래시장 및 상점가 육성을 위한 특별법에 따른 시장관리자 지정이 '수리를 요하는 신고'로서 행정처분에 해당하는지 여부(적극) / 이에 따른 대규모점포개설자의 지위 및 시장관리자의 지위는 위 행정처분이 당연무효이거나 적법하게 취소되지 않는 한 유효하게 유지되는지 여부(적극)

[4] 구 유통산업발전법상 대규모점포개설자 또는 대규모점포관리자가 대규모점포의 구분소유자들이나 그들에게서 점포를 임차하여 매장을 운영하는 상인들에 대하여 관리비 징수권을 행사할 수 있는지 여부(적극) 및 이때 집합건물의 소유 및 관리에 관한 법률에 따른 관리단을 상대로 직접 관리비를 청구할 수 있는지 여부(원칙적 소극)

[5] 구 재래시장 및 상점가 육성을 위한 특별법 제67조 제1항, 제2항에 따라 시장관리자로 지정된 자가 상인들을 상대로 업무수행에 소요되는 경비를 부과·징수할 수 있는지 여부(적극) 및 이때 집합건물의 소유 및 관리에 관한 법률에 따른 관리단을 상대로 경비의 부과·징수권을 행사할 수 있는지 여부(원칙적 소극) / 이러한 법리는 현행 전통시장 및 상점가 육성을 위한 특별법이 적용되는 사안에 대해서도 동일하게 적용되는지 여부(적극)

【판결요지】

[1] 적법한 대표자 자격이 없는 비법인 사단의 대표자가 한 소송행위는 후에 대표자 자격을 적법하게 취득한 대표자가 소송행위를 추인하면 행위 시에 소급하여 효력을 가지게 되고, 이러한 추인은 상고심에서도 할 수 있다.

[2] 비법인 사단에 대하여 민법 제63조에 의하여 법원이 선임한 임시이사는 원칙적으로 정식이사와 동일한 권한을 가진다.

[3] 구 유통산업발전법(2012. 6. 1. 법률 제11461호로 개정되기 전의 것, 이하 '구 유통산업발전법'이라고 한다) 제8조 제1항, 제9조, 구 유통산업발전법 시행규칙(2012. 10. 5. 지식경제부령 제271호로 개정되기 전의 것) 제5조 제1항, 구 재래시장 및 상점가 육성을 위한 특별법(2007. 12. 27. 법률 제8803호로 개정되기 전의 것, 이하 '구 재래시장법'이라고 한다) 제67조 제1항, 구 재래시장 및 상점가 육성을 위한 특별법 시행규칙(2010. 6. 30. 지식경제부령 제135호로 개정되기 전의 것) 제14조 제1항, 제2항의 내용과 체계에 비추어 보면, 구 유통산업발전법에 따른 대규모점포의 개설등록 및 구 재래시장법에 따른 시장관리자 지정은 행정청이 실체적 요건에 관한 심사를 한 후 수리하여야 하는 이른바 '수리를 요하는 신고'로서 행정처분에 해당한다.

그러므로 이러한 행정처분에 당연무효에 이를 정도의 중대하고도 명백한 하자가 존재하거나 그 처분이 적법한 절차에 의하여 취소되지 않는 한 구 유통산업발전법에 따른 대규모점포개설자의 지위 및 구 재래시장법에 따른 시장관리자의 지위는 공정력을 가진 행정처분에 의하여 유효하게 유지된다고 봄이 타당하다.

[4] 구 유통산업발전법(2012. 6. 1. 법률 제11461호로 개정되기 전의 것, 이하 '구 유통산업발전법'이라고 한다) 제12조 제1항 제3호는 대규모점포개설자가 수행하는 업무로서 '그 밖에 대규모점포의 유지·관리를 위하여 필요한 업무'를 규정하고 있고, 제4항은 매장이 분양된 대규모점포에서는 제1항 각호의 업무 중 구분소유와 관련된 사항에 대하여는 집합건물의 소유 및 관리에 관한 법률에 따른다고 규정함으로써 대규모점포의 관리에 있어서 구분소유자와 입점상인 사이의 이해관계를 조절하고 있다. 여기서 대규모점포개설자 또는 대규모점포관리자의 업무에서 제외되는 '구분소유와 관련된 사항'이란 대규모점포의 유지·관리 업무 중 그 업무를 대규모점포개설자 또는 대규모점포관리자에게 허용하면 점포소유자들의 소유권 행사와 충돌되거나 구분소유자들의 소유권을 침해할 우려가 있는 사항이라고 해석되므로, 당해 대규모점포의 운영·관리를 위해 부과되는 관리비 징수는 대규모점포의 본래의 유지·관리를 위하여 필요한 업무에 속한다. 그리고 이러한 법리는 유통산업발전법이 2017. 10. 31. 법률 제14997호로 개정됨에 따라 대규모점포관리자의 입점상인에 대한 관리비 등 청구권에 관한 규정이 제12조의3에 신설되어 시행·적용되기 전까지의 사안에 대하여 그대로 적용된다고 봄이 타당하다.

그러나 위와 같이 대규모점포개설자 또는 대규모점포관리자에게 점포에 대한 관리비 징수권이 부여되더라도, 이는 대규모점포의 구분소유자들이나 그들로부터 임차하여 대규모점포의 매장을 운영하고 있는 상인들에 대해서만 행사할 수 있을 뿐, 관리단과 사이에 관리비 징수에 관한 약정이 체결되는 등 특별한 사정이 없는 한 대규모점포개설자 또는 대규모점포관리자가 관리단을 상대로 직접 관리비를 청구할 수는 없다. 관리단은 대규모점포의 구분소유자들이나 위 상인들과는 별개의 권리·의무 주체일 뿐 아니라, 대규모점포개설자 또는 대규모점포관리자가 관리단으로부터 직접 관리비를 징수할 수 있다거나 관리비 납부에 관하여 관리단을 수범자로 하는 아무런 근거 규정이 존재하지 않기 때문이다. 관련하여 2017. 10. 31. 법률 제14997호로 개정된 유통산업발전법 제12조의3 제1항은 "대규모점포 등 관리자는 대규모점포 등을 유지·관리하기 위한 관리비를 입점상인에게 청구·수령하고 그 금원을 관리할 수 있다."라고 규정하여 대규모점포 등 관리자가 입점상인에 대하여 관리비의 징수권이 있음을 명문화하면서도 관리단에 대하여는 어떠한 규정도 두고 있지 않다.

[5] 구 재래시장 및 상점가 육성을 위한 특별법(2007. 12. 27. 법률 제8803호로 개정되기 전의 것, 이하 '구 재래시장법'이라고 한다) 제67조 제1항, 제2항, 제65조 제1항, 제3항 전문, 제4항 제5호, 제5항의 내용과 체계에 비추어 보면, 상인회가 구 재래시장법 제67조 제1항 및 제2항 제1호에 따라 시장관리자로 지정될 경우 상업기반시설의 유지 및 관리, 화재의 예방, 청소 및 방범 활동 등의 업무를 수행함과 아울러, 회원인 상인들을 상대로 이러한 업무수행에 소요되는 경비를 부과·징수할 수 있고, 이는 상인회 외에 구 재래시장법 제67조 제2항 각호에 규정된 나머지 자들이 시장관리자로 지정될 경우에도 마찬가지라고 봄이 타당하다. 나아가 이와 같이 시장관리자에게 부여되는 경비의 부과·징수권은 구 유통산업발전법(2012. 6. 1. 법률 제11461호로 개정되기 전의 것)상의 대규모점포개설자 또는 대규모점포관리자의 경우와 마찬가지로 상인들에 대하여 행사할 수 있는 것이지, 이와는 별개 주체인 관리단에 대해서는 관리단이 시장관리자에게 직접 경비를 지급하기로 약정하는 등 특별한 사정이 없는 한 이를 행사할 수 없다고 보아야 한다. 이러한 법리는 구 재래시장법상의 규정들이 여러 차례의 개정과 법률명칭 변경을 거친 현행 전통시장 및 상점가 육성을 위한 특별법하에서도 실질적인 내용 변경 없이 유지되고 있는 이상, 현행법이 적용되는 사안에 대해서도 동일하게 적용된다.

**第64조(특별대리인의 선임)** 법인과 이사의 이익이 상반하는 사항에 관하여는 이사는 대표권이 없다. 이 경우에는 전조의 규정에 의하여 특별대리인을 선임하여야 한다.

**第65조(이사의 임무해태)** 이사가 그 임무를 해태한 때에는 그 이사는 법인에 대하여 연대하여 손해배상의 책임이 있다.

**第66조(감사)** 법인은 정관 또는 총회의 결의로 감사를 둘 수 있다.

**第67조(감사의 직무)** 감사의 직무는 다음과 같다.

1. 법인의 재산상황을 감사하는 일
2. 이사의 업무집행의 상황을 감사하는 일
3. 재산상황 또는 업무집행에 관하여 부정, 불비한 것이 있음을 발견한 때에는 이를 총회 또는 주무관청에 보고하는 일
4. 전호의 보고를 하기 위하여 필요있는 때에는 총회를 소집하는 일

**第68조(총회의 권한)** 사단법인의 사무는 정관으로 이사 또는 기타 임원에게 위임한 사항외에는 총회의 결의에 의하여야 한다.

**정산금청구의소**

**[주택조합의 채권자가 주택조합을 대위하여 조합원에 대하여 분담금을 청구한 사건]**

[대법원 2021. 12. 30., 선고, 2017다203299, 판결]

【판시사항】

구 주택건설촉진법에 따라 설립된 주택조합이 사업을 수행하면서 부담하게 된 채무를 조합의 재산으로 변제할 수 없게 된 경우, 조합원이 곧바로 조합에 대해 지분 비율에 따른 분담금 채무를 부담하는지 여부(원칙적 소극)

【판결요지】

구 주택건설촉진법(2003. 5. 29. 법률 제6916호 주택법으로 전부 개정되기 전의 것)에

의하여 설립된 주택조합은 민법상 조합이 아니라 비법인 사단에 해당하므로, 민법의 법인에 관한 규정 중 법인격을 전제로 하는 조항을 제외한 나머지 조항들이 원칙적으로 준용된다. 따라서 그 조합이 사업을 수행하면서 부담하게 된 채무를 조합의 재산으로 변제할 수 없게 되었다고 하더라도 그 채무는 조합에 귀속되고, 정관 기타 규약에 따라 조합원총회 등에서 조합의 자산과 부채를 정산하여 그 채무초과분을 조합원들에게 분담시키는 결의를 하지 않는 한, 조합원이 곧바로 조합에 대하여 그 지분 비율에 따른 분담금 채무를 부담하지 않는다.

**제69조(통상총회)** 사단법인의 이사는 매년 1회 이상 통상총회를 소집하여야 한다.

**제70조(임시총회)** ① 사단법인의 이사는 필요하다고 인정한 때에는 임시총회를 소집할 수 있다.

② 총사원의 5분의 1 이상으로부터 회의의 목적사항을 제시하여 청구한 때에는 이사는 임시총회를 소집하여야 한다. 이 정수는 정관으로 증감할 수 있다.

③ 전항의 청구있는 후 2주간내에 이사가 총회소집의 절차를 밟지 아니한 때에는 청구한 사원은 법원의 허가를 얻어 이를 소집할 수 있다.

**제71조(총회의 소집)** 총회의 소집은 1주간전에 그 회의의 목적사항을 기재한 통지를 발하고 기타 정관에 정한 방법에 의하여야 한다.

**소유권이전등기**

[대법원 2021. 11. 11., 선고, 2021다238902, 판결]

【판시사항】

[1] 종중이 당사자인 사건에서 이미 제출된 자료들에 의하여 종중 대표자에게 적법한 대표권이 있는지에 의심이 갈만한 사정이 있는 경우, 법원이 이를 심리, 조사할 의무가 있는지 여부(적극)

[2] 남자 종중원들에게만 소집통지를 하여 개최된 종중 총회에서 이루어진 결의의 효력(무효)

[3] 고유 의미의 종중이 공동선조의 후손 중 일부를 임의로 종원에서 배제할 수 있는지 여부(소극) 및 공동선조의 후손 중 특정 범위 내의 종원만으로 조직체를 구성하여 활동하는 단체의 법적 성격(=종중 유사의 권리능력 없는 사단) / 어떠한 단체가 종중 유사의 권리능력 없는 사단을 표방하면서 그 단체에 권리가 귀속되어야 한다고 주장하는 경우, 증명이 필요한 사항들 / 종중 유사의 권리능력 없는 사단의 성립과 소유권 귀속이 인정되는지 판단할 때, 특히 고려하여야 할 사항

[4] 공동선조의 후손들로 구성된 甲 단체의 회칙에는 구성원의 자격을 '남자'로 한정하는 내용이 없었으나, 공동선조의 자손은 성별의 구별 없이 종중원이 된다는 취지의 대법원 전원합의체 판결이 있은 후 甲 단체가 자신의 실체를 고유 의미의 종중이 아니라 종중 유사의 권리능력 없는 사단이라고 표방하면서 구성원의 자격을 공동선조의 후손 중 남자로 제한하는 내용의 회칙을 마련하였는데, 그 후 위 회칙에 따라 남자들에게만 소집통지를 하여 개최한 총회에서 대표자로 선출된 乙이 甲 단체를 대표하여 소송을 제기한 사안에서, 위 소는 적법한 대표자에 의해 제기된 것이 아니어서 부적법하다고 볼 여지가 상당한데도, 대표권의 적법성에 관한 심리, 조사 없이 본안으로 나아간 원심의 판단에 법리오해 등 잘못이 있다고 한 사례

【판결요지】

[1] 종중이 당사자인 사건에서 종중의 대표자에게 적법한 대표권이 있는지는 소송요건에 관한 것으로서 법원의 직권조사사항이므로, 법원으로서는 그 판단의 기초자료인 사실과 증거를 직권으로 탐지할 의무까지는 없다 하더라도, 이미 제출된 자료들에 의하여 그 대표권의 적법성에 의심이 갈만한 사정이 엿보인다면 상대방이 이를 구체적으로 지적하여 다투지 않더라도 이에 관하여 심리, 조사할 의무가 있다.

[2] 종중 총회를 개최함에 있어서는, 특별한 사정이 없는 한 족보 등에 의하여 소집통지 대상이 되는 종중원의 범위를 확정한 후 국내에 거주하고 소재가 분명하여 통지가 가능한 모든 종중원에게 개별적으로 소집통지를 함으로써 각자가 회의와 토의 및 의결에 참가할 수 있는 기회를 주어야 하므로, 일부 종중원에 대한 소집통지 없이 개최된 종중 총회에서의 결의는 그 효력이 없다. 대법원 2005. 7. 21. 선고 2002다1178 전원합의체 판결 이후에는 공동선조의 자손인 성년 여자도 종중원이므로, 종중 총회 당시 남자 종중원들에게만 소집통지를 하고 여자 종중원들에게 소집통지를 하지 않은 경우 그 종중 총회에서의 결의는 효력이 없다.

[3] 고유 의미의 종중(이하 '고유 종중'이라 한다)이란 공동선조의 분묘 수호와 제사, 종원 상호 간 친목 등을 목적으로 하는 자연발생적인 관습상 종족집단체로서 특별한 조직행위를 필요로 하는 것이 아니고, 공동선조의 후손은 그 의사와 관계없이 성년이 되면 당연히 구성원(종원)이 되는 것이며 그중 일부 종원을 임의로 종원에서 배제할 수 없다. 따라서 공동선조의 후손 중 특정 범위 내의 자들만으로 구성된 종중이란 있을 수 없으므로, 만일 공동선조의 후손 중 특정 범위 내의 종원만으로 조직체를 구성하여 활동하고 있다면 이는 본래 의미의 종중으로는 볼 수 없고, 종중 유사의 권리능력 없는 사단(이하 '종중 유사단체'라 한다)이 될 수 있을 뿐이다.

종중 유사단체는 비록 그 목적이나 기능이 고유 종중과 별다른 차이가 없다 하더라도 공동선조의 후손 중 일부에 의하여 인위적인 조직행위를 거쳐 성립된 경우에는 사적 임의단체라는 점에서 고유 종중과 그 성질을 달리하므로, 그러한 경우에는 사적 자치의 원칙 내지 결사의 자유에 따라 구성원의 자격이나 가입조건을 자유롭게 정할 수 있으나, 어떠한 단체가 고유 의미의 종중이 아니라 종중 유사단체를 표방하면서 그 단체에 권리가 귀속되어야 한다고 주장하는 경우, 우선 권리 귀속의 근거가 되는 법률행위나 사실관계 등이 발생할 당시 종중 유사단체가 성립하여 존재하는 사실을 증명하여야 하고, 다음으로 당해 종중 유사단체에 권리가 귀속되는 근거가 되는 법률행위 등 법률요건이 갖추어져 있다는 사실을 증명하여야 한다.

특히 자연발생적으로 형성된 고유 종중이 아니라 그 구성원 중 일부만으로 범위를 제한한 종중 유사단체의 성립 및 소유권 귀속을 인정하려면, 고유 종중이 소를 제기하는 데 필요한 여러 절차(종중원 확정, 종중 총회 소집, 총회 결의, 대표자 선임 등)를 우회하거나 특정 종중원을 배제하기 위한 목적에서 종중 유사단체를 표방하였다고 볼 여지가 없는지 신중하게 판단하여야 한다.

[4] 공동선조의 후손들로 구성된 甲 단체의 회칙에는 구성원의 자격을 '남자'로 한정하는 내용이 없었으나, 공동선조의 자손은 성별의 구별 없이 종중원이 된다는 취지의 대법원 전원합의체 판결이 있은 후 甲 단체가 자신의 실체를 고유 의미의 종중이 아니라 종중 유사의 권리능력 없는 사단이라고 표방하면서 구성원의 자격을 공동선조의 후손 중 남자로 제한하는 내용의 회칙을 마련하였는데, 그 후 위 회칙에 따라 남자들에게만

소집통지를 하여 개최한 총회에서 대표자로 선출된 乙이 甲 단체를 대표하여 소송을 제기한 사안에서, 甲 단체는 실체가 고유 의미의 종중임에도 총회를 개최하면서 남자 종중원들에게만 소집통지를 하고 여자 종중원들에게는 소집통지를 하지 않은 것으로 보이므로, 위 총회에서 이루어진 대표자 선출 결의는 무효이고, 따라서 위 소는 적법한 대표자에 의해 제기된 것이 아니어서 부적법하다고 볼 여지가 상당한데도, 대표권의 적법성에 관한 심리, 조사 없이 본안으로 나아간 원심의 판단에는 법리오해 등 잘못이 있다고 한 사례.

**제72조(총회의 결의사항)** 총회는 전조의 규정에 의하여 통지한 사항에 관하여서만 결의할 수 있다. 그러나 정관에 다른 규정이 있는 때에는 그 규정에 의한다.

**제73조(사원의 결의권)** ① 각 사원의 결의권은 평등으로 한다.
② 사원은 서면이나 대리인으로 결의권을 행사할 수 있다.
③ 전2항의 규정은 정관에 다른 규정이 있는 때에는 적용하지 아니한다.

**제74조(사원이 결의권없는 경우)** 사단법인과 어느 사원과의 관계사항을 의결하는 경우에는 그 사원은 결의권이 없다.

**제75조(총회의 결의방법)** ① 총회의 결의는 본법 또는 정관에 다른 규정이 없으면 사원 과반수의 출석과 출석사원의 결의권의 과반수로써 한다.
② 제73조제2항의 경우에는 당해사원은 출석한 것으로 한다.

**대여금**

[대법원 2023. 2. 2., 선고, 2019다232277, 판결]

【판시사항】

[1] 일부무효 법리를 정한 민법 제137조에서 '당사자의 의사'의 의미 / 여러 개의 계약 전부가 경제적, 사실적으로 일체로서 행하여져 하나의 계약인 것과 같은 관계에 있는 경우, 법률행위의 일부무효 법리가 적용되는지 여부(적극) 및 이때 계약 전부가 일체로서 하나의 계약인 것과 같은 관계에 있는지 판단하는 방법

[2] 甲 주택재개발정비사업조합설립추진위원회가 주택재개발사업을 시행하기 위해 乙 주식회사를 시공사로 선정하는 결의를 한 후, 乙 회사와 공사도급계약을 체결하면서 乙 회사가 甲 추진위원회에 정비사업 시행을 위하여 소요되는 자금을 대여하는 내용의 소비대차약정을 체결하였는데, 시공사 선정결의와 공사도급계약이 무효가 되어 소비대차약정도 무효가 되는지 문제 된 사안에서, 제반 사정에 비추어 甲 추진위원회와 乙 회사는 공사도급계약과 소비대차약정을 체결할 당시 공사도급계약이 무효로 된다고 하더라도 소비대차약정을 체결, 유지하려는 의사가 있었다고 볼 여지가 있는데도, 이와 달리 본 원심판단에 심리미진 등의 잘못이 있다고 한 사례

【판결요지】

[1] 법률행위의 일부분이 무효인 때에는 그 전부를 무효로 하나, 그 무효 부분이 없더라도 법률행위를 하였을 것이라고 인정될 때에는 나머지 부분은 무효가 되지 아니한다(민법 제137조). 여기서 당사자의 의사는 법률행위의 일부가 무효임을 법률행위 당시에 알았다면 의욕하였을 가정적 효과의사를 가리키는 것이다. 그리고 이와 같은 법률행위의 일부무효 법리는 여러 개의 계약이 체결된 경우에 그 계약 전부가 경제적, 사실적으로

일체로서 행하여져서 하나의 계약인 것과 같은 관계에 있는 경우에도 적용된다. 이때 그 계약 전부가 일체로서 하나의 계약인 것과 같은 관계에 있는 것인지의 여부는 계약 체결의 경위와 목적 및 당사자의 의사 등을 종합적으로 고려하여 판단해야 한다.

[2] 甲 주택재개발정비사업조합설립추진위원회가 주택재개발사업을 시행하기 위해 乙 주식회사를 시공사로 선정하는 결의를 한 후, 乙 회사와 공사도급계약을 체결하면서 乙 회사가 甲 추진위원회에 정비사업 시행을 위하여 소요되는 자금을 대여하는 내용의 소비대차약정을 체결하였는데, 시공사 선정결의와 공사도급계약이 무효가 되어 소비대차약정도 무효가 되는지 문제 된 사안에서, 甲 추진위원회와 乙 회사는 추진위원회 단계에서 이루어진 시공사 선정결의의 법적 효력이 분명하지 않아 공사도급계약이 무효로 될 가능성이 있었음에도 공사도급계약을 체결하였고 거기에 소비대차약정도 포함시킨 점, 甲 추진위원회와 乙 회사는 공사도급계약이 무효가 된다고 하더라도 장차 조합이 설립되면 조합 총회 결의를 통하여 추진위원회 단계에서 이루어진 시공사 선정결의나 공사도급계약이 유효로 될 수 있다는 사정을 염두에 두었다고도 볼 수 있는 점, 乙 회사는 시공사 선정결의에 관하여 무효확인을 구하는 소가 계속 중인데도 지속적으로 甲 추진위원회에 금전을 대여하고 일부 대여금에 관하여는 추가로 소비대차계약 공정증서를 작성받기도 한 점 등에 비추어 보면, 甲 추진위원회와 乙 회사는 공사도급계약과 소비대차약정을 체결할 당시 공사도급계약이 무효로 된다고 하더라도 소비대차약정을 체결, 유지하려는 의사가 있었다고 볼 여지가 있는데도, 이와 달리 본 원심판단에 심리미진 등의 잘못이 있다고 한 사례.

**제76조(총회의 의사록)** ① 총회의 의사에 관하여는 의사록을 작성하여야 한다.

② 의사록에는 의사의 경과, 요령 및 결과를 기재하고 의장 및 출석한 이사가 기명날인하여야 한다.

③ 이사는 의사록을 주된 사무소에 비치하여야 한다.

## 제4절 해산

**제77조(해산사유)** ① 법인은 존립기간의 만료, 법인의 목적의 달성 또는 달성의 불능 기타 정관에 정한 해산사유의 발생, 파산 또는 설립허가의 취소로 해산한다.

② 사단법인은 사원이 없게 되거나 총회의 결의로도 해산한다.

**제78조(사단법인의 해산결의)** 사단법인은 총사원 4분의 3 이상의 동의가 없으면 해산을 결의하지 못한다. 그러나 정관에 다른 규정이 있는 때에는 그 규정에 의한다.

**제79조(파산신청)** 법인이 채무를 완제하지 못하게 된 때에는 이사는 지체없이 파산신청을 하여야 한다.

**제80조(잔여재산의 귀속)** ① 해산한 법인의 재산은 정관으로 지정한 자에게 귀속한다.

② 정관으로 귀속권리자를 지정하지 아니하거나 이를 지정하는 방법을 정하지 아니한 때에는 이사 또는 청산인은 주무관청의 허가를 얻어 그 법인의 목적에 유사한 목적을 위하여 그 재산을 처분할 수 있다. 그러나 사단법인에 있어서는 총회의 결의가 있어야 한다.

③ 전2항의 규정에 의하여 처분되지 아니한 재산은 국고에 귀속한다.

**손해배상(기)**

[서울중앙지법 2023. 2. 22., 선고, 2022가단5093918, 판결 : 확정]

【판시사항】

공정거래위원회로부터 부당한 경쟁제한행위를 하였다는 이유로 시정명령 및 과징금 부과처분을 받은 甲 조합이 행정소송을 제기하여 과징금 계산이 잘못되었다는 이유로 위 처분을 취소하는 판결을 받은 다음 조합 해산 결의를 하였고, 이후 공정거래위원회가 과징금을 다시 산정하여 甲 조합에 부과 처분을 하자, 甲 조합이 잔여재산분배 등으로 조합계좌 잔고를 0원으로 만들어, 대한민국이 甲 조합 이사장 乙을 상대로 甲 조합이 위 2차 처분에 기한 과징금 납부의무를 회피하고자 서둘러 청산절차에 나아갔다는 등의 이유로 손해배상을 구한 사안에서, 乙의 행위는 민법 제750조가 규정하는 불법행위에 해당한다고 한 사례

【판결요지】

공정거래위원회로부터 부당한 경쟁제한행위를 하였다는 이유로 시정명령 및 과징금 부과처분(이하 '1차 처분'이라 한다)을 받은 甲 조합이 행정소송을 제기하여 과징금 계산이 잘못되었다는 이유로 1차 처분을 취소하는 판결을 받은 다음 조합 해산 결의를 하였고, 이후 공정거래위원회가 과징금을 다시 산정하여 조합에 부과 처분(이하 '2차 처분'이라 한다)을 하자, 甲 조합이 잔여재산분배 등으로 조합계좌 잔고를 0원으로 만들어, 대한민국이 甲 조합 이사장 乙을 상대로 甲 조합이 2차 처분에 기한 과징금 납부의무를 회피하고자 서둘러 청산절차에 나아갔다는 등의 이유로 손해배상을 구한 사안이다.

甲 조합은 비영리법인으로서 해산 및 청산에 관하여는 중소기업협동조합법의 규정 외 민법의 규정이 적용된다고 할 것인데, ① 민법은 청산인으로 하여금 취임한 날로부터 2월 내에 3회 이상의 공고로 채권자에 대하여 일정한 기간 내에 그 채권을 신고할 것을 최고하여야 하고, 청산인은 채권신고기간 내에는 채권자에 대하여 변제하지 못하도록 하고 있는 점, ② 乙은 공정거래위원회의 1차 처분에 기한 과징금 부과 자체는 적법하나 과징금의 액수 산정이 잘못되어 다시 산정하여야 한다는 것을 잘 알고 있었던 것으로 보이는 점, ③ 공정거래위원회의 담당자는 乙과 통화하면서 1차 처분에 기한 과징금을 환급하고 다시 과징금을 산정할 것이라는 점을 설명한 뒤 과징금을 환급해 주었던 점, ④ 甲 조합은 특별한 사정변경이 없음에도 조합총회를 개최하여 해산을 결의하고 서둘러 청산절차를 밟게 되었으며, 乙은 청산인으로 직무를 수행하면서 채권신고 공고에 관한 규정을 위반하여 3회 이상 공고하지 않았던 점, ⑤ 甲 조합은 채권을 신고하도록 공고하고도 그 만기가 되기 전에 채권자에 대한 변제를 계속하였고, 공정거래위원회에 2차 처분에 관한 의견서를 제출하면서 잔고가 0원이라고 거짓 진술한 점, ⑥ 2차 처분에 관한 의결서 및 과징금 고지서가 甲 조합에 도착하자 乙은 즉시 채권자들에 대한 남은 변제절차를 진행하고 최종적으로 남은 돈을 조합원들에게 분배하는 등 조합의 잔고를 0원으로 만든 점 등에 비추어, 乙의 행위는 민법 제750조가 규정하는 불법행위에 해당한다고 한 사례이다.

**제81조(청산법인)** 해산한 법인은 청산의 목적범위내에서만 권리가 있고 의무를 부담한다.

**추진위원변경신고반려처분취소**

[대법원 2016. 12. 15., 선고, 2013두17473, 판결]

【판시사항】

주택재개발정비사업을 위한 추진위원회가 조합설립인가처분을 받아 조합이 법인으로 성립된 후 조합설립인가처분이 법원의 판결에 의하여 취소된 경우, 추진위원회가 지위를 회복

하여 조합설립추진 업무를 계속 수행할 수 있는지 여부(적극)

【판결요지】

구 도시 및 주거환경정비법(2012. 2. 1. 법률 제11293호로 개정되기 전의 것, 이하 '구 도시정비법'이라 한다) 제13조 제1항 본문, 제14조, 제15조 제4항, 제5항, 제16조, 제18조, 제19조 제1항, 제85조 제4호, 제27조, 민법 제77조 제1항, 제81조 등 관련 규정의 내용, 형식 및 취지에 비추어 보면, 주택재개발정비사업을 위한 추진위원회는 조합의 설립을 목적으로 하는 비법인사단으로서 추진위원회가 행한 업무와 관련된 권리와 의무는 구 도시정비법 제16조에 의한 조합설립인가처분을 받아 법인으로 설립된 조합에 모두 포괄승계되므로, 원칙적으로 조합설립인가처분을 받은 조합이 설립등기를 마쳐 법인으로 성립하게 되면 추진위원회는 목적을 달성하여 소멸한다. 그러나 그 후 조합설립인가처분이 법원의 판결에 의하여 취소된 경우에는 추진위원회가 지위를 회복하여 다시 조합설립인가신청을 하는 등 조합설립추진 업무를 계속 수행할 수 있다.

**제82조(청산인)** 법인이 해산한 때에는 파산의 경우를 제하고는 이사가 청산인이 된다. 그러나 정관 또는 총회의 결의로 달리 정한 바가 있으면 그에 의한다.

**제83조(법원에 의한 청산인의 선임)** 전조의 규정에 의하여 청산인이 될 자가 없거나 청산인의 결원으로 인하여 손해가 생길 염려가 있는 때에는 법원은 직권 또는 이해관계인이나 검사의 청구에 의하여 청산인을 선임할 수 있다.

**제84조(법원에 의한 청산인의 해임)** 중요한 사유가 있는 때에는 법원은 직권 또는 이해관계인이나 검사의 청구에 의하여 청산인을 해임할 수 있다.

**제85조(해산등기)** ① 청산인은 파산의 경우를 제하고는 그 취임후 3주간내에 해산의 사유 및 연월일, 청산인의 성명 및 주소와 청산인의 대표권을 제한한 때에는 그 제한을 주된 사무소 및 분사무소소재지에서 등기하여야 한다.

② 제52조의 규정은 전항의 등기에 준용한다.

**제86조(해산신고)** ① 청산인은 파산의 경우를 제하고는 그 취임후 3주간내에 전조제1항의 사항을 주무관청에 신고하여야 한다.

② 청산중에 취임한 청산인은 그 성명 및 주소를 신고하면 된다.

**제87조(청산인의 직무)** ① 청산인의 직무는 다음과 같다.

1. 현존사무의 종결
2. 채권의 추심 및 채무의 변제
3. 잔여재산의 인도

② 청산인은 전항의 직무를 행하기 위하여 필요한 모든 행위를 할 수 있다.

**제88조(채권신고의 공고)** ① 청산인은 취임한 날로부터 2월내에 3회 이상의 공고로 채권자에 대하여 일정한 기간내에 그 채권을 신고할 것을 최고하여야 한다. 그 기간은 2월 이상이어야 한다.

② 전항의 공고에는 채권자가 기간내에 신고하지 아니하면 청산으로부터 제외될 것을 표시하여야 한다.

③ 제1항의 공고는 법원의 등기사항의 공고와 동일한 방법으로 하여야 한다.

**제89조(채권신고의 최고)** 청산인은 알고 있는 채권자에게 대하여는 각각 그 채권신고를 최고하여야 한다. 알고 있는 채권자는 청산으로부터 제외하지 못한다.

**근저당권설정등기말소**

[대법원 2018. 11. 9., 선고, 2015다75308, 판결]

**【판시사항】**

[1] 민법 제1034조 제1항에 따라 배당변제를 받을 수 있는 '한정승인자가 알고 있는 채권자'에 해당하는지 판단하는 기준 시점(=한정승인자가 배당변제를 하는 시점)

[2] 법원의 석명권 행사의 내용 및 한계

**【판결요지】**

[1] 한정승인자는 한정승인을 한 날로부터 5일 내에 일반상속채권자와 유증받은 자에 대하여 한정승인의 사실과 일정한 기간(이하 '신고기간'이라고 한다) 내에 그 채권 또는 수증을 신고할 것을 공고하여야 하고, 알고 있는 채권자에게는 각각 그 채권신고를 최고하여야 한다(민법 제1032조 제1항, 제2항, 제89조). 신고기간이 만료된 후 한정승인자는 상속재산으로서 그 기간 내에 신고한 채권자와 '한정승인자가 알고 있는 채권자'에 대하여 각 채권액의 비율로 변제(이하 '배당변제'라고 한다)하여야 한다(민법 제1034조 제1항 본문). 반면 신고기간 내에 신고하지 아니한 상속채권자 및 유증받은 자로서 '한정승인자가 알지 못한 자'는 상속재산의 잔여가 있는 경우에 한하여 변제를 받을 수 있다(민법 제1039조 본문). 여기서 민법 제1034조 제1항에 따라 배당변제를 받을 수 있는 '한정승인자가 알고 있는 채권자'에 해당하는지 여부는 한정승인자가 채권신고의 최고를 하는 시점이 아니라 배당변제를 하는 시점을 기준으로 판단하여야 한다. 따라서 한정승인자가 채권신고의 최고를 하는 시점에는 알지 못했더라도 그 이후 실제로 배당변제를 하기 전까지 알게 된 채권자가 있다면 그 채권자는 민법 제1034조 제1항에 따라 배당변제를 받을 수 있는 '한정승인자가 알고 있는 채권자'에 해당한다.

[2] 법원의 석명권 행사는 당사자의 주장에 모순된 점이 있거나 불완전·불명료한 점이 있을 때에 이를 지적하여 정정·보충할 수 있는 기회를 주고, 계쟁 사실에 대한 증거의 제출을 촉구하는 것을 그 내용으로 하는 것으로, 당사자가 주장하지도 아니한 법률효과에 관한 요건사실이나 독립된 공격방어방법을 시사하여 그 제출을 권유함과 같은 행위를 하는 것은 변론주의의 원칙에 위배되는 것으로 석명권 행사의 한계를 일탈하는 것이 된다.

**제90조(채권신고기간내의 변제금지)** 청산인은 제88조제1항의 채권신고기간내에는 채권자에 대하여 변제하지 못한다. 그러나 법인은 채권자에 대한 지연손해배상의 의무를 면하지 못한다.

**제91조(채권변제의 특례)** ① 청산 중의 법인은 변제기에 이르지 아니한 채권에 대하여도 변제할 수 있다.

② 전항의 경우에는 조건있는 채권, 존속기간의 불확정한 채권 기타 가액의 불확정한 채권에 관하여는 법원이 선임한 감정인의 평가에 의하여 변제하여야 한다.

**제92조(청산으로부터 제외된 채권)** 청산으로부터 제외된 채권자는 법인의 채무를 완제한 후 귀속권리자에게 인도하지 아니한 재산에 대하여서만 변제를 청구할 수 있다.

**제93조(청산중의 파산)** ① 청산중 법인의 재산이 그 채무를 완제하기에 부족한 것이 분명하게 된 때에는 청산인은 지체없이 파산선고를 신청하고 이를 공고하여야 한다.
② 청산인은 파산관재인에게 그 사무를 인계함으로써 그 임무가 종료한다.
③ 제88조제3항의 규정은 제1항의 공고에 준용한다.

**제94조(청산종결의 등기와 신고)** 청산이 종결한 때에는 청산인은 3주간내에 이를 등기하고 주무관청에 신고하여야 한다.

**제95조(해산, 청산의 검사, 감독)** 법인의 해산 및 청산은 법원이 검사, 감독한다.

**제96조(준용규정)** 제58조제2항, 제59조 내지 제62조, 제64조, 제65조 및 제70조의 규정은 청산인에 이를 준용한다.

## 제5절 벌칙

**제97조(벌칙)** 법인의 이사, 감사 또는 청산인은 다음 각호의 경우에는 500만원 이하의 과태료에 처한다. *〈개정 2007. 12. 21.〉*

1. 본장에 규정한 등기를 해태한 때
2. 제55조의 규정에 위반하거나 재산목록 또는 사원명부에 부정기재를 한 때
3. 제37조, 제95조에 규정한 검사, 감독을 방해한 때
4. 주무관청 또는 총회에 대하여 사실아닌 신고를 하거나 사실을 은폐한 때
5. 제76조와 제90조의 규정에 위반한 때
6. 제79조, 제93조의 규정에 위반하여 파산선고의 신청을 해태한 때
7. 제88조, 제93조에 정한 공고를 해태하거나 부정한 공고를 한 때

# 제4장 물건

**제98조(물건의 정의)** 본법에서 물건이라 함은 유체물 및 전기 기타 관리할 수 있는 자연력을 말한다.

**국민체육진흥법위반·정보통신망이용촉진및정보보호등에관한법률위반(음란물유포)**
[대법원 2021. 10. 14., 선고, 2021도7168, 판결]

【판시사항】

[1] 형법 제48조에서 몰수의 대상으로 규정한 '물건'의 의미

[2] 피고인이 甲, 乙과 공모하여 정보통신망을 통하여 음란한 화상 또는 영상을 배포하고, 도박 사이트를 홍보하였다는 공소사실로 기소되었는데, 원심이 공소사실을 유죄로 인정하면서 피고인이 범죄행위에 이용한 웹사이트 매각을 통해 취득한 대가를 추징한 사안에서, 피고인이 위 웹사이트 매각을 통해 취득한 대가는 형법 제48조 제1항 제2호, 제2항이 규정한 추징의 대상에 해당하지 않는다는 이유로, 이와 달리 보아 위 웹사이트 매각대금을 추징한 원심판결에 법리오해의 잘못이 있다고 한 사례

【판결요지】

[1] 형법 제48조 제1항은 '범죄행위로 인하여 생(生)하였거나 이로 인하여 취득한 물건'으

로서 범인 이외의 자의 소유에 속하지 아니하거나 범죄 후 범인 이외의 자가 정을 알면서 취득한 물건의 전부 또는 일부를 몰수할 수 있다고 규정하면서(제2호), 제2항에서는 제1항에 기재한 물건을 몰수하기 불능한 때에는 그 가액을 추징하도록 규정하고 있다. 이와 같이 형법 제48조는 몰수의 대상을 '물건'으로 한정하고 있다. 이는 범죄행위에 의하여 생긴 재산 및 범죄행위의 보수로 얻은 재산을 범죄수익으로 몰수할 수 있도록 한 범죄수익은닉의 규제 및 처벌 등에 관한 법률이나 범죄행위로 취득한 재산상 이익의 가액을 추징할 수 있도록 한 형법 제357조 등의 규정과는 구별된다. 민법 제98조는 물건에 관하여 '유체물 및 전기 기타 관리할 수 있는 자연력'을 의미한다고 정의하는데, 형법이 민법이 정의한 '물건'과 다른 내용으로 '물건'의 개념을 정의하고 있다고 볼 만한 사정도 존재하지 아니한다.

[2] 피고인이 甲, 乙과 공모하여 정보통신망을 통하여 음란한 화상 또는 영상을 배포하고, 도박 사이트를 홍보하였다는 공소사실로 기소되었는데, 원심이 공소사실을 유죄로 인정하면서 피고인이 범죄행위에 이용한 웹사이트 매각을 통해 취득한 대가를 형법 제48조에 따라 추징한 사안에서, 위 웹사이트는 범죄행위에 제공된 무형의 재산에 해당할 뿐 형법 제48조 제1항 제2호에서 정한 '범죄행위로 인하여 생(生)하였거나 이로 인하여 취득한 물건'에 해당하지 않으므로, 피고인이 위 웹사이트 매각을 통해 취득한 대가는 형법 제48조 제1항 제2호, 제2항이 규정한 추징의 대상에 해당하지 않는다는 이유로, 이와 달리 보아 위 웹사이트 매각대금을 추징한 원심판결에 형법 제48조에서 정한 몰수·추징에 관한 법리오해의 잘못이 있다고 한 사례.

**제99조(부동산, 동산)** ① 토지 및 그 정착물은 부동산이다.
② 부동산 이외의 물건은 동산이다.

**제100조(주물, 종물)** ① 물건의 소유자가 그 물건의 상용에 공하기 위하여 자기소유인 다른 물건을 이에 부속하게 한 때에는 그 부속물은 종물이다.
② 종물은 주물의 처분에 따른다.

### 대지권지분이전등기청구의소

[대법원 2021. 11. 11., 선고, 2020다278170, 판결]

**【판시사항】**

[1] 부동산이 신탁된 경우, 집합건물의 소유 및 관리에 관한 법률 제2조 제6호에서 정한 대지사용권의 성립 여부나 성립된 대지사용권의 법적 성질에 관하여는 대내외적으로 수탁자가 신탁 부동산의 소유자임을 전제로 판단하여야 하는지 여부(원칙적 적극)

[2] 가압류집행 후 가압류목적물의 소유권이 제3자에게 이전되어 가압류채권자가 가압류채무자를 집행채무자로 하여 강제집행을 실행한 경우, 가압류의 처분금지적 효력이 미치는 범위

[3] 집합건물 건축자의 대지소유권에 관하여 부동산등기법에 따른 구분건물의 대지권등기가 마쳐지지 않은 상태에서 전유부분에 관한 경매절차가 진행되는 경우, 그 경매절차에서 전유부분을 매수한 매수인이 대지사용권도 함께 취득하는지 여부(적극)

**【판결요지】**

[1] 집합건물의 소유 및 관리에 관한 법률 제2조 제6호에 따르면, 대지사용권은 구분소유자가 전유부분을 소유하기 위하여 건물의 대지에 대하여 가지는 권리로서 그 성립을 위해서는 집합건물의 존재와 구분소유자가 전유부분 소유를 위하여 해당 대지를 사용

할 수 있는 권리를 보유하는 것 이외에 다른 특별한 요건이 필요하지 않다. 신탁법상의 신탁은 위탁자가 수탁자에게 특정의 재산을 이전하거나 담보권의 설정 또는 그 밖의 처분을 하여 수탁자로 하여금 신탁 목적의 달성을 위하여 그 재산권을 관리·처분하게 하는 등 필요한 행위를 하게 하는 것이므로(신탁법 제2조), 부동산의 신탁에서 수탁자 앞으로 소유권이전등기를 마치게 되면 대내외적으로 소유권이 수탁자에게 완전히 이전되고, 위탁자와의 내부관계에서 소유권이 위탁자에게 유보되어 있는 것은 아니다. 따라서 부동산이 신탁된 경우 대지사용권의 성립 여부나 성립된 대지사용권의 법적 성질은, 신탁계약의 체결 경위, 신탁계약의 목적이나 내용에 비추어 신탁재산 독립의 원칙에 반하는 등 특별한 사정이 없는 한, 대내외적으로 수탁자가 신탁 부동산의 소유자임을 전제로 판단하여야 한다.

[2] 가압류집행 후 가압류목적물의 소유권이 제3자에게 이전된 경우 가압류채권자는 집행권원을 얻어 제3취득자가 아닌 가압류채무자를 집행채무자로 하여 그 가압류를 본압류로 이전하는 강제집행을 실행할 수 있다. 이 경우 그 강제집행은 가압류의 처분금지적 효력이 미치는 객관적 범위인 가압류결정 당시의 청구금액 한도 안에서만 집행채무자인 가압류채무자의 책임재산에 대한 집행절차이고, 나머지 부분은 제3취득자의 재산에 대한 매각절차이다.

[3] 집합건물에서 구분소유자의 대지사용권은 규약으로써 달리 정하는 등 특별한 사정이 없는 한 전유부분과 종속적 일체불가분성이 인정되어 전유부분에 대한 가압류결정의 효력은 종물 또는 종된 권리인 대지사용권에도 미치는 것이므로(집합건물의 소유 및 관리에 관한 법률 제20조 제1항, 제2항), 건축자의 대지소유권에 관하여 부동산등기법에 따른 구분건물의 대지권등기가 마쳐지지 않았다 하더라도 전유부분에 관한 경매절차가 진행되어 그 경매절차에서 전유부분을 매수한 매수인은 전유부분과 함께 대지사용권을 취득한다.

**제101조(천연과실, 법정과실)** ① 물건의 용법에 의하여 수취하는 산출물은 천연과실이다.

② 물건의 사용대가로 받는 금전 기타의 물건은 법정과실로 한다.

**제102조(과실의 취득)** ① 천연과실은 그 원물따로부터 분리하는 때에 이를 수취할 권리자에게 속한다.

② 법정과실은 수취할 권리의 존속기간일수의 비율로 취득한다.

## 제5장 법률행위

### 제1절 총칙

**제103조(반사회질서의 법률행위)** 선량한 풍속 기타 사회질서에 위반한 사항을 내용으로 하는 법률행위는 무효로 한다.

**대여금[대출 계약 당시 차주가 부담한 대출취급수수료, 공증료 등이 대출의 대가로 지급된 것으로서 사회통념상 허용되는 한도를 초과한 경우, 그 한도를 초과한 부분이 대출 원금에 충당될 수 있는지 여부가 문제된 사건]**

[대법원 2023. 6. 15., 선고, 2022다211959, 판결]

**【판시사항】**

[1] 금전 소비대차계약 당사자 사이의 경제력 차이로 인하여 이율이 사회통념상 허용되는 한도를 초과하여 현저하게 고율로 정해진 경우, 그 부분 이자 약정의 효력(무효) / 공증료를 채무자가 당연히 부담해야 할 성질의 것이거나 담보권 설정비용으로 볼 수 있는지 여부(소극)

[2] 甲 저축은행이 연 24%의 약정이율로 乙 주식회사에 대출을 하였는데, 대출 당시 甲 저축은행이 乙 회사에 대출원금에서 인지대 및 신용조사료를 공제한 나머지 금원을 입금해주었고, 乙 회사는 대출 당일 甲 저축은행에 이자상환 명목의 금원을 지급하였으며, 대출원금이 입금된 乙 회사의 계좌에서 대출취급수수료, 공증료 명목의 금원이 출금된 사안에서, 甲 저축은행이 그의 우월한 지위를 이용하여 사회통념상 허용되는 한도를 초과하는 대출의 대가를 지급받은 이상, 乙 회사가 지급한 금원 중 한도를 초과한 부분은 법정충당에 의하여 원금에 충당될 여지가 있다고 한 사례

**【판결요지】**

[1] 금전 소비대차계약과 함께 이자의 약정을 하는 경우, 양쪽 당사자 사이의 경제력의 차이로 인하여 그 이율이 당시의 경제적·사회적 여건에 비추어 사회통념상 허용되는 한도를 초과하여 현저하게 고율로 정하여졌다면, 그와 같이 허용할 수 있는 한도를 초과하는 부분의 이자 약정은 대주가 그의 우월한 지위를 이용하여 부당한 이득을 얻고 차주에게는 과도한 반대급부 또는 기타의 부당한 부담을 지우는 것이므로 선량한 풍속 기타 사회질서에 위반한 사항을 내용으로 하는 법률행위로서 무효이다. 공증료는 채권자가 채무자의 채무불이행에 대비하여 강제집행을 위한 집행권원을 미리 확보해 놓는 데 드는 비용으로서 채무자가 당연히 부담해야 할 성질의 것도 아니고 담보권 설정비용으로 볼 수도 없다.

[2] 甲 저축은행이 연 24%의 약정이율로 乙 주식회사에 대출을 하였는데, 대출 당시 甲 저축은행이 乙 회사에 대출원금에서 인지대 및 신용조사료를 공제한 나머지 금원을 입금해주었고, 乙 회사는 대출 당일 甲 저축은행에 이자상환 명목의 금원을 지급하였으며, 대출원금이 입금된 乙 회사의 계좌에서 대출취급수수료, 공증료 명목의 금원이 출금된 사안에서, 신용조사료, 공증료, 대출취급수수료의 구체적인 항목별 지급 경위나 액수 산정 내역이 확인되지 않고, 공증료의 경우 甲 저축은행이 강제집행을 위한 집행권원을 미리 확보해 놓는 데 든 비용으로 보이며, 대출취급수수료의 경우 甲 저축은행이 乙 회사 등의 채무불이행에 대비할 목적으로 수취한 것일 가능성이 있어, 乙 회사가 위와 같은 명목의 금원을 당연히 부담해야 한다고 단정하기 어려운데, 위와 같은 사정에 각 금원의 공제 내지 지급이 대출 당일 이루어진 사정까지 덧붙여 보면, 甲 저축은행이 공제하거나 乙 회사가 지급한 신용조사료, 공증료, 대출취급수수료는 명목 여하를 불문하고 대출과 관련된 것으로서 대출의 대가로 볼 수 있어 이를 이자로 봄이 타당하고, 대출 당시 공제되거나 별도로 지급된 금원의 내역과 액수, 대출 전후 乙 회사의 상황 등에 비추어 보면, 대출 당시 甲 저축은행과 乙 회사와의 경제력 차이로 인하여 甲 저축은행이 대출취급수수료 등 명목으로 부당한 이득을 얻으며 乙 회사에 부당한 부담을 지웠다고 볼 여지가 있고, 허용할 수 있는 한도를 초과하는 부분의 관련 약정은 선량한 풍속 기타 사회질서에 위반한 사항을 내용으로 하는 법률행위로서 무효이므로, 甲 저축은행이 그의 우월한 지위를 이용하여 사회통념상 허용되는 한도를 초과하는 대출의 대가를 지급받은 이상, 乙 회사가 지급한 금원 중 한도를 초과한 부분은 법정충당에 의하여 원금에 충당될 여지가 있다고 한 사례.

**제104조(불공정한 법률행위)** 당사자의 궁박, 경솔 또는 무경험으로 인하여 현저하게 공정을 잃은 법률행위는 무효로 한다.

**제105조(임의규정)** 법률행위의 당사자가 법령 중의 선량한 풍속 기타 사회질서에 관계없는 규정과 다른 의사를 표시한 때에는 그 의사에 의한다.

**제106조(사실인 관습)** 법령 중의 선량한 풍속 기타 사회질서에 관계없는 규정과 다른 관습이 있는 경우에 당사자의 의사가 명확하지 아니한 때에는 그 관습에 의한다.

## 제2절 의사표시

**제107조(진의 아닌 의사표시)** ① 의사표시는 표의자가 진의아님을 알고 한 것이라도 그 효력이 있다. 그러나 상대방이 표의자의 진의아님을 알았거나 이를 알 수 있었을 경우에는 무효로 한다.
② 전항의 의사표시의 무효는 선의의 제삼자에게 대항하지 못한다.

**제108조(통정한 허위의 의사표시)** ① 상대방과 통정한 허위의 의사표시는 무효로 한다.
② 전항의 의사표시의 무효는 선의의 제삼자에게 대항하지 못한다.

**예금채권확인의소**

[대법원 2022. 1. 27., 선고, 2019다295568, 판결]

【판시사항】

[1] 양도담보설정자에게 목적물에 대한 소유권이나 처분권 등 양도담보를 설정할 권한이 없는 경우, 양도담보가 유효하게 성립할 수 있는지 여부(원칙적 소극)

[2] 甲 보험회사가 乙 주식회사 등에 대한 대출금 채권을 담보하기 위해 乙 회사 등과 계열회사인 丙 주식회사 등이 매수하여 丁 주식회사가 보관하고 있던 담보물들에 대하여 양도담보계약을 체결한 뒤, 그 후 다른 회사들로부터 위 담보물들을 양수하거나 이에 관한 양도담보설정계약을 체결한 戊 주식회사 등을 상대로 위 담보물들의 매각대금이 예치된 예금채권이 甲 회사에 있다는 확인을 구한 사안에서, 甲 회사는 무권리자로부터 양도담보를 설정받은 것으로 위 담보물들에 관하여 양도담보권을 취득하였다고 볼 수 없고, 통정허위표시의 제3자가 될 수도 없다는 이유로, 甲 회사의 청구를 배척한 원심판단에 법리오해 등의 잘못이 없다고 한 사례

【판결요지】

[1] 양도담보를 설정하려면 양도담보설정자에게 목적물에 대한 소유권이나 처분권 등 양도담보를 설정할 권한이 있어야 한다. 양도담보설정자에게 이러한 권한이 없는데도 양도담보설정계약을 체결한 경우에는 특별한 사정이 없는 한 양도담보가 유효하게 성립할 수 없다.

[2] 甲 보험회사가 乙 주식회사 등에 대한 대출금 채권을 담보하기 위해 乙 회사 등의 계열회사인 丙 주식회사 등이 매수하여 丁 주식회사가 보관하고 있던 담보물들에 대하여 양도담보설정계약을 체결한 뒤 위 담보물들을 점유개정의 방법으로 인도받았고, 그 후 戊 주식회사 등이 다른 회사들로부터 위 담보물들을 양수하거나 이에 관한 양도담보설정계약을 체결하였는데, 甲 회사가 戊 회사 등을 상대로 위 담보물들의 매각대금이 예치된 예금채권이 甲 회사에 있다는 확인을 구한 사안에서, 乙 회사

및 그 계열회사들의 운영자가 담보물 보관자 丁 회사 대표 등과 공모하여 담보물을 중복 제공하는 수법으로 甲 회사 등 금융기관으로부터 대출금을 편취하였고, 乙 회사 등과 丙 회사 등이 계열회사라 하여 물권변동 없이 담보물들의 소유권을 취득하였다고 볼 수 없어, 甲 회사는 무권리자로부터 양도담보를 설정받은 것으로 위 담보물들에 관하여 양도담보권을 취득하지 못하였고, 담보물들의 적법한 소유자가 상대방과 합의하여 진의와 다른 표시를 하였다고 인정하기 어려워 甲 회사는 통정허위표시의 상대방으로부터 양도담보권을 취득한 제3자가 될 수도 없다는 이유로, 甲 회사의 청구를 배척한 원심판단에 법리오해 등의 잘못이 없다고 한 사례.

**제109조(착오로 인한 의사표시)** ① 의사표시는 법률행위의 내용의 중요부분에 착오가 있는 때에는 취소할 수 있다. 그러나 그 착오가 표의자의 중대한 과실로 인한 때에는 취소하지 못한다.

② 전항의 의사표시의 취소는 선의의 제삼자에게 대항하지 못한다.

**제110조(사기, 강박에 의한 의사표시)** ① 사기나 강박에 의한 의사표시는 취소할 수 있다.

② 상대방있는 의사표시에 관하여 제삼자가 사기나 강박을 행한 경우에는 상대방이 그 사실을 알았거나 알 수 있었을 경우에 한하여 그 의사표시를 취소할 수 있다.

③ 전2항의 의사표시의 취소는 선의의 제삼자에게 대항하지 못한다.

**부당이득금반환청구의소**

[대법원 2023. 7. 27., 선고, 2022다293395, 판결]

**【판시사항】**

[1] 상품에 대한 허위 또는 과장의 선전·광고가 기망행위에 해당하는 경우

[2] 지역주택조합의 설립인가를 위한 조합원 모집에서 거래의 중요한 사항에 관한 구체적 사실을 비난받을 정도의 방법으로 허위로 고지하였는지 판단하는 방법

[3] 지역주택조합 조합원 모집 광고가 계약상대방을 속이거나 계약상대방으로 하여금 잘못 알게 할 우려가 있는지 판단하는 기준

[4] 甲이 지역주택조합 아파트 건립 사업을 추진하는 乙 지역주택조합 설립추진위원회와 조합가입계약을 체결하고 업무대행비와 분담금 등을 지급하였다가, 乙 추진위원회를 상대로 乙 추진위원회가 사업부지의 토지확보비율에 관하여 기망행위를 하였다는 등의 이유로 조합가입계약을 취소하고 부당이득반환을 구한 사안에서, 甲은 위 사업을 위한 토지의 사용권원 확보비율 관련 광고 등을 보고 조합가입계약 체결을 결정하였고, 위 광고 등은 乙 추진위원회나 업무대행자와 사업대행 기타 계약관계가 존재하는 주체에 의하여 작성·게시되었다고 볼 여지가 있으며, 계약서에 첨부된 '사업계획 동의서'의 '매입대지면적' 부분도 甲을 비롯한 계약상대방의 입장에서는 계약 당시 사용권원이 확보된 주택건설대지 면적으로 이해되었을 여지가 충분한데도, 이에 관하여 제대로 심리하지 않은 채 甲의 주장을 배척한 원심판단에는 심리미진 등 잘못이 있다고 한 사례

**【판결요지】**

[1] 상품의 선전·광고에 있어 다소의 과장이나 허위가 수반되는 것은 그것이 일반 상거래의 관행과 신의칙에 비추어 시인될 수 있는 한 기망성이 결여되나, 거래에 있어서 중요한 사항에 관하여 구체적 사실을 신의성실의 의무에 비추어 비난받을 정도의 방법으로 허위로 고지한 경우에는 기망행위에 해당한다.

[2] 지역주택조합의 설립인가를 위한 조합원 모집에 있어 그 모집 관련 거래의 관행과 신의칙에 비추어 거래의 중요한 사항에 관한 구체적 사실을 비난받을 정도의 방법으로 허위로 고지한 경우에 해당하는지 여부는 관련 법령과 규약의 내용, 모집공고의 내용과 당시 모집 현황 및 이를 전후한 진행 경과 등 여러 사정을 종합하여 구체적 상황에 맞추어 합목적적으로 판단하여야 한다.

[3] 일반인은 광고에서 직접적으로 표현된 문장, 단어 등과 그 결합에 의하여 제시되는 표현뿐만 아니라 간접적으로 암시하고 있는 사항, 관례적이고 통상적인 상황 등 여러 사정을 종합하여 전체적·궁극적 인상을 형성하게 되므로, 지역주택조합 조합원 모집 광고가 계약상대방을 속이거나 계약상대방으로 하여금 잘못 알게 할 우려가 있는지는 보통의 주의력을 가진 일반인이 그 광고를 받아들이는 전체적·궁극적 인상을 기준으로 하여 객관적으로 판단하여야 한다.

[4] 甲이 지역주택조합 아파트 건립 사업을 추진하는 乙 지역주택조합 설립추진위원회와 조합가입계약을 체결하고 업무대행비와 분담금 등을 지급하였다가, 乙 추진위원회를 상대로 乙 추진위원회가 사업부지의 토지확보비율에 관하여 기망행위를 하였다는 등의 이유로 조합가입계약을 취소하고 부당이득반환을 구한 사안에서, 甲은 위 사업을 위한 토지의 사용권원 확보비율 관련 광고 등을 보고 조합가입계약 체결을 결정하였고, 위 광고 등은 乙 추진위원회나 업무대행자와 사업대행 기타 계약관계가 존재하는 주체에 의하여 작성·게시되었다고 볼 여지가 있으며, 조합가입계약의 계약서에 첨부된 '사업계획 동의서'에 '공동주택용지' 면적과 동일한 면적으로 기재된 '매입대지면적' 부분도 甲을 비롯한 계약상대방의 입장에서는 '사업면적'에 대응하여 이미 매입한, 즉 계약 당시 사용권원이 확보된 주택건설대지 면적으로 이해되었을 여지가 충분한데도, 甲이 제출한 광고들이 乙 추진위원회나 그 업무대행자 등과 아무런 관련 없이 乙 추진위원회의 의사와 무관하게 작성·게시되었는지, 乙 추진위원회의 의사와 무관하다면 乙 추진위원회가 광고들에 대하여 어떤 조치를 취하였는지, 乙 추진위원회가 '공동주택용지'에 해당하는 부분을 '매입대지면적'으로 바꾸어 기재한 경위는 어떠한지 등에 관하여 제대로 심리하지 않은 채 乙 추진위원회가 甲에게 이미 확보한 토지사용권원의 비율을 확정적으로 설명하였다고 보기 어렵다는 등의 이유를 들어 甲의 주장을 배척한 원심판단에는 심리미진 등 잘못이 있다고 한 사례.

**제111조(의사표시의 효력발생시기)** ① 상대방이 있는 의사표시는 상대방에게 도달한 때에 그 효력이 생긴다.

② 의사표시자가 그 통지를 발송한 후 사망하거나 제한능력자가 되어도 의사표시의 효력에 영향을 미치지 아니한다.

*[전문개정 2011. 3. 7.]*

**제112조(제한능력자에 대한 의사표시의 효력)** 의사표시의 상대방이 의사표시를 받은 때에 제한능력자인 경우에는 의사표시자는 그 의사표시로써 대항할 수 없다. 다만, 그 상대방의 법정대리인이 의사표시가 도달한 사실을 안 후에는 그러하지 아니하다.

*[전문개정 2011. 3. 7.]*

**제113조(의사표시의 공시송달)** 표의자가 과실없이 상대방을 알지 못하거나 상대방의 소재를 알지 못하는 경우에는 의사표시는 민사소송법 공시송달의 규정에 의하여 송달할 수 있다.

## 제3절 대리

**제114조(대리행위의 효력)** ① 대리인이 그 권한내에서 본인을 위한 것임을 표시한 의사표시는 직접 본인에게 대하여 효력이 생긴다.

② 전항의 규정은 대리인에게 대한 제삼자의 의사표시에 준용한다.

**청구이의**

[대법원 2022. 12. 16., 선고, 2022다245129, 판결]

【판시사항】

계약의 당사자가 누구인지 확정하는 방법 / 일방 당사자가 대리인을 통하여 계약을 체결하는 경우, 계약의 상대방이 대리인을 통하여 본인과 사이에 계약을 체결하려는 데 의사가 일치하였다면 대리인의 대리권 존부 문제와 무관하게 상대방과 본인이 계약의 당사자가 되는지 여부(적극)

【판결요지】

계약의 당사자가 누구인지는 계약에 관여한 당사자의 의사해석 문제이다. 당사자들의 의사가 일치하는 경우에는 그 의사에 따라 계약의 당사자를 확정해야 한다. 그러나 당사자들의 의사가 합치되지 않는 경우에는 의사표시 상대방의 관점에서 합리적인 사람이라면 누구를 계약의 당사자로 이해하였을 것인지를 기준으로 판단해야 한다. 일방 당사자가 대리인을 통하여 계약을 체결하는 경우에 있어서 계약의 상대방이 대리인을 통하여 본인과 사이에 계약을 체결하려는 데 의사가 일치하였다면 대리인의 대리권 존부 문제와는 무관하게 상대방과 본인이 그 계약의 당사자라고 할 것이다.

**제115조(본인을 위한 것임을 표시하지 아니한 행위)** 대리인이 본인을 위한 것임을 표시하지 아니한 때에는 그 의사표시는 자기를 위한 것으로 본다. 그러나 상대방이 대리인으로서 한 것임을 알았거나 알 수 있었을 때에는 전조제1항의 규정을 준용한다.

**제116조(대리행위의 하자)** ① 의사표시의 효력이 의사의 흠결, 사기, 강박 또는 어느 사정을 알았거나 과실로 알지 못한 것으로 인하여 영향을 받을 경우에 그 사실의 유무는 대리인을 표준하여 결정한다.

② 특정한 법률행위를 위임한 경우에 대리인이 본인의 지시에 좇아 그 행위를 한 때에는 본인은 자기가 안 사정 또는 과실로 인하여 알지 못한 사정에 관하여 대리인의 부지를 주장하지 못한다.

**제117조(대리인의 행위능력)** 대리인은 행위능력자임을 요하지 아니한다.

**제118조(대리권의 범위)** 권한을 정하지 아니한 대리인은 다음 각호의 행위만을 할 수 있다.

1. 보존행위
2. 대리의 목적인 물건이나 권리의 성질을 변하지 아니하는 범위에서 그 이용 또는 개량하는 행위

**근저당권말소등기회복등기**

[대법원 2021. 10. 14., 선고, 2021다243430, 판결]

【판시사항】

[1] 동일한 사실관계에 관하여 이미 확정된 형사판결에서 유죄로 인정된 사실이 민사재판에서 갖는 증명력

[2] 대부중개업자가 전주로부터 금전소비대차계약과 담보권설정계약을 체결할 대리권을 수여받은 경우, 위 계약들이 체결된 후 이를 해제할 권한까지 가지는지 여부(원칙적 소극)

[3] 甲이 대부중개업자인 乙을 통해 丙 주식회사의 사내이사인 丁에게 돈을 대여하면서 담보로 丙 회사 소유의 상가에 설정되어 있던 乙과 戊 명의의 근저당권 중 戊 명의의 지분을 양도받아 그 지분에 관한 전부이전의 부기등기를 마쳤는데, 같은 날 일부 포기를 원인으로 위 근저당권설정등기와 부기등기가 말소되고, 매매를 원인으로 위 상가에 관한 己 명의의 소유권이전등기가 마쳐지자, 甲이 己를 상대로 근저당권설정등기 등의 회복을 구한 사안에서, 관련 형사재판에서 乙이 甲으로부터 동의를 받지 않은 채 위임장 등을 위조하여 근저당권설정등기와 부기등기를 말소하였음이 밝혀져 사문서위조죄 등에 대한 약식명령이 내려져 확정되었으므로 확정된 약식명령의 사실인정을 배척하려면 그 사실인정을 채용하기 어렵다고 인정되는 특별한 사정이 있어야 하는데도, 이러한 특별한 사정이라고 볼 수 없는 사유들만 가지고 위 사실인정을 배척한 원심판단에는 법리오해 등의 잘못이 있다고 한 사례

【판결요지】

[1] 원래 민사재판에 있어서는 형사재판의 사실인정에 구속을 받는 것이 아니라고 하더라도 동일한 사실관계에 관하여 이미 확정된 형사판결이 유죄로 인정한 사실은 유력한 증거자료가 된다고 할 것이므로 민사재판에서 제출된 다른 증거들에 비추어 형사재판의 사실판단을 채용하기 어렵다고 인정되는 특별한 사정이 없는 한 이와 반대되는 사실을 인정할 수 없다.

[2] 통상 대부중개업자가 전주를 위하여 금전소비대차계약과 그 담보를 위한 담보권설정계약을 체결할 대리권을 수여받은 것으로 인정되는 경우라 하더라도 특별한 사정이 없는 한 일단 금전소비대차계약과 그 담보를 위한 담보권설정계약이 체결된 후에 이를 해제할 권한까지 당연히 가지고 있다고 볼 수는 없다.

[3] 甲이 대부중개업자인 乙을 통해 丙 주식회사의 사내이사인 丁에게 돈을 대여하면서 담보로 丙 회사 소유의 상가에 설정되어 있던 乙과 戊 명의의 근저당권 중 戊 명의의 지분을 양도받아 그 지분에 관한 전부이전의 부기등기를 마쳤는데, 같은 날 일부 포기를 원인으로 위 근저당권설정등기와 부기등기가 말소되고, 매매를 원인으로 위 상가에 관한 己 명의의 소유권이전등기가 마쳐지자, 甲이 己를 상대로 근저당권설정등기 등의 회복을 구한 사안에서, 관련 형사재판에서 乙이 甲으로부터 동의를 받지 않은 채 위임장 등 필요한 서류를 위조하여 근저당권설정등기와 부기등기를 말소하였음이 밝혀져 사문서위조죄 등에 대한 약식명령이 내려져 확정되었으므로 확정된 약식명령의 사실인정을 배척하려면 그 사실인정을 채용하기 어렵다고 인정되는 특별한 사정이 있어야 하는데도, 甲이 丁에게 대여한 금액에 비해 담보로 이전받은 부동산의 규모가 과다하다는 점, 甲이 乙로부터 丁에 대한 금전 대여를 요청받을 당시 乙에게 丁에 대한 금전 대여 및 그에 따른 근저당권설정에 관한 권한을 위임하였다는 점 등 확정된 약식명령의 사실인정을 채용할 수 없는 특별한 사정이라고 볼 수 없는 사유들만 가지고 위 사실인정을 배척한 원심판단에는 법리오해 등의 잘못이 있다고 한 사례.

**제119조(각자대리)** 대리인이 수인인 때에는 각자가 본인을 대리한다. 그러나 법률 또는 수권행위에 다른 정한 바가 있는 때에는 그러하지 아니하다.

**제120조(임의대리인의 복임권)** 대리권이 법률행위에 의하여 부여된 경우에는 대리인은 본인의 승낙이 있거나 부득이한 사유있는 때가 아니면 복대리인을 선임하지 못한다.

**제121조(임의대리인의 복대리인선임의 책임)** ① 전조의 규정에 의하여 대리인이 복대리인을 선임한 때에는 본인에게 대하여 그 선임감독에 관한 책임이 있다.

② 대리인이 본인의 지명에 의하여 복대리인을 선임한 경우에는 그 부적임 또는 불성실함을 알고 본인에게 대한 통지나 그 해임을 태만한 때가 아니면 책임이 없다.

**제122조(법정대리인의 복임권과 그 책임)** 법정대리인은 그 책임으로 복대리인을 선임할 수 있다. 그러나 부득이한 사유로 인한 때에는 전조제1항에 정한 책임만이 있다.

**제123조(복대리인의 권한)** ① 복대리인은 그 권한내에서 본인을 대리한다.

② 복대리인은 본인이나 제삼자에 대하여 대리인과 동일한 권리의무가 있다.

**제124조(자기계약, 쌍방대리)** 대리인은 본인의 허락이 없으면 본인을 위하여 자기와 법률행위를 하거나 동일한 법률행위에 관하여 당사자쌍방을 대리하지 못한다. 그러나 채무의 이행은 할 수 있다.

**이혼**

[대법원 2021. 3. 11., 선고, 2020므11658, 판결]

【판시사항】

동일한 수령대행인이 소송당사자 쌍방을 대신하여 소송서류를 동시에 송달받은 경우, 보충송달의 효력(원칙적 무효)

【판결요지】

보충송달제도는 본인 아닌 그의 사무원, 피용자 또는 동거인, 즉 수령대행인이 소송서류를 수령하여도 그의 지능과 객관적인 지위, 본인과의 관계 등에 비추어 사회통념상 본인에게 소송서류를 전달할 것이라는 합리적인 기대를 전제로 한다. 동일한 수령대행인이 이해가 대립하는 소송당사자 쌍방을 대신하여 소송서류를 동시에 수령하는 경우가 있을 수 있다. 이런 경우 수령대행인이 원고나 피고 중 한 명과도 이해관계의 상충 없이 중립적인 지위에 있기는 쉽지 않으므로 소송당사자 쌍방 모두에게 소송서류가 제대로 전달될 것이라고 합리적으로 기대하기 어렵다. 또한 이익충돌의 위험을 회피하여 본인의 이익을 보호하려는 데 취지가 있는 민법 제124조 본문에서의 쌍방대리금지 원칙에도 반한다. 따라서 소송당사자의 허락이 있다는 등의 특별한 사정이 없는 한, 동일한 수령대행인이 소송당사자 쌍방의 소송서류를 동시에 송달받을 수 없고, 그러한 보충송달은 무효라고 봄이 타당하다.

**제125조(대리권수여의 표시에 의한 표현대리)** 제삼자에 대하여 타인에게 대리권을 수여함을 표시한 자는 그 대리권의 범위내에서 행한 그 타인과 그 제삼자간의 법률행위에 대하여 책임이 있다. 그러나 제삼자가 대리권없음을 알았거나 알 수 있었을 때에는 그러하지 아니하다.

**제126조(권한을 넘은 표현대리)** 대리인이 그 권한외의 법률행위를 한 경우에 제삼자가 그 권한이 있다고 믿을 만한 정당한 이유가 있는 때에는 본인은 그 행위에 대하여 책임이 있다.

**제127조(대리권의 소멸사유)** 대리권은 다음 각 호의 어느 하나에 해당하는 사유가 있으면 소멸된다.

1. 본인의 사망
2. 대리인의 사망, 성년후견의 개시 또는 파산

*[전문개정 2011. 3. 7.]*

**제128조(임의대리의 종료)** 법률행위에 의하여 수여된 대리권은 전조의 경우외에 그 원인된 법률관계의 종료에 의하여 소멸한다. 법률관계의 종료전에 본인이 수권행위를 철회한 경우에도 같다.

**제129조(대리권소멸후의 표현대리)** 대리권의 소멸은 선의의 제삼자에게 대항하지 못한다. 그러나 제삼자가 과실로 인하여 그 사실을 알지 못한 때에는 그러하지 아니하다.

**제130조(무권대리)** 대리권없는 자가 타인의 대리인으로 한 계약은 본인이 이를 추인하지 아니하면 본인에 대하여 효력이 없다.

**공유물분할·부당이득금**

[대법원 2022. 6. 30., 선고, 2020다210686, 210693, 판결]

【판시사항】

[1] 공유물분할청구의 소가 고유필수적 공동소송인지 여부(적극) 및 소송계속 중 변론종결일 전에 공유자의 지분이 이전된 경우, 변론종결 시까지 일부 지분권을 이전받은 자가 소송당사자가 되지 못하면 소송 전부가 부적법하게 되는지 여부(적극)

[2] 무권리자에 의한 처분행위를 권리자가 추인한 경우, 권리자는 무권리자에 대하여 처분행위로 인하여 얻은 이득의 반환을 청구할 수 있는지 여부(적극)

[3] 부동산 공유자 甲이 다른 공유자 乙 등을 상대로 제기한 공유물분할의 소에서 제1심법원이 공시송달 방법으로 소장부본 등을 송달한 다음 '乙 등은 甲으로부터 가액보상금을 지급받음과 동시에 각 지분에 관하여 소유권이전등기절차를 이행하라.'는 판결을 선고하였고, 그 후 甲은 丙 유한회사에 부동산을 매도한 후 제1심판결에서 정한 가액보상금을 공탁하고 乙 등의 지분에 관한 소유권이전등기를 마친 다음 丙 회사에 부동산에 관한 소유권이전등기를 해 주었는데, 乙 등이 제1심판결에 대하여 추완항소를 제기하고, 甲에 대하여 부동산 매매대금 중 乙 등의 지분에 상응하는 금액의 지급을 구하는 반소를 제기한 사안에서, 원심 변론종결 시를 기준으로 甲과 乙 등은 부동산의 지분을 소유하고 있지 않으므로 공유물분할청구의 소는 당사자적격을 갖추지 못한 것이어서 부적법하며, 乙 등이 무권리자인 甲의 처분행위를 추인하였으므로 甲은 매매대금 중 乙 등의 지분에 상응하는 금액을 乙 등에게 반환할 의무가 있다고 한 사례

【판결요지】

[1] 공유물분할청구소송은 분할을 청구하는 공유자가 원고가 되어 다른 공유자 전부를 공동피고로 삼아야 하는 고유필수적 공동소송이다. 따라서 소송계속 중 변론종결일 전에 공유자의 지분이 이전된 경우에는 변론종결 시까지 민사소송법 제81조에서 정한 승계참가나 민사소송법 제82조에서 정한 소송인수 등의 방식으로 일부 지분권을 이전받은 자가 소송당사자가 되어야 한다. 그렇지 못할 경우에는 소송 전부가 부적법하게 된다.

[2] 무권리자에 의한 처분행위를 권리자가 추인한 경우에 권리자는 무권리자에 대하여 무권리자가 처분행위로 인하여 얻은 이득의 반환을 청구할 수 있다.

[3] 부동산 공유자 甲이 다른 공유자 乙 등을 상대로 제기한 공유물분할의 소에서 제1심법원이 공시송달 방법으로 소장부본 등을 송달한 다음 '乙 등은 甲으로부터 가액보상금을 지급받음과 동시에 각 지분에 관하여 소유권이전등기절차를 이행하라.'는 판결을 선고하였고, 그 후 甲은 丙 유한회사에 부동산을 매도한 후 제1심판결에서 정한 가액보상금을 공탁하고 乙 등의 지분에 관한 소유권이전등기를 마친 다음 丙 회사에 부동산에 관한 소유권이전등기를 해 주었는데, 乙 등이 제1심판결에 대하여 추완항소를 제기하고, 甲에 대하여 부동산 매매대금 중 乙 등의 지분에 상응하는 금액의 지급을 구하는 반소를 제기한 사안에서, 제1심판결이 취소되더라도 甲이 丙 회사에 부동산을 처분한 행위가 소급하여 소멸하거나 그 전부가 무효로 된다고 볼 수 없으며, 甲이 부동산 중 자기 지분을 처분한 것은 자신의 권리를 처분한 것으로서 유효하고, 乙 등의 지분을 처분한 것은 무권리자가 타인의 권리를 처분한 경우로서 무효라고 볼 여지가 있으나, 乙 등은 甲의 처분행위가 유효함을 전제로 부동산 매매대금 중 자신들의 지분에 해당하는 금액의 반환을 구하고 있어 甲의 처분행위를 묵시적으로 추인한 것이라고 볼 수 있으므로, 丙 회사는 乙 등의 지분에 대해서도 소유권을 적법하게 취득하게 되는바, 결국 제1심판결의 취소 여부와 상관없이 위 부동산 처분행위는 유효하고, 원심 변론종결 시를 기준으로 甲과 乙 등은 부동산의 지분을 소유하고 있지 않으므로 공유물분할청구의 소는 당사자적격을 갖추지 못한 것이어서 부적법하며, 한편 부동산 중 乙 등의 지분에 대하여 권리자인 乙 등이 무권리자인 甲의 처분행위를 추인하였으므로 甲은 처분행위로 얻은 이득을 乙 등에게 반환할 의무가 있는데, 甲이 乙 등 앞으로 공탁한 금액은 부동산의 분할을 전제로 한 제1심판결의 변론종결 무렵 乙 등의 지분의 가액일 뿐이고, 甲이 乙 등의 지분을 처분하고 얻은 이익은 甲이 부동산을 丙 회사에 매도하고 받은 매매대금 중 乙 등의 지분에 상응하는 금액인데도, 이와 달리 본 원심판결에 법리오해의 잘못이 있다고 한 사례.

**제131조(상대방의 최고권)** 대리권없는 자가 타인의 대리인으로 계약을 한 경우에 상대방은 상당한 기간을 정하여 본인에게 그 추인여부의 확답을 최고할 수 있다. 본인이 그 기간내에 확답을 발하지 아니한 때에는 추인을 거절한 것으로 본다.

**제132조(추인, 거절의 상대방)** 추인 또는 거절의 의사표시는 상대방에 대하여 하지 아니하면 그 상대방에 대항하지 못한다. 그러나 상대방이 그 사실을 안 때에는 그러하지 아니하다.

**제133조(추인의 효력)** 추인은 다른 의사표시가 없는 때에는 계약시에 소급하여 그 효력이 생긴다. 그러나 제삼자의 권리를 해하지 못한다.

**제134조(상대방의 철회권)** 대리권없는 자가 한 계약은 본인의 추인이 있을 때까지 상대방은 본인이나 그 대리인에 대하여 이를 철회할 수 있다. 그러나 계약당시에 상대방이 대리권 없음을 안 때에는 그러하지 아니하다.

**제135조(상대방에 대한 무권대리인의 책임)** ① 다른 자의 대리인으로서 계약을 맺은 자가 그 대리권을 증명하지 못하고 또 본인의 추인을 받지 못한 경우에는 그는 상대

방의 선택에 따라 계약을 이행할 책임 또는 손해를 배상할 책임이 있다.

② 대리인으로서 계약을 맺은 자에게 대리권이 없다는 사실을 상대방이 알았거나 알 수 있었을 때 또는 대리인으로서 계약을 맺은 사람이 제한능력자일 때에는 제1항을 적용하지 아니한다.

*[전문개정 2011. 3. 7.]*

**부당이득금**

[대법원 2018. 6. 28., 선고, 2018다210775, 판결]

【판시사항】

[1] 다른 자의 대리인으로서 계약을 맺은 자가 대리권을 증명하지 못하고 또 본인의 추인을 받지 못하였는데, 상대방이 계약의 이행을 선택한 경우, 무권대리인이 이행할 책임의 범위 / 무권대리인이 계약에서 정한 채무를 이행하지 않은 경우, 상대방에게 채무불이행에 따른 손해를 배상할 책임을 지는지 여부(적극) 및 이때 채무불이행에 대비하여 손해배상액의 예정에 관한 조항을 둔 경우, 무권대리인은 조항에서 정한 바에 따라 산정한 손해액을 지급하여야 하는지 여부(원칙적 적극) / 이 경우에도 손해배상액의 예정에 관한 민법 제398조가 적용되는지 여부(적극)

[2] 무권대리인의 상대방이 대리권이 없음을 알았다는 사실 또는 알 수 있었는데도 알지 못하였다는 사실에 관한 주장·증명책임의 소재(=무권대리인)

【판결요지】

[1] 다른 자의 대리인으로서 계약을 맺은 자가 그 대리권을 증명하지 못하고 또 본인의 추인을 받지 못한 경우에는 그는 상대방의 선택에 따라 계약을 이행할 책임 또는 손해를 배상할 책임이 있다(민법 제135조 제1항). 이때 상대방이 계약의 이행을 선택한 경우 무권대리인은 계약이 본인에게 효력이 발생하였더라면 본인이 상대방에게 부담하였을 것과 같은 내용의 채무를 이행할 책임이 있다. 무권대리인은 마치 자신이 계약의 당사자가 된 것처럼 계약에서 정한 채무를 이행할 책임을 지는 것이다.

무권대리인이 계약에서 정한 채무를 이행하지 않으면 상대방에게 채무불이행에 따른 손해를 배상할 책임을 진다. 위 계약에서 채무불이행에 대비하여 손해배상액의 예정에 관한 조항을 둔 때에는 특별한 사정이 없는 한 무권대리인은 조항에서 정한 바에 따라 산정한 손해액을 지급하여야 한다. 이 경우에도 손해배상액의 예정에 관한 민법 제398조가 적용됨은 물론이다.

[2] 민법 제135조 제2항은 '대리인으로서 계약을 맺은 자에게 대리권이 없다는 사실을 상대방이 알았거나 알 수 있었을 때에는 제1항을 적용하지 아니한다.'고 정하고 있다. 이는 무권대리인의 무과실책임에 관한 원칙 규정인 제1항에 대한 예외 규정이므로 상대방이 대리권이 없음을 알았다는 사실 또는 알 수 있었는데도 알지 못하였다는 사실에 관한 주장·증명책임은 무권대리인에게 있다.

**제136조(단독행위와 무권대리)** 단독행위에는 그 행위당시에 상대방이 대리인이라 칭하는 자의 대리권없는 행위에 동의하거나 그 대리권을 다투지 아니한 때에 한하여 전6조의 규정을 준용한다. 대리권없는 자에 대하여 그 동의를 얻어 단독행위를 한 때에도 같다.

## 제4절 무효와 취소

**제137조(법률행위의 일부무효)** 법률행위의 일부분이 무효인 때에는 그 전부를 무효로 한다. 그러나 그 무효부분이 없더라도 법률행위를 하였을 것이라고 인정될 때에는 나머지 부분은 무효가 되지 아니한다.

**제138조(무효행위의 전환)** 무효인 법률행위가 다른 법률행위의 요건을 구비하고 당사자가 그 무효를 알았더라면 다른 법률행위를 하는 것을 의욕하였으리라고 인정될 때에는 다른 법률행위로서 효력을 가진다.

**제139조(무효행위의 추인)** 무효인 법률행위는 추인하여도 그 효력이 생기지 아니한다. 그러나 당사자가 그 무효임을 알고 추인한 때에는 새로운 법률행위로 본다.

**제140조(법률행위의 취소권자)** 취소할 수 있는 법률행위는 제한능력자, 착오로 인하거나 사기·강박에 의하여 의사표시를 한 자, 그의 대리인 또는 승계인만이 취소할 수 있다.
*[전문개정 2011. 3. 7.]*

**제141조(취소의 효과)** 취소된 법률행위는 처음부터 무효인 것으로 본다. 다만, 제한능력자는 그 행위로 인하여 받은 이익이 현존하는 한도에서 상환(償還)할 책임이 있다.
*[전문개정 2011. 3. 7.]*

**임금·손해배상(기)**

[대법원 2017. 12. 22., 선고, 2013다25194, 25200, 판결]

**【판시사항】**

[1] 근로계약 체결에 관한 당사자들의 의사표시에 무효 또는 취소의 사유가 있음을 이유로 근로계약의 무효 또는 취소를 주장할 수 있는지 여부(적극) 및 이때 근로계약 취소의 소급효가 인정되는지 여부(소극)

[2] 甲 주식회사가 乙에게서 백화점 의류 판매점 매니저로 근무한 경력이 포함된 이력서를 제출받아 그 경력을 보고 甲 회사가 운영하는 백화점 매장에서 乙이 판매 매니저로 근무하는 내용의 근로계약을 체결하였으나, 이력서의 기재와 달리 乙의 일부 백화점 근무 경력은 허위이고, 실제 근무한 경력 역시 근무기간은 1개월에 불과함에도 그 기간을 과장한 것이었으며, 이에 甲 회사가 위 근로계약은 乙이 이력서를 허위 기재함으로써 甲 회사를 기망하여 체결된 것이라는 이유로 이를 취소한다는 의사표시를 한 사안에서, 乙의 기망으로 체결된 위 근로계약은 甲 회사의 취소의 의사표시로써 적법하게 취소되었고, 다만 취소의 소급효가 제한되어 위 근로계약은 취소의 의사표시 이후의 장래에 관하여만 효력이 소멸할 뿐 이전의 법률관계는 여전히 유효하다고 한 사례

**【판결요지】**

[1] 근로계약은 근로자가 사용자에게 근로를 제공하고 사용자는 이에 대하여 임금을 지급하는 것을 목적으로 체결된 계약으로서(근로기준법 제2조 제1항 제4호) 기본적으로 그 법적 성질이 사법상 계약이므로 계약 체결에 관한 당사자들의 의사표시에 무효 또는 취소의 사유가 있으면 상대방은 이를 이유로 근로계약의 무효 또는 취소를 주장하여 그에 따른 법률효과의 발생을 부정하거나 소멸시킬 수 있다.

다만 그와 같이 근로계약의 무효 또는 취소를 주장할 수 있다 하더라도 근로계약에 따라 그동안 행하여진 근로자의 노무 제공의 효과를 소급하여 부정하는 것은 타당하지 않으므로 이미 제공된 근로자의 노무를 기초로 형성된 취소 이전의 법률관계까지 효력을 잃는다고 보아서는 아니 되고, 취소의 의사표시 이후 장래에 관하여만 근로계약의 효력이 소멸된다고 보아야 한다.

[2] 甲 주식회사가 乙에게서 백화점 의류 판매점 매니저로 근무한 경력이 포함된 이력서를 제출받아 그 경력을 보고 甲 회사가 운영하는 백화점 매장에서 乙이 판매 매니저로 근무하는 내용의 근로계약을 체결하였으나, 이력서의 기재와 달리 乙의 일부 백화점 근무 경력은 허위이고, 실제 근무한 경력 역시 근무기간은 1개월에 불과함에도 그 기간을 과장한 것이었으며, 이에 甲 회사가 위 근로계약은 乙이 이력서를 허위 기재함으로써 甲 회사를 기망하여 체결된 것이라는 이유로 이를 취소한다는 의사표시를 한 사안에서, 백화점에서 의류 판매점을 운영하면서 매장의 매니저를 고용하려는 甲 회사로서는 고용하고자 하는 근로자의 백화점 매장 매니저 근무경력이 노사 간의 신뢰관계를 설정하거나 甲 회사의 내부질서를 유지하는 데 직접적인 영향을 미치는 중요한 부분에 해당하고, 사전에 乙의 경력이 허위임을 알았더라면 乙을 고용하지 않았거나 적어도 같은 조건으로 계약을 체결하지 아니하였을 것이므로, 乙의 기망으로 체결된 위 근로계약은 하자의 정도나 乙의 근무기간 등에 비추어 하자가 치유되었거나 계약의 취소가 부당하다고 볼 만한 특별한 사정이 없는 한 甲 회사의 취소의 의사표시로써 적법하게 취소되었고, 다만 취소의 소급효가 제한되어 위 근로계약은 취소의 의사표시 이후의 장래에 관하여만 효력이 소멸할 뿐 이전의 법률관계는 여전히 유효하다고 한 사례.

**제142조(취소의 상대방)** 취소할 수 있는 법률행위의 상대방이 확정한 경우에는 그 취소는 그 상대방에 대한 의사표시로 하여야 한다.

**제143조(추인의 방법, 효과)** ① 취소할 수 있는 법률행위는 제140조에 규정한 자가 추인할 수 있고 추인후에는 취소하지 못한다.
② 전조의 규정은 전항의 경우에 준용한다.

**제144조(추인의 요건)** ① 추인은 취소의 원인이 소멸된 후에 하여야만 효력이 있다.
② 제1항은 법정대리인 또는 후견인이 추인하는 경우에는 적용하지 아니한다.
*[전문개정 2011. 3. 7.]*

**제145조(법정추인)** 취소할 수 있는 법률행위에 관하여 전조의 규정에 의하여 추인할 수 있는 후에 다음 각호의 사유가 있으면 추인한 것으로 본다. 그러나 이의를 보류한 때에는 그러하지 아니하다.

1. 전부나 일부의 이행
2. 이행의 청구
3. 경개
4. 담보의 제공
5. 취소할 수 있는 행위로 취득한 권리의 전부나 일부의 양도
6. 강제집행

**제146조(취소권의 소멸)** 취소권은 추인할 수 있는 날로부터 3년내에 법률행위를 한 날로부터 10년내에 행사하여야 한다.

## 제5절 조건과 기한

**제147조(조건성취의 효과)** ① 정지조건있는 법률행위는 조건이 성취한 때로부터 그 효력이 생긴다.

② 해제조건있는 법률행위는 조건이 성취한 때로부터 그 효력을 잃는다.

③ 당사자가 조건성취의 효력을 그 성취전에 소급하게 할 의사를 표시한 때에는 그 의사에 의한다.

**공사대금**

[대법원 2023. 6. 29., 선고, 2023다221830, 판결]

【판시사항】

[1] 발주자·원사업자 및 수급사업자 사이에서 발주자가 하도급대금을 직접 수급사업자에게 지급하기로 합의하여 하도급거래 공정화에 관한 법률 제14조 제1항, 제2항에 따라 수급사업자의 발주자에 대한 직접 지급청구권이 발생하고 발주자의 원사업자에 대한 대금지급채무가 하도급대금의 범위 안에서 소멸하는 경우, 발주자는 하도급거래 공정화에 관한 법률 시행령 제9조 제3항에 따라 원사업자에 대한 대금지급의무를 한도로 하여 하도급대금의 직접지급의무를 부담하는지 여부(원칙적 적극)

[2] 법률행위에 붙은 부관이 정지조건인지 불확정기한인지 판단하는 기준

[3] 당사자 사이에 법률행위의 해석을 둘러싸고 이견이 있어 당사자의 의사해석이 문제 되는 경우, 법률행위를 해석하는 방법

[4] 건축사업의 시행사인 甲 주식회사와 시공사인 乙 주식회사가 공사도급계약을 체결한 다음, 신탁업자인 丙 주식회사와 토지신탁사업약정, 관리형토지신탁계약, 위 공사도급계약의 승계계약을 체결하면서 위 공사도급계약에 관하여 '수탁자의 자금집행순서상 공사비의 90%는 7순위로 하여 매 2개월 단위로 지급하고, 잔여공사비는 13순위로 하여 1, 2, 3순위 우선수익자의 대출원리금이 모두 상환되고 수탁자의 신탁사무처리비용 정산이 완료된 이후 신탁재산의 범위 내에서 지급하며, 토지신탁사업약정서와 관리형토지신탁계약서는 승계계약서보다 우선 적용한다.'고 정하였고, 그 후 도급공사 중 일부 공사를 丁 회사에 하도급한 乙 회사가 丙 회사 및 丁 회사와 하도급대금 직불합의를 하면서, '丙 회사가 부담하게 되는 공사대금의 범위는 丙 회사와 乙 회사 사이의 공사도급계약에 따라 丙 회사가 乙 회사에 지급해야 할 공사대금채무의 범위를 초과하지 않고, 丙 회사는 丁 회사의 직접 지급 요청이 있기 전에 乙 회사에 대하여 대항할 수 있는 사유 등으로 丁 회사에 대항할 수 있다.'고 약정하였는데, 공사비의 90% 이상이 지급된 상태에서 丁 회사가 건물 완공 후 일정 기간이 지났다며 丙 회사를 상대로 하도급대금 직접 지급을 요청한 사안에서, 丙 회사는 丁 회사의 직접청구에 대하여 乙 회사와 체결한 자금집행순서 약정을 이유로 대항할 수 있고, 위 자금집행순서의 성격은 정지조건으로 보는 것이 타당한데도, 이와 달리 보아 丙 회사의 공사대금 직접지급의무의 이행기가 도래하였다고 본 원심판단에 법리오해 등의 잘못이 있다고 한 사례

**【판결요지】**

[1] 발주자·원사업자 및 수급사업자 사이에서 발주자가 하도급대금을 직접 수급사업자에게 지급하기로 합의하여 '하도급거래 공정화에 관한 법률'(이하 '하도급법'이라 한다) 제14조 제1항, 제2항에 따라 수급사업자의 발주자에 대한 직접 지급청구권이 발생함과 아울러 발주자의 원사업자에 대한 대금지급채무가 하도급대금의 범위 안에서 소멸하는 경우에, 발주자가 직접지급의무를 부담하게 되는 부분에 해당하는 원사업자의 발주자에 대한 공사대금 채권은 동일성을 유지한 채 수급사업자에게 이전되고, 발주자는 수급사업자의 직접 지급청구권이 발생하기 전에 원사업자에 대하여 대항할 수 있는 사유로써 수급사업자에게 대항할 수 있으나, 수급사업자의 직접 지급청구권이 발생한 후에 원사업자에 대하여 생긴 사유로는 수급사업자에게 대항할 수 없음이 원칙이다. 하도급법은 발주자에게 도급대금채무를 넘는 새로운 부담을 지우지 아니하는 범위 내에서 수급사업자가 시공한 부분에 상당한 하도급대금채무에 대한 직접지급의무를 부담하게 함으로써 수급사업자를 원사업자 및 그 일반채권자에 우선하여 보호하려는 것이다. 이러한 입법 취지를 고려하면 특별한 사정이 없는 한 발주자는 '하도급거래 공정화에 관한 법률 시행령' 제9조 제3항에 따라 원사업자에 대한 대금지급의무를 한도로 하여 하도급대금의 직접지급의무를 부담한다.

[2] 부관이 붙은 법률행위에 있어서 부관에 표시된 사실이 발생하지 아니하면 채무를 이행하지 아니하여도 된다고 보는 것이 상당한 경우에는 조건으로 보아야 하고, 표시된 사실이 발생한 때에는 물론이고 반대로 발생하지 아니하는 것이 확정된 때에도 그 채무를 이행하여야 한다고 보는 것이 상당한 경우에는 표시된 사실의 발생 여부가 확정되는 것을 불확정기한으로 정한 것으로 보아야 한다.

[3] 법률행위의 해석은 당사자가 그 표시행위에 부여한 객관적인 의미를 명백하게 확정하는 것으로서, 당사자 사이에 법률행위의 해석을 둘러싸고 이견이 있어 당사자의 의사해석이 문제 되는 경우에는 법률행위의 내용, 그러한 법률행위가 이루어진 동기와 경위, 법률행위에 의하여 달성하려는 목적, 당사자의 진정한 의사 등을 종합적으로 고찰하여 논리와 경험칙에 따라 합리적으로 해석하여야 한다.

[4] 건축사업의 시행사인 甲 주식회사와 시공사인 乙 주식회사가 공사도급계약을 체결한 다음, 신탁업자인 丙 주식회사와 토지신탁사업약정, 관리형토지신탁계약, 위 공사도급계약의 승계계약을 체결하면서 위 공사도급계약에 관하여 '수탁자의 자금집행순서상 공사비의 90%는 7순위로 하여 매 2개월 단위로 지급하고, 잔여공사비는 13순위로 하여 1, 2, 3순위 우선수익자의 대출원리금이 모두 상환되고 수탁자의 신탁사무처리비용 정산이 완료된 이후 신탁재산의 범위 내에서 지급하며, 토지신탁사업약정서와 관리형토지신탁계약서는 승계계약서보다 우선 적용한다.'고 정하였고, 그 후 도급공사 중 일부 공사를 丁 회사에 하도급한 乙 회사가 丙 회사 및 丁 회사와 하도급대금 직불합의를 하면서, '丙 회사가 부담하게 되는 공사대금의 범위는 丙 회사와 乙 회사 사이의 공사도급계약에 따라 丙 회사가 乙 회사에 지급해야 할 공사대금채무의 범위를 초과하지 않고, 丙 회사는 丁 회사의 직접 지급 요청이 있기 전에 乙 회사에 대하여 대항할 수 있는 사유 등으로 丁 회사에 대항할 수 있다.'고 약정하였는데, 공사비의 90% 이상이 지급된 상태에서 丁 회사가 건물 완공 후 일정 기간이 지났다며 丙 회사를 상대로 하도급대금 직접 지급을 요청한 사안에서, 하도급거래 공정화에 관한 법률(이하 '하도급법'이라 한다)상 원사업자이자 위 신탁약정, 신탁계약, 승계계약 등을 체결한 당사자인

乙 회사가 丙 회사 등과 사이에 신탁사업약정 등에 따른 자금집행순서에 따라 공사대금을 청구하기로 합의한 이상 丙 회사는 乙 회사가 공사대금을 청구할 경우 자금집행순서 약정을 이유로 지급을 거절할 수 있고, 발주자인 丙 회사가 하도급법상 직접지급의무를 부담하는 공사대금 채권은 동일성을 유지한 채 수급사업자인 丁 회사에 이전되고 丙 회사는 새로운 부담을 지지 않는 범위 내에서 직접지급의무를 부담하므로, 丁 회사의 직접청구에 대해서도 동일한 사유로 대항할 수 있는데도, 丙 회사가 丁 회사에 신탁자금 집행순서를 이유로 대항할 수 없다고 본 원심판단에는 하도급법상 직접 지급청구권의 범위 또는 발주자의 대항사유에 관한 법리오해 등의 잘못이 있고, 자금집행순서 관련 약정의 문언, 동기와 목적 등 제반 사정을 고려하면 위 자금집행순서의 성격은 정지조건으로 보는 것이 타당하고 그 정지조건이 성취되었다는 사실에 관한 증명책임은 丁 회사 측이 부담한다고 보아야 하는데도, 자금집행순서의 성격을 불확정기한으로 본 다음 지급순서가 도래하지 않았다는 丙 회사의 증명이 부족하다는 등의 이유로 丙 회사의 공사대금 직접지급의무의 이행기가 도래하였다고 본 원심판단에는 조건과 기한, 정지조건 성취의 증명책임 등에 관한 법리오해 등의 잘못이 있다고 한 사례.

**제148조(조건부권리의 침해금지)** 조건있는 법률행위의 당사자는 조건의 성부가 미정한 동안에 조건의 성취로 인하여 생길 상대방의 이익을 해하지 못한다.

**제149조(조건부권리의 처분 등)** 조건의 성취가 미정한 권리의무는 일반규정에 의하여 처분, 상속, 보존 또는 담보로 할 수 있다.

**제150조(조건성취, 불성취에 대한 반신의행위)** ① 조건의 성취로 인하여 불이익을 받을 당사자가 신의성실에 반하여 조건의 성취를 방해한 때에는 상대방은 그 조건이 성취한 것으로 주장할 수 있다.

② 조건의 성취로 인하여 이익을 받을 당사자가 신의성실에 반하여 조건을 성취시킨 때에는 상대방은 그 조건이 성취하지 아니한 것으로 주장할 수 있다.

**약정금 [조건부 약정을 체결한 당사자가 신의칙에 반하는 방해행위를 한 경우 조건의 성취를 의제할 수 있는지와 관련하여 조건의 성취가능성(인과관계)이 문제된 사건]**

[대법원 2022. 12. 29., 선고, 2022다266645, 판결]

【판시사항】

[1] 민법 제150조 제1항에서 정한 '조건의 성취를 방해한 때'의 의미 및 방해행위가 없었더라도 조건의 성취가능성이 현저히 낮은 경우가 이에 포함되는지 여부(소극) / 일방 당사자가 신의성실에 반하여 조건의 성취를 방해하였는지 판단하는 기준

[2] 甲 주식회사가 지적재산권을 활용한 전자제품을 개발·판매하는 사업을 추진하고 있었고, 乙이 甲 회사에 투자하면서 '甲 회사는 乙에게 지적재산권을 통한 매출 발생 시마다 수익금 중 10%를 투자금 원금을 포함한 5배 금액이 될 때까지 상환한다.'는 내용의 투자협정을 체결하였는데, 그 후 乙이 甲 회사를 상대로 甲 회사가 '지적재산권을 통한 매출 발생'이라는 투자상환금 지급 조건의 성취를 방해하였으므로 민법 제150조 제1항에 따라 조건의 성취가 의제되었다고 주장하며 약정금의 지급을 구한 사안에서, 甲 회사가 개발하려는 전자제품 판매로 인한 매출 발생 가능성 자체가 현저히 낮았다면 사업 진행을 위해 진지한 노력을 기울이지 않았다거나 처음부터 그러한 의사가 없었다는 사정 등만으로 甲 회사가 매출 발생이라는 조건 성취를 방해한 경우라고 평가하기 부족하다고 한 사례

【판결요지】

[1] 민법 제150조 제1항은 조건의 성취로 인하여 불이익을 받을 당사자가 신의성실에 반하여 조건의 성취를 방해한 때에는 상대방은 그 조건이 성취한 것으로 주장할 수 있다고 정함으로써, 조건이 성취되었더라면 원래 존재했어야 하는 상태를 일방 당사자의 부당한 개입으로부터 보호하기 위한 규정을 두고 있다. 이 조항은 권리의 행사와 의무의 이행은 신의에 좇아 성실히 하여야 한다는 법질서의 기본원리가 발현된 것으로서, 누구도 신의성실에 반하는 행태를 통해 이익을 얻어서는 안 된다는 사상을 포함하고 있다.

다만 일방 당사자의 신의성실에 반하는 방해행위 등이 있었다는 사정만으로 곧바로 민법 제150조 제1항에 의해 그 상대방이 발생할 것으로 희망했던 결과까지 의제된다고 볼 수는 없으므로, 여기서 말하는 '조건의 성취를 방해한 때'란 사회통념상 일방 당사자의 방해행위가 없었더라면 조건이 성취되었을 것으로 볼 수 있음에도 방해행위로 인하여 조건이 성취되지 못한 정도에 이르러야 하고, 방해행위가 없었더라도 조건의 성취가능성이 현저히 낮은 경우까지 포함되는 것은 아니다. 만일 위와 같은 경우까지 조건의 성취를 의제한다면 단지 일방 당사자의 부당한 개입이 있었다는 사정만으로 곧바로 조건 성취로 인한 법적 효과를 인정하는 것이 되고 이는 상대방으로 하여금 공평·타당한 결과를 초과하여 부당한 이득을 얻게 하는 결과를 초래할 수 있기 때문이다.

한편 일방 당사자가 신의성실에 반하여 조건의 성취를 방해하였는지는 당사자들이 조건부 법률행위 등을 하게 된 경위나 의사, 조건부 법률행위의 목적과 내용, 방해행위의 태양, 해당 조건의 성취가능성 및 방해행위가 조건의 성취에 미친 영향, 조건의 성취에 영향을 미치는 다른 요인의 존재 여부 등 여러 사정을 고려하여 개별적·구체적으로 판단하여야 한다.

[2] 甲 주식회사가 지적재산권을 활용한 전자제품을 개발·판매하는 사업을 추진하고 있었고, 乙이 甲 회사에 투자하면서 '甲 회사는 乙에게 지적재산권을 통한 매출 발생 시마다 수익금 중 10%를 투자금 원금을 포함한 5배 금액이 될 때까지 상환한다.'는 내용의 투자협정을 체결하였는데, 그 후 乙이 甲 회사를 상대로 甲 회사가 '지적재산권을 통한 매출 발생'이라는 투자상환금 지급 조건의 성취를 방해하였으므로 민법 제150조 제1항에 따라 조건의 성취가 의제되었다고 주장하며 약정금의 지급을 구한 사안에서, 甲 회사가 관련 전자제품을 실제 양산·판매하여 매출을 발생시키려는 의사나 능력 없이 乙로부터 투자금을 지급받기만 하였다면 투자협정의 상대방인 乙에 대한 관계에서 신의성실에 반하는 행위라고 평가할 여지는 있으나, 투자협정 체결 당시 해당 사업의 성공가능성을 예측하기 어려웠던 것으로 보이고, 乙도 매출 발생이라는 조건이 성취되는 것이 쉬운 일이 아니라는 점을 인식하였던 것으로 보이는 등 甲 회사의 방해행위가 없었더라도 조건의 성취가능성은 현저히 낮았던 것으로 볼 여지가 있으므로, 乙이 甲 회사의 전자제품 개발·판매 사업이 성공할 것으로 신뢰하였거나 이를 기대하여 투자를 하였더라도, 甲 회사가 개발하려는 전자제품 판매로 인한 매출 발생 가능성 자체가 현저히 낮았다면, 甲 회사가 사업 진행을 위해 진지한 노력을 기울이지 않았다거나 처음부터 그러한 의사가 없었다는 사정 등만으로 甲 회사가 매출 발생이라는 조건 성취를 방해한 경우라고 평가하기 부족한데도, 이와 달리 본 원심판단에 법리오해 등의 잘못이 있다고 한 사례.

**제151조(불법조건, 기성조건)** ① 조건이 선량한 풍속 기타 사회질서에 위반한 것인 때에는 그 법률행위는 무효로 한다.

② 조건이 법률행위의 당시 이미 성취한 것인 경우에는 그 조건이 정지조건이면 조건없는 법률행위로 하고 해제조건이면 그 법률행위는 무효로 한다.

③ 조건이 법률행위의 당시에 이미 성취할 수 없는 것인 경우에는 그 조건이 해제조건이면 조건없는 법률행위로 하고 정지조건이면 그 법률행위는 무효로 한다.

**제152조(기한도래의 효과)** ① 시기있는 법률행위는 기한이 도래한 때로부터 그 효력이 생긴다.

② 종기있는 법률행위는 기한이 도래한 때로부터 그 효력을 잃는다.

**제153조(기한의 이익과 그 포기)** ① 기한은 채무자의 이익을 위한 것으로 추정한다.

② 기한의 이익은 이를 포기할 수 있다. 그러나 상대방의 이익을 해하지 못한다.

**근저당권말소**

**[물상보증인이 피담보채무 잔액을 공탁하였음을 이유로 근저당권의 말소를 구한 사건]**

[대법원 2023. 4. 13., 선고, 2021다305338, 판결]

【판시사항】

[1] 채권자와 채무자 모두가 기한의 이익을 갖는 이자부 금전소비대차계약 등에 있어서, 채무자가 기한의 이익을 포기하고 변제기 전에 변제하는 경우, 변제기까지의 약정이자 등 채권자의 손해를 배상하여야 하는지 여부(적극) 및 이러한 약정이자 등 손해액을 함께 제공하지 않으면 채권자가 수령을 거절할 수 있는지 여부(적극) / 이는 제3자가 변제하는 경우에도 마찬가지인지 여부(적극)

[2] 은행여신거래에 있어서 당사자는 계약 내용에 편입된 약관에서 정한 바에 따라 기한의 이익과 포기에 관한 민법 제153조 제2항, 변제기 전의 변제에 관한 민법 제468조의 규정들과 다른 약정을 할 수 있는지 여부(적극)

【판결요지】

[1] 기한의 이익은 포기할 수 있으나, 상대방의 이익을 해하지 못한다(민법 제153조 제2항). 변제기 전이라도 채무자는 변제할 수 있으나, 상대방의 손해는 배상하여야 한다(민법 제468조). 채무의 변제는 제3자도 할 수 있으나(민법 제469조 제1항 본문), 그 경우에도 급부행위는 채무내용에 좇은 것이어야 한다(민법 제460조).

채권자와 채무자 모두가 기한의 이익을 갖는 이자부 금전소비대차계약 등에 있어서, 채무자가 변제기로 인한 기한의 이익을 포기하고 변제기 전에 변제하는 경우 변제기까지의 약정이자 등 채권자의 손해를 배상하여야 하고, 이러한 약정이자 등 손해액을 함께 제공하지 않으면 채무의 내용에 따른 변제제공이라고 볼 수 없으므로, 채권자는 수령을 거절할 수 있다. 이는 제3자가 변제하는 경우에도 마찬가지이다.

[2] 기한의 이익과 그 포기에 관한 민법 제153조 제2항, 변제기 전의 변제에 관한 민법 제468조의 규정들은 임의규정으로서 당사자가 그와 다른 약정을 할 수 있다. 은행여신거래에 있어서 당사자는 계약 내용에 편입된 약관에서 정한 바에 따라 위 민법 규정들과 다른 약정을 할 수도 있다.

**제154조(기한부권리와 준용규정)** 제148조와 제149조의 규정은 기한있는 법률행위에 준용한다.

# 제6장 기간

**제155조(본장의 적용범위)** 기간의 계산은 법령, 재판상의 처분 또는 법률행위에 다른 정한 바가 없으면 본장의 규정에 의한다.

**병역법 위반**

[대법원 2012. 12. 26., 선고, 2012도13215, 판결]

【판시사항】

[1] 병역법 제88조 제1항 제2호에서 정한 '소집기일부터 3일'이라는 기간을 계산할 때에도 기간 계산에 관한 민법 규정이 적용되는지 여부(적극)

[2] 공익근무요원 소집대상자인 피고인이 2011. 8. 4.(목요일) 13:30까지 입영하라는 병무청장 명의의 소집통지서를 전달받고도 소집기일부터 3일이 경과한 날까지 입영하지 아니하였다고 하여 병역법 위반으로 기소된 사안에서, 기간 계산에 관한 민법 규정에 따라 2011. 8. 8.(월요일)이 소집기일부터 3일째가 되는 기간의 말일에 해당하고, 제반 사정에 비추어 피고인이 기간 내에 입영하지 아니한 데에는 병역법 제88조 제1항에서 정한 '정당한 사유'가 있다는 이유로 무죄를 선고한 원심판단을 정당하다고 한 사례

【판결요지】

[1] 민법 제155조는 "기간의 계산은 법령, 재판상의 처분 또는 법률행위에 다른 정한 바가 없으면 본장의 규정에 의한다."고 규정하고 있으므로, 기간 계산에 있어서는 당해 법령 등에 특별한 정함이 없는 한 민법의 규정에 따라야 한다. 한편 병역법 제88조 제1항 제2호는 '공익근무요원 소집통지서를 받은 사람이 정당한 사유 없이 소집기일부터 3일이 지나도 소집에 응하지 아니한 경우에는 3년 이하의 징역에 처한다'고 규정하고 있으나, 병역법은 기간 계산에 관하여 특별한 규정을 두고 있지 아니하다. 따라서 병역법 제88조 제1항 제2호에서 정한 '소집기일부터 3일'이라는 기간을 계산할 때에도 기간 계산에 관한 민법의 규정이 적용되므로, 민법 제157조에 따라 기간의 초일은 산입하지 아니하고, 민법 제161조에 따라 기간의 말일이 토요일 또는 공휴일에 해당하는 때에는 기간은 그 익일로 만료한다고 보아야 한다.

[2] 공익근무요원 소집대상자인 피고인이 '2011. 8. 4.(목요일) 13:30까지 입영하라'는 병무청장 명의의 소집통지서를 전달받고도 소집기일부터 3일이 경과한 날까지 입영하지 아니하였다고 하여 병역법 위반으로 기소된 사안에서, 기간 계산에 관한 민법 규정에 따라 초일은 산입하지 아니하고, 기간의 말일이 공휴일인 때에는 그 다음 날 기간이 만료되므로 2011. 8. 8.(월요일)이 지정된 소집기일부터 3일째가 되는 기간의 말일에 해당하고, 제반 사정에 비추어 피고인이 2011. 8. 8. 오전에 입영할 의사를 밝힌 이상 병무청 담당자는 피고인에게 지연입영을 시키는 등의 구제조치를 취할 의무가 있는데도 그러한 의무를 다하지 아니한 채 지연 입영기일이 경과하여 입영할 수 없다고 잘못 안내함으로써 입영하지 못하게 되었으므로, 피고인이 기간 내에 입영하지 아니한 데에는 병역법 제88조 제1항에서 정한 '정당한 사유'가 있다는 이유로 무죄를 선고한 원심판단을 정당하다고 한 사례.

**第156조(기간의 기산점)** 기간을 시, 분, 초로 정한 때에는 즉시로부터 기산한다.

**第157조(기간의 기산점)** 기간을 일, 주, 월 또는 연으로 정한 때에는 기간의 초일은 산입하지 아니한다. 그러나 그 기간이 오전 영시로부터 시작하는 때에는 그러하지 아니하다.

**물품대금**

[대법원 2020. 3. 2., 선고, 2019다243420, 판결]

【판시사항】

[1] 채무자 회생 및 파산에 관한 법률 제179조 제1항 제8호의2에서 정한 '회생절차개시신청 전 20일 이내'라는 기간을 계산하는 방법(=회생절차개시신청일인 초일은 산입하지 않고, 기간 말일의 종료로 기간 만료)

[2] 회생채권으로 신고된 채권이 신고한 내용대로 확정되어 회생채권자표에 기재된 경우, 계속 중이던 회생채권에 관한 소송에 소의 이익이 있는지 여부(소극)

【판결요지】

[1] 채무자 회생 및 파산에 관한 법률(이하 '채무자회생법'이라 한다) 제33조는 회생절차에 관하여 채무자회생법에 규정이 없는 때에는 민사소송법과 민사집행법을 준용하도록 정하고, 민사소송법 제170조는 기간의 계산을 민법에 따르도록 정하고 있다. 한편 채무자회생법은 '회생절차개시신청 전 20일 이내에 채무자가 계속적이고 정상적인 영업활동으로 공급받은 물건에 대한 대금청구권'은 공익채권으로 정하고 있는데(제179조 제1항 제8호의2), 그 기간 계산에 관해서는 특별한 규정을 두고 있지 않다. 따라서 위 조항에서 정한 '회생절차개시신청 전 20일 이내'라는 기간을 계산할 때에도 기간 계산에 관한 민법 규정이 준용되므로, 민법 제157조 본문에 따라 회생절차개시신청일인 초일은 산입하지 않고, 민법 제159조에 따라 기간 말일의 종료로 기간이 만료한다고 보아야 한다.

[2] 채무자 회생 및 파산에 관한 법률(이하 '채무자회생법'이라 한다)에 따른 회생절차에 참가하고자 하는 회생채권자는 회생채권 신고를 하여야 하고(채무자회생법 제148조 제1항), 신고된 회생채권에 대하여 이의가 제기된 때에는 이의자 전원을 상대방으로 하여 법원에 채권조사확정재판을 신청할 수 있으며(채무자회생법 제170조 제1항), 그 재판에 불복하는 자는 채권조사확정재판에 대한 이의의 소를 제기할 수 있다(채무자회생법 제171조 제1항). 신고된 회생채권에 대하여 이의가 없는 때에는 채권이 신고한 내용대로 확정되고(채무자회생법 제166조 제1호), 확정된 회생채권을 회생채권자표에 기재한 때에는 그 기재는 확정판결과 동일한 효력이 있으므로(채무자회생법 제168조), 계속 중이던 회생채권에 관한 소송은 소의 이익이 없어 부적법하게 된다.

**第158조(나이의 계산과 표시)** 나이는 출생일을 산입하여 만(滿) 나이로 계산하고, 연수(年數)로 표시한다. 다만, 1세에 이르지 아니한 경우에는 월수(月數)로 표시할 수 있다.

*[전문개정 2022. 12. 27.]*

**第159조(기간의 만료점)** 기간을 일, 주, 월 또는 연으로 정한 때에는 기간말일의 종료로 기간이 만료한다.

**제160조(역에 의한 계산)** ① 기간을 주, 월 또는 연으로 정한 때에는 역에 의하여 계산한다.

② 주, 월 또는 연의 처음으로부터 기간을 기산하지 아니하는 때에는 최후의 주, 월 또는 연에서 그 기산일에 해당한 날의 전일로 기간이 만료한다.

③ 월 또는 연으로 정한 경우에 최종의 월에 해당일이 없는 때에는 그 월의 말일로 기간이 만료한다.

**제161조(공휴일 등과 기간의 만료점)** 기간의 말일이 토요일 또는 공휴일에 해당한 때에는 기간은 그 익일로 만료한다. *〈개정 2007. 12. 21.〉*

*[제목개정 2007. 12. 21.]*

## 제7장 소멸시효

**제162조(채권, 재산권의 소멸시효)** ① 채권은 10년간 행사하지 아니하면 소멸시효가 완성한다.

② 채권 및 소유권 이외의 재산권은 20년간 행사하지 아니하면 소멸시효가 완성한다.

**제163조(3년의 단기소멸시효)** 다음 각호의 채권은 3년간 행사하지 아니하면 소멸시효가 완성한다. *〈개정 1997. 12. 13.〉*

1. 이자, 부양료, 급료, 사용료 기타 1년 이내의 기간으로 정한 금전 또는 물건의 지급을 목적으로 한 채권
2. 의사, 조산사, 간호사 및 약사의 치료, 근로 및 조제에 관한 채권
3. 도급받은 자, 기사 기타 공사의 설계 또는 감독에 종사하는 자의 공사에 관한 채권
4. 변호사, 변리사, 공증인, 공인회계사 및 법무사에 대한 직무상 보관한 서류의 반환을 청구하는 채권
5. 변호사, 변리사, 공증인, 공인회계사 및 법무사의 직무에 관한 채권
6. 생산자 및 상인이 판매한 생산물 및 상품의 대가
7. 수공업자 및 제조자의 업무에 관한 채권

**제164조(1년의 단기소멸시효)** 다음 각호의 채권은 1년간 행사하지 아니하면 소멸시효가 완성한다.

1. 여관, 음식점, 대석, 오락장의 숙박료, 음식료, 대석료, 입장료, 소비물의 대가 및 체당금의 채권
2. 의복, 침구, 장구 기타 동산의 사용료의 채권
3. 노역인, 연예인의 임금 및 그에 공급한 물건의 대금채권
4. 학생 및 수업자의 교육, 의식 및 유숙에 관한 교주, 숙주, 교사의 채권

**임대보증금반환·건물명도**

[대법원 2020. 7. 9., 선고, 2016다244224, 244231, 판결]

**【판시사항】**

주택임대차보호법에 따른 임대차에서 임차인이 임대차 종료 후 동시이행항변권을 근거로 임차목적물을 계속 점유하고 있는 경우, 보증금반환채권에 대한 소멸시효가 진행하는지 여부(소극)

【판결요지】

소멸시효는 권리자가 권리를 행사할 수 있는데도 일정한 기간 권리를 행사하지 않은 경우에 권리의 소멸이라는 법률효과가 발생하는 제도이다. 이것은 시간의 흐름에 따라 법률관계가 점점 불명확해지는 것에 대처하기 위한 제도로서, 일정 기간 계속된 사회질서를 유지하고 시간이 지남에 따라 곤란해지는 증거보전으로부터 채무자를 보호하며 자신의 권리를 행사하지 않는 사람을 법적 보호에서 제외함으로써 법적 안정성을 유지하는 데 중점을 두고 있다.

소멸시효가 완성되기 위해서는 권리의 불행사라는 사실상태가 일정한 기간 동안 계속되어야 한다. 채권을 일정한 기간 행사하지 않으면 소멸시효가 완성하지만(민법 제162조, 제163조, 제164조), 채권을 계속 행사하고 있다고 볼 수 있다면 소멸시효가 진행하지 않는다. 나아가 채권을 행사하는 방법에는 채무자에 대한 직접적인 이행청구 외에도 변제의 수령이나 상계, 소송상 청구 및 항변으로 채권을 주장하는 경우 등 채권이 가지는 다른 여러 가지 권능을 행사하는 것도 포함된다. 따라서 채권을 행사하여 실현하려는 행위를 하거나 이에 준하는 것으로 평가할 수 있는 객관적 행위 모습이 있으면 권리를 행사한다고 보는 것이 소멸시효 제도의 취지에 부합한다.

임대차가 종료함에 따라 발생한 임차인의 목적물반환의무와 임대인의 보증금반환의무는 동시이행관계에 있다. 임차인이 임대차 종료 후 동시이행항변권을 근거로 임차목적물을 계속 점유하는 것은 임대인에 대한 보증금반환채권에 기초한 권능을 행사한 것으로서 보증금을 반환받으려는 계속적인 권리행사의 모습이 분명하게 표시되었다고 볼 수 있다. 따라서 임대차 종료 후 임차인이 보증금을 반환받기 위해 목적물을 점유하는 경우 보증금반환채권에 대한 권리를 행사하는 것으로 보아야 하고, 임차인이 임대인에 대하여 직접적인 이행청구를 하지 않았다고 해서 권리의 불행사라는 상태가 계속되고 있다고 볼 수 없다.

임차인의 보증금반환채권과 동시이행관계에 있는 임대인의 목적물인도청구권은 소유권 등 물권에 기초하는 경우가 많으므로, 임대인이 적극적으로 권리를 행사하는지와 관계없이 권리가 시효로 소멸하는 경우는 거의 발생하지 않는다. 만일 임차인이 임대차 종료 후 보증금을 반환받기 위해 목적물을 점유하여 적극적인 권리행사의 모습이 계속되고 있는데도 보증금반환채권이 시효로 소멸한다고 보면, 임차인은 목적물반환의무를 그대로 부담하면서 임대인에 대한 보증금반환채권만 상실하게 된다. 이는 보증금반환채무를 이행하지 않은 임대인이 목적물에 대한 자신의 권리는 그대로 유지하면서 보증금반환채무만을 면할 수 있게 하는 결과가 되어 부당하다. 나아가 이러한 소멸시효 진행의 예외는 어디까지나 임차인이 임대차 종료 후 목적물을 적법하게 점유하는 기간으로 한정되고, 임차인이 목적물을 점유하지 않거나 동시이행항변권을 상실하여 정당한 점유권원을 갖지 않는 경우에 대해서까지 인정되는 것은 아니다. 따라서 임대차 종료 후 보증금을 반환받기 위해 목적물을 점유하는 임차인의 보증금반환채권에 대하여 소멸시효가 진행하지 않는다고 보더라도 그 채권에 관계되는 당사자 사이의 이익 균형에 반하지 않는다.

주택임대차보호법 제4조 제2항은 "임대차기간이 끝난 경우에도 임차인이 보증금을 반환받을 때까지는 임대차관계가 존속되는 것으로 본다."라고 정하고 있다(2008. 3. 21. 법률 제8923호로 개정되면서 표현이 바뀌었을 뿐 그 내용은 개정 전과 같다). 2001. 12. 29. 법률 제6542호로 제정된 상가건물 임대차보호법도 같은 내용의 규정을 두고 있다

(제9조 제2항). 이는 임대차기간이 끝난 후에도 임차인이 보증금을 반환받을 때까지는 임차인의 목적물에 대한 점유를 임대차기간이 끝나기 전과 마찬가지 정도로 강하게 보호함으로써 임차인의 보증금반환채권을 실질적으로 보장하기 위한 것이다. 따라서 임대차기간이 끝난 후 보증금을 반환받지 못한 임차인이 목적물을 점유하는 동안 위 규정에 따라 법정임대차관계가 유지되고 있는데도 임차인의 보증금반환채권은 그대로 시효가 진행하여 소멸할 수 있다고 한다면, 이는 위 규정의 입법 취지를 훼손하는 결과를 가져오게 되어 부당하다.

위와 같은 소멸시효 제도의 존재 이유와 취지, 임대차기간이 끝난 후 보증금반환채권에 관계되는 당사자 사이의 이익형량, 주택임대차보호법 제4조 제2항의 입법 취지 등을 종합하면, 주택임대차보호법에 따른 임대차에서 그 기간이 끝난 후 임차인이 보증금을 반환받기 위해 목적물을 점유하고 있는 경우 보증금반환채권에 대한 소멸시효는 진행하지 않는다고 보아야 한다.

**제165조(판결 등에 의하여 확정된 채권의 소멸시효)** ① 판결에 의하여 확정된 채권은 단기의 소멸시효에 해당한 것이라도 그 소멸시효는 10년으로 한다.

② 파산절차에 의하여 확정된 채권 및 재판상의 화해, 조정 기타 판결과 동일한 효력이 있는 것에 의하여 확정된 채권도 전항과 같다.

③ 전2항의 규정은 판결확정당시에 변제기가 도래하지 아니한 채권에 적용하지 아니한다.

**소송비용액확정**

[대법원 2021. 7. 29., 자, 2019마6152, 결정]

【판시사항】

법원이 판결로 소송비용의 부담을 정하는 재판을 하면서 그 액수를 정하지 않은 경우, 소송비용상환청구권의 소멸시효의 기산점(=소송비용부담의 재판에 해당하는 판결 확정 시) 및 이때 민법 제165조 제1항에서 정한 10년의 소멸시효가 적용되는지 여부(소극) / 국가의 소송비용상환청구권의 소멸시효기간(=5년)

【판결요지】

민법 제165조는 제1항에서 "판결에 의하여 확정된 채권은 단기의 소멸시효에 해당한 것이라도 그 소멸시효는 10년으로 한다."라고 정하면서 제3항에서 '판결 확정 당시에 변제기가 도래하지 않은 채권에 대해서는 민법 제165조 제1항이 적용되지 않는다.'고 정하고 있다.

소송에서 법원이 판결로 소송비용의 부담을 정하는 재판을 하면서 그 액수를 정하지 않은 경우 소송비용부담의 재판이 확정됨으로써 소송비용상환의무의 존재가 확정되지만, 당사자의 신청에 따라 별도로 민사소송법 제110조에서 정한 소송비용액확정결정으로 구체적인 소송비용 액수가 정해지기 전까지는 그 의무의 이행기가 도래한다고 볼 수 없고 이행기의 정함이 없는 상태로 유지된다.

위와 같이 발생한 소송비용상환청구권은 소송비용부담의 재판에 해당하는 판결 확정 시 발생하여 그때부터 소멸시효가 진행하지만, 민법 제165조 제3항에 따라 민법 제165조 제1항에서 정한 10년의 소멸시효는 적용되지 않는다. 따라서 국가의 소송비용상환청구권은 금전의 급부를 목적으로 하는 국가의 권리로서 국가재정법 제96조 제1항에 따라 5년 동안 행사하지 않으면 소멸시효가 완성된다고 보아야 한다.

**제166조(소멸시효의 기산점)** ① 소멸시효는 권리를 행사할 수 있는 때로부터 진행한다.

② 부작위를 목적으로 하는 채권의 소멸시효는 위반행위를 한 때로부터 진행한다.

[단순위헌, 2014헌바148, 2018. 8. 30. 민법(1958. 2. 22. 법률 제471호로 제정된 것) 제166조 제1항 중 '진실·화해를 위한 과거사정리 기본법' 제2조 제1항 제3호, 제4호에 규정된 사건에 적용되는 부분은 헌법에 위반된다.]

**제167조(소멸시효의 소급효)** 소멸시효는 그 기산일에 소급하여 효력이 생긴다.

**추심금**

[대법원 2022. 9. 29., 선고, 2019다204593, 판결]

【판시사항】

채무불이행에 따른 해제의 의사표시 당시에 이미 채무불이행의 대상이 되는 본래 채권이 시효가 완성되어 소멸한 경우, 채권자가 채무불이행을 이유로 한 해제권 및 이에 기한 원상회복청구권을 행사할 수 있는지 여부(원칙적 소극)

【판결요지】

이행불능 또는 이행지체를 이유로 한 법정해제권은 채무자의 채무불이행에 대한 구제수단으로 인정되는 권리이다. 따라서 채무자가 이행해야 할 본래 채무가 이행불능이라는 이유로 계약을 해제하려면 그 이행불능의 대상이 되는 채무자의 본래 채무가 유효하게 존속하고 있어야 한다.

민법 제167조는 "소멸시효는 그 기산일에 소급하여 효력이 생긴다."라고 정한다. 본래 채권이 시효로 인하여 소멸하였다면 그 채권은 그 기산일에 소급하여 더는 존재하지 않는 것이 되어 채권자는 그 권리의 이행을 구할 수 없는 것이고, 이와 같이 본래 채권이 유효하게 존속하지 않는 이상 본래 채무의 불이행을 이유로 계약을 해제할 수 없다고 보아야 한다. 결국 채무불이행에 따른 해제의 의사표시 당시에 이미 채무불이행의 대상이 되는 본래 채권이 시효가 완성되어 소멸하였다면, 채무자가 소멸시효의 완성을 주장하는 것이 신의성실의 원칙에 반하여 허용될 수 없다는 등의 특별한 사정이 없는 한, 채권자는 채무불이행 시점이 본래 채권의 시효 완성 전인지 후인지를 불문하고 그 채무불이행을 이유로 한 해제권 및 이에 기한 원상회복청구권을 행사할 수 없다.

**제168조(소멸시효의 중단사유)** 소멸시효는 다음 각호의 사유로 인하여 중단된다.

1. 청구
2. 압류 또는 가압류, 가처분
3. 승인

**제169조(시효중단의 효력)** 시효의 중단은 당사자 및 그 승계인간에만 효력이 있다.

**제170조(재판상의 청구와 시효중단)** ① 재판상의 청구는 소송의 각하, 기각 또는 취하의 경우에는 시효중단의 효력이 없다.

② 전항의 경우에 6월내에 재판상의 청구, 파산절차참가, 압류 또는 가압류, 가처분을 한 때에는 시효는 최초의 재판상 청구로 인하여 중단된 것으로 본다.

**제171조(파산절차참가와 시효중단)** 파산절차참가는 채권자가 이를 취소하거나 그 청구가 각하된 때에는 시효중단의 효력이 없다.

**제172조(지급명령과 시효중단)** 지급명령은 채권자가 법정기간내에 가집행신청을 하지 아니함으로 인하여 그 효력을 잃은 때에는 시효중단의 효력이 없다.

**제173조(화해를 위한 소환, 임의출석과 시효중단)** 화해를 위한 소환은 상대방이 출석하지 아니 하거나 화해가 성립되지 아니한 때에는 1월내에 소를 제기하지 아니하면 시효중단의 효력이 없다. 임의출석의 경우에 화해가 성립되지 아니한 때에도 그러하다.

**제174조(최고와 시효중단)** 최고는 6월내에 재판상의 청구, 파산절차참가, 화해를 위한 소환, 임의출석, 압류 또는 가압류, 가처분을 하지 아니하면 시효중단의 효력이 없다.

**제175조(압류, 가압류, 가처분과 시효중단)** 압류, 가압류 및 가처분은 권리자의 청구에 의하여 또는 법률의 규정에 따르지 아니함으로 인하여 취소된 때에는 시효중단의 효력이 없다.

**채무부존재확인**

[대법원 2017. 4. 28., 선고, 2016다239840, 판결]

【판시사항】

[1] '압류'에 의한 시효중단의 종료 시점(=압류가 해제되거나 집행절차가 종료될 때)

[2] 보험계약자의 보험금 채권에 대한 압류 후 채무자나 제3채무자가 보험계약 자체를 해지할 수 있는지 여부(적극) 및 이때 보험금 채권에 대한 압류명령이 실효되는지 여부(적극)

[3] 체납처분에 의한 채권압류로 채권자의 채무자에 대한 채권의 시효가 중단된 후, 피압류채권이 기본계약관계의 해지·실효 또는 소멸시효 완성 등으로 소멸함으로써 압류의 대상이 존재하지 않게 되어 압류 자체가 실효된 경우, 시효중단사유가 종료하는지 여부(적극)

【판결요지】

[1] 시효가 중단된 때에는 중단까지에 경과한 시효기간은 이를 산입하지 아니하고 중단사유가 종료한 때로부터 새로이 진행하는데(국세기본법 제28조 제2항, 민법 제178조 제1항), 소멸시효의 중단사유 중 '압류'에 의한 시효중단의 효력은 압류가 해제되거나 집행절차가 종료될 때 중단사유가 종료한 것으로 볼 수 있다.

[2] 보험계약자의 보험금 채권에 대한 압류가 행하여지더라도 채무자나 제3채무자는 기본적 계약관계인 보험계약 자체를 해지할 수 있고, 보험계약이 해지되면 계약에 의하여 발생한 보험금 채권은 소멸하게 되므로 이를 대상으로 한 압류명령은 실효된다.

[3] 체납처분에 의한 채권압류로 인하여 채권자의 채무자에 대한 채권의 시효가 중단된 경우에 압류에 의한 체납처분 절차가 채권추심 등으로 종료된 때뿐만 아니라, 피압류채권이 기본계약관계의 해지·실효 또는 소멸시효 완성 등으로 인하여 소멸함으로써 압류의 대상이 존재하지 않게 되어 압류 자체가 실효된 경우에도 체납처분 절차는 더 이상 진행될 수 없으므로 시효중단사유가 종료한 것으로 보아야 하고, 그때부터 시효가 새로이 진행한다.

**第176조(압류, 가압류, 가처분과 시효중단)** 압류, 가압류 및 가처분은 시효의 이익을 받은 자에 대하여 하지 아니한 때에는 이를 그에게 통지한 후가 아니면 시효중단의 효력이 없다.

**第177조(승인과 시효중단)** 시효중단의 효력있는 승인에는 상대방의 권리에 관한 처분의 능력이나 권한있음을 요하지 아니한다.

**第178조(중단후에 시효진행)** ① 시효가 중단된 때에는 중단까지에 경과한 시효기간은 이를 산입하지 아니하고 중단사유가 종료한 때로부터 새로이 진행한다.

② 재판상의 청구로 인하여 중단한 시효는 전항의 규정에 의하여 재판이 확정된 때로부터 새로이 진행한다.

**第179조(제한능력자의 시효정지)** 소멸시효의 기간만료 전 6개월 내에 제한능력자에게 법정대리인이 없는 경우에는 그가 능력자가 되거나 법정대리인이 취임한 때부터 6개월 내에는 시효가 완성되지 아니한다.

*[전문개정 2011. 3. 7.]*

**第180조(재산관리자에 대한 제한능력자의 권리, 부부 사이의 권리와 시효정지)** ① 재산을 관리하는 아버지, 어머니 또는 후견인에 대한 제한능력자의 권리는 그가 능력자가 되거나 후임 법정대리인이 취임한 때부터 6개월 내에는 소멸시효가 완성되지 아니한다.

② 부부 중 한쪽이 다른 쪽에 대하여 가지는 권리는 혼인관계가 종료된 때부터 6개월 내에는 소멸시효가 완성되지 아니한다.

*[전문개정 2011. 3. 7.]*

**第181조(상속재산에 관한 권리와 시효정지)** 상속재산에 속한 권리나 상속재산에 대한 권리는 상속인의 확정, 관리인의 선임 또는 파산선고가 있는 때로부터 6월내에는 소멸시효가 완성하지 아니한다.

**第182조(천재 기타 사변과 시효정지)** 천재 기타 사변으로 인하여 소멸시효를 중단할 수 없을 때에는 그 사유가 종료한 때로부터 1월내에는 시효가 완성하지 아니한다.

**第183조(종속된 권리에 대한 소멸시효의 효력)** 주된 권리의 소멸시효가 완성한 때에는 종속된 권리에 그 효력이 미친다.

**第184조(시효의 이익의 포기 기타)** ① 소멸시효의 이익은 미리 포기하지 못한다.

② 소멸시효는 법률행위에 의하여 이를 배제, 연장 또는 가중할 수 없으나 이를 단축 또는 경감할 수 있다.

**구상금**

[대법원 2022. 6. 9., 선고, 2017다247848, 판결]

【판시사항】

[1] 상법 제814조 제1항에서 정한 해상운송인의 송하인이나 수하인에 대한 권리·의무의 소멸기간이 제척기간인지 여부(적극)

[2] 상법 제814조 제1항에서 정한 제척기간이 지난 뒤에 그 기간 경과의 이익을 받는 당사자가 기간이 지난 사실을 알면서도 기간 경과로 인한 법적 이익을 받지 않겠다는 의사를 명확히 표시한 경우, 민법 제184조 제1항을 유추적용하여 제척기간 경과로 인한 권리소멸의 이익을 포기한 것으로 인정할 수 있는지 여부(적극)

【판결요지】

[1] 상법 제814조 제1항은 "운송인의 송하인 또는 수하인에 대한 채권 및 채무는 그 청구원인의 여하에 불구하고 운송인이 수하인에게 운송물을 인도한 날 또는 인도할 날부터 1년 이내에 재판상 청구가 없으면 소멸한다. 다만 이 기간은 당사자의 합의에 의하여 연장할 수 있다."라고 정하고 있다. 이러한 해상운송인의 송하인이나 수하인에 대한 권리·의무에 관한 소멸기간은 제척기간에 해당한다.

[2] 상법 제814조 제1항에서 정한 제척기간이 지난 뒤에 그 기간 경과의 이익을 받는 당사자가 기간이 지난 사실을 알면서도 기간 경과로 인한 법적 이익을 받지 않겠다는 의사를 명확히 표시한 경우에는, 소멸시효 완성 후 이익의 포기에 관한 민법 제184조 제1항을 유추적용하여 제척기간 경과로 인한 권리소멸의 이익을 포기하였다고 인정할 수 있다. 그 이유는 다음과 같다.

① 법적 규율이 없는 사안에 대하여 그와 유사한 사안에 관한 법규범을 적용하기 위해서는 양 사안 사이에 공통점 또는 유사점이 있어야 하고 법규범의 체계, 입법의도와 목적 등에 비추어 유추적용이 정당하다고 평가되어야 한다.

상법 제814조 제1항에서 정한 제척기간은 청구권에 관한 것으로서 그 권리가 행사되지 않은 채 일정한 기간이 지나면 권리가 소멸하거나 효력을 잃게 된다는 점에서 소멸시효와 비슷하다. 소멸시효가 완성된 후 시효이익을 받을 채무자는 시효 완성으로 인한 법적 이익을 받지 않겠다는 의사표시를 하여 시효이익을 포기할 수 있다(민법 제184조 제1항). 한편 어떠한 권리에 대하여 제척기간이 적용되는 경우에 그 기간이 지나면 권리가 소멸하고 의무자는 채무이행을 면하는 법적 이익을 얻게 된다.

제척기간을 정한 규정의 취지와 목적, 권리의 종류·성질 등에 비추어, 당사자들이 합의하여 그 기간을 연장할 수 있는 경우와 같이 기간 경과로 인한 이익 포기를 허용해도 특별히 불합리한 결과가 발생하지 않는 경우라면, 시효이익 포기에 관한 민법 제184조 제1항을 유추적용하여 당사자에게 그 기간 경과의 이익을 포기할 수 있도록 하여 법률관계에 관한 구체적인 사정과 형평에 맞는 해결을 가능하게 하는 것이 부당하다고 할 수 없다.

② 제척기간은 일반적으로 권리자로 하여금 자신의 권리를 신속하게 행사하도록 함으로써 법률관계를 조속히 확정하려는 데 그 제도의 취지가 있으나, 법률관계를 조속히 확정할 필요성의 정도는 개별 법률에서 정한 제척기간마다 다를 수 있다.

상법 제814조 제1항은 해상운송과 관련한 법률관계에서 발생한 청구권의 행사기간을 1년의 제소기간으로 정하면서도 위 기간을 당사자의 합의에 의하여 연장할 수 있도록 하고 있다. 운송인과 송하인 또는 수하인 사이의 해상운송을 둘러싼 법률관계를 조속히 확정할 필요가 있으나, 해상운송에 관한 분쟁 가운데는 단기간 내에 책임소재를 밝히기 어려워 분쟁 협의에 오랜 시간이 걸리는 경우가 있다. 이 조항은 이러한 사정을 감안하여, 당사자들에게 제소기간에 구애받지 않고 분쟁에 대한 적정한 해결을 도모할 기회를 부여하고자 당사자들이 기간 연장을 합의할 수 있도록 한 것이다.

상법 제814조 제1항에서 정한 제척기간은 해상운송과 관련하여 발생하는 채권·채무에 적용되는데 해상운송인을 보호하고 시간의 경과에 따른 증명곤란의 구제를 도모하기 위한 것이지만, 당사자들이 합의하여 제척기간을 연장할 수 있도록 하였다는 점에서 일반적인 제척기간과는 구별되는 특성이 있다. 이와 같이 이 조항에서 제척기간을 정한 취지와 목적, 권리의 성질 등 여러 사정을 고려하면, 당사자에게 그 기간 경과의 이익을 포기할 수 있도록 하여 법률관계에 관한 구체적인 사정과 형평에 맞는 해결을 가능하게 하더라도 특별히 불합리한 결과가 발생하는 경우라고 볼 수 없다.

# 제2편 물권

## 제1장 총칙

**제185조(물권의 종류)** 물권은 법률 또는 관습법에 의하는 외에는 임의로 창설하지 못한다.

**제186조(부동산물권변동의 효력)** 부동산에 관한 법률행위로 인한 물권의 득실변경은 등기하여야 그 효력이 생긴다.

**제187조(등기를 요하지 아니하는 부동산물권취득)** 상속, 공용징수, 판결, 경매 기타 법률의 규정에 의한 부동산에 관한 물권의 취득은 등기를 요하지 아니한다. 그러나 등기를 하지 아니하면 이를 처분하지 못한다.

**제188조(동산물권양도의 효력, 간이인도)** ① 동산에 관한 물권의 양도는 그 동산을 인도하여야 효력이 생긴다.

② 양수인이 이미 그 동산을 점유한 때에는 당사자의 의사표시만으로 그 효력이 생긴다.

**제189조(점유개정)** 동산에 관한 물권을 양도하는 경우에 당사자의 계약으로 양도인이 그 동산의 점유를 계속하는 때에는 양수인이 인도받은 것으로 본다.

**제190조(목적물반환청구권의 양도)** 제삼자가 점유하고 있는 동산에 관한 물권을 양도하는 경우에는 양도인이 그 제삼자에 대한 반환청구권을 양수인에게 양도함으로써 동산을 인도한 것으로 본다.

**제191조(혼동으로 인한 물권의 소멸)** ① 동일한 물건에 대한 소유권과 다른 물권이 동일한 사람에게 귀속한 때에는 다른 물권은 소멸한다. 그러나 그 물권이 제삼자의 권리의 목적이 된 때에는 소멸하지 아니한다.

② 전항의 규정은 소유권이외의 물권과 그를 목적으로 하는 다른 권리가 동일한 사람에게 귀속한 경우에 준용한다.

③ 점유권에 관하여는 전2항의 규정을 적용하지 아니한다.

## 제2장 점유권

**제192조(점유권의 취득과 소멸)** ①물건을 사실상 지배하는 자는 점유권이 있다.

② 점유자가 물건에 대한 사실상의 지배를 상실한 때에는 점유권이 소멸한다. 그러나 제204조의 규정에 의하여 점유를 회수한 때에는 그러하지 아니하다.

**토지인도등·소유권이전등기[토지소유자가 자기 소유의 토지 위에 건축된 미등기건물을 전전매수하여 점유하고 있는 피고를 상대로 부당이득반환 등을 청구한 사안]**

[대법원 2022. 9. 29., 선고, 2018다243133, 243140, 판결]

【판시사항】

건물의 소유자가 현실적으로 건물이나 그 부지를 점거하고 있지 않더라도 건물의 소유를 위하여 그 부지를 점유한다고 보아야 하는지 여부(적극) / 타인 소유의 토지 위에 권원 없이 건물을 소유하는 자는 그 자체로 타인에게 토지 차임 상당의 손해를 주고 있는지 여부(원칙적 적극) 및 건물 소유자가 미등기건물의 원시취득자이고 그 건물에 관하여 사실상의 처분권을 보유하게 된 양수인이 따로 존재하는 경우에도, 미등기건물의 원시취득자가 토지 소유자에 대하여 부당이득반환의무를 지는지 여부(적극) / 미등기건물을 양수하여 건물에 관한 사실상의 처분권을 보유하게 됨으로써 그 양수인이 건물 부지 역시 아울러 점유하고 있다고 볼 수 있는 경우, 미등기건물에 관한 사실상의 처분권자도 건물 부지의 점유·사용에 따른 부당이득반환의무를 부담하는지 여부(적극) 및 이러한 경우 미등기건물의 원시취득자와 사실상의 처분권자의 관계(=부진정연대채무)

【판결요지】

사회통념상 건물은 그 부지를 떠나서는 존재할 수 없으므로 건물의 부지가 된 토지는 그 건물의 소유자가 점유하는 것으로 볼 것이고, 이 경우 건물의 소유자가 현실적으로 건물이나 그 부지를 점거하고 있지 아니하고 있더라도 건물의 소유를 위하여 그 부지를 점유한다고 보아야 한다.

타인 소유의 토지 위에 권원 없이 건물을 소유하는 자는 그 자체로써 건물 부지가 된 토지를 점유하고 있는 것이므로 특별한 사정이 없는 한 법률상 원인 없이 타인의 재산으로 인하여 토지의 차임에 상당하는 이익을 얻고 이로 인하여 타인에게 동액 상당의 손해를 주고 있다고 할 것이고, 이는 건물 소유자가 미등기건물의 원시취득자이고 그 건물에 관하여 사실상의 처분권을 보유하게 된 양수인이 따로 존재하는 경우에도 다르지 아니하므로, 미등기건물의 원시취득자는 토지 소유자에 대하여 부당이득반환의무를 진다.

한편 미등기건물을 양수하여 건물에 관한 사실상의 처분권을 보유하게 됨으로써 그 양수인이 건물 부지 역시 아울러 점유하고 있다고 볼 수 있는 경우에는 미등기건물에 관한 사실상의 처분권자도 건물 부지의 점유·사용에 따른 부당이득반환의무를 부담한다. 이러한 경우 미등기건물의 원시취득자와 사실상의 처분권자가 토지 소유자에 대하여 부담하는 부당이득반환의무는 동일한 경제적 목적을 가진 채무로서 부진정연대채무 관계에 있다고 볼 것이다.

**제193조(상속으로 인한 점유권의 이전)** 점유권은 상속인에 이전한다.

**제194조(간접점유)** 지상권, 전세권, 질권, 사용대차, 임대차, 임치 기타의 관계로 타인으로 하여금 물건을 점유하게 한 자는 간접으로 점유권이 있다.

**제195조(점유보조자)** 가사상, 영업상 기타 유사한 관계에 의하여 타인의 지시를 받어 물건에 대한 사실상의 지배를 하는 때에는 그 타인만을 점유자로 한다.

**제196조(점유권의 양도)** ① 점유권의 양도는 점유물의 인도로 그 효력이 생긴다.
② 전항의 점유권의 양도에는 제188조제2항, 제189조, 제190조의 규정을 준용한다.

**제197조(점유의 태양)** ① 점유자는 소유의 의사로 선의, 평온 및 공연하게 점유한 것으로 추정한다.
② 선의의 점유자라도 본권에 관한 소에 패소한 때에는 그 소가 제기된 때로부터 악의의 점유자로 본다.

**부당이득금**

[대법원 2023. 6. 29., 선고, 2020다290767, 판결]

【판시사항】

[1] 국가나 지방자치단체가 부동산을 점유하는 경우에도 민법 제197조 제1항이 적용되는지 여부(적극) / 국가나 지방자치단체가 취득시효의 완성을 주장하는 토지의 취득절차에 관한 서류를 제출하지 못하고 있다는 사정만으로 자주점유의 추정이 번복되는지 여부(소극)

[2] 저수지의 제당부지로 사용되고 있는 토지의 등기부상 소유명의인으로부터 일부 지분을 상속받은 甲이 저수지를 관리하는 한국농어촌공사를 상대로 법률상 원인 없이 위 토지의 임료 상당액의 이득을 얻고 있다는 이유로 부당이득반환청구를 하자, 한국농어촌공사가 위 토지에 관한 점유취득시효완성을 주장한 사안에서, 조선농지개발영단이 저수지를 설치할 무렵 공공용 재산의 취득절차를 거쳐서 위 토지의 소유권을 적법하게 취득하였을 가능성을 배제할 수 없으므로, 위 토지에 대한 한국농어촌공사의 자주점유의 추정을 부정하여 무단점유로 인정한 원심판단에 법리오해의 잘못이 있다고 한 사례

【판결요지】

[1] 부동산 점유권원의 성질이 분명하지 않을 때에는 민법 제197조 제1항에 따라 점유자는 소유의 의사로 선의로 평온하고 공연하게 점유한 것으로 추정되고, 이러한 추정은 지적공부 등의 관리주체인 국가나 지방자치단체(이하 '국가 등'이라 한다)가 점유하는 경우에도 마찬가지로 적용된다. 점유자가 스스로 매매 또는 증여와 같이 자주점유의 권원을 주장하였으나 이것이 인정되지 않는 경우에도 원래 자주점유의 권원에 관한 증명책임이 점유자에게 있지 아니한 이상 그 주장의 점유권원이 인정되지 않는다는 사유만으로 자주점유의 추정이 번복된다거나 또는 점유권원의 성질상 타주점유라고 볼 수 없다. 따라서 국가 등이 취득시효의 완성을 주장하는 토지의 취득절차에 관한 서류를 제출하지 못하고 있다고 하더라도, 그 점유의 경위와 용도, 국가 등이 점유를 개시한 후에 지적공부에 그 토지의 소유자로 등재된 자가 소유권을 행사하려고 노력하였는지 여부, 함께 분할된 다른 토지의 이용 또는 처분관계 등 여러 가지 사정을 감안할 때 국가 등이 점유 개시 당시 공공용 재산의 취득절차를 거쳐서 소유권을 적법하게 취득하였을 가능성을 배제할 수 없는 경우에는, 국가 등의 자주점유의 추정을 부정하여 무단점유로 인정할 것이 아니다.

[2] 저수지의 제당부지로 사용되고 있는 토지의 등기부상 소유명의인으로부터 일부 지분을 상속받은 甲이 저수지를 관리하는 한국농어촌공사를 상대로 법률상 원인 없이 위

토지의 임료 상당액의 이득을 얻고 있다는 이유로 부당이득반환청구를 하자, 한국농어촌공사가 위 토지에 관한 점유취득시효완성을 주장한 사안에서, 위 토지에 관한 지적공부 등이 멸실되지 않고 보존되어 있음에도 거기에 한국농어촌공사의 소유권취득을 뒷받침하는 기재가 없고 한국농어촌공사가 취득절차에 관한 객관적 자료를 제출하지 못하고 있다고 하더라도, 저수지가 조선총독부의 농지개발사업을 위해 설립된 조선농지개발영단에 의해 설치된 점, 저수지가 설치될 당시부터 현재까지 저수지의 면적, 제당의 길이, 제당사면의 넓이에 큰 변화가 없었던 점, 위 토지는 저수지가 설치될 무렵부터 제당부지에 속하였던 것으로 보이는 점, 위 토지의 등기부상 소유명의인이나 그 상속인들이 소 제기 이전까지 위 토지에 관한 소유권을 행사하려고 노력하였다고 볼 만한 자료가 없는 점, 위 토지와 달리 제당부지에 속하지 아니한 인근 토지는 위 토지에서 분할된 후 수차례 소유권이 변동되었고 지방자치단체가 협의취득을 한 점, 그 밖에 위 토지의 처분·이용·권리 행사 관계 등 여러 사정을 종합하여 보면, 조선농지개발영단이 저수지를 설치할 무렵 공공용 재산의 취득절차를 거쳐서 위 토지의 소유권을 적법하게 취득하였을 가능성을 배제할 수 없으므로, 위 토지에 대한 한국농어촌공사의 자주점유의 추정을 부정하여 무단점유로 인정한 원심판단에 법리오해의 잘못이 있다고 한 사례.

**제198조(점유계속의 추정)** 전후양시에 점유한 사실이 있는 때에는 그 점유는 계속한 것으로 추정한다.

**제199조(점유의 승계의 주장과 그 효과)** ① 점유자의 승계인은 자기의 점유만을 주장하거나 자기의 점유와 전점유자의 점유를 아울러 주장할 수 있다.
② 전점유자의 점유를 아울러 주장하는 경우에는 그 하자도 계승한다.

**제200조(권리의 적법의 추정)** 점유자가 점유물에 대하여 행사하는 권리는 적법하게 보유한 것으로 추정한다.

**제201조(점유자와 과실)** ① 선의의 점유자는 점유물의 과실을 취득한다.
② 악의의 점유자는 수취한 과실을 반환하여야 하며 소비하였거나 과실로 인하여 훼손 또는 수취하지 못한 경우에는 그 과실의 대가를 보상하여야 한다.
③ 전항의 규정은 폭력 또는 은비에 의한 점유자에 준용한다.

**부당이득금**

[대법원 2021. 4. 29., 선고, 2018다261889, 판결]

【판시사항】

[1] 민법 제203조 제1항 단서에서 말하는 '점유자가 과실을 취득한 경우'의 의미 및 과실수취권이 없는 악의의 점유자에 대하여 위 단서 규정이 적용되는지 여부(소극)

[2] 부동산의 일부 지분 소유자가 다른 지분 소유자의 동의 없이 부동산을 다른 사람에게 임대하여 임대차보증금을 받은 경우, 부당이득 또는 불법행위가 성립하는지 여부(적극) 및 그 반환 또는 손해배상의 범위(=차임 상당액)

【판결요지】

[1] 민법 제201조 제1항은 "선의의 점유자는 점유물의 과실을 취득한다."라고 정하고, 제2항은 "악의의 점유자는 수취한 과실을 반환하여야 하며 소비하였거나 과실로 인하여

훼손 또는 수취하지 못한 경우에는 그 과실의 대가를 보상하여야 한다."라고 정하고 있다. 민법 제203조 제1항은 "점유자가 점유물을 반환할 때에는 회복자에 대하여 점유물을 보존하기 위하여 지출한 금액 기타 필요비의 상환을 청구할 수 있다. 그러나 점유자가 과실을 취득한 경우에는 통상의 필요비는 청구하지 못한다."라고 정하고 있다. 위 규정을 체계적으로 해석하면 민법 제203조 제1항 단서에서 말하는 '점유자가 과실을 취득한 경우'란 점유자가 선의의 점유자로서 민법 제201조 제1항에 따라 과실수취권을 보유하고 있는 경우를 뜻한다고 보아야 한다. 선의의 점유자는 과실을 수취하므로 물건의 용익과 밀접한 관련을 가지는 비용인 통상의 필요비를 스스로 부담하는 것이 타당하기 때문이다. 따라서 과실수취권이 없는 악의의 점유자에 대해서는 위 단서 규정이 적용되지 않는다.

[2] 부동산의 일부 지분 소유자가 다른 지분 소유자의 동의 없이 부동산을 다른 사람에게 임대하여 임대차보증금을 받았다면, 그로 인한 수익 중 자신의 지분을 초과하는 부분은 법률상 원인 없이 취득한 부당이득이 되어 다른 지분 소유자에게 이를 반환할 의무가 있다. 또한 이러한 무단 임대행위는 다른 지분 소유자의 공유지분의 사용·수익을 침해한 불법행위가 성립되어 그 손해를 배상할 의무가 있다. 다만 그 반환 또는 배상의 범위는 부동산 임대차로 인한 차임 상당액이고 부동산의 임대차보증금 자체에 대한 다른 지분 소유자의 지분비율 상당액을 구할 수는 없다.

**제202조(점유자의 회복자에 대한 책임)** 점유물이 점유자의 책임있는 사유로 인하여 멸실 또는 훼손한 때에는 악의의 점유자는 그 손해의 전부를 배상하여야 하며 선의의 점유자는 이익이 현존하는 한도에서 배상하여야 한다. 소유의 의사가 없는 점유자는 선의인 경우에도 손해의 전부를 배상하여야 한다.

**제203조(점유자의 상환청구권)** ① 점유자가 점유물을 반환할 때에는 회복자에 대하여 점유물을 보존하기 위하여 지출한 금액 기타 필요비의 상환을 청구할 수 있다. 그러나 점유자가 과실을 취득한 경우에는 통상의 필요비는 청구하지 못한다.

② 점유자가 점유물을 개량하기 위하여 지출한 금액 기타 유익비에 관하여는 그 가액의 증가가 현존한 경우에 한하여 회복자의 선택에 좇아 그 지출금액이나 증가액의 상환을 청구할 수 있다.

③ 전항의 경우에 법원은 회복자의 청구에 의하여 상당한 상환기간을 허여할 수 있다.

**제204조(점유의 회수)** ① 점유자가 점유의 침탈을 당한 때에는 그 물건의 반환 및 손해의 배상을 청구할 수 있다.

② 전항의 청구권은 침탈자의 특별승계인에 대하여는 행사하지 못한다. 그러나 승계인이 악의인 때에는 그러하지 아니하다.

③ 제1항의 청구권은 침탈을 당한 날로부터 1년내에 행사하여야 한다.

**제205조(점유의 보유)** ① 점유자가 점유의 방해를 받은 때에는 그 방해의 제거 및 손해의 배상을 청구할 수 있다.

② 전항의 청구권은 방해가 종료한 날로부터 1년내에 행사하여야 한다.

③ 공사로 인하여 점유의 방해를 받은 경우에는 공사착수후 1년을 경과하거나 그 공사가 완성한 때에는 방해의 제거를 청구하지 못한다.

**제206조(점유의 보전)** ① 점유자가 점유의 방해를 받을 염려가 있는 때에는 그 방해의 예방 또는 손해배상의 담보를 청구할 수 있다.

② 공사로 인하여 점유의 방해를 받을 염려가 있는 경우에는 전조제3항의 규정을 준용한다.

**제207조(간접점유의 보호)** ① 전3조의 청구권은 제194조의 규정에 의한 간접점유자도 이를 행사할 수 있다.

② 점유자가 점유의 침탈을 당한 경우에 간접점유자는 그 물건을 점유자에게 반환할 것을 청구할 수 있고 점유자가 그 물건의 반환을 받을 수 없거나 이를 원하지 아니하는 때에는 자기에게 반환할 것을 청구할 수 있다.

**제208조(점유의 소와 본권의 소와의 관계)** ① 점유권에 기인한 소와 본권에 기인한 소는 서로 영향을 미치지 아니한다.

② 점유권에 기인한 소는 본권에 관한 이유로 재판하지 못한다.

**건물명도(인도)**

[대법원 2021. 3. 25., 선고, 2019다208441, 판결]

**【판시사항】**

점유권을 기초로 한 본소에 대하여 본권자가 본소청구 인용에 대비하여 본권에 기초한 장래이행의 소로서 예비적 반소를 제기하고 양 청구가 모두 이유 있는 경우, 법원은 위 본소와 예비적 반소를 모두 인용하여야 하는지 여부(적극) 및 점유권에 기초한 본소를 본권에 관한 이유로 배척할 수 있는지 여부(소극) / 점유를 침탈당한 자가 점유권에 기한 점유회수의 소를 제기하고, 본권자가 그 점유회수의 소가 인용될 것에 대비하여 본권에 기초한 장래이행의 소로서 별소를 제기한 경우에도 같은 법리가 적용되는지 여부(적극)

**【판결요지】**

점유권을 기초로 한 본소에 대하여 본권자가 본소청구의 인용에 대비하여 본권에 기초한 장래이행의 소로서 예비적 반소를 제기하고 양 청구가 모두 이유 있는 경우, 법원은 점유권에 기초한 본소와 본권에 기초한 예비적 반소를 모두 인용해야 하고 점유권에 기초한 본소를 본권에 관한 이유로 배척할 수 없다.

이러한 법리는 점유를 침탈당한 자가 점유권에 기한 점유회수의 소를 제기하고, 본권자가 그 점유회수의 소가 인용될 것에 대비하여 본권에 기초한 장래이행의 소로서 별소를 제기한 경우에도 마찬가지로 적용된다.

**제209조(자력구제)** ① 점유자는 그 점유를 부정히 침탈 또는 방해하는 행위에 대하여 자력으로써 이를 방위할 수 있다.

② 점유물이 침탈되었을 경우에 부동산일 때에는 점유자는 침탈후 직시 가해자를 배제하여 이를 탈환할 수 있고 동산일 때에는 점유자는 현장에서 또는 추적하여 가해자로부터 이를 탈환할 수 있다.

**제210조(준점유)** 본장의 규정은 재산권을 사실상 행사하는 경우에 준용한다.

# 제3장 소유권

## 제1절 소유권의 한계

**제211조(소유권의 내용)** 소유자는 법률의 범위내에서 그 소유물을 사용, 수익, 처분할 권리가 있다.

**소유권이전등기[임대차기간을 '영구'로 설정한 임대차계약을 원인으로 한 임차권설정등기절차 이행 청구 사건]**

[대법원 2023. 6. 1., 선고, 2023다209045, 판결]

【판시사항】

임대차기간을 영구로 정한 임대차계약이 허용되는지 여부(원칙적 적극) / 임차인은 언제라도 영구 임대차기간에 관한 권리를 포기할 수 있는지 여부(적극) 및 이때 임대차계약은 임차인에게 기간의 정함이 없는 임대차가 되는지 여부(적극)

【판결요지】

구 민법(2016. 1. 6. 법률 제13710호로 삭제되기 전의 것) 제651조에서는 '석조, 석회조, 연와조 또는 이와 유사한 견고한 건물 기타 공작물의 소유를 목적으로 하는 토지임대차 및 식목, 채염을 목적으로 하는 토지임대차'를 제외한 임대차의 존속기간을 20년으로 제한하고 있었으나, 헌법재판소는 2013. 12. 26. 위 조항의 입법 취지가 불명확하고, 과잉금지원칙을 위반하여 계약의 자유를 침해한다는 이유로 헌법에 위반된다는 결정을 선고하였다. 결국 민법 제619조에서 처분능력, 권한 없는 자의 단기임대차의 경우에만 임대차기간의 최장기를 제한하는 규정만 있을 뿐, 민법상 임대차기간이 영구인 임대차계약의 체결을 불허하는 규정은 없다.

소유자가 소유권의 핵심적 권능에 속하는 사용·수익의 권능을 대세적으로 포기하는 것은 특별한 사정이 없는 한 허용되지 않으나, 특정인에 대한 관계에서 채권적으로 사용·수익권을 포기하는 것까지 금지되는 것은 아니다.

따라서 임대차기간이 영구인 임대차계약을 인정할 실제의 필요성도 있고, 이러한 임대차계약을 인정한다고 하더라도 사정변경에 의한 차임증감청구권이나 계약 해지 등으로 당사자들의 이해관계를 조정할 수 있는 방법이 있을 뿐만 아니라, 임차인에 대한 관계에서만 사용·수익권이 제한되는 외에 임대인의 소유권을 전면적으로 제한하는 것도 아닌 점 등에 비추어 보면, 당사자들이 자유로운 의사에 따라 임대차기간을 영구로 정한 약정은 이를 무효로 볼 만한 특별한 사정이 없는 한 계약자유의 원칙에 의하여 허용된다고 보아야 한다.

특히 영구임대라는 취지는, 임대인이 차임지급 지체 등 임차인의 귀책사유로 인한 채무불이행이 없는 한 임차인이 임대차관계의 유지를 원하는 동안 임대차계약이 존속되도록 이를 보장하여 주는 의미로, 위와 같은 임대차기간의 보장은 임대인에게는 의무가 되나 임차인에게는 권리의 성격을 갖는 것이므로 임차인으로서는 언제라도 그 권리를 포기할 수 있고, 그렇게 되면 임대차계약은 임차인에게 기간의 정함이 없는 임대차가 된다.

**제212조(토지소유권의 범위)** 토지의 소유권은 정당한 이익있는 범위내에서 토지의 상하에 미친다.

**경계확정등**

[대법원 2021. 8. 19., 선고, 2018다207830, 판결]

【판시사항】

인접한 토지의 경계가 불분명하여 소유자들 사이에 다툼이 있다는 것만으로 토지경계확정의 소의 권리보호이익이 인정되는지 여부(적극) 및 여기서 '인접한 토지의 경계가 사실상 불분명하여 다툼이 있는 경우'의 의미 / 토지경계확정의 소에서 법원이 경계를 확정하는 방법

【판결요지】

토지경계확정의 소는 인접한 토지의 경계가 사실상 불분명하여 다툼이 있는 경우 재판으로 그 경계를 확정해 줄 것을 구하는 소로서, 토지소유권의 범위의 확인을 목적으로 하는 소와는 달리, 인접한 토지의 경계가 불분명하여 그 소유자들 사이에 다툼이 있다는 것만으로 권리보호이익이 인정된다. 여기서 '인접한 토지의 경계가 사실상 불분명하여 다툼이 있는 경우'에는 지적도를 작성하면서 기점을 잘못 선택하는 등 기술적인 착오로 지적도상 경계가 진실한 경계선과 다르게 잘못 작성되었다고 인접토지 소유자 사이에 다툼이 있는 경우를 포함한다.

토지경계확정의 소가 제기되면 법원은 당사자 쌍방이 주장하는 경계선에 구속되지 않고 어떠한 형식으로든 스스로 진실하다고 인정되는 바에 따라 경계를 확정해야 한다. 따라서 토지경계확정의 소에서는 특별한 사정이 없는 한 원고가 주장하는 경계가 인정되지 않더라도 청구의 전부 또는 일부를 기각할 수 없다.

**제213조(소유물반환청구권)** 소유자는 그 소유에 속한 물건을 점유한 자에 대하여 반환을 청구할 수 있다. 그러나 점유자가 그 물건을 점유할 권리가 있는 때에는 반환을 거부할 수 있다.

**건물퇴거청구**

[대법원 2022. 6. 30., 선고, 2021다276256, 판결]

【판시사항】

건물 소유자가 건물의 소유를 통하여 타인 소유의 토지를 점유하고 있는 경우, 토지 소유자가 건물 소유자에게 건물에서 퇴거할 것을 청구할 수 있는지 여부(소극) 및 이러한 법리는 건물이 공유관계에 있는 경우에 건물의 공유자에 대해서도 마찬가지로 적용되는지 여부(적극)

【판결요지】

건물 소유자가 건물의 소유를 통하여 타인 소유의 토지를 점유하고 있다고 하더라도 토지 소유자로서는 건물의 철거와 대지 부분의 인도를 청구할 수 있을 뿐, 자기 소유의 건물을 점유하고 있는 사람에 대하여 건물에서 퇴거할 것을 청구할 수 없다. 이러한 법리는 건물이 공유관계에 있는 경우에 건물의 공유자에 대해서도 마찬가지로 적용된다. 그 이유는 다음과 같다.

① 모든 공유자는 공유물 전부를 지분의 비율로 사용·수익할 수 있다(민법 제263조). 공유자가 공유물에 대하여 가지는 공유지분권은 소유권의 분량적 일부이지만 하나의 독립된 소유권과 같은 성질을 가지므로, 공유자는 소유권의 권능에 속하는 사용·수익권을 갖는다. 설령 공유자 중 1인이 공유물을 독점적으로 점유하여 사용·수익하고 있더라도, 공유자 아닌 제3자가 공유물을 무단으로 점유하는 것과는 다르다. 따라서

공유자가 건물을 점유하는 것은 그 소유 지분과 관계없이 자기 소유의 건물에 대한 점유로 보아야 하고, 소유 지분을 넘는 부분을 관념적으로 분리하여 그 부분을 타인의 점유라고 볼 수 없다.

② 토지 소유자는 토지 소유권에 기한 방해배제청구권의 행사로써 그 지상 건물의 철거와 해당 토지의 인도를 구할 수 있을 뿐이고 건물의 점유 자체를 회복하거나 건물에 관한 공유자의 사용관계를 정할 권한이 없다. 토지 소유자로 하여금 그 지상 건물 공유자를 상대로 퇴거 청구를 할 수 있도록 허용한다면 토지 소유자가 건물의 점유 자체를 회복하도록 하거나 해당 건물에 관한 공유자의 사용관계를 임의로 정하게 하는 결과를 가져오게 된다.

③ 소유 지분의 범위에서 철거를 명하는 확정판결을 받은 공유자가 계속하여 건물을 점유하는 것은 토지 소유자가 건물 전체의 철거를 명하는 확정판결을 받지 못하여 철거집행이 불가능한 상황에 따른 반사적 효과에 지나지 않는다. 토지 소유자로서는 건물 전체에 대하여 철거에 관한 집행권원을 확보하여 곧바로 집행에 들어가거나 철거집행 전까지 토지 점유에 관한 부당이득반환 등을 청구하는 방법으로 권리구제를 받을 수 있다.

**제214조(소유물방해제거, 방해예방청구권)** 소유자는 소유권을 방해하는 자에 대하여 방해의 제거를 청구할 수 있고 소유권을 방해할 염려있는 행위를 하는 자에 대하여 그 예방이나 손해배상의 담보를 청구할 수 있다.

**제215조(건물의 구분소유)** ① 수인이 한 채의 건물을 구분하여 각각 그 일부분을 소유한 때에는 건물과 그 부속물중 공용하는 부분은 그의 공유로 추정한다.
② 공용부분의 보존에 관한 비용 기타의 부담은 각자의 소유부분의 가액에 비례하여 분담한다.

**제216조(인지사용청구권)** ① 토지소유자는 경계나 그 근방에서 담 또는 건물을 축조하거나 수선하기 위하여 필요한 범위내에서 이웃 토지의 사용을 청구할 수 있다. 그러나 이웃 사람의 승낙이 없으면 그 주거에 들어가지 못한다.
② 전항의 경우에 이웃 사람이 손해를 받은 때에는 보상을 청구할 수 있다.

**제217조(매연 등에 의한 인지에 대한 방해금지)** ① 토지소유자는 매연, 열기체, 액체, 음향, 진동 기타 이에 유사한 것으로 이웃 토지의 사용을 방해하거나 이웃 거주자의 생활에 고통을 주지 아니하도록 적당한 조처를 할 의무가 있다.
② 이웃 거주자는 전항의 사태가 이웃 토지의 통상의 용도에 적당한 것인 때에는 이를 인용할 의무가 있다.

**담장철거등**

[대법원 2023. 4. 13., 선고, 2021다271725, 판결]

【판시사항】

[1] 법해석의 방법과 한계

[2] 법률상 사항에 관한 법원의 석명 또는 지적의무

[3] 토지의 경계에 경계표나 담이 설치되어 있지 않을 때 한쪽 토지 소유자의 경계표나 담 설치 협력 요구에 인접 토지 소유자가 응하지 않는 경우, 민사소송으로 협력 의무의

이행을 구할 수 있는지 여부(적극) 및 이때 법원이 명할 협력 의무의 내용 / 기존의 경계표나 담장에 대하여 한쪽 토지 소유자가 처분권한을 가지고 있으면서 기존의 경계표나 담장을 제거할 의사를 분명하게 나타내고 있는 경우, 한쪽 토지 소유자가 인접 토지 소유자에 대하여 새로운 경계표나 담장의 설치에 협력할 것을 소구할 수 있는지 여부(적극) 및 담장의 처분권한이 없는 토지 소유자가 처분권한이 있는 인접 토지 소유자를 상대로 기존 담장의 철거를 명하는 판결을 받아 담장이 적법하게 철거되어야 하는 경우에도 마찬가지인지 여부(적극)

【판결요지】

[1] 법은 원칙적으로 불특정 다수인에 대하여 동일한 구속력을 갖는 사회의 보편타당한 규범이므로 이를 해석함에 있어서는 법의 표준적 의미를 밝혀 객관적 타당성이 있도록 하여야 하고, 가급적 모든 사람이 수긍할 수 있는 일관성을 유지함으로써 법적 안정성이 손상되지 않도록 하여야 한다. 한편 실정법은 보편적이고 전형적인 사안을 염두에 두고 규정되기 마련이므로 사회현실에서 일어나는 다양한 사안에서 그 법을 적용함에 있어서는 구체적 사안에 맞는 가장 타당한 해결이 될 수 있도록 해석할 것도 또한 요구된다. 요컨대 법해석의 목표는 어디까지나 법적 안정성을 저해하지 않는 범위 내에서 구체적 타당성을 찾는 데 두어야 한다. 나아가 그러기 위해서는 가능한 한 법률에 사용된 문언의 통상적인 의미에 충실하게 해석하는 것을 원칙으로 하면서, 법률의 입법 취지와 목적, 그 제·개정 연혁, 법질서 전체와의 조화, 다른 법령과의 관계 등을 고려하는 체계적·논리적 해석방법을 추가적으로 동원함으로써, 위와 같은 법해석의 요청에 부응하는 타당한 해석을 하여야 한다.

[2] 당사자의 주장에 법률적 관점에서 보아 현저한 모순이나 불명료한 부분이 있는 경우, 법원은 적극적으로 석명권을 행사하여 당사자에게 의견 진술의 기회를 주어야 하고, 이를 게을리한 경우에는 석명 또는 지적의무를 다하지 아니한 것으로서 위법한 평가를 받을 수 있다. 청구취지나 청구원인의 법적 근거에 따라 요건사실에 대한 증명책임이 달라지는 중대한 법률적 사항에 해당되는 경우라면 더욱 그러하다.

[3] 토지의 경계에 경계표나 담이 설치되어 있지 아니하다면 특별한 사정이 없는 한 어느 한쪽 토지의 소유자는 인접한 토지의 소유자에 대하여 공동비용으로 통상의 경계표나 담을 설치하는 데에 협력할 것을 요구할 수 있고, 인접 토지 소유자는 그에 협력할 의무가 있다고 보아야 하므로, 한쪽 토지 소유자의 요구에 대하여 인접 토지 소유자가 응하지 아니하는 경우에는 한쪽 토지 소유자는 민사소송으로 인접 토지 소유자에 대하여 그 협력 의무의 이행을 구할 수 있다. 법원은 당해 토지들의 이용 상황, 그 소재 지역의 일반적인 관행, 설치비용 등을 고려하여 새로 설치할 경계표나 담장의 위치(특별한 사정이 없는 한 원칙적으로 새로 설치할 경계표나 담장의 중심 또는 중심선이 양 토지의 경계선상에 위치하도록 해야 한다), 재질, 모양, 크기 등 필요한 사항을 심리하여 인접 토지 소유자에 대하여 협력 의무의 이행을 명할 수 있다. 한편 기존의 경계표나 담장에 대하여 어느 쪽 토지 소유자도 일방적으로 처분할 권한을 가지고 있지 아니하다면 한쪽 토지 소유자가 인접 토지 소유자의 동의 없이 임의로 기존의 경계표나 담장을 제거하는 것은 허용되지 않으므로 한쪽 토지 소유자의 의사만으로 새로운 경계표나 담장을 설치하도록 강제할 수는 없으나, 그와 달리 기존의 경계표나 담장에 대하여 한쪽 토지 소유자가 처분권한을 가지고 있으면서 기존의 경계표나 담장을 제거할 의사를 분명하게 나타내고 있는 경우라면 한쪽 토지 소유자는 인접 토지 소유자에

대하여 새로운 경계표나 담장의 설치에 협력할 것을 소구할 수 있다. 담장의 처분권한이 없는 토지 소유자가 그 처분권한이 있는 인접 토지 소유자를 상대로 기존 담장의 철거를 명하는 판결을 받아 그 담장이 적법하게 철거되어야 하는 경우에도 인접 토지 사이에 경계를 표시할 통상의 담장이 설치되지 않은 상태와 마찬가지로 볼 수 있으므로, 이와 같은 법리가 그대로 적용된다.

**제218조(수도 등 시설권)** ① 토지소유자는 타인의 토지를 통과하지 아니하면 필요한 수도, 소수관, 까스관, 전선 등을 시설할 수 없거나 과다한 비용을 요하는 경우에는 타인의 토지를 통과하여 이를 시설할 수 있다. 그러나 이로 인한 손해가 가장 적은 장소와 방법을 선택하여 이를 시설할 것이며 타토지의 소유자의 요청에 의하여 손해를 보상하여야 한다.

② 전항에 의한 시설을 한 후 사정의 변경이 있는 때에는 타토지의 소유자는 그 시설의 변경을 청구할 수 있다. 시설변경의 비용은 토지소유자가 부담한다.

**제219조(주위토지통행권)** ① 어느 토지와 공로사이에 그 토지의 용도에 필요한 통로가 없는 경우에 그 토지소유자는 주위의 토지를 통행 또는 통로로 하지 아니하면 공로에 출입할 수 없거나 과다한 비용을 요하는 때에는 그 주위의 토지를 통행할 수 있고 필요한 경우에는 통로를 개설할 수 있다. 그러나 이로 인한 손해가 가장 적은 장소와 방법을 선택하여야 한다.

② 전항의 통행권자는 통행지소유자의 손해를 보상하여야 한다.

**제220조(분할, 일부양도와 주위통행권)** ① 분할로 인하여 공로에 통하지 못하는 토지가 있는 때에는 그 토지소유자는 공로에 출입하기 위하여 다른 분할자의 토지를 통행할 수 있다. 이 경우에는 보상의 의무가 없다.

② 전항의 규정은 토지소유자가 그 토지의 일부를 양도한 경우에 준용한다.

**주위토지통행권확인등 · 토지인도등**

[대법원 2021. 9. 30., 선고, 2021다245443, 245450, 판결]

【판시사항】

공로에 통할 수 있는 공유토지를 두고 공로에의 통로라 하여 타인의 토지를 통행하는 것이 허용되는지 여부(소극) 및 위 공로에 접하는 공유 부분을 구분소유적 공유관계에 있는 다른 공유자가 배타적으로 사용, 수익하고 있더라도 마찬가지인지 여부(적극)

【판결요지】

공로에 통할 수 있는 자기의 공유토지를 두고 공로에의 통로라 하여 남의 토지를 통행한다는 것은 민법 제219조, 제220조에 비추어 허용될 수 없다. 설령 위 공유토지가 구분소유적 공유관계에 있고 공로에 접하는 공유 부분을 다른 공유자가 배타적으로 사용, 수익하고 있다고 하더라도 마찬가지이다.

**제221조(자연유수의 승수의무와 권리)** ① 토지소유자는 이웃 토지로부터 자연히 흘러오는 물을 막지 못한다.

② 고지소유자는 이웃 저지에 자연히 흘러 내리는 이웃 저지에서 필요한 물을 자기의 정당한 사용범위를 넘어서 이를 막지 못한다.

**제222조(소통공사권)** 흐르는 물이 저지에서 폐색된 때에는 고지소유자는 자비로 소통에 필요한 공사를 할 수 있다.

**제223조(저수, 배수, 인수를 위한 공작물에 대한 공사청구권)** 토지소유자가 저수, 배수 또는 인수하기 위하여 공작물을 설치한 경우에 공작물의 파손 또는 폐색으로 타인의 토지에 손해를 가하거나 가할 염려가 있는 때에는 타인은 그 공작물의 보수, 폐색의 소통 또는 예방에 필요한 청구를 할 수 있다.

**제224조(관습에 의한 비용부담)** 전2조의 경우에 비용부담에 관한 관습이 있으면 그 관습에 의한다.

**제225조(처마물에 대한 시설의무)** 토지소유자는 처마물이 이웃에 직접 낙하하지 아니하도록 적당한 시설을 하여야 한다.

**제226조(여수소통권)** ① 고지소유자는 침수지를 건조하기 위하여 또는 가용이나 농, 공업용의 여수를 소통하기 위하여 공로, 공류 또는 하수도에 달하기까지 저지에 물을 통과하게 할 수 있다.

② 전항의 경우에는 저지의 손해가 가장 적은 장소와 방법을 선택하여야 하며 손해를 보상하여야 한다.

**제227조(유수용공작물의 사용권)** ① 토지소유자는 그 소유지의 물을 소통하기 위하여 이웃 토지소유자의 시설한 공작물을 사용할 수 있다.

② 전항의 공작물을 사용하는 자는 그 이익을 받는 비율로 공작물의 설치와 보존의 비용을 분담하여야 한다.

**송전선로에 대한 소유권 확인등**

[대법원 2012. 12. 27., 선고, 2010다103086, 판결]

【판시사항】

인접한 타인의 토지를 통과하지 않고도 전선 등 시설을 하고 물을 소통할 수 있는 경우, 스스로 그와 같은 시설을 하는 것이 타인의 토지 등을 이용하는 것보다 비용이 더 든다는 등의 이유만으로 상린관계에 관한 민법, 하수도법 등의 규정을 유추적용하여 토지소유자가 타인의 토지나 타인이 시설한 전선 등에 대한 사용권을 갖는다고 볼 수 있는지 여부(소극)

【판결요지】

인접하는 토지 상호간의 이용의 조절을 위한 상린관계에 관한 민법 등의 규정은 인접지 소유자에게 소유권에 대한 제한을 수인할 의무를 부담하게 하는 것이므로 적용 요건을 함부로 완화하거나 유추하여 적용할 수는 없고, 상린관계 규정에 의한 수인의무의 범위를 넘는 토지이용관계의 조정은 사적자치의 원칙에 맡겨야 한다. 그러므로 어느 토지소유자가 타인의 토지를 통과하지 아니하면 필요한 전선 등을 시설할 수 없거나 과다한 비용을 요하는 경우에는 타인은 자기 토지를 통과하여 시설을 하는 데 대하여 수인할 의무가 있고(민법 제218조 참조), 또한 소유지의 물을 소통하기 위하여 이웃토지 소유자가 시설한 공작물을 사용할 수 있지만(민법 제227조), 이는 타인의 토지를 통과하지 않고는 전선 등 불가피한 시설을 할 수가 없거나 타인의 토지를 통하지 않으면 물을 소통할 수 없는 합리적 사정이 있어야만 인정되는 것이다. 인접한 타인의 토지를 통과하지 않고도 시설을 하고 물을 소통할 수 있는 경우에는 스스로 그와 같은 시설을 하는 것이 타인의 토지 등을 이용하는 것보다 비용이 더 든다는 등의 사정이 있다는 이유만으로 이웃토지 소유자에게 그 토지의 사용 또는 그가 설치·보유한 시설의 공동사용을 수인하라고 요구할 수 있는 권리는 인정될 수 없다. 따라서 위와 같은 경우에는 주위토지통행권에 관한 민법 제219조나 유수용공작물(流水用工作物)의 사용권에 관한 민법 제227조 또는 타인의 토지 또는 배수설비의 사용에 관하여 규정한 하수도법 제29조 등 상린관계에 관한 규정의 유추적용에 의하여 타인의 토지나 타인이 시설한 전선 등에 대한 사용권을 갖게 된다고 볼 여지는 없다.

**第228條(여수급여청구권)** 토지소유자는 과다한 비용이나 노력을 요하지 아니하고는 가용이나 토지이용에 필요한 물을 얻기 곤란한 때에는 이웃 토지소유자에게 보상하고 여수의 급여를 청구할 수 있다.

**第229條(수류의 변경)** ① 구거 기타 수류지의 소유자는 대안의 토지가 타인의 소유인 때에는 그 수로나 수류의 폭을 변경하지 못한다.

② 양안의 토지가 수류지소유자의 소유인 때에는 소유자는 수로와 수류의 폭을 변경할 수 있다. 그러나 하류는 자연의 수로와 일치하도록 하여야 한다.

③ 전2항의 규정은 다른 관습이 있으면 그 관습에 의한다.

**第230條(언의 설치, 이용권)** ① 수류지의 소유자가 언을 설치할 필요가 있는 때에는 그 언을 대안에 접촉하게 할 수 있다. 그러나 이로 인한 손해를 보상하여야 한다.

② 대안의 소유자는 수류지의 일부가 자기소유인 때에는 그 언을 사용할 수 있다. 그러나 그 이익을 받는 비율로 언의 설치, 보존의 비용을 분담하여야 한다.

**第231條(공유하천용수권)** ① 공유하천의 연안에서 농, 공업을 경영하는 자는 이에 이용하기 위하여 타인의 용수를 방해하지 아니하는 범위내에서 필요한 인수를 할 수 있다.

② 전항의 인수를 하기 위하여 필요한 공작물을 설치할 수 있다.

**第232條(하류 연안의 용수권보호)** 전조의 인수나 공작물로 인하여 하류연안의 용수권을 방해하는 때에는 그 용수권자는 방해의 제거 및 손해의 배상을 청구할 수 있다.

**第233條(용수권의 승계)** 농, 공업의 경영에 이용하는 수로 기타 공작물의 소유자나 몽리자의 특별승계인은 그 용수에 관한 전소유자나 몽리자의 권리의무를 승계한다.

**第234條(용수권에 관한 다른 관습)** 전3조의 규정은 다른 관습이 있으면 그 관습에 의한다.

**第235條(공용수의 용수권)** 상린자는 그 공용에 속하는 원천이나 수도를 각 수요의 정도에 응하여 타인의 용수를 방해하지 아니하는 범위내에서 각각 용수할 권리가 있다.

**第236條(용수장해의 공사와 손해배상, 원상회복)** ① 필요한 용도나 수익이 있는 원천이나 수도가 타인의 건축 기타 공사로 인하여 단수, 감수 기타 용도에 장해가 생긴 때에는 용수권자는 손해배상을 청구할 수 있다.

② 전항의 공사로 인하여 음료수 기타 생활상 필요한 용수에 장해가 있을 때에는 원상회복을 청구할 수 있다.

**제237조(경계표, 담의 설치권)** ① 인접하여 토지를 소유한 자는 공동비용으로 통상의 경계표나 담을 설치할 수 있다.
② 전항의 비용은 쌍방이 절반하여 부담한다. 그러나 측량비용은 토지의 면적에 비례하여 부담한다.
③ 전2항의 규정은 다른 관습이 있으면 그 관습에 의한다.

**담장철거등**

[대법원 2023. 4. 13., 선고, 2021다271725, 판결]

【판시사항】

[1] 법해석의 방법과 한계

[2] 법률상 사항에 관한 법원의 석명 또는 지적의무

[3] 토지의 경계에 경계표나 담이 설치되어 있지 않을 때 한쪽 토지 소유자의 경계표나 담 설치 협력 요구에 인접 토지 소유자가 응하지 않는 경우, 민사소송으로 협력 의무의 이행을 구할 수 있는지 여부(적극) 및 이때 법원이 명할 협력 의무의 내용 / 기존의 경계표나 담장에 대하여 한쪽 토지 소유자가 처분권한을 가지고 있으면서 기존의 경계표나 담장을 제거할 의사를 분명하게 나타내고 있는 경우, 한쪽 토지 소유자가 인접 토지 소유자에 대하여 새로운 경계표나 담장의 설치에 협력할 것을 소구할 수 있는지 여부(적극) 및 담장의 처분권한이 없는 토지 소유자가 처분권한이 있는 인접 토지 소유자를 상대로 기존 담장의 철거를 명하는 판결을 받아 담장이 적법하게 철거되어야 하는 경우에도 마찬가지인지 여부(적극)

【판결요지】

[1] 법은 원칙적으로 불특정 다수인에 대하여 동일한 구속력을 갖는 사회의 보편타당한 규범이므로 이를 해석함에 있어서는 법의 표준적 의미를 밝혀 객관적 타당성이 있도록 하여야 하고, 가급적 모든 사람이 수긍할 수 있는 일관성을 유지함으로써 법적 안정성이 손상되지 않도록 하여야 한다. 한편 실정법은 보편적이고 전형적인 사안을 염두에 두고 규정되기 마련이므로 사회현실에서 일어나는 다양한 사안에서 그 법을 적용함에 있어서는 구체적 사안에 맞는 가장 타당한 해결이 될 수 있도록 해석할 것도 또한 요구된다. 요컨대 법해석의 목표는 어디까지나 법적 안정성을 저해하지 않는 범위 내에서 구체적 타당성을 찾는 데 두어야 한다. 나아가 그러기 위해서는 가능한 한 법률에 사용된 문언의 통상적인 의미에 충실하게 해석하는 것을 원칙으로 하면서, 법률의 입법 취지와 목적, 그 제·개정 연혁, 법질서 전체와의 조화, 다른 법령과의 관계 등을 고려하는 체계적·논리적 해석방법을 추가적으로 동원함으로써, 위와 같은 법해석의 요청에 부응하는 타당한 해석을 하여야 한다.

[2] 당사자의 주장에 법률적 관점에서 보아 현저한 모순이나 불명료한 부분이 있는 경우, 법원은 적극적으로 석명권을 행사하여 당사자에게 의견 진술의 기회를 주어야 하고, 이를 게을리한 경우에는 석명 또는 지적의무를 다하지 아니한 것으로서 위법한 평가를 받을 수 있다. 청구취지나 청구원인의 법적 근거에 따라 요건사실에 대한 증명책임이 달라지는 중대한 법률적 사항에 해당되는 경우라면 더욱 그러하다.

[3] 토지의 경계에 경계표나 담이 설치되어 있지 아니하다면 특별한 사정이 없는 한 어느 한쪽 토지의 소유자는 인접한 토지의 소유자에 대하여 공동비용으로 통상의 경계표나

담을 설치하는 데에 협력할 것을 요구할 수 있고, 인접 토지 소유자는 그에 협력할 의무가 있다고 보아야 하므로, 한쪽 토지 소유자의 요구에 대하여 인접 토지 소유자가 응하지 아니하는 경우에는 한쪽 토지 소유자는 민사소송으로 인접 토지 소유자에 대하여 그 협력 의무의 이행을 구할 수 있다. 법원은 당해 토지들의 이용 상황, 그 소재 지역의 일반적인 관행, 설치비용 등을 고려하여 새로 설치할 경계표나 담장의 위치(특별한 사정이 없는 한 원칙적으로 새로 설치할 경계표나 담장의 중심 또는 중심선이 양 토지의 경계선상에 위치하도록 해야 한다), 재질, 모양, 크기 등 필요한 사항을 심리하여 인접 토지 소유자에 대하여 협력 의무의 이행을 명할 수 있다. 한편 기존의 경계표나 담장에 대하여 어느 쪽 토지 소유자도 일방적으로 처분할 권한을 가지고 있지 아니하다면 한쪽 토지 소유자가 인접 토지 소유자의 동의 없이 임의로 기존의 경계표나 담장을 제거하는 것은 허용되지 않으므로 한쪽 토지 소유자의 의사만으로 새로운 경계표나 담장을 설치하도록 강제할 수는 없으나, 그와 달리 기존의 경계표나 담장에 대하여 한쪽 토지 소유자가 처분권한을 가지고 있으면서 기존의 경계표나 담장을 제거할 의사를 분명하게 나타내고 있는 경우라면 한쪽 토지 소유자는 인접 토지 소유자에 대하여 새로운 경계표나 담장의 설치에 협력할 것을 소구할 수 있다. 담장의 처분권한이 없는 토지 소유자가 그 처분권한이 있는 인접 토지 소유자를 상대로 기존 담장의 철거를 명하는 판결을 받아 그 담장이 적법하게 철거되어야 하는 경우에도 인접 토지 사이에 경계를 표시할 통상의 담장이 설치되지 않은 상태와 마찬가지로 볼 수 있으므로, 이와 같은 법리가 그대로 적용된다.

**제238조(담의 특수시설권)** 인지소유자는 자기의 비용으로 담의 재료를 통상보다 양호한 것으로 할 수 있으며 그 높이를 통상보다 높게 할 수 있고 또는 방화벽 기타 특수시설을 할 수 있다.

**제239조(경계표 등의 공유추정)** 경계에 설치된 경계표, 담, 구거 등은 상린자의 공유로 추정한다. 그러나 경계표, 담, 구거 등이 상린자일방의 단독비용으로 설치되었거나 담이 건물의 일부인 경우에는 그러하지 아니하다.

**제240조(수지, 목근의 제거권)** ① 인접지의 수목가지가 경계를 넘은 때에는 그 소유자에 대하여 가지의 제거를 청구할 수 있다.

② 전항의 청구에 응하지 아니한 때에는 청구자가 그 가지를 제거할 수 있다.

③ 인접지의 수목뿌리가 경계를 넘은 때에는 임의로 제거할 수 있다.

**제241조(토지의 심굴금지)** 토지소유자는 인접지의 지반이 붕괴할 정도로 자기의 토지를 심굴하지 못한다. 그러나 충분한 방어공사를 한 때에는 그러하지 아니하다.

**제242조(경계선부근의 건축)** ① 건물을 축조함에는 특별한 관습이 없으면 경계로부터 반미터 이상의 거리를 두어야 한다.

② 인접지소유자는 전항의 규정에 위반한 자에 대하여 건물의 변경이나 철거를 청구할 수 있다. 그러나 건축에 착수한 후 1년을 경과하거나 건물이 완성된 후에는 손해배상만을 청구할 수 있다.

**제243조(차면시설의무)** 경계로부터 2미터 이내의 거리에서 이웃 주택의 내부를 관망할 수 있는 창이나 마루를 설치하는 경우에는 적당한 차면시설을 하여야 한다.

**제244조(지하시설 등에 대한 제한)** ① 우물을 파거나 용수, 하수 또는 오물 등을 저치할 지하시설을 하는 때에는 경계로부터 2미터 이상의 거리를 두어야 하며 저수지, 구거 또는 지하실공사에는 경계로부터 그 깊이의 반 이상의 거리를 두어야 한다.
② 전항의 공사를 함에는 토사가 붕괴하거나 하수 또는 오액이 이웃에 흐르지 아니하도록 적당한 조처를 하여야 한다.

## 제2절 소유권의 취득

**제245조(점유로 인한 부동산소유권의 취득기간)** ① 20년간 소유의 의사로 평온, 공연하게 부동산을 점유하는 자는 등기함으로써 그 소유권을 취득한다.
② 부동산의 소유자로 등기한 자가 10년간 소유의 의사로 평온, 공연하게 선의이며 과실없이 그 부동산을 점유한 때에는 소유권을 취득한다.

**건물등철거·소유권이전등기**

[대법원 2023. 7. 13., 선고, 2023다223591, 223607, 판결]

【판시사항】

[1] 부동산에 관한 소유권이전등기의 추정력이 전 소유자는 물론 제3자에 대하여도 미치는지 여부(적극) 및 등기명의자가 등기부에 기재된 것과 다른 원인으로 등기 명의를 취득하였다고 주장하고 있지만 그 주장 사실이 인정되지 않는 경우에도 등기가 원인 없이 마쳐진 것이라고 주장하는 쪽에서 무효사유를 주장·증명하여야 하는지 여부(적극) / 토지에 관하여 점유취득시효 완성에 따라 소유권이전등기가 마쳐진 경우, 제3자가 등기명의자의 취득시효 기간 중 일부 기간 동안 해당 토지 일부에 관하여 직접적·현실적인 점유를 한 사실이 있다는 사정만으로 등기의 추정력이 깨어진다거나 소유권이전등기가 원인무효의 등기가 되는지 여부(소극)

[2] 등기원인의 존부에 관하여 분쟁이 발생하여 당사자 사이에 소송이 벌어짐에 따라 법원이 위 등기원인의 존재를 인정하면서 이에 기한 등기절차의 이행을 명하는 판결을 선고하고 그 판결이 확정됨에 따라 소유권이전등기가 마쳐진 경우, 위 기판력이 미치지 아니하는 타인이 위 등기원인의 부존재를 이유로 확정판결에 기한 등기의 추정력을 번복하기 위한 증명의 정도

【판결요지】

[1] 부동산에 관하여 소유권이전등기가 마쳐진 경우에 등기명의자는 그 전 소유자는 물론 제3자에 대하여도 적법한 등기원인에 따라 소유권을 취득한 것으로 추정되므로 이를 다투는 측에서 무효사유를 주장·증명하여야 한다. 즉, 부동산등기는 그것이 형식적으로 존재하는 것 자체로부터 적법한 등기원인에 의하여 마쳐진 것으로 추정되고, 등기명의자가 등기부에 기재된 것과 다른 원인으로 등기 명의를 취득하였다고 주장하고 있지만 그 주장 사실이 인정되지 않는다 하더라도 그 자체로 등기의 추정력이 깨어진다고 할 수 없으므로, 그와 같은 경우에도 등기가 원인 없이 마쳐진 것이라고 주장하는 쪽에서 무효사유를 주장·증명할 책임을 지게 된다. 토지에 관하여 점유취득시효 완성에 따라 소유권이전등기가 마쳐진 경우에도 적법한 등기원인에 따라 소유권을 취득한 것으로 추정되는 것은 마찬가지이므로, 제3자가 등기명의자의 취득시효 기간 중 일부 기간 동안 해당 토지 일부에 관하여 직접적·현실적인 점유를

한 사실이 있다는 사정만으로 등기의 추정력이 깨어진다거나 위 소유권이전등기가 원인무효의 등기가 된다고 볼 수는 없다.

[2] 등기원인의 존부에 관하여 분쟁이 발생하여 당사자 사이에 소송이 벌어짐에 따라 법원이 위 등기원인의 존재를 인정하면서 이에 기한 등기절차의 이행을 명하는 판결을 선고하고 그 판결이 확정됨에 따라 이에 기한 소유권이전등기가 마쳐진 경우, 그 등기원인에 기한 등기청구권은 법원의 판단에 의하여 당사자 사이에서 확정된 것임이 분명하고, 법원이나 제3자도 위 당사자 사이에 그러한 기판력이 발생하였다는 사실 자체는 부정할 수 없는 것이므로, 위 기판력이 미치지 아니하는 타인이 위 등기원인의 부존재를 이유로 확정판결에 기한 등기의 추정력을 번복하기 위해서는 일반적으로 등기의 추정력을 번복함에 있어서 요구되는 증명의 정도를 넘는 명백한 증거나 자료를 제출하여야 하고, 법원도 그러한 정도의 증명이 없는 한 확정판결에 기한 등기가 원인무효라고 단정하여서는 아니 된다.

**제246조(점유로 인한 동산소유권의 취득기간)** ① 10년간 소유의 의사로 평온, 공연하게 동산을 점유한 자는 그 소유권을 취득한다.

② 전항의 점유가 선의이며 과실없이 개시된 경우에는 5년을 경과함으로써 그 소유권을 취득한다.

**제247조(소유권취득의 소급효, 중단사유)** ① 전2조의 규정에 의한 소유권취득의 효력은 점유를 개시한 때에 소급한다.

② 소멸시효의 중단에 관한 규정은 전2조의 소유권취득기간에 준용한다.

**근저당권말소**

[대법원 2019. 4. 3., 선고, 2018다296878, 판결]

【판시사항】

점유로 인한 부동산소유권의 시효취득에서 부동산에 대한 압류 또는 가압류가 취득시효의 중단사유가 되는지 여부(소극)

【판결요지】

민법 제247조 제2항은 '소멸시효의 중단에 관한 규정은 점유로 인한 부동산소유권의 시효취득기간에 준용한다.'고 규정하고, 민법 제168조 제2호는 소멸시효 중단사유로 '압류 또는 가압류, 가처분'을 규정하고 있다. 점유로 인한 부동산소유권의 시효취득에 있어 취득시효의 중단사유는 종래의 점유상태의 계속을 파괴하는 것으로 인정될 수 있는 사유이어야 하는데, 민법 제168조 제2호에서 정하는 '압류 또는 가압류'는 금전채권의 강제집행을 위한 수단이거나 그 보전수단에 불과하여 취득시효기간의 완성 전에 부동산에 압류 또는 가압류 조치가 이루어졌다고 하더라도 이로써 종래의 점유상태의 계속이 파괴되었다고는 할 수 없으므로 이는 취득시효의 중단사유가 될 수 없다.

**제248조(소유권 이외의 재산권의 취득시효)** 전3조의 규정은 소유권 이외의 재산권의 취득에 준용한다.

**제249조(선의취득)** 평온, 공연하게 동산을 양수한 자가 선의이며 과실없이 그 동산을 점유한 경우에는 양도인이 정당한 소유자가 아닌 때에도 즉시 그 동산의 소유권을 취득한다.

**공사대금**

[대법원 2018. 3. 15., 선고, 2017다282391, 판결]

【판시사항】

민법 제261조에서 정한 보상청구가 인정되기 위한 요건 / 매도인에게 소유권이 유보된 자재가 제3자와 매수인 사이에 이루어진 도급계약의 이행으로 제3자 소유 건물의 건축에 사용되어 부합된 경우, 제3자가 자재의 소유권이 유보된 사실을 과실 없이 알지 못한 때에도 매도인이 보상청구를 할 수 있는지 여부(소극) 및 이는 매도인에게 소유권이 유보된 자재가 본인에게 효력이 없는 계약에 기초하여 매도인으로부터 무권대리인에게 이전되고, 무권대리인과 본인 사이에 이루어진 도급계약의 이행으로 본인 소유 건물의 건축에 사용되어 부합된 경우에도 마찬가지인지 여부(적극)

【판결요지】

민법 제261조에서 첨부로 법률규정에 의한 소유권 취득(민법 제256조 내지 제260조)이 인정된 경우에 "손해를 받은 자는 부당이득에 관한 규정에 의하여 보상을 청구할 수 있다."라고 규정하고 있는바, 이러한 보상청구가 인정되기 위해서는 민법 제261조 자체의 요건뿐만 아니라, 부당이득 법리에 따른 판단에 의하여 부당이득의 요건이 모두 충족되었다고 인정되어야 한다.

매도인에게 소유권이 유보된 자재가 제3자와 매수인 사이에 이루어진 도급계약의 이행으로 제3자 소유 건물의 건축에 사용되어 부합된 경우 보상청구를 거부할 법률상 원인이 있다고 할 수 없지만, 제3자가 도급계약에 의하여 제공된 자재의 소유권이 유보된 사실에 관하여 과실 없이 알지 못한 경우라면 선의취득의 경우와 마찬가지로 제3자가 그 자재의 귀속으로 인한 이익을 보유할 수 있는 법률상 원인이 있다고 봄이 상당하므로, 매도인으로서는 그에 관한 보상청구를 할 수 없다.

이러한 법리는 매도인에게 소유권이 유보된 자재가 본인에게 효력이 없는 계약에 기초하여 매도인으로부터 무권대리인에게 이전되고, 무권대리인과 본인 사이에 이루어진 도급계약의 이행으로 본인 소유 건물의 건축에 사용되어 부합된 경우에도 마찬가지로 적용된다.

**제250조(도품, 유실물에 대한 특례)** 전조의 경우에 그 동산이 도품이나 유실물인 때에는 피해자 또는 유실자는 도난 또는 유실한 날로부터 2년내에 그 물건의 반환을 청구할 수 있다. 그러나 도품이나 유실물이 금전인 때에는 그러하지 아니하다.

**제251조(도품, 유실물에 대한 특례)** 양수인이 도품 또는 유실물을 경매나 공개시장에서 또는 동종류의 물건을 판매하는 상인에게서 선의로 매수한 때에는 피해자 또는 유실자는 양수인이 지급한 대가를 변상하고 그 물건의 반환을 청구할 수 있다.

**제252조(무주물의 귀속)** ① 무주의 동산을 소유의 의사로 점유한 자는 그 소유권을 취득한다.

② 무주의 부동산은 국유로 한다.

③ 야생하는 동물은 무주물로 하고 사양하는 야생동물도 다시 야생상태로 돌아가면 무주물로 한다.

**소유권말소등기**

[대법원 2016. 8. 24., 선고, 2016다220679, 판결]

**【판시사항】**

등기부취득시효에서 무과실의 의미 및 증명책임의 소재 / 소유자가 따로 있음을 알 수 있는 부동산에 대하여 국가가 국유재산법 제8조에 따른 무주부동산 공고절차를 거쳐 국유재산으로 등기를 마치고 점유를 개시한 경우, 점유의 개시에 과실이 있는지 여부(원칙적 적극)

**【판결요지】**

등기부취득시효가 인정되려면 점유의 개시에 과실이 없어야 하고, 증명책임은 주장자에게 있으며, 여기서 무과실이란 점유자가 자기의 소유라고 믿은 데에 과실이 없음을 말한다. 그런데 부동산에 등기부상 소유자가 존재하는 등 소유자가 따로 있음을 알 수 있는 경우에는 비록 소유자가 행방불명되어 생사를 알 수 없더라도 부동산이 바로 무주부동산에 해당하는 것은 아니므로, 소유자가 따로 있음을 알 수 있는 부동산에 대하여 국가가 국유재산법 제8조에 따른 무주부동산 공고절차를 거쳐 국유재산으로 등기를 마치고 점유를 개시하였다면, 특별한 사정이 없는 한 점유의 개시에 자기의 소유라고 믿은 데에 과실이 있다.

**제253조(유실물의 소유권취득)** 유실물은 법률에 정한 바에 의하여 공고한 후 6개월 내에 그 소유자가 권리를 주장하지 아니하면 습득자가 그 소유권을 취득한다.

*〈개정 2013. 4. 5.〉*

**제254조(매장물의 소유권취득)** 매장물은 법률에 정한 바에 의하여 공고한 후 1년내에 그 소유자가 권리를 주장하지 아니하면 발견자가 그 소유권을 취득한다. 그러나 타인의 토지 기타 물건으로부터 발견한 매장물은 그 토지 기타 물건의 소유자와 발견자가 절반하여 취득한다.

**제255조(문화재의 국유)** ① 학술, 기예 또는 고고의 중요한 재료가 되는 물건에 대하여는 제252조제1항 및 전2조의 규정에 의하지 아니하고 국유로 한다.

② 전항의 경우에 습득자, 발견자 및 매장물이 발견된 토지 기타 물건의 소유자는 국가에 대하여 적당한 보상을 청구할 수 있다.

**제255조(「국가유산기본법」 제3조에 따른 국가유산의 국유)** ① 학술, 기예 또는 고고의 중요한 재료가 되는 물건에 대하여는 제252조제1항 및 전2조의 규정에 의하지 아니하고 국유로 한다.

② 전항의 경우에 습득자, 발견자 및 매장물이 발견된 토지 기타 물건의 소유자는 국가에 대하여 적당한 보상을 청구할 수 있다.

*[제목개정 2023. 5. 16.]*

*[시행일: 2024. 5. 17.] 제255조*

**제256조(부동산에의 부합)** 부동산의 소유자는 그 부동산에 부합한 물건의 소유권을 취득한다. 그러나 타인의 권원에 의하여 부속된 것은 그러하지 아니하다.

## 부당이득금

[대법원 2023. 4. 27., 선고, 2022다304189, 판결]

【판시사항】

[1] 민법 제261조에서 정한 보상청구가 인정되기 위한 요건 / 계약에 따른 급부가 계약의 상대방 아닌 제3자의 이익으로 된 경우, 급부를 한 계약당사자가 제3자에 대하여 직접 부당이득반환을 청구할 수 있는지 여부(소극)

[2] 甲 상가는 乙 지방자치단체가 기부채납받아 丙 주식회사에 관리가 위탁된 행정재산으로, 丙 회사가 甲 상가에 대한 개보수공사를 실시하기로 하고 乙 지방자치단체의 승인을 받아 계약금액을 확정하였으며, 甲 상가 임차인들이 공사비용을 부담하고 보수공사 진행 및 기부채납을 할 목적으로 소속 상인들을 위원장 및 위원으로 한 丁 추진위원회가 설립되었는데, 丙 회사가 乙 지방자치단체에 보수공사의 설계변경 및 계약금액 증액에 관한 승인 요청의사를 전달하였으나 승인을 받지 못하였음에도, 乙 지방자치단체의 승인 없는 변경시공까지 완료한 다음 개보수 시설물 전부를 기부채납하자, 공사비용을 실제 지출한 丁 추진위원회가 乙 지방자치단체를 상대로 변경시공으로 설치된 동산들에 관하여 부합으로 인한 부당이득반환을 구한 사안에서, 乙 지방자치단체가 위 동산들의 부합으로 이익을 얻게 되었더라도 丁 추진위원회가 직접 乙 지방자치단체를 상대로 그 반환을 구할 수 있는 부당이득으로 볼 수 없다고 한 사례

【판결요지】

[1] 민법 제261조에서 첨부로 법률규정에 의한 소유권 취득(민법 제256조 내지 제260조)이 인정된 경우에 "손해를 받은 자는 부당이득에 관한 규정에 의하여 보상을 청구할 수 있다."라고 규정하고 있는데, 이러한 보상청구가 인정되기 위해서는 민법 제261조 자체의 요건뿐만 아니라, 부당이득 법리에 따른 판단에 의하여 부당이득의 요건이 모두 충족되었다고 인정되어야 한다.

한편 원래 계약당사자 사이에서 그 계약의 이행으로 급부된 것은 그 급부의 원인관계가 적법하게 실효되지 아니하는 한 부당이득이 될 수 없고, 계약에 따른 어떤 급부가 그 계약의 상대방 아닌 제3자의 이익으로 된 경우에도 급부를 한 계약당사자는 계약 상대방에 대하여 계약상의 반대급부를 청구할 수 있는 것이지 그 제3자에 대하여 직접 부당이득을 주장하여 반환을 청구할 수 없다.

[2] 甲 상가는 乙 지방자치단체가 기부채납받아 丙 주식회사에 관리가 위탁된 행정재산으로, 丙 회사가 甲 상가에 대한 개보수공사를 실시하기로 하고 乙 지방자치단체의 승인을 받아 계약금액을 확정하였으며, 甲 상가 임차인들이 공사비용을 부담하고 보수공사 진행 및 기부채납을 할 목적으로 소속 상인들을 위원장 및 위원으로 한 丁 추진위원회가 설립되었는데, 丙 회사가 乙 지방자치단체에 보수공사의 설계변경 및 계약금액 증액에 관한 승인 요청의사를 전달하였으나 승인을 받지 못하였음에도, 乙 지방자치단체의 승인 없는 변경시공까지 완료한 다음 개보수 시설물 전부를 기부채납하자, 공사비용을 실제 지출한 丁 추진위원회가 乙 지방자치단체를 상대로 변경시공으로 설치된 동산들에 관하여 부합으로 인한 부당이득반환을 구한 사안에서, 변경시공으로 설치된 동산들은 개보수공사에 따라 설치된 다른 개보수 시설물과 마찬가지로 개보수공사를 실시하여 乙 지방자치단체에 기부채납되기까지 丙 회사의 소유였다고 보일 뿐, 乙 지방자치단체가 그 시공을 승인하였는지 여부에 따라 시설물의 소유관계를 달리 볼 근거

가 없으므로, 위 동산들의 소유권만 분리하여 丙 회사가 아닌 丁 추진위원회에 있었다고 볼 수 없고, 丁 추진위원회와 乙 지방자치단체 사이에는 직접적으로 어떠한 법률관계도 성립된 바 없으며, 丁 추진위원회가 丙 회사를 통하여 공사비용을 부담한 원인관계 자체가 실효되었다고 볼 만한 사정도 없는 이상, 乙 지방자치단체가 위 동산들의 부합으로 이익을 얻게 되었더라도 丁 추진위원회가 직접 乙 지방자치단체를 상대로 그 반환을 구할 수 있는 부당이득으로 볼 수 없는데도, 丁 추진위원회의 부당이득반환청구를 받아들인 원심판단에 법리오해의 잘못이 있다고 한 사례.

**제257조(동산간의 부합)** 동산과 동산이 부합하여 훼손하지 아니하면 분리할 수 없거나 그 분리에 과다한 비용을 요할 경우에는 그 합성물의 소유권은 주된 동산의 소유자에게 속한다. 부합한 동산의 주종을 구별할 수 없는 때에는 동산의 소유자는 부합당시의 가액의 비율로 합성물을 공유한다.

**제258조(혼화)** 전조의 규정은 동산과 동산이 혼화하여 식별할 수 없는 경우에 준용한다.

**제259조(가공)** ① 타인의 동산에 가공한 때에는 그 물건의 소유권은 원재료의 소유자에게 속한다. 그러나 가공으로 인한 가액의 증가가 원재료의 가액보다 현저히 다액인 때에는 가공자의 소유로 한다.

② 가공자가 재료의 일부를 제공하였을 때에는 그 가액은 전항의 증가액에 가산한다.

**제260조(첨부의 효과)** ① 전4조의 규정에 의하여 동산의 소유권이 소멸한 때에는 그 동산을 목적으로 한 다른 권리도 소멸한다.

② 동산의 소유자가 합성물, 혼화물 또는 가공물의 단독소유자가 된 때에는 전항의 권리는 합성물, 혼화물 또는 가공물에 존속하고 그 공유자가 된 때에는 그 지분에 존속한다.

**제261조(첨부로 인한 구상권)** 전5조의 경우에 손해를 받은 자는 부당이득에 관한 규정에 의하여 보상을 청구할 수 있다.

## 제3절 공동소유

**제262조(물건의 공유)** ① 물건이 지분에 의하여 수인의 소유로 된 때에는 공유로 한다.

② 공유자의 지분은 균등한 것으로 추정한다.

**제263조(공유지분의 처분과 공유물의 사용, 수익)** 공유자는 그 지분을 처분할 수 있고 공유물 전부를 지분의 비율로 사용, 수익할 수 있다.

**건물인도**

[대법원 2022. 11. 17., 선고, 2022다253243, 판결]

【판시사항】

공익사업시행자가 사업시행에 방해가 되는 지장물에 관하여 공익사업을 위한 토지 등의 취득 및 보상에 관한 법률 제75조 제1항 단서 제2호에 따라 이전에 소요되는 실제 비용에 못 미치는 물건의 가격으로 보상한 경우, 사업시행자가 해당 물건의 소유권을 취득하는지 여부(원칙적 소극) / 공유자 사이에 공유물을 사용·수익할 구체적인 방법을 정하는 것이 공유자 지분의 과반수로써 결정하여야 하는 공유물의 관리에 관한 사항인지 여부(적극) 및 과반수 지분의 공유자가 공유물의 특정 부분을 배타적으로 사용·수익하기로 정하는 것이 공유물의 관리방법으로서 적법한지 여부(적극) / 공유 지분 과반수 소유자의 공유물인도청구를 그 상대방인 타 공유자가 민법 제263조의 공유물의 사용수익권으로 거부할 수 있는지 여부(소극)

【판결요지】

공익사업을 위한 토지 등의 취득 및 보상에 관한 법률(이하 '토지보상법'이라고 한다) 제75조 제1항은 "건축물·입목·공작물과 그 밖에 토지에 정착한 물건(이하 '건축물등'이라고 한다)에 대하여는 이전에 필요한 비용(이하 '이전비'라고 한다)으로 보상하여야 한다. 다만 다음 각호의 어느 하나에 해당하는 경우에는 해당 물건의 가격으로 보상하여야 한다. 1. 건축물등을 이전하기 어렵거나 그 이전으로 인하여 건축물등을 종래의 목적대로 사용할 수 없게 된 경우, 2. 건축물등의 이전비가 그 물건의 가격을 넘는 경우, 3. 사업시행자가 공익사업에 직접 사용할 목적으로 취득하는 경우"라고 규정하고 있다. 이와 함께 공익사업을 위한 토지 등의 취득 및 보상에 관한 법률 시행규칙 제33조 제4항, 제36조 제1항 등 관계 법령의 내용에 비추어 보면, 사업시행자가 사업시행에 방해가 되는 지장물에 관하여 법 제75조 제1항 단서 제2호에 따라 이전에 소요되는 실제 비용에 못 미치는 물건의 가격으로 보상한 경우, 사업시행자로서는 물건을 취득하는 제3호와 달리 수용 절차를 거치지 아니한 이상 보상만으로 물건의 소유권까지 취득한다고 볼 수 없다.

그리고 공유자 사이에 공유물을 사용·수익할 구체적인 방법을 정하는 것은 공유물의 관리에 관한 사항으로서 공유자의 지분의 과반수로써 결정하여야 할 것이고, 과반수 지분의 공유자는 다른 공유자와 사이에 미리 공유물의 관리방법에 관한 협의가 없었다 하더라도 공유물의 관리에 관한 사항을 단독으로 결정할 수 있으므로, 과반수 지분의 공유자가 그 공유물의 특정 부분을 배타적으로 사용·수익하기로 정하는 것은 공유물의 관리방법으로서 적법하다. 또한 공유 지분 과반수 소유자의 공유물인도청구는 민법 제265조의 규정에 따라 공유물의 관리를 위하여 구하는 것으로서 그 상대방인 타 공유자는 민법 제263조의 공유물의 사용수익권으로 이를 거부할 수 없다.

**제264조(공유물의 처분, 변경)** 공유자는 다른 공유자의 동의없이 공유물을 처분하거나 변경하지 못한다.

**제265조(공유물의 관리, 보존)** 공유물의 관리에 관한 사항은 공유자의 지분의 과반수로써 결정한다. 그러나 보존행위는 각자가 할 수 있다.

**제266조(공유물의 부담)** ① 공유자는 그 지분의 비율로 공유물의 관리비용 기타 의무를 부담한다.

② 공유자가 1년 이상 전항의 의무이행을 지체한 때에는 다른 공유자는 상당한 가액으로 지분을 매수할 수 있다.

**제267조(지분포기 등의 경우의 귀속)** 공유자가 그 지분을 포기하거나 상속인없이 사망한 때에는 그 지분은 다른 공유자에게 각 지분의 비율로 귀속한다.

**제268조(공유물의 분할청구)** ① 공유자는 공유물의 분할을 청구할 수 있다. 그러나 5년내의 기간으로 분할하지 아니할 것을 약정할 수 있다.

② 전항의 계약을 갱신한 때에는 그 기간은 갱신한 날로부터 5년을 넘지 못한다.

③ 전2항의 규정은 제215조, 제239조의 공유물에는 적용하지 아니한다.

**제269조(분할의 방법)** ① 분할의 방법에 관하여 협의가 성립되지 아니한 때에는 공유자는 법원에 그 분할을 청구할 수 있다.

② 현물로 분할할 수 없거나 분할로 인하여 현저히 그 가액이 감손될 염려가 있는 때에는 법원은 물건의 경매를 명할 수 있다.

**공유물분할[현물분할 원칙의 예외로서 경매분할을 명할 수 있는 경우에 해당하는지 여부에 관한 판단기준]**

[대법원 2023. 6. 29., 선고, 2023다217916, 판결]

【판시사항】

[1] 재판에 의하여 공유물을 분할하는 경우, 경매에 따른 대금분할을 명할 수 있는 요건인 '현물로 분할할 수 없거나 현물로 분할을 하게 되면 현저히 그 가액이 감손될 염려가 있는 때'의 의미 및 법원이 경매에 따른 대금분할의 방법을 선택할 때 유의할 사항

[2] 공유물분할의 소에서 공유물분할의 방법 / 공유물을 공유자 중 1인의 단독소유 또는 수인의 공유로 하되 현물을 소유하게 되는 공유자로 하여금 다른 공유자에 대하여 그 지분의 적정하고도 합리적인 가격을 배상시키는 방법에 의한 분할이 허용되는 경우 및 이때 가격배상의 기준이 되는 '지분가격'의 의미(=공유물분할 시점의 객관적인 교환가치에 해당하는 시장가격 또는 매수가격)와 그 산정 방법

【판결요지】

[1] 공유는 물건에 대한 공동소유의 한 형태로서 물건에 대한 1개의 소유권이 분량적으로 분할되어 여러 사람에게 속하는 것이므로, 특별한 사정이 없는 한 공유자는 공유물의 분할을 청구하여 기존의 공유관계를 폐지하고 공유자 간에 공유물을 분배하는 법률관계를 실현하는 일방적인 권리를 가진다. 따라서 공유물의 분할은 당사자 간에 협의가 이루어지는 경우에는 그 방법을 임의로 선택할 수 있으나, 협의가 이루어지지 아니하여 재판에 의하여 공유물을 분할하는 경우에 법원은 현물로 분할하는 것이 원칙이고, 현물로 분할할 수 없거나 현물로 분할을 하게 되면 현저히 그 가액이 감손될 염려가 있는 때에 비로소 물건의 경매를 명할 수 있다(민법 제269조 제2항). 이때 '현물로 분할할 수 없다.'는 요건은 이를 물리적으로 엄격하게 해석할 것은 아니고, 공유물의 성질, 위치나 면적, 이용 상황, 분할 후의 사용가치 등에 비추어 보아 현물분할을 하는 것이 곤란하거나 부적당한 경우를 포함하고, '현물로 분할을 하게 되면 현저히 그 가액이 감손될 염려가 있는 경우' 역시 공유자의 한 사람이라도 현물분할에 의하여 단독으로 소유하게 될 부분의 가액이 분할 전의 소유 지분 가액보다 현저하게 감손될 염려가 있는 경우까지 포함한다. 그러나 이 경우에도 재판에 의한 공유물분할은 공유자별 지분에 따른 합리적인 분할을 할 수 있는 한 현물분할을 하는 것이 원칙이므로, 원고가 바라는 방법에 따른 현물분할을 하는 것이 부적당하거나 이 방법에 따르면 그 가액이 현저히 감손될 염려가 있다고 하여 이를 이유로 곧바로 경매에 따른 대금분할을 명하여서는 아니 되고, 불가피하게 경매에 따른 대금분할을 할 수밖에 없는 요건에 관한 객관적·구체적인 심리 없이 단순히 공유자들 사이에 분할의 방법에 관하여 의사가 합치하고 있지 않다는 등의 주관적·추상적인 사정에 터 잡아 함부로 경매에 따른 대금분할을 명하는 것도 허용될 수 없다.

[2] 공유물분할의 소는 형성의 소로서 공유자 상호 간의 지분의 교환 또는 매매를 통하

여 공유의 객체를 단독 소유권의 대상으로 하여 그 객체에 대한 공유관계를 해소하는 것을 말하므로, 법원은 공유물분할을 청구하는 자가 구하는 방법에 구애받지 아니하고 자유로운 재량에 따라 공유관계나 그 객체인 물건의 제반 상황에 따라 공유자의 지분비율에 따른 합리적인 분할을 하면 된다. 따라서 여러 사람이 공유하는 물건을 분할하는 경우 원칙적으로는 각 공유자가 취득하는 면적이 그 공유 지분의 비율과 같도록 하여야 할 것이나, 반드시 그런 방법으로만 분할하여야 하는 것은 아니고, 분할 대상이 된 공유물의 형상이나 위치, 그 이용 상황이나 경제적 가치가 균등하지 아니할 때에는 이와 같은 여러 사정을 고려하여 경제적 가치가 지분비율에 상응되도록 분할하는 것도 허용되며, 일정한 요건이 갖추어진 경우에는 공유자 상호 간에 금전으로 경제적 가치의 과부족을 조정하여 분할을 하는 것도 현물분할의 한 방법으로 허용된다. 나아가 공유관계의 발생원인과 공유 지분의 비율 및 분할된 경우의 경제적 가치, 분할 방법에 관한 공유자의 희망 등의 여러 사정을 종합적으로 고려하여 당해 공유물을 특정한 자에게 취득시키는 것이 상당하다고 인정되고, 다른 공유자에게는 그 지분의 가격을 취득시키는 것이 공유자 간의 실질적인 공평을 해치지 않는다고 인정되는 특별한 사정이 있는 때에는 공유물을 공유자 중의 1인의 단독소유 또는 수인의 공유로 하되 현물을 소유하게 되는 공유자로 하여금 다른 공유자에 대하여 그 지분의 적정하고도 합리적인 가격을 배상시키는 방법에 의한 분할도 현물분할의 하나로 허용된다. 이때 그 가격배상의 기준이 되는 '지분가격'이란 공유물분할 시점의 객관적인 교환가치에 해당하는 시장가격 또는 매수가격을 의미하는 것으로, 그 적정한 산정을 위해서는 분할 시점에 가까운 사실심 변론종결일을 기준으로 변론과정에 나타난 관련 자료를 토대로 최대한 객관적·합리적으로 평가하여야 하므로, 객관적 시장가격 또는 매수가격에 해당하는 시가의 변동이라는 사정을 일절 고려하지 않은 채 그러한 사정이 제대로 반영되지 아니한 감정평가액에만 의존하여서는 아니 된다.

**제270조(분할로 인한 담보책임)** 공유자는 다른 공유자가 분할로 인하여 취득한 물건에 대하여 그 지분의 비율로 매도인과 동일한 담보책임이 있다.

**제271조(물건의 합유)** ① 법률의 규정 또는 계약에 의하여 수인이 조합체로서 물건을 소유하는 때에는 합유로 한다. 합유자의 권리는 합유물 전부에 미친다.
② 합유에 관하여는 전항의 규정 또는 계약에 의하는 외에 다음 3조의 규정에 의한다.

**제272조(합유물의 처분, 변경과 보존)** 합유물을 처분 또는 변경함에는 합유자 전원의 동의가 있어야 한다. 그러나 보존행위는 각자가 할 수 있다.

**제273조(합유지분의 처분과 합유물의 분할금지)** ① 합유자는 전원의 동의없이 합유물에 대한 지분을 처분하지 못한다.
② 합유자는 합유물의 분할을 청구하지 못한다.

**제274조(합유의 종료)** ① 합유는 조합체의 해산 또는 합유물의 양도로 인하여 종료한다.
② 전항의 경우에 합유물의 분할에 관하여는 공유물의 분할에 관한 규정을 준용한다.

**제275조(물건의 총유)** ① 법인이 아닌 사단의 사원이 집합체로서 물건을 소유할 때에는 총유로 한다.

② 총유에 관하여는 사단의 정관 기타 계약에 의하는 외에 다음 2조의 규정에 의한다.

**제276조(총유물의 관리, 처분과 사용, 수익)** ① 총유물의 관리 및 처분은 사원총회의 결의에 의한다.

② 각 사원은 정관 기타의 규약에 좇아 총유물을 사용, 수익할 수 있다.

**부당이득금**

[대법원 2022. 3. 17., 선고, 2020다288375, 판결]

【판시사항】

[1] 여러 개의 계약 전부가 경제적, 사실적으로 일체로서 행하여져 하나의 계약인 것과 같은 관계에 있는 경우, 법률행위의 일부무효 법리가 적용되는지 여부(적극) 및 이때 계약 전부가 일체로서 하나의 계약인 것과 같은 관계에 있는지 판단하는 방법

[2] 甲 등이 아파트 조성사업을 추진하는 乙 지역주택조합 추진위원회로부터 '약정한 날까지 사업계획이 승인되지 않는 경우 납부한 전액의 환불을 보장한다.'는 취지가 포함된 안심보장증서를 받고 분양목적물에 관한 조합가입계약을 체결하여 계약금을 납입하였다가, 조합가입계약의 무효 등을 주장하며 납입금 반환을 구한 사안에서, 안심보장증서상 환불보장 약정은 조합가입계약과 전체적으로 하나의 계약인 것과 같은 관계에 있으므로, 위 환불보장 약정이 무효라면 환불보장 약정이 없더라도 조합가입계약을 체결하였을지에 관한 당사자들의 가정적 의사를 심리하여 조합가입계약의 무효 여부를 판단하였어야 하는데도, 이를 살펴보지도 아니한 채 조합가입계약이 무효라는 甲 등의 주장을 배척한 원심의 판단에는 법리오해 등 잘못이 있다고 한 사례

【판결요지】

[1] 법률행위의 일부분이 무효인 때에는 그 전부를 무효로 하나, 그 무효 부분이 없더라도 법률행위를 하였을 것이라고 인정될 때에는 나머지 부분은 무효가 되지 아니한다(민법 제137조). 이와 같은 법률행위의 일부무효 법리는 여러 개의 계약이 체결된 경우에 그 계약 전부가 경제적, 사실적으로 일체로서 행하여져서하나의 계약인 것과 같은 관계에 있는 경우에도 적용된다. 이때 그 계약 전부가 일체로서 하나의 계약인 것과 같은 관계에 있는 것인지의 여부는 계약 체결의 경위와 목적 및 당사자의 의사 등을 종합적으로 고려하여 판단해야 한다.

[2] 甲 등이 아파트 조성사업을 추진하는 乙 지역주택조합 추진위원회로부터 '약정한 날까지 사업계획이 승인되지 않는 경우 납부한 전액의 환불을 보장한다.'는 취지가 포함된 안심보장증서를 받고 분양목적물에 관한 조합가입계약을 체결하여 계약금을 납입하였다가, 조합가입계약의 무효 등을 주장하며 납입금 반환을 구한 사안에서, 안심보장증서상 환불보장 약정은 조합가입계약에 따른 납입금에 관한 특약 사항을 정하기 위한 목적으로 조합가입계약에 수반하여 경제적, 사실적으로 일체로서 체결된 것이어서 전체적으로 하나의 계약인 것과 같은 관계에 있으므로, 위 환불보장 약정이 총회의 결의 없이 이루어진 총유물의 처분행위에 해당하여 무효라면, 법률행위의 일부무효의 법리에 따라 이와 일체로서 체결된 조합가입계약도 무효가 되는 것이 원칙이고, 다만 환불보장 약정이 없더라도 조합가입계약을 체결하였을 것임이 인정되는 경우에는 조합가입계약이 여전히 효력을 가지게 되므로, 이에 관한 당사자들의 가정적 의사를 심리하여 조합가입계약의 무효 여부를 판단하였어야 하는데도, 당사자들의 가정적 의사를 살펴보지도 아니한 채 조합가입계약이 무효라는 甲 등의 주장을 배척한 원심의 판단에는 법리오해 등 잘못이 있다고 한 사례.

**제277조(총유물에 관한 권리의무의 득상)** 총유물에 관한 사원의 권리의무는 사원의 지위를 취득상실함으로써 취득상실된다.

**제278조(준공동소유)** 본절의 규정은 소유권 이외의 재산권에 준용한다. 그러나 다른 법률에 특별한 규정이 있으면 그에 의한다.

**예금반환 [망인의 공동상속인 중 1인인 원고가 은행인 피고를 상대로 망인의 청약저축예금 반환을 구하는 사안]**

[대법원 2022. 7. 14., 선고, 2021다294674, 판결]

【판시사항】

[1] 구 주택법 제75조 제2항 제1호에서 정한 청약저축의 경우, 금융기관이 청약저축이 해지되기 전에 가입자에게 원금과 이자를 지급할 의무를 부담하는지 여부(소극) 및 이는 청약저축 가입자가 사망한 경우에도 마찬가지인지 여부(적극)

[2] 청약저축의 가입자가 사망하였고 여러 명의 상속인이 있는 경우, 청약저축 예금계약을 해지하려면 상속인들 전원이 해지의 의사표시를 하여야 하는지 여부(원칙적 적극)

【판결요지】

[1] 구 주택법(2015. 6. 22. 법률 제13379호로 개정되기 전의 것) 및 구 주택공급에 관한 규칙(2015. 9. 1. 국토교통부령 제227호로 개정되기 전의 것)의 관계 규정에다가 입주자저축의 법적 성격을 종합하여 보면, 금융기관은 청약저축이 해지되기 전에는 가입자에게 원금과 이자를 지급할 의무를 부담하지 않고, 이는 청약저축 가입자가 사망한 경우에도 마찬가지라고 보아야 한다.

[2] 청약저축 가입자는 주택공급을 신청할 권리를 가지게 되고, 가입자가 사망하여 공동상속인들이 그 권리를 공동으로 상속하는 경우에는 공동상속인들이 상속지분비율에 따라 피상속인의 권리를 준공유하게 된다.

민법 제547조 제1항은 "당사자의 일방 또는 쌍방이 수인인 경우에는 계약의 해지나 해제는 그 전원으로부터 또는 전원에 대하여 하여야 한다."라고 규정하고 있다. 따라서 주택공급을 신청할 권리와 분리될 수 없는 청약저축의 가입자가 사망하였고 그에게 여러 명의 상속인이 있는 경우에 그 상속인들이 청약저축 예금계약을 해지하려면, 금융기관과 사이에 다른 내용의 특약이 있다는 등의 특별한 사정이 없는 한 상속인들 전원이 해지의 의사표시를 하여야 한다.

## 제4장 지상권

**제279조(지상권의 내용)** 지상권자는 타인의 토지에 건물 기타 공작물이나 수목을 소유하기 위하여 그 토지를 사용하는 권리가 있다.

**제280조(존속기간을 약정한 지상권)** ① 계약으로 지상권의 존속기간을 정하는 경우에는 그 기간은 다음 연한보다 단축하지 못한다.

1. 석조, 석회조, 연와조 또는 이와 유사한 견고한 건물이나 수목의 소유를 목적으로 하는 때에는 30년
2. 전호이외의 건물의 소유를 목적으로 하는 때에는 15년
3. 건물이외의 공작물의 소유를 목적으로 하는 때에는 5년

② 전항의 기간보다 단축한 기간을 정한 때에는 전항의 기간까지 연장한다.

**제281조(존속기간을 약정하지 아니한 지상권)** ① 계약으로 지상권의 존속기간을 정하지 아니한 때에는 그 기간은 전조의 최단존속기간으로 한다.

② 지상권설정당시에 공작물의 종류와 구조를 정하지 아니한 때에는 지상권은 전조 제2호의 건물의 소유를 목적으로 한 것으로 본다.

**토지인도**

[대법원 2022. 7. 21., 선고, 2017다236749, 전원합의체 판결]

**【판시사항】**

동일인 소유이던 토지와 지상 건물이 매매 등으로 각각 소유자를 달리하게 되었을 때 건물 철거 특약이 없는 한 건물 소유자가 법정지상권을 취득한다는 관습법이 현재에도 여전히 법적 규범으로서 효력을 유지하고 있는지 여부(적극)

**【판결요지】**

[다수의견] 동일인 소유이던 토지와 그 지상 건물이 매매 등으로 인하여 각각 소유자를 달리하게 되었을 때 그 건물 철거 특약이 없는 한 건물 소유자가 법정지상권을 취득한다는 관습법은 현재에도 그 법적 규범으로서의 효력을 여전히 유지하고 있다고 보아야 한다. 구체적인 이유는 아래와 같다.

① 민법 제185조는 "물권은 법률 또는 관습법에 의하는 외에는 임의로 창설하지 못한다." 라고 규정함으로써 관습법에 의한 물권의 창설을 인정하고 있다. 관습법에 의하여 법정지상권이라는 제한물권을 인정하는 이상 토지 소유자는 건물을 사용하는 데 일반적으로 필요하다고 인정되는 범위에서 소유권 행사를 제한받을 수밖에 없다. 따라서 관습법상 법정지상권을 인정하는 결과 토지 소유자가 일정한 범위에서 소유권 행사를 제한받는다는 사정은 관습법상 법정지상권의 성립을 부인하는 근거가 될 수 없다.

② 우리 법제는 토지와 그 지상 건물을 각각 별개의 독립된 부동산으로 취급하고 있으므로, 동일인 소유이던 토지와 그 지상 건물이 매매 등으로 인하여 각각 소유자를 달리하게 되었을 때 토지 소유자와 건물 소유자 사이에 대지의 사용관계에 관하여 별다른 약정이 없는 이상 일정한 범위에서 건물의 가치가 유지될 수 있도록 조치할 필요가 있다. 관습법상 법정지상권은 바로 이러한 상황에서 건물의 철거로 인한 사회경제적 손실을 방지할 공익상의 필요에 의해 인정되는 것이다. 민법 제305조의 법정지상권, 민법 제366조의 법정지상권, 「입목에 관한 법률」 제6조의 법정지상권, 가등기담보 등에 관한 법률 제10조의 법정지상권도 모두 동일인 소유이던 토지와 그 지상 건물이나 입목이 각각 일정한 사유에 의해 소유자를 달리하게 되었을 때 건물이나 입목의 가치를 유지시키기 위해 마련된 제도이다.

판례는 동일인 소유이던 토지와 그 지상 건물이 매매 등으로 인하여 각각 소유자를 달리하게 되었을 때 건물 소유자와 토지 소유자 사이에 대지의 사용관계에 관하여 어떠한 약정이 있다면 이를 우선적으로 존중하므로, 관습법상 법정지상권은 당사자 사이에 아무런 약정이 없을 때 보충적으로 인정된다고 볼 수 있다.

이러한 점을 고려하면, 관습법상 법정지상권을 인정하는 것이 헌법을 최상위 규범으로 하는 전체 법질서에 부합하지 아니하거나 그 정당성과 합리성을 인정할 수 없다고 보기 어렵다.

③ 관습법상 법정지상권에는 특별한 사정이 없는 한 민법의 지상권에 관한 규정이 준용되

므로, 당사자 사이에 관습법상 법정지상권의 존속기간에 대하여 따로 정하지 않은 때에는 그 존속기간은 민법 제281조 제1항에 의하여 민법 제280조 제1항 각호에 규정된 기간이 된다. 이에 따라 견고한 건물의 소유를 목적으로 하는 법정지상권의 존속기간은 30년이 되고(민법 제280조 제1항 제1호), 그 밖의 건물의 소유를 목적으로 하는 법정지상권의 존속기간은 15년이 되는 등(민법 제280조 제1항 제2호) 관습법상 법정지상권은 일정한 기간 동안만 존속한다. 토지 소유자는 관습법상 법정지상권을 가진 건물 소유자에 대하여 지료를 청구할 수 있는데, 그 지료를 확정하는 재판이 있기 전에도 지료의 지급을 소구할 수 있다. 이와 같이 관습법상 법정지상권을 인정하는 것에 대응하여 토지 소유자를 보호하고 배려하는 장치도 함께 마련되어 있다.

④ 대법원이 관습법상 법정지상권을 관습법의 하나로 인정한 이래 오랜 기간이 지나는 동안 우리 사회에서 토지의 가치나 소유권 개념, 토지 소유자의 권리의식 등에 상당한 변화가 있었다고 볼 수 있다. 그러나 그렇다고 보더라도 여전히 이에 못지않게 건물의 철거로 인한 사회경제적 손실을 방지할 공익상의 필요성이나 건물 소유자 혹은 사용자의 이익을 보호할 필요성도 강조되고 있다. 관습법상 법정지상권에 관한 관습에 대하여 사회 구성원들의 법적 구속력에 대한 확신이 소멸하였다거나 그러한 관행이 본질적으로 변경되었다고 인정할 수 있는 자료도 찾아볼 수 없다.

[대법관 김재형의 반대의견] 동일인 소유이던 토지와 그 지상 건물이 매매 등으로 소유자가 달라질 때 법정지상권이라는 물권이 성립한다는 관습은 관습법으로서의 성립 요건을 갖춘 것이라고 볼 수 없다. 설령 그러한 관습법이 성립하였다고 하더라도 현재에 이르러서는 사회 구성원들이 그러한 관행의 법적 구속력에 대하여 확신을 갖지 않게 되었고, 또한 헌법을 최상위 규범으로 하는 전체 법질서에 부합하지 않으므로, 법적 규범으로서 효력을 인정할 수 없다고 보아야 한다. 따라서 관습법상 법정지상권을 광범위하게 인정하고 있는 종래 판례는 폐기해야 한다.

**제282조(지상권의 양도, 임대)** 지상권자는 타인에게 그 권리를 양도하거나 그 권리의 존속기간 내에서 그 토지를 임대할 수 있다.

**제283조(지상권자의 갱신청구권, 매수청구권)** ① 지상권이 소멸한 경우에 건물 기타 공작물이나 수목이 현존한 때에는 지상권자는 계약의 갱신을 청구할 수 있다.

② 지상권설정자가 계약의 갱신을 원하지 아니하는 때에는 지상권자는 상당한 가액으로 전항의 공작물이나 수목의 매수를 청구할 수 있다.

**제284조(갱신과 존속기간)** 당사자가 계약을 갱신하는 경우에는 지상권의 존속기간은 갱신한 날로부터 제280조의 최단존속기간보다 단축하지 못한다. 그러나 당사자는 이보다 장기의 기간을 정할 수 있다.

**제285조(수거의무, 매수청구권)** ① 지상권이 소멸한 때에는 지상권자는 건물 기타 공작물이나 수목을 수거하여 토지를 원상에 회복하여야 한다.

② 전항의 경우에 지상권설정자가 상당한 가액을 제공하여 그 공작물이나 수목의 매수를 청구한 때에는 지상권자는 정당한 이유없이 이를 거절하지 못한다.

**제286조(지료증감청구권)** 지료가 토지에 관한 조세 기타 부담의 증감이나 지가의 변동으로 인하여 상당하지 아니하게 된 때에는 당사자는 그 증감을 청구할 수 있다.

## 지료청구

[대법원 2021. 4. 29., 선고, 2017다228007, 전원합의체 판결]

【판시사항】

구 장사 등에 관한 법률의 시행일인 2001. 1. 13. 이전에 타인의 토지에 분묘를 설치하여 20년간 평온·공연하게 분묘의 기지를 점유함으로써 분묘기지권을 시효로 취득한 경우, 분묘기지권자는 토지소유자가 지료를 청구하면 그 청구한 날부터의 지료를 지급할 의무가 있는지 여부(적극)

【판결요지】

[다수의견] 2000. 1. 12. 법률 제6158호로 전부 개정된 구 장사 등에 관한 법률(이하 '장사법'이라 한다)의 시행일인 2001. 1. 13. 이전에 타인의 토지에 분묘를 설치한 다음 20년간 평온·공연하게 분묘의 기지(基地)를 점유함으로써 분묘기지권을 시효로 취득하였더라도, 분묘기지권자는 토지소유자가 분묘기지에 관한 지료를 청구하면 그 청구한 날부터의 지료를 지급할 의무가 있다고 보아야 한다.

관습법으로 인정된 권리의 내용을 확정함에 있어서는 그 권리의 법적 성질과 인정 취지, 당사자 사이의 이익형량 및 전체 법질서와의 조화를 고려하여 합리적으로 판단하여야 한다. 취득시효형 분묘기지권은 당사자의 합의에 의하지 않고 성립하는 지상권 유사의 권리이고, 그로 인하여 토지 소유권이 사실상 영구적으로 제한될 수 있다. 따라서 시효로 분묘기지권을 취득한 사람은 일정한 범위에서 토지소유자에게 토지 사용의 대가를 지급할 의무를 부담한다고 보는 것이 형평에 부합한다.

취득시효형 분묘기지권이 관습법으로 인정되어 온 역사적·사회적 배경, 분묘를 둘러싸고 형성된 기존의 사실관계에 대한 당사자의 신뢰와 법적 안정성, 관습법상 권리로서의 분묘기지권의 특수성, 조리와 신의성실의 원칙 및 부동산의 계속적 용익관계에 관하여 이러한 가치를 구체화한 민법상 지료증감청구권 규정의 취지 등을 종합하여 볼 때, 시효로 분묘기지권을 취득한 사람은 토지소유자가 분묘기지에 관한 지료를 청구하면 그 청구한 날부터의 지료를 지급하여야 한다고 봄이 타당하다.

[대법관 이기택, 대법관 김재형, 대법관 이흥구의 별개의견] 분묘기지권을 시효취득한 경우 분묘기지권자는 토지소유자에게 분묘를 설치하여 토지를 점유하는 기간 동안 지료를 지급할 의무가 있다고 보아야 하고, 토지소유자의 지료 청구가 있어야만 그때부터 지료 지급의무가 발생한다고 볼 수 없다.

헌법상 재산권 보장의 원칙, 민법상 소유권의 내용과 효력, 통상적인 거래 관념에 비추어 보면, 점유자가 스스로를 위하여 타인의 토지를 사용하는 경우 당사자 사이에 무상이라는 합의가 존재하는 등의 특별한 사정이 없는 한, 토지 사용의 대가를 지급해야 하는 유상의 사용관계라고 보아야 한다.

취득시효형 분묘기지권의 지료에 관하여 관습법으로 정해진 내용이 없다면 유사한 사안에 관한 법규범을 유추적용하여야 한다. 분묘기지권은 다른 사람의 토지를 이용할 수 있는 지상권과 유사한 물권으로서 당사자의 합의에 의하지 않고 관습법에 따라 성립한다. 이러한 토지 이용관계와 가장 유사한 모습은 법정지상권이다. 민법 제366조 등에 따라 법정지상권이 성립하면 지상권자는 '지상권 성립 시부터' 토지소유자에게 지료를 지급하여야 한다. 분묘기지권을 시효취득하여 성립하는 토지 이용관계에 관해서도 법정지상권의 경우와 마찬가지로 분묘기지권이 성립한 때부터 지료를 지급하여야 한다.

[대법관 안철상, 대법관 이동원의 반대의견] 장사법 시행일인 2001. 1. 13. 이전에 분묘를 설치하여 20년간 평온·공연하게 그 분묘의 기지를 점유하여 분묘기지권을 시효로 취득하였다면, 특별한 사정이 없는 한 분묘기지권자는 토지소유자에게 지료를 지급할 의무가 없다고 보아야 한다.

분묘기지권은 관습법상 물권이므로, 관습에 대한 조사나 확인을 통하여 관습법의 내용을 선언하여야 하고 법원이 해석을 통해 그 내용을 정하는 것은 타당하지 않다.

지금까지 분묘기지권에 관하여 유상성을 내용으로 하는 관습이 확인된 적이 없었다는 사실은 분묘기지권이 관습상 무상이었음을 반증한다.

지상권에 관한 일반 법리나 분묘기지권과 법정지상권의 차이점, 분묘기지권의 시효취득을 관습법으로 인정하여 온 취지에 비추어 보더라도 분묘기지권자에게 지료 지급의무가 있다고 볼 수 없다.

**제287조(지상권소멸청구권)** 지상권자가 2년 이상의 지료를 지급하지 아니한 때에는 지상권설정자는 지상권의 소멸을 청구할 수 있다.

**분묘기지권확인등 · 토지임료(지료)**

[대법원 2021. 9. 16., 선고, 2017다271834, 271841, 판결]

【판시사항】

[1] 분묘의 기지인 토지가 분묘의 수호·관리권자가 아닌 다른 사람의 소유인 경우, 토지 소유자가 분묘의 설치를 승낙한 때 분묘기지권을 설정한 것으로 보아야 하는지 여부(적극) 및 위 분묘기지권 성립 당시 토지 소유자와 분묘의 수호·관리자가 지료 지급의무의 존부나 범위 등에 관하여 약정한 경우, 그 약정의 효력이 분묘 기지의 승계인에 미치는지 여부(적극)

[2] 자기 소유 토지에 분묘를 설치한 사람이 토지를 양도하면서 분묘를 이장하겠다는 특약을 하지 않음으로써 분묘기지권을 취득한 경우, 분묘기지권이 성립한 때부터 분묘 기지에 대한 지료 지급의무를 지는지 여부(원칙적 적극)

【판결요지】

[1] 분묘의 기지인 토지가 분묘의 수호·관리권자 아닌 다른 사람의 소유인 경우에 그 토지 소유자가 분묘 수호·관리권자에 대하여 분묘의 설치를 승낙한 때에는 그 분묘의 기지에 관하여 분묘기지권을 설정한 것으로 보아야 한다. 이와 같이 승낙에 의하여 성립하는 분묘기지권의 경우 성립 당시 토지 소유자와 분묘의 수호·관리자가 지료 지급의무의 존부나 범위 등에 관하여 약정을 하였다면 그 약정의 효력은 분묘 기지의 승계인에 대하여도 미친다.

[2] 자기 소유 토지에 분묘를 설치한 사람이 그 토지를 양도하면서 분묘를 이장하겠다는 특약을 하지 않음으로써 분묘기지권을 취득한 경우, 특별한 사정이 없는 한 분묘기지권자는 분묘기지권이 성립한 때부터 토지 소유자에게 그 분묘의 기지에 대한 토지사용의 대가로서 지료를 지급할 의무가 있다.

**제288조(지상권소멸청구와 저당권자에 대한 통지)** 지상권이 저당권의 목적인 때 또는 그 토지에 있는 건물, 수목이 저당권의 목적이 된 때에는 전조의 청구는 저당권자에게 통지한 후 상당한 기간이 경과함으로써 그 효력이 생긴다.

**제289조(강행규정)** 제280조 내지 제287조의 규정에 위반되는 계약으로 지상권자에게 불리한 것은 그 효력이 없다.

**제289조의2(구분지상권)** ① 지하 또는 지상의 공간은 상하의 범위를 정하여 건물 기타 공작물을 소유하기 위한 지상권의 목적으로 할 수 있다. 이 경우 설정행위로써 지상권의 행사를 위하여 토지의 사용을 제한할 수 있다.

② 제1항의 규정에 의한 구분지상권은 제3자가 토지를 사용·수익할 권리를 가진 때에도 그 권리자 및 그 권리를 목적으로 하는 권리를 가진 자 전원의 승낙이 있으면 이를 설정할 수 있다. 이 경우 토지를 사용·수익할 권리를 가진 제3자는 그 지상권의 행사를 방해하여서는 아니된다.

*[본조신설 1984. 4. 10.]*

**제290조(준용규정)** ① 제213조, 제214조, 제216조 내지 제244조의 규정은 지상권자간 또는 지상권자와 인지소유자간에 이를 준용한다.

② 제280조 내지 제289조 및 제1항의 규정은 제289조의2의 규정에 의한 구분지상권에 관하여 이를 준용한다. *〈신설 1984. 4. 10.〉*

## 제5장 지역권

**제291조(지역권의 내용)** 지역권자는 일정한 목적을 위하여 타인의 토지를 자기토지의 편익에 이용하는 권리가 있다.

**제292조(부종성)** ① 지역권은 요역지소유권에 부종하여 이전하며 또는 요역지에 대한 소유권이외의 권리의 목적이 된다. 그러나 다른 약정이 있는 때에는 그 약정에 의한다.

② 지역권은 요역지와 분리하여 양도하거나 다른 권리의 목적으로 하지 못한다.

**제293조(공유관계, 일부양도와 불가분성)** ① 토지공유자의 1인은 지분에 관하여 그 토지를 위한 지역권 또는 그 토지가 부담한 지역권을 소멸하게 하지 못한다.

② 토지의 분할이나 토지의 일부양도의 경우에는 지역권은 요역지의 각 부분을 위하여 또는 그 승역지의 각부분에 존속한다. 그러나 지역권이 토지의 일부분에만 관한 것인 때에는 다른 부분에 대하여는 그러하지 아니하다.

**제294조(지역권취득기간)** 지역권은 계속되고 표현된 것에 한하여 제245조의 규정을 준용한다.

**제295조(취득과 불가분성)** ① 공유자의 1인이 지역권을 취득한 때에는 다른 공유자도 이를 취득한다.

② 점유로 인한 지역권취득기간의 중단은 지역권을 행사하는 모든 공유자에 대한 사유가 아니면 그 효력이 없다.

**제296조(소멸시효의 중단, 정지와 불가분성)** 요역지가 수인의 공유인 경우에 그 1인에 의한 지역권소멸시효의 중단 또는 정지는 다른 공유자를 위하여 효력이 있다.

**제297조(용수지역권)** ① 용수승역지의 수량이 요역지 및 승역지의 수요에 부족한 때에는 그 수요정도에 의하여 먼저 가용에 공급하고 다른 용도에 공급하여야 한다. 그러나 설정행위에 다른 약정이 있는 때에는 그 약정에 의한다.
② 승역지에 수개의 용수지역권이 설정된 때에는 후순위의 지역권자는 선순위의 지역권자의 용수를 방해하지 못한다.

**제298조(승역지소유자의 의무와 승계)** 계약에 의하여 승역지소유자가 자기의 비용으로 지역권의 행사를 위하여 공작물의 설치 또는 수선의 의무를 부담한 때에는 승역지소유자의 특별승계인도 그 의무를 부담한다.

**제299조(위기에 의한 부담면제)** 승역지의 소유자는 지역권에 필요한 부분의 토지소유권을 지역권자에게 위기하여 전조의 부담을 면할 수 있다.

**제300조(공작물의 공동사용)** ① 승역지의 소유자는 지역권의 행사를 방해하지 아니하는 범위내에서 지역권자가 지역권의 행사를 위하여 승역지에 설치한 공작물을 사용할 수 있다.
② 전항의 경우에 승역지의 소유자는 수익정도의 비율로 공작물의 설치, 보존의 비용을 분담하여야 한다.

**제301조(준용규정)** 제214조의 규정은 지역권에 준용한다.

**제302조(특수지역권)** 어느 지역의 주민이 집합체의 관계로 각자가 타인의 토지에서 초목, 야생물 및 토사의 채취, 방목 기타의 수익을 하는 권리가 있는 경우에는 관습에 의하는 외에 본장의 규정을 준용한다.

## 제6장 전세권

**제303조(전세권의 내용)** ① 전세권자는 전세금을 지급하고 타인의 부동산을 점유하여 그 부동산의 용도에 좇아 사용ㆍ수익하며, 그 부동산 전부에 대하여 후순위권리자 기타 채권자보다 전세금의 우선변제를 받을 권리가 있다. *〈개정 1984. 4. 10.〉*
② 농경지는 전세권의 목적으로 하지 못한다.

**점유회복등·전세권말소등기**

[대법원 2021. 12. 30., 선고, 2018다40235, 40242, 판결]

【판시사항】

전세권자의 사용·수익을 배제하고 채권담보만을 목적으로 설정한 전세권의 효력(무효)

【판결요지】

민법 제185조는 "물권은 법률 또는 관습법에 의하는 외에는 임의로 창설하지 못한다."라고 정하여 물권법정주의를 선언하고 있다. 물권법의 강행법규성에 따라 법률과 관습법이 인정하지 않는 새로운 종류나 내용의 물권을 창설하는 것은 허용되지 않는다.

전세권자는 전세금을 지급하고 타인의 부동산을 점유하여 그 부동산의 용도에 좇아 사용·수익하며, 그 부동산 전부에 대하여 후순위권리자 기타 채권자보다 전세금의 우선변제를 받을 권리가 있다(민법 제303조 제1항).

전세권설정계약의 당사자가 주로 채권담보 목적으로 전세권을 설정하고 설정과 동시에 목적물을 인도하지 않는다고 하더라도 장차 전세권자가 목적물을 사용·수익하는 것을 배제하지 않는다면, 전세권의 효력을 부인할 수는 없다. 그러나 전세권 설정의 동기와 경위, 전세권 설정으로 달성하려는 목적, 채권의 발생 원인과 목적물의 관계, 전세권자의 사용·수익 여부와 그 가능성, 당사자의 진정한 의사 등에 비추어 전세권설정계약의 당사자가 전세권의 핵심인 사용·수익 권능을 배제하고 채권담보만을 위해 전세권을 설정하였다면, 법률이 정하지 않은 새로운 내용의 전세권을 창설하는 것으로서 물권법정주의에 반하여 허용되지 않고 이러한 전세권설정등기는 무효라고 보아야 한다.

**제304조(건물의 전세권, 지상권, 임차권에 대한 효력)** ① 타인의 토지에 있는 건물에 전세권을 설정한 때에는 전세권의 효력은 그 건물의 소유를 목적으로 한 지상권 또는 임차권에 미친다.

② 전항의 경우에 전세권설정자는 전세권자의 동의없이 지상권 또는 임차권을 소멸하게 하는 행위를 하지 못한다.

**제305조(건물의 전세권과 법정지상권)** ① 대지와 건물이 동일한 소유자에 속한 경우에 건물에 전세권을 설정한 때에는 그 대지소유권의 특별승계인은 전세권설정자에 대하여 지상권을 설정한 것으로 본다. 그러나 지료는 당사자의 청구에 의하여 법원이 이를 정한다.

② 전항의 경우에 대지소유자는 타인에게 그 대지를 임대하거나 이를 목적으로 한 지상권 또는 전세권을 설정하지 못한다.

**토지인도**

[대법원 2022. 7. 21., 선고, 2017다236749, 전원합의체 판결]

【판시사항】

동일인 소유이던 토지와 지상 건물이 매매 등으로 각각 소유자를 달리하게 되었을 때 건물 철거 특약이 없는 한 건물 소유자가 법정지상권을 취득한다는 관습법이 현재에도 여전히 법적 규범으로서 효력을 유지하고 있는지 여부(적극)

【판결요지】

[다수의견] 동일인 소유이던 토지와 그 지상 건물이 매매 등으로 인하여 각각 소유자를 달리하게 되었을 때 그 건물 철거 특약이 없는 한 건물 소유자가 법정지상권을 취득한다는 관습법은 현재에도 그 법적 규범으로서의 효력을 여전히 유지하고 있다고 보아야 한다. 구체적인 이유는 아래와 같다.

① 민법 제185조는 "물권은 법률 또는 관습법에 의하는 외에는 임의로 창설하지 못한다."라고 규정함으로써 관습법에 의한 물권의 창설을 인정하고 있다. 관습법에 의하여 법정지상권이라는 제한물권을 인정하는 이상 토지 소유자는 건물을 사용하는 데 일반적으로 필요하다고 인정되는 범위에서 소유권 행사를 제한받을 수밖에 없다. 따라서 관습법상 법정지상권을 인정하는 결과 토지 소유자가 일정한 범위에서 소유권 행사를 제한받는다는 사정은 관습법상 법정지상권의 성립을 부인하는 근거가 될 수 없다.

② 우리 법제는 토지와 그 지상 건물을 각각 별개의 독립된 부동산으로 취급하고 있으므로, 동일인

소유이던 토지와 그 지상 건물이 매매 등으로 인하여 각각 소유자를 달리하게 되었을 때 토지 소유자와 건물 소유자 사이에 대지의 사용관계에 관하여 별다른 약정이 없는 이상 일정한 범위에서 건물의 가치가 유지될 수 있도록 조치할 필요가 있다. 관습법상 법정지상권은 바로 이러한 상황에서 건물의 철거로 인한 사회경제적 손실을 방지할 공익상의 필요에 의해 인정되는 것이다. 민법 제305조의 법정지상권, 민법 제366조의 법정지상권, 「입목에 관한 법률」 제6조의 법정지상권, 가등기담보 등에 관한 법률 제10조의 법정지상권도 모두 동일인 소유이던 토지와 그 지상 건물이나 입목이 각각 일정한 사유에 의해 소유자를 달리하게 되었을 때 건물이나 입목의 가치를 유지시키기 위해 마련된 제도이다.

판례는 동일인 소유이던 토지와 그 지상 건물이 매매 등으로 인하여 각각 소유자를 달리하게 되었을 때 건물 소유자와 토지 소유자 사이에 대지의 사용관계에 관하여 어떠한 약정이 있다면 이를 우선적으로 존중하므로, 관습법상 법정지상권은 당사자 사이에 아무런 약정이 없을 때 보충적으로 인정된다고 볼 수 있다.이러한 점을 고려하면, 관습법상 법정지상권을 인정하는 것이 헌법을 최상위 규범으로 하는 전체 법질서에 부합하지 아니하거나 그 정당성과 합리성을 인정할 수 없다고 보기 어렵다.

③ 관습법상 법정지상권에는 특별한 사정이 없는 한 민법의 지상권에 관한 규정이 준용되므로, 당사자 사이에 관습법상 법정지상권의 존속기간에 대하여 따로 정하지 않은 때에는 그 존속기간은 민법 제281조 제1항에 의하여 민법 제280조 제1항 각호에 규정된 기간이 된다. 이에 따라 견고한 건물의 소유를 목적으로 하는 법정지상권의 존속기간은 30년이 되고(민법 제280조 제1항 제1호), 그 밖의 건물의 소유를 목적으로 하는 법정지상권의 존속기간은 15년이 되는 등(민법 제280조 제1항 제2호) 관습법상 법정지상권은 일정한 기간 동안만 존속한다. 토지 소유자는 관습법상 법정지상권을 가진 건물 소유자에 대하여 지료를 청구할 수 있는데, 그 지료를 확정하는 재판이 있기 전에도 지료의 지급을 소구할 수 있다. 이와 같이 관습법상 법정지상권을 인정하는 것에 대응하여 토지 소유자를 보호하고 배려하는 장치도 함께 마련되어 있다.

④ 대법원이 관습법상 법정지상권을 관습법의 하나로 인정한 이래 오랜 기간이 지나는 동안 우리 사회에서 토지의 가치나 소유권 개념, 토지 소유자의 권리의식 등에 상당한 변화가 있었다고 볼 수 있다. 그러나 그렇다고 보더라도 여전히 이에 못지않게 건물의 철거로 인한 사회경제적 손실을 방지할 공익상의 필요성이나 건물 소유자 혹은 사용자의 이익을 보호할 필요성도 강조되고 있다. 관습법상 법정지상권에 관한 관습에 대하여 사회 구성원들의 법적 구속력에 대한 확신이 소멸하였다거나 그러한 관행이 본질적으로 변경되었다고 인정할 수 있는 자료도 찾아볼 수 없다.

[대법관 김재형의 반대의견] 동일인 소유이던 토지와 그 지상 건물이 매매 등으로 소유자가 달라질 때 법정지상권이라는 물권이 성립한다는 관습은 관습법으로서의 성립 요건을 갖춘 것이라고 볼 수 없다. 설령 그러한 관습법이 성립하였다고 하더라도 현재에 이르러서는 사회 구성원들이 그러한 관행의 법적 구속력에 대하여 확신을 갖지 않게 되었고, 또한 헌법을 최상위 규범으로 하는 전체 법질서에 부합하지 않으므로, 법적 규범으로서 효력을 인정할 수 없다고 보아야 한다. 따라서 관습법상 법정지상권을 광범위하게 인정하고 있는 종래 판례는 폐기해야 한다.

**제306조(전세권의 양도, 임대 등)** 전세권자는 전세권을 타인에게 양도 또는 담보로 제공할 수 있고 그 존속기간내에서 그 목적물을 타인에게 전전세 또는 임대할 수 있다. 그러나 설정행위로 이를 금지한 때에는 그러하지 아니하다.

**제307조(전세권양도의 효력)** 전세권양수인은 전세권설정자에 대하여 전세권양도인과 동일한 권리의무가 있다.

**제308조(전전세 등의 경우의 책임)** 전세권의 목적물을 전전세 또는 임대한 경우에는 전세권자는 전전세 또는 임대하지 아니하였으면 면할 수 있는 불가항력으로 인한 손해에 대하여 그 책임을 부담한다.

**제309조(전세권자의 유지, 수선의무)** 전세권자는 목적물의 현상을 유지하고 그 통상의 관리에 속한 수선을 하여야 한다.

**제310조(전세권자의 상환청구권)** ① 전세권자가 목적물을 개량하기 위하여 지출한 금액 기타 유익비에 관하여는 그 가액의 증가가 현존한 경우에 한하여 소유자의 선택에 좇아 그 지출액이나 증가액의 상환을 청구할 수 있다.

② 전항의 경우에 법원은 소유자의 청구에 의하여 상당한 상환기간을 허여할 수 있다.

**제311조(전세권의 소멸청구)** ① 전세권자가 전세권설정계약 또는 그 목적물의 성질에 의하여 정하여진 용법으로 이를 사용, 수익하지 아니한 경우에는 전세권설정자는 전세권의 소멸을 청구할 수 있다.

② 전항의 경우에는 전세권설정자는 전세권자에 대하여 원상회복 또는 손해배상을 청구할 수 있다.

**제312조(전세권의 존속기간)** ① 전세권의 존속기간은 10년을 넘지 못한다. 당사자의 약정기간이 10년을 넘는 때에는 이를 10년으로 단축한다.

② 건물에 대한 전세권의 존속기간을 1년 미만으로 정한 때에는 이를 1년으로 한다.*〈신설 1984. 4. 10.〉*

③ 전세권의 설정은 이를 갱신할 수 있다. 그 기간은 갱신한 날로부터 10년을 넘지 못한다.

④ 건물의 전세권설정자가 전세권의 존속기간 만료전 6월부터 1월까지 사이에 전세권자에 대하여 갱신거절의 통지 또는 조건을 변경하지 아니하면 갱신하지 아니한다는 뜻의 통지를 하지 아니한 경우에는 그 기간이 만료된 때에 전전세권과 동일한 조건으로 다시 전세권을 설정한 것으로 본다. 이 경우 전세권의 존속기간은 그 정함이 없는 것으로 본다.*〈신설 1984. 4. 10.〉*

**전세권설정등기말소등기절차이행등**

[대법원 2015. 11. 17., 선고, 2014다10694, 판결]

【판시사항】

전세권이 존속기간 만료 등으로 종료한 경우, 최선순위 전세권자의 채권자가 전세권이 설정된 부동산에 대한 경매절차에서 채권자대위권에 기하거나 전세금반환채권에 대하여 압류 및 추심명령을 받은 다음 추심권한에 기하여 자기 이름으로 전세권에 대한 배당요구를 할 수 있는지 여부(적극) 및 이때 전세권이 존속기간 만료 등으로 종료하였다는 점에 관한 소명자료를 배당요구 종기까지 제출하여야 하는지 여부(적극)

**【판결요지】**

민사집행법 제91조 제3항은 "전세권은 저당권·압류채권·가압류채권에 대항할 수 없는 경우에는 매각으로 소멸된다."라고 규정하고, 같은 조 제4항은 "제3항의 경우 외의 전세권은 매수인이 인수한다. 다만 전세권자가 배당요구를 하면 매각으로 소멸된다."라고 규정하고 있는데, 이는 저당권 등에 대항할 수 없는 전세권과 달리, 최선순위의 전세권은 존속기간에 상관없이 오로지 전세권자의 배당요구에 의하여만 소멸하고, 전세권자가 배당요구를 하지 않는 한 매수인에게 인수된다는 취지이다. 따라서 최선순위의 전세권은 전세권자 스스로 배당요구를 하여야만 매각으로 소멸함이 원칙이다.

그러나 전세권이 존속기간의 만료나 합의해지 등으로 종료하면 전세권의 용익물권적 권능은 소멸하고 단지 전세금반환채권을 담보하는 담보물권적 권능의 범위 내에서 전세금의 반환 시까지 전세권설정등기의 효력이 존속하므로, 전세권이 존속기간의 만료 등으로 종료한 경우라면 최선순위 전세권자의 채권자는 전세권이 설정된 부동산에 대한 경매절차에서 채권자대위권에 기하거나 전세금반환채권에 대하여 압류 및 추심명령을 받은 다음 추심권한에 기하여 자기 이름으로 전세권에 대한 배당요구를 할 수 있다. 다만 경매의 매각절차에서 집행법원은 원래 전세권의 존속기간 만료 여부 등을 직접 조사하지는 아니하는 점, 또 건물에 대한 전세권이 법정갱신된 경우에는 등기된 존속기간의 경과 여부만 보고 실제 존속기간의 만료 여부를 판단할 수는 없는 점 및 민사집행규칙 제48조 제2항은 "배당요구서에는 배당요구의 자격을 소명하는 서면을 붙여야 한다."라고 규정하고 있는 점 등에 비추어 보면, 최선순위 전세권자의 채권자가 채권자대위권이나 추심권한에 기하여 전세권에 대한 배당요구를 할 때에는 채권자대위권 행사의 요건을 갖추었다거나 전세금반환채권에 대하여 압류 및 추심명령을 받았다는 점과 아울러 전세권이 존속기간의 만료 등으로 종료하였다는 점에 관한 소명자료를 배당요구의 종기까지 제출하여야 한다.

**제312조의2(전세금 증감청구권)** 전세금이 목적 부동산에 관한 조세·공과금 기타 부담의 증감이나 경제사정의 변동으로 인하여 상당하지 아니하게 된 때에는 당사자는 장래에 대하여 그 증감을 청구할 수 있다. 그러나 증액의 경우에는 대통령령이 정하는 기준에 따른 비율을 초과하지 못한다.

*[본조신설 1984. 4. 10.]*

**제313조(전세권의 소멸통고)** 전세권의 존속기간을 약정하지 아니한 때에는 각 당사자는 언제든지 상대방에 대하여 전세권의 소멸을 통고할 수 있고 상대방이 이 통고를 받은 날로부터 6월이 경과하면 전세권은 소멸한다.

**제314조(불가항력으로 인한 멸실)** ① 전세권의 목적물의 전부 또는 일부가 불가항력으로 인하여 멸실된 때에는 그 멸실된 부분의 전세권은 소멸한다.

② 전항의 일부멸실의 경우에 전세권자가 그 잔존부분으로 전세권의 목적을 달성할 수 없는 때에는 전세권설정자에 대하여 전세권전부의 소멸을 통고하고 전세금의 반환을 청구할 수 있다.

**제315조(전세권자의 손해배상책임)** ① 전세권의 목적물의 전부 또는 일부가 전세권자에 책임있는 사유로 인하여 멸실된 때에는 전세권자는 손해를 배상할 책임이 있다.

② 전항의 경우에 전세권설정자는 전세권이 소멸된 후 전세금으로써 손해의 배상에

충당하고 잉여가 있으면 반환하여야 하며 부족이 있으면 다시 청구할 수 있다.

**제316조(원상회복의무, 매수청구권)** ① 전세권이 그 존속기간의 만료로 인하여 소멸한 때에는 전세권자는 그 목적물을 원상에 회복하여야 하며 그 목적물에 부속시킨 물건은 수거할 수 있다. 그러나 전세권설정자가 그 부속물건의 매수를 청구한 때에는 전세권자는 정당한 이유없이 거절하지 못한다.

② 전항의 경우에 그 부속물건이 전세권설정자의 동의를 얻어 부속시킨 것인 때에는 전세권자는 전세권설정자에 대하여 그 부속물건의 매수를 청구할 수 있다. 그 부속물건이 전세권설정자로부터 매수한 것인 때에도 같다.

**제317조(전세권의 소멸과 동시이행)** 전세권이 소멸한 때에는 전세권설정자는 전세권자로부터 그 목적물의 인도 및 전세권설정등기의 말소등기에 필요한 서류의 교부를 받는 동시에 전세금을 반환하여야 한다.

**임차보증금등반환**

[대법원 2011. 3. 24., 선고, 2010다95062, 판결]

**【판시사항】**

[1] 임대차계약을 체결하면서 임대차보증금을 전세금으로 하는 전세권설정등기를 경료한 경우, 임대차보증금 반환의무와 전세권설정등기 말소의무가 동시이행관계에 있는지 여부(원칙적 적극)

[2] 임대인과 임차인이 세무서에 임대차보증금만 신고하고 월 차임은 신고하지 않기로 합의하면서 임차인이 차임을 신고하면 그에 대한 부가가치세 등을 임차인이 부담하기로 약정한 사안에서, 임대인에 대한 세무조사 과정에서 누락신고된 차임이 밝혀졌다는 사유만으로 임대인에게 추가로 부과된 부가가치세 본세를 위 세금부담 약정에 따라 임차인이 부담하여야 한다고 본 원심판결을 파기한 사례

**【판결요지】**

[1] 임대인과 임차인이 임대차계약을 체결하면서 임대차보증금을 전세금으로 하는 전세권설정등기를 경료한 경우 임대차보증금은 전세금의 성질을 겸하게 되므로, 당사자 사이에 다른 약정이 없는 한 임대차보증금 반환의무는 민법 제317조에 따라 전세권설정등기의 말소의무와도 동시이행관계에 있다.

[2] 임대인과 임차인이 세무서에 임대차보증금만 신고하고 월 차임은 신고하지 않기로 합의하면서 임대차보증금에 차임을 '임차인이 다 신고하면' 그 차임에 대한 부가가치세 등을 임차인이 부담하기로 하는 내용의 세금부담 약정을 한 사안에서, 위 세금부담 약정은 임차인이 스스로 세무서에 차임 약정이 존재한다는 사실을 신고함으로써 그에 대한 부가가치세 등을 임대인이 부담하게 될 경우 이를 임차인이 부담하겠다는 뜻으로 이해됨에도, 임대인에 대한 세무조사 과정에서 누락신고된 차임이 밝혀졌다는 사유만으로 임대인에게 추가로 부과된 부가가치세 본세를 위 세금부담 약정에 따라 임차인이 부담하여야 한다고 본 원심판결을 파기한 사례.

**제318조(전세권자의 경매청구권)** 전세권설정자가 전세금의 반환을 지체한 때에는 전세권자는 민사집행법의 정한 바에 의하여 전세권의 목적물의 경매를 청구할 수 있다. *〈개정 1997. 12. 13., 2001. 12. 29.〉*

**제319조(준용규정)** 제213조, 제214조, 제216조 내지 제244조의 규정은 전세권자간 또는 전세권자와 인지소유자 및 지상권자간에 이를 준용한다.

## 제7장 유치권

**제320조(유치권의 내용)** ① 타인의 물건 또는 유가증권을 점유한 자는 그 물건이나 유가증권에 관하여 생긴 채권이 변제기에 있는 경우에는 변제를 받을 때까지 그 물건 또는 유가증권을 유치할 권리가 있다.

② 전항의 규정은 그 점유가 불법행위로 인한 경우에 적용하지 아니한다.

**토지인도**

[대법원 2023. 7. 13., 선고, 2022다265093, 판결]

【판시사항】

저당부동산의 소유권을 취득한 자가 민법 제367조의 제3취득자에 해당하는지 여부(적극) / 제3취득자가 민법 제367조를 근거로 직접 저당권설정자, 저당권자 또는 경매절차 매수인 등에 대하여 비용상환을 청구할 수 있는지 여부(소극) 및 이를 피담보채권으로 주장하면서 유치권을 행사할 수 있는지 여부(소극)

【판결요지】

민법 제367조는 저당물의 제3취득자가 그 부동산의 보존, 개량을 위하여 필요비 또는 유익비를 지출한 때에는 제203조 제1항, 제2항의 규정에 의하여 저당물의 경매대가에서 우선상환을 받을 수 있다고 규정하고 있다.

이는 저당권이 설정되어 있는 부동산의 제3취득자가 저당부동산에 관하여 지출한 필요비, 유익비는 부동산 가치의 유지·증가를 위하여 지출된 일종의 공익비용이므로 저당부동산의 환가대금에서 부담하여야 할 성질의 비용이고 더욱이 제3취득자는 경매의 결과 그 권리를 상실하게 되므로 특별히 경매로 인한 매각대금에서 우선적으로 상환을 받도록 한 것이다. 저당부동산의 소유권을 취득한 자도 민법 제367조의 제3취득자에 해당한다. 제3취득자가 민법 제367조에 의하여 우선상환을 받으려면 저당부동산의 경매절차에서 배당요구의 종기까지 배당요구를 하여야 한다(민사집행법 제268조, 제88조).

위와 같이 민법 제367조에 의한 우선상환은 제3취득자가 경매절차에서 배당받는 방법으로 민법 제203조 제1항, 제2항에서 규정한 비용에 관하여 경매절차의 매각대금에서 우선변제받을 수 있다는 것이지 이를 근거로 제3취득자가 직접 저당권설정자, 저당권자 또는 경매절차 매수인 등에 대하여 비용상환을 청구할 수 있는 권리가 인정될 수 없다. 따라서 제3취득자는 민법 제367조에 의한 비용상환청구권을 피담보채권으로 주장하면서 유치권을 행사할 수 없다.

**제321조(유치권의 불가분성)** 유치권자는 채권전부의 변제를 받을 때까지 유치물전부에 대하여 그 권리를 행사할 수 있다.

**토지인도**

[대법원 2022. 6. 16., 선고, 2018다301350, 판결]

【판시사항】

[1] 민법 제321조에서 정한 유치권의 불가분성은 목적물이 분할 가능하거나 수 개의 물건

인 경우에도 적용되는지 여부(적극) 및 이는 상법 제58조의 상사유치권에도 적용되는지 여부(적극)

[2] 하나의 채권을 피담보채권으로 하여 여러 필지의 토지에 대하여 유치권을 취득한 유치권자가 그중 일부 필지의 토지에 대하여 선량한 관리자의 주의의무를 위반한 경우, 위반행위가 있었던 필지의 토지에 대하여만 유치권 소멸청구가 가능한지 여부(원칙적 적극)

[3] 소송계속 중 제3자가 민사소송법 제81조에 따라 소송에 참가한 후 원고가 승계참가인의 승계 여부에 대해 다투지 않으면서도 소송탈퇴, 소 취하 등을 하지 않거나 이에 대하여 피고가 부동의하여 원고가 소송에 남아 있는 경우, 승계로 인해 중첩된 원고와 승계참가인의 청구 사이에 필수적 공동소송에 관한 민사소송법 제67조가 적용되는지 여부(적극)

【판결요지】

[1] 민법 제321조는 "유치권자는 채권 전부의 변제를 받을 때까지 유치물 전부에 대하여 그 권리를 행사할 수 있다."라고 정하므로, 유치물은 그 각 부분으로써 피담보채권의 전부를 담보하고, 이와 같은 유치권의 불가분성은 그 목적물이 분할 가능하거나 수 개의 물건인 경우에도 적용되며, 상법 제58조의 상사유치권에도 적용된다.

[2] 민법 제324조는 '유치권자에게 유치물에 대한 선량한 관리자의 주의의무를 부여하고, 유치권자가 이를 위반하여 채무자의 승낙 없이 유치물을 사용, 대여, 담보 제공한 경우에 채무자는 유치권의 소멸을 청구할 수 있다.'고 정한다. 하나의 채권을 피담보채권으로 하여 여러 필지의 토지에 대하여 유치권을 취득한 유치권자가 그중 일부 필지의 토지에 대하여 선량한 관리자의 주의의무를 위반하였다면 특별한 사정이 없는 한 위반행위가 있었던 필지의 토지에 대하여만 유치권 소멸청구가 가능하다고 해석하는 것이 타당하다. 구체적인 이유는 다음과 같다.

① 여러 필지의 토지에 대하여 유치권이 성립한 경우 유치권의 불가분성으로 인하여 각 필지의 토지는 다른 필지의 토지와 관계없이 피담보채권의 전부를 담보한다. 이때 일부 필지 토지에 대한 점유를 상실하여도 나머지 필지 토지에 대하여 피담보채권의 담보를 위한 유치권이 존속한다. 같은 취지에서 일부 필지 토지에 대한 유치권자의 선량한 관리자의 주의의무 위반을 이유로 유치권 소멸청구가 있는 경우에도 그 위반 필지 토지에 대하여만 소멸청구가 허용된다고 해석함이 타당하다.

② 민법 제321조에서 '유치권의 불가분성'을 정한 취지는 담보물권인 유치권의 효력을 강화하여 유치권자의 이익을 위한 것으로서 이를 근거로 오히려 유치권자에게 불이익하게 선량한 관리자의 주의의무 위반이 문제 되지 않는 유치물에 대한 유치권까지 소멸한다고 해석하는 것은 상당하지 않다.

③ 유치권은 점유하는 물건으로써 유치권자의 피담보채권에 대한 우선적 만족을 확보하여 주는 법정담보물권이다(민법 제320조 제1항, 상법 제58조). 한편 민법 제324조에서 정한 유치권 소멸청구는 유치권자의 선량한 관리자의 주의의무 위반에 대한 제재로서 채무자 또는 유치물의 소유자를 보호하기 위한 규정이다. 유치권자가 선량한 관리자의 주의의무를 위반한 정도에 비례하여 유치권소멸의 효과를 인정하는 것이 유치권자와 채무자 또는 소유자 사이의 이익균형을 고려한 합리적인 해석이다.

[3] 승계참가에 관한 민사소송법 규정과 2002년 민사소송법 개정에 따른 다른 다수당사자 소송제도와의 정합성, 승계참가인과 피참가인인 원고의 중첩된 청구를 모순 없이 합일적으로 확정할 필요성 등을 종합적으로 고려하면, 소송이 법원에 계속되어 있는 동안에 제3자가 소송목적인 권리의 전부나 일부를 승계하였다고 주장하며 민사소송법 제81조에 따라 소송에 참가한 경우, 원고가 승계참가인의 승계 여부에 대해 다투지 않으면서도 소송탈퇴, 소 취하 등을 하지 않거나 이에 대하여 피고가 부동의하여 원고가 소송에 남아 있다면 승계로 인해 중첩된 원고와 승계참가인의 청구 사이에는 필수적 공동소송에 관한 민사소송법 제67조가 적용된다.

**제322조(경매, 간이변제충당)** ① 유치권자는 채권의 변제를 받기 위하여 유치물을 경매할 수 있다.

② 정당한 이유있는 때에는 유치권자는 감정인의 평가에 의하여 유치물로 직접 변제에 충당할 것을 법원에 청구할 수 있다. 이 경우에는 유치권자는 미리 채무자에게 통지하여야 한다.

**제323조(과실수취권)** ① 유치권자는 유치물의 과실을 수취하여 다른 채권보다 먼저 그 채권의 변제에 충당할 수 있다. 그러나 과실이 금전이 아닌 때에는 경매하여야 한다.

② 과실은 먼저 채권의 이자에 충당하고 그 잉여가 있으면 원본에 충당한다.

**제324조(유치권자의 선관의무)** ① 유치권자는 선량한 관리자의 주의로 유치물을 점유하여야 한다.

② 유치권자는 채무자의 승낙없이 유치물의 사용, 대여 또는 담보제공을 하지 못한다. 그러나 유치물의 보존에 필요한 사용은 그러하지 아니하다.

③ 유치권자가 전2항의 규정에 위반한 때에는 채무자는 유치권의 소멸을 청구할 수 있다.

**제325조(유치권자의 상환청구권)** ① 유치권자가 유치물에 관하여 필요비를 지출한 때에는 소유자에게 그 상환을 청구할 수 있다.

② 유치권자가 유치물에 관하여 유익비를 지출한 때에는 그 가액의 증가가 현존한 경우에 한하여 소유자의 선택에 좇아 그 지출한 금액이나 증가액의 상환을 청구할 수 있다. 그러나 법원은 소유자의 청구에 의하여 상당한 상환기간을 허여할 수 있다.

**제326조(피담보채권의 소멸시효)** 유치권의 행사는 채권의 소멸시효의 진행에 영향을 미치지 아니한다.

**제327조(타담보제공과 유치권소멸)** 채무자는 상당한 담보를 제공하고 유치권의 소멸을 청구할 수 있다.

**건물명도(인도)**

[대법원 2021. 7. 29., 선고, 2019다216077, 판결]

【판시사항】

민법 제327조에 따른 유치권 소멸청구를 채무자뿐만 아니라 유치물의 소유자도 할 수 있는지 여부(적극) 및 이때 채무자나 소유자가 제공하는 담보가 상당한지 판단하는 기준

【판결요지】

채무자는 상당한 담보를 제공하고 유치권의 소멸을 청구할 수 있다(민법 제327조).

유치권 소멸청구는 민법 제327조에 규정된 채무자뿐만 아니라 유치물의 소유자도 할 수 있다. 민법 제327조에 따라 채무자나 소유자가 제공하는 담보가 상당한지는 담보 가치가 채권 담보로서 상당한지, 유치물에 의한 담보력을 저하시키지 않는지를 종합하여 판단해야 한다. 따라서 유치물 가액이 피담보채권액보다 많을 경우에는 피담보채권액에 해당하는 담보를 제공하면 되고, 유치물 가액이 피담보채권액보다 적을 경우에는 유치물 가액에 해당하는 담보를 제공하면 된다.

**제328조(점유상실과 유치권소멸)** 유치권은 점유의 상실로 인하여 소멸한다.

## 제8장 질권

### 제1절 동산질권

**제329조(동산질권의 내용)** 동산질권자는 채권의 담보로 채무자 또는 제삼자가 제공한 동산을 점유하고 그 동산에 대하여 다른 채권자보다 자기채권의 우선변제를 받을 권리가 있다.

**제330조(설정계약의 요물성)** 질권의 설정은 질권자에게 목적물을 인도함으로써 그 효력이 생긴다.

**제331조(질권의 목적물)** 질권은 양도할 수 없는 물건을 목적으로 하지 못한다.

**제332조(설정자에 의한 대리점유의 금지)** 질권자는 설정자로 하여금 질물의 점유를 하게 하지 못한다.

**제333조(동산질권의 순위)** 수개의 채권을 담보하기 위하여 동일한 동산에 수개의 질권을 설정한 때에는 그 순위는 설정의 선후에 의한다.

**배당이의**

[대법원 2018. 7. 11., 선고, 2017다292756, 판결]

【판시사항】

[1] 채무자 소유 부동산과 물상보증인 소유 부동산에 공동근저당권이 설정된 후 공동담보의 목적 부동산 중 채무자 소유 부동산을 제3자에게 매각하여 그 대가로 피담보채권의 일부를 변제하는 경우, 공동근저당권자가 그와 같이 변제받은 금액에 관하여 물상보증인 소유 부동산에 대한 경매 등의 환가절차에서 우선변제권을 행사할 수 있는지 여부(소극)

[2] 공동저당에 제공된 채무자 소유 부동산과 물상보증인 소유 부동산 가운데 물상보증인 소유 부동산이 먼저 경매되어 매각대금에서 선순위 공동저당권자가 변제를 받은 경우, 물상보증인이 채무자에 대하여 구상권을 취득함과 동시에 채무자 소유 부동산에 대한 선순위 공동저당권을 대위취득하는지 여부(적극) 및 물상보증인 소유 부동산에 대한 후순위 저당권자가 물상보증인이 대위취득한 채무자 소유 부동산에 대한 선순위 공동저당권에 대하여 물상대위를 할 수 있는지 여부(적극) / 이러한 법리는 공동근저당권의 경우에도 마찬가지로 적용되는지 여부(적극)

[3] 채무자 소유 부동산과 물상보증인 소유 부동산에 공동근저당권을 설정한 채권자가 공동담보 중 채무자 소유 부동산에 대한 담보 일부를 포기하거나 순위를 불리하게 변경하여 담보를 상실하게 하거나 감소하게 한 경우, 물상보증인이 그로 인하여 상환받을 수 없는 한도에서 책임을 면하는지 여부(적극) 및 이 경우 공동근저당권자가 나머지 공동담보 목적물인 물상보증인 소유 부동산에 관한 경매절차에서, 물상보증인이 담보 상실 내지 감소로 인한 면책을 주장할 수 있는 한도에서 물상보증인 소유 부동산의 후순위 근저당권자에 우선하여 배당받을 수 없는지 여부(적극)

[4] 공동근저당의 목적 부동산 중 일부에 대한 경매절차에서 공동근저당권자가 선순위근저당권자로서의 자신의 채권 전액을 청구한 경우, 선순위근저당권자가 경매대가로부터 우선하여 변제받고 후순위근저당권자가 잔액으로부터 변제를 받는지 여부(적극) 및 이는 선순위근저당권자와 후순위근저당권자가 동일인이라도 마찬가지인지 여부(적극)

【판결요지】

[1] 공동근저당권자가 스스로 근저당권을 실행하거나 타인에 의하여 개시된 경매 등의 환가절차를 통하여 공동담보의 목적 부동산 중 일부에 대한 환가대금 등으로부터 다른 권리자에 우선하여 피담보채권의 일부를 배당받은 경우, 그와 같이 우선변제받은 금액에 관하여는 공동담보의 나머지 목적 부동산에 대한 경매 등의 환가절차에서 다시 공동근저당권자로서 우선변제권을 행사할 수 없다.

이러한 법리는 채무자 소유 부동산과 물상보증인 소유 부동산에 공동근저당권이 설정된 후 공동담보의 목적 부동산 중 채무자 소유 부동산을 임의환가하여 청산하는 경우, 즉 공동담보의 목적 부동산 중 채무자 소유 부동산을 제3자에게 매각하여 그 대가로 피담보채권의 일부를 변제하는 경우에도 적용되어, 공동근저당권자는 그와 같이 변제받은 금액에 관하여는 더 이상 물상보증인 소유 부동산에 대한 경매 등의 환가절차에서 우선변제권을 행사할 수 없다.

만일 위와 달리 공동근저당권자가 임의환가 방식을 통해 채무자 소유 부동산의 대가로부터 피담보채권의 일부를 변제받았음에도, 이후 공동근저당권의 다른 목적 부동산인 물상보증인 소유 부동산에 대한 경매 등의 환가절차에서 우선변제권을 행사할 수 있다고 보게 되면, 채무자 소유 부동산의 담보력을 기대하고 자기의 부동산을 담보로 제공한 물상보증인의 기대이익을 박탈하게 되는 것일 뿐만 아니라, 공동근저당권자가 담보 목적물로부터 변제받는 방법으로 임의환가 방식을 선택하였다는 이유만으로 물상보증인의 책임 범위가 달라지게 되어 형평에 어긋나기 때문이다.

[2] 공동저당에 제공된 채무자 소유 부동산과 물상보증인 소유 부동산 가운데 물상보증인 소유 부동산이 먼저 경매되어, 매각대금에서 선순위 공동저당권자가 변제를 받은 때에는, 물상보증인은 채무자에 대하여 구상권을 취득함과 동시에 변제자대위에 의하여 채무자 소유 부동산에 대한 선순위 공동저당권을 대위취득한다. 또한 물상보증인 소유 부동산에 대한 후순위 저당권자는 물상보증인이 대위취득한 채무자 소유 부동산에 대한 선순위 공동저당권에 대하여 물상대위를 할 수 있다. 이러한 법리는 공동근저당권의 경우에도 마찬가지로 적용된다.

[3] 물상보증인의 변제자대위에 대한 기대권은 민법 제485조에 의하여 보호되어, 채권자가 고의나 과실로 담보를 상실하게 하거나 감소하게 한 때에는, 특별한 사정이 없는 한 물상보증인은 그 상실 또는 감소로 인하여 상환을 받을 수 없는 한도에서 면책 주장

을 할 수 있다. 채권자가 물적 담보인 담보물권을 포기하거나 순위를 불리하게 변경하는 것은 담보의 상실 또는 감소행위에 해당한다.

따라서 채무자 소유 부동산과 물상보증인 소유 부동산에 공동근저당권을 설정한 채권자가 공동담보 중 채무자 소유 부동산에 대한 담보 일부를 포기하거나 순위를 불리하게 변경하여 담보를 상실하게 하거나 감소하게 한 경우, 물상보증인은 그로 인하여 상환받을 수 없는 한도에서 책임을 면한다. 그리고 이 경우 공동근저당권자는 나머지 공동담보 목적물인 물상보증인 소유 부동산에 관한 경매절차에서, 물상보증인이 위와 같이 담보 상실 내지 감소로 인한 면책을 주장할 수 있는 한도에서는, 물상보증인 소유 부동산의 후순위 근저당권자에 우선하여 배당받을 수 없다.

[4] 공동근저당의 목적 부동산 중 일부에 대한 경매절차에서, 공동근저당권자가 선순위근저당권자로서의 자신의 채권 전액을 청구하였다면, 민법 제370조, 제333조, 제368조 제1항 전문의 규정에 따라 선순위근저당권자가 경매대가로부터 우선하여 변제받고, 후순위근저당권자는 잔액으로부터 변제를 받는 것이며, 이는 선순위근저당권자와 후순위근저당권자가 동일인이라고 하여 달라지는 것은 아니다.

**제334조(피담보채권의 범위)** 질권은 원본, 이자, 위약금, 질권실행의 비용, 질물보존의 비용 및 채무불이행 또는 질물의 하자로 인한 손해배상의 채권을 담보한다. 그러나 다른 약정이 있는 때에는 그 약정에 의한다.

**배당이의**

[대법원 2023. 1. 12., 선고, 2020다296840, 판결]

【판시사항】

[1] 채권의 지연손해금을 별도로 등기부에 기재하지 않았을 경우, 근저당권부 질권의 피담보채권의 범위가 등기부에 기재된 약정이자에 한정되는지 여부(소극)

[2] 제3자가 채무자를 위하여 채무를 변제함으로써 채무자에 대하여 구상권을 취득하는 경우, 그 구상권의 범위 내에서 종래 채권자가 가지고 있던 채권과 그 담보에 관한 권리가 변제자에게 이전하는지 여부(적극)

[3] 근저당권자인 甲 주식회사가 乙 주식회사와 제1 대출 약정을 체결하면서 乙 회사에 근저당권부 질권을 설정해 주었고, 그 후 丙 주식회사가 甲 회사 등과 제2 대출 약정을 체결하면서, 甲 회사를 대신하여 乙 회사에 제1 대출 약정 채무 잔액을 대위변제하고 乙 회사로부터 근저당권부 질권을 이전받았는데, 근저당권의 목적 부동산이 임의경매절차에서 매각되어 丙 회사가 근저당권부 질권자로서 배당받게 되자, 후순위 근저당권부 질권자인 丁 등이 丙 회사를 상대로 배당이의의 소를 제기한 사안에서, 丙 회사가 이전받은 근저당권부 질권의 피담보채권은 대위변제자의 변제에 의하여 소멸하는 제1 대출 약정 채권이고, 丙 회사의 구상금 채권을 초과하여 근저당권부 질권이 甲 회사의 丙 회사에 대한 채무인 제2 대출 약정 채권을 담보한다고 볼 근거가 없다고 한 사례

【판결요지】

[1] 민법 제355조의 규정에 의하여 권리질권에 준용되는 민법 제334조 전문은 '질권은 원본, 이자, 위약금, 질권실행의 비용, 질물보존의 비용 및 채무불이행 또는 질물의 하자로 인한 손해배상의 채권을 담보한다.'고 정하고 있다. 부동산등기법 제76조 제1항은 등기관이 민법 제348조에 따라 저당권부 채권에 대한 질권의 등기를 할 때에는 부동

산등기법 제48조에서 규정한 사항 외에 '채권액 또는 채권최고액, 채무자의 성명 또는 명칭과 주소 또는 사무소 소재지, 변제기와 이자의 약정이 있는 경우에는 그 내용'을 기록하여야 한다고 정하고 있어 채권의 지연손해금을 등기사항으로 정하고 있지 않다. 이러한 사정에 비추어 보면, 채권의 지연손해금을 별도로 등기부에 기재하지 않았더라도 근저당권부 질권의 피담보채권의 범위가 등기부에 기재된 약정이자에 한정된다고 볼 수 없다.

[2] 채무자를 위하여 변제한 자는 변제와 동시에 채권자의 승낙을 얻어 채권자를 대위할 수 있다(민법 제480조 제1항). 제3자가 채무자를 위하여 채무를 변제함으로써 채무자에 대하여 구상권을 취득하는 경우, 그 구상권의 범위 내에서 종래 채권자가 가지고 있던 채권과 그 담보에 관한 권리는 동일성을 유지한 채 법률상 당연히 변제자에게 이전한다.

[3] 근저당권자인 甲 주식회사가 乙 주식회사와 제1 대출 약정을 체결하면서 乙 회사에 근저당권부 질권을 설정해 주었고, 그 후 丙 주식회사가 甲 회사 등과 제2 대출 약정을 체결하면서, 甲 회사를 대신하여 乙 회사에 제1 대출 약정 채무 잔액을 대위변제하고 乙 회사로부터 근저당권부 질권을 이전받았는데, 근저당권의 목적 부동산이 임의경매절차에서 매각되어 丙 회사가 근저당권부 질권자로서 배당받게 되자, 후순위 근저당권부 질권자인 丁 등이 丙 회사를 상대로 배당이의의 소를 제기한 사안에서, 丙 회사는 甲 회사를 위하여 제1 대출 약정 채무 잔액을 乙 회사에 대위변제함으로써 채무자 甲 회사에 대하여 구상권을 취득하였고, 그 범위에서 종래 乙 회사가 가지고 있던 제1 대출 약정 채권과 담보에 관한 권리가 동일성을 유지한 채 법률상 당연히 丙 회사에 이전하므로, 丙 회사가 이전받은 근저당권부 질권의 피담보채권은 대위변제자의 변제에 의하여 소멸하는 제1 대출 약정 채권이고, 丙 회사의 구상금 채권을 초과하여 근저당권부 질권이 甲 회사의 丙 회사에 대한 채무인 제2 대출 약정 채권을 담보한다고 볼 근거가 없는데도, 이와 달리 본 원심판결에 법리오해 등의 잘못이 있다고 한 사례.

**제335조(유치적효력)** 질권자는 전조의 채권의 변제를 받을 때까지 질물을 유치할 수 있다. 그러나 자기보다 우선권이 있는 채권자에게 대항하지 못한다.

**제336조(전질권)** 질권자는 그 권리의 범위내에서 자기의 책임으로 질물을 전질할 수 있다. 이 경우에는 전질을 하지 아니하였으면 면할 수 있는 불가항력으로 인한 손해에 대하여도 책임을 부담한다.

**제337조(전질의 대항요건)** ① 전조의 경우에 질권자가 채무자에게 전질의 사실을 통지하거나 채무자가 이를 승낙함이 아니면 전질로써 채무자, 보증인, 질권설정자 및 그 승계인에게 대항하지 못한다.

② 채무자가 전항의 통지를 받거나 승낙을 한 때에는 전질권자의 동의없이 질권자에게 채무를 변제하여도 이로써 전질권자에게 대항하지 못한다.

**제338조(경매, 간이변제충당)** ① 질권자는 채권의 변제를 받기 위하여 질물을 경매할 수 있다.

② 정당한 이유있는 때에는 질권자는 감정자의 평가에 의하여 질물로 직접 변제에 충당할 것을 법원에 청구할 수 있다. 이 경우에는 질권자는 미리 채무자 및 질권설정자에게 통지하여야 한다.

**제339조(유질계약의 금지)** 질권설정자는 채무변제기전의 계약으로 질권자에게 변제에 갈음하여 질물의 소유권을 취득하게 하거나 법률에 정한 방법에 의하지 아니하고 질물을 처분할 것을 약정하지 못한다. *〈개정 2014. 12. 30.〉*

**신주발행무효청구**

[대법원 2021. 11. 25., 선고, 2018다304007, 판결]

**【판시사항】**

[1] 상행위로 인하여 생긴 채권을 담보하기 위하여 유질약정이 포함된 질권설정계약이 체결된 경우, 질권의 실행 방법이나 절차는 질권설정계약에서 정한 바에 따라야 하는지 여부(원칙적 적극)

[2] 유질약정이 포함된 질권설정계약을 체결하면서 질물인 비상장주식의 가격이나 그 산정방식에 관하여 정하지 않았고 객관적으로 형성된 시장가격이 없거나 이를 확인하기 어려운 형편이어서, 채권자가 처분정산의 방식으로 질권을 실행하면서 일반적으로 허용된 비상장주식의 가격 산정방식 중 하나를 채택하여 처분가액을 산정하였는데 나중에 그 가격이 합리적인 가격이 아니었다고 인정되는 경우, 채권자의 처분행위가 무효로 되는지 여부(원칙적 소극)

**【판결요지】**

[1] 상법 제59조는 "민법 제339조의 규정은 상행위로 인하여 생긴 채권을 담보하기 위하여 설정한 질권에는 적용하지 아니한다."라고 정함으로써 상행위로 인하여 생긴 채권을 담보하기 위한 질권설정계약에 대해서는 유질약정을 허용하고 있다. 다만 상법은 유질약정이 체결된 경우 질권의 실행 방법이나 절차에 관하여는 아무런 규정을 두고 있지 않으므로, 유질약정이 포함된 질권설정계약이 체결된 경우 질권의 실행 방법이나 절차는 원칙적으로 질권설정계약에서 정한 바에 따라야 한다.

[2] 비상장주식에 대하여 유질약정이 포함된 질권설정계약이 적법하게 체결된 경우, 질물인 비상장주식의 가격이나 그 산정방식에 관하여 질권설정계약에서 정한 바가 없고 또 객관적으로 형성된 시장가격이 없거나 이를 확인하기 어려운 형편이라면, 채권자가 유질약정을 근거로 처분정산의 방법으로 질권을 실행할 때 일반적으로 허용된 여러 비상장주식 가격 산정방식 중 하나를 채택하여 그에 따라 처분가액을 산정한 이상, 설령 나중에 그 가격이 합리적인 가격이 아니었다고 인정되더라도, 다른 특별한 사정이 없는 한 유질약정의 내용에 따라 채권자와 채무자 사이에서 피담보채무의 소멸 범위나 초과액의 반환 여부, 손해배상 등이 문제 될 여지가 있을 뿐이고 채권자와 처분 상대방 사이에서 채권자의 처분행위 자체가 무효로 된다고 볼 수는 없다.

**제340조(질물 이외의 재산으로부터의 변제)** ① 질권자는 질물에 의하여 변제를 받지 못한 부분의 채권에 한하여 채무자의 다른 재산으로부터 변제를 받을 수 있다.

② 전항의 규정은 질물보다 먼저 다른 재산에 관한 배당을 실시하는 경우에는 적용하지 아니한다. 그러나 다른 채권자는 질권자에게 그 배당금액의 공탁을 청구할 수 있다.

**제341조(물상보증인의 구상권)** 타인의 채무를 담보하기 위한 질권설정자가 그 채무를 변제하거나 질권의 실행으로 인하여 질물의 소유권을 잃은 때에는 보증채무에 관한 규정에 의하여 채무자에 대한 구상권이 있다.

**제342조(물상대위)** 질권은 질물의 멸실, 훼손 또는 공용징수로 인하여 질권설정자가 받을 금전 기타 물건에 대하여도 이를 행사할 수 있다. 이 경우에는 그 지급 또는 인도전에 압류하여야 한다.

**배당이의**

[대법원 2022. 8. 11., 선고, 2017다256668, 판결]

【판시사항】

[1] 저당권자가 물상대위권을 행사하는 방법과 그 시한 및 이를 제한하는 취지

[2] 저당권자가 물상대위권을 행사하여 채권압류 및 추심명령 또는 전부명령을 신청하면서 청구채권 중 이자·지연손해금 등 부대채권의 범위를 신청일 무렵까지의 확정금액으로 기재한 경우, 배당기일까지의 부대채권을 포함하여 원래 우선변제권을 행사할 수 있는 범위에서 우선배당을 받을 수 있는지 여부(원칙적 적극)

【판결요지】

[1] 민법 제370조, 제342조에 따라 저당권자가 물상대위권을 행사하기 위해서는 민사집행법 제273조에 의하여 담보권의 존재를 증명하는 서류를 집행법원에 제출하여 채권압류 및 추심명령 또는 전부명령을 신청하거나, 민사집행법 제247조에 의하여 배당요구를 하는 방법으로 하여야 하고, 이는 늦어도 민사집행법 제247조 제1항 각호 소정의 배당요구의 종기까지 하여야 한다. 이와 같이 물상대위권자의 권리행사 방법과 시한을 제한하는 취지는 물상대위의 목적인 채권의 특정성을 유지하여 그 효력을 보전함과 동시에 제3자에게 불측의 손해를 입히지 않으려는 것이다.

[2] 저당권자가 물상대위권을 행사하여 채권압류 및 추심명령 또는 전부명령(이하 '채권압류명령 등'이라 한다)을 신청하면서 그 청구채권 중 이자·지연손해금 등 부대채권(이하 '부대채권'이라 한다)의 범위를 신청일 무렵까지의 확정금액으로 기재한 경우, 그 신청취지와 원인 및 집행 실무 등에 비추어 저당권자가 부대채권에 관하여는 신청일까지의 액수만 배당받겠다는 의사를 명확하게 표시하였다고 볼 수 있는 등의 특별한 사정이 없는 한, 그 배당절차에서는 채권계산서를 제출하였는지 여부에 관계없이 배당기일까지의 부대채권을 포함하여 원래 우선변제권을 행사할 수 있는 범위에서 우선배당을 받을 수 있다고 봄이 타당하다. 그 이유는 아래와 같다.

① 금전채권에 대하여 채권압류명령 등이 신청된 경우 제3채무자는 순전히 타의에 의하여 다른 사람들 사이의 법률분쟁에 편입된 것이므로, 제3채무자가 압류된 채권이나 범위를 파악할 때 과도한 부담을 가지지 않도록 보호할 필요가 있다. 이에 현행 민사집행 실무에서는 금전채권에 대한 압류명령신청서에 기재하여야 하는 청구채권 중 부대채권의 범위를 신청일까지의 확정금액으로 기재하도록 요구하고 있다. 이러한 실무는 법령상 근거가 있는 것은 아니나, 제3채무자가 압류 범위를 파악하는 데 과도한 부담을 가지지 않도록 압류채권자에게 협조를 구하는 한도에서 합리적인 측면이 있다.

② 그러나 본래 저당권자는 물상대위권을 행사할 때 청구채권인 저당권의 피담보채권 중 부대채권의 범위를 원금의 지급일까지로 하는 채권압류명령 등을 신청할 수 있다. 따라서 물상대위권을 행사하는 저당권자가 민사집행 실무에서 요구하는 바에 따라 부대채권의 범위를 신청일 무렵까지의 확정금액으로 기재한 것은 다른 특별한 사

정이 없는 한, 위와 같이 제3채무자를 배려하기 위한 것일 뿐 나머지 부대채권에 관한 우선변제권을 확정적으로 포기하려는 의사에 기한 것이라고 추단할 수 없다.

③ 게다가 제3채무자의 공탁(민사집행법 제248조) 등의 이유로 배당절차가 개시된 경우에는 제3채무자의 보호가 처음부터 문제 되지 않으므로, 물상대위권을 행사하는 저당권자는 원래 배당절차에서 우선변제권을 행사할 수 있는 범위에서 우선배당을 받고자 하는 것이 통상적인 의사라고 볼 수 있다.

**제343조(준용규정)** 제249조 내지 제251조, 제321조 내지 제325조의 규정은 동산질권에 준용한다.

**제344조(타법률에 의한 질권)** 본절의 규정은 다른 법률의 규정에 의하여 설정된 질권에 준용한다.

## 제2절 권리질권

**제345조(권리질권의 목적)** 질권은 재산권을 그 목적으로 할 수 있다. 그러나 부동산의 사용, 수익을 목적으로 하는 권리는 그러하지 아니하다.

**임대차보증금**

[대법원 2020. 4. 29., 선고, 2016다235411, 판결]

【판시사항】

[1] 저당권으로 담보된 채권에 질권을 설정한 경우, 질권자와 질권설정자가 피담보채권만을 질권의 목적으로 하고 저당권은 질권의 목적으로 하지 않는 것도 가능한지 여부(적극) 및 이는 담보가 없는 채권에 질권을 설정한 다음 그 채권을 담보하기 위하여 저당권이 설정된 경우에도 마찬가지인지 여부(적극)

[2] 담보가 없는 채권에 질권을 설정한 다음 그 채권을 담보하기 위해 저당권이 설정된 경우, 질권의 효력이 저당권에 미치도록 하려면 저당권설정등기에 질권의 부기등기를 하여야 하는지 여부(적극)

[3] 甲 주식회사가 모회사인 乙 주식회사가 丙에 대해 부담하는 채무를 담보하기 위하여 丁에 대한 임대차보증금 반환채권에 관하여 丙과 근질권설정계약을 체결한 다음 위 임대차보증금 반환채권을 담보하기 위하여 丁으로부터 임대차목적물 등에 관하여 근저당권을 설정받았는데, 근저당권설정등기가 해지를 원인으로 말소되자 丙이 자신의 근질권이 침해되었다며 위 말소등기의 회복을 구한 사안에서, 제반 사정에 비추어 질권자인 丙과 질권설정자인 甲 회사가 임대차보증금 반환채권만을 질권의 목적으로 하고 질권설정자가 질권자에게 제공하려는 의사 없이 근저당권을 설정받는 등 저당권이 질권의 목적이 되지 않는 특별한 사정이 있는 경우에 해당한다고 볼 여지가 있고, 또한 丙은 근저당권설정등기에 관하여 질권의 부기등기를 마치지 않았으므로 이 점에서도 丙의 질권의 효력이 근저당권에 미친다고 할 수 없다고 한 사례

【판결요지】

[1] 민법 제361조는 “저당권은 그 담보한 채권과 분리하여 타인에게 양도하거나 다른 채권의 담보로 하지 못한다.”라고 정하고 있을 뿐 피담보채권을 저당권과 분리해서 양도하거나 다른 채권의 담보로 하지 못한다고 정하고 있지 않다. 채권담보라고 하는 저당권 제도의 목적에 비추어 특별한 사정이 없는 한 피담보채권의 처분에는 저당권의 처

분도 당연히 포함된다고 볼 것이지만, 피담보채권의 처분이 있으면 언제나 저당권도 함께 처분된다고는 할 수 없다.

따라서 저당권으로 담보된 채권에 질권을 설정한 경우 원칙적으로는 저당권이 피담보채권과 함께 질권의 목적이 된다고 보는 것이 합리적이지만, 질권자와 질권설정자가 피담보채권만을 질권의 목적으로 하고 저당권은 질권의 목적으로 하지 않는 것도 가능하고 이는 저당권의 부종성에 반하지 않는다. 이는 저당권과 분리해서 피담보채권만을 양도한 경우 양도인이 채권을 상실하여 양도인 앞으로 된 저당권이 소멸하게 되는 것과 구별된다.

이와 마찬가지로 담보가 없는 채권에 질권을 설정한 다음 그 채권을 담보하기 위하여 저당권이 설정된 경우 원칙적으로는 저당권도 질권의 목적이 되지만, 질권자와 질권설정자가 피담보채권만을 질권의 목적으로 하였고 그 후 질권설정자가 질권자에게 제공하려는 의사 없이 저당권을 설정받는 등 특별한 사정이 있는 경우에는 저당권은 질권의 목적이 되지 않는다. 이때 저당권은 저당권자인 질권설정자를 위해 존재하며, 질권자의 채권이 변제되거나 질권설정계약이 해지되는 등의 사유로 질권이 소멸한 경우 저당권자는 자신의 채권을 변제받기 위해서 저당권을 실행할 수 있다.

[2] 민법 제348조는 저당권으로 담보한 채권을 질권의 목적으로 한 때에는 그 저당권설정등기에 질권의 부기등기를 하여야 그 효력이 저당권에 미친다고 정한다. 저당권에 의하여 담보된 채권에 질권을 설정하였을 때 저당권의 부종성으로 인하여 등기 없이 성립하는 권리질권이 당연히 저당권에도 효력이 미친다고 한다면, 공시의 원칙에 어긋나고 그 저당권에 의하여 담보된 채권을 양수하거나 압류한 사람, 저당부동산을 취득한 제3자 등에게 예측할 수 없는 질권의 부담을 줄 수 있어 거래의 안전을 해할 수 있다. 이에 따라 민법 제348조는 저당권설정등기에 질권의 부기등기를 한 때에만 질권의 효력이 저당권에 미치도록 한 것이다. 이는 민법 제186조에서 정하는 물권변동에 해당한다. 이러한 민법 제348조의 입법 취지에 비추어 보면, '담보가 없는 채권에 질권을 설정한 다음 그 채권을 담보하기 위해서 저당권을 설정한 경우'에도 '저당권으로 담보한 채권에 질권을 설정한 경우'와 달리 볼 이유가 없다.

또한 담보가 없는 채권에 질권을 설정한 다음 그 채권을 담보하기 위해 저당권을 설정한 경우에, 당사자 간 약정 등 특별한 사정이 있는 때에는 저당권이 질권의 목적이 되지 않을 수 있으므로, 질권의 효력이 저당권에 미치기 위해서는 질권의 부기등기를 하도록 함으로써 이를 공시할 필요가 있다.

따라서 담보가 없는 채권에 질권을 설정한 다음 그 채권을 담보하기 위해 저당권이 설정되었더라도, 민법 제348조가 유추적용되어 저당권설정등기에 질권의 부기등기를 하지 않으면 질권의 효력이 저당권에 미친다고 볼 수 없다.

[3] 甲 주식회사가 모회사인 乙 주식회사가 丙에 대해 부담하는 채무를 담보하기 위하여 丁에 대한 임대차보증금 반환채권에 관하여 丙과 근질권설정계약을 체결한 다음 위 임대차보증금 반환채권을 담보하기 위하여 丁으로부터 임대차목적물 등에 관하여 근저당권을 설정받았는데, 근저당권설정등기가 해지를 원인으로 말소되자 丙이 자신의 근질권이 침해되었다며 위 말소등기의 회복을 구한 사안에서, 甲 회사와 丁의 임대차계약 시 저당권설정에 관한 내용이 없었고, 丙과 甲 회사의 근질권설정계약 시 丁에 대한 확정일자부 통지 또는 승낙을 받아줄 의무 등

질권설정자의 의무나 질권의 실행 조건, 실행 방법에 관하여 상세히 규정하였음에도 저당권에 관한 내용은 전혀 없었던 점 등에 비추어 질권자인 丙과 질권설정자인 甲 회사가 임대차보증금 반환채권만을 질권의 목적으로 하고 질권설정자가 질권자에게 제공하려는 의사 없이 근저당권을 설정받는 등 저당권이 질권의 목적이 되지 않는 특별한 사정이 있는 경우에 해당한다고 볼 여지가 있고, 또한 丙은 근저당권설정등기에 관하여 질권의 부기등기를 마치지 않았으므로 이 점에서도 丙의 질권의 효력이 근저당권에 미친다고 할 수 없는데도, 이와 달리 본 원심판단에 법리오해 등의 잘못이 있다고 한 사례.

**第346조(권리질권의 설정방법)** 권리질권의 설정은 법률에 다른 규정이 없으면 그 권리의 양도에 관한 방법에 의하여야 한다.

**사원명의변경절차이행**

[대법원 2015. 4. 23., 선고, 2014다218863, 판결]

【판시사항】

사모투자전문회사의 유한책임사원 지분에 대한 질권 설정의 효력이 발생하기 위한 요건 / 이때 질권자가 제3자에게 대항하기 위하여 추가적인 대항요건을 갖추어야 하는지 여부(소극)

【판결요지】

사모투자전문회사의 유한책임사원 지분에 대한 질권 설정에 관하여 구 간접투자자산 운용업법(2007. 8. 3. 법률 제8635호 자본시장과 금융투자업에 관한 법률 부칙 제2조로 폐지, 이하 '간접투자자법'이라 한다), 상법 등 관련 법률에 달리 규정이 없는 이상 이에 대하여 질권을 설정하기 위하여는 권리질권의 설정에 관한 민법 제346조에 기하여 지분 양도에 관한 방법에 의하여야 하고, 지분 양도에 관하여는 간접투자자법 제144조의14 제3항이 규정하고 있으므로, 이에 따라 사모투자전문회사의 유한책임사원이 자신의 지분에 관하여 질권자와 질권 설정계약을 체결하고 질권 설정에 대하여 무한책임사원 전원의 동의를 얻으면 이로써 질권 설정의 효력이 발생한다.

그런데 사모투자전문회사의 유한책임사원 지분에 대한 질권 설정 시 제3자에 대한 대항요건에 관하여는 관련 법률에 별도의 규정이 없고, 이와 유사한 성질을 가지는 합자회사의 유한책임사원 지분권, 합명회사 사원 지분권, 조합원 지위 양도에 관하여 제3자에 대한 대항요건을 요구하는 규정도 존재하지 아니하며, 사모투자전문회사의 유한책임사원 지분권은 인적 회사의 사원권으로서 지명채권과는 성질을 달리하는 이상 지명채권에 대한 질권 설정의 대항요건에 관한 민법 제349조 제1항이 유추 적용될 수도 없으므로, 질권자로서는 사모투자전문회사의 유한책임사원과 질권 설정계약을 체결하고 이에 대하여 무한책임사원 전원의 동의를 얻어 질권 설정의 효력이 발생하였다면, 이에 더하여 별도로 그 질권으로써 제3자에 대하여 대항하기 위하여 추가적인 대항요건을 갖출 필요는 없다.

**第347조(설정계약의 요물성)** 채권을 질권의 목적으로 하는 경우에 채권증서가 있는 때에는 질권의 설정은 그 증서를 질권자에게 교부함으로써 그 효력이 생긴다.

**第348조(저당채권에 대한 질권과 부기등기)** 저당권으로 담보한 채권을 질권의 목적으로 한 때에는 그 저당권등기에 질권의 부기등기를 하여야 그 효력이 저당권에 미친다.

**제349조(지명채권에 대한 질권의 대항요건)** ① 지명채권을 목적으로 한 질권의 설정은 설정자가 제450조의 규정에 의하여 제삼채무자에게 질권설정의 사실을 통지하거나 제삼채무자가 이를 승낙함이 아니면 이로써 제삼채무자 기타 제삼자에게 대항하지 못한다.
② 제451조의 규정은 전항의 경우에 준용한다.

**부당이득금반환**

[대법원 2022. 3. 31., 선고, 2018다21326, 판결]

【판시사항】

질권설정자가 제3채무자에게 질권이 설정된 사실을 통지하거나 제3채무자가 이를 승낙한 경우, 제3채무자가 질권자의 동의 없이 질권의 목적인 채무를 변제하였음을 이유로 질권자에게 대항할 수 있는지 여부(소극) 및 이는 질권의 목적인 채권에 대하여 질권설정자의 일반채권자의 신청으로 압류·전부명령이 내려졌고, 위 명령이 송달된 날보다 먼저 질권자가 확정일자 있는 문서에 의해 대항요건을 갖춘 경우에도 마찬가지인지 여부(적극)

【판결요지】

질권설정자가 민법 제349조 제1항에 따라 제3채무자에게 질권이 설정된 사실을 통지하거나 제3채무자가 이를 승낙한 때에는 제3채무자가 질권자의 동의 없이 질권의 목적인 채무를 변제하더라도 질권자에게 대항할 수 없고, 질권자는 여전히 제3채무자에게 직접 채무의 변제를 청구할 수 있다. 질권의 목적인 채권에 대하여 질권설정자의 일반채권자의 신청으로 압류·전부명령이 내려진 경우에도 그 명령이 송달된 날보다 먼저 질권자가 확정일자 있는 문서에 의해 민법 제349조 제1항에서 정한 대항요건을 갖추었다면, 전부채권자는 질권이 설정된 채권을 이전받을 뿐이고 제3채무자는 전부채권자에게 변제했음을 들어 질권자에게 대항할 수 없다.

**제350조(지시채권에 대한 질권의 설정방법)** 지시채권을 질권의 목적으로 한 질권의 설정은 증서에 배서하여 질권자에게 교부함으로써 그 효력이 생긴다.

**제351조(무기명채권에 대한 질권의 설정방법)** 무기명채권을 목적으로 한 질권의 설정은 증서를 질권자에게 교부함으로써 그 효력이 생긴다.

**제352조(질권설정자의 권리처분제한)** 질권설정자는 질권자의 동의없이 질권의 목적된 권리를 소멸하게 하거나 질권자의 이익을 해하는 변경을 할 수 없다.

**제353조(질권의 목적이 된 채권의 실행방법)** ① 질권자는 질권의 목적이 된 채권을 직접 청구할 수 있다.
② 채권의 목적물이 금전인 때에는 질권자는 자기채권의 한도에서 직접 청구할 수 있다.
③ 전항의 채권의 변제기가 질권자의 채권의 변제기보다 먼저 도래한 때에는 질권자는 제삼채무자에 대하여 그 변제금액의 공탁을 청구할 수 있다. 이 경우에 질권은 그 공탁금에 존재한다.
④ 채권의 목적물이 금전 이외의 물건인 때에는 질권자는 그 변제를 받은 물건에 대하여 질권을 행사할 수 있다.

## 대출금등

[대법원 2020. 7. 9., 선고, 2020다223781, 판결]

【판시사항】

[1] 구 민간임대주택에 관한 특별법의 적용을 받는 민간임대주택에 관하여 주택임대차보호법 제6조 제1항, 제2항에 따라 임대차계약이 묵시적으로 갱신되는 경우, 임대차기간은 2년이 되는지 여부(원칙적 적극) / 임대인이 구 민간임대주택에 관한 특별법 시행령 제35조 내지 임대차계약의 갱신거절 등에 관한 표준임대차계약서 해당 조문의 각호에 해당하는 사유가 없는 경우에도 임대차계약의 갱신을 거절할 수 있는지 여부(원칙적 소극) / 임대인에게 임대차계약의 갱신을 거절할 수 있는 권한이 발생한 뒤에라도 임차인은 임대인이 그러한 의사표시를 하기 이전에 갱신거절의 사유를 해소시킴으로써 임대인의 갱신거절 권한을 소멸시킬 수 있는지 여부(적극)

[2] 채권자대위권을 행사하는 채권자가 자기와 제3채무자 사이의 독자적인 사정에 기한 사유를 주장할 수 있는지 여부(소극)

[3] 甲과 한국토지주택공사가 체결한 아파트 임대차계약의 임대차보증금반환채권에 관한 근질권자인 乙 주식회사가 위 임대차계약이 갱신되지 아니한 채 기간 만료로 종료되었다고 주장하며 임대인인 한국토지주택공사를 대위하여 甲을 상대로 아파트 인도를 구한 사안에서, 한국토지주택공사가 임차인인 甲을 상대로 임대차계약의 갱신을 거절하겠다는 의사표시를 한 바가 없는 등 제반 사정에 비추어 위 임대차계약에 관하여 갱신거절이 이루어진 것으로 볼 수 없고, 이는 乙 회사에 대해서도 마찬가지로서 근질권설정계약의 별도 약정이나 민법 제352조를 들어 이와 달리 볼 수 없다고 한 사례

【판결요지】

[1] 구 민간임대주택에 관한 특별법(2018. 8. 14. 법률 제15730호로 개정되기 전의 것, 이하 '민간임대주택법'이라고 한다) 제3조, 제45조, 제47조 제1항, 구 민간임대주택에 관한 특별법 시행령(2018. 7. 16. 대통령령 제29045호로 개정되기 전의 것, 이하 '민간임대주택법 시행령'이라고 한다) 제35조 제6호, 구 민간임대주택에 관한 특별법 시행규칙(2019. 2. 27. 국토교통부령 제601호로 개정되기 전의 것) 제20조 제1항 제1호 [별지 제24호 서식], 제2호 [별지 제25호 서식], 주택임대차보호법(2020. 6. 9. 법률 제17363호로 개정되기 전의 것) 제4조 제1항 본문, 제6조 제1항, 제2항의 규정들은 임차인의 주거생활 안정을 보장하기 위하여 임대사업자가 민간임대주택에 관한 임대차계약을 해제 또는 해지하거나 갱신을 거절하는 것을 제한하기 위한 것으로서 제정 목적과 입법 취지 등에 비추어 이에 위반되는 약정의 사법적 효력을 배제하는 강행규정으로 보아야 한다. 따라서 민간임대주택법의 적용을 받는 민간임대주택에 관하여 주택임대차보호법 제6조 제1항, 제2항에 따라 임대차계약이 묵시적으로 갱신되는 경우 당사자가 별도로 임대차기간을 2년 이상으로 정하기로 약정하는 등 특별한 사정이 없는 한 임대차기간은 2년이 된다고 보아야 한다. 그리고 임대인은 민간임대주택법 시행령 제35조 내지 임대차계약의 갱신거절 등에 관한 표준임대차계약서 해당 조문의 각 호 중 어느 하나에 해당하는 사유가 존재하는 경우라야 임대차계약을 해제 또는 해지하거나 임대차계약의 갱신을 거절할 수 있으며, 그렇지 아니한 경우에는 임차인이 임대차계약의 갱신을 원하는 이상 특별한 사정이 없는 한 임대인이 임대차계약의 갱신을 거절할 수 없다고 보아야 한다. 나아가 임대인에게 임대차계약의 갱신을 적법하게 거절할 수 있는 사유가 존재하더라도, 임대인이 반드시 임대차계약의 갱신을 거절하여야

하는 것은 아니다. 임대인에게 임대차계약의 갱신을 거절할 수 있는 권한이 발생한 뒤에라도 임차인은 임대인이 실제로 그러한 의사표시를 하기 이전에 갱신거절의 사유를 해소시킴으로써 임대인의 갱신거절 권한을 소멸시킬 수 있다.

[2] 채권자대위권은 채무자의 제3채무자에 대한 권리를 행사하는 것이므로, 제3채무자는 채무자에 대하여 가지는 모든 항변사유로써 채권자에게 대항할 수 있으나, 채권자는 채무자 자신이 주장할 수 있는 사유의 범위 내에서 주장할 수 있을 뿐, 자기와 제3채무자 사이의 독자적인 사정에 기한 사유를 주장할 수는 없다.

[3] 甲과 한국토지주택공사가 체결한 아파트 임대차계약의 임대차보증금반환채권에 관한 근질권자인 乙 주식회사가 임대차계약이 갱신되지 아니한 채 기간 만료로 종료되었다고 주장하며 임대인인 한국토지주택공사를 대위하여 甲을 상대로 아파트 인도를 구한 사안에서, 한국토지주택공사는 임차인인 甲을 상대로 임대차계약의 갱신을 거절하겠다는 의사표시를 한 바가 없고, 오히려 임대차계약이 갱신되어 여전히 존속 중임을 전제로 증액보증금 등의 납부를 甲에게 청구하였으며, 甲은 이러한 청구에 따른 이행을 이미 마친 상태이므로, 한국토지주택공사는 임대인으로서 임대차계약에 대한 갱신거절을 더 이상 주장할 수 없게 되었고, 이는 임대차계약이 기간 만료로 종료된 것임을 전제로 한국토지주택공사를 대위하여 아파트의 인도를 구하는 乙 회사에 대해서도 마찬가지로서, 甲과 乙 회사 사이의 독자적인 사정, 즉 근질권설정계약상 '임대차계약의 연장, 갱신의 경우에는 반드시 채권자의 사전동의를 얻어야 한다'는 규정을 들어 이와 달리 볼 수 없으며, 한편 임대인이 별도로 갱신거절을 하지 아니함에 따라 임대차계약이 묵시적으로 갱신되는 결과가 발생하는 것은, 질권의 목적인 임대차보증금반환채권 자체가 아니라 이를 발생시키는 기본적 계약관계에 관한 사유에 속할 뿐만 아니라, 질권설정자인 임차인이 위 채권 자체의 소멸을 목적으로 하거나 질권자의 이익을 해하는 변경을 한 것으로도 볼 수 없으므로, 이 경우에는 민법 제352조의 제한을 받지 아니하는데도, 이와 달리 본 원심판단에 법리오해 등의 잘못이 있다고 한 사례.

**제354조(동전)** 질권자는 전조의 규정에 의하는 외에 민사집행법에 정한 집행방법에 의하여 질권을 실행할 수 있다. *〈개정 2001. 12. 29.〉*

**제355조(준용규정)** 권리질권에는 본절의 규정외에 동산질권에 관한 규정을 준용한다.

## 제9장 저당권

**제356조(저당권의 내용)** 저당권자는 채무자 또는 제삼자가 점유를 이전하지 아니하고 채무의 담보로 제공한 부동산에 대하여 다른 채권자보다 자기채권의 우선변제를 받을 권리가 있다.

**배당이의·배당이의**

[대법원 2020. 4. 9., 선고, 2014다51756, 51763, 판결]

【판시사항】

[1] 하나의 기본계약에서 발생하는 동일한 채권을 담보할 목적으로 여러 개의 부동산에 근저당권을 설정하면서 각 근저당권의 채권최고액을 합한 금액을 우선변제받기 위하여 공동근저당권의 형식이 아닌 개별 근저당권의 형식을 취한 경우, 누적적 근저당권을 설정한 것인지 여부(적극) 및 채권자가 누적적 근저당권을 실행하는 방법

[2] 채권자가 하나의 기본계약에서 발생하는 동일한 채권을 담보하기 위하여 채무자 소유의 부동산과 물상보증인 소유의 부동산에 누적적 근저당권을 설정받았는데 물상보증인 소유의 부동산이 먼저 경매되어 매각대금에서 채권자가 변제를 받은 경우, 물상보증인이 종래 채권자가 보유하던 채무자 소유 부동산에 관한 근저당권에 대하여 변제자대위를 할 수 있는지 여부(적극)

【판결요지】

[1] 당사자 사이에 하나의 기본계약에서 발생하는 동일한 채권을 담보하기 위하여 여러 개의 부동산에 근저당권을 설정하면서 각각의 근저당권 채권최고액을 합한 금액을 우선변제받기 위하여 공동근저당권의 형식이 아닌 개별 근저당권의 형식을 취한 경우, 이러한 근저당권은 민법 제368조가 적용되는 공동근저당권이 아니라 피담보채권을 누적적(累積的)으로 담보하는 근저당권에 해당한다. 이와 같은 누적적 근저당권은 공동근저당권과 달리 담보의 범위가 중첩되지 않으므로, 누적적 근저당권을 설정받은 채권자는 여러 개의 근저당권을 동시에 실행할 수도 있고, 여러 개의 근저당권 중 어느 것이라도 먼저 실행하여 그 채권최고액의 범위에서 피담보채권의 전부나 일부를 우선변제받은 다음 피담보채권이 소멸할 때까지 나머지 근저당권을 실행하여 그 근저당권의 채권최고액 범위에서 반복하여 우선변제를 받을 수 있다.

[2] 채권자가 하나의 기본계약에서 발생하는 동일한 채권을 담보하기 위하여 채무자 소유의 부동산과 물상보증인 소유의 부동산에 누적적 근저당권을 설정받았는데 물상보증인 소유의 부동산이 먼저 경매되어 매각대금에서 채권자가 변제를 받은 경우, 물상보증인은 채무자에 대하여 구상권을 취득함과 동시에 민법 제481조, 제482조에 따라 종래 채권자가 가지고 있던 채권 및 담보에 관한 권리를 행사할 수 있다. 이때 물상보증인은 변제자대위에 의하여 종래 채권자가 보유하던 채무자 소유 부동산에 관한 근저당권을 대위취득하여 행사할 수 있다고 보아야 한다.

**제357조(근저당)** ① 저당권은 그 담보할 채무의 최고액만을 정하고 채무의 확정을 장래에 보류하여 이를 설정할 수 있다. 이 경우에는 그 확정될 때까지의 채무의 소멸 또는 이전은 저당권에 영향을 미치지 아니한다.

② 전항의 경우에는 채무의 이자는 최고액 중에 산입한 것으로 본다.

**제358조(저당권의 효력의 범위)** 저당권의 효력은 저당부동산에 부합된 물건과 종물에 미친다. 그러나 법률에 특별한 규정 또는 설정행위에 다른 약정이 있으면 그러하지 아니하다.

**제359조(과실에 대한 효력)** 저당권의 효력은 저당부동산에 대한 압류가 있은 후에 저당권설정자가 그 부동산으로부터 수취한 과실 또는 수취할 수 있는 과실에 미친다. 그러나 저당권자가 그 부동산에 대한 소유권, 지상권 또는 전세권을 취득한 제삼자에 대하여는 압류한 사실을 통지한 후가 아니면 이로써 대항하지 못한다.

**제360조(피담보채권의 범위)** 저당권은 원본, 이자, 위약금, 채무불이행으로 인한 손해배상 및 저당권의 실행비용을 담보한다. 그러나 지연배상에 대하여는 원본의 이행기일을 경과한 후의 1년분에 한하여 저당권을 행사할 수 있다.

**배당이의**

[대법원 2021. 12. 16., 선고, 2021다255648, 판결]

【판시사항】

근저당권을 설정한 후에 근저당설정자와 근저당권자의 합의로 채무의 범위 또는 채무자를 추가하거나 교체하는 등으로 피담보채무를 변경할 수 있는지 여부(적극) 및 이 경우 이해관계인의 승낙이 필요한지 여부(소극)

【판결요지】

근저당권은 피담보채무의 최고액만을 정하고 채무의 확정을 장래에 보류하여 설정하는 저당권이다(민법 제357조 제1항 본문 참조). 근저당권을 설정한 후에 근저당설정자와 근저당권자의 합의로 채무의 범위 또는 채무자를 추가하거나 교체하는 등으로 피담보채무를 변경할 수 있다. 이러한 경우 위와 같이 변경된 채무가 근저당권에 의하여 담보된다. 후순위저당권자 등 이해관계인은 근저당권의 채권최고액에 해당하는 담보가치가 근저당권에 의하여 이미 파악되어 있는 것을 알고 이해관계를 맺었기 때문에 이러한 변경으로 예측하지 못한 손해를 입었다고 볼 수 없으므로, 피담보채무의 범위 또는 채무자를 변경할 때 이해관계인의 승낙을 받을 필요가 없다. 또한 등기사항의 변경이 있다면 변경등기를 해야 하지만, 등기사항에 속하지 않는 사항은 당사자의 합의만으로 변경의 효력이 발생한다.

**제361조(저당권의 처분제한)** 저당권은 그 담보한 채권과 분리하여 타인에게 양도하거나 다른 채권의 담보로 하지 못한다.

**근저당권말소**

[대법원 2020. 7. 9., 선고, 2019다212594, 판결]

【판시사항】

[1] 채권자와 근저당권자 사이에 형성된 법률관계의 실체를 밝히는 것이 의사표시 해석의 문제인지 여부(적극) 및 그 해석 방법 / 근저당권설정등기상 근저당권자가 다른 사람과 함께 채무자로부터 유효하게 채권을 변제받을 수 있고 채무자도 그들 중 누구에게든 채무를 유효하게 변제할 수 있는 관계에 있다고 볼 수 있는 경우, 그러한 근저당권설정등기의 효력(유효)

[2] 甲이 乙에게 금원을 대여하면서 이에 대한 담보로 乙의 배우자인 丙 소유의 부동산에 甲의 자녀인 戊 등의 명의로 근저당권설정등기를 마쳤는데, 丙의 채권자인 丁 주식회사가 근저당권등기와 피담보채권의 주체가 다르다고 주장하며 戊 등을 상대로 근저당권설정등기의 말소를 구한 사안에서, 甲과 戊 등이 불가분적 채권자의 관계에 있다고 볼 여지가 상당한데도, 이와 달리 본 원심판단에 법리오해 등의 잘못이 있다고 한 사례

【판결요지】

[1] 채권자와 근저당권자 사이에 형성된 법률관계의 실체를 밝히는 것은 단순한 사실인정의 문제가 아니라 의사표시 해석의 영역에 속하는 것일 수밖에 없고, 따라서 그 행위가 가지는 법률적 의미는 채권자와 근저당권자의 관계, 근저당권설정의 동기 및 경위, 당사자들의 진정한 의사와 목적 등을 종합적으로 고찰하여 논리와 경험칙에 따라 합리적으로 해석하여야 한다. 그리고 근저당권설정등기상 근저당권자가 다른 사람과 함께 채무자로부터 유효하게 채권을 변제받을 수 있고 채무자도 그들 중 누구에게든 채무를 유효하게 변제할 수 있는 관계, 가령 채권자와 근저당권자가 불가분적 채권자의 관계

에 있다고 볼 수 있는 경우에는 그러한 근저당권설정등기도 유효하다고 볼 것이다.

[2] 甲이 乙에게 금원을 대여하면서 이에 대한 담보로 乙의 배우자인 丙 소유의 부동산에 甲의 자녀인 戊 등의 명의로 근저당권설정등기를 마쳤는데, 丙의 채권자인 丁 주식회사가 근저당권등기와 피담보채권의 주체가 다르다고 주장하며 戊 등을 상대로 근저당권설정등기의 말소를 구한 사안에서, 근저당권자인 戊 등이 甲과 함께 유효하게 채권을 변제받을 수 있고 채무자 乙도 유효하게 변제할 수 있는 관계, 즉 甲과 戊 등이 불가분적 채권자의 관계에 있다고 볼 여지가 상당한데도, 이와 달리 본 원심판단에 법리오해 등의 잘못이 있다고 한 사례.

**제362조(저당물의 보충)** 저당권설정자의 책임있는 사유로 인하여 저당물의 가액이 현저히 감소된 때에는 저당권자는 저당권설정자에 대하여 그 원상회복 또는 상당한 담보제공을 청구할 수 있다.

**제363조(저당권자의 경매청구권, 경매인)** ① 저당권자는 그 채권의 변제를 받기 위하여 저당물의 경매를 청구할 수 있다.
② 저당물의 소유권을 취득한 제삼자도 경매인이 될 수 있다.

**부당이득반환**

[대법원 2023. 6. 29., 선고, 2022다300248, 판결]

【판시사항】

근저당권자가 피담보채무의 불이행을 이유로 스스로 담보권의 실행을 위한 경매를 신청한 경우, 그때까지 발생되어 있는 채권으로 피담보채권액이 확정되는지 여부(적극) / 담보권 실행을 위한 임의경매절차에서 근저당권자가 경매신청서에 청구채권으로 원금 외에 이자, 지연손해금 등의 부대채권을 개괄적으로나마 표시하였다가 나중에 채권계산서에 의하여 그 부대채권의 구체적인 금액을 특정하는 것이 허용되는지 여부(적극) / 근저당권자가 경매신청서의 청구금액 등에 장래 발생될 것으로 예상되는 원금채권을 기재하였거나 구체적인 금액을 밝혔다는 사정만으로 경매 신청 당시에 발생하지 않은 장래의 원금채권까지 피담보채권액에 추가되거나 경매절차상 청구금액이 그와 같이 확장될 수 있는지 여부(소극)

【판결요지】

근저당권은 계속되는 거래관계로부터 발생하고 소멸하는 불특정 다수의 장래 채권을 결산기에 계산하여 잔존하는 채무를 일정한 한도액의 범위 내에서 담보하는 저당권이어서 그 거래가 종료하기까지 채권은 계속적으로 증감 변동하나, 근저당권자가 피담보채무의 불이행을 이유로 스스로 담보권의 실행을 위한 경매를 신청한 때에는 그때까지 발생되어 있는 채권으로 피담보채권액이 확정된다.

한편 담보권 실행을 위한 임의경매절차에서 근저당권자가 경매신청서에 청구채권으로 원금 외에 이자, 지연손해금 등의 부대채권을 개괄적으로나마 표시하였다가 나중에 채권계산서에 의하여 그 부대채권의 구체적인 금액을 특정하는 것은 경매신청서에 개괄적으로 기재하였던 청구금액의 산출 근거와 범위를 밝히는 것이므로 허용되나, 피담보채권이 확정된 이후에 비로소 발생하는 원금채권은 더 이상 근저당권에 의하여 담보될 수 없으므로, 근저당권자가 경매를 신청하면서 경매신청서의 청구금액 등에 장래 발생될 것으로 예상되는 원금채권을 기재하였거나 그 구체적인 금액을 밝혔다는 사정만으로 경매 신청 당시에 발생하지 않은 장래의 원금채권까지 피담보채권액에 추가될 수 없을 뿐만 아니라 경매절차상 청구금액이 그와 같이 확장될 수 있는 것도 아니다.

**제364조(제삼취득자의 변제)** 저당부동산에 대하여 소유권, 지상권 또는 전세권을 취득한 제삼자는 저당권자에게 그 부동산으로 담보된 채권을 변제하고 저당권의 소멸을 청구할 수 있다.

**제365조(저당지상의 건물에 대한 경매청구권)** 토지를 목적으로 저당권을 설정한 후 그 설정자가 그 토지에 건물을 축조한 때에는 저당권자는 토지와 함께 그 건물에 대하여도 경매를 청구할 수 있다. 그러나 그 건물의 경매대가에 대하여는 우선변제를 받을 권리가 없다.

**제366조(법정지상권)** 저당물의 경매로 인하여 토지와 그 지상건물이 다른 소유자에 속한 경우에는 토지소유자는 건물소유자에 대하여 지상권을 설정한 것으로 본다. 그러나 지료는 당사자의 청구에 의하여 법원이 이를 정한다.

**제367조(제삼취득자의 비용상환청구권)** 저당물의 제삼취득자가 그 부동산의 보존, 개량을 위하여 필요비 또는 유익비를 지출한 때에는 제203조제1항, 제2항의 규정에 의하여 저당물의 경매대가에서 우선상환을 받을 수 있다.

**토지인도**

[대법원 2023. 7. 13., 선고, 2022다265093, 판결]

【판시사항】

저당부동산의 소유권을 취득한 자가 민법 제367조의 제3취득자에 해당하는지 여부(적극) / 제3취득자가 민법 제367조를 근거로 직접 저당권설정자, 저당권자 또는 경매절차 매수인 등에 대하여 비용상환을 청구할 수 있는지 여부(소극) 및 이를 피담보채권으로 주장하면서 유치권을 행사할 수 있는지 여부(소극)

【판결요지】

민법 제367조는 저당물의 제3취득자가 그 부동산의 보존, 개량을 위하여 필요비 또는 유익비를 지출한 때에는 제203조 제1항, 제2항의 규정에 의하여 저당물의 경매대가에서 우선상환을 받을 수 있다고 규정하고 있다.

이는 저당권이 설정되어 있는 부동산의 제3취득자가 저당부동산에 관하여 지출한 필요비, 유익비는 부동산 가치의 유지·증가를 위하여 지출된 일종의 공익비용이므로 저당부동산의 환가대금에서 부담하여야 할 성질의 비용이고 더욱이 제3취득자는 경매의 결과 그 권리를 상실하게 되므로 특별히 경매로 인한 매각대금에서 우선적으로 상환을 받도록 한 것이다. 저당부동산의 소유권을 취득한 자도 민법 제367조의 제3취득자에 해당한다. 제3취득자가 민법 제367조에 의하여 우선상환을 받으려면 저당부동산의 경매절차에서 배당요구의 종기까지 배당요구를 하여야 한다(민사집행법 제268조, 제88조).

위와 같이 민법 제367조에 의한 우선상환은 제3취득자가 경매절차에서 배당받는 방법으로 민법 제203조 제1항, 제2항에서 규정한 비용에 관하여 경매절차의 매각대금에서 우선변제받을 수 있다는 것이지 이를 근거로 제3취득자가 직접 저당권설정자, 저당권자 또는 경매절차 매수인 등에 대하여 비용상환을 청구할 수 있는 권리가 인정될 수 없다. 따라서 제3취득자는 민법 제367조에 의한 비용상환청구권을 피담보채권으로 주장하면서 유치권을 행사할 수 없다.

**제368조(공동저당과 대가의 배당, 차순위자의 대위)** ① 동일한 채권의 담보로 수개의 부동산에 저당권을 설정한 경우에 그 부동산의 경매대가를 동시에 배당하는 때에는 각부동산의 경매대가에 비례하여 그 채권의 분담을 정한다.

② 전항의 저당부동산중 일부의 경매대가를 먼저 배당하는 경우에는 그 대가에서 그 채권전부의 변제를 받을 수 있다. 이 경우에 그 경매한 부동산의 차순위저당권자는 선순위저당권자가 전항의 규정에 의하여 다른 부동산의 경매대가에서 변제를 받을 수 있는 금액의 한도에서 선순위자를 대위하여 저당권을 행사할 수 있다.

**제369조(부종성)** 저당권으로 담보한 채권이 시효의 완성 기타 사유로 인하여 소멸한 때에는 저당권도 소멸한다.

**부당이득금**

[대법원 2023. 7. 27., 선고, 2023다228107, 판결]

【판시사항】

[1] 피담보채권이 소멸되어 무효인 근저당권에 기초하여 개시된 부동산 임의경매절차의 효력(무효) 및 이 경우 매수인이 매각대금 지급으로 부동산의 소유권을 취득할 수 있는지 여부(소극) / 이와 같이 경매가 무효인 경우, 매수인이 경매채권자 등 배당금을 수령한 자를 상대로 부당이득반환을 구할 수 있는지 여부(적극)

[2] 압류 당시 피압류채권이 존재하지 않는 경우, 압류의 효력(무효) 및 그에 기한 추심명령의 효력(무효) / 전부명령이 제3채무자에게 송달될 때 피압류채권이 존재하지 않는 경우, 전부명령의 효력(무효)

【판결요지】

[1] 임의경매의 정당성은 실체적으로 유효한 담보권의 존재에 근거하므로, 담보권에 실체적 하자가 있다면 그에 기초한 경매는 원칙적으로 무효이다. 특히 채권자가 경매를 신청할 당시 실행하고자 하는 담보권이 이미 소멸하였다면, 그 경매개시결정은 아무런 처분권한이 없는 자가 국가에 처분권을 부여한 데에 따라 이루어진 것으로서 위법하다. 그러므로 피담보채권이 소멸되어 무효인 근저당권에 기초하여 임의경매절차가 개시되고 매수인이 해당 부동산의 매각대금을 지급하였더라도, 그 경매절차는 무효이므로 매수인은 부동산의 소유권을 취득할 수 없다. 이와 같이 경매가 무효인 경우 매수인은 경매채권자 등 배당금을 수령한 자를 상대로 그가 배당받은 금액에 대하여 부당이득반환을 청구할 수 있다.

[2] 압류 당시에 피압류채권이 존재하지 않는 경우에는 압류로서의 효력이 없고, 그에 기한 추심명령도 무효이므로, 해당 압류채권자는 압류 등에 따른 집행절차에 참여할 수 없다. 또한 압류된 금전채권에 대한 전부명령이 절차상 적법하게 발부되어 확정되었더라도, 전부명령이 제3채무자에게 송달될 때에 피압류채권이 존재하지 않으면 전부명령도 무효이므로, 피압류채권이 전부채권자에게 이전되거나 집행채권이 변제되어 소멸하는 효과는 발생할 수 없다.

**제370조(준용규정)** 제214조, 제321조, 제333조, 제340조, 제341조 및 제342조의 규정은 저당권에 준용한다.

**제371조(지상권, 전세권을 목적으로 하는 저당권)** ① 본장의 규정은 지상권 또는 전세권을 저당권의 목적으로 한 경우에 준용한다.

② 지상권 또는 전세권을 목적으로 저당권을 설정한 자는 저당권자의 동의없이 지상권 또는 전세권을 소멸하게 하는 행위를 하지 못한다.

**제372조(타법률에 의한 저당권)** 본장의 규정은 다른 법률에 의하여 설정된 저당권에 준용한다.

**예금채권확인의소**

[대법원 2022. 1. 27., 선고, 2019다295568, 판결]

【판시사항】

[1] 양도담보설정자에게 목적물에 대한 소유권이나 처분권 등 양도담보를 설정할 권한이 없는 경우, 양도담보가 유효하게 성립할 수 있는지 여부(원칙적 소극)

[2] 甲 보험회사가 乙 주식회사 등에 대한 대출금 채권을 담보하기 위해 乙 회사 등과 계열회사인 丙 주식회사 등이 매수하여 丁 주식회사가 보관하고 있던 담보물들에 대하여 양도담보계약을 체결한 뒤, 그 후 다른 회사들로부터 위 담보물들을 양수하거나 이에 관한 양도담보설정계약을 체결한 戊 주식회사 등을 상대로 위 담보물들의 매각대금이 예치된 예금채권이 甲 회사에 있다는 확인을 구한 사안에서, 甲 회사는 무권리자로부터 양도담보를 설정받은 것으로 위 담보물들에 관하여 양도담보권을 취득하였다고 볼 수 없고, 통정허위표시의 제3자가 될 수도 없다는 이유로, 甲 회사의 청구를 배척한 원심판단에 법리오해 등의 잘못이 없다고 한 사례

【판결요지】

[1] 양도담보를 설정하려면 양도담보설정자에게 목적물에 대한 소유권이나 처분권 등 양도담보를 설정할 권한이 있어야 한다. 양도담보설정자에게 이러한 권한이 없는데도 양도담보설정계약을 체결한 경우에는 특별한 사정이 없는 한 양도담보가 유효하게 성립할 수 없다.

[2] 甲 보험회사가 乙 주식회사 등에 대한 대출금 채권을 담보하기 위해 乙 회사 등의 계열회사인 丙 주식회사 등이 매수하여 丁 주식회사가 보관하고 있던 담보물들에 대하여 양도담보설정계약을 체결한 뒤 위 담보물들을 점유개정의 방법으로 인도받았고, 그 후 戊 주식회사 등이 다른 회사들로부터 위 담보물들을 양수하거나 이에 관한 양도담보설정계약을 체결하였는데, 甲 회사가 戊 회사 등을 상대로 위 담보물들의 매각대금이 예치된 예금채권이 甲 회사에 있다는 확인을 구한 사안에서, 乙 회사 및 그 계열회사들의 운영자가 담보물 보관자 丁 회사 대표 등과 공모하여 담보물을 중복 제공하는 수법으로 甲 회사 등 금융기관으로부터 대출금을 편취하였고, 乙 회사 등과 丙 회사 등이 계열회사라 하여 물권변동 없이 담보물들의 소유권을 취득하였다고 볼 수 없어, 甲 회사는 무권리자로부터 양도담보를 설정받은 것으로 위 담보물들에 관하여 양도담보권을 취득하지 못하였고, 담보물들의 적법한 소유자가 상대방과 합의하여 진의와 다른 표시를 하였다고 인정하기 어려워 甲 회사는 통정허위표시의 상대방으로부터 양도담보권을 취득한 제3자가 될 수도 없다는 이유로, 甲 회사의 청구를 배척한 원심판단에 법리오해 등의 잘못이 없다고 한 사례.

# 제3편 채권

## 제1장 총칙

### 제1절 채권의 목적

**제373조(채권의 목적)** 금전으로 가액을 산정할 수 없는 것이라도 채권의 목적으로 할 수 있다.

**제374조(특정물인도채무자의 선관의무)** 특정물의 인도가 채권의 목적인 때에는 채무자는 그 물건을 인도하기까지 선량한 관리자의 주의로 보존하여야 한다.

**사기·배임**

[대법원 2020. 2. 20., 선고, 2019도9756, 전원합의체 판결]

【판시사항】

[1] 배임죄의 주체인 '타인의 사무를 처리하는 자'의 의미 / 채무자가 금전채무를 담보하기 위하여 그 소유의 동산을 채권자에게 양도담보로 제공함으로써 채권자인 양도담보권자에 대하여 담보물의 담보가치를 유지·보전할 의무 내지 담보물을 타에 처분하거나 멸실, 훼손하는 등으로 담보권 실행에 지장을 초래하는 행위를 하지 않을 의무를 부담하게 된 경우, 배임죄의 주체인 '타인의 사무를 처리하는 자'에 해당하는지 여부(소극) 및 이때 채무자가 담보물을 제3자에게 처분하는 등으로 담보가치를 감소 또는 상실시켜 채권자의 담보권 실행이나 이를 통한 채권실현에 위험을 초래한 경우, 배임죄가 성립하는지 여부(소극) / 위와 같은 법리는, 채무자가 동산에 관하여 양도담보설정계약을 체결하여 이를 채권자에게 양도할 의무가 있음에도 제3자에게 처분한 경우에도 적용되는지 여부(적극) 및 주식에 관하여 양도담보설정계약을 체결한 채무자가 제3자에게 해당 주식을 처분한 사안에도 마찬가지로 적용되는지 여부(적극)

[2] 甲 주식회사를 운영하는 피고인이 乙 은행으로부터 대출을 받으면서 대출금을 완납할 때까지 甲 회사 소유의 동산을 점유개정 방식으로 양도담보로 제공하기로 하는 계약을 체결하였음에도 담보목적물인 동산을 丙 등에게 매각함으로써 乙 은행에 대출금 상당의 손해를 가하였다고 하여 배임의 공소사실로 기소된 사안에서, 위 양도담보계약에서 甲 회사와 乙 은행 간 당사자 관계의 전형적·본질적 내용은 대출금 채무의 변제와 이를 위한 담보에 있고, 甲 회사를 통상의 계약에서의 이익대립관계를 넘어서 乙 은행과의 신임관계에 기초하여 乙 은행의 사무를 맡아 처리하는 것으로 볼 수 없는 이상 甲 회사를 운영하는 피고인을 乙 은행에 대한 관계에서 '타인의 사무를 처리하는 자'에 해당한다고 할 수 없다는 이유로, 이와 달리 보아 공소사실을 유죄로 판단한 원심판결에 법리오해의 위법이 있다고 한 사례

【판결요지】

[1] [다수의견] 배임죄는 타인의 사무를 처리하는 자가 그 임무에 위배하는 행위로써 재산상의 이익을 취득하거나 제3자로 하여금 이를 취득하게 하여 사무의 주체인 타인에게 손해를 가할 때 성립하는 것이므로 범죄의 주체는 타인의 사무를 처리하는 지위에 있어야 한다. 여기에서 '타인의 사무를 처리하는 자'라고 하려면, 타인의 재산관리에 관한 사무

의 전부 또는 일부를 타인을 위하여 대행하는 경우와 같이 당사자 관계의 전형적·본질적 내용이 통상의 계약에서의 이익대립관계를 넘어서 그들 사이의 신임관계에 기초하여 타인의 재산을 보호 또는 관리하는 데에 있어야 한다. 이익대립관계에 있는 통상의 계약관계에서 채무자의 성실한 급부이행에 의해 상대방이 계약상 권리의 만족 내지 채권의 실현이라는 이익을 얻게 되는 관계에 있다거나, 계약을 이행함에 있어 상대방을 보호하거나 배려할 부수적인 의무가 있다는 것만으로는 채무자를 타인의 사무를 처리하는 자라고 할 수 없고, 위임 등과 같이 계약의 전형적·본질적인 급부의 내용이 상대방의 재산상 사무를 일정한 권한을 가지고 맡아 처리하는 경우에 해당하여야 한다.

채무자가 금전채무를 담보하기 위하여 그 소유의 동산을 채권자에게 양도담보로 제공함으로써 채권자인 양도담보권자에 대하여 담보물의 담보가치를 유지·보전할 의무 내지 담보물을 타에 처분하거나 멸실, 훼손하는 등으로 담보권 실행에 지장을 초래하는 행위를 하지 않을 의무를 부담하게 되었더라도, 이를 들어 채무자가 통상의 계약에서의 이익대립관계를 넘어서 채권자와의 신임관계에 기초하여 채권자의 사무를 맡아 처리하는 것으로 볼 수 없다. 따라서 채무자를 배임죄의 주체인 '타인의 사무를 처리하는 자'에 해당한다고 할 수 없고, 그가 담보물을 제3자에게 처분하는 등으로 담보가치를 감소 또는 상실시켜 채권자의 담보권 실행이나 이를 통한 채권실현에 위험을 초래하더라도 배임죄가 성립한다고 할 수 없다.

위와 같은 법리는, 채무자가 동산에 관하여 양도담보설정계약을 체결하여 이를 채권자에게 양도할 의무가 있음에도 제3자에게 처분한 경우에도 적용되고, 주식에 관하여 양도담보설정계약을 체결한 채무자가 제3자에게 해당 주식을 처분한 사안에도 마찬가지로 적용된다.

[대법관 김재형, 대법관 김선수의 별개의견] 채무자가 채권담보의 목적으로 점유개정 방식으로 채권자에게 동산을 양도하고 이를 보관하던 중 임의로 제3자에게 처분한 경우 횡령죄가 성립한다고 보아야 한다.

동산 양도담보는 동산소유권을 이전하는 형태의 양도담보이다. 그 법적 구성을 어떻게 할 것인지에 관해서는 논란이 있지만, 현재까지 일관된 판례에 따라 신탁적 양도, 즉 채권담보를 목적으로 소유권을 이전하는 행위로 봄이 타당하다(동산 양도담보에 대해서는 '가등기담보 등에 관한 법률'이 적용되지 않는다).

동산 양도담보를 신탁적 양도로 보는 이상, 그 기능이나 경제적 목적이 채권담보이고, 그에 따라 채권자가 채권담보의 목적 범위에서만 소유권을 행사할 채권적 의무를 부담하더라도, 담보목적물의 소유권은 당사자 사이에 소유권을 양도한다는 합의와 점유개정에 의한 인도에 따라 완전히 채권자에게 이전한다. 따라서 점유개정에 따라 양도담보 목적물을 직접 점유하는 채무자는 '타인의 재물을 보관하는 자'에 해당하고, 그가 채권자의 허락 없이 제3자에게 담보목적물을 양도하는 등 처분한 경우에는 횡령죄가 성립한다고 보아야 한다.

[대법관 민유숙의 반대의견] 채무자가 동산에 관하여 점유개정 등으로 양도담보권을 설정한 이후 채권자에 대하여 부담하는 담보물의 보관의무 및 담보가치 유지의무는 '타인의 사무'에 해당한다.

그 해석이 다수의견이 변경대상으로 지적하는 몇 개의 대법원판결을 넘어서 최근까지 이루어진 많은 대법원판결들 및 전원합의체 판결의 흐름에 부합하고, 범행 실체에 따른 처벌 필요성에 부응한다.

배임죄의 성부를 가르는 기준은 담보권설정 약정의 불이행인지, 담보권설정 후 유지관리임무를 위배한 처분인지에 달려 있고, 구체적인 사건에서 동산담보권이 설정되었는지 여부는 사실인정의 문제로서 사실심 재판과정에서 심리되어야 한다.

[2] 甲 주식회사를 운영하는 피고인이 乙 은행으로부터 대출을 받으면서 대출금을 완납할 때까지 甲 회사 소유의 동산인 골재생산기기(크러셔)를 점유개정 방식으로 양도담보로 제공하기로 하는 계약을 체결하였음에도 담보목적물인 동산을 丙 등에게 매각함으로써 乙 은행에 대출금 상당의 손해를 가하였다고 하여 배임의 공소사실로 기소된 사안에서, 위 양도담보계약은 피고인이 운영하는 甲 회사가 乙 은행에 대한 대출금 채무를 담보하기 위하여 동산에 관하여 양도담보를 설정하고, 甲 회사의 채무불이행 시 양도담보권의 실행, 즉 동산을 처분하여 그 매각대금으로 채무의 변제에 충당하거나 채무의 변제에 갈음하여 乙 은행이 담보목적물을 취득하기로 하는 내용의 전형적인 양도담보계약으로서, 양도담보계약서 제2조, 제4조 등에는 '담보목적물은 설정자가 채권자의 대리인으로서 점유·사용·보전·관리한다', '설정자는 선량한 관리자로서의 주의의무를 다하여 점유·사용·보전·관리하여야 한다' 등과 같이 담보설정자(甲 회사)의 담보목적물의 보전·관리에 관한 내용이 포함되어 있으나, 위와 같은 계약서의 기재 내용만으로 위 양도담보계약이 전형적인 양도담보계약이 아니라거나 양도담보계약과 별도로 乙 은행이 甲 회사에 신임관계에 기초하여 담보목적물의 보관·관리에 관한 사무의 처리를 위탁하는 내용의 특약이 있다고 보기 어려운 점 등을 종합하면, 위 양도담보계약에서 甲 회사와 乙 은행 간 당사자 관계의 전형적·본질적 내용은 대출금 채무의 변제와 이를 위한 담보에 있고, 甲 회사를 통상의 계약에서의 이익대립관계를 넘어서 乙 은행과의 신임관계에 기초하여 乙 은행의 사무를 맡아 처리하는 것으로 볼 수 없는 이상 甲 회사를 운영하는 피고인을 乙 은행에 대한 관계에서 '타인의 사무를 처리하는 자'에 해당한다고 할 수 없다는 이유로, 이와 달리 피고인이 타인의 사무를 처리하는 자의 지위에 있음을 전제로 공소사실을 유죄로 판단한 원심판결에 배임죄에서 '타인의 사무를 처리하는 자' 등에 관한 법리를 오해한 위법이 있다고 한 사례.

**제375조(종류채권)** ① 채권의 목적을 종류로만 지정한 경우에 법률행위의 성질이나 당사자의 의사에 의하여 품질을 정할 수 없는 때에는 채무자는 중등품질의 물건으로 이행하여야 한다.

② 전항의 경우에 채무자가 이행에 필요한 행위를 완료하거나 채권자의 동의를 얻어 이행할 물건을 지정한 때에는 그때로부터 그 물건을 채권의 목적물로 한다.

**제376조(금전채권)** 채권의 목적이 어느 종류의 통화로 지급할 것인 경우에 그 통화가 변제기에 강제통용력을 잃은 때에는 채무자는 다른 통화로 변제하여야 한다.

**양수금**

[대법원 2022. 3. 11., 선고, 2021다232331, 판결]

【판시사항】

[1] 채무자가 금전채무의 확정된 지연손해금에 대하여 지체책임을 부담하는 시기(=채권자가 이행청구를 한 때부터) 및 이행판결이 확정된 지연손해금의 경우에도 채권자의 이행청구에 의해 지체책임이 생기는지 여부(적극)

[2] 지연손해금 발생의 원인이 된 원본에 관하여 이행판결을 선고하지 않는 경우, 소송촉

진 등에 관한 특례법 제3조에 따른 법정이율을 적용할 수 있는지 여부(소극)

【판결요지】

[1] 지연손해금은 금전채무의 이행지체에 따른 손해배상으로서 기한이 없는 채무에 해당하므로, 확정된 지연손해금에 대하여 채권자가 이행청구를 하면 채무자는 그에 대한 지체책임을 부담하게 된다. 판결에 의해 권리의 실체적인 내용이 바뀌는 것은 아니므로, 이행판결이 확정된 지연손해금의 경우에도 채권자의 이행청구에 의해 지체책임이 생긴다.

[2] 소송촉진 등에 관한 특례법(이하 '소송촉진법'이라고 한다) 제3조의 입법 취지는, 금전채무의 이행을 구하는 소가 제기되었는데도 정당한 이유 없이 이행하지 않는 채무자에게 가중된 법정이율에 따른 지연손해금을 물림으로써 채무불이행 상태가 계속되거나 소송이 불필요하게 지연되는 것을 막고자 하는 데 있다. 소송촉진법 제3조의 문언을 보아도, '금전채무의 이행을 명하는 판결을 선고할 경우'에 '그 금전채무의 이행을 구하는 소장이 송달된 다음 날'부터 지체책임에 관하여 가중된 법정이율을 적용하되, '그 이행의무가 있음을 선언하는 사실심 판결이 선고되기 전까지 채무자가 그 이행의무에 관하여 항쟁하는 것이 타당한 범위'에서 위 법정이율을 적용하지 않을 수 있다고 되어 있으므로, 금전채무 원본의 이행청구가 소송물일 때 그 이행을 명하면서 동시에 그에 덧붙는 지연손해금에 관하여 적용되는 규정임을 알 수 있다. 그러므로 지연손해금 발생의 원인이 된 원본에 관하여 이행판결을 선고하지 않는 경우에는 소송촉진법 제3조에 따른 법정이율을 적용할 수 없다.

**제377조(외화채권)** ① 채권의 목적이 다른 나라 통화로 지급할 것인 경우에는 채무자는 자기가 선택한 그 나라의 각 종류의 통화로 변제할 수 있다.

② 채권의 목적이 어느 종류의 다른 나라 통화로 지급할 것인 경우에 그 통화가 변제기에 강제통용력을 잃은 때에는 그 나라의 다른 통화로 변제하여야 한다.

**제378조(동전)** 채권액이 다른 나라 통화로 지정된 때에는 채무자는 지급할 때에 있어서의 이행지의 환금시가에 의하여 우리나라 통화로 변제할 수 있다.

### 약정금

[대법원 2019. 6. 13., 선고, 2018다258562, 판결]

【판시사항】

[1] 사법상의 계약 기타 법률행위가 일정한 행위를 금지하는 구체적 법규정을 위반하여 행하여진 경우, 법률행위가 무효인지 또는 법원이 법률행위 내용의 실현에 대한 조력을 거부하거나 기타 다른 내용으로 효력이 제한되는지 판단하는 기준

[2] 금융투자업등록을 하지 않은 투자일임업을 금지하는 구 자본시장과 금융투자업에 관한 법률 제17조의 법적 성질(=단속규정)

[3] 채권액이 외국통화로 지정된 금전채권인 외화채권을 채권자가 우리나라 통화로 환산하여 청구하는 경우, 환산 기준 시기(=사실심 변론종결 시)

【판결요지】

[1] 사법상의 계약 기타 법률행위가 일정한 행위를 금지하는 구체적 법규정을 위반하여 행하여진 경우에 법률행위가 무효인가 또는 법원이 법률행위 내용의 실현에 대한 조력을 거부하거나 기타 다른 내용으로 그 효력이 제한되는가의 여부는 당해 법규정이 가지는

넓은 의미에서의 법률효과에 관한 문제의 일환으로서, 법규정의 해석 여하에 의하여 정하여진다. 따라서 그 점에 관한 명문의 정함이 있다면 당연히 이에 따라야 할 것이고, 그러한 정함이 없는 때에는 종국적으로 금지규정의 목적과 의미에 비추어 그에 반하는 법률행위의 무효 기타 효력 제한이 요구되는지를 검토하여 이를 정할 것이다.

[2] 구 자본시장과 금융투자업에 관한 법률(2013. 5. 28. 법률 제11828호로 개정되기 전의 것) 제17조가 금융투자업등록을 하지 않은 투자일임업을 금지하는 취지는 고객인 투자자를 보호하고 금융투자업을 건전하게 육성하고자 함에 있는바, 위 규정을 위반하여 체결한 투자일임계약 자체가 사법상의 효력까지도 부인하지 않으면 안 될 정도로 현저히 반사회성, 반도덕성을 지닌 것이라고 할 수 없을 뿐만 아니라 그 행위의 사법상의 효력을 부인하여야만 비로소 입법 목적을 달성할 수 있다고 볼 수 없고, 오히려 위 규정을 효력규정으로 보아 이를 위반한 행위를 일률적으로 무효라고 할 경우 거래 상대방과 사이에 법적 안정성을 심히 해하게 되는 부당한 결과가 초래되므로, 위 규정은 강행규정이 아니라 단속규정이라고 보아야 한다.

[3] 채권액이 외국통화로 지정된 금전채권인 외화채권을 채권자가 대용급부의 권리를 행사하여 우리나라 통화로 환산하여 청구하는 경우 법원이 채무자에게 이행을 명할 때는 채무자가 현실로 이행할 때에 가장 가까운 사실심 변론종결 당시의 외국환시세를 우리나라 통화로 환산하는 기준시로 삼아야 한다.

**제379조(법정이율)** 이자있는 채권의 이율은 다른 법률의 규정이나 당사자의 약정이 없으면 연 5푼으로 한다.

**원상회복등청구의소**

[대법원 2020. 9. 3., 선고, 2017다269442, 판결]

【판시사항】

수탁자의 선관의무 위반으로 신탁재산에 손해가 생긴 경우, 위탁자, 수익자 또는 수탁자가 복수인 경우의 다른 수탁자가 의무를 위반한 수탁자를 상대로 신탁법 제43조 제1항에 따른 신탁재산의 원상회복을 구할 수 있는지 여부(적극) 및 이때 '신탁재산의 원상회복'의 의미 / 신탁법 제43조 제1항에 따른 신탁재산의 원상회복을 원인으로 금전채무의 전부 또는 일부의 이행을 명하는 판결을 선고하는 경우, 민법과 소송촉진 등에 관한 특례법 제3조 제1항에서 정한 이율에 따른 지연손해금의 지급을 명할 수 있는지 여부(원칙적 소극)

【판결요지】

신탁법 제43조 제1항은 "수탁자가 그 의무를 위반하여 신탁재산에 손해가 생긴 경우 위탁자, 수익자 또는 수탁자가 여럿인 경우의 다른 수탁자는 그 수탁자에게 신탁재산의 원상회복을 청구할 수 있다."라고 정하고 있다. 수탁자가 신탁법 제32조에 따른 선관의무를 위반하여 신탁재산에 손해가 생겼다면, 위탁자, 수익자, 또는 수탁자가 복수인 경우에는 의무를 위반한 수탁자가 아닌 다른 수탁자 중 누구라도, 의무를 위반한 수탁자를 상대로 신탁재산의 원상회복을 청구할 수 있다. 이때 '신탁재산의 원상회복'이란 신탁재산의 원상회복을 청구하는 청구권자에게 신탁재산을 원상으로 회복한다는 뜻이 아니라, 신탁재산이었던 원물을 다시 취득하여 신탁재산에 편입시킴으로써 신탁재산을 원상으로 회복하는 것을 뜻한다. 따라서 의무를 위반한 수탁자가 부담하는 신탁재산의 원상회복 의무는 그 편입 대상인 원물이 금전인 경우라도 단순히 금전의 급부를 목적으로 하는 금전채무와는 구별된다. 그러므로 신탁법 제43조 제1항에 따른 신탁재산의 원상회복을 원인으로 금전채무의 전부 또는 일부의 이행을 명하는 판결을 선고할 경우에는 달리 특별한 약정이 없는 한 민법과 그 특별규정인 소송촉진 등에 관한 특례법 제3조 제1항에 정한 이율에 따른 지연손해금의 지급을 명할 수 없다.

**제380조(선택채권)** 채권의 목적이 수개의 행위 중에서 선택에 좇아 확정될 경우에 다른 법률의 규정이나 당사자의 약정이 없으면 선택권은 채무자에게 있다.

**제381조(선택권의 이전)** ① 선택권행사의 기간이 있는 경우에 선택권자가 그 기간내에 선택권을 행사하지 아니하는 때에는 상대방은 상당한 기간을 정하여 그 선택을 최고할 수 있고 선택권자가 그 기간내에 선택하지 아니하면 선택권은 상대방에게 있다.
② 선택권행사의 기간이 없는 경우에 채권의 기한이 도래한 후 상대방이 상당한 기간을 정하여 그 선택을 최고하여도 선택권자가 그 기간내에 선택하지 아니할 때에도 전항과 같다.

**제382조(당사자의 선택권의 행사)** ① 채권자나 채무자가 선택하는 경우에는 그 선택은 상대방에 대한 의사표시로 한다.
② 전항의 의사표시는 상대방의 동의가 없으면 철회하지 못한다.

**제383조(제삼자의 선택권의 행사)** ① 제삼자가 선택하는 경우에는 그 선택은 채무자 및 채권자에 대한 의사표시로 한다.
② 전항의 의사표시는 채권자 및 채무자의 동의가 없으면 철회하지 못한다.

**제384조(제삼자의 선택권의 이전)** ① 선택할 제삼자가 선택할 수 없는 경우에는 선택권은 채무자에게 있다.
② 제삼자가 선택하지 아니하는 경우에는 채권자나 채무자는 상당한 기간을 정하여 그 선택을 최고할 수 있고 제삼자가 그 기간내에 선택하지 아니하면 선택권은 채무자에게 있다.

**제385조(불능으로 인한 선택채권의 특정)** ① 채권의 목적으로 선택할 수개의 행위 중에 처음부터 불능한 것이나 또는 후에 이행불능하게 된 것이 있으면 채권의 목적은 잔존한 것에 존재한다.
② 선택권없는 당사자의 과실로 인하여 이행불능이 된 때에는 전항의 규정을 적용하지 아니한다.

**제386조(선택의 소급효)** 선택의 효력은 그 채권이 발생한 때에 소급한다. 그러나 제삼자의 권리를 해하지 못한다.

## 제2절 채권의 효력

**제387조(이행기와 이행지체)** ① 채무이행의 확정한 기한이 있는 경우에는 채무자는 기한이 도래한 때로부터 지체책임이 있다. 채무이행의 불확정한 기한이 있는 경우에는 채무자는 기한이 도래함을 안 때로부터 지체책임이 있다.
② 채무이행의 기한이 없는 경우에는 채무자는 이행청구를 받은 때로부터 지체책임이 있다.

**예금**

[대법원 2023. 6. 29., 선고, 2023다218353, 판결]

【판시사항】

예금계약의 법적 성질(=금전의 소비임치 계약) / 예금계약의 만기가 도래한 사정만으로 금융기관이 예금 반환 지연으로 인한 지체책임을 부담하는지 여부(소극) 및 이때 지체책임의 발생 시기(=특별한 사정이 없는 한 임치인의 적법한 지급 청구에도 불구하고 수치인이 예금 반환을 지체한 때)

【판결요지】

예금계약은 은행 등 법률이 정하는 금융기관을 수치인으로 하는 금전의 소비임치 계약으로서 수치인은 임치물인 금전 등을 보관하고 그 기간 중 이를 소비할 수 있고 임치인의 청구에 따라 동종 동액의 금전을 반환할 것을 약정함으로써 성립하는 것이므로 소비대차에 관한 민법의 규정이 준용되나 사실상 그 계약의 내용은 약관에 따라 정해진다고 보아야 한다.

또한 만기가 정해진 예금계약에 따른 금융기관의 예금 반환채무는 만기가 도래하더라도 임치인이 미리 만기 후 예금 수령방법을 지정한 경우와 같은 특별한 사정이 없는 한 임치인의 적법한 지급 청구가 있어야 비로소 이행할 수 있으므로, 예금계약의 만기가 도래한 것만으로 금융기관인 수치인이 임치인에 대하여 예금 반환 지연으로 인한 지체책임을 부담한다고 볼 수는 없고, 정당한 권한이 있는 임치인의 지급 청구에도 불구하고 수치인이 예금 반환을 지체한 경우에 지체책임을 물을 수 있다고 보아야 한다.

**제388조(기한의 이익의 상실)** 채무자는 다음 각호의 경우에는 기한의 이익을 주장하지 못한다.

1. 채무자가 담보를 손상, 감소 또는 멸실하게 한 때
2. 채무자가 담보제공의 의무를 이행하지 아니한 때

**제389조(강제이행)** ① 채무자가 임의로 채무를 이행하지 아니한 때에는 채권자는 그 강제이행을 법원에 청구할 수 있다. 그러나 채무의 성질이 강제이행을 하지 못할 것인 때에는 그러하지 아니하다.

② 전항의 채무가 법률행위를 목적으로 한 때에는 채무자의 의사표시에 갈음할 재판을 청구할 수 있고 채무자의 일신에 전속하지 아니한 작위를 목적으로 한 때에는 채무자의 비용으로 제삼자에게 이를 하게 할 것을 법원에 청구할 수 있다. *〈개정 2014. 12. 30.〉*

③ 그 채무가 부작위를 목적으로 한 경우에 채무자가 이에 위반한 때에는 채무자의 비용으로써 그 위반한 것을 제각하고 장래에 대한 적당한 처분을 법원에 청구할 수 있다.

④ 전3항의 규정은 손해배상의 청구에 영향을 미치지 아니한다.

**집행에관한이의**

[대법원 2022. 4. 5., 자, 2018그758, 결정]

【판시사항】

[1] 집행관은 집행권원을 확인함으로써 집행대상이 집행권원에 표시된 범위에 포함된 것인지를 판단하여야 하는지 여부(적극) / 이는 부작위채무 및 간접강제명령을 공시하는 경우에도 마찬가지인지 여부(적극)

[2] 집행권원이 되는 결정문의 주문에 집행장소나 집행대상이 명확히 기재되지 아니한 경우, 결정의 이유를 살펴 이를 확인할 필요가 있는지 여부(적극) 및 객관적으로 확인되는 특정 집행장소나 집행대상 이외의 장소나 대상을 상대로 집행이 이루어진 경우, 민사집행법 제16조에 따라 집행에 관한 이의신청을 할 수 있는지 여부(적극)

[3] 甲이 乙로부터 식당을 유상으로 양도받아 독자적으로 운영하고 있던 중, 丙이 乙을 상대로 제기한 경업금지가처분신청 사건에서 '乙은 위 식당이 소재한 건물을 포함한 대전광역시에서 생선요리 음식점 영업을 하거나 제3자로 하여금 하게 하여서는 아니 된다.'는 취지의 결정이 내려져 집행관이 丙의 위임에 따라 위 식당의 카운터 뒤쪽 벽면에 가처분결정의 고시문을 부착하자, 甲과 乙이 집행에 관한 이의를 신청한 사안에서, 집행관이 집행에 착수할 당시 외관·징표는 물론 집행권원 주문의 객관적 취지를 확인함으로써 집행권원에 표시된 범위에 집행대상이 포함되는지 등을 제대로 판단하였는지 면밀히 심리하지 않은 채 위 집행을 적법하다고 보아 甲 등의 이의신청을 기각한 원심의 조치에는 헌법 위반의 잘못이 있다고 한 사례

**【판결요지】**

[1] 집행관은 집행에 착수할 당시의 외관·징표는 물론 집행권원을 확인함으로써 적어도 집행대상이 집행권원에 표시된 범위에 포함된 것인지 여부를 판단하여야 하고, 부작위채무 및 간접강제명령을 적당한 방법으로 공시하는 경우에도 마찬가지이다.

[2] 집행권원이 되는 결정문의 주문 자체에 집행장소나 집행대상이 명확히 기재되지 아니한 경우에는 그 결정의 이유를 살펴 집행장소나 집행대상을 확인할 필요가 있고, 그와 같이 객관적으로 확인되는 특정 집행장소나 집행대상 이외의 장소나 대상을 상대로 집행을 하는 것은 위법하므로, 그 집행처분이나 집행절차의 위법 여부에 관하여 불복의 이익이 있는 자는 민사집행법 제16조에 따라 '집행에 관한 이의신청'을 할 수 있다.

[3] 甲이 乙로부터 식당을 유상으로 양도받아 독자적으로 운영하고 있던 중, 丙이 乙을 상대로 제기한 경업금지가처분신청 사건에서 '乙은 위 식당이 소재한 건물을 포함한 대전광역시에서 생선요리 음식점 영업을 하거나 제3자로 하여금 하게 하여서는 아니 된다.'는 취지의 결정이 내려져 집행관이 丙의 위임에 따라 위 식당의 카운터 뒤쪽 벽면에 가처분결정의 고시문을 부착하자, 甲과 乙이 집행에 관한 이의를 신청한 사안에서, 집행권원인 위 결정에 집행 당시 위 식당의 사업주이던 甲이 집행의 상대방으로 기재되어 있지 않은 점, 위 결정의 주문에서 집행의 대상 및 방법으로 예정한 것은 대전광역시 전역에 걸쳐 소재하는 건물에서의 乙의 장래 영업행위 금지이고, 위 식당 건물은 대전광역시 소재 건물의 한 예시로서 기재된 것일 뿐이지 이를 乙이 집행 당시 위 결정을 위반하여 현실적으로 영업하고 있는 집행대상 또는 집행장소로 특정한 것은 아닌 점, 집행관이 위 식당에 고시문을 부착한 것이 위와 같은 취지의 결정을 적법하게 집행하기 위하여 필요하다거나 위 결정에서 명한 '적당한 공시방법'에 해당한다고 볼 근거가 없는 점 등에 비추어 보면, 집행관이 집행에 착수할 당시 외관·징표는 물론 집행권원 주문의 객관적 취지를 확인함으로써 집행권원에 표시된 범위에 집행대상이 포함되는지 등을 제대로 판단하였는지 면밀히 심리하지 않은 채 위 집행을 적법하다고 보아 甲 등의 이의신청을 기각한 원심의 조치에는 헌법 위반의 잘못이 있다고 한 사례.

**제390조(채무불이행과 손해배상)** 채무자가 채무의 내용에 좇은 이행을 하지 아니한 때에는 채권자는 손해배상을 청구할 수 있다. 그러나 채무자의 고의나 과실없이 이행할 수 없게 된 때에는 그러하지 아니하다.

**손해배상(산)·손해배상(산)**

[서울중앙지법 2023. 5. 12., 선고, 2022나11684, 11691, 판결 : 확정]

【판시사항】

甲이 우정사업본부 산하 乙 우체국 소속 별정우체국에 집배원으로 임용되어 근무하다가 乙 우체국장의 파견 지시에 따라 乙 우체국에서 근무하던 중 자택에서 급성 심장사로 사망하였는데, 근로복지공단은 甲의 사인이 업무상 재해에 해당한다고 판정하였고, 이에 甲의 유족들이 국가를 상대로 손해배상을 구한 사안에서, 국가는 보호의무 위반으로 인하여 甲과 유족들이 입은 손해를 배상할 책임이 있다고 한 사례

【판결요지】

甲이 우정사업본부 산하 乙 우체국 소속 별정우체국에 집배원으로 임용되어 근무하다가 乙 우체국장의 파견 지시에 따라 乙 우체국에서 근무하던 중 자택에서 급성 심장사로 사망하였는데, 근로복지공단은 甲의 사인이 업무상 재해에 해당한다고 판정하였고, 이에 甲의 유족들이 국가를 상대로 손해배상을 구한 사안이다.

국가는 자신의 사업장인 乙 우체국에 甲을 파견받아 지휘·명령하며 13년간 계속하여 오로지 국가를 위한 근로에 종사하도록 하였으므로, 별정우체국장과 국가 사이에 근로자파견계약 관계 등이 존재하지 않아 파견근로자 보호 등에 관한 법률을 직접 적용할 수는 없다고 하더라도, 별정우체국직원 인사규칙 및 乙 우체국장의 파견 지시에 따라 甲이 국가를 위해 근무한 이상, 사용사업주의 파견근로자를 위한 보호의무 또는 안전배려의무에 관한 법리는 甲에게도 적용되어야 하고, 국가와 甲 사이에 고용계약에 따른 직접적인 근로관계가 인정되지 않는다고 하더라도 달리 볼 이유가 없는데, 국가는 甲의 사용자로서 근로자인 甲이 노무를 제공하는 과정에서 생명·신체·건강을 해치는 일이 없도록 인적·물적 환경을 정비하는 등 필요한 조치를 강구하여야 하는데도 이를 소홀히 하여 甲이 열악한 환경에서 과중한 업무를 수행하도록 함으로써, 甲으로 하여금 급성 심장사에 이르게 하였고, 위와 같은 업무수행으로 인하여 甲에게 신체상 재해가 발생할 수 있음을 알았거나 알 수 있었던 것으로 보이므로, 국가는 보호의무 위반으로 인하여 甲과 유족들이 입은 손해를 배상할 책임이 있다고 한 사례이다.

**제391조(이행보조자의 고의, 과실)** 채무자의 법정대리인이 채무자를 위하여 이행하거나 채무자가 타인을 사용하여 이행하는 경우에는 법정대리인 또는 피용자의 고의나 과실은 채무자의 고의나 과실로 본다.

**제392조(이행지체 중의 손해배상)** 채무자는 자기에게 과실이 없는 경우에도 그 이행지체 중에 생긴 손해를 배상하여야 한다. 그러나 채무자가 이행기에 이행하여도 손해를 면할 수 없는 경우에는 그러하지 아니하다.

**제393조(손해배상의 범위)** ① 채무불이행으로 인한 손해배상은 통상의 손해를 그 한도로 한다.
② 특별한 사정으로 인한 손해는 채무자가 그 사정을 알았거나 알 수 있었을 때에 한하여 배상의 책임이 있다.

**임가공료·손해배상(기)**

[대법원 2023. 7. 27., 선고, 2023다223171, 223188, 판결]

【판시사항】

[1] 감정인의 감정 결과의 증명력

[2] 당사자가 어떤 법률효과를 주장하면서 부주의 또는 오해로 명백히 간과한 법률상 사항이 있거나 그 주장에 법률적 관점에서 보아 모순이나 불명료한 점이 있는 경우, 사실심법원이 부담하는 석명 또는 지적의무의 내용

[3] 계약의 일방 당사자가 상대방의 이행을 믿고 비용을 지출한 사실을 상대방이 알았거나 알 수 있었고 그것이 통상적인 지출비용의 범위 내에 속하는 경우, 이에 대하여 이행이익의 한도 내에서 배상을 청구할 수 있는지 여부(적극) 및 이러한 손해를 일실이익 상당의 손해와 같이 청구하는 경우, 일실이익의 범위

[4] 甲이 乙과 체결한 임가공계약에 따라 乙이 제공한 원사에 대한 연사 가공작업을 수행한 다음 乙을 상대로 미지급 임가공대금 등의 지급을 구하는 지급명령을 신청하자, 乙이 甲이 작업한 연사에 하자가 있어 손해를 입었다며 甲을 상대로 손해배상을 구하는 반소를 제기하였는데, 乙이 반소장과 그 후 제출한 준비서면에서 주장한 손해는 계약이 완전히 이행된 것과 동일한 경제적 이익, 즉 이행이익 상당의 손해를 주된 내용으로 하는 반면, 위 준비서면보다 먼저 제출한 종전 준비서면에서 주장한 손해는 계약이 이행되리라 믿고 지출한 비용, 즉 신뢰이익 상당의 손해를 주된 내용으로 하고, 그중 어느 것도 명시적으로 철회되지 않은 사안에서, 종전 준비서면의 진술에 의하여 반소장에서 주장하였던 이행이익 상당의 손해에 관한 주장을 철회하고 반소 청구취지를 감축하는 취지인지 등 乙의 주장의 의미를 보다 분명히 밝히도록 촉구하는 방법으로 석명권을 행사하여 그에 따라 심리하였어야 하는데도, 위와 같은 석명권 행사 없이 乙이 반소장에서 한 주장을 반소 청구취지 변경 없이 종전 준비서면의 기재와 같이 변경한 것으로 보아 변경된 주장을 바탕으로 甲이 배상할 손해배상액을 산정한 원심판단에는 법원의 석명의무에 관한 법리오해 등 잘못이 있다고 한 사례

【판결요지】

[1] 감정인의 감정 결과는 감정방법 등이 경험칙에 반하거나 합리성이 없는 등 현저한 잘못이 없는 한 이를 존중하여야 한다.

[2] 법원은 소송사건을 신중하고 충실하게 심리하여 재판의 적정이 보장되도록 하여야 하고, 이는 올바른 사실의 확정이 전제되어야 가능할 것인데, 사실의 확정은 사실심법원의 전권에 속한다. 민사소송법은 이를 뒷받침하기 위하여 제136조 제1항에서 "재판장은 소송관계를 분명하게 하기 위하여 당사자에게 사실상 또는 법률상 사항에 대하여 질문할 수 있고, 증명을 하도록 촉구할 수 있다."라고 규정하고, 그 제4항에서 "법원은 당사자가 간과하였음이 분명하다고 인정되는 법률상 사항에 관하여 당사자에게 의견을 진술할 기회를 주어야 한다."라고 규정하고 있다. 그러므로 사실심법원은, 당사자가 어떤 법률효과를 주장하면서 부주의 또는 오해로 인하여 명백히 간과한 법률상의 사항이 있거나 그 주장에 법률적 관점에서 보아 모순이나 불명료한 점이 있는 경우에는 적극적으로 석명권을 행사하여, 당사자에게 설명 또는 증명하거나 의견을 진술할 사항을 지적하고 그에 관하여 변론을 하게 하는 등으로 소송관계를 명확하게 할 석명 또는 지적의무가 있다.

[3] 계약의 일방 당사자가 상대방의 이행을 믿고 지출한 비용도 그러한 지출사실을 상대방이 알았거나 알 수 있었고 또 그것이 통상적인 지출비용의 범위 내에 속한다면 그에 대하여도 이행이익의 한도 내에서는 배상을 청구할 수 있으며 다만 이러한 비용 상당의 손해를 일실이익 상당의 손해와 같이 청구하는 경우에는 중복배상을 방지하기 위하여 일실이익은 제반 비용을 공제한 순이익에 한정된다고 보아야 한다.

[4] 甲이 乙과 체결한 임가공계약에 따라 乙이 제공한 원사에 대한 연사 가공작업을 수행한 다음 乙을 상대로 미지급 임가공대금 등의 지급을 구하는 지급명령을 신청하자, 乙이 甲이 작업한 연사에 하자가 있어 손해를 입었다며 甲을 상대로 손해배상을 구하는 반소를 제기하였는데, 乙이 반소장과 그 후 제출한 준비서면에서 주장한 손해는 계약이 완전히 이행된 것과 동일한 경제적 이익, 즉 이행이익 상당의 손해를 주된 내용으로 하는 반면, 위 준비서면보다 먼저 제출한 종전 준비서면에서 주장한 손해는 계약이 이행되리라 믿고 지출한 비용, 즉 신뢰이익 상당의 손해를 주된 내용으로 하고, 그중 어느 것도 명시적으로 철회되지 않은 사안에서, 신뢰이익 상당의 손해배상청구는 성질상 목적이 불능한 계약을 체결한 경우이거나(민법 제535조 제1항 본문) 유효하게 성립한 계약이 해지 또는 해제되는 경우에 인정되는 것이어서, 계약이 유효함으로 인하여 생기는 이익(민법 제535조 제1항 단서)인 이행이익 상당의 손해배상청구와는 성립요건이나 산정방법을 달리하고, 중복배상은 허용되지 않으나 신뢰이익의 배상과 별도로 제반 비용을 공제한 순이익에 한하여 일실이익, 즉 이행이익의 배상이 허용될 수 있으므로, 乙이 이행이익 상당의 손해배상청구 외에 신뢰이익 상당의 손해배상청구를 선택적으로 한 것으로 볼 여지가 있고, 설령 乙의 손해배상에 관한 주장에 불분명한 면이 있다고 하더라도 원심으로서는 종전 준비서면의 진술에 의하여 반소장에서 주장하였던 이행이익 상당의 손해에 관한 주장을 철회하고 반소 청구취지를 감축하는 취지인지 등 乙의 주장의 의미를 보다 분명히 밝히도록 촉구하는 방법으로 석명권을 행사하여 그에 따라 심리하였어야 하는데도, 위와 같은 석명권 행사 없이 乙이 반소장에서 한 주장을 반소 청구취지 변경 없이 종전 준비서면의 기재와 같이 변경한 것으로 보아 변경된 주장을 바탕으로 甲이 배상할 손해배상액을 산정한 원심판단에는 법원의 석명의무에 관한 법리오해 등 잘못이 있다고 한 사례.

**제394조(손해배상의 방법)** 다른 의사표시가 없으면 손해는 금전으로 배상한다.

**제395조(이행지체와 전보배상)** 채무자가 채무의 이행을 지체한 경우에 채권자가 상당한 기간을 정하여 이행을 최고하여도 그 기간내에 이행하지 아니하거나 지체후의 이행이 채권자에게 이익이 없는 때에는 채권자는 수령을 거절하고 이행에 갈음한 손해배상을 청구할 수 있다. *〈개정 2014. 12. 30.〉*

**제396조(과실상계)** 채무불이행에 관하여 채권자에게 과실이 있는 때에는 법원은 손해배상의 책임 및 그 금액을 정함에 이를 참작하여야 한다.

**손해배상(기)[위법한 쟁의행위로 인한 노동조합원 등에 대한 손해배상청구에서 책임제한이 문제된 사건]**

[대법원 2023. 6. 15., 선고, 2017다46274, 판결]

**【판시사항】**

[1] 제조업체가 위법한 쟁의행위로 조업을 하지 못함으로써 입은 고정비용 상당 손해배상을 구하기 위하여 증명하여야 할 사항 및 이때 간접반증이 없는 한 제품이 생산되었다면 그 후 판매되어 제조업체가 매출이익을 얻고 생산에 지출된 고정비용을 회수할 수 있다고 추정되는지 여부(적극) / 쟁의행위 종료 후 상당한 기간 안에 추가 생산을 통하여 쟁의행위로 인한 부족 생산량이 만회되는 등 매출 감소의 결과에 이르지 아니할 것으로 볼 수 있는 사정이 증명된 경우, 고정비용 상당 손해 발

생의 추정이 복멸되는지 여부(적극)

[2] 권리 행사가 권리남용에 해당하기 위한 요건

[3] 위법한 쟁의행위로 인한 손해배상청구사건에서 개별 조합원 등에 대한 책임제한의 정도를 판단하는 기준

**【판결요지】**

[1] 제조업체가 위법한 쟁의행위로 조업을 하지 못함으로써 입은 고정비용 상당 손해배상을 구하는 경우, 제조업체는 조업중단으로 인하여 일정량의 제품을 생산하지 못하였다는 점 및 생산 감소로 인하여 매출이 감소하였다는 점을 증명하여야 할 것이지만, 제품이 생산되었다면 그 후 판매되어 제조업체가 이로 인한 매출이익을 얻고 또 생산에 지출된 고정비용을 매출원가의 일부로 회수할 수 있다고 추정함이 상당하고, 다만 해당 제품이 이른바 적자제품이라거나 불황 또는 제품의 결함 등으로 판매가능성이 없다는 등의 특별한 사정에 대한 간접반증이 있으면 이러한 추정은 복멸된다. 그리고 쟁의행위 종료 후 상당한 기간 안에 추가 생산을 통하여 쟁의행위로 인한 부족 생산량이 만회되는 등 생산 감소로 인하여 매출 감소의 결과에 이르지 아니할 것으로 볼 수 있는 사정이 증명된 경우도 마찬가지이다.

[2] 권리 행사가 권리의 남용에 해당한다고 할 수 있으려면, 주관적으로 권리 행사의 목적이 오직 상대방에게 고통을 주고 손해를 입히려는 데 있을 뿐 행사하는 사람에게 아무런 이익이 없는 경우이어야 하고, 객관적으로는 권리 행사가 사회질서에 위반된다고 볼 수 있어야 한다. 이와 같은 경우에 해당하지 않는 한 비록 권리의 행사에 의하여 권리행사자가 얻는 이익보다 상대방이 입을 손해가 현저히 크다고 하여도 그러한 사정만으로는 이를 권리남용이라 할 수 없다.

[3] 불법행위로 인한 손해배상사건에서 과실상계 또는 책임제한의 사유에 관한 사실인정이나 비율을 정하는 것은 원칙적으로 사실심의 전권사항에 속하는 것이지만, 그것이 형평의 원칙에 비추어 현저히 불합리하다고 인정되는 경우에는 위법한 것으로서 허용되지 않는다.

노동조합 및 노동관계조정법은 쟁의행위의 주체가 노동조합이고(제2조, 제37조), 노동조합은 쟁의행위에 대한 지도·관리·통제책임을 지며(제38조 제3항), 쟁의행위는 조합원 과반수의 찬성으로 결정하여야 한다(제41조 제1항)고 규정하고 있다. 이처럼 노동조합이라는 단체에 의하여 결정·주도되고 조합원의 행위가 노동조합에 의하여 집단적으로 결합하여 실행되는 쟁의행위의 성격에 비추어, 단체인 노동조합이 쟁의행위에 따른 책임의 원칙적인 귀속주체가 된다.

위법한 쟁의행위를 결정·주도한 노동조합의 지시에 따라 실행에 참여한 조합원으로서는 쟁의행위가 다수결에 의해 결정되어 일단 방침이 정해진 이상 쟁의행위의 정당성에 의심이 간다고 하여도 노동조합의 지시에 불응하기를 기대하기는 사실상 어렵고, 급박한 쟁의행위 상황에서 조합원에게 쟁의행위의 정당성 여부를 일일이 판단할 것을 요구하는 것은 근로자의 단결권을 약화시킬 우려가 있다. 그렇지 않은 경우에도 노동조합의 의사결정이나 실행행위에 관여한 정도 등은 조합원에 따라 큰 차이가 있을 수 있다. 이러한 사정을 전혀 고려하지 않고 위법한 쟁의행위를 결정·주도한 주체인 노동조합과 개별 조합원 등의 손해배상책임의 범위를 동일하게 보는 것은 헌법상 근로자에게 보장된 단결권과 단체행동권을 위축시킬 우려가 있을 뿐만 아니라

손해의 공평·타당한 분담이라는 손해배상제도의 이념에도 어긋난다. 따라서 개별 조합원 등에 대한 책임제한의 정도는 노동조합에서의 지위와 역할, 쟁의행위 참여 경위 및 정도, 손해 발생에 대한 기여 정도, 현실적인 임금 수준과 손해배상 청구금액 등을 종합적으로 고려하여 판단하여야 한다.

**제397조(금전채무불이행에 대한 특칙)** ① 금전채무불이행의 손해배상액은 법정이율에 의한다. 그러나 법령의 제한에 위반하지 아니한 약정이율이 있으면 그 이율에 의한다.
② 전항의 손해배상에 관하여는 채권자는 손해의 증명을 요하지 아니하고 채무자는 과실없음을 항변하지 못한다.

**손해배상(기)등**

[대법원 2022. 4. 14., 선고, 2020다268760, 판결]

【판시사항】

판결이 확정된 채권자가 시효중단을 위한 신소를 제기하면서 확정판결에 따른 원금과 함께 원금에 대한 확정 지연손해금 및 이에 대한 지연손해금을 청구하는 경우, 채무자는 확정 지연손해금에 대하여도 이행청구를 받은 다음 날부터 지연손해금을 별도로 지급하여야 하는지 여부(적극) 및 이때 적용되는 이율(=신소에 적용되는 법률이 정한 이율)

【판결요지】

금전채무의 지연손해금채무는 금전채무의 이행지체로 인한 손해배상채무로서 이행기의 정함이 없는 채무에 해당하므로, 채무자는 확정된 지연손해금채무에 대하여 채권자로부터 이행청구를 받은 때부터 지체책임을 부담하게 된다. 한편 원금채권과 금전채무불이행의 경우에 발생하는 지연손해금채권은 별개의 소송물이다.

따라서 판결이 확정된 채권자가 시효중단을 위한 신소를 제기하면서 확정판결에 따른 원금과 함께 원금에 대한 확정 지연손해금 및 이에 대한 지연손해금을 청구하는 경우, 확정 지연손해금에 대한 지연손해금채권은 채권자가 신소로써 확정 지연손해금을 청구함에 따라 비로소 발생하는 채권으로서 전소의 소송물인 원금채권이나 확정 지연손해금채권과는 별개의 소송물이므로, 채무자는 확정 지연손해금에 대하여도 이행청구를 받은 다음 날부터 지연손해금을 별도로 지급하여야 하되 그 이율은 신소에 적용되는 법률이 정한 이율을 적용하여야 한다.

**제398조(배상액의 예정)** ① 당사자는 채무불이행에 관한 손해배상액을 예정할 수 있다.
② 손해배상의 예정액이 부당히 과다한 경우에는 법원은 적당히 감액할 수 있다.
③ 손해배상액의 예정은 이행의 청구나 계약의 해제에 영향을 미치지 아니한다.
④ 위약금의 약정은 손해배상액의 예정으로 추정한다.
⑤ 당사자가 금전이 아닌 것으로써 손해의 배상에 충당할 것을 예정한 경우에도 전4항의 규정을 준용한다.

**제399조(손해배상자의 대위)** 채권자가 그 채권의 목적인 물건 또는 권리의 가액전부를 손해배상으로 받은 때에는 채무자는 그 물건 또는 권리에 관하여 당연히 채권자를 대위한다.

**제400조(채권자지체)** 채권자가 이행을 받을 수 없거나 받지 아니한 때에는 이행의 제공있는 때로부터 지체책임이 있다.

**소유권이전등기**

[대법원 2021. 10. 28., 선고, 2019다293036, 판결]

【판시사항】

채권자지체가 성립하는 경우, 채무자가 채권자에 대하여 손해배상이나 계약 해제를 주장할 수 있는지 여부(원칙적 소극) / 신의칙상 채권자에게 급부를 수령할 의무나 급부 이행에 협력할 의무가 있다고 볼 특별한 사정이 있는지 판단하는 기준 및 위와 같은 수령의무나 협력의무가 이행되지 않으면 계약 목적을 달성할 수 없거나 채무자에게 계약의 유지를 더 이상 기대할 수 없다고 볼 수 있는 경우, 채무자가 위 의무 위반을 이유로 계약을 해제할 수 있는지 여부(적극)

【판결요지】

민법 제400조는 채권자지체에 관하여 “채권자가 이행을 받을 수 없거나 받지 아니한 때에는 이행의 제공 있는 때로부터 지체책임이 있다.”라고 정하고 있다. 채무의 내용인 급부가 실현되기 위하여 채권자의 수령 그 밖의 협력행위가 필요한 경우에, 채무자가 채무의 내용에 따른 이행제공을 하였는데도 채권자가 수령 그 밖의 협력을 할 수 없거나 하지 않아 급부가 실현되지 않는 상태에 놓이면 채권자지체가 성립한다. 채권자지체의 성립에 채권자의 귀책사유는 요구되지 않는다. 민법은 채권자지체의 효과로서 채권자지체 중에는 채무자는 고의 또는 중대한 과실이 없으면 불이행으로 인한 모든 책임이 없고(제401조), 이자 있는 채권이라도 채무자는 이자를 지급할 의무가 없으며(제402조), 채권자지체로 인하여 그 목적물의 보관 또는 변제의 비용이 증가된 때에는 그 증가액은 채권자가 부담하는 것으로 정한다(제403조). 나아가 채권자의 수령지체 중에 당사자 쌍방의 책임 없는 사유로 채무를 이행할 수 없게 된 때에는 채무자는 상대방의 이행을 청구할 수 있다(제538조 제1항).

이와 같은 규정 내용과 체계에 비추어 보면, 채권자지체가 성립하는 경우 그 효과로서 원칙적으로 채권자에게 민법 규정에 따른 일정한 책임이 인정되는 것 외에, 채무자가 채권자에 대하여 일반적인 채무불이행책임과 마찬가지로 손해배상이나 계약 해제를 주장할 수는 없다.

그러나 계약 당사자가 명시적·묵시적으로 채권자에게 급부를 수령할 의무 또는 채무자의 급부 이행에 협력할 의무가 있다고 약정한 경우, 또는 구체적 사안에서 신의칙상 채권자에게 위와 같은 수령의무나 협력의무가 있다고 볼 특별한 사정이 있다고 인정되는 경우에는 그러한 의무 위반에 대한 책임이 발생할 수 있다. 그중 신의칙상 채권자에게 급부를 수령할 의무나 급부 이행에 협력할 의무가 있다고 볼 특별한 사정이 있는지는 추상적·일반적으로 판단할 것이 아니라 구체적 사안에서 계약의 목적과 내용, 급부의 성질, 거래 관행, 객관적·외부적으로 표명된 계약 당사자의 의사, 계약 체결의 경위와 이행 상황, 급부의 이행 과정에서 채권자의 수령이나 협력이 차지하는 비중 등을 종합적으로 고려해서 개별적으로 판단해야 한다.

이와 같이 채권자에게 계약상 의무로서 수령의무나 협력의무가 인정되는 경우, 그 수령의무나 협력의무가 이행되지 않으면 계약 목적을 달성할 수 없거나 채무자에게 계약의 유지를 더 이상 기대할 수 없다고 볼 수 있는 때에는 채무자는 수령의무나 협력의무 위반을 이유로 계약을 해제할 수 있다.

**제401조(채권자지체와 채무자의 책임)** 채권자지체 중에는 채무자는 고의 또는 중대한 과실이 없으면 불이행으로 인한 모든 책임이 없다.

**제402조(동전)** 채권자지체 중에는 이자있는 채권이라도 채무자는 이자를 지급할 의무가 없다.

**제403조(채권자지체와 채권자의 책임)** 채권자지체로 인하여 그 목적물의 보관 또는 변제의 비용이 증가된 때에는 그 증가액은 채권자의 부담으로 한다.

**제404조(채권자대위권)** ① 채권자는 자기의 채권을 보전하기 위하여 채무자의 권리를 행사할 수 있다. 그러나 일신에 전속한 권리는 그러하지 아니하다.

② 채권자는 그 채권의 기한이 도래하기 전에는 법원의 허가없이 전항의 권리를 행사하지 못한다. 그러나 보전행위는 그러하지 아니하다.

**추심금**

[대법원 2023. 5. 18., 선고, 2022다265987, 판결]

【판시사항】

[1] 지역주택조합 추진위원회의 채권자가 추진위원회를 대위하여 추진위원회와 자금관리 대리사무계약을 체결한 신탁업자를 상대로 자금관리 대리사무계약상 자금집행 요청권을 행사하는 경우, 신탁업자가 자금집행의 절차, 요건, 범위에 관한 자금관리 대리사무 계약 조항을 이유로 대항할 수 있는지 여부(적극)

[2] 금전채권에 대한 채권압류 및 추심명령이 있는 경우, 제3채무자가 채권압류 전 압류채무자에게 대항할 수 있는 사유로 압류채권자에게 대항할 수 있는지 여부(적극)

【판결요지】

[1] 지역주택조합과 조합원 사이의 법률관계는 주택법령, 조합규약, 조합과 조합원 사이의 조합가입계약 등 약정에 따라 규율되는데, 적법하게 조합원 지위를 상실한 경우 납부한 분담금 반환 범위, 방법 등이 정해져 있다면 이에 따라야 하고, 지역주택조합 설립 이전 단계의 모집주체와 조합원들 사이에서도 마찬가지이다. 지역주택조합 설립인가를 받기 위한 추진위원회 등이 주택법 제11조의2 제1항, 제2항, 제3항에 따라 '자본시장과 금융투자업에 관한 법률'에 따른 신탁업자와 사이에 '자금의 보관 및 그와 관련된 업무'를 대행하도록 자금관리 대리사무계약을 체결하여 자금집행의 절차와 요건을 정하는 것은 신탁업자가 조합원 분담금 등의 자금관리 업무를 수행하고 추진위원회 등의 임의적인 집행을 방지하며 자금집행의 투명성과 적법성을 담보하기 위함이다. 추진위원회의 채권자가 추진위원회를 대위하여 자금관리 대리사무계약상 자금집행 요청권을 행사하는 경우 신탁업자는 자금집행의 절차, 요건, 범위에 관한 추진위원회와 사이의 자금관리 대리사무계약 조항을 이유로 대항할 수 있다.

[2] 금전채권에 대한 채권압류 및 추심명령이 있는 때에는 제3채무자는 채권이 압류되기 전에 압류채무자에게 대항할 수 있는 사유로 압류채권자에게 대항할 수 있다.

**제405조(채권자대위권행사의 통지)** ① 채권자가 전조제1항의 규정에 의하여 보전행위 이외의 권리를 행사한 때에는 채무자에게 통지하여야 한다.

② 채무자가 전항의 통지를 받은 후에는 그 권리를 처분하여도 이로써 채권자에게 대항하지 못한다.

**제406조(채권자취소권)** ① 채무자가 채권자를 해함을 알고 재산권을 목적으로 한 법률행위를 한 때에는 채권자는 그 취소 및 원상회복을 법원에 청구할 수 있다. 그러

나 그 행위로 인하여 이익을 받은 자나 전득한 자가 그 행위 또는 전득당시에 채권자를 해함을 알지 못한 경우에는 그러하지 아니하다.

② 전항의 소는 채권자가 취소원인을 안 날로부터 1년, 법률행위있은 날로부터 5년 내에 제기하여야 한다.

**구상금등청구의소**

[대법원 2023. 6. 29., 선고, 2022다244928, 판결]

**【판시사항】**

[1] 저당권이 설정된 부동산이 사해행위로 증여되었다가 저당권의 실행 등으로 수증자인 수익자에게 돌아갈 배당금청구권이 있음에도 배당금지급금지가처분 등으로 인하여 현실적으로 지급되지 못한 경우, 채권자취소권의 행사에 따른 원상회복의 방법

[2] 저당권이 설정된 부동산에 관하여 사해행위가 이루어진 경우, 가액배상의 범위 / 사해행위 이후 그 부동산에 관하여 제3자가 저당권을 취득한 경우, 채권자취소권의 행사에 따른 원상회복의 범위 / 채무자의 부동산에 관하여 증여 등 사해행위로 수익자에게 소유권이 이전된 후 경매의 실행으로 배당절차가 진행된 경우, 부동산 가액 중 수익자의 채권자가 배당절차에 참여하여 취득한 배당액 상당을 원상회복의 범위에서 공제하여 산정하여야 하는지 여부(소극) 및 수익자의 채권자가 채무자의 일반채권자에 해당하는 지위를 겸하고 있다고 하여 달리 볼 수 있는지 여부(소극)

**【판결요지】**

[1] 저당권이 설정된 부동산이 사해행위로 증여되었다가 그 저당권의 실행 등으로 말미암아 수증자인 수익자에게 돌아갈 배당금청구권이 있음에도 배당금지급금지가처분 등으로 인하여 현실적으로 지급되지 못한 경우, 채권자취소권의 행사에 따른 원상회복의 방법은 수익자가 취득한 배당금청구권을 채무자에게 반환하는 방법으로 이루어져야 하고, 이는 배당금채권의 양도와 그 채권양도의 통지를 배당금채권의 채무자에게 할 것을 명하는 형태가 된다.

[2] 채권자취소권의 행사에 따른 가액배상은 사해행위 당시 채무자의 일반 채권자들의 공동담보로 되어 있어 사해행위가 성립하는 범위 내의 부동산 가액 전부의 배상을 명하는 것으로, 저당권이 설정된 부동산에 관하여 사해행위가 이루어진 경우 부동산의 가액에서 그 저당권의 피담보채권액을 공제한 잔액의 범위 내에서만 사해행위가 성립하므로, 사실심 변론종결 시 기준의 부동산 가액에서 저당권의 피담보채권액을 공제한 잔액의 한도에서 사해행위를 취소하고 가액의 배상을 구할 수 있다.

따라서 사해행위 이후 그 부동산에 관하여 제3자가 저당권을 취득한 경우에는, 그 피담보채권액은 사해행위 당시 일반 채권자들의 공동담보였던 부분에 속하므로 채권자취소권의 행사에 따른 원상회복의 범위에서 이를 공제할 수 없고, 이를 포함한 전부가 가액배상 등 원상회복의 범위에 포함된다 할 것인데, 이는 채무자의 부동산에 관하여 증여 등 사해행위로 수익자에게 그 소유권이 이전된 후 경매의 실행으로 배당절차가 진행된 경우에도 마찬가지로, 그 부동산 가액 중 수익자의 채권자가 배당절차에 참여하여 취득한 배당액 상당은 사해행위 당시 채무자의 일반 채권자들의 공동담보였으므로 가액배상 등 원상회복의 범위에서 공제하여 산정할 것은 아니고, 수익자의 채권자가 채무자의 일반채권자에 해당하는 지위를 겸하고 있다고 하여 달리 볼 것도 아니다.

**제407조(채권자취소의 효력)** 전조의 규정에 의한 취소와 원상회복은 모든 채권자의 이익을 위하여 그 효력이 있다.

## 제3절 수인의 채권자 및 채무자

### 제1관 총칙

**제408조(분할채권관계)** 채권자나 채무자가 수인인 경우에 특별한 의사표시가 없으면 각 채권자 또는 각 채무자는 균등한 비율로 권리가 있고 의무를 부담한다.

### 제2관 불가분채권과 불가분채무

**제409조(불가분채권)** 채권의 목적이 그 성질 또는 당사자의 의사표시에 의하여 불가분인 경우에 채권자가 수인인 때에는 각 채권자는 모든 채권자를 위하여 이행을 청구할 수 있고 채무자는 모든 채권자를 위하여 각 채권자에게 이행할 수 있다.

**임대차보증금**

[대법원 2023. 3. 30., 선고, 2021다264253, 판결]

【판시사항】

수인의 채권자에게 금전채권이 불가분적으로 귀속되는 경우, 불가분채권자들 중 1인을 집행채무자로 한 압류 및 전부명령의 효력이 집행채무자가 아닌 다른 불가분채권자에게 미치는지 여부(소극) 및 이때 다른 불가분채권자가 모든 채권자를 위하여 채무자에게 불가분채권 전부의 이행을 청구할 수 있는지 여부(적극) / 이러한 법리는 불가분채권의 목적이 금전채권이고 그 일부에 대하여만 압류 및 전부명령이 이루어진 경우에도 마찬가지인지 여부(적극)

【판결요지】

수인의 채권자에게 금전채권이 불가분적으로 귀속되는 경우에, 불가분채권자들 중 1인을 집행채무자로 한 압류 및 전부명령이 이루어지면 그 불가분채권자의 채권은 전부채권자에게 이전되지만, 그 압류 및 전부명령은 집행채무자가 아닌 다른 불가분채권자에게 효력이 없으므로, 다른 불가분채권자의 채권의 귀속에 변경이 생기는 것은 아니다. 따라서 다른 불가분채권자는 모든 채권자를 위하여 채무자에게 불가분채권 전부의 이행을 청구할 수 있고, 채무자는 모든 채권자를 위하여 다른 불가분채권자에게 전부를 이행할 수 있다. 이러한 법리는 불가분채권의 목적이 금전채권인 경우 그 일부에 대하여만 압류 및 전부명령이 이루어진 경우에도 마찬가지이다.

**제410조(1인의 채권자에 생긴 사항의 효력)** ① 전조의 규정에 의하여 모든 채권자에게 효력이 있는 사항을 제외하고는 불가분채권자중 1인의 행위나 1인에 관한 사항은 다른 채권자에게 효력이 없다.

② 불가분채권자 중의 1인과 채무자간에 경개나 면제있는 경우에 채무전부의 이행을 받은 다른 채권자는 그 1인이 권리를 잃지 아니하였으면 그에게 분급할 이익을 채무자에게 상환하여야 한다.

**제411조(불가분채무와 준용규정)** 수인이 불가분채무를 부담한 경우에는 제413조 내지 제415조, 제422조, 제424조 내지 제427조 및 전조의 규정을 준용한다.

**임대차보증금반환**

[대법원 2021. 1. 28., 선고, 2015다59801, 판결]

【판시사항】

[1] 상속에 따라 임차건물의 소유권을 취득한 자가 상가건물 임대차보호법 제3조 제2항에서 정한 '임차건물의 양수인'에 해당하는지 여부(적극) 및 임대인 지위를 공동으로 승계한 공동임대인들의 임차보증금 반환채무가 불가분채무인지 여부(적극)

[2] 민법 제1019조 제3항에서 말하는 '상속채무가 상속재산을 초과하는 사실을 중대한 과실로 알지 못한 경우'의 의미 및 이에 관한 증명책임의 소재(=상속인)

[3] 민법 제1026조 제3호에서 정한 '고의로 재산목록에 기입하지 아니한 때'의 의미

【판결요지】

[1] 상가건물 임대차보호법 제3조는 '대항력 등'이라는 표제로 제1항에서 대항력의 요건을 정하고, 제2항에서 "임차건물의 양수인(그 밖에 임대할 권리를 승계한 자를 포함한다)은 임대인의 지위를 승계한 것으로 본다."라고 정하고 있다. 이 조항은 임차인이 취득하는 대항력의 내용을 정한 것으로, 상가건물의 임차인이 제3자에 대한 대항력을 취득한 다음 임차건물의 양도 등으로 소유자가 변동된 경우에는 양수인 등 새로운 소유자(이하 '양수인'이라 한다)가 임대인의 지위를 당연히 승계한다는 의미이다. 소유권 변동의 원인이 매매 등 법률행위든 상속·경매 등 법률의 규정이든 상관없이 이 규정이 적용되므로, 상속에 따라 임차건물의 소유권을 취득한 자도 위 조항에서 말하는 임차건물의 양수인에 해당한다. 임대인 지위를 공동으로 승계한 공동임대인들의 임차보증금 반환채무는 성질상 불가분채무에 해당한다.

[2] 민법 제1019조 제3항에서 말하는 '상속채무가 상속재산을 초과하는 사실을 중대한 과실로 알지 못한다.' 함은 상속인이 조금만 주의를 기울였다면 상속채무가 상속재산을 초과한다는 사실을 알 수 있었음에도 이를 게을리함으로써 그러한 사실을 알지 못한 것을 뜻하고, 상속인이 상속채무가 상속재산을 초과하는 사실을 중대한 과실 없이 민법 제1019조 제1항의 기간 내에 알지 못하였다는 점에 대한 증명책임은 상속인에게 있다.

[3] 민법 제1026조 제3호는 상속인이 한정승인이나 포기를 한 후에 상속재산을 은닉하거나 부정소비하거나 고의로 재산목록에 기입하지 않은 때에는 상속인이 단순승인을 한 것으로 본다고 규정하고 있는데, 여기서 '고의로 재산목록에 기입하지 아니한 때'란 한정승인을 할 때 상속재산을 은닉하여 상속채권자를 해할 의사로써 상속재산을 재산목록에 기입하지 않는 것을 뜻한다.

**제412조(가분채권, 가분채무에의 변경)** 불가분채권이나 불가분채무가 가분채권 또는 가분채무로 변경된 때에는 각 채권자는 자기부분만의 이행을 청구할 권리가 있고 각 채무자는 자기부담부분만을 이행할 의무가 있다.

## 제3관 연대채무

**제413조(연대채무의 내용)** 수인의 채무자가 채무전부를 각자 이행할 의무가 있고 채무자 1인의 이행으로 다른 채무자도 그 의무를 면하게 되는 때에는 그 채무는 연대채무로 한다.

**제414조(각 연대채무자에 대한 이행청구)** 채권자는 어느 연대채무자에 대하여 또는 동시나 순차로 모든 연대채무자에 대하여 채무의 전부나 일부의 이행을 청구할 수 있다.

**전세금반환등**

[대법원 2018. 4. 10., 선고, 2016다252898, 판결]

【판시사항】

[1] 부진정연대채무에서 채권자가 채무자 중 누구에게든지 채무 범위 내에서 이행을 청구할 수 있는지 여부(적극) 및 채권자의 채권 만족에 이른 것으로 볼 수 있는 변제 등의 사유 외에 한 채무자에게 생긴 사유가 다른 채무자에게 효력이 있는지 여부(소극)

[2] 금액이 다른 채무가 서로 부진정연대 관계에 있을 때 다액채무자가 일부 변제를 하는 경우, 변제로 먼저 소멸하는 부분(=다액채무자가 단독으로 채무를 부담하는 부분)

【판결요지】

[1] 부진정연대채무는 여러 채무자가 같은 내용의 채무에 대하여 각자 독립하여 채권자에게 전부 이행할 의무를 부담하는 다수당사자의 법률관계로서, 연대채무에 비해서 채권자의 지위가 강화되어 있다. 채권자는 채무자 중 누구에게든지 채무 범위 내에서 이행을 청구할 수 있고, 한 채무자에게 생긴 사유는 채권자의 채권 만족에 이른 것으로 볼 수 있는 변제 등과 같은 사유 외에는 다른 채무자에게 효력이 없다.

[2] 금액이 서로 다른 채무가 서로 부진정연대 관계에 있을 때 다액채무자가 일부 변제를 하는 경우 변제로 먼저 소멸하는 부분은 다액채무자가 단독으로 채무를 부담하는 부분으로 보아야 한다. 이러한 결론이 부진정연대채무자들의 자력, 변제 순서, 이들 사이의 구상관계와 무관하게 채권자에 대한 채무 전액의 지급을 확실히 보장하려는 부진정연대채무 제도의 취지에 부합한다.

**제415조(채무자에 생긴 무효, 취소)** 어느 연대채무자에 대한 법률행위의 무효나 취소의 원인은 다른 연대채무자의 채무에 영향을 미치지 아니한다.

**제416조(이행청구의 절대적 효력)** 어느 연대채무자에 대한 이행청구는 다른 연대채무자에게도 효력이 있다.

**제417조(경개의 절대적 효력)** 어느 연대채무자와 채권자간에 채무의 경개가 있는 때에는 채권은 모든 연대채무자의 이익을 위하여 소멸한다.

**제418조(상계의 절대적 효력)** ① 어느 연대채무자가 채권자에 대하여 채권이 있는 경우에 그 채무자가 상계한 때에는 채권은 모든 연대채무자의 이익을 위하여 소멸한다.

② 상계할 채권이 있는 연대채무자가 상계하지 아니한 때에는 그 채무자의 부담부분에 한하여 다른 연대채무자가 상계할 수 있다.

**제419조(면제의 절대적 효력)** 어느 연대채무자에 대한 채무면제는 그 채무자의 부담부분에 한하여 다른 연대채무자의 이익을 위하여 효력이 있다.

**구상금**

[대법원 2019. 8. 14., 선고, 2019다216435, 판결]

【판시사항】

채권자가 연대채무자 중 1인에 대하여 채무를 일부 면제하는 경우, 면제된 부담부분에 한하여 면제의 절대적 효력이 인정되는지 여부(원칙적 적극) 및 이때 채무 일부를 면제받은 연대채무자가 지급해야 할 잔존 채무액이 부담부분을 초과하는지 여부에 따라 다른 연대채

무자의 채무에 미치는 영향

【판결요지】

민법 제419조는 "어느 연대채무자에 대한 채무면제는 그 채무자의 부담부분에 한하여 다른 연대채무자의 이익을 위하여 효력이 있다."라고 정하여 면제의 절대적 효력을 인정한다. 이는 당사자들 사이에 구상의 순환을 피하여 구상에 관한 법률관계를 간략히 하려는 데 취지가 있는바, 채권자가 연대채무자 중 1인에 대하여 채무를 일부 면제하는 경우에도 그와 같은 취지는 존중되어야 한다. 따라서 연대채무자 중 1인에 대한 채무의 일부 면제에 상대적 효력만 있다고 볼 특별한 사정이 없는 한 일부 면제의 경우에도 면제된 부담부분에 한하여 면제의 절대적 효력이 인정된다고 보아야 한다.

구체적으로 연대채무자 중 1인이 채무 일부를 면제받는 경우에 그 연대채무자가 지급해야 할 잔존 채무액이 부담부분을 초과하는 경우에는 그 연대채무자의 부담부분이 감소한 것은 아니므로 다른 연대채무자의 채무에도 영향을 주지 않아 다른 연대채무자는 채무 전액을 부담하여야 한다. 반대로 일부 면제에 의한 피면제자의 잔존 채무액이 부담부분보다 적은 경우에는 차액(부담부분 - 잔존 채무액)만큼 피면제자의 부담부분이 감소하였으므로, 차액의 범위에서 면제의 절대적 효력이 발생하여 다른 연대채무자의 채무도 차액만큼 감소한다.

**제420조(혼동의 절대적 효력)** 어느 연대채무자와 채권자간에 혼동이 있는 때에는 그 채무자의 부담부분에 한하여 다른 연대채무자도 의무를 면한다.

**제421조(소멸시효의 절대적 효력)** 어느 연대채무자에 대하여 소멸시효가 완성한 때에는 그 부담부분에 한하여 다른 연대채무자도 의무를 면한다.

**증여세부과처분취소**

[대법원 2017. 7. 18., 선고, 2015두50290, 판결]

【판시사항】

명의신탁재산 증여의제의 과세요건을 충족하여 명의신탁자의 증여세 연대납세의무가 성립한 경우, 과세처분으로 납세의무가 확정되기 전이라도 명의수탁자에 관한 사항이 명의신탁자의 증여세 연대납세의무에 영향을 미치지 않는지 여부(원칙적 적극) 및 명의수탁자가 사망하여 그 상속인이 명의수탁자의 증여세 납세의무를 상속재산의 한도에서 승계하였더라도 마찬가지인지 여부(적극)

【판결요지】

구 상속세 및 증여세법(2010. 1. 1. 법률 제9916호로 개정되기 전의 것, 이하 '구 상증세법'이라고 한다) 제4조 제1항, 제5항, 제45조의2 제1항, 구 국세기본법(2007. 12. 31. 법률 제8830호로 개정되기 전의 것) 제3조, 제25조의2, 민법 제423조 등의 내용과 체계, 구 상증세법 제4조의 개정 연혁과 입법 취지 등을 종합적으로 고려하여 보면, 명의신탁재산 증여의제의 과세요건을 충족하여 명의신탁자의 증여세 연대납세의무가 성립한 이상, 비록 과세처분으로 그러한 납세의무가 확정되기 전이라도 민법 제416조, 제419조, 제421조에 해당하는 경우 이외에는 명의수탁자에 관한 사항이 명의신탁자의 증여세 연대납세의무에 영향을 미치지 않고, 명의수탁자가 사망하여 그 상속인이 명의수탁자의 증여세 납세의무를 상속재산의 한도에서 승계하였더라도 달리 볼 것은 아니다.

**제422조(채권자지체의 절대적 효력)** 어느 연대채무자에 대한 채권자의 지체는 다른 연대채무자에게도 효력이 있다.

**제423조(효력의 상대성의 원칙)** 전7조의 사항외에는 어느 연대채무자에 관한 사항은 다른 연대채무자에게 효력이 없다.

**제424조(부담부분의 균등)** 연대채무자의 부담부분은 균등한 것으로 추정한다.

**구상금**

[대법원 2020. 7. 9., 선고, 2020다208195, 판결]

【판시사항】

[1] 변제 기타 자기의 출재로 공동면책을 얻은 연대채무자가 다른 연대채무자에게 구상할 수 있는 부담부분을 결정하는 기준 및 이러한 법리는 변제 기타 자기의 출재로 공동면책을 얻은 불가분채무자가 다른 불가분채무자를 상대로 구상권을 행사하는 경우에도 마찬가지로 적용되는지 여부(적극)

[2] 민사재판에서 확정된 관련 민사사건에서 인정된 사실의 증명력

【판결요지】

[1] 연대채무자가 변제 기타 자기의 출재(出財)로 공동면책을 얻은 때에는 다른 연대채무자의 부담부분에 대하여 구상권을 행사할 수 있고 이때 부담부분은 균등한 것으로 추정된다(민법 제425조 제1항, 제424조). 그러나 연대채무자 사이에 부담부분에 관한 특약이 있거나 특약이 없더라도 채무의 부담과 관련하여 각 채무자의 수익비율이 다르다면 그 특약 또는 비율에 따라 부담부분이 결정된다.

이러한 법리는 민법 제411조에 따라 연대채무자의 부담부분과 구상권에 관한 규정이 준용되는 불가분채무자가 변제 기타 자기의 출재로 공동면책을 얻은 때 다른 불가분채무자를 상대로 구상권을 행사하는 경우에도 마찬가지로 적용된다. 불가분채무자 사이에 부담부분에 관한 특약이 있거나 특약이 없더라도 채무자의 수익비율이 다르다면 그 특약 또는 비율에 따라 부담부분이 결정된다. 따라서 불가분채무자가 변제 등으로 공동면책을 얻은 때에는 다른 채무자의 부담부분에 대하여 구상할 수 있다.

[2] 민사재판에서 다른 민사사건 등의 판결에서 인정된 사실에 구속받는 것은 아니라고 할지라도 이미 확정된 관련 민사사건에서 인정된 사실은 특별한 사정이 없는 한 유력한 증거가 되므로 합리적인 이유를 제시하지 않고 이를 배척할 수 없다.

**제425조(출재채무자의 구상권)** ① 어느 연대채무자가 변제 기타 자기의 출재로 공동면책이 된 때에는 다른 연대채무자의 부담부분에 대하여 구상권을 행사할 수 있다.

② 전항의 구상권은 면책된 날 이후의 법정이자 및 피할 수 없는 비용 기타 손해배상을 포함한다.

**제426조(구상요건으로서의 통지)** ① 어느 연대채무자가 다른 연대채무자에게 통지하지 아니하고 변제 기타 자기의 출재로 공동면책이 된 경우에 다른 연대채무자가 채권자에게 대항할 수 있는 사유가 있었을 때에는 그 부담부분에 한하여 이 사유로 면책행위를 한 연대채무자에게 대항할 수 있고 그 대항사유가 상계인 때에는 상계로 소멸할 채권은 그 연대채무자에게 이전된다.

② 어느 연대채무자가 변제 기타 자기의 출재로 공동면책되었음을 다른 연대채무자에게 통지하지 아니한 경우에 다른 연대채무자가 선의로 채권자에게 변제 기타 유상의 면책행위를 한 때에는 그 연대채무자는 자기의 면책행위의 유효를 주장할 수 있다.

**제427조(상환무자력자의 부담부분)** ① 연대채무자 중에 상환할 자력이 없는 자가 있는 때에는 그 채무자의 부담부분은 구상권자 및 다른 자력이 있는 채무자가 그 부담부분에 비례하여 분담한다. 그러나 구상권자에게 과실이 있는 때에는 다른 연대채무자에 대하여 분담을 청구하지 못한다.

② 전항의 경우에 상환할 자력이 없는 채무자의 부담부분을 분담할 다른 채무자가 채권자로부터 연대의 면제를 받은 때에는 그 채무자의 분담할 부분은 채권자의 부담으로 한다.

## 제4관 보증채무

**제428조(보증채무의 내용)** ① 보증인은 주채무자가 이행하지 아니하는 채무를 이행할 의무가 있다.

② 보증은 장래의 채무에 대하여도 할 수 있다.

**제428조의2(보증의 방식)** ① 보증은 그 의사가 보증인의 기명날인 또는 서명이 있는 서면으로 표시되어야 효력이 발생한다. 다만, 보증의 의사가 전자적 형태로 표시된 경우에는 효력이 없다.

② 보증채무를 보증인에게 불리하게 변경하는 경우에도 제1항과 같다.

③ 보증인이 보증채무를 이행한 경우에는 그 한도에서 제1항과 제2항에 따른 방식의 하자를 이유로 보증의 무효를 주장할 수 없다.

*[본조신설 2015. 2. 3.]*

**제428조의3(근보증)** ① 보증은 불확정한 다수의 채무에 대해서도 할 수 있다. 이 경우 보증하는 채무의 최고액을 서면으로 특정하여야 한다.

② 제1항의 경우 채무의 최고액을 제428조의2제1항에 따른 서면으로 특정하지 아니한 보증계약은 효력이 없다.

*[본조신설 2015. 2. 3.]*

**보증채무금**

[서울고법 2021. 10. 14., 선고, 2021나2003630, 판결 : 확정]

【판시사항】

스웨덴국에 설립된 甲 외국법인이 필리핀국 법인인 乙 주식회사와 항공기 리스계약을 체결한 후, 乙 회사의 국내 관계회사의 대표자인 대한민국 국민 丙이 甲 법인과 사이에 乙 회사의 리스료 등 채무를 보증하는 내용의 보증계약을 체결하면서 보증계약에 대한 준거법을 미합중국 뉴욕주 법으로 정하였는데, 그 후 乙 회사가 리스료 등을 연체하여 甲 법인이 丙을 상대로 연체된 리스료 등의 지급을 구하자 민법 제428조의3이 국제사법 제7조의 이른바 '국제적 강행법규'로서 위 보증계약에 적용되는지 문제 된 사안에서, 당해 법규의 의미와 입법 취지 등에 비추어 볼 때 민법 제428조의3이 국제적인 계약관계에도 언제나 적용되어야 하는 '국제적 강행법규'에 해당한다고 보기 어렵다고 한 사례

【판결요지】

스웨덴국에 설립된 甲 외국법인이 필리핀국 법인인 乙 주식회사와 항공기 리스계약을 체결한 후, 乙 회사의 국내 관계회사의 대표자인 대한민국 국민 丙이 甲 법인과 사이에 乙 회사의 리스료 등 채무를 보증하는 내용의 보증계약을 체결하면서 보증계약에 대한 준거법을 미합중국 뉴욕주 법으로 정하였는데, 그 후 乙 회사가 리스료 등을 연체하여 甲 법인이 丙을 상대로 연체된 리스료 등의 지급을 구하자 민법 제428조의3이 국제사법 제7조의 이른바 '국제적 강행법규'로서 위 보증계약에 적용되는지 문제 된 사안이다.

甲 법인과 丙은 위 보증계약에서 준거법을 미합중국 뉴욕주 법으로 정하였으므로, 국제사법 제25조 제1항에 따라 미합중국 뉴욕주 법이 그 준거법이 되고, 민법 제428조의3이 이른바 '국제적 강행법규'에 해당하는지는 당해 법규의 의미와 입법 목적 등에 비추어 개별적으로 판단하여야 하는데, 당사자 합의에 의해 배제할 수 없는 국내 강행규정이라고 하여 곧바로 국제적 관계에도 적용되어야 하는 것은 아닌 점, 2015. 2. 3. 법률 개정으로 신설된 민법 제428조의3은 보증인이 보증을 함에 있어 법적 부담의 한도액을 미리 명확하게 알 수 있도록 하여 보증인을 보호하려는 데에 그 입법 취지가 있지만, 위와 같은 민법 개정이 국제적 거래관계에 따른 상사 보증도 고려하여 이루어졌다고 볼 만한 자료는 없는 점, 나라마다 강행법규가 다양한 상황에서, 미합중국 뉴욕주 법을 준거법으로 명시하여 체결된 위 보증계약에 대해 법정지인 대한민국의 민법 규정이 반드시 적용되어야 한다고 볼 만한 사정도 없는 점, 위 보증계약에서도 丙이 주된 의무자(primary obligor)로서 독립된 채무를 지고 그 책임의 범위에 각종 수수료와 경비가 포함됨을 명시하고 있는바, 丙의 책임이 위 보증계약 당시의 예상을 벗어나 지나치게 확대될 우려가 있다고 보이지도 않는 점 등을 종합하여 보면, 민법 제428조의3이 국제적인 계약관계에도 언제나 적용되어야 하는 '국제적 강행법규'에 해당한다고 보기 어렵다고 한 사례이다.

**제429조(보증채무의 범위)** ① 보증채무는 주채무의 이자, 위약금, 손해배상 기타 주채무에 종속한 채무를 포함한다.
② 보증인은 그 보증채무에 관한 위약금 기타 손해배상액을 예정할 수 있다.

**제430조(목적, 형태상의 부종성)** 보증인의 부담이 주채무의 목적이나 형태보다 중한 때에는 주채무의 한도로 감축한다.

**제431조(보증인의 조건)** ① 채무자가 보증인을 세울 의무가 있는 경우에는 그 보증인은 행위능력 및 변제자력이 있는 자로 하여야 한다.
② 보증인이 변제자력이 없게 된 때에는 채권자는 보증인의 변경을 청구할 수 있다.
③ 채권자가 보증인을 지명한 경우에는 전2항의 규정을 적용하지 아니한다.

**제432조(타담보의 제공)** 채무자는 다른 상당한 담보를 제공함으로써 보증인을 세울 의무를 면할 수 있다.

**제433조(보증인과 주채무자항변권)** ① 보증인은 주채무자의 항변으로 채권자에게 대항할 수 있다.
② 주채무자의 항변포기는 보증인에게 효력이 없다.

**제434조(보증인과 주채무자상계권)** 보증인은 주채무자의 채권에 의한 상계로 채권자에게 대항할 수 있다.

**제435조(보증인과 주채무자의 취소권 등)** 주채무자가 채권자에 대하여 취소권 또는 해제권이나 해지권이 있는 동안은 보증인은 채권자에 대하여 채무의 이행을 거절할 수 있다.

**제436조** 삭제 *〈2015. 2. 3.〉*

**제436조의2(채권자의 정보제공의무와 통지의무 등)** ① 채권자는 보증계약을 체결할 때 보증계약의 체결 여부 또는 그 내용에 영향을 미칠 수 있는 주채무자의 채무 관련 신용정보를 보유하고 있거나 알고 있는 경우에는 보증인에게 그 정보를 알려야 한다. 보증계약을 갱신할 때에도 또한 같다.

② 채권자는 보증계약을 체결한 후에 다음 각 호의 어느 하나에 해당하는 사유가 있는 경우에는 지체 없이 보증인에게 그 사실을 알려야 한다.

1. 주채무자가 원본, 이자, 위약금, 손해배상 또는 그 밖에 주채무에 종속한 채무를 3개월 이상 이행하지 아니하는 경우
2. 주채무자가 이행기에 이행할 수 없음을 미리 안 경우
3. 주채무자의 채무 관련 신용정보에 중대한 변화가 생겼음을 알게 된 경우

③ 채권자는 보증인의 청구가 있으면 주채무의 내용 및 그 이행 여부를 알려야 한다.

④ 채권자가 제1항부터 제3항까지의 규정에 따른 의무를 위반하여 보증인에게 손해를 입힌 경우에는 법원은 그 내용과 정도 등을 고려하여 보증채무를 감경하거나 면제할 수 있다.

*[본조신설 2015. 2. 3.]*

**제437조(보증인의 최고, 검색의 항변)** 채권자가 보증인에게 채무의 이행을 청구한 때에는 보증인은 주채무자의 변제자력이 있는 사실 및 그 집행이 용이할 것을 증명하여 먼저 주채무자에게 청구할 것과 그 재산에 대하여 집행할 것을 항변할 수 있다. 그러나 보증인이 주채무자와 연대하여 채무를 부담한 때에는 그러하지 아니하다.

**제438조(최고, 검색의 해태의 효과)** 전조의 규정에 의한 보증인의 항변에 불구하고 채권자의 해태로 인하여 채무자로부터 전부나 일부의 변제를 받지 못한 경우에는 채권자가 해태하지 아니하였으면 변제받았을 한도에서 보증인은 그 의무를 면한다.

**제439조(공동보증의 분별의 이익)** 수인의 보증인이 각자의 행위로 보증채무를 부담한 경우에도 제408조의 규정을 적용한다.

**제440조(시효중단의 보증인에 대한 효력)** 주채무자에 대한 시효의 중단은 보증인에 대하여 그 효력이 있다.

**제441조(수탁보증인의 구상권)** ① 주채무자의 부탁으로 보증인이 된 자가 과실없이 변제 기타의 출재로 주채무를 소멸하게 한 때에는 주채무자에 대하여 구상권이 있다.

② 제425조제2항의 규정은 전항의 경우에 준용한다.

## 배당이의

[대법원 2021. 12. 16., 선고, 2021다247258, 판결]

**【판시사항】**

[1] 공동저당이 설정된 복수의 부동산이 같은 물상보증인의 소유에 속하고 그중 하나의 부동산에 후순위저당권이 설정되어 있는데 그 부동산의 대가만 배당되는 경우, 후순위저당권자가 공동저당이 설정된 다른 부동산에 대한 선순위 공동저당권자의 저당권을 대위 행사할 수 있는지 여부(적극) 및 이는 공동저당이 설정된 부동산이 제3자에게 양도되어 소유자가 다르게 되더라도 마찬가지인지 여부(적극)

[2] 채무자 소유의 부동산과 물상보증인 소유의 부동산에 공동저당이 설정되고 그중 채무자 소유의 부동산에 후순위저당권이 설정되어 있는데 선순위 공동저당권자가 물상보증인으로부터 먼저 채권을 변제받은 경우, 물상보증인은 채무자에 대한 구상권을 취득함과 동시에 변제자대위에 의하여 채무자 소유 부동산에 대한 선순위 공동저당권을 취득하는지 여부(적극)

[3] 물상보증인이 소유하는 복수의 부동산에 공동저당이 설정되고 그중 한 부동산에 후순위저당권이 설정된 다음에 그 부동산이 채무자에게 양도됨으로써 채무자 소유의 부동산과 물상보증인 소유의 부동산에 대해 공동저당이 설정된 상태가 된 경우, 물상보증인의 변제자대위는 후순위저당권자의 지위에 영향을 주지 않는 범위에서만 성립하는지 여부(적극) 및 이는 물상보증인으로부터 부동산을 양수한 제3취득자가 변제자대위를 하는 경우에도 마찬가지인지 여부(적극)

**【판결요지】**

[1] 공동저당이 설정된 복수의 부동산이 같은 물상보증인의 소유에 속하고 그중 하나의 부동산에 후순위저당권이 설정되어 있는 경우에, 그 부동산의 대가만이 배당되는 때에는 후순위저당권자는 민법 제368조 제2항에 따라 선순위 공동저당권자가 같은 조 제1항에 따라 공동저당이 설정된 다른 부동산으로부터 변제를 받을 수 있었던 금액에 이르기까지 선순위 공동저당권자를 대위하여 그 부동산에 대한 저당권을 행사할 수 있다.

이 경우 공동저당이 설정된 부동산이 제3자에게 양도되어 그 소유자가 다르게 되더라도 민법 제482조 제2항 제3호, 제4호에 따라 각 부동산의 소유자는 그 부동산의 가액에 비례해서만 변제자대위를 할 수 있으므로 후순위저당권자의 지위는 영향을 받지 않는다.

[2] 채무자 소유의 부동산과 물상보증인 소유의 부동산에 공동저당이 설정되고 그중 채무자 소유의 부동산에 후순위저당권이 설정된 경우에, 선순위 공동저당권자가 물상보증인이 소유한 부동산의 대가만을 배당받는 등 물상보증인으로부터 먼저 채권을 변제받은 때에는 물상보증인은 채무자에 대하여 구상권을 취득함과 동시에 민법 제481조, 제482조에 따른 변제자대위에 의하여 채무자 소유의 부동산에 대한 선순위 공동저당권을 취득한다.

[3] 같은 물상보증인이 소유하는 복수의 부동산에 공동저당이 설정되고 그중 한 부동산에 후순위저당권이 설정된 다음에 그 부동산이 채무자에게 양도됨으로써 채무자 소유의 부동산과 물상보증인 소유의 부동산에 대해 공동저당이 설정된 상태에 있게 된 경우에는 물상보증인의 변제자대위는 후순위저당권자의 지위에 영향을 주지 않는 범위에서 성립한다고 보아야 하고, 이는 물상보증인으로부터 부동산을 양수한 제3취득자가 변제자대위를 하는 경우에도 마찬가지이다. 이 경우 물상보증인이 자신이 변제한 채권 전부에 대해 변

제자대위를 할 수 있다고 본다면, 후순위저당권자는 저당부동산이 채무자에게 이전되었다는 우연한 사정으로 대위를 할 수 있는 지위를 박탈당하는 반면, 물상보증인 또는 그로부터 부동산을 양수한 제3취득자는 뜻하지 않은 이득을 얻게 되어 부당하다. 같은 물상보증인이 소유하는 복수의 부동산에 공동저당이 설정된 경우 그 부동산 중 일부에 대한 후순위저당권자는 선순위 공동저당권자가 공동저당이 설정된 부동산의 가액에 비례하여 배당받는 것을 전제로 부동산의 담보가치가 남아있다고 기대하여 저당권을 설정받는 것이 일반적이고, 이러한 기대를 보호하는 것이 민법 제368조의 취지에 부합한다.

**제442조(수탁보증인의 사전구상권)** ① 주채무자의 부탁으로 보증인이 된 자는 다음 각호의 경우에 주채무자에 대하여 미리 구상권을 행사할 수 있다.

1. 보증인이 과실없이 채권자에게 변제할 재판을 받은 때
2. 주채무자가 파산선고를 받은 경우에 채권자가 파산재단에 가입하지 아니한 때
3. 채무의 이행기가 확정되지 아니하고 그 최장기도 확정할 수 없는 경우에 보증계약후 5년을 경과한 때
4. 채무의 이행기가 도래한 때

② 전항제4호의 경우에는 보증계약후에 채권자가 주채무자에게 허여한 기한으로 보증인에게 대항하지 못한다.

**구상금**

[대법원 2023. 2. 2., 선고, 2020다283578, 판결]

【판시사항】

수탁보증인이 민법 제442조에 따라 주채무자에게 사전구상의무 이행을 구한 경우, 주채무자가 민법 제443조 전단을 근거로 수탁보증인에게 담보의 제공을 구할 수 있는지 여부(적극) 및 이 경우 담보제공이 있을 때까지 사전구상의무 이행을 거절할 수 있는지 여부(적극) / 수탁보증인이 주채무자의 담보제공청구를 거절하거나 구상금액에 상당한 담보를 제공하려는 의사를 표시하지 않는 경우, 법원은 수탁보증인의 사전구상금 청구를 기각하여야 하는지 여부(적극)

【판결요지】

민법 제443조 전단은 '전조의 규정에 의하여 주채무자가 보증인에게 배상하는 경우에 주채무자는 자기에게 담보를 제공할 것을 보증인에게 청구할 수 있다.'고 정한다. 따라서 주채무자는 수탁보증인이 민법 제442조에 정한 바에 따라 주채무자에게 사전구상의무 이행을 구하면 민법 제443조 전단을 근거로 수탁보증인에게 담보의 제공을 구할 수 있고, 그러한 담보제공이 있을 때까지 사전구상의무 이행을 거절할 수 있다. 만약 수탁보증인이 주채무자의 담보제공청구에 응하여 구상금액에 상당한 담보를 특정하여 제공할 의사를 표시한다면 법원은 주채무자가 수탁보증인으로부터 그 특정한 담보를 제공받음과 동시에 사전구상의무를 이행하여야 한다고 판결하여야 하지만, 수탁보증인이 주채무자의 담보제공청구를 거절하거나 구상금액에 상당한 담보를 제공하려는 의사를 표시하지 않는다면 법원은 수탁보증인의 사전구상금 청구를 기각하는 판결을 하여야 한다.

**제443조(주채무자의 면책청구)** 전조의 규정에 의하여 주채무자가 보증인에게 배상하는 경우에 주채무자는 자기를 면책하게 하거나 자기에게 담보를 제공할 것을 보증인에게 청구할 수 있고 또는 배상할 금액을 공탁하거나 담보를 제공하거나 보증인을 면책하게 함으로써 그 배상의무를 면할 수 있다.

**제444조(부탁없는 보증인의 구상권)** ① 주채무자의 부탁없이 보증인이 된 자가 변제 기타 자기의 출재로 주채무를 소멸하게 한 때에는 주채무자는 그 당시에 이익을 받은 한도에서 배상하여야 한다.

② 주채무자의 의사에 반하여 보증인이 된 자가 변제 기타 자기의 출재로 주채무를 소멸하게 한 때에는 주채무자는 현존이익의 한도에서 배상하여야 한다.

③ 전항의 경우에 주채무자가 구상한 날 이전에 상계원인이 있음을 주장한 때에는 그 상계로 소멸할 채권은 보증인에게 이전된다.

**제445조(구상요건으로서의 통지)** ① 보증인이 주채무자에게 통지하지 아니하고 변제 기타 자기의 출재로 주채무를 소멸하게 한 경우에 주채무자가 채권자에게 대항할 수 있는 사유가 있었을 때에는 이 사유로 보증인에게 대항할 수 있고 그 대항사유가 상계인 때에는 상계로 소멸할 채권은 보증인에게 이전된다.

② 보증인이 변제 기타 자기의 출재로 면책되었음을 주채무자에게 통지하지 아니한 경우에 주채무자가 선의로 채권자에게 변제 기타 유상의 면책행위를 한 때에는 주채무자는 자기의 면책행위의 유효를 주장할 수 있다.

**제446조(주채무자의 보증인에 대한 면책통지의무)** 주채무자가 자기의 행위로 면책하였음을 그 부탁으로 보증인이 된 자에게 통지하지 아니한 경우에 보증인이 선의로 채권자에게 변제 기타 유상의 면책행위를 한 때에는 보증인은 자기의 면책행위의 유효를 주장할 수 있다.

**제447조(연대, 불가분채무의 보증인의 구상권)** 어느 연대채무자나 어느 불가분채무자를 위하여 보증인이 된 자는 다른 연대채무자나 다른 불가분채무자에 대하여 그 부담부분에 한하여 구상권이 있다.

**제448조(공동보증인간의 구상권)** ① 수인의 보증인이 있는 경우에 어느 보증인이 자기의 부담부분을 넘은 변제를 한 때에는 제444조의 규정을 준용한다.

② 주채무가 불가분이거나 각 보증인이 상호연대로 또는 주채무자와 연대로 채무를 부담한 경우에 어느 보증인이 자기의 부담부분을 넘은 변제를 한 때에는 제425조 내지 제427조의 규정을 준용한다.

## 제4절 채권의 양도

**제449조(채권의 양도성)** ① 채권은 양도할 수 있다. 그러나 채권의 성질이 양도를 허용하지 아니하는 때에는 그러하지 아니하다.

② 채권은 당사자가 반대의 의사를 표시한 경우에는 양도하지 못한다. 그러나 그 의사표시로써 선의의 제삼자에게 대항하지 못한다.

**제450조(지명채권양도의 대항요건)** ① 지명채권의 양도는 양도인이 채무자에게 통지하거나 채무자가 승낙하지 아니하면 채무자 기타 제삼자에게 대항하지 못한다.

② 전항의 통지나 승낙은 확정일자있는 증서에 의하지 아니하면 채무자 이외의 제삼자에게 대항하지 못한다.

**배당이의**

[대법원 2022. 12. 1., 선고, 2022다247521, 판결]

【판시사항】

[1] 채무자가 압류 또는 가압류의 대상인 채권을 양도하고 확정일자 있는 통지 등에 의한 채권양도의 대항요건을 갖춘 경우, 그 후 이루어진 압류 또는 가압류와 이에 기한 추심명령 또는 전부명령의 효력(무효)

[2] 채권압류명령 등 당시 피압류채권이 이미 제3자에 대한 대항요건을 갖추고 양도되어 그 명령이 효력이 없는 것이 된 이후에 사해행위취소소송에서 위 채권양도계약이 취소되어 채권이 원채권자에게 복귀한 경우, 무효인 위 채권압류명령 등이 다시 유효로 되는지 여부(소극)

【판결요지】

[1] 채무자가 압류 또는 가압류의 대상인 채권을 양도하고 확정일자 있는 통지 등에 의한 채권양도의 대항요건을 갖추었다면, 그 후 채무자의 다른 채권자가 그 양도된 채권에 대하여 압류 또는 가압류를 하더라도 그 압류 또는 가압류 당시에 피압류채권은 이미 존재하지 않는 것과 같아 압류 또는 가압류로서의 효력이 없고, 그에 기한 추심명령 또한 무효이므로, 그 다른 채권자는 압류 등에 따른 집행절차에 참여할 수 없다. 또한 압류된 금전채권에 대한 전부명령이 절차상 적법하게 발부되어 확정되었다고 하더라도 전부명령이 제3채무자에게 송달될 때에 피압류채권이 존재하지 않으면 전부명령도 무효이므로, 피압류채권이 전부채권자에게 이전되거나 집행채권이 변제되어 소멸하는 효과는 발생할 수 없다.

[2] 채권자가 사해행위의 취소와 함께 수익자 또는 전득자로부터 책임재산의 회복을 명하는 사해행위취소의 판결을 받은 경우 그 취소의 효과는 채권자와 수익자 또는 전득자 사이에만 미치므로, 수익자 또는 전득자가 채권자에 대하여 사해행위의 취소로 인한 원상회복 의무를 부담하게 될 뿐, 채무자와 사이에서 그 취소로 인한 법률관계가 형성되거나 취소의 효력이 소급하여 채무자의 책임재산으로 회복되는 것은 아니다. 따라서 채권압류명령 등 당시 피압류채권이 이미 제3자에 대한 대항요건을 갖추어 양도되어 그 명령이 효력이 없는 것이 되었다면, 그 후의 사해행위취소소송에서 위 채권양도계약이 취소되어 채권이 원채권자에게 복귀하였다고 하더라도 이미 무효로 된 채권압류명령 등이 다시 유효로 되는 것은 아니다.

**제451조(승낙, 통지의 효과)** ① 채무자가 이의를 보류하지 아니하고 전조의 승낙을 한 때에는 양도인에게 대항할 수 있는 사유로써 양수인에게 대항하지 못한다. 그러나 채무자가 채무를 소멸하게 하기 위하여 양도인에게 급여한 것이 있으면 이를 회수할 수 있고 양도인에 대하여 부담한 채무가 있으면 그 성립되지 아니함을 주장할 수 있다.

② 양도인이 양도통지만을 한 때에는 채무자는 그 통지를 받은 때까지 양도인에 대하여 생긴 사유로써 양수인에게 대항할 수 있다.

**제452조(양도통지와 금반언)** ① 양도인이 채무자에게 채권양도를 통지한 때에는 아직 양도하지 아니하였거나 그 양도가 무효인 경우에도 선의인 채무자는 양수인에게 대항할 수 있는 사유로 양도인에게 대항할 수 있다.

② 전항의 통지는 양수인의 동의가 없으면 철회하지 못한다.

## 제5절 채무의 인수

**제453조(채권자와의 계약에 의한 채무인수)** ① 제삼자는 채권자와의 계약으로 채무를 인수하여 채무자의 채무를 면하게 할 수 있다. 그러나 채무의 성질이 인수를 허용하지 아니하는 때에는 그러하지 아니하다.

② 이해관계없는 제삼자는 채무자의 의사에 반하여 채무를 인수하지 못한다.

**제454조(채무자와의 계약에 의한 채무인수)** ① 제삼자가 채무자와의 계약으로 채무를 인수한 경우에는 채권자의 승낙에 의하여 그 효력이 생긴다.

② 채권자의 승낙 또는 거절의 상대방은 채무자나 제삼자이다.

**부당이득금**

[대법원 2023. 3. 30., 선고, 2022다296165, 판결]

【판시사항】

[1] 계약당사자 지위 승계를 목적으로 하는 계약인수의 성립 요건 및 계약인수 여부의 판단 기준

[2] 임차인이 임대인의 동의를 받지 않고 제3자에게 임차권을 양도하거나 전대하는 등의 방법으로 임차물을 사용·수익하게 한 경우, 임대인은 임대차계약이 존속하는 한도 내에서 제3자에게 불법점유를 이유로 한 차임 상당 손해배상청구나 부당이득반환청구를 할 수 있는지 여부(소극) / 임대차계약이 종료된 이후 임차물을 소유하고 있는 임대인이 제3자를 상대로 위와 같은 손해배상청구나 부당이득반환청구를 할 수 있는지 여부(적극)

【판결요지】

[1] 계약당사자로서의 지위 승계를 목적으로 하는 계약인수는 계약당사자 및 인수인의 3면 합의에 의하여 계약당사자 중 일방이 당사자로서의 지위를 포괄적으로 제3자에게 이전하여 계약관계에서 탈퇴하고 제3자가 그 지위를 승계하는 것을 목적으로 하는 계약으로서 3면 계약으로 이루어지는 것이 보통이나 관계 당사자 중 2인이 합의하고 나머지 당사자가 이를 동의 내지 승낙하는 방법으로도 가능하고, 나머지 당사자의 동의 내지 승낙이 반드시 명시적 의사표시에 의하여야 하는 것은 아니며 묵시적 의사표시에 의하여서도 가능하다. 이러한 계약인수 여부가 다투어지는 경우에는, 그것이 계약 주체의 변동을 초래하는 등 당사자 사이의 법률상 지위에 중대한 영향을 미치는 법률행위인 점을 고려하여, 계약의 성질, 당사자의 거래 동기와 경위, 거래 형식 및 내용, 당사자가 그 거래행위에 의하여 달성하려는 목적, 거래관행 등에 비추어 신중하게 판단하여야 할 것이다.

[2] 임차인이 임대인의 동의를 받지 않고 제3자에게 임차권을 양도하거나 전대하는 등의 방법으로 임차물을 사용·수익하게 하더라도, 임대인이 이를 이유로 임대차계약을 해지하거나 그 밖의 다른 사유로 임대차계약이 적법하게 종료되지 않는 한 임대인은 임차인에 대하여 여전히 차임청구권을 가지므로, 임대차계약이 존속하는 한도 내에서는 제3자에게 불법점유를 이유로 한 차임 상당 손해배상청구나 부당이득반환청구를 할 수 없다. 그러나 임대차계약이 종료된 이후에는 임차물을 소유하고 있는 임대인은 제3자를 상대로 위와 같은 손해배상청구나 부당이득반환청구를 할 수 있다.

**제455조(승낙여부의 최고)** ① 전조의 경우에 제삼자나 채무자는 상당한 기간을 정하여 승낙여부의 확답을 채권자에게 최고할 수 있다.
② 채권자가 그 기간내에 확답을 발송하지 아니한 때에는 거절한 것으로 본다.

**제456조(채무인수의 철회, 변경)** 제삼자와 채무자간의 계약에 의한 채무인수는 채권자의 승낙이 있을 때까지 당사자는 이를 철회하거나 변경할 수 있다.

**제457조(채무인수의 소급효)** 채권자의 채무인수에 대한 승낙은 다른 의사표시가 없으면 채무를 인수한 때에 소급하여 그 효력이 생긴다. 그러나 제삼자의 권리를 침해하지 못한다.

**제458조(전채무자의 항변사유)** 인수인은 전채무자의 항변할 수 있는 사유로 채권자에게 대항할 수 있다.

**제459조(채무인수와 보증, 담보의 소멸)** 전채무자의 채무에 대한 보증이나 제삼자가 제공한 담보는 채무인수로 인하여 소멸한다. 그러나 보증인이나 제삼자가 채무인수에 동의한 경우에는 그러하지 아니하다.

**보증금**

[대법원 2020. 11. 26., 선고, 2017다271995, 판결]

【판시사항】

[1] 계약이행보증계약에서 보증사고가 구체적으로 무엇인지 결정하는 방법

[2] 甲 주식회사 등 4개 건설사로 구성된 공동수급체와 乙 공사 사이에 체결된 공사도급계약에 따라 공동수급체 구성원들이 각자 丙 공제조합과 계약이행보증계약을 체결하여 乙 공사에 공사이행보증서를 제출하였는데, 도급공사 진행 중 甲 회사가 乙 공사에 채무자 회생 및 파산에 관한 법률 제119조 제1항을 근거로 도급계약의 해지를 통보하자, 공동수급체의 잔존 구성원들이 乙 공사의 승인을 받아 甲 회사를 공동수급체에서 탈퇴시키고 甲 회사의 지분을 잔존 구성원들이 승계하는 내용으로 출자비율을 변경한 다음 乙 공사와 출자비율 변경을 반영한 도급계약을 다시 체결하여 공사를 계속하였으나, 결국 공사를 완료하지 못한 사안에서, 甲 회사가 도급계약을 해지한 때에 甲 회사가 丙 조합과 체결한 보증계약의 보증사고가 발생하였고 이후 잔존 구성원들이 도급계약상 의무를 이행하지 않아 乙 공사가 丙 조합을 상대로 위 보증계약에 따른 보증금의 지급을 청구할 수 있다고 보아야 하는데도, 이와 달리 본 원심판결에 법리오해 등 잘못이 있다고 한 사례

【판결요지】

[1] 계약이행보증계약에서 보증사고란 보증인의 계약이행보증책임을 구체화하는 불확정한 사고를 가리키는데, 이러한 보증사고가 구체적으로 무엇인지는 당사자 사이의 약정으로 계약 내용에 편입된 약관과 약관이 인용하고 있는 이행보증서와 주계약의 구체적인 내용 등을 종합하여 결정하여야 한다.

[2] 甲 주식회사 등 4개 건설사로 구성된 공동수급체와 乙 공사 사이에 체결된 공사도급계약에 따라 공동수급체 구성원들이 각자 丙 공제조합과 계약이행보증계약을 체결하여 乙 공사에 공사이행보증서를 제출하였는데, 도급공사 진행 중 甲 회사가 乙 공사에 채무자 회

생 및 파산에 관한 법률 제119조 제1항을 근거로 도급계약의 해지를 통보하자, 공동수급체의 잔존 구성원들이 乙 공사의 승인을 받아 甲 회사를 공동수급체에서 탈퇴시키고 甲 회사의 지분을 잔존 구성원들이 승계하는 내용으로 출자비율을 변경한 다음 乙 공사와 출자비율 변경을 반영한 도급계약을 다시 체결하여 공사를 계속하였으나, 결국 공사를 완료하지 못한 사안에서, 甲 회사 등이 체결한 보증계약 약관의 문언과 체계 등을 고려하면 위 약관에서 보증사고로 정한 '수급인의 의무불이행'은 보증계약의 계약자인 수급인의 의무불이행을 가리키므로 공동이행방식의 공동수급체 구성원 중 보증계약의 계약자인 수급인이 주채무인 도급계약상 의무를 불이행함으로써 보증사고가 발생한다고 볼 수 있고, 甲 회사 탈퇴 후 체결된 변경된 도급계약은 乙 공사와 잔존 구성원들 사이에서 장래 공사에 대한 출자지분을 외부적으로 확정하기 위해 체결된 것에 불과할 뿐, 잔존 구성원들이 변경된 도급계약을 체결하면서 甲 회사의 출자지분을 분할하여 가산하였다는 사정만으로는 잔존 구성원들이 甲 회사의 乙 공사에 대한 채무를 면책적으로 승계하였다고 단정할 수 없으므로, 결국 甲 회사가 도급계약을 해지한 때에 甲 회사가 丙 조합과 체결한 보증계약의 보증사고가 발생하였고 이후 잔존 구성원들이 도급계약상 의무를 이행하지 않아 乙 공사가 丙 조합을 상대로 위 보증계약에 따른 보증금의 지급을 청구할 수 있다고 보아야 하는데도, 이와 달리 본 원심판결에는 공동이행방식의 공동수급체가 관여된 도급계약과 보증계약에서 보증사고와 면책적 채무인수에 관한 법리오해 등 잘못이 있다고 한 사례.

## 제6절 채권의 소멸

### 제1관 변제

**제460조(변제제공의 방법)** 변제는 채무내용에 좇은 현실제공으로 이를 하여야 한다. 그러나 채권자가 미리 변제받기를 거절하거나 채무의 이행에 채권자의 행위를 요하는 경우에는 변제준비의 완료를 통지하고 그 수령을 최고하면 된다.

**제461조(변제제공의 효과)** 변제의 제공은 그때로부터 채무불이행의 책임을 면하게 한다.

**소유권이전등기**

[대법원 2022. 10. 27., 선고, 2022다238053, 판결]

【판시사항】

[1] 금전채무의 현실제공은 채권자가 급부를 즉시 수령할 수 있는 상태에 있어야만 인정될 수 있는지 여부(원칙적 적극) / 채권자가 채무자의 급부불이행 사정을 들어 계약을 해제하겠다는 통지를 한 경우, 그로써 이행의 최고를 하였다고 볼 수 있는지 여부(원칙적 적극) / 동시이행관계에 있는 반대급부의무를 지고 있는 채권자가 채무자의 변제의 제공이 없음을 이유로 계약해제를 하기 위하여는 스스로의 채무의 변제제공을 하여야 하는지 여부(적극)

[2] 甲 유한회사가 乙 등으로부터 부동산을 매수하는 매매계약을 체결하면서, 甲 회사의 잔금 지급과 동시에 乙 등이 부동산에 관한 소유권이전등기절차를 이행하기로 하였으며, 매매계약에 따른 의무를 이행하지 아니할 경우 서면으로 이행을 최고하고 계약을 해제할 수 있다고 정하였는데, 甲 회사가 최종 잔금 지급기일까지 잔금을 지급하지 않자, 乙 등이 다음 날 甲 회사에 잔금 미지급을 이유로 위 매매계약을 해제한다는 내용의 문자메시지를 보냈고, 甲 회사는 같은 날 대출을 받기 위하여 부동산담보신탁계약을 체결하였는데, 乙 등이 제1심 소송 중 위 매매계약이 甲 회사의 잔금 미지급으로 해제

되었다는 취지의 답변서 및 준비서면을 제출한 사안에서, 위 매매계약은 乙 등의 준비서면이 甲 회사에 송달된 날 적법하게 해제되었을 여지가 있는데도, 乙 등이 위 매매계약 해제 전에 이행을 최고하지 않았을 뿐만 아니라 甲 회사가 乙 등에 대하여 이행제공을 하였다고 본 원심판단에 법리오해의 잘못이 있다고 한 사례

【판결요지】

[1] 당사자 일방이 그 채무를 이행하지 아니하는 때에는 상대방은 상당한 기간을 정하여 그 이행을 최고하고 그 기간 내에 이행하지 아니한 때에는 계약을 해제할 수 있다(민법 제544조 본문). 채무자는 변제의 제공으로 채무불이행의 책임을 면하고 변제의 제공은 채무내용에 좇은 현실제공으로 하여야 하는데(민법 제460조, 제461조), 금전채무의 현실제공은 특별한 사정이 없는 한 채권자가 급부를 즉시 수령할 수 있는 상태에 있어야만 인정될 수 있다. 채권자가 채무자의 급부불이행 사정을 들어 계약을 해제하겠다는 통지를 한 때에는 특별히 그 급부의 수령을 거부하는 취지가 포함되어 있지 아니하는 한 그로써 이행의 최고를 하였다고 볼 수 있으며, 그로부터 상당한 기간이 경과하도록 이행되지 아니하였다면 채권자는 계약을 해제할 수 있다. 다만 동시이행관계에 있는 반대급부의무를 지고 있는 채권자는 채무자의 변제의 제공이 없음을 이유로 계약해제를 하기 위하여는 스스로의 채무의 변제제공을 하여야 한다.

[2] 甲 유한회사가 乙 등으로부터 부동산을 매수하는 매매계약을 체결하면서, 甲 회사의 잔금 지급과 동시에 乙 등이 부동산에 관한 소유권이전등기절차를 이행하기로 하였으며, 매매계약에 따른 의무를 이행하지 아니할 경우 서면으로 이행을 최고하고 계약을 해제할 수 있다고 정하였는데, 甲 회사가 최종 잔금 지급기일까지 잔금을 지급하지 않자, 乙 등이 다음 날 甲 회사에 잔금 미지급을 이유로 위 매매계약을 해제한다는 내용의 문자메시지를 보냈고, 甲 회사는 같은 날 대출을 받기 위하여 부동산담보신탁계약을 체결하였는데, 乙 등이 제1심 소송 중 위 매매계약이 甲 회사의 잔금 미지급으로 해제되었다는 취지의 답변서 및 준비서면을 제출한 사안에서, 甲 회사는 최종 잔금 지급기일 다음 날 잔금 상당의 대출을 받기 위하여 부동산담보신탁계약을 체결하는 등 잔금의 지급을 준비하고 있었을 뿐 乙 등에게 잔금을 즉시 수령할 수 있는 상태로 현실제공하였다고 볼 수 없는 반면, 乙 등은 잔금 지급기일 이전에 부동산의 소유권이전등기에 필요한 서류의 준비를 마치고 담당 공인중개사에게 이를 통지하였고, 乙이 부동산을 인도하기 위한 준비를 마치는 등으로 甲 회사에 이행제공을 하였으므로, 甲 회사는 위 잔금 지급기일 무렵 이행지체 상태에 있었으며, 甲 회사의 이행지체를 이유로 한 乙 등의 매매계약 해제 통지 중 문자메시지에 의한 해제 통지는 그에 앞서 서면에 의한 이행의 최고가 없어 해제 통지로서의 효력을 인정할 수 없을 뿐만 아니라 위 매매계약에서 정한 서면에 의한 것이 아니므로 이행의 최고로서의 효력을 인정할 수도 없으나, 乙 등의 답변서에 의한 해제 통지는 그에 앞서 서면에 의한 이행의 최고가 없어 해제 통지로서의 효력은 없지만, 위 답변서에 특별히 잔금의 수령을 거부하는 취지가 포함되어 있지 않은 이상 이행의 최고로서의 효력이 있어, 위 매매계약은 乙 등의 준비서면이 甲 회사에 송달된 날 적법하게 해제되었을 여지가 있는데도, 乙 등이 위 매매계약 해제 전에 이행을 최고하지 않았을 뿐만 아니라 甲 회사가 乙 등에 대하여 이행제공을 하였다고 본 원심판단에 법리오해의 잘못이 있다고 한 사례.

**제462조(특정물의 현상인도)** 특정물의 인도가 채권의 목적인 때에는 채무자는 이행기의 현상대로 그 물건을 인도하여야 한다.

**제463조(변제로서의 타인의 물건의 인도)** 채무의 변제로 타인의 물건을 인도한 채무자는 다시 유효한 변제를 하지 아니하면 그 물건의 반환을 청구하지 못한다.

**제464조(양도능력없는 소유자의 물건인도)** 양도할 능력없는 소유자가 채무의 변제로 물건을 인도한 경우에는 그 변제가 취소된 때에도 다시 유효한 변제를 하지 아니하면 그 물건의 반환을 청구하지 못한다.

**제465조(채권자의 선의소비, 양도와 구상권)** ① 전2조의 경우에 채권자가 변제로 받은 물건을 선의로 소비하거나 타인에게 양도한 때에는 그 변제는 효력이 있다.

② 전항의 경우에 채권자가 제삼자로부터 배상의 청구를 받은 때에는 채무자에 대하여 구상권을 행사할 수 있다.

**제466조(대물변제)** 채무자가 채권자의 승낙을 얻어 본래의 채무이행에 갈음하여 다른 급여를 한 때에는 변제와 같은 효력이 있다. *〈개정 2014. 12. 30.〉*

**공사대금**

[대법원 2023. 2. 2., 선고, 2022다276789, 판결]

【판시사항】

[1] 대물변제에서 본래 채무의 이행에 갈음한 다른 급여가 부동산의 소유권이전인 경우, 기존채무가 소멸하는 시기(=소유권이전등기 완료 시) 및 이때 목적물에 하자가 있을 경우, 매도인의 담보책임에 관한 민법 조항이 준용되는지 여부(적극)

[2] 甲 주식회사가 다세대주택 신축공사의 전기공사를 乙 합자회사에 하도급 주면서 공사대금을 다세대주택 구분건물로 대물변제하기로 약정하고, 이후 乙 회사가 구분건물에 관하여 소유권이전등기를 넘겨받은 사안에서, 乙 회사가 약정한 목적물에 관하여 대물변제를 원인으로 소유권이전등기를 넘겨받았는데도, 대물변제가 이행되었다는 甲 회사의 항변을 배척한 원심판단에 법리오해의 잘못이 있다고 한 사례

【판결요지】

[1] 대물변제는 본래 채무의 이행에 갈음하여 다른 급여를 현실적으로 하는 때에 성립하는 계약이므로, 다른 급여가 부동산의 소유권이전인 경우 등기를 완료하면 대물변제가 성립되어 기존채무가 소멸한다. 한편 대물변제도 유상계약이므로 목적물에 하자가 있을 경우 매도인의 담보책임에 관한 민법 조항이 준용된다.

[2] 甲 주식회사가 다세대주택 신축공사의 전기공사를 乙 합자회사에 하도급 주면서 공사대금을 다세대주택 구분건물로 대물변제하기로 약정하고, 이후 乙 회사가 구분건물에 관하여 소유권이전등기를 넘겨받은 사안에서, 乙 회사가 당초의 약정대로 하도급 공사대금에 대한 대물변제를 원인으로 구분건물에 관하여 소유권이전등기를 마친 이상 甲 회사는 본래 채무에 갈음하여 이행하기로 한 다른 급여를 현실적으로 한 것으로 보아야 하고, 구분건물이 아직 사용승인을 받지 않았으며 대지지분에 제한물권이 설정되어 있다는 사정은 대물변제 목적물의 하자로서 담보책임을 물을 수 있는 사유가 될 뿐이므로 乙 회사가 약정한 목적물에 관하여 대물변제를 원인으로 소유권이전등기를 넘겨받았는데도, 대물변제가 이행되었다는 甲 회사의 항변을 배척한 원심판단에 법리오해의 잘못이 있다고 한 사례.

**제467조(변제의 장소)** ① 채무의 성질 또는 당사자의 의사표시로 변제장소를 정하지 아니한 때에는 특정물의 인도는 채권성립당시에 그 물건이 있던 장소에서 하여야 한다.

② 전항의 경우에 특정물인도 이외의 채무변제는 채권자의 현주소에서 하여야 한다. 그러나 영업에 관한 채무의 변제는 채권자의 현영업소에서 하여야 한다.

**구상금**

[대법원 2022. 5. 3., 자, 2021마6868, 결정]

【판시사항】

영업에 관한 채무의 이행을 구하는 소를 제소 당시 채권 추심 관련 업무를 실제로 담당하는 채권자의 영업소 소재지 법원에 제기할 수 있는지 여부(적극)

【판결요지】

민법 제467조 제2항의 '영업에 관한 채무'는 영업과 관련성이 인정되는 채무를 의미하고, '현영업소'는 변제 당시를 기준으로 그 채무와 관련된 채권자의 영업소로서 주된 영업소(본점)에 한정되는 것이 아니라 그 채권의 추심 관련 업무를 실제로 담당하는 영업소까지 포함된다. 따라서 영업에 관한 채무의 이행을 구하는 소는 제소 당시 채권 추심 관련 업무를 실제로 담당하는 채권자의 영업소 소재지 법원에 제기할 수 있다.

**제468조(변제기전의 변제)** 당사자의 특별한 의사표시가 없으면 변제기전이라도 채무자는 변제할 수 있다. 그러나 상대방의 손해는 배상하여야 한다.

**근저당권말소**

**[물상보증인이 피담보채무 잔액을 공탁하였음을 이유로 근저당권의 말소를 구한 사건]**

[대법원 2023. 4. 13., 선고, 2021다305338, 판결]

【판시사항】

[1] 채권자와 채무자 모두가 기한의 이익을 갖는 이자부 금전소비대차계약 등에 있어서, 채무자가 기한의 이익을 포기하고 변제기 전에 변제하는 경우, 변제기까지의 약정이자 등 채권자의 손해를 배상하여야 하는지 여부(적극) 및 이러한 약정이자 등 손해액을 함께 제공하지 않으면 채권자가 수령을 거절할 수 있는지 여부(적극) / 이는 제3자가 변제하는 경우에도 마찬가지인지 여부(적극)

[2] 은행여신거래에 있어서 당사자는 계약 내용에 편입된 약관에서 정한 바에 따라 기한의 이익과 포기에 관한 민법 제153조 제2항, 변제기 전의 변제에 관한 민법 제468조의 규정들과 다른 약정을 할 수 있는지 여부(적극)

【판결요지】

[1] 기한의 이익은 포기할 수 있으나, 상대방의 이익을 해하지 못한다(민법 제153조 제2항). 변제기 전이라도 채무자는 변제할 수 있으나, 상대방의 손해는 배상하여야 한다(민법 제468조). 채무의 변제는 제3자도 할 수 있으나(민법 제469조 제1항 본문), 그 경우에도 급부행위는 채무내용에 좇은 것이어야 한다(민법 제460조).

채권자와 채무자 모두가 기한의 이익을 갖는 이자부 금전소비대차계약 등에 있어서, 채무자가 변제기로 인한 기한의 이익을 포기하고 변제기 전에 변제하는 경우 변제기까지의 약정이자 등 채권자의 손해를 배상하여야 하고, 이러한 약정이자 등 손해액을 함께 제공하지 않으면 채무의 내용에 따른 변제제공이라고 볼 수 없으므로, 채권자는 수령을 거절할 수 있다. 이는 제3자가 변제하는 경우에도 마찬가지이다.

[2] 기한의 이익과 그 포기에 관한 민법 제153조 제2항, 변제기 전의 변제에 관한 민법 제468조의 규정들은 임의규정으로서 당사자가 그와 다른 약정을 할 수 있다. 은행여신거래에 있어서 당사자는 계약 내용에 편입된 약관에서 정한 바에 따라 위 민법 규정들과 다른 약정을 할 수도 있다.

**제469조(제삼자의 변제)** ① 채무의 변제는 제삼자도 할 수 있다. 그러나 채무의 성질 또는 당사자의 의사표시로 제삼자의 변제를 허용하지 아니하는 때에는 그러하지 아니하다.
② 이해관계없는 제삼자는 채무자의 의사에 반하여 변제하지 못한다.

**제470조(채권의 준점유자에 대한 변제)** 채권의 준점유자에 대한 변제는 변제자가 선의이며 과실없는 때에 한하여 효력이 있다.

**제471조(영수증소지자에 대한 변제)** 영수증을 소지한 자에 대한 변제는 그 소지자가 변제를 받을 권한이 없는 경우에도 효력이 있다. 그러나 변제자가 그 권한없음을 알았거나 알 수 있었을 경우에는 그러하지 아니하다.

**제472조(권한없는 자에 대한 변제)** 전2조의 경우외에 변제받을 권한없는 자에 대한 변제는 채권자가 이익을 받은 한도에서 효력이 있다.

**추심금**

[대법원 2021. 3. 11., 선고, 2017다278729, 판결]

【판시사항】

[1] 채권압류의 효력

[2] 민법 제472조에서 정한 '채권자가 이익을 받은' 경우로 볼 수 있는 경우 및 변제받을 권한 없는 변제수령자가 변제받은 급부로 자신이나 제3자의 채권자에 대한 채무를 변제함으로써 채권자의 기존 채권을 소멸시킨 경우, 민법 제472조에 의한 변제의 효력을 인정할 수 있는지 여부(소극)

【판결요지】

[1] 압류명령이 제3채무자에게 송달되면 압류의 효력이 생기는데, 제3채무자는 압류에 의하여 채무자에 대한 지급이 금지된다(민사집행법 제227조). 이는 채권압류의 본질적 효력으로서 제3채무자는 채무자에게 피압류채권에 따른 급부를 제공하더라도 이로써 압류채권자에게 대항할 수 없고, 압류채권자가 추심권을 취득하면 그에게 다시 지급해야 하는 이중변제의 위험을 부담한다.

[2] 민법 제472조는 불필요한 연쇄적 부당이득반환의 법률관계가 형성되는 것을 피하기 위하여 변제받을 권한 없는 자에 대한 변제의 경우에도 그로 인하여 채권자가 이익을 받은 한도에서 효력이 있다고 정하고 있다. 여기에서 '채권자가 이익을 받은' 경우란 변제수령자가 채권자에게 변제로 받은 급부를 전달한 경우는 물론이고, 변제수령자가 변제로 받은 급부를 가지고 채권자의 자신에 대한 채무의 변제에 충당하거나 채권자의 제3자에 대한 채무를 대신 변제함으로써 채권자의 기존 채무를 소멸시키는 등 채권자에게 실질적인 이익이 생긴 경우를 포함한다. 그러나 변제수령자가 변제로 받은 급부를 가지고 자신이나 제3자의 채권자에 대한 채무를 변제함으로써 채권자의 기존 채권

을 소멸시킨 경우에는 채권자에게 실질적인 이익이 생겼다고 할 수 없으므로 민법 제472조에 의한 변제의 효력을 인정할 수 없다.

**제473조(변제비용의 부담)** 변제비용은 다른 의사표시가 없으면 채무자의 부담으로 한다. 그러나 채권자의 주소이전 기타의 행위로 인하여 변제비용이 증가된 때에는 그 증가액은 채권자의 부담으로 한다.

**제474조(영수증청구권)** 변제자는 변제를 받는 자에게 영수증을 청구할 수 있다.

**제475조(채권증서반환청구권)** 채권증서가 있는 경우에 변제자가 채무전부를 변제한 때에는 채권증서의 반환을 청구할 수 있다. 채권이 변제 이외의 사유로 전부 소멸한 때에도 같다.

**제476조(지정변제충당)** ① 채무자가 동일한 채권자에 대하여 같은 종류를 목적으로 한 수개의 채무를 부담한 경우에 변제의 제공이 그 채무전부를 소멸하게 하지 못하는 때에는 변제자는 그 당시 어느 채무를 지정하여 그 변제에 충당할 수 있다.

② 변제자가 전항의 지정을 하지 아니할 때에는 변제받는 자는 그 당시 어느 채무를 지정하여 변제에 충당할 수 있다. 그러나 변제자가 그 충당에 대하여 즉시 이의를 한 때에는 그러하지 아니하다.

③ 전2항의 변제충당은 상대방에 대한 의사표시로써 한다.

**청구이의[상가건물 임대차보호법 제10조의9의 적용 범위가 문제된 사건]**

[대법원 2023. 4. 13., 선고, 2022다309337, 판결]

【판시사항】

상가임차인의 변제제공이 상가건물 임대차보호법 제10조의9에서 정한 특례기간을 포함하여 그 전후의 연체 차임액 전부에 미치지 못하는 경우, 변제충당의 방법 및 이때 '특례기간의 연체 차임'이 이행기가 도래한 다른 연체 차임보다 후순위로 충당되는지 여부(적극)

【판결요지】

상가건물 임대차보호법(이하 '상가임대차법'이라 한다) 제10조의9는 2020. 9. 29.부터 6개월 동안(이하 '특례기간'이라 한다)의 연체 차임액을 '계약갱신의 거절사유(제10조 제1항 제1호)', '권리금 회수기회의 제외사유(제10조의4 제1항 단서)' 및 '계약 해지사유(제10조의8)'에서 정한 연체 차임액에서 제외하되, 임대인의 연체 차임액에 대한 그 밖의 권리에는 영향을 미치지 아니한다고 규정하였다. 이는 '코로나19' 여파로 국내 소비지출이 위축되고 상가임차인의 매출과 소득이 급감하는 가운데 임대료가 상가임차인의 영업활동에 큰 부담이 되는 실정임을 고려하여, 특례기간의 차임 연체를 이유로 한 임대인의 계약 해지 등 일부 권리의 행사를 제한함으로써 경제적 위기 상황에서 영업기반 상실의 위험으로부터 임차인을 구제하기 위하여 신설된 임시 특례규정이다.

변제충당에 관한 민법 제476조 내지 제479조는 임의규정이지만, 상가임대차법의 규정에 위반된 약정으로서 임차인에게 불리한 것은 효력이 없으므로(상가임대차법 제15조), 임대인과 임차인이 연체 차임과 관련하여 민법상 변제충당과 다른 약정을 체결하였더라도 그것이 임차인에게 불리한 경우에는 효력을 인정할 수 없고, 이 경우에는 상가임대차법 제10조의9의 규정에 반하지 않는 범위 내에서만 민법상 변제충당 규정이 적용된다. 따라서 임차인의 변제제공이 연체 차임액 전부에 미치지 못할 경우에는 임차인이 지정변제충당(민법

제476조 제1항)을 할 수 있으나, 임대인의 지정변제충당(민법 제476조 제2항)이 상가임대차법 제10조의9에 반하는 경우에는 이를 적용할 수 없고, 임차인의 변제제공 당시를 기준으로 민법 제477조의 법정변제충당의 순서에 따라 변제충당의 효력이 발생할 뿐이다.

결국 임차인의 변제제공이 특례기간을 포함하여 그 전후의 연체 차임액 전부에 미치지 못하는 경우에는, 합의충당이나 임차인의 지정변제충당(민법 제476조 제1항) 등의 특별한 사정이 없는 이상 변제기가 도래하지 않은 차임에 먼저 충당된다고 볼 수 없으므로, 민법 제477조의 법정변제충당이 적용된다. 따라서 변제제공 시점에 이미 이행기가 도래한 연체 차임의 변제에 먼저 충당되고(민법 제477조 제1호), 그중 상가임대차법 제10조의9에 따른 '특례기간의 연체 차임'은 임대인의 계약갱신 거절권·계약 해지권 등의 권리 행사가 제한되어 상대적으로 변제이익이 적은 경우에 해당되므로, 이행기가 도래한 다른 연체 차임보다 후순위로 충당된다(민법 제477조 제2호).

**제477조(법정변제충당)** 당사자가 변제에 충당할 채무를 지정하지 아니한 때에는 다음 각호의 규정에 의한다.

1. 채무중에 이행기가 도래한 것과 도래하지 아니한 것이 있으면 이행기가 도래한 채무의 변제에 충당한다.
2. 채무전부의 이행기가 도래하였거나 도래하지 아니한 때에는 채무자에게 변제이익이 많은 채무의 변제에 충당한다.
3. 채무자에게 변제이익이 같으면 이행기가 먼저 도래한 채무나 먼저 도래할 채무의 변제에 충당한다.
4. 전2호의 사항이 같은 때에는 그 채무액에 비례하여 각 채무의 변제에 충당한다.

**제478조(부족변제의 충당)** 1개의 채무에 수개의 급여를 요할 경우에 변제자가 그 채무전부를 소멸하게 하지 못한 급여를 한 때에는 전2조의 규정을 준용한다.

**제479조(비용, 이자, 원본에 대한 변제충당의 순서)** ① 채무자가 1개 또는 수개의 채무의 비용 및 이자를 지급할 경우에 변제자가 그 전부를 소멸하게 하지 못한 급여를 한 때에는 비용, 이자, 원본의 순서로 변제에 충당하여야 한다.

② 전항의 경우에 제477조의 규정을 준용한다.

**대여금[대출 계약 당시 차주가 부담한 대출취급수수료, 공증료 등이 대출의 대가로 지급된 것으로서 사회통념상 허용되는 한도를 초과한 경우, 그 한도를 초과한 부분이 대출 원금에 충당될 수 있는지 여부가 문제된 사건]**

[대법원 2023. 6. 15., 선고, 2022다211959, 판결]

【판시사항】

[1] 금전 소비대차계약 당사자 사이의 경제력 차이로 인하여 이율이 사회통념상 허용되는 한도를 초과하여 현저하게 고율로 정해진 경우, 그 부분 이자 약정의 효력(무효) / 공증료를 채무자가 당연히 부담해야 할 성질의 것이거나 담보권 설정비용으로 볼 수 있는지 여부(소극)

[2] 甲 저축은행이 연 24%의 약정이율로 乙 주식회사에 대출을 하였는데, 대출 당시 甲 저축은행이 乙 회사에 대출원금에서 인지대 및 신용조사료를 공제한 나머지 금원을 입금해주었고, 乙 회사는 대출 당일 甲 저축은행에 이자상환 명목의 금원을 지급하였으며, 대출원금이 입금된 乙 회사의 계좌에서 대출취급수수료, 공증료

명목의 금원이 출금된 사안에서, 甲 저축은행이 그의 우월한 지위를 이용하여 사회통념상 허용되는 한도를 초과하는 대출의 대가를 지급받은 이상, 乙 회사가 지급한 금원 중 한도를 초과한 부분은 법정충당에 의하여 원금에 충당될 여지가 있다고 한 사례

【판결요지】

[1] 금전 소비대차계약과 함께 이자의 약정을 하는 경우, 양쪽 당사자 사이의 경제력의 차이로 인하여 그 이율이 당시의 경제적·사회적 여건에 비추어 사회통념상 허용되는 한도를 초과하여 현저하게 고율로 정하여졌다면, 그와 같이 허용할 수 있는 한도를 초과하는 부분의 이자 약정은 대주가 그의 우월한 지위를 이용하여 부당한 이득을 얻고 차주에게는 과도한 반대급부 또는 기타의 부당한 부담을 지우는 것이므로 선량한 풍속 기타 사회질서에 위반한 사항을 내용으로 하는 법률행위로서 무효이다. 공증료는 채권자가 채무자의 채무불이행에 대비하여 강제집행을 위한 집행권원을 미리 확보해 놓는 데 드는 비용으로서 채무자가 당연히 부담해야 할 성질의 것도 아니고 담보권 설정비용으로 볼 수도 없다.

[2] 甲 저축은행이 연 24%의 약정이율로 乙 주식회사에 대출을 하였는데, 대출 당시 甲 저축은행이 乙 회사에 대출원금에서 인지대 및 신용조사료를 공제한 나머지 금원을 입금해주었고, 乙 회사는 대출 당일 甲 저축은행에 이자상환 명목의 금원을 지급하였으며, 대출원금이 입금된 乙 회사의 계좌에서 대출취급수수료, 공증료 명목의 금원이 출금된 사안에서, 신용조사료, 공증료, 대출취급수수료의 구체적인 항목별 지급 경위나 액수 산정 내역이 확인되지 않고, 공증료의 경우 甲 저축은행이 강제집행을 위한 집행권원을 미리 확보해 놓는 데 든 비용으로 보이며, 대출취급수수료의 경우 甲 저축은행이 乙 회사 등의 채무불이행에 대비할 목적으로 수취한 것일 가능성이 있어, 乙 회사가 위와 같은 명목의 금원을 당연히 부담해야 한다고 단정하기 어려운데, 위와 같은 사정에 각 금원의 공제 내지 지급이 대출 당일 이루어진 사정까지 덧붙여 보면, 甲 저축은행이 공제하거나 乙 회사가 지급한 신용조사료, 공증료, 대출취급수수료는 명목 여하를 불문하고 대출과 관련된 것으로서 대출의 대가로 볼 수 있어 이를 이자로 봄이 타당하고, 대출 당시 공제되거나 별도로 지급된 금원의 내역과 액수, 대출 전후 乙 회사의 상황 등에 비추어 보면, 대출 당시 甲 저축은행과 乙 회사와의 경제력 차이로 인하여 甲 저축은행이 대출취급수수료 등 명목으로 부당한 이득을 얻으며 乙 회사에 부당한 부담을 지웠다고 볼 여지가 있고, 허용할 수 있는 한도를 초과하는 부분의 관련 약정은 선량한 풍속 기타 사회질서에 위반한 사항을 내용으로 하는 법률행위로서 무효이므로, 甲 저축은행이 그의 우월한 지위를 이용하여 사회통념상 허용되는 한도를 초과하는 대출의 대가를 지급받은 이상, 乙 회사가 지급한 금원 중 한도를 초과한 부분은 법정충당에 의하여 원금에 충당될 여지가 있다고 한 사례.

**제480조(변제자의 임의대위)** ① 채무자를 위하여 변제한 자는 변제와 동시에 채권자의 승낙을 얻어 채권자를 대위할 수 있다.

② 전항의 경우에 제450조 내지 제452조의 규정을 준용한다.

**제481조(변제자의 법정대위)** 변제할 정당한 이익이 있는 자는 변제로 당연히 채권자를 대위한다.

## 구상금

[대법원 2022. 12. 29., 선고, 2017다261882, 판결]

【판시사항】

[1] 채권자가 고의나 과실로 담보를 상실하게 하거나 감소하게 한 경우, 법정대위를 할 자가 민법 제485조에 따라 면책을 주장할 수 있는지 여부(원칙적 적극) 및 이때 채권자가 제3자에 대하여 자신의 담보권을 성실하게 보존·행사하여야 할 의무를 부담하는 특별한 사정이 인정되는 경우, 채권자의 담보권 포기 행위가 불법행위에 해당할 수 있는지 여부(적극)

[2] 甲과 乙이 각 1/2 지분을 소유하고 있는 토지에 관하여 乙이 丙으로부터 대출받으면서 丙을 근저당권자로, 채무자를 乙로 하는 근저당권을 설정하였는데, 위 토지 중 甲 지분에만 경매절차가 개시되어 제3자가 매각대금을 완납하자, 丙은 乙 지분에 관한 근저당권설정등기를 말소해주었고, 이후 개시된 배당절차에서 丙이 채권액 전부를 배당받은 사안에서, 채권자인 丙이 甲에 대하여 자신의 담보권을 성실하게 보존·행사하여야 할 의무를 부담함에도 곧 변제자대위의 대상이 될 채무자에 대한 근저당권설정등기를 말소하여 줌으로써 저당권을 포기한 행위는 민법 제750조에 정한 불법행위에 해당한다고 한 사례

【판결요지】

[1] 민법 제485조는 "제481조의 규정에 의하여 대위할 자가 있는 경우에 채권자의 고의나 과실로 담보가 상실되거나 감소된 때에는 대위할 자는 그 상실 또는 감소로 인하여 상환을 받을 수 없는 한도에서 그 책임을 면한다."라고 정한다. 이는 보증인 등 법정대위를 할 자가 있는 경우에 채권자에게 담보보존의무를 부담시킴으로써 대위할 자의 구상권과 대위에 대한 기대권을 보호하려는 것이다. 법정대위를 할 자는 채권자가 고의나 과실로 담보를 상실하게 하거나 감소하게 한 때에는 원칙적으로 민법 제485조에 따라 면책을 주장할 수 있을 뿐이지만, 채권자가 제3자에 대하여 자신의 담보권을 성실하게 보존·행사하여야 할 의무를 부담하는 특별한 사정이 인정되는 경우에는 채권자의 담보권의 포기 행위가 불법행위에 해당할 수 있다.

[2] 甲과 乙이 각 1/2 지분을 소유하고 있는 토지에 관하여 乙이 丙으로부터 대출받으면서 丙을 근저당권자로, 채무자를 乙로 하는 근저당권을 설정하였는데, 위 토지 중 甲 지분에만 경매절차가 개시되어 제3자가 매각대금을 완납하자, 丙은 乙 지분에 관한 근저당권설정등기를 말소해주었고, 이후 개시된 배당절차에서 丙에게 신고채권액 전부를 배당하는 것으로 배당표가 작성된 사안에서, 위 배당절차에서 채권자인 丙에게 배당이 이루어지면 민법 제481조, 제482조의 규정에 따라 위 토지 중 채무자인 乙 지분에 관한 丙 명의의 근저당권에 대하여 甲의 변제자대위가 당연히 이루어질 것으로 예상되던 상황이었으므로, 물상보증인인 甲의 지분에 관하여 담보권이 실행될 가능성이 단순히 예상되는 수준을 넘어 실제로 현실화됨으로써 甲은 배당절차를 통하여 변제가 이루어졌을 때에 준하는 변제자대위에 관한 정당한 기대를 가지게 되었고, 채권자인 丙이 甲에 대하여 자신의 담보권을 성실하게 보존·행사하여야 할 의무를 부담함에도 곧 변제자대위의 대상이 될 채무자에 대한 근저당권설정등기를 말소하여 줌으로써 저당권을 포기한 행위는 변제자대위에 의하여 취득한 권리의 침해에 준하는 물상보증인의 변제자대위에 대한 정당한 기대를 침해하는 행위로서 민법 제750조에 정한 불법행위에 해당한다고 한 사례.

**제482조(변제자대위의 효과, 대위자간의 관계)** ① 전2조의 규정에 의하여 채권자를 대위한 자는 자기의 권리에 의하여 구상할 수 있는 범위에서 채권 및 그 담보에 관한 권리를 행사할 수 있다.

② 전항의 권리행사는 다음 각호의 규정에 의하여야 한다.

1. 보증인은 미리 전세권이나 저당권의 등기에 그 대위를 부기하지 아니하면 전세물이나 저당물에 권리를 취득한 제삼자에 대하여 채권자를 대위하지 못한다.
2. 제삼취득자는 보증인에 대하여 채권자를 대위하지 못한다.
3. 제삼취득자 중의 1인은 각 부동산의 가액에 비례하여 다른 제삼취득자에 대하여 채권자를 대위한다.
4. 자기의 재산을 타인의 채무의 담보로 제공한 자가 수인인 경우에는 전호의 규정을 준용한다.
5. 자기의 재산을 타인의 채무의 담보로 제공한 자와 보증인간에는 그 인원수에 비례하여 채권자를 대위한다. 그러나 자기의 재산을 타인의 채무의 담보로 제공한 자가 수인인 때에는 보증인의 부담부분을 제외하고 그 잔액에 대하여 각 재산의 가액에 비례하여 대위한다. 이 경우에 그 재산이 부동산인 때에는 제1호의 규정을 준용한다.

**부당이득금**

[대법원 2022. 5. 12., 선고, 2017다278187, 판결]

【판시사항】

[1] 채무자가 아닌 위탁자가 타인의 채무를 담보하기 위하여 금전채권자를 우선수익자로 하는 부동산담보신탁을 설정한 경우, 위탁자가 물상보증인에 해당하는지 여부(소극)

[2] 채무자가 아닌 제3자인 위탁자가 채권자를 우선수익자로 정하여 부동산담보신탁을 한 경우, 채권자의 우선수익권에 대한 보증인의 변제자대위도 보증인과 물상보증인 상호 간의 관계와 마찬가지로 인원수에 비례하여 채권자를 대위하는 제한을 받는지 여부(적극)

【판결요지】

[1] 위탁자가 금전채권을 담보하기 위하여 금전채권자를 우선수익자, 위탁자를 수익자로 하여 위탁자 소유의 부동산을 신탁법에 따라 수탁자에게 이전하면서 채무불이행 시에는 신탁부동산을 처분하여 우선수익자의 채권 변제 등에 충당하고 나머지를 위탁자에게 반환하기로 하는 내용의 담보신탁을 한 경우, 특별한 사정이 없는 한 우선수익권은 경제적으로 금전채권에 대한 담보로 기능하지만, 그 성질상 금전채권과는 독립한 신탁계약상의 별개의 권리이다. 우선수익권은 수익급부의 순위가 다른 수익자에 앞선다는 점을 제외하면 일반적인 수익권과 법적 성질이 다르지 않고, 채권자가 담보신탁을 통하여 담보물권을 얻는 것도 아니다. 그러므로 채무자가 아닌 위탁자가 타인의 채무를 담보하기 위하여 금전채권자를 우선수익자로 하는 부동산담보신탁을 설정한 경우에, 설령 경제적인 실질에 있어 위탁자가 부동산담보신탁을 통하여 신탁부동산의 처분대금을 타인의 채무의 담보로 제공한 것과 같이 볼 수 있다고 하더라도, 위탁자가 자기의 재산 그 자체를 타인의 채무의 담보로 제공한 물상보증인에 해당한다고 볼 수는 없다.

[2] 민법 제482조 제2항 제4호, 제5호가 물상보증인 상호 간에는 재산의 가액에 비례하여 부담 부분을 정하도록 하면서, 보증인과 물상보증인 상호 간에는 보증인의 총재산의 가액이나 자력 여부, 물상보증인이 담보로 제공한 재산의 가액 등을 고려하지 않고 형

식적으로 인원수에 비례하여 평등하게 대위비율을 결정하도록 규정한 것은, 인적 무한책임을 부담하는 보증인과 물적 유한책임을 부담하는 물상보증인 사이에는 보증인 상호 간이나 물상보증인 상호 간과 같이 상호 이해 조정을 위한 합리적인 기준을 정하는 것이 곤란하고, 당사자 간의 특약이 있다는 등의 특별한 사정이 없는 한 오히려 인원수에 따라 대위비율을 정하는 것이 공평하고 법률관계를 간명하게 처리할 수 있어 합리적이며 그것이 대위자의 통상의 의사 내지 기대에 부합하기 때문이다.

그리고 이와 같이 법정대위자 상호 간의 관계에 관하여 민법 제482조 제2항 제5호가 보증인과 물상보증인 사이에 우열을 인정하지 않고 양자를 동등하게 취급하여 그에 따라 변제자대위를 제한하거나 같은 항 제4호가 물상보증인 상호 간에 그 재산의 가액에 따라 변제자대위의 범위를 제한하거나 민법의 해석상 공동보증인 상호 간의 변제자대위가 구상권의 범위에 따라 제한된다고 보는 것은 변제자대위의 순환을 방지하여 혼란을 피하고 채무자의 무자력 위험을 보증인과 물상보증인 등 법정대위자 어느 일방이 종국적으로 부담하지 않도록 함으로써 당사자 사이의 공평을 도모하고자 하는 데 그 취지가 있다.

이러한 취지에 비추어 볼 때, 채무자가 아닌 제3자인 위탁자가 채권자를 우선수익자로 정하여 부동산담보신탁을 한 경우에 채권자가 가지는 우선수익권이 민법 제481조, 제482조 제1항에 의하여 보증채무를 이행한 보증인이 법정대위할 수 있는 '담보에 관한 권리'에 해당한다고 하더라도, 먼저 보증채무를 이행한 보증인이 채권자의 우선수익권에 대하여 아무런 제한 없이 보증채무를 이행한 전액에 대하여 변제자대위를 할 수 있다고 볼 수는 없으며, 다른 기준이나 별도의 약정 등 특별한 사정이 없는 이상, 채권자의 우선수익권에 대한 보증인의 변제자대위도 인원수에 비례하여 채권자를 대위할 수 있다고 보는 것이 대위자 상호 간의 합리적이고 통상적인 기대에도 부합한다고 할 것이므로, 채권자의 우선수익권에 대한 보증인의 변제자대위도 보증인과 물상보증인 상호 간의 관계와 마찬가지로 그 인원수에 비례하여 채권자를 대위하는 제한을 받는다고 해석함이 타당하다.

**제483조(일부의 대위)** ① 채권의 일부에 대하여 대위변제가 있는 때에는 대위자는 그 변제한 가액에 비례하여 채권자와 함께 그 권리를 행사한다.

② 전항의 경우에 채무불이행을 원인으로 하는 계약의 해지 또는 해제는 채권자만이 할 수 있고 채권자는 대위자에게 그 변제한 가액과 이자를 상환하여야 한다.

**손해배상(기)**

[대법원 2017. 7. 18., 선고, 2015다206973, 판결]

【판시사항】

[1] 변제할 정당한 이익이 있는 사람이 채무자를 위하여 채권의 일부를 대위변제한 경우, 채권자가 부동산에 대하여 저당권을 가지고 있다면 대위변제자에게 일부 대위변제에 따른 저당권 일부 이전의 부기등기를 할 의무를 지는지 여부(적극) 및 이 경우 채권자와 일부 대위변제자 사이의 변제 순위 / 일부 대위변제자의 채무자에 대한 구상채권에 대하여 보증한 사람이 보증채무 변제로 일부 대위변제자를 다시 대위하는 경우, 채권자와 일부 대위변제자 사이의 '우선회수특약'에 따른 권리까지 당연히 대위하거나 이전받는지 여부(소극) / 이 경우 일부 대위변제자는 보증채무 변제자가 채권자 등을 상대로 '우선회수특약'에 따른 권리를 주장할 수 있도록 권리의 승계 등에 관한 절차를 이행할 의무가 있는지 여부(원칙적 적극) 및 이를 위반하여 보증채무 변제자가 손

해를 입은 경우, 손해배상책임을 지는지 여부(적극)

[2] 근저당권설정계약서가 부동문자로 인쇄된 일반거래약관의 형태를 취한 경우, 계약서의 문언에 따라 의사표시의 내용을 해석하여야 하는지 여부(원칙적 적극) 및 이때 피담보채무 범위에 관한 의사표시의 해석 방법

**【판결요지】**

[1] 변제할 정당한 이익이 있는 사람이 채무자를 위하여 채권의 일부를 대위변제할 경우에 대위변제자는 변제한 가액의 범위 내에서 종래 채권자가 가지고 있던 채권 및 담보에 관한 권리를 취득하므로, 채권자가 부동산에 대하여 저당권을 가지고 있는 경우에는 채권자는 대위변제자에게 일부 대위변제에 따른 저당권 일부 이전의 부기등기를 할 의무를 진다.

한편 이 경우에도 채권자는 일부 대위변제자에 대하여 우선변제권을 가진다 할 것이고, 다만 일부 대위변제자와 채권자 사이에 변제의 순위에 관하여 따로 약정(이하 '우선회수특약'이라 한다)을 하였다면 우선회수특약에 따라 변제의 순위가 정해진다.

그런데 변제로 채권자를 대위하는 경우에 '채권 및 그 담보에 관한 권리'가 변제자에게 이전될 뿐 계약당사자의 지위가 이전되는 것은 아니다. 그리고 변제로 채권자를 대위하는 사람이 구상권 범위에서 행사할 수 있는 '채권 및 그 담보에 관한 권리'에는 채권자와 채무자 사이에 채무의 이행을 확보하기 위한 특약이 있는 경우에 특약에 기하여 채권자가 가지는 권리도 포함되나, 채권자와 일부 대위변제자 사이의 약정에 지나지 아니하는 '우선회수특약'이 '채권 및 그 담보에 관한 권리'에 포함된다고 보기는 어렵다. 이러한 사정들을 고려하면, 일부 대위변제자의 채무자에 대한 구상채권에 대하여 보증한 사람이 자신의 보증채무를 변제함으로써 일부 대위변제자를 다시 대위하게 되었다 하더라도, 그것만으로 채권자의 채무자에 대한 권리가 아니라 채권자와 일부 대위변제자 사이의 약정에 해당하는 '우선회수특약'에 따른 권리까지 당연히 대위하거나 이전받게 된다고 볼 수는 없다.

그렇지만 '우선회수특약'은 일부 대위변제 후의 잔존 채권 변제 및 그 담보권 행사의 순위를 정한 약정으로서 일부 대위에 부수하여 이루어진 약정이고, 일부 대위변제자는 자신을 다시 대위하는 보증채무 변제자를 위하여 민법 제484조 및 제485조에 따라 채권 및 그 담보권 행사에 협조하고 이에 관한 권리를 보존할 의무를 진다는 사정 등에 비추어 보면, 일부 대위변제자로서는 특별한 사정이 없는 한 보증채무 변제자가 대위로 이전받은 담보에 관한 권리 행사 등과 관련하여 채권자 등을 상대로 '우선회수특약'에 따른 권리를 주장할 수 있도록 권리의 승계 등에 관한 절차를 해 주어야 할 의무를 지고, 이를 위반함으로 인해 보증채무 변제자가 채권자 등에 대하여 권리를 주장할 수 없게 되어 손해를 입은 경우에는 그에 대한 손해배상책임을 진다.

[2] 근저당권은 담보할 채권의 최고액만을 정하고 채무의 확정을 장래에 유보하여 설정하는 저당권을 말한다. 근저당권설정계약서가 부동문자로 인쇄된 일반거래약관의 형태를 취하고 있다고 하더라도 이는 처분문서이므로 진정 성립이 인정되는 때에는 특별한 사정이 없는 한 계약서의 문언에 따라 의사표시의 내용을 해석하여야 하나, 근저당권설정계약 체결의 경위와 목적, 피담보채무액, 근저당권설정자와 채무자 및 채권자와의 상호관계 등 제반 사정에 비추어 당사자의 의사가 계약서 문언과는 달리 일정한 범위 내의 채무만을 피담보채무로 약정한 취지라고 해석하는 것이 합리적이라고 인정되는 경우에 당사자의 의사에 따라 담보책임의 범위를 제한할 수 있다.

**제484조(대위변제와 채권증서, 담보물)** ① 채권전부의 대위변제를 받은 채권자는 그 채권에 관한 증서 및 점유한 담보물을 대위자에게 교부하여야 한다.

② 채권의 일부에 대한 대위변제가 있는 때에는 채권자는 채권증서에 그 대위를 기입하고 자기가 점유한 담보물의 보존에 관하여 대위자의 감독을 받아야 한다.

**제485조(채권자의 담보상실, 감소행위와 법정대위자의 면책)** 제481조의 규정에 의하여 대위할 자가 있는 경우에 채권자의 고의나 과실로 담보가 상실되거나 감소된 때에는 대위할 자는 그 상실 또는 감소로 인하여 상환을 받을 수 없는 한도에서 그 책임을 면한다.

**제486조(변제 이외의 방법에 의한 채무소멸과 대위)** 제삼자가 공탁 기타 자기의 출재로 채무자의 채무를 면하게 한 경우에도 전6조의 규정을 준용한다.

## 제2관 공탁

**제487조(변제공탁의 요건, 효과)** 채권자가 변제를 받지 아니하거나 받을 수 없는 때에는 변제자는 채권자를 위하여 변제의 목적물을 공탁하여 그 채무를 면할 수 있다. 변제자가 과실없이 채권자를 알 수 없는 경우에도 같다.

**청구이의**

[대법원 2023. 5. 18., 선고, 2020다295298, 판결]

【판시사항】

[1] 구 국세징수법 제5조, 지방세징수법 제5조, 국민연금법 제95조의2, 국민건강보험법 제81조의3 및 구 국세징수법 시행령 제4조 제1항 제1호, 지방세징수법 시행령 제4조 제1항 제1호, 국민연금법 시행령 제70조의3 제4항 제1호, 국민건강보험법 시행령 제47조의3 제3항 제1호에서 정한 바에 따라 납세자 등이 국가로부터 납세증명서 등의 제출을 요구받고도 불응한 경우, 국가가 대금의 지급을 거절할 수 있는지 여부(적극) 및 납세증명서 등 제출 시까지 국가가 대금지급채무에 관한 이행지체책임을 면하는지 여부(소극) / 이러한 경우 국가가 변제공탁으로 대금지급채무에서 벗어나 지체책임을 면할 수 있는지 여부(적극) / 이때 납세증명서 등의 제출이라는 반대급부를 조건으로 하는 변제공탁의 효력(유효) 및 이는 채권양도로 인하여 양도인의 납세증명서 등을 제출하여야 하는 경우에도 마찬가지인지 여부(적극)

[2] 구 국세징수법 시행령 제4조 제1항 제1호, 지방세징수법 시행령 제4조 제1항 제1호, 국민연금법 시행령 제70조의3 제4항 제1호, 국민건강보험법 시행령 제47조의3 제3항 제1호가 위임 입법의 한계를 일탈하거나 법률유보원칙, 자기책임원칙, 과잉금지원칙, 조세법률주의, 평등권 등에 위배되어 무효인지 여부(소극)

【판결요지】

[1] 구 국세징수법(2020. 12. 29. 법률 제17758호로 전부 개정되기 전의 것) 제5조, 지방세징수법 제5조, 국민연금법 제95조의2, 국민건강보험법 제81조의3(이하 '각 법률 조항'이라 한다) 및 구 국세징수법 시행령(2021. 2. 17. 대통령령 제31453호로 전부 개정되기 전의 것) 제4조 제1항 제1호, 지방세징수법 시행령 제4조 제1항 제1

호, 국민연금법 시행령 제70조의3 제4항 제1호, 국민건강보험법 시행령 제47조의3 제3항 제1호(이하 '각 시행령 조항'이라 한다)에서 정한 바에 따라 납세자 등이 국가로부터 납세증명서 등의 제출을 요구받고도 이에 불응하면, 국가는 대금의 지급을 거절할 수 있으나, 납세자 등이 납세증명서 등을 제출할 때까지 그 대금지급채무에 관하여 이행지체책임을 면하는 것은 아니다. 이러한 경우 국가는 채권자인 납세자 등의 수령불능을 이유로 변제공탁함으로써 대금지급채무에서 벗어날 수 있고, 그에 따라 지체책임도 면할 수 있다.

한편 채권자가 본래의 채권을 변제받기 위하여 어떠한 반대급부 기타의 조건이행을 할 필요가 있는 경우에는 이를 조건으로 하는 채무자의 변제공탁은 유효하다. 각 법률 조항 및 시행령 조항에서 납세자 등이 국가로부터 대금을 지급받을 때에는 납세증명서 등을 제출하도록 규정하고 있으므로, 납세증명서 등의 제출이라는 반대급부를 이행할 필요가 있는 경우에 해당하고, 따라서 이러한 반대급부를 조건으로 하는 변제공탁은 유효하다. 이는 채권양도로 인하여 양도인의 납세증명서 등을 제출하여야 하는 때에도 마찬가지이다.

[2] 구 국세징수법(2020. 12. 29. 법률 제17758호로 전부 개정되기 전의 것) 제5조, 지방세징수법 제5조, 국민연금법 제95조의2, 국민건강보험법 제81조의3(이하 '각 법률 조항'이라 한다)의 입법 목적은 납세의무 등의 이행을 간접적으로 강제함으로써 조세 등의 체납을 방지하고 그 징수를 촉진하려는 데에 있다. 따라서 각 법률 조항의 위임에 따라 시행령에서 구체화될 내용에는 채권양도가 있는 경우에 양도인의 납세증명서 등을 제출하도록 함으로써 체납자가 국가 등에 대한 대금채권을 체납액이 없는 제3자에게 양도하는 형식을 취하여 각 법률 조항을 무력화하려는 시도를 방지하고자 하는 것이 포함될 수 있음을 충분히 예측할 수 있다. 또한 국가 등에 대한 대금채권의 양수인이 받을 수 있는 불이익은 양도계약을 체결할 때에 양수인이 양도인으로부터 납세증명서 등을 제시받거나 국세 등의 체납 여부에 관한 별도의 약정을 추가하는 등 양도계약 당사자들 사이의 정보교환과 자율적 판단으로 어느 정도 회피하거나 감소시킬 수 있다. 이러한 점 등을 종합하여 보면, 구 국세징수법 시행령(2021. 2. 17. 대통령령 제31453호로 전부 개정되기 전의 것) 제4조 제1항 제1호, 지방세징수법 시행령 제4조 제1항 제1호, 국민연금법 시행령 제70조의3 제4항 제1호, 국민건강보험법 시행령 제47조의3 제3항 제1호가 위임 입법의 한계를 일탈하거나, 법률유보원칙, 자기책임원칙, 과잉금지원칙, 조세법률주의 및 평등권 등에 위배되어 무효라고 볼 수 없다.

**제488조(공탁의 방법)** ① 공탁은 채무이행지의 공탁소에 하여야 한다.
② 공탁소에 관하여 법률에 특별한 규정이 없으면 법원은 변제자의 청구에 의하여 공탁소를 지정하고 공탁물보관자를 선임하여야 한다.
③ 공탁자는 지체없이 채권자에게 공탁통지를 하여야 한다.

**제489조(공탁물의 회수)** ① 채권자가 공탁을 승인하거나 공탁소에 대하여 공탁물을 받기를 통고하거나 공탁유효의 판결이 확정되기까지는 변제자는 공탁물을 회수할 수 있다. 이 경우에는 공탁하지 아니한 것으로 본다.
② 전항의 규정은 질권 또는 저당권이 공탁으로 인하여 소멸한 때에는 적용하지 아니한다.

**공탁관의처분에대한이의**

[대법원 2020. 5. 22., 자, 2018마5697, 결정]

【판시사항】

변제공탁의 피공탁자를 포함한 제3자가 공탁자에 대하여 가지는 별도 채권의 집행권원으로써 공탁자의 공탁물 회수청구권에 대하여 압류 및 추심명령을 받아 그 집행으로 공탁물을 회수한 경우, 공탁에 따른 채권소멸의 효력이 소급하여 없어지는지 여부(적극) / 부적법한 변제공탁으로 변제의 효력이 발생하지 않았더라도 피공탁자가 공탁자에 대한 다른 채권에 기하여 공탁자의 공탁물 회수청구권에 대하여 압류 및 추심명령을 받아 그 집행으로 공탁물을 회수할 수 있는지 여부(적극) / 공탁물 출급청구권에 대한 압류 등이 공탁물 회수청구권에 대하여 효력을 미치는지 여부(소극)

【판결요지】

변제공탁이 적법한 경우에는 채권자가 공탁물 출급청구를 하였는지 여부와는 관계없이 공탁을 한 때에 변제의 효력이 발생하나, 피공탁자를 포함한 제3자가 공탁자에 대하여 가지는 별도 채권의 집행권원으로써 공탁자의 공탁물 회수청구권에 대하여 압류 및 추심명령을 받아 그 집행으로 공탁물을 회수한 경우 채권소멸의 효력은 소급하여 없어진다.

나아가 부적법한 변제공탁으로 변제의 효력이 발생하지 않았다고 하더라도, 피공탁자는 이를 수락하여 공탁물 출급청구를 하는 대신 공탁자에 대한 다른 채권에 기하여 공탁자의 공탁물 회수청구권에 대하여 압류 및 추심명령을 받아 그 집행으로 공탁물을 회수할 수 있다.

한편 공탁물 출급청구권과 공탁물 회수청구권은 서로 독립한 별개의 청구권이므로 설령 공탁물 출급청구권에 대한 압류 등이 있었다고 하더라도 이는 공탁물 회수청구권에 대하여 아무런 영향을 미치지 않는다.

**제490조(자조매각금의 공탁)** 변제의 목적물이 공탁에 적당하지 아니하거나 멸실 또는 훼손될 염려가 있거나 공탁에 과다한 비용을 요하는 경우에는 변제자는 법원의 허가를 얻어 그 물건을 경매하거나 시가로 방매하여 대금을 공탁할 수 있다.

**제491조(공탁물수령과 상대의무이행)** 채무자가 채권자의 상대의무이행과 동시에 변제할 경우에는 채권자는 그 의무이행을 하지 아니하면 공탁물을 수령하지 못한다.

## 제3관 상계

**제492조(상계의 요건)** ① 쌍방이 서로 같은 종류를 목적으로 한 채무를 부담한 경우에 그 쌍방의 채무의 이행기가 도래한 때에는 각 채무자는 대등액에 관하여 상계할 수 있다. 그러나 채무의 성질이 상계를 허용하지 아니할 때에는 그러하지 아니하다.

② 전항의 규정은 당사자가 다른 의사를 표시한 경우에는 적용하지 아니한다. 그러나 그 의사표시로써 선의의 제삼자에게 대항하지 못한다.

**기반시설부담금환급금지급청구의소**

[대법원 2022. 12. 16., 선고, 2022다218271, 판결]

【판시사항】

[1] 상계제도의 의미와 취지 / 상계자가 상대방에 대하여 가지는 채권이 아닌 제3자가 상대방에 대하여 가지는 채권을 자동채권으로 하여 상계할 수 있는지 여부(원칙적 소극)

[2] 국세징수법에 의한 채권압류의 효력 / 압류채권자가 채무자의 제3채무자에 대한 채권을 압류한 경우 이를 자동채권으로 하여 제3채무자의 압류채권자에 대한 채권과 상계할 수 있는지 여부(소극) 및 이는 피압류채권에 대하여 이중압류, 배분요구 등이 없더라도 마찬가지인지 여부(적극)

【판결요지】

[1] 상계는 당사자 쌍방이 서로 같은 종류를 목적으로 한 채무를 부담한 경우에 서로 같은 종류의 급부를 현실로 이행하는 대신 어느 일방 당사자의 의사표시로 그 대등액에 관하여 채권과 채무를 동시에 소멸시키는 것이고, 이러한 상계제도의 취지는 서로 대립하는 두 당사자 사이의 채권·채무를 간이한 방법으로 원활하고 공평하게 처리하려는 데 있으므로, 법률의 규정 등 특별한 사정이 없는 한 자동채권으로 될 수 있는 채권은 상계자가 상대방에 대하여 가지는 채권이어야 하고 제3자가 상대방에 대하여 가지는 채권으로는 상계할 수 없다.

[2] 국세징수법에 의한 채권압류의 경우 압류채권자는 체납자에 대신하여 추심권을 취득할 뿐이고, 이로 인하여 채무자가 제3채무자에 대하여 가지는 채권이 압류채권자에게 이전되거나 귀속되는 것은 아니다. 따라서 압류채권자가 채무자의 제3채무자에 대한 채권을 압류한 경우 그 채권은 압류채권자가 제3채무자에 대하여 가지는 채권이 아니므로, 압류채권자는 이를 자동채권으로 하여 제3채무자의 압류채권자에 대한 채권과 상계할 수 없고, 이는 피압류채권에 대하여 이중압류, 배분요구 등이 없다고 하더라도 달리 볼 것은 아니다.

**제493조(상계의 방법, 효과)** ① 상계는 상대방에 대한 의사표시로 한다. 이 의사표시에는 조건 또는 기한을 붙이지 못한다.

② 상계의 의사표시는 각 채무가 상계할 수 있는 때에 대등액에 관하여 소멸한 것으로 본다.

**구상금·보험금**

[대법원 2022. 10. 27., 선고, 2022다254154, 254161, 판결]

【판시사항】

상속채권자가 피상속인에 대하여는 채권을 보유하면서 상속인에 대하여는 채무를 부담하는 경우, 상속채권자가 상속이 개시된 후 피상속인에 대한 채권을 자동채권으로 하여 상속인에 대한 채무에 대하여 상계하였더라도 이후 상속인이 한정승인을 하면 상계가 소급하여 효력을 상실하는지 여부(적극)

【판결요지】

상속인이 한정승인을 하는 경우에도, 피상속인의 채무와 유증에 대한 책임 범위가 한정될 뿐 상속인은 상속이 개시된 때부터 피상속인의 일신에 전속한 것을 제외한 피상속인의 재산에 관한 포괄적인 권리·의무를 승계하지만(민법 제1005조), 피상속인의 상속재산을 상속인의 고유재산으로부터 분리하여 청산하려는 한정승인 제도의 취지에 따라 상속인의 피상속인에 대한 재산상 권리·의무는 소멸하지 아니한다(민법 제1031조).

그러므로 상속채권자가 피상속인에 대하여는 채권을 보유하면서 상속인에 대하여는 채무를 부담하는 경우, 상속이 개시되면 위 채권 및 채무가 모두 상속인에게 귀속되어 상계적상이 생기지만, 상속인이 한정승인을 하면 상속이 개시된 때부터 민법 제1031조에 따라 피상속인의 상속재산과 상속인의 고유재산이 분리되는 결과가 발생하므로, 상속채권자의 피상속인에 대한 채권과 상속인에 대한 채무 사이의 상계는 제3자의 상계에 해당하여 허용될 수 없다.

즉, 상속채권자가 상속이 개시된 후 한정승인 이전에 피상속인에 대한 채권을 자동채권으로 하여 상속인에 대한 채무에 대하여 상계하였더라도, 그 이후 상속인이 한정승인을 하는 경우에는 민법 제1031조의 취지에 따라 상계가 소급하여 효력을 상실하고, 상계의 자동채권인 상속채권자의 피상속인에 대한 채권과 수동채권인 상속인에 대한 채무는 모두 부활한다.

**제494조(이행지를 달리하는 채무의 상계)** 각 채무의 이행지가 다른 경우에도 상계할 수 있다. 그러나 상계하는 당사자는 상대방에게 상계로 인한 손해를 배상하여야 한다.

**제495조(소멸시효완성된 채권에 의한 상계)** 소멸시효가 완성된 채권이 그 완성전에 상계할 수 있었던 것이면 그 채권자는 상계할 수 있다.

**토지인도**

[대법원 2021. 2. 10., 선고, 2017다258787, 판결]

【판시사항】

민법 제495조에 따른 소멸시효가 완성된 채권에 의한 상계는 '자동채권의 소멸시효 완성 전에 양 채권이 상계적상에 이르렀을 것'을 요건으로 하는지 여부(적극) / 임차인이 유익비를 지출한 경우, 임차인의 유익비상환채권의 발생 시기(=임대차계약 종료 시) 및 임대차 존속 중 임대인의 구상금채권 소멸시효가 완성된 경우, 임대인이 이미 소멸시효가 완성된 구상금채권을 자동채권으로 삼아 임차인의 유익비상환채권과 상계할 수 있는지 여부(소극)

【판결요지】

민법 제495조는 "소멸시효가 완성된 채권이 그 완성 전에 상계할 수 있었던 것이면 그 채권자는 상계할 수 있다."라고 규정하고 있다. 이는 당사자 쌍방의 채권이 상계적상에 있었던 경우에 당사자들은 그 채권·채무관계가 이미 정산되어 소멸하였다고 생각하는 것이 일반적이라는 점을 고려하여 당사자들의 신뢰를 보호하기 위한 것이다. 다만 이는 '자동채권의 소멸시효 완성 전에 양 채권이 상계적상에 이르렀을 것'을 요건으로 한다.

민법 제626조 제2항은 임차인이 유익비를 지출한 경우에는 임대인은 임대차 종료 시에 그 가액의 증가가 현존한 때에 한하여 임차인의 지출한 금액이나 그 증가액을 상환하여야 한다고 규정하고 있으므로, 임차인의 유익비상환채권은 임대차계약이 종료한 때에 비로소 발생한다고 보아야 한다. 따라서 임대차 존속 중 임대인의 구상금채권의 소멸시효가 완성된 경우에는 위 구상금채권과 임차인의 유익비상환채권이 상계할 수 있는 상태에 있었다고 할 수 없으므로, 그 이후에 임대인이 이미 소멸시효가 완성된 구상금채권을 자동채권으로 삼아 임차인의 유익비상환채권과 상계하는 것은 민법 제495조에 의하더라도 인정될 수 없다.

**제496조(불법행위채권을 수동채권으로 하는 상계의 금지)** 채무가 고의의 불법행위로 인한 것인 때에는 그 채무자는 상계로 채권자에게 대항하지 못한다.

**제497조(압류금지채권을 수동채권으로 하는 상계의 금지)** 채권이 압류하지 못할 것인 때에는 그 채무자는 상계로 채권자에게 대항하지 못한다.

**제498조(지급금지채권을 수동채권으로 하는 상계의 금지)** 지급을 금지하는 명령을 받은 제삼채무자는 그 후에 취득한 채권에 의한 상계로 그 명령을 신청한 채권자에게 대항하지 못한다.

**제499조(준용규정)** 제476조 내지 제479조의 규정은 상계에 준용한다.

## 제4관 경개

**제500조(경개의 요건, 효과)** 당사자가 채무의 중요한 부분을 변경하는 계약을 한 때에는 구채무는 경개로 인하여 소멸한다.

**정산금등**

[대법원 2019. 10. 23., 선고, 2012다46170, 전원합의체 판결]

【판시사항】

[1] 소송 계속 중 제3자가 민사소송법 제81조에 따라 소송에 참가한 후 원고가 제3자인 원고 승계참가인의 승계 여부에 대해 다투지 않으면서도 소송탈퇴, 소 취하 등을 하지 않거나 이에 대하여 피고가 부동의하여 원고가 소송에 남아 있는 경우, 승계로 인해 중첩된 원고와 원고 승계참가인의 청구 사이에 필수적 공동소송에 관한 민사소송법 제67조가 적용되는지 여부(적극)

[2] 상법 제520조의2에 따라 주식회사가 해산되고 청산이 종결된 것으로 보게 되더라도 회사에 어떤 권리관계가 남아 있어 현실적으로 정리할 필요가 있는 경우, 회사가 그 범위에서 소멸하지 않는지 여부(적극) 및 이때 회사를 대표하는 청산인이 되는 자

[3] 민법 제500조에서 정한 '경개'의 의미 및 기존채무와 관련하여 새로이 체결한 약정이 경개에 해당하는지 아니면 단순히 기존채무의 변제기나 변제방법 등을 변경한 것인지에 관하여 당사자 의사가 명백하지 않은 경우, 당사자의 의사를 해석하는 방법

【판결요지】

[1] 승계참가에 관한 민사소송법 규정과 2002년 민사소송법 개정에 따른 다른 다수당사자 소송제도와의 정합성, 원고 승계참가인(이하 '승계참가인'이라 한다)과 피참가인인 원고의 중첩된 청구를 모순 없이 합일적으로 확정할 필요성 등을 종합적으로 고려하면, 소송이 법원에 계속되어 있는 동안에 제3자가 소송목적인 권리의 전부나 일부를 승계하였다고 주장하며 민사소송법 제81조에 따라 소송에 참가한 경우, 원고가 승계참가인의 승계 여부에 대해 다투지 않으면서도 소송탈퇴, 소 취하 등을 하지 않거나 이에 대하여 피고가 부동의하여 원고가 소송에 남아 있다면 승계로 인해 중첩된 원고와 승계참가인의 청구 사이에는 필수적 공동소송에 관한 민사소송법 제67조가 적용된다.

[2] 상법 제520조의2에 따라서 주식회사가 해산되고 그 청산이 종결된 것으로 보게 되는 회사라도 어떤 권리관계가 남아 있어 현실적으로 정리할 필요가 있으면 그 범위에서는 아직 완전히 소멸하지 않고, 이러한 경우 그 회사의 해산 당시의 이사는 정관에 다른 정함이 있거나 주주총회에서 따로 청산인을 선임하지 않은 경우에 당연히 청산인이 되며, 그러한 청산인이 없는 때에 비로소 이해관계인의 청구에 따라 법원이 선임한 자가 청산인이 되어 청산 중 회사의 청산사무를 집행하고 대표하는 유일한 기관이 된다.

[3] 민법 제500조의 경개는 기존채무의 중요부분을 변경하여 기존채무를 소멸시키고 이와 동일성이 없는 새로운 채무를 성립시키는 계약이다. 기존채무와 관련하여 새로운 약정을 체결한 경우 그러한 약정이 경개에 해당하는지 아니면 단순히 기존채무의 변제기나 변제방법 등을 변경한 것인지는 당사자의 의사에 의하여 결정되고, 만약 당사자의 의사가 명백하지 않을 때에는 의사해석의 문제로 귀착된다. 이러한 당사자의 의사를 해석할 때에는 새로운 약정이 이루어지게 된 동기와 경위, 당사자가 그 약정에 의하여 달성하려고 하는 목적과 진정한 의사 등을 종합적으로 고찰하여 사회정의와 형평의 이

념에 맞도록 논리와 경험칙, 그리고 사회일반의 상식과 거래 통념에 따라 합리적으로 해석하여야 한다.

**제501조(채무자변경으로 인한 경개)** 채무자의 변경으로 인한 경개는 채권자와 신채무자간의 계약으로 이를 할 수 있다. 그러나 구채무자의 의사에 반하여 이를 하지 못한다.

**제502조(채권자변경으로 인한 경개)** 채권자의 변경으로 인한 경개는 확정일자있는 증서로 하지 아니하면 이로써 제삼자에게 대항하지 못한다.

**제503조(채권자변경의 경개와 채무자승낙의 효과)** 제451조제1항의 규정은 채권자의 변경으로 인한 경개에 준용한다.

**제504조(구채무불소멸의 경우)** 경개로 인한 신채무가 원인의 불법 또는 당사자가 알지 못한 사유로 인하여 성립되지 아니하거나 취소된 때에는 구채무는 소멸되지 아니한다.

**제505조(신채무에의 담보이전)** 경개의 당사자는 구채무의 담보를 그 목적의 한도에서 신채무의 담보로 할 수 있다. 그러나 제삼자가 제공한 담보는 그 승낙을 얻어야 한다.

**공탁금출급청구권확인**

[대법원 2003. 9. 26., 선고, 2002다31803,31810, 판결]

【판시사항】

[1] 기존 채권채무의 당사자가 그 목적물을 소비대차의 목적으로 하기로 약정한 경우 그 약정의 해석

[2] 채권자가 채무자 발행의 전환사채를 인수하고 채무자는 그 인수대금으로 채권자에 대한 기존의 대출금채무를 변제한 경우 전환사채와 기존의 대출금채권 사이에 동일성을 인정할 수 없다고 한 사례

【판결요지】

[1] 준소비대차는 당사자 쌍방이 소비대차에 의하지 아니하고 금전 기타의 대체물을 지급할 의무가 있는 경우에 당사자가 그 목적물을 소비대차의 목적으로 할 것을 약정한 때에 성립하는 것으로서, 기존채무를 소멸케 하고 신채무를 성립시키는 계약인 점에 있어서는 경개와 동일하지만 경개에 있어서는 기존채무와 신채무 사이에 동일성이 없는 반면, 준소비대차에 있어서는 원칙적으로 동일성이 인정된다는 점에 차이가 있고, 기존채권, 채무의 당사자가 그 목적물을 소비대차의 목적으로 할 것을 약정한 경우 그 약정을 경개로 볼 것인가 또는 준소비대차로 볼 것인가는 일차적으로 당사자의 의사에 의하여 결정되고, 만약 당사자의 의사가 명백하지 않을 때에는 특별한 사정이 없는 한 동일성을 상실함으로써 채권자가 담보를 잃고 채무자가 항변권을 잃게 되는 것과 같이 스스로 불이익을 초래하는 의사를 표시하였다고는 볼 수 없으므로 일반적으로 준소비대차로 보아야 하지만, 신채무의 성질이 소비대차가 아니거나 기존채무와 동일성이 없는 경우에는 준소비대차로 볼 수 없다.

[2] 채권자가 채무자 발행의 전환사채를 인수하고 채무자는 그 인수대금으로 채권자에 대한 기존의 대출금채무를 변제한 경우 전환사채와 기존의 대출금채권 사이에 동일성을 인정할 수 없다고 한 사례.

## 제5관 면제

**제506조(면제의 요건, 효과)** 채권자가 채무자에게 채무를 면제하는 의사를 표시한 때에는 채권은 소멸한다. 그러나 면제로써 정당한 이익을 가진 제삼자에게 대항하지 못한다.

## 제6관 혼동

**제507조(혼동의 요건, 효과)** 채권과 채무가 동일한 주체에 귀속한 때에는 채권은 소멸한다. 그러나 그 채권이 제삼자의 권리의 목적인 때에는 그러하지 아니하다.

**손해배상(기)**

[대법원 2022. 1. 13., 선고, 2019다272855, 판결]

【판시사항】

[1] 채권양도에 따른 채권의 귀속주체 변경의 효과가 발생하는 시점(=채권양도에 따른 처분행위 시) 및 지명채권 양수인이 '양도되는 채권의 채무자'인 경우, 채권양도에 따른 처분행위 시 채권이 혼동에 의하여 소멸하는지 여부(적극)

[2] 지명채권 양수인이 '양도되는 채권의 채무자'여서 양도된 채권이 혼동에 의하여 소멸한 후 채권에 관한 압류 또는 가압류결정이 제3채무자에게 송달된 경우, 채권압류 또는 가압류결정의 효력(무효) 및 이때 압류 또는 가압류채권자가 민법 제450조 제2항에서 정한 제3자에 해당하는지 여부(소극)

【판결요지】

[1] 채권양도는 양도인과 양수인 사이에 채권을 동일성을 유지하면서 전자로부터 후자에게로 이전시킬 것을 목적으로 하는 계약을 말한다. 채권양도에 의하여 채권은 동일성을 잃지 않고 양도인으로부터 양수인에게 이전되는데, 이는 채권양도의 대항요건을 갖추지 못하였다고 하더라도 마찬가지이다. 이와 같은 채권의 귀속주체 변경의 효과는 원칙적으로 채권양도에 따른 처분행위 시 발생하는바, 지명채권 양수인이 '양도되는 채권의 채무자'인 경우에는 채권양도에 따른 처분행위 시 채권과 채무가 동일한 주체에 귀속한 때에 해당하므로 민법 제507조 본문에 따라 채권이 혼동에 의하여 소멸한다.

[2] 민법 제450조 제2항에서 정한 지명채권양도의 제3자에 대한 대항요건은 양도된 채권이 존속하는 동안에 그 채권에 관하여 양수인의 지위와 양립할 수 없는 법률상의 지위를 취득한 제3자가 있는 경우에 적용된다. 따라서 지명채권 양수인이 '양도되는 채권의 채무자'여서 양도된 채권이 민법 제507조 본문에 따라 혼동에 의하여 소멸한 경우에는 후에 채권에 관한 압류 또는 가압류결정이 제3채무자에게 송달되더라도 채권압류 또는 가압류결정은 존재하지 아니하는 채권에 대한 것으로서 무효이고, 압류 또는 가압류채권자는 민법 제450조 제2항에서 정한 제3자에 해당하지 아니한다.

## 제7절 지시채권

**제508조(지시채권의 양도방식)** 지시채권은 그 증서에 배서하여 양수인에게 교부하는 방식으로 양도할 수 있다.

**제509조(환배서)** ① 지시채권은 그 채무자에 대하여도 배서하여 양도할 수 있다.
② 배서로 지시채권을 양수한 채무자는 다시 배서하여 이를 양도할 수 있다.

**제510조(배서의 방식)** ① 배서는 증서 또는 그 보충지에 그 뜻을 기재하고 배서인이 서명 또는 기명날인함으로써 이를 한다.
② 배서는 피배서인을 지정하지 아니하고 할 수 있으며 또 배서인의 서명 또는 기명날인만으로 할 수 있다.

**제511조(약식배서의 처리방식)** 배서가 전조제2항의 약식에 의한 때에는 소지인은 다음 각호의 방식으로 처리할 수 있다.

1. 자기나 타인의 명칭을 피배서인으로 기재할 수 있다.
2. 약식으로 또는 타인을 피배서인으로 표시하여 다시 증서에 배서할 수 있다.
3. 피배서인을 기재하지 아니하고 배서없이 증서를 제삼자에게 교부하여 양도할 수 있다.

**제512조(소지인출급배서의 효력)** 소지인출급의 배서는 약식배서와 같은 효력이 있다.

**제513조(배서의 자격수여력)** ① 증서의 점유자가 배서의 연속으로 그 권리를 증명하는 때에는 적법한 소지인으로 본다. 최후의 배서가 약식인 경우에도 같다.
② 약식배서 다음에 다른 배서가 있으면 그 배서인은 약식배서로 증서를 취득한 것으로 본다.
③ 말소된 배서는 배서의 연속에 관하여 그 기재가 없는 것으로 본다.

**제514조(동전-선의취득)** 누구든지 증서의 적법한 소지인에 대하여 그 반환을 청구하지 못한다. 그러나 소지인이 취득한 때에 양도인이 권리없음을 알았거나 중대한 과실로 알지 못한 때에는 그러하지 아니하다.

**제515조(이전배서와 인적항변)** 지시채권의 채무자는 소지인의 전자에 대한 인적관계의 항변으로 소지인에게 대항하지 못한다. 그러나 소지인이 그 채무자를 해함을 알고 지시채권을 취득한 때에는 그러하지 아니하다.

**제516조(변제의 장소)** 증서에 변제장소를 정하지 아니한 때에는 채무자의 현영업소를 변제장소로 한다. 영업소가 없는 때에는 현주소를 변제장소로 한다.

**제517조(증서의 제시와 이행지체)** 증서에 변제기한이 있는 경우에도 그 기한이 도래한 후에 소지인이 증서를 제시하여 이행을 청구한 때로부터 채무자는 지체책임이 있다.

**손해배상(기)**

[대법원 2007. 9. 20., 선고, 2005다63337, 판결]

【판시사항】

[1] 채무자가 채무를 이행하지 아니할 의사를 명백히 표시하였는지 여부의 판단 기준

[2] 채무자의 이행거절로 인한 채무불이행에서의 손해액 산정의 기준시점

[3] 상품권의 발행인이 그 소지인으로부터 상품권을 제시받고도 제품제공의무의 이행을 거절한 경우에는 상품권의 최종 소지인은 이행의 최고 없이 곧바로 그 이행에 갈음한

손해배상을 청구할 수 있고, 그 손해액은 위 상품권의 액면금 상당이라고 본 사례

[4] 상품권 발행인이 상품권의 내용에 따른 제품제공의무를 이행하지 않음으로써 그 소지인에게 이행에 갈음한 손해배상책임을 지는 경우, 그 손해배상의무에 관한 이행지체 책임의 성립 시점

**【판결요지】**

[1] 채무자가 채무를 이행하지 아니할 의사를 명백히 표시한 경우에 채권자는 신의성실의 원칙상 이행기 전이라도 이행의 최고 없이 채무자의 이행거절을 이유로 계약을 해제하거나 채무자를 상대로 손해배상을 청구할 수 있고, 채무자가 채무를 이행하지 아니할 의사를 명백히 표시하였는지 여부는 채무 이행에 관한 당사자의 행동과 계약 전후의 구체적인 사정 등을 종합적으로 살펴서 판단하여야 한다.

[2] 이행지체에 의한 전보배상에 있어서의 손해액 산정은 본래의 의무이행을 최고한 후 상당한 기간이 경과한 당시의 시가를 표준으로 하고, 이행불능으로 인한 전보배상액은 이행불능 당시의 시가 상당액을 표준으로 할 것인바, 채무자의 이행거절로 인한 채무불이행에서의 손해액 산정은, 채무자가 이행거절의 의사를 명백히 표시하여 최고 없이 계약의 해제나 손해배상을 청구할 수 있는 경우에는 이행거절 당시의 급부목적물의 시가를 표준으로 해야 한다.

[3] 상품권의 발행인은 상품권을 제시하며 상품권에 기재된 내용에 따라 제품의 공급을 요구하는 소지인에게 그 액면금 상당의 제품을 공급할 의무가 있으므로, 발행인이 상품권을 구입한 실수요자들로부터 상품권을 제시받고도 그 의무이행을 거절한 경우에는 상품권의 최종 소지인은 발행인에 대하여 제품제공의무에 대한 이행의 최고 없이 곧바로 그 이행에 갈음한 손해배상을 청구할 수 있고, 나아가 상품권 발행인이 위 의무를 이행하지 아니함으로써 그 소지인이 입은 손해는 통상의 경우 상품권의 액면금 상당이라고 본 사례.

[4] 상품권 발행인이 상품권의 내용에 따른 제품제공의무를 이행하지 않음으로 인하여 그 소지인에게 그 이행에 갈음한 손해배상책임을 지게 되는 경우에도 이중지급의 위험을 방지하기 위하여 공평의 관념과 신의칙상 발행인의 손해배상의무와 소지인의 상품권 반환의무 사이에 동시이행관계가 인정된다 할 것이나, 이는 민법 제536조에 정하는 쌍무계약상의 채권채무관계나 그와 유사한 대가관계가 있어서 그러는 것이 아니므로, 발행인의 손해배상의무에 관하여는 그 이행의 최고를 받은 다음부터 이행지체의 책임을 진다.

**제518조(채무자의 조사권리의무)** 채무자는 배서의 연속여부를 조사할 의무가 있으며 배서인의 서명 또는 날인의 진위나 소지인의 진위를 조사할 권리는 있으나 의무는 없다. 그러나 채무자가 변제하는 때에 소지인이 권리자아님을 알았거나 중대한 과실로 알지 못한 때에는 그 변제는 무효로 한다.

**제519조(변제와 증서교부)** 채무자는 증서와 교환하여서만 변제할 의무가 있다.

**제520조(영수의 기입청구권)** ① 채무자는 변제하는 때에 소지인에 대하여 증서에 영수를 증명하는 기재를 할 것을 청구할 수 있다.
② 일부변제의 경우에 채무자의 청구가 있으면 채권자는 증서에 그 뜻을 기재하여야 한다.

**제521조(공시최고절차에 의한 증서의 실효)** 멸실한 증서나 소지인의 점유를 이탈한 증서는 공시최고의 절차에 의하여 무효로 할 수 있다.

**부당이득금**

[대법원 2016. 10. 27., 선고, 2016다235091, 판결]

【판시사항】

[1] 어음상의 권리를 행사하기 위하여 어음을 소지하여야 하는지 여부(원칙적 적극) 및 이는 회생절차에 참가하기 위하여 어음채권을 회생채권으로 신고하는 경우에도 마찬가지인지 여부(적극)

[2] 증서를 횡령당한 경우, 증권이나 증서의 무효선언을 위한 공시최고를 신청할 수 있는지 여부(소극)

【판결요지】

[1] 회생채권에 관하여는 개별적인 권리실현이 금지되는 반면 회생채권자는 그가 가진 회생채권으로 회생절차에 참가할 수 있고(채무자 회생 및 파산에 관한 법률 제133조 제1항), 회생절차에 참가하기 위해서는 회생채권자 목록에 기재되거나(같은 법 제147조 제1항, 제2항 제1호) 법원이 정하는 신고기간 안에 회생채권의 내용 및 원인 등을 법원에 신고하고 증거서류 등을 제출하여야 한다(같은 법 제148조 제1항). 그런데 어음은 제시증권, 상환증권이므로(어음법 제38조, 제39조) 어음을 소지하지 않으면 어음상의 권리를 행사할 수 없는 것이 원칙이고, 이는 회생절차에 참가하기 위하여 어음채권을 회생채권으로 신고하는 경우에도 마찬가지이다.

[2] 증권이나 증서의 무효선언을 위한 공시최고의 신청권자는 증권 또는 증서를 도난당하거나 증서를 분실·멸실한 사람이므로(민법 제521조, 민사소송법 제492조 제1항), 증서를 횡령당한 경우에는 공시최고를 신청할 수 없다.

**제522조(공시최고절차에 의한 공탁, 변제)** 공시최고의 신청이 있는 때에는 채무자로 하여금 채무의 목적물을 공탁하게 할 수 있고 소지인이 상당한 담보를 제공하면 변제하게 할 수 있다.

## 제8절 무기명채권

**제523조(무기명채권의 양도방식)** 무기명채권은 양수인에게 그 증서를 교부함으로써 양도의 효력이 있다.

**예금반환**

[대법원 2009. 3. 12., 선고, 2007다52942, 판결]

【판시사항】

[1] 고객이 금융기관과 무기명식 양도성예금증서의 발행조건에 관하여 합의한 후 그 발행자금을 입금하여 담당직원의 확인을 받은 경우, 거치식 예금계약이 성립하는지 여부(적극) 및 그 후 금융기관의 직원이 위 돈을 횡령하거나 양도성예금증서를 발행하지 않은 사정이 위 예금계약의 효력에 영향을 미치는지 여부(소극)

[2] 예금거래기본약관 및 거치식 예금 약관이 적용되는 양도성예금증서를 발행받고자 하는 고객이 같은 금융기관의 지점 간의 '전금'의 방식으로 자금을 이체하여 입금한 경우, 거치식 예금계약의 성립시기

[3] 고객과 금융기관이 기존 예금계약의 만기지급금을 입금하여 양도성예금증서를 발행하

기로 합의하는 방식으로 거치식 예금계약을 체결할 수 있는지 여부(적극) 및 그 경우 금융기관의 담당직원이 이미 만기지급금 상당액을 인출·횡령한 사정이 위 예금계약의 성립을 인정하는 데 장애가 되는지 여부(원칙적 소극)

**【판결요지】**

[1] 예금거래기본약관 및 거치식예금약관이 적용되는 무기명식 양도성예금증서는 거치식 예금의 수신은행이 발행하는 증서로서 거치식 예금계약에 기한 예금반환청구권을 표창하고 있고 그 예금반환청구권의 이전 및 행사에 증서의 소지가 필요하다는 점에서 유가증권의 일종으로 볼 수 있지만, 양도성예금증서가 표창하고 있는 권리는 위와 같이 거치식 예금계약에 기하여 발생하는 것이므로 그 권리의 발생에 양도성예금증서의 발행이 필요한 것은 아니다. 무기명식 양도성예금증서를 발행받고자 하는 고객은 금융기관과 사이에 고객의 입금액, 만기일, 이자율, 만기지급금액 등 양도성예금증서의 발행조건에 관하여 합의한 다음, 금융기관에 소정의 금원을 입금하여 담당직원의 확인을 받음으로써 거치식 예금계약이 성립하게 되고, 금융기관은 그 예금계약에 기한 예금반환청구권을 표창하는 무기명식 양도성예금증서를 발행하기로 하는 약정에 따라 그 증서를 고객에게 발행할 의무를 부담하게 되며, 특별한 사정이 없는 한 그 증서에 기재된 내용은 거치식 예금계약의 내용을 반영하는 것이라고 봄이 상당하다. 한편, 금융기관의 직원이 위와 같은 과정에서 고객으로부터 수령한 금원을 관련 계좌에 입금하지 않고 횡령하거나 고객에게 양도성예금증서를 발행할 의무를 이행하지 아니하였다 하더라도 그와 같은 사정은 일단 성립한 거치식 예금계약의 효력에 영향을 미칠 수 없으며, 이러한 경우 고객으로서는 거치식 예금계약에 기한 예금반환청구권을 계속 보유·행사하거나, 그 예금반환청구권을 표창하는 양도성예금증서를 금융기관으로부터 발행받지 못하였음을 이유로 그 예금계약을 해제할 수 있다.

[2] 예금거래기본약관에서 '계좌이체'에 의한 예금의 성립시기를 '예금원장에 입금의 기록이 된 때'라고 규정하고 있다고 하더라도 이는 거래처의 신청에 따라 은행이 특정 계좌에서 자금을 출금하여 다른 계좌로 자금을 이체하는 경우에 그러하다는 것이므로, 동일 금융기관의 지점 간에 계좌이체가 아닌 '전금'의 방식으로 자금을 이체하는 경우에는 위와 같은 약관 규정이 그대로 적용된다고 보기 어렵다. 예금거래기본약관 및 거치식 예금 약관이 적용되는 양도성예금증서를 발행받고자 하는 고객이 금융기관의 어느 지점에서 예금의 의사로 입금을 함에 있어서, 아직 양도성예금증서 발행계좌가 개설되어 있지 아니한 관계로 그 금융기관의 다른 지점에 개설된 자신의 예금계좌에서 전금의 방식으로 입금지점에 자금이체를 하고 그 입금지점의 담당직원이 그러한 입금사실을 확인한 때에는 그 때 거치식 예금계약이 성립하고, 담당직원이 위와 같이 입금사실을 확인하고 그에 따라 발생한 예금반환청구권을 표창하는 양도성예금증서를 발행한 후 그에 맞추어 양도성예금증서 발행계좌를 개설하고 그 원장에 입금기록을 하였을 때 비로소 거치식 예금계약이 성립하는 것은 아니다.

[3] 금융기관이 고객에게 기존 예금계약의 만기가 도래함에 따라 만기지급금을 반환할 채무를 부담하고 있는 경우, 고객과 금융기관은 그 기존 예금계약의 만기지급금을 입금하여 예금거래기본약관 및 거치식예금약관이 적용되는 양도성예금증서를 발행하기로 합의하는 방식으로 거치식 예금계약을 체결할 수 있다. 한편, 위 합의 당시 금융기관의 담당직원이 기존 예금계약의 계정에서 만기에 지급할 금원 상당액을 이미 인출·횡령한 상태라 하더라도 소비임치의 일종인 예금계약의 성질상 이는 금융기관의 자금을

인출·횡령한 것일 뿐이므로, 그로 인하여 금융기관의 고객에게 대한 만기지급금 반환 채무가 이행불능되거나 소멸된다고 볼 사정이 없는 이상, 그와 같은 사정은 위와 같은 방식으로 체결된 거치식 예금계약의 성립을 인정하는 데 장애가 되지 아니한다.

**제524조(준용규정)** 제514조 내지 제522조의 규정은 무기명채권에 준용한다.

**제525조(지명소지인출급채권)** 채권자를 지정하고 소지인에게도 변제할 것을 부기한 증서는 무기명채권과 같은 효력이 있다.

**제526조(면책증서)** 제516조, 제517조 및 제520조의 규정은 채무자가 증서소지인에게 변제하여 그 책임을 면할 목적으로 발행한 증서에 준용한다.

## 제2장 계약

### 제1절 총칙

#### 제1관 계약의 성립

**제527조(계약의 청약의 구속력)** 계약의 청약은 이를 철회하지 못한다.

**분양계약취소및분양대금반환등·분양계약취소등·분양계약취소등·분양계약취소및분양대금반환등**

[대법원 2019. 4. 23., 선고, 2015다28968, 2015다28975(병합), 2015다28982(병합), 2015다28999(독립당사자참가의소), 판결]

【판시사항】

[1] 구 표시·광고의 공정화에 관한 법률상 허위·과장광고로 인한 손해배상청구권을 가지고 있던 아파트 수분양자가 수분양자의 지위를 제3자에게 양도한 경우 양수인이 당연히 손해배상청구권을 행사할 수 있는지 여부(소극) 및 양수인이 손해배상청구권을 행사할 수 있는 경우

[2] 허위·과장광고로 인한 손해배상채무에 대하여 상사법정이율이 적용되는지 여부(소극)

[3] 상품의 허위·과장광고가 기망행위에 해당하기 위한 요건

[4] 동기의 착오를 이유로 법률행위를 취소하기 위한 요건

[5] 아파트 분양광고의 내용 중 아파트의 외형·재질·구조 등 구체적 거래조건에 관한 것으로서 사회통념상 계약 내용으로 이행을 청구할 수 있다고 보이는 사항이 아닌 내용의 법적 성격(=청약의 유인) 및 이를 이행하지 않은 경우, 수분양자가 분양자에게 계약불이행의 책임을 물을 수 있는지 여부(소극)

【판결요지】

[1] 구 표시·광고의 공정화에 관한 법률(2011. 9. 15. 법률 제11050호로 개정되기 전의 것, 이하 '표시광고법'이라고 한다)상 허위·과장광고로 인한 손해배상청구권은 불법행위에 기한 손해배상청구권의 성격을 가진다고 할 것인데, 계약상 지위의 양도에 의하여 계약당사자로서의 지위가 제3자에게 이전되는 경우 계약상의 지위를 전제로 한 권리관계만이 이전될 뿐 불법행위에 기한 손해배상청구권은 별도의 채권양도절차 없이 제3자에게 당연히 이전되는 것이 아니므로, 표시광고법상 허위·과장광고로 인한 손해

배상청구권을 가지고 있던 아파트 수분양자가 수분양자의 지위를 제3자에게 양도하였다는 사정만으로 그 양수인이 당연히 위 손해배상청구권을 행사할 수 있다고 볼 수는 없고, 다만 허위·과장광고를 그대로 믿고 허위·과장광고로 높아진 가격에 수분양자 지위를 양수하는 등으로 양수인이 수분양자 지위를 양도받으면서 허위·과장광고로 인한 손해를 입었다는 등의 특별한 사정이 있는 경우에만 양수인이 그 손해배상청구권을 행사할 수 있다.

[2] 허위·과장광고로 인한 손해배상청구권은 불법행위에 기한 손해배상청구권의 성격을 갖고, 상법 제54조의 상사법정이율은 상행위로 인한 채무나 이와 동일성을 가진 채무에 관하여 적용되는 것이며, 상행위가 아닌 불법행위로 인한 손해배상채무에는 적용되지 아니한다.

[3] 상품의 선전 광고에서 거래의 중요한 사항에 관하여 구체적 사실을 신의성실의 의무에 비추어 비난받을 정도의 방법으로 허위로 고지한 경우에는 기망행위에 해당할 것이나, 그 선전 광고에 다소의 과장이 수반되었다고 하더라도 그것이 일반 상거래의 관행과 신의칙에 비추어 시인될 수 있는 것이라면 이를 기망행위라고 할 수 없다.

[4] 동기의 착오가 법률행위의 내용 중 중요부분의 착오에 해당함을 이유로 표의자가 법률행위를 취소하려면 그 동기를 당해 의사표시의 내용으로 삼을 것을 상대방에게 표시하고 의사표시의 해석상 법률행위의 내용으로 되어 있다고 인정되면 충분하고 당사자들 사이에 별도로 그 동기를 의사표시의 내용으로 삼기로 하는 합의까지 이루어질 필요는 없지만, 그 법률행위의 내용의 착오는 보통 일반인이 표의자의 처지에 있었더라면 그와 같은 의사표시를 하지 아니하였으리라고 여겨질 정도로 중요한 부분에 관한 것이어야 한다.

[5] 아파트 분양광고의 내용 중 구체적인 거래조건, 즉 아파트의 외형·재질·구조 등에 관한 것으로서 사회통념에 비추어 수분양자가 분양자에게 계약의 내용으로서 이행을 청구할 수 있다고 보이는 사항에 관한 것은 수분양자가 이를 신뢰하고 분양계약을 체결하는 것이고 분양자도 이를 알고 있었다고 보아야 할 것이므로, 분양계약을 할 때에 달리 이의를 유보하였다는 등의 특별한 사정이 없는 한 이러한 사항은 분양자와 수분양자 사이의 묵시적 합의에 의하여 분양계약의 내용으로 된다고 할 것이지만, 이러한 사항이 아닌 아파트 분양광고의 내용은 일반적으로 청약의 유인으로서의 성질을 가지는 데 불과하므로 이를 이행하지 아니하였다고 하여 분양자에게 계약불이행의 책임을 물을 수는 없다.

**제528조(승낙기간을 정한 계약의 청약)** ① 승낙의 기간을 정한 계약의 청약은 청약자가 그 기간 내에 승낙의 통지를 받지 못한 때에는 그 효력을 잃는다.

② 승낙의 통지가 전항의 기간후에 도달한 경우에 보통 그 기간내에 도달할 수 있는 발송인 때에는 청약자는 지체없이 상대방에게 그 연착의 통지를 하여야 한다. 그러나 그 도달전에 지연의 통지를 발송한 때에는 그러하지 아니하다.

③ 청약자가 전항의 통지를 하지 아니한 때에는 승낙의 통지는 연착되지 아니한 것으로 본다.

**제529조(승낙기간을 정하지 아니한 계약의 청약)** 승낙의 기간을 정하지 아니한 계약의 청약은 청약자가 상당한 기간내에 승낙의 통지를 받지 못한 때에는 그 효력을 잃는다.

**제530조(연착된 승낙의 효력)** 전2조의 경우에 연착된 승낙은 청약자가 이를 새 청약으로 볼 수 있다.

**제531조(격지자간의 계약성립시기)** 격지자간의 계약은 승낙의 통지를 발송한 때에 성립한다.

**제532조(의사실현에 의한 계약성립)** 청약자의 의사표시나 관습에 의하여 승낙의 통지가 필요하지 아니한 경우에는 계약은 승낙의 의사표시로 인정되는 사실이 있는 때에 성립한다.

**제533조(교차청약)** 당사자간에 동일한 내용의 청약이 상호교차된 경우에는 양청약이 상대방에게 도달한 때에 계약이 성립한다.

**제534조(변경을 가한 승낙)** 승낙자가 청약에 대하여 조건을 붙이거나 변경을 가하여 승낙한 때에는 그 청약의 거절과 동시에 새로 청약한 것으로 본다.

**제535조(계약체결상의 과실)** ① 목적이 불능한 계약을 체결할 때에 그 불능을 알았거나 알 수 있었을 자는 상대방이 그 계약의 유효를 믿었음으로 인하여 받은 손해를 배상하여야 한다. 그러나 그 배상액은 계약이 유효함으로 인하여 생길 이익액을 넘지 못한다.

② 전항의 규정은 상대방이 그 불능을 알았거나 알 수 있었을 경우에는 적용하지 아니한다.

**매매대금**

[대법원 2022. 7. 14., 선고, 2021다216773, 판결]

【판시사항】

[1] 계약 체결을 위한 교섭 과정에서 어느 일방이 보호가치 있는 기대나 신뢰를 가지게 된 경우, 상대방이 상당한 이유 없이 이를 침해하여 손해를 입혔다면 불법행위를 구성할 수 있는지 여부(적극)

[2] 당사자 중 일방이 계약의 성립을 기대하고 이행을 위하여 지출하였거나 지출할 것이 확실한 비용이 계약 교섭의 부당파기로 인한 손해배상의 범위에 해당할 수 있는 경우

[3] 甲 증권회사의 직원이 乙 증권회사의 직원에게 丙 증권회사가 甲 회사로부터 매수하여 보관하고 있던 丁 주식회사 발행의 기업어음을 乙 회사가 매수하여 보관해 달라고 요청하자, 乙 회사의 직원이 乙 회사는 위 어음을 매수하여 5영업일간 보관할 수 있다고 답변하였고, 그 직후 乙 회사가 위 어음을 매수하였는데, 그로부터 약 6개월 후 위 어음이 부도처리되자, 乙 회사가 甲 회사를 상대로 주위적으로는 매매대금 등의 지급을 구하고, 예비적으로는 불법행위를 이유로 손해배상을 구한 사안에서, 甲 회사가 乙 회사로부터 위 어음을 매수하는 내용의 매매계약 등이 체결되었다고 볼 수는 없으나, 甲 회사가 위 어음에 관한 매매계약 체결을 거부한 것은 계약 교섭의 부당파기에 해당하므로, 乙 회사가 위 어음을 매수하는 데 지출한 매매비용 등을 배상할 의무가 있다고 본 원심판단에 법리오해 등의 잘못이 없다고 한 사례

【판결요지】

[1] 계약 체결을 위한 교섭 과정에서 어느 일방이 보호가치 있는 기대나 신뢰를 가지게 된 경우에, 그러한 기대나 신뢰를 보호하고 배려해야 할 의무를 부담하게 된 상대방이 오히려 상당한 이유 없이 이를 침해하여 손해를 입혔다면, 신의성실의 원칙에 비추어 볼

때 계약 체결의 준비 단계에서 협력관계에 있었던 당사자 사이의 신뢰관계를 해치는 위법한 행위로서 불법행위를 구성할 수 있다.

[2] 계약 교섭 단계에서는 아직 계약이 성립된 것이 아니므로 당사자 중 일방이 계약의 이행행위를 준비하거나 이를 착수하는 것은 이례적인 일로서, 설령 이행에 착수하였다고 하더라도 이는 자기의 위험 판단과 책임에 따른 것이라고 평가할 수 있다. 그러나 만일 이행의 착수가 상대방의 적극적인 요구에 따른 것이고 바로 위와 같은 이행에 들인 비용의 지급에 관하여 이미 계약 교섭이 진행되고 있었다는 등의 특별한 사정이 있다면, 당사자 중 일방이 계약의 성립을 기대하고 이행을 위하여 지출하였거나 지출할 것이 확실한 비용은 계약체결을 신뢰하여 발생한 손해로서 계약 교섭의 부당파기로 인한 손해배상의 범위에 해당할 수 있다.

[3] 甲 증권회사의 직원이 乙 증권회사의 직원에게 丙 증권회사가 甲 회사로부터 매수하여 보관하고 있던 丁 주식회사 발행의 기업어음을 乙 회사가 매수하여 보관해 달라고 요청하자, 乙 회사의 직원이 乙 회사는 위 어음을 매수하여 5영업일간 보관할 수 있다고 답변하였고, 그 직후 乙 회사가 위 어음을 매수하였는데, 그로부터 약 6개월 후 위 어음이 부도처리되자, 乙 회사가 甲 회사를 상대로 주위적으로는 乙 회사가 위 어음을 매수할 당시 甲 회사와 乙 회사 사이에 5영업일이 지난 후에는 위 어음을 甲 회사에 이전하기로 하는 내용의 매매계약 또는 이러한 내용의 매매계약을 체결하기로 하는 매매예약이 체결되었거나 위 어음에 관한 매매위탁 또는 위임계약이 체결되었다고 주장하면서 매매대금 등의 지급을 구하고, 예비적으로는 계약교섭의 부당파기에 따른 불법행위를 이유로 손해배상을 구한 사안에서, 甲 회사와 乙 회사 사이에 甲 회사가 乙 회사로부터 위 어음을 매수하는 내용의 매매계약 등이 체결되었다고 볼 수는 없으나, 甲 회사가 乙 회사에 위 어음에 관한 매매계약이 체결되리라는 정당한 기대 또는 신뢰를 부여하여 乙 회사가 그 신뢰에 따라 丙 회사로부터 위 어음을 매수하였는데도 甲 회사가 상당한 이유 없이 위 어음에 관한 매매계약 체결을 거부하였고, 이는 신의성실 원칙에 비추어 계약자유 원칙의 한계를 넘는 위법한 행위에 해당하므로, 甲 회사는 乙 회사가 위 어음을 매수하는 데 지출한 매매비용과 지연손해금을 배상할 의무가 있다고 본 원심판단에 법리오해 등의 잘못이 없다고 한 사례.

## 제2관 계약의 효력

**제536조(동시이행의 항변권)** ① 쌍무계약의 당사자 일방은 상대방이 그 채무이행을 제공할 때 까지 자기의 채무이행을 거절할 수 있다. 그러나 상대방의 채무가 변제기에 있지 아니하는 때에는 그러하지 아니하다.

② 당사자 일방이 상대방에게 먼저 이행하여야 할 경우에 상대방의 이행이 곤란할 현저한 사유가 있는 때에는 전항 본문과 같다.

**소유권이전등기**

[대법원 2022. 10. 27., 선고, 2022다238053, 판결]

【판시사항】

[1] 금전채무의 현실제공은 채권자가 급부를 즉시 수령할 수 있는 상태에 있어야만 인정될 수 있는지 여부(원칙적 적극) / 채권자가 채무자의 급부불이행 사정을 들어 계약을 해제하겠다는 통지를 한 경우, 그로써 이행의 최고를 하였다고 볼 수 있는지 여부(원칙

적 적극) / 동시이행관계에 있는 반대급부의무를 지고 있는 채권자가 채무자의 변제의 제공이 없음을 이유로 계약해제를 하기 위하여는 스스로의 채무의 변제제공을 하여야 하는지 여부(적극)

[2] 甲 유한회사가 乙 등으로부터 부동산을 매수하는 매매계약을 체결하면서, 甲 회사의 잔금 지급과 동시에 乙 등이 부동산에 관한 소유권이전등기절차를 이행하기로 하였으며, 매매계약에 따른 의무를 이행하지 아니할 경우 서면으로 이행을 최고하고 계약을 해제할 수 있다고 정하였는데, 甲 회사가 최종 잔금 지급기일까지 잔금을 지급하지 않자, 乙 등이 다음 날 甲 회사에 잔금 미지급을 이유로 위 매매계약을 해제한다는 내용의 문자메시지를 보냈고, 甲 회사는 같은 날 대출을 받기 위하여 부동산담보신탁계약을 체결하였는데, 乙 등이 제1심 소송 중 위 매매계약이 甲 회사의 잔금 미지급으로 해제되었다는 취지의 답변서 및 준비서면을 제출한 사안에서, 위 매매계약은 乙 등의 준비서면이 甲 회사에 송달된 날 적법하게 해제되었을 여지가 있는데도, 乙 등이 위 매매계약 해제 전에 이행을 최고하지 않았을 뿐만 아니라 甲 회사가 乙 등에 대하여 이행제공을 하였다고 본 원심판단에 법리오해의 잘못이 있다고 한 사례

【판결요지】

[1] 당사자 일방이 그 채무를 이행하지 아니하는 때에는 상대방은 상당한 기간을 정하여 그 이행을 최고하고 그 기간 내에 이행하지 아니한 때에는 계약을 해제할 수 있다(민법 제544조 본문). 채무자는 변제의 제공으로 채무불이행의 책임을 면하고 변제의 제공은 채무내용에 좇은 현실제공으로 하여야 하는데(민법 제460조, 제461조), 금전채무의 현실제공은 특별한 사정이 없는 한 채권자가 급부를 즉시 수령할 수 있는 상태에 있어야만 인정될 수 있다. 채권자가 채무자의 급부불이행 사정을 들어 계약을 해제하겠다는 통지를 한 때에는 특별히 그 급부의 수령을 거부하는 취지가 포함되어 있지 아니하는 한 그로써 이행의 최고를 하였다고 볼 수 있으며, 그로부터 상당한 기간이 경과하도록 이행되지 아니하였다면 채권자는 계약을 해제할 수 있다. 다만 동시이행관계에 있는 반대급부의무를 지고 있는 채권자는 채무자의 변제의 제공이 없음을 이유로 계약해제를 하기 위하여는 스스로의 채무의 변제제공을 하여야 한다.

[2] 甲 유한회사가 乙 등으로부터 부동산을 매수하는 매매계약을 체결하면서, 甲 회사의 잔금 지급과 동시에 乙 등이 부동산에 관한 소유권이전등기절차를 이행하기로 하였으며, 매매계약에 따른 의무를 이행하지 아니할 경우 서면으로 이행을 최고하고 계약을 해제할 수 있다고 정하였는데, 甲 회사가 최종 잔금 지급기일까지 잔금을 지급하지 않자, 乙 등이 다음 날 甲 회사에 잔금 미지급을 이유로 위 매매계약을 해제한다는 내용의 문자메시지를 보냈고, 甲 회사는 같은 날 대출을 받기 위하여 부동산담보신탁계약을 체결하였는데, 乙 등이 제1심 소송 중 위 매매계약이 甲 회사의 잔금 미지급으로 해제되었다는 취지의 답변서 및 준비서면을 제출한 사안에서, 甲 회사는 최종 잔금 지급기일 다음 날 잔금 상당의 대출을 받기 위하여 부동산담보신탁계약을 체결하는 등 잔금의 지급을 준비하고 있었을 뿐 乙 등에게 잔금을 즉시 수령할 수 있는 상태로 현실제공하였다고 볼 수 없는 반면, 乙 등은 잔금 지급기일 이전에 부동산의 소유권이전등기에 필요한 서류의 준비를 마치고 담당 공인중개사에게 이를 통지하였고, 乙이 부동산을 인도하기 위한 준비를 마치는 등으로 甲 회사에 이행제공을 하였으므로, 甲 회사는 위 잔금 지급기일 무렵 이행지체 상태에 있었으며, 甲 회사의 이행지체를 이유로 한 乙 등의 매매계약 해제 통지 중 문자메시지에 의한 해제 통지는 그에 앞서 서면에 의

한 이행의 최고가 없어 해제 통지로서의 효력을 인정할 수 없을 뿐만 아니라 위 매매계약에서 정한 서면에 의한 것이 아니므로 이행의 최고로서의 효력을 인정할 수도 없으나, 乙 등의 답변서에 의한 해제 통지는 그에 앞서 서면에 의한 이행의 최고가 없어 해제 통지로서의 효력은 없지만, 위 답변서에 특별히 잔금의 수령을 거부하는 취지가 포함되어 있지 않은 이상 이행의 최고로서의 효력이 있어, 위 매매계약은 乙 등의 준비서면이 甲 회사에 송달된 날 적법하게 해제되었을 여지가 있는데도, 乙 등이 위 매매계약 해제 전에 이행을 최고하지 않았을 뿐만 아니라 甲 회사가 乙 등에 대하여 이행제공을 하였다고 본 원심판단에 법리오해의 잘못이 있다고 한 사례.

**제537조(채무자위험부담주의)** 쌍무계약의 당사자 일방의 채무가 당사자쌍방의 책임없는 사유로 이행할 수 없게 된 때에는 채무자는 상대방의 이행을 청구하지 못한다.

**제538조(채권자귀책사유로 인한 이행불능)** ① 쌍무계약의 당사자 일방의 채무가 채권자의 책임있는 사유로 이행할 수 없게 된 때에는 채무자는 상대방의 이행을 청구할 수 있다. 채권자의 수령지체 중에 당사자쌍방의 책임없는 사유로 이행할 수 없게 된 때에도 같다.

② 전항의 경우에 채무자는 자기의 채무를 면함으로써 이익을 얻은 때에는 이를 채권자에게 상환하여야 한다.

**제539조(제삼자를 위한 계약)** ① 계약에 의하여 당사자 일방이 제삼자에게 이행할 것을 약정한 때에는 그 제삼자는 채무자에게 직접 그 이행을 청구할 수 있다.

② 전항의 경우에 제삼자의 권리는 그 제삼자가 채무자에 대하여 계약의 이익을 받을 의사를 표시한 때에 생긴다.

**설계보상비반환**

[대법원 2022. 3. 31., 선고, 2017다247145, 판결]

【판시사항】

[1] 조달청장이 '조달사업에 관한 법률'에 따라 수요기관으로부터 계약 체결을 요청받아 체결하는 계약의 법적 성질(=제3자를 위한 계약)

[2] 조달청장이 수요기관으로부터 요청받은 공사계약을 체결하기 위해 '국가를 당사자로 하는 계약에 관한 법률'에 근거하여 설계·시공일괄입찰을 실시하면서 입찰에 참가한 자가 낙찰자로 결정되지 않으면 수요기관이 설계비 일부를 보상하도록 약정함에 따라 수요기관이 자신의 명의와 출연으로 그들에게 설계보상비를 지급한 경우, 이로 인해 발생한 손해에 대하여 수요기관이 불법행위자들을 상대로 손해배상을 구할 수 있는지 여부(원칙적 적극)

[3] 선택적으로 병합된 청구를 모두 기각한 항소심판결에 대하여 상고심법원이 선택적 청구 중 어느 하나의 청구에 관한 상고가 이유 있다고 인정하는 경우, 이를 전부 파기하여야 하는지 여부(적극) 및 이러한 법리는 성질상 선택적 관계에 있는 청구를 당사자가 심판의 순위를 붙여 청구한다는 취지에서 예비적으로 병합한 경우에도 마찬가지로 적용되는지 여부(적극)

【판결요지】

[1] 조달청장이 '조달사업에 관한 법률'에 따라 수요기관으로부터 계약 체결을 요청받아 그에 따라 체결하는 계약(이하 '요청조달계약'이라 한다)은 국가가 당사자가 되고 수요기

관은 수익자에 해당하는 '제3자를 위한 계약'에 해당한다. 요청조달계약에서 수요기관은 계약당사자는 아니더라도 계약에 따른 수익을 얻는 지위에 있는 반면, 조달청장은 수요기관으로부터 수수료를 지급받고 요청받은 계약 업무를 이행하는 지위에 있다.

[2] 조달청장이 '조달사업에 관한 법률'에 따라 수요기관으로부터 계약 체결을 요청받아 그에 따라 체결하는 계약에서의 수요기관의 지위, 관련 법령 규정의 문언과 내용, 체계 등에 비추어 볼 때, 조달청장이 수요기관으로부터 요청받은 공사계약을 체결하기 위해 '국가를 당사자로 하는 계약에 관한 법률'에 근거하여 설계·시공일괄입찰을 실시하면서 입찰에 참가한 자와 사이에서 입찰에 참가한 자가 낙찰자로 결정되지 않으면 수요기관으로 하여금 설계비 일부를 보상하도록 하는 약정을 하고, 이에 따라 수요기관이 자신의 명의와 출연으로 그들에게 설계보상비를 지급하였다면, 특별한 사정이 없는 한 수요기관은 공사계약의 당사자는 아니지만 수익자로서 조달청장과는 독립된 지위에서 설계보상비를 지급하였다고 할 것이고, 이로 인하여 수요기관에 손해가 발생하였다면 수요기관은 불법행위자들에게 그 손해배상을 청구할 수 있다고 봄이 타당하다.

[3] 선택적으로 병합된 청구를 모두 기각한 항소심판결에 대하여 상고심법원이 선택적 청구 중 어느 하나의 청구에 관한 상고가 이유 있다고 인정할 때에는 이를 전부 파기하여야 한다. 그리고 이러한 법리는 성질상 선택적 관계에 있는 청구를 당사자가 심판의 순위를 붙여 청구한다는 취지에서 예비적으로 병합한 경우에도 마찬가지로 적용된다.

**제540조(채무자의 제삼자에 대한 최고권)** 전조의 경우에 채무자는 상당한 기간을 정하여 계약의 이익의 향수여부의 확답을 제삼자에게 최고할 수 있다. 채무자가 그 기간내에 확답을 받지 못한 때에는 제삼자가 계약의 이익을 받을 것을 거절한 것으로 본다.

**제541조(제삼자의 권리의 확정)** 제539조의 규정에 의하여 제삼자의 권리가 생긴 후에는 당사자는 이를 변경 또는 소멸시키지 못한다.

**부당이득금반환**

[대법원 2022. 1. 14., 선고, 2021다271183, 판결]

【판시사항】

[1] 제3자를 위한 계약의 의미 및 이에 해당하는지 판단하는 방법

[2] 제3자를 위한 계약의 당사자가 제3자의 권리를 임의로 변경·소멸시키는 행위를 한 경우, 제3자에 대하여 효력이 있는지 여부(소극)

[3] 甲이 乙 사회복지법인과 노인복지시설 입소계약을 체결하면서 입소자의 사망으로 입소계약이 종료하는 경우의 '반환금 수취인'으로 자신의 장남인 丙을 지정하였고, 丙이 위 계약서의 '반환금 수취인'란에 기명날인하였는데, 그 후 甲이 사망하여 乙 법인이 丙에게 반환금을 지급하자, 甲의 다른 자녀들인 丁 등이 丙을 상대로 부당이득반환을 구한 사안에서, 위 계약은 甲과 乙 법인이 丙에게 甲의 사망 후 반환금을 반환하기로 정한 제3자를 위한 계약이고, 丙이 위 계약서에 기명날인을 하여 수익의 의사표시를 하였으므로, 丙은 위 계약에 따른 수익자의 지위에서 반환금의 지급을 구할 수 있는 권리를 취득하고, 이는 상속재산이 아니라 丙의 고유재산이라고 한 사례

【판결요지】

[1] 계약은 일반적으로 그 효력을 당사자 사이에서만 발생시킬 의사로 체결되지만, 제3자를 위한 계약은 당사자가 자기들 명의로 체결한 계약으로 제3자로 하여금 직접 계약 당사자의 일방에 대하여 권리를 취득하게 하는 것을 목적으로 하는 계약이다. 어떤 계약이 제3자를 위한 계약에 해당하는지는 당사자의 의사가 그 계약으로 제3자에게 직접 권리를 취득하게 하려는 것인지에 관한 의사해석의 문제로서, 계약 체결의 목적, 당사자가 한 행위의 성질, 계약으로 당사자 사이 또는 당사자와 제3자 사이에 생기는 이해득실, 거래 관행, 제3자를 위한 계약제도가 갖는 사회적 기능 등을 종합하여 계약 당사자의 의사를 합리적으로 해석하여 판단해야 한다.

[2] 제3자를 위한 계약에서, 제3자가 민법 제539조 제2항에 따라 수익의 의사표시를 함으로써 제3자에게 권리가 확정적으로 귀속된 경우에는, 요약자와 낙약자의 합의에 의하여 제3자의 권리를 변경·소멸시킬 수 있음을 미리 유보하였거나 제3자의 동의가 있는 경우가 아니면 계약의 당사자인 요약자와 낙약자는 제3자의 권리를 변경·소멸시키지 못하고(민법 제541조), 만일 계약의 당사자가 제3자의 권리를 임의로 변경·소멸시키는 행위를 한 경우 이는 제3자에 대하여 효력이 없다.

[3] 甲이 乙 사회복지법인과 노인복지시설 입소계약을 체결하면서 입소자의 사망으로 입소계약이 종료하는 경우의 '반환금 수취인'으로 자신의 장남인 丙을 지정하였고, 丙이 위 계약서의 '반환금 수취인'란에 기명날인하였는데, 그 후 甲이 사망하여 乙 법인이 丙에게 반환금을 지급하자, 甲의 다른 자녀들인 丁 등이 丙을 상대로 부당이득반환을 구한 사안에서, 노인복지시설 입소계약에서 입소자가 자신이 사망한 경우의 반환금 수취인을 자신 이외의 자로 지정하여 둔 경우, 특별한 사정이 없는 한 그 의미는 입소보증금 반환청구권이 일단 입소자에게 귀속되어 상속재산을 형성하였다가 상속인에게 이전된다는 취지라기보다는, 장래에 입소자의 사망으로 입소보증금 반환청구권이 발생한 때의 수익자를 위와 같이 지정된 '반환금 수취인'으로 특정한 것이라고 해석되는데, 甲이 '반환금 수취인'을 丙으로 지정하였으므로 위 계약은 甲과 乙 법인이 丙에게 甲의 사망 후 반환금을 반환하기로 정한 제3자를 위한 계약이고, 丙이 '반환금 수취인'으로서 위 계약서에 기명날인을 하여 수익의 의사표시를 하였으므로, 丙은 甲의 사망과 동시에 乙 법인에 대하여 위 계약에 따른 수익자의 지위에서 반환금의 지급을 구할 수 있는 권리를 취득하고, 이는 계약의 효력에 따라 당연히 생기는 것으로서 상속재산이 아니라 丙의 고유재산인데도, 이와 달리 본 원심판단에는 법리오해 등의 잘못이 있다고 한 사례.

**第542조(채무자의 항변권)** 채무자는 제539조의 계약에 기한 항변으로 그 계약의 이익을 받을 제삼자에게 대항할 수 있다.

### 제3관 계약의 해지, 해제

**第543조(해지, 해제권)** ① 계약 또는 법률의 규정에 의하여 당사자의 일방이나 쌍방이 해지 또는 해제의 권리가 있는 때에는 그 해지 또는 해제는 상대방에 대한 의사표시로 한다.

② 전항의 의사표시는 철회하지 못한다.

**약정금**

[대법원 2023. 6. 1., 선고, 2022다275915, 판결]

【판시사항】

[1] 주택법 시행령 제20조 제3항, 주택법 시행규칙 제7조 제5항 제3호에서 정한 '예산으로 정한 사항 외에 조합원에게 부담이 될 계약의 체결'에 해당함에도 관련 법령과 이에 근거한 조합규약에 정한 총회의결 없이 이루어진 법률행위의 상대방이 절차적 요건의 흠결을 과실 없이 알지 못하였다는 등의 특별한 사정을 밝히지 못한 경우, 절차적 요건의 충족을 전제로 하는 계약의 효력을 주장할 수 있는지 여부(소극)

[2] 지역주택조합의 조합원이 된 사람이 조합의 사업추진 과정에서 조합규약이나 사업계획 등에 따라 당초 체결한 조합가입계약의 내용과 다르게 조합원으로서의 권리·의무가 변경될 수 있음을 전제로 조합가입계약을 체결한 경우, 그러한 권리·의무의 변경을 계약 불이행으로 보아 조합가입계약을 해제할 수 있는지 여부(원칙적 소극)

【판결요지】

[1] 주택법 시행령 제20조 제3항, 주택법 시행규칙 제7조 제5항 제3호는 반드시 지역주택조합 총회의 의결을 거쳐야 하는 사항 중 하나로 '예산으로 정한 사항 외에 조합원에게 부담이 될 계약의 체결'을 규정하고 있다. 여기서 말하는 '예산으로 정한 사항 이외에 조합원에게 부담이 될 계약'이란 조합의 예산으로 정해진 항목과 범위를 벗어나서 돈을 지출하거나 채무를 짐으로써 조합원에게 그 비용에 대한 부담이 되는 계약을 의미한다.

위와 같은 규정의 취지는 단순히 비법인사단의 자율적·내부적인 대표권 제한의 문제가 아니라 법률행위의 상대방인 제3자와의 계약 해석에 있어서도 그 제3자의 귀책을 물을 수 없는 예외적인 경우가 아닌 한 원칙적으로 그 조항의 효력이 미치도록 하려는 것으로 볼 수 있다. 따라서 '예산으로 정한 사항 외에 조합원에게 부담이 될 계약의 체결'에 해당함에도 주택법 등 관련 법령과 이에 근거한 조합규약에 정한 총회의결 없이 이루어진 법률행위의 상대방은 그 절차적 요건의 흠결을 과실 없이 알지 못하였다는 등의 특별한 사정을 밝히지 못하는 한 절차적 요건의 충족을 전제로 하는 계약의 효력을 주장할 수 없다.

[2] 지역주택조합의 조합원이 된 사람이 조합의 사업추진 과정에서 조합규약이나 사업계획 등에 따라 당초 체결한 조합가입계약의 내용과 다르게 조합원으로서의 권리·의무가 변경될 수 있음을 전제로 조합가입계약을 체결한 경우, 그 조합원은 그러한 권리·의무의 변경이 있더라도 그것이 당사자가 예측가능한 범위를 초과하였다는 등의 특별한 사정이 없는 한 이를 조합가입계약의 불이행으로 보아 조합가입계약을 해제할 수는 없다.

**第544조(이행지체와 해제)** 당사자 일방이 그 채무를 이행하지 아니하는 때에는 상대방은 상당한 기간을 정하여 그 이행을 최고하고 그 기간내에 이행하지 아니한 때에는 계약을 해제할 수 있다. 그러나 채무자가 미리 이행하지 아니할 의사를 표시한 경우에는 최고를 요하지 아니한다.

**第545조(정기행위와 해제)** 계약의 성질 또는 당사자의 의사표시에 의하여 일정한 시일 또는 일정한 기간내에 이행하지 아니하면 계약의 목적을 달성할 수 없을 경우에 당사자 일방이 그 시기에 이행하지 아니한 때에는 상대방은 전조의 최고를 하지 아니하고 계약을 해제할 수 있다.

**제546조(이행불능과 해제)** 채무자의 책임있는 사유로 이행이 불능하게 된 때에는 채권자는 계약을 해제할 수 있다.

**약정금**

[대법원 2023. 6. 1., 선고, 2022다275915, 판결]

【판시사항】

[1] 주택법 시행령 제20조 제3항, 주택법 시행규칙 제7조 제5항 제3호에서 정한 '예산으로 정한 사항 외에 조합원에게 부담이 될 계약의 체결'에 해당함에도 관련 법령과 이에 근거한 조합규약에 정한 총회의결 없이 이루어진 법률행위의 상대방이 절차적 요건의 흠결을 과실 없이 알지 못하였다는 등의 특별한 사정을 밝히지 못한 경우, 절차적 요건의 충족을 전제로 하는 계약의 효력을 주장할 수 있는지 여부(소극)

[2] 지역주택조합의 조합원이 된 사람이 조합의 사업추진 과정에서 조합규약이나 사업계획 등에 따라 당초 체결한 조합가입계약의 내용과 다르게 조합원으로서의 권리·의무가 변경될 수 있음을 전제로 조합가입계약을 체결한 경우, 그러한 권리·의무의 변경을 계약 불이행으로 보아 조합가입계약을 해제할 수 있는지 여부(원칙적 소극)

【판결요지】

[1] 주택법 시행령 제20조 제3항, 주택법 시행규칙 제7조 제5항 제3호는 반드시 지역주택조합 총회의 의결을 거쳐야 하는 사항 중 하나로 '예산으로 정한 사항 외에 조합원에게 부담이 될 계약의 체결'을 규정하고 있다. 여기서 말하는 '예산으로 정한 사항 이외에 조합원에게 부담이 될 계약'이란 조합의 예산으로 정해진 항목과 범위를 벗어나서 돈을 지출하거나 채무를 짐으로써 조합원에게 그 비용에 대한 부담이 되는 계약을 의미한다.

위와 같은 규정의 취지는 단순히 비법인사단의 자율적·내부적인 대표권 제한의 문제가 아니라 법률행위의 상대방인 제3자와의 계약 해석에 있어서도 그 제3자의 귀책을 물을 수 없는 예외적인 경우가 아닌 한 원칙적으로 그 조항의 효력이 미치도록 하려는 것으로 볼 수 있다. 따라서 '예산으로 정한 사항 외에 조합원에게 부담이 될 계약의 체결'에 해당함에도 주택법 등 관련 법령과 이에 근거한 조합규약에 정한 총회의결 없이 이루어진 법률행위의 상대방은 그 절차적 요건의 흠결을 과실 없이 알지 못하였다는 등의 특별한 사정을 밝히지 못하는 한 절차적 요건의 충족을 전제로 하는 계약의 효력을 주장할 수 없다.

[2] 지역주택조합의 조합원이 된 사람이 조합의 사업추진 과정에서 조합규약이나 사업계획 등에 따라 당초 체결한 조합가입계약의 내용과 다르게 조합원으로서의 권리·의무가 변경될 수 있음을 전제로 조합가입계약을 체결한 경우, 그 조합원은 그러한 권리·의무의 변경이 있더라도 그것이 당사자가 예측가능한 범위를 초과하였다는 등의 특별한 사정이 없는 한 이를 조합가입계약의 불이행으로 보아 조합가입계약을 해제할 수는 없다.

**제547조(해지, 해제권의 불가분성)** ① 당사자의 일방 또는 쌍방이 수인인 경우에는 계약의 해지나 해제는 그 전원으로부터 또는 전원에 대하여 하여야 한다.

② 전항의 경우에 해지나 해제의 권리가 당사자 1인에 대하여 소멸한 때에는 다른 당사자에 대하여도 소멸한다.

**예금반환 [망인의 공동상속인 중 1인인 원고가 은행인 피고를 상대로 망인의 청약저축예금 반환을 구하는 사안]**

[대법원 2022. 7. 14., 선고, 2021다294674, 판결]

【판시사항】

[1] 구 주택법 제75조 제2항 제1호에서 정한 청약저축의 경우, 금융기관이 청약저축이 해지되기 전에 가입자에게 원금과 이자를 지급할 의무를 부담하는지 여부(소극) 및 이는 청약저축 가입자가 사망한 경우에도 마찬가지인지 여부(적극)

[2] 청약저축의 가입자가 사망하였고 여러 명의 상속인이 있는 경우, 청약저축 예금계약을 해지하려면 상속인들 전원이 해지의 의사표시를 하여야 하는지 여부(원칙적 적극)

【판결요지】

[1] 구 주택법(2015. 6. 22. 법률 제13379호로 개정되기 전의 것) 및 구 주택공급에 관한 규칙(2015. 9. 1. 국토교통부령 제227호로 개정되기 전의 것)의 관계 규정에다가 입주자저축의 법적 성격을 종합하여 보면, 금융기관은 청약저축이 해지되기 전에는 가입자에게 원금과 이자를 지급할 의무를 부담하지 않고, 이는 청약저축 가입자가 사망한 경우에도 마찬가지라고 보아야 한다.

[2] 청약저축 가입자는 주택공급을 신청할 권리를 가지게 되고, 가입자가 사망하여 공동상속인들이 그 권리를 공동으로 상속하는 경우에는 공동상속인들이 상속지분비율에 따라 피상속인의 권리를 준공유하게 된다.

민법 제547조 제1항은 "당사자의 일방 또는 쌍방이 수인인 경우에는 계약의 해지나 해제는 그 전원으로부터 또는 전원에 대하여 하여야 한다."라고 규정하고 있다. 따라서 주택공급을 신청할 권리와 분리될 수 없는 청약저축의 가입자가 사망하였고 그에게 여러 명의 상속인이 있는 경우에 그 상속인들이 청약저축 예금계약을 해지하려면, 금융기관과 사이에 다른 내용의 특약이 있다는 등의 특별한 사정이 없는 한 상속인들 전원이 해지의 의사표시를 하여야 한다.

**제548조(해제의 효과, 원상회복의무)** ① 당사자 일방이 계약을 해제한 때에는 각 당사자는 그 상대방에 대하여 원상회복의 의무가 있다. 그러나 제삼자의 권리를 해하지 못한다.

② 전항의 경우에 반환할 금전에는 그 받은 날로부터 이자를 가하여야 한다.

**제549조(원상회복의무와 동시이행)** 제536조의 규정은 전조의 경우에 준용한다.

**제550조(해지의 효과)** 당사자 일방이 계약을 해지한 때에는 계약은 장래에 대하여 그 효력을 잃는다.

**수수료반환**

[대법원 2022. 3. 11., 선고, 2020다297430, 판결]

【판시사항】

[1] 계약으로부터 생기는 채권·채무의 내용을 이루는 급부가 일정 기간 계속하여 행하여지게 되는 이른바 '계속적 계약'인지 판단하는 기준

[2] 甲 등이 해외이주 알선업체인 乙 주식회사와 미국 비숙련 취업이민을 위한 알선

업무계약을 체결하였는데, 乙 회사의 업무 수행에 따라 甲 등이 미국 노동부의 노동허가, 이민국의 이민허가를 받았으나 이후 추가 행정검토 결정 등이 내려지면서 미국 비숙련 취업이민 절차가 진척되지 않았고, 이에 甲 등이 乙 회사를 상대로 사정변경으로 인한 계약의 해제 등을 주장하며 국외알선 수수료의 반환을 구한 사안에서, 위 계약은 계속적 계약에 해당하므로 계약의 효력을 소멸시킬 때에는 다른 특별한 사정이 없는 한 소멸에 따른 효과를 장래에 향하여 발생시키는 민법 제550조의 '해지'만 가능할 뿐 민법 제548조에서 정한 '해제'를 할 수는 없다고 한 사례

【판결요지】

[1] 임대차계약, 고용계약, 위임계약 등에서와 같이 계약으로부터 생기는 채권·채무의 내용을 이루는 급부가 일정 기간 계속하여 행하여지게 되는 경우 이는 이른바 계속적 계약에 해당한다. 개별 사안에서 계약당사자 사이의 약정이 계속적 계약인지 여부는 계약 체결에 이르게 된 경위와 사정, 당사자의 의사, 계약의 목적과 내용, 급부의 성질, 이행의 형태와 방법 등을 종합적으로 고려하여 구체적으로 판단해야 한다.

[2] 甲 등이 해외이주 알선업체인 乙 주식회사와 미국 비숙련 취업이민을 위한 알선업무계약을 체결하였는데, 乙 회사의 업무 수행에 따라 甲 등이 미국 노동부의 노동허가, 이민국의 이민허가를 받았으나 이후 추가 행정검토 결정 등이 내려지면서 미국 비숙련 취업이민 절차가 진척되지 않았고, 이에 甲 등이 乙 회사를 상대로 사정변경으로 인한 계약의 해제 등을 주장하며 국외알선 수수료의 반환을 구한 사안에서, 乙 회사는 상당히 장기간 동안 지속되는 미국 비숙련 취업이민 절차가 단계적으로 원활하게 진행되어 甲 등이 비숙련 취업이민을 위한 비자를 발급받고 성공적으로 미국에 취업이민할 수 있도록 계약에서 정한 여러 업무를 계속해서 신의성실의 원칙에 따라 충실하게 수행하여야 할 의무가 있는바, 이러한 의무를 정한 계약의 체결 경위, 당사자들의 의사, 계약의 목적과 내용, 급부의 성질, 이행의 형태와 방법 등을 종합하여 볼 때, 위 계약은 계속적 계약에 해당하므로, 위 계약에서 정한 乙 회사의 업무 중 여러 부분이 이미 이행되고 상당한 기간이 흐른 경우 甲 등이 사정변경을 이유로 계약의 효력을 소멸시킬 때에는 다른 특별한 사정이 없는 한 소멸에 따른 효과를 장래에 향하여 발생시키는 민법 제550조의 '해지'만 가능할 뿐 민법 제548조에서 정한 '해제'를 할 수는 없는데도, 이와 달리 본 원심판결에 법리오해 등의 잘못이 있다고 한 사례.

**제551조(해지, 해제와 손해배상)** 계약의 해지 또는 해제는 손해배상의 청구에 영향을 미치지 아니한다.

**제552조(해제권행사여부의 최고권)** ① 해제권의 행사의 기간을 정하지 아니한 때에는 상대방은 상당한 기간을 정하여 해제권행사여부의 확답을 해제권자에게 최고할 수 있다.
② 전항의 기간내에 해제의 통지를 받지 못한 때에는 해제권은 소멸한다.

**제553조(훼손 등으로 인한 해제권의 소멸)** 해제권자의 고의나 과실로 인하여 계약의 목적물이 현저히 훼손되거나 이를 반환할 수 없게 된 때 또는 가공이나 개조로 인하여 다른 종류의 물건으로 변경된 때에는 해제권은 소멸한다.

## 제2절 증여

**제554조(증여의 의의)** 증여는 당사자 일방이 무상으로 재산을 상대방에 수여하는 의사를 표시하고 상대방이 이를 승낙함으로써 그 효력이 생긴다.

**토지인도·소유권이전등기[부담부증여계약의 증여자가 수증자의 부담 이행이 완료된 후 서면에 의하지 않은 증여임을 이유로 민법 제555조에 따른 해제를 주장한 사건]**

[대법원 2022. 9. 29., 선고, 2021다299976, 299983, 판결]

【판시사항】

증여의 의사가 서면으로 표시되지 않은 경우, 민법 제555조에 따라 부담부증여계약을 해제할 수 있는지 여부(원칙적 적극) / 부담부증여계약에서 증여자의 증여 이행이 완료되지 않았더라도 수증자가 부담의 이행을 완료한 경우, 서면에 의하지 않은 증여임을 이유로 증여계약의 전부 또는 일부를 해제할 수 있는지 여부(원칙적 소극)

【판결요지】

민법 제555조는 "증여의 의사가 서면으로 표시되지 아니한 경우에는 각 당사자는 이를 해제할 수 있다."라고 정하고, 민법 제561조는 "상대부담있는 증여에 대하여는 본절의 규정 외에 쌍무계약에 관한 규정을 적용한다."라고 정한다. 이처럼 부담부증여에도 민법 제3편 제2장 제2절(제554조부터 제562조까지)의 증여에 관한 일반 조항들이 그대로 적용되므로, 증여의 의사가 서면으로 표시되지 않은 경우 각 당사자는 원칙적으로 민법 제555조에 따라 부담부증여계약을 해제할 수 있다.

그러나 부담부증여계약에서 증여자의 증여 이행이 완료되지 않았더라도 수증자가 부담의 이행을 완료한 경우에는, 그러한 부담이 의례적·명목적인 것에 그치거나 그 이행에 특별한 노력과 비용이 필요하지 않는 등 실질적으로는 부담 없는 증여가 이루어지는 것과 마찬가지라고 볼 만한 특별한 사정이 없는 한, 각 당사자가 서면에 의하지 않은 증여임을 이유로 증여계약의 전부 또는 일부를 해제할 수는 없다고 봄이 타당하다. 그 이유는 다음과 같다.

① 부담부증여계약이 체결된 경우 민법 제561조에 따라 쌍무계약에 관한 규정이 준용되고, 민법 제559조 제2항에 따라 증여자는 그 부담의 한도에서 매도인과 같은 담보책임을 진다. 이처럼 민법에서는 부담부증여에 부담 없는 증여와 구별되는 성격이 있음을 고려하여 계약의 이행과 소멸 과정에서 증여자와 수증자의 공평을 특별히 도모하고 있다.

② 민법 제558조는 제555조에 따라 증여계약을 해제하더라도 이미 이행한 부분에 대해서는 영향을 미치지 못한다고 정하고, 부담부증여에서는 이미 이행한 부담 역시 제558조에서의 '이미 이행한 부분'에 포함된다. 따라서 수증자가 부담의 이행을 완료하였음에도 증여자가 증여를 이행하지 않은 상태에서 민법 제555조에 따라 부담부증여계약을 자유롭게 해제할 수 있다고 본다면, 증여자가 아무런 노력 없이 수증자의 부담 이행에 따른 이익을 그대로 보유하는 부당한 결과가 발생할 수 있다.

③ 민법 제555조에서 말하는 해제는 일종의 특수한 철회로서 민법 제543조 이하에서 규정한 본래 의미의 해제와는 다르고, 그 사유가 증여계약 체결 당시 이미 존재했다는 측면에서 수증자의 망은행위 등을 이유로 한 민법 제556조에 따른 해제, 증여자의 재산상태변경을 이유로 한 민법 제557조에 따른 해제와도 다르다. 따라서 부담부증여에서

수증자의 채무불이행이나 각 당사자의 사정변경이 없고 오히려 수증자가 증여자의 증여 의사를 신뢰하여 계약 본지에 따른 부담 이행을 완료한 상태임에도 증여자가 민법 제555조에 따른 특수한 철회를 통해 손쉽게 계약의 구속력에서 벗어나게 할 경우 법적 안정성을 해치게 된다.

④ 민법 제555조에서 서면에 의하지 아니한 증여를 해제할 수 있도록 정한 것은 증여자가 경솔하게 증여하는 것을 방지함과 동시에 증여자의 의사를 명확하게 하여 후일에 분쟁이 생기는 것을 피하려는 데 있다. 그러나 부담부증여의 경우 부담 없는 증여와 달리 증여자의 재산의 수여뿐만 아니라 수증자의 부담 이행까지 의사표시의 내용이 되므로 증여자가 경솔하게 증여하거나 증여 의사가 불분명할 가능성이 많지 않다. 수증자가 부담의 이행을 완료한 상황이라면 더욱 그러하다.

**제555조(서면에 의하지 아니한 증여와 해제)** 증여의 의사가 서면으로 표시되지 아니한 경우에는 각 당사자는 이를 해제할 수 있다.

**배임**

[대법원 2018. 12. 13., 선고, 2016도19308, 판결]

【판시사항】

[1] 부동산 매매계약에서 중도금이 지급되는 등 계약이 본격적으로 이행되는 단계에 이른 경우, 그때부터 매도인은 배임죄에서 말하는 '타인의 사무를 처리하는 자'에 해당하는지 여부(적극) 및 그러한 지위에 있는 매도인이 매수인에게 계약 내용에 따라 부동산의 소유권을 이전해 주기 전에 부동산을 제3자에게 처분하여 등기를 하는 행위가 배임죄를 구성하는지 여부(적극) / 서면으로 부동산 증여의 의사를 표시한 증여자가 '타인의 사무를 처리하는 자'에 해당하는지 여부(적극) 및 그가 수증자에게 증여계약에 따라 부동산의 소유권을 이전하지 않고 부동산을 제3자에게 처분하여 등기를 하는 행위가 배임죄를 구성하는지 여부(적극)

[2] 피고인이 甲과의 증여계약에 따라 목장용지 중 1/2 지분을 甲에게 증여하고 증여의 의사를 서면으로 표시하였는데 그 후 금융기관에서 일정 금액의 돈을 대출받으면서 목장용지에 금융기관 앞으로 근저당권설정등기를 마침으로써 피담보채무액 중 1/2 지분에 해당하는 금액의 재산상 이익을 취득하고, 甲에게 같은 금액의 재산상 손해를 입혔다고 하여 배임으로 기소된 사안에서, 서면으로 증여의 의사를 표시한 증여자의 소유권이전등기의무가 증여자 자기의 사무일 뿐이라는 전제에서 공소사실을 무죄로 판단한 원심판결에 법리오해 등의 잘못이 있다고 한 사례

【판결요지】

[1] 부동산 매매계약에서 중도금이 지급되는 등 계약이 본격적으로 이행되는 단계에 이른 때에는 계약이 취소되거나 해제되지 않는 한 매도인은 매수인에게 부동산의 소유권을 이전할 의무에서 벗어날 수 없다. 이러한 단계에 이른 때에 매도인은 매수인에게 매수인의 재산보전에 협력하여 재산적 이익을 보호·관리할 신임관계에 있게 되고, 그때부터 배임죄에서 말하는 '타인의 사무를 처리하는 자'에 해당한다고 보아야 한다. 그러한 지위에 있는 매도인이 매수인에게 계약 내용에 따라 부동산의 소유권을 이전해 주기 전에 부동산을 제3자에게 처분하여 등기를 하는 행위는 매수인의 부동산 취득이나 보전에 지장을 초래하는 행위로서 배임죄가 성립한다.

이러한 법리는 서면에 의한 부동산 증여계약에도 마찬가지로 적용된다. 서면으로 부동

산 증여의 의사를 표시한 증여자는 계약이 취소되거나 해제되지 않는 한 수증자에게 목적부동산의 소유권을 이전할 의무에서 벗어날 수 없다. 그러한 증여자는 '타인의 사무를 처리하는 자'에 해당하고, 그가 수증자에게 증여계약에 따라 부동산의 소유권을 이전하지 않고 부동산을 제3자에게 처분하여 등기를 하는 행위는 수증자와의 신임관계를 저버리는 행위로서 배임죄가 성립한다.

[2] 피고인이 甲과의 증여계약에 따라 목장용지 중 1/2 지분을 甲에게 증여하고 증여의 의사를 서면으로 표시하였는데 그 후 농업협동조합에서 4,000만 원을 대출받으면서 목장용지에 농업협동조합 앞으로 채권최고액 5,200만 원의 근저당권설정등기를 마침으로써 피담보채무액 중 1/2 지분에 해당하는 2,000만 원의 재산상 이익을 취득하고, 甲에게 같은 금액의 재산상 손해를 입혔다고 하여 배임으로 기소된 사안에서, 피고인이 서면으로 증여의 의사를 표시하였는지에 관하여 심리하지 아니한 채, 서면으로 증여의 의사를 표시한 증여자의 소유권이전등기의무는 증여자 자기의 사무일 뿐이라는 전제에서 공소사실을 무죄로 판단한 원심판결에 배임죄에서 '타인의 사무를 처리하는 자' 등에 관한 법리를 오해하고 필요한 심리를 다하지 않은 잘못이 있다고 한 사례.

**제556조(수증자의 행위와 증여의 해제)** ① 수증자가 증여자에 대하여 다음 각호의 사유가 있는 때에는 증여자는 그 증여를 해제할 수 있다.

1. 증여자 또는 그 배우자나 직계혈족에 대한 범죄행위가 있는 때
2. 증여자에 대하여 부양의무있는 경우에 이를 이행하지 아니하는 때

② 전항의 해제권은 해제원인있음을 안 날로부터 6월을 경과하거나 증여자가 수증자에 대하여 용서의 의사를 표시한 때에는 소멸한다.

**제557조(증여자의 재산상태변경과 증여의 해제)** 증여계약후에 증여자의 재산상태가 현저히 변경되고 그 이행으로 인하여 생계에 중대한 영향을 미칠 경우에는 증여자는 증여를 해제할 수 있다.

**제558조(해제와 이행완료부분)** 전3조의 규정에 의한 계약의 해제는 이미 이행한 부분에 대하여는 영향을 미치지 아니한다.

**제559조(증여자의 담보책임)** ① 증여자는 증여의 목적인 물건 또는 권리의 하자나 흠결에 대하여 책임을 지지 아니한다. 그러나 증여자가 그 하자나 흠결을 알고 수증자에게 고지하지 아니한 때에는 그러하지 아니하다.

② 상대부담있는 증여에 대하여는 증여자는 그 부담의 한도에서 매도인과 같은 담보의 책임이 있다.

**제560조(정기증여와 사망으로 인한 실효)** 정기의 급여를 목적으로 한 증여는 증여자 또는 수증자의 사망으로 인하여 그 효력을 잃는다.

**제561조(부담부증여)** 상대부담있는 증여에 대하여는 본절의 규정외에 쌍무계약에 관한 규정을 적용한다.

**제562조(사인증여)** 증여자의 사망으로 인하여 효력이 생길 증여에는 유증에 관한 규정을 준용한다.

**근저당권말소**

**[원고가 사인증여를 하면서 사인증여 대상인 부동산에 관하여 근저당권설정등기를 마쳐주었는데 이후 사인증여를 철회하면서 위 근저당권설정등기의 말소를 구한 사건]**

[대법원 2022. 7. 28., 선고, 2017다245330, 판결]

【판시사항】

유증의 철회에 관한 민법 제1108조 제1항이 사인증여에 준용되는지 여부(원칙적 적극)

【판결요지】

민법 제562조는 사인증여에는 유증에 관한 규정을 준용한다고 정하고 있고, 민법 제1108조 제1항은 유증자는 유증의 효력이 발생하기 전에 언제든지 유언 또는 생전행위로써 유증 전부나 일부를 철회할 수 있다고 정하고 있다. 사인증여는 증여자의 사망으로 인하여 효력이 발생하는 무상행위로 실제적 기능이 유증과 다르지 않으므로, 증여자의 사망 후 재산 처분에 관하여 유증과 같이 증여자의 최종적인 의사를 존중할 필요가 있다. 또한 증여자가 사망하지 않아 사인증여의 효력이 발생하기 전임에도 사인증여가 계약이라는 이유만으로 법적 성질상 철회가 인정되지 않는다고 볼 것은 아니다. 이러한 사정을 고려하면 특별한 사정이 없는 한 유증의 철회에 관한 민법 제1108조 제1항은 사인증여에 준용된다고 해석함이 타당하다.

## 제3절 매매

### 제1관 총칙

**제563조(매매의 의의)** 매매는 당사자 일방이 재산권을 상대방에게 이전할 것을 약정하고 상대방이 그 대금을 지급할 것을 약정함으로써 그 효력이 생긴다.

**사해행위취소**

[대법원 2022. 9. 29., 선고, 2022다228933, 판결]

【판시사항】

[1] 명의신탁자와 부동산에 관한 물권계약을 맺고 단지 등기명의만을 명의수탁자로부터 경료받은 것과 같은 외관을 갖춘 자가 부동산 실권리자명의 등기에 관한 법률 제4조 제3항의 '제3자'에 해당하는지 여부(소극) 및 이러한 자도 자신의 등기가 실체관계에 부합하는 등기로서 유효하다는 주장을 할 수 있는지 여부(적극)

[2] 이른바 3자간 등기명의신탁의 명의신탁자가 제3자와 부동산 처분에 관한 약정을 맺고 그 약정에 따라 명의수탁자에서 제3자 앞으로 소유권이전등기를 마쳐준 경우, 그 등기가 실체관계에 부합하는 등기로서 유효한지 여부(원칙적 적극)

【판결요지】

[1] 부동산 실권리자명의 등기에 관한 법률 제4조 제3항에 정한 '제3자'는 명의수탁자가 물권자임을 기초로 그와 새로운 이해관계를 맺은 사람을 말하고, 이와 달리 오로지 명의신탁자와 부동산에 관한 물권을 취득하기 위한 계약을 맺고 단지 등기명의만을 명의수탁자로부터 경료받은 것 같은 외관을 갖춘 자는 위 조항의 제3자에 해당하지 아니하므로, 위 조항에 근거하여 무효인 명의신탁등기에 터 잡아 경료된 자신의 등기의 유효를 주장할 수는 없다. 그러나 이러한 자도 자신의 등기가 실체관계에 부합하는 등기로서 유효하다는 주장은 할 수 있다.

[2] 이른바 3자간 등기명의신탁의 경우 명의신탁약정과 그에 기한 등기는 무효로 되고 [부동산 실권리자명의 등기에 관한 법률(이하 '부동산실명법'이라 한다) 제4조 제1항, 제2항], 그 결과 명의신탁된 부동산은 매도인 소유로 복귀하므로 매도인은 명의수탁자에게 무효인 그 명의 등기의 말소를 구할 수 있게 된다. 한편 부동산실명법은 매도인과 명의신탁자 사이의 매매계약의 효력을 부정하는 규정을 두고 있지 아니하므로 매도인과 명의신탁자 사이의 매매계약은 여전히 유효하고, 명의신탁자는 매도인에 대하여 매매계약에 기한 소유권이전등기를 청구하거나 그 소유권이전등기청구권을 보전하기 위하여 매도인을 대위하여 명의수탁자에게 무효인 그 명의 등기의 말소를 구할 수 있다. 그러므로 이러한 지위에 있는 명의신탁자가 제3자와 사이에 부동산 처분에 관한 약정을 맺고 그 약정에 기하여 명의수탁자에서 제3자 앞으로 마쳐준 소유권이전등기는 다른 특별한 사정이 없는 한 실체관계에 부합하는 등기로서 유효하다고 보아야 한다.

**제564조(매매의 일방예약)** ① 매매의 일방예약은 상대방이 매매를 완결할 의사를 표시하는 때에 매매의 효력이 생긴다.

② 전항의 의사표시의 기간을 정하지 아니한 때에는 예약자는 상당한 기간을 정하여 매매완결여부의 확답을 상대방에게 최고할 수 있다.

③ 예약자가 전항의 기간내에 확답을 받지 못한 때에는 예약은 그 효력을 잃는다.

### 손해배상

[대법원 2022. 7. 14., 선고, 2019다271661, 판결]

【판시사항】

[1] 투자 관련 계약에서 당사자 일방이 상대방에게 자신이 보유한 주식의 매수를 청구하면 주식에 관한 매매계약이 체결되는 것으로 정한 경우, 이러한 주식매수청구권의 법적 성질(=형성권) / 이와 같은 주식매수청구권의 행사기간이 제척기간인지 여부(적극) 및 행사기간에 관한 약정이 없는 경우, 주식매수청구권의 행사기간을 정하는 기준

[2] 상행위인 투자 관련 계약에서 투자자가 약정에 따라 투자를 실행하여 주식을 취득한 후 투자대상회사 등의 의무불이행이 있는 때에 투자자에게 다른 주주 등을 상대로 한 주식매수청구권을 부여하는 경우, 이러한 주식매수청구권은 5년의 제척기간이 지나면 소멸하는지 여부(적극) 및 그 행사기간은 투자대상회사 등의 의무불이행이 있는 때부터 기산하는지 여부(원칙적 적극)

【판결요지】

[1] 투자 관련 계약에서 당사자 일방이 상대방에게 자신이 보유한 주식의 매수를 청구하면 주식에 관한 매매계약이 체결되는 것으로 정한 경우 이러한 주식매수청구권은 일방의 의사표시에 따라 매매계약이라는 새로운 법률관계를 형성하는 권리로서 일종의 형성권에 해당한다.

이와 같이 계약에 따라 발생하는 형성권인 주식매수청구권의 행사기간은 제척기간이다. 제척기간은 일반적으로 권리자로 하여금 자신의 권리를 신속하게 행사하도록 함으로써 법률관계를 조속히 확정하려는 데 그 제도의 취지가 있으나, 법률관계를 조속히 확정할 필요성의 정도는 그 권리를 정한 계약마다 다르므로, 주식매수청구권의 행사기

간을 정할 때에도 이를 고려해야 한다. 우선 계약에서 주식매수청구권의 행사기간을 약정한 때에는 주식매수청구권은 그 기간 내에 행사되지 않으면 제척기간의 경과로 소멸한다. 반면 주식매수청구권의 행사기간에 관한 약정이 없는 때에는 그 기초가 되는 계약의 성격, 주식매수청구권을 부여한 동기나 그로 말미암아 달성하고자 하는 목적, 주식매수청구권 행사로 발생하는 채권의 행사기간 등을 고려하여 주식매수청구권의 행사기간을 정해야 한다.

[2] 상행위인 투자 관련 계약에서 투자자가 약정에 따라 투자를 실행하여 주식을 취득한 후 투자대상회사 등의 의무불이행이 있는 때에 투자자에게 다른 주주 등을 상대로 한 주식매수청구권을 부여하는 경우가 있다. 특히 주주 간 계약에서 정하는 의무는 의무자가 불이행하더라도 강제집행이 곤란하거나 그로 인한 손해액을 주장·증명하기 어려울 수 있는데, 이때 주식매수청구권 약정이 있으면 투자자는 주식매수청구권을 행사하여 상대방으로부터 미리 약정된 매매대금을 지급받음으로써 상대방의 의무불이행에 대해 용이하게 권리를 행사하여 투자원금을 회수하거나 수익을 실현할 수 있게 된다. 이러한 주식매수청구권은 상행위인 투자 관련 계약을 체결한 당사자가 달성하고자 하는 목적과 밀접한 관련이 있고, 그 행사로 성립하는 매매계약 또한 상행위에 해당하므로, 이때 주식매수청구권은 상사소멸시효에 관한 상법 제64조를 유추적용하여 5년의 제척기간이 지나면 소멸한다고 보아야 한다.

한편 투자 관련 계약에서 투자대상회사 등의 의무불이행이 있는 때에 투자자가 형성권인 주식매수청구권을 행사할 수 있다고 정한 경우 특별한 사정이 없는 한 그 행사기간은 투자대상회사 등의 의무불이행이 있는 때부터 기산한다고 보아야 한다. 그렇지 않으면 행사기간이 지난 다음에 비로소 투자대상회사 등의 의무불이행이 있는 경우에 투자자가 주식매수청구권을 행사할 수 없게 되어 불합리하다.

**제565조(해약금)** ① 매매의 당사자 일방이 계약당시에 금전 기타 물건을 계약금, 보증금등의 명목으로 상대방에게 교부한 때에는 당사자간에 다른 약정이 없는 한 당사자의 일방이 이행에 착수할 때까지 교부자는 이를 포기하고 수령자는 그 배액을 상환하여 매매계약을 해제할 수 있다.
② 제551조의 규정은 전항의 경우에 이를 적용하지 아니한다.

**제566조(매매계약의 비용의 부담)** 매매계약에 관한 비용은 당사자 쌍방이 균분하여 부담한다.

**제567조(유상계약에의 준용)** 본절의 규정은 매매 이외의 유상계약에 준용한다. 그러나 그 계약의 성질이 이를 허용하지 아니하는 때에는 그러하지 아니하다.

## 제2관 매매의 효력

**제568조(매매의 효력)** ① 매도인은 매수인에 대하여 매매의 목적이 된 권리를 이전하여야 하며 매수인은 매도인에게 그 대금을 지급하여야 한다.
② 전항의 쌍방의무는 특별한 약정이나 관습이 없으면 동시에 이행하여야 한다.

**제569조(타인의 권리의 매매)** 매매의 목적이 된 권리가 타인에게 속한 경우에는 매도인은 그 권리를 취득하여 매수인에게 이전하여야 한다.

**소유권이전등기등**

[대법원 2021. 6. 24., 선고, 2021다220666, 판결]

【판시사항】

[1] 당사자 사이에 계약의 해석을 둘러싸고 이견이 있어 처분문서에 나타난 당사자의 의사해석이 문제 되는 경우, 처분문서를 해석하는 방법

[2] 매매의 목적이 된 권리가 매도인이 아닌 타인에게 속한 경우, 매도인이 매매계약을 체결할 수 있는지 여부(적극) 및 이러한 법리는 매매의 목적이 된 권리가 매도인과 타인의 공유라고 해도 마찬가지인지 여부(적극)

[3] 상가집합건물의 구분점포에 대한 매매의 경우, 실제 이용현황과 관계없이 집합건축물대장 등 공부에 따라 구조, 위치, 면적이 확정된 구분점포가 매매의 대상이 되는지 여부(원칙적 적극) / 이때 점포의 구조, 위치, 면적을 실제 이용현황에 따라야 하는 경우

[4] 매매목적물의 인도 전이라도 매수인이 매매대금을 완납한 경우, 이후의 과실수취권이 매수인에게 귀속되는지 여부(적극)

【판결요지】

[1] 처분문서는 그 진정성립이 인정되면 특별한 사정이 없는 한 그 처분문서에 기재되어 있는 문언의 내용에 따라 당사자의 의사표시가 있었던 것으로 객관적으로 해석하여야 하고, 당사자 사이에 계약의 해석을 둘러싸고 이견이 있어 처분문서에 나타난 당사자의 의사해석이 문제 되는 경우에는 문언의 내용, 그와 같은 약정이 이루어진 동기와 경위, 약정에 의하여 달성하려는 목적, 당사자의 진정한 의사 등을 종합적으로 고찰하여 논리와 경험칙에 따라 합리적으로 해석하여야 한다.

[2] 매매의 목적이 된 권리가 매도인이 아닌 타인에게 속한 경우에도 매도인은 매매계약을 체결할 수 있고, 이때 매도인은 그 권리를 취득하여 매수인에게 이전하여야 할 의무를 부담한다(민법 제569조). 이와 같은 법리는 매매의 목적이 된 권리가 매도인과 타인의 공유라고 해도 마찬가지이다.

[3] 상가집합건물의 구분점포에 대한 매매는 원칙적으로 실제 이용현황과 관계없이 집합건축물대장 등 공부에 따라 구조, 위치, 면적이 확정된 구분점포를 매매의 대상으로 삼았다고 보아야 할 것이다. 그러나 1동의 상가집합건물의 점포들이 구분소유 등기가 되어 있기는 하나 실제로는 위 상가건물의 각 점포들에 관한 집합건축물대장 등 공부상 호수와 구조, 위치 및 면적이 실제 이용현황과 일치하지 아니할 뿐만 아니라 그 복원조차 용이하지 아니하여 단지 공부가 위 상가건물에서 각 점포들이 차지하는 면적비율에 관하여 공유지분을 표시하는 정도의 역할만을 하고 있고, 위 점포들이 전전매도되면서 매매당사자들이 실제 이용현황대로의 점포를 매매할 의사를 가지고 거래한 경우 등과 같이 특별한 사정이 있는 경우에는 그 점포의 구조, 위치, 면적은 실제 이용현황에 의할 수밖에 없을 것이다.

[4] 특별한 사정이 없는 한 매매계약이 있은 후에도 인도하지 아니한 목적물로부터 생긴 과실은 매도인에게 속하지만(민법 제587조), 매매목적물의 인도 전이라도 매수인이 매매대금을 완납한 때에는 그 이후의 과실수취권은 매수인에게 귀속된다고 보아야 할 것이다.

**제570조(동전-매도인의 담보책임)** 전조의 경우에 매도인이 그 권리를 취득하여 매수인에게 이전할 수 없는 때에는 매수인은 계약을 해제할 수 있다. 그러나 매수인이 계약당시 그 권리가 매도인에게 속하지 아니함을 안 때에는 손해배상을 청구하지 못한다.

**제571조(동전-선의의 매도인의 담보책임)** ① 매도인이 계약당시에 매매의 목적이 된 권리가 자기에게 속하지 아니함을 알지 못한 경우에 그 권리를 취득하여 매수인에게 이전할 수 없는 때에는 매도인은 손해를 배상하고 계약을 해제할 수 있다.

② 전항의 경우에 매수인이 계약당시 그 권리가 매도인에게 속하지 아니함을 안 때에는 매도인은 매수인에 대하여 그 권리를 이전할 수 없음을 통지하고 계약을 해제할 수 있다.

**제572조(권리의 일부가 타인에게 속한 경우와 매도인의 담보책임)** ① 매매의 목적이 된 권리의 일부가 타인에게 속함으로 인하여 매도인이 그 권리를 취득하여 매수인에게 이전할 수 없는 때에는 매수인은 그 부분의 비율로 대금의 감액을 청구할 수 있다.

② 전항의 경우에 잔존한 부분만이면 매수인이 이를 매수하지 아니하였을 때에는 선의의 매수인은 계약전부를 해제할 수 있다.

③ 선의의 매수인은 감액청구 또는 계약해제외에 손해배상을 청구할 수 있다.

**제573조(전조의 권리행사의 기간)** 전조의 권리는 매수인이 선의인 경우에는 사실을 안 날로부터, 악의인 경우에는 계약한 날로부터 1년내에 행사하여야 한다.

**제574조(수량부족, 일부멸실의 경우와 매도인의 담보책임)** 전2조의 규정은 수량을 지정한 매매의 목적물이 부족되는 경우와 매매목적물의 일부가 계약당시에 이미 멸실된 경우에 매수인이 그 부족 또는 멸실을 알지 못한 때에 준용한다.

**제575조(제한물권있는 경우와 매도인의 담보책임)** ① 매매의 목적물이 지상권, 지역권, 전세권, 질권 또는 유치권의 목적이 된 경우에 매수인이 이를 알지 못한 때에는 이로 인하여 계약의 목적을 달성할 수 없는 경우에 한하여 매수인은 계약을 해제할 수 있다. 기타의 경우에는 손해배상만을 청구할 수 있다.

② 전항의 규정은 매매의 목적이 된 부동산을 위하여 존재할 지역권이 없거나 그 부동산에 등기된 임대차계약이 있는 경우에 준용한다.

③ 전2항의 권리는 매수인이 그 사실을 안 날로부터 1년내에 행사하여야 한다.

**손해배상(기)**

[대법원 2020. 5. 28., 선고, 2017다265389, 판결]

【판시사항】

[1] 한국토지공사가 공익사업을 위한 토지 등의 취득 및 보상에 관한 법률에 따라 택지개발사업 지구 내 토지에 관하여 토지소유자와 매매계약을 체결한 행위가 상행위인지 여부(소극)

[2] 공익사업을 위한 토지 등의 취득 및 보상에 관한 법률에 따라 공공사업의 시행자가 토지를 협의취득하는 경우, 일방 당사자의 채무불이행에 대하여 민법에 따른 손해배상 또는 하자담보책임을 물을 수 있는지 여부(적극) 및 이 경우 매도인의 하자담보책임에 따른 손해배상청구권에 적용되는 소멸시효기간(=10년)과 기산점(=매수인이 매매의 목적물을 인도받은 때)

[3] 甲 공사가 택지개발사업을 시행하면서 乙 등이 소유한 토지를 공공용지로 협의취득하

였고, 甲 공사를 합병한 丙 공사가 위 택지개발사업을 준공한 다음 위 토지 중 일부를 丁에게 매도하여 소유권이전등기를 마쳐주었는데, 丁이 건물을 신축하기 위해 터파기 공사를 하던 중 위 토지 지하에 폐기물이 매립되어 있는 것을 발견하여 丙 공사에 통보하자, 丙 공사가 乙 등을 상대로 매도인의 하자담보책임에 기한 손해배상을 구한 사안에서, 甲 공사가 乙 등 소유의 토지를 매수한 행위는 상행위에 해당하지 않아 상법 제64조가 적용되지 않고, 丙 공사가 乙 등에게 매도인의 담보책임을 구하고 있으므로, 甲 공사가 위 토지에 관하여 소유권이전등기를 마친 때부터 민법 제162조 제1항에 따른 10년의 소멸시효가 진행되고, 그로부터 10년이 지나기 전에 소가 제기되어 丙 공사의 손해배상청구권은 소멸시효가 완성되지 않았다고 한 사례

**【판결요지】**

[1] 어느 행위가 상법 제46조의 기본적 상행위에 해당하기 위하여는 영업으로 같은 조 각 호의 행위를 하는 경우이어야 하고, 여기서 '영업으로 한다'는 것은 영리를 목적으로 동종의 행위를 계속 반복적으로 하는 것을 의미한다. 구 한국토지공사법(2009. 5. 22. 법률 제9706호 한국토지주택공사법 부칙 제2조로 폐지)에 따라 설립된 한국토지공사는 토지를 취득·관리·개발 및 공급하게 함으로써 토지자원의 효율적인 이용을 촉진하고 국토의 종합적인 이용·개발을 도모하여 건전한 국민경제의 발전에 이바지하게 하기 위하여 설립된 법인이다. 따라서 한국토지공사가 택지개발사업을 시행하기 위하여 공익사업을 위한 토지 등의 취득 및 보상에 관한 법률에 따라 토지소유자로부터 사업시행을 위한 토지를 매수하는 행위를 하더라도 한국토지공사를 상인이라 할 수 없고, 한국토지공사가 택지개발사업 지구 내에 있는 토지에 관하여 토지소유자와 매매계약을 체결한 행위를 상행위로 볼 수 없다.

[2] 공익사업을 위한 토지 등의 취득 및 보상에 관한 법률에 따라 공공사업의 시행자가 토지를 협의취득하는 행위는 사법상의 법률행위로 일방 당사자의 채무불이행에 대하여 민법에 따른 손해배상 또는 하자담보책임을 물을 수 있다. 이 경우 매도인에 대한 하자담보에 기한 손해배상청구권에 대하여는 민법 제162조 제1항의 채권 소멸시효의 규정이 적용되고, 매수인이 매매의 목적물을 인도받은 때부터 소멸시효가 진행한다.

[3] 甲 공사가 택지개발사업을 시행하면서 乙 등이 소유한 토지를 공공용지로 협의취득하였고, 甲 공사를 합병한 丙 공사가 위 택지개발사업을 준공한 다음 위 토지 중 일부를 丁에게 매도하여 소유권이전등기를 마쳐주었는데, 丁이 건물을 신축하기 위해 터파기 공사를 하던 중 위 토지 지하에 폐기물이 매립되어 있는 것을 발견하여 丙 공사에 통보하자, 丙 공사가 乙 등을 상대로 매도인의 하자담보책임에 기한 손해배상을 구한 사안에서, 甲 공사가 택지개발사업을 시행하기 위하여 공익사업을 위한 토지 등의 취득 및 보상에 관한 법률에 따라 乙 등 소유의 토지를 매수한 행위는 상행위에 해당하지 않아 상법 제64조가 적용되지 않고, 甲 공사를 합병한 丙 공사가 乙 등에게 매도인의 담보책임을 구하고 있으므로, 甲 공사가 위 토지에 관하여 소유권이전등기를 마친 때부터 민법 제162조 제1항에 따른 10년의 소멸시효가 진행되고, 그로부터 10년이 지나기 전에 소가 제기되어 丙 공사의 손해배상청구권은 소멸시효가 완성되지 않았는데도, 甲 공사가 영업으로 부동산을 개발하여 매각할 목적으로 이를 매수하였다는 점 등을 근거로 甲 공사와 乙 등이 체결한 매매계약은 상행위에 해당하므로 상법 제64조가 적용되어 丙 공사의 손해배상청구권이 5년의 소멸시효 완성으로 소멸하였다고 본 원심판단에는 상행위와 소멸시효에 관한 법리오해의 위법이 있다고 한 사례.

**제576조(저당권, 전세권의 행사와 매도인의 담보책임)** ① 매매의 목적이 된 부동산에 설정된 저당권 또는 전세권의 행사로 인하여 매수인이 그 소유권을 취득할 수 없거나 취득한 소유권을 잃은 때에는 매수인은 계약을 해제할 수 있다.

② 전항의 경우에 매수인의 출재로 그 소유권을 보존한 때에는 매도인에 대하여 그 상환을 청구할 수 있다.

③ 전2항의 경우에 매수인이 손해를 받은 때에는 그 배상을 청구할 수 있다.

집행에관한이의

[대법원 2017. 4. 19., 자, 2016그172, 결정]

【판시사항】

부동산 경매절차에서 매수인이 매각대금을 내고 소유권을 취득한 후 매매 목적물의 권리가 타인에게 속하게 되거나 매매 목적물에 설정된 담보권이 실행되는 등의 사유로 소유권을 상실한 경우, 민사집행법 제268조, 제96조 제1항에서 정한 경매절차의 취소사유에 해당하는지 여부(소극) 및 이 경우 매수인의 구제 방법

【판결요지】

민사집행법 제268조에 의해 담보권 실행을 위한 경매절차에 준용되는 제96조 제1항은 "부동산이 없어지거나 매각 등으로 말미암아 권리를 이전할 수 없는 사정이 명백하게 된 때에는 법원은 강제경매의 절차를 취소하여야 한다."라고 규정하고 있으나, 위 규정에서 정한 경매절차의 취소사유는 매각대금을 다 내기 전에 발생한 것이어야 한다.

매수인이 경매절차에서 부동산에 대한 매각허가결정을 받아 매각대금까지 내고 소유권을 취득하였으면, 그 후 매매의 목적물의 권리가 타인에게 속하게 되거나 매매의 목적이 된 부동산에 설정된 담보권이 실행되는 등의 사유로 소유권을 상실하게 되더라도 부동산의 매각 등으로 소유권의 이전이 불가능하였던 것은 아니다. 따라서 이러한 사유는 민사집행법 제268조, 제96조 제1항에서 정한 경매절차의 취소사유에 해당하지 않는다.

이러한 경우 매수인으로서는 매도인의 담보책임에 관한 민법 규정을 적용하거나 유추적용하여 담보책임을 물을 수 있고, 이러한 담보책임은 매수인이 경매절차 밖에서 별소로써 채무자 또는 채권자를 상대로 추급하는 것이 원칙이다. 다만 아직 배당이 실시되기 전이라면 매수인으로 하여금 배당이 실시되는 것을 기다렸다가 경매절차 밖에서 별소에 의하여 담보책임을 추급하게 하는 것은 가혹하므로, 매수인은 민사집행법 제96조를 유추적용하여 집행법원에 대하여 경매에 의한 매매계약을 해제하고 납부한 매각대금의 반환을 청구하는 방법으로 담보책임을 추급할 수 있다.

**제577조(저당권의 목적이 된 지상권, 전세권의 매매와 매도인의 담보책임)** 전조의 규정은 저당권의 목적이 된 지상권 또는 전세권이 매매의 목적이 된 경우에 준용한다.

**제578조(경매와 매도인의 담보책임)** ① 경매의 경우에는 경락인은 전8조의 규정에 의하여 채무자에게 계약의 해제 또는 대금감액의 청구를 할 수 있다.

② 전항의 경우에 채무자가 자력이 없는 때에는 경락인은 대금의 배당을 받은 채권자에 대하여 그 대금전부나 일부의 반환을 청구할 수 있다.

③ 전2항의 경우에 채무자가 물건 또는 권리의 흠결을 알고 고지하지 아니하거나 채권자가 이를 알고 경매를 청구한 때에는 경락인은 그 흠결을 안 채무자나 채권자에 대하여 손해배상을 청구할 수 있다.

**청구이의의소등**

[대법원 2020. 1. 16., 선고, 2019다247385, 판결]

【판시사항】

[1] 확인의 이익 등 소송요건이 법원의 직권조사사항인지 여부(적극) 및 사실심 변론종결 이후 소송요건이 흠결되거나 흠결이 치유된 경우 상고심에서 이를 참작하여야 하는지 여부(적극)

[2] 경매절차에서 유치권이 주장되었으나 소유부동산 또는 담보목적물이 매각된 경우, 소유권을 상실하거나 근저당권이 소멸된 소유자와 근저당권자가 유치권의 부존재 확인을 구할 법률상 이익이 있는지 여부(소극)

[3] 경매절차에서 유치권이 주장되지 아니한 경우, 채권자인 근저당권자가 유치권의 부존재 확인을 구할 법률상 이익이 있는지 여부(적극) 및 이때 채무자가 아닌 소유자가 유치권의 부존재 확인을 구할 법률상 이익이 있는지 여부(소극)

【판결요지】

[1] 확인의 소는 원고의 권리 또는 법률상의 지위에 현존하는 불안·위험이 있고, 확인판결을 받는 것이 그 분쟁을 근본적으로 해결하는 가장 유효·적절한 수단일 때에 허용된다. 그리고 확인의 이익 등 소송요건은 직권조사사항으로서 당사자가 주장하지 않더라도 법원이 직권으로 조사하여 판단하여야 하고, 사실심 변론종결 이후에 소송요건이 흠결되거나 그 흠결이 치유된 경우 상고심에서도 이를 참작하여야 한다.

[2] 근저당권자에게 담보목적물에 관하여 각 유치권의 부존재 확인을 구할 법률상 이익이 있다고 보는 것은 경매절차에서 유치권이 주장됨으로써 낮은 가격에 입찰이 이루어져 근저당권자의 배당액이 줄어들 위험이 있다는 데에 근거가 있고, 이는 소유자가 그 소유의 부동산에 관한 경매절차에서 유치권의 부존재 확인을 구하는 경우에도 마찬가지이다. 위와 같이 경매절차에서 유치권이 주장되었으나 소유부동산 또는 담보목적물이 매각되어 그 소유권이 이전되어 소유권을 상실하거나 근저당권이 소멸하였다면, 소유자와 근저당권자는 유치권의 부존재 확인을 구할 법률상 이익이 없다.

[3] 경매절차에서 유치권이 주장되지 아니한 경우에는, 담보목적물이 매각되어 그 소유권이 이전됨으로써 근저당권이 소멸하였더라도 채권자는 유치권의 존재를 알지 못한 매수인으로부터 민법 제575조, 제578조 제1항, 제2항에 의한 담보책임을 추급당할 우려가 있고, 위와 같은 위험은 채권자의 법률상 지위를 불안정하게 하는 것이므로, 채권자인 근저당권자로서는 위 불안을 제거하기 위하여 유치권 부존재 확인을 구할 법률상 이익이 있다. 반면 채무자가 아닌 소유자는 위 각 규정에 의한 담보책임을 부담하지 아니하므로, 유치권의 부존재 확인을 구할 법률상 이익이 없다.

**제579조(채권매매와 매도인의 담보책임)** ① 채권의 매도인이 채무자의 자력을 담보한 때에는 매매계약당시의 자력을 담보한 것으로 추정한다.

② 변제기에 도달하지 아니한 채권의 매도인이 채무자의 자력을 담보한 때에는 변제기의 자력을 담보한 것으로 추정한다.

**제580조(매도인의 하자담보책임)** ① 매매의 목적물에 하자가 있는 때에는 제575조제1항의 규정을 준용한다. 그러나 매수인이 하자있는 것을 알았거나 과실로 인하여 이를 알지 못한 때에는 그러하지 아니하다.

② 전항의 규정은 경매의 경우에 적용하지 아니한다.

**공사대금**

[대법원 2023. 2. 2., 선고, 2022다276789, 판결]

【판시사항】

[1] 대물변제에서 본래 채무의 이행에 갈음한 다른 급여가 부동산의 소유권이전인 경우, 기존채무가 소멸하는 시기(=소유권이전등기 완료 시) 및 이때 목적물에 하자가 있을 경우, 매도인의 담보책임에 관한 민법 조항이 준용되는지 여부(적극)

[2] 甲 주식회사가 다세대주택 신축공사의 전기공사를 乙 합자회사에 하도급 주면서 공사대금을 다세대주택 구분건물로 대물변제하기로 약정하고, 이후 乙 회사가 구분건물에 관하여 소유권이전등기를 넘겨받은 사안에서, 乙 회사가 약정한 목적물에 관하여 대물변제를 원인으로 소유권이전등기를 넘겨받았는데도, 대물변제가 이행되었다는 甲 회사의 항변을 배척한 원심판단에 법리오해의 잘못이 있다고 한 사례

【판결요지】

[1] 대물변제는 본래 채무의 이행에 갈음하여 다른 급여를 현실적으로 하는 때에 성립하는 계약이므로, 다른 급여가 부동산의 소유권이전인 경우 등기를 완료하면 대물변제가 성립되어 기존채무가 소멸한다. 한편 대물변제도 유상계약이므로 목적물에 하자가 있을 경우 매도인의 담보책임에 관한 민법 조항이 준용된다.

[2] 甲 주식회사가 다세대주택 신축공사의 전기공사를 乙 합자회사에 하도급 주면서 공사대금을 다세대주택 구분건물로 대물변제하기로 약정하고, 이후 乙 회사가 구분건물에 관하여 소유권이전등기를 넘겨받은 사안에서, 乙 회사가 당초의 약정대로 하도급 공사대금에 대한 대물변제를 원인으로 구분건물에 관하여 소유권이전등기를 마친 이상 甲 회사는 본래 채무에 갈음하여 이행하기로 한 다른 급여를 현실적으로 한 것으로 보아야 하고, 구분건물이 아직 사용승인을 받지 않았으며 대지지분에 제한물권이 설정되어 있다는 사정은 대물변제 목적물의 하자로서 담보책임을 물을 수 있는 사유가 될 뿐이므로 乙 회사가 약정한 목적물에 관하여 대물변제를 원인으로 소유권이전등기를 넘겨받았는데도, 대물변제가 이행되었다는 甲 회사의 항변을 배척한 원심판단에 법리오해의 잘못이 있다고 한 사례.

**제581조(종류매매와 매도인의 담보책임)** ① 매매의 목적물을 종류로 지정한 경우에도 그 후 특정된 목적물에 하자가 있는 때에는 전조의 규정을 준용한다.

② 전항의 경우에 매수인은 계약의 해제 또는 손해배상의 청구를 하지 아니하고 하자없는 물건을 청구할 수 있다.

**매매대금반환등**

[대법원 2014. 5. 16., 선고, 2012다72582, 판결]

【판시사항】

[1] 종류매매에서 하자담보의무의 이행이 공평의 원칙에 반하는 경우 매수인의 완전물급부청구권 행사를 제한할 수 있는지 여부(적극) 및 그 판단 기준

[2] 甲이 乙 주식회사로부터 자동차를 매수하여 인도받은 지 5일 만에 계기판의 속도계가 작동하지 않는 하자가 발생하였음을 이유로 乙 회사 등을 상대로 신차 교환을 구한 사안에서, 甲의 완전물급부청구권 행사가 허용되지 않는다고 한 사례

【판결요지】

[1] 민법의 하자담보책임에 관한 규정은 매매라는 유상·쌍무계약에 의한 급부와 반대급부 사이의 등가관계를 유지하기 위하여 민법의 지도이념인 공평의 원칙에 입각하여 마련된 것인데, 종류매매에서 매수인이 가지는 완전물급부청구권을 제한 없이 인정하는 경우에는 오히려 매도인에게 지나친 불이익이나 부당한 손해를 주어 등가관계를 파괴하는 결과를 낳을 수 있다. 따라서 매매목적물의 하자가 경미하여 수선 등의 방법으로도 계약의 목적을 달성하는 데 별다른 지장이 없는 반면 매도인에게 하자 없는 물건의 급부의무를 지우면 다른 구제방법에 비하여 지나치게 큰 불이익이 매도인에게 발생되는 경우와 같이 하자담보의무의 이행이 오히려 공평의 원칙에 반하는 경우에는, 완전물급부청구권의 행사를 제한함이 타당하다.

그리고 이러한 매수인의 완전물급부청구권의 행사에 대한 제한 여부는 매매목적물의 하자의 정도, 하자 수선의 용이성, 하자의 치유가능성 및 완전물급부의 이행으로 인하여 매도인에게 미치는 불이익의 정도 등의 여러 사정을 종합하여 사회통념에 비추어 개별적·구체적으로 판단하여야 한다.

[2] 甲이 乙 주식회사로부터 자동차를 매수하여 인도받은 지 5일 만에 계기판의 속도계가 작동하지 않는 하자가 발생하였음을 이유로 乙 회사 등을 상대로 신차 교환을 구한 사안에서, 위 하자는 계기판 모듈의 교체로 큰 비용을 들이지 않고서도 손쉽게 치유될 수 있는 하자로서 하자수리에 의하더라도 신차구입이라는 매매계약의 목적을 달성하는 데에 별다른 지장이 없고, 하자보수로 자동차의 가치하락에 영향을 줄 가능성이 희박한 반면, 매도인인 乙 회사에 하자 없는 신차의 급부의무를 부담하게 하면 다른 구제방법에 비하여 乙 회사에 지나치게 큰 불이익이 발생되어서 오히려 공평의 원칙에 반하게 되어 매수인의 완전물급부청구권의 행사를 제한함이 타당하므로, 甲의 완전물급부청구권 행사가 허용되지 않는다고 한 사례.

**제582조(전2조의 권리행사기간)** 전2조에 의한 권리는 매수인이 그 사실을 안 날로부터 6월내에 행사하여야 한다.

**제583조(담보책임과 동시이행)** 제536조의 규정은 제572조 내지 제575조, 제580조 및 제581조의 경우에 준용한다.

**제584조(담보책임면제의 특약)** 매도인은 전15조에 의한 담보책임을 면하는 특약을 한 경우에도 매도인이 알고 고지하지 아니한 사실 및 제삼자에게 권리를 설정 또는 양도한 행위에 대하여는 책임을 면하지 못한다.

**제585조(동일기한의 추정)** 매매의 당사자 일방에 대한 의무이행의 기한이 있는 때에는 상대방의 의무이행에 대하여도 동일한 기한이 있는 것으로 추정한다.

**제586조(대금지급장소)** 매매의 목적물의 인도와 동시에 대금을 지급할 경우에는 그 인도장소에서 이를 지급하여야 한다.

**제587조(과실의 귀속, 대금의 이자)** 매매계약있은 후에도 인도하지 아니한 목적물로부터 생긴 과실은 매도인에게 속한다. 매수인은 목적물의 인도를 받은 날로부터 대금의 이자를 지급하여야 한다. 그러나 대금의 지급에 대하여 기한이 있는 때에는 그러하지 아니하다.

**소유권이전등기등**

[대법원 2021. 6. 24., 선고, 2021다220666, 판결]

【판시사항】

[1] 당사자 사이에 계약의 해석을 둘러싸고 이견이 있어 처분문서에 나타난 당사자의 의사해석이 문제 되는 경우, 처분문서를 해석하는 방법

[2] 매매의 목적이 된 권리가 매도인이 아닌 타인에게 속한 경우, 매도인이 매매계약을 체결할 수 있는지 여부(적극) 및 이러한 법리는 매매의 목적이 된 권리가 매도인과 타인의 공유라고 해도 마찬가지인지 여부(적극)

[3] 상가집합건물의 구분점포에 대한 매매의 경우, 실제 이용현황과 관계없이 집합건축물대장 등 공부에 따라 구조, 위치, 면적이 확정된 구분점포가 매매의 대상이 되는지 여부(원칙적 적극) / 이때 점포의 구조, 위치, 면적을 실제 이용현황에 따라야 하는 경우

[4] 매매목적물의 인도 전이라도 매수인이 매매대금을 완납한 경우, 이후의 과실수취권이 매수인에게 귀속되는지 여부(적극)

【판결요지】

[1] 처분문서는 그 진정성립이 인정되면 특별한 사정이 없는 한 그 처분문서에 기재되어 있는 문언의 내용에 따라 당사자의 의사표시가 있었던 것으로 객관적으로 해석하여야 하고, 당사자 사이에 계약의 해석을 둘러싸고 이견이 있어 처분문서에 나타난 당사자의 의사해석이 문제 되는 경우에는 문언의 내용, 그와 같은 약정이 이루어진 동기와 경위, 약정에 의하여 달성하려는 목적, 당사자의 진정한 의사 등을 종합적으로 고찰하여 논리와 경험칙에 따라 합리적으로 해석하여야 한다.

[2] 매매의 목적이 된 권리가 매도인이 아닌 타인에게 속한 경우에도 매도인은 매매계약을 체결할 수 있고, 이때 매도인은 그 권리를 취득하여 매수인에게 이전하여야 할 의무를 부담한다(민법 제569조). 이와 같은 법리는 매매의 목적이 된 권리가 매도인과 타인의 공유라고 해도 마찬가지이다.

[3] 상가집합건물의 구분점포에 대한 매매는 원칙적으로 실제 이용현황과 관계없이 집합건축물대장 등 공부에 따라 구조, 위치, 면적이 확정된 구분점포를 매매의 대상으로 삼았다고 보아야 할 것이다. 그러나 1동의 상가집합건물의 점포들이 구분소유 등기가 되어 있기는 하나 실제로는 위 상가건물의 각 점포들에 관한 집합건축물대장 등 공부상 호수와 구조, 위치 및 면적이 실제 이용현황과 일치하지 아니할 뿐만 아니라 그 복원조차 용이하지 아니하여 단지 공부가 위 상가건물에서 각 점포들이 차지하는 면적비율에 관하여 공유지분을 표시하는 정도의 역할만을 하고 있고, 위 점포들이 전전매도되면서 매매당사자들이 실제 이용현황대로의 점포를 매매할 의사를 가지고 거래한 경우 등과 같이 특별한 사정이 있는 경우에는 그 점포의 구조, 위치, 면적은 실제 이용현황에 의할 수밖에 없을 것이다.

[4] 특별한 사정이 없는 한 매매계약이 있은 후에도 인도하지 아니한 목적물로부터 생긴 과실은 매도인에게 속하지만(민법 제587조), 매매목적물의 인도 전이라도 매수인이 매매대금을 완납한 때에는 그 이후의 과실수취권은 매수인에게 귀속된다고 보아야 할 것이다.

**제588조(권리주장자가 있는 경우와 대금지급거절권)** 매매의 목적물에 대하여 권리를 주장하는 자가 있는 경우에 매수인이 매수한 권리의 전부나 일부를 잃을 염려가 있는 때에는 매수인은 그 위험의 한도에서 대금의 전부나 일부의 지급을 거절할 수 있다. 그러나 매도인이 상당한 담보를 제공한 때에는 그러하지 아니하다.

**제589조(대금공탁청구권)** 전조의 경우에 매도인은 매수인에 대하여 대금의 공탁을 청구할 수 있다.

### 제3관 환매

**제590조(환매의 의의)** ① 매도인이 매매계약과 동시에 환매할 권리를 보류한 때에는 그 영수한 대금 및 매수인이 부담한 매매비용을 반환하고 그 목적물을 환매할 수 있다.

② 전항의 환매대금에 관하여 특별한 약정이 있으면 그 약정에 의한다.

③ 전2항의 경우에 목적물의 과실과 대금의 이자는 특별한 약정이 없으면 이를 상계한 것으로 본다.

**제591조(환매기간)** ① 환매기간은 부동산은 5년, 동산은 3년을 넘지 못한다. 약정기간이 이를 넘는 때에는 부동산은 5년, 동산은 3년으로 단축한다.

② 환매기간을 정한 때에는 다시 이를 연장하지 못한다.

③ 환매기간을 정하지 아니한 때에는 그 기간은 부동산은 5년, 동산은 3년으로 한다.

**제592조(환매등기)** 매매의 목적물이 부동산인 경우에 매매등기와 동시에 환매권의 보류를 등기한 때에는 제삼자에 대하여 그 효력이 있다.

**제593조(환매권의 대위행사와 매수인의 권리)** 매도인의 채권자가 매도인을 대위하여 환매하고자 하는 때에는 매수인은 법원이 선정한 감정인의 평가액에서 매도인이 반환할 금액을 공제한 잔액으로 매도인의 채무를 변제하고 잉여액이 있으면 이를 매도인에게 지급하여 환매권을 소멸시킬 수 있다.

**제594조(환매의 실행)** ① 매도인은 기간내에 대금과 매매비용을 매수인에게 제공하지 아니하면 환매할 권리를 잃는다.

② 매수인이나 전득자가 목적물에 대하여 비용을 지출한 때에는 매도인은 제203조의 규정에 의하여 이를 상환하여야 한다. 그러나 유익비에 대하여는 법원은 매도인의 청구에 의하여 상당한 상환기간을 허여할 수 있다.

**토지인도등·점유권확인·점유권확인**

[대법원 2018. 3. 27., 선고, 2015다3914, 3921, 3938, 판결]

【판시사항】

[1] 종중이 종중원에게 종중 소유 토지를 무상으로 사용하도록 하는 사용대차계약이 묵시적으로 성립하였다고 볼 수 있는 경우, 사용·수익에 충분한 기간이 지나면 종중의 반환 요청을 받은 종중원이 유익비를 지출하였더라도 상환을 청구하지 않는다는 묵시적 약정이 있다고 보아야 하는지 여부(원칙적 적극)

[2] 민법 제203조 제2항에서 정한 '지출금액'의 의미(=실제 지출한 금액) 및 실제 지출한

금액에 대한 증명이 불가능한 경우의 산정 방법(=실제 비용을 지출한 날을 기준으로 가치 증가에 드는 금액을 산정한 다음 이를 현가하는 방법)

【판결요지】

[1] 사용대차에서 차주는 민법 제611조 제2항, 제594조 제2항, 제203조 제2항에 따라 유익비상환을 청구할 수 있다. 그러나 종중이 종중원에게 종중 소유 토지를 무상으로 사용하도록 하는 사용대차계약이 묵시적으로 성립했다고 볼 수 있는 경우 유익비상환청구권을 인정하는 것은 신중을 기해야 한다. 토지에 대한 장기간의 무상 사용대차계약은 종중과 종중원 관계가 아니라면 찾아보기 힘들 정도로 매우 이례적인 데다가, 토지를 장기간 무상으로 사용하면서 토지 사용이익을 향유한 종중원이 종중을 상대로 유익비상환청구를 하는 것은 형평에 어긋날 수 있기 때문이다. 따라서 이러한 경우에는 사용·수익에 충분한 기간이 지나면 종중의 반환 요청을 받은 종중원이 유익비를 지출하였더라도 그 상환을 청구하지 않고 토지를 그대로 반환한다는 묵시적 약정이 포함되어 있다고 보는 것이 당사자의 진정한 의사에 부합한다.

[2] 민법 제203조 제2항에서 정한 점유자의 지출금액은 점유자가 실제 지출한 금액을 의미한다. 비용을 지출한 것은 명백하나 유익비를 지출한 때부터 오랜 시간이 지나 자료가 없어졌다는 이유로 실제 지출한 금액에 대한 증명이 불가능하여 가치 증가에 드는 비용을 추정하는 방법으로 지출금액을 인정해야 하는 경우 실제 비용을 지출한 날을 기준시점으로 하여 가치 증가에 드는 금액을 산정한 다음 그 금액에 대하여 물가상승률을 반영하는 등의 방법으로 현가한 금액을 지출금액으로 인정해야 한다.

**제595조(공유지분의 환매)** 공유자의 1인이 환매할 권리를 보류하고 그 지분을 매도한 후 그 목적물의 분할이나 경매가 있는 때에는 매도인은 매수인이 받은 또는 받을 부분이나 대금에 대하여 환매권을 행사할 수 있다. 그러나 매도인에게 통지하지 아니한 매수인은 그 분할이나 경매로써 매도인에게 대항하지 못한다.

## 제4절 교환

**제596조(교환의 의의)** 교환은 당사자 쌍방이 금전 이외의 재산권을 상호이전할 것을 약정함으로써 그 효력이 생긴다.

**제597조(금전의 보충지급의 경우)** 당사자 일방이 전조의 재산권이전과 금전의 보충지급을 약정한 때에는 그 금전에 대하여는 매매대금에 관한 규정을 준용한다.

## 제5절 소비대차

**제598조(소비대차의 의의)** 소비대차는 당사자 일방이 금전 기타 대체물의 소유권을 상대방에게 이전할 것을 약정하고 상대방은 그와 같은 종류, 품질 및 수량으로 반환할 것을 약정함으로써 그 효력이 생긴다.

**대여금**

[대법원 2023. 2. 2., 선고, 2019다232277, 판결]

【판시사항】

[1] 일부무효 법리를 정한 민법 제137조에서 '당사자의 의사'의 의미 / 여러 개의 계약 전부가 경제적, 사실적으로 일체로서 행하여져 하나의 계약인 것과 같은 관계에 있는 경

우, 법률행위의 일부무효 법리가 적용되는지 여부(적극) 및 이때 계약 전부가 일체로서 하나의 계약인 것과 같은 관계에 있는지 판단하는 방법

[2] 甲 주택재개발정비사업조합설립추진위원회가 주택재개발사업을 시행하기 위해 乙 주식회사를 시공사로 선정하는 결의를 한 후, 乙 회사와 공사도급계약을 체결하면서 乙 회사가 甲 추진위원회에 정비사업 시행을 위하여 소요되는 자금을 대여하는 내용의 소비대차약정을 체결하였는데, 시공사 선정결의와 공사도급계약이 무효가 되어 소비대차약정도 무효가 되는지 문제 된 사안에서, 제반 사정에 비추어 甲 추진위원회와 乙 회사는 공사도급계약과 소비대차약정을 체결할 당시 공사도급계약이 무효로 된다고 하더라도 소비대차약정을 체결, 유지하려는 의사가 있었다고 볼 여지가 있는데도, 이와 달리 본 원심판단에 심리미진 등의 잘못이 있다고 한 사례

【판결요지】

[1] 법률행위의 일부분이 무효인 때에는 그 전부를 무효로 하나, 그 무효 부분이 없더라도 법률행위를 하였을 것이라고 인정될 때에는 나머지 부분은 무효가 되지 아니한다(민법 제137조). 여기서 당사자의 의사는 법률행위의 일부가 무효임을 법률행위 당시에 알았다면 의욕하였을 가정적 효과의사를 가리키는 것이다. 그리고 이와 같은 법률행위의 일부무효 법리는 여러 개의 계약이 체결된 경우에 그 계약 전부가 경제적, 사실적으로 일체로서 행하여져서 하나의 계약인 것과 같은 관계에 있는 경우에도 적용된다. 이때 그 계약 전부가 일체로서 하나의 계약인 것과 같은 관계에 있는 것인지의 여부는 계약 체결의 경위와 목적 및 당사자의 의사 등을 종합적으로 고려하여 판단해야 한다.

[2] 甲 주택재개발정비사업조합설립추진위원회가 주택재개발사업을 시행하기 위해 乙 주식회사를 시공사로 선정하는 결의를 한 후, 乙 회사와 공사도급계약을 체결하면서 乙 회사가 甲 추진위원회에 정비사업 시행을 위하여 소요되는 자금을 대여하는 내용의 소비대차약정을 체결하였는데, 시공사 선정결의와 공사도급계약이 무효가 되어 소비대차약정도 무효가 되는지 문제 된 사안에서, 甲 추진위원회와 乙 회사는 추진위원회 단계에서 이루어진 시공사 선정결의의 법적 효력이 분명하지 않아 공사도급계약이 무효로 될 가능성이 있었음에도 공사도급계약을 체결하였고 거기에 소비대차약정도 포함시킨 점, 甲 추진위원회와 乙 회사는 공사도급계약이 무효가 된다고 하더라도 장차 조합이 설립되면 조합 총회 결의를 통하여 추진위원회 단계에서 이루어진 시공사 선정결의나 공사도급계약이 유효로 될 수 있다는 사정을 염두에 두었다고도 볼 수 있는 점, 乙 회사는 시공사 선정결의에 관하여 무효확인을 구하는 소가 계속 중인데도 지속적으로 甲 추진위원회에 금전을 대여하고 일부 대여금에 관하여는 추가로 소비대차계약 공정증서를 작성받기도 한 점 등에 비추어 보면, 甲 추진위원회와 乙 회사는 공사도급계약과 소비대차약정을 체결할 당시 공사도급계약이 무효로 된다고 하더라도 소비대차약정을 체결, 유지하려는 의사가 있었다고 볼 여지가 있는데도, 이와 달리 본 원심판단에 심리미진 등의 잘못이 있다고 한 사례.

**제599조(파산과 소비대차의 실효)** 대주가 목적물을 차주에게 인도하기 전에 당사자 일방이 파산선고를 받은 때에는 소비대차는 그 효력을 잃는다.

**제600조(이자계산의 시기)** 이자있는 소비대차는 차주가 목적물의 인도를 받은 때로부터 이자를 계산하여야 하며 차주가 그 책임있는 사유로 수령을 지체할 때에는 대주가 이행을 제공한 때로부터 이자를 계산하여야 한다.

**제601조(무이자소비대차와 해제권)** 이자없는 소비대차의 당사자는 목적물의 인도전에는 언제든지 계약을 해제할 수 있다. 그러나 상대방에게 생긴 손해가 있는 때에는 이를 배상하여야 한다.

**제602조(대주의 담보책임)** ① 이자있는 소비대차의 목적물에 하자가 있는 경우에는 제580조 내지 제582조의 규정을 준용한다.

② 이자없는 소비대차의 경우에는 차주는 하자있는 물건의 가액으로 반환할 수 있다. 그러나 대주가 그 하자를 알고 차주에게 고지하지 아니한 때에는 전항과 같다.

**제603조(반환시기)** ① 차주는 약정시기에 차용물과 같은 종류, 품질 및 수량의 물건을 반환하여야 한다.

② 반환시기의 약정이 없는 때에는 대주는 상당한 기간을 정하여 반환을 최고하여야 한다. 그러나 차주는 언제든지 반환할 수 있다.

**제604조(반환불능으로 인한 시가상환)** 차주가 차용물과 같은 종류, 품질 및 수량의 물건을 반환할 수 없는 때에는 그때의 시가로 상환하여야 한다. 그러나 제376조 및 제377조제2항의 경우에는 그러하지 아니하다.

**제605조(준소비대차)** 당사자 쌍방이 소비대차에 의하지 아니하고 금전 기타의 대체물을 지급할 의무가 있는 경우에 당사자가 그 목적물을 소비대차의 목적으로 할 것을 약정한 때에는 소비대차의 효력이 생긴다.

**제606조(대물대차)** 금전대차의 경우에 차주가 금전에 갈음하여 유가증권 기타 물건의 인도를 받은 때에는 그 인도시의 가액으로써 차용액으로 한다. *〈개정 2014. 12. 30.〉*

**제607조(대물반환의 예약)** 차용물의 반환에 관하여 차주가 차용물에 갈음하여 다른 재산권을 이전할 것을 예약한 경우에는 그 재산의 예약당시의 가액이 차용액 및 이에 붙인 이자의 합산액을 넘지 못한다. *〈개정 2014. 12. 30.〉*

**대여금등**

[대법원 2018. 11. 15., 선고, 2018다28273, 판결]

【판시사항】

금전채무를 부담하는 채무자가 채권자에게 그 금전채무와 관련하여 다른 급부를 하기로 약정한 경우, 그 약정을 언제나 기존 금전채무를 소멸시키고 다른 채무를 성립시키는 약정이라고 단정할 수 있는지 여부(소극)

【판결요지】

채권자에 대하여 금전채무를 부담하는 채무자가 채권자에게 그 금전채무와 관련하여 다른 급부를 하기로 약정한 경우, 그 약정을 언제나 기존 금전채무를 소멸시키고 다른 채무를 성립시키는 약정이라고 단정할 수는 없다. 기존 금전채무를 존속시키면서 당사자의 일방 또는 쌍방에게 기존 급부와 다른 급부를 하거나 요구할 수 있는 권능을 부여하는 등 그 약정이 기존 금전채무의 존속을 전제로 하는 약정일 가능성도 배제하기 어렵다.

**제608조(차주에 불이익한 약정의 금지)** 전2조의 규정에 위반한 당사자의 약정으로서 차주에 불리한 것은 환매 기타 여하한 명목이라도 그 효력이 없다.

## 제6절 사용대차

**제609조(사용대차의 의의)** 사용대차는 당사자 일방이 상대방에게 무상으로 사용, 수익하게 하기 위하여 목적물을 인도할 것을 약정하고 상대방은 이를 사용, 수익한 후 그 물건을 반환할 것을 약정함으로써 그 효력이 생긴다.

**소유권이전등기 · 토지인도**

[대법원 2021. 2. 4., 선고, 2019다202795, 202801, 판결]

【판시사항】

[1] 점유회수의 청구 요건 및 여기서 '점유'의 의미와 판단 기준 / 점유권에 기한 본소에 대하여 본권자가 본소청구 인용에 대비하여 본권에 기한 예비적 반소를 제기하고 양 청구가 모두 이유 있는 경우, 법원은 위 본소와 반소를 모두 인용하여야 하는지 여부(적극) 및 점유권에 기한 본소를 본권에 관한 이유로 배척할 수 있는지 여부(소극)

[2] 점유회수의 본소에 대하여 본권자가 소유권에 기한 인도를 구하는 반소를 제기하여 본소청구와 예비적 반소청구가 모두 인용되어 확정된 경우, 점유자는 본소 확정판결에 의하여 집행문을 부여받아 강제집행으로 물건의 점유를 회복할 수 있는지 여부(적극) / 이때 본권자는 위 본소 집행 후 집행문을 부여받아 비로소 반소 확정판결에 따른 강제집행으로 물건의 점유를 회복할 수 있는지 여부(적극) 및 점유자가 제기하여 승소한 본소 확정판결에 대한 청구이의의 소를 통해서 점유권에 기한 강제집행을 저지할 수 있는 경우

[3] 사용대차에서 대주의 승낙 없이 차주의 권리를 양도받은 자가 대주에게 대항할 수 있는지 여부(소극)

【판결요지】

[1] 점유자가 점유의 침탈을 당한 때에는 그 물건의 반환 등을 청구할 수 있고 이러한 점유회수의 청구에 있어서는 점유를 침탈당하였다고 주장하는 당시에 점유하고 있었는지의 여부만을 살피면 된다(민법 제204조 제1항). 여기서 점유란 물건이 사회통념상 그 사람의 사실적 지배에 속한다고 보여지는 객관적 관계에 있는 것을 말하고 사실상의 지배가 있다고 하기 위하여는 반드시 물건을 물리적, 현실적으로 지배하는 것만을 의미하는 것이 아니고 물건과 사람과의 시간적, 공간적 관계와 본권관계, 타인지배의 배제가능성 등을 고려하여 사회관념에 따라 합목적적으로 판단하여야 한다.

점유권에 기인한 소와 본권에 기인한 소는 서로 영향을 미치지 아니하고, 점유권에 기인한 소는 본권에 관한 이유로 재판하지 못하므로 점유회수의 청구에 대하여 점유침탈자가 점유물에 대한 본권이 있다는 주장으로 점유회수를 배척할 수 없다(민법 제208조). 그러므로 점유권에 기한 본소에 대하여 본권자가 본소청구 인용에 대비하여 본권에 기한 예비적 반소를 제기하고 양 청구가 모두 이유 있는 경우, 법원은 점유권에 기한 본소와 본권에 기한 예비적 반소를 모두 인용해야 하고 점유권에 기한 본소를 본권에 관한 이유로 배척할 수 없다.

[2] 점유회수의 본소에 대하여 본권자가 소유권에 기한 인도를 구하는 반소를 제기하여 본소청구와 예비적 반소청구가 모두 인용되어 확정되면, 점유자가 본소 확정판결에 의하여 집행문을 부여받아 강제집행으로 물건의 점유를 회복할 수 있다. 본권자의 소유권에 기한 반소청구는 본소의 의무 실현을 정지조건으로 하므로, 본권자는 위 본소 집행 후 집행문을 부여받아 비로소 반소 확정판결에 따른 강제집행으로 물건의 점유를 회복할 수 있다. 이러한 과정은 애당초 본권자가 허용되지 않는 자력구제로 점유를 회복한 데 따른 것으로 그 과정에서 본권자가 점유 침탈 중 설치한 장애물 등이 제거될 수 있다. 다만 점유자의 점유회수의 집행이 무의미한 점유상태의 변경을 반복하는 것에 불과할 뿐 아무런 실익이 없거나 본권자로 하여금 점유회수의 집행을 수인하도록 하는 것이 명백히 정의에 반하여 사회생활상 용인할 수 없다고 인정되는 경우, 또는 점유자가 점유권에 기한 본소 승소 확정판결을 장기간 강제집행하지 않음으로써 본권자의 예비적 반소 승소 확정판결까지 조건불성취로 강제집행에 나아갈 수 없게 되는 등 특별한 사정이 있다면 본권자는 점유자가 제기하여 승소한 본소 확정판결에 대한 청구이의의 소를 통해서 점유권에 기한 강제집행을 저지할 수 있다.

[3] 사용대차와 같은 무상계약은 증여와 같이 개인적 관계에 중점을 두는 것이므로 당사자 사이에 특약이 있다는 등의 특별한 사정이 없으면 사용대차의 차주는 대주의 승낙이 없이 제3자에게 차용물을 사용, 수익하게 하지 못한다(민법 제610조 제2항). 차주가 위 규정에 위반한 때에는 대주는 계약을 해지하거나(민법 제610조 제3항) 계약을 해지하지 않고서도 제3자에 대하여 그 목적물의 인도를 청구할 수 있으며, 사용대차에서 차주의 권리를 양도받은 자는 그 양도에 관한 대주의 승낙이 없으면 대주에게 대항할 수 없다.

**제610조(차주의 사용, 수익권)** ① 차주는 계약 또는 그 목적물의 성질에 의하여 정하여진 용법으로 이를 사용, 수익하여야 한다.
② 차주는 대주의 승낙이 없으면 제삼자에게 차용물을 사용, 수익하게 하지 못한다.
③ 차주가 전2항의 규정에 위반한 때에는 대주는 계약을 해지할 수 있다.

**제611조(비용의 부담)** ① 차주는 차용물의 통상의 필요비를 부담한다.
② 기타의 비용에 대하여는 제594조제2항의 규정을 준용한다.

**토지인도등·점유권확인·점유권확인**

[대법원 2018. 3. 27., 선고, 2015다3914, 3921, 3938, 판결]

【판시사항】

[1] 종중이 종중원에게 종중 소유 토지를 무상으로 사용하도록 하는 사용대차계약이 묵시적으로 성립하였다고 볼 수 있는 경우, 사용·수익에 충분한 기간이 지나면 종중의 반환 요청을 받은 종중원이 유익비를 지출하였더라도 상환을 청구하지 않는다는 묵시적 약정이 있다고 보아야 하는지 여부(원칙적 적극)

[2] 민법 제203조 제2항에서 정한 '지출금액'의 의미(=실제 지출한 금액) 및 실제 지출한 금액에 대한 증명이 불가능한 경우의 산정 방법(=실제 비용을 지출한 날을 기준으로 가치 증가에 드는 금액을 산정한 다음 이를 현가하는 방법)

【판결요지】

[1] 사용대차에서 차주는 민법 제611조 제2항, 제594조 제2항, 제203조 제2항에 따라 유익비상환을 청구할 수 있다. 그러나 종중이 종중원에게 종중 소유 토지를 무상으로 사

용하도록 하는 사용대차계약이 묵시적으로 성립했다고 볼 수 있는 경우 유익비상환청구권을 인정하는 것은 신중을 기해야 한다. 토지에 대한 장기간의 무상 사용대차계약은 종중과 종중원 관계가 아니라면 찾아보기 힘들 정도로 매우 이례적인 데다가, 토지를 장기간 무상으로 사용하면서 토지 사용이익을 향유한 종중원이 종중을 상대로 유익비상환청구를 하는 것은 형평에 어긋날 수 있기 때문이다. 따라서 이러한 경우에는 사용·수익에 충분한 기간이 지나면 종중의 반환 요청을 받은 종중원이 유익비를 지출하였더라도 그 상환을 청구하지 않고 토지를 그대로 반환한다는 묵시적 약정이 포함되어 있다고 보는 것이 당사자의 진정한 의사에 부합한다.

[2] 민법 제203조 제2항에서 정한 점유자의 지출금액은 점유자가 실제 지출한 금액을 의미한다. 비용을 지출한 것은 명백하나 유익비를 지출한 때부터 오랜 시간이 지나 자료가 없어졌다는 이유로 실제 지출한 금액에 대한 증명이 불가능하여 가치 증가에 드는 비용을 추정하는 방법으로 지출금액을 인정해야 하는 경우 실제 비용을 지출한 날을 기준시점으로 하여 가치 증가에 드는 금액을 산정한 다음 그 금액에 대하여 물가상승률을 반영하는 등의 방법으로 현가한 금액을 지출금액으로 인정해야 한다.

**제612조(준용규정)** 제559조, 제601조의 규정은 사용대차에 준용한다.

**제613조(차용물의 반환시기)** ① 차주는 약정시기에 차용물을 반환하여야 한다.

② 시기의 약정이 없는 경우에는 차주는 계약 또는 목적물의 성질에 의한 사용, 수익이 종료한 때에 반환하여야 한다. 그러나 사용, 수익에 족한 기간이 경과한 때에는 대주는 언제든지 계약을 해지할 수 있다.

**제614조(차주의 사망, 파산과 해지)** 차주가 사망하거나 파산선고를 받은 때에는 대주는 계약을 해지할 수 있다.

**제615조(차주의 원상회복의무와 철거권)** 차주가 차용물을 반환하는 때에는 이를 원상에 회복하여야 한다. 이에 부속시킨 물건은 철거할 수 있다.

**손해배상(기)**

[대법원 2019. 8. 30., 선고, 2017다268142, 판결]

【판시사항】

[1] 임차인이 임차목적물을 수리하거나 변경한 경우, 임차목적물을 반환하는 때 수리·변경 부분을 철거하여 임대 당시의 상태로 사용할 수 있도록 해야 하는지 여부(원칙적 적극) 및 원상회복의무의 내용과 범위를 정하는 방법

[2] 甲 주식회사가 점포를 임차하여 커피전문점 영업에 필요한 시설 설치공사를 하고 프랜차이즈 커피전문점을 운영하였고, 乙이 이전 임차인으로부터 위 커피전문점 영업을 양수하고 丙 주식회사로부터 점포를 임차하여 커피전문점을 운영하였는데, 임대차 종료 시 乙이 인테리어시설 등을 철거하지 않자 丙 회사가 비용을 들여 철거하고 반환할 보증금에서 시설물 철거비용을 공제한 사안에서, 丙 회사가 비용을 들여 철거한 시설물이 乙의 전 임차인이 설치한 것이라고 해도 乙이 철거하여 원상회복할 의무가 있다고 보아 丙 회사가 乙에게 반환할 보증금에서 丙 회사가 지출한 시설물 철거비용이 공제되어야 한다고 판단한 원심판결을 수긍한 사례

【판결요지】

[1] 임차인이 임대인에게 임차목적물을 반환하는 때에는 원상회복의무가 있다(민법 제654조, 제615조). 임차인이 임차목적물을 수리하거나 변경한 때에는 원칙적으로 수리·변경 부분을 철거하여 임대 당시의 상태로 사용할 수 있도록 해야 한다. 다만 원상회복의무의 내용과 범위는 임대차계약의 체결 경위와 내용, 임대 당시 목적물의 상태, 임차인이 수리하거나 변경한 내용 등을 고려하여 구체적·개별적으로 정해야 한다.

[2] 甲 주식회사가 점포를 임차하여 커피전문점 영업에 필요한 시설 설치공사를 하고 프랜차이즈 커피전문점을 운영하였고, 乙이 이전 임차인으로부터 위 커피전문점 영업을 양수하고 丙 주식회사로부터 점포를 임차하여 커피전문점을 운영하였는데, 임대차 종료 시 乙이 인테리어시설 등을 철거하지 않자 丙 회사가 비용을 들여 철거하고 반환할 보증금에서 시설물 철거비용을 공제한 사안에서, 임대차계약서에 임대차 종료 시 乙의 원상회복의무를 정하고 있으므로 丙 회사가 철거한 시설물이 점포에 부합되었다고 할지라도 임대차계약의 해석상 乙이 원상회복의무를 부담하지 않는다고 보기 어렵고, 丙 회사가 철거한 시설은 프랜차이즈 커피전문점의 운영을 위해 설치된 것으로서 점포를 그 밖의 용도로 사용할 경우에는 불필요한 시설이고, 乙이 비용상환청구권을 포기하였다고 해서 丙 회사가 위와 같이 한정된 목적으로만 사용할 수 있는 시설의 원상회복의무를 면제해 주었다고 보기 어려우므로, 丙 회사가 비용을 들여 철거한 시설물이 乙의 전 임차인이 설치한 것이라고 해도 乙이 철거하여 원상회복할 의무가 있다고 보아 丙 회사가 乙에게 반환할 보증금에서 丙 회사가 지출한 시설물 철거비용이 공제되어야 한다고 판단한 원심판결을 수긍한 사례.

**제616조(공동차주의 연대의무)** 수인이 공동하여 물건을 차용한 때에는 연대하여 그 의무를 부담한다.

**제617조(손해배상, 비용상환청구의 기간)** 계약 또는 목적물의 성질에 위반한 사용, 수익으로 인하여 생긴 손해배상의 청구와 차주가 지출한 비용의 상환청구는 대주가 물건의 반환을 받은 날로부터 6월내에 하여야 한다.

## 제7절 임대차

**제618조(임대차의 의의)** 임대차는 당사자 일방이 상대방에게 목적물을 사용, 수익하게 할 것을 약정하고 상대방이 이에 대하여 차임을 지급할 것을 약정함으로써 그 효력이 생긴다.

**부당이득금**

[대법원 2023. 3. 30., 선고, 2022다296165, 판결]

【판시사항】

[1] 계약당사자 지위 승계를 목적으로 하는 계약인수의 성립 요건 및 계약인수 여부의 판단 기준

[2] 임차인이 임대인의 동의를 받지 않고 제3자에게 임차권을 양도하거나 전대하는 등의 방법으로 임차물을 사용·수익하게 한 경우, 임대인은 임대차계약이 존속하는 한도 내에서 제3자에게 불법점유를 이유로 한 차임 상당 손해배상청구나 부당이득반환청구를 할 수 있는지 여부(소극) / 임대차계약이 종료된 이후 임차물을 소유하고 있는 임대인이 제3자를 상대로 위와 같은 손해배상청구나 부당이득반환청구를 할 수 있는지 여부(적극)

【판결요지】

[1] 계약당사자로서의 지위 승계를 목적으로 하는 계약인수는 계약당사자 및 인수인의 3면 합의에 의하여 계약당사자 중 일방이 당사자로서의 지위를 포괄적으로 제3자에게 이전하여 계약관계에서 탈퇴하고 제3자가 그 지위를 승계하는 것을 목적으로 하는 계약으로서 3면 계약으로 이루어지는 것이 보통이나 관계 당사자 중 2인이 합의하고 나머지 당사자가 이를 동의 내지 승낙하는 방법으로도 가능하고, 나머지 당사자의 동의 내지 승낙이 반드시 명시적 의사표시에 의하여야 하는 것은 아니며 묵시적 의사표시에 의하여서도 가능하다. 이러한 계약인수 여부가 다투어지는 경우에는, 그것이 계약 주체의 변동을 초래하는 등 당사자 사이의 법률상 지위에 중대한 영향을 미치는 법률행위인 점을 고려하여, 계약의 성질, 당사자의 거래 동기와 경위, 거래 형식 및 내용, 당사자가 그 거래행위에 의하여 달성하려는 목적, 거래관행 등에 비추어 신중하게 판단하여야 할 것이다.

[2] 임차인이 임대인의 동의를 받지 않고 제3자에게 임차권을 양도하거나 전대하는 등의 방법으로 임차물을 사용·수익하게 하더라도, 임대인이 이를 이유로 임대차계약을 해지하거나 그 밖의 다른 사유로 임대차계약이 적법하게 종료되지 않는 한 임대인은 임차인에 대하여 여전히 차임청구권을 가지므로, 임대차계약이 존속하는 한도 내에서는 제3자에게 불법점유를 이유로 한 차임 상당 손해배상청구나 부당이득반환청구를 할 수 없다. 그러나 임대차계약이 종료된 이후에는 임차물을 소유하고 있는 임대인은 제3자를 상대로 위와 같은 손해배상청구나 부당이득반환청구를 할 수 있다.

**제619조(처분능력, 권한없는 자의 할 수 있는 단기임대차)** 처분의 능력 또는 권한없는 자가 임대차를 하는 경우에는 그 임대차는 다음 각호의 기간을 넘지 못한다.

1. 식목, 채염 또는 석조, 석회조, 연와조 및 이와 유사한 건축을 목적으로 한 토지의 임대차는 10년
2. 기타 토지의 임대차는 5년
3. 건물 기타 공작물의 임대차는 3년
4. 동산의 임대차는 6월

**소유권이전등기[임대차기간을 '영구'로 설정한 임대차계약을 원인으로 한 임차권설정등기절차 이행 청구 사건]**

[대법원 2023. 6. 1., 선고, 2023다209045, 판결]

【판시사항】

임대차기간을 영구로 정한 임대차계약이 허용되는지 여부(원칙적 적극) / 임차인은 언제라도 영구 임대차기간에 관한 권리를 포기할 수 있는지 여부(적극) 및 이때 임대차계약은 임차인에게 기간의 정함이 없는 임대차가 되는지 여부(적극)

【판결요지】

구 민법(2016. 1. 6. 법률 제13710호로 삭제되기 전의 것) 제651조에서는 '석조, 석회조, 연와조 또는 이와 유사한 견고한 건물 기타 공작물의 소유를 목적으로 하는 토지임대차 및 식목, 채염을 목적으로 하는 토지임대차'를 제외한 임대차의 존속기간을 20년으로 제한하고 있었으나, 헌법재판소는 2013. 12. 26. 위 조항의 입법 취지가 불명확하고, 과잉금지원칙을 위반하여 계약의 자유를 침해한다는 이유로 헌법에 위반된다는 결정을 선고하였다. 결국 민법 제619조에서 처분능력, 권한 없는 자의 단기임대차의 경우에만 임대차기간의

최장기를 제한하는 규정만 있을 뿐, 민법상 임대차기간이 영구인 임대차계약의 체결을 불허하는 규정은 없다.

소유자가 소유권의 핵심적 권능에 속하는 사용·수익의 권능을 대세적으로 포기하는 것은 특별한 사정이 없는 한 허용되지 않으나, 특정인에 대한 관계에서 채권적으로 사용·수익권을 포기하는 것까지 금지되는 것은 아니다.

따라서 임대차기간이 영구인 임대차계약을 인정할 실제의 필요성도 있고, 이러한 임대차계약을 인정한다고 하더라도 사정변경에 의한 차임증감청구권이나 계약 해지 등으로 당사자들의 이해관계를 조정할 수 있는 방법이 있을 뿐만 아니라, 임차인에 대한 관계에서만 사용·수익권이 제한되는 외에 임대인의 소유권을 전면적으로 제한하는 것도 아닌 점 등에 비추어 보면, 당사자들이 자유로운 의사에 따라 임대차기간을 영구로 정한 약정은 이를 무효로 볼 만한 특별한 사정이 없는 한 계약자유의 원칙에 의하여 허용된다고 보아야 한다.

특히 영구임대라는 취지는, 임대인이 차임지급 지체 등 임차인의 귀책사유로 인한 채무불이행이 없는 한 임차인이 임대차관계의 유지를 원하는 동안 임대차계약이 존속되도록 이를 보장하여 주는 의미로, 위와 같은 임대차기간의 보장은 임대인에게는 의무가 되나 임차인에게는 권리의 성격을 갖는 것이므로 임차인으로서는 언제라도 그 권리를 포기할 수 있고, 그렇게 되면 임대차계약은 임차인에게 기간의 정함이 없는 임대차가 된다.

**제620조(단기임대차의 갱신)** 전조의 기간은 갱신할 수 있다. 그러나 그 기간만료전 토지에 대하여는 1년, 건물 기타 공작물에 대하여는 3월, 동산에 대하여는 1월내에 갱신하여야 한다.

**제621조(임대차의 등기)** ① 부동산임차인은 당사자간에 반대약정이 없으면 임대인에 대하여 그 임대차등기절차에 협력할 것을 청구할 수 있다.
② 부동산임대차를 등기한 때에는 그때부터 제삼자에 대하여 효력이 생긴다.

**제622조(건물등기있는 차지권의 대항력)** ① 건물의 소유를 목적으로 한 토지임대차는 이를 등기하지 아니한 경우에도 임차인이 그 지상건물을 등기한 때에는 제삼자에 대하여 임대차의 효력이 생긴다.
② 건물이 임대차기간만료전에 멸실 또는 후폐한 때에는 전항의 효력을 잃는다.

**제623조(임대인의 의무)** 임대인은 목적물을 임차인에게 인도하고 계약존속중 그 사용, 수익에 필요한 상태를 유지하게 할 의무를 부담한다.

**보증금반환**

[대법원 2021. 4. 29., 선고, 2021다202309, 판결]

【판시사항】

[1] 당사자 사이에 법률행위의 해석을 둘러싸고 다툼이 있어 처분문서에 나타난 당사자의 의사해석이 문제 되는 경우, 처분문서를 해석하는 방법

[2] 임대인의 임차목적물 인도의무의 내용 / 임대인의 임차목적물 사용·수익상태 유지의무가 임대인의 귀책사유 없이 하자가 발생한 경우 면해지는지 여부(소극) 및 임대인이 그와 같은 하자 발생 사실을 몰랐거나 임차인이 이를 알거나 알 수 있었더라도 마찬가지인지 여부(적극)

【판결요지】

[1] 처분문서는 그 성립의 진정함이 인정되는 이상 법원은 그 기재 내용을 부인할 만한 분명하고도 수긍할 수 있는 반증이 없으면 처분문서에 기재된 문언대로 의사표시의 존재와 내용을 인정하여야 한다. 당사자 사이에 법률행위의 해석을 둘러싸고 다툼이 있어 처분문서에 나타난 당사자의 의사해석이 문제 되는 경우에는 문언의 내용, 법률행위가 이루어진 동기와 경위, 법률행위로써 달성하려는 목적, 당사자의 진정한 의사 등을 종합적으로 고찰하여 논리와 경험칙에 따라 합리적으로 해석하여야 한다.

[2] 임대인은 임차인이 목적물을 사용·수익할 수 있도록 목적물을 임차인에게 인도하여야 한다(민법 제623조 전단). 임차인이 계약에 의하여 정하여진 목적에 따라 사용·수익하는 데 하자가 있는 목적물인 경우 임대인은 하자를 제거한 다음 임차인에게 하자 없는 목적물을 인도할 의무가 있다. 임대인이 임차인에게 그와 같은 하자를 제거하지 아니하고 목적물을 인도하였다면 사후에라도 위 하자를 제거하여 임차인이 목적물을 사용·수익하는 데 아무런 장해가 없도록 해야만 한다.

임대인의 임차목적물의 사용·수익상태 유지의무는 임대인 자신에게 귀책사유가 있어 하자가 발생한 경우는 물론, 자신에게 귀책사유가 없이 하자가 발생한 경우에도 면해지지 아니한다. 또한 임대인이 그와 같은 하자 발생 사실을 몰랐다거나 반대로 임차인이 이를 알거나 알 수 있었다고 하더라도 마찬가지이다.

**제624조(임대인의 보존행위, 인용의무)** 임대인이 임대물의 보존에 필요한 행위를 하는 때에는 임차인은 이를 거절하지 못한다.

**제625조(임차인의 의사에 반하는 보존행위와 해지권)** 임대인이 임차인의 의사에 반하여 보존행위를 하는 경우에 임차인이 이로 인하여 임차의 목적을 달성할 수 없는 때에는 계약을 해지할 수 있다.

**제626조(임차인의 상환청구권)** ① 임차인이 임차물의 보존에 관한 필요비를 지출한 때에는 임대인에 대하여 그 상환을 청구할 수 있다.

② 임차인이 유익비를 지출한 경우에는 임대인은 임대차종료시에 그 가액의 증가가 현존한 때에 한하여 임차인의 지출한 금액이나 그 증가액을 상환하여야 한다. 이 경우에 법원은 임대인의 청구에 의하여 상당한 상환기간을 허여할 수 있다.

**제627조(일부멸실 등과 감액청구, 해지권)** ① 임차물의 일부가 임차인의 과실없이 멸실 기타 사유로 인하여 사용, 수익할 수 없는 때에는 임차인은 그 부분의 비율에 의한 차임의 감액을 청구할 수 있다.

② 전항의 경우에 그 잔존부분으로 임차의 목적을 달성할 수 없는 때에는 임차인은 계약을 해지할 수 있다.

**제628조(차임증감청구권)** 임대물에 대한 공과부담의 증감 기타 경제사정의 변동으로 인하여 약정한 차임이 상당하지 아니하게 된 때에는 당사자는 장래에 대한 차임의 증감을 청구할 수 있다.

**임대차보증금 · 부당이득금**

[대법원 2018. 3. 15., 선고, 2015다239508, 239515, 판결]

【판시사항】

임대차계약을 할 때에 임대인이 임대 후 일정 기간이 경과할 때마다 물가상승 등 경제사정의 변경을 이유로 임차인과의 협의에 의하여 차임을 조정할 수 있도록 약정한 취지 및 임대인이 민법 제628조에 따라 장래에 대한 차임의 증액을 청구하였으나 당사자 사이에 협의가 성립되지 아니하여 법원이 차임증액결정을 한 경우, 증액된 차임에 대한 이행기(=증액청구의 의사표시가 상대방에게 도달한 때)

【판결요지】

임대차계약을 할 때에 임대인이 임대 후 일정 기간이 경과할 때마다 물가상승 등 경제사정의 변경을 이유로 임차인과의 협의에 의하여 차임을 조정할 수 있도록 약정하였다면, 그 취지는 임대인에게 일정 기간이 지날 때마다 물가상승 등을 고려하여 상호 합의에 의하여 차임을 증액할 수 있는 권리를 부여하되 차임 인상요인이 생겼는데도 임차인이 인상을 거부하여 협의가 성립하지 않는 경우에는 법원이 물가상승 등 여러 요인을 고려하여 정한 적정한 액수의 차임에 따르기로 한 것으로 보아야 한다.

한편 임대인이 민법 제628조에 의하여 장래에 대한 차임의 증액을 청구하였을 때에 당사자 사이에 협의가 성립되지 아니하여 법원이 결정해 주는 차임은 증액청구의 의사표시를 한 때에 소급하여 그 효력이 생기는 것이므로, 특별한 사정이 없는 한 증액된 차임에 대하여는 법원 결정 시가 아니라 증액청구의 의사표시가 상대방에게 도달한 때를 이행기로 보아야 한다.

**제629조(임차권의 양도, 전대의 제한)** ① 임차인은 임대인의 동의없이 그 권리를 양도하거나 임차물을 전대하지 못한다.
② 임차인이 전항의 규정에 위반한 때에는 임대인은 계약을 해지할 수 있다.

**토지인도**

[대법원 2022. 10. 14., 선고, 2020다289163, 판결]

【판시사항】

국유림의 경영 및 관리에 관한 법률에 따라 준보전국유림을 대부받은 자가 그 권리를 제3자에게 양도한 경우, 산림청장의 허가가 없었다는 이유만으로 양도계약이 무효 또는 유동적 무효 상태가 된다고 볼 수 있는지 여부(소극)

【판결요지】

국유림의 경영 및 관리에 관한 법률(이하 '국유림법'이라고 한다)은 준보전국유림을 대부받은 자가 그 권리를 양도하고자 하는 때에는 산림청장의 허가를 받아야 한다고 정하고(제21조, 제25조 제1항), 준보전국유림을 대부받은 자가 산림청장의 허가를 받지 않고 그 권리를 양도한 경우 산림청장은 대부를 취소할 수 있다고 정한다(제26조 제1항 제4호). 그러나 준보전국유림을 대부받은 자가 그 권리를 제3자에게 양도하였을 경우 산림청장의 허가를 받지 않았다고 하더라도 다른 사정이 없는 한 그 양도계약은 유효하고, 산림청장의 허가가 없었다는 이유만으로 양도계약이 무효 또는 유동적 무효 상태가 된다고 볼 수는 없다.

① 구 산림법(2005. 8. 4. 법률 제7678호 산림자원의 조성 및 관리에 관한 법률 부칙 제2조로 폐지) 제71조 제1항은 국유림을 요존국유림과 불요존국유림으로 구분하였다. 2005. 8. 4. 법률 제7677호로 제정된 국유림법도 국유림을 요존국유림과 불요존국유림으로 구분하면서(제16조 제1항) 요존국유림을 국유재산 중 행정재산이나 보존재산으로, 불요존국유림을 국유재산 중 잡종재산으로 본다고 정하였다(제16조 제3항). 한편

국유재산법은 2009. 1. 30. 법률 제9401호로 전부 개정되면서 국유재산을 행정재산과 일반재산으로 구분하였는데(제6조), 국유림법 제16조 제3항도 이에 따라 요존국유림을 행정재산으로, 불요존국유림을 일반재산으로 본다고 개정하였다. 국유림법은 2016. 12. 2. 법률 제14357호 개정되면서 요존국유림을 보전국유림으로, 불요존국유림을 준보전국유림으로 변경하였다.

② 국유재산법상 일반재산에 관한 관리·처분의 권한을 위임받은 기관의 일반재산 대부 행위는 국가나 지방자치단체가 사경제 주체로서 상대방과 대등한 위치에서 행하는 사법상 계약이므로 그 권리관계는 사법의 규정이 적용됨이 원칙이다. 다만 계약당사자의 일방이 국가나 지방자치단체이고 그 목적물이 국유재산이라는 공적 특성이 있어서 국유재산법 등 특별법의 규제를 받을 수 있다. 이는 국유재산법상 일반재산에 해당하는 준보전국유림도 마찬가지다. 준보전국유림에 관한 대부계약은 국가가 사경제 주체로서 대부를 받는 자와 대등한 위치에서 체결한 사법상 계약이므로 그에 관한 권리관계를 특별히 규제하는 법령이 없는 이상 민법상 임대차에 관한 사법상 규정이 적용될 수 있다.

③ 국유재산법상 일반재산에 해당하는 준보전국유림은 보전국유림 외의 국유림으로(국유림법 제16조 제1항 제1호, 제2호) 국유재산으로서 공적 특성이 비교적 크지 않다. 국유림법은 준보전국유림을 대부받은 자가 그 권리를 양도할 경우 산림청장의 허가를 받도록 정하고 있으나 준보전국유림을 대부받은 자가 산림청장의 허가 없이 한 권리양도의 효력에 관하여 별도로 정한 바가 없고 산림청장의 허가 없는 양도행위를 처벌하는 조항도 두지 않았다. 이러한 사정을 종합하면 준보전국유림을 대부받은 자가 권리를 양도할 때 산림청장의 허가를 받도록 한 것은 준보전국유림이 대부 목적에 맞게 사용되도록 하고 대부 현황을 파악하여 준보전국유림을 효율적으로 관리하기 위한 목적에 따른 것일 뿐, 산림청장의 허가를 양도행위의 효력요건으로 정하여 허가가 없으면 양도행위의 효력 자체를 부정할 목적에 따른 것으로 보기는 어렵다.

④ 준보전국유림을 대부받은 자가 제3자에게 그 권리를 양도하는 행위의 효력을 제한하는 특별법의 규제가 없는 이상 민법상 임대차에서 임대인의 동의 없이 임차권이 무단양도된 경우에도 임차권 양도계약이 유효한 것과 마찬가지로 준보전국유림을 대부받은 자가 제3자에게 그 권리를 양도하는 계약도 유효하다고 봄이 타당하다.

**第630조(전대의 효과)** ① 임차인이 임대인의 동의를 얻어 임차물을 전대한 때에는 전차인은 직접 임대인에 대하여 의무를 부담한다. 이 경우에 전차인은 전대인에 대한 차임의 지급으로써 임대인에게 대항하지 못한다.

② 전항의 규정은 임대인의 임차인에 대한 권리행사에 영향을 미치지 아니한다.

**第631조(전차인의 권리의 확정)** 임차인이 임대인의 동의를 얻어 임차물을 전대한 경우에는 임대인과 임차인의 합의로 계약을 종료한 때에도 전차인의 권리는 소멸하지 아니한다.

**第632조(임차건물의 소부분을 타인에게 사용케 하는 경우)** 전3조의 규정은 건물의 임차인이 그 건물의 소부분을 타인에게 사용하게 하는 경우에 적용하지 아니한다.

**第633조(차임지급의 시기)** 차임은 동산, 건물이나 대지에 대하여는 매월말에, 기타 토지에 대하여는 매년말에 지급하여야 한다. 그러나 수확기있는 것에 대하여는 그 수확후 지체없이 지급하여야 한다.

**第634条(임차인의 통지의무)** 임차물의 수리를 요하거나 임차물에 대하여 권리를 주장하는 자가 있는 때에는 임차인은 지체없이 임대인에게 이를 통지하여야 한다. 그러나 임대인이 이미 이를 안 때에는 그러하지 아니하다.

**第635条(기간의 약정없는 임대차의 해지통고)** ① 임대차기간의 약정이 없는 때에는 당사자는 언제든지 계약해지의 통고를 할 수 있다.

② 상대방이 전항의 통고를 받은 날로부터 다음 각호의 기간이 경과하면 해지의 효력이 생긴다.

1. 토지, 건물 기타 공작물에 대하여는 임대인이 해지를 통고한 경우에는 6월, 임차인이 해지를 통고한 경우에는 1월
2. 동산에 대하여는 5일

**건물명도(인도)**

[대법원 2021. 12. 30., 선고, 2021다233730, 판결]

【판시사항】

상가건물 임대차보호법 제2조 제1항 단서에 따라 대통령령으로 정한 보증금액을 초과하는 임대차에서 기간을 정하지 않은 경우, 임차인이 같은 법 제10조 제1항에서 정한 계약갱신요구권을 행사할 수 있는지 여부(소극)

【판결요지】

상가건물 임대차보호법(이하 '상가임대차법'이라고 한다)에서 기간을 정하지 않은 임대차는 그 기간을 1년으로 간주하지만(제9조 제1항), 대통령령으로 정한 보증금액을 초과하는 임대차는 위 규정이 적용되지 않으므로(제2조 제1항 단서), 원래의 상태 그대로 기간을 정하지 않은 것이 되어 민법의 적용을 받는다. 민법 제635조 제1항, 제2항 제1호에 따라 이러한 임대차는 임대인이 언제든지 해지를 통고할 수 있고 임차인이 통고를 받은 날로부터 6개월이 지남으로써 효력이 생기므로, 임대차기간이 정해져 있음을 전제로 기간 만료 6개월 전부터 1개월 전까지 사이에 행사하도록 규정된 임차인의 계약갱신요구권(상가임대차법 제10조 제1항)은 발생할 여지가 없다.

**第636条(기간의 약정있는 임대차의 해지통고)** 임대차기간의 약정이 있는 경우에도 당사자일방 또는 쌍방이 그 기간내에 해지할 권리를 보류한 때에는 전조의 규정을 준용한다.

**第637条(임차인의 파산과 해지통고)** ① 임차인이 파산선고를 받은 경우에는 임대차기간의 약정이 있는 때에도 임대인 또는 파산관재인은 제635조의 규정에 의하여 계약해지의 통고를 할 수 있다.

② 전항의 경우에 각 당사자는 상대방에 대하여 계약해지로 인하여 생긴 손해의 배상을 청구하지 못한다.

**第638条(해지통고의 전차인에 대한 통지)** ① 임대차계약이 해지의 통고로 인하여 종료된 경우에 그 임대물이 적법하게 전대되었을 때에는 임대인은 전차인에 대하여 그 사유를 통지하지 아니하면 해지로써 전차인에게 대항하지 못한다.

② 전차인이 전항의 통지를 받은 때에는 제635조제2항의 규정을 준용한다.

**제639조(묵시의 갱신)** ① 임대차기간이 만료한 후 임차인이 임차물의 사용, 수익을 계속하는 경우에 임대인이 상당한 기간내에 이의를 하지 아니한 때에는 전임대차와 동일한 조건으로 다시 임대차한 것으로 본다. 그러나 당사자는 제635조의 규정에 의하여 해지의 통고를 할 수 있다.

② 전항의 경우에 전임대차에 대하여 제삼자가 제공한 담보는 기간의 만료로 인하여 소멸한다.

**제640조(차임연체와 해지)** 건물 기타 공작물의 임대차에는 임차인의 차임연체액이 2기의 차임액에 달하는 때에는 임대인은 계약을 해지할 수 있다.

**제641조(동전)** 건물 기타 공작물의 소유 또는 식목, 채염, 목축을 목적으로 한 토지임대차의 경우에도 전조의 규정을 준용한다.

**제642조(토지임대차의 해지와 지상건물 등에 대한 담보물권자에의 통지)** 전조의 경우에 그 지상에 있는 건물 기타 공작물이 담보물권의 목적이 된 때에는 제288조의 규정을 준용한다.

**제643조(임차인의 갱신청구권, 매수청구권)** 건물 기타 공작물의 소유 또는 식목, 채염, 목축을 목적으로 한 토지임대차의 기간이 만료한 경우에 건물, 수목 기타 지상시설이 현존한 때에는 제283조의 규정을 준용한다.

**건물철거및토지인도청구의소·건물매수대금청구의소**

[대법원 2022. 4. 14., 선고, 2020다254228, 254235, 판결]

【판시사항】

[1] 토지 소유자가 아닌 제3자가 토지를 임대한 경우, 임대인이 지상물매수청구권의 상대방이 되는지 여부(원칙적 소극)

[2] 국가로부터 국유 토지의 관리를 위탁받은 甲 주식회사와 사용수익계약을 체결하여 그 토지 위에 건물을 건축한 乙 주식회사가 계약기간 만료 후 甲 회사를 상대로 지상물매수청구권을 행사한 사안에서, 甲 회사는 토지 소유자가 아니므로 지상물매수청구권의 상대방이 될 수 없다고 본 원심판단에 법리오해의 잘못이 없다고 한 사례

【판결요지】

[1] 건물의 소유를 목적으로 하는 토지 임차인의 지상물매수청구권 행사의 상대방은 원칙적으로 임차권 소멸 당시의 토지 소유자인 임대인이다. 토지 소유자가 아닌 제3자가 토지를 임대한 경우에 임대인은 특별한 사정이 없는 한 지상물매수청구권의 상대방이 될 수 없다.

[2] 국가로부터 국유 토지의 관리를 위탁받은 甲 주식회사와 사용수익계약을 체결하여 그 토지 위에 건물을 건축한 乙 주식회사가 계약기간 만료 후 甲 회사를 상대로 지상물매수청구권을 행사한 사안에서, 甲 회사는 국유 토지의 관리를 위탁받아 乙 회사와 사용수익계약을 체결한 자일뿐 토지 소유자가 아니므로 지상물매수청구권의 상대방이 될 수 없다고 본 원심판단에 법리오해의 잘못이 없다고 한 사례.

**제644조(전차인의 임대청구권, 매수청구권)** ① 건물 기타 공작물의 소유 또는 식목, 채염, 목축을 목적으로 한 토지임차인이 적법하게 그 토지를 전대한 경우에 임대차 및 전대차의 기간이 동시에 만료되고 건물, 수목 기타 지상시설이 현존한 때에는 전차인은 임대인에 대하여 전전대차와 동일한 조건으로 임대할 것을 청구할 수 있다.
② 전항의 경우에 임대인이 임대할 것을 원하지 아니하는 때에는 제283조제2항의 규정을 준용한다.

**제645조(지상권목적토지의 임차인의 임대청구권, 매수청구권)** 전조의 규정은 지상권자가 그 토지를 임대한 경우에 준용한다.

**제646조(임차인의 부속물매수청구권)** ① 건물 기타 공작물의 임차인이 그 사용의 편익을 위하여 임대인의 동의를 얻어 이에 부속한 물건이 있는 때에는 임대차의 종료시에 임대인에 대하여 그 부속물의 매수를 청구할 수 있다.
② 임대인으로부터 매수한 부속물에 대하여도 전항과 같다.

**제647조(전차인의 부속물매수청구권)** ① 건물 기타 공작물의 임차인이 적법하게 전대한 경우에 전차인이 그 사용의 편익을 위하여 임대인의 동의를 얻어 이에 부속한 물건이 있는 때에는 전대차의 종료시에 임대인에 대하여 그 부속물의 매수를 청구할 수 있다.
② 임대인으로부터 매수하였거나 그 동의를 얻어 임차인으로부터 매수한 부속물에 대하여도 전항과 같다.

**제648조(임차지의 부속물, 과실 등에 대한 법정질권)** 토지임대인이 임대차에 관한 채권에 의하여 임차지에 부속 또는 그 사용의 편익에 공용한 임차인의 소유동산 및 그 토지의 과실을 압류한 때에는 질권과 동일한 효력이 있다.

**제649조(임차지상의 건물에 대한 법정저당권)** 토지임대인이 변제기를 경과한 최후 2년의 차임채권에 의하여 그 지상에 있는 임차인소유의 건물을 압류한 때에는 저당권과 동일한 효력이 있다.

**제650조(임차건물등의 부속물에 대한 법정질권)** 건물 기타 공작물의 임대인이 임대차에 관한 채권에 의하여 그 건물 기타 공작물에 부속한 임차인소유의 동산을 압류한 때에는 질권과 동일한 효력이 있다.

**제651조** 삭제 *〈2016. 1. 6.〉*
*[2016. 1. 6. 법률 제13710호에 의하여 2013. 12. 26. 헌법재판소에서 위헌결정 된 이 조를 삭제함.]*

**제652조(강행규정)** 제627조, 제628조, 제631조, 제635조, 제638조, 제640조, 제641조, 제643조 내지 제647조의 규정에 위반하는 약정으로 임차인이나 전차인에게 불리한 것은 그 효력이 없다.

**제653조(일시사용을 위한 임대차의 특례)** 제628조, 제638조, 제640조, 제646조 내지 제648조, 제650조 및 전조의 규정은 일시사용하기 위한 임대차 또는 전대차인 것이 명백한 경우에는 적용하지 아니한다.

**第654조(준용규정)** 제610조제1항, 제615조 내지 제617조의 규정은 임대차에 이를 준용한다.

**건물명도**

[대법원 2019. 7. 10., 선고, 2018다242727, 판결]

【판시사항】

[1] '동시이행의 항변권' 제도의 취지 및 당사자가 부담하는 각 채무가 쌍무계약에서 고유의 대가관계에 있는 채무가 아니더라도 동시이행의 항변권을 인정할 수 있는 경우

[2] 임대차계약 종료에 따른 임차인의 임차목적물 반환의무와 임대인의 권리금 회수 방해로 인한 손해배상의무가 동시이행관계에 있는지 여부(소극)

【판결요지】

[1] 동시이행의 항변권은 공평의 관념과 신의칙에 입각하여 각 당사자가 부담하는 채무가 서로 대가적 의미를 가지고 관련되어 있을 때 그 이행에 견련관계를 인정하여 당사자 일방은 상대방이 채무를 이행하거나 이행의 제공을 하지 아니한 채 당사자 일방의 채무의 이행을 청구할 때에는 자기의 채무 이행을 거절할 수 있도록 하는 제도이다. 이러한 제도의 취지에서 볼 때 당사자가 부담하는 각 채무가 쌍무계약에서 고유의 대가관계에 있는 채무가 아니더라도, 양 채무가 동일한 법률요건으로부터 생겨서 대가적 의미가 있거나 공평의 관점에서 보아 견련적으로 이행시킴이 마땅한 경우에는 동시이행의 항변권을 인정할 수 있다.

[2] 임차인의 임차목적물 반환의무는 임대차계약의 종료에 의하여 발생하나, 임대인의 권리금 회수 방해로 인한 손해배상의무는 상가건물 임대차보호법에서 정한 권리금 회수기회 보호의무 위반을 원인으로 하고 있으므로 양 채무는 동일한 법률요건이 아닌 별개의 원인에 기하여 발생한 것일 뿐 아니라 공평의 관점에서 보더라도 그 사이에 이행상 견련관계를 인정하기 어렵다.

## 제8절 고용

**第655조(고용의 의의)** 고용은 당사자 일방이 상대방에 대하여 노무를 제공할 것을 약정하고 상대방이 이에 대하여 보수를 지급할 것을 약정함으로써 그 효력이 생긴다.

**第656조(보수액과 그 지급시기)** ① 보수 또는 보수액의 약정이 없는 때에는 관습에 의하여 지급하여야 한다.

② 보수는 약정한 시기에 지급하여야 하며 시기의 약정이 없으면 관습에 의하고 관습이 없으면 약정한 노무를 종료한 후 지체없이 지급하여야 한다.

**공사대금**

[대법원 2017. 4. 7., 선고, 2016다35451, 판결]

【판시사항】

[1] 공사도급계약에서 소멸시효의 기산점이 되는 보수청구권의 지급시기

[2] 가압류에 의한 시효중단 효력의 발생시기(=가압류를 신청한 때)

[3] 건설공제조합의 조합원에게 발행된 출자증권을 채무자가 아닌 제3자가 점유하고 있는 경우, 가압류집행의 방법 / 채무자가 건설공제조합에 대하여 갖는 출자증권의 인도청

구권을 가압류한 경우, 가압류 효력의 발생시기(=가압류명령이 건설공제조합에 송달된 때) 및 이때 가압류로 인한 소멸시효 중단의 효력이 가압류 신청 시에 소급하여 생기는지 여부(적극)

【판결요지】

[1] 공사도급계약에서 소멸시효의 기산점이 되는 보수청구권의 지급시기는, 당사자 사이에 특약이 있으면 그에 따르고, 특약이 없으면 관습에 의하며(민법 제665조 제2항, 제656조 제2항), 특약이나 관습이 없으면 공사를 마친 때로 보아야 한다.

[2] 민법 제168조 제2호에서 가압류를 시효중단사유로 정하고 있지만, 가압류로 인한 시효중단의 효력이 언제 발생하는지에 관해서는 명시적으로 규정되어 있지 않다.

민사소송법 제265조에 의하면, 시효중단사유 중 하나인 '재판상의 청구'(민법 제168조 제1호, 제170조)는 소를 제기한 때 시효중단의 효력이 발생한다. 이는 소장 송달 등으로 채무자가 소 제기 사실을 알기 전에 시효중단의 효력을 인정한 것이다. 가압류에 관해서도 위 민사소송법 규정을 유추적용하여 '재판상의 청구'와 유사하게 가압류를 신청한 때 시효중단의 효력이 생긴다고 보아야 한다. '가압류'는 법원의 가압류명령을 얻기 위한 재판절차와 가압류명령의 집행절차를 포함하는데, 가압류도 재판상의 청구와 마찬가지로 법원에 신청을 함으로써 이루어지고(민사집행법 제279조), 가압류명령에 따른 집행이나 가압류명령의 송달을 통해서 채무자에게 고지가 이루어지기 때문이다.

가압류를 시효중단사유로 규정한 이유는 가압류에 의하여 채권자가 권리를 행사하였다고 할 수 있기 때문이다. 가압류채권자의 권리행사는 가압류를 신청한 때에 시작되므로, 이 점에서도 가압류에 의한 시효중단의 효력은 가압류신청을 한 때에 소급한다.

[3] 건설공제조합의 조합원에게 발행된 출자증권은 위 조합에 대한 출자지분을 표창하는 유가증권으로서 위 출자증권에 대한 가압류는 민사집행법 제233조에 따른 지시채권 가압류의 방법으로 하고, 법원의 가압류명령으로 집행관이 출자증권을 점유하여야 한다(건설산업기본법 제59조 제4항).

한편 위 출자증권을 채무자가 아닌 제3자가 점유하고 있는 경우에는 채권자는 채무자가 제3자에 대하여 가지는 유체동산인 출자증권의 인도청구권을 가압류하는 방법으로 가압류집행을 할 수 있다(민사집행법 제242조, 제243조). 이 경우 유체동산에 관한 인도청구권의 가압류는 원칙적으로 금전채권의 가압류에 준해서 집행법원의 가압류명령과 그 송달로써 하는 것이므로(민사집행법 제223조, 제227조, 제242조, 제243조, 제291조), 가압류명령이 제3채무자에게 송달됨으로써 유체동산에 관한 인도청구권 자체에 대한 가압류집행은 끝나고 효력이 생긴다.

따라서 채무자가 건설공제조합에 대하여 갖는 출자증권의 인도청구권을 가압류한 경우에는 법원의 가압류명령이 제3채무자인 건설공제조합에 송달되면 가압류의 효력이 생기고, 이 경우 가압류로 인한 소멸시효 중단의 효력은 가압류 신청 시에 소급하여 생긴다.

**제657조(권리의무의 전속성)** ① 사용자는 노무자의 동의없이 그 권리를 제삼자에게 양도하지 못한다.

② 노무자는 사용자의 동의없이 제삼자로 하여금 자기에 갈음하여 노무를 제공하게 하지 못한다. *〈개정 2014. 12. 30.〉*

③ 당사자 일방이 전2항의 규정에 위반한 때에는 상대방은 계약을 해지할 수 있다.

**제658조(노무의 내용과 해지권)** ① 사용자가 노무자에 대하여 약정하지 아니한 노무의 제공을 요구한 때에는 노무자는 계약을 해지할 수 있다.
② 약정한 노무가 특수한 기능을 요하는 경우에 노무자가 그 기능이 없는 때에는 사용자는 계약을 해지할 수 있다.

**제659조(3년 이상의 경과와 해지통고권)** ① 고용의 약정기간이 3년을 넘거나 당사자의 일방 또는 제삼자의 종신까지로 된 때에는 각 당사자는 3년을 경과한 후 언제든지 계약해지의 통고를 할 수 있다.
② 전항의 경우에는 상대방이 해지의 통고를 받은 날로부터 3월이 경과하면 해지의 효력이 생긴다.

**제660조(기간의 약정이 없는 고용의 해지통고)** ① 고용기간의 약정이 없는 때에는 당사자는 언제든지 계약해지의 통고를 할 수 있다.
② 전항의 경우에는 상대방이 해지의 통고를 받은 날로부터 1월이 경과하면 해지의 효력이 생긴다.
③ 기간으로 보수를 정한 때에는 상대방이 해지의 통고를 받은 당기후의 일기를 경과함으로써 해지의 효력이 생긴다.

**제661조(부득이한 사유와 해지권)** 고용기간의 약정이 있는 경우에도 부득이한 사유있는 때에는 각 당사자는 계약을 해지할 수 있다. 그러나 그 사유가 당사자 일방의 과실로 인하여 생긴 때에는 상대방에 대하여 손해를 배상하여야 한다.

**제662조(묵시의 갱신)** ① 고용기간이 만료한 후 노무자가 계속하여 그 노무를 제공하는 경우에 사용자가 상당한 기간내에 이의를 하지 아니한 때에는 전고용과 동일한 조건으로 다시 고용한 것으로 본다. 그러나 당사자는 제660조의 규정에 의하여 해지의 통고를 할 수 있다.
② 전항의 경우에는 전고용에 대하여 제삼자가 제공한 담보는 기간의 만료로 인하여 소멸한다.

**제663조(사용자파산과 해지통고)** ① 사용자가 파산선고를 받은 경우에는 고용기간의 약정이 있는 때에도 노무자 또는 파산관재인은 계약을 해지할 수 있다.
② 전항의 경우에는 각 당사자는 계약해지로 인한 손해의 배상을 청구하지 못한다.

## 제9절 도급

**제664조(도급의 의의)** 도급은 당사자 일방이 어느 일을 완성할 것을 약정하고 상대방이 그 일의 결과에 대하여 보수를 지급할 것을 약정함으로써 그 효력이 생긴다.

**용역비**

[대법원 2023. 3. 30., 선고, 2022다289174, 판결]

【판시사항】

[1] 도급계약에서 정한 일의 완성 이전에 계약이 해제된 경우, 수급인이 도급인에게 보수를 청구할 수 있는지 여부(원칙적 소극) / 예외적으로 이미 완성된 부분에 대한 수급인의 보수청구권이 인정될 수 있는 경우 및 이에 해당하는지 판단하는 기준

[2] 민법 제665조 제1항에서 정한 '목적물의 인도'의 의미

[3] 甲 주식회사가 주민제안 방식의 도시개발사업을 추진하기 위해 乙 주식회사와 조사설계업무에 관하여 도급계약을 체결한 후 계약금 명목으로 용역비 일부를 지급하였다가 乙 회사의 주민제안서 관련 성과품 미제공 등을 이유로 계약을 해제하고 乙 회사를 상대로 기지급한 용역비의 반환을 구한 사안에서, 제반 사정에 비추어 乙 회사가 도급계약에 따라 일부 수행한 용역업무가 존재하더라도 그로 인해 甲 회사에 대한 보수청구권을 갖는다거나 甲 회사가 보수 상당의 부당이득을 얻었다고 보기 어려운데도, 乙 회사가 수행한 용역 대가만큼 반환할 용역비에서 공제된다고 본 원심판단에 법리오해 등의 잘못이 있다고 한 사례

【판결요지】

[1] 도급계약에서 수급인의 보수는 완성된 목적물의 인도와 동시에 지급하여야 하고, 인도를 요하지 않는 경우 일을 완성한 후 지체 없이 지급하여야 하며, 도급인은 완성된 목적물의 인도의 제공이나 일의 완성이 있을 때까지 보수 지급을 거절할 수 있으므로, 도급계약에서 정한 일의 완성 이전에 계약이 해제된 경우 수급인으로서는 도급인에게 보수를 청구할 수 없음이 원칙이다.

다만 당해 도급계약에 따라 수급인이 일부 미완성한 부분이 있더라도 계약해제를 이유로 이를 전부 원상회복하는 것이 신의성실의 원칙 등에 비추어 공평·타당하지 않다고 평가되는 특별한 경우라면 예외적으로 이미 완성된 부분에 대한 수급인의 보수청구권이 인정될 수 있고, 그와 같은 경우에 해당하는지는 도급인과 수급인의 관계, 당해 도급계약의 목적·유형·내용 및 성질, 수급인이 도급계약을 이행함에 있어 도급인의 관여 여부, 수급인이 도급계약에 따라 이행한 결과의 정도 및 그로 인해 도급인이 얻을 수 있는 실질적인 이익의 존부, 계약해제에 따른 원상회복 시 사회적·경제적 손실의 발생 여부 등을 종합적으로 고려하여 판단하여야 한다.

[2] 민법 제665조 제1항은 도급계약에서 보수는 완성된 목적물의 인도와 동시에 지급해야 한다고 정하고 있는데, 이때 목적물의 인도는 단순한 점유의 이전만을 의미하는 것이 아니라 도급인이 목적물을 검사한 후 목적물이 계약 내용대로 완성되었음을 명시적 또는 묵시적으로 시인하는 것까지 포함하는 의미이다.

[3] 甲 주식회사가 주민제안 방식의 도시개발사업을 추진하기 위해 乙 주식회사와 조사설계업무에 관하여 도급계약을 체결한 후 계약금 명목으로 용역비 일부를 지급하였다가 乙 회사의 주민제안서 관련 성과품 미제공 등을 이유로 계약을 해제하고 乙 회사를 상대로 기지급한 용역비의 반환을 구한 사안에서, 乙 회사는 계약이 해제되기 전까지 주민제안서 접수를 위한 성과품을 제대로 제공하지 않았으므로 甲 회사가 乙 회사가 수행한 기존 용역 결과로 인한 실질적인 이익을 얻었다고 단정할 수 없는 점, 甲 회사는 도급계약 해제 이후 다른 용역업체에 주민제안서 관련 용역업무를 도급주어 제공받은 성과품을 토대로 주민제안서를 접수하였는데, 그 과정에서 乙 회사가 수행한 기존 용역의 성과품이 도움이 되었는지 분명하지 않은 점, 乙 회사가 甲 회사에 도급계약에 따라 수행한 부분을 제공하지도 않았고 甲 회사로부터 승인받지도 못하였다면 그 성과 내지 결과가 사회적·경제적으로 효용가치가 높다고 인정하기 어렵고, 乙 회사가 수행한 용역 결과는 사업 진행의 첫 번째 단계인 '주민제안서 접수' 과정 정도에 불과하여 계약해제 시 원상회복으로 인해 발생되는 손실이 사회적·경제적으로 크다고 보이지 않는 점, 甲 회사가 乙 회사에 지급한 용역비는 계약금 정도에 그칠 뿐 乙 회사의 수행

결과를 승인하여 대가를 지급하였다고 보기 어려운 점, 도급계약에서 정한 해제 시 당사자 간 권리·의무에 관한 약정 등 제반 사정을 보더라도 도급계약의 해제에 따른 원상회복으로 인해 발생되는 결과가 신의성실의 원칙 등에 비추어 공평·타당하지 않은 예외적이거나 특별한 경우라고 보기 어려운 점 등을 종합하면, 乙 회사가 도급계약에 따라 일부 수행한 용역업무가 존재하더라도 그로 인해 甲 회사에 대한 보수청구권을 갖는다거나 甲 회사가 보수 상당의 부당이득을 얻었다고 보기 어려운데도, 乙 회사가 수행한 용역 대가만큼 반환할 용역비에서 공제된다고 본 원심판단에 법리오해 등의 잘못이 있다고 한 사례.

**제665조(보수의 지급시기)** ① 보수는 그 완성된 목적물의 인도와 동시에 지급하여야 한다. 그러나 목적물의 인도를 요하지 아니하는 경우에는 그 일을 완성한 후 지체없이 지급하여야 한다.

② 전항의 보수에 관하여는 제656조제2항의 규정을 준용한다.

**제666조(수급인의 목적부동산에 대한 저당권설정청구권)** 부동산공사의 수급인은 전조의 보수에 관한 채권을 담보하기 위하여 그 부동산을 목적으로 한 저당권의 설정을 청구할 수 있다.

**배당이의등**

[대법원 2021. 5. 27., 선고, 2017다225268, 판결]

【판시사항】

[1] 수급인의 저당권설정청구권에 관한 민법 제666조의 규정 취지 및 수급인의 저당권설정청구권 행사에 따라 공사대금채무의 담보로 건물에 저당권을 설정하는 행위가 사해행위에 해당하는지 여부(원칙적 소극)

[2] 甲 등은 乙 주식회사와 집합건물 각 부분에 관하여 임대차계약을 체결한 임차인이고, 丙 주식회사는 乙 회사로부터 위 건물에 관한 리모델링 공사를 도급받은 후 丁 등과 위 공사에 관한 하도급 계약 등을 체결하여 공사를 마쳤으나, 乙 회사로부터 공사대금을 지급받지 못하여 丁 등에게 하도급 공사대금 등을 지급하지 못하자 乙 회사가 丙 회사와 丁 등에게 위 건물에 관하여 미지급 공사대금을 채권최고액으로 하여 근저당권을 설정해주었는데, 위 근저당권 설정행위가 甲 등에게 사해행위인지 문제 된 사안에서, 위 근저당권은 도급인인 乙 회사가 민법 제666조에서 정한 수급인인 丙 회사의 저당권설정청구권 행사에 따라 공사대금채무를 담보할 목적으로 설정한 것으로 볼 수 있어 사해행위에 해당하지 않는다고 한 사례

【판결요지】

[1] 민법 제666조는 "부동산공사의 수급인은 보수에 관한 채권을 담보하기 위하여 그 부동산을 목적으로 한 저당권의 설정을 청구할 수 있다."라고 정하고 있다. 이는 부동산공사에서 목적물이 보통 수급인의 자재와 노력으로 완성되는 점을 감안하여 목적물의 소유권이 원시적으로 도급인에게 귀속되는 경우 수급인에게 목적물에 대한 저당권설정청구권을 부여함으로써 수급인이 사실상 목적물로부터 공사대금을 우선적으로 변제받을 수 있도록 하는 데 그 취지가 있다. 이러한 수급인의 지위가 목적물에 대하여 유치권을 행사하는 지위에 비하여 반드시 강화되는 것은 아니고 도급인의 일반 채권자들에게 부당하게 불리해지는 것도 아니다. 따라서 건축공사의 도급인이 민법 제666조가 정한

수급인의 저당권설정청구권 행사에 따라 공사대금채무의 담보로 건물에 저당권을 설정하는 행위는 특별한 사정이 없는 한 사해행위에 해당하지 않는다.

[2] 甲 등은 乙 주식회사와 집합건물 각 부분에 관하여 임대차계약을 체결한 임차인이고, 丙 주식회사는 乙 회사로부터 위 건물에 관한 리모델링 공사를 도급받은 후 丁 등과 위 공사에 관한 하도급 계약 등을 체결하여 공사를 마쳤으나, 乙 회사로부터 공사대금을 지급받지 못하여 丁 등에게 하도급 공사대금 등을 지급하지 못하자 乙 회사가 丙 회사와 丁 등에게 위 건물에 관하여 미지급 공사대금을 채권최고액으로 하여 근저당권을 설정해주었는데, 위 근저당권 설정행위가 甲 등에게 사해행위인지 문제 된 사안에서, 위 근저당권의 피담보채권액은 丙 회사가 乙 회사에 대하여 갖는 공사대금채권과 같은 액수이고, 丙 회사와 丁 등은 위 건물에 순위가 다른 수 개의 근저당권을 설정한 것이 아니라 공사대금채권 범위 내에서 공동 근저당권을 설정한 것이며, 공사대금채무를 담보할 목적으로 저당권설정청구권을 행사한 주체는 丙 회사이고, 乙 회사와 丙 회사, 丁 등이 합의를 통해 공사대금이 종국적으로 귀속되는 丁 등에게 해당 채권액을 보장한다는 차원에서 이들을 공동 근저당권자로 추가시킨 것인바, 위와 같은 합의의 효력을 부인할 이유가 없고 그 합의에 따라 甲 등이 불리해지지도 않으므로, 위 근저당권은 도급인인 乙 회사가 민법 제666조에서 정한 수급인인 丙 회사의 저당권설정청구권 행사에 따라 공사대금채무를 담보할 목적으로 설정한 것으로 볼 수 있어 사해행위에 해당하지 않는다고 한 사례.

**제667조(수급인의 담보책임)** ① 완성된 목적물 또는 완성전의 성취된 부분에 하자가 있는 때에는 도급인은 수급인에 대하여 상당한 기간을 정하여 그 하자의 보수를 청구할 수 있다. 그러나 하자가 중요하지 아니한 경우에 그 보수에 과다한 비용을 요할 때에는 그러하지 아니하다.

② 도급인은 하자의 보수에 갈음하여 또는 보수와 함께 손해배상을 청구할 수 있다. *〈개정 2014. 12. 30.〉*

③ 전항의 경우에는 제536조의 규정을 준용한다.

**제668조(동전-도급인의 해제권)** 도급인이 완성된 목적물의 하자로 인하여 계약의 목적을 달성할 수 없는 때에는 계약을 해제할 수 있다. 그러나 건물 기타 토지의 공작물에 대하여는 그러하지 아니하다.

**제669조(동전-하자가 도급인의 제공한 재료 또는 지시에 기인한 경우의 면책)** 전2조의 규정은 목적물의 하자가 도급인이 제공한 재료의 성질 또는 도급인의 지시에 기인한 때에는 적용하지 아니한다. 그러나 수급인이 그 재료 또는 지시의 부적당함을 알고 도급인에게 고지하지 아니한 때에는 그러하지 아니하다.

**손해배상(기)**

[대법원 2020. 6. 11., 선고, 2020다201156, 판결]

【판시사항】

[1] 도급계약에 따라 완성된 목적물에 하자가 있는 경우, 수급인의 하자담보책임과 채무불이행책임이 경합적으로 인정되는지 여부(적극) 및 이는 도급인이 하자보수비용을 하자보수를 갈음하는 손해배상으로 구하는 경우에도 마찬가지인지 여부(적극)

[2] 민법 제391조에서 정한 '이행보조자'의 의미 및 이행보조자가 채무의 이행을 위하여 제3자를 복이행보조자로 사용하는 것을 승낙하였거나 적어도 묵시적으로 동의한 경우, 채무자가 복이행보조자의 고의·과실에 관하여 책임을 부담하는지 여부(적극)

[3] 채무불이행으로 인한 손해배상청구권의 소멸시효 기산점(=현실적으로 손해가 발생한 때) 및 이때 현실적으로 손해가 발생하였는지 판단하는 방법

[4] 甲 주식회사가 잠수함 건조계약에 따라 해군에 인도한 잠수함의 추진전동기에서 이상 소음이 발생하자, 국가(해군)가 甲 회사를 상대로 계약의 불완전이행으로 인한 손해배상을 구한 사안에서, 국가(해군)의 손해가 현실적으로 발생한 때는 추진전동기에서 이상 소음이 처음 발생한 때 또는 사단법인 한국선급과 국방기술품질원이 추진전동기의 고장 원인에 대한 보고서를 작성하여 제출한 때이고, 그때부터 소멸시효가 진행한다고 한 사례

【판결요지】

[1] 도급계약에 따라 완성된 목적물에 하자가 있는 경우, 수급인의 하자담보책임과 채무불이행책임은 별개의 권원에 의하여 경합적으로 인정된다. 목적물의 하자를 보수하기 위한 비용은 수급인의 하자담보책임과 채무불이행책임에서 말하는 손해에 해당한다. 따라서 도급인은 하자보수비용을 민법 제667조 제2항에 따라 하자담보책임으로 인한 손해배상으로 청구할 수도 있고, 민법 제390조에 따라 채무불이행으로 인한 손해배상으로 청구할 수도 있다. 하자보수를 갈음하는 손해배상에 관해서는 민법 제667조 제2항에 따른 하자담보책임만이 성립하고 민법 제390조에 따른 채무불이행책임이 성립하지 않는다고 볼 이유가 없다.

[2] 민법 제391조는 이행보조자의 고의·과실을 채무자의 고의·과실로 본다고 정하고 있다. 이러한 이행보조자는 채무자의 의사 관여 아래 채무의 이행행위에 속하는 활동을 하는 사람이면 충분하고 반드시 채무자의 지시 또는 감독을 받는 관계에 있어야 하는 것은 아니므로, 그가 채무자에 대하여 종속적인 지위에 있는지, 독립적인 지위에 있는지는 상관없다. 이행보조자가 채무의 이행을 위하여 제3자를 복이행보조자로 사용하는 경우에도 채무자가 이를 승낙하였거나 적어도 묵시적으로 동의한 경우 채무자는 복이행보조자의 고의·과실에 관하여 민법 제391조에 따라 책임을 부담한다고 보아야 한다.

[3] 소멸시효는 권리를 행사할 수 있는 때부터 진행한다(민법 제166조 제1항). 채무불이행으로 인한 손해배상청구권은 현실적으로 손해가 발생한 때에 성립하고, 현실적으로 손해가 발생하였는지 여부는 사회통념에 비추어 객관적이고 합리적으로 판단하여야 한다.

[4] 甲 주식회사가 잠수함 건조계약에 따라 해군에 인도한 잠수함의 추진전동기에서 이상 소음이 발생하자, 이에 국가(해군)가 甲 회사를 상대로 계약의 불완전이행으로 인한 손해배상을 구한 사안에서, 甲 회사가 해군에 잠수함을 인도한 후 항해훈련 전에는 이상 소음이 발생하였다고 볼 자료가 없는 점, 추진전동기의 하자는 사단법인 한국선급과 국방기술품질원이 고장 원인에 대한 보고서를 작성하여 국방기술품질원장에게 제출함으로써 밝혀진 점 등에 비추어, 국가(해군)의 손해가 현실적으로 발생한 때는 추진전동기에서 이상 소음이 처음 발생한 때 또는 사단법인 한국선급과 국방기술품질원이 추진전동기의 고장 원인에 대한 보고서를 작성하여 제출한 때이고, 그때부터 소멸시효가 진행한다고 한 사례.

**제670조(담보책임의 존속기간)** ① 전3조의 규정에 의한 하자의 보수, 손해배상의 청구 및 계약의 해제는 목적물의 인도를 받은 날로부터 1년내에 하여야 한다.

② 목적물의 인도를 요하지 아니하는 경우에는 전항의 기간은 일의 종료한 날로부터 기산한다.

**제671조(수급인의 담보책임-토지, 건물 등에 대한 특칙)** ① 토지, 건물 기타 공작물의 수급인은 목적물 또는 지반공사의 하자에 대하여 인도후 5년간 담보의 책임이 있다. 그러나 목적물이 석조, 석회조, 연와조, 금속 기타 이와 유사한 재료로 조성된 것인 때에는 그 기간을 10년으로 한다.

② 전항의 하자로 인하여 목적물이 멸실 또는 훼손된 때에는 도급인은 그 멸실 또는 훼손된 날로부터 1년내에 제667조의 권리를 행사하여야 한다.

**제672조(담보책임면제의 특약)** 수급인은 제667조, 제668조의 담보책임이 없음을 약정한 경우에도 알고 고지하지 아니한 사실에 대하여는 그 책임을 면하지 못한다.

**제673조(완성전의 도급인의 해제권)** 수급인이 일을 완성하기 전에는 도급인은 손해를 배상하고 계약을 해제할 수 있다.

**용역비[채무불이행을 이유로 한 도급계약 해제의 의사표시에 임의 해제의 의사표시가 포함되었는지 여부가 문제된 사안]**

[대법원 2022. 10. 14., 선고, 2022다246757, 판결]

【판시사항】

도급인이 수급인의 채무불이행을 이유로 도급계약 해제의 의사표시를 하였으나 실제로는 채무불이행의 요건을 갖추지 못한 것으로 밝혀진 경우, 당사자 사이에 분쟁이 있었다는 사정만으로 위 의사표시에 민법 제673조에 따른 임의해제의 의사가 포함되어 있다고 볼 수 있는지 여부(소극)

【판결요지】

도급인이 수급인의 채무불이행을 이유로 도급계약 해제의 의사표시를 하였으나 실제로는 채무불이행의 요건을 갖추지 못한 것으로 밝혀진 경우, 도급계약의 당사자 사이에 분쟁이 있었다고 하여 그러한 사정만으로 위 의사표시에 민법 제673조에 따른 임의해제의 의사가 포함되어 있다고 볼 수는 없다. 그 이유는 다음과 같다.

① 도급인이 수급인의 채무불이행을 이유로 도급계약을 해제하면 수급인에게 손해배상을 청구할 수 있다. 이에 반하여 민법 제673조에 기하여 도급인이 도급계약을 해제하면 오히려 수급인에게 손해배상을 해주어야 하는 처지가 된다. 도급인으로서는 자신이 손해배상을 받을 수 있다고 생각하였으나 이제는 자신이 손해배상을 하여야 하는 결과가 된다면 이는 도급인의 의사에 반할 뿐 아니라 의사표시의 일반적인 해석의 원칙에도 반한다.

② 수급인의 입장에서 보더라도 채무불이행 사실이 없으므로 도급인의 도급계약 해제의 의사표시가 효력이 없다고 믿고 일을 계속하였는데, 민법 제673조에 따른 해제가 인정되면 그 사이에 진행한 일은 도급계약과 무관한 일을 한 것이 되고 그 사이에 다른 일을 할 수 있는 기회를 놓치는 경우도 있을 수 있어 불측의 손해를 입을 수 있다.

**제674조(도급인의 파산과 해제권)** ① 도급인이 파산선고를 받은 때에는 수급인 또는 파산관재인은 계약을 해제할 수 있다. 이 경우에는 수급인은 일의 완성된 부분에 대한 보수 및 보수에 포함되지 아니한 비용에 대하여 파산재단의 배당에 가입할 수 있다.
② 전항의 경우에는 각 당사자는 상대방에 대하여 계약해제로 인한 손해의 배상을 청구하지 못한다.

**가액반환등**

[대법원 2017. 6. 29., 선고, 2016다221887, 판결]

【판시사항】

[1] 공사도급계약의 도급인에 대하여 회생절차가 개시되어 관리인이 도급계약을 미이행쌍무계약으로 해제한 경우, 수급인이 채무자 회생 및 파산에 관한 법률 제121조 제2항에 따른 급부의 반환 또는 가액의 상환을 구할 수 있는지 여부(소극) 및 이때 일의 완성된 부분에 대하여 수급인이 갖는 보수청구권이 같은 법 제118조 제1호의 회생채권에 해당하는지 여부(원칙적 적극)

[2] 회생절차가 개시된 후 회생채권자가 회생채권의 이의자를 상대로 회생채권의 이행을 구하는 소를 제기하는 것이 적법한지 여부(소극)

【판결요지】

[1] 도급인이 파산선고를 받은 경우에는 민법 제674조 제1항에 의하여 수급인 또는 파산관재인이 계약을 해제할 수 있고, 이 경우 수급인은 일의 완성된 부분에 대한 보수와 보수에 포함되지 아니한 비용에 대하여 파산재단의 배당에 가입할 수 있다. 위와 같은 도급계약의 해제는 해석상 장래에 향하여 도급의 효력을 소멸시키는 것을 의미하고 원상회복은 허용되지 아니하므로, 당사자 쌍방이 이행을 완료하지 아니한 쌍무계약의 해제 또는 이행에 관한 채무자 회생 및 파산에 관한 법률(이하 '채무자회생법'이라고 한다) 제337조가 적용될 여지가 없다. 한편 회생절차는 재정적 어려움으로 파탄에 직면해 있는 채무자에 대하여 채권자 등 이해관계인의 법률관계를 조정하여 채무자 또는 사업의 효율적인 회생을 도모하는 것을 목적으로 하는 반면, 파산절차는 회생이 어려운 채무자의 재산을 공정하게 환가·배당하는 것을 목적으로 한다는 점에서 차이가 있기는 하다. 그러나 이러한 목적을 달성하기 위하여 절차개시 전부터 채무자의 법률관계를 합리적으로 조정·처리하여야 한다는 점에서는 공통되고, 미이행계약의 해제와 이행에 관한 규정인 채무자회생법 제121조와 제337조의 규율 내용도 동일하므로, 파산절차에 관한 특칙인 민법 제674조 제1항은 공사도급계약의 도급인에 대하여 회생절차가 개시된 경우에도 유추 적용할 수 있다.

따라서 도급인의 관리인이 도급계약을 미이행쌍무계약으로 해제한 경우 그때까지 일의 완성된 부분은 도급인에게 귀속되고, 수급인은 채무자회생법 제121조 제2항에 따른 급부의 반환 또는 그 가액의 상환을 구할 수 없고 일의 완성된 부분에 대한 보수청구만 할 수 있다. 이때 수급인이 갖는 보수청구권은 특별한 사정이 없는 한 기성비율 등에 따른 도급계약상의 보수에 관한 것으로서 주요한 발생원인이 회생절차개시 전에 이미 갖추어져 있다고 봄이 타당하므로, 이는 채무자회생법 제118조 제1호의 회생채권에 해당한다.

[2] 채무자 회생 및 파산에 관한 법률에 의한 회생절차에 참가하고자 하는 회생채권자는 회생채권의 신고를 하여야 하고(제148조 제1항), 신고된 회생채권에 대하여 이의가 제기된 때에는 이의자 전원을 상대방으로 하여 법원에 채권조사확정재판을 신청할 수 있으며(제170조 제1항), 재판에 불복하는 자는 채권조사확정재판에 대한 이의의 소를 제기할 수 있다(제171조 제1항). 다만 회생절차개시 당시 회생채권에 관한 소송이 계속 중인 경우 회생채권자는 회생채권의 신고를 하고, 신고된 회생채권에 대하여 이의가 제기된 때에는 이의자 전원을 소송의 상대방으로 하여 소송절차를 수계하여야 한다(제172조 제1항). 따라서 회생절차가 개시된 후 회생채권자가 회생채권의 이의자를 상대로 회생채권의 이행을 구하는 소를 제기하는 것은 부적법하다.

## 제9절의2 여행계약

*〈신설 2015. 2. 3.〉*

**제674조의2(여행계약의 의의)** 여행계약은 당사자 한쪽이 상대방에게 운송, 숙박, 관광 또는 그 밖의 여행 관련 용역을 결합하여 제공하기로 약정하고 상대방이 그 대금을 지급하기로 약정함으로써 효력이 생긴다.

*[본조신설 2015. 2. 3.]*

**제674조의3(여행 개시 전의 계약 해제)** 여행자는 여행을 시작하기 전에는 언제든지 계약을 해제할 수 있다. 다만, 여행자는 상대방에게 발생한 손해를 배상하여야 한다.

*[본조신설 2015. 2. 3.]*

**제674조의4(부득이한 사유로 인한 계약 해지)** ① 부득이한 사유가 있는 경우에는 각 당사자는 계약을 해지할 수 있다. 다만, 그 사유가 당사자 한쪽의 과실로 인하여 생긴 경우에는 상대방에게 손해를 배상하여야 한다.

② 제1항에 따라 계약이 해지된 경우에도 계약상 귀환운송(歸還運送) 의무가 있는 여행주최자는 여행자를 귀환운송할 의무가 있다.

③ 제1항의 해지로 인하여 발생하는 추가 비용은 그 해지 사유가 어느 당사자의 사정에 속하는 경우에는 그 당사자가 부담하고, 누구의 사정에도 속하지 아니하는 경우에는 각 당사자가 절반씩 부담한다.

*[본조신설 2015. 2. 3.]*

**제674조의5(대금의 지급시기)** 여행자는 약정한 시기에 대금을 지급하여야 하며, 그 시기의 약정이 없으면 관습에 따르고, 관습이 없으면 여행의 종료 후 지체 없이 지급하여야 한다.

*[본조신설 2015. 2. 3.]*

**제674조의6(여행주최자의 담보책임)** ① 여행에 하자가 있는 경우에는 여행자는 여행주최자에게 하자의 시정 또는 대금의 감액을 청구할 수 있다. 다만, 그 시정에 지나치게 많은 비용이 들거나 그 밖에 시정을 합리적으로 기대할 수 없는 경우에는 시정을 청구할 수 없다.

② 제1항의 시정 청구는 상당한 기간을 정하여 하여야 한다. 다만, 즉시 시정할 필요가 있는 경우에는 그러하지 아니하다.
③ 여행자는 시정 청구, 감액 청구를 갈음하여 손해배상을 청구하거나 시정 청구, 감액 청구와 함께 손해배상을 청구할 수 있다.

*[본조신설 2015. 2. 3.]*

**제674조의7(여행주최자의 담보책임과 여행자의 해지권)** ① 여행자는 여행에 중대한 하자가 있는 경우에 그 시정이 이루어지지 아니하거나 계약의 내용에 따른 이행을 기대할 수 없는 경우에는 계약을 해지할 수 있다.
② 계약이 해지된 경우에는 여행주최자는 대금청구권을 상실한다. 다만, 여행자가 실행된 여행으로 이익을 얻은 경우에는 그 이익을 여행주최자에게 상환하여야 한다.
③ 여행주최자는 계약의 해지로 인하여 필요하게 된 조치를 할 의무를 지며, 계약상 귀환운송 의무가 있으면 여행자를 귀환운송하여야 한다. 이 경우 상당한 이유가 있는 때에는 여행주최자는 여행자에게 그 비용의 일부를 청구할 수 있다.

*[본조신설 2015. 2. 3.]*

**제674조의8(담보책임의 존속기간)** 제674조의6과 제674조의7에 따른 권리는 여행 기간 중에도 행사할 수 있으며, 계약에서 정한 여행 종료일부터 6개월 내에 행사하여야 한다.

*[본조신설 2015. 2. 3.]*

**제674조의9(강행규정)** 제674조의3, 제674조의4 또는 제674조의6부터 제674조의8까지의 규정을 위반하는 약정으로서 여행자에게 불리한 것은 효력이 없다.

*[본조신설 2015. 2. 3.]*

## 제10절 현상광고

**제675조(현상광고의 의의)** 현상광고는 광고자가 어느 행위를 한 자에게 일정한 보수를 지급할 의사를 표시하고 이에 응한 자가 그 광고에 정한 행위를 완료함으로써 그 효력이 생긴다.

### 신고보상금

[서울중앙지법 2017. 8. 11., 선고, 2016가단80756, 판결 : 항소]

【판시사항】

지방검찰청과 지방경찰청이 여객선 '세월호'의 소속 선박회사인 甲 주식회사의 회장으로서 특정경제범죄 가중처벌 등에 관한 법률 위반죄의 혐의를 받고 수배 중인 피의자 乙에 관하여 신고보상금을 5억 원으로 하는 내용의 광고를 하였는데, 丙이 자신의 밭에 일을 하러 갔다가 한쪽 구석 풀밭 위에 부패된 상태로 놓여 있는 시신 1구를 발견하고 112에 전화를 하여 '신원을 알 수 없는 변사자'를 발견하였다고 신고하였고, 그 후 수사기관이 부검과 감정 등의 절차를 진행한 결과 변사체의 신원이 乙임이 밝혀졌으며, 이에 丙이 국가를 상대로 신고보상금의 지급을 구한 사안에서, 丙의 변사자 신고가 현상광고에서 정한 '乙을 신고'한 행위에 해당한다고 볼 수 없으므로 丙의 청구는 이유 없다고 한 사례

【판결요지】
지방검찰청과 지방경찰청이 여객선 '세월호'의 소속 선박회사인 甲 주식회사의 회장으로서 특정경제범죄 가중처벌 등에 관한 법률 위반죄의 혐의를 받고 수배 중인 피의자 乙에 관하여 신고보상금을 5억 원으로 하는 내용의 광고를 하였는데, 丙이 자신의 밭에 일을 하러 갔다가 한쪽 구석 풀밭 위에 부패된 상태로 놓여 있는 시신 1구를 발견하고 112에 전화를 하여 '신원을 알 수 없는 변사자'를 발견하였다고 신고하였고, 그 후 수사기관이 부검과 감정 등의 절차를 진행한 결과 변사체의 신원이 乙임이 밝혀졌으며, 이에 丙이 국가를 상대로 신고보상금의 지급을 구한 사안에서, 위 광고는 수사기관이 광고에 표시된 내용에 따라서 일정한 행위를 완료한 자에게 5억 원의 보수를 지급할 의사를 공개적으로 표시한 것으로서 지정행위가 완료되면 보수를 지급하여 효력이 발생하는 현상광고에 해당하는데, 잠재적인 현상금 수혜자로서 평균인의 관점에서 살펴보면, 위 현상광고는 '구속영장이 발부된 피의자 乙을 검거하기 위하여 수사망을 펴고 있으며, 아직 검거되지 않은 피의자 乙을 신고하면 보상금으로 5억 원을 지급한다'는 의미로 해석되며, 이에 따라서 보상금 지급의 전제가 되는 지정행위는 '乙을 신고'하는 것으로 파악되고, 이와 같이 '乙을 신고'하는 행위라고 하기 위해서는 신고의 대상인 사람이 乙이라는 점, 또는 그렇게 볼 합리적 개연성이 있다는 점을 신고자가 인지하고 이 점을 밝혀서 수사기관에 소재 등을 제보하는 행위가 있어야 하는바, 丙은 변사자가 乙이라거나 또는 乙로 볼 합리적 근거가 있다는 점에 대하여 전혀 인지하지 못하였으므로 丙의 변사자 신고가 현상광고에서 정한 '乙을 신고'한 행위에 해당한다고 볼 수 없고, 사후적으로 사체의 신원이 乙로 밝혀졌더라도 그것이 변사자의 신원을 파악하기 위한 수사 및 행정기관의 일반적인 후속 절차의 결과로서 이루어진 것이고, 달리 丙이 변사체 신고와는 별도로 제보한 확인의 단서 등에 의하여 이루어진 것이 아닌 한 사후적 신원 확인이라는 결과만으로 丙이 지정행위를 한 것으로 된다고 볼 수 없으므로, 丙의 청구는 이유 없다고 한 사례.

**제676조(보수수령권자)** ① 광고에 정한 행위를 완료한 자가 수인인 경우에는 먼저 그 행위를 완료한 자가 보수를 받을 권리가 있다.
② 수인이 동시에 완료한 경우에는 각각 균등한 비율로 보수를 받을 권리가 있다. 그러나 보수가 그 성질상 분할할 수 없거나 광고에 1인만이 보수를 받을 것으로 정한 때에는 추첨에 의하여 결정한다.

**제677조(광고부지의 행위)** 전조의 규정은 광고있음을 알지 못하고 광고에 정한 행위를 완료한 경우에 준용한다.

**제678조(우수현상광고)** ① 광고에 정한 행위를 완료한 자가 수인인 경우에 그 우수한 자에 한하여 보수를 지급할 것을 정하는 때에는 그 광고에 응모기간을 정한 때에 한하여 그 효력이 생긴다.
② 전항의 경우에 우수의 판정은 광고 중에 정한 자가 한다. 광고 중에 판정자를 정하지 아니한 때에는 광고자가 판정한다.
③ 우수한 자 없다는 판정은 이를 할 수 없다. 그러나 광고 중에 다른 의사표시가 있거나 광고의 성질상 판정의 표준이 정하여져 있는 때에는 그러하지 아니하다.
④ 응모자는 전2항의 판정에 대하여 이의를 하지 못한다.
⑤ 수인의 행위가 동등으로 판정된 때에는 제676조제2항의 규정을 준용한다.

**현상광고보수**

[대법원 2002. 1. 25., 선고, 99다63169, 판결]

【판시사항】

건축설계 우수현상광고에서 당선자가 보수로서 받는 '기본 및 실시설계권'이란 당선자가 광고자에게 우수작으로 판정된 계획설계에 기초하여 기본 및 실시설계계약의 체결을 청구할 수 있는 권리를 말한다고 한 사례

【판결요지】

건축설계 우수현상광고에서 당선자가 보수로서 받는 '기본 및 실시설계권'이란 당선자가 광고자에게 우수작으로 판정된 계획설계에 기초하여 기본 및 실시설계계약의 체결을 청구할 수 있는 권리를 말하는 것이므로, 광고자로서는 특별한 사정이 없는 한 이에 응할 의무를 지게 되어 당선자 이외의 제3자와 설계계약을 체결하여서는 아니됨은 물론이고, 당사자 모두 계약의 체결을 위하여 성실하게 협의하여야 할 의무가 있다고 할 것이며, 만약 광고자가 일반 거래실정이나 사회통념에 비추어 현저히 부당하다고 보여지는 사항을 계약내용으로 주장하거나 경제적 어려움으로 공사를 추진할 수 없는 등으로 인하여 계약이 체결되지 못하였다면 당선자는 이를 이유로 한 손해배상책임을 물을 수 있다고 한 사례.

**제679조(현상광고의 철회)** ① 광고에 그 지정한 행위의 완료기간을 정한 때에는 그 기간만료전에 광고를 철회하지 못한다.

② 광고에 행위의 완료기간을 정하지 아니한 때에는 그 행위를 완료한 자 있기 전에는 그 광고와 동일한 방법으로 광고를 철회할 수 있다.

③ 전광고와 동일한 방법으로 철회할 수 없는 때에는 그와 유사한 방법으로 철회할 수 있다. 이 철회는 철회한 것을 안 자에 대하여만 그 효력이 있다.

## 제11절 위임

**제680조(위임의 의의)** 위임은 당사자 일방이 상대방에 대하여 사무의 처리를 위탁하고 상대방이 이를 승낙함으로써 그 효력이 생긴다.

**업무방해**

[대법원 2023. 4. 27., 선고, 2020도34, 판결]

【판시사항】

[1] 집행관의 직무 내용 및 성격(=독립된 단독의 사법기관) / 채권자의 집행관에 대한 집행위임의 성격(=집행개시를 구하는 신청) 및 위 집행위임이 민법상 위임에 해당하는지 여부(소극)

[2] 주택재개발정비사업조합 구역 내 건물의 소유자인 피고인들이 위 건물에 대한 건물명도소송 확정판결에 따른 강제집행을 보상액이 적다는 이유로 위력으로 방해함으로써 집행관에게 집행위임을 한 조합의 이주·철거업무를 방해하였다는 내용으로 기소된 사안에서, 위 강제집행은 특별한 사정이 없는 한 집행위임을 한 조합의 업무가 아닌 집행관의 고유한 직무에 해당하고, 설령 피고인들이 집행관의 강제집행 업무를 방해하였더라도 이를 채권자인 조합의 업무를 직접 방해한 것으로 볼 만한 증거도 부족하므로, 피고인들이 조합의 업무를 방해하였다고 볼 수 없고 피고인들의 행위와 조합의 업무방해 사이에 상당인과관계가 있다고 단정할 수도 없다고 한 사례

【판결요지】

[1] 집행관은 집행관법 제2조에 따라 재판의 집행 등을 담당하면서 그 직무 행위의 구체적 내용이나 방법 등에 관하여 전문적 판단에 따라 합리적인 재량을 가진 독립된 단독의 사법기관이다. 따라서 채권자의 집행관에 대한 집행위임은 비록 민사집행법 제16조 제3항, 제42조 제1항, 제43조 등에 '위임'으로 규정되어 있더라도 이는 집행개시를 구하는 신청을 의미하는 것이지 일반적인 민법상 위임이라고 볼 수는 없다.

[2] 주택재개발정비사업조합(이하 '조합'이라 한다) 구역 내 건물의 소유자인 피고인들이 위 건물에 대한 건물명도소송 확정판결에 따른 강제집행을 보상액이 적다는 이유로 위력으로 방해함으로써 집행관에게 집행위임을 한 조합의 이주·철거업무를 방해하였다는 내용으로 기소된 사안에서, 위 강제집행은 특별한 사정이 없는 한 집행위임을 한 조합의 업무가 아닌 집행관의 고유한 직무에 해당하고, 설령 피고인들이 집행관의 강제집행 업무를 방해하였더라도 이를 채권자인 조합의 업무를 직접 방해한 것으로 볼 만한 증거도 부족하므로, 피고인들이 조합의 업무를 방해하였다고 볼 수 없고 피고인들의 행위와 조합의 업무방해 사이에 상당인과관계가 있다고 단정할 수도 없다는 이유로, 이와 달리 보아 피고인들에게 유죄를 인정한 원심판결에 심리미진 및 업무방해죄의 업무에 관한 법리오해의 잘못이 있다고 한 사례.

**제681조(수임인의 선관의무)** 수임인은 위임의 본지에 따라 선량한 관리자의 주의로써 위임사무를 처리하여야 한다.

**손해배상(기)**

[대법원 2023. 3. 30., 선고, 2019다280481, 판결]

【판시사항】

[1] 이사의 행위에 대하여 경영판단의 원칙을 적용하기 위한 요건 / 이사가 임무를 수행하면서 검토할 사항은 사안마다 개별적으로 판단되어야 하는지 여부(적극) 및 이사의 경영판단을 정당화할 수 있는 이익은 원칙적으로 회사가 실제로 얻을 가능성이 있는 구체적인 것이어야 하는지 여부(적극)

[2] 기업집단을 구성하는 개별 계열회사의 이사는 기업집단이나 다른 계열회사와 관련된 직무를 수행할 때에도 선관주의의무와 충실의무를 부담하는지 여부(적극) / 소속 회사가 법령에 위반됨이 없이 동일한 기업집단에 속한 계열회사 주식을 취득하거나 제3자가 계열회사 주식을 취득하게 하는 계약을 체결하는 경우, 이사가 주식 취득의 목적이나 계약 내용에 따라 검토하거나 조치하여야 할 사항

[3] 이사가 부담하는 대표이사나 다른 이사의 업무집행에 대한 감시·감독의무의 내용 / 이사는 대표이사나 다른 이사의 업무집행으로 자신이 이익을 얻게 될 가능성이 있는 경우에도 감시·감독의무를 부담하는지 여부(적극) / 이사가 대표이사나 다른 이사의 업무집행이 위법하거나 선관주의의무나 충실의무를 위반하였다고 의심할 만한 사유가 있는데도 감시의무를 위반하여 이를 방치한 경우, 이로 말미암아 회사가 입은 손해에 대하여 배상책임을 지는지 여부(적극)

[4] 이사가 법령 또는 정관에 위반한 행위를 하거나 임무를 게을리함으로써 회사에 대하여 손해를 배상할 책임이 있는 경우, 제반 사정을 참작하여 손해배상액을 제한할 수 있는지 여부(적극) 및 이때 손해배상액 제한의 참작 사유에 관한 사실인정이나 제한의 비율을 정하는 것이 사실심의 전권사항인지 여부(원칙적 적극)

**【판결요지】**

[1] 이사는 법령 또는 정관에 정해진 목적 범위 내에서 회사의 경영에 관한 판단을 할 재량권을 가지고 있다. 기업의 경영은 장래의 불확실한 상황을 전제로 이루어지는 경우가 많으므로 거기에는 다소의 모험과 그에 따른 위험이 수반될 수밖에 없다. 따라서 이사가 법령에 위반됨이 없이 임무를 수행하는 과정에서 합리적으로 이용가능한 범위 내에서 필요한 정보를 충분히 수집·조사하고 검토하는 절차를 거친 다음, 이를 근거로 회사의 최대 이익에 부합한다고 합리적으로 신뢰하고 신의성실에 따라 경영상의 판단을 내렸고, 그 내용이 현저히 불합리하지 않은 것으로서 통상의 이사를 기준으로 할 때 합리적으로 선택할 수 있는 범위 안에 있는 것이라면, 비록 사후에 회사가 예상했던 이익을 얻지 못하고 손해를 입게 되는 결과가 발생하였다 하더라도 이사의 행위는 허용되는 경영판단의 재량 범위 내에 있는 것이어서 해당 회사에 대하여 손해배상책임을 부담한다고 할 수 없다. 이사가 임무를 수행하면서 검토할 사항은 거래를 하는 목적이나 동기, 거래의 종류와 내용, 상대방과의 관계, 소속 회사의 재무적 상황 등에 따라 달라지므로, 사안마다 개별적으로 판단되어야 한다. 또한 이사의 경영판단을 정당화할 수 있는 이익은 원칙적으로 회사가 실제로 얻을 가능성이 있는 구체적인 것이어야 하고, 일반적이거나 막연한 기대에 불과하여 회사가 부담하는 비용이나 위험에 상응하지 않는 것이어서는 아니 된다.

[2] 기업집단을 구성하는 개별 계열회사들은 각자 독립된 법인격을 가진 별개의 회사이므로, 개별 계열회사의 이사는 기업집단이나 다른 계열회사와 관련된 직무를 수행할 때에도 선관주의의무와 충실의무를 부담한다.

소속 회사가 법령에 위반됨이 없이 동일한 기업집단에 속한 계열회사 주식을 취득하거나 제3자가 계열회사 주식을 취득하게 하는 계약을 체결하는 경우, 이사는 소속 회사의 입장에서 주식 취득의 목적이나 계약 내용에 따라 다음과 같은 사항을 검토하고 필요한 조치를 하여야 한다.

① 계열회사가 실시하는 유상증자에 참여하여 그 발행 신주를 인수하는 경우, 이사는 계열회사의 소속 회사 영업에 대한 기여도, 유상증자 참여가 소속 회사에 미치는 재정적 부담의 정도, 계열회사의 재무상태 및 경영상황, 유상증자 참여로 소속 회사가 얻을 수 있는 영업상 또는 영업 외의 이익, 유상증자에 참여하는 경우와 그렇지 않은 경우 계열회사에 미치는 영향 및 그로 인하여 소속 회사에 예상되는 이익 및 불이익의 정도 등을 객관적 자료를 바탕으로 구체적으로 검토하여야 한다.

② 순환출자구조를 가진 기업집단에 속한 소속 회사가 자신이 이미 지배하고 있는 계열회사에 대하여 적대적 M&A가 시도되거나 시도될 우려가 있는 상황에서 이를 저지하기 위해 계열회사 주식을 추가로 취득하는 경우, 소속 회사의 계열회사에 대한 경영권이 방어되는 한편 이를 통해 기업집단이 유지되면서 지배주주의 소속 회사나 기업집단에 대한 지배권도 전과 같이 유지되게 된다. 이 경우 이사는 소속 회사와 계열회사 사이의 영업적·재무적 관련성 유무와 정도, 소속 회사의 계열회사에 대한 경영권 유지와 상실에 따른 이익과 불이익의 정도, 기업집단의 변경이나 지배주주의 지배권 상실에 따른 소속 회사의 사업지속 가능성, 소속 회사의 재무상황과 사업계획을 고려한 주식취득 비용의 적정성 등을 객관적 자료를 바탕으로 구체적으로 검토하여야 한다.

③ 회사가 위 ①, ②와 같은 목적을 위하여 제3자와 계열회사 주식을 기초자산으로 하는 파생상품계약을 체결하여 제3자로 하여금 계약 기간 동안 계열회사 주식을 보유하게 하는 경우, 이사는 계약 방식에 따르는 고유한 위험으로서 기초자산인 계열회사 주가 변동에 따른 손실 가능성 및 규모, 소속 회사의 부담능력 등을 객관적·합리적으로 검토하고, 그에 따라 파생상품계약의 규모나 내용을 적절하게 조정하여 소속 회사가 부담하는 비용이나 위험을 최소화하도록 조치하여야 한다.

[3] 이사는 대표이사나 다른 이사가 선량한 관리자의 주의로써 직무를 수행하는지, 법령과 정관의 규정에 따라 회사를 위하여 직무를 충실하게 수행하는지를 감시·감독하여야 할 의무를 부담한다. 특정 이사가 대표이사나 다른 이사의 업무집행으로 인해 이익을 얻게 될 가능성이 있는 경우에도 그 이사는 이러한 감시·감독의무를 부담한다. 따라서 이사가 대표이사나 다른 이사의 업무집행이 위법하거나 이들이 선관주의의무나 충실의무를 위반하였다고 의심할 만한 사유가 있음에도 고의 또는 과실로 감시의무를 위반하여 이를 방치한 때에는 이로 말미암아 회사가 입은 손해에 대하여 상법 제399조 제1항에 따른 배상책임을 진다.

[4] 이사가 법령 또는 정관에 위반한 행위를 하거나 임무를 게을리함으로써 회사에 대하여 손해를 배상할 책임이 있는 경우에 손해배상의 범위를 정할 때에는, 해당 사업의 내용과 성격, 해당 이사의 임무 위반의 경위 및 임무 위반행위의 태양, 회사의 손해 발생 및 확대에 관여된 객관적인 사정이나 그 정도, 평소 이사의 회사에 대한 공헌도, 임무 위반행위로 인한 해당 이사의 이득 유무, 회사의 조직체계의 흠결 유무나 위험관리체제의 구축 여부 등 제반 사정을 참작하여 손해분담의 공평이라는 손해배상제도의 이념에 비추어 손해배상액을 제한할 수 있다. 이때에 손해배상액 제한의 참작 사유에 관한 사실인정이나 제한의 비율을 정하는 것은, 그것이 형평의 원칙에 비추어 현저히 불합리한 것이 아닌 한 사실심의 전권사항이다.

**제682조(복임권의 제한)** ① 수임인은 위임인의 승낙이나 부득이한 사유없이 제삼자로 하여금 자기에 갈음하여 위임사무를 처리하게 하지 못한다. *〈개정 2014. 12. 30.〉*

② 수임인이 전항의 규정에 의하여 제삼자에게 위임사무를 처리하게 한 경우에는 제121조, 제123조의 규정을 준용한다.

**제683조(수임인의 보고의무)** 수임인은 위임인의 청구가 있는 때에는 위임사무의 처리상황을 보고하고 위임이 종료한 때에는 지체없이 그 전말을 보고하여야 한다.

**추심금**

[대법원 2022. 11. 17., 선고, 2018다294179, 판결]

【판시사항】

민법 제923조 제1항에서 정한 '관리의 계산'의 의미 / 친권자가 자녀의 특유재산을 통상적인 양육비용으로 사용할 수 있는 경우 / 친권자가 자녀에 대한 재산 관리 권한에 기하여 자녀에게 지급되어야 할 돈을 자녀 대신 수령한 경우, 재산 관리 권한이 소멸하면 그 돈 중 재산 관리 권한 소멸 시까지 정당하게 지출한 부분을 공제한 나머지를 자녀 또는 그 법정대리인에게 반환할 의무가 있는지 여부(적극) 및 이때 친권자가 자녀를 대신하여 수령한 돈을 정당하게 지출하였다는 점에 대한 증명책임의 소재(=친권자) / 자녀의 친권자에 대한 위와 같은 반환청구권을 자녀의 채권자가 압류할 수 있는지 여부(적극)

【판결요지】

친권자는 자녀가 그 명의로 취득한 특유재산을 관리할 권한이 있는데(민법 제916조), 그 재산 관리 권한이 소멸하면 자녀의 재산에 대한 관리의 계산을 하여야 한다(민법 제923조 제1항). 여기서 '관리의 계산'이란 자녀의 재산을 관리하던 기간의 그 재산에 관한 수입과 지출을 명확히 결산하여 자녀에게 귀속되어야 할 재산과 그 액수를 확정하는 것을 말한다. 친권자의 위와 같은 재산 관리 권한이 소멸한 때에는 위임에 관한 민법 제683조, 제684조가 유추적용되므로, 친권자는 자녀 또는 그 법정대리인에게 위와 같은 계산 결과를 보고하고, 자녀에게 귀속되어야 할 재산을 인도하거나 이전할 의무가 있다.

한편 부모는 자녀를 공동으로 양육할 책임이 있고 양육에 소요되는 비용도 원칙적으로 공동으로 부담하여야 하는 점을 고려할 때, 친권자는 자녀의 특유재산을 자신의 이익을 위하여 임의로 사용할 수 없음은 물론 자녀의 통상적인 양육비용으로도 사용할 수도 없는 것이 원칙이나, 친권자가 자신의 자력으로는 자녀를 부양하거나 생활을 영위하기 곤란한 경우, 친권자의 자산, 수입, 생활수준, 가정상황 등에 비추어 볼 때 통상적인 범위를 넘는 현저한 양육비용이 필요한 경우 등과 같이 정당한 사유가 있는 경우에는 자녀의 특유재산을 그와 같은 목적으로 사용할 수 있다.

따라서 친권자는 자녀에 대한 재산 관리 권한에 기하여 자녀에게 지급되어야 할 돈을 자녀 대신 수령한 경우 그 재산 관리 권한이 소멸하면 그 돈 중 재산 관리 권한 소멸 시까지 위와 같이 정당하게 지출한 부분을 공제한 나머지를 자녀 또는 그 법정대리인에게 반환할 의무가 있다. 이 경우 친권자가 자녀를 대신하여 수령한 돈을 정당하게 지출하였다는 점에 대한 증명책임은 친권자에게 있다.

친권자의 위와 같은 반환의무는 민법 제923조 제1항의 계산의무 이행 여부를 불문하고 그 재산 관리 권한이 소멸한 때 발생한다고 봄이 타당하다. 이에 대응하는 자녀의 친권자에 대한 위와 같은 반환청구권은 재산적 권리로서 일신전속적인 권리라고 볼 수 없으므로, 자녀의 채권자가 그 반환청구권을 압류할 수 있다.

**제684조(수임인의 취득물 등의 인도, 이전의무)** ① 수임인은 위임사무의 처리로 인하여 받은 금전 기타의 물건 및 그 수취한 과실을 위임인에게 인도하여야 한다.
② 수임인이 위임인을 위하여 자기의 명의로 취득한 권리는 위임인에게 이전하여야 한다.

**소유권이전등기**

[대법원 2022. 9. 7., 선고, 2022다217117, 판결]

【판시사항】

[1] 수임인이 위임인을 위하여 자기 명의로 취득한 권리를 위임인에게 이전하여야 하는 시기 및 위 권리에 관한 위임인의 이전청구권의 소멸시효 기산점(=위임계약이 종료된 때)

[2] 甲 주식회사와 乙 지방자치단체가 조선산업단지 개발사업 시행에 따라 甲 회사가 乙 지방자치단체에 사업부지 내 편입된 토지 매수 및 손실보상 등에 관한 업무를 위탁하기로 하는 내용의 보상업무대행협약을 체결하고, 위 협약에 乙 지방자치단체가 보상업무 처리로 취득하는 토지 등에 관하여 소유권을 甲 회사 명의로 등기하기로 정하였는데, 乙 지방자치단체가 사업부지 내 토지에 관하여 乙 지방자치단체 명의로 소유권이전등기를 마치자, 甲 회사가 乙 지방자치단체를 상대로 위 토지에 대한 소유권이전등

기절차의 이행을 구한 사안에서, 乙 지방자치단체가 위 협약에 의한 업무 처리 과정에서 乙 지방자치단체 명의로 취득한 각 토지에 관한 소유권은 특별한 사정이 없는 한 위 협약의 종료 시점을 기준으로 甲 회사에 이전하여야 하고, 각 토지에 관한 甲 회사의 乙 지방자치단체에 대한 소유권이전등기청구권의 소멸시효는 위 협약의 종료 시점부터 진행한다고 한 사례

【판결요지】

[1] 민법 제684조 제2항은 "수임인이 위임인을 위하여 자기의 명의로 취득한 권리는 위임인에게 이전하여야 한다."라고 규정하고 있는데, 이때 그 이전 시기는 당사자 간에 특약이 있거나 위임의 본뜻에 반하는 경우 등과 같은 특별한 사정이 없는 한 위임계약이 종료된 때이다. 따라서 위임사무로 수임인 명의로 취득한 권리에 관한 위임인의 이전청구권의 소멸시효는 위임계약이 종료된 때부터 진행하게 된다.

[2] 甲 주식회사와 乙 지방자치단체가 조선산업단지 개발사업 시행에 따라 甲 회사가 乙 지방자치단체에 사업부지 내 편입된 토지 매수 및 손실보상 등에 관한 업무를 위탁하기로 하는 내용의 보상업무대행협약을 체결하고, 위 협약에 乙 지방자치단체가 보상업무 처리로 취득하는 토지 등에 관하여 소유권을 甲 회사 명의로 등기하기로 정하였는데, 乙 지방자치단체가 사업부지 내 토지에 관하여 乙 지방자치단체 명의로 소유권이전등기를 마치자, 甲 회사가 乙 지방자치단체를 상대로 위 토지에 대한 소유권이전등기절차의 이행을 구한 사안에서, 위 협약의 목적이나 업무의 내용 등에 비추어 보면, 위 협약의 법적 성질은 민법상의 위임계약 또는 그와 유사한 비전형계약이라고 봄이 타당하고, 위 협약에 따라 업무를 처리하는 과정에서 각 토지에 관한 소유권을 취득한 乙 지방자치단체는 위 토지에 관하여 甲 회사 명의로 소유권을 이전할 의무를 부담하게 되는데, 그 권리의 이전 시기에 관하여 위 협약에서 특별히 정한 바가 없어 민법상 위임에 관한 규정 중 제684조 제2항이 적용되어야 하므로, 乙 지방자치단체가 위 협약에 의한 업무 처리 과정에서 乙 지방자치단체 명의로 취득한 각 토지에 관한 소유권은 특별한 사정이 없는 한 위 협약의 종료 시점을 기준으로 甲 회사에 이전하여야 하고, 각 토지에 관한 甲 회사의 乙 지방자치단체에 대한 소유권이전등기청구권의 소멸시효는 위 협약의 종료 시점부터 진행하는데도, 이와 달리 본 원심판단에 심리미진 등의 잘못이 있다고 한 사례.

**제685조(수임인의 금전소비의 책임)** 수임인이 위임인에게 인도할 금전 또는 위임인의 이익을 위하여 사용할 금전을 자기를 위하여 소비한 때에는 소비한 날 이후의 이자를 지급하여야 하며 그 외의 손해가 있으면 배상하여야 한다.

**제686조(수임인의 보수청구권)** ① 수임인은 특별한 약정이 없으면 위임인에 대하여 보수를 청구하지 못한다.

② 수임인이 보수를 받을 경우에는 위임사무를 완료한 후가 아니면 이를 청구하지 못한다. 그러나 기간으로 보수를 정한 때에는 그 기간이 경과한 후에 이를 청구할 수 있다.

③ 수임인이 위임사무를 처리하는 중에 수임인의 책임없는 사유로 인하여 위임이 종료된 때에는 수임인은 이미 처리한 사무의 비율에 따른 보수를 청구할 수 있다.

**양수금**

[대법원 2023. 2. 2., 선고, 2022다276307, 판결]

【판시사항】

[1] 소멸시효가 진행하지 않는 '권리를 행사할 수 없는' 경우의 의미

[2] 소송위임계약으로 성공보수를 약정하였을 경우, 보수청구권의 소멸시효 기산점(=해당 심급의 판결을 송달받은 때) 및 이때 당사자 사이에 보수금의 지급시기에 관한 특약이 있는 경우, 소멸시효 기산점(=특약에 따라 보수채권을 행사할 수 있는 때)

【판결요지】

[1] 민법 제166조 제1항에 의하면 소멸시효는 객관적으로 권리가 발생하고 그 권리를 행사할 수 있는 때로부터 진행하며, 그 권리를 행사할 수 없는 동안에는 진행하지 아니한다. 여기서 '권리를 행사할 수 없다.'라고 함은 그 권리행사에 법률상의 장애사유, 예컨대 기간의 미도래나 조건불성취 등이 있는 경우를 말하는 것이고, 사실상 그 권리의 존부나 권리행사의 가능성을 알지 못하였거나 알지 못함에 과실이 없다고 하여도 이러한 사유는 법률상 장애사유에 해당한다고 할 수 없다.

[2] 민법 제686조 제2항에 의하면 수임인은 위임사무를 완료하여야 보수를 청구할 수 있다. 따라서 소송위임계약으로 성공보수를 약정하였을 경우 심급대리의 원칙에 따라 수임한 소송사무가 종료하는 시기인 해당 심급의 판결을 송달받은 때로부터 그 소멸시효 기간이 진행되나, 당사자 사이에 보수금의 지급시기에 관한 특약이 있다면 그에 따라 보수채권을 행사할 수 있는 때로부터 소멸시효가 진행한다고 보아야 한다.

**제687조(수임인의 비용선급청구권)** 위임사무의 처리에 비용을 요하는 때에는 위임인은 수임인의 청구에 의하여 이를 선급하여야 한다.

**제688조(수임인의 비용상환청구권 등)** ① 수임인이 위임사무의 처리에 관하여 필요비를 지출한 때에는 위임인에 대하여 지출한 날 이후의 이자를 청구할 수 있다.

② 수임인이 위임사무의 처리에 필요한 채무를 부담한 때에는 위임인에게 자기에 갈음하여 이를 변제하게 할 수 있고 그 채무가 변제기에 있지 아니한 때에는 상당한 담보를 제공하게 할 수 있다. *〈개정 2014. 12. 30.〉*

③ 수임인이 위임사무의 처리를 위하여 과실없이 손해를 받은 때에는 위임인에 대하여 그 배상을 청구할 수 있다.

**약정금**

[대법원 2019. 8. 14., 선고, 2016다200538, 판결]

【판시사항】

[1] 소송위임계약이 위임사무 처리 도중 수임인의 귀책사유로 종료된 경우, 위임인이 수임인에게 계약종료 당시까지 이행한 사무처리 부분에 관한 상당한 보수와 사무처리비용을 지급할 의무가 있는지 여부(적극)

[2] 甲 아파트 입주자대표회의가 아파트를 건축·분양한 사업주체 등을 상대로 하자보수에 관한 소송을 제기하기 위하여 변호사 乙과 소송위임계약을 체결하였는데, 위임사무 처리 도중 甲 아파트 입주자대표회의가 세대전수하자조사 미흡 및 하자조사보고서 부실작성 등을 이유로 乙에게 위임계약의 해지를 통보하자, 乙이 甲 아파트 입주자대표회

의를 상대로 그때까지 지출한 소송비용과 하자진단비의 지급을 구한 사안에서, 乙의 귀책사유로 위임계약이 종료되었다 하더라도, 위 소송비용과 하자진단비는 乙이 위임계약 종료 당시까지 이행한 사무처리를 위하여 필요한 상당한 비용으로서 甲 아파트 입주자대표회의가 민법 제688조 제1항에 따라 乙에게 이를 지급할 의무가 있는데도, 이와 달리 보아 乙의 주장을 배척한 원심판단에는 계약의 해석 및 수임인의 비용상환청구권 등에 관한 법리오해의 잘못이 있다고 한 사례

【판결요지】

[1] 소송위임계약과 관련하여 위임사무 처리 도중에 수임인의 귀책사유로 신뢰관계가 훼손되어 더 이상 소송위임사무를 처리하지 못하게 됨에 따라 계약이 종료되었다 하더라도, 위임인은 수임인이 계약종료 당시까지 이행한 사무처리 부분에 관해서 수임인이 처리한 사무의 정도와 난이도, 사무처리를 위하여 수임인이 기울인 노력의 정도, 처리된 사무에 대하여 가지는 위임인의 이익 등 여러 사정을 참작하여 상당하다고 인정되는 보수 금액 및 상당하다고 인정되는 사무처리비용을 지급할 의무가 있다.

[2] 甲 아파트 입주자대표회의가 아파트를 건축·분양한 사업주체 등을 상대로 하자보수에 관한 소송을 제기하기 위하여 변호사 乙과 소송위임계약을 체결하였는데, 위임사무 처리 도중 甲 아파트 입주자대표회의가 세대전수하자조사 미흡 및 하자조사보고서 부실작성 등을 이유로 乙에게 위임계약의 해지를 통보하자, 乙이 甲 아파트 입주자대표회의를 상대로 그때까지 지출한 소송비용과 하자진단비의 지급을 구한 사안에서, 乙의 귀책사유로 위임계약이 종료되었다 하더라도, 乙이 위 소송 수행을 위하여 전체 세대의 약 78%에 달하는 입주민들로부터 손해배상채권을 양도받았고, 세대하자전수조사를 실시한 세대가 전체 세대의 약 61.6%에 이르는 등 위임사무 처리를 위하여 기울인 노력이 상당하며, 위와 같이 처리된 사무가 甲 아파트 입주자대표회의에게도 상당한 이익인 것으로 보이므로, 위 소송비용과 하자진단비는 乙이 위임계약 종료 당시까지 이행한 사무처리를 위하여 필요한 상당한 비용으로서 甲 아파트 입주자대표회의가 민법 제688조 제1항에 따라 乙에게 이를 지급할 의무가 있는데도, 이와 달리 보아 乙의 주장을 배척한 원심판단에는 계약의 해석 및 수임인의 비용상환청구권 등에 관한 법리오해의 잘못이 있다고 한 사례.

**제689조(위임의 상호해지의 자유)** ① 위임계약은 각 당사자가 언제든지 해지할 수 있다.
② 당사자 일방이 부득이한 사유없이 상대방의 불리한 시기에 계약을 해지한 때에는 그 손해를 배상하여야 한다.

**약정금**

[대법원 2019. 9. 10., 선고, 2017다258237, 판결]

【판시사항】

[1] '전속매니지먼트계약'의 의의 및 그 법적 성질을 판단하는 기준

[2] 연예인인 甲이 乙과 甲의 연예활동과 관련한 매니지먼트 업무를 乙에게 위임하는 내용의 전속계약을 체결하였는데, 그 후 甲이 신뢰관계 훼손 등을 이유로 전속계약을 해지한 사안에서, 위 전속계약의 법적 성질은 위임과 비슷한 무명계약에 해당하고, 계약당사자 상호 간의 신뢰관계가 깨어지면 甲은 전속계약을 해지할 수 있다고 한 사례

[3] 법원이 당사자의 변론재개신청을 받아들여 변론을 재개할 의무가 있는 예외적인 경우

【판결요지】

[1] '전속매니지먼트계약'이란 소속사나 매니저가 연예인의 연예업무 처리에 관한 서비스를 제공하고, 연예인은 소속사나 매니저를 통해서만 연예활동을 하고 직접 또는 제3자를 통해서는 연예활동을 하지 않을 의무를 부담하는 것을 주요 내용으로 하는 계약이다. 그 법적 성질은 해당 계약의 목적, 당사자들이 부담하는 의무의 내용과 성격, 당사자들의 지위, 인지도, 교섭력의 차이, 보수의 지급이나 수익의 분배 방식 등 여러 사정을 구체적으로 검토하여 결정하여야 한다.

[2] 연예인인 甲이 乙과 甲의 연예활동과 관련한 매니지먼트 업무를 乙에게 위임하는 내용의 전속계약을 체결하였는데, 그 후 甲이 신뢰관계 훼손 등을 이유로 전속계약을 해지한 사안에서, 위 전속계약은 乙이 甲으로부터 연예활동과 관련한 매니지먼트 업무를 위임받아 성실하게 수행하는 것을 주된 내용으로 하고 있으므로 기본적으로 당사자 일방이 상대방에 대하여 사무의 처리를 위탁하고 상대방이 이에 대하여 승낙함으로써 성립하는 위임계약의 성질을 가지나, 매니지먼트 업무를 맡은 乙이 사무처리에 대한 대가로 연예활동과 관련하여 발생한 모든 수입을 자신이 수령한 다음 비용을 공제한 나머지 금액 중 50%를 매달 일정한 날에 甲에게 지급하기로 하였고, 甲에게 전속료를 지급하는 등 민법에서 정한 전형적인 위임계약과 다른 특수성을 띠고 있으므로, 위 전속계약의 법적 성질은 민법상 전형적인 위임계약으로 볼 수 없고 위임과 비슷한 무명계약에 해당하는데, 위 전속계약은 민법상 위임계약과는 달리 그 존속과 관련하여 당사자들의 이해관계가 강하게 결부되어 있으므로 연예인인 甲이 언제든지 계약을 해지할 수는 없다고 하더라도, 위 전속계약이 기본적으로 위임계약의 속성을 지니고 있음에 비추어 볼 때 계약의 존속을 기대할 수 없는 중대한 사유가 있는 경우에만 계약을 해지할 수 있다고 볼 것은 아닌바, 위 전속계약의 성질상 계약 목적의 달성을 위하여 계약당사자 사이에 고도의 신뢰관계를 유지하는 것이 필수적이고, 전속계약에 따라 연예인인 甲이 부담하는 전속활동의무는 다른 사람이 대신할 수 없으며, 당사자 사이의 신뢰관계가 깨어졌는데도 계약의 존속을 기대할 수 없는 중대한 사유가 있는 경우가 아니라는 이유로 연예인에게 자유의사에 반하는 전속활동의무를 강제하는 것은 연예인의 인격권을 지나치게 침해하는 결과가 되므로, 계약당사자 상호 간의 신뢰관계가 깨어지면 연예인인 甲은 전속계약을 해지할 수 있다고 한 사례.

[3] 당사자가 변론종결 후 주장·증명을 제출하기 위하여 변론재개신청을 한 경우 당사자의 변론재개신청을 받아들일지는 원칙적으로 법원의 재량에 속한다. 법원이 변론을 재개하고 심리를 속행할 의무가 있는 경우는 변론을 재개하여 당사자에게 주장·증명을 제출할 기회를 주지 않은 채 패소 판결을 하는 것이 민사소송법이 추구하는 절차적 정의에 반하는 경우로 한정된다. 가령 변론재개신청을 한 당사자가 변론종결 전에 그에게 책임을 지우기 어려운 사정으로 주장·증명을 제출할 기회를 제대로 갖지 못하였고 주장·증명의 대상이 판결의 결과를 좌우할 만큼 주요한 요증사실에 해당하는 경우 등이 이에 해당한다.

**제690조(사망 · 파산 등과 위임의 종료)** 위임은 당사자 한쪽의 사망이나 파산으로 종료된다. 수임인이 성년후견개시의 심판을 받은 경우에도 이와 같다.

*[전문개정 2011. 3. 7.]*

**제691조(위임종료시의 긴급처리)** 위임종료의 경우에 급박한 사정이 있는 때에는 수임인, 그 상속인이나 법정대리인은 위임인, 그 상속인이나 법정대리인이 위임사무를 처리할 수 있을 때까지 그 사무의 처리를 계속하여야 한다. 이 경우에는 위임의 존속과 동일한 효력이 있다.

**정이사선임처분취소**

[대법원 2021. 10. 14., 선고, 2021두39362, 판결]

【판시사항】

[1] 임기가 만료된 학교법인의 이사에게 후임이사가 선임될 때까지 종전의 직무를 계속하여 수행할 긴급처리권이 인정되는지 여부(원칙적 적극) 및 위 긴급처리권에 후임 정식이사 선임에 관여할 권한이 포함되는지 여부(적극) / 관할청이 구 사립학교법 제25조의3에 따라 정식이사를 선임할 때 퇴임한 정식이사들의 긴급처리권에 구애받지 않고 공석이 있는 이사 정수 전원에 대하여 정식이사 선임권을 행사할 수 있는지 여부(적극)

[2] 행정기관 내부의 업무처리지침이나 법령의 해석·적용 기준을 정한 행정규칙이 대외적 구속력을 갖는지 여부(소극) 및 처분이 행정규칙에 적합한지에 따라 처분의 적법 여부를 판단할 수 있는지 여부(소극)

[3] 관할청이 구 사립학교법 제25조의3에 따른 정식이사 선임권을 행사할 때 종전 정식이사의 의견을 존중해야 하는지 여부 및 그 한계

【판결요지】

[1] 학교법인의 이사 임기가 만료되었다고 하더라도, 적법한 후임이사의 선임이 없어 임기가 만료되지 아니한 다른 이사만으로는 정상적인 학교법인의 활동을 할 수 없는 경우, 임기가 만료된 구 이사로 하여금 학교법인의 업무를 수행케 함이 부적당하다고 인정할 만한 특별한 사정이 없는 한, 민법 제691조를 유추하여 구 이사에게 후임이사가 선임될 때까지 종전의 직무를 계속하여 수행할 긴급처리권이 인정되고, 긴급처리권은 후임 정식이사 선임에 관여할 권한도 포함한다.

관할청이 구 사립학교법(2020. 12. 22. 법률 제17659호로 개정되기 전의 것) 제25조의3에 따라 정식이사를 선임할 때에는 퇴임한 정식이사들의 긴급처리권에 구애받지 않고 공석이 있는 이사 정수 전원에 대하여 정식이사 선임권을 행사할 수 있다.

[2] 행정기관 내부의 업무처리지침이나 법령의 해석·적용 기준을 정한 행정규칙은 특별한 사정이 없는 한 대외적으로 국민이나 법원을 구속하는 효력이 없다. 처분이 행정규칙을 위반하였다고 해서 그러한 사정만으로 곧바로 위법하게 되는 것은 아니고, 처분이 행정규칙을 따른 것이라고 해서 적법성이 보장되는 것도 아니다. 처분이 적법한지는 행정규칙에 적합한지 여부가 아니라 상위법령의 규정과 입법 목적 등에 적합한지 여부에 따라 판단해야 한다.

[3] 민법상 재단법인의 성격을 가지는 학교법인은 스스로 구성한 이사회의 의사결정에 따라 설립자의 설립목적을 구현한다. 관할청의 정식이사 선임권은 학교법인의 자율적 수단만으로 이사회의 기능을 유지·회복하기 어려운 때 학교법인의 의사결정을 보충·후견하기 위하여 인정되는 권한이다. 따라서 관할청의 정식이사 선임권은 가능한 한 설립자의 설립목적을 충실히 구현할 수 있는 방향으로 행사되어야 하고, 그 권한행사 과

정에서 설립자로부터 순차적으로 학교법인의 설립목적을 승계하였다고 볼 수 있는 종전 정식이사의 의견을 존중함이 바람직하다.

그러나 관할청의 정식이사 선임권 역시 법령상 인정된 제도로서, 이는 학교법인의 자율성을 다소 후퇴시키더라도, 국가의 일정한 개입을 통하여 학교법인 기능을 정상화하기 위하여 인정되는 권한이므로 그 목적 달성에 필요한 범위에서 종전 정식이사의 의견을 존중하는 데에는 일정한 한계가 있을 수밖에 없다.

**제692조(위임종료의 대항요건)** 위임종료의 사유는 이를 상대방에게 통지하거나 상대방이 이를 안 때가 아니면 이로써 상대방에게 대항하지 못한다.

## 제12절 임치

**제693조(임치의 의의)** 임치는 당사자 일방이 상대방에 대하여 금전이나 유가증권 기타 물건의 보관을 위탁하고 상대방이 이를 승낙함으로써 효력이 생긴다.

**물품인도청구**

[대법원 2022. 8. 19., 선고, 2020다220140, 판결]

【판시사항】

[1] 임치계약 해지에 따른 임치물 반환청구권의 소멸시효 기산점(=임치계약이 성립하여 임치물이 수치인에게 인도된 때)

[2] 자동차 제조회사인 甲 주식회사와 자동차 배기가스 촉매제를 제조·납품하는 계약을 체결한 乙 주식회사가 甲 회사의 지시에 따라 丙 주식회사에 촉매제를 인도하면, 丙 회사가 인도받은 촉매제로 촉매정화장치를 제조하여 甲 회사에 납품하였고, 甲 회사는 丙 회사로부터 납품받은 촉매정화장치에 사용된 촉매제의 수량에 따라 乙 회사에 촉매제 대금을 지급하였는데, 乙 회사가 丙 회사를 상대로 촉매정화장치에 사용되지 않고 남은 잔여촉매제의 반환을 구하자, 丙 회사가 소 제기 5년 이전에 인도받은 촉매제에 대한 임치물 반환청구권은 소멸시효가 완성되었다고 항변한 사안에서, 임치물 반환청구권의 소멸시효는 임치계약이 성립하여 임치물이 수치인에게 인도된 때부터 진행한다고 보아야 하는데도, 이와 달리 보아 위 임치물 반환청구권의 소멸시효가 완성되지 않았다고 본 원심판단에 법리오해 등의 잘못이 있다고 한 사례

【판결요지】

[1] 임치계약 해지에 따른 임치물 반환청구는 임치계약 성립 시부터 당연히 예정된 것이고, 임치계약에서 임치인은 언제든지 계약을 해지하고 임치물의 반환을 구할 수 있는 것이므로, 특별한 사정이 없는 한 임치물 반환청구권의 소멸시효는 임치계약이 성립하여 임치물이 수치인에게 인도된 때부터 진행하는 것이지, 임치인이 임치계약을 해지한 때부터 진행한다고 볼 수 없다.

[2] 자동차 제조회사인 甲 주식회사와 자동차 배기가스 촉매제를 제조·납품하는 계약을 체결한 乙 주식회사가 甲 회사의 지시에 따라 丙 주식회사에 촉매제를 인도하면, 丙 회사가 인도받은 촉매제로 촉매정화장치를 제조하여 甲 회사에 납품하였고, 甲 회사는 丙 회사로부터 납품받은 촉매정화장치에 사용된 촉매제의 수량에 따라 乙 회사에 촉매제 대금을 지급하였는데, 乙 회사가 丙 회사를 상대로 촉매정화장치에 사용되지 않고

남은 잔여촉매제의 반환을 구하자, 丙 회사가 소 제기 5년 이전에 인도받은 촉매제에 대한 임치물 반환청구권은 소멸시효가 완성되었다고 항변한 사안에서, 임치물 반환청구권의 소멸시효는 임치계약이 성립하여 임치물이 수치인에게 인도된 때부터 진행한다고 보아야 하므로, 잔여촉매제에 대한 임치계약의 성립시점이 언제인지, 잔여촉매제가 丙 회사에 인도된 날이 언제인지, 그로부터 소멸시효 기간이 도래하였는지 등을 심리한 다음 소멸시효가 완성되었는지 판단하였어야 하는데도, 임치물 반환청구권의 소멸시효 기산점이 임치계약 해지일이라는 잘못된 전제에서 위와 같은 심리를 하지 않은 채 위 임치물 반환청구권의 소멸시효가 완성되지 않았다고 본 원심판단에 법리오해 등의 잘못이 있다고 한 사례.

**제694조(수치인의 임치물사용금지)** 수치인은 임치인의 동의없이 임치물을 사용하지 못한다.

**제695조(무상수치인의 주의의무)** 보수없이 임치를 받은 자는 임치물을 자기재산과 동일한 주의로 보관하여야 한다.

**제696조(수치인의 통지의무)** 임치물에 대한 권리를 주장하는 제삼자가 수치인에 대하여 소를 제기하거나 압류한 때에는 수치인은 지체없이 임치인에게 이를 통지하여야 한다.

**제697조(임치물의 성질, 하자로 인한 임치인의 손해배상의무)** 임치인은 임치물의 성질 또는 하자로 인하여 생긴 손해를 수치인에게 배상하여야 한다. 그러나 수치인이 그 성질 또는 하자를 안 때에는 그러하지 아니하다.

**제698조(기간의 약정있는 임치의 해지)** 임치기간의 약정이 있는 때에는 수치인은 부득이한 사유없이 그 기간만료전에 계약을 해지하지 못한다. 그러나 임치인은 언제든지 계약을 해지할 수 있다.

**제699조(기간의 약정없는 임치의 해지)** 임치기간의 약정이 없는 때에는 각 당사자는 언제든지 계약을 해지할 수 있다.

**제700조(임치물의 반환장소)** 임치물은 그 보관한 장소에서 반환하여야 한다. 그러나 수치인이 정당한 사유로 인하여 그 물건을 전치한 때에는 현존하는 장소에서 반환할 수 있다.

**제701조(준용규정)** 제682조, 제684조 내지 제687조 및 제688조제1항, 제2항의 규정은 임치에 준용한다.

**제702조(소비임치)** 수치인이 계약에 의하여 임치물을 소비할 수 있는 경우에는 소비대차에 관한 규정을 준용한다. 그러나 반환시기의 약정이 없는 때에는 임치인은 언제든지 그 반환을 청구할 수 있다.

**예금**

[대법원 2023. 6. 29., 선고, 2023다218353, 판결]

【판시사항】

예금계약의 법적 성질(=금전의 소비임치 계약) / 예금계약의 만기가 도래한 사정만으로 금융기관이 예금 반환 지연으로 인한 지체책임을 부담하는지 여부(소극) 및 이때 지체책임의 발생 시기(=특별한 사정이 없는 한 임치인의 적법한 지급 청구에도 불구하고 수치인이 예금 반환을 지체한 때)

【판결요지】

예금계약은 은행 등 법률이 정하는 금융기관을 수치인으로 하는 금전의 소비임치 계약으로서 수치인은 임치물인 금전 등을 보관하고 그 기간 중 이를 소비할 수 있고 임치인의 청구에 따라 동종 동액의 금전을 반환할 것을 약정함으로써 성립하는 것이므로 소비대차에 관한 민법의 규정이 준용되나 사실상 그 계약의 내용은 약관에 따라 정해진다고 보아야 한다.

또한 만기가 정해진 예금계약에 따른 금융기관의 예금 반환채무는 만기가 도래하더라도 임치인이 미리 만기 후 예금 수령방법을 지정한 경우와 같은 특별한 사정이 없는 한 임치인의 적법한 지급 청구가 있어야 비로소 이행할 수 있으므로, 예금계약의 만기가 도래한 것만으로 금융기관인 수치인이 임치인에 대하여 예금 반환 지연으로 인한 지체책임을 부담한다고 볼 수는 없고, 정당한 권한이 있는 임치인의 지급 청구에도 불구하고 수치인이 예금 반환을 지체한 경우에 지체책임을 물을 수 있다고 보아야 한다.

## 제13절 조합

**제703조(조합의 의의)** ① 조합은 2인 이상이 상호출자하여 공동사업을 경영할 것을 약정함으로써 그 효력이 생긴다.

② 전항의 출자는 금전 기타 재산 또는 노무로 할 수 있다.

**매매대금**

[대법원 2021. 7. 8., 선고, 2020다290804, 판결]

【판시사항】

[1] 계약해제권의 발생사유인 '이행지체'의 의미 / 조합채권의 추심은 조합원 전원이 공동으로 행하여야 하는지 여부(원칙적 적극)

[2] 채무자의 급부불이행 사정을 들어 계약을 해제하겠다는 통지를 한 경우, 그로써 이행의 최고가 있었다고 볼 수 있는지 여부(원칙적 적극)

[3] 매매계약이 해제된 경우, 매수인이 목적물을 인도받아 사용하였다면 사용이익 반환의무를 부담하는지 여부(적극) 및 이때 반환하여야 할 사용이익의 범위(=매수인이 점유·사용한 기간 동안의 임료 상당액)

[4] 동시이행판결을 하는 법원이 반대의무의 내용을 정할 때 유의할 사항

【판결요지】

[1] 계약해제권의 발생사유인 이행지체라 함은 채무의 이행이 가능한데도 채무자가 그 이행기를 도과한 것을 말하는 것이어서 그 이행기가 도래하기 전에는 이행지체란 있을 수 없고, 조합채권의 추심은 원칙적으로 조합원 전원이 공동으로 행하여야 한다.

[2] 채무자의 급부불이행 사정을 들어 계약을 해제하겠다는 통지를 한 때에는 특별히 그 급부의 수령을 거부하는 취지가 포함되어 있지 아니하는 한 그로써 이행의 최고가 있었다고 볼 수 있으며, 그로부터 상당한 기간이 경과하도록 이행되지 아니하였다면 채권자는 계약을 해제할 수 있다.

[3] 매매계약이 해제된 경우에 매수인이 목적물을 인도받아 사용하였다면 원상회복으로서 그 목적물을 반환하는 외에 그 사용이익을 반환할 의무를 부담하고, 여기에서 사용이

익의 반환의무는 부당이득 반환의무에 해당하므로, 특별한 사정이 없는 한 매수인이 점유·사용한 기간 동안 그 재산으로부터 통상 수익할 수 있을 것으로 예상되는 이익, 즉 임료 상당액을 매수인이 반환하여야 할 사용이익으로 보아야 한다.

[4] 동시이행판결의 반대의무 이행 또는 이행제공은 집행개시의 요건으로서 채권자가 이를 증명하는 방법에는 제한이 없으나, 반대의무의 내용이 특정되지 아니하여 반대의무의 이행 또는 이행제공을 증명할 수 없는 경우에는 강제집행을 할 수 없게 되어 결국 채권자는 강제집행을 위해 동일한 청구의 소를 다시 제기하여야 하므로, 동시이행판결을 하는 법원으로서는 반대의무의 내용을 명확하게 특정하여야 하고 자칫 이를 가볍게 여겨 강제집행에 지장이 생김으로써 무익한 절차의 반복을 하게 하는 것은 아닌지 여부 등을 확인할 필요가 있다.

**제704조(조합재산의 합유)** 조합원의 출자 기타 조합재산은 조합원의 합유로 한다.

**제705조(금전출자지체의 책임)** 금전을 출자의 목적으로 한 조합원이 출자시기를 지체한 때에는 연체이자를 지급하는 외에 손해를 배상하여야 한다.

**공사대금**

[대법원 2018. 1. 24., 선고, 2015다69990, 판결]

【판시사항】

[1] 공동이행방식의 공동수급체를 구성하여 공사를 수급받는 경우, 공동수급체의 법적 성격(=민법상 조합) / 공동수급체의 구성원이 출자의무를 이행하지 않은 경우, 공동수급체가 출자의무 불이행을 이유로 이익분배 자체를 거부하거나 이익분배금에서 출자금이나 지연이자를 공제할 수 있는지 여부(원칙적 소극) 및 이 경우 공동수급체의 출자금 채권과 구성원의 이익분배청구권이 상계적상에 있으면 두 채권을 상계할 수 있는지 여부(적극)

[2] 공동수급체 구성원들 사이에 '출자의무와 이익분배를 직접 연계시키는 특약'을 하는 것이 허용되는지 여부(적극) / 공동수급체 구성원들이 출자의무를 먼저 이행한 경우에 한하여 이익분배를 받을 수 있다고 약정하거나 출자의무의 불이행 정도에 따라 이익분배금을 삭감하기로 약정한 경우 또는 금전을 출자하기로 한 구성원이 출자를 지연하는 경우 이익분배금에서 출자금과 지연이자를 공제하기로 약정한 경우, 공동수급체가 이익분배를 거부하거나 이익분배금에서 출자금 등을 공제할 수 있는지 여부(적극) / 이러한 '공제'와 민법상 상계의 구별

[3] 공동수급체 구성원들 사이에 작성된 공동수급협정서 등 처분문서에 상계적상 여부나 상계의 의사표시와 관계없이 이익분배금에서 미지급 출자금 등을 공제할 수 있도록 기재하고 있고 처분문서의 진정성립이 인정되는 경우, 공제 약정이 있었던 것으로 보아야 하는지 여부(원칙적 적극)

[4] 출자의무를 이행하지 않은 구성원에 대한 회생절차개시 이전에 이익분배금에서 미지급 출자금을 공제하기로 하는 특약을 한 경우, 이에 따른 공제의 법적 효과가 발생하는지 여부(원칙적 적극)

【판결요지】

[1] 당사자들이 공동이행방식의 공동수급체를 구성하여 도급인으로부터 공사를 수급받는 경우 공동수급체는 원칙적으로 민법상 조합에 해당한다. 건설공동수급체 구

성원은 공동수급체에 출자의무를 지는 반면 공동수급체에 대한 이익분배청구권을 가지는데, 이익분배청구권과 출자의무는 별개의 권리·의무이다. 따라서 공동수급체의 구성원이 출자의무를 이행하지 않더라도, 공동수급체가 출자의무의 불이행을 이유로 이익분배 자체를 거부할 수도 없고, 그 구성원에게 지급할 이익분배금에서 출자금이나 그 연체이자를 당연히 공제할 수도 없다. 다만 구성원에 대한 공동수급체의 출자금 채권과 공동수급체에 대한 구성원의 이익분배청구권이 상계적상에 있으면 상계에 관한 민법 규정에 따라 두 채권을 대등액에서 상계할 수 있을 따름이다.

[2] 공동수급체의 구성원들 사이에 '출자의무와 이익분배를 직접 연계시키는 특약'을 하는 것도 계약자유의 원칙상 허용된다. 따라서 구성원들이 출자의무를 먼저 이행한 경우에 한하여 이익분배를 받을 수 있다고 약정하거나 출자의무의 불이행 정도에 따라 이익분배금을 전부 또는 일부 삭감하기로 약정할 수도 있다. 나아가 금전을 출자하기로 한 구성원이 출자를 지연하는 경우 그 구성원이 지급받을 이익분배금에서 출자금과 그 연체이자를 '공제'하기로 하는 약정을 할 수도 있다. 이러한 약정이 있으면 공동수급체는 그 특약에 따라 출자의무를 불이행한 구성원에 대한 이익분배를 거부하거나 구성원에게 지급할 이익분배금에서 출자금과 그 연체이자를 공제할 수 있다.

이러한 '공제'는 특별한 약정이 없는 한 당사자 쌍방의 채권이 서로 상계적상에 있는지 여부와 관계없이 가능하고 별도의 의사표시도 필요하지 않다. 이 점에서 상계적상에 있는 채권을 가진 채권자가 별도로 의사표시를 하여야 하는 상계(민법 제493조 제1항)와는 구별된다. 물론 상계의 경우에도 쌍방의 채무가 상계적상에 이르면 별도의 의사표시 없이도 상계된 것으로 한다는 특약을 할 수 있다. 그러나 공제 약정이 있으면 별도의 의사표시 없이도 당연히 공제되는 것이 원칙이다.

[3] 공동수급체의 구성원들 사이에 작성된 공동수급협정서 등 처분문서에 상계적상 여부나 상계의 의사표시와 관계없이 당연히 이익분배금에서 미지급 출자금 등을 공제할 수 있도록 기재하고 있고 그 처분문서의 진정성립이 인정된다면, 특별한 사정이 없는 한 처분문서에 기재되어 있는 문언대로 공제 약정이 있었던 것으로 보아야 한다.

[4] 출자의무를 이행하지 않은 구성원에 대하여 회생절차가 개시되었더라도 그 개시 이전에 이익분배금에서 미지급 출자금을 공제하기로 하는 특약을 하였다면 특별한 사정이 없는 한 그에 따른 공제의 법적 효과가 발생함에는 아무런 영향이 없다.

**제706조(사무집행의 방법)** ① 조합계약으로 업무집행자를 정하지 아니한 경우에는 조합원의 3분의 2 이상의 찬성으로써 이를 선임한다.

② 조합의 업무집행은 조합원의 과반수로써 결정한다. 업무집행자 수인인 때에는 그 과반수로써 결정한다.

③ 조합의 통상사무는 전항의 규정에 불구하고 각 조합원 또는 각 업무집행자가 전행할 수 있다. 그러나 그 사무의 완료전에 다른 조합원 또는 다른 업무집행자의 이의가 있는 때에는 즉시 중지하여야 한다.

**제707조(준용규정)** 조합업무를 집행하는 조합원에는 제681조 내지 제688조의 규정을 준용한다.

## 특정경제범죄가중처벌등에관한법률위반(배임)·모해위증·무고

[대법원 2011. 4. 28., 선고, 2009도14268, 판결]

【판시사항】

[1] 피고인이 甲과 공동으로 토지를 매수하여 그 지상에 창고사업을 하는 내용의 동업약정을 하고 동업재산이 될 토지에 관한 매매계약을 체결하였는데, 이후 甲 몰래 제3자 명의로 소유권이전등기를 마치는 배임행위를 한 사안에서, 배임죄의 피해자를 동업체인 '조합'이 아닌 '甲'이라고 본 원심판단에 법리오해의 위법이 있다고 한 사례

[2] 배임죄나 업무상배임죄에서 재산상의 손실을 야기한 임무위배행위가 동시에 그 손실을 보상할 만한 재산상의 이익을 준 경우, '재산상 손해'의 유무(소극)

[3] 피고인이 甲과 공동으로 토지를 매수하여 그 지상에 창고사업을 하는 내용의 동업약정을 하고 동업재산이 될 토지에 관한 매매계약을 체결한 다음 매도인에게 계약금을 지급하였는데, 이후 甲 몰래 제3자 명의로 소유권이전등기를 마치는 배임행위를 한 사안에서, 이로 인해 피고인이 얻은 이득액 및 피해자인 조합이 입은 손해액을 위 토지의 매수대금 상당액으로 본 원심판단에 법리오해의 위법이 있다고 한 사례

【판결요지】

[1] 피고인이 甲과 공동으로 토지를 매수하여 그 지상에 창고사업을 하는 내용의 동업약정을 하고 동업재산이 될 토지에 관한 매매계약을 체결하였는데, 이후 소유권이전등기 업무를 처리하면서 甲 몰래 매도인과 사이에 위 매매계약을 해제하고 甲을 배제하는 내용의 새로운 매매계약을 체결한 다음 제3자 명의로 소유권이전등기를 마친 사안에서, 피고인과 甲은 2인 이상이 상호출자 하여 공동사업을 경영할 것을 내용으로 하는 민법 제703조가 정한 조합계약을 체결한 것이고, 피고인은 부동산의 소유권이전등기 등 업무에 관하여 동업체인 조합에 대하여 선량한 관리자의 주의로 사무를 처리해야 할 의무가 있으므로(민법 제707조,제681조), '조합의 사무를 처리하는 자'의 지위에 있다고 할 것인데도 그 임무에 위배하여 위와 같이 소유권이전등기를 마침으로써 위 '조합'에 대한 배임행위를 한 것으로 보아야 한다는 이유로, 피해자를 '甲'이라고 본 원심판단에 배임죄의 피해자 특정에 관한 법리오해의 위법이 있다고 한 사례.

[2] 배임죄나 업무상배임죄에서 '재산상의 손해를 가한 때'란 현실적인 손해를 가한 경우뿐만 아니라 재산상 실해 발생의 위험을 초래한 경우도 포함되고, 재산상 손해의 유무에 대한 판단은 법률적 판단에 의하지 아니하고 경제적 관점에서 파악하여야 하지만, 여기서 재산상의 손해를 가한다는 것은 총체적으로 보아 본인의 재산상태에 손해를 가하는 경우, 즉 본인의 전체적 재산가치의 감소를 가져오는 것을 말하므로 재산상의 손실을 야기한 임무위배행위가 동시에 그 손실을 보상할 만한 재산상의 이익을 준 경우, 예컨대 배임행위로 인한 급부와 반대급부가 상응하고 다른 재산상 손해(현실적인 손해 또는 재산상 실해 발생의 위험)도 없는 때에는 전체적 재산가치의 감소, 즉 재산상 손해가 있다고 할 수 없다.

[3] 피고인이 甲과 공동으로 토지를 매수하여 그 지상에 창고사업을 하는 내용의 동업약정을 하고 동업재산이 될 토지에 관한 매매계약을 체결한 다음 매도인에게 계약금을 지급하였는데, 이후 소유권이전등기 업무를 처리하면서 甲 몰래 매도인과 사이에 위 매매계약을 해제하고 甲을 배제하는 내용의 새로운 매매계약을 체결한 다음 제3자 명의로 소유권이전등기를 마친 사안에서, 피해자인 조합으로서는 장차 취득할 것이 기대되

었던 토지의 가치에 상응하는 재산이 감소되었지만 다른 한편으로는 토지의 잔금지급 의무를 면하게 되었으므로 토지의 매수대금 상당액이 위 배임행위로 인하여 조합이 입게 된 재산상 손해액에 해당한다고 할 수는 없는데도, 피고인이 얻은 이득액 및 피해자가 입은 손해액을 토지의 매수대금 상당액으로 인정하여 피고인을 특정경제범죄 가중처벌 등에 관한 법률 위반(배임)죄로 의율한 원심판단에 배임죄의 재산상 손해액에 관한 법리오해의 위법이 있다고 한 사례.

**제708조(업무집행자의 사임, 해임)** 업무집행자인 조합원은 정당한 사유없이 사임하지 못하며 다른 조합원의 일치가 아니면 해임하지 못한다.

**직무집행정지및직무대행자선임가처분**

[대법원 2020. 4. 24., 자, 2019마6918, 결정]

【판시사항】

민사집행법 제300조 제2항에서 정한 '임시의 지위를 정하는 가처분'은 다툼 있는 권리관계의 존재를 요건으로 하는지 여부(적극) / 형성의 소는 법률에 명문의 규정이 있는 경우에 한하여 제기할 수 있는지 여부(적극) / 민법상 조합의 청산인에 대한 해임청구권을 피보전권리로 하여 청산인에 대한 직무집행정지와 직무대행자선임을 구하는 가처분이 허용되는지 여부(원칙적 소극)

【판결요지】

민사집행법 제300조 제2항에서 정한 '임시의 지위를 정하는 가처분'은 다툼 있는 권리관계에 관하여 그것이 본안소송에 의하여 확정되기까지 가처분권리자가 현재의 현저한 손해를 피하거나 급박한 위험을 막기 위하여 또는 그 밖에 필요한 이유가 있는 경우 허용되는 응급적·잠정적인 처분이므로 다툼 있는 권리관계의 존재를 요건으로 한다.

법률관계의 변경·형성을 목적으로 하는 형성의 소는 법률에 명문의 규정이 있는 경우에 한하여 제기할 수 있다. 단체의 대표자 등에 대하여 해임을 청구하는 소는 형성의 소에 해당하고, 이를 허용하는 법적 근거가 없는 경우 대표자 등에 대하여 직무집행정지와 직무대행자선임을 구하는 가처분 신청은 가처분에 의하여 보전될 권리관계가 존재한다고 볼 수 없어 허용되지 않는다.

조합이 해산한 때 청산은 총조합원 공동으로 또는 그들이 선임한 자가 그 사무를 집행하고 청산인의 선임은 조합원의 과반수로써 결정한다(민법 제721조 제1항, 제2항). 민법은 조합원 중에서 청산인을 정한 때 다른 조합원의 일치가 아니면 청산인인 조합원을 해임하지 못한다고 정하고 있을 뿐이고(제723조, 제708조), 조합원이 법원에 청산인의 해임을 청구할 수 있는 규정을 두고 있지 않다. 민법상 조합의 청산인에 대하여 법원에 해임을 청구할 권리가 조합원에게 인정되지 않으므로, 특별한 사정이 없는 한 그와 같은 해임청구권을 피보전권리로 하여 청산인에 대한 직무집행정지와 직무대행자선임을 구하는 가처분은 허용되지 않는다.

**제709조(업무집행자의 대리권추정)** 조합의 업무를 집행하는 조합원은 그 업무집행의 대리권있는 것으로 추정한다.

**배당이의**

[대법원 2018. 4. 12., 선고, 2017다271070, 판결]

【판시사항】

영농조합법인과 대표이사의 이익이 상반하는 사항에 관하여 대표이사에게 대리권이 있는지 여부(소극) 및 대표이사가 민법 제124조를 위반하여 영농조합법인을 대리한 행위가 영농조합법인에 대하여 효력이 있는지 여부(소극)

【판결요지】

구 농어업경영체 육성 및 지원에 관한 법률(2015. 1. 6. 법률 제12961호로 개정되기 전의 것, 이하 '구 농어업경영체법'이라 한다) 제16조는, 제1항에서 협업적 농업경영을 통하여 생산성을 높이고 농산물의 출하·유통·가공·수출 등을 공동으로 하려는 농업인 등은 5인 이상을 조합원으로 하여 영농조합법인을 설립할 수 있다고 하면서, 제3항과 제7항에서 영농조합법인은 법인으로 하되 영농조합법인에 관하여 위 법에서 규정한 사항 외에는 민법 중 조합에 관한 규정을 준용한다고 정하고 있다. 그리고 이러한 규정은 구 농어업경영체 육성 및 지원에 관한 법률(2009. 4. 1. 법률 제9620호로 제정된 것) 부칙 제3조에 의하여 위 법 제정 전에 설립된 영농조합법인의 경우에도 그대로 적용된다.

영농조합법인과 대표이사의 이익이 상반하는 사항에 관하여는 구 농어업경영체법 등에 특별히 규정된 것이 없으므로, 민법 중 조합에 관한 규정을 준용하여야 한다. 민법 제709조에 의하면, 조합계약으로 업무집행자를 정하였거나 또는 선임한 때에는 업무집행조합원은 조합의 목적을 달성하는 데 필요한 범위에서 조합을 위하여 모든 행위를 할 대리권이 있는 것으로 추정된다. 또한 민법 제124조는, 대리인은 본인의 허락이 없으면 본인을 위하여 자기와 법률행위를 하지 못한다고 규정하고 있는데, 본인과 대리인 간의 이해의 충돌이 있는 때에도 위 규정이 적용된다. 이러한 규정에 비추어 보면, 영농조합법인과 대표이사의 이익이 상반하는 사항에 관하여 대표이사는 대리권이 없다. 그럼에도 대표이사가 민법 제124조를 위반하여 영농조합법인을 대리한 경우에 그 행위는 무권대리행위로서 영농조합법인에 대하여 효력이 없다.

**제710조(조합원의 업무, 재산상태검사권)** 각 조합원은 언제든지 조합의 업무 및 재산상태를 검사할 수 있다.

**장부열람등**

[대법원 2021. 1. 14., 선고, 2020다222580, 판결]

【판시사항】

민법 제710조에서 정한 '조합원의 업무, 재산상태 검사권'에 장부 그 밖의 서류의 열람·등사를 청구할 권한이 포함되는지 여부(적극) / 영농조합법인의 조합원이 영농조합법인의 장부 등에 대하여 열람·등사를 청구할 수 있는지 여부(원칙적 적극)

【판결요지】

농어업경영체 육성 및 지원에 관한 법률(이하 '농어업경영체법'이라 한다) 제16조 제8항은 "영농조합법인 및 영어조합법인에 관하여 이 법에서 규정한 사항 외에는 민법 중 조합에 관한 규정을 준용한다."라고 정하고 있다. 농어업경영체법은 영농조합법인 조합원의 업무와 재산상태 검사권에 관하여 별다른 규정을 두고 있지 않으므로 민법 중 조합에 관한 규정을 준용하여야 한다.

민법 제710조는 '조합원의 업무, 재산상태 검사권'이라는 제목으로 "각 조합원은 언제든지 조합의 업무 및 재산상태를 검사할 수 있다."라고 정하고 있다. 이 규정에 따라 각 조합원은 장부 그 밖의 서류를 열람하여 조합의 업무와 재산의 유무를 검사할 수 있으므로, 조합원의 검사권에는 업무와 재산상태를 검사하기 위하여 필요한 범위에서 장부 그 밖의 서류의 열람·등사를 청구할 권한이 포함된다. 따라서 영농조합법인의 조합원은 특별한 사정이 없는 한 영농조합법인의 장부 등에 대하여 열람·등사를 청구할 수 있다.

**제711조(손익분배의 비율)** ① 당사자가 손익분배의 비율을 정하지 아니한 때에는 각 조합원의 출자가액에 비례하여 이를 정한다.

② 이익 또는 손실에 대하여 분배의 비율을 정한 때에는 그 비율은 이익과 손실에 공통된 것으로 추정한다.

**이익배당금**

[대법원 2016. 8. 30., 선고, 2014다19790, 판결]

【판시사항】

[1] 조합이 분기별로 이익금을 정산하여 조합원들에게 분배하기로 약정한 경우, 조합원이 연도별 이익배당을 청구할 수 있는지 여부(적극) 및 연도별 이익금이 인정되고 당사자가 이를 기준으로 배당금을 청구한 경우, 분기별 이익금을 증명하지 못하였다는 이유만으로 청구를 배척할 수 있는지 여부(소극)

[2] 민법상 조합에서 다른 조합원의 동의 없이 각자 지분을 자유로이 양도할 수 있도록 조합원 상호 간에 약정하거나 사후적으로 지분 양도를 인정하는 합의를 하는 것이 유효한지 여부(적극)

【판결요지】

[1] 조합관계의 이익분배에 관하여 분기별로 이익금을 정산할 경우 이익배당은 매 분기 종료 시에 청구할 수 있고, 어느 분기에 이익이 발생하였다면 다른 분기에 손실이 발생하였는지와 관계없이 해당 분기의 이익배당금을 청구할 수 있으나, 연도별로 이익배당금을 청구할 경우에는 해당 연도의 분기별 손익을 가감하여 연도 말 기준으로 배당 가능한 최종 이익이 있어야 이익배당금을 청구할 수 있으므로, 일반적으로 연도별 이익배당이 분기별 이익배당에 비하여 조합원들에게 불리하다.

그러므로 조합이 분기별로 이익금을 정산하여 조합원들에게 분배하기로 약정하였더라도, 조합원이 '분기별' 정산 및 이익배당보다 자신에게 불리한 '연도별' 이익배당을 청구하는 것이 허용되지 않는다고 할 이유는 없다. 따라서 연도별 이익금이 인정되고 당사자가 이를 기준으로 배당금을 청구하고 있다면, 분기별 이익금을 증명하지 못하였다는 이유만으로 가벼이 청구를 배척할 것은 아니다.

[2] 2인 이상이 상호 출자하여 공동사업을 경영할 것을 약정함에 따라 성립한 민법상 조합에서 조합원 지분의 양도는 원칙적으로 다른 조합원 전원의 동의가 있어야 하지만, 다른 조합원의 동의 없이 각자 지분을 자유로이 양도할 수 있도록 조합원 상호 간에 약정하거나 사후적으로 지분 양도를 인정하는 합의를 하는 것은 유효하다.

**제712조(조합원에 대한 채권자의 권리행사)** 조합채권자는 그 채권발생 당시에 조합원의 손실부담의 비율을 알지 못한 때에는 각 조합원에게 균분하여 그 권리를 행사할 수 있다.

**약정금**

[대법원 2018. 8. 1., 선고, 2017다246739, 판결]

【판시사항】

[1] 법인의 준거법을 규정하는 국제사법 제16조 본문의 적용 범위 / 법인의 구성원이 법인의 채권자에 대하여 책임을 부담하는지 및 책임을 부담한다면 범위는 어디까지인지 등에 관하여 해당 법인의 설립 준거법에 따라야 하는지 여부(적극)

[2] 구 농어업경영체 육성 및 지원에 관한 법률상 영농조합법인의 채권자가 채권 발생 당시의 각 조합원에 대하여 채무의 이행을 청구할 수 있는지 여부(원칙적 적극) / 조합채무가 조합원 전원을 위하여 상행위가 되는 행위로 부담하게 된 경우, 조합원들이 연대책임을 지는지 여부(적극) 및 이러한 법리는 영농조합법인의 채권자가 권리를 행사하는 경우에도 마찬가지인지 여부(적극)

[3] 甲 영농조합법인이 별장식 휴양타운의 개발사업을 추진하면서 乙 외국법인과 휴양타운의 분양과 회원모집을 위한 판매·홍보업무 대행계약을 체결하였는데, 乙 법인이 甲 법인의 조합원인 丙 등을 상대로 계약에 따른 약정금의 지급을 구한 사안에서, 甲 법인의 설립 준거법인 대한민국의 법에 따라 丙 등은 연대하여 乙 법인에 약정금을 지급할 의무가 있다고 한 사례

【판결요지】

[1] 국제사법 제16조 본문은 "법인 또는 단체는 그 설립의 준거법에 의한다."라고 하여 법인의 준거법은 원칙적으로 설립 준거법을 기준으로 정하고 있다. 이 조항이 적용되는 사항을 제한하는 규정이 없는데, 그 적용 범위는 법인의 설립과 소멸, 조직과 내부관계, 기관과 구성원의 권리와 의무, 행위능력 등 법인에 관한 문제 전반을 포함한다고 보아야 한다. 따라서 법인의 구성원이 법인의 채권자에 대하여 책임을 부담하는지, 만일 책임을 부담한다면 그 범위는 어디까지인지 등에 관하여도 해당 법인의 설립 준거법에 따라야 한다.

[2] 구 농어업경영체 육성 및 지원에 관한 법률(2015. 1. 6. 법률 제12961호로 개정되기 전의 것, 이하 '구 농어업경영체법'이라 한다)은 영농조합법인의 실체를 민법상 조합으로 보면서 협업적 농업경영을 통한 농업생산성의 향상 등을 도모하기 위해 일정한 요건을 갖춘 조합체에 특별히 법인격을 부여하고 있다(제16조 제3항). 영농조합법인에 대하여는 구 농어업경영체법 등 관련 법령에 특별한 규정이 없으면 법인격을 전제로 한 것을 제외하고는 민법의 조합에 관한 규정이 준용된다(제16조 제7항).

영농조합법인의 채권자가 조합원에 대하여 권리를 행사하는 경우에 관하여는 구 농어업경영체법 등에 특별히 규정된 것이 없다. 따라서 영농조합법인의 채권자는 원칙적으로 조합원에 대한 채권자의 권리행사에 관한 민법 제712조에 따라 채권 발생 당시의 각 조합원에 대하여 지분비율에 따라 또는 균분해서 해당 채무의 이행을 청구할 수 있다. 다만 조합채무가 조합원 전원을 위하여 상행위가 되는 행위로 부담하게 된 것이라면 상법 제57조 제1항을 적용하여 조합원들의 연대책임을 인정하여야 하는데, 이러한 법리는 영농조합법인의 채권자가 권리를 행사하는 경우에도 마찬가지이다.

[3] 甲 영농조합법인이 별장식 휴양타운의 개발사업을 추진하면서 乙 외국법인과 휴양타운의 분양과 회원모집을 위한 판매·홍보업무 대행계약을 체결하였는데, 乙 법인이 甲 법인의 조합원인 丙 등을 상대로 계약에 따른 약정금의 지급을 구한 사안에서, 甲 법인은 대한민국의 구 농어업경영체 육성 및 지원에 관한 법률(2015. 1. 6. 법률 제12961호로 개정되기 전의 것, 이하 '구 농어업경영체법'이라 한다)에 의하여 설립되었으므로, 甲 법인의 구성원인 丙 등이 甲 법인의 채권자인 乙 법인에 대하여 연대책임을 지는지에 관하여는 甲 법인의 설립 준거법인 대한민국의 법이 준거법이 되고, 구 농어업경영체법에 따라 영농조합법인인 甲 법인의 조합원인 丙 등은 법인이 부담하는 채무에 대하여 일반적으로 민법 제712조에 따라 변제책임을 지는데, 甲 법인은 조합원 전원을 위하여 상행위가 되는 행위로 위 약정금 채무를 부담하였으므로, 丙 등은 상법 제57조 제1항에 따라 연대하여 乙 법인에 약정금을 지급할 의무가 있다고 한 사례.

**제713조(무자력조합원의 채무와 타조합원의 변제책임)** 조합원 중에 변제할 자력없는 자가 있는 때에는 그 변제할 수 없는 부분은 다른 조합원이 균분하여 변제할 책임이 있다.

**제714조(지분에 대한 압류의 효력)** 조합원의 지분에 대한 압류는 그 조합원의 장래의 이익배당 및 지분의 반환을 받을 권리에 대하여 효력이 있다.

**제715조(조합채무자의 상계의 금지)** 조합의 채무자는 그 채무와 조합원에 대한 채권으로 상계하지 못한다.

**제716조(임의탈퇴)** ① 조합계약으로 조합의 존속기간을 정하지 아니하거나 조합원의 종신까지 존속할 것을 정한 때에는 각 조합원은 언제든지 탈퇴할 수 있다. 그러나 부득이한 사유없이 조합의 불리한 시기에 탈퇴하지 못한다.
② 조합의 존속기간을 정한 때에도 조합원은 부득이한 사유가 있으면 탈퇴할 수 있다.

**제717조(비임의 탈퇴)** 제716조의 경우 외에 조합원은 다음 각 호의 어느 하나에 해당하는 사유가 있으면 탈퇴된다.

1. 사망
2. 파산
3. 성년후견의 개시
4. 제명(除名)

*[전문개정 2011. 3. 7.]*

**상속세부과처분취소**

[대법원 2016. 5. 12., 선고, 2015두60167, 판결]

**【판시사항】**

상속개시 당시 상속인이 환급을 청구할 수 있는 조합의 잔여재산이 있는 경우, 피상속인이 사망으로 인하여 조합을 탈퇴하기 이전에 생긴 조합의 채무가 상속재산가액에서 제외되는지 여부(적극) / 위 채무 중 피상속인의 지분에 해당하는 부분이 금융재산 상속공제에서 순금융재산의 가액을 산정할 때 차감되어야 할 금융채무인지 여부(소극)

**【판결요지】**

상속개시 당시 상속인이 환급을 청구할 수 있는 조합의 잔여재산이 있는 경우 피상속인이 사망으로 인하여 조합을 탈퇴하기 이전에 생긴 조합의 채무는 탈퇴로 인한 계산에 따라 상속재산가액에서 제외된다. 그리고 상속인은 탈퇴로 인한 계산에도 불구하고 여전히 조합과 함께 조합의 채권자에게 위 채무 중 피상속인의 지분에 해당하는 부분을 직접 부담하기는 하지만, 이는 특별한 사정이 없는 한 상속개시 당시 피상속인이 종국적으로 부담하여 이행하여야 할 것이 확실하다고 인정되는 채무가 아니므로 금융재산 상속공제에서 순금융재산의 가액(상속재산가액 중 금융재산의 가액에서 금융채무를 뺀 가액)을 산정할 때 차감되어야 할 금융채무로 볼 수 없다.

**제718조(제명)** ① 조합원의 제명은 정당한 사유있는 때에 한하여 다른 조합원의 일치로써 이를 결정한다.
② 전항의 제명결정은 제명된 조합원에게 통지하지 아니하면 그 조합원에게 대항하지 못한다.

**손해배상(기)[동업으로 병원을 운영하던 의사들인 원고와 피고들 사이에 분쟁이 발생하여 다수지분을 가진 피고들이 원고를 제명하는 의결을 하자, 원고가 제명이 위법하다고 다툰 사건]**

[대법원 2021. 10. 28., 선고, 2017다200702, 판결]

【판시사항】

[1] 민법 제718조 제1항에서 조합원의 제명 요건으로 정한 '정당한 사유가 있는 때'의 의미 및 신뢰관계 파탄을 이유로 조합원을 제명한 것에 정당한 사유가 있는지 판단할 때 고려하여야 할 사항

[2] 甲, 乙, 丙이 기간을 정하여 병원을 공동으로 운영하기 위한 동업계약을 하면서 출자지분은 甲 1/7, 乙 5/7, 丙 1/7로 하며, 乙이 병원장으로 경영권을 가지기로 하였고, 약정기간이 지난 다음에도 계속 병원을 운영하다가 乙이 동업계약 변경안을 제시하였으나 甲이 이를 반대하여 재계약을 하지 못하였고 그 과정에서 심각한 불화가 발생하였는데, 그 후 乙과 丙이 甲에 대한 제명을 결의한 사안에서, 甲의 귀책사유로 재계약이 체결되지 못했다고 볼 수 없다는 이유로 제명결의에 정당한 사유가 인정되지 않는다고 본 원심판결에 법리오해 등의 잘못이 있다고 한 사례

【판결요지】

[1] 민법상 조합에서 조합원의 제명은 정당한 사유가 있는 때에 한하여 다른 조합원의 일치로써 결정한다(제718조 제1항). 여기에서 '정당한 사유가 있는 때'란 특정 조합원이 동업계약에서 정한 의무를 이행하지 않거나 조합업무를 집행하면서 부정행위를 한 경우와 같이 특정 조합원에게 명백한 귀책사유가 있는 경우는 물론이고, 이에 이르지 않더라도 특정 조합원으로 말미암아 조합원들 사이에 반목·불화로 대립이 발생하고 신뢰관계가 근본적으로 훼손되어 특정 조합원이 계속 조합원의 지위를 유지하도록 한다면 조합의 원만한 공동운영을 기대할 수 없는 경우도 포함한다.

신뢰관계 파탄을 이유로 조합원을 제명한 것에 정당한 사유가 있는지를 판단할 때에는 특정 조합원으로 말미암아 조합의 목적 달성에 방해가 계속되었는지 여부와 그 정도, 제명 이외에 다른 방해제거 수단이 있었는지 여부, 조합계약의 내용, 그 존속기간과 만료 여부, 제명에 이르게 된 경위 등을 종합적으로 고려해야 한다.

[2] 甲, 乙, 丙이 기간을 정하여 병원을 공동으로 운영하기 위한 동업계약을 하면서 출자지분은 甲 1/7, 乙 5/7, 丙 1/7로 하며, 乙이 병원장으로 경영권을 가지기로 하였고, 약정기간이 지난 다음에도 계속 병원을 운영하다가 乙이 동업계약 변경안을 제시하였으나 甲이 이를 반대하여 재계약을 하지 못하였고 그 과정에서 심각한 불화가 발생하였는데, 그 후 乙과 丙이 甲에 대한 제명을 결의한 사안에서, 약정기간 만료 후 동업관계가 불안정한 상태에 있게 되므로 조합을 해산하는 것이 아니라면 조합원은 그동안의 조합운영 실적을 바탕으로 동업계약에 관한 재협의를 할 필요가 있는데, 동업계약 변경안의 내용이 그동안의 조합운영 실적에 비추어 불합리하다거나 특정 조합원에게 일방적으로 불리하다고 볼 수 없으며, 이와 같이 다수 지분권을 가진 조합원이 모두 동의한 변경안이 합리적이라고 볼 여지가 있다면 甲으로서도 동업관계의 존속을 전제로 신의에 따라 성실하게 재계약을 위한 협의에 임해야 하는바, 원심으로서는 이러한 사정을 고려하여 甲이 변경안에 대한 협의를 거부한 것에 합리적인 이유가 있는지, 甲과 乙 등 사이의 신뢰관계가 파괴되어 甲과 동업관계를 유지하기 곤란한 사정이 생긴

원인이 무엇인지 등을 심리하여 제명결의에 정당한 사유가 있는지 판단해야 하는데도, 甲의 귀책사유로 재계약이 체결되지 못했다고 볼 수 없다는 이유로 제명결의에 정당한 사유가 인정되지 않는다고 본 원심판결에 법리오해 등의 잘못이 있다고 한 사례.

**제719조(탈퇴조합원의 지분의 계산)** ① 탈퇴한 조합원과 다른 조합원간의 계산은 탈퇴당시의 조합재산상태에 의하여 한다.
② 탈퇴한 조합원의 지분은 그 출자의 종류여하에 불구하고 금전으로 반환할 수 있다.
③ 탈퇴당시에 완결되지 아니한 사항에 대하여는 완결후에 계산할 수 있다.

**손해배상(기)**

[대법원 2021. 7. 29., 선고, 2019다207851, 판결]

【판시사항】

2인으로 구성된 조합에서 한 사람이 탈퇴한 경우, 조합이 해산이나 청산되는지 여부(원칙적 소극) 및 이때 조합재산의 귀속관계 / 조합 탈퇴 당시 조합의 재산상태가 적자가 아닌 경우, 탈퇴한 조합원이 지분을 환급받을 수 있는지 여부(적극) 및 이때 조합재산 상태에 관한 증명책임의 소재(=지분의 환급을 주장하는 자)

【판결요지】

탈퇴한 조합원과 다른 조합원 간의 계산은 탈퇴 당시의 조합재산 상태에 의하여 한다(민법 제719조 제1항).

2인으로 구성된 조합에서 한 사람이 탈퇴하면 조합관계는 종료되나 특별한 사정이 없는 한 조합은 해산이나 청산이 되지 않고, 다만 조합원의 합유에 속한 조합재산은 남은 조합원의 단독소유에 속하여 탈퇴 조합원과 남은 조합원 사이에는 탈퇴로 인한 계산을 해야 한다.

탈퇴한 조합원은 탈퇴 당시의 조합재산을 계산한 결과 조합의 재산상태가 적자가 아닌 경우에 지분을 환급받을 수 있다. 따라서 탈퇴 조합원의 지분을 계산할 때 지분을 계산하는 방법에 관해서 별도 약정이 있다는 등 특별한 사정이 없는 한 지분의 환급을 주장하는 사람에게 조합재산의 상태를 증명할 책임이 있다.

**제720조(부득이한 사유로 인한 해산청구)** 부득이한 사유가 있는 때에는 각 조합원은 조합의 해산을 청구할 수 있다.

**제721조(청산인)** ① 조합이 해산한 때에는 청산은 총조합원 공동으로 또는 그들이 선임한 자가 그 사무를 집행한다.
② 전항의 청산인의 선임은 조합원의 과반수로써 결정한다.

**직무집행정지및직무대행자선임가처분**

[대법원 2020. 4. 24., 자, 2019마6918, 결정]

【판시사항】

민사집행법 제300조 제2항에서 정한 '임시의 지위를 정하는 가처분'은 다툼 있는 권리관계의 존재를 요건으로 하는지 여부(적극) / 형성의 소는 법률에 명문의 규정이 있는 경우에 한하여 제기할 수 있는지 여부(적극) / 민법상 조합의 청산인에 대한 해임청구권을 피보전권리로 하여 청산인에 대한 직무집행정지와 직무대행자선임을 구하는 가처분이 허용되는지 여부(원칙적 소극)

【판결요지】

민사집행법 제300조 제2항에서 정한 '임시의 지위를 정하는 가처분'은 다툼 있는 권리관계에 관하여 그것이 본안소송에 의하여 확정되기까지 가처분권리자가 현재의 현저한 손해를 피하거나 급박한 위험을 막기 위하여 또는 그 밖에 필요한 이유가 있는 경우 허용되는 응급적·잠정적인 처분이므로 다툼 있는 권리관계의 존재를 요건으로 한다.

법률관계의 변경·형성을 목적으로 하는 형성의 소는 법률에 명문의 규정이 있는 경우에 한하여 제기할 수 있다. 단체의 대표자 등에 대하여 해임을 청구하는 소는 형성의 소에 해당하고, 이를 허용하는 법적 근거가 없는 경우 대표자 등에 대하여 직무집행정지와 직무대행자선임을 구하는 가처분 신청은 가처분에 의하여 보전될 권리관계가 존재한다고 볼 수 없어 허용되지 않는다.

조합이 해산한 때 청산은 총조합원 공동으로 또는 그들이 선임한 자가 그 사무를 집행하고 청산인의 선임은 조합원의 과반수로써 결정한다(민법 제721조 제1항, 제2항). 민법은 조합원 중에서 청산인을 정한 때 다른 조합원의 일치가 아니면 청산인인 조합원을 해임하지 못한다고 정하고 있을 뿐이고(제723조, 제708조), 조합원이 법원에 청산인의 해임을 청구할 수 있는 규정을 두고 있지 않다. 민법상 조합의 청산인에 대하여 법원에 해임을 청구할 권리가 조합원에게 인정되지 않으므로, 특별한 사정이 없는 한 그와 같은 해임청구권을 피보전권리로 하여 청산인에 대한 직무집행정지와 직무대행자선임을 구하는 가처분은 허용되지 않는다.

**제722조(청산인의 업무집행방법)** 청산인이 수인인 때에는 제706조제2항 후단의 규정을 준용한다.

**제723조(조합원인 청산인의 사임, 해임)** 조합원 중에서 청산인을 정한 때에는 제708조의 규정을 준용한다.

**제724조(청산인의 직무, 권한과 잔여재산의 분배)** ① 청산인의 직무 및 권한에 관하여는 제87조의 규정을 준용한다.

② 잔여재산은 각 조합원의 출자가액에 비례하여 이를 분배한다.

**구상금**

[대법원 2022. 5. 26., 선고, 2022다211416, 판결]

【판시사항】

조합원 중 1인이 조합채무를 면책시킨 경우, 다른 조합원에 대하여 민법 제425조 제1항에 따라 구상권을 행사할 수 있는지 여부(적극) 및 이러한 구상권은 반드시 잔여재산분배 절차에서 행사해야 하는지 여부(소극)

【판결요지】

민법 제425조 제1항은 "어느 연대채무자가 변제 기타 자기의 출재로 공동면책이 된 때에는 다른 연대채무자의 부담부분에 대하여 구상권을 행사할 수 있다."라고 정하고 있다. 조합채무는 모든 조합원에게 합유적으로 귀속되므로, 조합원 중 1인이 조합채무를 면책시킨 경우 그 조합원은 다른 조합원에 대하여 민법 제425조 제1항에 따라 구상권을 행사할 수 있다. 이러한 구상권은 조합의 해산이나 청산 시에 손실을 부담하는 것과 별개의 문제이므로 반드시 잔여재산분배 절차에서 행사해야 하는 것은 아니다.

## 제14절 종신정기금

**제725조(종신정기금계약의 의의)** 종신정기금계약은 당사자 일방이 자기, 상대방 또는 제삼자의 종신까지 정기로 금전 기타의 물건을 상대방 또는 제삼자에게 지급할 것을 약정함으로써 그 효력이 생긴다.

**제726조(종신정기금의 계산)** 종신정기금은 일수로 계산한다.

**제727조(종신정기금계약의 해제)** ① 정기금채무자가 정기금채무의 원본을 받은 경우에 그 정기금채무의 지급을 해태하거나 기타 의무를 이행하지 아니한 때에는 정기금채권자는 원본의 반환을 청구할 수 있다. 그러나 이미 지급을 받은 채무액에서 그 원본의 이자를 공제한 잔액을 정기금채무자에게 반환하여야 한다.
② 전항의 규정은 손해배상의 청구에 영향을 미치지 아니한다.

**제728조(해제와 동시이행)** 제536조의 규정은 전조의 경우에 준용한다.

**제729조(채무자귀책사유로 인한 사망과 채권존속선고)** ① 사망이 정기금채무자의 책임있는 사유로 인한 때에는 법원은 정기금채권자 또는 그 상속인의 청구에 의하여 상당한 기간 채권의 존속을 선고할 수 있다.
② 전항의 경우에도 제727조의 권리를 행사할 수 있다.

**제730조(유증에 의한 종신정기금)** 본절의 규정은 유증에 의한 종신정기금채권에 준용한다.

## 제15절 화해

**제731조(화해의 의의)** 화해는 당사자가 상호양보하여 당사자간의 분쟁을 종지할 것을 약정함으로써 그 효력이 생긴다.

**손해배상(기)**

[대법원 2021. 9. 9., 선고, 2016다203933, 판결]

【판시사항】

[1] 당사자들이 분쟁을 인식하지 못한 상태에서 일방 당사자가 이행해야 할 채무액에 관하여 협의하였다거나 일방 당사자의 채무이행에 대해 상대방 당사자가 이의를 제기하지 않았다는 사정만으로 묵시적 화해계약의 성립을 인정할 수 있는지 여부(소극)

[2] 자동차 정비업자가 보험회사에 차량 수리비를 청구하는 경우, 구 자동차손해배상 보장법 제16조 제1항에 근거하여 국토해양부장관이 공표한 자료가 수리비 산정의 기준이 되는지 여부(원칙적 적극) 및 일반적으로 정비업자가 위 조항에 근거하여 국토해양부장관이 공표한 '탈착교환 표준작업시간표'에 따라 산정된 수리기간 내에 차량의 수리를 마쳐야 할 의무를 부담하는지 여부(소극) / 정비업자가 수리를 지연하였다는 사정만으로 보험회사에 대해 불법행위책임을 부담하는지 여부(원칙적 소극)

【판결요지】

[1] 화해계약이 성립하기 위해서는 분쟁이 된 법률관계에 관하여 당사자 쌍방이 서로 양보함으로써 분쟁을 끝내기로 하는 의사의 합치가 있어야 하는데, 화해계약이 성립한 이후에는 그 목적이 된 사항에 관하여 나중에 다시 이행을 구하는 등으로 다툴 수 없는

것이 원칙이므로, 당사자가 한 행위나 의사표시의 해석을 통하여 묵시적으로 그와 같은 의사의 합치가 있었다고 인정하기 위해서는 그 당시의 여러 사정을 종합적으로 참작하여 이를 엄격하게 해석하여야 한다. 따라서 당사자들이 분쟁을 인식하지 못한 상태에서 일방 당사자가 이행해야 할 채무액에 관하여 협의하였다거나 일방 당사자의 채무이행에 대해 상대방 당사자가 이의를 제기하지 않았다는 사정만으로는 묵시적 화해계약이 성립하였다고 보기 어렵다.

[2] 구 자동차손해배상 보장법(2013. 3. 23. 법률 제11690호로 개정되기 전의 것) 제16조 제1항은 "국토해양부장관은 보험회사 등과 자동차 정비업자 간의 정비요금에 대한 분쟁을 예방하기 위하여 적절한 정비요금(표준작업시간과 공임 등을 포함한다)에 대하여 조사·연구하여 그 결과를 공표한다."라고 규정하고 있는데, 주무장관이 위 법률 조항에 근거하여 공표한 자료는 다른 반증이 없는 한 객관성과 합리성을 지닌 자료로서 정비요금의 액수가 타당한지 여부에 관한 다툼이 있을 때 유력한 증거자료가 된다. 즉, 정비업자가 보험회사에 차량 수리비를 청구하는 경우 국토해양부장관이 위와 같이 공표한 자료는 특별한 사정이 없는 한 당사자들 사이에 수리비를 산정하기 위한 기준이 된다. 그러나 국토해양부장관이 위 법률 조항에 따라 공표한 '탈착교환 표준작업시간표'에는 특정 정비업자의 실제 작업 상황, 즉 인력 현황, 대기 차량의 수, 차주와의 협의 사항 등이 반영되어 있지 않으므로, 일반적으로 정비업자가 자신이 처한 실제 작업 상황과 무관하게 위 '탈착교환 표준작업시간표'에 따라 산정된 수리기간 내에 차량의 수리를 마쳐야 할 의무를 부담한다고 볼 수는 없다.

한편 보험회사는 보험계약에 따라 사고 차량의 차주가 렌터카를 이용한 기간의 전부 또는 일부에 대해 차주 또는 렌터카 업체에 렌트비 상당의 보험금을 지급하는데, 차주가 대체로 차량 수리기간 동안 렌터카를 이용하는 상황에서는 보험회사가 지출할 금액은 주로 정비업자가 차량을 인수하여 수리하는 기간에 영향을 받게 된다. 정비업자는 이러한 법률관계에 당사자로서 직접 관여하는 것은 아니므로 정비업자가 단지 수리를 지연하였다는 사정만으로 당연히 보험회사에 대해 불법행위책임을 부담하는 것은 아니고, 위와 같은 법률관계를 이용하여 보험회사로 하여금 과다한 금액을 지출하도록 할 의도로 적극적으로 수리를 지연하는 등의 특별한 사정이 있는 경우에 한하여 비로소 보험회사에 대해 불법행위책임을 부담할 여지가 있을 뿐이다.

**제732조(화해의 창설적효력)** 화해계약은 당사자 일방이 양보한 권리가 소멸되고 상대방이 화해로 인하여 그 권리를 취득하는 효력이 있다.

**청구이의**

[대법원 2022. 1. 27., 선고, 2019다299058, 판결]

【판시사항】

[1] 제소전 화해의 창설적 효력이 미치는 범위 / 당사자가 표시한 문언에 의하여 객관적 의미가 명확하게 드러나지 않는 경우, 법률행위의 해석 방법 및 이러한 법리는 당사자 사이에 제소전 화해가 성립한 후 화해조항의 해석에 관하여 다툼이 있는 경우에도 마찬가지로 적용되는지 여부(적극)

[2] 甲과 乙 등이 점포에 관하여 임대차계약을 체결한 후 "甲은 임대차기간 만료일에 乙 등으로부터 임대차보증금을 반환받음과 동시에 점포를 乙 등에게 인도한다."라는 내용의 제소전 화해를 하였는데, 甲이 임대차기간 만료 전 임대차계약의 갱신을 요구한 사

안에서, 甲의 계약갱신요구권은 화해 당시 분쟁의 대상으로 삼지 않은 사항으로서 화해의 창설적 효력이 미치지 않고, 甲은 화해조서 작성 이후에도 계약갱신요구권을 행사할 수 있다고 한 사례

【판결요지】

[1] 제소전 화해는 확정판결과 동일한 효력이 있고 당사자 사이의 사법상 화해계약이 그 내용을 이루는 것이면 화해는 창설적 효력을 가져 화해가 이루어지면 종전의 법률관계를 바탕으로 한 권리의무관계는 소멸한다. 그러나 제소전 화해의 창설적 효력은 당사자 간에 다투어졌던 권리관계에만 미치는 것이지 당사자가 다툰 사실이 없었던 사항은 물론 화해의 전제로서 서로 양해하고 있는 사항에 관하여는 미치지 않는다. 따라서 제소전 화해가 있다고 하더라도 화해의 대상이 되지 않은 종전의 다른 법률관계까지 소멸하는 것은 아니다.

법률행위의 해석은 당사자가 표시행위에 부여한 객관적 의미를 명백하게 확정하는 것으로서, 서면에 사용된 문구에 구애받는 것은 아니지만 어디까지나 당사자의 내심적 의사의 여하에 관계없이 서면의 기재 내용에 의하여 당사자가 표시행위에 부여한 객관적 의미를 합리적으로 해석하여야 하는 것이고, 당사자가 표시한 문언에 의하여 객관적인 의미가 명확하게 드러나지 않는 경우에는 문언의 내용과 법률행위가 이루어진 동기 및 경위, 당사자가 법률행위에 의하여 달성하려는 목적과 진정한 의사, 거래의 관행 등을 종합적으로 고려하여 사회정의와 형평의 이념에 맞도록 논리와 경험의 법칙, 그리고 사회 일반의 상식과 거래의 통념에 따라 합리적으로 해석하여야 할 것인데, 이러한 법리는 당사자 사이에 제소전 화해가 성립한 후 화해조항의 해석에 관하여 다툼이 있는 경우에도 마찬가지로 적용되어야 한다.

[2] 甲과 乙 등이 점포에 관하여 임대차계약을 체결한 후 "甲은 임대차기간 만료일에 乙 등으로부터 임대차보증금을 반환받음과 동시에 점포를 乙 등에게 인도한다."라는 내용의 제소전 화해를 하였는데, 甲이 임대차기간 만료 전 임대차계약의 갱신을 요구한 사안에서, 임대차계약에 甲의 계약갱신요구권을 배제하는 내용이 없고, 오히려 계약을 갱신할 경우에 상호 협의한다고 정한 점, 화해조서에 임대차계약이 기간 만료로 종료하는 경우 甲이 임대차보증금을 반환받음과 동시에 乙 등에게 점포를 인도한다고 기재되어 있을 뿐, 甲의 계약갱신요구권이나 이에 관한 권리관계에 대하여는 아무런 기재가 없으며, 그 내용이 甲의 계약갱신요구권 행사와 양립할 수 없는 것이라고 보기도 어려운 점, 甲이 계약갱신요구권을 미리 포기할 이유가 있었다고 볼 만한 사정을 찾기 어렵고, 화해조서에서 점포의 반환일을 임대차기간 만료일로 기재한 점이나 화해의 신청원인으로 '합의된 사항의 이행을 보장하고 장래에 발생할 분쟁을 방지하고자' 함에 있다고 기재한 사정만으로 甲이 계약갱신요구권을 포기하는 의사를 표시한 것이라고 단정하기 어려운 점에 비추어, 甲의 계약갱신요구권은 화해 당시 분쟁의 대상으로 삼지 않은 사항으로서 화해에서 달리 정하거나 포기 등으로 소멸시킨다는 조항을 두지 않은 이상 화해의 창설적 효력이 미치지 않고, 甲은 화해조서 작성 이후에도 여전히 법이 보장하는 계약갱신요구권을 행사할 수 있다고 보아야 하는데도, 이와 달리 본 원심판단에 법리오해 등의 잘못이 있다고 한 사례.

**제733조(화해의 효력과 착오)** 화해계약은 착오를 이유로 하여 취소하지 못한다. 그러나 화해당사자의 자격 또는 화해의 목적인 분쟁 이외의 사항에 착오가 있는 때에는 그러하지 아니하다.

## 제3장 사무관리

**제734조(사무관리의 내용)** ① 의무없이 타인을 위하여 사무를 관리하는 자는 그 사무의 성질에 좇아 가장 본인에게 이익되는 방법으로 이를 관리하여야 한다.

② 관리자가 본인의 의사를 알거나 알 수 있는 때에는 그 의사에 적합하도록 관리하여야 한다.

③ 관리자가 전2항의 규정에 위반하여 사무를 관리한 경우에는 과실없는 때에도 이로 인한 손해를 배상할 책임이 있다. 그러나 그 관리행위가 공공의 이익에 적합한 때에는 중대한 과실이 없으면 배상할 책임이 없다.

**구상금**

[대법원 2022. 3. 17., 선고, 2021다276539, 판결]

【판시사항】

[1] 제3자가 유효하게 채무자가 부담하는 채무를 변제한 경우, 채무자와 계약관계가 없으면 민법 제739조에서 정한 사무관리비용의 상환청구권에 따라 구상권을 취득하는지 여부(원칙적 적극)

[2] 甲의 전처인 乙이 甲 사망 후 그 상속인인 丙 등을 상대로 자신이 甲의 채무를 대위변제하였다며 상속분에 따른 구상금을 구한 사안에서, 위 대위변제에 관하여 사무관리가 성립하고, 乙이 甲에게 그에 따른 구상금을 취득하였다고 볼 여지가 있는데도, 乙의 청구를 배척한 원심판결에는 법리오해 등 잘못이 있다고 한 사례

[3] 채무자를 위하여 채무를 변제한 자가 취득하는 구상권과 민법 제480조 제1항에 따른 변제자대위권이 별개의 권리인지 여부(적극)

【판결요지】

[1] 채무의 변제는 제3자도 할 수 있다. 그러나 채무의 성질 또는 당사자의 의사표시로 제3자의 변제를 허용하지 아니하는 때에는 그러하지 아니하다(민법 제469조 제1항). 이해관계 없는 제3자는 채무자의 의사에 반하여 변제하지 못한다(같은 조 제2항).

제3자가 유효하게 채무자가 부담하는 채무를 변제한 경우에 채무자와 계약관계가 있으면 그에 따라 구상권을 취득하고, 그러한 계약관계가 없으면 특별한 사정이 없는 한 민법 제734조 제1항에서 정한 사무관리가 성립하여 민법 제739조에 정한 사무관리비용의 상환청구권에 따라 구상권을 취득한다.

[2] 甲의 전처인 乙이 甲 사망 후 그 상속인인 丙 등을 상대로 자신이 甲의 채무를 대위변제하였다며 상속분에 따른 구상금을 구한 사안에서, 위 대위변제에 관하여 사무관리가 성립하고, 乙이 甲에게 그에 따른 구상금을 취득하였다고 볼 여지가 있는데도, 대위변제가 甲의 의사에 따라 이루어졌다고 볼 수 없다거나 대위변제로 인한 이익을 자녀들에게 주고자 한 것이지 甲에게 주려는 의도가 아니었다는 이유로 乙의 청구를 배척한 원심판결에는 법리오해 등 잘못이 있다고 한 사례.

[3] 채무자를 위하여 채무를 변제한 자는 채무자에 대한 구상권을 취득할 수 있는데, 구상권은 변제자가 민법 제480조 제1항에 따라 가지는 변제자대위권과 원본, 변제기, 이자, 지연손해금 유무 등에서 그 내용이 다른 별개의 권리이다.

**제735조(긴급사무관리)** 관리자가 타인의 생명, 신체, 명예 또는 재산에 대한 급박한 위해를 면하게 하기 위하여 그 사무를 관리한 때에는 고의나 중대한 과실이 없으면 이로 인한 손해를 배상할 책임이 없다.

**제736조(관리자의 통지의무)** 관리자가 관리를 개시한 때에는 지체없이 본인에게 통지하여야 한다. 그러나 본인이 이미 이를 안 때에는 그러하지 아니하다.

**제737조(관리자의 관리계속의무)** 관리자는 본인, 그 상속인이나 법정대리인이 그 사무를 관리하는 때까지 관리를 계속하여야 한다. 그러나 관리의 계속이 본인의 의사에 반하거나 본인에게 불리함이 명백한 때에는 그러하지 아니하다.

**제738조(준용규정)** 제683조 내지 제685조의 규정은 사무관리에 준용한다.

**제739조(관리자의 비용상환청구권)** ① 관리자가 본인을 위하여 필요비 또는 유익비를 지출한 때에는 본인에 대하여 그 상환을 청구할 수 있다.

② 관리자가 본인을 위하여 필요 또는 유익한 채무를 부담한 때에는 제688조제2항의 규정을 준용한다.

③ 관리자가 본인의 의사에 반하여 관리한 때에는 본인의 현존이익의 한도에서 전2항의 규정을 준용한다.

**부당이득금**

[대법원 2022. 6. 30., 선고, 2020다209815, 판결]

【판시사항】

점유자가 점유물 반환 이외의 원인으로 물건의 점유자 지위를 잃어 소유자가 그를 상대로 물권적 청구권을 행사할 수 없게 된 경우, 점유자가 민법 제203조를 근거로 비용상환청구권을 행사할 수 있는지 여부(소극)

【판결요지】

물건의 소유자는 적법한 점유 권한 없는 점유자를 상대로 물권적 청구권을 행사하여 반환을 청구할 수 있고(민법 제213조), 점유자는 점유물을 반환하거나 그 반환을 청구받은 때에 회복자에 대하여 자기가 거기에 지출한 필요비나 유익비의 상환을 청구할 수 있다(민법 제203조). 그러나 점유자가 점유물 반환 이외의 원인으로 물건의 점유자 지위를 잃어 소유자가 그를 상대로 물권적 청구권을 행사할 수 없게 되었다면, 그들은 더 이상 민법 제203조가 규율하는 점유자와 회복자의 관계에 있지 않으므로, 점유자는 위 조항을 근거로 비용상환청구권을 행사할 수 없고, 다만 비용 지출이 사무관리에 해당할 경우 그 상환을 청구하거나(민법 제739조), 자기가 지출한 비용으로 물건 소유자가 얻은 이득의 존재와 범위를 증명하여 반환청구권(민법 제741조)을 행사할 수 있을 뿐이다.

**제740조(관리자의 무과실손해보상청구권)** 관리자가 사무관리를 함에 있어서 과실없이 손해를 받은 때에는 본인의 현존이익의 한도에서 그 손해의 보상을 청구할 수 있다.

## 제4장 부당이득

**제741조(부당이득의 내용)** 법률상 원인없이 타인의 재산 또는 노무로 인하여 이익을 얻고 이로 인하여 타인에게 손해를 가한 자는 그 이익을 반환하여야 한다.

**부당이득금**

[대법원 2023. 7. 27., 선고, 2023다228107, 판결]

【판시사항】

[1] 피담보채권이 소멸되어 무효인 근저당권에 기초하여 개시된 부동산 임의경매절차의 효력(무효) 및 이 경우 매수인이 매각대금 지급으로 부동산의 소유권을 취득할 수 있는지 여부(소극) / 이와 같이 경매가 무효인 경우, 매수인이 경매채권자 등 배당금을 수령한 자를 상대로 부당이득반환을 구할 수 있는지 여부(적극)

[2] 압류 당시 피압류채권이 존재하지 않는 경우, 압류의 효력(무효) 및 그에 기한 추심명령의 효력(무효) / 전부명령이 제3채무자에게 송달될 때 피압류채권이 존재하지 않는 경우, 전부명령의 효력(무효)

【판결요지】

[1] 임의경매의 정당성은 실체적으로 유효한 담보권의 존재에 근거하므로, 담보권에 실체적 하자가 있다면 그에 기초한 경매는 원칙적으로 무효이다. 특히 채권자가 경매를 신청할 당시 실행하고자 하는 담보권이 이미 소멸하였다면, 그 경매개시결정은 아무런 처분권한이 없는 자가 국가에 처분권을 부여한 데에 따라 이루어진 것으로서 위법하다. 그러므로 피담보채권이 소멸되어 무효인 근저당권에 기초하여 임의경매절차가 개시되고 매수인이 해당 부동산의 매각대금을 지급하였더라도, 그 경매절차는 무효이므로 매수인은 부동산의 소유권을 취득할 수 없다. 이와 같이 경매가 무효인 경우 매수인은 경매채권자 등 배당금을 수령한 자를 상대로 그가 배당받은 금액에 대하여 부당이득반환을 청구할 수 있다.

[2] 압류 당시에 피압류채권이 존재하지 않는 경우에는 압류로서의 효력이 없고, 그에 기한 추심명령도 무효이므로, 해당 압류채권자는 압류 등에 따른 집행절차에 참여할 수 없다. 또한 압류된 금전채권에 대한 전부명령이 절차상 적법하게 발부되어 확정되었더라도, 전부명령이 제3채무자에게 송달될 때에 피압류채권이 존재하지 않으면 전부명령도 무효이므로, 피압류채권이 전부채권자에게 이전되거나 집행채권이 변제되어 소멸하는 효과는 발생할 수 없다.

**제742조(비채변제)** 채무없음을 알고 이를 변제한 때에는 그 반환을 청구하지 못한다.

**부당이득금**

[대법원 2018. 11. 29., 선고, 2017다286577, 판결]

【판시사항】

[1] 부동산 경매절차에서 채무자 소유 부동산이 매각되고 매수인이 매각대금을 납부하여 매각 부동산 위의 저당권이 소멸하였으나 배당절차에 이르기 전에 채무자에 대해 회생절차개시결정이 있었던 경우, 저당권자가 채무자 회생 및 파산에 관한 법률 제141조에 따른 회생담보권자인지 여부(적극)

[2] 채무자 소유 부동산에 관하여 경매절차가 진행되어 부동산이 매각되고 매각대금이 납부되었으나 배당기일이 열리기 전에 채무자에 대하여 회생절차가 개시된 경우, 집행절차가 중지되는지 여부(적극) 및 이에 반하여 이루어진 집행의 효력(무효) / 이후 채무자에 대한 회생계획인가결정이 있으면 중지된 집행절차가 효력을 잃게 되는지 여부(적극)

[3] 회생계획인가결정의 효력으로 채무자 회생 및 파산에 관한 법률 제251조에서 정한 회생채권

등의 '면책'의 의미 및 같은 법 제252조 제1항에서 정한 회생채권자 등의 '권리변경'의 의미

[4] 강제집행에 의한 비채변제가 성립하는지 여부(소극)

[5] 甲 주식회사의 소유 부동산에 관하여 근저당권자인 乙 주식회사의 신청에 따라 담보권실행을 위한 경매절차가 개시되어 진행되었고, 부동산이 매각되어 매각대금이 모두 납부되었으나, 배당기일이 열리기 전에 甲 회사가 회생절차개시신청을 하여 회생법원이 포괄적 금지명령을 한 후 회생절차개시결정을 하였고, 乙 회사는 회생절차에서 근저당권으로 담보되는 회생담보권을 신고하지 아니하였는데, 甲 회사에 대한 회생절차개시결정 후에 이루어진 경매절차의 배당절차에서 근저당권자인 乙 회사 명의로 배당금이 공탁되었고, 乙 회사가 회생계획이 인가된 후 공탁금을 수령한 사안에서, 乙 회사는 甲 회사에 수령한 배당금 상당액을 부당이득으로 반환할 의무가 있다고 한 사례

**【판결요지】**

[1] 민사집행법 제135조, 제91조 제2항에 따라 매수인이 매각 부동산의 소유권을 취득하고 매각 부동산 위의 저당권이 소멸하더라도, 저당권자는 이후 배당절차에서 저당권의 순위와 내용에 따라 저당부동산의 교환가치에 해당하는 매각대금으로부터 피담보채권에 대한 우선변제를 받게 된다.

따라서 부동산 경매절차에서 채무자 소유 부동산이 매각되고 매수인이 매각대금을 다 납부하여 매각 부동산 위의 저당권이 소멸하였더라도 배당절차에 이르기 전에 채무자에 대해 회생절차개시결정이 있었다면, 저당권자는 회생절차 개시 당시 저당권으로 담보되는 채권 또는 청구권을 가진 채무자 회생 및 파산에 관한 법률 제141조에 따른 회생담보권자라고 봄이 타당하다.

[2] 개개의 강제집행절차가 종료된 후에는 그 절차가 중지될 수 없는데, 부동산에 대한 금전집행은 매각대금이 채권자에게 교부 또는 배당된 때에 비로소 종료한다.

따라서 채무자 소유 부동산에 관하여 경매절차가 진행되어 부동산이 매각되고 매각대금이 납부되었으나 배당기일이 열리기 전에 채무자에 대하여 회생절차가 개시되었다면, 집행절차는 중지되고, 만약 이에 반하여 집행이 이루어졌다면 이는 무효이다. 이후 채무자에 대한 회생계획인가결정이 있은 때에 중지된 집행절차는 효력을 잃게 된다.

[3] 회생계획인가결정이 있는 때에는 회생계획이나 채무자 회생 및 파산에 관한 법률(이하 '채무자회생법'이라고 한다)에 의해 인정된 권리를 제외하고는 채무자는 모든 회생채권과 회생담보권에 관해 그 책임을 면하고(채무자회생법 제251조), 회생채권자·회생담보권자의 권리는 회생계획에 따라 변경된다(채무자회생법 제252조 제1항). 여기서 말하는 면책이란 채무 자체는 존속하지만 채무자에 대하여 이행을 강제할 수 없다는 의미이고, 권리변경이란 채무와 구별되는 책임만이 변경되는 것이 아니라 회생계획의 내용대로 권리가 실체적으로 변경된다는 의미이다.

[4] 강제집행에 의한 채권의 만족은 변제자의 의사에 기하지 아니하고 행하여지는 것으로서 비채변제가 성립되지 아니한다.

[5] 甲 주식회사의 소유 부동산에 관하여 근저당권자인 乙 주식회사의 신청에 따라 담보권실행을 위한 경매절차가 개시되어 진행되었고, 부동산이 매각되어 매각대금이 모두 납부되었으나, 배당기일이 열리기 전에 甲 회사가 회생절차개시신청을 하여 회생법원이 포괄적 금지명령을 한 후 회생절차개시결정을 하였고, 乙 회사는 회생절차에

서 근저당권으로 담보되는 회생담보권을 신고하지 아니하였는데, 甲 회사에 대한 회생절차개시결정 후에 이루어진 경매절차의 배당절차에서 근저당권자인 乙 회사 명의로 배당금이 공탁되었고, 乙 회사가 회생계획이 인가된 후 공탁금을 수령한 사안에서, 배당기일이 열리기 전에 甲 회사에 대한 회생절차가 개시되었으므로 근저당권자였던 乙 회사는 회생절차개시 당시 근저당권으로써 담보되는 범위 내에서 채무자 회생 및 파산에 관한 법률 제141조에 따른 회생담보권의 권리를 가지는 회생담보권자라고 봄이 타당하고, 위 경매절차는 회생법원이 한 포괄적 금지명령과 회생절차개시결정에 의하여 중지되었다가 회생계획인가결정으로 인해 효력을 상실하였으며, 이는 포괄적 금지명령 이전에 경매절차에서 부동산이 매각되고 매각대금이 모두 납부되었다고 하여 달리 볼 수 없는데, 乙 회사는 포괄적 금지명령과 회생절차개시결정으로 중지되고 회생계획인가결정으로 실효된 경매절차에서 이루어진 배당절차에 따라 배당금을 수령하였으므로, 이는 법률상 원인 없이 이득을 얻은 것에 해당하고, 한편 회생계획인가결정으로 인해, 부동산 경매절차에서 배당에 참가하여 배당을 받을 수 있었던 자들을 포함한 모든 회생채권자, 회생담보권자의 권리는 회생계획에 따라 실체적으로 변경되었고, 乙 회사의 회생담보권과 같이 신고되지 않은 권리에 대하여는 甲 회사가 책임을 면하게 되었으므로, 乙 회사의 배당금 수령으로 인해 손해를 입은 자는 다른 회생채권자나 회생담보권자가 아닌 부동산 소유자인 甲 회사이고, 또한 乙 회사가 회생절차개시결정 이후에 이루어진 배당절차에서 공탁된 배당금을 수령한 것을 甲 회사가 임의로 채무를 이행한 것과 같이 볼 수도 없으므로, 乙 회사가 법률상 원인 없이 배당금을 수령함으로 인해 부동산 소유자인 甲 회사는 자신이 수령해야 할 배당금 상당액의 손해를 입었고, 이에 乙 회사는 甲 회사에 수령한 배당금 상당액을 부당이득으로 반환할 의무가 있다고 한 사례.

**제743조(기한전의 변제)** 변제기에 있지 아니한 채무를 변제한 때에는 그 반환을 청구하지 못한다. 그러나 채무자가 착오로 인하여 변제한 때에는 채권자는 이로 인하여 얻은 이익을 반환하여야 한다.

**제744조(도의관념에 적합한 비채변제)** 채무없는 자가 착오로 인하여 변제한 경우에 그 변제가 도의관념에 적합한 때에는 그 반환을 청구하지 못한다.

**제745조(타인의 채무의 변제)** ① 채무자아닌 자가 착오로 인하여 타인의 채무를 변제한 경우에 채권자가 선의로 증서를 훼멸하거나 담보를 포기하거나 시효로 인하여 그 채권을 잃은 때에는 변제자는 그 반환을 청구하지 못한다.
② 전항의 경우에 변제자는 채무자에 대하여 구상권을 행사할 수 있다.

**제746조(불법원인급여)** 불법의 원인으로 인하여 재산을 급여하거나 노무를 제공한 때에는 그 이익의 반환을 청구하지 못한다. 그러나 그 불법원인이 수익자에게만 있는 때에는 그러하지 아니하다.

**제747조(원물반환불능한 경우와 가액반환, 전득자의 책임)** ① 수익자가 그 받은 목적물을 반환할 수 없는 때에는 그 가액을 반환하여야 한다.
② 수익자가 그 이익을 반환할 수 없는 경우에는 수익자로부터 무상으로 그 이익의 목적물을 양수한 악의의 제삼자는 전항의 규정에 의하여 반환할 책임이 있다.

## 손해배상(기)

[대법원 2021. 7. 21., 선고, 2019다266751, 판결]

【판시사항】

부동산 실권리자명의 등기에 관한 법률이 시행되기 전에 계약명의신탁 약정을 한 명의수탁자가 이러한 사실을 알지 못하는 소유자와 부동산에 관한 매매계약을 체결한 후 자신의 명의로 소유권이전등기를 마치면서 장차 위 부동산의 처분대가를 명의신탁자에게 지급하기로 하는 정산약정을 한 경우, 정산약정 이후에 같은 법이 시행되었다거나 부동산의 처분이 같은 법 시행 이후에 이루어졌다는 사정만으로 정산약정이 당연 무효가 되는지 여부(소극)

【판결요지】

부동산 실권리자명의 등기에 관한 법률(이하 '부동산실명법'이라 한다)이 시행되기 전에 명의신탁자와 명의수탁자가 명의신탁 약정을 맺고 이에 따라 명의수탁자가 당사자가 되어 명의신탁 약정이 있다는 사실을 알지 못하는 소유자와 부동산에 관한 매매계약을 체결한 후 그 매매계약에 기하여 당해 부동산의 소유권이전등기를 자신의 명의로 마치는 한편, 장차 위 부동산의 처분대가를 명의신탁자에게 지급하기로 하는 정산약정을 한 경우, 그러한 약정 이후에 부동산실명법이 시행되었다거나 그 부동산의 처분이 부동산실명법 시행 이후에 이루어졌다고 하더라도 그러한 사정만으로 위 정산약정까지 당연히 무효로 된다고 볼 수 없다. 그 이유는 다음과 같다.

위와 같은 정산약정 당시에는 부동산실명법이 시행되기 전으로서 부동산에 관한 명의신탁 약정이 허용되었고, 명의신탁의 당사자들 사이에 명의신탁자가 이른바 내부적 소유권을 가진다고 보았다. 이에 따라 장차 명의신탁자 앞으로 목적 부동산에 관한 소유권등기를 이전하거나 그 부동산의 처분대가를 명의신탁자에게 지급하는 것 등을 내용으로 하는 약정도 유효하였다.

부동산실명법 시행 전에 명의수탁자가 명의신탁 약정에 따라 부동산에 관한 소유명의를 취득한 경우에 부동산실명법 시행 후 같은 법 제11조의 유예기간이 경과하기 전까지 명의신탁자는 언제라도 명의신탁 약정을 해지하고 해당 부동산에 관한 소유권을 취득할 수 있었던 것으로, 실명화 등의 조치 없이 위 유예기간이 경과함으로써 같은 법 제12조 제1항, 제4조에 의해 명의신탁 약정은 무효로 되는 한편, 명의수탁자가 해당 부동산에 관한 완전한 소유권을 취득하게 된다. 그런데 부동산실명법 제3조 및 제4조가 명의신탁자에게 소유권이 귀속되는 것을 막는 취지의 규정은 아니므로 명의수탁자는 명의신탁자에게 자신이 취득한 해당 부동산을 부당이득으로 반환할 의무가 있다. 이와 같은 경위로 명의신탁자가 해당 부동산의 회복을 위해 명의수탁자에 대해 가지는 소유권이전등기청구권은 그 성질상 법률의 규정에 의한 부당이득반환청구권이다. 만일 명의수탁자가 신탁부동산을 처분하였다면, 앞서 본 바와 같은 처분대가에 관한 정산약정이 없는 경우라도 명의수탁자는 민법 제747조 제1항에 의하여 명의신탁자에게 그 부동산의 가액을 반환할 의무를 부담한다.

부동산실명법 시행 전에 명의수탁자가 신탁부동산의 처분대가를 명의신탁자에게 지급하기로 하는 정산약정을 한 경우 그러한 약정에 따른 법적 효과는 위와 같이 법률에 의하여 이미 명의신탁자에게 인정되는 권리의 범위 내에 속하는 것이라고 볼 수 있다. 따라서 위 약정이 애초부터 신탁부동산의 소유권을 취득할 수 없는 명의신탁자를 위하여 사후에 보완하는 방책에 해당한다거나 무효인 명의신탁 약정이 유효함을 전제로 명의신탁 부동산 자체 또는 그 처분대금의 반환을 구하는 범주에 든다고 보기 어렵다. 달리 위 정산약정 이후에 부동산실명법이 시행되었다거나 신탁부동산의 처분이 부동산실명법 시행 이후에 이루어졌다는 것만으로 그 유효성을 부인할 것은 아니다.

**제748조(수익자의 반환범위)** ① 선의의 수익자는 그 받은 이익이 현존한 한도에서 전조의 책임이 있다.

② 악의의 수익자는 그 받은 이익에 이자를 붙여 반환하고 손해가 있으면 이를 배상하여야 한다.

**부당이득금반환[주무관청의 허가 없이 기본재산을 투자중개업자에게 예탁한 후 그 예탁금으로 FX마진거래를 하여 손실을 입은 공익법인이, 투자중개업자를 상대로 하여 자신의 기본재산의 예탁이 「공익법인의 설립·운영에 관한 법률」 위반으로 무효임을 이유로 투자 손실액 상당에 대하여 부당이득반환을 구한 사건]**

[대법원 2022. 10. 14., 선고, 2018다244488, 판결]

【판시사항】

[1] 선의의 수익자가 부담하는 부당이득반환의 범위(=현존이익) / 부당이득 반환의무자가 악의의 수익자라는 점에 대한 증명책임의 소재(=이를 주장하는 측) / 수익자가 취득한 것이 금전상의 이득인 경우, 그 금전이 현존하는 것으로 추정되는지 여부(적극) 및 수익자가 급부자의 지시나 그와의 합의에 따라 금전을 사용하거나 지출하는 등의 사정이 있는 경우, 위 추정이 번복될 수 있는지 여부(적극)

[2] 甲 공익법인이 투자중개업자인 乙 주식회사와 FX마진거래계약을 체결하고 甲 법인 명의로 개설한 위탁계좌에 기본재산을 예탁한 후, 그 돈을 위탁증거금 및 거래대금으로 하여 乙 회사의 전자중개 서비스를 통해 FX마진거래를 하였다가 손실을 입자, 乙 회사를 상대로 주무관청의 허가 없이 기본재산을 예탁한 것은 공익법인의 설립·운영에 관한 법률을 위반한 것으로 무효라며 부당이득반환을 구한 사안에서, 乙 회사가 甲 법인의 위탁에 따라 FX마진거래를 실행한 다음 정산결과가 반영된 잔액을 전부 반환하였으므로, 乙 회사에는 예탁된 돈과 관련하여 현존하는 이익이 없다고 한 사례

【판결요지】

[1] 법률상 원인 없이 타인의 재산 또는 노무로 인하여 이익을 얻고 이로 인하여 타인에게 손해를 가한 경우 선의의 수익자는 받은 이익이 현존하는 한도에서 반환책임이 있고(민법 제748조 제1항), 부당이득 반환의무자가 악의의 수익자라는 점에 대하여는 이를 주장하는 측에서 증명책임을 진다. 수익자가 취득한 것이 금전상의 이득인 때에는 그 금전은 이를 취득한 자가 소비하였는지 여부를 불문하고 현존하는 것으로 추정되나, 수익자가 급부자의 지시나 급부자와의 합의에 따라 그 금전을 사용하거나 지출하는 등의 사정이 있다면 위 추정은 번복될 수 있다.

[2] 甲 공익법인이 투자중개업자인 乙 주식회사와 FX마진거래계약을 체결하고 甲 법인 명의로 개설한 위탁계좌에 기본재산을 예탁한 후, 그 돈을 위탁증거금 및 거래대금으로 하여 乙 회사의 전자중개 서비스를 통해 FX마진거래를 하였다가 손실을 입자, 乙 회사를 상대로 주무관청의 허가 없이 기본재산을 예탁한 것은 공익법인의 설립·운영에 관한 법률을 위반한 것으로 무효라며 부당이득반환을 구한 사안에서, 乙 회사가 FX마진거래계약에 따라 甲 법인으로부터 기본재산을 예탁받았으나 甲 법인의 위탁에 따라 그 돈으로 FX마진거래를 실행한 다음 甲 법인에 거래에 따른 정산결과가 반영된 잔액을 전부 반환하였으므로, 乙 회사에는 예탁된 돈과 관련하여 현존하는 이익이 없다고 한 사례.

**제749조(수익자의 악의인정)** ① 수익자가 이익을 받은 후 법률상 원인없음을 안 때에는 그때부터 악의의 수익자로서 이익반환의 책임이 있다.
② 선의의 수익자가 패소한 때에는 그 소를 제기한 때부터 악의의 수익자로 본다.

## 제5장 불법행위

**제750조(불법행위의 내용)** 고의 또는 과실로 인한 위법행위로 타인에게 손해를 가한 자는 그 손해를 배상할 책임이 있다.

**손해배상(의)[피고 병원 의료진의 전원조치 후 하지마비의 영구장해가 남게 되자 손해배상을 청구한 사건]**

[대법원 2023. 7. 13., 선고, 2020다217533, 판결]

【판시사항】

[1] 의사의 환자에 대한 진료상 주의의무의 내용 및 진단상의 과실 유무를 판단하는 기준

[2] 허리통증으로 甲 병원 응급실에 내원한 乙에 대하여 정형외과 전공의 丙이 요추 자기공명영상(L-spine MRI) 검사를 시행하여 '척추 경막외 혈종' 등이 확인됨에도 '척추관 협착증'과 '추간판 탈출증'으로 진단하면서 다른 병원으로 전원조치하였는데, 乙이 다리에 마비 증상이 나타나 甲 병원 응급실에 다시 내원하여 수술을 받았으나 하지가 마비되어, 乙과 乙의 가족이 甲 병원을 상대로 손해배상을 구한 사안에서, 丙이 선택한 치료방법에 주의의무 위반이 없다고 본 원심판단에 법리오해 등의 잘못이 있다고 한 사례

【판결요지】

[1] 의사가 진찰·치료 등의 의료행위를 하는 경우 사람의 생명·신체·건강을 관리하는 업무의 성질에 비추어 환자의 구체적인 증상이나 상황에 따라 위험을 방지하기 위하여 요구되는 최선의 조치를 행하여야 할 주의의무가 있다. 의사의 이와 같은 주의의무는 의료행위를 할 당시 의료기관 등 임상의학 분야에서 실천되고 있는 의료행위의 수준을 기준으로 판단하여야 한다. 특히 진단은 문진·시진·촉진·청진 및 각종 임상검사 등의 결과에 기초하여 질병 여부를 감별하고 그 종류, 성질 및 진행 정도 등을 밝혀내는 임상의학의 출발점으로서 이에 따라 치료법이 선택되는 중요한 의료행위이므로, 진단상의 과실 유무를 판단할 때에는 해당 의사가 비록 완전무결한 임상진단의 실시는 불가능할지라도 적어도 임상의학 분야에서 실천되고 있는 진단 수준의 범위 안에서 전문직업인으로서 요구되는 의료상의 윤리와 의학지식 및 경험에 기초하여 신중히 환자를 진찰하고 정확히 진단함으로써 위험한 결과 발생을 예견하고 이를 회피하는 데에 필요한 최선의 주의의무를 다하였는지 여부를 따져 보아야 한다.

[2] 허리통증으로 甲 병원 응급실에 내원한 乙에 대하여 정형외과 전공의 丙이 요추 자기공명영상(L-spine MRI) 검사를 시행하여 '척추 경막외 혈종' 등이 확인됨에도 '척추관 협착증'과 '추간판 탈출증'으로 진단하면서 다른 병원으로 전원조치하였는데, 乙이 다리에 마비 증상이 나타나 甲 병원 응급실에 다시 내원하여 수술을 받았으나 하지가 마비되어, 乙과 乙의 가족이 甲 병원을 상대로 손해배상을 구한 사안에서, 丙이 乙의 요추 자기공명영상 검사에서 척추 경막외 혈종을 쉽게 진단할 수 있는 상황이었는지, 丙이 이를 진단하지 못하였다면 그에 대한 주의의무 위반을 인정할 수 있는지, 乙의 상태에 비추어 보았을 때 丙이 선택한 보존적 치료가 적절한 조치였는지, 더불어 전원

조치를 할 때 척추 경막외 혈종 등에 관한 충분한 정보를 전원 병원 의료진이나 乙 또는 보호자에게 제공 또는 설명하였는지, 丙이 이러한 조치를 제대로 하지 않았다면 그로 인하여 乙의 하지마비에 영향을 주었는지 등을 심리하여 丙의 주의의무 위반 여부와 甲 병원의 손해배상책임 여부 등을 판단하였어야 하는데도, 丙이 선택한 치료방법에 주의의무 위반이 없다고 본 원심판단에 법리오해 등의 잘못이 있다고 한 사례.

**제751조(재산 이외의 손해의 배상)** ① 타인의 신체, 자유 또는 명예를 해하거나 기타 정신상고통을 가한 자는 재산 이외의 손해에 대하여도 배상할 책임이 있다.

② 법원은 전항의 손해배상을 정기금채무로 지급할 것을 명할 수 있고 그 이행을 확보하기 위하여 상당한 담보의 제공을 명할 수 있다.

**제752조(생명침해로 인한 위자료)** 타인의 생명을 해한 자는 피해자의 직계존속, 직계비속 및 배우자에 대하여는 재산상의 손해없는 경우에도 손해배상의 책임이 있다.

**제753조(미성년자의 책임능력)** 미성년자가 타인에게 손해를 가한 경우에 그 행위의 책임을 변식할 지능이 없는 때에는 배상의 책임이 없다.

**제754조(심신상실자의 책임능력)** 심신상실 중에 타인에게 손해를 가한 자는 배상의 책임이 없다. 그러나 고의 또는 과실로 인하여 심신상실을 초래한 때에는 그러하지 아니하다.

**제755조(감독자의 책임)** ① 다른 자에게 손해를 가한 사람이 제753조 또는 제754조에 따라 책임이 없는 경우에는 그를 감독할 법정의무가 있는 자가 그 손해를 배상할 책임이 있다. 다만, 감독의무를 게을리하지 아니한 경우에는 그러하지 아니하다.

② 감독의무자를 갈음하여 제753조 또는 제754조에 따라 책임이 없는 사람을 감독하는 자도 제1항의 책임이 있다.

*[전문개정 2011. 3. 7.]*

**손해배상(기)[비양육친이 미성년 자녀의 불법행위에 대한 감독의무자책임을 지는지 여부가 문제된 사건]**

[대법원 2022. 4. 14., 선고, 2020다240021, 판결]

【판시사항】

이혼으로 인하여 부모 중 1명이 친권자 및 양육자로 지정된 경우 그렇지 않은 부모가 미성년자의 부모라는 사정만으로 미성년 자녀에 대한 감독의무를 부담하는지 여부(원칙적 소극)

【판결요지】

미성년자가 책임능력이 있어 스스로 불법행위책임을 지는 경우에도 그 손해가 미성년자의 감독의무자의 의무 위반과 상당인과관계가 있으면 감독의무자는 민법 제750조에 따라 일반불법행위자로서 손해배상책임이 있다. 이 경우 그러한 감독의무 위반사실과 손해 발생과의 상당인과관계는 이를 주장하는 자가 증명하여야 한다.

미성년 자녀를 양육하며 친권을 행사하는 부모는 자녀를 경제적으로 부양하고 보호하며 교양할 법적인 의무가 있다(민법 제913조). 부모와 함께 살면서 경제적으로 부모에게 의존하는 미성년자는 부모의 전면적인 보호·감독 아래 있으므로, 그 부모는 미성년자가 타인에게 불법행위를 하지 않고 정상적으로 학교 및 사회생활을 하도록 일반적, 일상적으로 지도와 조언을 할 보호·감독의무를 부담한다. 따라서 그러한 부모는 미성년자의 감독의무자로서 위에서 본 것처럼 미성년자의 불법행위에 대하여 손해배상책임을 질 수 있다.

그런데 이혼으로 인하여 부모 중 1명이 친권자 및 양육자로 지정된 경우 그렇지 않은 부모(이하 '비양육친'이라 한다)에게는 자녀에 대한 친권과 양육권이 없어 자녀의 보호·교양에 관한 민법 제913조 등 친권에 관한 규정이 적용될 수 없다. 비양육친은 자녀와 상호 면접교섭할 수 있는 권리가 있지만(민법 제837조의2 제1항), 이러한 면접교섭 제도는 이혼 후에도 자녀가 부모와 친밀한 관계를 유지하여 정서적으로 안정되고 원만한 인격발달을 이룰 수 있도록 함으로써 자녀의 복리를 실현하는 것을 목적으로 하고, 제3자와의 관계에서 손해배상책임의 근거가 되는 감독의무를 부과하는 규정이라고 할 수 없다. 비양육친은 이혼 후에도 자녀의 양육비용을 분담할 의무가 있지만, 이것만으로 비양육친이 일반적, 일상적으로 자녀를 지도하고 조언하는 등 보호·감독할 의무를 진다고 할 수 없다. 이처럼 비양육친이 미성년자의 부모라는 사정만으로 미성년 자녀에 대하여 감독의무를 부담한다고 볼 수 없다.

다만 비양육친도 부모로서 자녀와 면접교섭을 하거나 양육친과의 협의를 통하여 자녀 양육에 관여할 가능성이 있는 점을 고려하면, ① 자녀의 나이와 평소 행실, 불법행위의 성질과 태양, 비양육친과 자녀 사이의 면접교섭의 정도와 빈도, 양육 환경, 비양육친의 양육에 대한 개입 정도 등에 비추어 비양육친이 자녀에 대하여 실질적으로 일반적이고 일상적인 지도, 조언을 함으로써 공동 양육자에 준하여 자녀를 보호·감독하고 있었거나, ② 그러한 정도에는 이르지 않더라도 면접교섭 등을 통해 자녀의 불법행위를 구체적으로 예견할 수 있었던 상황에서 자녀가 불법행위를 하지 않도록 부모로서 직접 지도, 조언을 하거나 양육친에게 알리는 등의 조치를 취하지 않은 경우 등과 같이 비양육친의 감독의무를 인정할 수 있는 특별한 사정이 있는 경우에는, 비양육친도 감독의무 위반으로 인한 손해배상책임을 질 수 있다.

**제756조(사용자의 배상책임)** ① 타인을 사용하여 어느 사무에 종사하게 한 자는 피용자가 그 사무집행에 관하여 제삼자에게 가한 손해를 배상할 책임이 있다. 그러나 사용자가 피용자의 선임 및 그 사무감독에 상당한 주의를 한 때 또는 상당한 주의를 하여도 손해가 있을 경우에는 그러하지 아니하다.

② 사용자에 갈음하여 그 사무를 감독하는 자도 전항의 책임이 있다. *〈개정 2014. 12. 30.〉*

③ 전2항의 경우에 사용자 또는 감독자는 피용자에 대하여 구상권을 행사할 수 있다.

**제757조(도급인의 책임)** 도급인은 수급인이 그 일에 관하여 제삼자에게 가한 손해를 배상할 책임이 없다. 그러나 도급 또는 지시에 관하여 도급인에게 중대한 과실이 있는 때에는 그러하지 아니하다.

**손해배상(산)**

[대법원 2020. 6. 25., 선고, 2020다216240, 판결]

【판시사항】

[1] 피해자가 근로기준법이나 산업재해보상보험법에 따라 휴업급여나 장해급여 등을 이미 지급받은 경우, 그 급여액 중 손해배상액 산정에서 공제할 수 있는 금액의 범위

[2] 복수의 감정 과목에 대한 신체감정촉탁 결과에 따라 노동능력상실률을 평가하는 경우, 주의하여야 할 사항

[3] 甲이 乙에게 고용되어 乙이 丙 주식회사로부터 하도급을 받은 공사를 수행하던 중 머리 부분을 크게 다치는 사고가 발생하자, 甲과 그의 배우자 丁이 丙 회사를 상대로 민법 제757조에 따른 손해배상을 구하였는데, 甲의 노동능력상실률을 평가하기 위하여 복수의 감정 과목에 대한 신체감정이 이루어진 사안에서, 제반 사정상 위 각 신체감정이 중복감정일 여지가 있음에도 감정보완이나 추가 사실조회 등에 나아가지 아니한 채 위 각 감정이 중복감정이 아니라는 전제하에 중복장해율로 노동능력상실률을 인정한 원심판단에는 심리미진 등 잘못이 있다고 한 사례

【판결요지】

[1] 손해배상은 손해의 전보를 목적으로 하는 것이므로 피해자로 하여금 근로기준법이나 산업재해보상보험법에 따라 휴업급여나 장해급여 등을 이미 지급받은 경우에 그 급여액을 일실수입의 배상액에서 공제하는 것은 그 손해의 성질이 동일하여 상호보완적 관계에 있는 것 사이에서만 가능하다. 따라서 피해자가 수령한 휴업급여금이나 장해급여금이 법원에서 인정된 소극적 손해액을 초과하더라도 그 초과부분을 기간과 성질을 달리하는 손해배상액에서 공제할 것은 아니며, 휴업급여는 휴업기간 중의 일실수입에 대응하는 것이므로 그것이 지급된 휴업기간 중의 일실수입 상당의 손해액에서만 공제되어야 한다.

[2] 복수의 감정 과목에 대한 신체감정촉탁 결과에는 감정의 중복·누락이 있을 수 있으므로, 신체감정촉탁 결과에 의하여 노동능력상실률을 평가하는 법원으로서는 감정이 중복·누락되었는지 여부를 세심히 살펴야 하고, 중복·누락이 있는 경우에는 필요한 심리를 통하여 이를 바로잡아야 한다.

[3] 甲이 乙에게 고용되어 乙이 丙 주식회사로부터 하도급을 받은 공사를 수행하던 중 머리 부분을 크게 다치는 사고가 발생하자, 甲과 그의 배우자 丁이 丙 회사를 상대로 민법 제757조에 따른 손해배상을 구하였는데, 甲의 노동능력상실률을 평가하기 위하여 복수의 감정 과목에 대한 신체감정이 이루어진 사안에서, 甲의 후유장해로 신경외과의 신체감정서는 '두통 및 기억력 장애'를, 정신건강의학과의 신체감정서는 '기억력 저하, 실행기능 저하 등의 인지기능장애'를, 신경과의 신체감정서는 '무의욕, 실행기능 저하, 성격변화 등'을 들고 있는데, 이는 사고로 甲에게 생긴 상이한 신체부위의 장해에 대한 감정이 아니라, 모두 甲이 입은 두부손상으로 인한 인지기능장애, 인격장애 등의 정신장해를 대상으로 한 감정으로 보이는 점 등 제반 사정에 비추어 보면, 위 신체감정이 중복감정일 여지가 있어 감정보완이나 추가 사실조회 등을 통해 감정이 중복되는지 세심히 살핀 다음, 중복이 있는 경우 이를 바로잡아 적정한 노동능력상실률을 인정하였어야 하는데도, 이에 이르지 않은 채 위 감정이 중복감정이 아니라는 전제하에 중복장해율로 노동능력상실률을 인정한 원심판단에는 심리미진 등 잘못이 있다고 한 사례.

**제758조(공작물등의 점유자, 소유자의 책임)** ① 공작물의 설치 또는 보존의 하자로 인하여 타인에게 손해를 가한 때에는 공작물점유자가 손해를 배상할 책임이 있다. 그러나 점유자가 손해의 방지에 필요한 주의를 해태하지 아니한 때에는 그 소유자가 손해를 배상할 책임이 있다.

② 전항의 규정은 수목의 재식 또는 보존에 하자있는 경우에 준용한다.

③ 전2항의 경우 점유자 또는 소유자는 그 손해의 원인에 대한 책임있는 자에 대하여 구상권을 행사할 수 있다. *〈개정 2022. 12. 13.〉*

## 손해배상(기)

[대법원 2020. 10. 15., 선고, 2018다213811, 판결]

【판시사항】

[1] 제3자의 행위로 발생한 사고로 인하여 피보험자에게 보험목적물과 보험목적물이 아닌 재산에 모두 손해가 발생하여 피보험자가 보험목적물에 관하여 보험금을 수령한 경우, 피보험자가 제3자에게 청구할 수 있는 손해배상액을 판단하는 방법

[2] 甲이 乙 보험회사와 매장 내 물품을 보험목적물로 하는 보험계약을 체결한 후 丙이 소유한 건물의 지붕 보강 공사 중 발생한 화재로 인하여 甲의 매장 내 물품뿐만 아니라 가설창고 내 물품 등이 소훼되는 손해가 발생하였는데, 甲이 乙 회사로부터 보험목적물에서 발생한 손해 전액에 대해서 보험금을 지급받은 후 丙을 상대로 손해배상을 구한 사안에서, 甲은 보험목적물인 매장 내 물품에서 발생한 손해에 대해서는 丙에게 배상을 청구할 수 없고, 보험목적물이 아닌 재산 등에서 발생한 손해액 중 丙의 손해배상책임액만큼 丙에게 배상을 청구할 수 있다고 한 사례

【판결요지】

[1] 손해보험의 보험사고에 관하여 동시에 불법행위나 채무불이행에 기한 손해배상책임을 지는 제3자가 있어 피보험자가 그를 상대로 손해배상청구를 하는 경우에, 피보험자는 보험자로부터 수령한 보험금으로 전보되지 않고 남은 손해에 관하여 제3자를 상대로 그의 배상책임을 이행할 것을 청구할 수 있다.

보험자대위에 관한 상법 제682조의 규정은 피보험자가 보험자로부터 보험금액을 지급받은 후에도 제3자에 대한 청구권을 보유, 행사하게 하는 것은 피보험자에게 손해의 전보를 넘어서 오히려 이득을 주게 되는 결과가 되어 손해보험제도의 원칙에 반하게 되고 또 배상의무자인 제3자가 피보험자의 보험금 수령으로 인하여 책임을 면하게 하는 것도 불합리하므로 이를 제거하여 보험자에게 이익을 귀속시키려는 데 있다. 그런데 하나의 사고로 보험목적물과 보험목적물이 아닌 재산에 대하여 한꺼번에 손해가 발생한 경우, 보험목적물이 아닌 재산에 발생한 손해에 대해서는 보험계약으로 인한 법률관계를 전제로 하는 상법 제682조의 보험자대위가 적용될 수 없다. 따라서 제3자의 행위로 발생한 사고로 인하여 피보험자에게 보험목적물과 보험목적물이 아닌 재산에 모두 손해가 발생하여, 피보험자가 보험목적물에 관하여 보험금을 수령한 경우, 피보험자가 제3자에게 해당 사고로 인한 손해배상을 청구할 때에는 보험목적물에 대한 손해와 보험목적물이 아닌 재산에 대한 손해를 나누어 그 손해액을 판단하여야 하고, 보험목적물이 아닌 재산에 대한 손해액을 산정할 때 보험목적물에 관하여 수령한 보험금액을 고려하여서는 아니 된다.

[2] 甲이 乙 보험회사와 매장 내 물품을 보험목적물로 하는 보험계약을 체결한 후 丙이 소유한 건물의 지붕 보강 공사 중 발생한 화재로 인하여 甲의 매장 내 물품뿐만 아니라 가설창고 내 물품 등이 소훼되는 손해가 발생하였는데, 甲이 乙 회사로부터 보험목적물에서 발생한 손해 전액에 대해서 보험금을 지급받은 후 丙을 상대로 손해배상을 구한 사안에서, 甲은 보험목적물인 매장 내 물품에서 발생한 손해에 대해서는 보험금을 모두 지급받았으므로, 丙에게 더 이상 위 손해의 배상을 청구할 수 없는 반면 보험목적물이 아닌 재산 등에서 발생한 손해액 중 丙의 손해배상책임액만큼 丙에게 배상을 청구할 수 있는데도, 보험목적물 여부를 구분하지 않고 甲의 전체 손해액 중 보험금으

로 전보되지 않고 남은 손해액이 丙의 전체 손해배상책임액보다 많기 때문에 甲이 丙에게 전체 손해배상책임액을 청구할 수 있다고 본 원심판단에 법리오해 등의 잘못이 있다고 한 사례.

**제759조(동물의 점유자의 책임)** ① 동물의 점유자는 그 동물이 타인에게 가한 손해를 배상할 책임이 있다. 그러나 동물의 종류와 성질에 따라 그 보관에 상당한 주의를 해태하지 아니한 때에는 그러하지 아니하다.

② 점유자에 갈음하여 동물을 보관한 자도 전항의 책임이 있다.*〈개정 2014. 12. 30.〉*

**제760조(공동불법행위자의 책임)** ① 수인이 공동의 불법행위로 타인에게 손해를 가한 때에는 연대하여 그 손해를 배상할 책임이 있다.

② 공동 아닌 수인의 행위중 어느 자의 행위가 그 손해를 가한 것인지를 알 수 없는 때에도 전항과 같다.

③ 교사자나 방조자는 공동행위자로 본다.

**구상금**

[대법원 2023. 6. 29., 선고, 2022다309474, 판결]

【판시사항】

[1] 자신의 부담 부분을 넘어 공동 면책을 시킨 공동불법행위자에 대하여 구상의무를 부담하는 다른 공동불법행위자가 수인인 경우, 구상권자에 대한 다른 공동불법행위자들의 채무는 각자의 부담 부분에 따른 분할채무인지 여부(원칙적 적극) / 이때 분할채무 관계에 있는 공동불법행위자들 중 1인이 자신의 부담 부분을 초과하여 구상에 응함으로써 다른 공동불법행위자가 채무를 면하게 되는 경우, 구상에 응한 공동불법행위자가 다른 공동불법행위자의 부담 부분 내에서 자신의 부담 부분을 초과하여 변제한 금액에 관하여 구상권을 취득하는지 여부(적극)

[2] 공동불법행위자 중 1인이 피해자로부터 손해배상청구소송을 당하여 그 판결에서 인용된 손해배상금을 지급함으로써 공동 면책된 경우, 다른 공동불법행위자에게 구상권을 행사할 수 있는 범위 / 공동불법행위자 중 1인이 공동 면책을 시킨 다른 공동불법행위자로부터 구상금 청구 소송을 당한 경우, 그 소송과 관련하여 지출한 변호사보수나 소송비용상환액에 관하여 나머지 공동불법행위자들에게 구상할 수 있는지 여부(소극)

【판결요지】

[1] 자신의 부담 부분을 넘어 공동 면책을 시킨 공동불법행위자에 대하여 구상의무를 부담하는 다른 공동불법행위자가 수인인 경우에는 특별한 사정이 없는 이상 구상권자에 대한 다른 공동불법행위자들의 채무는 각자의 부담 부분에 따른 분할채무로 봄이 타당하다. 이때 분할채무 관계에 있는 공동불법행위자들 중 1인이 자신의 부담 부분을 초과하여 구상에 응하였고 그로 인하여 다른 공동불법행위자가 자신의 출연 없이 채무를 면하게 되는 경우, 구상에 응한 공동불법행위자는 다른 공동불법행위자의 부담 부분 내에서 자신의 부담 부분을 초과하여 변제한 금액에 관하여 구상권을 취득한다.

[2] 공동불법행위자 중 1인이 피해자로부터 손해배상청구소송을 당하여 그 판결에서 인용된 손해배상금을 지급함으로써 공동 면책된 때에는, 그것이 부당응소라는 등의 특별한 사정이 없는 한 공동 면책된 금액 중 다른 공동불법행위자의 과실비율에 상당하는 금액은 물론이고 그에 대한 공동 면책일 이후의 법정이자 및 피할 수 없는 비용 기타의

손해배상을 구상할 수 있다. 이러한 피할 수 없는 비용 기타의 손해배상에는 소송을 제기당한 공동불법행위자가 피해자에게 지급한 소송비용상환액뿐만 아니라 소송을 수행하는 과정에서 지출한 소송비용도 포함되고, 그가 지출한 변호사보수 중에서 변호사보수의 소송비용 산입에 관한 규칙에 의한 보수기준, 소속 변호사회의 규약, 소송물가액, 사건의 난이도, 소송 진행 과정, 판결 결과 등 여러 가지 사정을 참작하여 합리적으로 판단하여 상당하다고 인정되는 범위 내의 금원은 피할 수 없는 비용 기타의 손해로서 구상할 수 있다. 반면 공동불법행위자가 다른 공동불법행위자와의 공동 면책이 아니라 자신의 권리를 방어하기 위하여 지출한 소송비용은 다른 공동불법행위자에 대하여 구상하는 것이 허용되지 않는다. 공동불법행위자 중 1인이 공동 면책을 시킨 다른 공동불법행위자로부터 구상금 청구 소송을 당한 경우 그 구상금 채무는 특별한 사정이 없는 한 자신의 부담 부분에 따른 분할채무이다. 따라서 그 소송과 관련하여 지출한 변호사보수나 소송비용상환액은 나머지 공동불법행위자들과의 공동 면책이 아니라 자신의 권리를 방어하기 위한 것으로 이들에 대하여 구상을 할 수 없다.

**제761조(정당방위, 긴급피난)** ① 타인의 불법행위에 대하여 자기 또는 제삼자의 이익을 방위하기 위하여 부득이 타인에게 손해를 가한 자는 배상할 책임이 없다. 그러나 피해자는 불법행위에 대하여 손해의 배상을 청구할 수 있다.

② 전항의 규정은 급박한 위난을 피하기 위하여 부득이 타인에게 손해를 가한 경우에 준용한다.

**제762조(손해배상청구권에 있어서의 태아의 지위)** 태아는 손해배상의 청구권에 관하여는 이미 출생한 것으로 본다.

**제763조(준용규정)** 제393조, 제394조, 제396조, 제399조의 규정은 불법행위로 인한 손해배상에 준용한다.

**손해배상(기)[위법한 쟁의행위로 인한 노동조합원 등에 대한 손해배상청구에서 책임제한이 문제된 사건]**

[대법원 2023. 6. 15., 선고, 2017다46274, 판결]

【판시사항】

[1] 제조업체가 위법한 쟁의행위로 조업을 하지 못함으로써 입은 고정비용 상당 손해배상을 구하기 위하여 증명하여야 할 사항 및 이때 간접반증이 없는 한 제품이 생산되었다면 그 후 판매되어 제조업체가 매출이익을 얻고 생산에 지출된 고정비용을 회수할 수 있다고 추정되는지 여부(적극) / 쟁의행위 종료 후 상당한 기간 안에 추가 생산을 통하여 쟁의행위로 인한 부족 생산량이 만회되는 등 매출 감소의 결과에 이르지 아니할 것으로 볼 수 있는 사정이 증명된 경우, 고정비용 상당 손해 발생의 추정이 복멸되는지 여부(적극)

[2] 권리 행사가 권리남용에 해당하기 위한 요건

[3] 위법한 쟁의행위로 인한 손해배상청구사건에서 개별 조합원 등에 대한 책임제한의 정도를 판단하는 기준

【판결요지】

[1] 제조업체가 위법한 쟁의행위로 조업을 하지 못함으로써 입은 고정비용 상당 손해배상

을 구하는 경우, 제조업체는 조업중단으로 인하여 일정량의 제품을 생산하지 못하였다는 점 및 생산 감소로 인하여 매출이 감소하였다는 점을 증명하여야 할 것이지만, 제품이 생산되었다면 그 후 판매되어 제조업체가 이로 인한 매출이익을 얻고 또 생산에 지출된 고정비용을 매출원가의 일부로 회수할 수 있다고 추정함이 상당하고, 다만 해당 제품이 이른바 적자제품이라거나 불황 또는 제품의 결함 등으로 판매가능성이 없다는 등의 특별한 사정에 대한 간접반증이 있으면 이러한 추정은 복멸된다. 그리고 쟁의행위 종료 후 상당한 기간 안에 추가 생산을 통하여 쟁의행위로 인한 부족 생산량이 만회되는 등 생산 감소로 인하여 매출 감소의 결과에 이르지 아니할 것으로 볼 수 있는 사정이 증명된 경우도 마찬가지이다.

[2] 권리 행사가 권리의 남용에 해당한다고 할 수 있으려면, 주관적으로 권리 행사의 목적이 오직 상대방에게 고통을 주고 손해를 입히려는 데 있을 뿐 행사하는 사람에게 아무런 이익이 없는 경우이어야 하고, 객관적으로는 권리 행사가 사회질서에 위반된다고 볼 수 있어야 한다. 이와 같은 경우에 해당하지 않는 한 비록 권리의 행사에 의하여 권리행사자가 얻는 이익보다 상대방이 입을 손해가 현저히 크다고 하여도 그러한 사정만으로는 이를 권리남용이라 할 수 없다.

[3] 불법행위로 인한 손해배상사건에서 과실상계 또는 책임제한의 사유에 관한 사실인정이나 비율을 정하는 것은 원칙적으로 사실심의 전권사항에 속하는 것이지만, 그것이 형평의 원칙에 비추어 현저히 불합리하다고 인정되는 경우에는 위법한 것으로서 허용되지 않는다.

노동조합 및 노동관계조정법은 쟁의행위의 주체가 노동조합이고(제2조, 제37조), 노동조합은 쟁의행위에 대한 지도·관리·통제책임을 지며(제38조 제3항), 쟁의행위는 조합원 과반수의 찬성으로 결정하여야 한다(제41조 제1항)고 규정하고 있다. 이처럼 노동조합이라는 단체에 의하여 결정·주도되고 조합원의 행위가 노동조합에 의하여 집단적으로 결합하여 실행되는 쟁의행위의 성격에 비추어, 단체인 노동조합이 쟁의행위에 따른 책임의 원칙적인 귀속주체가 된다.

위법한 쟁의행위를 결정·주도한 노동조합의 지시에 따라 실행에 참여한 조합원으로서는 쟁의행위가 다수결에 의해 결정되어 일단 방침이 정해진 이상 쟁의행위의 정당성에 의심이 간다고 하여도 노동조합의 지시에 불응하기를 기대하기는 사실상 어렵고, 급박한 쟁의행위 상황에서 조합원에게 쟁의행위의 정당성 여부를 일일이 판단할 것을 요구하는 것은 근로자의 단결권을 약화시킬 우려가 있다. 그렇지 않은 경우에도 노동조합의 의사결정이나 실행행위에 관여한 정도 등은 조합원에 따라 큰 차이가 있을 수 있다. 이러한 사정을 전혀 고려하지 않고 위법한 쟁의행위를 결정·주도한 주체인 노동조합과 개별 조합원 등의 손해배상책임의 범위를 동일하게 보는 것은 헌법상 근로자에게 보장된 단결권과 단체행동권을 위축시킬 우려가 있을 뿐만 아니라 손해의 공평·타당한 분담이라는 손해배상제도의 이념에도 어긋난다. 따라서 개별 조합원 등에 대한 책임제한의 정도는 노동조합에서의 지위와 역할, 쟁의행위 참여 경위 및 정도, 손해 발생에 대한 기여 정도, 현실적인 임금 수준과 손해배상 청구금액 등을 종합적으로 고려하여 판단하여야 한다.

**제764조(명예훼손의 경우의 특칙)** 타인의 명예를 훼손한 자에 대하여는 법원은 피해자의 청구에 의하여 손해배상에 갈음하거나 손해배상과 함께 명예회복에 적당한 처분을 명할 수 있다. *〈개정 2014. 12. 30.〉*

[89헌마160 1991. 4. 1.민법 제764조(1958. 2. 22. 법률 제471호)의 "명예회복에 적당한 처분"에 사죄광고를 포함시키는 것은 헌법에 위반된다.]

**명칭사용금지청구의소**

[대법원 2022. 11. 17., 선고, 2018다249995, 판결]

【판시사항】

[1] 비법인사단이 인격권의 주체로서 명칭에 관한 권리를 가질 수 있는지 여부(적극) 및 비법인사단의 명칭이 지리적 명칭이나 보편적 성질을 가리키는 용어 등 일반적인 단어로 이루어졌다고 하더라도 명칭에 관한 권리를 인정받을 수 있는 경우 / 다른 비법인사단 등이 특정 비법인사단의 명칭과 같거나 유사한 명칭을 사용하는 행위가 비법인사단의 명칭에 관한 권리를 침해하는 것인지 판단하는 방법

[2] 인격권의 침해에 대해서는 사전(예방적) 구제수단으로 침해행위 정지·방지 등의 금지청구권이 인정되는지 여부(적극) / 비법인사단이 자신의 명칭을 사용하여 권리를 침해한 다른 비법인사단 등을 상대로 명칭 사용의 금지를 청구할 수 있는 요건

【판결요지】

[1] 성명권은 개인을 표시하는 인격의 상징인 이름에서 연유되는 이익을 침해받지 않고 자신의 관리와 처분 아래 둘 수 있는 권리로서 헌법상 행복추구권과 인격권의 한 내용을 이룬다. 비법인사단도 인격권의 주체가 되므로 명칭에 관한 권리를 가질 수 있고, 자신의 명칭이 타인에 의해 함부로 사용되지 않도록 보호받을 수 있다. 또한 비법인사단의 명칭이 지리적 명칭이나 보편적 성질을 가리키는 용어 등 일반적인 단어로 이루어졌다고 하더라도 특정 비법인사단이 그 명칭을 상당한 기간 사용하여 활동해 옴으로써 그 명칭이 해당 비법인사단을 표상하는 것으로 널리 알려졌다면 비법인사단은 그 명칭에 관한 권리를 인정받을 수 있다. 다만 특정 비법인사단의 명칭에 관한 권리 보호는 다른 비법인사단 등(이하 '타인'이라고 한다)이 명칭을 선택하고 사용할 자유를 제한할 수 있으므로, 타인이 특정 비법인사단의 명칭과 같거나 유사한 명칭을 사용하는 행위가 비법인사단의 명칭에 관한 권리를 침해하는 것인지 여부는 특정 비법인사단과 그 명칭을 사용하려는 타인의 권리나 이익을 비교·형량하여 신중하게 판단하여야 한다. 즉, 비법인사단의 명칭에 관한 권리의 침해 여부는 타인이 사용한 명칭이 비법인사단의 명칭과 같거나 유사하다는 사정과 그 유사성 정도, 비법인사단이 명칭을 사용한 기간, 비법인사단이 사회 일반이나 그의 주된 활동 영역에서 명칭의 주체로 알려진 정도, 타인이 비법인사단의 명칭과 같거나 유사한 명칭을 사용함으로써 사회 일반 또는 비법인사단과 교류하거나 이해관계를 맺은 사람이 타인을 비법인사단으로 오인·혼동할 가능성, 또는 오인·혼동으로 입을 수 있는 피해의 내용, 비법인사단과 명칭을 사용하려는 타인 사이의 관계, 타인이 비법인사단과 같거나 유사한 명칭을 사용하게 된 동기나 경위 또는 그 필요성, 외부 사람에게 타인을 비법인사단으로 오인 또는 혼동하게 하거나 비법인사단의 사회적 평가를 훼손시킬 의도가 있었는지 여부 등을 종합적으로 고려하여 판단하여야 한다.

[2] 인격권은 성질상 일단 침해된 후의 구제수단(금전배상이나 명예회복 처분 등)만으로는 그 피해의 완전한 회복이나 손해전보의 실효성을 기대하기 어려우므로 인격권의 침해에 대해서는 사전(예방적) 구제수단으로 침해행위 정지·방지 등의 금지청구권이 인정될 수 있다. 따라서 다른 비법인사단 등(이하 '타인'이라고 한다)이 비법인사단의 명칭을 사용함으로써 비법인사단의 명칭에 관한 권리를 침해하였음이 인정될 경우, 그러한 침해행위가 계속되어 금전배상을 명하는 것만으로는 비법인사단의 권리 구제에 실효성을 기대하기 어렵고 침해행위 금지로 보호되는 비법인사단의 이익과 그로

인한 타인의 불이익을 비교·형량할 때 비법인사단의 이익이 더 크다고 인정되면 비법인사단은 자신의 명칭을 사용하여 권리를 침해한 타인을 상대로 명칭 사용의 금지를 청구할 수 있다.

**제765조(배상액의 경감청구)** ① 본장의 규정에 의한 배상의무자는 그 손해가 고의 또는 중대한 과실에 의한 것이 아니고 그 배상으로 인하여 배상자의 생계에 중대한 영향을 미치게 될 경우에는 법원에 그 배상액의 경감을 청구할 수 있다.

② 법원은 전항의 청구가 있는 때에는 채권자 및 채무자의 경제상태와 손해의 원인 등을 참작하여 배상액을 경감할 수 있다.

**제766조(손해배상청구권의 소멸시효)** ① 불법행위로 인한 손해배상의 청구권은 피해자나 그 법정대리인이 그 손해 및 가해자를 안 날로부터 3년간 이를 행사하지 아니하면 시효로 인하여 소멸한다.

② 불법행위를 한 날로부터 10년을 경과한 때에도 전항과 같다.

③ 미성년자가 성폭력, 성추행, 성희롱, 그 밖의 성적(性的) 침해를 당한 경우에 이로 인한 손해배상청구권의 소멸시효는 그가 성년이 될 때까지는 진행되지 아니한다. *〈신설 2020. 10. 20.〉*

[단순위헌, 2014헌바148, 2018. 8. 30. 민법(1958. 2. 22. 법률 제471호로 제정된 것) 제766조 제2항 중 '진실·화해를 위한 과거사정리 기본법' 제2조 제1항 제3호, 제4호에 규정된 사건에 적용되는 부분은 헌법에 위반된다.]

**근로에관한소송**

[대법원 2023. 4. 27., 선고, 2021다229588, 판결]

【판시사항】

[1] 확인의 소에서 '확인의 이익'이 인정되기 위한 요건

[2] 사용사업주가 파견근로자와 비교대상 근로자가 같은 종류의 업무 또는 유사한 업무를 수행하고 있음을 알았거나 알 수 있었는데도 파견근로자의 임금을 결정하는 데 관여하거나 영향력을 행사하는 등으로 파견근로자가 비교대상 근로자보다 적은 임금을 지급받도록 하고 이러한 차별에 합리적인 이유가 없는 경우, 사용사업주가 임금 차별에 대한 손해배상책임을 부담하는지 여부(적극) 및 구 파견근로자 보호 등에 관한 법률에 따라 고용간주된 파견근로자들의 경우에도 현실적으로 파견근로자의 지위에서 사용사업주를 위한 근로에 종사하는 한 위와 같은 법리가 적용되는지 여부(적극) / 이때 '합리적인 이유가 없는 경우'의 의미 및 합리적인 이유가 있는지 판단하는 방법

[3] 파견근로자에 대한 차별적 처우를 하여 온 사용사업주에 대하여 회생절차가 개시된 후에도 관리인이 차별적 처우를 계속하는 경우, 관리인의 이러한 불법행위로 인한 파견근로자의 손해배상청구권이 채무자 회생 및 파산에 관한 법률 제179조 제1항 제5호의 공익채권에 해당하는지 여부(적극)

[4] 원고용주가 근로자로 하여금 제3자를 위한 업무를 수행하도록 하는 경우, 구 파견근로자 보호 등에 관한 법률의 적용을 받는 '근로자파견'에 해당하는지 판단하는 기준

[5] 사용사업주의 단체협약이나 취업규칙 등에서 정한 정년이 경과한 파견근로자에 대하여

구 파견근로자 보호 등에 관한 법률 제21조 제1항이 금지하는 차별적 처우가 있는지를 판단할 때, 비교대상 근로자를 선정하는 방법 및 정년을 경과하지 않은 근로자를 비교대상 근로자로 삼는 경우, 파견근로자의 정년이 경과하였다는 사정을 불리한 처우에 합리적 이유가 있는지 판단하는 데에 고려하여야 하는지 여부(적극)

[6] 정년이 경과한 파견근로자에 대하여 사용사업주 소속 정년 미경과 근로자를 비교대상으로 하여 차별적 처우에 합리적 이유가 있는지를 판단하거나 차별적 처우로 인한 손해배상액을 산정하는 경우, 그 기준이 되는 임금(=사용사업주가 정년이 경과한 근로자를 채용하였더라면 지급하였을 적정한 임금) 및 이를 산정하는 방법

[7] 불법행위로 인한 손해배상청구권의 단기소멸시효의 기산점이 되는 민법 제766조 제1항의 '손해 및 가해자를 안 날'의 의미 및 피해자 등이 언제 불법행위의 요건사실을 현실적·구체적으로 인식하였는지 판단하는 방법

# 제4편 친족

## 제1장 총칙

**제767조(친족의 정의)** 배우자, 혈족 및 인척을 친족으로 한다.

**성폭력범죄의처벌등에관한특례법위반(친족관계에의한준강간)**

[대법원 2020. 11. 5., 선고, 2020도10806, 판결]

【판시사항】

의붓아버지와 의붓딸의 관계가 성폭력범죄의 처벌 등에 관한 특례법 제5조 제4항에서 규정한 '4촌 이내의 인척'으로서 친족관계에 해당하는지 여부(적극)

【판결요지】

성폭력범죄의 처벌 등에 관한 특례법(이하 '성폭력처벌법'이라 한다) 제5조 제3항은 "친족관계인 사람이 사람에 대하여 형법 제299조(준강간, 준강제추행)의 죄를 범한 경우에는 제1항 또는 제2항의 예에 따라 처벌한다."라고 규정하고 있고, 같은 조 제1항은 "친족관계인 사람이 폭행 또는 협박으로 사람을 강간한 경우에는 7년 이상의 유기징역에 처한다."라고 규정하고 있으며, 같은 조 제4항은 "제1항부터 제3항까지의 친족의 범위는 4촌 이내의 혈족 · 인척과 동거하는 친족으로 한다."라고 규정하고 있다. 한편 민법 제767조는 "배우자, 혈족 및 인척을 친족으로 한다."라고 규정하고 있고, 같은 법 제769조는 "혈족의 배우자, 배우자의 혈족, 배우자의 혈족의 배우자를 인척으로 한다."라고 규정하고 있으며, 같은 법 제771조는 "인척은 배우자의 혈족에 대하여는 배우자의 그 혈족에 대한 촌수에 따르고, 혈족의 배우자에 대하여는 그 혈족에 대한 촌수에 따른다."라고 규정하고 있다. 따라서 의붓아버지와 의붓딸의 관계는 성폭력처벌법 제5조 제4항이 규정한 4촌 이내의 인척으로서 친족관계에 해당한다.

**제768조(혈족의 정의)** 자기의 직계존속과 직계비속을 직계혈족이라 하고 자기의 형제자매와 형제자매의 직계비속, 직계존속의 형제자매 및 그 형제자매의 직계비속을 방계혈족이라 한다. *〈개정 1990. 1. 13.〉*

**제769조(인척의 계원)** 혈족의 배우자, 배우자의 혈족, 배우자의 혈족의 배우자를 인척으로 한다. *〈개정 1990. 1. 13.〉*

**제770조(혈족의 촌수의 계산)** ① 직계혈족은 자기로부터 직계존속에 이르고 자기로부터 직계비속에 이르러 그 세수를 정한다.

② 방계혈족은 자기로부터 동원의 직계존속에 이르는 세수와 그 동원의 직계존속으로부터 그 직계비속에 이르는 세수를 통산하여 그 촌수를 정한다.

**제771조(인척의 촌수의 계산)** 인척은 배우자의 혈족에 대하여는 배우자의 그 혈족에 대한 촌수에 따르고, 혈족의 배우자에 대하여는 그 혈족에 대한 촌수에 따른다.

*[전문개정 1990. 1. 13.]*

**제772조(양자와의 친계와 촌수)** ① 양자와 양부모 및 그 혈족, 인척사이의 친계와 촌수는 입양한 때로부터 혼인 중의 출생자와 동일한 것으로 본다.

② 양자의 배우자, 직계비속과 그 배우자는 전항의 양자의 친계를 기준으로 하여 촌수를 정한다.

**미성년자입양허가[조부모가 미성년 손자녀의 입양허가를 청구하는 사건]**

[대법원 2021. 12. 23., 자, 2018스5, 전원합의체 결정]

【판시사항】

조부모가 손자녀를 입양할 수 있는지 여부(적극) / 조부모에 의한 미성년 손자녀 입양의 허가 여부를 판단하는 기준 및 이때 법원이 고려하여야 할 요소

【판결요지】

[다수의견] (가) 입양은 출생이 아니라 법에 정한 절차에 따라 원래는 부모·자녀가 아닌 사람 사이에 부모·자녀 관계를 형성하는 제도이다. 조부모와 손자녀 사이에는 이미 혈족관계가 존재하지만 부모·자녀 관계에 있는 것은 아니다. 민법은 입양의 요건으로 동의와 허가 등에 관하여 규정하고 있을 뿐이고 존속을 제외하고는 혈족의 입양을 금지하고 있지 않다(민법 제877조 참조). 따라서 조부모가 손자녀를 입양하여 부모·자녀 관계를 맺는 것이 입양의 의미와 본질에 부합하지 않거나 불가능하다고 볼 이유가 없다.

조부모가 자녀의 입양허가를 청구하는 경우에 입양의 요건을 갖추고 입양이 자녀의 복리에 부합한다면 이를 허가할 수 있다. 다만 조부모가 자녀를 입양하는 경우에는, 양부모가 될 사람과 자녀 사이에 이미 조손(祖孫)관계가 존재하고 있고 입양 후에도 양부모가 여전히 자녀의 친생부 또는 친생모에 대하여 부모의 지위에 있다는 특수성이 있으므로, 이러한 사정이 자녀의 복리에 미칠 영향에 관하여 세심하게 살필 필요가 있다.

(나) 법원은 조부모가 단순한 양육을 넘어 양친자로서 신분적 생활관계를 형성하려는 실질적인 의사를 가지고 있는지, 입양의 주된 목적이 부모로서 자녀를 안정적·영속적으로 양육·보호하기 위한 것인지, 친생부모의 재혼이나 국적 취득, 그 밖의 다른 혜택 등을 목적으로 한 것은 아닌지를 살펴보아야 한다. 또한 친생부모의 입양동의가 자녀 양육과 입양에 관한 충분한 정보를 제공받은 상태에서 자발적이고 확정적으로 이루어진 것인지를 확인하고 필요한 경우 가사조사, 상담 등을 통해 관련 정보를 제공할 필요가 있다. 그 밖에 조부모가 양육능력이나 양부모로서의 적합성과 같은 일반적인 요건을 갖추는 것 외에도, 자녀와 조부모의 나이, 현재까지의 양육 상황, 입양에 이르게 된 경위, 친생부모의 생존 여부나 교류 관계 등에 비추어 조부모와 자녀 사이에 양친자관계가 자연스럽게 형성될 것을 기대할 수 있는지를 살피고 조부모의 입양이 자녀에게 도움이 되는 사항과 우려되는 사항을 비교·형량하여, 개별

적·구체적인 사안에서 입양이 자녀의 복리에 적합한지를 판단하여야 한다. 심리 과정에서는 입양되는 자녀가 13세 미만인 경우에도 자신의 의견을 형성할 능력이 있다면 자녀의 나이와 상황에 비추어 적절한 방법으로 자녀의 의견을 청취하는 것이 바람직하다.

[대법관 조재연, 대법관 민유숙, 대법관 이동원의 반대의견] 2촌 직계혈족인 조부모가 미성년 손자녀를 입양하는 것은 법정 친자관계의 기본적인 의미에 자연스럽게 부합하지 않는 데다가, 조부모가 입양 사실을 감추고 친생부모인 것처럼 양육하기 위하여 하는 비밀 입양은 향후 자녀의 정체성 혼란을 야기할 우려가 크다. 국제 규범과 국내 법령은 원가정 양육의 원칙을 천명하고 이를 위한 후견 제도나 각종 사회보장제도가 정비되어 있는데, 친생부모의 가장 가까운 직계존속으로서 친생부모에 의한 원가정 양육을 지지하고 원조하여야 할 조부모가 오히려 사회적·경제적 지위가 열악한 친생부모의 양육능력이 부족하다는 이유로 부모의 지위를 대체하는 것은 바람직하지 않다. 미성년 손자녀의 친생부모가 생존하고 있는데도 조부모가 손자녀의 입양허가를 청구하는 경우 입양허가는 엄격하게 이루어져야 한다. 조부모에게 실질적인 입양 의사가 있다는 사정은 입양허가의 한 요건에 불과하고 앞서 본 여러 가지 우려를 극복하기 어려운 점을 고려하면, 조부모의 입양은 위의 우려가 모두 해소될 수 있음이 밝혀진 경우에 허가할 수 있다. 가정법원은 직권탐지주의에 따라 후견적 입장에서 제반 사정들을 심리한 다음 자녀의 복리를 위하여 입양허가 여부를 결정할 넓은 재량권을 갖는다.

**제773조** 삭제 *〈1990. 1. 13.〉*

**제774조** 삭제 *〈1990. 1. 13.〉*

**제775조(인척관계 등의 소멸)** ① 인척관계는 혼인의 취소 또는 이혼으로 인하여 종료한다. *〈개정 1990. 1. 13.〉*

② 부부의 일방이 사망한 경우 생존 배우자가 재혼한 때에도 제1항과 같다. *〈개정 1990. 1. 13.〉*

**제776조(입양으로 인한 친족관계의 소멸)** 입양으로 인한 친족관계는 입양의 취소 또는 파양으로 인하여 종료한다.

**친생자관계부존재확인**

[대법원 2014. 7. 24., 선고, 2012므806, 판결]

【판시사항】

[1] 당시의 민법 규정에 따라 적법하게 입양신고를 마친 사람이 동성애자로서 자신의 성과 다른 성 역할을 하는 사람이라는 이유만으로 입양이 무효라고 할 수 있는지 여부(소극) 및 이는 입양의 의사로 친생자 출생신고를 한 경우에도 마찬가지인지 여부(적극)

[2] 여성인 甲과 동성애관계에 있던 乙이 입양의 의사로 丙을 자신의 친생자로 출생신고하고 甲과 함께 丙을 양육하였는데, 이후 丙이 甲의 양자로 입양신고를 마치고도 甲, 乙과 함께 생활한 사안에서, 乙과 丙의 친생자관계부존재확인을 구하는 소는 확인의 이익이 없어 부적법하다고 본 사례

【판결요지】

[1] 2013. 7. 1. 민법 개정으로 입양허가제도가 도입되기 전에는 성년에 달한 사람은 성별, 혼인 여부 등을 불문하고 당사자들의 입양 합의와 부모의 동의 등만 있으면 입양을 할 수 있었으므로, 당시의 민법 규정에 따라 적법하게 입양신고를 마친 사람이 단

지 동성애자로서 동성과 동거하면서 자신의 성과 다른 성 역할을 하는 사람이라는 이유만으로는 입양이 선량한 풍속에 반하여 무효라고 할 수 없고, 이는 그가 입양의 의사로 친생자 출생신고를 한 경우에도 마찬가지이다.

[2] 여성인 甲과 동성애관계에 있던 乙이 입양의 의사로 丙을 자신의 친생자로 출생신고하고 甲과 함께 丙을 양육하였는데, 이후 丙이 甲의 양자로 입양신고를 마치고도 甲, 乙과 함께 생활한 사안에서, 丙이 甲의 양자로 입양신고를 마쳤다는 사정만으로 乙과 丙 사이의 양친자관계가 파양되었다고 보기 어려워 뒤에 이루어진 甲과 丙 사이의 입양의 효력이 문제 될 뿐이므로, 乙과 丙의 친생자관계부존재확인을 구하는 소는 확인의 이익이 없어 부적법하다고 본 사례.

**제777조(친족의 범위)** 친족관계로 인한 법률상 효력은 이 법 또는 다른 법률에 특별한 규정이 없는 한 다음 각호에 해당하는 자에 미친다.

1. 8촌 이내의 혈족
2. 4촌 이내의 인척
3. 배우자

*[전문개정 1990. 1. 13.]*

## 제2장 가족의 범위와 자의 성과 본

*〈개정 2005. 3. 31.〉*

**제778조** 삭제 *〈2005. 3. 31.〉*

**제779조(가족의 범위)** ① 다음의 자는 가족으로 한다.

1. 배우자, 직계혈족 및 형제자매
2. 직계혈족의 배우자, 배우자의 직계혈족 및 배우자의 형제자매

② 제1항제2호의 경우에는 생계를 같이 하는 경우에 한한다.

*[전문개정 2005. 3. 31.]*

**제780조** 삭제 *〈2005. 3. 31.〉*

**제781조(자의 성과 본)** ① 자는 부의 성과 본을 따른다. 다만, 부모가 혼인신고시 모의 성과 본을 따르기로 협의한 경우에는 모의 성과 본을 따른다.

② 부가 외국인인 경우에는 자는 모의 성과 본을 따를 수 있다.

③ 부를 알 수 없는 자는 모의 성과 본을 따른다.

④ 부모를 알 수 없는 자는 법원의 허가를 받아 성과 본을 창설한다. 다만, 성과 본을 창설한 후 부 또는 모를 알게 된 때에는 부 또는 모의 성과 본을 따를 수 있다.

⑤ 혼인외의 출생자가 인지된 경우 자는 부모의 협의에 따라 종전의 성과 본을 계속 사용할 수 있다. 다만, 부모가 협의할 수 없거나 협의가 이루어지지 아니한 경우에는 자는 법원의 허가를 받아 종전의 성과 본을 계속 사용할 수 있다.

⑥ 자의 복리를 위하여 자의 성과 본을 변경할 필요가 있을 때에는 부, 모 또는 자의 청구에 의하여 법원의 허가를 받아 이를 변경할 수 있다. 다만, 자가 미성년자이고 법정대리인이 청구할 수 없는 경우에는 제777조의 규정에 따른 친족 또는 검사가 청구할 수 있다.

*[전문개정 2005. 3. 31.]*

**종원(宗員)지위확인[민법 제781조 제6항에 따라 자녀의 성과 본이 모의 성과 본으로 변경된 사안에서 성년인 그 자녀가 모가 속한 종중에 대하여 종원 지위 확인을 구하는 사건]**

[대법원 2022. 5. 26., 선고, 2017다260940, 판결]

【판시사항】

민법 제781조 제6항에 따라 자녀의 성과 본이 모의 성과 본으로 변경되었을 경우, 성년인 그 자녀는 모가 속한 종중의 공동선조와 성과 본을 같이 하는 후손으로서 당연히 종중의 구성원이 되는지 여부(적극)

【판결요지】

종중이란 공동선조의 분묘수호와 제사 및 종원 상호 간의 친목 등을 목적으로 하여 구성되는 자연발생적인 종족집단이므로, 종중의 이러한 목적과 본질에 비추어 볼 때 공동선조와 성과 본을 같이 하는 후손은 성별의 구별 없이 성년이 되면 당연히 그 구성원이 된다. 민법 제781조 제6항에 따라 자녀의 복리를 위하여 자녀의 성과 본을 변경할 필요가 있어 자녀의 성과 본이 모의 성과 본으로 변경되었을 경우 성년인 그 자녀는 모가 속한 종중의 공동선조와 성과 본을 같이 하는 후손으로서 당연히 종중의 구성원이 된다.

**제782조** 삭제 *〈2005. 3. 31.〉*

**제783조** 삭제 *〈2005. 3. 31.〉*

**제784조** 삭제 *〈2005. 3. 31.〉*

**제785조** 삭제 *〈2005. 3. 31.〉*

**제786조** 삭제 *〈2005. 3. 31.〉*

**제787조** 삭제 *〈2005. 3. 31.〉*

**제788조** 삭제 *〈2005. 3. 31.〉*

**제789조** 삭제 *〈2005. 3. 31.〉*

**제790조** 삭제 *〈1990. 1. 13.〉*

**제791조** 삭제 *〈2005. 3. 31.〉*

**제792조** 삭제 *〈1990. 1. 13.〉*

**제793조** 삭제 *〈2005. 3. 31.〉*

**제794조** 삭제 *〈2005. 3. 31.〉*

**제795조** 삭제 *〈2005. 3. 31.〉*

**제796조** 삭제 *〈2005. 3. 31.〉*

**제797조** 삭제 *〈1990. 1. 13.〉*

**제798조** 삭제 *〈1990. 1. 13.〉*

**제799조** 삭제 *〈1990. 1. 13.〉*

# 제3장 혼인

## 제1절 약혼

**제800조(약혼의 자유)** 성년에 달한 자는 자유로 약혼할 수 있다.

**제801조(약혼 나이)** 18세가 된 사람은 부모나 미성년후견인의 동의를 받아 약혼할 수 있다. 이 경우 제808조를 준용한다.

*[전문개정 2011. 3. 7.]*

*[제목개정 2022. 12. 27.]*

**제802조(성년후견과 약혼)** 피성년후견인은 부모나 성년후견인의 동의를 받아 약혼할 수 있다. 이 경우 제808조를 준용한다.

*[전문개정 2011. 3. 7.]*

**제803조(약혼의 강제이행금지)** 약혼은 강제이행을 청구하지 못한다.

**제804조(약혼해제의 사유)** 당사자 한쪽에 다음 각 호의 어느 하나에 해당하는 사유가 있는 경우에는 상대방은 약혼을 해제할 수 있다.

1. 약혼 후 자격정지 이상의 형을 선고받은 경우
2. 약혼 후 성년후견개시나 한정후견개시의 심판을 받은 경우
3. 성병, 불치의 정신병, 그 밖의 불치의 병질(病疾)이 있는 경우
4. 약혼 후 다른 사람과 약혼이나 혼인을 한 경우
5. 약혼 후 다른 사람과 간음(姦淫)한 경우
6. 약혼 후 1년 이상 생사(生死)가 불명한 경우
7. 정당한 이유 없이 혼인을 거절하거나 그 시기를 늦추는 경우
8. 그 밖에 중대한 사유가 있는 경우

*[전문개정 2011. 3. 7.]*

**제805조(약혼해제의 방법)** 약혼의 해제는 상대방에 대한 의사표시로 한다. 그러나 상대방에 대하여 의사표시를 할 수 없는 때에는 그 해제의 원인있음을 안 때에 해제된 것으로 본다.

**제806조(약혼해제와 손해배상청구권)** ① 약혼을 해제한 때에는 당사자 일방은 과실있는 상대방에 대하여 이로 인한 손해의 배상을 청구할 수 있다.

② 전항의 경우에는 재산상 손해외에 정신상 고통에 대하여도 손해배상의 책임이 있다.

③ 정신상 고통에 대한 배상청구권은 양도 또는 승계하지 못한다. 그러나 당사자간에 이미 그 배상에 관한 계약이 성립되거나 소를 제기한 후에는 그러하지 아니하다.

## 제2절 혼인의 성립

**제807조(혼인적령)** 18세가 된 사람은 혼인할 수 있다. *〈개정 2022. 12. 27.〉*

*[전문개정 2007. 12. 21.]*

**제808조(동의가 필요한 혼인)** ① 미성년자가 혼인을 하는 경우에는 부모의 동의를 받아야 하며, 부모 중 한쪽이 동의권을 행사할 수 없을 때에는 다른 한쪽의 동의를 받아야 하고,

부모가 모두 동의권을 행사할 수 없을 때에는 미성년후견인의 동의를 받아야 한다.
② 피성년후견인은 부모나 성년후견인의 동의를 받아 혼인할 수 있다.
*[전문개정 2011. 3. 7.]*

**제809조(근친혼 등의 금지)** ① 8촌 이내의 혈족(친양자의 입양 전의 혈족을 포함한다) 사이에서는 혼인하지 못한다.
② 6촌 이내의 혈족의 배우자, 배우자의 6촌 이내의 혈족, 배우자의 4촌 이내의 혈족의 배우자인 인척이거나 이러한 인척이었던 자 사이에서는 혼인하지 못한다.
③ 6촌 이내의 양부모계(養父母系)의 혈족이었던 자와 4촌 이내의 양부모계의 인척이었던 자 사이에서는 혼인하지 못한다.
*[전문개정 2005. 3. 31.]*

**유족연금승계불승인결정취소**
[대법원 2010. 11. 25., 선고, 2010두14091, 판결]

【판시사항】
[1] 민법에 의하여 혼인이 무효로 되는 근친자 사이의 사실혼관계일 때 공무원연금법상 유족연금의 지급 여부
[2] 2005. 3. 31. 법률 제7427호로 개정된 민법 시행 후 1990. 1. 13. 법률 제4199호로 개정된 민법이 시행되던 당시의 형부와 처제 사이의 사실혼관계에 대하여 이를 무효사유 있는 사실혼관계라고 주장할 수 있는지 여부(소극)
[3] 1990. 1. 13. 법률 제4199호로 개정된 민법이 시행되던 당시 국립대학교 교수인 형부와 사실혼관계에 있던 처제가 2005. 3. 31. 법률 제7427호로 개정된 민법 시행 후 형부가 사망하자 유족연금을 신청한 데 대하여, 공무원연금공단이 1990년 개정된 민법의 규정상 형부와 처제 사이의 혼인은 무효이고 혼인무효에 해당하는 사실혼관계는 구 공무원연금법 제3조 제1항 제2호 (가)목의 사실상 혼인관계로 인정할 수 없다는 이유로 위 신청을 거부하는 처분을 한 사안에서, 위 신청인은 공무원연금법에 의한 유족연금의 수급권자인 배우자라고 본 원심판단을 수긍한 사례

【판결요지】
[1] 공무원연금제도는 정부가 관장하는 공적연금제도이고(공무원연금법 제2조), 공무원의 의사와 관계없이 강제적으로 징수되는 기여금과 국가 또는 지방자치단체가 부담하는 재원에 의하여 조달된다는 점(같은 법 제65조,제66조) 등 공익적 요청을 무시할 수 없는 점을 종합하면, 민법이 정하는 혼인법질서에 본질적으로 반하는 사실혼관계에 있는 사람은 유족연금 수급권자인 배우자에 해당한다고 할 수 없다. 그리고 혼인할 경우 그 혼인이 무효로 되는 근친자 사이의 사실혼관계라면 원칙적으로 혼인법질서에 본질적으로 반하는 사실혼관계라고 추단할 수 있다. 그러나 비록 민법에 의하여 혼인이 무효로 되는 근친자 사이의 사실혼관계라고 하더라도, 그 근친자 사이의 혼인이 금지된 역사적·사회적 배경, 그 사실혼관계가 형성된 경위, 당사자의 가족과 친인척을 포함한 주변 사회의 수용 여부, 공동생활의 기간, 자녀의 유무, 부부생활의 안정성과 신뢰성 등을 종합하여 그 반윤리성·반공익성이 혼인법질서 유지 등의 관점에서 현저하게 낮다고 인정되는 경우에는 근친자 사이의 혼인을 금지하는 공익적 요청보다는 유족의 생활안정과 복리향상이라는 유족연금제도의 목적을 우선할 특별한 사정이 있고, 이와 같은 특

별한 사정이 인정되는 경우에는 그 사실혼관계가 혼인무효인 근친자 사이의 관계라는 사정만으로 유족연금의 지급을 거부할 수 없다.

[2] 2005. 3. 31. 법률 제7427호로 개정된 민법은 부칙 제4조에서 혼인의 무효·취소에 관한 경과조치로 "이 법 시행 전의 혼인에 종전의 규정에 의하여 혼인의 무효 또는 취소의 원인이 되는 사유가 있는 경우에도 이 법의 규정에 의하여 혼인의 무효 또는 취소의 원인이 되지 아니하는 경우에는 이 법 시행 후에는 혼인의 무효를 주장하거나 취소를 청구하지 못한다."고 정하고 있고, 이 경과규정의 취지는 특별한 사정이 없는 한 사실혼관계에 대하여도 미친다. 따라서 2005년 개정된 민법 시행 이후에는 1990년 1. 13. 법률 제4199호로 개정된 민법이 시행되던 당시의 형부와 처제 사이의 사실혼관계에 대하여 이를 무효사유 있는 사실혼관계라고 주장할 수 없다.

[3] 1990. 1. 13. 법률 제4199호로 개정된 민법이 시행되던 당시 국립대학교 교수인 형부와 사실혼관계에 있던 처제가 2005. 3. 31. 법률 제7427호로 개정된 민법 시행 후 형부가 사망하자 유족연금을 신청한 데 대하여, 공무원연금공단이 1990년 개정된 민법의 규정상 형부와 처제 사이의 혼인은 무효이고 혼인무효에 해당하는 사실혼관계는 구 공무원연금법(2009. 12. 31. 법률 제9905호로 개정되기 전의 것) 제3조 제1항 제2호 (가)목의 사실상 혼인관계로 인정할 수 없다는 이유로 위 신청을 거부하는 처분을 한 사안에서, 형부와 처제 사이의 혼인에 관한 구관습법의 태도, 민법의 개정 경과 및 그 내용, 위 형부와 처제 사이의 사실혼관계의 형성경위, 그 사실혼관계가 가족과 친인척을 포함한 주변 사회에서 받아들여진 점, 약 15년간의 공동생활로 부부생활의 안정성과 신뢰성이 형성되었다고 보이는 점 등을 종합하면, 비록 형부가 공무원으로 재직할 당시 시행되던 1990년 개정된 민법상 형부와 처제 사이의 혼인이 무효이었다고 하더라도 위 사실혼관계는 그 반윤리성·반공익성이 혼인법질서에 본질적으로 반할 정도라고 할 수 없고, 2005년 개정된 민법 부칙 제4조에 비추어 공무원연금공단은 2005년 개정된 민법이 시행된 이후에는 위 사실혼관계가 무효사유 있는 사실혼관계에 해당한다는 주장을 할 수도 없으므로, 위 사실혼관계는 구 공무원연금법 제3조 제1항 제2호 (가)목의 '사실혼관계'에 해당하고 위 신청인은 공무원연금법에 의한 유족연금의 수급권자인 배우자라고 본 원심판단을 수긍한 사례.

**제810조(중혼의 금지)** 배우자 있는 자는 다시 혼인하지 못한다.

**제811조** 삭제 *〈2005. 3. 31.〉*

**제812조(혼인의 성립)** ① 혼인은 「가족관계의 등록 등에 관한 법률」에 정한 바에 의하여 신고함으로써 그 효력이 생긴다. *〈개정 2007. 5. 17.〉*
② 전항의 신고는 당사자 쌍방과 성년자인 증인 2인의 연서한 서면으로 하여야 한다.

**사실상혼인관계존재확인**

[대법원 2022. 3. 31., 선고, 2019므10581, 판결]

【판시사항】

[1] 유족급여수급권을 주장하는 사람이 검사를 상대방으로 하여 과거의 사실상 혼인관계에 관한 존부 확인의 소를 제기하는 경우, 확인의 이익이 인정되는지 여부(적극)

[2] 법률상 혼인을 한 사람이 배우자와 별거하면서 제3자와 혼인의 의사로 실질적인 부부생활을 하는 경우, 제3자와의 관계를 사실상 혼인관계로 인정하여 법률혼에 준하는 보호를 할 수 있는지 여부(원칙적 소극)

【판결요지】

[1] 공무원연금법을 비롯한 여러 법령은 그 법에 따른 급여의 수급권자가 사망하면 그의 사실혼 배우자가 유족으로서 급여를 받도록 규정하고 있으므로, 사망한 사람과의 사실혼 관계는 유족급여수급권과 관련된 법률관계의 전제가 된다. 그러므로 급여수급권을 주장하는 사람이 검사를 상대방으로 하여 과거의 사실상 혼인관계에 관한 존부 확인의 소[가사소송법 제2조 제1항 제1호 (나)목 1)]를 제기하는 것은 유족급여와 관련된 분쟁을 한꺼번에 해결하는 적절한 방법이어서 확인의 이익이 인정된다.

[2] 법률상 혼인을 한 사람이 배우자와 별거하면서 제3자와 혼인의 의사로 실질적인 부부생활을 하더라도, 법률상 배우자와 사실상 이혼상태였다는 등의 특별한 사정이 없는 한 제3자와의 관계를 사실상 혼인관계로 인정하여 법률혼에 준하는 보호를 할 수는 없다.

**제813조(혼인신고의 심사)** 혼인의 신고는 그 혼인이 제807조 내지 제810조 및 제812조 제2항의 규정 기타 법령에 위반함이 없는 때에는 이를 수리하여야 한다. *〈개정 2005. 3. 31.〉*

**제814조(외국에서의 혼인신고)** ① 외국에 있는 본국민사이의 혼인은 그 외국에 주재하는 대사, 공사 또는 영사에게 신고할 수 있다.

② 제1항의 신고를 수리한 대사, 공사 또는 영사는 지체없이 그 신고서류를 본국의 재외국민 가족관계등록사무소에 송부하여야 한다. *〈개정 2005. 3. 31., 2007. 5. 17., 2015. 2. 3.〉*

## 제3절 혼인의 무효와 취소

**제815조(혼인의 무효)** 혼인은 다음 각 호의 어느 하나의 경우에는 무효로 한다. *〈개정 2005. 3. 31.〉*

1. 당사자간에 혼인의 합의가 없는 때
2. 혼인이 제809조제1항의 규정을 위반한 때
3. 당사자간에 직계인척관계(直系姻戚關係)가 있거나 있었던 때
4. 당사자간에 양부모계의 직계혈족관계가 있었던 때

[헌법불합치, 2018헌바115, 2022.10.27, 민법(2005. 3. 31. 법률 제7427호로 개정된 것) 제815조 제2호는 헌법에 합치되지 아니한다. 위 법률조항은 2024. 12. 31.을 시한으로 개정될 때까지 계속 적용된다.]

**혼인의무효및위자료**

[대법원 2022. 1. 27., 선고, 2017므1224, 판결]

【판시사항】

[1] 대한민국 국민과 베트남 국민 사이에 혼인의 성립요건을 갖추었는지를 판단하는 준거법(=각 당사자의 본국법) / 국제사법 제36조 제1항이 성립요건을 갖추지 못한 혼인의 해소에 관한 쟁송 방법이나 쟁송 이후의 신분법적 효과까지 규율하는지 여부(소극) 및 대한민국 국민이 당사자 사이에 혼인의 합의가 없어 혼인이 성립되지 않았음을 이유로 혼인의 해소를 구하는 소송에 관한 준거법(=대한민국 민법)

[2] 민법 제815조 제1호에서 혼인무효의 사유로 정한 '당사자 간에 혼인의 합의가 없는 때'의 의미 / 대한민국 국민과 베트남 배우자 사이에 혼인의 합의가 없는지 여부를 판단할 때, 특히 고려하여야 할 사항

【판결요지】

[1] 국제사법 제36조 제1항은 "혼인의 성립요건은 각 당사자에 관하여 그 본국법에 의한다."라고 정하고 있다. 따라서 대한민국 국민과 베트남 국민 사이에 혼인의 성립요건을 갖추었는지를 판단하는 준거법은 대한민국 국민에 관해서는 대한민국 민법, 베트남 국민에 관해서는 베트남 혼인·가족법이다.

대한민국 민법 제815조 제1호는 당사자 사이에 혼인의 합의가 없는 때에는 그 혼인을 무효로 한다고 정하고 있고, 베트남 혼인·가족법 제8조 제1항은 남녀의 자유의사에 따라 혼인을 결정하도록 정하고 있다. 따라서 대한민국 국민에게만 혼인의 의사가 있고 상대방인 베트남 국민과 혼인의 합의가 없는 때에는 대한민국 민법과 베트남 혼인·가족법 어느 법에 따르더라도 혼인의 성립요건을 갖추었다고 볼 수 없다.

국제사법 제36조 제1항은 실체법적인 혼인의 성립요건을 판단하기 위한 준거법을 정한 것이고, 성립요건을 갖추지 못한 혼인의 해소에 관한 쟁송 방법이나 쟁송 이후의 신분법적 효과까지 규율하고 있는 것은 아니다. 따라서 대한민국 국민이 당사자 사이에 혼인의 합의가 없어 혼인이 성립되지 않았음을 이유로 혼인의 해소를 구하는 소송에 관하여 법원은 대한민국 민법에 따라 혼인무효 여부를 판단할 수 있다.

[2] 민법 제815조 제1호에서 혼인무효의 사유로 정한 '당사자 간에 혼인의 합의가 없는 때'란 당사자 사이에 사회관념상 부부라고 인정되는 정신적·육체적 결합을 생기게 할 의사의 합치가 없는 경우를 뜻한다. 가정법원은 혼인에 이르게 된 동기나 경위 등 여러 사정을 살펴서 당사자들이 처음부터 혼인신고라는 부부로서의 외관만을 만들어 내려고 한 것인지, 아니면 혼인 이후에 혼인을 유지할 의사가 없어지거나 혼인관계의 지속을 포기하게 된 것인지에 대해서 구체적으로 심리·판단해야 하고, 상대방 배우자가 혼인을 유지하기 위한 노력을 게을리하였다거나 혼인관계 종료를 의도하는 언행을 하였다는 사정만으로 혼인신고 당시에 혼인의사가 없었다고 단정할 것은 아니다.

대한민국 국민이 베트남 배우자와 혼인을 할 때에는 대한민국에서 혼인신고를 할 뿐만 아니라 베트남에서 혼인 관련 법령이 정하는 바에 따라 혼인신고 등의 절차를 마치고 혼인증서를 교부받은 후 베트남 배우자가 출입국관리법령에 따라 결혼동거 목적의 사증을 발급받아 대한민국에 입국하여 혼인생활을 하게 되는 경우가 많다. 이와 같이 대한민국 국민이 베트남 배우자와 혼인을 하기 위해서는 양국 법령에 정해진 여러 절차를 거쳐야 하고 언어 장벽이나 문화와 관습의 차이 등으로 혼인생활의 양상이 다를 가능성이 있기 때문에, 이러한 사정도 감안하여 당사자 사이에 혼인의 합의가 없는지 여부를 세심하게 판단할 필요가 있다.

**제816조(혼인취소의 사유)** 혼인은 다음 각 호의 어느 하나의 경우에는 법원에 그 취소를 청구할 수 있다. *〈개정 1990. 1. 13., 2005. 3. 31.〉*

1. 혼인이 제807조 내지 제809조(제815조의 규정에 의하여 혼인의 무효사유에 해당하는 경우를 제외한다. 이하 제817조 및 제820조에서 같다) 또는 제810조의 규정에 위반한 때
2. 혼인당시 당사자 일방에 부부생활을 계속할 수 없는 악질 기타 중대사유있음을 알지 못한 때
3. 사기 또는 강박으로 인하여 혼인의 의사표시를 한 때

## 혼인의무효등·이혼

[대법원 2016. 2. 18., 선고, 2015므654,661, 판결]

【판시사항】

[1] 민법 제816조 제3호가 규정하는 '사기'에 소극적으로 고지를 하지 아니하거나 침묵한 경우가 포함되는지 여부(적극) / 불고지 또는 침묵을 위법한 기망행위로 보기 위한 요건 및 이때 관습 또는 조리상 고지의무가 인정되는지 판단하는 방법

[2] 출산 경력을 고지하지 아니한 것이 민법 제816조 제3호에서 정한 혼인취소사유에 해당하는지 판단하는 방법

[3] 아동성폭력범죄 등의 피해를 당해 임신을 하고 출산을 하였으나 자녀와의 관계가 단절되고 상당한 기간 양육이나 교류 등이 이루어지지 않은 경우, 출산 경력을 고지하지 않은 것이 민법 제816조 제3호에서 정한 혼인취소사유에 해당하는지 여부(소극) 및 이는 국제결혼의 경우에도 마찬가지인지 여부(적극)

【판결요지】

[1] 민법 제816조 제3호가 규정하는 '사기'에는 혼인의 당사자 일방 또는 제3자가 적극적으로 허위의 사실을 고지한 경우뿐만 아니라 소극적으로 고지를 하지 아니하거나 침묵한 경우도 포함된다. 그러나 불고지 또는 침묵의 경우에는 법령, 계약, 관습 또는 조리상 사전에 사정을 고지할 의무가 인정되어야 위법한 기망행위로 볼 수 있다. 관습 또는 조리상 고지의무가 인정되는지는 당사자들의 연령, 초혼인지 여부, 혼인에 이르게 된 경위와 그때까지 형성된 생활관계의 내용, 당해 사항이 혼인의 의사결정에 미친 영향의 정도, 이에 대한 당사자 또는 제3자의 인식 여부, 당해 사항이 부부가 애정과 신뢰를 형성하는 데 불가결한 것인지, 또는 당사자의 명예 또는 사생활 비밀의 영역에 해당하는지, 상대방이 당해 사항에 관련된 질문을 한 적이 있는지, 상대방이 당사자 또는 제3자에게서 고지받았거나 알고 있었던 사정의 내용 및 당해 사항과의 관계 등의 구체적·개별적 사정과 더불어 혼인에 대한 사회 일반의 인식과 가치관, 혼인의 풍속과 관습, 사회의 도덕관·윤리관 및 전통문화까지 종합적으로 고려하여 판단하여야 한다.

[2] 혼인의 당사자 일방 또는 제3자가 출산의 경력을 고지하지 아니한 경우에 그것이 상대방의 혼인의 의사결정에 영향을 미칠 수 있었을 것이라는 사정만을 들어 일률적으로 고지의무를 인정하고 제3호 혼인취소사유에 해당한다고 하여서는 아니 되고, 출산의 경위와 출산한 자녀의 생존 여부 및 그에 대한 양육책임이나 부양책임의 존부, 실제 양육이나 교류가 이루어졌는지 여부와 시기 및 정도, 법률상 또는 사실상으로 양육자가 변경될 가능성이 있는지, 출산 경력을 고지하지 않은 것이 적극적으로 이루어졌는지 아니면 소극적인 것에 불과하였는지 등을 면밀하게 살펴봄으로써 출산의 경력이나 경위가 알려질 경우 당사자의 명예 또는 사생활 비밀의 본질적 부분이 침해될 우려가 있는지, 사회통념상 당사자나 제3자에게 그에 대한 고지를 기대할 수 있는지와 이를 고지하지 아니한 것이 신의성실 의무에 비추어 비난받을 정도라고 할 수 있는지까지 심리한 다음, 그러한 사정들을 종합적으로 고려하여 신중하게 고지의무의 인정 여부와 위반 여부를 판단함으로써 당사자 일방의 명예 또는 사생활 비밀의 보장과 상대방 당사자의 혼인 의사결정의 자유 사이에 균형과 조화를 도모하여야 한다.

[3] 당사자가 성장과정에서 본인의 의사와 무관하게 아동성폭력범죄 등의 피해를 당해 임신을 하고 출산까지 하였으나 이후 자녀와의 관계가 단절되고 상당한 기간 동안 양육이나 교류 등이 전혀 이루어지지 않은 경우라면, 출산의 경력이나 경위는 개인의 내밀한 영역에 속하는 것으로서 당사자의 명예 또는 사생활 비밀의 본질적 부분에 해당하고, 나아가 사회통념상 당사자나 제3자에게 그에 대한 고지를 기대할 수 있다거나 이를 고지하지 아니한 것이 신의성실 의무에 비추어 비난받을 정도라고 단정할 수도 없으므로, 단순히 출산의 경력을 고지하지 않았다고 하여 그것이 곧바로 민법 제816조 제3호에서 정한 혼인취소사유에 해당한다고 보아서는 아니 된다. 그리고 이는 국제결혼의 경우에도 마찬가지이다.

**제817조(나이위반 혼인 등의 취소청구권자)** 혼인이 제807조, 제808조의 규정에 위반한 때에는 당사자 또는 그 법정대리인이 그 취소를 청구할 수 있고 제809조의 규정에 위반한 때에는 당사자, 그 직계존속 또는 4촌 이내의 방계혈족이 그 취소를 청구할 수 있다. *〈개정 2005. 3. 31.〉*

*[제목개정 2022. 12. 27.]*

**제818조(중혼의 취소청구권자)** 당사자 및 그 배우자, 직계혈족, 4촌 이내의 방계혈족 또는 검사는 제810조를 위반한 혼인의 취소를 청구할 수 있다.

*[전문개정 2012. 2. 10.]*

[2012. 2. 10. 법률 제11300호에 의하여 2010. 7. 29. 헌법재판소에서 헌법불합치 결정된 이 조를 개정함.]

**제819조(동의 없는 혼인의 취소청구권의 소멸)** 제808조를 위반한 혼인은 그 당사자가 19세가 된 후 또는 성년후견종료의 심판이 있은 후 3개월이 지나거나 혼인 중에 임신한 경우에는 그 취소를 청구하지 못한다.

*[전문개정 2011. 3. 7.]*

**제820조(근친혼등의 취소청구권의 소멸)** 제809조의 규정에 위반한 혼인은 그 당사자간에 혼인중 포태(胞胎)한 때에는 그 취소를 청구하지 못한다. *〈개정 2005. 3. 31.〉*

*[제목개정 2005. 3. 31.]*

**제821조** 삭제 *〈2005. 3. 31.〉*

**제822조(악질 등 사유에 의한 혼인취소청구권의 소멸)** 제816조제2호의 규정에 해당하는 사유있는 혼인은 상대방이 그 사유있음을 안 날로부터 6월을 경과한 때에는 그 취소를 청구하지 못한다.

**제823조(사기, 강박으로 인한 혼인취소청구권의 소멸)** 사기 또는 강박으로 인한 혼인은 사기를 안 날 또는 강박을 면한 날로부터 3월을 경과한 때에는 그 취소를 청구하지 못한다.

**친생자관계존부확인**

[대법원 2010. 3. 11., 선고, 2009므4099, 판결]

【판시사항】

[1] 당사자가 입양의 의사로 친생자 출생신고를 한 경우, 입양신고로서의 효력이 발생하기 위한 요건

[2] 부(父) 乙이 丙을 입양의 의사로 친생자출생신고를 한 것이 아니라는 취지로 자(子) 甲이 다툰 사안에서, 민법 제884조 제3호가 규정하는 '사기 또는 강박으로 인하여 입양의 의사표시를 한 때'의 입양취소는 그 성질상 그 입양의 의사를 표시한 자에 한하여 원고 적격이 있고, 사기를 안 날 또는 강박을 면한 날로부터 3월을 경과한 때에는 그 취소를 청구하지 못하며, 입양의 취소의 효력은 기왕에 소급하지 않는바, 그 원인 사유 및 효력 등에 있어서 친생자관계존부확인의 소와는 구별되는 것이므로, 甲이 입양의 취소를 구하는 의미에서 친생자관계부존재확인을 구할 수는 없다고 한 사례

【판결요지】

[1] 당사자가 양친자관계를 창설할 의사로 친생자 출생신고를 하고 거기에 입양의 실질적 요건이 모두 구비되어 있다면 그 형식에 다소 잘못이 있더라도 입양의 효력이 발생하고, 양친자관계는 파양에 의하여 해소될 수 있는 점을 제외하고는 법률적으로 친생자관계와 똑같은 내용을 갖게 되므로 이 경우의 허위의 친생자 출생신고는 법률상의 친자관계인 양친자관계를 공시하는 입양신고의 기능을 발휘하게 되는 것이지만, 여기서 입양의 실질적 요건이 구비되어 있다고 하기 위하여는 입양의 합의가 있을 것, 15세 미만자는 법정대리인의 대낙이 있을 것, 양자는 양부모의 존속 또는 연장자가 아닐 것 등 민법 제883조 각 호 소정의 입양의 무효사유가 없어야 함은 물론 감호·양육 등 양친자로서의 신분적 생활사실이 반드시 수반되어야 하는 것으로서, 입양의 의사로 친생자 출생신고를 하였다 하더라도 위와 같은 요건을 갖추지 못한 경우에는 입양신고로서의 효력이 생기지 아니한다.

[2] 부(父) 乙이 丙을 입양의 의사로 친생자출생신고를 한 것이 아니라는 취지로 자(子) 甲이 다툰 사안에서, 민법 제884조 제3호가 규정하는 '사기 또는 강박으로 인하여 입양의 의사표시를 한 때'의 입양취소는 그 성질상 그 입양의 의사를 표시한 자에 한하여 원고 적격이 있고, 사기를 안 날 또는 강박을 면한 날로부터 3월을 경과한 때에는 그 취소를 청구하지 못하며(민법 제897조, 제823조), 입양의 취소의 효력은 기왕에 소급하지 않는바(민법 제897조, 제824조), 그 원인 사유 및 효력 등에 있어서 친생자관계존부확인의 소와는 구별되는 것이므로, 甲이 입양의 취소를 구하는 의미에서 친생자관계부존재확인을 구할 수는 없다고 한 사례.

**제824조(혼인취소의 효력)** 혼인의 취소의 효력은 기왕에 소급하지 아니한다.

**제824조의2(혼인의 취소와 자의 양육 등)** 제837조 및 제837조의2의 규정은 혼인의 취소의 경우에 자의 양육책임과 면접교섭권에 관하여 이를 준용한다.

*[본조신설 2005. 3. 31.]*

**제825조(혼인취소와 손해배상청구권)** 제806조의 규정은 혼인의 무효 또는 취소의 경우에 준용한다.

## 제4절 혼인의 효력

### 제1관 일반적 효력

**제826조(부부간의 의무)** ① 부부는 동거하며 서로 부양하고 협조하여야 한다. 그러나 정당한 이유로 일시적으로 동거하지 아니하는 경우에는 서로 인용하여야 한다.

② 부부의 동거장소는 부부의 협의에 따라 정한다. 그러나 협의가 이루어지지 아니하

는 경우에는 당사자의 청구에 의하여 가정법원이 이를 정한다. *〈개정 1990. 1. 13.〉*

③ 삭제*〈2005. 3. 31.〉*

④ 삭제*〈2005. 3. 31.〉*

**부양료변경심판청구**

[대법원 2023. 3. 24., 자, 2022스771, 결정]

【판시사항】

혼인이 사실상 파탄되어 부부가 별거하면서 서로 이혼소송을 제기하는 경우, 이혼을 명한 판결의 확정 등으로 법률상 혼인관계가 완전히 해소될 때까지 부부간 부양의무는 소멸하지 않는지 여부(원칙적 적극)

【판결요지】

부부간 부양의무는 혼인관계의 본질적 의무로서 부양받을 자의 생활을 부양의무자의 생활과 같은 정도로 보장하여 부부공동생활의 유지를 가능하게 하는 것이다. 따라서 혼인이 사실상 파탄되어 부부가 별거하면서 서로 이혼소송을 제기하는 경우라고 하더라도, 특별한 사정이 없는 한 이혼을 명한 판결의 확정 등으로 법률상 혼인관계가 완전히 해소될 때까지는 부부간 부양의무가 소멸하지 않는다고 보아야 한다.

① 부부간에 부양받을 자의 생활을 부양의무자와 같은 정도로 보장하고자 하는 부부간 부양의무는 부부가 동거하면서 정상적인 부부관계를 유지하는 경우보다는 부부가 어떤 이유에서든지 별거하여 배우자 일방이 상대방에 대하여 부양의무를 이행할 필요성이 있는 경우에 더 큰 의미가 있다.

② 민법상 혼인관계의 해소는 혼인이 무효이거나 취소된 때가 아닌 한 협의 또는 재판상 이혼에 의해야 하므로 그와 같은 이혼의 효력이 발생되지 않으면 여전히 법률상 부부관계가 남아 있는 것이고 당사자의 의사에 따라 언제든지 다시 정상적인 부부관계로 회복될 여지가 있다. 협의이혼 신고의 수리 전 철회나 재판상 이혼청구(반소 포함)의 종국판결 확정 전 취하를 통해 사실상 종료된 혼인관계를 다시 유지할 수도 있기 때문이다.

③ 재산분할청구 사건에서 혼인 중 이룩한 재산관계의 청산뿐 아니라 이혼 이후 당사자들의 생활보장에 대한 배려 등 부양적 요소, 사실심 변론종결 당시까지의 부양 상황 등을 함께 고려하여 재산분할의 대상과 액수를 정하게 되는데, 이러한 재산분할에 따른 권리는 이혼의 확정을 전제로 발생하는 것이므로 이혼이 확정되기 전까지의 부양적 요소는 별도의 부양료 심판 등에서 고려될 필요가 있고, 특히 부양이 필요한 배우자가 소득이 없는 경우에는 더욱 그러하다.

④ 재판상 이혼의 경우 일방의 이혼, 위자료 및 재산분할 등을 구하는 본소 제기는 물론 이에 대한 상대방의 이혼 등의 반소 제기는, 모두 이혼의 의사가 있으니 법원의 형성판결을 통해 혼인관계를 해소하고 혼인파탄의 책임 및 부부공동재산의 범위를 따져 위자료 및 재산분할 내용을 정해 달라는 재판상 청구권을 행사하는 것이다. 따라서 부양의무자의 이혼 등 본소에 대하여 부양권리자가 이혼 등의 반소를 제기하였다는 사정은 이혼 의사가 합치되었다는 사정에 불과할 뿐 여전히 둘 사이에는 혼인파탄의 책임 및 부부공동재산의 범위에 관한 분쟁이 남아 있어 혼인이 완전히 해소되었다고 볼 수는 없다.

⑤ 따라서 배우자 일방이 스스로 정당한 이유 없이 동거를 거부하면서도 상대방에게 부양료의 지급을 청구할 수는 없지만, 그러한 귀책사유 없는 배우자 일방이 상대방에게 부양료의 지급을 청구하는 것은 부양료 지급의 요건 및 필요성이 인정되지 않는 특별한 사정이 없는 한 비록 당사자 쌍방이 이혼소송을 서로 제기한 경우라도 인정되어야 한다.

**제826조의2(성년의제)** 미성년자가 혼인을 한 때에는 성년자로 본다.
*[본조신설 1977. 12. 31.]*

**제827조(부부간의 가사대리권)** ① 부부는 일상의 가사에 관하여 서로 대리권이 있다.
② 전항의 대리권에 가한 제한은 선의의 제삼자에게 대항하지 못한다.

**제828조** 삭제 *〈2012. 2. 10.〉*

## 제2관 재산상 효력

**제829조(부부재산의 약정과 그 변경)** ① 부부가 혼인성립전에 그 재산에 관하여 따로 약정을 하지 아니한 때에는 그 재산관계는 본관중 다음 각조에 정하는 바에 의한다.
② 부부가 혼인성립전에 그 재산에 관하여 약정한 때에는 혼인중 이를 변경하지 못한다. 그러나 정당한 사유가 있는 때에는 법원의 허가를 얻어 변경할 수 있다.
③ 전항의 약정에 의하여 부부의 일방이 다른 일방의 재산을 관리하는 경우에 부적당한 관리로 인하여 그 재산을 위태하게 한 때에는 다른 일방은 자기가 관리할 것을 법원에 청구할 수 있고 그 재산이 부부의 공유인 때에는 그 분할을 청구할 수 있다.
④ 부부가 그 재산에 관하여 따로 약정을 한 때에는 혼인성립까지에 그 등기를 하지 아니하면 이로써 부부의 승계인 또는 제삼자에게 대항하지 못한다.
⑤ 제2항, 제3항의 규정이나 약정에 의하여 관리자를 변경하거나 공유재산을 분할하였을 때에는 그 등기를 하지 아니하면 이로써 부부의 승계인 또는 제삼자에게 대항하지 못한다.

**제830조(특유재산과 귀속불명재산)** ① 부부의 일방이 혼인전부터 가진 고유재산과 혼인중 자기의 명의로 취득한 재산은 그 특유재산으로 한다.
② 부부의 누구에게 속한 것인지 분명하지 아니한 재산은 부부의 공유로 추정한다.
*〈개정 1977. 12. 31.〉*

**증여세부과처분취소(배우자 예금 증여 사건)**
[대법원 2015. 9. 10., 선고, 2015두41937, 판결]

**【판시사항】**

조세부과처분 취소소송에서 과세요건사실에 관한 증명책임 / 부부 사이에서 일방 배우자 명의의 예금이 인출되어 타방 배우자 명의의 예금계좌로 입금되는 경우, 경험칙에 비추어 해당 예금이 타방 배우자에게 증여되었다는 과세요건사실이 추정되는지 여부(소극)

**【판결요지】**

조세부과처분 취소소송의 구체적인 소송과정에서 경험칙에 비추어 과세요건사실이 추정되는 사실이 밝혀진 경우에는 과세처분의 위법성을 다투는 납세의무자가 문제 된 사실이 경험칙을 적용하기에 적절하지 아니하다거나 해당 사건에서 그와 같은 경험칙의 적용을 배제하여야 할 만한 특별한 사정이 있다는 점 등을 증명하여야 하지만, 그와 같은 경험칙이 인정되지 아니하는 경우에는 원칙으로 돌아가 과세요건사실에 관하여 과세관청이 증명하여야 한다. 부부 사이에서 일방 배우자 명의의 예금이 인출되어 타방 배우자 명의의 예금계좌로 입금되는 경우에는 증여 외에도 단순한 공동생활의 편의, 일방 배우자 자금의 위탁 관리, 가족을 위한 생활비 지급 등 여러 원인이 있을 수 있으므로, 그와 같은 예금의 인출 및 입금 사실이 밝혀졌다는 사정만으로는 경험칙에 비추어 해당 예금이 타방 배우자에게 증여되었다는 과세요건사실이 추정된다고 할 수 없다.

**제831조(특유재산의 관리 등)** 부부는 그 특유재산을 각자 관리, 사용, 수익한다.

**제832조(가사로 인한 채무의 연대책임)** 부부의 일방이 일상의 가사에 관하여 제삼자와 법률행위를 한 때에는 다른 일방은 이로 인한 채무에 대하여 연대책임이 있다. 그러나 이미 제삼자에 대하여 다른 일방의 책임없음을 명시한 때에는 그러하지 아니하다.

**제833조(생활비용)** 부부의 공동생활에 필요한 비용은 당사자간에 특별한 약정이 없으면 부부가 공동으로 부담한다.

*[전문개정 1990. 1. 13.]*

**부양료청구**

[대법원 2017. 8. 25., 자, 2014스26, 결정]

【판시사항】

[1] 민법 제826조에서 정한 부부간의 부양·협조의 의미 및 민법 제833조에 의한 생활비용청구가 민법 제826조와는 무관한 별개의 청구원인에 기한 청구라고 볼 수 있는지 여부(소극)

[2] 과거 부양료의 지급을 청구할 수 있는 경우 및 부양의무자가 부양의무의 이행을 청구받기 이전의 부양료의 지급을 청구할 수 있는지 여부(소극)

【판결요지】

[1] 민법 제826조 제1항 본문은 “부부는 동거하며 서로 부양하고 협조하여야 한다.”라고 규정하고, 민법 제833조는 “부부의 공동생활에 필요한 비용은 당사자 간에 특별한 약정이 없으면 부부가 공동으로 부담한다.”라고 규정하고 있다. 제826조의 부부간의 부양·협조는 부부가 서로 자기의 생활을 유지하는 것과 같은 수준으로 상대방의 생활을 유지시켜 주는 것을 의미한다. 이러한 부양·협조의무를 이행하여 자녀의 양육을 포함하는 공동생활로서의 혼인생활을 유지하기 위해서는 부부간에 생활비용의 분담이 필요한데, 제833조는 그 기준을 정하고 있다. 즉 제826조 제1항은 부부간의 부양·협조의무의 근거를, 제833조는 위 부양·협조의무 이행의 구체적인 기준을 제시한 조항이다. 가사소송법도 제2조 제1항 제2호의 가사비송사건 중 마류 1호로 ‘민법 제826조 및 제833조에 따른 부부의 동거·부양·협조 또는 생활비용의 부담에 관한 처분’을 두어 위 제826조에 따른 처분과 제833조에 따른 처분을 같은 심판사항으로 규정하고 있다. 따라서 제833조에 의한 생활비용청구가 제826조와는 무관한 별개의 청구원인에 기한 청구라고 볼 수는 없다.

[2] 민법 제826조 제1항에 규정된 부부간의 상호부양의무는 부부의 일방에게 부양을 받을 필요가 생겼을 때 당연히 발생되는 것이기는 하지만, 과거의 부양료에 관하여는 특별한 사정이 없는 한, 부양을 받을 자가 부양의무자에게 부양의무의 이행을 청구하였음

에도 불구하고 부양의무자가 부양의무를 이행하지 아니함으로써 이행지체에 빠진 이후의 것에 대하여만 부양료의 지급을 청구할 수 있을 뿐, 부양의무자가 부양의무의 이행을 청구받기 이전의 부양료의 지급은 청구할 수 없다고 보는 것이 부양의무의 성질이나 형평의 관념에 합치된다.

## 제5절 이혼

### 제1관 협의상 이혼

**第834조(협의상 이혼)** 부부는 협의에 의하여 이혼할 수 있다.

**第835조(성년후견과 협의상 이혼)** 피성년후견인의 협의상 이혼에 관하여는 제808조제2항을 준용한다.

*[전문개정 2011. 3. 7.]*

**第836조(이혼의 성립과 신고방식)** ① 협의상 이혼은 가정법원의 확인을 받아 「가족관계의 등록 등에 관한 법률」의 정한 바에 의하여 신고함으로써 그 효력이 생긴다. *〈개정 1977. 12. 31., 2007. 5. 17.〉*

② 전항의 신고는 당사자 쌍방과 성년자인 증인 2인의 연서한 서면으로 하여야 한다.

**第836조의2(이혼의 절차)** ① 협의상 이혼을 하려는 자는 가정법원이 제공하는 이혼에 관한 안내를 받아야 하고, 가정법원은 필요한 경우 당사자에게 상담에 관하여 전문적인 지식과 경험을 갖춘 전문상담인의 상담을 받을 것을 권고할 수 있다.

② 가정법원에 이혼의사의 확인을 신청한 당사자는 제1항의 안내를 받은 날부터 다음 각 호의 기간이 지난 후에 이혼의사의 확인을 받을 수 있다.

1. 양육하여야 할 자(포태 중인 자를 포함한다. 이하 이 조에서 같다)가 있는 경우에는 3개월
2. 제1호에 해당하지 아니하는 경우에는 1개월

③ 가정법원은 폭력으로 인하여 당사자 일방에게 참을 수 없는 고통이 예상되는 등 이혼을 하여야 할 급박한 사정이 있는 경우에는 제2항의 기간을 단축 또는 면제할 수 있다.

④ 양육하여야 할 자가 있는 경우 당사자는 제837조에 따른 자(子)의 양육과 제909조제4항에 따른 자(子)의 친권자결정에 관한 협의서 또는 제837조 및 제909조제4항에 따른 가정법원의 심판정본을 제출하여야 한다.

⑤ 가정법원은 당사자가 협의한 양육비부담에 관한 내용을 확인하는 양육비부담조서를 작성하여야 한다. 이 경우 양육비부담조서의 효력에 대하여는 「가사소송법」 제41조를 준용한다. *〈신설 2009. 5. 8.〉*

*[본조신설 2007. 12. 21.]*

**第837조(이혼과 자의 양육책임)** ① 당사자는 그 자의 양육에 관한 사항을 협의에 의하여 정한다. *〈개정 1990. 1. 13.〉*

② 제1항의 협의는 다음의 사항을 포함하여야 한다. *〈개정 2007. 12. 21.〉*

1. 양육자의 결정
2. 양육비용의 부담
3. 면접교섭권의 행사 여부 및 그 방법

③ 제1항에 따른 협의가 자(子)의 복리에 반하는 경우에는 가정법원은 보정을 명하거

나 직권으로 그 자(子)의 의사(意思) · 나이와 부모의 재산상황, 그 밖의 사정을 참작하여 양육에 필요한 사항을 정한다. *〈개정 2007. 12. 21., 2022. 12. 27.〉*

④ 양육에 관한 사항의 협의가 이루어지지 아니하거나 협의할 수 없는 때에는 가정법원은 직권으로 또는 당사자의 청구에 따라 이에 관하여 결정한다. 이 경우 가정법원은 제3항의 사정을 참작하여야 한다. *〈신설 2007. 12. 21.〉*

⑤ 가정법원은 자(子)의 복리를 위하여 필요하다고 인정하는 경우에는 부 · 모 · 자(子) 및 검사의 청구 또는 직권으로 자(子)의 양육에 관한 사항을 변경하거나 다른 적당한 처분을 할 수 있다. *〈신설 2007. 12. 21.〉*

⑥ 제3항부터 제5항까지의 규정은 양육에 관한 사항 외에는 부모의 권리의무에 변경을 가져오지 아니한다. *〈신설 2007. 12. 21.〉*

**재산분할등청구**

[대법원 2022. 11. 10., 자, 2021스766, 결정]

【판시사항】

[1] 민법 제843조, 제839조의2 제3항에서 정한 2년의 제척기간이 출소기간인지 여부(적극) 및 재산분할청구 후 제척기간이 지날 때까지 청구 목적물로 하지 않은 재산에 대해서 제척기간을 준수한 것으로 볼 수 있는지 여부(원칙적 소극) / 청구인 지위에서 대상 재산에 대해 적극적으로 재산분할을 청구하는 것이 아니라 이미 제기된 재산분할청구 사건의 상대방 지위에서 분할대상 재산을 주장하는 경우, 제척기간이 적용되는지 여부(소극)

[2] 양육자로 지정된 양육친이 비양육친을 상대로 제기한 양육비 청구 사건에서 제1심 가정법원이 자녀가 성년에 이르기 전날을 종기로 삼아 장래양육비의 분담을 정하였는데, 항고심법원이 양육에 관한 사항을 심리한 결과 일정 시점 이후에는 양육자로 지정된 자가 자녀를 양육하지 않고 있는 사실이 확인된 경우, 이를 반영하여 장래양육비의 지급을 명하는 기간을 다시 정하여야 하는지 여부(적극) / 가정법원이 양육비용의 분담을 정하는 경우, 자의 복리를 위하여 청구에 구애받지 않고 직권으로 양육비용의 분담에 관한 기간을 정할 수 있는지 여부(적극) 및 가정법원이 양육에 관한 사항을 정하는 판단 기준

【판결요지】

[1] 민법 제843조, 제839조의2 제3항은 협의상 또는 재판상 이혼 시의 재산분할청구권에 관하여 '이혼한 날부터 2년을 경과한 때에는 소멸한다.'고 정하고 있는데, 위 기간은 제척기간이고, 나아가 재판 외에서 권리를 행사하는 것으로 족한 기간이 아니라 그 기간 내에 재산분할심판 청구를 하여야 하는 출소기간이다. 재산분할청구 후 제척기간이 지나면 그때까지 청구 목적물로 하지 않은 재산에 대해서는 특별한 사정이 없는 한 제척기간을 준수한 것으로 볼 수 없다. 그러나 청구인 지위에서 대상 재산에 대해 적극적으로 재산분할을 청구하는 것이 아니라, 이미 제기된 재산분할청구 사건의 상대방 지위에서 분할대상 재산을 주장하는 경우에는 제척기간이 적용되지 않는다.

① 민법 제839조의2 제3항, 제1항은 이혼한 날부터 2년이 지나면 재산분할을 청구할 수 있는 권리, 즉 재산분할청구권이 소멸한다고 정하는바, 위 조항이 규정하는 2년의 제척기간은 재산분할을 청구하는 경우에 적용됨이 법문언상 명백하고 또한 이는 재판청구기간이므로, 결국 위 제척기간은 법원에 재산분할심판을 청구하는 청구인의 권리에 대하여 적용되는 것이다.

② 재산분할심판 사건은 마류 가사비송사건에 해당하는데[가사소송법 제2조 제1항 제2호 (나)목 4)], 금전의 지급 등 재산상의 의무이행을 구하는 마류 가사비송사건의 경우 원칙적으로 청구인의 청구취지를 초과하여 의무의 이행을 명할 수 없다(가사소송규칙 제93조 제2항 본문). 따라서 설령 재산분할심판 사건의 심리 결과 청구인이 보유하고 있는 재산이 재산분할 비율에 따른 청구인의 몫을 초과한다는 점이 밝혀지더라도, 상대방이 반심판을 청구하지 않는 이상 원칙적으로 청구인의 재산분할청구가 기각될 뿐, 나아가 청구인에게 초과 보유분의 재산분할을 명할 수는 없다. 결국 상대방의 지위에서 청구인의 적극재산 등을 분할대상 재산으로 주장하는 것은 청구인의 재산분할심판 청구에 대하여 일종의 방어방법을 행사하는 것으로 볼 수 있고, 이를 청구인의 지위에서 적극적으로 대상 재산의 분할심판을 구하는 것과 동일하게 평가할 수 없다.

③ 재산분할사건은 가사비송사건에 해당하고, 가사비송절차에 관하여는 가사소송법에 특별한 규정이 없는 한 비송사건절차법 제1편의 규정을 준용하며(가사소송법 제34조 본문), 비송사건절차에 있어서는 민사소송의 경우와 달리 당사자의 변론에만 의존하는 것이 아니고, 법원이 자기의 권능과 책임으로 재판의 기초가 되는 자료를 수집하는, 이른바 직권탐지주의에 의하고 있으므로(비송사건절차법 제11조), 법원으로서는 당사자의 주장에 구애되지 아니하고 재산분할의 대상이 무엇인지 직권으로 사실조사를 하여 포함시키거나 제외시킬 수 있다. 따라서 상대방의 지위에서 분할대상 재산을 주장하는 것은 재산분할의 대상 확정에 관한 법원의 직권 판단을 구하는 것에 불과하다.

④ 상대방의 분할대상 재산 주장에 대하여 제척기간을 적용하면, 제척기간 도과가 임박한 시점에 청구인이 자신에게 일방적으로 유리하게 분할대상 재산을 선별하여 재산분할심판을 청구한 경우 상대방으로서는 이에 대응할 수 있는 방법이 봉쇄되는바, 이는 부부가 혼인 중 형성한 재산관계를 청산·분배하는 것을 본질로 하는 재산분할제도의 취지에 맞지 않고, 당사자 사이의 실질적 공평에도 반하여 부당할뿐더러, 가사소송법이 재산분할 등 사건에서 직권 또는 신청에 따른 재산명시·재산조회 제도(가사소송법 제48조의2, 제48조의3)를 둔 취지에도 맞지 않다.

[2] 양육자로 지정된 양육친이 비양육친을 상대로 제기한 양육비 청구 사건에서 제1심 가정법원이 자녀가 성년에 이르기 전날을 종기로 삼아 장래양육비의 분담을 정한 경우, 항고심법원이 양육에 관한 사항을 심리한 결과 일정 시점 이후에는 양육자로 지정된 자가 자녀를 양육하지 않고 있는 사실이 확인된다면 이를 반영하여 장래양육비의 지급을 명하는 기간을 다시 정하여야 한다.

민법 제843조, 제837조 제3항, 제4항은 이혼 소송에서 당사자 사이에 미성년 자녀의 양육에 관한 사항의 협의가 이루어지지 아니하거나 협의할 수 없는 때에 가정법원이 직권으로 자녀의 의사, 연령과 부모의 재산상황, 그 밖의 사정을 참작하여 양육에 관한 사항을 결정하도록 규정하고 있고, 여기에는 양육자의 결정, 양육비용의 부담, 면접교섭권의 행사 여부 및 그 방법이 포함된다. 가사소송규칙 제93조 제2항은 가정법원이 금전의 지급을 구하는 청구에 대하여는 청구의 취지를 초과하여 의무의 이행을 명할 수 없으나, 자의 복리를 위하여 양육에 관한 사항을 정하는 경우에는 그렇지 않은 것으로 규정하고 있다. 따라서 가정법원은 양육비용의 분담을 정함에 있어 자녀의 복리를 위하여 청구에 구애받지 않고 직권으로 양육비용의 분담에 관한 기간을 정할 수 있다.

위 양육비용의 분담을 포함하여 가정법원이 양육에 관한 사항을 정함에 있어서는 친자법을 지배하는 기본이념인 '자녀의 복리를 위하여 필요한지'를 기준으로 하여야 하고, 그 결정이 궁극적으로 자녀의 복리에 필요한 것인지에 따라 판단하여야 한다.

**제837조의2(면접교섭권)** ① 자(子)를 직접 양육하지 아니하는 부모의 일방과 자(子)는 상호 면접교섭할 수 있는 권리를 가진다. *〈개정 2007. 12. 21.〉*

② 자(子)를 직접 양육하지 아니하는 부모 일방의 직계존속은 그 부모 일방이 사망하였거나 질병, 외국거주, 그 밖에 불가피한 사정으로 자(子)를 면접교섭할 수 없는 경우 가정법원에 자(子)와의 면접교섭을 청구할 수 있다. 이 경우 가정법원은 자(子)의 의사(意思), 면접교섭을 청구한 사람과 자(子)의 관계, 청구의 동기, 그 밖의 사정을 참작하여야 한다. *〈신설 2016. 12. 2.〉*

③ 가정법원은 자의 복리를 위하여 필요한 때에는 당사자의 청구 또는 직권에 의하여 면접교섭을 제한 · 배제 · 변경할 수 있다. *〈개정 2005. 3. 31., 2016. 12. 2.〉*

*[본조신설 1990. 1. 13.]*

**제838조(사기, 강박으로 인한 이혼의 취소청구권)** 사기 또는 강박으로 인하여 이혼의 의사표시를 한 자는 그 취소를 가정법원에 청구할 수 있다. *〈개정 1990. 1. 13.〉*

**제839조(준용규정)** 제823조의 규정은 협의상 이혼에 준용한다.

**친권자변경등·위자료및재산분할청구의소[사실혼 해소에 따른 재산분할의 기준시점이 문제된 사건]**

[대법원 2023. 7. 13., 선고, 2017므11856, 11863, 판결]

**【판시사항】**

사실혼 해소를 원인으로 한 재산분할에서 분할의 대상이 되는 재산과 액수를 정하는 기준 시기(=사실혼이 해소된 날) / 사실혼 해소 이후 재산분할 청구사건의 사실심 변론종결 시까지 사이에 혼인 중 공동의 노력으로 형성·유지한 부동산 등에 발생한 외부적, 후발적 사정이 있는 경우, 이를 분할대상 재산의 가액 산정에 참작할 수 있는지 여부(한정 적극)

**【판결요지】**

사실혼 해소를 원인으로 한 재산분할에서 분할의 대상이 되는 재산과 액수는 사실혼이 해소된 날을 기준으로 하여 정하여야 한다. 한편 재산분할 제도가 혼인관계 해소 시 부부가 혼인 중 공동으로 형성한 재산을 청산·분배하는 것을 주된 목적으로 하는 것으로서, 부부 쌍방의 협력으로 이룩한 적극재산 및 그 형성에 수반하여 부담한 채무 등을 분할하여 각자에게 귀속될 몫을 정하기 위한 것이므로, 사실혼 해소 이후 재산분할 청구사건의 사실심 변론종결 시까지 사이에 혼인 중 공동의 노력으로 형성·유지한 부동산 등에 발생한 외부적, 후발적 사정으로서, 그로 인한 이익이나 손해를 일방에게 귀속시키는 것이 부부 공동재산의 공평한 청산·분배라고 하는 재산분할제도의 목적에 현저히 부합하지 않는 결과를 가져오는 등의 특별한 사정이 있는 경우에는 이를 분할대상 재산의 가액 산정에 참작할 수 있다.

**제839조의2(재산분할청구권)** ① 협의상 이혼한 자의 일방은 다른 일방에 대하여 재산분할을 청구할 수 있다.

② 제1항의 재산분할에 관하여 협의가 되지 아니하거나 협의할 수 없는 때에는 가정법원은 당사자의 청구에 의하여 당사자 쌍방의 협력으로 이룩한 재산의 액수 기타 사정을 참작하여 분할의 액수와 방법을 정한다.

③제1항의 재산분할청구권은 이혼한 날부터 2년을 경과한 때에는 소멸한다.

*[본조신설 1990. 1. 13.]*

**재산분할**

[대법원 2022. 7. 28., 자, 2022스613, 결정]

【판시사항】

이혼으로 인한 재산분할청구권이 채권자대위권의 목적이 될 수 있는지 여부(소극) 및 파산재단에 속하는지 여부(소극)

【판결요지】

이혼으로 인한 재산분할청구권은 이혼을 한 당사자의 일방이 다른 일방에 대하여 재산분할을 청구할 수 있는 권리로서 청구인의 재산에 영향을 미치지만, 순전한 재산법적 행위와 같이 볼 수는 없다. 오히려 이혼을 한 경우 당사자는 배우자, 자녀 등과의 관계 등을 종합적으로 고려하여 재산분할청구권 행사 여부를 결정하게 되고, 법원은 청산적 요소뿐만 아니라 이혼 후의 부양적 요소, 정신적 손해(위자료)를 배상하기 위한 급부로서의 성질 등도 고려하여 재산을 분할하게 된다. 또한 재산분할청구권은 협의 또는 심판에 의하여 구체적 내용이 형성되기까지는 그 범위 및 내용이 불명확·불확정하기 때문에 구체적으로 권리가 발생하였다고 할 수 없어 채무자의 책임재산에 해당한다고 보기 어렵고, 채권자의 입장에서는 채무자의 재산분할청구권 불행사가 그의 기대를 저버리는 측면이 있다고 하더라도 채무자의 재산을 현재의 상태보다 악화시키지 아니한다. 이러한 사정을 종합하면, 이혼으로 인한 재산분할청구권은 그 행사 여부가 청구인의 인격적 이익을 위하여 그의 자유로운 의사결정에 전적으로 맡겨진 권리로서 행사상의 일신전속성을 가지므로, 채권자대위권의 목적이 될 수 없고 파산재단에도 속하지 않는다고 보아야 한다.

**제839조의3(재산분할청구권 보전을 위한 사해행위취소권)** ① 부부의 일방이 다른 일방의 재산분할청구권 행사를 해함을 알면서도 재산권을 목적으로 하는 법률행위를 한 때에는 다른 일방은 제406조제1항을 준용하여 그 취소 및 원상회복을 가정법원에 청구할 수 있다.
② 제1항의 소는 제406조제2항의 기간 내에 제기하여야 한다.

*[본조신설 2007. 12. 21.]*

## 제2관 재판상 이혼

**제840조(재판상 이혼원인)** 부부의 일방은 다음 각호의 사유가 있는 경우에는 가정법원에 이혼을 청구할 수 있다. *〈개정 1990. 1. 13.〉*

1. 배우자에 부정한 행위가 있었을 때
2. 배우자가 악의로 다른 일방을 유기한 때
3. 배우자 또는 그 직계존속으로부터 심히 부당한 대우를 받았을 때
4. 자기의 직계존속이 배우자로부터 심히 부당한 대우를 받았을 때
5. 배우자의 생사가 3년 이상 분명하지 아니한 때
6. 기타 혼인을 계속하기 어려운 중대한 사유가 있을 때

**제841조(부정으로 인한 이혼청구권의 소멸)** 전조제1호의 사유는 다른 일방이 사전동의나 사후 용서를 한 때 또는 이를 안 날로부터 6월, 그 사유있은 날로부터 2년을 경과한 때에는 이혼을 청구하지 못한다.

**제842조(기타 원인으로 인한 이혼청구권의 소멸)** 제840조제6호의 사유는 다른 일방이 이를 안 날로부터 6월, 그 사유있은 날로부터 2년을 경과하면 이혼을 청구하지 못한다.

**제843조(준용규정)** 재판상 이혼에 따른 손해배상책임에 관하여는 제806조를 준용하고, 재판상 이혼에 따른 자녀의 양육책임 등에 관하여는 제837조를 준용하며, 재판상 이혼에 따른 면접교섭권에 관하여는 제837조의2를 준용하고, 재판상 이혼에 따른 재산분할청구권에 관하여는 제839조의2를 준용하며, 재판상 이혼에 따른 재산분할청구권 보전을 위한 사해행위취소권에 관하여는 제839조의3을 준용한다.
*[전문개정 2012. 2. 10.]*

**재산분할등청구**

[대법원 2022. 11. 10., 자, 2021스766, 결정]

**【판시사항】**

[1] 민법 제843조, 제839조의2 제3항에서 정한 2년의 제척기간이 출소기간인지 여부(적극) 및 재산분할청구 후 제척기간이 지날 때까지 청구 목적물로 하지 않은 재산에 대해서 제척기간을 준수한 것으로 볼 수 있는지 여부(원칙적 소극) / 청구인 지위에서 대상 재산에 대해 적극적으로 재산분할을 청구하는 것이 아니라 이미 제기된 재산분할청구 사건의 상대방 지위에서 분할대상 재산을 주장하는 경우, 제척기간이 적용되는지 여부(소극)

[2] 양육자로 지정된 양육친이 비양육친을 상대로 제기한 양육비 청구 사건에서 제1심 가정법원이 자녀가 성년에 이르기 전날을 종기로 삼아 장래양육비의 분담을 정하였는데, 항고심법원이 양육에 관한 사항을 심리한 결과 일정 시점 이후에는 양육자로 지정된 자가 자녀를 양육하지 않고 있는 사실이 확인된 경우, 이를 반영하여 장래양육비의 지급을 명하는 기간을 다시 정하여야 하는지 여부(적극) / 가정법원이 양육비용의 분담을 정하는 경우, 자의 복리를 위하여 청구에 구애받지 않고 직권으로 양육비용의 분담에 관한 기간을 정할 수 있는지 여부(적극) 및 가정법원이 양육에 관한 사항을 정하는 판단 기준

**【판결요지】**

[1] 민법 제843조, 제839조의2 제3항은 협의상 또는 재판상 이혼 시의 재산분할청구권에 관하여 '이혼한 날부터 2년을 경과한 때에는 소멸한다.'고 정하고 있는데, 위 기간은 제척기간이고, 나아가 재판 외에서 권리를 행사하는 것으로 족한 기간이 아니라 그 기간 내에 재산분할심판 청구를 하여야 하는 출소기간이다. 재산분할청구 후 제척기간이 지나면 그때까지 청구 목적물로 하지 않은 재산에 대해서는 특별한 사정이 없는 한 제척기간을 준수한 것으로 볼 수 없다. 그러나 청구인 지위에서 대상 재산에 대해 적극적으로 재산분할을 청구하는 것이 아니라, 이미 제기된 재산분할청구 사건의 상대방 지위에서 분할대상 재산을 주장하는 경우에는 제척기간이 적용되지 않는다.

① 민법 제839조의2 제3항, 제1항은 이혼한 날부터 2년이 지나면 재산분할을 청구할 수 있는 권리, 즉 재산분할청구권이 소멸한다고 정하는바, 위 조항이 규정하는 2년의 제척기간은 재산분할을 청구하는 경우에 적용됨이 법문언상 명백하고 또한 이는 재판청구기간이므로, 결국 위 제척기간은 법원에 재산분할심판을 청구하는 청구인의 권리에 대하여 적용되는 것이다.

② 재산분할심판 사건은 마류 가사비송사건에 해당하는데[가사소송법 제2조 제1항 제2호 (나)목 4)], 금전의 지급 등 재산상의 의무이행을 구하는 마류 가사비송사건의 경우 원칙적으로 청구인의 청구취지를 초과하여 의무의 이행을 명할 수 없다(가사

소송규칙 제93조 제2항 본문). 따라서 설령 재산분할심판 사건의 심리 결과 청구인이 보유하고 있는 재산이 재산분할 비율에 따른 청구인의 몫을 초과한다는 점이 밝혀지더라도, 상대방이 반심판을 청구하지 않는 이상 원칙적으로 청구인의 재산분할청구가 기각될 뿐, 나아가 청구인에게 초과 보유분의 재산분할을 명할 수는 없다. 결국 상대방의 지위에서 청구인의 적극재산 등을 분할대상 재산으로 주장하는 것은 청구인의 재산분할심판 청구에 대하여 일종의 방어방법을 행사하는 것으로 볼 수 있고, 이를 청구인의 지위에서 적극적으로 대상 재산의 분할심판을 구하는 것과 동일하게 평가할 수 없다.

③ 재산분할사건은 가사비송사건에 해당하고, 가사비송절차에 관하여는 가사소송법에 특별한 규정이 없는 한 비송사건절차법 제1편의 규정을 준용하며(가사소송법 제34조 본문), 비송사건절차에 있어서는 민사소송의 경우와 달리 당사자의 변론에만 의존하는 것이 아니고, 법원이 자기의 권능과 책임으로 재판의 기초가 되는 자료를 수집하는, 이른바 직권탐지주의에 의하고 있으므로(비송사건절차법 제11조), 법원으로서는 당사자의 주장에 구애되지 아니하고 재산분할의 대상이 무엇인지 직권으로 사실조사를 하여 포함시키거나 제외시킬 수 있다. 따라서 상대방의 지위에서 분할대상 재산을 주장하는 것은 재산분할의 대상 확정에 관한 법원의 직권 판단을 구하는 것에 불과하다.

④ 상대방의 분할대상 재산 주장에 대하여 제척기간을 적용하면, 제척기간 도과가 임박한 시점에 청구인이 자신에게 일방적으로 유리하게 분할대상 재산을 선별하여 재산분할심판을 청구한 경우 상대방으로서는 이에 대응할 수 있는 방법이 봉쇄되는바, 이는 부부가 혼인 중 형성한 재산관계를 청산·분배하는 것을 본질로 하는 재산분할제도의 취지에 맞지 않고, 당사자 사이의 실질적 공평에도 반하여 부당할뿐더러, 가사소송법이 재산분할 등 사건에서 직권 또는 신청에 따른 재산명시·재산조회 제도(가사소송법 제48조의2, 제48조의3)를 둔 취지에도 맞지 않다.

[2] 양육자로 지정된 양육친이 비양육친을 상대로 제기한 양육비 청구 사건에서 제1심 가정법원이 자녀가 성년에 이르기 전날을 종기로 삼아 장래양육비의 분담을 정한 경우, 항고심법원이 양육에 관한 사항을 심리한 결과 일정 시점 이후에는 양육자로 지정된 자가 자녀를 양육하지 않고 있는 사실이 확인된다면 이를 반영하여 장래양육비의 지급을 명하는 기간을 다시 정하여야 한다.

민법 제843조, 제837조 제3항, 제4항은 이혼 소송에서 당사자 사이에 미성년 자녀의 양육에 관한 사항의 협의가 이루어지지 아니하거나 협의할 수 없는 때에 가정법원이 직권으로 자녀의 의사, 연령과 부모의 재산상황, 그 밖의 사정을 참작하여 양육에 관한 사항을 결정하도록 규정하고 있고, 여기에는 양육자의 결정, 양육비용의 부담, 면접교섭권의 행사 여부 및 그 방법이 포함된다. 가사소송규칙 제93조 제2항은 가정법원이 금전의 지급을 구하는 청구에 대하여는 청구의 취지를 초과하여 의무의 이행을 명할 수 없으나, 자의 복리를 위하여 양육에 관한 사항을 정하는 경우에는 그렇지 않은 것으로 규정하고 있다. 따라서 가정법원은 양육비용의 분담을 정함에 있어 자녀의 복리를 위하여 청구에 구애받지 않고 직권으로 양육비용의 분담에 관한 기간을 정할 수 있다.

위 양육비용의 분담을 포함하여 가정법원이 양육에 관한 사항을 정함에 있어서는 친자법을 지배하는 기본이념인 '자녀의 복리를 위하여 필요한지'를 기준으로 하여야 하고, 그 결정이 궁극적으로 자녀의 복리에 필요한 것인지에 따라 판단하여야 한다.

# 제4장 부모와 자

## 제1절 친생자

**제844조(남편의 친생자의 추정)** ① 아내가 혼인 중에 임신한 자녀는 남편의 자녀로 추정한다.

② 혼인이 성립한 날부터 200일 후에 출생한 자녀는 혼인 중에 임신한 것으로 추정한다.

③ 혼인관계가 종료된 날부터 300일 이내에 출생한 자녀는 혼인 중에 임신한 것으로 추정한다.

*[전문개정 2017. 10. 31.]*

[2017. 10. 31. 법률 제14965호에 의하여 2015. 4. 30. 헌법재판소에서 헌법불합치 결정된 이 조를 개정함.]

**친생자관계부존재확인**

[대법원 2021. 9. 9., 선고, 2021므13293, 판결]

**【판시사항】**

생물학적 혈연관계가 없다는 점이 친생부인의 소로써 친생추정을 번복할 수 있게 하는 사유인지 여부(적극) 및 이를 넘어서 처음부터 친생추정이 미치지 않도록 하는 사유인지 여부(소극) / 처가 혼인 중에 포태하였으나 동거의 결여로 처가 부(夫)의 자를 포태할 수 없는 것이 외관상 명백한 사정이 있는 경우, 민법 제844조 제1항의 친생추정이 미치는지 여부(소극)

**【판결요지】**

민법은 친생추정 규정을 두면서도 남편에게 친생부인의 사유가 있음을 안 날부터 2년 내에 친생부인의 소를 제기할 수 있도록 하고 있다. 이는 진실한 혈연관계에 대한 인식을 바탕으로 법률적인 친자관계를 진실에 부합시키고자 하는 남편에게 친생추정을 부인할 수 있는 실질적인 기회를 부여한 것이다. 친생부인의 소가 적법하게 제기되면 부모와 출생한 자녀 사이에 생물학적 혈연관계가 존재하는지가 증명의 대상이 되는 주요사실을 구성한다. 결국 혈연관계가 없음을 알게 되면 친생부인의 소를 제기할 수 있는 제소기간이 진행하고, 실제로 생물학적 혈연관계가 없다는 점은 친생부인의 소로써 친생추정을 번복할 수 있게 하는 사유이다.

이처럼 혈연관계 유무나 그에 대한 인식은 친생부인의 소를 이유 있게 하는 근거 또는 제소기간의 기산점 기준으로서 친생부인의 소를 통해 친생추정을 번복할 수 있도록 하는 사유이다. 이를 넘어서 처음부터 친생추정이 미치지 않도록 하는 사유로서 친생부인의 소를 제기할 필요조차 없도록 하는 요소가 될 수는 없다. 혈연관계가 없다는 점을 친생추정이 미치지 않는 전제사실로 보는 것은 원고적격과 제소기간의 제한을 두고 있는 친생부인의 소의 존재를 무의미하게 만드는 것으로 현행 민법의 해석상 받아들이기 어렵다. 친생부인권을 실질적으로 행사할 수 있는 기회를 부여받았는데도 제소기간이 지나도록 이를 행사하지 않아 더 이상 이를 다툴 수 없게 된 경우 그러한 상태가 남편이 가정생활과 신분관계에서 누려야 할 인격권, 행복추구권, 개인의 존엄과 양성의 평등에 기초한 혼인과 가족생활에 대한 기본권을 침해한다고 볼 수 없다.

다만 친생추정 규정은 부부가 정상적인 혼인생활을 영위하고 있는 경우를 전제로 가정의 평화를 위하여 마련된 것이어서 그 전제사실을 갖추지 않은 경우까지 적용하여 요건이 엄격한 친생부인의 소로써 부인할 수 있도록 하는 것은 제도의 취지에 반하여 진실한 혈연관계에 어긋나는 부자관계를 성립하게 하는 등 부당한 결과를 가져올 수 있다. 대법원 2019. 10. 23. 선고 2016므2510 전원합의체 판결에서도 이러한 입장이 변경되지 아니하였다.

따라서 민법 제844조 제1항의 친생추정은 반증을 허용하지 않는 강한 추정이므로, 처가 혼인 중에 포태한 이상 그 부부의 한쪽이 장기간에 걸쳐 해외에 나가 있거나, 사실상의 이혼으로 부부가 별거하고 있는 경우 등 동거의 결여로 처가 부(夫)의 자를 포태할 수 없는 것이 외관상 명백한 사정이 있는 경우에만 그 추정이 미치지 않을 뿐이고, 이러한 예외적인 사유가 없는 한 누구라도 그 자가 부의 친생자가 아님을 주장할 수 없다.

**제845조(법원에 의한 부의 결정)** 재혼한 여자가 해산한 경우에 제844조의 규정에 의하여 그 자의 부를 정할 수 없는 때에는 법원이 당사자의 청구에 의하여 이를 정한다. *〈개정 2005. 3. 31.〉*

**제846조(자의 친생부인)** 부부의 일방은 제844조의 경우에 그 자가 친생자임을 부인하는 소를 제기할 수 있다. *〈개정 2005. 3. 31.〉*

**제847조(친생부인의 소)** ① 친생부인(親生否認)의 소(訴)는 부(夫) 또는 처(妻)가 다른 일방 또는 자(子)를 상대로 하여 그 사유가 있음을 안 날부터 2년내에 이를 제기하여야 한다.

② 제1항의 경우에 상대방이 될 자가 모두 사망한 때에는 그 사망을 안 날부터 2년내에 검사를 상대로 하여 친생부인의 소를 제기할 수 있다.

*[전문개정 2005. 3. 31.]*

**제848조(성년후견과 친생부인의 소)** ① 남편이나 아내가 피성년후견인인 경우에는 그의 성년후견인이 성년후견감독인의 동의를 받아 친생부인의 소를 제기할 수 있다. 성년후견감독인이 없거나 동의할 수 없을 때에는 가정법원에 그 동의를 갈음하는 허가를 청구할 수 있다.

② 제1항의 경우 성년후견인이 친생부인의 소를 제기하지 아니하는 경우에는 피성년후견인은 성년후견종료의 심판이 있은 날부터 2년 내에 친생부인의 소를 제기할 수 있다.

*[전문개정 2011. 3. 7.]*

**제849조(자사망후의 친생부인)** 자가 사망한 후에도 그 직계비속이 있는 때에는 그 모를 상대로, 모가 없으면 검사를 상대로 하여 부인의 소를 제기할 수 있다.

**친생자부인**

[대법원 2018. 11. 29., 선고, 2018므14210, 판결]

【판시사항】

민사소송법 제76조 제1항 단서가 공동소송적 보조참가인에게도 적용되는지 여부(적극) 및 보조참가인의 재심청구 당시 피참가인인 재심청구인이 이미 사망하여 당사자능력이 없는 경우, 보조참가인의 재심청구가 허용되는지 여부(원칙적 소극)

【판결요지】

통상의 보조참가인은 참가 당시의 소송상태를 전제로 피참가인을 보조하기 위하여 참가하는 것이므로 참가할 때의 소송 진행정도에 따라 피참가인이 할 수 없는 행위는 할 수 없다(민사소송법 제76조 제1항 단서 참조). 공동소송적 보조참가인도 원래 당사자가 아니라 보조참가인이므로 위와 같은 점에서는 통상의 보조참가인과 마찬가지이다.

판결 확정 후 재심사유가 있을 때에는 보조참가인이 피참가인을 보조하기 위하여 보조참가 신청과 함께 재심의 소를 제기할 수 있다. 그러나 보조참가인의 재심청구 당시 피참가인인 재심청구인이 이미 사망하여 당사자능력이 없다면, 이를 허용하는 규정 등이 없는 한 보조참가인의 재심청구는 허용되지 않는다. 이는 신분관계에 관한 소송에서 소송의 상대방이 될 자가 존재하지 않는 경우 이해관계인들의 이익을 위하여 공익의 대표자인 검사를 상대방으로 삼아 소송을 할 수 있도록 하는 경우(민법 제849조, 제864조, 제865조, 가사소송법 제24조 제3항, 제4항, 대법원 1992. 5. 26. 선고 90므1135 판결)와는 구별된다.

**제850조(유언에 의한 친생부인)** 부(夫) 또는 처(妻)가 유언으로 부인의 의사를 표시한 때에는 유언집행자는 친생부인의 소를 제기하여야 한다. *〈개정 2005. 3. 31.〉*

**제851조(부의 자 출생 전 사망 등과 친생부인)** 부(夫)가 자(子)의 출생 전에 사망하거나 부(夫) 또는 처(妻)가 제847조제1항의 기간내에 사망한 때에는 부(夫) 또는 처(妻)의 직계존속이나 직계비속에 한하여 그 사망을 안 날부터 2년내에 친생부인의 소를 제기할 수 있다.

*[전문개정 2005. 3. 31.]*

**제852조(친생부인권의 소멸)** 자의 출생 후에 친생자(親生子)임을 승인한 자는 다시 친생부인의 소를 제기하지 못한다.

*[전문개정 2005. 3. 31.]*

**제853조** 삭제 *〈2005. 3. 31.〉*

**제854조(사기, 강박으로 인한 승인의 취소)** 제852조의 승인이 사기 또는 강박으로 인한 때에는 이를 취소할 수 있다. *〈개정 2005. 3. 31.〉*

**제854조의2(친생부인의 허가 청구)** ① 어머니 또는 어머니의 전(前) 남편은 제844조제3항의 경우에 가정법원에 친생부인의 허가를 청구할 수 있다. 다만, 혼인 중의 자녀로 출생신고가 된 경우에는 그러하지 아니하다.

② 제1항의 청구가 있는 경우에 가정법원은 혈액채취에 의한 혈액형 검사, 유전인자의 검사 등 과학적 방법에 따른 검사결과 또는 장기간의 별거 등 그 밖의 사정을 고려하여 허가 여부를 정한다.

③ 제1항 및 제2항에 따른 허가를 받은 경우에는 제844조제1항 및 제3항의 추정이 미치지 아니한다.

*[본조신설 2017. 10. 31.]*

**제855조(인지)** ① 혼인외의 출생자는 그 생부나 생모가 이를 인지할 수 있다. 부모의 혼인이 무효인 때에는 출생자는 혼인외의 출생자로 본다.

② 혼인외의 출생자는 그 부모가 혼인한 때에는 그때로부터 혼인 중의 출생자로 본다.

**제855조의2(인지의 허가 청구)** ① 생부(生父)는 제844조제3항의 경우에 가정법원에 인지의 허가를 청구할 수 있다. 다만, 혼인 중의 자녀로 출생신고가 된 경우에는 그러하지 아니하다.

② 제1항의 청구가 있는 경우에 가정법원은 혈액채취에 의한 혈액형 검사, 유전인자의 검사 등 과학적 방법에 따른 검사결과 또는 장기간의 별거 등 그 밖의 사정을 고려하여 허가 여부를 정한다.

③ 제1항 및 제2항에 따라 허가를 받은 생부가 「가족관계의 등록 등에 관한 법률」 제57조제1항에 따른 신고를 하는 경우에는 제844조제1항 및 제3항의 추정이 미치지 아니한다.

*[본조신설 2017. 10. 31.]*

**제856조(피성년후견인의 인지)** 아버지가 피성년후견인인 경우에는 성년후견인의 동의를 받아 인지할 수 있다.

*[전문개정 2011. 3. 7.]*

**제857조(사망자의 인지)** 자가 사망한 후에도 그 직계비속이 있는 때에는 이를 인지할 수 있다.

**제858조(포태중인 자의 인지)** 부는 포태 중에 있는 자에 대하여도 이를 인지할 수 있다.

**제859조(인지의 효력발생)** ① 인지는 「가족관계의 등록 등에 관한 법률」의 정하는 바에 의하여 신고함으로써 그 효력이 생긴다. *〈개정 2007. 5. 17.〉*

② 인지는 유언으로도 이를 할 수 있다. 이 경우에는 유언집행자가 이를 신고하여야 한다.

**제860조(인지의 소급효)** 인지는 그 자의 출생시에 소급하여 효력이 생긴다. 그러나 제삼자의 취득한 권리를 해하지 못한다.

**소유권이전등기말소(모자관계에 민법 제860조 단서, 제1014조 적용 여부가 문제된 사건)**

[대법원 2018. 6. 19., 선고, 2018다1049, 판결]

【판시사항】

인지를 요하지 아니하는 모자관계에서 인지의 소급효 제한에 관한 민법 제860조 단서가 적용 또는 유추적용되는지 여부(소극) 및 민법 제1014조를 근거로 자가 모의 다른 공동상속인이 한 상속재산에 대한 분할 또는 처분의 효력을 부인하지 못하는지 여부(소극) / 이는 다른 공동상속인이 이미 상속재산을 분할 또는 처분한 이후에 모자관계가 친생자관계존재확인판결의 확정 등으로 비로소 명백히 밝혀졌다 하더라도 마찬가지인지 여부(적극)

【판결요지】

민법 제860조는 본문에서 "인지는 그 자의 출생 시에 소급하여 효력이 생긴다."고 하면서 단서에서 "그러나 제삼자의 취득한 권리를 해하지 못한다."라고 하여 인지의 소급효를 제한하고 있고, 민법 제1014조는 "상속개시 후의 인지 또는 재판의 확정에 의하여 공동상속인이 된 자가 상속재산의 분할을 청구할 경우에 다른 공동상속인이 이미 분할 기타 처분을 한 때에는 그 상속분에 상당한 가액의 지급을 청구할 권리가 있다."라고 규정하고 있다.

그런데 혼인 외의 출생자와 생모 사이에는 생모의 인지나 출생신고를 기다리지 아니하고 자의 출생으로 당연히 법률상의 친자관계가 생기고, 가족관계등록부의 기재나 법원의 친생자관계존재확인판결이 있어야만 이를 인정할 수 있는 것이 아니다. 따라서 인지를 요하지 아니하는 모자관계에는 인지의 소급효 제한에 관한 민법 제860조 단서가 적용 또는 유추적용되지 아니하며, 상속개시 후의 인지 또는 재판의 확정에 의하여 공동상속인이 된 자의 가액지급청구권을 규정한 민법 제1014조를 근거로 자가 모의 다른 공동상속인이 한 상속재산에 대한 분할 또는 처분의 효력을 부인하지 못한다고 볼 수도 없다. 이는 비록 다른 공동상속인이 이미 상속재산을 분할 또는 처분한 이후에 모자관계가 친생자관계존재확인판결의 확정 등으로 비로소 명백히 밝혀졌다 하더라도 마찬가지이다.

**제861조(인지의 취소)** 사기, 강박 또는 중대한 착오로 인하여 인지를 한 때에는 사기나 착오를 안 날 또는 강박을 면한 날로부터 6월내에 가정법원에 그 취소를 청구할 수 있다. *〈개정 2005. 3. 31.〉*

**제862조(인지에 대한 이의의 소)** 자 기타 이해관계인은 인지의 신고있음을 안 날로부터 1년내에 인지에 대한 이의의 소를 제기할 수 있다.

**제863조(인지청구의 소)** 자와 그 직계비속 또는 그 법정대리인은 부 또는 모를 상대로 하여 인지청구의 소를 제기할 수 있다.

### 친생자관계존재확인

[대법원 2022. 1. 27., 선고, 2018므11273, 판결]

【판시사항】

생모나 친족 등 이해관계인이 혼인외 출생자를 상대로 혼인외 출생자와 사망한 부 사이의 친생자관계존재확인을 구하는 소가 허용되는지 여부(소극)

【판결요지】

혼인외 출생자의 경우에 모자관계는 인지를 요하지 아니하고 법률상 친자관계가 인정될 수 있지만, 부자관계는 부의 인지에 의하여서만 발생하는 것이므로, 부가 사망한 경우에는 그 사망을 안 날로부터 2년 이내에 검사를 상대로 인지청구의 소를 제기하여야 하고, 생모나 친족 등 이해관계인이 혼인외 출생자를 상대로 혼인외 출생자와 사망한 부 사이의 친생자관계존재확인을 구하는 소는 허용될 수 없다.

**제864조(부모의 사망과 인지청구의 소)** 제862조 및 제863조의 경우에 부 또는 모가 사망한 때에는 그 사망을 안 날로부터 2년내에 검사를 상대로 하여 인지에 대한 이의 또는 인지청구의 소를 제기할 수 있다. *〈개정 2005. 3. 31.〉*

**제864조의2(인지와 자의 양육책임 등)** 제837조 및 제837조의2의 규정은 자가 인지된 경우에 자의 양육책임과 면접교섭권에 관하여 이를 준용한다.

*[본조신설 2005. 3. 31.]*

**제865조(다른 사유를 원인으로 하는 친생관계존부확인의 소)** ① 제845조, 제846조, 제848조, 제850조, 제851조, 제862조와 제863조의 규정에 의하여 소를 제기할 수 있는 자는 다른 사유를 원인으로 하여 친생자관계존부의 확인의 소를 제기할 수 있다.

② 제1항의 경우에 당사자일방이 사망한 때에는 그 사망을 안 날로부터 2년내에 검사를 상대로 하여 소를 제기할 수 있다. *〈개정 2005. 3. 31.〉*

## 제2절 양자(養子)

*〈개정 2012. 2. 10.〉*

### 제1관 입양의 요건과 효력

*〈개정 2012. 2. 10.〉*

**제866조(입양을 할 능력)** 성년이 된 사람은 입양(入養)을 할 수 있다.
*[전문개정 2012. 2. 10.]*

**미성년자입양허가[조부모가 미성년 손자녀의 입양허가를 청구하는 사건]**

[대법원 2021. 12. 23., 자, 2018스5, 전원합의체 결정]

**【판시사항】**

조부모가 손자녀를 입양할 수 있는지 여부(적극) / 조부모에 의한 미성년 손자녀 입양의 허가 여부를 판단하는 기준 및 이때 법원이 고려하여야 할 요소

**【판결요지】**

[다수의견] (가) 입양은 출생이 아니라 법에 정한 절차에 따라 원래는 부모·자녀가 아닌 사람 사이에 부모·자녀 관계를 형성하는 제도이다. 조부모와 손자녀 사이에는 이미 혈족관계가 존재하지만 부모·자녀 관계에 있는 것은 아니다. 민법은 입양의 요건으로 동의와 허가 등에 관하여 규정하고 있을 뿐이고 존속을 제외하고는 혈족의 입양을 금지하고 있지 않다(민법 제877조 참조). 따라서 조부모가 손자녀를 입양하여 부모·자녀 관계를 맺는 것이 입양의 의미와 본질에 부합하지 않거나 불가능하다고 볼 이유가 없다.

조부모가 자녀의 입양허가를 청구하는 경우에 입양의 요건을 갖추고 입양이 자녀의 복리에 부합한다면 이를 허가할 수 있다. 다만 조부모가 자녀를 입양하는 경우에는, 양부모가 될 사람과 자녀 사이에 이미 조손(祖孫)관계가 존재하고 있고 입양 후에도 양부모가 여전히 자녀의 친생부 또는 친생모에 대하여 부모의 지위에 있다는 특수성이 있으므로, 이러한 사정이 자녀의 복리에 미칠 영향에 관하여 세심하게 살필 필요가 있다.

(나) 법원은 조부모가 단순한 양육을 넘어 양친자로서 신분적 생활관계를 형성하려는 실질적인 의사를 가지고 있는지, 입양의 주된 목적이 부모로서 자녀를 안정적·영속적으로 양육·보호하기 위한 것인지, 친생부모의 재혼이나 국적 취득, 그 밖의 다른 혜택 등을 목적으로 한 것은 아닌지를 살펴보아야 한다. 또한 친생부모의 입양동의가 자녀 양육과 입양에 관한 충분한 정보를 제공받은 상태에서 자발적이고 확정적으로 이루어진 것인지를 확인하고 필요한 경우 가사조사, 상담 등을 통해 관련 정보를 제공할 필요가 있다. 그 밖에 조부모가 양육능력이나 양부모로서의 적합성과 같은 일반적인 요건을 갖추는 것 외에도, 자녀와 조부모의 나이, 현재까지의 양육 상황, 입양에 이르게 된 경위, 친생부모의 생존 여부나 교류 관계 등에 비추어 조부모와 자녀 사이에 양친자관계가 자연스럽게 형성될 것을 기대할 수 있는지를 살피고 조부모의 입양이 자녀에게 도움이 되는 사항과 우려되는 사항을 비교·형량하여, 개별적·구체적인 사안에서 입양이 자녀의 복리에 적합한지를 판단하여야 한다. 심리 과정에서는 입양되는 자녀가 13세 미만인 경우에도 자신의 의견을 형성할 능력이 있다면 자녀의 나이와 상황에 비추어 적절한 방법으로 자녀의 의견을 청취하는 것이 바람직하다.

[대법관 조재연, 대법관 민유숙, 대법관 이동원의 반대의견] 2촌 직계혈족인 조부모가 미성년 손자녀를 입양하는 것은 법정 친자관계의 기본적인 의미에 자연스럽게

부합하지 않는 데다가, 조부모가 입양 사실을 감추고 친생부모인 것처럼 양육하기 위하여 하는 비밀 입양은 향후 자녀의 정체성 혼란을 야기할 우려가 크다. 국제 규범과 국내 법령은 원가정 양육의 원칙을 천명하고 이를 위한 후견 제도나 각종 사회보장제도가 정비되어 있는데, 친생부모의 가장 가까운 직계존속으로서 친생부모에 의한 원가정 양육을 지지하고 원조하여야 할 조부모가 오히려 사회적·경제적 지위가 열악한 친생부모의 양육능력이 부족하다는 이유로 부모의 지위를 대체하는 것은 바람직하지 않다. 미성년 손자녀의 친생부모가 생존하고 있는데도 조부모가 손자녀의 입양허가를 청구하는 경우 입양허가는 엄격하게 이루어져야 한다. 조부모에게 실질적인 입양 의사가 있다는 사정은 입양허가의 한 요건에 불과하고 앞서 본 여러 가지 우려를 극복하기 어려운 점을 고려하면, 조부모의 입양은 위의 우려가 모두 해소될 수 있음이 밝혀진 경우에 허가할 수 있다. 가정법원은 직권탐지주의에 따라 후견적 입장에서 제반 사정들을 심리한 다음 자녀의 복리를 위하여 입양허가 여부를 결정할 넓은 재량권을 갖는다.

**제867조(미성년자의 입양에 대한 가정법원의 허가)** ① 미성년자를 입양하려는 사람은 가정법원의 허가를 받아야 한다.

② 가정법원은 양자가 될 미성년자의 복리를 위하여 그 양육 상황, 입양의 동기, 양부모(養父母)의 양육능력, 그 밖의 사정을 고려하여 제1항에 따른 입양의 허가를 하지 아니할 수 있다.

*[본조신설 2012. 2. 10.]*

**제868조** 삭제 *〈1990. 1. 13.〉*

**제869조(입양의 의사표시)** ① 양자가 될 사람이 13세 이상의 미성년자인 경우에는 법정대리인의 동의를 받아 입양을 승낙한다.

② 양자가 될 사람이 13세 미만인 경우에는 법정대리인이 그를 갈음하여 입양을 승낙한다.

③ 가정법원은 다음 각 호의 어느 하나에 해당하는 경우에는 제1항에 따른 동의 또는 제2항에 따른 승낙이 없더라도 제867조제1항에 따른 입양의 허가를 할 수 있다.

1. 법정대리인이 정당한 이유 없이 동의 또는 승낙을 거부하는 경우. 다만, 법정대리인이 친권자인 경우에는 제870조제2항의 사유가 있어야 한다.
2. 법정대리인의 소재를 알 수 없는 등의 사유로 동의 또는 승낙을 받을 수 없는 경우

④ 제3항제1호의 경우 가정법원은 법정대리인을 심문하여야 한다.

⑤ 제1항에 따른 동의 또는 제2항에 따른 승낙은 제867조제1항에 따른 입양의 허가가 있기 전까지 철회할 수 있다.

*[전문개정 2012. 2. 10.]*

**친생자관계부존재확인**

[대법원 2014. 7. 24., 선고, 2012므806, 판결]

【판시사항】

[1] 당시의 민법 규정에 따라 적법하게 입양신고를 마친 사람이 동성애자로서 자신의 성과 다른 성 역할을 하는 사람이라는 이유만으로 입양이 무효라고 할 수 있는지 여부(소극) 및 이는 입양의 의사로 친생자 출생신고를 한 경우에도 마찬가지인지 여부(적극)

[2] 여성인 甲과 동성애관계에 있던 乙이 입양의 의사로 丙을 자신의 친생자로 출생신고하고 甲과 함께 丙을 양육하였는데, 이후 丙이 甲의 양자로 입양신고를 마치고도 甲, 乙과 함께 생활한 사안에서, 乙과 丙의 친생자관계부존재확인을 구하는 소는 확인의 이익이 없어 부적법하다고 본 사례

【판결요지】

[1] 2013. 7. 1. 민법 개정으로 입양허가제도가 도입되기 전에는 성년에 달한 사람은 성별, 혼인 여부 등을 불문하고 당사자들의 입양 합의와 부모의 동의 등만 있으면 입양을 할 수 있었으므로, 당시의 민법 규정에 따라 적법하게 입양신고를 마친 사람이 단지 동성애자로서 동성과 동거하면서 자신의 성과 다른 성 역할을 하는 사람이라는 이유만으로는 입양이 선량한 풍속에 반하여 무효라고 할 수 없고, 이는 그가 입양의 의사로 친생자 출생신고를 한 경우에도 마찬가지이다.

[2] 여성인 甲과 동성애관계에 있던 乙이 입양의 의사로 丙을 자신의 친생자로 출생신고하고 甲과 함께 丙을 양육하였는데, 이후 丙이 甲의 양자로 입양신고를 마치고도 甲, 乙과 함께 생활한 사안에서, 丙이 甲의 양자로 입양신고를 마쳤다는 사정만으로 乙과 丙 사이의 양친자관계가 파양되었다고 보기 어려워 뒤에 이루어진 甲과 丙 사이의 입양의 효력이 문제 될 뿐이므로, 乙과 丙의 친생자관계부존재확인을 구하는 소는 확인의 이익이 없어 부적법하다고 본 사례.

**제870조(미성년자 입양에 대한 부모의 동의)** ① 양자가 될 미성년자는 부모의 동의를 받아야 한다. 다만, 다음 각 호의 어느 하나에 해당하는 경우에는 그러하지 아니하다.

1. 부모가 제869조제1항에 따른 동의를 하거나 같은 조 제2항에 따른 승낙을 한 경우
2. 부모가 친권상실의 선고를 받은 경우
3. 부모의 소재를 알 수 없는 등의 사유로 동의를 받을 수 없는 경우

② 가정법원은 다음 각 호의 어느 하나에 해당하는 사유가 있는 경우에는 부모가 동의를 거부하더라도 제867조제1항에 따른 입양의 허가를 할 수 있다. 이 경우 가정법원은 부모를 심문하여야 한다.

1. 부모가 3년 이상 자녀에 대한 부양의무를 이행하지 아니한 경우
2. 부모가 자녀를 학대 또는 유기(遺棄)하거나 그 밖에 자녀의 복리를 현저히 해친 경우

③ 제1항에 따른 동의는 제867조제1항에 따른 입양의 허가가 있기 전까지 철회할 수 있다.

*[전문개정 2012. 2. 10.]*

**제871조(성년자 입양에 대한 부모의 동의)** ① 양자가 될 사람이 성년인 경우에는 부모의 동의를 받아야 한다. 다만, 부모의 소재를 알 수 없는 등의 사유로 동의를 받을 수 없는 경우에는 그러하지 아니하다.

② 가정법원은 부모가 정당한 이유 없이 동의를 거부하는 경우에 양부모가 될 사람이나 양자가 될 사람의 청구에 따라 부모의 동의를 갈음하는 심판을 할 수 있다. 이 경우 가정법원은 부모를 심문하여야 한다.

*[전문개정 2012. 2. 10.]*

**제872조** 삭제 *〈2012. 2. 10.〉*

**제873조(피성년후견인의 입양)** ① 피성년후견인은 성년후견인의 동의를 받아 입양을 할 수 있고 양자가 될 수 있다.

② 피성년후견인이 입양을 하거나 양자가 되는 경우에는 제867조를 준용한다.

③ 가정법원은 성년후견인이 정당한 이유 없이 제1항에 따른 동의를 거부하거나 피성년후견인의 부모가 정당한 이유 없이 제871조제1항에 따른 동의를 거부하는 경우에 그 동의가 없어도 입양을 허가할 수 있다. 이 경우 가정법원은 성년후견인 또는 부모를 심문하여야 한다.

*[전문개정 2012. 2. 10.]*

**제874조(부부의 공동 입양 등)** ① 배우자가 있는 사람은 배우자와 공동으로 입양하여야 한다.

② 배우자가 있는 사람은 그 배우자의 동의를 받아야만 양자가 될 수 있다.

*[전문개정 2012. 2. 10.]*

**제875조** 삭제 *〈1990. 1. 13.〉*

**제876조** 삭제 *〈1990. 1. 13.〉*

**제877조(입양의 금지)** 존속이나 연장자를 입양할 수 없다.

*[전문개정 2012. 2. 10.]*

**유해인도[망인의 유해에 대한 권리의 귀속주체가 문제된 사건]**

[대법원 2023. 5. 11., 선고, 2018다248626, 전원합의체 판결]

**【판시사항】**

공동상속인들 사이에 협의가 이루어지지 않는 경우, 제사주재자를 결정하는 방법

**【판결요지】**

[다수의견] 대법원 2008. 11. 20. 선고 2007다27670 전원합의체 판결(이하 '2008년 전원합의체 판결'이라 한다)은 제사주재자는 우선적으로 망인의 공동상속인들 사이의 협의에 의해 정하되, 협의가 이루어지지 않는 경우에는 제사주재자의 지위를 유지할 수 없는 특별한 사정이 있지 않는 한 망인의 장남(장남이 이미 사망한 경우에는 장손자)이 제사주재자가 되고, 공동상속인들 중 아들이 없는 경우에는 망인의 장녀가 제사주재자가 된다고 판시하였다.

그러나 공동상속인들 사이에 협의가 이루어지지 않는 경우 제사주재자 결정방법에 관한 2008년 전원합의체 판결의 법리는 더 이상 조리에 부합한다고 보기 어려워 유지될 수 없다.

공동상속인들 사이에 협의가 이루어지지 않는 경우에는 제사주재자의 지위를 인정할 수 없는 특별한 사정이 있지 않는 한 피상속인의 직계비속 중 남녀, 적서를 불문하고 최근친의 연장자가 제사주재자로 우선한다고 보는 것이 가장 조리에 부합한다. 그 이유는 다음과 같다.

① 법적 안정성과 판례의 규범력을 확보하기 위하여는 불가피하게 기존의 판례를 바꾸는 경우에도 그 범위를 되도록 제한적으로 하여야 한다. 특히 제사와 같이 관습에 바탕을 둔 제도에 있어서는 기존의 생활양식, 이에 대한 사회 일반의 인식 등을 고려할 때 종래와 완전히 다른 방식을 새롭게 채택하는 것에 신중해야 한다. 2008년 전원합의체 판결에서 조리에 부합한다고 본 제사주재자 결정방법이 현재의 법질서와 조화되지 않는다면 기존 법규범의 연장선상에서 현재의 법질서에 부합하도록 이를 조금씩 수정·변형함으로써 명확하고 합당한 기준을 설정할 필요가 있다.

② 민법 제1008조의3은 제사용 재산의 특수성을 고려하여 제사용 재산을 유지·보존하고 그 승계에 관한 법률관계를 간명하게 처리하기 위하여 일반 상속재산과 별도로 특별승계를 규정하고 있다. 이러한 취지를 고려하면 어느 정도 예측 가능하면서도 사회통념상 제사주재자로서 정당하다고 인정될 수 있는 특정한 1인을 제사주재자로 정해야 할 필요가 있다. 특히 공동상속인들이 장례방법이나 장지 등을 둘러싸고 서로 망인의 유체에 대한 권리를 주장하는 경우, 공동의 제사주재자를 인정하는 것은 분쟁해결에 도움이 되지 않는다.

③ 제사는 기본적으로 후손이 조상에 대하여 행하는 추모의식의 성격을 가지므로, 제사주재자를 정할 때 피상속인과 그 직계비속 사이의 근친관계를 고려하는 것이 자연스럽다. 다만 직계비속 중 최근친인 사람들이 여러 명 있을 경우에 그들 사이의 우선순위를 정하기 위한 기준이 필요한데, 연령은 이처럼 같은 순위에 있는 사람들 사이에서 특정인을 정하기 위한 최소한의 객관적 기준으로 삼을 수 있다. 같은 지위와 조건에 있는 사람들 사이에서는 연장자를 우선하는 것이 우리의 전통 미풍양속에 부합할 뿐만 아니라, 실제 장례나 제사에서도 직계비속 중 연장자가 상주나 제사주재자를 맡는 것이 우리의 문화와 사회 일반의 인식에 합치한다는 점에서도 그러하다.

가족공동체 내에서 어떤 법적 지위를 부여받을 때에 같은 순위자들 사이에서 연장자를 우선하는 것은 이미 우리 법질서 곳곳에 반영되어 있다. '장사 등에 관한 법률' 제2조 제16호는 연고자의 권리·의무를 행사하는 순서에 관하여 순위가 같은 자녀 또는 직계비속이 2명 이상이면 최근친의 연장자가 우선순위를 갖는다고 정한다. '장기 등 이식에 관한 법률' 제12조 제3항도 같은 조 제1항 제2호 및 제2항에 따라 장기 등의 기증에 관한 동의를 하거나 뇌사자 또는 사망한 자의 장기 등의 적출에 관한 거부의 의사표시를 할 수 있는 가족 또는 유족으로서 선순위자 1명을 확정할 때 이에 포함되는 사람이 2명 이상이면 그중 촌수, 연장자순(촌수가 우선한다)에 따른 1명으로 한다고 규정하고, '생명윤리 및 안전에 관한 법률' 제16조, '첨단재생의료 및 첨단바이오의약품 안전 및 지원에 관한 법률' 제16조 등에도 유사한 취지의 규정이 있다. 민법 제877조가 양부모의 존속 또는 연장자를 입양할 수 없다고 규정하는 취지도 가족관계 내 나이에 따른 기본 질서를 반영한 것이고, 종중의 종장 또는 문장 선임에 관한 종중규약이나 관례가 없으면 생존하는 종중원 중 항렬이 가장 높고 나이가 많은 연고항존자가 종장 또는 문장이 되는 것이 우리의 일반 관습인 것도 종족집단 내에서 연장자를 우선하는 전통이 반영된 것이다.

또한 제사주재자는 금양임야, 묘토 등 제사용 재산에 관한 권리를 가짐과 동시에 유체·유해의 처리 또는 분묘의 관리 등에 관한 의무를 부담하거나, 제사 관련 비용 등을 현실적으로 부담하게 되는데, 향후에는 제사에 대한 의식이 점차 약해짐에 따라 제사주재자의 일처리나 의무부담이 더욱 부각될 수밖에 없다. 그렇다면 제사주재자를 정할 때 같은 근친관계에 있는 직계비속 사이에서는 연장자를 우선하는 것에 대해서 우리 사회 전반의 인식이 이를 용인하지 않는다고 보기도 어렵다.

결국 피상속인의 직계비속 중 최근친의 연장자를 제사주재자로 우선하는 것은 현행 법질서 및 사회 일반의 보편적 법인식에 부합한다고 볼 수 있다.

④ 한편 피상속인의 직계비속 중 최근친의 연장자라고 하더라도 제사주재자의 지위를 인정할 수 없는 특별한 사정이 있을 수 있다. 이러한 특별한 사정에는, 2008년 전원합의체 판결에서 판시한 바와 같이 장기간의 외국 거주, 평소 부모를 학대하거나 모욕

또는 위해를 가하는 행위, 조상의 분묘에 대한 수호·관리를 하지 않거나 제사를 거부하는 행위, 합리적인 이유 없이 부모의 유지 또는 유훈에 현저히 반하는 행위 등으로 인하여 정상적으로 제사를 주재할 의사나 능력이 없다고 인정되는 경우뿐만 아니라, 피상속인의 명시적·추정적 의사, 공동상속인들 다수의 의사, 피상속인과의 생전 생활관계 등을 고려할 때 그 사람이 제사주재자가 되는 것이 현저히 부당하다고 볼 수 있는 경우도 포함된다.

[대법관 민유숙, 대법관 김선수, 대법관 노정희, 대법관 이흥구의 별개의견] 망인의 유체·유해에 대한 권리의무의 귀속에는 제사용 재산의 승계에 관한 민법 제1008조의3이 적용된다. 공동상속인들 사이에 협의가 성립되지 않아 망인의 유체·유해에 대한 권리의무의 귀속이 다투어지는 경우, 법원은 망인의 명시적·추정적 의사, 망인이 생전에 공동상속인들과 형성한 동거·부양·왕래·소통 등 생활관계, 장례 경위 및 장례 이후 유체·유해나 분묘에 대한 관리상태, 공동상속인들의 의사 및 협의가 불성립된 경위, 향후 유체·유해나 분묘에 대한 관리 의지와 능력 및 지속가능성 등 제반 사정을 종합적으로 고려하여 누가 유체·유해의 귀속자로 가장 적합한 사람인지를 개별적·구체적으로 판단하여야 한다. 따라서 다수의견과 달리, 여기에는 배우자가 포함된다.

**제878조(입양의 성립)** 입양은 「가족관계의 등록 등에 관한 법률」에서 정한 바에 따라 신고함으로써 그 효력이 생긴다.

*[전문개정 2012. 2. 10.]*

**제879조** 삭제 *〈1990. 1. 13.〉*

**제880조** 삭제 *〈1990. 1. 13.〉*

**제881조(입양 신고의 심사)** 제866조, 제867조, 제869조부터 제871조까지, 제873조, 제874조, 제877조, 그 밖의 법령을 위반하지 아니한 입양 신고는 수리하여야 한다.

*[전문개정 2012. 2. 10.]*

**제882조(외국에서의 입양 신고)** 외국에서 입양 신고를 하는 경우에는 제814조를 준용한다.

*[전문개정 2012. 2. 10.]*

**제882조의2(입양의 효력)** ① 양자는 입양된 때부터 양부모의 친생자와 같은 지위를 가진다.
② 양자의 입양 전의 친족관계는 존속한다.

*[본조신설 2012. 2. 10.]*

**양도소득세부과처분취소**

[대법원 2017. 12. 22., 선고, 2014두44847, 판결]

【판시사항】

[1] 구 소득세법 제101조 제1항에서 정한 '특수관계 있는 자'에 해당하는지를 판단할 때, 양자의 경우에는 양가뿐만 아니라 생가를 기준으로도 특수관계에 있는지를 판단하여야 하는지 여부(적극)

[2] 구 법인세법 제40조 등의 규정들만으로 손익의 귀속을 정하기 어려운 경우, 일반적으로 공정·타당한 회계관행으로 받아들여지는 기업회계기준에 따라 손익의 귀속을 정할 수 있는지 여부(원칙적 적극) / 기업회계기준상의 손익의 귀속에 관한 규정이 세법의

개별 규정에 명시되어 있지 않다는 이유만으로 곧바로 권리의무확정주의에 반한다고 단정할 수 있는지 여부(소극) 및 그 규정이 구 법인세법 제43조에 따라 내국법인의 각 사업연도 소득금액계산에 적용될 수 있는 '기업회계의 기준이나 관행'에 해당하는지 판단하는 방법

[3] 보험계약 체결과 관련하여 보험모집인의 모집수당, 점포운영비 등으로 지출된 금액인 '신계약비'를 보험업 관련 기업회계의 기준이 되는 보험업회계처리준칙에서 기타 자산으로 보아 해당 계약의 유지기간(7년을 초과할 경우에는 7년)에 걸쳐 균등하게 상각하여 비용으로 처리하도록 규정하였으나 과세관청이 신계약비가 발생한 시점에 전액 손금산입하는 것을 전제로 과세하자, 보험업계의 요청에 따라 법인세법 기본통칙에서 위 신계약비 조항과 유사한 내용을 규정하였고, 甲 주식회사 등 대부분 보험회사들이 이에 따라 법인세 신고를 하면서 신계약비를 보험료 납입기간에 안분하여 손금에 산입하여 온 사안에서, 위 신계약비 조항은 구 법인세법 제43조에 따른 '기업회계의 기준이나 관행'에 해당하므로, 신계약비는 지출된 해당 사업연도에 전액 손금으로 산입하는 것이 아니라 보험료 납입기간에 안분하여 손금에 산입하는 것이 타당하다고 한 사례

【판결요지】

[1] 구 소득세법(2009. 12. 31. 법률 제9897호로 개정되기 전의 것, 이하 같다) 제101조 제1항은 "납세지 관할세무서장 또는 지방국세청장은 양도소득이 있는 거주자의 행위 또는 계산이 그 거주자와 특수관계 있는 자와의 거래로 인하여 당해 소득에 대한 조세의 부담을 부당하게 감소시킨 것으로 인정되는 때에는 그 거주자의 행위 또는 계산에 관계없이 당해 연도의 소득금액을 계산할 수 있다."라고 규정하고 있다. 그리고 위와 같은 특수관계 있는 자의 하나로, 구 소득세법 제101조 제4항 및 그 위임에 따른 구 소득세법 시행령(2010. 2. 18. 대통령령 제22034호로 개정되기 전의 것) 제98조 제1항 제1호는 당해 거주자의 친족을 들고 있고, 구 국세기본법 시행령(2010. 2. 18. 대통령령 제22038호로 개정되기 전의 것) 제20조는 '친족 등'에 관하여 단서에서 "주주 또는 유한책임사원이 출가녀인 경우에는 제9호 내지 제13호의 경우를 제외하고 그 남편과의 관계에 의한다."라고 규정하면서, 제1호에서 '6촌 이내의 부계혈족'을 들고 있다. 한편 양자의 경우 친양자와 달리 입양 전의 친족관계가 그대로 존속하므로 양가뿐만 아니라 생가를 기준으로도 특수관계에 있는지를 판단하여야 한다.

[2] 구 법인세법(2006. 12. 30. 법률 제8141호로 개정되기 전의 것, 이하 같다) 제40조는 제1항, 제2항 등에서 권리의무확정주의를 선언하고, 거래유형 등에 따라 익금과 손금의 구체적인 귀속시기를 규정하고 있다. 그러나 이러한 거래유형 등에 따른 세법상의 손익귀속에 관한 규정은 현대사회의 다종다양한 모든 거래유형을 예측하여 그 자체로서 완결적으로 손익의 귀속을 정한 규정이라고 할 수 없으므로, 위 규정들만으로 손익의 귀속을 정하기 어려운 경우에는 법인세법상의 권리의무확정주의에 반하지 아니하는 한, 구 법인세법 제43조에서 정하였듯이 일반적으로 공정·타당한 회계관행으로 받아들여지는 기업회계기준에 따라 손익의 귀속을 정할 수도 있다고 해석함이 타당하며, 이러한 해석이 구 국세기본법(2010. 1. 1. 법률 제9911호로 개정되기 전의 것) 제20조의 취지에도 부합한다. 따라서 기업회계기준상의 손익의 귀속에 관한 규정이 세법의 개별 규정에 명시되어 있지 않다는 이유만으로 곧바로 권리의무확정주의에 반한다고 단정할 수는 없고, 특정 기업회계기준의 도입 경위와 성격, 관련된 과세실무 관행과 합리성, 수익비용대응 등 일반적인 회계원칙과의 관계, 과세소득의 자의적 조작 가능

성, 연관된 세법 규정의 내용과 체계 등을 종합적으로 고려하여, 구 법인세법 제43조에 따라 내국법인의 각 사업연도 소득금액계산에 적용될 수 있는 '기업회계의 기준이나 관행'에 해당하는지를 판단하여야 한다.

[3] 보험계약 체결과 관련하여 보험모집인의 모집수당, 점포운영비 등으로 지출된 금액인 '신계약비'를 보험업 관련 기업회계의 기준이 되는 보험업회계처리준칙(1998. 12. 10. 제정)에서 기타 자산으로 보아 해당 계약의 유지기간(7년을 초과할 경우에는 7년)에 걸쳐 균등하게 상각하여 비용으로 처리하도록 규정하였으나(이하 '신계약비 조항'이라고 한다) 과세관청이 신계약비가 발생한 시점에 전액 손금산입하는 것을 전제로 과세하자, 보험업계의 요청에 따라 법인세법 기본통칙에서 신계약비 조항과 유사한 내용을 규정하였고, 甲 주식회사 등 대부분 보험회사들이 이에 따라 법인세 신고를 하면서 신계약비를 보험료 납입기간에 안분하여 손금에 산입하여 온 사안에서, 신계약비 조항이 과세실무상 확고한 관행으로 자리잡아 운용되고 있는 점, 보험료의 수입시기에 대응하여 손금을 안분하도록 하는 신계약비 조항이 수익비용대응 원칙에 부합할 뿐만 아니라 합리적인 것으로 볼 수 있는 점, 신계약비의 손금산입은 매년 균등하게 상각하여 비용으로 처리되고 특별한 평가가 수반되지도 아니하므로 보험업을 영위하는 법인들이 이를 이용하여 과세대상 소득을 자의적으로 조작할 염려가 거의 없는 점, 신계약비가 구 법인세법 시행령(2006. 2. 9. 대통령령 제19328호로 개정되기 전의 것) 제24조 제2항 제2호 각목에서 나열하고 있는 감가상각의 대상인 무형고정자산에 해당하지 않는다는 사정만으로 신계약비에 대한 기업회계기준이나 관행에 따라 손금을 안분하는 것이 허용되지 않는다고 해석할 수 없는 점 등에 비추어, 신계약비 조항은 구 법인세법(2006. 12. 30. 법률 제8141호로 개정되기 전의 것) 제43조에 따른 '기업회계의 기준이나 관행'에 해당하므로, 신계약비는 지출된 해당 사업연도에 전액 손금으로 산입하는 것이 아니라 보험료 납입기간에 안분하여 손금에 산입하는 것이 타당하다고 한 사례.

## 제2관 입양의 무효와 취소

*〈개정 2012. 2. 10.〉*

**제883조(입양 무효의 원인)** 다음 각 호의 어느 하나에 해당하는 입양은 무효이다.

1. 당사자 사이에 입양의 합의가 없는 경우
2. 제867조제1항(제873조제2항에 따라 준용되는 경우를 포함한다), 제869조제2항, 제877조를 위반한 경우

*[전문개정 2012. 2. 10.]*

**제884조(입양 취소의 원인)** ① 입양이 다음 각 호의 어느 하나에 해당하는 경우에는 가정법원에 그 취소를 청구할 수 있다.

1. 제866조, 제869조제1항, 같은 조 제3항제2호, 제870조제1항, 제871조제1항, 제873조제1항, 제874조를 위반한 경우
2. 입양 당시 양부모와 양자 중 어느 한쪽에게 악질(惡疾)이나 그 밖에 중대한 사유가 있음을 알지 못한 경우
3. 사기 또는 강박으로 인하여 입양의 의사표시를 한 경우

② 입양 취소에 관하여는 제867조제2항을 준용한다.

*[전문개정 2012. 2. 10.]*

**성폭력범죄의처벌및피해자보호등에관한법률위반(13세미만미성년자강간등){인정된죄명:성폭력범죄의처벌및피해자보호등에관한법률위반(친족관계에의한강간등)}·청소년의성보호에관한법률위반(청소년강간등){인정된죄명:성폭력범죄의처벌및피해자보호등에관한법률위반(친족관계에의한강간등)}·성폭력범죄의처벌및피해자보호등에관한법률위반(친족관계에의한강간등)**

[대법원 2006. 1. 12., 선고, 2005도8427, 판결]

【판시사항】

[1] 사실상의 양자의 양부가 성폭력범죄의 처벌 및 피해자보호 등에 관한 법률 제7조 제5항이 규정한 사실상의 관계에 의한 친족에 해당하는지 여부(적극)

[2] 처가 있는 자가 혼자만의 의사로 부부 쌍방 명의의 입양신고를 하여 수리된 경우, 입양의 효력

[3] 피고인이 피해자의 생모의 동의를 얻어 피해자를 입양할 의사로 데려왔으나 자신의 처의 동의 없이 피해자를 자신과 처 사이의 친생자로 출생신고를 한 경우, 피고인은 친생자출생신고 전에는 성폭력범죄의 처벌 및 피해자보호 등에 관한 법률 제7조 제5항의 '사실상의 관계에 의한 친족'에 해당하고, 친생자출생신고 후에는 같은 법 제7조 제1항의 '친족'에 해당한다고 한 사례

【판결요지】

[1] 사실상의 양자의 양부와 같이 법정혈족관계를 맺고자 하는 의사의 합치 등 법률이 정하는 실질관계는 모두 갖추었으나 신고 등 법정절차의 미이행으로 인하여 법률상의 존속으로 인정되지 못하는 자도 성폭력범죄의 처벌 및 피해자보호 등에 관한 법률 제7조 제5항이 규정한 사실상의 관계에 의한 친족에 해당한다.

[2] 처가 있는 자가 입양을 함에 있어서 혼자만의 의사로 부부 쌍방 명의의 입양신고를 하여 수리된 경우, 처와 양자가 될 자 사이에서는 입양의 일반요건 중 하나인 당사자간의 입양합의가 없으므로 입양이 무효가 되는 것이지만, 처가 있는 자와 양자가 될 자 사이에서는 입양의 일반 요건을 모두 갖추었어도 부부 공동입양의 요건을 갖추지 못하였으므로 처가 그 입양의 취소를 청구할 수 있으나, 그 취소가 이루어지지 않는 한 그들 사이의 입양은 유효하게 존속하는 것이고, 당사자가 양친자관계를 창설할 의사로 친생자출생신고를 하고, 거기에 입양의 실질적 요건이 모두 구비되어 있다면 그 형식에 다소 잘못이 있더라도 입양의 효력이 발생하고, 양친자관계는 파양에 의하여 해소될 수 있는 점을 제외하고는 법률적으로 친생자관계와 똑같은 내용을 갖게 되므로, 이 경우의 허위의 친생자출생신고는 법률상의 친자관계인 양친자관계를 공시하는 입양신고의 기능을 발휘하게 된다.

[3] 피고인이 피해자의 생모의 동의를 얻어 피해자를 입양할 의사로 데려왔으나 자신의 처의 동의 없이 피해자를 자신과 처 사이의 친생자로 출생신고를 한 경우, 피고인은 친생자출생신고 전에는 성폭력범죄의 처벌 및 피해자보호 등에 관한 법률 제7조 제5항의 '사실상의 관계에 의한 친족'에 해당하고, 친생자출생신고 후에는 같은 법 제7조 제1항의 '친족'에 해당한다고 한 사례.

**제885조(입양 취소 청구권자)** 양부모, 양자와 그 법정대리인 또는 직계혈족은 제866조를 위반한 입양의 취소를 청구할 수 있다.

*[전문개정 2012. 2. 10.]*

**제886조(입양 취소 청구권자)** 양자나 동의권자는 제869조제1항, 같은 조 제3항제2호, 제870조제1항을 위반한 입양의 취소를 청구할 수 있고, 동의권자는 제871조제1항을 위반한 입양의 취소를 청구할 수 있다.
*[전문개정 2012. 2. 10.]*

**제887조(입양 취소 청구권자)** 피성년후견인이나 성년후견인은 제873조제1항을 위반한 입양의 취소를 청구할 수 있다.
*[전문개정 2012. 2. 10.]*

**제888조(입양 취소 청구권자)** 배우자는 제874조를 위반한 입양의 취소를 청구할 수 있다.
*[전문개정 2012. 2. 10.]*

**제889조(입양 취소 청구권의 소멸)** 양부모가 성년이 되면 제866조를 위반한 입양의 취소를 청구하지 못한다.
*[전문개정 2012. 2. 10.]*

**제890조** 삭제 *〈1990. 1. 13.〉*

**제891조(입양 취소 청구권의 소멸)** ① 양자가 성년이 된 후 3개월이 지나거나 사망하면 제869조제1항, 같은 조 제3항제2호, 제870조제1항을 위반한 입양의 취소를 청구하지 못한다.
② 양자가 사망하면 제871조제1항을 위반한 입양의 취소를 청구하지 못한다.
*[전문개정 2012. 2. 10.]*

**제892조** 삭제 *〈2012. 2. 10.〉*

**제893조(입양 취소 청구권의 소멸)** 성년후견개시의 심판이 취소된 후 3개월이 지나면 제873조제1항을 위반한 입양의 취소를 청구하지 못한다.
*[전문개정 2012. 2. 10.]*

**제894조(입양 취소 청구권의 소멸)** 제869조제1항, 같은 조 제3항제2호, 제870조제1항, 제871조제1항, 제873조제1항, 제874조를 위반한 입양은 그 사유가 있음을 안 날부터 6개월, 그 사유가 있었던 날부터 1년이 지나면 그 취소를 청구하지 못한다.
*[전문개정 2012. 2. 10.]*

**제895조** 삭제 *〈1990. 1. 13.〉*

**제896조(입양 취소 청구권의 소멸)** 제884조제1항제2호에 해당하는 사유가 있는 입양은 양부모와 양자 중 어느 한 쪽이 그 사유가 있음을 안 날부터 6개월이 지나면 그 취소를 청구하지 못한다.
*[전문개정 2012. 2. 10.]*

**친권상실**

[대법원 1959. 4. 16., 선고, 4291민상659, 판결]

【판시사항】

친권상실의 사유가 되지 아니하는 실례

【판결요지】
부재자인 부의 재산을 자녀교육 및 생계유지를 위하여 타에 임대한 경우에 있어서는 과거에 타 남자들과 불의의 관계를 가졌다고 하더라도 친권상실 사유인 유저한 친권감용이라 할 수 없다

**제897조(준용규정)** 입양의 무효 또는 취소에 따른 손해배상책임에 관하여는 제806조를 준용하고, 사기 또는 강박으로 인한 입양 취소 청구권의 소멸에 관하여는 제823조를 준용하며, 입양 취소의 효력에 관하여는 제824조를 준용한다.
*[전문개정 2012. 2. 10.]*

### 제3관 파양(罷養)
*〈개정 2012. 2. 10.〉*

#### 제1항 협의상 파양
*〈개정 2012. 2. 10.〉*

**제898조(협의상 파양)** 양부모와 양자는 협의하여 파양(罷養)할 수 있다. 다만, 양자가 미성년자 또는 피성년후견인인 경우에는 그러하지 아니하다.
*[전문개정 2012. 2. 10.]*

**제899조** 삭제 *〈2012. 2. 10.〉*

**제900조** 삭제 *〈2012. 2. 10.〉*

**제901조** 삭제 *〈2012. 2. 10.〉*

**제902조(피성년후견인의 협의상 파양)** 피성년후견인인 양부모는 성년후견인의 동의를 받아 파양을 협의할 수 있다.
*[전문개정 2012. 2. 10.]*

**제903조(파양 신고의 심사)** 제898조, 제902조, 그 밖의 법령을 위반하지 아니한 파양 신고는 수리하여야 한다.
*[전문개정 2012. 2. 10.]*

**제904조(준용규정)** 사기 또는 강박으로 인한 파양 취소 청구권의 소멸에 관하여는 제823조를 준용하고, 협의상 파양의 성립에 관하여는 제878조를 준용한다.
*[전문개정 2012. 2. 10.]*

#### 제2항 재판상 파양
*〈개정 2012. 2. 10.〉*

**제905조(재판상 파양의 원인)** 양부모, 양자 또는 제906조에 따른 청구권자는 다음 각 호의 어느 하나에 해당하는 경우에는 가정법원에 파양을 청구할 수 있다.
1. 양부모가 양자를 학대 또는 유기하거나 그 밖에 양자의 복리를 현저히 해친 경우
2. 양부모가 양자로부터 심히 부당한 대우를 받은 경우
3. 양부모나 양자의 생사가 3년 이상 분명하지 아니한 경우
4. 그 밖에 양친자관계를 계속하기 어려운 중대한 사유가 있는 경우

*[전문개정 2012. 2. 10.]*

**제906조(파양 청구권자)** ① 양자가 13세 미만인 경우에는 제869조제2항에 따른 승낙을 한 사람이 양자를 갈음하여 파양을 청구할 수 있다. 다만, 파양을 청구할 수 있는 사람이 없는 경우에는 제777조에 따른 양자의 친족이나 이해관계인이 가정법원의 허가를 받아 파양을 청구할 수 있다.

② 양자가 13세 이상의 미성년자인 경우에는 제870조제1항에 따른 동의를 한 부모의 동의를 받아 파양을 청구할 수 있다. 다만, 부모가 사망하거나 그 밖의 사유로 동의할 수 없는 경우에는 동의 없이 파양을 청구할 수 있다.

③ 양부모나 양자가 피성년후견인인 경우에는 성년후견인의 동의를 받아 파양을 청구할 수 있다.

④ 검사는 미성년자나 피성년후견인인 양자를 위하여 파양을 청구할 수 있다.

*[전문개정 2012. 2. 10.]*

**제907조(파양 청구권의 소멸)** 파양 청구권자는 제905조제1호 · 제2호 · 제4호의 사유가 있음을 안 날부터 6개월, 그 사유가 있었던 날부터 3년이 지나면 파양을 청구할 수 없다.

*[전문개정 2012. 2. 10.]*

**재판상파양**

[대법원 2002. 12. 26., 선고, 2002므852, 판결]

**【판시사항】**

[1] 주위적 청구를 기각하고 예비적 청구만을 인용한 제1심판결에 대하여 피고만이 항소한 경우 상소심의 심판 범위

[2] 항소심이 심판의 대상이 아닌 주위적청구에 대하여 판단하여 이를 배척하는 취지의 판결을 한 경우, 이 부분에 관한 상고의 적법 여부(소극)

[3] 양친자관계가 회복할 수 없을 정도로 파탄된 것이 양자에게 주된 책임이 있는 사유로 인한 것이라고 보기 어렵다고 한 원심판결을 수긍한 사례

**【판결요지】**

[1] 제1심법원이 주위적 청구인 입양무효확인청구와 예비적 청구인 파양 및 위자료청구를 병합심리한 끝에 주위적 청구는 기각하고 예비적 청구만을 인용하는 판결을 선고한 데 대하여 피고만이 항소한 경우, 항소제기에 의한 이심의 효력은 당연히 사건 전체에 미쳐 주위적 청구에 관한 부분도 항소심에 이심되지만, 항소심의 심판범위는 피고가 불복신청한 범위, 즉 예비적 청구를 인용한 제1심판결의 당부에 한정되는 것이므로, 원고의 부대항소가 없는 한 주위적 청구는 심판대상이 될 수 없고, 그 판결에 대한 상고심의 심판대상도 예비적 청구 부분에 한정된다.

[2] 항소심이 심판의 대상이 아닌 주위적청구인 입양무효확인청구에 대하여도 판단하여 이 부분을 배척하는 취지의 판결을 하였다고 하더라도, 원고가 그에 대하여 상고함으로써 입양무효확인청구 부분이 상고심의 심판대상이 되는 것은 아니므로, 이 부분에 관한 원고의 상고는 심판대상이 되지 않은 부분에 대한 상고로서 불복의 이익이 없어 부적법하다.

[3] 양친자관계가 회복할 수 없을 정도로 파탄된 것이 양자에게 주된 책임이 있는 사유로 인한 것이라고 보기 어렵다고 한 원심판결을 수긍한 사례.

**제908조(준용규정)** 재판상 파양에 따른 손해배상책임에 관하여는 제806조를 준용한다.

*[전문개정 2012. 2. 10.]*

## 제4관 친양자

*〈신설 2005. 3. 31.〉*

**제908조의2(친양자 입양의 요건 등)** ① 친양자(親養子)를 입양하려는 사람은 다음 각 호의 요건을 갖추어 가정법원에 친양자 입양을 청구하여야 한다.

1. 3년 이상 혼인 중인 부부로서 공동으로 입양할 것. 다만, 1년 이상 혼인 중인 부부의 한쪽이 그 배우자의 친생자를 친양자로 하는 경우에는 그러하지 아니하다.
2. 친양자가 될 사람이 미성년자일 것
3. 친양자가 될 사람의 친생부모가 친양자 입양에 동의할 것. 다만, 부모가 친권상실의 선고를 받거나 소재를 알 수 없거나 그 밖의 사유로 동의할 수 없는 경우에는 그러하지 아니하다.
4. 친양자가 될 사람이 13세 이상인 경우에는 법정대리인의 동의를 받아 입양을 승낙할 것
5. 친양자가 될 사람이 13세 미만인 경우에는 법정대리인이 그를 갈음하여 입양을 승낙할 것

② 가정법원은 다음 각 호의 어느 하나에 해당하는 경우에는 제1항제3호·제4호에 따른 동의 또는 같은 항 제5호에 따른 승낙이 없어도 제1항의 청구를 인용할 수 있다. 이 경우 가정법원은 동의권자 또는 승낙권자를 심문하여야 한다.

1. 법정대리인이 정당한 이유 없이 동의 또는 승낙을 거부하는 경우. 다만, 법정대리인이 친권자인 경우에는 제2호 또는 제3호의 사유가 있어야 한다.
2. 친생부모가 자신에게 책임이 있는 사유로 3년 이상 자녀에 대한 부양의무를 이행하지 아니하고 면접교섭을 하지 아니한 경우
3. 친생부모가 자녀를 학대 또는 유기하거나 그 밖에 자녀의 복리를 현저히 해친 경우

③ 가정법원은 친양자가 될 사람의 복리를 위하여 그 양육상황, 친양자 입양의 동기, 양부모의 양육능력, 그 밖의 사정을 고려하여 친양자 입양이 적당하지 아니하다고 인정하는 경우에는 제1항의 청구를 기각할 수 있다.

*[전문개정 2012. 2. 10.]*

**친양자입양신청**

[대법원 2022. 5. 31., 자, 2020스514, 결정]

**【판시사항】**

외국인 부부인 甲과 乙이 아동복지법상 보호대상아동으로 모(母)가 입양에 동의하여 보장시설에 보호의뢰된 丙에 대하여 민법상 친양자 입양을 청구한 사안에서, 丙에 대하여는 입양특례법에 따른 입양 청구만이 가능한데, 甲과 乙이 민법상 친양자 입양만을 청구하였으므로, 위 입양은 허가될 수 없다고 한 원심결정에 법리오해 등의 잘못이 없다고 한 사례

**【판결요지】**

외국인 부부인 甲과 乙이 아동복지법상 보호대상아동으로 모(母)가 입양에 동의하여 보장시설에 보호의뢰된 丙에 대하여 민법상 친양자 입양을 청구한 사안에서, 丙에 대하여는 입양에 관한 민법의 특별법인 입양특례법이 적용되어 그에 따른 입양 청구만이 가능한데, 甲과 乙이 입양특례법에서 정한 입양에 필요한 서류 등을 제출하지 않은 채 민법상 친양자 입양만을 청구하였으므로, 위 입양은 허가될 수 없다고 한 원심결정에 법리오해 등의 잘못이 없다고 사례.

**제908조의3(친양자 입양의 효력)** ① 친양자는 부부의 혼인중 출생자로 본다.
② 친양자의 입양 전의 친족관계는 제908조의2제1항의 청구에 의한 친양자 입양이 확정된 때에 종료한다. 다만, 부부의 일방이 그 배우자의 친생자를 단독으로 입양한 경우에 있어서의 배우자 및 그 친족과 친생자간의 친족관계는 그러하지 아니하다.
*[본조신설 2005. 3. 31.]*

**제908조의4(친양자 입양의 취소 등)** ① 친양자로 될 사람의 친생(親生)의 아버지 또는 어머니는 자신에게 책임이 없는 사유로 인하여 제908조의2제1항제3호 단서에 따른 동의를 할 수 없었던 경우에 친양자 입양의 사실을 안 날부터 6개월 안에 가정법원에 친양자 입양의 취소를 청구할 수 있다.
② 친양자 입양에 관하여는 제883조, 제884조를 적용하지 아니한다.
*[전문개정 2012. 2. 10.]*

**제908조의5(친양자의 파양)** ① 양친, 친양자, 친생의 부 또는 모나 검사는 다음 각호의 어느 하나의 사유가 있는 경우에는 가정법원에 친양자의 파양(罷養)을 청구할 수 있다.
1. 양친이 친양자를 학대 또는 유기(遺棄)하거나 그 밖에 친양자의 복리를 현저히 해하는 때
2. 친양자의 양친에 대한 패륜(悖倫)행위로 인하여 친양자관계를 유지시킬 수 없게된 때
② 제898조 및 제905조의 규정은 친양자의 파양에 관하여 이를 적용하지 아니한다.
*[본조신설 2005. 3. 31.]*

**제908조의6(준용규정)** 제908조의2제3항은 친양자 입양의 취소 또는 제908조의5제1항제2호에 따른 파양의 청구에 관하여 이를 준용한다. *〈개정 2012. 2. 10.〉*
*[본조신설 2005. 3. 31.]*

**제908조의7(친양자 입양의 취소·파양의 효력)** ① 친양자 입양이 취소되거나 파양된 때에는 친양자관계는 소멸하고 입양 전의 친족관계는 부활한다.
② 제1항의 경우에 친양자 입양의 취소의 효력은 소급하지 아니한다.
*[본조신설 2005. 3. 31.]*

**제908조의8(준용규정)** 친양자에 관하여 이 관에 특별한 규정이 있는 경우를 제외하고는 그 성질에 반하지 아니하는 범위 안에서 양자에 관한 규정을 준용한다.
*[본조신설 2005. 3. 31.]*

## 제3절 친권

### 제1관 총칙

**제909조(친권자)** ① 부모는 미성년자인 자의 친권자가 된다. 양자의 경우에는 양부모(養父母)가 친권자가 된다. *〈개정 2005. 3. 31.〉*
② 친권은 부모가 혼인중인 때에는 부모가 공동으로 이를 행사한다. 그러나 부모의 의견이 일치하지 아니하는 경우에는 당사자의 청구에 의하여 가정법원이 이를 정한다.
③ 부모의 일방이 친권을 행사할 수 없을 때에는 다른 일방이 이를 행사한다.
④ 혼인외의 자가 인지된 경우와 부모가 이혼하는 경우에는 부모의 협의로 친권자를

정하여야 하고, 협의할 수 없거나 협의가 이루어지지 아니하는 경우에는 가정법원은 직권으로 또는 당사자의 청구에 따라 친권자를 지정하여야 한다. 다만, 부모의 협의가 자(子)의 복리에 반하는 경우에는 가정법원은 보정을 명하거나 직권으로 친권자를 정한다. *〈개정 2005. 3. 31., 2007. 12. 21.〉*

⑤ 가정법원은 혼인의 취소, 재판상 이혼 또는 인지청구의 소의 경우에는 직권으로 친권자를 정한다. *〈개정 2005. 3. 31.〉*

⑥ 가정법원은 자의 복리를 위하여 필요하다고 인정되는 경우에는 자의 4촌 이내의 친족의 청구에 의하여 정하여진 친권자를 다른 일방으로 변경할 수 있다. *〈신설 2005. 3. 31.〉*

*[전문개정 1990. 1. 13.]*

**이혼 · 이혼및양육자지정**

[대법원 2021. 9. 30., 선고, 2021므12320, 12337, 판결]

**【판시사항】**

[1] 법원이 민법 제837조 제4항에 따라 미성년 자녀의 양육자를 정할 때 고려하여야 할 사항 / 별거 이후 재판상 이혼에 이르기까지 상당 기간 부모의 일방이 미성년 자녀를 평온하게 양육하여 온 경우, 현재의 양육 상태를 변경하여 상대방을 친권자 및 양육자로 지정하는 것이 정당화되기 위한 요건 및 이때 법원이 고려하여야 할 사항

[2] 외국인이 대한민국 국민과 혼인을 한 후 입국하여 체류자격을 취득하고 거주하다가 한국어를 습득하기 충분하지 않은 기간에 이혼에 이르게 된 경우, 한국어 소통능력이 부족하다는 이유로 미성년 자녀의 양육자로 지정되기에 부적합하다고 평가할 수 있는지 여부(소극)

[3] 이혼과 함께 친권자 및 양육자 지정 등에 관한 심리·판단을 하는 가정법원이 유의하여야 할 사항

**【판결요지】**

[1] 법원이 민법 제837조 제4항에 따라 미성년 자녀의 양육자를 정할 때에는, 미성년 자녀의 성별과 연령, 그에 대한 부모의 애정과 양육 의사의 유무는 물론, 양육에 필요한 경제적 능력의 유무, 부와 모가 제공하려는 양육방식의 내용과 합리성·적합성 및 상호 간의 조화 가능성, 부 또는 모와 미성년 자녀 사이의 친밀도, 미성년 자녀의 의사 등의 모든 요소를 종합적으로 고려하여, 미성년 자녀의 성장과 복지에 가장 도움이 되고 적합한 방향으로 판단하여야 한다.

별거 이후 재판상 이혼에 이르기까지 상당 기간 부모의 일방이 미성년 자녀, 특히 유아를 평온하게 양육하여 온 경우, 이러한 현재의 양육 상태에 변경을 가하여 상대방을 친권자 및 양육자로 지정하는 것이 정당화되기 위해서는 현재의 양육 상태가 미성년 자녀의 건전한 성장과 복지에 도움이 되지 아니하고 오히려 방해가 되고, 상대방을 친권자 및 양육자로 지정하는 것이 현재의 양육 상태를 유지하는 경우보다 미성년 자녀의 건전한 성장과 복지에 더 도움이 된다는 점이 명백하여야 한다.

재판을 통해 비양육친이 양육자로 지정된다고 하더라도 미성년 자녀가 현실적으로 비양육친에게 인도되지 않는 한 양육자 지정만으로는, 설령 자녀 인도 청구를 하여 인용된다고 할지라도 강제집행이 사실상 불가능하다. 미성년 자녀가 유아인 경우 '유아인도를 명하는 재판의 집행절차(재판예규 제917-2호)'는 유체동산인도청구권의 집행절차에 준하여 집행관이 강제집행할 수 있으나, 유아가 의사능력이 있는 경우에 그 유아

자신이 인도를 거부하는 때에는 집행을 할 수 없다고 규정하고 있다.

위와 같이 양육자 지정 이후에도 미성년 자녀를 인도받지 못한 채 현재의 양육 상태가 유지된다면 양육친은 상대방에게 양육비 청구를 할 수 없게 되어, 결국 비양육친은 미성년 자녀를 양육하지 않으면서도 양육비를 지급할 의무가 없어지므로 경제적으로는 아무런 부담을 갖지 않게 되는 반면, 양육친은 양육에 관한 경제적 부담을 전부 부담하게 된다. 이러한 상황은 자의 건전한 성장과 복지에 도움이 되지 않는다.

따라서 비양육친이 자신을 양육자로 지정하여 달라는 청구를 하는 경우, 법원은 양육자 지정 후 사건본인의 인도가 실제로 이행될 수 있는지, 그 이행 가능성이 낮음에도 비양육친을 양육자로 지정함으로써 비양육친이 경제적 이익을 누리거나 양육친에게 경제적 고통을 주는 결과가 발생할 우려가 없는지 등에 대해 신중하게 판단할 필요가 있다.

[2] 대한민국 국민과 혼인을 한 후 입국하여 체류자격을 취득하고 거주하다가 한국어를 습득하기 충분하지 않은 기간에 이혼에 이르게 된 외국인이 당사자인 경우, 미성년 자녀의 양육에 있어 한국어 소통능력이 부족한 외국인보다는 대한민국 국민인 상대방에게 양육되는 것이 더 적합할 것이라는 추상적이고 막연한 판단으로 해당 외국인 배우자가 미성년 자녀의 양육자로 지정되기에 부적합하다고 평가하는 것은 옳지 않다.

대한민국은 공교육이나 기타 교육여건이 확립되어 있어 미성년 자녀가 한국어를 습득하고 연습할 기회를 충분히 보장하고 있으므로, 외국인 부모의 한국어 소통능력이 미성년 자녀의 건전한 성장과 복지에 있어 중요한 의미를 가진다고 보기 어렵다. 오히려 가정법원은 양육자 지정에 있어 한국어 소통능력에 대한 고려가 자칫 출신 국가 등을 차별하는 의도에서 비롯되거나 차별하는 결과를 낳게 될 수 있다는 점, 외국인 부모의 모국어 및 모국문화에 대한 이해 역시 자녀의 자아 존중감 형성에 중요한 요소가 된다는 점 등에 대해서도 유의하여야 한다. 문화다양성의 보호와 증진에 관한 법률은 모든 사회구성원은 문화적 표현의 자유와 권리를 가지며, 다른 사회구성원의 다양한 문화적 표현을 존중하고 이해하기 위하여 노력하여야 한다(제4조)고 규정하고 있다.

나아가 외국인 배우자가 국제결혼 후 자녀의 출산 등으로 한국어를 배우고 활용할 시간이 부족하였다는 사정 등을 외면한 채 이혼 시점에 한국어 소통능력이 다소 부족하다는 사정에만 주목하여, 외국인 배우자의 한국어 소통능력 역시 사회생활을 해 나가면서 본인이 의식적으로 노력한다면 계속하여 향상될 수 있다는 점을 놓쳐서는 안 된다. 특히 다문화가족지원법은 국가와 지방자치단체가 다문화가족에 대한 사회적 차별 및 편견을 예방하고 사회구성원이 문화적 다양성을 인정하고 존중할 수 있도록 다문화 이해교육을 실시하고 홍보 등 필요한 조치를 취하도록 할 책임이 있음을 규정하고 있고(제5조 제1항), 결혼이민자 등이 대한민국에서 생활하는 데 필요한 기본적 정보를 제공하는 것은 물론 언어소통 능력 향상을 위한 한국어교육 등을 받을 수 있도록 필요한 지원을 할 수 있으며(제6조 제1항), 해당 법률이 다문화가족이 이혼 등의 사유로 해체된 경우에도 그 구성원이었던 자녀에 대해 적용되는 것으로(제14조의2) 규정하고 있다.

[3] 가정법원은 혼인 파탄의 주된 원인이 누구에게 있는지에 대한 당사자들 사이의 다툼에만 심리를 집중한 나머지 친권자 및 양육자 지정 등에 관한 심리와 판단에 있어 소홀해지는 것을 경계할 필요가 있다. 특히 가정법원은 가사소송법 제6조, 가사소송규칙 제8조 내지 제11조에 따라 가사조사관에게 조사명령을 하고, 이에 따라 사실조사를

마친 가사조사관이 작성한 조사보고서를 보고받는 방법으로도 양육 상태나 양육자의 적격성 심사에 필요한 자료 등을 얻을 수 있다. 가정법원은 충실한 심리를 통해 실제의 양육 상태와 양육자의 적격성을 의심케 할 만한 사정이 있는지에 관하여도 구체적으로 확인하여야 한다.

**제909조의2(친권자의 지정 등)** ① 제909조제4항부터 제6항까지의 규정에 따라 단독 친권자로 정하여진 부모의 일방이 사망한 경우 생존하는 부 또는 모, 미성년자, 미성년자의 친족은 그 사실을 안 날부터 1개월, 사망한 날부터 6개월 내에 가정법원에 생존하는 부 또는 모를 친권자로 지정할 것을 청구할 수 있다.

② 입양이 취소되거나 파양된 경우 또는 양부모가 모두 사망한 경우 친생부모 일방 또는 쌍방, 미성년자, 미성년자의 친족은 그 사실을 안 날부터 1개월, 입양이 취소되거나 파양된 날 또는 양부모가 모두 사망한 날부터 6개월 내에 가정법원에 친생부모 일방 또는 쌍방을 친권자로 지정할 것을 청구할 수 있다. 다만, 친양자의 양부모가 사망한 경우에는 그러하지 아니하다.

③ 제1항 또는 제2항의 기간 내에 친권자 지정의 청구가 없을 때에는 가정법원은 직권으로 또는 미성년자, 미성년자의 친족, 이해관계인, 검사, 지방자치단체의 장의 청구에 의하여 미성년후견인을 선임할 수 있다. 이 경우 생존하는 부 또는 모, 친생부모 일방 또는 쌍방의 소재를 모르거나 그가 정당한 사유 없이 소환에 응하지 아니하는 경우를 제외하고 그에게 의견을 진술할 기회를 주어야 한다.

④ 가정법원은 제1항 또는 제2항에 따른 친권자 지정 청구나 제3항에 따른 후견인 선임 청구가 생존하는 부 또는 모, 친생부모 일방 또는 쌍방의 양육의사 및 양육능력, 청구 동기, 미성년자의 의사, 그 밖의 사정을 고려하여 미성년자의 복리를 위하여 적절하지 아니하다고 인정하면 청구를 기각할 수 있다. 이 경우 가정법원은 직권으로 미성년후견인을 선임하거나 생존하는 부 또는 모, 친생부모 일방 또는 쌍방을 친권자로 지정하여야 한다.

⑤ 가정법원은 다음 각 호의 어느 하나에 해당하는 경우에 직권으로 또는 미성년자, 미성년자의 친족, 이해관계인, 검사, 지방자치단체의 장의 청구에 의하여 제1항부터 제4항까지의 규정에 따라 친권자가 지정되거나 미성년후견인이 선임될 때까지 그 임무를 대행할 사람을 선임할 수 있다. 이 경우 그 임무를 대행할 사람에 대하여는 제25조 및 제954조를 준용한다.

1. 단독 친권자가 사망한 경우
2. 입양이 취소되거나 파양된 경우
3. 양부모가 모두 사망한 경우

⑥ 가정법원은 제3항 또는 제4항에 따라 미성년후견인이 선임된 경우라도 미성년후견인 선임 후 양육상황이나 양육능력의 변동, 미성년자의 의사, 그 밖의 사정을 고려하여 미성년자의 복리를 위하여 필요하면 생존하는 부 또는 모, 친생부모 일방 또는 쌍방, 미성년자의 청구에 의하여 후견을 종료하고 생존하는 부 또는 모, 친생부모 일방 또는 쌍방을 친권자로 지정할 수 있다.

*[본조신설 2011. 5. 19.]*

**제910조(자의 친권의 대행)** 친권자는 그 친권에 따르는 자에 갈음하여 그 자에 대한 친권을 행사한다. *<개정 2005. 3. 31.>*

**제911조(미성년자인 자의 법정대리인)** 친권을 행사하는 부 또는 모는 미성년자인 자의 법정대리인이 된다.

**제912조(친권 행사와 친권자 지정의 기준)** ① 친권을 행사함에 있어서는 자의 복리를 우선적으로 고려하여야 한다. *<개정 2011. 5. 19.>*

② 가정법원이 친권자를 지정함에 있어서는 자(子)의 복리를 우선적으로 고려하여야 한다. 이를 위하여 가정법원은 관련 분야의 전문가나 사회복지기관으로부터 자문을 받을 수 있다. *<신설 2011. 5. 19.>*

*[본조신설 2005. 3. 31.]*

*[제목개정 2011. 5. 19.]*

**등록부정정[미성년 자녀가 있는 성전환자에 대한 성별정정 허가 여부가 문제된 사안]**

[대법원 2022. 11. 24., 자, 2020스616, 전원합의체 결정]

**【판시사항】**

현재 혼인 중에 있지 아니한 성전환자에게 미성년 자녀가 있는 경우, 성별정정을 허가할 수 있는지 여부(적극) 및 그 판단 기준

**【판결요지】**

[다수의견] (가) 인간은 누구나 자신의 성정체성에 따른 인격을 형성하고 삶을 영위할 권리가 있다. 성전환자도 자신의 성정체성을 바탕으로 인격과 개성을 실현하고 우리 사회의 동등한 구성원으로서 타인과 함께 행복을 추구하며 살아갈 수 있어야 한다. 이러한 권리를 온전히 행사하기 위해서 성전환자는 자신의 성정체성에 따른 성을 진정한 성으로 법적으로 확인받을 권리를 가진다. 이는 인간으로서의 존엄과 가치에서 유래하는 근본적인 권리로서 행복추구권의 본질을 이루므로 최대한 보장되어야 한다.

한편 미성년 자녀를 둔 성전환자도 부모로서 자녀를 보호하고 교양하며(민법 제913조), 친권을 행사할 때에도 자녀의 복리를 우선해야 할 의무가 있으므로(민법 제912조), 미성년 자녀가 있는 성전환자의 성별정정 허가 여부를 판단할 때에는 성전환자의 기본권의 보호와 미성년 자녀의 보호 및 복리와의 조화를 이룰 수 있도록 법익의 균형을 위한 여러 사정들을 종합적으로 고려하여 실질적으로 판단하여야 한다. 따라서 위와 같은 사정들을 고려하여 실질적으로 판단하지 아니한 채 단지 성전환자에게 미성년 자녀가 있다는 사정만을 이유로 성별정정을 불허하여서는 아니 된다. 그 이유는 다음과 같다.

① 성전환자도 우리 사회의 동등한 구성원으로서 인간으로서의 존엄과 가치를 가지며 행복을 추구할 권리와 인간다운 생활을 할 권리가 있고 이러한 권리는 마땅히 보호받아야 하므로, 성전환자의 성별정정 허가 여부를 판단할 때에도 성전환자의 이러한 인간으로서의 기본권이 최대한 보장될 수 있도록 하여야 한다.

② 미성년 자녀를 둔 성전환자의 성별정정을 허가하는 것이 그의 가족관계에 변화를 가져오는 부분도 없지 않지만, 이는 부 또는 모의 성전환이라는 사실의 발생에 따라 부모의 권리와 의무가 실현되는 모습이 그에 맞게 변화하는 자연스러운 과정일 따름이다. 이렇게 형성되는 부모자녀 관계와 가족질서 또한 전체 법질서 내에서 똑같이 존중받

고 보호되어야 한다. 성전환자가 이혼하여 혼인 중에 있지 않다거나 가족관계등록부상 성별정정이 이루어진다고 하여 이러한 점이 달라지지 않는다. 미성년 자녀를 둔 성전환자도 여전히 그의 부 또는 모로서 그에 따르는 권리를 행사하고 의무를 수행하여야 하며 이를 할 수 있다.

③ 미성년 자녀가 있는 성전환자의 성별정정을 허가하는 것이 그 자체로 친권자와 미성년 자녀 사이의 신분관계에 중대한 변동을 초래하거나 자녀의 복리에 현저하게 반한다거나 미성년 자녀를 사회적인 편견과 차별에 무방비 상태로 노출되도록 방치하는 것이라고 일률적으로 단정하는 것은 옳지 않다.

④ 미성년 자녀를 둔 성전환자의 성별정정을 허가할 경우 성별정정된 가족관계등록부의 제출이나 공개 등으로 미성년 자녀가 사회적 차별과 편견에 무방비 상태로 노출되어 방치된다거나 생활상 어려움에 처하게 된다고 단정할 수도 없다. 설령 가족관계등록부의 노출로 미성년 자녀가 사회적인 편견과 차별을 당할 우려가 있다고 하더라도, 이는 국가가 성전환자와 미성년 자녀의 기본권 보장 및 사생활 보호를 위하여 위와 같은 노출을 차단하기 위한 조치를 취해 미성년 자녀를 보호해야 하는 것이지, 이를 미성년 자녀를 둔 성전환자의 성별정정을 허가하지 않을 이유로 삼는 것은 옳지 않다.

(나) 미성년 자녀를 둔 성전환자의 성별정정을 허가할지 여부를 판단할 때에는 성전환자 본인의 인간으로서의 존엄과 가치, 행복추구권, 평등권 등 헌법상 기본권을 최대한 보장함과 동시에 미성년 자녀가 갖는 보호와 배려를 받을 권리 등 자녀의 복리를 염두에 두어야 한다. 따라서 이때에는 성전환자의 성별정정에 필요한 일반적인 허가 기준을 충족하였는지 외에도 미성년 자녀의 연령 및 신체적·정신적 상태, 부 또는 모의 성별정정에 대한 미성년 자녀의 동의나 이해의 정도, 미성년 자녀에 대한 보호와 양육의 형태 등 성전환자가 부 또는 모로서 역할을 수행하는 모습, 성전환자가 미성년 자녀를 비롯한 다른 가족들과 형성·유지하고 있는 관계 및 유대감, 기타 가정환경 등 제반 사정을 고려하여 성전환자의 성별정정 허가 여부가 미성년 자녀의 복리에 미치는 영향을 살펴 성별정정을 허가할 것인지를 판단하여야 한다.

(다) 성전환자에게 미성년 자녀가 있는 경우 성전환자의 가족관계등록부상 성별정정이 허용되지 않는다는 취지의 대법원 2011. 9. 2. 자 2009스117 전원합의체 결정을 비롯하여 그와 같은 취지의 결정들은 이 결정의 견해에 배치되는 범위에서 모두 변경하기로 한다.

[대법관 이동원의 반대의견] 다수의견은 대법원이 대법원 2011. 9. 2. 자 2009스117 전원합의체 결정이 있기 이전에 대법원은 이미 대법원 2006. 6. 22. 자 2004스42 전원합의체 결정에서 성전환자의 성별정정을 허용하기 위해서는 "다른 사람들과의 신분관계에 중대한 변동을 초래하거나 사회에 부정적인 영향을 주지 아니하여 사회적으로 허용될 수 있어야 한다."라는 기본적인 원칙을 제시한 바가 있고, 대법원 2011. 9. 2. 자 2009스117 전원합의체 결정은 성전환자에게 미성년인 자녀가 있으면 그와 같은 기본적인 원칙에 어긋나는 경우에 해당한다는 점을 명확히 한 것이지 성별정정 허가에 있어 독자적인 소극 요건을 새롭게 설정한 것은 아니다.

대법원 2011. 9. 2. 자 2009스117 전원합의체 결정은 우리 법체계 및 미성년인 자녀의 복리에 적합하고, 사회 일반의 통념에도 들어맞는 합리적인 결정이므로, 그대로 유지되어야 한다. 이를 변경하려는 다수의견에 찬성할 수 없다.

## 제2관 친권의 효력

**제913조(보호, 교양의 권리의무)** 친권자는 자를 보호하고 교양할 권리의무가 있다.

**양육비**

[대법원 2021. 5. 27., 자, 2019스621, 결정]

【판시사항】

[1] 민사법의 실정법 조항의 문리해석 또는 논리해석만으로는 현실적인 법적 분쟁을 해결할 수 없거나 사회적 정의관념에 현저히 반하게 되는 결과가 초래되는 경우, 유추적용을 할 수 있는지 여부(적극)

[2] 가정법원이 민법 제924조의2에 따라 부모의 친권 중 양육권만을 제한하여 미성년후견인으로 하여금 자녀에 대한 양육권을 행사하도록 결정한 경우, 민법 제837조를 유추적용하여 미성년후견인이 비양육친을 상대로 가사소송법 제2조 제1항 제2호 (나)목 3)에 따른 양육비심판을 청구할 수 있는지 여부(적극)

【판결요지】

[1] 민사법의 실정법 조항의 문리해석 또는 논리해석만으로는 현실적인 법적 분쟁을 해결할 수 없거나 사회적 정의관념에 현저히 반하게 되는 결과가 초래되는 경우에는 법원이 실정법의 입법정신을 살려 법적 분쟁을 합리적으로 해결하고 정의관념에 적합한 결과를 도출할 수 있도록 유추적용을 할 수 있다.

[2] 가사소송법 제2조 제1항 제2호 (나)목 3)은 '민법 제837조(동조가 준용되는 경우 포함)에 따른 자녀의 양육에 관한 처분과 그 변경'을 마류 가사비송사건으로 정하고, 민법 제837조는 '양육자의 결정, 양육비용의 부담'을 자의 양육에 관한 사항으로 정하며(제2항), '가정법원은 부·모·자 및 검사의 청구 또는 직권으로 자의 양육에 관한 사항을 변경하거나 다른 적당한 처분을 할 수 있다.'고 정하고 있다(제5항). 가사소송규칙 제99조 제1항은 '자의 양육에 관한 처분과 변경에 관한 심판은 부모 중 일방이 다른 일방을 상대방으로 하여 청구하여야 한다.'고 정하고 있다. 또한 민법은 친권의 상실(제924조), 법률행위대리권·재산관리권의 상실(제925조)에 관한 규정만을 두고 있었으나, 2014. 10. 15. 법률 제12777호로 개정되면서 가정법원은 친권 상실사유에 이르지 않더라도 미성년 자녀의 복리를 위해서 친권의 일부를 제한할 수 있다는 규정(제924조의2)을 신설하였고, 가정법원은 미성년 자녀의 보호에 공백이 생기는 것을 막기 위해 친권의 일부 제한 등으로 그 제한된 범위의 친권을 행사할 사람이 없는 경우 미성년후견인을 직권으로 선임하며(제932조 제2항, 제928조), 이 경우 미성년후견인의 임무는 제한된 친권의 범위에 속하는 행위에 한정되는 것으로 정하였다(제946조). 이에 따라 가정법원은 부모가 미성년자녀를 양육하는 것이 오히려 자녀의 복리에 반한다고 판단한 경우 부모의 친권 중 보호·교양에 관한 권리(민법 제913조), 거소지정권(민법 제914조) 등 자녀의 양육과 관련된 권한(이하 '양육권'이라고 한다)만을 제한하여 미성년후견인이 부모를 대신하여 그 자녀를 양육하도록 하는 내용의 결정도 할 수 있게 되었다.

앞서 본 규정 내용과 체계, 민법의 개정 취지 등에 비추어 보면, 가정법원이 민법 제924조의2에 따라 부모의 친권 중 양육권만을 제한하여 미성년후견인으로 하여금 자녀에 대한 양육권을 행사하도록 결정한 경우에 민법 제837조를 유추적용하여 미성년후견인은 비양육친을 상대로 가사소송법 제2조 제1항 제2호 (나)목 3)에 따른 양육비심판을 청구할 수 있다고 봄이 타당하다.

**제914조(거소지정권)** 자는 친권자의 지정한 장소에 거주하여야 한다.

**제915조** 삭제 *〈2021. 1. 26.〉*

**제916조(자의 특유재산과 그 관리)** 자가 자기의 명의로 취득한 재산은 그 특유재산으로 하고 법정대리인인 친권자가 이를 관리한다.

**추심금**

[대법원 2022. 11. 17., 선고, 2018다294179, 판결]

【판시사항】

민법 제923조 제1항에서 정한 '관리의 계산'의 의미 / 친권자가 자녀의 특유재산을 통상적인 양육비용으로 사용할 수 있는 경우 / 친권자가 자녀에 대한 재산 관리 권한에 기하여 자녀에게 지급되어야 할 돈을 자녀 대신 수령한 경우, 재산 관리 권한이 소멸하면 그 돈 중 재산 관리 권한 소멸 시까지 정당하게 지출한 부분을 공제한 나머지를 자녀 또는 그 법정대리인에게 반환할 의무가 있는지 여부(적극) 및 이때 친권자가 자녀를 대신하여 수령한 돈을 정당하게 지출하였다는 점에 대한 증명책임의 소재(=친권자) / 자녀의 친권자에 대한 위와 같은 반환청구권을 자녀의 채권자가 압류할 수 있는지 여부(적극)

【판결요지】

친권자는 자녀가 그 명의로 취득한 특유재산을 관리할 권한이 있는데(민법 제916조), 그 재산 관리 권한이 소멸하면 자녀의 재산에 대한 관리의 계산을 하여야 한다(민법 제923조 제1항). 여기서 '관리의 계산'이란 자녀의 재산을 관리하던 기간의 그 재산에 관한 수입과 지출을 명확히 결산하여 자녀에게 귀속되어야 할 재산과 그 액수를 확정하는 것을 말한다. 친권자의 위와 같은 재산 관리 권한이 소멸한 때에는 위임에 관한 민법 제683조, 제684조가 유추적용되므로, 친권자는 자녀 또는 그 법정대리인에게 위와 같은 계산 결과를 보고하고, 자녀에게 귀속되어야 할 재산을 인도하거나 이전할 의무가 있다.

한편 부모는 자녀를 공동으로 양육할 책임이 있고 양육에 소요되는 비용도 원칙적으로 공동으로 부담하여야 하는 점을 고려할 때, 친권자는 자녀의 특유재산을 자신의 이익을 위하여 임의로 사용할 수 없음은 물론 자녀의 통상적인 양육비용으로도 사용할 수도 없는 것이 원칙이나, 친권자가 자신의 자력으로는 자녀를 부양하거나 생활을 영위하기 곤란한 경우, 친권자의 자산, 수입, 생활수준, 가정상황 등에 비추어 볼 때 통상적인 범위를 넘는 현저한 양육비용이 필요한 경우 등과 같이 정당한 사유가 있는 경우에는 자녀의 특유재산을 그와 같은 목적으로 사용할 수 있다.

따라서 친권자는 자녀에 대한 재산 관리 권한에 기하여 자녀에게 지급되어야 할 돈을 자녀 대신 수령한 경우 그 재산 관리 권한이 소멸하면 그 돈 중 재산 관리 권한 소멸 시까지 위와 같이 정당하게 지출한 부분을 공제한 나머지를 자녀 또는 그 법정대리인에게 반환할 의무가 있다. 이 경우 친권자가 자녀를 대신하여 수령한 돈을 정당하게 지출하였다는 점에 대한 증명책임은 친권자에게 있다.

친권자의 위와 같은 반환의무는 민법 제923조 제1항의 계산의무 이행 여부를 불문하고 그 재산 관리 권한이 소멸한 때 발생한다고 봄이 타당하다. 이에 대응하는 자녀의 친권자에 대한 위와 같은 반환청구권은 재산적 권리로서 일신전속적인 권리라고 볼 수 없으므로, 자녀의 채권자가 그 반환청구권을 압류할 수 있다.

**제917조** 삭제 *〈1990. 1. 13.〉*

**제918조(제삼자가 무상으로 자에게 수여한 재산의 관리)** ① 무상으로 자에게 재산을 수여한 제삼자가 친권자의 관리에 반대하는 의사를 표시한 때에는 친권자는 그 재산을 관리하지 못한다.

② 전항의 경우에 제삼자가 그 재산관리인을 지정하지 아니한 때에는 법원은 재산의 수여를 받은 자 또는 제777조의 규정에 의한 친족의 청구에 의하여 관리인을 선임한다.

③ 제삼자의 지정한 관리인의 권한이 소멸하거나 관리인을 개임할 필요있는 경우에 제삼자가 다시 관리인을 지정하지 아니한 때에도 전항과 같다.

④ 제24조제1항, 제2항, 제4항, 제25조 전단 및 제26조제1항, 제2항의 규정은 전2항의 경우에 준용한다.

**제919조(위임에 관한 규정의 준용)** 제691조, 제692조의 규정은 전3조의 재산관리에 준용한다.

**제920조(자의 재산에 관한 친권자의 대리권)** 법정대리인인 친권자는 자의 재산에 관한 법률행위에 대하여 그 자를 대리한다. 그러나 그 자의 행위를 목적으로 하는 채무를 부담할 경우에는 본인의 동의를 얻어야 한다.

**소유권이전등기말소**

[대법원 2018. 4. 26., 선고, 2016다3201, 판결]

**【판시사항】**

법정대리인인 친권자의 대리행위가 미성년자 본인에게는 경제적인 손실만을 초래하는 반면 친권자나 제3자에게는 경제적인 이익을 가져오는 행위이고 행위의 상대방이 이러한 사실을 알았거나 알 수 있었을 경우, 행위의 효과가 자(子)에게 미치는지 여부(소극) 및 그와 같은 사정을 들어 선의의 제3자에게 대항할 수 있는지 여부(소극) / 이때 제3자가 악의라는 사실에 관한 주장·증명책임의 소재(=무효를 주장하는 자)

**【판결요지】**

법정대리인인 친권자의 대리행위가 객관적으로 볼 때 미성년자 본인에게는 경제적인 손실만을 초래하는 반면, 친권자나 제3자에게는 경제적인 이익을 가져오는 행위이고 행위의 상대방이 이러한 사실을 알았거나 알 수 있었을 때에는 민법 제107조 제1항 단서의 규정을 유추적용하여 행위의 효과가 자(子)에게는 미치지 않는다고 해석함이 타당하나, 그에 따라 외형상 형성된 법률관계를 기초로 하여 새로운 법률상 이해관계를 맺은 선의의 제3자에 대하여는 같은 조 제2항의 규정을 유추적용하여 누구도 그와 같은 사정을 들어 대항할 수 없으며, 제3자가 악의라는 사실에 관한 주장·증명책임은 무효를 주장하는 자에게 있다.

**제920조의2(공동친권자의 일방이 공동명의로 한 행위의 효력)** 부모가 공동으로 친권을 행사하는 경우 부모의 일방이 공동명의로 자를 대리하거나 자의 법률행위에 동의한 때에는 다른 일방의 의사에 반하는 때에도 그 효력이 있다. 그러나 상대방이 악의인 때에는 그러하지 아니한다.

*[본조신설 1990. 1. 13.]*

**제921조(친권자와 그 자간 또는 수인의 자간의 이해상반행위)** ① 법정대리인인 친권자와 그 자사이에 이해상반되는 행위를 함에는 친권자는 법원에 그 자의 특별대리인의 선임을 청구하여야 한다.

② 법정대리인인 친권자가 그 친권에 따르는 수인의 자 사이에 이해상반되는 행위를 함에는 법원에 그 자 일방의 특별대리인의 선임을 청구하여야 한다. *〈개정 2005. 3. 31.〉*

**제922조(친권자의 주의의무)** 친권자가 그 자에 대한 법률행위의 대리권 또는 재산관리권을 행사함에는 자기의 재산에 관한 행위와 동일한 주의를 하여야 한다.

**제922조의2(친권자의 동의를 갈음하는 재판)** 가정법원은 친권자의 동의가 필요한 행위에 대하여 친권자가 정당한 이유 없이 동의하지 아니함으로써 자녀의 생명, 신체 또는 재산에 중대한 손해가 발생할 위험이 있는 경우에는 자녀, 자녀의 친족, 검사 또는 지방자치단체의 장의 청구에 의하여 친권자의 동의를 갈음하는 재판을 할 수 있다.

*[본조신설 2014. 10. 15.]*

**제923조(재산관리의 계산)** ① 법정대리인인 친권자의 권한이 소멸한 때에는 그 자의 재산에 대한 관리의 계산을 하여야 한다.

② 전항의 경우에 그 자의 재산으로부터 수취한 과실은 그 자의 양육, 재산관리의 비용과 상계한 것으로 본다. 그러나 무상으로 자에게 재산을 수여한 제삼자가 반대의 의사를 표시한 때에는 그 재산에 관하여는 그러하지 아니하다.

## 제3관 친권의 상실, 일시 정지 및 일부 제한

*〈개정 2014. 10. 15.〉*

**제924조(친권의 상실 또는 일시 정지의 선고)** ① 가정법원은 부 또는 모가 친권을 남용하여 자녀의 복리를 현저히 해치거나 해칠 우려가 있는 경우에는 자녀, 자녀의 친족, 검사 또는 지방자치단체의 장의 청구에 의하여 그 친권의 상실 또는 일시 정지를 선고할 수 있다.

② 가정법원은 친권의 일시 정지를 선고할 때에는 자녀의 상태, 양육상황, 그 밖의 사정을 고려하여 그 기간을 정하여야 한다. 이 경우 그 기간은 2년을 넘을 수 없다.

③ 가정법원은 자녀의 복리를 위하여 친권의 일시 정지 기간의 연장이 필요하다고 인정하는 경우에는 자녀, 자녀의 친족, 검사, 지방자치단체의 장, 미성년후견인 또는 미성년후견감독인의 청구에 의하여 2년의 범위에서 그 기간을 한 차례만 연장할 수 있다.

*[전문개정 2014. 10. 15.]*

**미성년후견인선임및친권상실심판**

[대법원 2018. 5. 25., 자, 2018스520, 결정]

**【판시사항】**

민법 제924조 제1항에 따라 친권 상실 청구가 있고, 가정법원이 민법 제925조의2의 판단 기준을 참작하여 친권 상실사유에는 해당하지 않지만 자녀의 복리를 위하여 친권의 일부 제한이 필요하다고 볼 경우, 청구취지에 구속되지 않고 친권의 일부 제한을 선고할 수 있는지 여부(적극)

**【판결요지】**

민법은 친권 남용 등의 중대한 사유가 있는 때 법원이 친권 상실을 선고할 수 있다는 규정만을 두고 있었으나(제924조), 2014. 10. 15. 법률 제12777호로 민법을 개정할 당시 친권 상실 선고 외에도 친권의 일시 정지(제924조)와 친권의 일부 제한(제924조의2)을 선고할 수 있다는 규정을 신설하고 친권 상실 선고 등의 판단 기준도 신설하였다(제925조의2).

가사소송규칙 제93조는 (마)류 가사비송사건에 대하여 가정법원이 가장 합리적인 방법으로 청구의 목적이 된 법률관계를 조정할 수 있는 내용의 심판을 하도록 하고 있고(제1항), 금전의 지급이나 물건의 인도, 기타 재산상의 의무이행을 구하는 청구에 대하여는 청구취지를 초과하여 의무의 이행을 명할 수 없다고 하면서도 자녀의 복리를 위하여 양육에 관한 사항을 정하는 경우를 제외하고 있다(제2항).

위와 같은 규정 내용과 체계 등에 비추어 친권 상실이나 제한의 경우에도 자녀의 복리를 위한 양육과 마찬가지로 가정법원이 후견적 입장에서 폭넓은 재량으로 당사자의 법률관계를 형성하고 그 이행을 명하는 것이 허용되며 당사자의 청구취지에 엄격하게 구속되지 않는다고 보아야 한다. 따라서 민법 제924조 제1항에 따른 친권 상실 청구가 있으면 가정법원은 민법 제925조의2의 판단 기준을 참작하여 친권 상실사유에는 해당하지 않지만 자녀의 복리를 위하여 친권의 일부 제한이 필요하다고 볼 경우 청구취지에 구속되지 않고 친권의 일부 제한을 선고할 수 있다.

**제924조의2(친권의 일부 제한의 선고)** 가정법원은 거소의 지정이나 그 밖의 신상에 관한 결정 등 특정한 사항에 관하여 친권자가 친권을 행사하는 것이 곤란하거나 부적당한 사유가 있어 자녀의 복리를 해치거나 해칠 우려가 있는 경우에는 자녀, 자녀의 친족, 검사 또는 지방자치단체의 장의 청구에 의하여 구체적인 범위를 정하여 친권의 일부 제한을 선고할 수 있다. *〈개정 2021. 1. 26.〉*

*[본조신설 2014. 10. 15.]*

**제925조(대리권, 재산관리권 상실의 선고)** 가정법원은 법정대리인인 친권자가 부적당한 관리로 인하여 자녀의 재산을 위태롭게 한 경우에는 자녀의 친족, 검사 또는 지방자치단체의 장의 청구에 의하여 그 법률행위의 대리권과 재산관리권의 상실을 선고할 수 있다. *〈개정 2014. 10. 15.〉*

*[전문개정 2012. 2. 10.]*

**제925조의2(친권 상실 선고 등의 판단 기준)** ① 제924조에 따른 친권 상실의 선고는 같은 조에 따른 친권의 일시 정지, 제924조의2에 따른 친권의 일부 제한, 제925조에 따른 대리권·재산관리권의 상실 선고 또는 그 밖의 다른 조치에 의해서는 자녀의 복리를 충분히 보호할 수 없는 경우에만 할 수 있다.

② 제924조에 따른 친권의 일시 정지, 제924조의2에 따른 친권의 일부 제한 또는 제925조에 따른 대리권·재산관리권의 상실 선고는 제922조의2에 따른 동의를 갈음하는 재판 또는 그 밖의 다른 조치에 의해서는 자녀의 복리를 충분히 보호할 수 없는 경우에만 할 수 있다.

*[본조신설 2014. 10. 15.]*

**제925조의3(부모의 권리와 의무)** 제924조와 제924조의2, 제925조에 따라 친권의 상실, 일시 정지, 일부 제한 또는 대리권과 재산관리권의 상실이 선고된 경우에도 부모의 자녀에 대한 그 밖의 권리와 의무는 변경되지 아니한다.

*[본조신설 2014. 10. 15.]*

**제926조(실권 회복의 선고)** 가정법원은 제924조, 제924조의2 또는 제925조에 따른 선고의 원인이 소멸된 경우에는 본인, 자녀, 자녀의 친족, 검사 또는 지방자치단체의 장의 청구에 의하여 실권(失權)의 회복을 선고할 수 있다.

*[전문개정 2014. 10. 15.]*

**제927조(대리권, 관리권의 사퇴와 회복)** ① 법정대리인인 친권자는 정당한 사유가 있는 때에는 법원의 허가를 얻어 그 법률행위의 대리권과 재산관리권을 사퇴할 수 있다.
② 전항의 사유가 소멸한 때에는 그 친권자는 법원의 허가를 얻어 사퇴한 권리를 회복할 수 있다.

**제927조의2(친권의 상실, 일시 정지 또는 일부 제한과 친권자의 지정 등)** ① 제909조제4항부터 제6항까지의 규정에 따라 단독 친권자가 된 부 또는 모, 양부모(친양자의 양부모를 제외한다) 쌍방에게 다음 각 호의 어느 하나에 해당하는 사유가 있는 경우에는 제909조의2제1항 및 제3항부터 제5항까지의 규정을 준용한다. 다만, 제1호의3 · 제2호 및 제3호의 경우 새로 정하여진 친권자 또는 미성년후견인의 임무는 제한된 친권의 범위에 속하는 행위에 한정된다. *〈개정 2014. 10. 15.〉*

1. 제924조에 따른 친권상실의 선고가 있는 경우
1의2. 제924조에 따른 친권 일시 정지의 선고가 있는 경우
1의3. 제924조의2에 따른 친권 일부 제한의 선고가 있는 경우
2. 제925조에 따른 대리권과 재산관리권 상실의 선고가 있는 경우
3. 제927조제1항에 따라 대리권과 재산관리권을 사퇴한 경우
4. 소재불명 등 친권을 행사할 수 없는 중대한 사유가 있는 경우

② 가정법원은 제1항에 따라 친권자가 지정되거나 미성년후견인이 선임된 후 단독 친권자이었던 부 또는 모, 양부모 일방 또는 쌍방에게 다음 각 호의 어느 하나에 해당하는 사유가 있는 경우에는 그 부모 일방 또는 쌍방, 미성년자, 미성년자의 친족의 청구에 의하여 친권자를 새로 지정할 수 있다.

1. 제926조에 따라 실권의 회복이 선고된 경우
2. 제927조제2항에 따라 사퇴한 권리를 회복한 경우
3. 소재불명이던 부 또는 모가 발견되는 등 친권을 행사할 수 있게 된 경우

*[본조신설 2011. 5. 19.]*
*[제목개정 2014. 10. 15.]*

## 제5장 후견

### 제1절 미성년후견과 성년후견

*〈개정 2011. 3. 7.〉*

#### 제1관 후견인

*〈신설 2011. 3. 7.〉*

**제928조(미성년자에 대한 후견의 개시)** 미성년자에게 친권자가 없거나 친권자가 제924조, 제924조의2, 제925조 또는 제927조제1항에 따라 친권의 전부 또는 일부를 행사할 수 없는 경우에는 미성년후견인을 두어야 한다. *〈개정 2014. 10. 15.〉*

*[전문개정 2011. 3. 7.]*

**제929조(성년후견심판에 의한 후견의 개시)** 가정법원의 성년후견개시심판이 있는 경우에는 그 심판을 받은 사람의 성년후견인을 두어야 한다.

*[전문개정 2011. 3. 7.]*

**제930조(후견인의 수와 자격)** ① 미성년후견인의 수(數)는 한 명으로 한다.

② 성년후견인은 피성년후견인의 신상과 재산에 관한 모든 사정을 고려하여 여러 명을 둘 수 있다.

③ 법인도 성년후견인이 될 수 있다.

*[전문개정 2011. 3. 7.]*

**제931조(유언에 의한 미성년후견인의 지정 등)** ① 미성년자에게 친권을 행사하는 부모는 유언으로 미성년후견인을 지정할 수 있다. 다만, 법률행위의 대리권과 재산관리권이 없는 친권자는 그러하지 아니하다.

② 가정법원은 제1항에 따라 미성년후견인이 지정된 경우라도 미성년자의 복리를 위하여 필요하면 생존하는 부 또는 모, 미성년자의 청구에 의하여 후견을 종료하고 생존하는 부 또는 모를 친권자로 지정할 수 있다.

*[전문개정 2011. 5. 19.]*

**제932조(미성년후견인의 선임)** ① 가정법원은 제931조에 따라 지정된 미성년후견인이 없는 경우에는 직권으로 또는 미성년자, 친족, 이해관계인, 검사, 지방자치단체의 장의 청구에 의하여 미성년후견인을 선임한다. 미성년후견인이 없게 된 경우에도 또한 같다.

② 가정법원은 제924조, 제924조의2 및 제925조에 따른 친권의 상실, 일시 정지, 일부 제한의 선고 또는 법률행위의 대리권이나 재산관리권 상실의 선고에 따라 미성년후견인을 선임할 필요가 있는 경우에는 직권으로 미성년후견인을 선임한다. *〈개정 2014. 10. 15.〉*

③ 친권자가 대리권 및 재산관리권을 사퇴한 경우에는 지체 없이 가정법원에 미성년후견인의 선임을 청구하여야 한다.

*[전문개정 2011. 3. 7.]*

**미성년자입양허가[조부모가 미성년 손자녀의 입양허가를 청구하는 사건]**

[대법원 2021. 12. 23., 자, 2018스5, 전원합의체 결정]

**【판시사항】**

조부모가 손자녀를 입양할 수 있는지 여부(적극) / 조부모에 의한 미성년 손자녀 입양의 허가 여부를 판단하는 기준 및 이때 법원이 고려하여야 할 요소

**【판결요지】**

[다수의견] (가) 입양은 출생이 아니라 법에 정한 절차에 따라 원래는 부모·자녀가 아닌 사람 사이에 부모·자녀 관계를 형성하는 제도이다. 조부모와 손자녀 사이에는 이미 혈족관계가 존재하지만 부모·자녀 관계에 있는 것은 아니다. 민법은 입양의 요건으로 동의와 허가 등에 관하여 규정하고 있을 뿐이고 존속을 제외하고는 혈족의 입양을 금지하고 있지 않다(민법 제877조 참조). 따라서 조부모가 손자녀를 입양하여 부모·자녀 관계를 맺는 것이 입양의 의미와 본질에 부합하지 않거나 불가능하다고 볼 이유가 없다.

조부모가 자녀의 입양허가를 청구하는 경우에 입양의 요건을 갖추고 입양이 자녀의 복리에

부합한다면 이를 허가할 수 있다. 다만 조부모가 자녀를 입양하는 경우에는, 양부모가 될 사람과 자녀 사이에 이미 조손(祖孫)관계가 존재하고 있고 입양 후에도 양부모가 여전히 자녀의 친생부 또는 친생모에 대하여 부모의 지위에 있다는 특수성이 있으므로, 이러한 사정이 자녀의 복리에 미칠 영향에 관하여 세심하게 살필 필요가 있다.

(나) 법원은 조부모가 단순한 양육을 넘어 양친자로서 신분적 생활관계를 형성하려는 실질적인 의사를 가지고 있는지, 입양의 주된 목적이 부모로서 자녀를 안정적·영속적으로 양육·보호하기 위한 것인지, 친생부모의 재혼이나 국적 취득, 그 밖의 다른 혜택 등을 목적으로 한 것은 아닌지를 살펴보아야 한다. 또한 친생부모의 입양동의가 자녀 양육과 입양에 관한 충분한 정보를 제공받은 상태에서 자발적이고 확정적으로 이루어진 것인지를 확인하고 필요한 경우 가사조사, 상담 등을 통해 관련 정보를 제공할 필요가 있다. 그 밖에 조부모가 양육능력이나 양부모로서의 적합성과 같은 일반적인 요건을 갖추는 것 외에도, 자녀와 조부모의 나이, 현재까지의 양육 상황, 입양에 이르게 된 경위, 친생부모의 생존 여부나 교류 관계 등에 비추어 조부모와 자녀 사이에 양친자관계가 자연스럽게 형성될 것을 기대할 수 있는지를 살피고 조부모의 입양이 자녀에게 도움이 되는 사항과 우려되는 사항을 비교·형량하여, 개별적·구체적인 사안에서 입양이 자녀의 복리에 적합한지를 판단하여야 한다. 심리 과정에서는 입양되는 자녀가 13세 미만인 경우에도 자신의 의견을 형성할 능력이 있다면 자녀의 나이와 상황에 비추어 적절한 방법으로 자녀의 의견을 청취하는 것이 바람직하다.

[대법관 조재연, 대법관 민유숙, 대법관 이동원의 반대의견] 2촌 직계혈족인 조부모가 미성년 손자녀를 입양하는 것은 법정 친자관계의 기본적인 의미에 자연스럽게 부합하지 않는 데다가, 조부모가 입양 사실을 감추고 친생부모인 것처럼 양육하기 위하여 하는 비밀 입양은 향후 자녀의 정체성 혼란을 야기할 우려가 크다. 국제 규범과 국내 법령은 원가정 양육의 원칙을 천명하고 이를 위한 후견 제도나 각종 사회보장제도가 정비되어 있는데, 친생부모의 가장 가까운 직계존속으로서 친생부모에 의한 원가정 양육을 지지하고 원조하여야 할 조부모가 오히려 사회적·경제적 지위가 열악한 친생부모의 양육능력이 부족하다는 이유로 부모의 지위를 대체하는 것은 바람직하지 않다. 미성년 손자녀의 친생부모가 생존하고 있는데도 조부모가 손자녀의 입양허가를 청구하는 경우 입양허가는 엄격하게 이루어져야 한다. 조부모에게 실질적인 입양 의사가 있다는 사정은 입양허가의 한 요건에 불과하고 앞서 본 여러 가지 우려를 극복하기 어려운 점을 고려하면, 조부모의 입양은 위의 우려가 모두 해소될 수 있음이 밝혀진 경우에 허가할 수 있다. 가정법원은 직권탐지주의에 따라 후견적 입장에서 제반 사정들을 심리한 다음 자녀의 복리를 위하여 입양허가 여부를 결정할 넓은 재량권을 갖는다.

**제933조** 삭제 *〈2011. 3. 7.〉*

**제934조** 삭제 *〈2011. 3. 7.〉*

**제935조** 삭제 *〈2011. 3. 7.〉*

**제936조(성년후견인의 선임)** ① 제929조에 따른 성년후견인은 가정법원이 직권으로 선임한다.

② 가정법원은 성년후견인이 사망, 결격, 그 밖의 사유로 없게 된 경우에도 직권으로 또는 피성년후견인, 친족, 이해관계인, 검사, 지방자치단체의 장의 청구에 의하여 성년후견인을 선임한다.

③ 가정법원은 성년후견인이 선임된 경우에도 필요하다고 인정하면 직권으로 또는 제2항의 청구권자나 성년후견인의 청구에 의하여 추가로 성년후견인을 선임할 수 있다.

④ 가정법원이 성년후견인을 선임할 때에는 피성년후견인의 의사를 존중하여야 하며, 그 밖에 피성년후견인의 건강, 생활관계, 재산상황, 성년후견인이 될 사람의 직업과 경험, 피성년후견인과의 이해관계의 유무(법인이 성년후견인이 될 때에는 사업의 종류와 내용, 법인이나 그 대표자와 피성년후견인 사이의 이해관계의 유무를 말한다) 등의 사정도 고려하여야 한다.

*[전문개정 2011. 3. 7.]*

**제937조(후견인의 결격사유)** 다음 각 호의 어느 하나에 해당하는 자는 후견인이 되지 못한다. *〈개정 2016. 12. 20.〉*

1. 미성년자
2. 피성년후견인, 피한정후견인, 피특정후견인, 피임의후견인
3. 회생절차개시결정 또는 파산선고를 받은 자
4. 자격정지 이상의 형의 선고를 받고 그 형기(刑期) 중에 있는 사람
5. 법원에서 해임된 법정대리인
6. 법원에서 해임된 성년후견인, 한정후견인, 특정후견인, 임의후견인과 그 감독인
7. 행방이 불분명한 사람
8. 피후견인을 상대로 소송을 하였거나 하고 있는 사람
9. 제8호에서 정한 사람의 배우자와 직계혈족. 다만, 피후견인의 직계비속은 제외한다.

*[전문개정 2011. 3. 7.]*

**제938조(후견인의 대리권 등)** ① 후견인은 피후견인의 법정대리인이 된다.

② 가정법원은 성년후견인이 제1항에 따라 가지는 법정대리권의 범위를 정할 수 있다.

③ 가정법원은 성년후견인이 피성년후견인의 신상에 관하여 결정할 수 있는 권한의 범위를 정할 수 있다.

④ 제2항 및 제3항에 따른 법정대리인의 권한의 범위가 적절하지 아니하게 된 경우에 가정법원은 본인, 배우자, 4촌 이내의 친족, 성년후견인, 성년후견감독인, 검사 또는 지방자치단체의 장의 청구에 의하여 그 범위를 변경할 수 있다.

*[전문개정 2011. 3. 7.]*

**제939조(후견인의 사임)** 후견인은 정당한 사유가 있는 경우에는 가정법원의 허가를 받아 사임할 수 있다. 이 경우 그 후견인은 사임청구와 동시에 가정법원에 새로운 후견인의 선임을 청구하여야 한다.

*[전문개정 2011. 3. 7.]*

**제940조(후견인의 변경)** 가정법원은 피후견인의 복리를 위하여 후견인을 변경할 필요가 있다고 인정하면 직권으로 또는 피후견인, 친족, 후견감독인, 검사, 지방자치단체의 장의 청구에 의하여 후견인을 변경할 수 있다.

*[전문개정 2011. 3. 7.]*

## 성년후견인변경

[대법원 2021. 2. 4., 자, 2020스647, 결정]

**【판시사항】**

[1] 민법 제940조에서 성년후견인 변경요건으로 정한 '피성년후견인의 복리를 위하여 후견인을 변경할 필요가 있다고 인정되는 경우'의 의미 및 성년후견인 변경사유를 판단할 때 재산관리와 신상보호라는 양 업무의 측면을 모두 고려하여야 하는지 여부(원칙적 적극)

[2] 甲이 뇌출혈 발병으로 거동이나 의사소통 등을 할 수 없게 되자, 甲의 큰형인 乙이 성년후견개시심판을 청구하여 甲에 대한 성년후견개시 및 乙을 성년후견인으로 선임하는 내용 등의 심판이 선고되어 확정되었는데, 위 심판절차에서 '乙이 성년후견인이 되는 것에 동의한다.'는 취지의 후견동의서를 제출하였던 甲의 자녀 丙이 위 심판 확정 직후 乙 등이 甲의 재산을 빼앗고 후견동의서를 위조하여 제출하는 등 불법을 저질렀다고 주장하면서 성년후견인 변경청구를 한 사안에서, 성년후견인 변경사유가 있고 丁 사단법인이 乙보다 더 성년후견인으로 적합하다고 보아 변경심판을 한 원심판단에 성년후견인 변경에 대한 법리오해 등의 잘못이 있다고 한 사례

**【판결요지】**

[1] 가정법원은 직권 또는 친족 등의 청구에 의하여 성년후견인을 변경할 수 있는데(민법 제940조), 그 변경의 요건은 '피성년후견인의 복리를 위하여 후견인을 변경할 필요가 있다고 인정되는 경우'이다.

성년후견제도의 도입 취지 및 목적, 성년후견인의 임무와 범위, 가정법원의 감독권한 등을 종합하면 성년후견인의 변경사유인 '피성년후견인의 복리를 위하여 후견인을 변경할 필요가 있다고 인정되는 경우'는 가정법원이 성년후견인의 임무수행을 전체적으로 살펴보았을 때 선량한 관리자로서의 주의의무를 게을리하여 후견인으로서 그 임무를 수행하는 데 적당하지 않은 사유가 있는 경우로서 그 부적당한 점으로 피후견인의 복리에 영향이 있는 경우라고 봄이 상당하다. 또한 성년후견인의 임무에는 피성년후견인의 재산관리 임무뿐 아니라 신상보호 임무가 포함되어 있고, 신상보호 임무 역시 재산관리 임무 못지않게 피성년후견인의 복리를 위하여 중요한 의미를 가지기 때문에, 특별한 사정이 없는 한 성년후견인 변경사유를 판단함에 있어서는 재산관리와 신상보호의 양 업무의 측면을 모두 고려하여야 한다.

[2] 甲이 뇌출혈 발병으로 거동이나 의사소통 등을 할 수 없게 되자, 甲의 큰형인 乙이 성년후견개시심판을 청구하여 甲에 대한 성년후견개시 및 乙을 성년후견인으로 선임하는 내용 등의 심판이 선고되어 확정되었는데, 위 심판절차에서 '乙이 성년후견인이 되는 것에 동의한다.'는 취지의 후견동의서를 제출하였던 甲의 자녀 丙이 위 심판 확정 직후 乙 등이 甲의 재산을 빼앗고 후견동의서를 위조하여 제출하는 등 불법을 저질렀다고 주장하면서 성년후견인 변경청구를 한 사안에서, 甲이 현재 뇌출혈로 거동이나 의사표시가 어려운 상태인 사정 등을 감안하면 신상보호 임무의 관점에서 丁 사단법인이 乙보다 더 적합한 성년후견인에 해당한다고 단정하기 어려움에도, 乙이 수행한 재산관리와 신상보호 임무를 모두 살펴보았을 때 임무를 수행하는 데 적당하지 않아 피후견인의 복리에 저해가 된다고 볼 만한 구체적 사정이 있는지, 기존의 성년후견인 선임을 유지한 채 다른 처분을 하는 것이 오히려 피성년후견인의 복리에 더 부합하는 것은 아닌지 등에 대하여 충분히 살펴보지 않은 채, 甲 명의의 재산 등을 둘러싸고 가족들 사이에 갈등이 계속되면 甲의 신상과 재산에 손해나 위험이 발생할 가능성이 높아진다는 등의 사유만을 내세워, 성년후견인 변경사유가 있고 丁 사단법인이 乙보다 더 성년후견인으로 적합하다고 보아 변경심판을 한 원심판단에는 성년후견인 변경에 대한 법리오해 등의 잘못이 있다고 한 사례.

## 제2관 후견감독인

*〈신설 2011. 3. 7.〉*

**제940조의2(미성년후견감독인의 지정)** 미성년후견인을 지정할 수 있는 사람은 유언으로 미성년후견감독인을 지정할 수 있다.

*[본조신설 2011. 3. 7.]*

**제940조의3(미성년후견감독인의 선임)** ① 가정법원은 제940조의2에 따라 지정된 미성년후견감독인이 없는 경우에 필요하다고 인정하면 직권으로 또는 미성년자, 친족, 미성년후견인, 검사, 지방자치단체의 장의 청구에 의하여 미성년후견감독인을 선임할 수 있다.

② 가정법원은 미성년후견감독인이 사망, 결격, 그 밖의 사유로 없게 된 경우에는 직권으로 또는 미성년자, 친족, 미성년후견인, 검사, 지방자치단체의 장의 청구에 의하여 미성년후견감독인을 선임한다.

*[본조신설 2011. 3. 7.]*

**제940조의4(성년후견감독인의 선임)** ① 가정법원은 필요하다고 인정하면 직권으로 또는 피성년후견인, 친족, 성년후견인, 검사, 지방자치단체의 장의 청구에 의하여 성년후견감독인을 선임할 수 있다.

② 가정법원은 성년후견감독인이 사망, 결격, 그 밖의 사유로 없게 된 경우에는 직권으로 또는 피성년후견인, 친족, 성년후견인, 검사, 지방자치단체의 장의 청구에 의하여 성년후견감독인을 선임한다.

*[본조신설 2011. 3. 7.]*

**제940조의5(후견감독인의 결격사유)** 제779조에 따른 후견인의 가족은 후견감독인이 될 수 없다.

*[본조신설 2011. 3. 7.]*

**제940조의6(후견감독인의 직무)** ① 후견감독인은 후견인의 사무를 감독하며, 후견인이 없는 경우 지체 없이 가정법원에 후견인의 선임을 청구하여야 한다.

② 후견감독인은 피후견인의 신상이나 재산에 대하여 급박한 사정이 있는 경우 그의 보호를 위하여 필요한 행위 또는 처분을 할 수 있다.

③ 후견인과 피후견인 사이에 이해가 상반되는 행위에 관하여는 후견감독인이 피후견인을 대리한다.

*[본조신설 2011. 3. 7.]*

**제940조의7(위임 및 후견인 규정의 준용)** 후견감독인에 대하여는 제681조, 제691조, 제692조, 제930조제2항 · 제3항, 제936조제3항 · 제4항, 제937조, 제939조, 제940조, 제947조의2제3항부터 제5항까지, 제949조의2, 제955조 및 제955조의2를 준용한다.

*[본조신설 2011. 3. 7.]*

## 제3관 후견인의 임무

*〈신설 2011. 3. 7.〉*

**제941조(재산조사와 목록작성)** ① 후견인은 지체 없이 피후견인의 재산을 조사하여 2개월 내에 그 목록을 작성하여야 한다. 다만, 정당한 사유가 있는 경우에는 법원의 허가를 받아 그 기간을 연장할 수 있다.
② 후견감독인이 있는 경우 제1항에 따른 재산조사와 목록작성은 후견감독인의 참여가 없으면 효력이 없다.
*[전문개정 2011. 3. 7.]*

**제942조(후견인의 채권 · 채무의 제시)** ① 후견인과 피후견인 사이에 채권 · 채무의 관계가 있고 후견감독인이 있는 경우에는 후견인은 재산목록의 작성을 완료하기 전에 그 내용을 후견감독인에게 제시하여야 한다.
② 후견인이 피후견인에 대한 채권이 있음을 알고도 제1항에 따른 제시를 게을리한 경우에는 그 채권을 포기한 것으로 본다.
*[전문개정 2011. 3. 7.]*

**제943조(목록작성전의 권한)** 후견인은 재산조사와 목록작성을 완료하기까지는 긴급필요한 경우가 아니면 그 재산에 관한 권한을 행사하지 못한다. 그러나 이로써 선의의 제삼자에게 대항하지 못한다.

**사문서위조·위조사문서행사**

[대법원 1997. 11. 28., 선고, 97도1368, 판결]

**【판시사항】**

[1] 재산목록 작성 전의 후견인의 권한

[2] 재산목록 작성 전의 후견인이 피후견인 명의의 문서를 작성한 행위에 대하여 후견인이 문서작성의 권한이 있다고 믿고 있었을 개연성이 있다는 이유로, 사문서위조죄 등에 대하여 유죄를 인정한 원심판결을 파기한 사례

**【판결요지】**

[1] 후견인은 후견개시원인사실이 발생한 때부터 당연히 피후견인에 대한 재산관리권과 법률행위대리권을 가지게 되나, 민법 제943조에 의하면 후견인은 재산조사와 목록작성을 완료하기까지는 긴급 필요한 경우가 아니면 그 재산에 관한 권한을 행사하지 못한다고 규정하고 있는바, 이는 재산목록의 작성이 끝날 때까지 후견인의 권한 행사를 제한하는 규정으로서 이에 위반한 후견인의 행위는 무권대리 행위에 해당한다고 할 것이고, 위 조문에서의 긴급 필요한 경우란 재산목록의 작성 전에 이를 하지 않으면 피후견인의 신상 또는 재산에 관하여 후일 이를 회복하기 어려운 불이익을 가져오게 할 경우를 말하는 것이다.

[2] 재산목록 작성 전의 후견인이 피후견인 명의의 문서를 작성한 행위에 대하여 후견인이 문서작성의 권한이 있다고 믿고 있었을 개연성이 있다는 이유로, 사문서위조죄 및 위조사문서행사죄에 대하여 유죄를 인정한 원심판결을 파기한 사례.

**제944조(피후견인이 취득한 포괄적 재산의 조사 등)** 전3조의 규정은 후견인의 취임후에 피후견인이 포괄적 재산을 취득한 경우에 준용한다.

**제945조(미성년자의 신분에 관한 후견인의 권리 · 의무)** 미성년후견인은 제913조 및 제914조에서 규정한 사항에 관하여는 친권자와 동일한 권리와 의무가 있다. 다만, 다음 각 호의 어느 하나에 해당하는 경우에는 미성년후견감독인이 있으면 그의 동의를 받아야 한다. *〈개정 2021. 1. 26.〉*

1. 친권자가 정한 교육방법, 양육방법 또는 거소를 변경하는 경우
2. 삭제*〈2021. 1. 26.〉*
3. 친권자가 허락한 영업을 취소하거나 제한하는 경우

*[전문개정 2011. 3. 7.]*

**제946조(친권 중 일부에 한정된 후견)** 미성년자의 친권자가 제924조의2, 제925조 또는 제927조제1항에 따라 친권 중 일부에 한정하여 행사할 수 없는 경우에 미성년후견인의 임무는 제한된 친권의 범위에 속하는 행위에 한정된다.

*[전문개정 2014. 10. 15.]*

**제947조(피성년후견인의 복리와 의사존중)** 성년후견인은 피성년후견인의 재산관리와 신상보호를 할 때 여러 사정을 고려하여 그의 복리에 부합하는 방법으로 사무를 처리하여야 한다. 이 경우 성년후견인은 피성년후견인의 복리에 반하지 아니하면 피성년후견인의 의사를 존중하여야 한다.

*[전문개정 2011. 3. 7.]*

**제947조의2(피성년후견인의 신상결정 등)** ① 피성년후견인은 자신의 신상에 관하여 그의 상태가 허락하는 범위에서 단독으로 결정한다.

② 성년후견인이 피성년후견인을 치료 등의 목적으로 정신병원이나 그 밖의 다른 장소에 격리하려는 경우에는 가정법원의 허가를 받아야 한다.

③ 피성년후견인의 신체를 침해하는 의료행위에 대하여 피성년후견인이 동의할 수 없는 경우에는 성년후견인이 그를 대신하여 동의할 수 있다.

④ 제3항의 경우 피성년후견인이 의료행위의 직접적인 결과로 사망하거나 상당한 장애를 입을 위험이 있을 때에는 가정법원의 허가를 받아야 한다. 다만, 허가절차로 의료행위가 지체되어 피성년후견인의 생명에 위험을 초래하거나 심신상의 중대한 장애를 초래할 때에는 사후에 허가를 청구할 수 있다.

⑤ 성년후견인이 피성년후견인을 대리하여 피성년후견인이 거주하고 있는 건물 또는 그 대지에 대하여 매도, 임대, 전세권 설정, 저당권 설정, 임대차의 해지, 전세권의 소멸, 그 밖에 이에 준하는 행위를 하는 경우에는 가정법원의 허가를 받아야 한다.

*[본조신설 2011. 3. 7.]*

**이혼**

[대법원 2010. 4. 29., 선고, 2009므639, 판결]

【판시사항】

후견인이 의사무능력 상태에 있는 금치산자를 대리하여 그 배우자를 상대로 재판상 이혼을 청구할 수 있는지 여부(적극) 및 이때 금치산자의 이혼의사를 객관적으로 추정하기 위하여 고려하여야 할 사항

【판결요지】
의식불명의 식물상태와 같은 의사무능력 상태에 빠져 금치산선고를 받은 자의 배우자에게 부정행위나 악의의 유기 등과 같이 민법 제840조 각 호가 정한 이혼사유가 존재하고 나아가 금치산자의 이혼의사를 객관적으로 추정할 수 있는 경우에는, 민법 제947조, 제949조에 의하여 금치산자의 요양·감호와 그의 재산관리를 기본적 임무로 하는 후견인(민법 제940조에 의하여 배우자에서 변경된 후견인이다)으로서는 의사무능력 상태에 있는 금치산자를 대리하여 그 배우자를 상대로 재판상 이혼을 청구할 수 있다. 다만, 위와 같은 금치산자의 이혼의사를 추정할 수 있는 것은, 당해 이혼사유의 성질과 정도를 중심으로 금치산자 본인의 결혼관 내지 평소 일상생활을 통하여 가족, 친구 등에게 한 이혼에 관련된 의사표현, 금치산자가 의사능력을 상실하기 전까지 혼인생활의 순탄 정도와 부부간의 갈등해소방식, 혼인생활의 기간, 금치산자의 나이·신체·건강상태와 간병의 필요성 및 그 정도, 이혼사유 발생 이후 배우자가 취한 반성적 태도나 가족관계의 유지를 위한 구체적 노력의 유무, 금치산자의 보유 재산에 관한 배우자의 부당한 관리·처분 여하, 자녀들의 이혼에 관한 의견 등의 제반 사정을 종합하여 혼인관계를 해소하는 것이 객관적으로 금치산자의 최선의 이익에 부합한다고 인정되고 금치산자에게 이혼청구권을 행사할 수 있는 기회가 주어지더라도 혼인관계의 해소를 선택하였을 것이라고 볼 수 있는 경우이어야 한다.

**제948조(미성년자의 친권의 대행)** ① 미성년후견인은 미성년자를 갈음하여 미성년자의 자녀에 대한 친권을 행사한다.
② 제1항의 친권행사에는 미성년후견인의 임무에 관한 규정을 준용한다.
*[전문개정 2011. 3. 7.]*

**제949조(재산관리권과 대리권)** ①후견인은 피후견인의 재산을 관리하고 그 재산에 관한 법률행위에 대하여 피후견인을 대리한다.
②제920조 단서의 규정은 전항의 법률행위에 준용한다.

**제949조의2(성년후견인이 여러 명인 경우 권한의 행사 등)** ① 가정법원은 직권으로 여러 명의 성년후견인이 공동으로 또는 사무를 분장하여 그 권한을 행사하도록 정할 수 있다.
② 가정법원은 직권으로 제1항에 따른 결정을 변경하거나 취소할 수 있다.
③ 여러 명의 성년후견인이 공동으로 권한을 행사하여야 하는 경우에 어느 성년후견인이 피성년후견인의 이익이 침해될 우려가 있음에도 법률행위의 대리 등 필요한 권한행사에 협력하지 아니할 때에는 가정법원은 피성년후견인, 성년후견인, 후견감독인 또는 이해관계인의 청구에 의하여 그 성년후견인의 의사표시를 갈음하는 재판을 할 수 있다.
*[본조신설 2011. 3. 7.]*

**제949조의3(이해상반행위)** 후견인에 대하여는 제921조를 준용한다. 다만, 후견감독인이 있는 경우에는 그러하지 아니하다.
*[본조신설 2011. 3. 7.]*

**제950조(후견감독인의 동의를 필요로 하는 행위)** ① 후견인이 피후견인을 대리하여 다음 각 호의 어느 하나에 해당하는 행위를 하거나 미성년자의 다음 각 호의 어느 하나에 해당하는 행위에 동의를 할 때는 후견감독인이 있으면 그의 동의를 받아야 한다.

1. 영업에 관한 행위
2. 금전을 빌리는 행위
3. 의무만을 부담하는 행위
4. 부동산 또는 중요한 재산에 관한 권리의 득실변경을 목적으로 하는 행위
5. 소송행위
6. 상속의 승인, 한정승인 또는 포기 및 상속재산의 분할에 관한 협의

② 후견감독인의 동의가 필요한 행위에 대하여 후견감독인이 피후견인의 이익이 침해될 우려가 있음에도 동의를 하지 아니하는 경우에는 가정법원은 후견인의 청구에 의하여 후견감독인의 동의를 갈음하는 허가를 할 수 있다.

③ 후견감독인의 동의가 필요한 법률행위를 후견인이 후견감독인의 동의 없이 하였을 때에는 피후견인 또는 후견감독인이 그 행위를 취소할 수 있다.

*[전문개정 2011. 3. 7.]*

**제951조(피후견인의 재산 등의 양수에 대한 취소)** ① 후견인이 피후견인에 대한 제3자의 권리를 양수(讓受)하는 경우에는 피후견인은 이를 취소할 수 있다.

② 제1항에 따른 권리의 양수의 경우 후견감독인이 있으면 후견인은 후견감독인의 동의를 받아야 하고, 후견감독인의 동의가 없는 경우에는 피후견인 또는 후견감독인이 이를 취소할 수 있다.

*[전문개정 2011. 3. 7.]*

**제952조(상대방의 추인 여부 최고)** 제950조 및 제951조의 경우에는 제15조를 준용한다.

*[전문개정 2011. 3. 7.]*

**제953조(후견감독인의 후견사무의 감독)** 후견감독인은 언제든지 후견인에게 그의 임무수행에 관한 보고와 재산목록의 제출을 요구할 수 있고 피후견인의 재산상황을 조사할 수 있다.

*[전문개정 2011. 3. 7.]*

**제954조(가정법원의 후견사무에 관한 처분)** 가정법원은 직권으로 또는 피후견인, 후견감독인, 제777조에 따른 친족, 그 밖의 이해관계인, 검사, 지방자치단체의 장의 청구에 의하여 피후견인의 재산상황을 조사하고, 후견인에게 재산관리 등 후견임무 수행에 관하여 필요한 처분을 명할 수 있다.

*[전문개정 2011. 3. 7.]*

**제955조(후견인에 대한 보수)** 법원은 후견인의 청구에 의하여 피후견인의 재산상태 기타 사정을 참작하여 피후견인의 재산 중에서 상당한 보수를 후견인에게 수여할 수 있다.

**제955조의2(지출금액의 예정과 사무비용)** 후견인이 후견사무를 수행하는 데 필요한 비용은 피후견인의 재산 중에서 지출한다.

*[본조신설 2011. 3. 7.]*

**제956조(위임과 친권의 규정의 준용)** 제681조 및 제918조의 규정은 후견인에게 이를 준용한다.

## 제4관 후견의 종료

*〈신설 2011. 3. 7.〉*

**제957조(후견사무의 종료와 관리의 계산)** ① 후견인의 임무가 종료된 때에는 후견인 또는 그 상속인은 1개월 내에 피후견인의 재산에 관한 계산을 하여야 한다. 다만, 정당한 사유가 있는 경우에는 법원의 허가를 받아 그 기간을 연장할 수 있다.
② 제1항의 계산은 후견감독인이 있는 경우에는 그가 참여하지 아니하면 효력이 없다.
*[전문개정 2011. 3. 7.]*

**제958조(이자의 부가와 금전소비에 대한 책임)** ① 후견인이 피후견인에게 지급할 금액이나 피후견인이 후견인에게 지급할 금액에는 계산종료의 날로부터 이자를 부가하여야 한다.
② 후견인이 자기를 위하여 피후견인의 금전을 소비한 때에는 그 소비한 날로부터 이자를 부가하고 피후견인에게 손해가 있으면 이를 배상하여야 한다.

**제959조(위임규정의 준용)** 제691조, 제692조의 규정은 후견의 종료에 이를 준용한다.

## 제2절 한정후견과 특정후견

*〈신설 2011. 3. 7.〉*

**제959조의2(한정후견의 개시)** 가정법원의 한정후견개시의 심판이 있는 경우에는 그 심판을 받은 사람의 한정후견인을 두어야 한다.
*[본조신설 2011. 3. 7.]*

**한정후견개시**

[서울가법 2018. 1. 17., 자, 2017브30016, 결정 : 재항고]

**【판시사항】**

甲이 정신적 제약으로 인하여 사무를 처리할 능력이 부족하다는 이유로 받은 한정후견 개시 및 한정후견인 선임 심판에 대하여 취소를 구한 사안에서, 제반 사정 등을 종합하면, 甲에 대하여 한정후견이 개시되어야 하고, 사회복지법인을 甲의 한정후견인으로 선임하여 甲의 법률행위에 대한 일정한 범위의 동의권을 부여한 것은 타당하나, 제1심법원이 한정후견인에게 부여한 동의권의 범위와 같이 한정후견인의 대리권의 범위를 변경하여야 한다고 한 사례

**【판결요지】**

甲이 정신적 제약으로 인하여 사무를 처리할 능력이 부족하다는 이유로 받은 한정후견 개시 및 한정후견인 선임 심판에 대하여 취소를 구한 사안에서, 甲이 양극성장애1형의 진단을 받은 사실이 있는 점, 제1심법원의 정신감정 결과에서 甲은 양극성정동장애로 인한 정신적 제약으로 인하여 금전관리에 필요한 자기의사결정 및 사무처리에서 타인의 도움이 필요한 상태로, 정신적 제약으로 사무를 처리할 능력이 부족하고, 병식과 치료에 대한 순응도가 떨어지는 사건본인의 회복을 예측하기는 어렵다는 평가를 받은 점, 그 후 현재까지 甲의 상태가 호전되었다고 볼 만한 의미 있는 자료도 없는 점 등을 종합하면, 甲이 현재 정신적 제약으로 인하여 사무를 처리할 능력이 부족한 사실을 인정할 수 있으므로, 甲에 대하여 한정후견이 개시되어야 하고, 제1심법원이 甲의 복리를 위하여 중립적이고 객관적인 입장에서 후견사무를 수행할 수 있는 사회복지법인을 甲의 한정후견인으로 선임하여 甲의 법률행위에 대한 일정한 범위의 동의권을 부여한 것은 타당하나, 한

정후견이 개시된다고 하더라도 피한정후견인은 가정법원이 한정후견인의 동의를 받도록 따로 정한 행위에 대해서만 행위능력이 제한되고, 그 외의 법률행위에 대하여는 완전한 행위능력을 갖게 되는바, 비록 동의권과 대리권이 기본적으로 구별되고 목적하는 취지가 다르다고 하더라도, 피한정후견인이 완전한 행위능력을 갖게 되는 부분에도 한정후견인에게 법정대리권을 부여하게 된다면, 피한정후견인의 행위능력을 다시 한 번 불필요하게 제한하게 되고, 후견제도의 이념인 '잔존능력의 존중'에도 위배되는 결과를 낳게 되므로, 법원이 한정후견인에게 부여한 동의권의 범위를 초과하는 사항에 관하여 대리권을 부여하는 것은 부적법하다는 이유로 제1심법원이 한정후견인에게 부여한 동의권의 범위와 같이 한정후견인의 대리권의 범위를 변경하여야 한다고 한 사례.

**제959조의3(한정후견인의 선임 등)** ① 제959조의2에 따른 한정후견인은 가정법원이 직권으로 선임한다.
② 한정후견인에 대하여는 제930조제2항 · 제3항, 제936조제2항부터 제4항까지, 제937조, 제939조, 제940조 및 제949조의3을 준용한다.
*[본조신설 2011. 3. 7.]*

**제959조의4(한정후견인의 대리권 등)** ① 가정법원은 한정후견인에게 대리권을 수여하는 심판을 할 수 있다.
② 한정후견인의 대리권 등에 관하여는 제938조제3항 및 제4항을 준용한다.
*[본조신설 2011. 3. 7.]*

**제959조의5(한정후견감독인)** ① 가정법원은 필요하다고 인정하면 직권으로 또는 피한정후견인, 친족, 한정후견인, 검사, 지방자치단체의 장의 청구에 의하여 한정후견감독인을 선임할 수 있다.
② 한정후견감독인에 대하여는 제681조, 제691조, 제692조, 제930조제2항 · 제3항, 제936조제3항 · 제4항, 제937조, 제939조, 제940조, 제940조의3제2항, 제940조의5, 제940조의6, 제947조의2제3항부터 제5항까지, 제949조의2, 제955조 및 제955조의2를 준용한다. 이 경우 제940조의6제3항 중 "피후견인을 대리한다"는 "피한정후견인을 대리하거나 피한정후견인이 그 행위를 하는 데 동의한다"로 본다.
*[본조신설 2011. 3. 7.]*

**제959조의6(한정후견사무)** 한정후견의 사무에 관하여는 제681조, 제920조 단서, 제947조, 제947조의2, 제949조, 제949조의2, 제949조의3, 제950조부터 제955조까지 및 제955조의2를 준용한다.
*[본조신설 2011. 3. 7.]*

**제959조의7(한정후견인의 임무의 종료 등)** 한정후견인의 임무가 종료한 경우에 관하여는 제691조, 제692조, 제957조 및 제958조를 준용한다.
*[본조신설 2011. 3. 7.]*

**제959조의8(특정후견에 따른 보호조치)** 가정법원은 피특정후견인의 후원을 위하여 필요한 처분을 명할 수 있다.
*[본조신설 2011. 3. 7.]*

**제959조의9(특정후견인의 선임 등)** ① 가정법원은 제959조의8에 따른 처분으로 피특정후견인을 후원하거나 대리하기 위한 특정후견인을 선임할 수 있다.

② 특정후견인에 대하여는 제930조제2항 · 제3항, 제936조제2항부터 제4항까지, 제937조, 제939조 및 제940조를 준용한다.

*[본조신설 2011. 3. 7.]*

**제959조의10(특정후견감독인)** ① 가정법원은 필요하다고 인정하면 직권으로 또는 피특정후견인, 친족, 특정후견인, 검사, 지방자치단체의 장의 청구에 의하여 특정후견감독인을 선임할 수 있다.

② 특정후견감독인에 대하여는 제681조, 제691조, 제692조, 제930조제2항 · 제3항, 제936조제3항 · 제4항, 제937조, 제939조, 제940조, 제940조의5, 제940조의6, 제949조의2, 제955조 및 제955조의2를 준용한다.

*[본조신설 2011. 3. 7.]*

**제959조의11(특정후견인의 대리권)** ① 피특정후견인의 후원을 위하여 필요하다고 인정하면 가정법원은 기간이나 범위를 정하여 특정후견인에게 대리권을 수여하는 심판을 할 수 있다.

② 제1항의 경우 가정법원은 특정후견인의 대리권 행사에 가정법원이나 특정후견감독인의 동의를 받도록 명할 수 있다.

*[본조신설 2011. 3. 7.]*

**제959조의12(특정후견사무)** 특정후견의 사무에 관하여는 제681조, 제920조 단서, 제947조, 제949조의2, 제953조부터 제955조까지 및 제955조의2를 준용한다.

*[본조신설 2011. 3. 7.]*

**제959조의13(특정후견인의 임무의 종료 등)** 특정후견인의 임무가 종료한 경우에 관하여는 제691조, 제692조, 제957조 및 제958조를 준용한다.

*[본조신설 2011. 3. 7.]*

## 제3절 후견계약

*〈신설 2011. 3. 7.〉*

**제959조의14(후견계약의 의의와 체결방법 등)** ① 후견계약은 질병, 장애, 노령, 그 밖의 사유로 인한 정신적 제약으로 사무를 처리할 능력이 부족한 상황에 있거나 부족하게 될 상황에 대비하여 자신의 재산관리 및 신상보호에 관한 사무의 전부 또는 일부를 다른 자에게 위탁하고 그 위탁사무에 관하여 대리권을 수여하는 것을 내용으로 한다.

② 후견계약은 공정증서로 체결하여야 한다.

③ 후견계약은 가정법원이 임의후견감독인을 선임한 때부터 효력이 발생한다.

④ 가정법원, 임의후견인, 임의후견감독인 등은 후견계약을 이행 · 운영할 때 본인의 의사를 최대한 존중하여야 한다.

*[본조신설 2011. 3. 7.]*

**제959조의15(임의후견감독인의 선임)** ① 가정법원은 후견계약이 등기되어 있고, 본인이 사무를 처리할 능력이 부족한 상황에 있다고 인정할 때에는 본인, 배우자, 4촌 이내의 친족, 임의후견인, 검사 또는 지방자치단체의 장의 청구에 의하여 임의후견감독인을 선임한다.

② 제1항의 경우 본인이 아닌 자의 청구에 의하여 가정법원이 임의후견감독인을 선임할 때에는 미리 본인의 동의를 받아야 한다. 다만, 본인이 의사를 표시할 수 없는 때에는 그러하지 아니하다.

③ 가정법원은 임의후견감독인이 없게 된 경우에는 직권으로 또는 본인, 친족, 임의후견인, 검사 또는 지방자치단체의 장의 청구에 의하여 임의후견감독인을 선임한다.

④ 가정법원은 임의후견임감독인이 선임된 경우에도 필요하다고 인정하면 직권으로 또는 제3항의 청구권자의 청구에 의하여 임의후견감독인을 추가로 선임할 수 있다.

⑤ 임의후견감독인에 대하여는 제940조의5를 준용한다.

*[본조신설 2011. 3. 7.]*

**제959조의16(임의후견감독인의 직무 등)** ① 임의후견감독인은 임의후견인의 사무를 감독하며 그 사무에 관하여 가정법원에 정기적으로 보고하여야 한다.

② 가정법원은 필요하다고 인정하면 임의후견감독인에게 감독사무에 관한 보고를 요구할 수 있고 임의후견인의 사무 또는 본인의 재산상황에 대한 조사를 명하거나 그 밖에 임의후견감독인의 직무에 관하여 필요한 처분을 명할 수 있다.

③ 임의후견감독인에 대하여는 제940조의6제2항 · 제3항, 제940조의7 및 제953조를 준용한다.

*[본조신설 2011. 3. 7.]*

**제959조의17(임의후견개시의 제한 등)** ① 임의후견인이 제937조 각 호에 해당하는 자 또는 그 밖에 현저한 비행을 하거나 후견계약에서 정한 임무에 적합하지 아니한 사유가 있는 자인 경우에는 가정법원은 임의후견감독인을 선임하지 아니한다.

② 임의후견감독인을 선임한 이후 임의후견인이 현저한 비행을 하거나 그 밖에 그 임무에 적합하지 아니한 사유가 있게 된 경우에는 가정법원은 임의후견감독인, 본인, 친족, 검사 또는 지방자치단체의 장의 청구에 의하여 임의후견인을 해임할 수 있다.

*[본조신설 2011. 3. 7.]*

**제959조의18(후견계약의 종료)** ① 임의후견감독인의 선임 전에는 본인 또는 임의후견인은 언제든지 공증인의 인증을 받은 서면으로 후견계약의 의사표시를 철회할 수 있다.

② 임의후견감독인의 선임 이후에는 본인 또는 임의후견인은 정당한 사유가 있는 때에만 가정법원의 허가를 받아 후견계약을 종료할 수 있다.

*[본조신설 2011. 3. 7.]*

**제959조의19(임의후견인의 대리권 소멸과 제3자와의 관계)** 임의후견인의 대리권 소멸은 등기하지 아니하면 선의의 제3자에게 대항할 수 없다.

*[본조신설 2011. 3. 7.]*

**제959조의20(후견계약과 성년후견 · 한정후견 · 특정후견의 관계)** ① 후견계약이 등기되어 있는 경우에는 가정법원은 본인의 이익을 위하여 특별히 필요할 때에만 임의후견인 또는 임의후견감독인의 청구에 의하여 성년후견, 한정후견 또는 특정후견의 심판을 할 수 있다. 이 경우 후견계약은 본인이 성년후견 또는 한정후견 개시의 심판을 받은 때 종료된다.

② 본인이 피성년후견인, 피한정후견인 또는 피특정후견인인 경우에 가정법원은 임의후견감독인을 선임함에 있어서 종전의 성년후견, 한정후견 또는 특정후견의 종료 심판을 하여야 한다. 다만, 성년후견 또는 한정후견 조치의 계속이 본인의 이익을 위하여 특별히 필요하다고 인정하면 가정법원은 임의후견감독인을 선임하지 아니한다.

*[본조신설 2011. 3. 7.]*

**임의후견감독인의선임**

[대법원 2021. 7. 15., 자, 2020으547, 결정]

**【판시사항】**

[1] 민법 제959조의20 제1항이 본인에 대해 법정후견 개시심판 청구가 제기된 후 심판이 확정되기 전에 후견계약이 등기된 경우에도 적용되는지 여부(적극) 및 이때 가정법원은 본인의 이익을 위하여 특별히 필요하다고 인정할 때에만 법정후견 개시심판을 할 수 있는지 여부(적극)

[2] 후견계약이 등기된 상태에서 본인의 이익을 위한 특별한 필요성이 인정되어 법정후견 심판을 한 경우, 후견계약이 임의후견감독인의 선임과 관계없이 본인이 성년후견 또는 한정후견 개시의 심판을 받은 때 종료하는지 여부(적극)

[3] 민법 제959조의20 제1항에서 정한 '본인의 이익을 위하여 특별히 필요할 때'의 의미

**【판결요지】**

[1] 민법 제959조의20 제1항은 "후견계약이 등기되어 있는 경우에는 가정법원은 본인의 이익을 위하여 특별히 필요할 때에만 임의후견인 또는 임의후견감독인의 청구에 의하여 성년후견, 한정후견 또는 특정후견의 심판을 할 수 있다. 이 경우 후견계약은 본인이 성년후견 또는 한정후견 개시의 심판을 받은 때 종료된다."라고 정하고, 제2항은 "본인이 피성년후견인, 피한정후견인 또는 피특정후견인인 경우에 가정법원은 임의후견감독인을 선임함에 있어서 종전의 성년후견, 한정후견 또는 특정후견의 종료 심판을 하여야 한다. 다만 성년후견 또는 한정후견 조치의 계속이 본인의 이익을 위하여 특별히 필요하다고 인정하면 가정법원은 임의후견감독인을 선임하지 아니한다."라고 정하고 있다.

이와 같은 민법 규정은 후견계약이 등기된 경우에는 사적 자치의 원칙에 따라 본인의 의사를 존중하여 후견계약을 우선하도록 하고, 예외적으로 본인의 이익을 위하여 특별히 필요할 때에 한하여 법정후견(성년후견, 한정후견 또는 특정후견을 가리킨다)을 개시할 수 있도록 하고 있다. 민법 제959조의20 제1항에서 후견계약의 등기 시점을 특별히 제한하지 않고 제2항 본문에서 본인에 대해 이미 법정후견이 개시된 경우에는 임의후견감독인을 선임하면서 종전 법정후견의 종료 심판을 하도록 한 점 등에 비추어 보면, 위 제1항은 본인에 대해 법정후견 개시심판 청구가 제기된 후 심판이 확정되기 전에 후견계약이 등기된 경우에도 적용된다고 보아야 하고, 그 경우 가정법원은 본인의 이익을 위하여 특별히 필요하다고 인정할 때에만 법정후견 개시심판을 할 수 있다.

[2] 민법 제959조의20 제1항 전문은 후견계약이 등기된 경우에는 본인의 이익을 위하여 특별히 필요한 때에만 법정후견 심판을 할 수 있다고 정하고 있을 뿐이고 임의후견감독인이 선임되어 있을 것을 요구하고 있지 않다. 또한 법정후견 청구권자로 '임의후견인 또는 임의후견감독인'을 정한 것은 임의후견에서 법정후견으로 원활하게 이행할 수 있도록 민법 제9조 제1항, 제12조 제1항, 제14조의2 제1항에서 정한 법정후견 청구권자 외에 임의후견인 또는 임의후견감독인을 추가한 것이다. 민법 제959조의20 제1항 후문은 "이 경우 후견계약은 성년후견 또는 한정후견 개시의 심판을 받은 때 종료된다."고 정하고 있고, '이 경우'는 같은 항 전문에 따라 법정후견 심판을 한 경우를 가리킨다.

이러한 규정의 문언, 체제와 목적 등에 비추어 보면, 후견계약이 등기된 경우 본인의 이익을 위한 특별한 필요성이 인정되어 민법 제9조 제1항 등에서 정한 법정후견 청구권자, 임의후견인이나 임의후견감독인의 청구에 따라 법정후견 심판을 한 경우 후견계약은 임의후견감독인의 선임과 관계없이 본인이 성년후견 또는 한정후견 개시의 심판을 받은 때 종료한다고 보아야 한다.

[3] 민법 제959조의20 제1항에서 후견계약의 등기에 불구하고 법정후견 심판을 할 수 있는 요건으로 정한 '본인의 이익을 위하여 특별히 필요할 때'란 후견계약의 내용, 후견계약에서 정한 임의후견인이 임무에 적합하지 않은 사유가 있는지, 본인의 정신적 제약 정도, 그 밖에 후견계약과 본인을 둘러싼 여러 사정을 종합하여, 후견계약에 따른 후견이 본인의 보호에 충분하지 않아 법정후견에 의한 보호가 필요하다고 인정되는 경우를 말한다.

## 제6장 삭제

*〈2011. 3. 7.〉*

**제960조** 삭제 *〈2011. 3. 7.〉*

**제961조** 삭제 *〈2011. 3. 7.〉*

**제962조** 삭제 *〈2011. 3. 7.〉*

**제963조** 삭제 *〈2011. 3. 7.〉*

**제964조** 삭제 *〈2011. 3. 7.〉*

**제965조** 삭제 *〈2011. 3. 7.〉*

**제966조** 삭제 *〈2011. 3. 7.〉*

**제967조** 삭제 *〈2011. 3. 7.〉*

**제968조** 삭제 *〈2011. 3. 7.〉*

**제969조** 삭제 *〈2011. 3. 7.〉*

**제970조** 삭제 *〈2011. 3. 7.〉*

**제971조** 삭제 *〈2011. 3. 7.〉*

**제972조** 삭제 *〈2011. 3. 7.〉*

**제973조** 삭제 *〈2011. 3. 7.〉*

## 제7장 부양

**제974조(부양의무)** 다음 각호의 친족은 서로 부양의 의무가 있다.

1. 직계혈족 및 그 배우자간
2. 삭제*〈1990. 1. 13.〉*
3. 기타 친족간(생계를 같이 하는 경우에 한한다.)

**부양료(성년 자녀가 아버지를 상대로 유학비용 상당의 부양료를 청구하는 사건)**

[대법원 2017. 8. 25., 자, 2017스5, 결정]

【판시사항】

성년의 자녀가 부모를 상대로 부양료를 청구할 수 있는 경우 및 범위 / 통상적인 생활필요비라고 보기 어려운 유학비용의 충당을 위해 성년의 자녀가 부모를 상대로 부양료를 청구할 수 있는지 여부(원칙적 소극)

【판결요지】

민법 제826조 제1항에서 규정하는 미성년 자녀의 양육·교육 등을 포함한 부부간 상호부양의무는 혼인관계의 본질적 의무로서 부양을 받을 자의 생활을 부양의무자의 생활과 같은 정도로 보장하여 부부공동생활의 유지를 가능하게 하는 것을 내용으로 하는 제1차 부양의무이고, 반면 부모가 성년의 자녀에 대하여 직계혈족으로서 민법 제974조 제1호, 제975조에 따라 부담하는 부양의무는 부양의무자가 자기의 사회적 지위에 상응하는 생활을 하면서 생활에 여유가 있음을 전제로 하여 부양을 받을 자가 자력 또는 근로에 의하여 생활을 유지할 수 없는 경우에 한하여 그의 생활을 지원하는 것을 내용으로 하는 제2차 부양의무이다. 따라서 성년의 자녀는 요부양상태, 즉 객관적으로 보아 생활비 수요가 자기의 자력 또는 근로에 의하여 충당할 수 없는 곤궁한 상태인 경우에 한하여, 부모를 상대로 그 부모가 부양할 수 있을 한도 내에서 생활부조로서 생활필요비에 해당하는 부양료를 청구할 수 있을 뿐이다.

나아가 이러한 부양료는 부양을 받을 자의 생활정도와 부양의무자의 자력 기타 제반 사정을 참작하여 부양을 받을 자의 통상적인 생활에 필요한 비용의 범위로 한정됨이 원칙이므로, 특별한 사정이 없는 한 통상적인 생활필요비라고 보기 어려운 유학비용의 충당을 위해 성년의 자녀가 부모를 상대로 부양료를 청구할 수는 없다.

**제975조(부양의무와 생활능력)** 부양의 의무는 부양을 받을 자가 자기의 자력 또는 근로에 의하여 생활을 유지할 수 없는 경우에 한하여 이를 이행할 책임이 있다.

**제976조(부양의 순위)** ① 부양의 의무있는 자가 수인인 경우에 부양을 할 자의 순위에 관하여 당사자간에 협정이 없는 때에는 법원은 당사자의 청구에 의하여 이를 정한다. 부양을 받을 권리자가 수인인 경우에 부양의무자의 자력이 그 전원을 부양할 수 없는 때에도 같다.

② 전항의 경우에 법원은 수인의 부양의무자 또는 권리자를 선정할 수 있다.

**제977조(부양의 정도, 방법)** 부양의 정도 또는 방법에 관하여 당사자간에 협정이 없는 때에는 법원은 당사자의 청구에 의하여 부양을 받을 자의 생활정도와 부양의무자의 자력 기타 제반사정을 참작하여 이를 정한다.

**제978조(부양관계의 변경 또는 취소)** 부양을 할 자 또는 부양을 받을 자의 순위, 부양의 정도 또는 방법에 관한 당사자의 협정이나 법원의 판결이 있은 후 이에 관한 사정변경이 있는 때에는 법원은 당사자의 청구에 의하여 그 협정이나 판결을 취소 또는 변경할 수 있다.

**구상금**

[대법원 2012. 12. 27., 선고, 2011다96932, 판결]

【판시사항】

[1] 부부간의 상호부양의무와 부모의 성년 자녀에 대한 부양의무의 우선순위 및 2차 부양의무자의 1차 부양의무자에 대한 상환청구 가능 여부(적극)

[2] 부부간의 부양의무를 이행하지 않은 부부의 일방을 상대로 상대방의 친족이 과거의 부양료 상환청구를 하는 경우, 상환의무의 존부 및 범위를 정할 때 고려하여야 할 사항

[3] 부부간의 부양의무를 이행하지 않은 부부의 일방에 대하여 상대방의 친족이 구하는 부양료의 상환청구가 민사소송사건에 해당하는지 여부(적극)

【판결요지】

[1] 민법 제826조 제1항에 규정된 부부간 상호부양의무는 혼인관계의 본질적 의무로서 부양을 받을 자의 생활을 부양의무자의 생활과 같은 정도로 보장하여 부부공동생활의 유지를 가능하게 하는 것을 내용으로 하는 제1차 부양의무이고, 반면 부모가 성년의 자녀에 대하여 직계혈족으로서 민법 제974조 제1호, 제975조에 따라 부담하는 부양의무는 부양의무자가 자기의 사회적 지위에 상응하는 생활을 하면서 생활에 여유가 있음을 전제로 하여 부양을 받을 자가 자력 또는 근로에 의하여 생활을 유지할 수 없는 경우에 한하여 그의 생활을 지원하는 것을 내용으로 하는 제2차 부양의무이다. 이러한 제1차 부양의무와 제2차 부양의무는 의무이행의 정도뿐만 아니라 의무이행의 순위도 의미하는 것이므로, 제2차 부양의무자는 제1차 부양의무자보다 후순위로 부양의무를 부담한다. 따라서 제1차 부양의무자와 제2차 부양의무자가 동시에 존재하는 경우에 제1차 부양의무자는 특별한 사정이 없는 한 제2차 부양의무자에 우선하여 부양의무를 부담하므로, 제2차 부양의무자가 부양받을 자를 부양한 경우에는 소요된 비용을 제1차 부양의무자에 대하여 상환청구할 수 있다.

[2] 부부간의 부양의무 중 과거의 부양료에 관하여는 특별한 사정이 없는 한 부양을 받을 사람이 부양의무자에게 부양의무의 이행을 청구하였음에도 불구하고 부양의무자가 부양의무를 이행하지 아니함으로써 이행지체에 빠진 후의 것에 관하여만 부양료의 지급을 청구할 수 있을 뿐이므로, 부양의무자인 부부의 일방에 대한 부양의무 이행청구에도 불구하고 배우자가 부양의무를 이행하지 아니함으로써 이행지체에 빠진 후의 것이거나, 그렇지 않은 경우에는 부양의무의 성질이나 형평의 관념상 이를 허용해야 할 특별한 사정이 있는 경우에 한하여 이행청구 이전의 과거 부양료를 지급하여야 한다. 그리고 부부 사이의 부양료 액수는 당사자 쌍방의 재산 상태와 수입액, 생활정도 및 경제적 능력, 사회적 지위 등에 따라 부양이 필요한 정도, 그에 따른 부양의무의 이행정

도, 혼인생활 파탄의 경위와 정도 등을 종합적으로 고려하여 판단하여야 한다. 따라서 상대방의 친족이 부부의 일방을 상대로 한 과거의 부양료 상환청구를 심리·판단함에 있어서도 이러한 점을 모두 고려하여 상환의무의 존부 및 범위를 정하여야 한다.

[3] 가사소송법 제2조 제1항 제2호 나. 마류사건 제1호는 민법 제826조에 따른 부부의 부양에 관한 처분을, 같은 법 제2조 제1항 제2호 나. 마류사건 제8호는 민법 제976조부터 제978조까지의 규정에 따른 부양에 관한 처분을 각각 별개의 가사비송사건으로 규정하고 있다. 따라서 부부간의 부양의무를 이행하지 않은 부부의 일방에 대한 상대방의 부양료 청구는 위 마류사건 제1호의 가사비송사건에 해당하고, 친족간의 부양의무를 이행하지 않은 친족의 일방에 대한 상대방의 부양료 청구는 위 마류사건 제8호의 가사비송사건에 해당한다 할 것이나, 부부간의 부양의무를 이행하지 않은 부부의 일방에 대하여 상대방의 친족이 구하는 부양료의 상환청구는 같은 법 제2조 제1항 제2호 나. 마류사건의 어디에도 해당하지 아니하여 이를 가사비송사건으로 가정법원의 전속관할에 속하는 것이라고 할 수는 없고, 이는 민사소송사건에 해당한다고 봄이 타당하다.

**제979조(부양청구권처분의 금지)** 부양을 받을 권리는 이를 처분하지 못한다.

## 제8장 삭제

*〈2005. 3. 31.〉*

### 제1절 삭제

*〈2005. 3. 31.〉*

**제980조** 삭제 *〈2005. 3. 31.〉*

**제981조** 삭제 *〈2005. 3. 31.〉*

**제982조** 삭제 *〈2005. 3. 31.〉*

**제983조** 삭제 *〈1990. 1. 13.〉*

### 제2절 삭제

*〈2005. 3. 31.〉*

**제984조** 삭제 *〈2005. 3. 31.〉*

**제985조** 삭제 *〈2005. 3. 31.〉*

**제986조** 삭제 *〈2005. 3. 31.〉*

**제987조** 삭제 *〈2005. 3. 31.〉*

**제988조** 삭제 *〈1990. 1. 13.〉*

**제989조** 삭제 *〈2005. 3. 31.〉*

**제990조** 삭제 *〈1990. 1. 13.〉*

**제991조** 삭제 *〈2005. 3. 31.〉*

**제992조** 삭제 *〈2005. 3. 31.〉*

**제993조** 삭제 *〈2005. 3. 31.〉*

**제994조** 삭제 *〈2005. 3. 31.〉*

### 제3절 삭제

*〈2005. 3. 31.〉*

**제995조** 삭제 *〈2005. 3. 31.〉*

**제996조** 삭제 *〈1990. 1. 13.〉*

# 제5편 상속

*〈개정 1990. 1. 13.〉*

## 제1장 상속

*〈신설 1990. 1. 13.〉*

### 제1절 총칙

*〈개정 1990. 1. 13.〉*

**제997조(상속개시의 원인)** 상속은 사망으로 인하여 개시된다. *〈개정 1990. 1. 13.〉*
*[제목개정 1990. 1. 13.]*

**제998조(상속개시의 장소)** 상속은 피상속인의 주소지에서 개시한다.
*[전문개정 1990. 1. 13.]*

**제998조의2(상속비용)** 상속에 관한 비용은 상속재산 중에서 지급한다.
*[본조신설 1990. 1. 13.]*

**제999조(상속회복청구권)** ① 상속권이 참칭상속권자로 인하여 침해된 때에는 상속권자 또는 그 법정대리인은 상속회복의 소를 제기할 수 있다.
② 제1항의 상속회복청구권은 그 침해를 안 날부터 3년, 상속권의 침해행위가 있은 날부터 10년을 경과하면 소멸된다.*〈개정 2002. 1. 14.〉*
*[전문개정 1990. 1. 13.]*

**상속회복청구등의소**

[대법원 2023. 4. 27., 선고, 2020다292626, 판결]

【판시사항】

민법 제1007조에서 정한 '상속분'의 의미(=법정상속분) 및 공동상속인들 사이에서 상속재산의 분할이 마쳐지지 않았음에도 특정 공동상속인에 대하여 특별수익 등을 고려하면 그의 구체적 상속분이 없다는 등의 이유를 들어 개개의 상속재산에 관하여 법정상속분에 따른 권리승계가 아예 이루어지지 않았다거나, 법정상속분에 따라 마쳐진 상속을 원인으로 한 소유권이전등기가 원인무효라고 주장하는 것이 허용되는지 여부(소극)

**【판결요지】**

민법 제1007조는 "공동상속인은 각자의 상속분에 응하여 피상속인의 권리·의무를 승계한다."라고 정하는바, 위 조항에서 정한 '상속분'은 법정상속분을 의미하므로 일단 상속이 개시되면 공동상속인은 각자의 법정상속분의 비율에 따라 모든 상속재산을 승계한다. 또한 민법 제1006조는 "상속인이 수인인 때에는 상속재산은 그 공유로 한다."라고 정하므로, 공동상속인들은 상속이 개시되어 상속재산의 분할이 있을 때까지 민법 제1007조에 기하여 각자의 법정상속분에 따라서 이를 잠정적으로 공유하다가 특별수익 등을 고려한 구체적 상속분에 따라 상속재산을 분할함으로써 위와 같은 잠정적 공유상태를 해소하고 최종적으로 개개의 상속재산을 누구에게 귀속시킬 것인지를 확정하게 된다. 그러므로 공동상속인들 사이에서 상속재산의 분할이 마쳐지지 않았음에도 특정 공동상속인에 대하여 특별수익 등을 고려하면 그의 구체적 상속분이 없다는 등의 이유를 들어 그 공동상속인에게는 개개의 상속재산에 관하여 법정상속분에 따른 권리승계가 아예 이루어지지 않았다거나, 부동산인 상속재산에 관하여 법정상속분에 따라 마쳐진 상속을 원인으로 한 소유권이전등기가 원인무효라고 주장하는 것은 허용될 수 없다.

## 제2절 상속인

*〈개정 1990. 1. 13.〉*

**제1000조(상속의 순위)** ① 상속에 있어서는 다음 순위로 상속인이 된다. *〈개정 1990. 1. 13.〉*

1. 피상속인의 직계비속
2. 피상속인의 직계존속
3. 피상속인의 형제자매
4. 피상속인의 4촌 이내의 방계혈족

② 전항의 경우에 동순위의 상속인이 수인인 때에는 최근친을 선순위로 하고 동친등의 상속인이 수인인 때에는 공동상속인이 된다.

③ 태아는 상속순위에 관하여는 이미 출생한 것으로 본다. *〈개정 1990. 1. 13.〉*

*[제목개정 1990. 1. 13.]*

**승계집행문부여에대한이의[승계집행문부여에대한이의 피상속인의 배우자와 자녀 중 자녀 전부가 상속을 포기한 경우 배우자와 손자녀 또는 직계존속이 공동상속인이 되는지, 배우자가 단독상속인이 되는지 여부]**

[대법원 2023. 3. 23., 자, 2020그42, 전원합의체 결정]

**【판시사항】**

피상속인의 배우자와 자녀 중 자녀 전부가 상속을 포기한 경우, 배우자가 단독상속인이 되는지 여부(적극)

**【판결요지】**

[다수의견]

(가) 우리 민법은 제정 당시부터 배우자 상속을 혈족 상속과 구분되는 특별한 상속으로 규정하지 않았다. 상속에 관한 구 관습도 배우자가 일정한 경우에 단독상속인이 되었을 뿐 배우자 상속과 혈족 상속을 특별히 구분하지 않았다. 위와 같은 입법 연혁에 비추어 보면, 구 관습이 적용될 때는 물론이고 제정 민법 이후 현재에 이르기까지 배우자는 상속인 중 한 사람이고 다른 혈족 상속인과 법률상 지위에서 차이가 없다.

(나) 민법 제1000조부터 제1043조까지 각각의 조문에서 규정하는 '상속인'은 모두 동일한 의미임이 명백하다. 따라서 민법 제1043조의 '상속인이 수인인 경우' 역시 민법 제1000조 제2항의 '상속인이 수인인 때'와 동일한 의미로서 같은 항의 '공동상속인이 되는' 경우에 해당하므로 그 공동상속인에 배우자도 당연히 포함되며, 민법 제1043조에 따라 상속포기자의 상속분이 귀속되는 '다른 상속인'에도 배우자가 포함된다.

이에 따라 공동상속인인 배우자와 여러 명의 자녀들 중 일부 또는 전부가 상속을 포기한 경우의 법률효과를 본다. 공동상속인인 배우자와 자녀들 중 자녀 일부만 상속을 포기한 경우에는 민법 제1043조에 따라 상속포기자인 자녀의 상속분이 배우자와 상속을 포기하지 않은 다른 자녀에게 귀속된다. 이와 동일하게 공동상속인인 배우자와 자녀들 중 자녀 전부가 상속을 포기한 경우 민법 제1043조에 따라 상속을 포기한 자녀의 상속분은 남아 있는 '다른 상속인'인 배우자에게 귀속되고, 따라서 배우자가 단독상속인이 된다. 이에 비하여 피상속인의 배우자와 자녀 모두 상속을 포기한 경우 민법 제1043조는 적용되지 않는다. 민법 제1043조는 공동상속인 중 일부가 상속을 포기한 경우만 규율하고 있음이 문언상 명백하기 때문이다.

(다) 특히 상속의 포기는 피상속인의 상속재산 중 소극재산이 적극재산을 초과하는 경우의 상속(이하 '채무상속'이라 한다)에서 중요한 의미를 가진다. 상속을 포기한 피상속인의 자녀들은 피상속인의 채무가 자신은 물론 자신의 자녀에게도 승계되는 효과를 원천적으로 막을 목적으로 상속을 포기한 것이라고 보는 것이 자연스럽다. 상속을 포기한 피상속인의 자녀들이 자신은 피상속인의 채무 승계에서 벗어나고 그 대가로 자신의 자녀들, 즉 피상속인의 손자녀들에게 상속채무를 승계시키려는 의사가 있다고 볼 수는 없다. 그런데 피상속인의 배우자와 자녀들 중 자녀 전부가 상속을 포기하였다는 이유로 피상속인의 배우자와 손자녀 또는 직계존속이 공동상속인이 된다고 보는 것은 위와 같은 당사자들의 기대나 의사에 반하고 사회 일반의 법감정에도 반한다.

(라) 대법원 2015. 5. 14. 선고 2013다48852 판결(이하 '종래 판례'라 한다)에 따라 피상속인의 배우자와 손자녀 또는 직계존속이 공동상속인이 되었더라도 그 이후 피상속인의 손자녀 또는 직계존속이 다시 적법하게 상속을 포기함에 따라 결과적으로는 피상속인의 배우자가 단독상속인이 되는 실무례가 많이 발견된다. 결국 공동상속인들의 의사에 따라 배우자가 단독상속인으로 남게 되는 동일한 결과가 되지만, 피상속인의 손자녀 또는 직계존속에게 별도로 상속포기 재판절차를 거치도록 하고 그 과정에서 상속채권자와 상속인들 모두에게 불필요한 분쟁을 증가시키며 무용한 절차에 시간과 비용을 들이는 결과가 되었다. 따라서 피상속인의 배우자와 자녀 중 자녀 전부가 상속을 포기한 경우 배우자가 단독상속인이 된다고 해석함으로써 법률관계를 간명하게 확정할 수 있다.

(마) 이상에서 살펴본 바와 같이 상속에 관한 입법례와 민법의 입법 연혁, 민법 조문의 문언 및 체계적·논리적 해석, 채무상속에서 상속포기자의 의사, 실무상 문제 등을 종합하여 보면, 피상속인의 배우자와 자녀 중 자녀 전부가 상속을 포기한 경우에는 배우자가 단독상속인이 된다고 봄이 타당하다. 이와 달리 피상속인의 배우자와 자녀 중 자녀 전부가 상속을 포기한 경우 배우자와 피상속인의 손자녀 또는 직계존속이 공동상속인이 된다는 취지의 종래 판례는 이 판결의 견해에 배치되는 범위 내에서 변경하기로 한다.

[대법관 이동원, 대법관 노태악의 반대의견]

(가) 피상속인의 자녀 전부가 상속을 포기한 경우 그 자녀 전부는 처음부터 상속인이 아니었던 것으로 보아야 한다. 혈족 상속인 중 자녀를 처음부터 상속인이 아니었던 것으로 보면 민법 제1000조 제2항에 따라 그다음 순위인 피상속인의 손자녀가 혈족 상속인이 되고, 만약 피상속인에게 손자녀 등 직계비속이 아무도 없다면 민법 제1000조 제1항에 따라 피상속인의 직계존속이 혈족 상속인이 된다. 이는 피상속인에게 배우자가 있었던 경우에도 마찬가지로 보아야 한다. 민법 제1000조 제1항, 제2항의 규율은 피상속인에게 배우자가 있는지 여부를 묻지 않고 적용되기 때문이다.

(나) 민법 제1043조는 민법 제1000조, 제1003조에서 규정하는 상속인 결정의 원칙을 전제로 해석하여야 한다. 민법 제1043조의 해석으로 상속인을 변경한다면 민법 제1000조, 제1003조에서 정한 상속인 결정의 원칙이 무너지기 때문이다. 즉 피상속인의 배우자는 피상속인에게 직계비속 또는 직계존속이 있다면 반드시 그들과 공동상속을 하여야 하는데, 피상속인에게 손자녀 또는 직계존속이 있음에도 민법 제1043조를 들어 배우자가 단독상속인이 된다고 해석하는 것은 위와 같은 상속인 결정의 원칙에 반하게 된다. 그렇다면 민법 제1043조에 따라 상속포기자의 상속분이 귀속되는 상속인은 민법 제1000조, 제1003조 등에 따라 정해지는 상속인을 의미하고, 상속포기자의 상속분은 위와 같이 종국적으로 정해진 상속인의 상속분이 민법 제1009조에서 정한 법정상속분의 비율로 산정되도록 해당 상속인에게 귀속되어야 한다고 해석하여야 한다.

(다) 상속을 포기한 상속인의 진정한 의도와 목적이 무엇인지는 외부에서 쉽게 알 수 없다. 따라서 상속포기의 효력은 법률에 규정된 대로만 인정하여야 하고, 상속인의 의사와 목적을 고려하여 상속포기의 효력을 정할 수는 없다. 상속순위와 상속인 결정의 원칙도 당사자의 의사로 변경할 수 없다.

(라) 여러 제도를 통해 상속채무를 승계하는 상속인을 충분히 보호할 수 있으므로, 상속채무를 승계하는 상속인의 보호 문제는 종래 판례를 변경할 이유가 되지 못한다.

(마) 민법 제1009조 제2항이 배우자의 상속분을 고정하지 않고 공동상속인의 수에 따라 달라진다고 정한 것과 민법 제1042조가 상속포기의 소급효를 정한 것이 부당하다고 볼 수 없는 이상 자녀 전부의 상속포기로 인하여 손자녀 또는 직계존속이 배우자와 공동상속인이 되는 경우 그 공동상속인의 수에 따라 배우자의 상속분이 달라지는 것을 두고 부당하다고 평가할 수 없다.

(바) 종래 판례가 피상속인의 배우자와 자녀 중 자녀 전부가 상속을 포기한 경우 배우자와 피상속인의 손자녀 또는 직계존속이 공동상속인이 된다고 한 이후 위 판결에 따라 상속이 이루어진다는 전제에서 오랫동안 법률관계가 형성되어 왔다. 이러한 상황에서 피상속인의 배우자와 자녀 중 자녀 전부가 상속을 포기한 경우 손자녀 또는 직계존속이 있더라도 배우자가 단독상속인이 된다는 내용으로 판례를 변경하게 되면 종래 형성된 법률관계의 안정에 심각한 혼란을 초래하게 된다.

**제1001조(대습상속)** 전조제1항제1호와 제3호의 규정에 의하여 상속인이 될 직계비속 또는 형제자매가 상속개시전에 사망하거나 결격자가 된 경우에 그 직계비속이 있는 때에는 그 직계비속이 사망하거나 결격된 자의 순위에 갈음하여 상속인이 된다. *〈개정 2014. 12. 30.〉*

**제1002조** 삭제 *〈1990. 1. 13.〉*

**제1003조(배우자의 상속순위)** ① 피상속인의 배우자는 제1000조제1항제1호와 제2호의 규정에 의한 상속인이 있는 경우에는 그 상속인과 동순위로 공동상속인이 되고 그 상속인이 없는 때에는 단독상속인이 된다. *〈개정 1990. 1. 13.〉*

② 제1001조의 경우에 상속개시전에 사망 또는 결격된 자의 배우자는 동조의 규정에 의한 상속인과 동순위로 공동상속인이 되고 그 상속인이 없는 때에는 단독상속인이 된다. *〈개정 1990. 1. 13.〉*

*[제목개정 1990. 1. 13.]*

**제1004조(상속인의 결격사유)** 다음 각 호의 어느 하나에 해당한 자는 상속인이 되지 못한다. *〈개정 1990. 1. 13., 2005. 3. 31.〉*

1. 고의로 직계존속, 피상속인, 그 배우자 또는 상속의 선순위나 동순위에 있는 자를 살해하거나 살해하려한 자
2. 고의로 직계존속, 피상속인과 그 배우자에게 상해를 가하여 사망에 이르게 한 자
3. 사기 또는 강박으로 피상속인의 상속에 관한 유언 또는 유언의 철회를 방해한 자
4. 사기 또는 강박으로 피상속인의 상속에 관한 유언을 하게 한 자
5. 피상속인의 상속에 관한 유언서를 위조 · 변조 · 파기 또는 은닉한 자

**상속재산분할청구·기여분**

[대법원 2015. 7. 17., 자, 2014스206,207, 결정]

**【판시사항】**

민법 제1008조의 규정 취지 및 상속결격사유가 발생한 이후에 결격된 자가 피상속인에게서 직접 증여를 받은 경우, 그 수익이 특별수익에 해당하는지 여부(원칙적 소극)

**【판결요지】**

민법 제1008조는 공동상속인 중 피상속인에게서 재산의 증여 또는 유증을 받은 특별수익자가 있는 경우 공동상속인들 사이의 공평을 기하기 위하여 수증재산을 상속분의 선급으로 다루어 구체적인 상속분을 산정할 때 이를 참작하도록 하려는 데 취지가 있는 것이므로, 상속결격사유가 발생한 이후에 결격된 자가 피상속인에게서 직접 증여를 받은 경우, 그 수익은 상속인의 지위에서 받은 것이 아니어서 원칙적으로 상속분의 선급으로 볼 수 없다. 따라서 결격된 자의 수익은 특별한 사정이 없는 한 특별수익에 해당하지 않는다.

## 제3절 상속의 효력

*〈개정 1990. 1. 13.〉*

### 제1관 일반적 효력

**제1005조(상속과 포괄적 권리의무의 승계)** 상속인은 상속개시된 때로부터 피상속인의 재산에 관한 포괄적 권리의무를 승계한다. 그러나 피상속인의 일신에 전속한 것은 그러하지 아니하다. *〈개정 1990. 1. 13.〉*

**구상금·보험금**

[대법원 2022. 10. 27., 선고, 2022다254154, 254161, 판결]

**【판시사항】**

상속채권자가 피상속인에 대하여는 채권을 보유하면서 상속인에 대하여는 채무를 부담하는 경우, 상속채권자가 상속이 개시된 후 피상속인에 대한 채권을 자동채권으로 하여 상속인에 대한 채무에 대하여 상계하였더라도 이후 상속인이 한정승인을 하면 상계가 소급하여 효력을 상실하는지 여부(적극)

**【판결요지】**

상속인이 한정승인을 하는 경우에도, 피상속인의 채무와 유증에 대한 책임 범위가 한정될 뿐 상속인은 상속이 개시된 때부터 피상속인의 일신에 전속한 것을 제외한 피상속인의 재산에 관한 포괄적인 권리·의무를 승계하지만(민법 제1005조), 피상속인의 상속재산을 상속인의 고유재산으로부터 분리하여 청산하려는 한정승인 제도의 취지에 따라 상속인의 피상속인에 대한 재산상 권리·의무는 소멸하지 아니한다(민법 제1031조).

그러므로 상속채권자가 피상속인에 대하여는 채권을 보유하면서 상속인에 대하여는 채무를 부담하는 경우, 상속이 개시되면 위 채권 및 채무가 모두 상속인에게 귀속되어 상계적상이 생기지만, 상속인이 한정승인을 하면 상속이 개시된 때부터 민법 제1031조에 따라 피상속인의 상속재산과 상속인의 고유재산이 분리되는 결과가 발생하므로, 상속채권자의 피상속인에 대한 채권과 상속인에 대한 채무 사이의 상계는 제3자의 상계에 해당하여 허용될 수 없다. 즉, 상속채권자가 상속이 개시된 후 한정승인 이전에 피상속인에 대한 채권을 자동채권으로 하여 상속인에 대한 채무에 대하여 상계하였더라도, 그 이후 상속인이 한정승인을 하는 경우에는 민법 제1031조의 취지에 따라 상계가 소급하여 효력을 상실하고, 상계의 자동채권인 상속채권자의 피상속인에 대한 채권과 수동채권인 상속인에 대한 채무는 모두 부활한다.

**제1006조(공동상속과 재산의 공유)** 상속인이 수인인 때에는 상속재산은 그 공유로 한다. *〈개정 1990. 1. 13.〉*

**제1007조(공동상속인의 권리의무승계)** 공동상속인은 각자의 상속분에 응하여 피상속인의 권리의무를 승계한다.

**제1008조(특별수익자의 상속분)** 공동상속인 중에 피상속인으로부터 재산의 증여 또는 유증을 받은 자가 있는 경우에 그 수증재산이 자기의 상속분에 달하지 못한 때에는 그 부족한 부분의 한도에서 상속분이 있다. *〈개정 1977. 12. 31.〉*

**제1008조의2(기여분)** ① 공동상속인 중에 상당한 기간 동거 · 간호 그 밖의 방법으로 피상속인을 특별히 부양하거나 피상속인의 재산의 유지 또는 증가에 특별히 기여한 자가 있을 때에는 상속개시 당시의 피상속인의 재산가액에서 공동상속인의 협의로 정한 그 자의 기여분을 공제한 것을 상속재산으로 보고 제1009조 및 제1010조에 의하여 산정한 상속분에 기여분을 가산한 액으로써 그 자의 상속분으로 한다. *〈개정 2005. 3. 31.〉*

② 제1항의 협의가 되지 아니하거나 협의할 수 없는 때에는 가정법원은 제1항에 규정된 기여자의 청구에 의하여 기여의 시기 · 방법 및 정도와 상속재산의 액 기타의 사정을 참작하여 기여분을 정한다.

③ 기여분은 상속이 개시된 때의 피상속인의 재산가액에서 유증의 가액을 공제한 액을 넘지 못한다.

④제2항의 규정에 의한 청구는 제1013조제2항의 규정에 의한 청구가 있을 경우 또는 제1014조에 규정하는 경우에 할 수 있다.

*[본조신설 1990. 1. 13.]*

**제1008조의3(분묘 등의 승계)** 분묘에 속한 1정보 이내의 금양임야와 600평 이내의 묘토인 농지, 족보와 제구의 소유권은 제사를 주재하는 자가 이를 승계한다.

*[본조신설 1990. 1. 13.]*

## 제2관 상속분

**제1009조(법정상속분)** ① 동순위의 상속인이 수인인 때에는 그 상속분은 균분으로 한다. *〈개정 1977. 12. 31., 1990. 1. 13.〉*

② 피상속인의 배우자의 상속분은 직계비속과 공동으로 상속하는 때에는 직계비속의 상속분의 5할을 가산하고, 직계존속과 공동으로 상속하는 때에는 직계존속의 상속분의 5할을 가산한다. *〈개정 1990. 1. 13.〉*

③ 삭제 *〈1990. 1. 13.〉*

**상속재산분할·상속재산분할·상속재산분할·상속재산분할**

[대법원 2022. 6. 30., 자, 2017스98, 99, 100, 101, 결정]

【판시사항】

[1] 상속재산분할의 기준이 되는 구체적 상속분을 산정하는 방법

[2] 상속개시 당시 상속재산을 구성하던 재산이 그 후 처분되거나 멸실·훼손되는 등으로 상속재산분할 당시 상속재산을 구성하지 아니하게 된 경우, 상속재산분할의 대상이 될 수 있는지 여부(소극) 및 그 대가로 취득하게 된 대상재산(代償財産)이 상속재산분할의 대상이 될 수 있는지 여부(적극)

[3] 가정법원이 분할 대상인 상속재산 중 특정 재산을 일부 상속인 소유로 현물분할을 하는 방식으로 상속재산분할을 하는 경우, 심리할 사항과 필요한 조치

【판결요지】

[1] 상속재산분할은 법정상속분이 아니라 특별수익(피상속인의 공동상속인에 대한 유증이나 생전 증여 등)이나 기여분에 따라 수정된 구체적 상속분을 기준으로 이루어진다.

구체적 상속분을 산정함에 있어서는, 상속개시 당시를 기준으로 상속재산과 특별수익재산을 평가하여 이를 기초로 하여야 하고, 공동상속인 중 특별수익자가 있는 경우 구체적 상속분 가액의 산정을 위해서는, 피상속인이 상속개시 당시 가지고 있던 재산 가액에 생전 증여의 가액을 가산한 후, 이 가액에 각 공동상속인별로 법정상속분율을 곱하여 산출된 상속분의 가액으로부터 특별수익자의 수증재산인 증여 또는 유증의 가액을 공제하는 계산방법에 의한다. 이렇게 계산한 상속인별 구체적 상속분 가액을 전체 공동상속인들 구체적 상속분 가액 합계액으로 나누면 상속인별 구체적 상속분 비율, 즉 상속재산분할의 기준이 되는 구체적 상속분을 얻을 수 있다.

한편 위와 같이 구체적 상속분 가액을 계산한 결과 공동상속인 중 특별수익이 법정상속분 가액을 초과하는 초과특별수익자가 있는 경우, 그러한 초과특별수익자는 특별수익을 제외하고는 더 이상 상속받지 못하는 것으로 처리하되(구체적 상속분 가액 0원), 초과특별수익은 다른 공동상속인들이 그 법정상속분율에 따라 안분하여 자신들의 구체적 상속분 가액에서 공제하는 방법으로 구체적 상속분 가액을 조정하여 위 구체적 상속분 비율을 산출함이 바람직하다. 결국 초과특별수익자가 있는 경우 그 초과된 부분은 나머지 상속인들의 부담으로 돌아가게 된다.

[2] 상속개시 당시에는 상속재산을 구성하던 재산이 그 후 처분되거나 멸실·훼손되는 등으로 상속재산분할 당시 상속재산을 구성하지 아니하게 되었다면 그 재산은 상속재산분할의 대상이 될 수 없다. 다만 상속인이 그 대가로 처분대금, 보험금, 보상금 등 대상재산(代償財産)을 취득하게 된 경우, 대상재산(代償財産)은 종래의 상속재산이 동일성을 유지하면서 형태가 변경된 것에 불과할 뿐만 아니라 상속재산분할의 본질이 상속재산이 가지는 경제적 가치를 포괄적·종합적으로 파악하여 공동상속인에게 공평하고 합리적으로 배분하는 데에 있는 점에 비추어, 그 대상재산(代償財産)이 상속재산분할의 대상이 될 수 있다.

[3] 가정법원이 상속재산분할을 함에 있어 분할 대상이 된 상속재산 중 특정 재산을 일부 상속인 소유로 현물분할 한다면, 전체 분할 대상 재산을 분할 시 기준으로 평가하여, ① 특정 재산 가액이 그의 구체적 상속분에 따른 취득가능 가액을 초과하는 상속인이 있는 경우 차액을 정산하도록 하여야 하고(구체적 상속분을 산정함에 있어 유증이나 생전 증여 등으로 인한 초과특별수익과 달리, 산정된 구체적 상속분에 따른 취득가능 가액을 초과하여 분할받게 되는 부분은 다른 상속인들에게 정산해야 한다), ② 특정 재산 가액이 그의 구체적 상속분에 따른 취득가능 가액을 초과하지 않을 경우에도 위와 같은 현물분할을 반영하여 상속인들 사이의 지분율을 다시 산정해서 남은 분할 대상 상속재산은 수정된 지분율로 분할해야 한다.

이를 위해 전체 분할 대상 상속재산의 분할 시 기준 평가액에 상속인별 구체적 상속분을 곱하여 산출된 상속인별 취득가능 가액에서 각자 소유로 하는 특정 재산의 분할 시 기준 평가액을 공제하는 방법으로 구체적 상속분을 수정한 지분율을 산정할 수 있다.

**제1010조(대습상속분)** ① 제1001조의 규정에 의하여 사망 또는 결격된 자에 갈음하여 상속인이 된 자의 상속분은 사망 또는 결격된 자의 상속분에 의한다. *〈개정 2014. 12. 30.〉*

② 전항의 경우에 사망 또는 결격된 자의 직계비속이 수인인 때에는 그 상속분은 사망 또는 결격된 자의 상속분의 한도에서 제1009조의 규정에 의하여 이를 정한다. 제1003조제2항의 경우에도 또한 같다.

**제1011조(공동상속분의 양수)** ① 공동상속인 중에 그 상속분을 제삼자에게 양도한 자가 있는 때에는 다른 공동상속인은 그 가액과 양도비용을 상환하고 그 상속분을 양수할 수 있다.

② 전항의 권리는 그 사유를 안 날로부터 3월, 그 사유있은 날로부터 1년내에 행사하여야 한다.

## 제3관 상속재산의 분할

**제1012조(유언에 의한 분할방법의 지정, 분할금지)** 피상속인은 유언으로 상속재산의 분할방법을 정하거나 이를 정할 것을 제삼자에게 위탁할 수 있고 상속개시의 날로부터 5년을 초과하지 아니하는 기간내의 그 분할을 금지할 수 있다.

**제1013조(협의에 의한 분할)** ① 전조의 경우외에는 공동상속인은 언제든지 그 협의에 의하여 상속재산을 분할할 수 있다.
② 제269조의 규정은 전항의 상속재산의 분할에 준용한다.

**제1014조(분할후의 피인지자 등의 청구권)** 상속개시후의 인지 또는 재판의 확정에 의하여 공동상속인이 된 자가 상속재산의 분할을 청구할 경우에 다른 공동상속인이 이미 분할 기타 처분을 한 때에는 그 상속분에 상당한 가액의 지급을 청구할 권리가 있다.

**제1015조(분할의 소급효)** 상속재산의 분할은 상속개시된 때에 소급하여 그 효력이 있다. 그러나 제삼자의 권리를 해하지 못한다.

**임료/유류분**

[대법원 2021. 7. 15., 선고, 2016다210498, 판결]

【판시사항】

[1] 공동상속인 중에 피상속인으로부터 재산의 생전 증여로 민법 제1008조의 특별수익을 받은 사람이 있는 경우, 증여가 상속개시 1년 이전의 것인지 또는 당사자 쌍방이 유류분권리자에게 손해를 가할 것을 알고서 하였는지와 관계없이 증여를 받은 재산이 유류분 산정을 위한 기초재산에 산입되는지 여부(적극)

[2] 상속분 양도의 의미 및 공동상속인이 다른 공동상속인에게 무상으로 자신의 상속분을 양도한 경우, 그 상속분이 양도인 사망으로 인한 상속에서 유류분 산정을 위한 기초재산에 산입되는지 여부(적극)

【판결요지】

[1] 유류분에 관한 민법 제1118조에 따라 준용되는 민법 제1008조는 '특별수익자의 상속분'에 관하여 "공동상속인 중에 피상속인으로부터 재산의 증여 또는 유증을 받은 자가 있는 경우에 그 수증재산이 자기의 상속분에 달하지 못한 때에는 그 부족한 부분의 한도에서 상속분이 있다."라고 정하고 있다. 공동상속인 중에 피상속인으로부터 재산의 생전 증여로 민법 제1008조의 특별수익을 받은 사람이 있으면 민법 제1114조가 적용되지 않으므로, 그 증여가 상속개시 1년 이전의 것인지 여부 또는 당사자 쌍방이 유류분권리자에 손해를 가할 것을 알고서 하였는지 여부와 관계없이 증여를 받은 재산이 유류분 산정을 위한 기초재산에 산입된다.

[2] 상속분 양도는 상속재산분할 전에 적극재산과 소극재산을 모두 포함한 상속재산 전부에 관하여 공동상속인이 가지는 포괄적 상속분, 즉 상속인 지위의 양도를 뜻한다. 공동상속인이 다른 공동상속인에게 무상으로 자신의 상속분을 양도하는 것은 특별한 사정이 없는 한 유류분에 관한 민법 제1008조의 증여에 해당하므로, 그 상속분은 양도인의 사망으로 인한 상속에서 유류분 산정을 위한 기초재산에 산입된다고 보아야 한다. 그 이유는 다음과 같다.

유류분제도는 피상속인의 재산처분행위로부터 유족의 생존권을 보호하고 법정상속분의 일정 비율에 해당하는 부분을 유류분으로 산정하여 상속인의 상속재산 형성에 대한 기여와 상속재산에 대한 기대를 보장하는 데 그 목적이 있다. 민법 제1118조에 따라 준용되는 민법 제1008조는 공동상속인 중에 피상속인으로부터 재산의 증여 또는 유증을 받은 특별수익자가 있는 경우에 공동상속인들 사이의 공평을 기하기 위하여 그 수증재산을 상속분의 선급으로 다루어 구체적인 상속분을 산정하는 데 참작하도록 하려는 데 그 취지가 있다.

이러한 유류분제도의 입법 목적과 민법 제1008조의 취지에 비추어 보면, 유류분 산정의 기초재산에 산입되는 증여에 해당하는지 여부를 판단할 때에는 피상속인의 재산처분행위의 법적 성질을 형식적·추상적으로 파악하는 데 그쳐서는 안 되고, 재산처분행위가 실질적인 관점에서 피상속인의 재산을 감소시키는 무상처분에 해당하는지 여부에 따라 판단하여야 한다.

다른 공동상속인으로부터 상속분을 양수한 공동상속인은 자신이 가지고 있던 상속분과 양수한 상속분을 합한 상속분을 가지고 상속재산분할 절차에 참여하여 그 상속분 합계액에 해당하는 상속재산을 분배해 달라고 요구할 수 있다. 따라서 상속분에 포함된 적극재산과 소극재산의 가액 등을 고려할 때 상속분에 재산적 가치가 있다면 상속분 양도는 양도인과 양수인이 합의하여 재산적 이익을 이전하는 것이라고 할 수 있다.

상속재산분할이 상속이 개시된 때 소급하여 효력이 있다고 해도(민법 제1015조 본문), 위와 같이 해석하는 데 지장이 없다.

**제1016조(공동상속인의 담보책임)** 공동상속인은 다른 공동상속인이 분할로 인하여 취득한 재산에 대하여 그 상속분에 응하여 매도인과 같은 담보책임이 있다.

**제1017조(상속채무자의 자력에 대한 담보책임)** ① 공동상속인은 다른 상속인이 분할로 인하여 취득한 채권에 대하여 분할당시의 채무자의 자력을 담보한다.

② 변제기에 달하지 아니한 채권이나 정지조건있는 채권에 대하여는 변제를 청구할 수 있는 때의 채무자의 자력을 담보한다.

**제1018조(무자력공동상속인의 담보책임의 분담)** 담보책임있는 공동상속인 중에 상환의 자력이 없는 자가 있는 때에는 그 부담부분은 구상권자와 자력있는 다른 공동상속인이 그 상속분에 응하여 분담한다. 그러나 구상권자의 과실로 인하여 상환을 받지 못한 때에는 다른 공동상속인에게 분담을 청구하지 못한다.

## 제4절 상속의 승인 및 포기

*〈개정 1990. 1. 13.〉*

### 제1관 총칙

**제1019조(승인, 포기의 기간)** ① 상속인은 상속개시있음을 안 날로부터 3월내에 단순승인이나 한정승인 또는 포기를 할 수 있다. 그러나 그 기간은 이해관계인 또는 검사의 청구에 의하여 가정법원이 이를 연장할 수 있다. *〈개정 1990. 1. 13.〉*

② 상속인은 제1항의 승인 또는 포기를 하기 전에 상속재산을 조사할 수 있다. *〈개정 2002. 1. 14.〉*

③ 제1항에도 불구하고 상속인은 상속채무가 상속재산을 초과하는 사실(이하 이 조

에서 "상속채무 초과사실"이라 한다)을 중대한 과실 없이 제1항의 기간 내에 알지 못하고 단순승인(제1026조제1호 및 제2호에 따라 단순승인한 것으로 보는 경우를 포함한다. 이하 이 조에서 같다)을 한 경우에는 그 사실을 안 날부터 3개월 내에 한정승인을 할 수 있다. *〈개정 2022. 12. 13.〉*

④ 제1항에도 불구하고 미성년자인 상속인이 상속채무가 상속재산을 초과하는 상속을 성년이 되기 전에 단순승인한 경우에는 성년이 된 후 그 상속의 상속채무 초과사실을 안 날부터 3개월 내에 한정승인을 할 수 있다. 미성년자인 상속인이 제3항에 따른 한정승인을 하지 아니하였거나 할 수 없었던 경우에도 또한 같다. *〈신설 2022. 12. 13.〉*

**배당이의**

[대법원 2021. 9. 15., 선고, 2021다224446, 판결]

**【판시사항】**

상속채권자가 상속 승인, 포기 등으로 상속관계가 확정되지 않은 동안 상속인을 상대로 상속재산에 관한 가압류결정을 받아 이를 집행할 수 있는지 여부(적극) 및 그 후 상속인이 상속포기로 인하여 상속인의 지위를 소급하여 상실한다고 하더라도 이미 발생한 가압류의 효력에 영향을 미치는지 여부(소극) / 이때 상속채권자가 종국적으로 상속인이 된 사람 또는 상속재산관리인을 채무자로 한 상속재산에 대한 경매절차에서 적법하게 배당을 받을 수 있는지 여부(적극)

**【판결요지】**

상속인은 상속개시된 때부터 피상속인의 재산에 관한 포괄적 권리의무를 승계한다(민법 제1005조 본문). 다만 상속인은 상속개시 있음을 안 날로부터 3월 내에 단순승인이나 한정승인 또는 포기를 할 수 있고(민법 제1019조 제1항 본문), 상속의 포기는 상속개시된 때에 소급하여 그 효력이 있다(민법 제1042조).

상속인은 상속포기를 할 때까지는 그 고유재산에 대하는 것과 동일한 주의로 상속재산을 관리하여야 한다(민법 제1022조). 상속인이 상속을 포기할 때에는 민법 제1019조 제1항의 기간 내에 가정법원에 포기의 신고를 하여야 하고(민법 제1041조), 상속포기는 가정법원이 상속인의 포기신고를 수리하는 심판을 하여 이를 당사자에게 고지한 때에 효력이 발생하므로, 상속인은 가정법원의 상속포기신고 수리 심판을 고지받을 때까지 민법 제1022조에 따른 상속재산 관리의무를 부담한다.

이와 같이 상속인은 아직 상속 승인, 포기 등으로 상속관계가 확정되지 않은 동안에도 잠정적으로나마 피상속인의 재산을 당연 취득하고 상속재산을 관리할 의무가 있으므로, 상속채권자는 그 기간 동안 상속인을 상대로 상속재산에 관한 가압류결정을 받아 이를 집행할 수 있다. 그 후 상속인이 상속포기로 인하여 상속인의 지위를 소급하여 상실한다고 하더라도 이미 발생한 가압류의 효력에 영향을 미치지 않는다. 따라서 위 상속채권자는 종국적으로 상속인이 된 사람 또는 민법 제1053조에 따라 선임된 상속재산관리인을 채무자로 한 상속재산에 대한 경매절차에서 가압류채권자로서 적법하게 배당을 받을 수 있다.

**제1020조(제한능력자의 승인 · 포기의 기간)** 상속인이 제한능력자인 경우에는 제1019조제1항의 기간은 그의 친권자 또는 후견인이 상속이 개시된 것을 안 날부터 기산(起算)한다.
*[전문개정 2011. 3. 7.]*

**제1021조(승인, 포기기간의 계산에 관한 특칙)** 상속인이 승인이나 포기를 하지 아니하고 제1019조제1항의 기간 내에 사망한 때에는 그의 상속인이 그 자기의 상속개시있음을 안 날로부터 제1019조제1항의 기간을 기산한다.

**제1022조(상속재산의 관리)** 상속인은 그 고유재산에 대하는 것과 동일한 주의로 상속재산을 관리하여야 한다. 그러나 단순승인 또는 포기한 때에는 그러하지 아니하다.

**제1023조(상속재산보존에 필요한 처분)** ① 법원은 이해관계인 또는 검사의 청구에 의하여 상속재산의 보존에 필요한 처분을 명할 수 있다.
② 법원이 재산관리인을 선임한 경우에는 제24조 내지 제26조의 규정을 준용한다.

**제1024조(승인, 포기의 취소금지)** ① 상속의 승인이나 포기는 제1019조제1항의 기간 내에도 이를 취소하지 못한다. *〈개정 1990. 1. 13.〉*
② 전항의 규정은 총칙편의 규정에 의한 취소에 영향을 미치지 아니한다. 그러나 그 취소권은 추인할 수 있는 날로부터 3월, 승인 또는 포기한 날로부터 1년내에 행사하지 아니하면 시효로 인하여 소멸된다.

## 제2관 단순승인

**제1025조(단순승인의 효과)** 상속인이 단순승인을 한 때에는 제한없이 피상속인의 권리의무를 승계한다. *〈개정 1990. 1. 13.〉*

**유류분반환**

[대법원 2022. 8. 11., 선고, 2020다247428, 판결]

【판시사항】

[1] 공동상속인이 아닌 제3자에 대한 증여 당시 법정상속분의 2분의 1을 유류분으로 갖는 배우자나 직계비속이 공동상속인으로서 유류분권리자가 되리라고 예상할 수 있는 경우, 위 증여가 유류분권리자에게 손해를 가할 것을 알고 행해진 것이라고 보기 위한 요건과 그 판단의 기준 시기(=증여 당시) 및 이에 관한 증명책임의 소재(=유류분반환청구권을 행사하는 상속인)

[2] 피상속인이 공동상속인이 아닌 제3자를 보험수익자로 지정한 생명보험계약을 체결하거나 중간에 제3자로 보험수익자를 변경하여 제3자가 생명보험금을 수령하는 경우, 이를 피상속인이 보험수익자인 제3자에게 유류분 산정의 기초재산에 포함되는 증여를 한 것으로 보기 위한 요건 및 이때 유류분 산정의 기초재산에 포함되는 증여 가액을 이미 납입한 보험료 총액 중 피상속인이 납입한 보험료가 차지하는 비율을 보험금액에 곱하여 산출한 금액으로 할 수 있는지 여부(원칙적 적극)

[3] 유류분 부족액을 산정할 때 유류분액에서 공제하여야 하는 순상속분액을 산정하는 방법 / 유류분권리자의 구체적인 상속분보다 그가 부담하는 상속채무가 더 많은 경우라도 유류분권리자가 한정승인을 한 때에는 순상속분액을 0으로 보아 유류분 부족액을 산정하여야 하는지 여부(적극)

【판결요지】

[1] 공동상속인이 아닌 제3자에 대한 증여는 원칙적으로 상속개시 전의 1년간에 행한 것에

한하여 유류분반환청구를 할 수 있고, 다만 당사자 쌍방이 증여 당시에 유류분권리자에 손해를 가할 것을 알고 증여를 한 때에는 상속개시 1년 전에 한 것에 대하여도 유류분반환청구가 허용된다(민법 제1114조 참조). 증여 당시 법정상속분의 2분의 1을 유류분으로 갖는 배우자나 직계비속이 공동상속인으로서 유류분권리자가 되리라고 예상할 수 있는 경우에, 제3자에 대한 증여가 유류분권리자에게 손해를 가할 것을 알고 행해진 것이라고 보기 위해서는, 당사자 쌍방이 증여 당시 증여재산의 가액이 증여하고 남은 재산의 가액을 초과한다는 점을 알았던 사정뿐만 아니라, 장래 상속개시일에 이르기까지 피상속인의 재산이 증가하지 않으리라는 점까지 예견하고 증여를 행한 사정이 인정되어야 하고, 이러한 당사자 쌍방의 가해의 인식은 증여 당시를 기준으로 판단하여야 하는데, 그 증명책임은 유류분반환청구권을 행사하는 상속인에게 있다.

[2] 피상속인이 자신을 피보험자로 하되 공동상속인이 아닌 제3자를 보험수익자로 지정한 생명보험계약을 체결하거나 중간에 제3자로 보험수익자를 변경하고 보험회사에 보험료를 납입하다 사망하여 그 제3자가 생명보험금을 수령하는 경우, 피상속인은 보험수익자인 제3자에게 유류분 산정의 기초재산에 포함되는 증여를 하였다고 봄이 타당하다. 또한 공동상속인이 아닌 제3자에 대한 증여이므로 민법 제1114조에 따라 보험수익자를 그 제3자로 지정 또는 변경한 것이 상속개시 전 1년간에 이루어졌거나 당사자 쌍방이 그 당시 유류분권리자에 손해를 가할 것을 알고 이루어졌어야 유류분 산정의 기초재산에 포함되는 증여가 있었다고 볼 수 있다.

이때 유류분 산정의 기초재산에 포함되는 증여 가액은 피상속인이 보험수익자 지정 또는 변경과 보험료 납입을 통해 의도한 목적, 제3자가 보험수익자로서 얻은 실질적 이익 등을 고려할 때, 특별한 사정이 없으면 이미 납입된 보험료 총액 중 피상속인이 납입한 보험료가 차지하는 비율을 산정하여 이를 보험금액에 곱하여 산출한 금액으로 할 수 있다.

[3] 유류분권리자가 반환을 청구할 수 있는 '유류분 부족액'은 '유류분액'에서 유류분권리자가 받은 특별수익액과 순상속분액을 공제하는 방법으로 산정하는데, 유류분액에서 공제할 순상속분액은 특별수익을 고려한 구체적인 상속분에서 유류분권리자가 부담하는 상속채무를 공제하여 산정한다. 이처럼 유류분액에서 순상속분액을 공제하는 것은 유류분권리자가 상속개시에 따라 받은 이익을 공제하지 않으면 유류분권리자가 이중의 이득을 얻기 때문이다.

유류분권리자의 구체적인 상속분보다 유류분권리자가 부담하는 상속채무가 더 많다면, 즉 순상속분액이 음수인 경우에는 그 초과분을 유류분액에 가산하여 유류분 부족액을 산정하여야 한다. 이러한 경우에는 그 초과분을 유류분액에 가산해야 단순승인 상황에서 상속채무를 부담해야 하는 유류분권리자의 유류분액 만큼 확보해줄 수 있기 때문이다.

그러나 위와 같이 유류분권리자의 구체적인 상속분보다 유류분권리자가 부담하는 상속채무가 더 많은 경우라도 유류분권리자가 한정승인을 했다면, 그 초과분을 유류분액에 가산해서는 안 되고 순상속분액을 0으로 보아 유류분 부족액을 산정해야 한다.

유류분권리자인 상속인이 한정승인을 하였으면 상속채무에 대한 한정승인자의 책임은 상속재산으로 한정되는데, 상속채무 초과분이 있다고 해서 그 초과분을 유류분액에 가산하게 되면 법정상속을 통해 어떠한 손해도 입지 않은 유류분권리자가 유류분액을 넘는 재산을 반환받게 되는 결과가 되기 때문이다. 상속채권자로서는 피상속인의 유증 또는 증여로 피상속인이 채무초과상태가 되거나 그러한 상태가 더 나빠지게 되었다면 수증자를 상대로 채권자취소권을 행사할 수 있다.

**제1026조(법정단순승인)** 다음 각호의 사유가 있는 경우에는 상속인이 단순승인을 한 것으로 본다. *〈개정 2002. 1. 14.〉*

1. 상속인이 상속재산에 대한 처분행위를 한 때
2. 상속인이 제1019조제1항의 기간내에 한정승인 또는 포기를 하지 아니한 때
3. 상속인이 한정승인 또는 포기를 한 후에 상속재산을 은닉하거나 부정소비하거나 고의로 재산목록에 기입하지 아니한 때

[2002. 1. 14. 법률 제6591호에 의하여 1998. 8. 27. 헌법재판소에서 헌법불합치 결정된 제2호를 신설함]

**제1027조(법정단순승인의 예외)** 상속인이 상속을 포기함으로 인하여 차순위 상속인이 상속을 승인한 때에는 전조 제3호의 사유는 상속의 승인으로 보지 아니한다.

## 제3관 한정승인

**제1028조(한정승인의 효과)** 상속인은 상속으로 인하여 취득할 재산의 한도에서 피상속인의 채무와 유증을 변제할 것을 조건으로 상속을 승인할 수 있다. *〈개정 1990. 1. 13.〉*

**배당이의**

[대법원 2016. 5. 24., 선고, 2015다250574, 판결]

【판시사항】

[1] 상속인이 한정승인의 신고를 한 경우, 상속채권자가 상속인의 고유재산에 대하여 강제집행을 할 수 있는지 여부(원칙적 소극) 및 상속재산으로부터만 채권의 만족을 받을 수 있는지 여부(적극)

[2] 상속채권자가 아닌 한정승인자의 고유채권자가 상속재산에 관하여 담보권을 취득한 경우, 상속채권자가 우선적 지위를 주장할 수 있는지 여부(소극) / 상속채권자가 상속재산으로부터 채권의 만족을 받지 못한 경우, 한정승인자의 고유채권자가 상속재산을 책임재산으로 삼아 강제집행을 할 수 있는지 여부(원칙적 소극) 및 이는 한정승인자의 고유채무가 조세채무인 경우에도 마찬가지인지 여부(원칙적 적극)

【판결요지】

[1] 민법 제1028조는 "상속인은 상속으로 인하여 취득할 재산의 한도에서 피상속인의 채무와 유증을 변제할 것을 조건으로 상속을 승인할 수 있다."라고 규정하고 있다. 상속인이 위 규정에 따라 한정승인의 신고를 하게 되면 피상속인의 채무에 대한 한정승인자의 책임은 상속재산으로 한정되고, 그 결과 상속채권자는 특별한 사정이 없는 한 상속인의 고유재산에 대하여 강제집행을 할 수 없으며 상속재산으로부터만 채권의 만족을 받을 수 있다.

[2] 상속채권자가 아닌 한정승인자의 고유채권자가 상속재산에 관하여 저당권 등의 담보권을 취득한 경우, 담보권을 취득한 채권자와 상속채권자 사이의 우열관계는 민법상 일반원칙에 따라야 하고 상속채권자가 우선적 지위를 주장할 수 없다. 그러나 상속재산에 관하여 담보권을 취득하였다는 등 사정이 없는 이상, 한정승인자의 고유채권자는 상속채권자가 상속재산으로부터 채권의 만족을 받지 못한 상태에서 상속재산을 고유채권에 대한 책임재산으로 삼아 이에 대하여 강제집행을 할 수 없다고 보는 것이 형평의 원칙이나 한정승인제도의 취지에 부합하며, 이는 한정승인자의 고유채무가 조세채무인 경우에도 그것이 상속재산 자체에 대하여 부과된 조세나 가산금, 즉 당해세에 관한 것이 아니라면 마찬가지이다.

**제1029조(공동상속인의 한정승인)** 상속인이 수인인 때에는 각 상속인은 그 상속분에 응하여 취득할 재산의 한도에서 그 상속분에 의한 피상속인의 채무와 유증을 변제할 것을 조건으로 상속을 승인할 수 있다.

**제1030조(한정승인의 방식)** ① 상속인이 한정승인을 할 때에는 제1019조제1항·제3항 또는 제4항의 기간 내에 상속재산의 목록을 첨부하여 법원에 한정승인의 신고를 하여야 한다. *〈개정 2005. 3. 31., 2022. 12. 13.〉*

② 제1019조제3항 또는 제4항에 따라 한정승인을 한 경우 상속재산 중 이미 처분한 재산이 있는 때에는 그 목록과 가액을 함께 제출하여야 한다.*〈신설 2005. 3. 31., 2022. 12. 13.〉*

**제1031조(한정승인과 재산상 권리의무의 불소멸)** 상속인이 한정승인을 한 때에는 피상속인에 대한 상속인의 재산상 권리의무는 소멸하지 아니한다.

**제1032조(채권자에 대한 공고, 최고)** ① 한정승인자는 한정승인을 한 날로부터 5일내에 일반상속채권자와 유증받은 자에 대하여 한정승인의 사실과 일정한 기간 내에 그 채권 또는 수증을 신고할 것을 공고하여야 한다. 그 기간은 2월 이상이어야 한다.

② 제88조제2항, 제3항과 제89조의 규정은 전항의 경우에 준용한다.

**근저당권설정등기말소**

[대법원 2018. 11. 9., 선고, 2015다75308, 판결]

【판시사항】

[1] 민법 제1034조 제1항에 따라 배당변제를 받을 수 있는 '한정승인자가 알고 있는 채권자'에 해당하는지 판단하는 기준 시점(=한정승인자가 배당변제를 하는 시점)

[2] 법원의 석명권 행사의 내용 및 한계

【판결요지】

[1] 한정승인자는 한정승인을 한 날로부터 5일 내에 일반상속채권자와 유증받은 자에 대하여 한정승인의 사실과 일정한 기간(이하 '신고기간'이라고 한다) 내에 그 채권 또는 수증을 신고할 것을 공고하여야 하고, 알고 있는 채권자에게는 각각 그 채권신고를 최고하여야 한다(민법 제1032조 제1항, 제2항, 제89조). 신고기간이 만료된 후 한정승인자는 상속재산으로서 그 기간 내에 신고한 채권자와 '한정승인자가 알고 있는 채권자'에 대하여 각 채권액의 비율로 변제(이하 '배당변제'라고 한다)하여야 한다(민법 제1034조 제1항 본문). 반면 신고기간 내에 신고하지 아니한 상속채권자 및 유증받은 자로서 '한정승인자가 알지 못한 자'는 상속재산의 잔여가 있는 경우에 한하여 변제를 받을 수 있다(민법 제1039조 본문). 여기서 민법 제1034조 제1항에 따라 배당변제를 받을 수 있는 '한정승인자가 알고 있는 채권자'에 해당하는지 여부는 한정승인자가 채권신고의 최고를 하는 시점이 아니라 배당변제를 하는 시점을 기준으로 판단하여야 한다. 따라서 한정승인자가 채권신고의 최고를 하는 시점에는 알지 못했더라도 그 이후 실제로 배당변제를 하기 전까지 알게 된 채권자가 있다면 그 채권자는 민법 제1034조 제1항에 따라 배당변제를 받을 수 있는 '한정승인자가 알고 있는 채권자'에 해당한다.

[2] 법원의 석명권 행사는 당사자의 주장에 모순된 점이 있거나 불완전·불명료한 점이 있을 때에 이를 지적하여 정정·보충할 수 있는 기회를 주고, 계쟁 사실에 대한 증거의 제출을 촉구하는 것을 그 내용으로 하는 것으로, 당사자가 주장하지도 아니한 법률효과에 관한 요건사실이나 독립된 공격방어방법을 시사하여 그 제출을 권유함과 같은 행위를 하는 것은 변론주의의 원칙에 위배되는 것으로 석명권 행사의 한계를 일탈하는 것이 된다.

**제1033조(최고기간 중의 변제거절)** 한정승인자는 전조제1항의 기간만료전에는 상속채권의 변제를 거절할 수 있다.

**제1034조(배당변제)** ① 한정승인자는 제1032조제1항의 기간만료후에 상속재산으로서 그 기간 내에 신고한 채권자와 한정승인자가 알고 있는 채권자에 대하여 각 채권액의 비율로 변제하여야 한다. 그러나 우선권있는 채권자의 권리를 해하지 못한다.

② 제1019조제3항 또는 제4항에 따라 한정승인을 한 경우에는 그 상속인은 상속재산 중에서 남아있는 상속재산과 함께 이미 처분한 재산의 가액을 합하여 제1항의 변제를 하여야 한다. 다만, 한정승인을 하기 전에 상속채권자나 유증받은 자에 대하여 변제한 가액은 이미 처분한 재산의 가액에서 제외한다. *〈신설 2005. 3. 31., 2022. 12. 13.〉*

**제1035조(변제기전의 채무 등의 변제)** ① 한정승인자는 변제기에 이르지 아니한 채권에 대하여도 전조의 규정에 의하여 변제하여야 한다.

② 조건있는 채권이나 존속기간의 불확정한 채권은 법원의 선임한 감정인의 평가에 의하여 변제하여야 한다.

**제1036조(수증자에의 변제)** 한정승인자는 전2조의 규정에 의하여 상속채권자에 대한 변제를 완료한 후가 아니면 유증받은 자에게 변제하지 못한다.

**제1037조(상속재산의 경매)** 전3조의 규정에 의한 변제를 하기 위하여 상속재산의 전부나 일부를 매각할 필요가 있는 때에는 민사집행법에 의하여 경매하여야 한다. *〈개정 1997. 12. 13., 2001. 12. 29.〉*

**배당 이의**

[대법원 2013. 9. 12., 선고, 2012다33709, 판결]

【판시사항】

민법 제1037조, 민사집행법 제274조에 따른 상속재산에 대한 형식적 경매에서 일반채권자의 배당요구가 허용되는지 여부(소극)

【판결요지】

민법 제1037조에 근거하여 민사집행법 제274조에 따라 행하여지는 상속재산에 대한 형식적 경매는 한정승인자가 상속재산을 한도로 상속채권자나 유증받은 자에 대하여 일괄하여 변제하기 위하여 청산을 목적으로 당해 재산을 현금화하는 절차이므로, 제도의 취지와 목적, 관련 민법 규정의 내용, 한정승인자와 상속채권자 등 관련자들의 이해관계 등을 고려할 때 일반채권자인 상속채권자로서는 민사집행법이 아닌 민법 제1034조, 제1035조, 제1036조 등의 규정에 따라 변제받아야 한다고 볼 것이고, 따라서 그 경매에서는 일반채권자의 배당요구가 허용되지 아니한다.

**제1038조(부당변제 등으로 인한 책임)** ① 한정승인자가 제1032조의 규정에 의한 공고나 최고를 해태하거나 제1033조 내지 제1036조의 규정에 위반하여 어느 상속채권자나 유증받은 자에게 변제함으로 인하여 다른 상속채권자나 유증받은 자에 대하여 변제할 수 없게 된 때에는 한정승인자는 그 손해를 배상하여야 한다. 제1019조제3항의 규정에 의하여 한정승인을 한 경우 그 이전에 상속채무가 상속재산을 초과함을 알지 못한 데 과실이 있는 상속인이 상속채권자나 유증받은 자에게 변제한 때에도 또한 같다. *〈개정 2005. 3. 31.〉*

② 제1항 전단의 경우에 변제를 받지 못한 상속채권자나 유증받은 자는 그 사정을 알고 변제를 받은 상속채권자나 유증받은 자에 대하여 구상권을 행사할 수 있다. 제1019조제3항 또는 제4항에 따라 한정승인을 한 경우 그 이전에 상속채무가 상속재산을 초과함을 알고 변제받은 상속채권자나 유증받은 자가 있는 때에도 또한 같다. *〈개정 2005. 3. 31., 2022. 12. 13.〉*

③ 제766조의 규정은 제1항 및 제2항의 경우에 준용한다. *〈개정 2005. 3. 31.〉*

*[제목개정 2005. 3. 31.]*

**제1039조(신고하지 않은 채권자 등)** 제1032조제1항의 기간내에 신고하지 아니한 상속채권자 및 유증받은 자로서 한정승인자가 알지 못한 자는 상속재산의 잔여가 있는 경우에 한하여 그 변제를 받을 수 있다. 그러나 상속재산에 대하여 특별담보권있는 때에는 그러하지 아니하다.

**제1040조(공동상속재산과 그 관리인의 선임)** ① 상속인이 수인인 경우에는 법원은 각 상속인 기타 이해관계인의 청구에 의하여 공동상속인 중에서 상속재산관리인을 선임할 수 있다.

② 법원이 선임한 관리인은 공동상속인을 대표하여 상속재산의 관리와 채무의 변제에 관한 모든 행위를 할 권리의무가 있다.

③ 제1022조, 제1032조 내지 전조의 규정은 전항의 관리인에 준용한다. 그러나 제1032조의 규정에 의하여 공고할 5일의 기간은 관리인이 그 선임을 안 날로부터 기산한다.

## 제4관 포기

**제1041조(포기의 방식)** 상속인이 상속을 포기할 때에는 제1019조제1항의 기간내에 가정법원에 포기의 신고를 하여야 한다. *〈개정 1990. 1. 13.〉*

**제1042조(포기의 소급효)** 상속의 포기는 상속개시된 때에 소급하여 그 효력이 있다.

**제1043조(포기한 상속재산의 귀속)** 상속인이 수인인 경우에 어느 상속인이 상속을 포기한 때에는 그 상속분은 다른 상속인의 상속분의 비율로 그 상속인에게 귀속된다.

**대여금**

[대법원 2015. 5. 14., 선고, 2013다48852, 판결]

【판시사항】

피상속인의 배우자와 자녀 중 자녀 전부가 상속을 포기한 경우의 상속인

【판결요지】

상속을 포기한 자는 상속개시된 때부터 상속인이 아니었던 것과 같은 지위에 놓이게 되므

로, 피상속인의 배우자와 자녀 중 자녀 전부가 상속을 포기한 경우에는 배우자와 피상속인의 손자녀 또는 직계존속이 공동으로 상속인이 되고, 피상속인의 손자녀와 직계존속이 존재하지 아니하면 배우자가 단독으로 상속인이 된다.

**제1044조(포기한 상속재산의 관리계속의무)** ① 상속을 포기한 자는 그 포기로 인하여 상속인이 된 자가 상속재산을 관리할 수 있을 때까지 그 재산의 관리를 계속하여야 한다.
② 제1022조와 제1023조의 규정은 전항의 재산관리에 준용한다.

## 제5절 재산의 분리

**제1045조(상속재산의 분리청구권)** ① 상속채권자나 유증받은 자 또는 상속인의 채권자는 상속개시된 날로부터 3월내에 상속재산과 상속인의 고유재산의 분리를 법원에 청구할 수 있다.
② 상속인이 상속의 승인이나 포기를 하지 아니한 동안은 전항의 기간경과후에도 재산의 분리를 청구할 수 있다.*〈개정 1990. 1. 13.〉*

**제1046조(분리명령과 채권자 등에 대한 공고, 최고)** ① 법원이 전조의 청구에 의하여 재산의 분리를 명한 때에는 그 청구자는 5일내에 일반상속채권자와 유증받은 자에 대하여 재산분리의 명령있은 사실과 일정한 기간내에 그 채권 또는 수증을 신고할 것을 공고하여야 한다. 그 기간은 2월 이상이어야 한다.
② 제88조제2항, 제3항과 제89조의 규정은 전항의 경우에 준용한다.

**제1047조(분리후의 상속재산의 관리)** ① 법원이 재산의 분리를 명한 때에는 상속재산의 관리에 관하여 필요한 처분을 명할 수 있다.
② 법원이 재산관리인을 선임한 경우에는 제24조 내지 제26조의 규정을 준용한다.

**제1048조(분리후의 상속인의 관리의무)** ① 상속인이 단순승인을 한 후에도 재산분리의 명령이 있는 때에는 상속재산에 대하여 자기의 고유재산과 동일한 주의로 관리하여야 한다.
② 제683조 내지 제685조 및 제688조제1항, 제2항의 규정은 전항의 재산관리에 준용한다.

**제1049조(재산분리의 대항요건)** 재산의 분리는 상속재산인 부동산에 관하여는 이를 등기하지 아니하면 제삼자에게 대항하지 못한다.

**제1050조(재산분리와 권리의무의 불소멸)** 재산분리의 명령이 있는 때에는 피상속인에 대한 상속인의 재산상 권리의무는 소멸하지 아니한다.

**제1051조(변제의 거절과 배당변제)** ① 상속인은 제1045조 및 제1046조의 기간만료전에는 상속채권자와 유증받은 자에 대하여 변제를 거절할 수 있다.
② 전항의 기간만료후에 상속인은 상속재산으로써 재산분리의 청구 또는 그 기간내에 신고한 상속채권자, 유증받은 자와 상속인이 알고 있는 상속채권자, 유증받은 자에 대하여 각 채권액 또는 수증액의 비율로 변제하여야 한다. 그러나 우선권있는 채권자의 권리를 해하지 못한다.
③ 제1035조 내지 제1038조의 규정은 전항의 경우에 준용한다.

**제1052조(고유재산으로부터의 변제)** ① 전조의 규정에 의한 상속채권자와 유증받은 자는 상속재산으로써 전액의 변제를 받을 수 없는 경우에 한하여 상속인의 고유재산으로부터 그 변제를 받을 수 있다.
② 전항의 경우에 상속인의 채권자는 상속인의 고유재산으로부터 우선변제를 받을 권리가 있다.

## 제6절 상속인의 부존재

*〈개정 1990. 1. 13.〉*

**제1053조(상속인없는 재산의 관리인)** ① 상속인의 존부가 분명하지 아니한 때에는 법원은 제777조의 규정에 의한 피상속인의 친족 기타 이해관계인 또는 검사의 청구에 의하여 상속재산관리인을 선임하고 지체없이 이를 공고하여야 한다. *〈개정 1990. 1. 13.〉*
② 제24조 내지 제26조의 규정은 전항의 재산관리인에 준용한다.

**배당이의**

[대법원 2021. 9. 15., 선고, 2021다224446, 판결]

**【판시사항】**

상속채권자가 상속 승인, 포기 등으로 상속관계가 확정되지 않은 동안 상속인을 상대로 상속재산에 관한 가압류결정을 받아 이를 집행할 수 있는지 여부(적극) 및 그 후 상속인이 상속포기로 인하여 상속인의 지위를 소급하여 상실한다고 하더라도 이미 발생한 가압류의 효력에 영향을 미치는지 여부(소극) / 이때 상속채권자가 종국적으로 상속인이 된 사람 또는 상속재산관리인을 채무자로 한 상속재산에 대한 경매절차에서 적법하게 배당을 받을 수 있는지 여부(적극)

**【판결요지】**

상속인은 상속개시된 때부터 피상속인의 재산에 관한 포괄적 권리의무를 승계한다(민법 제1005조 본문). 다만 상속인은 상속개시 있음을 안 날로부터 3월 내에 단순승인이나 한정승인 또는 포기를 할 수 있고(민법 제1019조 제1항 본문), 상속의 포기는 상속개시된 때에 소급하여 그 효력이 있다(민법 제1042조).

상속인은 상속포기를 할 때까지는 그 고유재산에 대하는 것과 동일한 주의로 상속재산을 관리하여야 한다(민법 제1022조). 상속인이 상속을 포기할 때에는 민법 제1019조 제1항의 기간 내에 가정법원에 포기의 신고를 하여야 하고(민법 제1041조), 상속포기는 가정법원이 상속인의 포기신고를 수리하는 심판을 하여 이를 당사자에게 고지한 때에 효력이 발생하므로, 상속인은 가정법원의 상속포기신고 수리 심판을 고지받을 때까지 민법 제1022조에 따른 상속재산 관리의무를 부담한다.

이와 같이 상속인은 아직 상속 승인, 포기 등으로 상속관계가 확정되지 않은 동안에도 잠정적으로나마 피상속인의 재산을 당연 취득하고 상속재산을 관리할 의무가 있으므로, 상속채권자는 그 기간 동안 상속인을 상대로 상속재산에 관한 가압류결정을 받아 이를 집행할 수 있다. 그 후 상속인이 상속포기로 인하여 상속인의 지위를 소급하여 상실한다고 하더라도 이미 발생한 가압류의 효력에 영향을 미치지 않는다. 따라서 위 상속채권자는 종국적으로 상속인이 된 사람 또는 민법 제1053조에 따라 선임된 상속재산관리인을 채무자로 한 상속재산에 대한 경매절차에서 가압류채권자로서 적법하게 배당을 받을 수 있다.

**제1054조(재산목록제시와 상황보고)** 관리인은 상속채권자나 유증받은 자의 청구가 있는 때에는 언제든지 상속재산의 목록을 제시하고 그 상황을 보고하여야 한다.

**제1055조(상속인의 존재가 분명하여진 경우)** ① 관리인의 임무는 그 상속인이 상속의 승인을 한 때에 종료한다.
② 전항의 경우에는 관리인은 지체없이 그 상속인에 대하여 관리의 계산을 하여야 한다.

**제1056조(상속인없는 재산의 청산)** ① 제1053조제1항의 공고있은 날로부터 3월내에 상속인의 존부를 알 수 없는 때에는 관리인은 지체없이 일반상속채권자와 유증받은 자에 대하여 일정한 기간 내에 그 채권 또는 수증을 신고할 것을 공고하여야 한다. 그 기간은 2월 이상이어야 한다.
② 제88조제2항, 제3항, 제89조, 제1033조 내지 제1039조의 규정은 전항의 경우에 준용한다.

**제1057조(상속인수색의 공고)** 제1056조제1항의 기간이 경과하여도 상속인의 존부를 알 수 없는 때에는 법원은 관리인의 청구에 의하여 상속인이 있으면 일정한 기간내에 그 권리를 주장할 것을 공고하여야 한다. 그 기간은 1년 이상이어야 한다. *〈개정 2005. 3. 31.〉*

**제1057조의2(특별연고자에 대한 분여)** ① 제1057조의 기간내에 상속권을 주장하는 자가 없는 때에는 가정법원은 피상속인과 생계를 같이 하고 있던 자, 피상속인의 요양간호를 한 자 기타 피상속인과 특별한 연고가 있던 자의 청구에 의하여 상속재산의 전부 또는 일부를 분여할 수 있다. *〈개정 2005. 3. 31.〉*
② 제1항의 청구는 제1057조의 기간의 만료후 2월 이내에 하여야 한다. *〈개정 2005. 3. 31.〉*
*[본조신설 1990. 1. 13.]*

**제1058조(상속재산의 국가귀속)** ① 제1057조의2의 규정에 의하여 분여(分與)되지 아니한 때에는 상속재산은 국가에 귀속한다. *〈개정 2005. 3. 31.〉*
② 제1055조제2항의 규정은 제1항의 경우에 준용한다. *〈개정 2005. 3. 31.〉*

**제1059조(국가귀속재산에 대한 변제청구의 금지)** 전조제1항의 경우에는 상속재산으로 변제를 받지 못한 상속채권자나 유증을 받은 자가 있는 때에도 국가에 대하여 그 변제를 청구하지 못한다.

## 제2장 유언

### 제1절 총칙

**제1060조(유언의 요식성)** 유언은 본법의 정한 방식에 의하지 아니하면 효력이 생하지 아니한다.

**유언효력확인의소**

[대법원 2022. 12. 1., 선고, 2022다261237, 판결]

【판시사항】

[1] 후견심판 사건에서 가사소송법 제62조 제1항에 따른 사전처분으로 후견심판이 확정될 때까지 임시후견인이 선임된 경우, 임시후견인의 동의가 없이도 사건본인이 유언을 할 수 있는지 여부(원칙적 적극) 및 아직 성년후견이 개시되기 전인 경우, 의사가 유언서에 심신 회복 상태를 부기하고 서명날인하도록 요구한 민법 제1063조 제2항이 적용

되는지 여부(소극)

[2] '의사능력'의 의미 및 의사무능력을 이유로 법률행위의 무효를 주장하는 경우, 그에 대한 증명책임의 소재(=무효를 주장하는 측)

**【판결요지】**

[1] 가사소송법 제62조 제1항은 후견심판이 확정될 때까지 사건본인의 보호 및 재산의 관리·보전을 위하여 임시후견인 선임 등 사전처분을 할 수 있음을 정하였고, 가사소송규칙 제32조 제4항은 가사사건의 재판·조정 절차에 관한 필요한 사항에 대하여 대법원 규칙으로 정하도록 한 위임 규정(가사소송법 제11조) 및 그 취지(가사소송규칙 제1조)에 따라 '가사소송법 제62조에 따른 사전처분으로 임시후견인을 선임한 경우, 성년후견 및 한정후견에 관한 사건의 임시후견인에 대하여는 특별한 규정이 없는 이상 한정후견인에 관한 규정을 준용한다.'고 정하였다.

가정법원은 피한정후견인에 대하여 한정후견인의 동의를 받아야 하는 행위를 정할 수 있고(민법 제13조 제1항), 피한정후견인이 한정후견인의 동의가 필요한 법률행위를 동의 없이 하였을 때는 이를 취소할 수 있다(같은 조 제4항).

한편 민법 제1060조는 '유언은 본법의 정한 방식에 의하지 아니하면 효력이 발생하지 아니한다.'고 정하여 유언에 관하여 엄격한 요식성을 요구하고 있으나, 피성년후견인과 피한정후견인의 유언에 관하여는 행위능력에 관한 민법 제10조 및 제13조가 적용되지 않으므로(민법 제1062조), 피성년후견인 또는 피한정후견인은 의사능력이 있는 한 성년후견인 또는 한정후견인의 동의 없이도 유언을 할 수 있다.

위와 같은 규정의 내용과 체계 및 취지에 비추어 보면, 후견심판 사건에서 가사소송법 제62조 제1항에 따른 사전처분으로 후견심판이 확정될 때까지 임시후견인이 선임된 경우, 사건본인은 의사능력이 있는 한 임시후견인의 동의가 없이도 유언을 할 수 있다고 보아야 하고, 아직 성년후견이 개시되기 전이라면 의사가 유언서에 심신 회복 상태를 부기하고 서명날인하도록 요구한 민법 제1063조 제2항은 적용되지 않는다고 보아야 한다.

[2] 의사능력이란 자기 행위의 의미나 결과를 정상적인 인식력과 예기력을 바탕으로 합리적으로 판단할 수 있는 정신적 능력이나 지능을 말하고, 의사무능력을 이유로 법률행위의 무효를 주장하는 측은 그에 대하여 증명책임을 부담한다.

**제1061조(유언적령)** 17세에 달하지 못한 자는 유언을 하지 못한다. *〈개정 2022. 12. 27.〉*

**제1062조(제한능력자의 유언)** 유언에 관하여는 제5조, 제10조 및 제13조를 적용하지 아니한다.

*[전문개정 2011. 3. 7.]*

**제1063조(피성년후견인의 유언능력)** ① 피성년후견인은 의사능력이 회복된 때에만 유언을 할 수 있다.

② 제1항의 경우에는 의사가 심신 회복의 상태를 유언서에 부기(附記)하고 서명날인하여야 한다.

*[전문개정 2011. 3. 7.]*

**제1064조(유언과 태아, 상속결격자)** 제1000조제3항, 제1004조의 규정은 수증자에 준용한다. *〈개정 1990. 1. 13.〉*

## 제2절 유언의 방식

**제1065조(유언의 보통방식)** 유언의 방식은 자필증서, 녹음, 공정증서, 비밀증서와 구수증서의 5종으로 한다.

**소유권이전등기말소**

[대법원 2009. 5. 14., 선고, 2009다9768, 판결]

【판시사항】

[1] 유언자의 진정한 의사에 합치하나 민법 제1065조 내지 제1070조에 정한 요건과 방식에 어긋난 유언의 효력(무효)

[2] 연월(年月)만 기재하고 일(日)의 기재가 없는 자필유언증서의 효력(무효)

【판결요지】

[1] 민법 제1065조 내지 제1070조가 유언의 방식을 엄격하게 규정한 것은 유언자의 진의를 명확히 하고 그로 인한 법적 분쟁과 혼란을 예방하기 위한 것이므로, 법정된 요건과 방식에 어긋난 유언은 그것이 유언자의 진정한 의사에 합치하더라도 무효라고 하지 않을 수 없다.

[2] 민법 제1066조 제1항은 "자필증서에 의한 유언은 유언자가 그 전문과 연월일, 주소, 성명을 자서하고 날인하여야 한다"고 규정하고 있으므로, 연월일의 기재가 없는 자필유언증서는 효력이 없다. 그리고 자필유언증서의 연월일은 이를 작성한 날로서 유언능력의 유무를 판단하거나 다른 유언증서와 사이에 유언 성립의 선후를 결정하는 기준일이 되므로 그 작성일을 특정할 수 있게 기재하여야 한다. 따라서 연·월만 기재하고 일의 기재가 없는 자필유언증서는 그 작성일을 특정할 수 없으므로 효력이 없다.

**제1066조(자필증서에 의한 유언)** ① 자필증서에 의한 유언은 유언자가 그 전문과 연월일, 주소, 성명을 자서하고 날인하여야 한다.

② 전항의 증서에 문자의 삽입, 삭제 또는 변경을 함에는 유언자가 이를 자서하고 날인하여야 한다.

**제1067조(녹음에 의한 유언)** 녹음에 의한 유언은 유언자가 유언의 취지, 그 성명과 연월일을 구술하고 이에 참여한 증인이 유언의 정확함과 그 성명을 구술하여야 한다.

**제1068조(공정증서에 의한 유언)** 공정증서에 의한 유언은 유언자가 증인 2인이 참여한 공증인의 면전에서 유언의 취지를 구수하고 공증인이 이를 필기낭독하여 유언자와 증인이 그 정확함을 승인한 후 각자 서명 또는 기명날인하여야 한다.

**제1069조(비밀증서에 의한 유언)** ① 비밀증서에 의한 유언은 유언자가 필자의 성명을 기입한 증서를 엄봉날인하고 이를 2인 이상의 증인의 면전에 제출하여 자기의 유언서임을 표시한 후 그 봉서표면에 제출연월일을 기재하고 유언자와 증인이 각자 서명 또는 기명날인하여야 한다.

② 전항의 방식에 의한 유언봉서는 그 표면에 기재된 날로부터 5일내에 공증인 또는 법원서기에게 제출하여 그 봉인상에 확정일자인을 받아야 한다.

**제1070조(구수증서에 의한 유언)** ① 구수증서에 의한 유언은 질병 기타 급박한 사유로 인하여 전4조의 방식에 의할 수 없는 경우에 유언자가 2인 이상의 증인의 참여로 그 1인에게 유언의 취지를 구수하고 그 구수를 받은 자가 이를 필기낭독하여 유언자의 증인이 그 정확함을 승인한 후 각자 서명 또는 기명날인하여야 한다.

② 전항의 방식에 의한 유언은 그 증인 또는 이해관계인이 급박한 사유의 종료한 날로부터 7일내에 법원에 그 검인을 신청하여야 한다.

③ 제1063조제2항의 규정은 구수증서에 의한 유언에 적용하지 아니한다.

**제1071조(비밀증서에 의한 유언의 전환)** 비밀증서에 의한 유언이 그 방식에 흠결이 있는 경우에 그 증서가 자필증서의 방식에 적합한 때에는 자필증서에 의한 유언으로 본다.

**제1072조(증인의 결격사유)** ① 다음 각 호의 어느 하나에 해당하는 사람은 유언에 참여하는 증인이 되지 못한다.

1. 미성년자
2. 피성년후견인과 피한정후견인
3. 유언으로 이익을 받을 사람, 그의 배우자와 직계혈족

② 공정증서에 의한 유언에는 「공증인법」에 따른 결격자는 증인이 되지 못한다.

*[전문개정 2011. 3. 7.]*

## 제3절 유언의 효력

**제1073조(유언의 효력발생시기)** ① 유언은 유언자가 사망한 때로부터 그 효력이 생긴다.

② 유언에 정지조건이 있는 경우에 그 조건이 유언자의 사망후에 성취한 때에는 그 조건성취한 때로부터 유언의 효력이 생긴다.

**유언효력확인의소[녹음에 의한 유언의 효력 확인을 구한 사건]**

[대법원 2023. 6. 1., 선고, 2023다217534, 판결]

**【판시사항】**

[1] 유언증서가 성립한 후에 멸실되거나 분실된 경우, 이해관계인이 유언증서의 내용을 증명하여 유언의 유효를 주장할 수 있는지 여부(적극) 및 이는 녹음에 의한 유언이 성립한 후에 녹음테이프나 녹음파일 등이 멸실 또는 분실된 경우에도 마찬가지인지 여부(적극) / 원본의 존재 및 원본 성립의 진정에 관하여 다툼이 있고 사본을 원본의 대용으로 하는 것에 대하여 상대방으로부터 이의가 있는 경우, 사본으로써 원본을 대신할 수 있는지 여부(소극) 및 서증으로서 사본 제출의 효과 / 서증 제출에 있어 원본을 제출할 필요가 없는 경우 및 그 주장·증명책임의 소재(=해당 서증의 신청당사자)

[2] 감정인의 감정 결과의 증명력

**【판결요지】**

[1] 유언증서가 성립한 후에 멸실되거나 분실되었다는 사유만으로 유언이 실효되는 것은 아니고 이해관계인은 유언증서의 내용을 증명하여 유언의 유효를 주장할 수 있다. 이

는 녹음에 의한 유언이 성립한 후에 녹음테이프나 녹음파일 등이 멸실 또는 분실된 경우에도 마찬가지이다.

문서의 제출은 원본으로 하여야 하는 것이고, 원본이 아니고 단순히 사본만으로 한 증거의 제출은 정확성의 보증이 없어 원칙적으로 부적법하므로, 원본의 존재 및 원본의 성립의 진정에 관하여 다툼이 있고 사본을 원본의 대용으로 하는 것에 대하여 상대방으로부터 이의가 있는 경우에는 사본으로써 원본을 대신할 수 없다. 반면에 사본을 원본으로서 제출하는 경우에는 그 사본이 독립한 서증이 되는 것이나 그 대신 이로써 원본이 제출된 것으로 되지는 아니하고, 이때에는 증거에 의하여 사본과 같은 원본이 존재하고 그 원본이 진정하게 성립하였음이 인정되지 않는 한 그와 같은 내용의 사본이 존재한다는 것 이상의 증거가치는 없다. 다만 서증사본의 신청 당사자가 문서 원본을 분실하였다든가, 선의로 이를 훼손한 경우, 문서제출명령에 응할 의무가 없는 제3자가 해당 문서의 원본을 소지하고 있는 경우, 원본이 방대한 양의 문서인 경우 등 원본 문서의 제출이 불가능하거나 곤란한 상황에서는 원본을 제출할 필요가 없지만, 그러한 경우라면 해당 서증의 신청당사자가 원본을 제출하지 못하는 것을 정당화할 수 있는 구체적 사유를 주장·증명하여야 한다.

[2] 감정인의 감정 결과는 그 감정방법 등이 경험칙에 반하거나 합리성이 없는 등의 현저한 잘못이 없는 한 이를 존중하여야 한다.

**제1074조(유증의 승인, 포기)** ① 유증을 받을 자는 유언자의 사망후에 언제든지 유증을 승인 또는 포기할 수 있다.
② 전항의 승인이나 포기는 유언자의 사망한 때에 소급하여 그 효력이 있다.

**제1075조(유증의 승인, 포기의 취소금지)** ① 유증의 승인이나 포기는 취소하지 못한다.
② 제1024조제2항의 규정은 유증의 승인과 포기에 준용한다.

**제1076조(수증자의 상속인의 승인, 포기)** 수증자가 승인이나 포기를 하지 아니하고 사망한 때에는 그 상속인은 상속분의 한도에서 승인 또는 포기할 수 있다. 그러나 유언자가 유언으로 다른 의사를 표시한 때에는 그 의사에 의한다.

**제1077조(유증의무자의 최고권)** ① 유증의무자나 이해관계인은 상당한 기간을 정하여 그 기간 내에 승인 또는 포기를 확답할 것을 수증자 또는 그 상속인에게 최고할 수 있다.
② 전항의 기간내에 수증자 또는 상속인이 유증의무자에 대하여 최고에 대한 확답을 하지 아니한 때에는 유증을 승인한 것으로 본다.

**제1078조(포괄적 수증자의 권리의무)** 포괄적 유증을 받은 자는 상속인과 동일한 권리의무가 있다. *〈개정 1990. 1. 13.〉*

**제1079조(수증자의 과실취득권)** 수증자는 유증의 이행을 청구할 수 있는 때로부터 그 목적물의 과실을 취득한다. 그러나 유언자가 유언으로 다른 의사를 표시한 때에는 그 의사에 의한다.

**제1080조(과실수취비용의 상환청구권)** 유증의무자가 유언자의 사망후에 그 목적물의 과실을 수취하기 위하여 필요비를 지출한 때에는 그 과실의 가액의 한도에서 과실을 취득한 수증자에게 상환을 청구할 수 있다.

**제1081조(유증의무자의 비용상환청구권)** 유증의무자가 유증자의 사망후에 그 목적물에 대하여 비용을 지출한 때에는 제325조의 규정을 준용한다.

**제1082조(불특정물유증의무자의 담보책임)** ① 불특정물을 유증의 목적으로 한 경우에는 유증의무자는 그 목적물에 대하여 매도인과 같은 담보책임이 있다.
② 전항의 경우에 목적물에 하자가 있는 때에는 유증의무자는 하자없는 물건으로 인도하여야 한다.

**제1083조(유증의 물상대위성)** 유증자가 유증목적물의 멸실, 훼손 또는 점유의 침해로 인하여 제삼자에게 손해배상을 청구할 권리가 있는 때에는 그 권리를 유증의 목적으로 한 것으로 본다.

**제1084조(채권의 유증의 물상대위성)** ① 채권을 유증의 목적으로 한 경우에 유언자가 그 변제를 받은 물건이 상속재산 중에 있는 때에는 그 물건을 유증의 목적으로 한 것으로 본다.
② 전항의 채권이 금전을 목적으로 한 경우에는 그 변제받은 채권액에 상당한 금전이 상속재산중에 없는 때에도 그 금액을 유증의 목적으로 한 것으로 본다.

**제1085조(제삼자의 권리의 목적인 물건 또는 권리의 유증)** 유증의 목적인 물건이나 권리가 유언자의 사망 당시에 제삼자의 권리의 목적인 경우에는 수증자는 유증의무자에 대하여 그 제삼자의 권리를 소멸시킬 것을 청구하지 못한다.

**추심금**

[대법원 2018. 7. 26., 선고, 2017다289040, 판결]

【판시사항】

유증의 목적물이 유언자의 사망 당시에 제3자의 권리의 목적인 경우, 제3자의 권리가 유증의 목적물이 수증자에게 귀속된 후에도 그대로 존속하는지 여부(원칙적 적극)

【판결요지】

민법 제1085조는 "유증의 목적인 물건이나 권리가 유언자의 사망 당시에 제3자의 권리의 목적인 경우에는 수증자는 유증의무자에 대하여 그 제3자의 권리를 소멸시킬 것을 청구하지 못한다."라고 규정하고 있다. 이는 유언자가 다른 의사를 표시하지 않는 한 유증의 목적물을 유언의 효력발생 당시의 상태대로 수증자에게 주는 것이 유언자의 의사라는 점을 고려하여 수증자 역시 유증의 목적물을 유언의 효력발생 당시의 상태대로 취득하는 것이 원칙임을 확인한 것이다. 그러므로 유증의 목적물이 유언자의 사망 당시에 제3자의 권리의 목적인 경우에는 그와 같은 제3자의 권리는 특별한 사정이 없는 한 유증의 목적물이 수증자에게 귀속된 후에도 그대로 존속하는 것으로 보아야 한다.

**제1086조(유언자가 다른 의사표시를 한 경우)** 전3조의 경우에 유언자가 유언으로 다른 의사를 표시한 때에는 그 의사에 의한다.

**제1087조(상속재산에 속하지 아니한 권리의 유증)** ① 유언의 목적이 된 권리가 유언자의 사망당시에 상속재산에 속하지 아니한 때에는 유언은 그 효력이 없다. 그러나 유언자가 자기의 사망당시에 그 목적물이 상속재산에 속하지 아니한 경우에도 유언의 효력이 있게 할 의사인 때에는 유증의무자는 그 권리를 취득하여 수증자에게 이전할 의무가 있다.
② 전항 단서의 경우에 그 권리를 취득할 수 없거나 그 취득에 과다한 비용을 요할 때에는 그 가액으로 변상할 수 있다.

**제1088조(부담있는 유증과 수증자의 책임)** ① 부담있는 유증을 받은 자는 유증의 목적의 가액을 초과하지 아니한 한도에서 부담한 의무를 이행할 책임이 있다.
② 유증의 목적의 가액이 한정승인 또는 재산분리로 인하여 감소된 때에는 수증자는 그 감소된 한도에서 부담할 의무를 면한다.

**제1089조(유증효력발생전의 수증자의 사망)** ① 유증은 유언자의 사망전에 수증자가 사망한 때에는 그 효력이 생기지 아니한다.
② 정지조건있는 유증은 수증자가 그 조건성취전에 사망한 때에는 그 효력이 생기지 아니한다.

**제1090조(유증의 무효, 실효의 경우와 목적재산의 귀속)** 유증이 그 효력이 생기지 아니하거나 수증자가 이를 포기한 때에는 유증의 목적인 재산은 상속인에게 귀속한다. 그러나 유언자가 유언으로 다른 의사를 표시한 때에는 그 의사에 의한다.

## 제4절 유언의 집행

**제1091조(유언증서, 녹음의 검인)** ① 유언의 증서나 녹음을 보관한 자 또는 이를 발견한 자는 유언자의 사망후 지체없이 법원에 제출하여 그 검인을 청구하여야 한다.
② 전항의 규정은 공정증서나 구수증서에 의한 유언에 적용하지 아니한다.

**제1092조(유언증서의 개봉)** 법원이 봉인된 유언증서를 개봉할 때에는 유언자의 상속인, 그 대리인 기타 이해관계인의 참여가 있어야 한다.

**제1093조(유언집행자의 지정)** 유언자는 유언으로 유언집행자를 지정할 수 있고 그 지정을 제삼자에게 위탁할 수 있다.

**제1094조(위탁에 의한 유언집행자의 지정)** ① 전조의 위탁을 받은 제삼자는 그 위탁있음을 안 후 지체없이 유언집행자를 지정하여 상속인에게 통지하여야 하며 그 위탁을 사퇴할 때에는 이를 상속인에게 통지하여야 한다.
② 상속인 기타 이해관계인은 상당한 기간을 정하여 그 기간내에 유언집행자를 지정할 것을 위탁 받은 자에게 최고할 수 있다. 그 기간내에 지정의 통지를 받지 못한 때에는 그 지정의 위탁을 사퇴한 것으로 본다.

**제1095조(지정유언집행자가 없는 경우)** 전2조의 규정에 의하여 지정된 유언집행자가 없는 때에는 상속인이 유언집행자가 된다.

**소유권이전등기등**

[대법원 2011. 6. 24., 선고, 2009다8345, 판결]

【판시사항】

[1] 수인의 유언집행자에게 유증의무 이행을 구하는 소송이 유언집행자 전원을 피고로 하는 고유필수적 공동소송인지 여부(적극)

[2] 수인의 유언집행자 중 1인만을 피고로 하여 유증의무 이행을 구하는 소송을 제기한 사안에서, 유언집행자 지정 또는 제3자의 지정 위탁이 없는 한 상속인 전원이 유언집행자가 되고, 유언집행자에 대하여 민법 제1087조 제1항 단서에 따라 유증의무의 이행을 구하는 것은 유언집행자인 상속인 전원을 피고로 삼아야 하는 고유필수적 공동소송이라고 한 사례

【판결요지】

[1] 상속인이 유언집행자가 되는 경우를 포함하여 유언집행자가 수인인 경우에는, 유언집행자를 지정하거나 지정위탁한 유언자나 유언집행자를 선임한 법원에 의한 임무의 분장이 있었다는 등의 특별한 사정이 없는 한, 유증 목적물에 대한 관리처분권은 유언의 본지에 따른 유언의 집행이라는 공동의 임무를 가진 수인의 유언집행자에게 합유적으로 귀속되고, 그 관리처분권 행사는 과반수의 찬성으로써 합일하여 결정하여야 하므로, 유언집행자가 수인인 경우 유언집행자에게 유증의무의 이행을 구하는 소송은 유언집행자 전원을 피고로 하는 고유필수적 공동소송으로 봄이 상당하다.

[2] 수인의 유언집행자 중 1인만을 피고로 하여 유증의무 이행을 구하는 소송을 제기한 사안에서, 유언집행자 지정 또는 제3자의 지정 위탁이 없는 한 상속인 전원이 유언집행자가 되고, 유증의무자인 유언집행자에 대하여

민법 제1087조 제1항 단서에 따라 유증의무의 이행을 구하는 것은 유언집행자인 상속인 전원을 피고로 삼아야 하는 고유필수적 공동소송이라고 한 사례.

**제1096조(법원에 의한 유언집행자의 선임)** ① 유언집행자가 없거나 사망, 결격 기타 사유로 인하여 없게 된 때에는 법원은 이해관계인의 청구에 의하여 유언집행자를 선임하여야 한다.

② 법원이 유언집행자를 선임한 경우에는 그 임무에 관하여 필요한 처분을 명할 수 있다.

**제1097조(유언집행자의 승낙, 사퇴)** ① 지정에 의한 유언집행자는 유언자의 사망후 지체없이 이를 승낙하거나 사퇴할 것을 상속인에게 통지하여야 한다.

② 선임에 의한 유언집행자는 선임의 통지를 받은 후 지체없이 이를 승낙하거나 사퇴할 것을 법원에 통지하여야 한다.

③ 상속인 기타 이해관계인은 상당한 기간을 정하여 그 기간내에 승낙여부를 확답할 것을 지정 또는 선임에 의한 유언집행자에게 최고할 수 있다. 그 기간내에 최고에 대한 확답을 받지 못한 때에는 유언집행자가 그 취임을 승낙한 것으로 본다.

**제1098조(유언집행자의 결격사유)** 제한능력자와 파산선고를 받은 자는 유언집행자가 되지 못한다.

*[전문개정 2011. 3. 7.]*

**제1099조(유언집행자의 임무착수)** 유언집행자가 그 취임을 승낙한 때에는 지체없이 그 임무를 이행하여야 한다.

**제1100조(재산목록작성)** ① 유언이 재산에 관한 것인 때에는 지정 또는 선임에 의한 유언집행자는 지체없이 그 재산목록을 작성하여 상속인에게 교부하여야 한다.

② 상속인의 청구가 있는 때에는 전항의 재산목록작성에 상속인을 참여하게 하여야 한다.

**제1101조(유언집행자의 권리의무)** 유언집행자는 유증의 목적인 재산의 관리 기타 유언의 집행에 필요한 행위를 할 권리의무가 있다.

**보험금(생명보험계약에서 보험계약자의 지위 이전 여부가 문제된 사건)**

[대법원 2018. 7. 12., 선고, 2017다235647, 판결]

**【판시사항】**

[1] 생명보험계약에서 보험계약자의 지위를 변경하는 데 보험자의 승낙이 필요하다고 정한 경우, 보험계약자가 보험자의 승낙 없이 일방적인 의사표시만으로 보험계약상의 지위를 이전할 수 있는지 여부(소극) 및 이는 유증에 따라 보험계약자의 지위를 이전하는 경우에도 마찬가지인지 여부(적극) / 유언집행자가 유증의 내용에 따라 보험자의 승낙을 받아서 보험계약상의 지위를 이전할 의무가 있는 경우에도 보험자가 승낙하기 전까지는 보험계약자의 지위가 변경되지 않는지 여부(적극)

[2] 처분문서에 나타난 당사자 의사의 해석 방법

**【판결요지】**

[1] 생명보험은 피보험자의 사망, 생존 또는 사망과 생존을 보험사고로 하는 보험으로(상법 제730조), 오랜 기간 지속되는 생명보험계약에서는 보험계약자의 사정에 따라 계약 내용을 변경해야 하는 경우가 있다. 생명보험계약에서 보험계약자의 지위를 변경하는 데 보험자의 승낙이 필요하다고 정하고 있는 경우, 보험계약자가 보험자의 승낙이 없는데도 일방적인 의사표시만으로 보험계약상의 지위를 이전할 수는 없다.

보험계약자의 신용도나 채무 이행능력은 계약의 기초가 되는 중요한 요소일 뿐만 아니라 보험계약자는 보험수익자를 지정·변경할 수 있다(상법 제733조). 보험계약자와 피보험자가 일치하지 않는 타인의 생명보험에 대해서는 피보험자의 서면동의가 필요하다(상법 제731조 제1항, 제734조 제2항). 따라서 보험계약자의 지위 변경은 피보험자, 보험수익자 사이의 이해관계나 보험사고 위험의 재평가, 보험계약의 유지 여부 등에 영향을 줄 수 있다. 이러한 이유로 생명보험의 보험계약자 지위 변경에 보험자의 승낙을 요구한 것으로 볼 수 있다.

유증은 유언으로 수증자에게 일정한 재산을 무상으로 주기로 하는 단독행위로서 유증에 따라 보험계약자의 지위를 이전하는 데에도 보험자의 승낙이 필요하다고 보아야 한다. 보험계약자가 보험계약에 따른 보험료를 전액 지급하여 보험료 지급이 문제 되지 않는 경우에도 마찬가지이다.

유언집행자는 유증의 목적인 재산의 관리 기타 유언의 집행에 필요한 행위를 할 권리·의무가 있다. 유언집행자가 유증의 내용에 따라 보험자의 승낙을 받아서 보험계약상의 지위를 이전할 의무가 있는 경우에도 보험자가 승낙하기 전까지는 보험계약자의 지위가 변경되지 않는다.

[2] 처분문서는 그 성립의 진정함이 인정되는 이상 법원은 그 기재 내용을 부인할 만한 분명하고도 수긍할 수 있는 반증이 없으면 처분문서에 기재된 문언대로 의사표시의 존재와 내용을 인정하여야 한다. 당사자 사이에 법률행위의 해석을 둘러싸고 다툼이 있어 처분문서에 나타난 당사자의 의사해석이 문제 되는 경우에는 문언의 내용, 법률행위가 이루어진 동기와 경위, 법률행위로써 달성하려는 목적, 당사자의 진정한 의사 등을 종합적으로 고찰하여 논리와 경험칙에 따라 합리적으로 해석하여야 한다.

**제1102조(공동유언집행)** 유언집행자가 수인인 경우에는 임무의 집행은 그 과반수의 찬성으로써 결정한다. 그러나 보존행위는 각자가 이를 할 수 있다.

**제1103조(유언집행자의 지위)** ① 지정 또는 선임에 의한 유언집행자는 상속인의 대리인으로 본다.
② 제681조 내지 제685조, 제687조, 제691조와 제692조의 규정은 유언집행자에 준용한다.

**제1104조(유언집행자의 보수)** ① 유언자가 유언으로 그 집행자의 보수를 정하지 아니한 경우에는 법원은 상속재산의 상황 기타 사정을 참작하여 지정 또는 선임에 의한 유언집행자의 보수를 정할 수 있다.
② 유언집행자가 보수를 받는 경우에는 제686조제2항, 제3항의 규정을 준용한다.

**제1105조(유언집행자의 사퇴)** 지정 또는 선임에 의한 유언집행자는 정당한 사유있는 때에는 법원의 허가를 얻어 그 임무를 사퇴할 수 있다.

**제1106조(유언집행자의 해임)** 지정 또는 선임에 의한 유언집행자에 그 임무를 해태하거나 적당하지 아니한 사유가 있는 때에는 법원은 상속인 기타 이해관계인의 청구에 의하여 유언집행자를 해임할 수 있다.

**제1107조(유언집행의 비용)** 유언의 집행에 관한 비용은 상속재산 중에서 이를 지급한다.

## 제5절 유언의 철회

**제1108조(유언의 철회)** ① 유언자는 언제든지 유언 또는 생전행위로써 유언의 전부나 일부를 철회할 수 있다.
② 유언자는 그 유언을 철회할 권리를 포기하지 못한다.

**근저당권말소**

**[원고가 사인증여를 하면서 사인증여 대상인 부동산에 관하여 근저당권설정등기를 마쳐주었는데 이후 사인증여를 철회하면서 위 근저당권설정등기의 말소를 구한 사건]**

[대법원 2022. 7. 28., 선고, 2017다245330, 판결]

【판시사항】

유증의 철회에 관한 민법 제1108조 제1항이 사인증여에 준용되는지 여부(원칙적 적극)

【판결요지】

민법 제562조는 사인증여에는 유증에 관한 규정을 준용한다고 정하고 있고, 민법 제1108조 제1항은 유증자는 유증의 효력이 발생하기 전에 언제든지 유언 또는 생전행위로써 유증 전부나 일부를 철회할 수 있다고 정하고 있다. 사인증여는 증여자의 사망으로 인하여 효력이 발생하는 무상행위로 실제적 기능이 유증과 다르지 않으므로, 증여자의 사망 후 재산 처분에 관하여 유증과 같이 증여자의 최종적인 의사를 존중할 필요가 있다. 또한 증여자가 사망하지 않아 사인증여의 효력이 발생하기 전임에도 사인증여가 계약이라는 이유만으로 법적 성질상 철회가 인정되지 않는다고 볼 것은 아니다. 이러한 사정을 고려하면 특별한 사정이 없는 한 유증의 철회에 관한 민법 제1108조 제1항은 사인증여에 준용된다고 해석함이 타당하다.

**제1109조(유언의 저촉)** 전후의 유언이 저촉되거나 유언후의 생전행위가 유언과 저촉되는 경우에는 그 저촉된 부분의 전유언은 이를 철회한 것으로 본다.

**제1110조(파훼로 인한 유언의 철회)** 유언자가 고의로 유언증서 또는 유증의 목적물을 파훼한 때에는 그 파훼한 부분에 관한 유언은 이를 철회한 것으로 본다.

**제1111조(부담있는 유언의 취소)** 부담있는 유증을 받은 자가 그 부담의무를 이행하지 아니한 때에는 상속인 또는 유언집행자는 상당한 기간을 정하여 이행할 것을 최고하고 그 기간내에 이행하지 아니한 때에는 법원에 유언의 취소를 청구할 수 있다. 그러나 제삼자의 이익을 해하지 못한다.

## 제3장 유류분

*〈개정 1990. 1. 13.〉*

**제1112조(유류분의 권리자와 유류분)** 상속인의 유류분은 다음 각호에 의한다.

1. 피상속인의 직계비속은 그 법정상속분의 2분의 1
2. 피상속인의 배우자는 그 법정상속분의 2분의 1
3. 피상속인의 직계존속은 그 법정상속분의 3분의 1
4. 피상속인의 형제자매는 그 법정상속분의 3분의 1

*[본조신설 1977. 12. 31.]*

**소유권이전등기**

[대법원 2023. 6. 15., 선고, 2023다203894, 판결]

**【판시사항】**

[1] 공동상속인이 아닌 제3자에 대한 증여 당시 법정상속분의 2분의 1을 유류분으로 갖는 배우자나 직계비속이 공동상속인으로서 유류분권리자가 되리라고 예상할 수 있는 경우, 위 증여가 유류분권리자에게 손해를 가할 것을 알고 행해진 것이라고 보기 위한 요건

[2] 유류분반환청구권 단기소멸시효의 기산점으로서 민법 제1117조에서 정한 '반환하여야 할 증여 또는 유증을 한 사실을 안 때'의 의미

[3] 유류분권리자가 피상속인으로부터 부동산의 등기를 이전받은 제3자를 상대로 등기의 무효 사유를 주장하며 소유권이전등기의 말소를 구하는 소를 제기하였으나 오히려 증여된 것으로 인정하는 판결이 선고되어 확정된 경우, 판결이 확정된 때 증여가 있었다는 사실 및 그것이 반환하여야 할 것임을 알았다고 보아야 하는지 여부(원칙적 적극)

[4] 유류분권리자가 반환을 청구할 수 있는 유류분 부족액 산정 방법

**【판결요지】**

[1] 공동상속인이 아닌 제3자에 대한 증여가 상속개시 1년 전에 한 것이라도 당사자 쌍방이 증여 당시에 유류분권리자에 손해를 가할 것을 알고 증여한 경우에는 그에 대한 유류분반환청구가 허용된다(민법 제1114조 참조). 증여 당시 법정상속분의 2분의 1을 유류분으로 갖는 배우자나 직계비속이 공동상속인으로서 유류분권리자가 되리라고 예상할 수 있는 경우에, 제3자에 대한 증여가 유류분권리자에게 손해를 가할 것을 알고 행해진 것이라고 보기 위해서는, 당사자 쌍방이 증여 당시 증여재산의 가액이 증여하고 남은 재산의 가액을 초과한다는 점을 알았던 사정뿐만 아니라, 장래 상속개시일에 이르기까지 피상속인의 재산이 증가하지 않으리라는 점까지 예견하고 증여를 행한 사정이 인정되어야 한다.

[2] 유류분반환청구권은 유류분권리자가 상속의 개시와 반환하여야 할 증여 또는 유증을 한 사실을 안 때로부터 1년 내에 하지 아니하면 시효에 의하여 소멸한다(민법 제1117

조). 이러한 유류분반환청구권 단기소멸시효의 기산점으로서 '반환하여야 할 증여 또는 유증을 한 사실을 안 때'는 증여 또는 유증이 있었다는 사실 및 그것이 반환하여야 할 것임을 안 때라고 해석하여야 한다.

[3] 유류분권리자가 피상속인으로부터 그 소유 부동산의 등기를 이전받은 제3자를 상대로 등기의 무효 사유를 주장하며 소유권이전등기의 말소를 구하는 소를 제기하고 관련 증거를 제출하였으나, 오히려 증여된 것으로 인정되어 무효 주장이 배척된 판결이 선고되어 확정된 경우라면, 특별한 사정이 없는 한 그러한 판결이 확정된 때에 비로소 증여가 있었다는 사실 및 그것이 반환하여야 할 것임을 알았다고 보아야 한다.

[4] 상속이 개시되면 일정 범위의 상속인은 피상속인의 재산에 대해서 일정한 비율을 확보할 수 있는 유류분권을 가진다. 피상속인의 유증 또는 증여로 인하여 유류분권리자가 그 유류분에 미치지 못하는 상속재산을 받게 된 때에는 그 유증 또는 증여를 받은 사람에 대하여 부족한 한도에서 반환을 청구할 수 있다(민법 제1115조 제1항 참조). '유류분액'은 민법 제1113조 제1항에 따라 피상속인이 상속개시 시에 가진 재산의 가액에 증여재산의 가액을 가산하고 피상속인이 상속개시 시에 부담하고 있던 채무가 있다면 그 전액을 공제하여 유류분 산정의 기초가 되는 재산액을 확정한 다음, 거기에 민법 제1112조에서 정한 유류분 비율을 곱하여 산정한다.

유류분권리자가 반환을 청구할 수 있는 '유류분 부족액'은 위와 같이 산정한 '유류분액'에서 유류분권리자가 받은 특별수익액과 순상속분액을 공제하는 방법으로 산정한다.

**제1113조(유류분의 산정)** ① 유류분은 피상속인의 상속개시시에 있어서 가진 재산의 가액에 증여재산의 가액을 가산하고 채무의 전액을 공제하여 이를 산정한다.

② 조건부의 권리 또는 존속기간이 불확정한 권리는 가정법원이 선임한 감정인의 평가에 의하여 그 가격을 정한다.

*[본조신설 1977. 12. 31.]*

**제1114조(산입될 증여)** 증여는 상속개시전의 1년간에 행한 것에 한하여 제1113조의 규정에 의하여 그 가액을 산정한다. 당사자 쌍방이 유류분권리자에 손해를 가할 것을 알고 증여를 한 때에는 1년전에 한 것도 같다.

*[본조신설 1977. 12. 31.]*

**제1115조(유류분의 보전)** ① 유류분권리자가 피상속인의 제1114조에 규정된 증여 및 유증으로 인하여 그 유류분에 부족이 생긴 때에는 부족한 한도에서 그 재산의 반환을 청구할 수 있다.

② 제1항의 경우에 증여 및 유증을 받은 자가 수인인 때에는 각자가 얻은 유증가액의 비례로 반환하여야 한다.

*[본조신설 1977. 12. 31.]*

**소유권말소등기**

[대법원 2022. 2. 10., 선고, 2020다250783, 판결]

【판시사항】

[1] 유류분제도에 관한 민법 제1112조, 제1113조, 제1118조와 제1008조가 피상속인의 재산처분의 자유와 수증자의 재산권을 과도하게 침해함으로써 헌법 제23조 제1항과

제37조 제2항에 위반되는지 여부(소극)

[2] 유류분의 통상적 반환방법(=원물반환) / 증여나 유증 후 그 목적물에 관하여 제3자가 저당권이나 지상권 등의 권리를 취득한 경우, 유류분권리자가 원물반환 대신 그 가액의 반환을 구할 수 있는지 여부(원칙적 적극) 및 그럼에도 유류분권리자가 스스로 위험이나 불이익을 감수하면서 원물반환을 구하는 경우, 법원은 원물반환을 명하여야 하는지 여부(적극)

[3] 유류분반환의 범위를 산정하기 위하여 증여받은 재산의 시가를 산정할 때 기준이 되는 시기(=상속개시 당시) / 어느 공동상속인 1인이 특별수익으로서 여러 부동산을 증여받아 그 증여재산으로 유류분 부족액을 반환하는 경우, 반환해야 할 증여재산의 범위를 정하는 방법 / 증여 이후 수증자나 수증자로부터 증여재산을 양수받은 사람이 자기 비용으로 증여재산의 성상 등을 변경하여 상속개시 당시 그 가액이 증가되어 있는 경우, 그와 같은 변경이 있기 전 증여 당시의 성상 등을 기준으로 상속개시 당시 가액을 산정하여야 하는지 여부(적극) / 유류분 부족액 확정 후 증여재산별로 반환 지분을 산정할 때 기준이 되는 증여재산의 총가액은 상속개시 당시의 성상 등을 기준으로 산정하여야 하는지 여부(적극)

【판결요지】

[1] 유류분제도에 관한 민법 제1112조, 제1113조, 제1118조와 제1008조가 피상속인의 재산처분의 자유와 수증자의 재산권을 과도하게 침해함으로써 헌법 제23조 제1항과 제37조 제2항에 위반된다고 할 수 없다. 그 이유는 다음과 같다.

유류분제도는 피상속인의 재산처분행위로부터 유족의 생존권을 보호하고 법정상속분의 일정 비율에 해당하는 부분을 유류분으로 산정하여 상속인의 상속재산 형성에 대한 기여와 상속재산에 대한 기대를 보장하는 데 그 목적이 있다. 민법 제1118조에 따라 준용되는 민법 제1008조는 공동상속인 중에 피상속인으로부터 재산의 증여 또는 유증을 받은 특별수익자가 있는 경우에 공동상속인 사이의 공평을 도모하기 위하여 수증재산을 상속분의 선급으로 다루어 구체적인 상속분을 산정하는 데 참작하도록 하려는 데 그 취지가 있다.

유류분제도가 피상속인이 생전에 자유롭게 처분하는 것을 원천적으로 막는 것은 아니다. 또한 공동상속인이 피상속인으로부터 받은 증여가 모두 유류분반환의 대상인 특별수익이 되는 것은 아니고, 어떠한 생전 증여가 특별수익에 해당하는지는 피상속인의 생전의 자산, 수입, 생활수준, 가정상황 등을 참작하고 공동상속인 사이의 형평을 고려하여 생전 증여가 장차 상속인으로 될 사람에게 돌아갈 상속재산 가운데 그의 몫 일부를 미리 주는 것이라고 볼 수 있는지에 따라 판단된다. 유류분의 범위도 법정상속분의 일부로 제한되어 있다.

따라서 유류분제도에 관한 민법 제1112조, 제1113조, 제1118조와 제1008조에 따라 피상속인의 재산처분 자유와 수증자의 재산권이 과도하게 침해된다고 보기 어렵다.

[2] 민법은 유류분의 반환방법에 관하여 별도의 규정을 두고 있지 않다. 그러나 증여 또는 유증대상 재산 그 자체를 반환하는 것이 통상적인 반환방법이므로, 유류분권리자가 원물반환의 방법으로 유류분반환을 청구하고 그와 같은 원물반환이 가능하다면 특별한 사정이 없는 한 법원은 유류분권리자가 청구하는 방법에 따라 원물반환을 명하여야 한다.

증여나 유증 후 그 목적물에 관하여 제3자가 저당권이나 지상권 등의 권리를 취득한 경우에는 원물반환이 불가능하거나 현저히 곤란하므로, 반환의무자가 목적물을 저당권 등의 제한이 없는 상태로 회복하여 이전해 줄 수 있다는 등의 예외적인 사정이 없는 한 유류분권리자는 반환의무자를 상대로 원물반환 대신 그 가액의 반환을 구할 수 있다. 그러나 그렇다고 해서 유류분권리자가 스스로 위험이나 불이익을 감수하면서 원물반환을 구하는 것까지 허용되지 않는다고 볼 것은 아니므로, 그 경우에도 법원은 유류분권리자가 청구하는 방법에 따라 원물반환을 명하여야 한다.

[3] 유류분반환의 범위는 상속개시 당시 피상속인의 순재산과 문제 된 증여재산을 합한 재산을 평가하여 그 재산액에 유류분청구권자의 유류분비율을 곱하여 얻은 유류분액을 기준으로 산정하는데, 증여받은 재산의 시가는 상속개시 당시를 기준으로 산정해야 한다.

어느 공동상속인 1인이 특별수익으로서 여러 부동산을 증여받아 그 증여재산으로 유류분권리자에게 유류분 부족액을 반환하는 경우 반환해야 할 증여재산의 범위는 특별한 사정이 없는 한 민법 제1115조 제2항을 유추적용하여 증여재산의 가액에 비례하여 안분하는 방법으로 정함이 타당하다. 따라서 유류분반환 의무자는 증여받은 모든 부동산에 대하여 각각 일정 지분을 반환해야 하는데, 그 지분은 모두 증여재산의 상속개시 당시 총가액에 대한 유류분 부족액의 비율이 된다.

다만 증여 이후 수증자나 수증자로부터 증여재산을 양수받은 사람이 자기의 비용으로 증여재산의 성상(性狀) 등을 변경하여 상속개시 당시 그 가액이 증가되어 있는 경우, 유류분 부족액을 산정할 때 기준이 되는 증여재산의 가액에 관해서는 위와 같이 변경된 성상 등을 기준으로 증여재산의 상속개시 당시 가액을 산정하면 유류분권리자에게 부당한 이익을 주게 되므로, 그와 같은 변경이 있기 전 증여 당시의 성상 등을 기준으로 상속개시 당시 가액을 산정해야 한다.

반면 유류분 부족액 확정 후 증여재산별로 반환 지분을 산정할 때 기준이 되는 증여재산의 총가액에 관해서는 상속개시 당시의 성상 등을 기준으로 상속개시 당시의 가액을 산정함이 타당하다. 이 단계에서는 현재 존재하는 증여재산에 관한 반환 지분의 범위를 정하는 것이므로 이와 같이 산정하지 않을 경우 유류분권리자에게 증여재산 중 성상 등이 변경된 부분까지도 반환되는 셈이 되어 유류분권리자에게 부당한 이익을 주게 되기 때문이다.

**제1116조(반환의 순서)** 증여에 대하여는 유증을 반환받은 후가 아니면 이것을 청구할 수 없다.

*[본조신설 1977. 12. 31.]*

**제1117조(소멸시효)** 반환의 청구권은 유류분권리자가 상속의 개시와 반환하여야 할 증여 또는 유증을 한 사실을 안 때로부터 1년내에 하지 아니하면 시효에 의하여 소멸한다. 상속이 개시한 때로부터 10년을 경과한 때도 같다.

*[본조신설 1977. 12. 31.]*

**제1118조(준용규정)** 제1001조, 제1008조, 제1010조의 규정은 유류분에 이를 준용한다.

*[본조신설 1977. 12. 31.]*

## 부칙

*〈법률 제17905호, 2021. 1. 26.〉*

**제1조(시행일)** 이 법은 공포한 날부터 시행한다.

**제2조(감화 또는 교정기관 위탁에 관한 경과조치)** 이 법 시행 전에 법원의 허가를 받아 이 법 시행 당시 감화 또는 교정기관에 위탁 중인 경우와 이 법 시행 전에 감화 또는 교정기관 위탁에 대한 허가를 신청하여 이 법 시행 당시 법원에 사건이 계속 중인 경우에는 제915조 및 제945조의 개정규정에도 불구하고 종전의 규정에 따른다.

**제3조(다른 법률의 개정)** 가사소송법 일부를 다음과 같이 개정한다.

제2조제1항제2호가목14)를 삭제한다.

**제4조(「가사소송법」의 개정에 관한 경과조치)** 이 법 시행 전에 법원에 감화 또는 교정기관 위탁에 대한 허가를 신청하여 이 법 시행 당시 법원에 계속 중인 사건에 관하여는 부칙 제3조에 따라 개정되는 「가사소송법」 제2조제1항제2호가목14)의 개정규정에도 불구하고 종전의 규정에 따른다.

## 부칙

*〈법률 제19069호, 2022. 12. 13.〉*

**제1조(시행일)** 이 법은 공포한 날부터 시행한다.

**제2조(미성년자인 상속인의 한정승인에 관한 적용례 및 특례)** ① 제1019조제4항의 개정규정은 이 법 시행 이후 상속이 개시된 경우부터 적용한다.

② 제1항에도 불구하고 이 법 시행 전에 상속이 개시된 경우로서 다음 각 호의 어느 하나에 해당하는 경우에는 제1019조제4항의 개정규정에 따른 한정승인을 할 수 있다.

1. 미성년자인 상속인으로서 이 법 시행 당시 미성년자인 경우
2. 미성년자인 상속인으로서 이 법 시행 당시 성년자이나 성년이 되기 전에 제1019조제1항에 따른 단순승인(제1026조제1호 및 제2호에 따라 단순승인을 한 것으로 보는 경우를 포함한다)을 하고, 이 법 시행 이후에 상속채무가 상속재산을 초과하는 사실을 알게 된 경우에는 그 사실을 안 날부터 3개월 내

## 부칙

*〈제19098호,2022. 12. 27.〉*

이 법은 공포 후 6개월이 경과한 날부터 시행한다.

# 관련 법률용어


민법 ······ 383

총 칙 ······ 383

물권법 ······ 502

채권법 ······ 591

친 족 ······ 709

상 속 ······ 747

민사특별법 ······ 773

부동산등기법 ······ 782

총 칙 ······ 782

등기소와 등기관 ······ 784

등기장부 ······ 785

등기절차 ······ 787

# 민 법 개 요

민법은 사람의 재산관계 및 신분관계를 규정하는 일반사법이다. 이를 나누어 설명하면, 우선 민법은 사법에 속한다. 법을 공법과 사법으로 구분하는 것은 일반적으로 승인되고 있는 것이지만 종래 그 구별의 기준에 대하여는 이론이 있다. 법이 보호하여야 할 이익이 공익인가 사익인가를 기준으로 하여야 한다는 이익설, 법률관계의 한편의 주체가 국가 기타의 공익단체인 경우가 공법이고 그 반대의 경우가 사법이라고 하는 주체설, 권력복종의 관계를 규정하는 법이 공법이고 평등관계를 규정하는 법이 사법이라고 하는 관계설, 통치권의 발동에 관한 법이 공법이고 그렇지 않은 경우가 사법이라고 하는 통치관계설 등이 그것이다. 사람의 생활관계에는 국민으로서의 생활관계와 인간으로서의 생활관계가 있다. 전자를 규율하는 법이 공법이고, 후자를 규율하는 법을 사법으로 보는 생활관계설의 견해가 일반적이다. 본디 법을 공법과 사법으로 나누어 고찰하는 것은 정치사회와 경제사회 및 시민사회의 구별에 대응한 것으로 이와 같은 구별은 근대사회의 특질에서 기인하는 것이다.

다음에 민법은 사법 가운데에서도 이른바 일반사법에 속하는 법이다. 즉 상사관계를 제외한 인간으로서의 생활관계를 규율하는 법이 민법이다. 이러한 민법의 내용은 재산관계를 규율하는 부분(이른바 재산법)과 신분관계를 규율하는 부분(이른바 신분법 또는 가족법)으로 구성되어 있다. 결국 민법은 사람들의 일반적인 생활관계를 규율하는 법률인 것이다.

현행민법은 1958년 2월 21일 법률 제471호로 제정되어 수차례의 개정을 거쳐 오늘에 이르고 있다. 그 구성으로 제1편 총칙은 권리의 주체(인), 객체(물), 법률행위, 대리, 조건, 기한, 기간 및 시효 등에 관하여 규정하고 있다. 총칙으로서 가족법(신분법)에는 적용되지 않는 경우가 많다. 제2편은 물권으로 이른바 물권법정주의를 취하고 물권변동에 관하여 형식주의를 규정하여 소유권, 점유권, 용익물권 및 담보물건에 관하여 규정하고 있다. 제3편 채권편에서는 채권의 일반효력을 규정한 총칙과 채권발생의 원인인 계약, 사무관리, 부당이득 및 불법행위에 관하여 규정하고 있는 각칙으로 나누어져 있다. 그밖에 제4편, 제5편에서는 신분관계에 관한 부분인 친족, 상속에 관하여 규정하고 있다.

# 민 법

## 총 칙

**민법**(民法)
영 ; civil law
독 ; Burgerliches Recht
불 ; droit civil

(1) 민법의 연혁 및 어원 : 민법은 독일어로(Bargerliches Recht나 Zivilrecht)라 부르며, 불어로는 droit civil이라고 부른다. 그러나 용어는 모두 로마법 ius civile를 번역한 것에 불과하다. 원래 ius civile(시민법)는 로마시민권을 가진 자에게만 적용되는 법체계로서 로마시민권이 없는 자와의 법률관계를 규율하는 법체계인 ius genti-um(만민법)과 대립하는 것이었다. 그후 ius civile의 점차 확대 적용되었으며 A. D. 212년에 제국내의 모든 자연인에게 시민권이 부여되면서 모든 국민에게 적용되는 법체계가 되었다. 그러나 그 내용은 로마의 법학자들이 ius privatum(사법)이라 부르던 개인과 그의 가족에 관한 사법에 제한되었던 것이다. 그 후 근세 초에 이르러 로마법이 계수 되면서 공·사법의 구별을 알지 못하던 게르만법체계에 공·사법의 구별을 가져왔다. 그리하여 ius civile는 사법(Privatrecht)에 부합하는 법률용어가 되었으며 18세기 이래로 제정된 여러 사법전은 ius civile를 번역한 용어로 불리우게 되었다. 이 용어가 퍼져가는데 가장 큰 역할을 한 것은 프랑스민법전(Code Civil)과 독일민법전(Brgerliches Gesetzbuch : BGB)이다. 우리가 쓰고 있는 「민법」이라는 말은 일본인이 네덜란드어 Burgeryk Regt를 번역한 것이라고 한다.

(2) 민법의 의의·체계는 다음과 같다. ㉮ 사법이며 일반법이다. 사법이란 사적 생활관계를 규율하는 법으로 공적 생활관계를 규율하는 법으로 공적 생활관계를 규율하는 공법이나 노동생활관계·경제생활관계·복지생활관계를 배분적 정의에 입각하여 규율하는 사회법에 대치되는 개념이다. 또한 일반법이란 사람·장소·사물의 전반에 대해서 일반적으로 적용되는 법률로서 그 일부에만 적용되는 특별법에 대치되는 개념이다. ㉯ 재산법과 가족법을 포괄하는 일반법이다. 사회생활관계는 소유를 중심으로 하는 재산 관계와 친자·부부 등의 가족을 중심으로 하는 가족관계의 두 분야로 나눌 수 있다. 민법은 이 두 분야를 모두 규제하는 법이다. ㉰ 행위규범이면서 재판규범이다. 민법은 사회의 불특정한 일반인을 대상으로 하는 법이므로 개인은 일상생활에서 반드시 지켜야한다(행위규범). 그러나 이것이 지켜지지 않아 분쟁이 일어나서 법원에 소가 제기될 경우 민법은 법원이 판결할 수 있는 기준이 된다(재판규범). ㉱ 실체법이다. 민법은 직접적으로 권리·의무에 관하여 정한 실체

법이다. 그리고 실체법이 정한 내용을 법원이나 그 밖의 기관이 실현하는 절차를 정한 법이 민사소송법 등의 절차법이다. ㉶ 민법의 의의는 실질적 의미와 형식적 의미로 나눌 수 있다. 실질적 의미의 민법은 상법 등의 특별사법에 대한 개념으로 사법의 일반법을 말한다. 이른바 실질적 의미의 민법이란 개인으로서의 일반적인 생활관계를 자유·평등을 기조로 하여 규정한 법이라고 할 수 있다. 형식적 의미의 민법은 민법이란 명칭을 가진 성문법전을 말한다. 즉 실질적 의미의 민법을 체계화하여 편찬한 법전을 뜻한다.

## 권리의 포기(權利의 抛棄)

자기가 가지는 권리를 소멸시키기 위하여 행하는 행위. 포기한다는 취지의 적극적 의사표시에 의하는 점에서 권리의 불행사와 구별된다. 권리를 포기하는 것은 원칙적으로 권리자의 자유이나 공권이나 가족권(신분권)과 같은 것은 그 성질상 포기할 수 없는 것을 원칙적으로 하며 재산권이라도 타인의 이익을 해치는 경우에는 포기할 수 없다.

> <u>인지청구권은 본인의 일신 전속적인 신분관계상의 권리로서 포기할 수 없고 포기하였다 하더라도 그 효력이 발생할 수 없는 것</u>이므로 비록 인지청구권을 포기하기로 하는 화해가 재판상 이루어지고 그것이 화해조항에 표시되었다 할지라도 동 화해는 그 효력이 없다*(대법원 1987. 1. 20. 선고 85므70 판결)*.

## 권리관계(權利關係)

권리관계라 함은 사람과 사람 간에 있어서 법률상에 의무를 강제할 수 있는 관계를 말한다. 예컨대 甲·乙간에 매매계약이 성립한 때에는 매도인 채권자는 그 대금의 교부를 받을 권리가 있으므로 채무자인 매수인을 강제할 수가 있다. 즉 이 강제할 수 있는 관계가 권리관계인 것이다.

## 법정의무(法定義務)

법률·명령의 규정에 의하여 당연히 부담하는 의무. 예컨대 친권자가 자기 집에 있는 미성년자인 자녀를 보호 감독하는 의무를 부담하는 것과 같다. 이 경우에 미성년자가 제3자에 대하여 끼친 손해에 관하여는 배상책임을 진다(민§755).

## 권한(權限)

독 ; Zuständigkeit, Kompetenz

타인을 위하여 그 자에 대하여 일정한 법률효과를 발생케 하는 행위를 할 수 있는 법률상의 자격이다(예 : 대리인의 대리권·법인이사의 대표권·사단법인사원의 결의권·선택채권의 선택권 등). 그러나 권리를 가지는 자가 타인을 위하여 그러한 효과를 발생시키는데 있어서 이익을 가지는 경우에는 권리라고 하여도 상관없다.

## 사법(私法)

영 ; private law
독 ; Privatrecht Zivilrecht
불 ; droit prive

사법이란 사인 상호간의 일상생활관계를 규율하는 법이다. 공법이 권력관계의 법·공익에 관한 법·국가에 관한 법인데 반해 사법은 법과 대등한 관계의 법·사익에 관한 법·사인에 관한 법으로 볼 수 있다. 구체적으로 말하면 민법과 상법 그 밖의 민사특별법(어음법, 수표법 등)이 이에 해당된다(자세한 것은 공법 참조).

공법과 사법의 구별기준

| 학설 | 내용 |
| --- | --- |
| 이익설 | 보호하고자 하는 이익이 공인이냐 사익이냐를 기준으로 하는 견해로서, 공익을 보호하는 것이 공법, 사익을 보호하는 것이 사법이라고 본다. |
| 성질설 | 법률관계의 성질에 따라 평등·대등한 관계를 규율하는 법이 사법, 불평등한 관계를 규율하는 법이 공법이라는 견해이다. |
| 주체설 | 국가 기타 공공단체 상호간의 관계나 공공단체와 사인간의 관계를 규율하는 법이 공법, 사인과 사인간의 관계를 규율하는 법이 사법이라는 견해이다. |
| 생활관계설 | 국민으로서의 생활관계를 규율하면 공법관계, 인류로서의 생활관계를 규율하면 사법관계로 보는 견해이다. |

## 재산법·가족법(財産法·家族法)

민법은 그 규제대상에 따라 재산법과 가족법으로 구성되어 있다. 개인간의 사회생활을 규율하는 사법관계는 경제적 생활관계(재산관계)와 가족적 생활관계(가족관계)로 크게 분류되는데, 전자를 규율하는 법규를 재산법이라 하고 후자를 규율하는 법규를 가족법(신분법)이라 한다. 민법상의 물권·채권법과 상법은 재산법의 주요한 것이고 민법상의 친족·상속법은 가족법(신분법)의 주요한 것이다. 상속법은 재산의 상속 또는 사인처분(死因處分)을 규율하므로 재산법이라고도 볼 수 있으나 친족법과 밀접하게 관계하므로 보통 가족법(신분법)의 일부로 취급한다. 재산관계는 합리적인 경제관계이다. 따라서 경제행위에 대한 외적규범인 재산법은 보통 임의규정으로써 이루어지며 강행규정은 예외적으로 이루어진다. 반면에 가족관계는 비합리적인 전인격적인 결합관계이다. 따라서 사람의 가족생활에 대한 내적규범인 가족법(신분법)은 원칙적으로 강행규정으로 이루어지고 자유의사에 의한 행위는 혼인·결혼·입양·파양 등 가족관계의 득실변경에 관해서만 인정될 뿐 그 밖의 가족관계의 이탈·변경은 원칙적으로 인정되지 않는다. 이와 같이 사적자치의 원칙이나 동적 안전의 존중 등은 주로 재산법 분야에 한한다. 재산법과 가족법(신분법)의 차이는 이와 같은 법률상의 지도원리의 차이에 의거한다. 민법총칙은 법전의 형식상으로는 물권·채권·친족·상속 등 각편에 공통되는 일반규정을 두고 있으므로 민법전체의 통칙적 지위에 있다. 그러나 민법총칙은 주로 민법상의 재산법에 대한 통칙을 정한 것으로 가족법(신분법)에는 적용되지 않는 것이 많이 있다.

가족법에 적용되는 민법총칙 규정

(1) 법원에 관한 민법 제1조
(2) 신의칙 · 권리남용금지원칙에 관한 민법 제2조
(3) 주소에 관한 민법 제18조 내지 제21조
(4) 부재와 실종에 관한 민법 제22조 내지 제30조
(5) 물건에 관한 민법 제98조 내지 제102조
(6) 반사회질서의 법률행위 무효에 관한 민법 제103조
(7) 무효행위의 전환에 관한 민법 제138조
(8) 기간에 관한 민법 제155조 내지 제161조

## 민법전(民法典)

영 ; civil code
독 ; Burgerliches Gesetzbuch(BGB)
불 ; code civil

민법전은 민법의 명칭을 가진 법전을 말한다. 법전이라 함은 체계적으로 편집된 일단의 법률을 뜻한다. 민법전은 5편으로 되어 있고 각 편이 장·절 등으로 편집된 본문 제1118조(총1106개조)와 부칙 28조 및 개정부칙으로 구성되어 있는 일대법전이다. 민법전을 보통 민법이라고 부르고 있다. 이 의미에서의 민법을 형식적 의미의 민법이라고 한다. 민법전에 수록되어 있는 조문을 그 대부분이 실질적 의미의 민법이지만 실질적 의미의 민법과 형식적 의미의 민법이 반드시 일치하는 것은 아니다. 예컨대 민법전 속에는 법인의 이사·감사·청산인에 대한 벌칙규정(민 §97)·채권의 강제이행(§389)등과 같은 공법적인 규정도 포함되어 있다. 이러한 규정들은 공법규정이므로 실질적 의미의 민법은 아니다. 반대로 민법전에 수록되어 있는 것 이외에 관습법 내지 불문법으로서 실질적 의미의 민법도 존재한다. 즉 민법전은 실질적 의미의 민법법규를 집대성한 것이지만 실질적 민법에 관한 규정을 모두 포괄하고 있지 못하여 이자제한법·부동산등기법·유실물법·공탁법·신탁법 등의 기타 단행법 속에 실질적 의미의 민법에 속하는 사항이 규정되어 있는가 하면 관습법 내지 불문법으로서의 실질적 민법도 존재한다. 영국과 미국을 제외한 근대국가는 19세기 초부터 완비된 민법전을 제정하여 사용하고 있다. 우리나라 민법은 한일합병 이전까지는 경국대전·속대전 등의 관습법이 있었을 뿐 근대적 의미의 민법전을 가지고 있지 못하였다. 그러다가 합방 후에는 조선민사령에 의하여 일본의 민법을 의용하여 사용하였다. 의용민법은 광복 후 군정법령 제21호 및 구헌법 제100조에 의해서 그대로 사용되다가 현행 민법이 1958년 2월 22일에 법률 제471호로서 공포되고 1960년 1월 1일부터 시행됨으로써 폐지되었다. 1960년 1월 1일부터 민법전이 시행된 이래로 약 50년 동안 모두 17차(타법 개정으로 인한 개정 포함)에 걸친 개정이 있었다.

제1차 개정(1962 12. 29. 법률 제1237호)은 강제분가에 관한 민법 제789조 1항을 개정하여 법정분가에 관한 1개항을 신설하여 이를 1항으로 하고 종래의 강제분가의 규정을 2항으로 두었다. 제2차 개정(1962. 12. 31. 법률 제1250호)과 제3차 개정(1964. 12. 31 법률 제1668호)은 모든 부칙 제10조 1항이 정하는 등기기간을 연장한 것이다. 제4차 개정(1970. 6. 18. 법

률 제2200호)도 부칙규정의 개정이다. 제5차개정(1977. 12. 31 법률 제3051호)은 가족법에 관한 상당히 큰 규모의 개정이었다. 그 내용은 (1) 성년자의 혼인에는 부모의 동의가 필요 없는 것으로 한 개정(민§808), (2) 성년의제 규칙의 신설(§826의2), (3) 부부의 소속불분명재산을 부부의 고유재산으로 추정한 개정(§830②), (4) 협의이혼의 경우 가정법원의 확인을 얻도록 한 개정(§836①), (5) 子에 대한 친권을 원칙적으로 부부가 공동으로 행사하도록 한 개정(§909①②), (6) 특별수익자의 상속분의 단서를 삭제(§1008), (7) 유처(遺妻)의 법정상속분을 유리하게 조정하는 개정(§1009①②), (8) 유류분제도의 신설(§1112~§1118) 등이다. 제6차 개정(1984. 4. 10. 법률 제3723호)은 ㉮ 특별실종기간을 3년에서 1년으로 단축하고 항공기에 의한 실종을 특별실종에 추가하였고(§27), ㉯ 구분지상권규정을 신설하였고(§289의2), ㉰ 전세권에 우선변제적 효력을 인정하여 投下資本回收(투하자본회수)를 보장하였고(§30 3), ㉱ 건물전세권자의 지위의 안정성을 보장하였고(§312), ㉲ 건물전세권의 법정갱신제도 및 전세금증감청구권제도를 신설하였다(§312의2). 제7차 개정(1990. 1. 13. 법률 제4199호)은 ㉮ 호주의 승계와 재산상속의 규정을 대폭 개정하였고, ㉯ 부부의 이혼시 자의 면접교섭권과 상속재산에 특별히 기여한 부분을 공제하는 규정을 신설하였고(§837의2, §1057의2), ㉰ 재산상속시 동순위인 경우에 남녀차별없이 상속분은 균분(§1009)하도록 하였다. 제10차 개정(2001.12.29. 법률 제6544호)은 이사의 직무집행을 정지하거나 직무대행자를 선임하는 가처분을 하거나 그 가처분을 변경·취소하는 경우에는 주사무소와 분사무소가 있는 곳의 등기소에서 이를 등기하도록 하고(법 제52조의2 신설), 직무대행자는 가처분명령에 다른 정함이 있는 경우와 법원의 허가를 얻은 경우를 제외하고는 법인의 통상사무에 속하지 아니한 행위를 하지 못하도록 하였다(법 제60조의2 신설). 제11차 개정(2002. 1. 14일 법률 제6591호)은 ㉮ 상속회복청구권 기간을 그 침해를 안 날로부터 3년, 침해행위가 있은 날로부터 10년을 경과하면 소멸하도록 하였고, (§999③) ㉯ 상속채무가 상속재산을 초과하는 사실을 중대한 과실없이 상속개시일부터 3월의 기간동안 알지 못한 경우 그 사실을 안 날로부터 3월내에 한정승인을 할 수 있도록 하였다(§1019③신설). 제14차 개정(2005. 12. 29. 법률 제7765호)은 2002년 1월 14일에 신설된 「민법」제1019조제3항, 이른바 특별한정승인제도(단순승인을 하거나 단순승인으로 간주된 후 한정승인을 할 수 있는 제도)는 동법 부칙 제3항에서 그 소급적용의 범위를 "1998년 5월 27일부터 이 법 시행(2002. 1. 14.)전까지 상속개시가 있음을 안 자"로 제한하고 있는데, 이러한 부칙 제3항은 1998년 5월 27일전에 상속개시가 있음을 알았으나 그 이후에 상속채무가 상속재산을 초과하는 사실을 안 자를 포함하는 소급적용에 관한 경과규정을 두지 아니하는 한 헌법에 위반된다는 헌법재판소의 결정(2004. 1. 29. 2002헌가22 등)이 있어 이에 해당하는 자에게도 특별한정승인의 기회를 부여하기 위해 개정한 것이다. 제16차 개정(2007.12.21. 법률 제8720호)은 헌법상의 양성평등원칙 구현을 위하여 남녀의 약혼연령 및 혼인적령을 일치시키는 한편, 신중하지 못한 이혼을 방지하기 위하여 이혼숙려기간 제도를 도입하고, 이혼 가정 자녀의 양육 환경을 개선하기 위하여 협의이혼시 자녀 양육사항 합의를 의무화하는 등 현행 규정의 운영상 나타난 일부 미비점을 개선·보완하기 위한 개정이다. 그리고 제17차 개정(2009.5.8. 법률 제9650호)은 이혼시 양육비를 효율적으로 확보하기 위해 양육비의 부담에 대하여 당사자가 협의하여 그 부담내용이 확정된 경우, 가정법원이 그 내용을 확인하는 양육비부담조서를 작성하도록 하려는 것이다(제836조의2에 제5항 신설).

이 외에도 미흡한 점을 보완하고, 현실에 맞도록 수정하는 등의 개정은 계속해서 이루어지고 있다. 2011년 3월 7일 개정을 통하여 기존의 금치산·한정치산 제도를 현재 정신적 제약이 있는 사람은 물론 미래에 정신적 능력이 약해질 상황에 대비하여 후견제도를 이용하려는 사람이 재산 행위뿐만 아니라 치료, 요양 등 복리에 관한 폭넓은 도움을 받을 수 있는 성년후견제로 확대·개편하고, 금치산·한정치산 선고의 청구권자에 후견감독인과 지방자치단체의 장을 추가하여 후견을 내실화하며, 성년후견 등을 요구하는 노인, 장애인 등에 대한 보호를 강화하고, 피성년후견인 등과 거래하는 상대방을 보호하기 위하여 성년후견 등에 관하여 등기로 공시하도록 하는 한편, 청소년의 조숙(早熟)화에 따라 성년연령을 낮추는 세계적 추세와 「공직선거법」 등의 법령 및 사회·경제적 현실을 반영하여 성년에 이르는 연령을 만 20세에서 만 19세로 낮추었다. 또한 2012년 2월 10일 개정을 통하여 미성년자를 입양할 때에는 가정법원의 허가를 받도록 하고, 미성년자에 대한 파양은 재판으로만 할 수 있도록 하며, 부모의 소재를 알 수 없는 등의 경우에는 부모의 동의 없이도 입양이 가능하게 하는 등 입양제도를 개선하고, 친양자 입양 가능 연령을 현행 15세 미만에서 미성년자로 현실에 맞게 완화하는 한편, 중혼에 대한 취소청구권자에 직계비속을 추가하는 등 현행 제도의 운영상 나타난 미비점을 개선·보완하였으며, 2013년 4월 5일 개정을 통하여 유실물에 대하여 공고 후 1년 내에 소유자가 권리를 주장하지 않으면 습득자가 소유권을 가진다고 규정하고 있던 것을, 20년 전 최초로 유실물 규정이 제정된 때와는 달리 현재는 교통·통신망의 발달로 유실물이 소유자에게 반환되는 기간이 짧아지고 있으며, 유실물 중 고가의 전자기기 등은 시간이 지날수록 가치가 하락하므로 습득자의 권리를 보다 빨리 인정할 필요가 있는 점을 고려하여 유실물의 소유권이 습득자에게 귀속되는 기간을 1년에서 6개월로 단축하였다. 또한 2014년 10월 15일 개정을 통하여 부모의 학대나 개인적 신념 등으로 자녀의 생명·신체 등에 위해가 발생하는 경우에도 자녀의 보호를 위하여 친권의 상실 선고 외에는 활용할 수 있는 제도가 없었던 문제를 개선하고자, 친권을 일정한 기간 동안 제한하거나 친권의 일부만을 제한하는 제도 등을 마련하여 구체적인 사안별로 자녀의 생명 등을 보호하기 위하여 필요 최소한도의 친권 제한 조치가 가능하도록 하였으며, 2015년 2월 3일 개정을 통하여 일반 보증인을 보호하기 위하여 보증 방식 및 근보증(根保證)에 관한 규정 등을 마련하는 한편, 생활 속에 대중화·보편화되어 계속적으로 증가하는 추세인 여행과 관련하여 여러 가지 법적 문제가 발생하고 있으나 이를 직접 규율하는 법령이 없어 여행자 보호에 취약한 부분이 있으므로 이를 보완하기 위하여 여행계약의 의의, 해제·해지, 담보책임에 관한 사항을 정하는 등 여행계약에 관한 기본적인 사항을 규정하였다. 2016년 1월 6일 개정에서는 견고한 건물 등의 소유 또는 식목(植木) 등을 목적으로 하는 토지임대차를 제외한 모든 임대차의 존속기간은 20년을 넘지 못한다고 규정한 제651조 제1항은 그 입법취지가 불분명하고 계약의 자유를 침해하므로 헌법에 위반된다는 헌법재판소의 결정(2011헌바234, 2013. 12. 26. 선고)을 반영하여 임대차 존속기간에 제한을 둔 관련 규정을 폐지하였다. 이어 2016년 12월 2일 개정을 통하여 자녀를 직접 양육하지 아니하는 부모 일방이 사망하거나 자녀를 직접 양육하지 아니하는 부모 일방이 피치 못할 사정으로 면접교섭권을 행사할 수 없을 때 그 부모의 직계존속이 가정법원의 허가를 받아 손자녀와 면접교섭이 가능하도록 하였고, 2016년 12월 20일 개정을 통하여 피후견인의 직계비속은 그 직계혈족이 피후견인을 상대로 소송을 하였거나 하고 있더라도 후견인 결격사유에 해당되지 않도록 하였다. 또한 2017년 10월 31일 개정을 통하여 「민법」 제844조 제2항 중 혼인관계종료의 날부터 300일 이내에 출생한 자는 혼인 중에 포태(胞胎)한 것으로 추정하는 부분에 대한 헌법재판소의 헌법불합치결정(2013헌마623, 2015. 4. 30. 결정)의 취지를 반영하여 혼인관계가 종료된 날부터 300일 이내에 출생한 자녀에 대하여 어머니와 어머니의 전(前) 남편은 친생부인의 허가 청구를, 생부(生父)는 인지의 허가 청구를 할 수 있도록 하여 친생부인(親生否認)의 소(訴)보다 간이한 방법으로 친생추정을 배제할 수 있도록 하였다.

민법전의 구성

| | | |
|---|---|---|
| 총칙 | | 권리의 주체가 되는 사람, 객체가 되는 물건, 권리득실의 주원인이 되는 행위 등에 관해서 규정하고 있다. |
| 재산법 | 〈물권〉 | 물건을 직접적으로(사람의 행위를 媒介하지 않고서)동시에 배타적으로(일물일권주의의 원칙)지배하여 이익을 얻을 권리(점유권·소유권·지상권 등의 용익물권·질권·저당권 등의 담보물권)를 규정하고 있다. |
| | 〈채권〉 | 채권자가 채무자에게 일정한 행위(채무의 이행)를 청구하는 권리를 규정하고 있다. 특히 채권의 발생원인인 계약, 불법행위 등을 규정 |
| 가족 | 〈친족법〉 | 가족·부부·친생자·친족 등의 신분적 협동 |

| | |
|---|---|
| 법 | 체에 관해서 규정하고 있다. |
| | 〈상속법〉<br>사망으로 인한 유산의 배우자·子나 孫·부모·형제자매 등으로의 이전과 유언에 관해서 규정하고 있다. |

## 민법전구성(편별) (民法典構成〈編別〉)

민법의 구성에는 로마식 「인스티투치오넨스식」(Institutionensystem)과 독일식 「판덱텐식」(Pandektensystem)이 있다. 로마식은 로마의 법률가인 「가이우스」(Gaius)가 「법학제요」(Instiutiones)에서 사법을 인법(ius personarum)과 물법(ins reirim)으로 나누고 이에 소송법(Ius actionum)을 첨가한데서 유래한다. 동로마의 「유스티니아누스」(Justinianus)황제는 이를 모법으로 법률편찬사업을 전개하여 「법학제요」(Institutiones)라는 법전을 만들었다. 이 법계에 속하는 것은 프랑스·이탈리아·스페인·포르투갈과 라틴제국의 민법전 등이다. 독일식은 독일의 사법학자가 로마법대전의 학설휘찬(學說彙纂, Pandectae)에서 인용한 것이며 1863년의 작센(Sachsen)민법에서 비로소 채용하였는데 현행 독일민법전은 바이에른(Bayern) 민법초안식에 의하여 총칙·채권·물권·친족·상속의 순위로 배열되고 있다. 이 법계에 속하는 것은 스위스민법과 동채무법, 네덜란드·오스트레일리아·터키·중국·일본 등의 민법전이 있다. 우리 민법전은 독일식에 따르고 있다.

## 민법의 법원(民法의 法源)

영 ; source of civil law
독 ; Zivilrechtsquelle
불 ; source de dro it civil

법원(法源)이란 (1) 법의 존재형식이나 현상형태 (2) 법을 형성하는 원동력 (3) 법이 규범으로서의 가치가 인정될 수 있는 근원을 말한다. 법은 처음에 관습과 판례로 발달하여 불문법으로 존재하지만 문자로 기록되면서 통일적인 성문법이 제정되었다. 관습법과 판례법을 주요법원으로 하는 것이 불문법주의(不文法主義)이고, 문자로 기록한 법전을 주요법원으로 하는 것이 성문법주의이다. 불문법주의는 탄력적이어서 사회변동에 잘 대처할 수 있지만 법의 존재와 내용이 불명확하다. 성문법주의는 법의 존재와 내용이 명확하지만 법이 경직되어 사회변동에 잘 대처하기 어렵다. 우리 민법의 법원으로는 국가가 제정한 제정법으로서의 민법전 기타 특별민법제법규칙(特別民法諸法規則) 등의 성문민법(成文民法)과 관습법·판례법·조리 등의 불문민법을 들 수 있다. 이러한 법원의 다양성으로 인한 혼란을 방지하기 위하여 우리 민법 제1조는 「민사에 관하여 법률에 규정이 없으면 관습법에 의하고, 관습법이 없으면 조리에 의한다」고 규정하고 있다.

## 관습법(慣習法)

영 ; Common law
독 ; Gewohnheitsrecht
불 ; droit coutumier

사회질서와 선량한 풍속에 반하지 않

는 관습이 단순한 예외적·도덕적인 규범으로서 지켜질 뿐만 아니라 사회의 법적확신 내지 법적인식을 수반하여 법적확신 내지 법적인식을 수반하여 법의 차원으로 굳어진 것을 말한다. 관습법의 성립조건은 (1) 관행이 존재하여야 하고, (2) 관행에 대한 일반의 법적확신이 있어야 하며 (3) 관행이 사회질서에 위반하지 말아야 한다. 관습법은 성문법에 대하여 원칙적으로 보충적 효력을 가지는데 불과하다.

「민사에 관하여 법률에 규정이 없으면 관습법에 의하고 관습법이 없으면 조리에 의한다」고 규정한 민법 1조는 바로 이러한 의미이다. 따라서 성문법을 개폐할 변경적 효력은 없다고 보아야 한다. 그러나 다음의 경우에는 관습법이 법률과 동일한 효력을 가진다고 보아 실제로는 성문법과 모순되는 관습법이 성문법규를 제압하고 효력을 발휘하는 경우도 있다(민§106). 즉 (1) 법령 가운데 이러한 사항에 대해서는 관습에 의한다고 규정되어 있는 경우이다. 예컨대 관습에 의한 비용부담(§224)등이다. 또한 민법은 물권에 관하여는 관습법에 대하여 성문법 제1조에 대한 예외를 스스로 인정하고 있다(§185). (2) 법령에 아무런 규정이 없지만 변경적 효력이 인정되는 경우이다. 예컨대 양도담보·명인방법(明認方法)·내록관계(內錄關係) 등이다. 또 상사에 관하여는 상관습법은 상법에서는 우선하지 못하지만 민법에는 우선하여 적용된다(상§1).

관습법이란 사회의 거듭된 관행으로 생성한 사회생활규범이 사회의 법적 확신과 인식에 의하여 법적 규범으로 승인·강행되기에 이른 것을 말하고, 그러한 관습법은 법원(法源)으로서 법령에 저촉되지 아니하는 한 법칙으로서의 효력이 있는 것이고, 또 사회의 거듭된 관행으로 생성한 어떤 사회생활규범이 법적 규범으로 승인되기에 이르렀다고 하기 위하여는 헌법을 최상위 규범으로 하는 전체 법질서에 반하지 아니하는 것으로서 정당성과 합리성이 있다고 인정될 수 있는 것이어야 하고, 그렇지 아니한 사회생활규범은 비록 그것이 사회의 거듭된 관행으로 생성된 것이라고 할지라도 이를 법적 규범으로 삼아 관습법으로서의 효력을 인정할 수 없다*(대법원 2005. 7. 21. 선고 2002다1178 전원합의체 판결).*

관습법의 효력

| 견해 | 내용 |
|---|---|
| 보충적 효력설 | 관습법은 성문법이 없는 경우 그것을 보충하는 효력만 인정하는 견해이다. |
| 대등적 효력설 | 관습법은 성문법과 대등하며, 나아가 성문법을 개폐하는 효력을 인정하는 견해이다. |
| 판례 (보충적 효력설) | 가족의례준칙 제13조의 규정과 배치되는 관습법의 효력을 인정하는 것은 관습법의 제정법에 대한 열후적, 보충적 성격에 비추어 민법 제1조의 취지에 어긋나는 것이다*(대법원 1983.6.14. 선고 80다3231 판결).* |

### 판례법(判例法)

영 ; case law, judgemade law
독 ; Judikaturrecht

판례란 법원이 소송사건에 대하여 법을 해석 적용하여 내린 판단을 말하며 판례법은 이러한 판례를 법원으로 인정할 경우에 판례의 형식으로 형성된 법이다. 영미법계에서는 판례를 가장 중요한 법원으로 한다. 그러나 성문법 중심의 우리나라에서는 판례를 법원으로 할 것인가에 대하여 견해가 나누어진다. (1) 부정설 : 부정설은 ㉮ 입법과 사법은 엄격히 구분되므로 법원이 법을 정립하는 것은 삼권분립에 반하며, ㉯ 대법원의 법령에 대한 판단은 당해 사건에 한하여 하급심을 구속하기(법조§8) 때문에 장래의 재판에 있어서 그 판례가 법으로 원용되는 것은 아니라는 점을 근거로 든다. 따라서 판례는 법원을 구속하지 못할 뿐만 아니라 일반인에 대하여도 법으로서의 구속력을 갖지 않는다고 주장한다. (2) 긍정설 : 긍정설은 ㉮ 판례는 장래의 사상을 예정하여 추상적인 규범법을 정립하는 것이 아니고 구체적인 소송사건에 대한 법의 적용과정을 통하여 법적 성격을 형성하여 가는 것이므로 삼권분립의 원칙에 반하지 않으며, ㉯ 우리나라 대법원의 심판에서 판시한 법령의 해석은 그 사건에 관하여 하급심을 구속하며(법조§8), ㉰ 대법원은 판결의 변경에 신중을 기하므로 상당한 정도의 확실성을 인정할 수 있으며(법조§7①Ⅲ), ㉱ 이후의 판결이 사실상 선례를 따른다는 점을 근거로 든다. 일반적으로 하급법원이라 하더라도 재판권을 행사함에 있어서 상급법원의 판결에 구속되지 않는다. 그러나 같은 내용의 사건에 대하여 상급법원의 판례와 다르게 재판하면 상급심에서 파기되는 일이 많으므로 하급법원은 스스로 상급법원의 판결을 존중하게 된다. 또한 일반인도 패소하지 않기 위하여 판례에 따라 행동하여야 한다. 따라서 판례의 구속력은 사실상 매우 강하다. 그러나 대륙법계 국가인 우리나라에서는 판례의 법원성이 부정된다.

### 조리(條理)

영 ; naturalis ratio
독 ; Natur der Sache
불 ; nature des choses

조리는 사물의 성질·순서·도리·합리성 등의 본질적 법칙을 의미한다. 경우에 따라서는 경험칙·공서양속·사회통념·신의성실· 사회질서·정의·형평·법의 체계적 조화·법의 일반원칙 등의 명칭으로 표현되는 일도 있다. 그 법원성에 대하여는 긍정설과 부정설이 있다. 아무리 완비된 성문법이라도 완전무결할 수 없다. 따라서 법의 흠결이 있을 경우에는 조리에 의하여 보충하여야 한다. 민법 제1조는 「민사에 관하여 법률의 규정이 없으면 관습법에 의하고 관습법이 없으면 조리에 의한다」고 하여 민사재판에서 성문법도 관습법도 없는 경우에는 조리가 재판의 규범이 된다고 명문으로 규정하고 있으므로 조리는 보충적 효력을 가진다고 한다.

### 사권(私權)

영 ; private rights
독 ; subjektive private Rechte
불 ; droits prives ou civils

재산과 가족에 관한 법률관계, 즉 사법상 인정되는 권리로서 공권에 대치되는 권리이다. 법을 공법과 사법으로 나눌 수 있는 것과 마찬가지로 권리도 공권과 사권으로 나눌 수 있다. 민법상의 권리는 사권에 속한다. 사권 중에서 특히 재산권은 개인주의적 법률관에 있어서는 신성불가침의 권리로 생각되었다. 그러나 오늘날 법률이 사권을 인정하는 이유는 사회의 향상과 발전을 위한 필요 때문이다. 따라서 사권의 내용과 행사는 공공복리에 의하여 제한되고 이에 대한 위반은 권리의 남용으로 취급된다(민§3). 권리란 일정한 이익을 향유하기 위해서 주어진 법률상의 힘이므로 사권은 사법적 생활이익의 보호 또는 향유를 위하여 법률상 인정된 것이다. 때문에 사람의 사회적 생활이익이 대단히 다양한데 따라 사권도 여러 가지 표준에 의해 분류될 수 있다. 즉 사권은 내용에 따라 인격권·재산권·가족권·사원권, 작용에 따라 지배권·청구권·형성권·항변권·효력범위에 따라 절대권·상대권·이전성에 따라 일신전속권·비전속권 등으로 분류된다.

### 인격권(人格權)

영 ; personal rights
독 ; Persönlichkeitsrecht
불 ; droit de personnalite

권리자 자신의 인격적 이익향수를 보호의 목적으로 하는 사권이다. 인격권은 성질상 권리자 자신에게서 분리될 수 없는 일신전속권이므로 양도·처분할 수 없으며 시효의 대상도 되지 않는다. 민법 제751조는 타인의 신체·자유·명예를 침해한다면 불법행위가 성립된다고 규정하고 있다. 이는 인격권을 예시한 규정이므로, 이밖에도 생명·정조·신용·성명·초상 등에도 위의 인격권이 성립하다. 그리고 인격권은 사람이 법률상 인정되는 인격자라는 지위(Recht der Persönlichkeit)의 의미로 쓰이는 경우도 있겠으나 그것은 결국 권리능력과 같은 뜻이다.

> 인격권은 그 성질상 일단 침해된 후의 구제수단(금전배상이나 명예회복 처분 등)만으로는 그 피해의 완전한 회복이 어렵고 손해전보의 실효성을 기대하기 어려우므로, <u>인격권 침해에 대하여는 사전(예방적) 구제수단으로 침해행위 정지·방지 등의 금지청구권도 인정</u>된다*(대법원 1996. 4. 12. 선고 93다40614, 40621 판결).*

### 성명권(姓名權)

독 ; namensrecht

자기의 성명을 사용함을 내용으로 하는 사권. 인격권의 하나로 지배권의 성질을 가지며, 권리자의 사용을 방해하는 자 또는 부당하게 이를 사용하는 자에 대하여는 방해배제 또는 손해배상의 청구권이 발생한다. 성명이 어떻게 정해지느냐는 민법 및 그 밖의 법률에 규정되어 있다. 또 타인의 성명을 무단히 상표에 사용할 수 없는 점에 관하여서는 상표법에 규정이 있다. 어떤 경우에 타인의 성명권을 침해한 것이 되느냐 함은 공서양속(公序良俗)을 표준으로 하여 당시의 구체적인 사정에 따라서 사회통념으로 정해야 한다.

**재산권**(財産權)
영 ; property right
독 ; Vermögensrechte
불 ; droits des patrimoines

권리자의 인격이나 가족관계는 관계없이 금전적 가치를 목적으로 하고, 권리자체도 금전적 가치를 지니는 권리이다. 인격권·가족권(신분권)·사원권 등의 비재산권에 대립된다. 그러나 채권은 금전으로 가격을 산정할 수 없는 것도 목적으로 할 수 있는데(민§373), 이러한 채권도 재산권이라 할 수 있다(§162②). 한편 상속권(§1000)·부양청구권(§974)등은 재산적 가치를 내용으로 하고 있지만 인격이나 가족을 기초로 하는 권리이므로 재산권으로 취급하지 않는다. 재산권의 주요한 것은 물권·채권·무체재산권 등이다.

**저작권**(著作權)
영 ; copyright
독 ; Urheberrecht
불 ; droit k'auteur

문학·학술·예술에 속하는 저작물에 대한 배타·독점적 권리로서 무체재산권의 일종이다. 문학·학술·예술의 범주에 속하지 않는 것은 특허권·실용신안권·의장권(意匠權)·상표권 등의 객체가 된다. 저작물이란 문서·연설·회화·조각·공예·건축·지도·도형·모형·사진·악곡·악부·연주·가창·무보(舞譜)·각본(脚本)·연출·녹음필름·영화와 텔레비전, 컴퓨터프로그램저작물, 그 밖의 학문 또는 예술의 범위에 속하는 일체의 물건을 말한다. 저작자의 창작에 대한 노고와 그것이 갖는 재산적 가치에 비추어 저작자에게 이러한 권리를 인정한 것이다. 저작권은 그 성질상 국제적인 것이므로 만국저작권보호동맹이 체결되어 있다. 우리나라는 저작권법으로 보호하고 있다. 저작재산권으로 보호기간은 저작자가 생존하는 동안과 사망한 후 70년이며, 공동저작물의 저작재산권은 맨 마지막으로 사망한 저작자가 사망한 후 70년간 존속한다. 무명 또는 널리 알려지지 아니한 이명(異明)이 표시된 저작물과 업무상저작물의 저작재산권은 공표된 때로부터 70년간 존속하며, 무명 또는 이명 저작물의 경우, 저작자가 사망한지 70년이 경과하였다고 인정할 만한 사유가 발생한 경우에는 그 저작재산권은 저작자 사망 후 70년이 경과하였다고 인정되는 때에 소멸한 것으로 본다. 그리고 업무상저작물의 경우 창작한 때부터 50년 이내에 공표하지 아니한 때에는 창작한 때부터 70년간 존속한다(저작§40, 41). 저작재산권은 전부 또는 일부를 양도할 수 있으며(저작§45①) 다른 사람에게 그 저작물의 이용을 허락할 수도 있다(저작§46①).

**가족권**(신분권)(家族權(身分權))

부자·부부 기타의 친족과 같은 일정한 가족적 지위에 따르는 생활적 이익을 내용으로 하는 권리로서 친족권과 상속권으로 나누어진다. 가족권(신분권)은 일신전속권이며 원칙적으로 본인이 행사하여야 하며 임의로 타인에게 양도·상속할 수 없다. 이 점에서 재산권과 다르며 인격권과 유사하다. 가족권(신분권)은 그 지위에 따른 포괄적인 권리가 아니라 개개의 권리의 총칭에 지나지 않는다. 따라서 그 가운데는 여러 권리가 포함되고 순수한 가족적인 것 이외에 부양청구권이나 재산관리권과 같은 재산적 색채가 강한 것도 있다.

## 친족권(親族權)

친족관계의 일정한 지위에 따르는 이익을 향수할 것을 내용으로 하는 권리이다. 예를 들면 친족·후견인의 권리·배우자의 권리·부양청구권 등이다. 특정인에 대한 권리라는 점에서는 채권과 가깝지만 그 내용이 지배권이라는 점에서 물권과 유사하며 일반적으로는 포괄적인 동시에 의무적인 색채가 강한 것이 특색이다. 친족권이 타인으로부터 침해를 받게 되면 물권에서 물권적 청구권이 발생하는 것과 마찬가지로 가족법상의 청구권이 발생한다. 이 가족법상의 청구권은 그 기본이 되는 친족권과 법률상 운명을 같이 한다.

## 상속권(相續權)

상속인으로서의 지위에 따라서 발생하는 권리이다. 종래에는 호주상속권과 재산상속권으로 나누어졌지만 1990년 개정민법은 재산상속만을 상속이라 하고 호주상속권은 호주승계권으로 명칭을 바꾸어 친족편에 편입시켰다. 민법상 상속권은 다음의 두 가지 뜻으로 사용된다. (1) 상속개시 전에 추정상속인이 가지는 기대권(희망권)으로서 장래에 현재대로 상속이 개시되면 상속이 될 수 있다는 불확정한 권리이지만 법률에 의하여 보호되고 있다(민§1000). (2) 상속개시 후에 상속인이 갖는 상속권으로 현실적인 권리이다(기득권). 이는 상속의 결과로 상속인이 취득한 포괄적인 권리로서(§1005) 상속개시에 의하여 발생하는 확정적인 권리이다. 따라서 이를 침해하는 자에 대하여는 상속회복을 청구할 수 있다(§999).

## 사원권(社員權)

독 ; Mitgliedschaftrecht

사단법인의 사원이 그 자격에 기인하여 법인에 대하여 가지는 권리의무와 이 권리의무를 발생하는 기본이 되는 사원의 법률상의 지위를 합하여 사원권이라고 부른다. 사원권은 내용상 (1) 법인의 목적을 달성하기 위하여 사원에게 인정되는 의결권·업무집행권과 같은 공익권과 (2) 사원 자신의 경제적 이익을 직접적으로 확보하기 위해 인정되는 이익배당청구권·잔여재산분배청구권과 같은 자익권(自益權)으로 나눌 수 있다. 민법상의 비영리법인에서는 공익권이 중요하나 영리법인 특히 주식회사 등에는 자익권이 중시되어 공익권은 부수적인 것이 된다. 따라서 공익권은 법인기관이 가지는 권한이라고 하고 자익권만이 사원권이며, 그것도 사원인 지위에서 생기는 개개의 권리라고 보면 족하다고 하는 이른바 사원권부인론도 있다.

> "사단법인의 사원의 지위는 양도 또는 상속할 수 없다"고 한 민법 제56조의 규정은 강행규정은 아니라고 할 것이므로, 정관에 의하여 이를 인정하고 있을 때에는 양도·상속이 허용된다*(대법원 1992. 4. 14. 선고 91다26850 판결)*.

**공익권**(共益權)
독 ; gemeinnützige Recht

사원권의 일종으로서 법인자체 또는 사원의 공동의 목적을 위하여 존재하는 권리를 말한다. 예컨대 의결권·소수사원권·각종감독권·업무집행권(인적회사)등이 있다. 그러나 이것은 사원이 기관의 자격에서 가지는 권한이 아니라는 이유로 이를 부인하는 설도 있다.

**자익권**(自益權)
독 ; selbstnützige Recht

사단법인의 사원 자신의 목적을 달성하기 위하여 부여된 권리로서 사원권의 일종이다. 예를 들면 이익배당청구권·잔여재산처분청구권·설비이용권 등이다.

**고유권**(固有權)
라 ; iura singulorum, iura quaesta
독 ; Soderrecht, Einzelrecht

사단에 있어서 구성원이 가지는 권리로서, 그 구성원의 동의 없이 다른 구성원들이 다수결로써도 박탈할 수 없는 구성원의 권리를 말한다. 비영리법인이나 공법인 등에 있어서도 문제가 되지만 특히 주식회사의 주주의 고유권이 문제가 된다. 주식회사에 있어서는 회사가 원래 각사원의 개인적 이익추구의 수단으로서 존재하는 것이므로 다수결에 의하여 각사원의 단체구성의 목적을 부인하는 것은 허용되지 않는다. 즉 고유권리론은 사원의 본질적 이익 보호를 위한 다수결원칙의 한계가 되는 것이다. 따라서 정관변경 또는 주주총회의 결의로써도 박탈할 수 없는 권리가 무엇인가에 대하여는 학설이 갈라져 있으나 결국 주식회사의 본질과 법률의 규정에 의하여 결정하는 수밖에 없다. 일반적으로 공익권 가운데 의결권은 다수결의 이론적 전제로서 법률의 규정에 의한 경우 이외에는 뺏을 수 없으며 그 이외의 권리도 정관에 의해 자치적 취급을 법정한 것 이외에는 박탈할 수 없다. 자익권 가운데에서도 주식자유양도권·신주인수권·주권교부청구권·주식명의 개서청구권 등은 성질상 박탈할 수 없고 이익배당청구권을 영구히 정지하거나 이익배당청구권과 잔여재산분배청구권을 동시에 박탈하는 것은 허용되지 않는다. 어쨌든 이 문제는 실정법상 대부분 해결되어 있으며 그 이론상 실익은 그리 크지 않다. 고유권은 형사소송에서 변호권의 내용으로 사용되기도 한다.

**지배권**(支配權)
독 ; Herrschaftsrecht, Beherrschungsrecht

타인의 행위를 개재시키지 않고서 일정한 객체에 대하여 직접 지배력을 발휘할 수 있는 권리이다. 물권이 가장 전형적인 지배권이며, 그밖에 저작권이나 등기권 등의 무체재산권이 이에 속한다. 친권·후견권 등도 비록 사람을 대상으로 하지만 상대방의 의사를 억누르고 권리내용을 직접 실현하는 점에서 지배권이다. 인격권도 인격적 이익을 직접 지배하는 권리이므로 지배권이다. 지배권을 침해하는 자가 있을 경우에는 그 자에 대하여 손해배상청구권 및 방해제거청구권(예컨대 물권적 청구권)이 발생한다. 이밖에 지배인의 대리권(Pro kura)도 지배권이라 불린다.

### 청구권(請求權)

독 ; Anspruch

특정인이 타인에 대하여 작위 또는 부작위를 요구할 수 있는 권리이다. 권리실현을 위하여 그 타인의 행위를 필요로 하는 점에서 객체를 직접 지배하는 지배권과 근본적으로 다르다. 또한 타인이 청구에 응하지 않을 때에는 권리의 실현을 위하여 국가의 조력을 얻어야 한다. 채권은 그 대표적인 예이다. 다만, 채권은 모두 청구권이지만 청구권 모두가 채권은 아니다. 그 밖에 지배권인 물권이 어떠한 형태로 그 원만한 지배형태가 방해되었을 때에 생기는 물권적 청구권이나, 부양청구권(민§974)·부부간의 동거청구권(§826②) 등의 가족법상의 청구권도 이에 포함된다. 청구권 경합이란 동일한 경제적 목적을 가진 수개의 청구권이 공존하는 것이다. 특히 동일당사자간에 동일사실에 대한 다수의 청구권을 발생하는 요건을 충족시키는 경우에는 그 경합을 인정하느냐가 문제가 된다. 예컨대 임차인이 실화로 임차가옥을 불태우고 채무불이행과 불법행위가 겹쳐서 성립하는 경우이다. 이에 대하여 (1) 양쪽의 요건을 갖출 때에는 각각의 것을 원인으로 하여 두 가지의 손해배상청구권이 발생한다고 보아 두 가지 모두를 청구하거나 어느 한쪽만을 청구할 수 있도록 경합을 인정하는 청구권경합설과 (2) 당사자의 관계 또는 행위의 모습 등에 의하여 판단하여 어느 한쪽만이 발생한다는 경합을 인정하지 않는 법조경합설이 있다.

> 전세권자는 전세물인 가옥을 선량한 관리자의 주의로써 보관할 의무가 있고 계약이 해지되면 전세물을 반환하여야 하는 채무를 지는 것이므로 <u>전세권자의 실화로 인하여 가옥을 소실케 하여 그 반환의무를 이행할 수 없게 된 때</u>에는 한편으로는 과실로 인하여 전세물에 대한 소유권을 침해한 것으로서 <u>불법행위가 되는 동시</u>에 한편으로는 과실로 인하여 채무를 이행할 수 없게 됨으로써 <u>채무불이행이 되는 것</u>이다*(대법원 1967. 12. 5. 선고 67다2251 판결)*.

### 비재산적 청구권(非財産的 請求權)

예컨대 유골인도청구권과 같이 금전적 가치가 없는 행위를 목적으로 하는 청구권일지라도 법률상 보호할 가치가 있는 이상 마땅히 법률상의 권리로서 유효하게 존재할 수 있는 것이다(민§373).

## 형성권(形成權)

독 ; Gestaltungsrecht

권리자의 일방적 의사표시에 의하여 새로운 법률관계의 형성, 즉 권리의 발생·변경·소멸이라는 일정한 법률효과를 발생시키는 권리이다. 가능권(Kannrecht)이라고도 한다. 형성권은 재산권도 가족권도 아니다. 형성권에는 (1) 권리자의 의사표시만으로써 효과를 발생하는 것, 예컨대 벌률행위동의권(§5, §10)·취소권(§140~§146)·추인권(§143~§145)·계약해지권과 해제권(§543)·상계권(§492)·매매의 일방예약완결권(§564)·약혼해제권(§805)·상속포기권(§1041) 등과 (2) 법원의 판결에 의하여 비로소 효력이 발생하는 것, 예컨대 채권자취소권(§146)·친생부인권)(§846)·혼인취소권(§816~§825)·재판상혼인권(§840~§843)·입양취소권(§884~§897)·재판상파양권(§905~§900)등이다. 이와 같이 재판에 의해서만 법률관계를 형성시키는 이유는 형성권 행사의 효과가 일반 제3자에게 미치는 영향이 크기 때문이다. 그리고 이 경우에 제기하는 소를 형성의 소라고 한다.

청구권으로 불리우나 형성권인 것

(1) 공유물분할청구권
(2) 지상권자, 토지임차권자의 지상물매수청구권
(3) 전세권자, 임차인, 전차인의 부속물매수청구권
(4) 지료, 전세금, 차임증감청구권
(5) 매매대금감액청구권(민법 제572조)
(6) 지상권설정자, 전세권설정자의 지상권소멸·전세권소멸청구권

## 항변권(抗辯權)

독 ; exceptio 불 ; Einrede

타인의 청구권의 행사를 거부할 수 있는 권리이며 청구거부권이나 반대권이라고도 한다. 항변권은 상대방의 권리를 승인하면서 그 행사로 인하여 상대방의 권리의 작용에 일방적인 변경을 주는 법률효과를 발생시키는 것이기 때문에 청구거절을 내용으로 하는 특수한 형성권으로 간주된다. 항변권에는 (1) 일시이행을 거절하여 청구권의 효력을 일시적으로 저지하는 연기의 효력을 발생시키는 연기적(延期的)·정지적 항변권(dilatorische od. dauernde Einrede)과 (2) 영구적으로 이행을 거부하여 청구권소멸의 효력을 발생시키는 부정적·영구권 항변권 혹은 멸각적(滅却的) 항변권(peremptorische od. dauernde Einrede)의 두 가지로 나눌 수 있다. 동시이행의 항변권(민§536). 보증인이 가지는 최고 및 검색의 항변권(§437)등은 전자에 속한다. 후자의 예로 독일민법의 소멸시효의 항변권(독민§222), 우리 민법의 경우 한정승인의 항변권을 들 수 있다.

## 관리권(管理權)

관리권은 권리의 귀속과 행사·재산의 귀속과 관리가 법률적으로 분리한데서 발생한 권리개념이다. 관리권은 넓은 의미에서는 처분권까지 포함하지만(민§22, 211), 처분권과 대립시켜 처분권을 제외한 것을 관리권이라고도 한다. 후자의 의미에서 관리권은 재산권에

대한 처분권은 없고 다만 관리만을 내용으로 하는 권리이며, 보존행위·이용행위·개량행위 등이 여기에 해당한다(§118).

## 기대권(期待權)

독 ; Anwartschatsrecht

장래 일정한 사실이 발생하면 일정한 법률적 이익을 얻을 수 있다는 기대(희망)를 내용으로 하는 권리로서 희망권이라고도 한다. 조건(또한 기한)의 성부가 미정인 동안에 있어서의 지위(조건부권리 : 민§148, 149)가 주요한 것이나 상속의 개시 전에 있어서의 장래에 유산을 상속할 상속인의 지위도 이에 속한다. 시험에 합격하면 10만원을 준다는 계약이 체결된 때는 수험자는 시험에 합격만 하면 10만원을 받을 수 있다는 기대를 가지게 되는데 이 기대를 일종의 권리로서 인정한 것이다. 위의 사례에서 만일, 돈을 주기로 약속한 자가 돈을 주지 않을 생각으로 합격을 방해하여 불합격을 시키더라도 그 약속에 관한 이상, 합격한 것으로 인정되기 때문에 10만원을 받을 수 있게 된다(§150①). 기대권의 보호는 권리의 종류에 따라 다르나 일반적으로 기대권(특히 조건부권리)은 그 이익을 침해당하지 않는다는 소극적 보호(§148)를 받는 이외에 일반적인 규정에 따라 이것을 처분·상속·보존·담보로 제공할 수도 있다(§149).

## 기득권(旣得權)

독 ; iura quasita
영 ; vested rights
독 ; wohlerworbene Rechte
불 ; droits acquis

사람이 이미 획득한 권리로서 국가라 할지라도 이를 침해할 수 없다고 한다. 기득권은 법률에 의해서 이미 주어진 권리이다. 주로 개인의 재산권에 대하여 주장되었다. 역사적으로는 사유재산의 확립에 이바지한 이론이다. 예를 들면 10년 이상 근무한 공무원은 퇴직연금을 받을 권리가 있다(공연§46① 본문). 그러므로 공무원연금법을 개정하여 25년 근속한 공무원에게 이 퇴직연금을 지급한다고 하여, 이미 10년이 넘은 공무원들에게까지 신법을 적용하게 되면 기득권을 침해하는 결과가 된다. 나아가 이 개정법의 적용을 10년 전까지 소급시행하여 적용하면 현재 연금을 받는 자도 앞으로는 연금을 받지 못하게 될 것이다. 오늘날 기득권의 불가침은 인정되지 않지만 입법정책상 기득권은 될 수 있는 한 존중되어야 한다. 법률불소급의 원칙에 입각한 것이다.

## 절대권·상대권(絶對權·相對權)

독 ; absoultes Recht·relative Recht
불 ; droit absolu·droit relatif

권리의 대외적 효력이 사회일반에 대하여 절대적으로 미치는가 혹은 특정인에 대하여 상대적으로 미치는가에 따라서 절대권과 상대권이 구별된다. 이 구별은 권리에 대한 의무자의 범위에 의한 분류로서 주로 사권에 관하여 행해진다. 절대권은 세상의 일반인을 의무자로 하여 대항할 수 있는 권리로서 대세권(對世權)이라고도 한다. 물권·인격권·무체재산권과 같은 지배권이 전형이다. 상대권은 권리의 내용이 특정인에 대한 일정한 행위를 위한 것이므로 그 특정인만을 의무자로 하여 대항할 수 있는 권리이다. 대인권이라고도 부르며 채권과 같은 청구권이 전형이다. 그러나 오늘날은 채권도 채무자 이외의 제3자에 의하여 침해받을 수 있으므로 절대권과 상대권의 구별은 명확한 것이 아니다.

## 일신전속권(一身專屬權)

독 ; höchstpersönliches Recht
불 ; droit exclusivement attaché àla personne

권리가 그 귀속이나 행사에 대하여 특정한 권리주체에 전속하는가에 의한 구별이다. 일신전속권은 권리가 특정한 주체와의 사이에 특별히 긴밀한 관계가 있기 때문에 그 주체만이 향유·행사할 수 있는 권리이다. 일신전속권은 다음의 두 가지로 나눌 수 있다. (1) 특정한 주체만이 향유할 수 있는 것이 향유전속권(享有專屬權)(귀속상의 일신전속권)이다. 즉 권리가 그 귀속에 있어서 권리자 자신의 신분·인격과 불가분의 관계에 있는 것이다(예 : 부양청구권·대리권 등). 이는 양도·상속에 관하여 제한을 받지만 다시 ㉮ 양도·상속이 다같이 불가능한 것(예 : 친권, 부부상호의 권리 등)과 ㉯ 양도만이 불능하고 상속이 가능한 것(예; 양도금지의 특약이 있는 채권 : 민§389①, ②§449, §1005 등)으로 나누어진다. (2) 특정한 주체만이 행사할 수 있는 것이 행사전속권(행사상의 일신전속권)이다. 즉 권리를 행사함에 있어서 권리자의 개인적 의사나 감정을 무시할 수 없는 권리이다. 이것은 채권과 대위권의 목적이 될 수 없다(§404①). 이들 두 종류의 일신전속권은 관점을 달리하므로 양쪽 모두를 포함하는 일신전속의 권리도 적지 않으나(예 : 친권등의 기초권(신분권)에 많다), 행사에 관하여만 일신전속의 것(예 : 위자료청구권이라든가 향유에 관하여만 일신전속의 것(예 : 종신정기금채권)도 있다. 그리고 공권은 공익적인 취지에서 부여되는 결과로 권리주체와의 사이에 긴밀한 관계가 인정되어 일신전속적 성격을 가지는 일이 많다(봉급청구권·연금청구권 따위). 인격권과 가족권(신분권)은 일신전속권이며 재산권은 원칙적으로 비전속권이다.

## 일신전속의무(一身專屬義務)

의무의 내용상 의무자 이외의 제3자가 이행할 수 없는 것이거나 의무자의 특수한 신분에 결합된 것을 말한다. 상속의 대상이 되지 않는다. 예를 들면 특정의 화가가 그림을 그릴 채무나 부양의무 등이 있다.

## 의사자치(意思自治)

영 ; autonomy of the will
독 ; Parteiautonomie
불 ; autonomie dela volonté

일반적으로 개인의 사법관계를 그 의

사에 의하여 자유로 규율하게 하는 것, 즉 사적자치 또는 사적 자치의 원칙을 뜻하는 바 국제사법에서 특히 이말이 쓰인다. 국제사법에서 의사자치라 함은 법률행위의 준거법을 당사자의 명시 또는 묵시의 의사로서 정하는 것을 뜻하며 당사자자치라고도 한다. 당사자가 법률행위에 의할 법률을 지정한 경우에 그 지정은 두 가지의 뜻을 가질 수 있다. 하나는 법률행위의 성립 및 효력 그 자체를 지배하는 법률의 지정이고, 다른 하나는 준거법을 정하는 대신에 어느 한 곳의 법률에 의하고자 하는 지정이다. 전자를 저촉법적지정(低觸法的指定)(kollisionsrechtliche Verweisung)이라 하고, 후자를 실질적 지정(Materiwllrechtliche)이라고 한다. 그러나 의사자치에 대한 이러한 논의를 부정하는 견해도 있다.

## 사적 자치의 원칙

(私的 自治의 原則)
영 ; principle of private autonomy
독 ; Prinzip der Privatautonomie

사법상의 법률관계, 특히 거래는 개인의 자유로운 의사에 따라 결정되어 자기책임하에 규율되는 것이 이상적이며 사적생활의 영역에는 원칙적으로 국가가 개입하거나 간섭하지 않는다는 근대사법의 원칙이다. 때문에 각인은 모두 평등한 권리와 의무를 가지며 자신이 소유하는 물건을 자유로이 지배하고, 자유의사의 자치로써 타인과 협력하며, 개인의 의사에 따른 행위, 특히 과실 있는 행위에 대하여서만 책임을 진다는 구조이다. 그 중에서 소유권의 절대성·계약의 자유·과실책임이란 세 가지는 개인주의법제의 3원칙이라고도 하며 우리사회를 규율하는 가장 기본적인 법원리이다. 그런데 당사자간의 사적자치는 계약에 의하여 달성되므로 사적 자치의 원칙은 주로 계약자유의 원칙(계약체결의 자유·계약상대방 선택의 자유·계약내용결정의 자유·계약방식의 자유)으로 나타나지만, 개인이 사유하는 재산처분자유의 원칙과 상속법상의 유언자유의 원칙 등도 포함된다. 그러나 사법상의 거래관계는 각인의 의사에 맡긴다고 하더라도 그 의사가 잘못 표시된 경우 본인의 진의를 희생해서라도 외관을 신뢰한 자를 보호하지 않으면 거래의 안전을 해치게 된다. 또한 다수의 거래를 신속히 행하려고 할 때에는 미리 계약내용을 정해두고 이와 다른 계약은 하지 않도록 할 필요가 있다(부합계약). 나아가서 공공의 질서와 선량한 풍속에 반하는 계약은 무효로 하여야 한다. 특히 불리한 계약을 본의 아니게 체결 당하기 쉬운 토지·건물의 임차인, 금전의 차용인 등은 특별히 보호할 필요가 있다. 사적 자치의 원칙은 이러한 경우에 각각 제한을 받게 된다. 즉 사법상의 권리의 행사가 실질적으로 부당하다고 생각되는 경우 명문의 유무에 관계없이 권리에 대한 어떤 한계를 지어야 한다. 그리하여 오늘날은 신의성실의 원칙, 권리남용금지의 원칙, 무과실책임주의, 계약공정의 원칙 등에 의한 제한이 가해진다.

## 신의성실의 원칙

(信義誠實의 原則)
독 ; Treu und Glauben
불 ; bonne foi

「권리의 행사와 의무의 이행은 신의에 좇아 성실히 하여야 한다」(민§2①). 이것을 신의성실의 원칙 또는 신의칙이라고 한다. 신의성실이란 사회공동생활의 일원으로서 상대방의 신뢰를 헛되이 하지 않도록 성의를 가지고 행동하는 것이다. 이 원칙은 로마법에서 기원하였으며 특히 당사자의 신뢰관계를 기반으로 하는 채권법의 영역에서 채권행사와 채무이행에서 발생·발전한 법리이다. 근대사법에 있어서는 프랑스민법에서 처음으로 규정하였다. 그 근본사고방식은 권리남용의 법리와 공통된 점이 많이 있다. 즉 권리의 행사가 신의성실에 반하는 경우에는 권리남용이 되는 것이 보통이며, 의무의 이행이 신의성실에 반하는 경우에는 의무이행의 책임을 지게 된다. 그밖에 권리의 남용도 실질적으로 신의성실에 반하는 경우에는 신의성실의 원칙에 적용을 받아야 하며 또한 공공의 질서와 선량한 풍속의 내용을 정하는 데에도 신의성실의 원칙을 적용한다. 신의나 성실의 구체적인 내용은 때나 장소가 변함에 따라 변화하는 것으로 결국 그 사회의 상식이나 일반통념에 따라 결정된다. 따라서 사정변경의 원칙과 실효의 원칙과 같은 원칙이 파생된다. 그러나 그 중심은 권리의 공공성·사회성을 존중하려고 하는 데 있다.

신의성실의 원칙에 반하는 것 또는 권리남용은 강행규정에 위배되는 것이므로 당사자의 주장이 없더라도 법원은 직권으로 판단할 수 있다*(대법원 1995. 12. 22. 선고 94다42129 판결).*

## 사정변경의 원칙

(事情變更의 原則)
라 ; clausula rebus sic stantibus

법률행위의 성립당시 그 기초가 된 사정이 그 후 현저히 변화된 경우에 당초에 정하여진 행위의 효과를 그대로 유지·강제하는 것은 신의성실에 반하는 부당한 결과를 발생시킬 수 있다. 이 경우 법률행위의 효과가 새로운 사정에 적합하도록 변경할 것을 청구하거나 또는 해제·해지할 수 있다는 원칙이다. 그러나 스스로 약속한 것을 사정변경을 이유로 함부로 파기하는 것은 계약정의에 어긋나므로 그 적용에는 요건이 구비되어야 한다. 즉, (1) 당사자의 책임 없는 사유(예 : 인플레이션)로, (2) 계약당시에는 당사자가 예상할 수 없었던, (3) 현저한 사정의 변경이 발생한 경우일 것을 요한다. 그러나 계약의 변경을 용이하게 인정하면 거래안전을 해칠 우려가 있기 때문에 이 원칙은 신중하게 적용되어야 한다.

이른바 사정변경으로 인한 계약해제는, 계약성립 당시 당사자가 예견할 수 없었던 현저한 사정의 변경이 발생하였고 그러한 사정의 변경이 해제권을 취득하는 당사자에게 책임 없는 사유로 생긴 것으로서, 계약내용대로의 구속력을 인정한다면 신의칙에 현저히 반하는 결과가 생기는 경우에 계약준수 원칙의 예외로서 인정되는 것이고, 여기에서 말하는 사정이라 함은 계약의 기초가 되었던 객관적인 사정으로서, 일방당사자의 주관적 또는 개인적인 사정을 의미하는 것은 아니다. 또한, 계약의 성립에 기초가 되지 아니한 사정이 그 후 변경되어 일방당사자가 계약 당시 의도한 계약목적을 달성할 수 없게 됨으로써 손해를 입게 되었다 하더라도 특별한 사정이 없는 한 그 계약내용의 효력을 그대로 유지하는 것이 신의칙에 반한다고 볼 수도 없다*(대법원 2007. 3. 29. 선고 2004다31302 판결)*.

## 실효의 원칙(實效의 原則)

라 ; venire contre actum proprium
독 ; Verwirkung

권리를 포기한 것으로 인정할 만한 행위를 하거나 오랫동안 권리를 행사하지 않는 경우와 같이 권리의 행사가 없는 것으로 믿을 만한 정당한 사유가 있게 된 경우, 새삼스럽게 그 권리를 행사하는 것이 신의성실에 반한다고 인정되는 때에 그 권리의 행사를 권리남용으로서 허용하지 않는다는 원칙이다. 이 이론은 1차 대전 후 독일의 판례에서 나타나기 시작하였으며 영미법에 있어서의 이른바 금반언(禁反言)의 원칙(estoppel)과 그 취지가 같다.

실효의 원칙이라 함은 권리자가 장기간에 걸쳐 그 권리를 행사하지 아니함에 따라 그 의무자인 상대방이 더 이상 권리자가 그 권리를 행사하지 아니할 것으로 신뢰할 만한 정당한 기대를 가지게 되는 경우에 새삼스럽게 권리자가 그 권리를 행사하는 것은 법질서 전체를 지배실효의 원칙이라 함은 권리자가 장기간에 걸쳐 그 권리를 행사하지 아니함에따라 그 의무자인 상대방이 더 이상 권리자가 그 권리를 행사하지 아니할 것으로 신뢰할 만한 정당한 기대를 가지게 되는 경우에 새삼스럽게 권리자가 그 권리를 행사하는 것은 법질서 전체를 지배하는 신의성실의 원칙에 위반되어 허용되지 않는다는 것을 의미하는 것이므로, 종전 토지 소유자가 자신의 권리를 행사하지 않았다는 사정은 그 토지의 소유권을 적법하게 취득한 새로운 권리자에게 실효의 원칙을 적용함에 있어서 고려하여야 할 것은 아니다*(대법원 1995. 8. 25. 선고 94다27069 판결)*.

## 권리의 남용(權利의 濫用)

영 ; abuse of right
독 ; Rechtsmissbrauch
불 ; abus de droit

겉으로는 권리의 행사처럼 보이지만 실질적으로는 공공의 복지에 반하기 때문에 권리행사라고 할 수 없는 경우를 말한다. 즉 사회적으로 타당하다고 생각되는 범위를 넘어서 권리자가 오로지 개인적 이기적 입장에서 권리를 행사하는 것이다. 이러한 권리의 행사에 대하여는 이것을 인용할 필요가 없거나 불법행위로서 손해배상을 청구할 수 있다.

권리남용의 요건

| | |
|---|---|
| 문제점 | 권리남용이 되기 위해서 객관적 요건(권리의 존재, 권리의 행사, 권리행사로 인한 권리자의 이익과 상대방의 불이익 사이에 현저한 불균형)외에 주관적 요건(권리행사자의 가해목적)도 있어야 하는지 문제된다. |
| 학설 | 일반적인 견해는 객관적 요건만 요구하고 주관적 요건은 요구하지 않는다(곽윤직, 이영준, 이은영). |
| 판례 | 양자를 모두 요구한 판례(2002다62135) |
| | 객관적 사정에 의해 주관적 요건을 추인할 수 있다고 한 판례(93다4366) |
| | 주관적 요건을 요구하지 않은 판례(2002다59481) |

## 권리남용금지의 원칙

(權利濫用禁止의 原則)
독 ; Vervot der Rechtsmissbrauch

「권리는 남용하지 못한다」(민§2②). 권리는 사회공동생활의 향상 발전을 위하여 인정되는 것이므로 그 행사는 신의성실에 좇아서 행하여져야 하고 그렇지 않을 경우에는 불법한 것으로서 금지되어야 한다는 원칙이다. 권리자유의 원칙을 근본적으로 수정하는 진정한 권리남용금지가 확립된 것은 권리의 공공성·사회성이 인정되면서부터이다. 즉 권리자의 주관적 의사(방해의 의사나 목적)를 표준으로 하는 시카네(Schikane)금지의 법리와는 달리 객관적 입장에서 권리가 본래의 사회적 목적을 벗어난 행사가 있었는지에 여부를 표준으로 권리남용을 인정할 수 있게 되었기 때문이다.

## 사권행사의 한계(私權行使의 限界)

근대민법에서는 소유권을 중심으로 하는 사법상 재산권의 행사를 권리자의 자유에 일임하고 국가가 함부로 간섭하지 않는 것이 기본원칙이었다. 따라서 법률에 특별한 제한이 없는 이상 권리의 행사는 자유이며 이를 제한하기 위해서는 법률의 특별규정이 있어야한다고 여겼다. 그러나 실제 법률관계에 있어서 형식적으로는 권리행사로 보이지만, 실질적으로 부당하다고 인정될 때에는 법문의 규정유무를 막론하고 적당히 제한하여야 할 필요성이 대두되게 되었다. 이와 같은 필요성을 구체적으로 구현한 것이 민법상 양대 지주를 이루고 있는 권리남용의 금지와 신의성실의 원칙이다(민§2). 권리남용금지의 법리에 관하여 살펴보면, 소유권의 행사는 원칙적으로 자유이다. 그렇지만 개인의 자유에도 사회적으로 승인될 수 있는 내재적인 한계는 있는 것이므로 외형상으로 소유권행사로 보이는 경우에도 이 사회적 타당성의 한계를 벗어나게 되면 법률은 이에 대하여 보호할 수 없는 것이다. 신의성실의 원칙은 당사자간의 신뢰관계를 토대로 하는 채권법의 영역에서 특히 강조되어 온 것이며 채권의 행사와 채무의 이행에 관하여 발달하여온 법리이다. 이는 근본적으로는 권리남용금지와 공통된 원리에 입각하고 있는 것이다. 즉 쌍무계약에서 상대방이 완전한 채무를 이행하지 않는 한, 이쪽에서도 반대급부를 거절할 수 있는 것은 분명히 법적으로 주어진 일종의 권리이지만(동시이행의 항변권의 경우) 상대방의 불완전이행의 정도가 아주 경미한 경우에까지 이 같은 권리를 행사한다는 것은 실질적 형평의 관점에서 허용되지 않는다고 해석된다. 결론적으로 권리남용금지는 사회적인 관점에서의 제약인데 반하여 신의성실원칙은 채권관계의 내부에서 조정 조화하려는 데 취지가 있다는 점이 다르다고 할 수 있으나 양자는 동일한 기조 위에서 근대사법상 중대한 변화를 촉진해 온 지도원리였다. 위 민법상에서도 이 원리는 단순히 채권이나 물권 등 어느 일부에만 적용되는 것이 아니라 사권 전반에 대한 한계 및 민법 전반에 흐르는 지도원리로서 의의를 가진다.

**권리**(權利)
영 ; right 독 ; (subjektives) Recht
불 ; droit(subjectif)

권리의 본질에 관하여는 (1) 의사의 힘 또는 의사의 지배라고 하는 의사설 (2) 법에 의하여 보호되는 이익이라는 이익설(Thering) (3) 이익의 향수를 위하여 법에 의하여 일정한 사람에게 주어진 힘이라는 권리 법력설(法力說)(Emeccerus) 등으로 학설이 나누어진다. 권리의 본질을 논할 경우는 항상 법이 전제가 된다. 그러나 법이 과연 권리를 앞서느냐에 대하여는 ㉮ 18세기 개인주의·자연주의적 사회계약설에서 유래된 권리선존설(權利先存說) ㉯ 실정법만이 법이라는 법실증주의자들이 주장한 법선존설 ㉰ Recht나 droit 등의 문자의 의미와 같이 객관적으로는 법을 의미하고 주관적으로는 권리를 의미한다는 동시존재설 등의 학설이 있다. 권리사상은 중세의 의무본위의 사상으로부터 근세의 권리본위사상의 시대를 거쳐 다시 금세기 초엽부터 권리에는 의무가 따른다는 사상으로 발전하였다.

**주된 권리**(主된 權利)
영 ; principal right
독 ; Hauptrecht
불 ; droit principal

다른 권리에 대하여 종속관계에서는 권리를'종된 권리'라고 하는데 비해, 그 다른 권리를 말한다. 이것은 주종관계를 표준으로 분류한 것이다. 이것은 주종관계를 표준으로 분류한 것이다. '종된 권리'는'주된 권리'의 존재를 전제로 하여 발생한다. 예컨대 질권과 저당권은 그의 피담보채권의 '종된 권리'이고, 이자채권은 원본채권의 '종된 권리'이다. '종된 권리'중에는 보증인에 대한 채권이나 질권·저당권 등과 같이 '주된 권리'를 확보하기 위한 것이 있고, 또한 이자채권과 같이'주된 권리'의 확장으로 볼 수 있는 것이 있다. '종된 권리'는 그 발생·변경·소멸에 있어서 원칙적으로'주된 권리'와 운명을 같이 한다. 그러나 '종된 권리'도 발생 후 독립된 존재를 갖기에 이르면,'주된 권리'가 소멸된 후에도 독립하여 존재할 수 있다.

**종된 권리**(從된 權利)
영 ; accessory right
독 ; Nebenrecht
불 ; droit accessoire

어떤 법률행위의 효력이 발생하기 위

하여 다른 법률행위의 존재를 필요로 하는 경우에 그 행위를 말한다.

### 권리본위사상(權利本位思想)

법의 이론 및 실제에 대하여 권리가 가지는 의의를 중요시하는 사상으로 의무본위사상에 대립한다. 이 사상은 일찍이 로마법에서 볼 수 있었으며 특히 근대에 이르러 개인주의적 사회관과 결부하여 지배적이 되었다.

### 의무본위사상(義務本位思想)

권리본위사상을 배척하는 의사로서, 법률생활에 있어서 지닌 의무의 뜻을 강조하는 것이 특색인바 의무는 법률상의 의무를 말할 때도 있고, 도덕상의 의무를 말할 때도 있다.

### 권리취득(權利取得)

권리가 특정한 주체와 법률적으로 결합하는 것이다. 즉 특정한 법률상의 인격자가 새로이 특정한 권리의 주체가 되는 것이다. 권리취득은 원시취득과 승계취득의 두 가지가 있다. 원시취득이란 타인의 권리를 기초로 하지 않고 새로이 권리를 취득하는 것을 뜻한다. 무주물선점(민법 제252조), 유실물습득(민법 제253조), 매장물발견(민법 제254조)에 따른 취득, 건물의 신축에 의한 소유권 취득 등을 예로 들 수 있다. 선의취득과 시효취득이 원시취득인지에 대해서는 견해가 대립하나 원시취득설이 다수설이다. 승계취득이란 타인의 권리에 기초하여 권리를 취득하는 것을 의미한다. 이 경우 종전 권리 위에 존재하던 제한이나 부담은 존속한다는 특징이 있다. 승계취득에는 종전의 권리자의 권리가 동일성을 유지하면서 새로운 권리자에게 이전되고 종전 권리자는 권리를 상실하게 되는 이전적 승계와 종전권리자는 권리를 유지하면서 그 권리에 대한 제한적인 권리를 신 권리자가 취득하는 설정적 승계가 있다.

### 권리이전(權利移轉)

권리가 동일성을 잃지 않고 그 자체로 갑으로부터 을로 주체를 옮기는 것이다. 을로부터 본다면 권리취득 및 승계취득이다. 계약 그 밖의 법률행위나 법률규정에 의하여 일어난다.

### 권리변동(權利變動)

권리의 발생·소멸을 총칭한다. 이것을 권리주체로부터 보면 권리의 취득·변경·상실 등이 된다. 권리의 변동은 여러 원인에 의하여 생기므로 개개의 권리의 변동을 발생케 하는 원인을 통일적으로 관념하여 법률요건이라고 한다.

### 권리경합(權利競合)

독, Konkurrenz Von Rechten

광의(廣義)로는 권리자인 1인이 타 권리자의 권리의 전부나 일부의 행사를 불능하게 하지 않으면 자기의 권리를 완전히 행사할 수 없는 상태, 즉 수인의 권리가 병존하는 것이다. 협의(狹義)로는 1인에게 동일한 목적을 가진 수개의 권리가 동시에 존재하는 경우이다. 협의의 권리경합에는 청구권경합, 형성권경합, 支지배권경합 등이 있다. 그러나 각개의 권리는 독립하여 존재하고, 서로 무관계하게 행사될 수 있으며, 또한 각 권리는 단독으로 시효 기타로 소멸할 수 있다. 예컨대 임차인 을이 임대차관계의 종료 후에도 임대인 갑에게 임차물을 반환하지 않은 경우, 갑은 임대차에 의한 반환청구권(민법 615조, 654조)과 함께 소유권에 기한 반환청구권(민법 213조)을 가지게 된다. 이때 갑은 양 청구권 중 어느 하나의 행사에 의해서도 목적을 달성할 수 있으므로 권리의 경합이 있게 되고, 어느 한 청구권의 실현으로 다른 청구권은 그 존재의 적을 잃어 소멸하게 된다.

## 권리의 포기(權利의 拋棄)

자기가 가지는 권리를 소멸시키기 위하여 행하는 행위, 포기한다는 취지의 적극적 의사표시에 의하는 점에서 권리의 불행사와 구별된다. 권리를 포기하는 것은 원칙적으로 권리자의 자유이나 공권이나 가족권(신분권)과 같은 것은 그 성질상 포기할 수 없는 것을 원칙으로 하며 재산권이라도 타인의 이익을 해치는 경우에는 포기할 수 없다.

## 권리의 주체(權利의 主體)

영 ; the subject of rights
독 ; Rechtssubjekt

일정한 이익을 향유하게 하기 위하여 법이 인정하는 힘의 귀속자, 즉 권리의 귀속자를 말하며, 의무의 주체와 대립된다. 권리의 주체가 될 수 있는 지위 또는 자격을 가리켜 권리능력 또는 인격이라고 하는데, 민법은 자연인뿐만 아니라, 사단과 재단 등의 법인에게도 권리능력을 인정하고 있다.

## 권리의 행사(權利의 行使)

독 ; Ausübung des Rechts

권리의 내용을 그 권리의 주체를 위하여 직접 실현하는 것을 말하며, 넓은 의미로는 권리를 처분하는 것도 포함한다. 권리의 행사는 신의성실에 좇아, 그 권리를 남용하여서는 안 된다(민법 제2조). 또 권리의 행사는 주체는 물론, 대리인이나 관리인 등 타인에 의해서도 행해진다. 권리행사의 형태는 그 권리의 내용에 따라 지배권(물권)의 경우는 사실행위, 청구권(채권)의 경우는 급부요구와 수령행위, 형성권의 경우는 의사표시이다.

## 권한(權限)

독 ; Zuständigkeit, Kompetenz

타인을 위하여 그 자에 대하여 일정한 법률효과를 발생케 하는 행위를 할 수 있는 법률상의 자격이다(예 : 대리인의 대리권·법인이사의 대표권·사단법인 사원의 결의권·선택채권의 선택권 등). 그러나 권리를 가지는 자가 타인을 위하여 그러한 효과를 발생시키는 데 있어서 이익을 가지는 경우에는 권리라고 하여도 상관없다.

**권원**(權原)
영 ; title 독 ; Rechtstitel 불 ; titre

어떤 법률행위 또는 사실행위를 법률적으로 정당하게 하는 근거이다. 예컨대 타인의 토지에 건물을 부속시키는 권원은 지상권(地上權)·임차권이다(민§256). 그러나 점유에 관하여는 점유를 정당하게 하는가의 여부를 불문에 붙이고 점유하게 된 모든 원인을 포함한다.

**권능**(權能)
독 ; Befugnis

권리의 내용을 이루는 개개의 법률상의 힘이다. 예컨대 소유권은 권리이지만 그 내용인 사용권·수익권·처분권 등(민§211)은 권능이다. 따라서 권리의 내용이 하나의 권능으로 성립하는 경우에는 권리와 권능은 동일하다.

**법정의무**(法定義務)

법령의 규정에 의하여 당연히 지게 되는 의무를 말한다. 예컨대 친권자가 자기 집에 있는 미성년자인 자녀를 보호·감독할 의무를 지는 것과 같다(민§755)·이 경우에 미성년자가 제3자에 대하여 끼친 손해에 관하여는 감독의무자가 배상책임을 진다.

**자연인**(自然人)
영 ; natural person
독 ; natürliches Person
불 ; presonne physique

법이 권리능력을 인정하는 자연적 생활체로서의 인간을 말한다. 재단이나 사단인 법인에 대립하여 개인을 가리키는 데 쓰이는 개념이다. 옛날 노비와는 달리 근대 법에서 자연인은 출생부터 사망에 이르기까지 완전한 권리능력(인격)을 인정받는다(민§3). 그러나 외국인에 대해서는 예외적으로 권리능력을 제한할 수 있다. 반면에 태아는 자연인이 아님에도 불구하고 예외로 권리능력을 인정받을 수 있다(§762 참조).

**능력**(能力)
영 ; capacity 독 ; Fahigkeit 불 ; capacite

법률상 일정한 사유에 관한 사람의 자격. 예컨대 권리의 주체가 될 수 있는 자격을 권리능력, 유효한 법률행위를 할 수 있는 자격을 행위능력, 위법한 행위에 의한 책임을 질 수 있는 자격을 책임능력, 특히 불법행위에 의한 손해배상의무를 질 수 있는 자격을 불법행위능력, 형사책임을 질 수 있는 능력을 형벌능력이라고 한다. 그러나 민법에서 단순히 능력이라고 하면 행위능력을 말한다.

**권리능력**(權利能力)
독 ; Rechtsfähigkeit
불 ; capacite de jouissance des droits

권리나 의무의 주체가 될 수 있는

자격이나 지위를 말한다. 권리능력을 인격 또는 법인격이라고 한다. 민법 제3조가 「사람은 생존한 동안 권리와 의무의 주체가 된다」고 규정한 것은 권리능력을 의미한다. 민법에서 따로 무능력자라고 하는 말이 있으나 이것은 권리능력이 없는 자는 아니므로 주의하여야 한다. 권리능력은 자격을 의미하므로 현실적으로 권리의무를 취득하기 위한 활동을 함에 필요한 행위능력과 다르다. 권리능력을 가지는 자는 구체적으로 인간의 육체를 가진 자연인 그리고 회사·학교·사회법인·재단법인 등과 같은 법인의 두 가지로 나누어진다. (1) 자연인은 법률상의 인격자로서 그 성별·연령·계층의 구별이 없이 평등하게 권리능력이 인정된다(민§3). 자연인이 권리능력을 갖는 시기는 출생시이고 종기는 사망시다. 아직 출생하지 않은 태아는 원칙적으로 권리능력이 없다. 그러나 앞으로 태어날 태아의 보호를 위하여, 불법행위로 인한 손해배상청구, 상속, 유증 등의 경우에는 이미 태어난 것으로 간주하여 그 한도에서 권리능력을 가진다(§762, §1064, §100③). 즉 태아에게 유산을 준다고 하는 유언도 유효하다. (2) 법인은 사람의 결합체인 사단과 재단적 집단인 재단으로 나누어진다. 법인은 근대자본주의경제 발전의 필연적 결과로서 조직적 활동체에 법률상의 인격을 부여하여 법률관계의 주체로 한 것이다(§31~97).

| 내용 / 능력의 종류 | 능력 있는 경우 | 능력 없는 경우 |
|---|---|---|
| 의사능력 | 7세 정도라도 증여를 받을 수가 있다. | 행위는 성립하지 않고 무효 |
| 행위능력 | 19세가 되면 일체의 재산거래 행위가 가능하다.<br>법인도 목적의 범위 내에서라면 가능하다. | 행위를 취소할 수 있으며 취소되면 처음부터 무효가 된다. |
| 신분행위능력 | 의사능력이 있으면 子의 인지가 가능함. 입양의 승락 | 무효. 소(訴)에 의한 취소로부터 장래에 대해서마나 무효가 가능하도록 한 것이 많다. |
| 불법행위(책임)능력 | 본인이 손해배상 등의 책임을 직접 부담한다. | 본인은 책임이 없으며 감독의무를 해태한 법정감독의무자가 손해배상 등의 책임을 부담한다. |
| 권리능력 | 권리를 가지며 의무를 부담한다. | 권리를 갖지 못하며 또한 의무도 부담하지 않는다. |

| 내용 / 능력의 종류 | 의미 | 구체적인 표준 |
|---|---|---|
| 의사능력 | 사물을 판단하고, 이에 따라 의사결정을 할 수 있는 능력 | 만 7세 정도 개별적으로 판단 |
| 행위능력 | 재산법상의 권리나 의무를 질 수 있는 행위(법률행위)를 혼자서 유효히 할 수 있는 능력 | 미성년(19세 미만)·피한정후견인·피성년후견인 등 제한능력자를 법정. 법정인은 정해진 목적의 범위 내 |
| 신분행위능력 | 신분법상의 행위능력 | 순신분적행위(純身分的行爲)에 대해서는 의사능력과 동일하다. |
| 불법 | 행위의 책임을 변 | 책임능력에 관해서 |

| | | |
|---|---|---|
| 행위 (책임) 능력 | 식할 수 있는 정신적 능력 | 판례는 14세 전후의 청소년에 대하여 책임능력이 있다고 보는 것(71다187)과 없다고 보는 것(78다1805)이 모두 존재한다. 책임능력은 불법행위 당시를 기준으로 개별적으로 판단하고 획일적인 기준은 없다. |
| 권리 능력 | 권리나 의무의 주체가 될 수 있는 지위나 자격 | 자연인(경우에 따라서는 출생 전의 태아도)과 법인이 가진다. |

## 출생(出生)

태아가 생명을 가지고 모체에서 완전히 분리되는 것을 말한다. 자연인은 출생과 동시에 권리능력을 취득한다(민§3). 따라서 자연인은 출생에 의하여 계급·신분·연령·성별 등에 관계없이 평등하게 재산을 소유할 수 있고 평등한 가족관계에 들어서게 된다. (1) 출생의 시기 : 출생은 보통 산모의 고통에서 시작하여 태아가 노출하고 스스로 호흡을 하게 되는 과정을 거치므로 어느 시점을 출생으로 볼 것인가가 문제된다. 학설은 ㉮ 진통설(형법의 통설), ㉯ 일부노출설, ㉰ 전부노출설(민법상의 통설), ㉱ 독립호흡설 등이 있지만 현재 민법상의 통설은 전부노출설이다. 사법상으로는 사산인가 태아가 출생후에 사망하였는가에 따라 상속순위가 달라지므로 출생의 시기가 문제된다. 예컨대 다른 직계비속이 없이 태아만이 있는 동안에 父가 사망한 경우에 만약 태아가 출산하여 순간이지만 권리능력을 취득하였다면 母와 그 子가 공동상속인이 되는데 비하여 사산이라면 母와 亡父의 직계존속이 공동 상속하게 된다(민§1000, §1003 등) (2) 출생의 증명 : 출생은 가족관계의 등록 등에 관한 법률에 따라 생후 1개월 이내에 신고하여야 한다(동법 제44조). 신고의무자는 다음과 같다. 즉, 혼인 중 출생자의 출생의 신고는 부 또는 모가 하여야 한다. 그리고 혼인 외 출생자의 신고는 모가 하여야 한다. 만약 이와 같이 신고를 하여야 할 사람이 신고를 할 수 없는 경우에는 동거하는 친족, 분만에 관여한 의사·조산사 또는 그 밖의 사람의 순위에 따라 신고를 하여야 한다(동법 제46조). 이 신고는 혼인·입양의 신고와는 달리 절차상의 관계에 지나지 않는다. 사람의 출생이라는 사실에 의하여 권리능력을 취득한다는 실체관계는 이로써 좌우되는 것이 아니다.

## 태아(胎兒)

라 ; nasciturus 영 ; unborn child
독 ; leibsfrucht 불 ; enfant concu

母의 태내에서 아직 출생하지 않은 자이다. 즉 수태후 출생에 이르기까지의 자이다. 태아는 민법상 원칙적으로 권리능력이 인정되지 않는다(민§3). 그러나 이러한 원칙을 고집하면 태아에게 불이익하거나 인정에 반하는 경우가 일어난다. 여기에 각국의 민법은 다소 예외를 인정하여 일반적 보호주의 혹은 개별적 보호주의를 채택한다. 전자는 태아의 이익을 위하여 모든 법률관계에 있어서 태아가 이미 출생한 것으로 보는 주의로서 로마법의 원칙이었고 스위스민법이 이에 따른다(스·민§21②) 후자는 중요한 법률관계에 관하여서만 개별적으로 출생한 것으로 보는 주의로서 독일민법(독§1923, §1912 등)·프랑스민법(프·민§725, §906 등)·구민법 등이 이에 따른다. 우리 민법은 개별적 보호주의를 택하여 (1) 불법행위에 기한 손해배상의 청구(민§762) (2) 상속(§1000③) (3) 대습상속(§1001) (4) 유증(§1064) (5) 사인증여(§562) 등에 관하여 태아의 권리능력을 인정한다. 그러나 권리능력이 인정되는 태아가 출생하기까지의 법률상의 지위에 관하여는 (1) 태아로 있는 동안에는 아직 권리능력을 취득하지 못하나, 살아서 출생한 때에는 그의 권리능력취득의 효과가 문제의 사건이 발생한 시기까지 소급하여 생긴다는 정지조건설(인격소급설)과 (2) 이미 출생한 것으로 간주되는 각 경우에 태아는 그 개별적 사항의 범위 안에서 제한된 권리능력을 가지며, 사산인 때에는 그 권리능력취득의 효과가 과거의 문제의 사건 시까지 소급하여 소멸한다고 보는 해제조건설(제한적 인격설)이 대립된다. 대법원은 정지조건설의 태도를 취하고 있다(76다1365).

태아가 특정한 권리에 있어서 이미 태어난 것으로 본다는 것은 살아서 출생한 때에 출생시기가 문제의 사건의 시기까지 소급하여 그 때에 태아가 출생한 것과 같이 법률상 보아 준다고 해석하여야 상당하므로 그가 모체와 같이 사망하여 출생의 기회를 못가진 이상 배상청구권을 논할 여지없다*(대법원 1976. 9. 14. 선고 76다1365 판결).*

## 외국인의 권리능력
(外國人의 權利能力)

외국인이란 대한민국의 국적을 갖지 않은 자를 말하며 외국의 국적을 가지는 자와 무국적자를 포함한다. 외국인의 권리능력에 대하여서는 상호주의와 평등주의로 나누어지지만 일반적으로는 내국인과 차별하지 않는 것이 보통이다. 우리 민법은 외국인의 권리능력에 관하여 아무런 규정을 두지 않고 있으나 헌법 제6조 제2항에 따라 내외국인 평등주의를 취하고 있다할 것이다. 그러나 경제적·군사적 이유에서 외국인의 권리능력에 대하여 특별법에 의거하여 제한하는 경우가 상당히 있다. 예를 들어 광업권의 경우, 그 외국인이 속하는 국가에서 대한민국 국민에 대하여 그 국가의 국민과 동일한 조건으로 광업권을 갖는 것을 인정하는 경우, 대한민국이 그 외국인에 대하여 광업권을 갖는 것을 인정하는 경우에는 그 외국인이 속하는 국가에서도 대한민국 국민에 대하여 그 국가의 국민과 동일한 조건으로 광업권을 갖는 것을 인정하는 경우, 조약 및 이에 준하는 것에서 광업권을 갖는 것을 인정하고 있는 경우에만 광업권을 가질 수 있다(광업§10조의2). 저작물의 경우, 외국인의 저작물은 대한민국이 가입 또는 체결한 조약에 따라 보호되고, 대한민국 내에 상시 거주하는 외국인의 저작물과 맨 처음 대한민국 내에서 공표된 외국인의 저작물도 저작권법에 따라 보호되지만, 이렇게 보호되는 외국인(대한민국 내에 상시 거주하는 외국인 및 무국적자는 제외한다)의 저작물이라도 그 외국에서 대한민국 국민의 저작물을 보호하지 아니하는 경우에는 그에 상응하게 조약 및 이 법에 따른 보호를 제한할 수 있다(저작§3). 그리고 대한민국 국민이 아닌 사람은 도선사가 될 수 없다(도선§6).

### 외국인의 서명날인에 관한 법률
(外國人의 署名捺印에 관한 法律)

1958년 7월 12일 법률 제488호로 공포되었다. 법령의 규정에 의하여 서명·날인(기명날인도 포함한다) 또는 날인만을 하여야 할 경우에 외국인은 서명만으로써 이에 대신할 수 있음을 규정한 법률이다. 서명에 있어서 제도의 차이에서 비롯되는 불편을 없애기 위한 것이다. 단, 그 외국인이 서명날인의 제도를 가지는 국가에 속하는 때에는 제외된다.

### 행위능력(行爲能力)
독 ; Geschäftsfähigkeit Handlungsfähigkeit
불 ; capacite d'exercice des droits

사법상 확정적으로 유효한 법률행위를 단독으로 행할 수 있는 능력으로 단순히 능력이라고도 한다. 특히 소송행위를 단독으로 할 수 있는 능력을 말한다(민소§51). 사람의 정적인 권리의 보호·존재을 위한 권리능력과는 달리 행위능력은 동적인 활동능력을 말한다. 자연인과 법인은 누구나 권리능력을 가진다. 그러나 반드시 행위능력도 가진다고 할 수는 없다. 민법은 행위능력이 제한되는 제한능력자로 미성년자·피성년후견인·피한정후견인을 규정하고 있으며 그 보호를 위하여 미성년자가 단독으로 행한 법률행위를 취소할 수 있도록 하는 등 일정한 경우 취소권을 규정하고 있다(민§5, §10, §13). 그렇지만 민법총칙의 능력의 규정은 재산법상의 행위에 관한 것으로 친족법·상속법상의 행위(가족법상의 행위)에는 원칙적으로 적용되지 않는다. 가족법상의 행위능력에 관하여는 각 행위의 성질에 비추어 가족법상의 독립적 입장으로부터 개별적으로 규정하고 있는바, 명문이 있는 경우 외에는 가족법상의 행위를 할 수 있는 의사능력이 있으면 행위능력을 인정하는 것이 통설이다(§788②, §800, §802, §807, §808, §835, §856, 등). 또 법인은 그 목적의 범위 내에 있어서 행위능력(불법행위능력)을 가진다(§35).

> <u>행위무능력자 제도는 사적자치의 원칙이라는 민법의 기본이념, 특히, 자기책임 원칙의 구현을 가능케 하는 도구로서 인정되는 것이고, 거래의 안전을 희생시키더라도 행위무능력자를 보호하고자 함에 근본적인 입법 취지</u>가 있는바, 행위무능력자 제도의 이러한 성격과 입법 취지 등에 비추어 볼 때, 신용카드 가맹점이 미성년자와 신용구매계약을 체결할 당시 향후 그 미성년자가 법정대리인의 동의가 없었음을 들어 스스로 위 계약을 취소하지는 않으리라고 신뢰하였다 하더라도 그 신뢰가 객관적으로 정당한 것이라고 할 수 있을지 의문일

뿐만 아니라, 그 미성년자가 가맹점의 이러한 신뢰에 반하여 취소권을 행사하는 것이 정의관념에 비추어 용인될 수 없는 정도의 상태라고 보기도 어려우며, 미성년자의 법률행위에 법정대리인의 동의를 요하도록 하는 것은 강행규정인데, 위 규정에 반하여 이루어진 신용구매계약을 미성년자 스스로 취소하는 것을 신의칙 위반을 이유로 배척한다면, 이는 오히려 위 규정에 의해 배제하려는 결과를 실현시키는 셈이 되어 미성년자 제도의 입법 취지를 몰각시킬 우려가 있으므로, 법정대리인의 동의 없이 신용구매계약을 체결한 미성년자가 사후에 법정대리인의 동의 없음을 사유로 들어 이를 취소하는 것이 신의칙에 위배된 것이라고 할 수 없다*(대법원 2007. 11. 16. 선고 2005다71659, 71666, 71673 판결).*

## 한정능력자(限定能力者)

독일민법은 무능력자를 절대무능력자(7세 미만인 자 및 정신병으로 인한 금치산자)와 한정능력자로 분류하고, 전자의 행위는 무효, 후자의 행위는 취소하게 하고 있다(독·민§104이하, 114).

## 성년(成年)

영 ; full age 독 ; Volljahrigkeit
불 ; majoriťe

사람이 독립하여 법률행위를 할 수 있는 능력을 인정받는 연령을 말한다. 만19세에 달한 자는 성년이 된다(민§4). 연령계산에는 출생일을 산입한다. 따라서 성년이란 출생한 날부터 기산하여 19년째의 출생일 전날 하오 12시에 이르렀을 때에 도달한 것으로 본다(§4). 미성년자가 혼인한 때에는 성년자로 본다(§826의2). 성년이 되면 행위능력을 취득하는 이외에 여러 가지 효과가 있다(§866, §923 등).

## 성년선고(成年宣告)

라 ; venia aetatis
독 ; Volljahigkeitserklärung, Mündiger klärung

미성년자를 획일적으로 취급하는데서 오는 결함을 보충하기 위하여 일정한 조건하에서 미성년자를 성년자로 선언하여 완전한 행위능력을 부여하는 제도. 독일민법(§3, 4)·스위스민법(§15)은 이것을 인정하고 있으나 우리나라는 인정하고 있지 않다.

## 성년의제(成年擬制)

미성년자가 혼인함으로서 성년자로 의제되는 것(민법 826조의2)을 말한다. 1977년 민법의 일부개정에서 신설된 규정이다. 미성년자는 친권이나 후견에 복종하므로 혼인하더라도 부부의 일방 또는 쌍방이 미성년자인 경우는 부부의 생활이 제3자의 간섭을 받게 되어 부당하다. 또한 부부의 일방이 후견인이 되는 것도 부당하다. 왜냐하면 부부평등의 원칙에 위배하기 때문이다. 그러므로 미성년자도 혼인하면 친권 또는 후견을 벗어나서 행위능력을 가지는 것으로 한다. 성년의제의 적용범위는 민법에만 한정된다고 하는 것이 원칙이다. 그러나 소송능력 같은 것은 인정된다(민소법 55조). 혼인이 취소된 경우에도 혼인에 의해 취득한 능력을 없애는 것은 거래의 안전 등을 해칠 수 있으므로 성년의제의 효과는 소멸하지 않는다고 보아야 한다.

**미성년자**(未成年者)
영 ; infant, minor
독 ; Minder jähriger
불 ; mineur

만19세에 이르지 않은 자를 말한다(민§4). 미성년자는 판단능력이 불완전하므로 본인의 보호와 거래의 안전을 위하여 무능력자로 취급받으며 행위능력이 제한된다. 개개의 미성년자에게 행위능력을 완화하는 제도로서는 「성년선고」(스위스민법§15), 「자치산」(해방 : 프·민§477이하), 「혼인하면 성년이 된다」(스위스민법§14②)등이 있다. 미성년자의 보호자로는 제1차적으로 친권자, 제2차적으로는 후견인이 있으며 이 양자는 모두 법정대리인으로서 미성년자를 대신하여 행위하는 대리권과 미성년자의 행위를 완전히 유효하게 하는 동의권도 가진다. 즉 미성년자가 법률행위를 하려면 원칙적으로 법정대리인의 동의가 있어야 한다(§5①전단). 미성년자가 법정대리인의 동의를 얻지 않은 법률행위는 본인 또는 법정대리인이 취소할 수 있다(§5②). 의사능력을 가진 미성년자는 가족법상의 행위에 대하여 상당히 광범위한 능력을 인정받고 있다(§1061, §1062). 재산상의 행위에 있어서도 (1) 단순히 권리만을 얻거나 의무만을 면하는 행위(§5①단), (2) 법정대리인이 허가한 영업에 관한 행위(§8), (3) 법정대리인이 일정한 범위를 정하여 처분을 허락한 재산은 임의로 처분하는 행위를 할 수 있다(§6). 또 단순히 제3자에게 효과를 미치는 행위(§117) 등은 단독으로 완전 유효한 법률행위를 할 수 있다. 미성년자가 타인에게 손해를 가한 경우에 그 행위의 책임을 식별할 지능이 없는 때에는 손해의 책임을 지지 않는다(§753). 미성년자를 보호하는 것으로서 청소년보호법, 아동·청소년의 성보호에 관한 법률이 있다. 이 밖에 만19세를 한계로 하는 것은 아니나, 연소자·아동은 노동법상의 보호를 받으며 소년은 형의 집행 및 수용자의 처우에 관한 법률상 특별한 취급을 받는다.

> 미성년자의 법률행위에 있어서 법정대리인의 묵시적 동의나 처분허락이 있다고 볼 수 있는지 여부를 판단함에 있어서는, 미성년자의 연령·지능·직업·경력, 법정대리인과의 동거 여부, 독자적인 소득의 유무와 그 금액, 경제활동의 여부, 계약의 성질·체결경위·내용, 기타 제반 사정을 종합적으로 고려하여야 할 것이고, 위와 같은 법리는 묵시적 동의 또는 처분허락을 받은 재산의 범위 내라면 특별한 사정이 없는 한 신용카드를 이용하여 재화와 용역을 신용구매한 후 사후에 결제하려는 경우와 곧바로 현금구매하는 경우를 달리 볼 필요는 없다*(대법원 2007. 11. 16. 선고 2005다71659, 71666, 71673 판결)*.

## 의사능력(意思能力)

독 ; Willenfähigkeit

정상적인 인식력과 예기력으로 자기 행위의 의미나 결과에 대하여 의사결정을 할 수 있는 능력을 말한다. 불법행위나 범죄를 범하는 경우에는 책임능력을 가리킨다. 술에 몹시 취한 자나 미친 사람 또는 유아등은 이러한 능력이 없기 때문에 법률행위를 해도 그것은 의사에 의한 행위라고 할 수 없으므로 무효이다. 즉 근대법에서 각인은 원칙적으로 자기의 의사에 기하여서만 권리를 취득하고 의무를 부담한다는 사적자치의 원칙을 취하므로 의사무능력자(책임무능력자)등이 행한 의사표시는 무효이고 불법행위책임이나 형사책임도 생기지 않는다. 다만 의사무능력자의 불법행위에 대하여는 그를 감독할 법정의무자가 그 법정행위에 대하여 책임을 지는 경우가 있다(민§755). 대체로 초등학교학생 정도이면 의사능력이 있는 것이라고 생각되지만 유언이나 혼인·입양 등과 같은 가족법상의 행위는 한층 더 성숙할 것이 필요하므로 이러한 경우에는 각각 법률로 규정하고 있다.

> <u>의사능력이란 자신의 행위의 의미나 결과를 정상적인 인식력과 예기력을 바탕으로 합리적으로 판단할 수 있는 정신적 능력 내지는 지능</u>을 말하는 것으로서, 의사능력의 유무는 구체적인 법률행위와 관련하여 <u>개별적으로 판단</u>되어야 할 것이다*(대법원 2002. 10. 11. 선고 2001다10113 판결).*

## 불법행위능력(不法行爲能力)

독 ; Deliktsfähigkeit

불법행위로 인한 손해배상의 책임을 질 수 있는 능력이다. 자연인에 대하여는 책임능력이라는 용어가 일반적으로 사용되고 불법행위능력이란 말은 주로 법인에 대하여 사용된다. 자연인의 불법행위능력인 책임능력은 민법 제753조 내지 754조에 규정되어 있으며 법인의 불법행위능력은 민법 제35조 제1항에 규정되어 있다.→자세한 것은 채권법 참조

## 책임능력(責任能力)

독 ; Zurechnungsfähigkeit

위법행위로 인한 민사책임이나 형사책임을 질 수 있는 능력이다. 대개는 판단능력 혹은 의사능력을 기초로 하지만, 민사상의 책임능력과 형사상의 책임능력(→형법에서 설명)은 다르다. 불법행위에 의한 손해배상책임을 지게 하기 위한 전제이며 자기의 행위가 불법한 가해로서 어떤 법적책임을 발생하는 것을 이해할 수 있는 능력이다. →자세한 것은 채권법 참조

## 수령능력(受領能力)

독 ; Empfangsfähigkeit

→ 채권법 참조

## 무능력자(無能力者), 제한능력자

독 ; Geshäftsungähiger
불 ; personne incapable

단독으로 권리나 의무를 가지기 위한 법률행위를 완전하게 할 수 있는 능력을 행위능력이라고 하며 행위능력이 제한되는 자를 제한능력자라고 한다. 개정 전 민법상으로는 행위무능력자로 미성년자· 금치산자·한정치산자의 세 가지를 규정하고 있었다(민§5 ~ §17). 그러나 2011년 3월 7일 법개정을 통하여 2013년 7월 1일부터 기존의 금치산·한정치산 제도를 현재 정신적 제약이 있는 사람은 물론 미래에 정신적 능력이 약해질 상황에 대비하여 후견제도를 이용하려는 사람이 재산 행위뿐만 아니라 치료, 요양 등 복리에 관한 폭넓은 도움을 받을 수 있는 성년후견제로 확대·개편하였다. 이에 따라 현재는 단독으로 유효하게 법률행위를 할 수 있는 자인 '행위능력자'와 할 수 없는 자인 '제한능력자'를 나누고, 제한능력자가 단독으로 법률행위를 한 경우에는 그에게 의사능력이 있었는지 여부를 묻지 않고 그 행위를 취소할 수 있도록 하고 있다. 또한 이 획일적 기준을 외부에서 쉽게 인식할 수 있도록 객관화하여 상대방을 보호하고 있다. 이처럼 획일적 기준에 의하여 의사능력을 객관화한 제도가 행위능력제도 또는 제한능력자제도이다. 행위능력에 관한 민법총칙의 규정은 가족법상의 행위에는 원칙적으로 적용되지 않으므로 제한능력자일지라도 의사능력을 가진 자는 독립하여 완전히 유효한 가족법상의 행위를 할 수 있다.

## 의사무능력자(意思無能力者)

일반적으로 7세 미만의 자, 정신병자, 만취자 등은 의사능력이 없으므로 그 행위는 무효이고, 그 불법행위는 감독행위자가 책임을 진다(민§753 ~ §755).

## 한정치산자(限定治產者)

영;quasi-incompetent 불 ; deminterdit

개정 전 민법에 의할 때 심신박약 또는 낭비자로서 자기나 가족의 생활을 궁박하게 할 염려가 있는 자에 대하여 본인·배우자, 4촌 이내의 친족·후견인 또는 검사의 청구에 의하여 가정법원으로부터 한정치산선고를 받은 자를 의미하였다. 보호기관은 후견인이며, 한정치산자의 행위무능력제한은 미성년자와 같았으며, 한정치산의 원인이 소멸하면 일정한 자의 청구에 의하여 법원은 그 선고를 취소하였다. 다만, 민법 개정을 통하여 2013년 7월 1일부터 한정치산자의 개념은 제한능력자의 개념으로 대체되었으며 한정치산자는 피한정후견인으로 용어가 변경되었다.

## 금치산자(禁治產者)

영; an incompetent
독 ; Entmündigter
불 ; interdit

개정 전 민법에 의할 때 금치산자란 심신상실의 상태에 있어 자기행위의 결과를 합리적으로 판단할 능력(의사능력)이 없는 자로서 본인·배우자·4촌 이내의 친족·후견인·검사의 청구에 의하여 가정법원으로부터 금치산의 선고를 받은 자를 의미하였다. 정도가 약한 정신병자라고 생각해도 무방하나 일단 선고를 받으면 치유되더라도 선고를 취소 받을 때까지는 아직 금치산자이다. 금치산자의 일체의 법률행위는 취소할 수 있었다. 따라서 금치산자에게는 반드시 보호기관으로 후견인을 두어야 하는데 그 순위는 직계혈족, 3촌이내의 방계혈족의 순으로 되어 있었다. 후견인은 요양·감호와 재산관리, 그리고 법률행위를 대리하도록 정하고 있었다. 그런데 금치산자도 정상으로 회복되었을 때에는 혼인, 이혼, 입양, 파양, 유언 등의 가족법상의 행위를 단독으로 유효하게 행할 수 있었다. 이 경우 후견인일지라도 가족법상의 행위를 대리하여 행하는 것은 허용되지 아니하였다. 다만, 민법 개정을 통하여 2013년 7월 1일부터 금치산자의 개념은 제한능력자의 개념으로 대체되었으며 금치산자는 피성년후견인으로 용어가 변경되었다.

### 피한정후견인

피한정후견인은 질병·장애·노령·그 밖의 사유로 인한 정신적 제약으로 사무를 처리할 능력이 부족한 사람으로서 일정한 자의 청구에 의하여 가정법원으로부터 한정후견개시의 심판을 받은 자이다(민§12). 피한정후견인은 원칙적으로 종국적·확정적으로 유효하게 법률행위를 할 수 있다. 다만, 가정법원이 피한정후견인으로 하여금 한정후견인의 동의를 받아야 할 행위의 범위를 정한 경우에는 예외이다. 즉, 가정법원은 피한정후견인이 한정후견인의 동의를 받아야 하는 행위의 범위를 정할 수 있다(민§13①). 한정후견인의 동의가 필요한 법률행위를 피한정후견인이 한정후견인의 동의 없이 하였을 때에는 그 법률행위는 취소할 수 있다. 다만, 일용품의 구입 등 일상생활에 필요하고 그 대가가 과도하지 않은 법률행위는 취소할 수 없다(민§13④).

### 피성년후견인

피성년후견인은 질병·장애·노령·그 밖의 사유로 인한 정신적 제약으로 사무를 처리할 능력이 지속적으로 결여된 사람으로서 일정한 자의 청구에 의하여 가정법원으로부터 성년후견개시의 심판을 받은 자이다(민§9). 피성년후견인은 가정법원이 다르게 정하지 않는 한 원칙적으로 종국적·확정적으로 유효하게 법률행위를 할 수 없으며, 그의 법률행위는 원칙적으로 취소할 수 있다(민§10①). 단, 가정법원이 취소할 수 없는 피성년후견인의 법률행위의 범위를 정한 경우나(민§10③), 일용품의 구입 등 일상생활에서 필요하고 그 대가가 과도하지 않은 법률행위의 경우에는 성년후견인이 취소할 수 없다(민§10④).

### 관리능력(管理能力)

재산을 관리할 수 있는 법률상의 자

격을 말한다. 누구나 원칙적으로 자기 재산에 대하여 관리능력을 가지며, 다만 무능력자의 관리능력은 부정된다.

**주소**(住所)
영 ; domicile 독 ; Wohnsitz 불 ; domicile

인간생활의 근거가 되는 곳을 주소라고 한다(민§18①). 주소의 설정·변경에는 정주의 사실외에 그곳을 생활관계의 중심으로 하고자 하는 의사가 필요하다고 하는 주관설(프랑스, 독일, 스위스)과 그러한 의사가 필요 없다고 하는 객관설이 대립하는데 객관설이 다수설(우리나라)이다. 주소는 반드시 1개에 한하지 않고 각각의 생활관계의 중심지가 그 관계에 있어서의 주소라고 생각해도 좋다. 법인에 관하여는 주된 사무소 또는 본점의 주소지가 주소로 된다(민§36, 상§171①). 예를 들면 부산에 가정을 가지고 있는 사람이 서울에 사무소를 가지고 있으면 가정생활관계의 주소는 부산이며 사무소의 주소는 서울이라고 해석된다. 주소를 정하는 실효성은 다음의 경우에 생긴다. (1) 부재나 실종자의 표준(민§22, §27) (2) 채무의 변제장소(§467) (3) 상속개시지(§998) (4) 어음행위의 장소(어음§1, §4, §21, §76③) (5) 재판관할의 표준(민소§3·가소§13, §22, §26, §30·가소규§70·비송§33, §72·파§96) (6) 민사소송법상의 부가기간(민소§172②)(7) 귀화 및 국적회복의 요건(국적§5, §7, §14) 등이다. 등록기준지는 가족법상의 개념으로 주소와 다르다. 거소와 가주소 등도 일정한 경우에 주소로 본다(민§19, §21). 즉 주소를 알 수 없는 자에 대하여는 거소를 주소로 본다. 거소 이외에 민법은 거래에 관하여 일정한 장소를 선정하여 가주소로 할 수 있도록 하였다.

우리 민법상 주소의 특성(민법 제18조)

| | |
|---|---|
| 실질주의 | 형식주의(주소를 정하는 표준에 관하여 신고와 같은 일정한 형식을 요구하는 것)와 달리'생활의 근거가 되는 곳'을 주소로 함으로써 실질적 관계에 의해 정하는 실질주의에 따른다. |
| 객관주의 | 민법은 정주의사를 요구하지 않으며, 무능력자를 위한 법정주소제도를 두지 않음 점을 고려할 때 객관주의를 취하고 있는 것으로 해석된다고 본다(통설). |
| 복수주의 | 하나의 주소만 인정하는 단일주의와 달리 우리 민법은 복수의 주소를 인정하는 복수주의를 취하고 있다. |

**가주소**(假住所)
독, erwӨhlter
불, domicile provisoire)

거래의 편의상 당사자의 의사에 의해 설정되는 주소를 말한다. 이 거래관계에 있어서는 가주소가 주소로 인정되어 주소에 관하여 발생하는 효과가 생기게 된다(민법 21조).

**거소**(居所)
영 ; residence 독 ; Wohnor 불 ; ŕesidence

거소란 주소와는 달리 사람이 다소의 기간 거주하는 장소로서 생활의 중심지이지만 그 장소와의 밀접한 정도가 주소에 미치지 않는 곳을 말한다. 거소의 법률적 의의는 (1) 주소를 알지 못한 경우(민§19)와 (2) 국내에 주소를 가지지 않는 내국인이건 내국인이 아니건 불문하고 국내에 있는 거소를 그 주소로 간주한다(§20).

### 부재자
영 ; absentee

종래의 주소 또는 거소를 떠나서 당분간 돌아올 가망이 없는 자를 말한다(민§22). 부재자제도는 부재자의 잔유재산을 적당하게 관리하면서 그의 귀가를 기다리기 위한 제도이며 그 운영은 법원 감독 하에 행하여진다(§22~§29). 부재자의 재산관리는 부재자의 잔류재산에 대하여서 법률상의 관리권자(친권자나 후견인 등) 또는 위임에 의한 관리인이 있으면 문제가 없으나 만약 그가 재산의 관리인을 두지 않은 때에는 이해관계인이나 검사의 청구에 의해서 가정법원은 관리인의 선임 기타 필요한 처분을 명하여야 한다. 관리인은 부재자의 재산을 현상 그대로 유지하여 보전하기 위한 보존행위, 대리의 목적인 물건이나 권리의 성질을 변하지 않는 범위에서 이로부터 이익을 거두는 이용행위는 할 수 있다(§118). 그러나 재산의 처분행위를 할 때에는 가정법원의 허가를 얻어야 한다(§25). 부재자가 관리인을 둔 경우에는 법원은 원칙적으로 간섭할 필요가 없으나 다음의 경우에는 법원이 개입·간섭한다. (1) 본인의 부재중에 재산관리인의 권한이 소멸한 경우에는 처음부터 관리인이 없었던 것과 마찬가지의 조치를 취한다(§22①후단). (2) 부재자의 생사가 분명하지 않게 된 때에는 본인의 감독이 미치지 못하므로 가정법원이 간섭하게 된다. 즉 법원은 재산관리인이나 이해관계인 혹은 검사의 청구에 의하여 재산관리인을 개임할 수 있다(§23). 부재자의 생사불명의 상태가 일정기간 계속되면 실종선고를 할 수 있게 된다.

### 위난실종(危難失踪)

실종선고의 요건인 실종기간은 보통실종에 있어서는 5년, 특별실종에 있어서는 1년(민§27②)이다. 특별실종은 전쟁·선박의 침몰, 항공기의 추락, 그 밖의 사망의 원인으로 되는 위난에 당하여 생사불명인 자에 대하여 인정되는 바 실종기간은 위난이 소멸한 때부터 기산한다.

### 실종선고(失踪宣告)
독 ; Verschollenerklärung

부재자의 생사불명의 상태가 일정기간 계속되어 사망했을 것이라는 추측이 강한 경우 이해관계인(상속인·배우자·채권자·법정대리인·재산관리인 등)이나 검사의 청구에 의하여 가정법원이 행하는 선고이다(민§27). 부재자를 사망한 것으로 의제하여 그 가족이나 재산관계를 확정시키는 제도이다. 실종자를 중심으로 하는 재산관계나 가족관계를 오랫동안 불확실한 상태에 방치하여 두는 데서 오는 불합리성을 제거하기 위한 제도이다. 부재자의 생사불명의 기간이 보통실종의 경우에는 5

년, 전쟁실종·선박실종·항공기실종·위난실종 등 특별실종에 대해서는 1년을 경과해야 선고할 수 있다(§27). 이 기간의 기산점은 보통실종의 경우에는 최후의 소식이 있었을 때, 특별실종의 경우에는 전쟁이 끝난 날·선박이 침몰했을 때·항공기가 추락했을 때, 그 밖의 경우에는 위난이 사라진 때이다. 실종선고가 있으면 실종자는 실종기간이 만료한 때에 사망한 것으로 본다(§28). 따라서 비록 살아 있다고 하는 반증이 있더라도 선고가 취소되지 않는 이상에는 사망한 것으로 취급된다. 사망한 것이라고 인정되는 결과, 그자와 혼인하고 있는 자는 미망인이나 홀아비가 되어 재혼할 수 있게 되며 상속이 개시되고 실종자의 생명보험금도 지급된다. 선고 후 실종자가 살아 있거나 실종기간 만료시와 다른 때에 사망한 것이 증명되었을 때에는 본인이나 이해관계인 또는 검사의 청구에 의하여 법원은 선고를 취소하여야 한다(가소§2① 나(1)Ⅲ, §44Ⅰ, §11·가소규§53~§59·민§29①). 취소가 있으면 실종자는 처음부터 실종선고가 없었던 것과 동일한 것으로 된다. 즉 법률관계는 소급적으로 무효가 된다. 그러므로 재혼은 중혼으로 되어 취소되며 상속은 무효가 되고, 보험금은 반환하여야 한다. 다만 실종선고를 신뢰하였던 자는 보호할 필요가 있으므로 민법은 행위의 당사자가 선의(선고가 사실에 반하는 것을 알지 못한 것)로 행한 행위, 예컨대 재혼이라든가 실종자의 재산의 매각 등은 모두 그 효력에 영향이 없으며(민§29①단), 또 선고로 인하여 재산을 얻은 자 예컨대 상속인이나 보험금을 취득한 자 등은 그 재산이 감소했더라도 현재에 잔존하는 한도에서 반환하면 된다(민§29②). 그러나 악의인 때에는 그 받은 이익에 이자를 붙여서 반환하고, 손해가 있으면 이를 배상하여야 한다(민§29②).

## 본다

법규에 의한 의제를 말하는 바, '간주한다'라고도 한다. 예컨대 A라는 사실과는 본질적으로 다른 B라는 사실을 법률상 A라는 사실과 동일하게 취급하는 것이다. 추정과의 구별은, 추정은 법률상 일단 가정하는 것으로서, 만일 반증을 들면 그 가정된 효과는 번복되지만, '본다'고 할 때에는 반증을 들어도 법규가 의제한 효과를 뒤집을 수 없다는 데에 있다. 예컨대'실종선고를 받은 자는 사망한 것으로 본다'(민법 제28조)고 할 때의 '본다'가 그것이다. 이 경우 실종선고는 사망한 것으로 추정하는 것이 아니라, 사망한 것으로 보므로, 후일에 그 실종선고가 사실과 다르다는 것이 입증되더라도 그 실종선고를 취소하지 않는 한 사망이라는 법률적 효과를 소멸시키지는 못한다.

민법 제29조 1항 단서의 '선의'의 의미

| | |
|---|---|
| 문제점 | 민법 제29조 1항 단서에서는 실종선고 취소의 경우 실종선고를 신뢰한 자를 보호하기 위하여 '실종선고 후 그 취소 전에 선의로 한 행위의 효력에 영향을 미치지 아니한다.'고 규정하고 있다. 여기에서 누가 선의 이어야 |

| | | |
|---|---|---|
| | 하는지 문제된다. | |
| 단독행위 | 단독행위자가 선의이면 족하고, 상대방의 선의는 문제되지 않는다. | |
| 재산법상 계약 | 쌍방 선의설 (다수설) | 당사자 쌍방이 선의여야 위 조항에 의한 보호를 받는다는 견해이다. |
| | 상대적 효력설 | 개별적, 상대적으로 판단하여 선의자는 보호되지만, 악의자는 취득한 물건 또는 이득을 실종자에게 반환해야 한다는 견해이다. |
| 가족법상 계약 (예:재혼) | 당사자 쌍방이 선의라야 그 계약이 유효라는 것이 통설이다. | |

## 사망(死亡)

사생활기능의 절대적 종지를 말한다. 이는 자연인의 일반적 권리능력의 유일한 소멸원인이 된다. 사망의 시기를 결정하는 기준에 관해서는 법률에 규정하고 있지 않으므로 견해의 대립이 있다. 종래의 통설은 호흡과 혈액순환의 영구적 종지가 사망이 인정되는 시점이라고 한다. 이에 의하면 심장이 그 기능을 멈추고, 맥박이 정지하여야 사망에 이르게 된다. 그러나 현대 의학의 눈부신 발달과 함께 장기이식이 가능하게 되어 사망시기에 대한 새로운 주장이 제기되고 있는 바, 이 설을 뇌사설이라고 하는데 뇌기능의 종지시점을 사망시기로 보자는 견해이다. 사망의 유무나 시기와 관련하여 문제되는 것으로 다음의 세 가지가 있다. (1) 2인 이상이 동일한 위난으로 사망한 경우에 누가 먼저 사망하였는지를 확정하는 것은 특히 상속문제와 관련하여 어려운 문제이다. 이에 관해 우리 민법은 2인 이상이 동일한 위난으로 사망한 경우에는 동시사망으로 추정한다라고 규정하여 문제를 해결하고 있다(민법 30조). (2) 사망의 확증은 없지만 사망한 것이 거의 확실한 경우(수난·화재)에, 그것을 조사한 관공서의 사망보고에 기하여 등록부에 기재함으로써 사망을 인정하는 제도로 인정사망제도가 있다. (3) 사망의 개연성이 큰 경우에 관하여 실종선고라는 절차로 일정시기에 사망을 인정하는 제도로 실종선고제도가 있다.

## 동시사망(同時死亡)

동일한 위난에 의하여 사망한 수인의 사망자 중 사망의 전후를 증명할 수 없을 때에는 이들이 동시에 사망한 것으로 추정함을 말한다(§30). 태풍이나 화재·교통사고 등에는 종종 이러한 문제가 일어난다. 이 경우에 사망시기의 전후는 상속관계에 있어서 중요한 문제이지만 누가 먼저 사망하였는지 증명하기 곤란하다. 예컨대 남편과 그 외 아들이 항공기 사고로 함께 사망했다고 하면 남편의 유산은 유처와 남편의 부모가 공동 상속하게 된다. 그러나 만약에 남편이 먼저 사망했다는 것을 증명할 수 있으면 남편의 유산은 유처와 아들에게 상속되며 다시 그 아들이 죽은 후에는 그 母에게 상속되기 때문에 결국 전체 유산이 처에게로 돌아가게 되지만 동시사망의 경우에는 유처와 남편의 부모가 유산을 공동 상속하게 된다. 입법례를 살펴보면, 로마법과 프랑스는 연소자가 먼저 살아 남은 것으로 추정하는 연소자생존추정주의를 취하며(프·민§720), 독일과 스위스는 동시에 사망한 것으로 추정한다(독일실종법§11, 스·민§32②). 우리민법은 동시사망으로 추정한다(민§30).

## 인정사망(認定死亡)

수해·화재 그 밖의 사변으로 인하여 사망한 것이 확실한 경우에 그 조사를 집행한 관공서가 이를 사망이라고 인정하는 것을 말한다. 그 사체가 발견되지 않아 사망진단이 불가능하고 사망신고가 곤란한 때에 실종선고를 내리지 않고 사망으로 취급하는 점에 실익이 있다. 이때 사망한 자를 조사한 관공서는 지체없이 사망지의 시·읍·면장에게 사망보고를 하여야한다. 그러나 외국에서 사망이 있는 때에는 사망자의 등록기준지의 시·읍·면의 장에게 사망의 보고를 하여야한다.

> 민법 제30조에 의하면, 2인 이상이 동일한 위난으로 사망한 경우에는 동시에 사망한 것으로 추정하도록 규정하고 있는바, 이 추정은 법률상 추정으로서 이를 번복하기 위하여는 동일한 위난으로 사망하였다는 전제사실에 대하여 법원의 확신을 흔들리게 하는 반증을 제출하거나 또는 각자 다른 시각에 사망하였다는 점에 대하여 법원에 확신을 줄 수 있는 본증을 제출하여야 하는데, 이 경우 사망의 선후에 의하여 관계인들의 법적 지위에 중대한 영향을 미치는 점을 감안할 때 충분하고도 명백한 입증이 없는 한 위 추정은 깨어지지 아니한다고 보아야 한다*(대법원 1998. 8. 21. 선고 98다8974 판결)*.

## 뇌사설(腦死說)

뇌기능의 종국적인 훼멸 즉 뇌사(Hirntod)에 이른 때에 사람이 사망하였다고 하는 학설을 말한다. 뇌사설은 1968. 8. 9. 시드니에서 개최된 제22차 세계의사학회에서 채택된 시드니 선언에서 사망의 시기결정에 대한 가장 유효하고 유일한 기준으로 추천되어, 현재 독일에서는 통설의 지위를 차지하고 있다. 최근 인체의 장기이식과 관련하여 논란이 일고 있으며 장기이식에 관한법률이 1999년 2월 8일 제정되어 뇌사의 판정에 관한 절차를 규정하고 있다.

## 이해관계인(利害關係人)

이해관계인이란 특정사실에 대하여 법률상의 이해를 가진 자이다. 그 사실의 여하가 이미 가진 자기의 권리의무에 직접 영향을 미칠 위기에 있는 자이다(민§22, §44, §63, §469②, §1053 등).

## 기아(棄兒)

부모 그 밖에 보호의 책임이 있는 자로부터 버려져서 양친을 알 수 없는 어린이를 말한다. 기아를 발견한 자 또는 기아발견의 통지를 받은 경찰공무원은 24시간 이내에 그 사실을 시·읍·면의 장에게 보고하여야 한다. 시·읍·면의 장은 소속품·발견장소·발견年月日時·그 밖의 상황·성별·출생의 추정년월일을 조서에 기재하여 이로써 출생신고를 대신하며, 민법의 규정에 의하여 기아의 성과 본을 창설한 후, 이름과 본적을 정하여 이를 등록부에 기록함으로써 새등록부가 편제된다(민§781 ④). 또 나중에 부 또는 모가 기아를 찾은 때에는 1개월 이내에 다시 출생신고를 제출하고 그 등록부의 정정을 신청하여야 한다. 그리고 어린이를 버리는 행위는 유기죄로 처벌된다.

**법인**(法人)
영 ; artificial person, juridicial person, corporation
독 ; juristishe Person
불 ; personne morale ou juridique

법인이란 전형적인 권리능력의 주체인 자연인 이외의 것으로서 법인격(권리능력)이 인정된 것으로서 법인격(권리능력)이 인정된 것이다. 일정한 목적과 조직을 가진 사람의 결합인 단체(사단 또는 조합)와 일정한 목적을 위하여 조성된 재산(재단)도 각각 사회에서 중요한 역할을 담당하기 때문에 법률관계의 주체가 될 수 있다. 따라서 「사람」이나 「재산」의 결합체에 대하여 법률로써 권리능력을 부여하고 이를 법인이라 부른다. 법인의 본질에 대한 학설은 (1) 법인의 실재성을 부정하여, 그 본체는 결국 개인 또는 일정한 재산에 지나지 않는다는 법인부정설, (2) 자연인만이 본래의 법적 주체이고, 법인은 자연인을 의제하여 인정받은 데 불과하다고 하는 법인의제설, (3) 법인은 법률의 의제가 아니라 자연인과 마찬가지로 현실의 사회에 시재한다고 하는 법인실재설 등이 있다. 법인실재설이 오늘날의 통설이다. 국가나 지방자치단체·각종의 사회·노동조합이나 학교의 대부분은 모두 법인이다. 법인의 종류로는 (1) 공법인과 사법인 (2) 재단법인과 사단법인 (3) 영리법인과 비영리법인 (4) 외국법인과 내국법인 등이 있다. 법인은 법률의 규정에 의해서만 설립된다(민§31). 법인설립에 대한 입법주의로는 특허주의·허가주의·인가주의·준칙주의·자유설립주의 등이 있다. 우리나라의 비영리법인에는 허가주의(§32), 영리법인에는 준칙주의(§39), 특수법인에는 특허주의(특별법에 의함)를 취하고 있다. 사단법인의 설립시에는 정관의 작성을, 재단법인의 설립에는 일정재산의 출원·출손과 정관의 작성이 필요하다. 법인의 해산은 (1) 존립기간의 만료, (2) 정관에 정한 해산사유의 발생, (3) 목적인 사업의 성취나 불능, (4) 파산, (5) 설립허가의 취소, 이밖에 사단법인은 (6) 사원총회의 결의 (7) 사원이 없게 된 경우 등의 이유로 해산한다(§77~§79).

**법인의제설**(法人擬制說)
독 ; Fiktionstheorie

자연인인 개인만이 본래의 법적 주체이며, 법인은 법률이 자연인에 의제한 것에 지나지 않는다고 하는 법인이론. 사비니(Savigny)가 대표자이다. 법인의제설은 법인은 법률이 특히 인정한 경우에만 성립할 수 있다고 하므로 허가주의·특허주의의 이론적 기초가 된다. 법인 자체의 활동을 부정하여 법인은 대리인인 이사의 행위의 귀속점이 됨에 지나지 않는다. 따라서 법인의 활동범위를 좁게 한정하고 법인의 활동을 제한하기 쉽다. 즉 법인의 정관이나 기부행위의 목적으로 기재된 것을 중심으로 하여 그것에만 권리·의무를 가지며 활동할 수 있고 책임을 진다고 생각한다. 법인의제설에 따르면 당연히 법인의 불법행위능력을 부정하게 된다. 법인의제설은 근대 초에는 유력했으나 그후 법인실제설이 이를 대신하게 되었다.

### 법인부정설(法人不定說)

독 ; Negationstheorie

법인의제설의 주장은 결국 법인은 독자적인 실체가 없다는 것이 된다. 따라서 그 실체를 법인을 구성하는 개인이나 재산에서 찾으려는 학설이 나타났는데 이를 법인부정설이라고 한다. 이 학설은 다시 (1) 무주재산설(無主財産說), 목적재산설(Brin), (2) 수익자주체설(Thering), (3) 관리자주체설(Höde r)로 나누어진다. 법인부정설은 법인의 사회적 실체를 파악하는데 법인의제설보다 앞서며 다수주체자의 법률관계를 단순화하기 위한 법기술의 결과가 법인이란 점을 명백히 한 견해이다. 그러나 법인부정설은 주로 재단을 대상으로 하는 이론이므로 개인이나 재산 이외에 사회적 활동을 영위하는 존재인 사단에 대해서는 설명하지 못한다.

### 무주재산설(無主財産說)

독 ; Zweckvermögens theorie

브린쯔(Brinz)가 대표자이다. 교회법상 교회의 재산은 하나님에게 속한다는 사상에서 유래한다. 법인의 권리는 실제상 누구에게도 속하지 않고 다만 일정한 목적에 의하여 결합된 재산이 있을 뿐이다. 따라서 법인의 실체는 일정한 목적에 의하여 결합된 무주물의 재산자체이고, 그 재산 외에 권리·의무의 주체를 인정할 수 없다고 하는 학설이다.

### 수익자주체설

독 ; Genissenstheorie

예링(Jhering)이 대표자이다. 교회법상 교회의 재산은 빈민을 위한 것이라는 사상에서 유래한다. 법인으로부터 이익을 얻고 있는 다수의 개인이 법인의 본체라는 설이다.

### 관리자주체설(管理者主體說)

독 ; Amtstheorie, Verwalterstheorie

횔더(Hölder)가 대표자이다. 교회법상교회의 재산이 관리자인 사제 등의 사유에 속한다는 사상에서 유래한다. 법인의 본질에 관하여 법인의 실체는 법인재산의 관리자라는 설이다. 법인의 실재를 부정하고 법인의 권리와 이를 관리·처분하는 관리인의 권리를 혼동하고 있다고 본다.

### 법인실재설(法人實在說)

독 ; Realitätstheorie

법인은 법률에 의해 의제된 공허물(空虛物)이 아니라 실질을 가지는 사회적 실체라고 하는 법인학설을 통틀어서 법인실재설이라 한다. 즉 법인도 자연인과 더불어 많은 일을 행하는 실재적인 것이므로 목적 그 자체가 아니라 목적을 수행하기 위하여 상당하다고 인정되는 일반에 대하여 권리·의무를 가지고 행위하며 책임을 지는 것이라고 생각하는 학설이다. 법인의제설에 대립하여 제창되었으며, 오늘날에는 그 것에 대신하여 지배적 위치를 차지하고 있다. 법인의 실재를 무엇으로 보느냐에 따라 (1) 유기체설(Gierke) (2) 조직체설(Michoud, Saleilles) (3) 사회적작용설(와가쓰마사카에, 我妻榮) 등으로 나누어진다. 조직체설이 유력하다. 법인실재설은 법적 주체인 실체를 갖춘 것을 법인으로 인정하려고 하므로 준칙주의의 이론적 기초가 되며, 또 법인의 이사의 활동은 법인을 대표하는 것이므로 법인자체의 행위에 지나지 않는 까닭에 법인의 불법행위의 능력을 인정하게 된다.

> <u>법인은 기관에 의하여 독자의 행위를 할 수 있는 실체</u>이므로 기관의 행위는 각 법인 자체의 행위가 되고, 다만 법인의 기관은 법인의 목적범위내의 행위이어야 된다는 제한이 있을 따름이다*(대판 1978. 2. 28. 77누155).*

### 유기체설(사회유기체설, 단체설)

(有機體說, 〈社會有機體說, 團體說〉)
독;Organischentheorie, Genossenschaftstheorie

기르케(Gierke)가 대표자이다. 사회실제론에서 나온 법이론으로 단체를 사회적 유기체라고 보는 학설이다. 자연인이 자연적유기체로서 그 고유의 의사를 가지는 것과 마찬가지로 법인은 사회적 유기체인 단체인격자 또는 종합인격자로서 존재하며 사실상 의사를 가지고 활동하고 있다. 따라서 자연적 유기체인 자연인과 동일하게 취급된다. 그러나 사회적 관념과 법률적 관념과의 명확한 구별이 없는 점에 난점이 있다. 즉 (1) 인간의 결합체를 유기체로 볼 것인가 또는 단체의사를 인정할 것인가는 사회학의 문제일 뿐 사회적 유기체에 법인격을 부여한 이유를 설명하지 못한다. (2) 사단의 구성원이 사단과는 별개의 사회적 존재를 갖는 동시에 사단도 그 구성원을 떠나서 독자적인 사회적 존재를 갖는 점을 유기체설은 설명하지 못한다. (3) 단체가 그 고유의 의사를 가지기 때문에 법인격을 인정한다는 것은 의사주체만이 권리주체가 될 수 있다는 법리를 벗어나지 못하는 것으로서 이 점에서는 법인의제설과 큰 차이가 없다. 단체주의 의사의 산물이다.

### 조직체설(調織體說)

독 ; Organisationstheorie

미슈(Michoud)와 살레이유(Saleilles)가 대표자이다. 법인의 실체를 유기체로 보는 대신에 법률에 의한 조직체로 보고 법인이 권리주체로서 적합한 조직체를 가지기 때문에 법률상 권리능력의 주체가 될 수 있다는 학설이다. 이 설은 유기체설이 사회학적 이론에 그치고 법률이론이 되지 못한 점을 시정하여 법률적 조직체라고 함으로써 유기체설보다 한걸음 앞선 이론이라

할 수 있다. 그러나 (1) 단체는 자연발생적으로 성립하며 독자의 생명을 가지고 활동하기 때문에 법률의 힘으로 함부로 금하거나 의제할 수 없는 실체를 가진다고 주장한 유기체설의 장점을 찾아볼 수 없다. (2) 법인에게 인격이 부여되는 이유도 충분히 설명하지 못한다.

### 사회적 가치설(社會的 價値說)

일본의 와가쓰마 사카에(我妻榮) 박사가 대표자이다. 법인은 자연인과 마찬가지로 사회적 작용을 담당하고 법적 주체인 사회적 가치를 가진다는 학설이다. 이 학설은 Köhler·Duguit 등의 사회연대사상을 토대로 한다. 그러나 사회적 작용이 법인의 사회적 가치를 결정하는 유일한 기준이 될 수는 없다고 하는 비판이 있다.

### 단체(團體)

다수의 사람으로 구성되고 공동의 목적을 가지는 결합체를 말한다. 이러한 사단에는 사단법인과 법인격 없는 사단이 있으며, 사단으로서의 실체를 갖추지 못한 조합도 있다. 조합은 그 구성원의 법적 지위가 단체와 어느 정도 독립성을 가지는 점에서 사단과 다르다.

### 단체법(團體法)

독 ; Genossenschaftsrecht,
Gemeinschaftsrecht

단체의 조직·운영을 규율하는 법으로서 개인법에 대한다. 그러나 이 말이 사용되는 것은 거기에 개인법과 다른 원리가 존재하기 때문이다. 이것은 기에르케(Gierke, Otto Von)가 게르만의 단체법에 대하여 강조한 것이며 그는 이러한 단체를 전체의 단일성과 부분의 복잡성과의 조직적 결합이라고 하였다. 오늘날 개인주의적인 근대적사법관계를 수정하는 이론으로서 단체법 이론이 제창되는 것도 이와 관련하기 때문이다.

### 게놋센샤프트

독 ; Genossenschaft

종합인(Gesampt person) 또는 실재적 종합인이라고도 한다. 다수인의 단체이며, 그 구성원이 변화할지라도 동일성을 잃지 않는 것은 법인과 마찬가지이다. 그러나 법인에서처럼 구성원과 별개의 인격을 가지는 것이 아니라 구성원의 총체 자체가 단일체로 인정되는 것으로 게르만의 촌락공동체가 그 예이다. 로마법의 법인에 대한 게르만법의 단체의 특색이다. 단체가 가지는 권리·의무에 관하여 살펴보면 법인에서는 단체원이라 함은 직접적인 관계가 없이 법인에 단독으로 귀속하는 데 대하여 게놋센샤프트에서는 그 단체에 총제적으로 귀속하고(그 소유형태는 총유라고 한다), 처분관리의 기능을 전체에게 사용·수익의 권능은 구성원에게 그 권능이 분속되어 있다.

**공법인**(公法人)
영 ; public corporation
독 ; juristische Person des öffentlichen Rechts
불 ; personne morale du droit pulic

특별한 공공목적을 위하여 특별한 법적근거에 의하여 설립된 법인이다. 사법인에 대한 것. 광의로는 국가와 공공단체를 모두 포함한 의미로 사용되고, 협의로는 공공단체와 같은 뜻으로, 최협의(最狹義)로는 공동단체 중에서 지방자치단체 이외의 것을 가리키는 말이다. 공법인에 대하여는 그 목적에 부합되는 한도 내에서 행정권을 부여할 수 있다. 공공조합·공사단이 그 예이다. 공법인은 국가의 특별한 감독, 공과금의 면제 등과 같이 사법인과는 다른 실정법상의 취급을 받는 경우가 많으나 그에 관한 모든 법률관계가 공법관계인 것은 아니고 그 사업의 실질적 내용, 실정법상의 규정 등에 의하여 구체적으로 결정하는 것이다.

**사법인**(私法人)
영 ; judicial person of private law
독 ; juristische Person des Privat rechts
불 ; personne morale civile

사법상의 법인이라는 의미로서 회사·비영리사단법인·비영리재단법인과 같이 그 내부의 법률관계(예컨대, 단체에 가입, 회비의 징수 등)에 국가 또는 공공단체의 강제적 권력작용이 가하여지지 않는 법인을 가리킨다. 법인을 공·사의 2종으로 분류하는 것은 그 쟁송을 행정소송으로 볼 것인지, 민사소송으로 볼 것인지, 또 공법을 적용할 것인지, 사법을 적용할 것인지 등을 결정하는 기준으로서 종래부터 다수의 학자들이 인정하여 온 방법이다. 그러나 그 강제적 권력작용이 가하여지는 범위는 법인에 따라 차이가 있어 양자는 모든 점에서 법률적으로 다르게 다루어지는 것은 아니므로 양자의 구별도 그 점에 있어서는 대체적인 기준이 되는데 지나지 않는다. 사법인은 그 내부조직의 차이에 따라 사단법인과 재단법인으로 나누어지고, 그 목적에 따라 비영리법인과 영리법인으로 구별된다.

**영리법인**(營利法人)
독 ; Geschäftsverein, wirtschaftlicher Verein

영리법인이란 영리를 목적으로 하는 사단법인을 말한다. 주로 구성원의 사익을 도모하고 법인의 기업이익을 구성원 개인에게 분배하여 경제적 이익을 구성원에게 돌아가게 하는 법인이다. 비영리법인에 대한다. 현행법상 재단법인은 영리를 목적으로 할 수 없으므로 영리법인은 사단법인에 한정되고 상법의 규정이 적용된다(민§32,§39). 따라서 영리법인은 상행위 기타 영리를 목적으로 하여 설립한 사단인 회사를 말한다. 구법에서는 상행위를 목적으로 하는 사단법인을 상사회사라 하고 상행위 이외의 영리행위(농업·어업·광업 등)를 목적으로 하는 것을 민사회사라 하여 구별하였다. 그러나 상법에서는 민사회사를 의제상인으로 하여(상§5), 그 행위에 대하여서도 상행위에 관한 규정을 준용하도록 하였으므로(상

§66) 구별의 실익이 없다. 비영리법인의 설립에는 허가주의가 취하여지고 있으나(민§32), 영리법인의 설립에는 준칙주의를 취한다(상§172). 따라서 법정의 절차에 따라 단체가 성립하는 때에는 당연히 영리법인이 성립한다. 근대법에 있어서의 영업의 자유, 단체설립의 자유의 사상을 표현한 것이다.

## 비영리법인(非營利法人)

독 ; nichtwirtschaftlicher Verein, idealer Verein, nichtwirtschaftliche Stiftung, ideale Stifung

비영리법인이란 학술·종교·자선·기예·사교 기타 영리 아닌 사업, 즉 경제적 이익을 도모하는 것이 아닌 사업을 목적으로 하는 사단법인 또는 재단법인을 말한다(민§32). 우리 민법은 법인을 영리법인과 비영리법인으로 구분하고 있고(§32, §39), 비영리법인에는 공익법인과 비공익비영리법인(이른바 중간법인)의 두가지가 있다. 공익법인에 출연 또는 기부한 재산에 대하여는 각종 세제상의 혜택을 주는 외에 공익적 견지에서 감독을 강화하고 있다(공익법인의 설립·운영에 관한 법률). 비영리법인의 설립은 허가주의를 따르고 있다.

## 공익법인(公益法人)

영 ; public artificial person, public juridicial person
독 ; idealer Verein

사회일반의 이익, 즉 학술·종교·자선·기예·사교 그 밖의 공익을 목적으로 하는 법인을 말한다. 비영리법인의 일종으로 사단법인과 재단법인의 2종이 있다. 공익법인은 세법상 그 밖의 국가의 특별한 보호를 받으므로 그 설립에는 허가주의가 취해진다(민§32). 공익법인의 설립·운영에 관하여는 민법에 대한 특별법으로 「공익법인의 설립·운영에 관한 법률」(1975. 12. 31. 법률 제2814호)이 제정되어 있다.

## 중간법인(中間法人)

공익법인도 영리법인도 아닌 법인을 말하는 것이나 우리나라 현행민법은 이것을 인정하지 않는다. 즉 중간법인은 법인을 공익법인과 영리법인으로 분류하던 구민법하에서 인정하였던 것이나 현행민법은 법인을 비영리법인과 영리법인으로 분류하여 중간법인을 비영리법인에 포함하였으므로 이 개념을 따로 인정할 실익이 없게 되었다. 구민법하에서는 동업자라든지 동일한 사회적 지위에 있는 자의 공통된 이익의 증진을 목적으로 하는 단체는 특별법이 없으면 법인이 될 수 없었으며 권리능력 없는 사단에 불과하였고 그와 같은 단체 중에서 특별법에 의하여 법인이 될 것으로 인정된 것이 중간법인이었다. 뿐만 아니라 중간에 존재하는 것으로써 공단·공사 등이 있다.

## 자유설립주의(自由設立主義)

독 ; System der freien Kö rperschaftbidlung

법인설립에 관하여 아무런 제한을 두지 않고, 거래사회에서 자주적으로 활동하는 단체나 재단이 사실상 설립되면 법인격을 인정하는 주의이다. 결국

법인의 자유로운 설립을 허용하는 주의이다. 법인설립이 자유롭고 간편하지만 법인의 성부(成否) 및 내용이 불명확하여 거래의 안전을 해치므로 오늘날에는 이와 같은 주의를 채용하는 입법례는 거의 없다. 다만 스위스민법이 비영리사단법인의 설립에 이 주의를 채용할 뿐이다(스·민§60). 우리나라 민법은「법인은 법률의 규정에 의함이 아니면 성립하지 못한다」(민§31)고 규정함으로써 자유설립주의를 명시적으로 배제하고 있다. 법인실재설을 기초로 주장되는 주의이다.

## 강제설립주의(强制設立主義)

독 ; Grundugszwangssystem

법률에 의하여 국가가 법인의 설립을 강제하는 주의이다. 국가는 일정한 단체의 구성원이 될 자에게 직접 이해관계가 없더라도 공익과 관계가 있을 경우 국가정책상 그 자에게 법인의 설립을 강제한다. 예컨대 수리조합, 상공회의소, 의사회, 변호사회, 변리사회 등이 있다. 강제설립주의는 특허주의와 같이 각각 특수한 사회작용을 담당하는 것이므로 이 주의는 일반법인에 대하여 채용하는 것은 곤란하고, 사회일반의 이해관계에 큰 영향을 미치는 경우에 한하여야 한다.

## 허가주의(許可主義)

독 ; Konzessionssystem

면허주의라고도 한다. 법인의 설립에 있어서 행정관청의 허가를 필요로 하는 주의이다. 특허주의와 준칙주의의 중간에 위치하는 것. 우리나라 민법은 비영리법인에 대해 일반적으로 허가주의를 취하고 있다(민§32). 또한 학교법인과 증권거래소 등에도 허가주의를 채용하고 있다. 이 경우의 허가는 자유재량이라고 하나 최근에는 일단 허가를 요한다고 하면서 법률이 정하는 요건을 갖추고 있으면 행정관청은 반드시 허가하지 않으면 안 된다고 정함으로써 준칙주의의 입장을 취하는 경향이 증가하고 있다.

## 인가주의(認可主義)

독 ; System der Genehmigung

법률이 정한 요건을 구비하고 행정관청의 인가를 얻음으로써 법인으로 성립할 수 있게 하는 주의이다. 이에 대해 인가주의는 허가주의와 달리 법률이 정하는 요건을 갖추고 있으면 반드시 인가해 주어야 한다.

민법은 제31조에서 "법인은 법률의 규정에 의함이 아니면 성립하지 못한다."고 규정하여 법인의 자유설립을 부정하고 있고, 제32조에서 "학술, 종교, 자선, 기예, 사교 기타 영리 아닌 사업을 목적으로 하는 사단 또는 재단은 주무관청의 허가를 얻어 이를 법인으로 할 수 있다."고 규정하여 비영리법인의 설립에 관하여 허가주의를 채용하고 있으며, 현행 법령상 비영리법인의 설립허가에 관한 구체적인 기준이 정하여져 있지 아니하므로, 비영리법인의 설립허가를 할 것인지 여부는 주무관청의 정책적 판단에 따른 재량에 맡겨져 있다. 따라서 주무관청의 법인설립 불허가처분에 사실의 기초를 결여하였다든

> 지 또는 사회관념상 현저하게 타당성을 잃었다는 등의 사유가 있지 아니하고, 주무관청이 그와 같은 결론에 이르게 된 판단과정에 일응의 합리성이 있음을 부정할 수 없는 경우에는, 다른 특별한 사정이 없는 한 그 불허가처분에 재량권을 일탈·남용한 위법이 있다고 할 수 없다*(대법원 1996. 9. 10. 선고 95누18437)*.

**준칙주의**(準則主義)
독 ; Normativsystem

법인설립에 관한 요건을 미리 정해놓고 그 요건을 구비한 사단 또는 재산을 설립하는 때에는 허가나 인가라는 특별한 행정처분을 요하지 않고 법인격을 인정하는 주의이다. 다만 그 조직·내용을 공시하기 위하여 등기 또는 등록을 성립요건으로 하는 것이 보통이다. 회사에 관하여는 특허주의에서 허가주의를 거쳐 오늘날에는 일반적으로 준칙주의가 채용되어 있다. 우리나라는 민법에 의한 영리법인인 민사회사(민§39)·상법에 의한 영리법인인 이른바 회사(상§172)에 관하여 준칙주의가 채용되어 있는 외에 중소기업 등의 협동조합(중협§10)·노동조합(노동조합및노동관계조정법§35, §36) 등이 이 주의를 채용한다. 인가주의가 행정관청에 의한 사전심사가 있다는 절차상의 차이가 있을 뿐, 준칙주의와 인가주의와는 실질적인 차이는 없다.

**특허주의**(特許主義)
독 ; Oktroisystem

특정한 법인을 설립할 때마다 특별한 법률의 제정을 필요로 하는 주의로서 개별입법주의라고도 한다. 특허주의는 주로 국가의 재정·금융·상업 등에 관한 정책을 통제·강화하는 필요에서 국가가 정책상 특정한 국영기업에 독립성을 주는 것이다. 한국은행(한국은행법), 한국산업은행(한국산업은행법), 중소기업은행(중소기업은행법), 한국토지공사(한국토지공사법), 대한주택공사(대한주택공사법), 한국전력공사(한국전력공사법) 등이 이에 속한다. 특허주의에 의한 법인이 사기업의 형태, 특히 주식회사의 형식을 취하더라도 그것은 출자자나 주주의 이익만을 목적으로 하지는 않는다. 근대 초기에는 개인의 자유를 억압하는 것이 단체라는 사상에서 군주의 특허에 의해서만 단체의 주체성을 인정하였다. 따라서 오늘날의 특허주의는 역사적으로 근대초기에 볼 수 있었던 특허주의와는 실질적으로 다르다.

**법인의 권리능력**(法人의 權利能力)

법인은 자연인에게만 있는 신체나 친족관계에 기인한 권리의무를 향유할 수는 없으나 법률이나 정관으로서 규정한 목적의 범위 내에서 권리와 의무의 주체가 된다(민§34).

**성립요건**(成立要件)

어떤 사물 또는 어떤 법률관계 등이 성립하는데 필요한 요식행위를 말한다. 예컨대 법인은 그 주된 사무소의 소재지에 설립등기(민§33)를 성립요건으로 하고, 상사회사(영리법인)는 본점소재지에서 설립등기(상§172)를 성립요건으로 하는 것과 같다.

### 사단법인(社團法人)

영 ; incorporated association
독 ; rechtsfähiger verein
불 ; association personnifeée

일정한 목적을 위하여 결합한 사람의 집단으로 권리능력(법인격)이 인정된 것을 말한다. 사단법인은 영리를 목적으로 하는 회사와 같이 상법의 적용을 받는 영리법인과, 비영리를 목적으로 하며 민법의 적용을 받는 비영리사단법인으로 나누어진다(민§32,§39·상§169). 일반적으로 사단법인이라고 하는 경우에는 비영리사단법인을 의미하므로 이를 중심으로 하여 설명하기로 한다. 사단법인의 설립은 설립자가 정관을 작성하여 주무관청의 허가를 얻어 주된 사무소의 소재지에 등기함으로써 성립한다. 따라서 주된 사무소의 소재지에 등기하지 않는 동안에는 법인의 설립을 주장할 수 없다. 사단법인은 기관에 의해서 행위 하는데 최고필수의 의사결정기관은 사원총회이며 이사는 적어도 매년 1회의 정기총회와 그밖에 필요에 따라, 특히 총사원 5분의 1이상의 요청이 있는 때에 임시총회를 소집한다. 이사는 법인의 내부적 사무를 집행하고 대외적으로는 법인을 대표하는 상설필수기관이다. 법인의 재산상황이나 이사의 업무집행을 감사하는 기관으로서 감사가 있는데 이것은 필수기관은 아니다.

### 재단법인(財團法人)

독 ; Stifung

일정한 목적을 위하여 바쳐진 재산을 개인에게 귀속시키지 않고 독립적으로 운영하기 위하여 그 재산을 구성요소로 하여 권리능력이 인정된 것을 말한다(민§32 이하). 재단법인은 영리법인으로서는 인정되지 않고 비영리법인 뿐이다(§32). 즉 종교·자선·학술·기예 그 밖의 영리 아닌 사업을 목적으로 하는 것에 한하여 인정되며 사립학교·의료법인 등에 그 예가 많다. 재단법인의 설립은 영리 아닌 사업을 목적으로 하여 재산을 출연하고 그 근본규칙인 정관을 만들어 주무관청의 허가를 얻어 주된 사무소 소재지에서 설립등기를 함으로써 법인은 성립한다. 사단법인과는 달라서 사원이나 사원총회는 없으며 정관에 따라 이사가 의사결정이나 업무집행 및 대외적으로 대표하는 일을 행한다.

### 재단(財團)

일정한 목적을 위하여 결합된 재산의 집합을 말한다. 재단은 두 가지로 생각할 수 있다. 즉 (1) 채권자와 기타 제3자의 권리를 보호하기 위하여 어떤 자의 사적 소유에 속하는 재산을 법률상 그 자의 다른 재산과 구별하여 다루는 경우(이른바 특별재산 또는 광의 목적재산)이다. 파산재단,, 각종의 재단저당의 목적이 되는 재단, 한정승인을 한 상속재산(민§1028~§1040), 상속인 없는 상속재산(§1053) 등이 이에 속한다. (2) 공익·사회적 목적을 위하여 출연된 재산(이른바 목적재산)이 그 목적에 따라 통일적으로 관리되는 경우이며 실질적으로는 사적 소유를 이탈한 재산이다. 그러나 그것은 무주의 재산은 아니며 그 관리를 위한 형식적인 주체를 필요로 한다. 이것은 다시 (1) 신탁의 방법에 의한 것, (2) 법인조직에 의한 것, (3) 권리능력 없는 재단으로서 관리되는 것 등 세 가지 경우로 구별된다.

## 외국법인(外國法人)

영 ; foreign corporation
독 ; ausländische juristilsche Person
불 ; personne morale étrangère

내국법인이 아닌 법인을 말한다. 내국법인과 외국법인의 구별의 기준에 대하여서는 (1) 주사무소나 영업중심지가 국내에 있는지의 여부를 기준으로 하는 주소지주의(住所地主義) (2) 법인설립의 준거법이 내국법인지의 여부를 기준으로 하는 설립준거법주의, (3) 정관작성지가 국내인지의 여부를 기준으로 하는 정관작성지법주의, (4) 설립자가 내국인이냐의 여부를 기준으로 하는 설립자국적주의 등으로 나누어진다. 입법례로서는 (1) 대륙법계와 라틴아메리카의 다수국가와 (2) 영미법계와 일부 라틴아메리카의 국가가 주로 채용되고 있다. 우리나라는 통설적으로 외국에 주소가 있거나 외국법에 준거하여 설립된 법인이 외국법인이라 하고 있다(설립준거법주의와 주소지주의 절충설). 그러나 법인의 국적에 대한 개념은 유해무익하다하여 이를 부인하는 학설이 요즘 유력하게 주장되고 있다. 우리민법은 외국법인에 관하여 아무런 규정을 두고 있지 않은데 그것은 내외국법인평등주의를 당연한 것으로 받아들이고 있는 결과이다. 즉 외국법인 중에서 상사회사 등의 일정한 것은 우리나라에서 설립을 인가하며 같은 종류의 한국법인과 동등한 사권을 향수할 수 있다. 다만 외국인이 향수할 수 없는 권리 및 법률 또는 조약에서 금지된 권리는 향수할 수 없다. 즉 외국법인이 향수할 수 있는 권리의 범위는 외국인과 동일하게 되어 있다. 따라서 내외국법인평등주의는 하나의 원칙일 뿐 법률이나 조약으로 권리나 행위능력 등을 제한할 수 있다. 외국법인은 국가의 감독을 받는다. 민법은 등기의 의무를 과하고(민§7Ⅰ), 상법은 외국회사에 관하여 상세한 규정을 두고 있다(상§614~§621).

## 내국법인(內國法人)

대한민국법에 의하여 설립되고 대한민국에 주소를 가진 법인을 말한다. 한국법인이라고도 한다. 외국법인에 대한 말이다. 내국법인과 외국법인의 구별표준에 관하여는 주소지설·준거지설·설립지설·설립자의 국적설 등 학설이 대립하고 있으나 외국에 주소가 있거나 외국법에 준거하여 설립된 법인을 외국법인이라고 하는 것이 통설이다.

## 사단(社團)

영 ; society, association
독 ; Verein
불 ; association

사람의 집합체로서 각 구성원(사원)을 초월하여 독립한 단일체로 존재하며 활동하는 단체이다. 따라서 사단은 그 사원의 변경에 무관하게 존속하게 된다. 사람의 집합체라는 점에서 민법상의 조합도 사단과 동일하지만 조합은 개개의 조합원을 초월한 독자의 존재가 아니라는 점에서 사단과 다르다. 사단은 사단 자체가 권리·의무의 주체인 성격을 가지므로 법인이 될 요건을 갖추고 있다. 사단으로서 법인이 된 것을 사단법인, 법인이 되지 않은 것을 권리능력 없는 사단 또는 법인 아닌 사단이라고 한다.

## 권리능력없는 사단

(權利能力없는 社團)
영 ; unincorporated association
독 ; Verein ohne Rechtsfähigkeit
불 ; association sans personnalité civile

일정한 목적에 따라 결합한 집단이면서 권리능력을 가지지 않은 것을 말한다. 사단법인의 바탕이 되는 실체를 이루고 있기는 하지만 실질적으로 법인격을 갖추지 못한 사단이다. 인격 없는 사단 또는 법인 아닌 사단이라고도 한다. 영리를 목적으로 하지 않기 때문에 회사가 아니며 또는 설립등기를 하지 않기 때문에 사단법인이 되지 않는 학회·동창회·친목회·사교클럽이라든가, 장차 사단법인으로 될 것이라도 아직 절차를 마치지 않은 것이 이에 해당한다. 권리능력 없는 사단은 민법의 물건소유관계 이외에는 아무런 직접적 규정을 두지 아니하였다(민§275①). 그런데 권리능력 없는 사단은 개개인의 단순한 집합인 조합과는 달리 구성원 개개인을 초월한 독립적인 존재를 가지는 단체이므로, 사단법인과 본질을 같이 한다. 따라서 권리능력 없는 사단은 법인격이 없는 데서 오는 차이를 제외하고는 그 실질로 보아 될 수 있는 대로 사단법인에 가깝게 다루는 것이 적당하다. 그리하여 (1) 사단의 내부관계, 즉 총회의 결의, 구성원의 변동, 사무집행기관 또는 감독기관의 선거 등에는 사단법인의 규정이 적용된다. (2) 사단의 외부관리에 관하여는 대표자나 관리인이 정해져 있는 한, 소송상의 당사자능력이 있음은 명문으로 규정되어 있다(민소§52). 그 밖의 사단의 대외적 교섭에 있어서도 사단의 규칙에 의하여 정해지는 대표기관에 의하여 대표되는 것은 사단법인의 경우와 동일하다. (3) 재단관계에 관하여는 법인이 아닌 사단의 사원이 집합체로서 물건을 소유할 때는 총유로 하되 총유에 관하여는 사단의 정관 기타의 규약에 의하는 외에(민§275) 그 재산은 사원총회의 결의에 의하여 관리·처분되고 각 사원은 정관 기타의 규약에 좇아 총유물을 사용·수익할 수 있으며(민§276) 총유물에 관한 사원의 권리의무는 사원의 지위를 취득·상실함으로써 취득·상실하게 된다. 구성원은 회원 기타 단체의 규칙으로 정한 이상의 책임을 지지 않는 것으로 되어 있다. 부동산등기에 관하여는 사단자체를 등기권리자 또는 등기의무자로 한다(부등§30). 권리능력 없는 사단도 직접 사단의 명의로 등기할 수 있다. 그러나 권리능력 없는 사단의 재산을 공시하기 위해서 예금채권 등에는 대표자의 성명에 사단대표자라는 직위를 써넣어 실질적으로는 사단채권이라는 것을 표시하는 방법이 관용되고 있다.

민법상의 조합과 법인격은 없으나 사단성이 인정되는 비법인사단을 구별함에 있어서는 일반적으로 그 단체성의 강약을 기준으로 판단하여야 하는바, 조합은 2인 이상이 상호간에 금전 기타 재산 또는 노무를 출자하여 공동사업을 경영할 것을 약정하는 계약관계에 의하여 성립하므로(민법 제703조) 어느 정도 단체성에서 오는 제약을 받게 되는 것이지만 구성원의 개인성이 강하게 드러나는 인적 결합체인 데 비하여 비법인사단은 구성원의 개인성과는 별개로 권리의무의 주체가 될 수 있는 독자적 존재로서의 단체적 조직을 가지는 특성이 있다 하겠는데 민법상 조합의 명칭을 가지고 있는 단체라 하더라도 고유의 목적을 가지고 사단적 성격을 가지는 규약을 만들어 이에 근거하여 의사결정기관 및 집행기관인 대표자를 두는 등의 조직을 갖추고 있고, 기관의 의결이나 업무집행방법이 다수결의 원칙에 의하여 행해지며, 구성원의 가입, 탈퇴 등으로 인한 변경에 관계없이 단체 그 자체가 존속되고, 그 조직에 의하여 대표의 방법, 총회나 이사회 등의 운영, 자본의 구성, 재산의 관리 기타 단체로서의 주요사항이 확정되어 있는 경우에는 비법인사단으로서의 실체를 가진다고 할 것이다*(대법원 1992. 7. 10. 선고 92다2431)*.

## 종중(宗中)

공동선조의 분묘의 보존, 제사의 이행, 종원(족인)간의 친선·구조 및 복리증진을 도모하는 권리능력 없는 사단인 가족단체를 말한다. 일종족 전체를 총괄하는 대종중 안에 대소의 분파에 따른 종중이 있는데, 지류종중을 일컬어 문중이라고 한다. 우리 민사소송법 제56조는 '법인 아닌 사단이나 재단으로서 대표자 또는 관리인이 있으면 그 이름으로 당사자가 될 수 있다'고 하여 종중 스스로에 당사자능력을 인정하며, 또 부동산등기법 제30조는 '종중·문중 기타 대표자나 관리인이 있는 법인 아닌 사단이나 재단에 속하는 부동산의 등기에 관하여서는 그 사단 또는 재단을 등기권리자 또는 등기의무자로 하며, 이 등기는 그 사단 또는 재단의 명의로 그 대표자 또는 관리인이 이를 신청한다'고 규정하고 있다.

종중이란 공동선조의 분묘수호와 제사 및 종원 상호간의 친목 등을 목적으로 하여 구성되는 자연발생적인 종족집단이므로, 종중의 이러한 목적과 본질에 비추어 볼 때 공동선조와 성과 본을 같이 하는 후손은 성별의 구별 없이 성년이 되면 당연히 그 구성원이 된다고 보는 것이 조리에 합당하다*(대법원 2005. 7. 21. 선고 2002다1178 전원합의체 판결)*.

## 종중재산(宗中財産)

종중이 소유한 매장·제사용의 토지·건

물·제비의 재원인 전답이나 임야, 위토와 종산 등의 재산을 말한다. 여기서 위토란 그 수익으로 조상제사용으로 충당하기 위해 제공된 토지를, 종산은 조상분묘가 소재하는 곳으로 동종의 자손을 매장하기 위한 장소를 가리킨다. 종중 재산은 종중인 사회단체의 목적을 위한 재산이므로, 그 권리는 종중에 귀속되나, 종중이 권리능력없는 사단인 까닭에 종원 각자를 그 권리의 주체로 하게 된다. 따라서 종원 각자가 그 지분비례에 따라 사용수익할 수 있지만, 우리 민법 제275조는 이를 총유로 규정함으로써 이 지분의 분할과 양도는 종회의 결의에 의하여야 한다(민법 276조).

> 종중 소유의 재산은 종중원의 총유에 속하는 것이므로 그 관리 및 처분에 관하여 먼저 종중규약에 정하는 바가 있으면 이에 따라야 하고, 그 점에 관한 종중규약이 없으면 종중총회의 결의에 의하여야 하므로, 비록 종중 대표자에 의한 종중 재산의 처분이라고 하더라도 그러한 절차를 거치지 아니한 채 한 행위는 무효이고, 이러한 법리는 종중이 타인에게 속하는 권리를 처분하는 경우에도 적용된다*(대법원 1996. 8. 20. 선고 96다18656)*.

## 정관(定款)

영 ; memorandum of association, Certificate of incorporation
미 ; articles incorporation
독 ; Stazung, Statut 불 ; statut

---

단체나 법인의 조직·활동을 정하는 근본규칙(민§40, §42, §44, §45·상§178, §204, §269, §433, §543①, §584 등), 또는 이 규칙을 기재한 서면(민§40, §43·상§179, §270, §289, §543② 등)을 말한다. 법인의 설립을 담당하는 자인 설립자나 발기인 등이 정관을 정하여 서면에 기재하고 기명날인 또는 서명한다. 주식회사에서는 공증인의 인증을 받음으로써 효력이 생긴다(상§292). 정관의 기재사항에는 (1) 그 기재를 결하였을 때에는 그 정관이 무효가 되는 절대적 기재사항(민§40, §43·상§179, §270, §289, §543② 등), (2) 정관에 기재하지 않았을 때에는 그 사항이 법률상 효력을 발생하지 않는 상대적기재사항(민§41·상§290, §544등) (3) 정관에의 기재여부는 자유이지만 기재하였을 경우에는 정관변경절차를 거치지 않으면 개폐할 수 없는 임의적 기재사항이 있다. 민법의 사단법인인 경우에는 목적·명칭·사무소의 소재지·자산에 관한 규정·이사의 임면에 관한 규정·사원자격의 득실에 관한 규정, 존립시기나 해산사유를 정하는 때에는 그 시기 또는 사유는 반드시 기재해야 한다(민§40 I ~ VII). 민법상 재단법인의 정관에도 목적·명칭·사무소의 소재지·자산에 관한 규정·이사의 임면에 관한 규정 등을 기재하여야 한다(§43).

> 사단법인의 정관은 이를 작성한 사원뿐만 아니라 그 후에 가입한 사원이나 사단법인의 기관 등도 구속하는 점에 비추어 보면 그 법적 성질은 계약이 아니라 자치법규로 보는 것이 타당하므로, 이는 어디까지나 객관적인 기준에 따라 그 규범적인 의미 내용을 확

<u>정하는 법규해석의 방법으로 해석되어야 하는 것</u>이지, 작성자의 주관이나 해석 당시의 사원의 다수결에 의한 방법으로 자의적으로 해석될 수는 없다 할 것이어서, 어느 시점의 사단법인의 사원들이 정관의 규범적인 의미 내용과 다른 해석을 사원총회의 결의라는 방법으로 표명하였다 하더라도 그 결의에 의한 해석은 그 사단법인의 구성원인 사원들이나 법원을 구속하는 효력이 없다*(대법원 2000. 11. 24. 선고 99다12437).*

## 정관변경(定款變更)

영 ; alteration of memorandum
미 ; amendment of articles
독 ; Statutenänderung
불 ; modification desstatuts

법인의 조직·활동의 근본규칙인 정관을 변경하는 것이다. 서면인 정관의 변경은 이에 따르는 사무집행의 일부에 불과하다. (1) 사단법인은 인적 결합체로서 자체의 내부적 질서를 결정할 독립된 의사를 가지므로 그 본질 및 법의 강제규정에 반하지 않는 한 정관을 변경할 수 있다. 변경의 방법은 사실의 변경에 의하여 당연히 변경되는 수도 있지만(예 : 사원의 사망, 상§179), 사원자체의 의사로 변경하는 것이 보통이다. 정관의 변경은 신중한 절차를 거쳐 행한다. 즉 비영리법인은 총사원의 3분의2 이상의 동의와 주무관청의 허가(민§42), 인적 회사에서는 총사원의 동의(상§204, §269), 물적 회사에서는 주주총회 또는 사원총회의 특별결의(상§434, §585·중협§42Ⅰ 등)를 요한다. 사단법인의 정관변경에서 문제가 되는 것은 정관에서 그 정관을 변경할 수 없다고 규정하고 있는 때에도 정관을 변경할 수 있느냐 하는 것이다. 사단법인의 본질상 이 경우에도 정관의 변경은 가능하며, 다만 총사원의 동의를 필요로 한다는 데 학자들 견해가 일치한다. (2) 재단법인의 정관은 원칙적으로 자유로이 변경할 수 없지만, 그 변경방법을 정관으로 정한 때에는 변경할 수 있다. 또한 재단법인의 목적달성 또는 그 재단의 보전을 위하여 적당한 때에는 명칭 또는 사무소의 소재지를 변경할 수 있다(민§45). 민법은 더 나아가 재단법인의 목적을 달성할 수 없는 때에는 설립자나 이사는 주무장관의 허가를 얻어 설립취지를 참작하여 법인의 목적·기타 정관의 규정까지도 변경할 수 있게 하고 있다(§46). 정관에 규정된 사항 가운데 등기한 것이 변경된 경우에는 등기도 변경하여야 한다(민§52, §49②·상§183, §180, §269, §317④).

## 법인의 불법행위(法人의 不法行爲)

법인은 이사 그 밖의 대표자가 그 직무에 관하여 타인에게 가한 손해를 배상할 책임을 면하지 못한다(민§35①전단). 법인의 행위능력을 부정하는 의제설의 입장에서는 법인의 불법행위를 인정하지 않는다. 그러나 법인에 대한 오늘날의 통설인 법인실재설의 입장에 따른 책임설에 의하여, 법인이 불법행위에 대하여 책임을 지는 경우도 점차 확장되는 경향이 있다. 불법행위의 요건은 다음과 같다. (1) 대표기관의 행위이어야 한다. 즉 이사 기타 대표자란 결국 대표기관이란 의미이다. 이사 이외의 대표자로는 임시이사(민§63), 특별대리인(§64), 청산인(§82)이 있다. (2) 직무에 관하여 타인에게 손해를 가해야 한다. 대표기관은 그가 담당하는 직무행위의 범위 내에서만 법인을 대표한다. 직무에 관하여라고 하는 말도 널리 외관상 법인의 기관의 행위라고 인정되는 행위이면 진정한 직무행위가 아니라도 이에 해당되며 또 이와 적당한 상호관계가 있는 것이라면 족하다고 해석된다. (3) 불법행위에 관한 일반적인 요건이 있어야 한다. 즉 고의나 과실이 있어야 하고, 가해행위가 위법해야 하며, 피해자가 손해를 입어야 한다. 이사의 행위에 의하여 법인이 불법행위의 책임을 지는 경우에 이사 자신이 책임을 지는 것은 물론이며 법인도 이사와 함께 부진정연대채무를 지게 된다. 또한 공무원이 「그 직무를 수행함에 대하여」 불법행위를 하면 국가 또는 지방자치단체가 배상책임을 진다(국배§2①). 적어도 외형상으로 공무원의 직무행위라고 보여 지는 것에는 정부 등에서 책임을 지는 것은 민법의 경우와 같은 것이나 공무원 자신은 책임을 지지 않는 것이 다르다.

**대표**(代表)
영 ; representation
독 ; Repräsentation
불 ; repésentation

---

법인이나 단체의 기관이 기관으로서 행위 하였을 때 법률상 법인이나 단체가 행한 것과 동일한 효과를 발생시키는 경우에 그 기관을 법인 또는 단체의 대표라고 한다. 즉 이사나 대표이사의 행위는 대외적으로 비영리법인이나 회사의 행위로서 인정된다. 대리와 유사하지만, 대리가 서로 대등한 두 인격자간의 관계인데 반하여 기관은 법인과 대립되는 지위에 있는 것이 아니고 기관의 행위 자체를 법인의 행위로 간주하는 점에서 대리와 구별된다. 대표행위는 법인의 행위 그 자체이므로 반드시 의사표시에 한하지 않고 불법행위나 사실행위에 대해서도 존재할 수 있다.

**이사**(理事)
영 ; director
독 ; Vorstand
불 ; directeeur, administrateur

---

이사란 법인에 있어서 대외적으로는 법인을 대표하여 법률행위를 행하며 대내적으로는 법인의 모든 업무를 집행하는 상설적 필수기관이다(민§57, §65, 상§382, §561, §562). 이사의 임면방법과 권한의 제한은 정관으로 정해진다. 즉 이사의 대표권은 제한할 수 있으나 그 제한은 반드시 정관에 기재하여야 하며 정관에 기재하지 않은 대표권의 제한은 무효이다(민§41). 법인은 이사를 통해 행위한다. 따라서 이사가 법인의 대표자로서 그 목적범위 내에서 한 행위는 법인의 행위인 것이다. 목적범위 내라 함은 정관에 기재되어 있지 않더라도 그 목적을 실현하는데 상당한 행위라면 포함된다는 의미이다. 이사가 직무행위에 관하여 타인에게 손해를 입히면 법인 자신의

불법행위로 되어 법인은 이사와 함께 손해를 배상할 책임을 진다(민§35). 이사는 선량한 관리자의 주의로 그 직무를 행하여야 하며(민§61), 이를 게을리 한 때에는 법인에 대하여 연대하여 손해배상의 책임을 진다(§65). 또한 이사가 법인과 이해가 상반되는 행위를 한 때에는 이해관계인 또는 검사가 법원에 청구하여 특별대리인을 선임 받아 그와 거래하지 않으면 안된다(민§64).

## 임시이사(臨時理事)

이사가 일시적으로 없거나 결원이 있어 이로 말미암아 손해가 생길 염려가 있는 때에 이해관계인이나 검사의 청구에 의하여 법원이 임시로 선임하는 이사를 말한다(민§63). 직무권한은 이사와 동일하나 정식 이사가 선임되면 당연히 퇴임하게 된다.

## 감사(監査)

영 ; auditor 독 ; Aufsichtsrat
불 ; commissaire de surveilance

법인의 재산이나 업무집행상태를 심사·감독하는 기관으로 법인의 정관 또는 총회의 의결로써 둘 수 있는 임의기관이다. 그 직무는 (1) 법인의 재산상황의 감사, (2) 이사의 업무집행의 감사, (3) 재산상황이나 업무집행에 잘못된 점을 발견하면 총회 또는 주무관청에 보고하면 (4) 보고를 위하여 필요가 있으면 총회의 소집도 할 수 있다(민§67) 감사가 수인 있는 경우에는 각자 단독으로 직무를 수행한다.

## 의결기관(議決機關)

의사기관이라고도 하며, 법인의 의사를 결정하는 합의기관이다. 집행기관·이사기관에 상대되는 말이다. 특히 공공단체의 기관에 관하여 사용하는 경우가 많다. 지방의회가 그 예이다. 사법인에서는 주주총회가 이에 해당한다. 의결기관의 의결은 집행기관을 구속하고, 집행기관은 그 의결을 집행할 의무를 진다.

## 법인의 해산(法人의 解散)

법인은 자연인과 달리 사망이라는 문제가 일어나지 않지만 (1) 정관에 정한 해산사유가 발생하거나, (2) 법인의 목적사업을 성취하거나 목적달성이 불가능하거나, (3) 파산하거나, (4) 주무관청으로부터 설립허가가 취소되거나, 이 밖에 사단법인인 경우에는 (5) 사원총회의 해산결의가 있거나, (6) 사원이 한사람도 없어지게 된 경우 등의 이유로 해산한다(민§77, §79). 법인이 해산하게 되면 그것은 이미 적극적인 행동을 행할 수가 없어지며 재산관계를 정리하는 청산절차로 들어가게 된다.

## 법인의 청산(法人의 清算)

해산한 법인이 잔무를 처리하고 재산을 정리하여 완전히 없어질 때까지의 절차를 청산이라 한다. 법인이 해산되면 청산법인은 재산정리를 위한 목적범위 내에서만 권리능력을 가질 뿐이다(민§81). 법인이 해산하게 되면 이사가 청산인이 된다(§82). 이사 가운데 청산인이 될 자가 없거나 청산인의 결원으로 손해가 생길 염려가 있는 때에는 법원은 직권 또는 이해관계인이나 검사의 청구에 의하여 청산인을 선임할 수 있다(§83). 청산인은 청산법인의 집행기관으로서 계속 중인 사무를 끝내게 하고 채권을 회수하며 채무를 변제하며 그 결과 잔여재산이 남는 경우에는 이것을 정관에 지정된 사람에게 주며, 정관에 지정된 자가 없거나 이를 지정하지 않은 때에는 주무관청의 허가를 얻어서(사단법인인 경우에는 총회 결의도 필요하다), 그 법인의 목적과 같은 목적을 위하여 처분하며, 그것도 없거나 이를 지정하지 않은 때에는 국고에 귀속시킨다(§80). 이 청산의 완료에 의하여 법인은 소멸하게 된다(§81). 또한 법인이 채무를 변제할 수 없는 때에는 파산선고를 신청하고 이를 공고하여야 한다(§93①).

> 청산종결등기가 경료된 경우에도 청산사무가 종료되었다 할수 없는 경우에는 청산법인으로 존속한다(대법원 1980. 4. 8. 선고 79다2036).

## 권리의 객체(權利의 客體)

권리의 실질적인 내용은 이익이다. 이 이익을 권리의 내용 또는 목적이라고 하고, 이 권리의 내용 또는 목적을 달성하기 위한 대상을 권리의 객체라고 한다. 즉 이익발생의 대상이 권리의 객체이다. 예컨대 물권은 물건을 직접 지배하는 것이 그의 목적 또는 내용이며 물건은 물권의 객체인 것이다. 이와 같이 권리의 객체는 권리의 목적, 내용 또는 종류에 따라 다르다. 즉 물권의 경우에는 물건, 채권의 경우에는 특정인의 행위(급부), 권리 위의 권리의 경우에는 권리, 형성권의 경우에는 법률관계, 무체재산권(無體財産權)의 경우에는 정신적 산물, 인격권의 경우에는 권리주의, 친족권의 경우에는 친족법상의 지위, 상속권의 경우에는 상속재산 등이 권리의 객체이다.

## 물건(物件)

라 ; res　　영 ; thing
독 ; Sache　　불 ; chose

물건에 대한 입법례로 로마법·프랑스민법(§516 이하)·스위스민법(§713) 등은 무체물도 포함시키고 있으나 독일민법(§90)은 물건을 유체물로 한정하고 있다. 우리 민법상 물건이란 유체물 및 전기·기타 관리할 수 있는 자연력을 말한다고 규정하고 있다(민§98). 따라서 민법상 물건이기 위해서는 유체물이나 관리가능한 자연력이어야 하고, 사람이 그것을 관리할 수 있어야 하며 인간 이외의 외계의 일부로서 지배 가능한 독립된 물건이어야 한다. 따라서 물건에는 사람의 오감에 의하여 지각할 수 있는 형태를 가지는 유체물과 전기·열·광·음향·향기·에너지·권리 등 무체물도 있는 것이다. 그러나 아무리 유체물이라 하더라도 日(일)·月(월)·星(성)·辰(진)·空氣(공기)·海洋(해양) 등 사람이 관리할 수 없는 것은 법률상의 물건의 개념에서 제외된다. 또한 민법은 인격절대주의를 취하고 있으므로 인체는 법률상 물건이 아니다. 또한 사체가 물건이냐 아니냐에 관해서는 어려운 문제가 있으나 물건이라는 데에 대체로 학설이 일치하고 있다. 우리민법은 물권거래의 안전을 위하여 일물일권주의(一物一權主義)를 취하고 있으므로 물건의 일부는 원칙적으로 권리의 객체가 되지 않고, 또 개별주의의 기초 위에서 경제적으로는 단일목적을 위하여 쓰여지고 있는 다수의 독립물의 집합도 원칙적으로 물건으로 취급되지 않는다. 그러나 오늘날의 경제적 발전은 민법을 수정한 특별법을 가지고 공장재단·철도재단 등 집합물을 1개의 물로서 취급하기에 이르렀다. 물건의 분류에 있어서 민법은 (1) 동산·부동산, (2) 주물·종물, (3) 원물·과실의 3종을 인정하고 있으며, 그밖에 강학상 (1) 단일물·합성물·집합물, (2) 융통물·불융통물, (3) 가분물·불가분물, (4) 대체물·부대체물, (5) 특정물·불특정물, (6) 소비물·비소비물 등의 분류를 하고 있다.

## 단일물(單一物)

독 ; einfache Sachen
불 ; choses simples

외형상 단일한 일체를 이루고 그 구성부분이 독립한 개성을 가지지 않는 물건을 단일물이라 한다. 합성물·집합물에 대한 개념이다. 책상·서적 등의 물건이 이에 해당한다. 단일물은 법률상 1개의 물건으로 취급되며 그 일부에 대해서는 독립한 권리가 성립할 수 없다.

## 집합물(集合物)

라 ; universitas rerum distantium
독 ; Sachinbegriff, Gesamtsache
불 ; universalité

단일한 물건이 일정한 목적을 위하여 집합되어 경제적으로 하나의 물로서 독립적 가치가 있으며, 거래상으로도 일체로서 취급되는 것을 집합물이라 한다. 법률적으로는 소유권이나 그 밖의 물권은 일물일권주의가 원칙으로 되어 있으므로 집합물 위에 하나의 물권이 성립하는 것은 원칙적으로 인정되지 아니한다. 그러나 특정 기업시설 전부를 거래하거나 담보하는 경우에는 일물일권주의에 의하게 되면 번거롭고 또 기업의 가치를 전체로서 살릴 수가 없기 때문에 점차 집합물을 하나의 물건으로 인정하려는 경향이 있다. 공장의 시설일체를 담보로 하는 공장저당제도 등이 그 예이다. 그러나 이와 같이 특별법에 의하여 공시방법이 인정된 경우 외에 특별법이 없는 경우에도 집합물의 개념을 인정하여 이를 전체로서 하나의 물건으로 다룰 수 있는지 아니면 복수의 물건으로 다루어야 하는지 견해가 나뉜다(아래의 표 참조). 대법원은 집합물의 개념을 긍정하고 이를 하나의 물건으로 다루고 있다(87누1043참조).

특별법이 없는 경우 집합물 인정 여부

| | |
|---|---|
| 집합물 긍정설 | 집합물도 하나의 물건으로 다룰 수 있다고 보는 견해로서, 그 요건으로 집합물을 하나의 물건으로 다루어야 할 사회적 필요성의 존재, 그 범위를 특정할 수 있으며, 공시할 수 있는 방법이 있어야 함을 요구한다. |

| 집합물 부정설 | 일물일권주의의 원칙상 집합물을 하나의 물건으로 볼 수 없다는 견해이다. |
|---|---|
| 판례 (긍정설) | 재고상품, 제품, 원자재 등과 같은 집합물을 하나의 물건으로 보아 이를 일정기간 계속하여 채권담보의 목적으로 삼으려는 이른바 집합물에 대한 양도담보권설정계약에 있어서는 그 목적동산을 종류, 장소 또는 수량지정 등의 방법에 의하여 특정할 수만 있다면 그 집합물 전체를 하나의 재산권으로 하는 담보권의 설정이 가능하다*(대법원 1988.12.27. 선고 87누1043).* |

**합성물**(合成物)
라 ; res composita
독 ; zusammengesetzte Sachen
불 ; choses composees

각 구성부분이 개성을 잃지 않으나 결합하여 단일한 형태를 이루는 물건을 합성물이라 한다. 가옥 또는 보석을 장식한 가락지 등이 그 예이다. 집합물과는 달리 단일물과 마찬가지로 법률상 1개의 물건으로 취급되며, 각 구성부분에 각각 다른 권리는 성립할 수 없다(민§257, §261). 각각 다른 소유자에 속하는 물건이 결합하여 합성물로 된 때에는 각자의 소유권의 존재를 인정할 수 없으며, 따라서 소유권의 변동을 일으킨다(민§256~§261).

**부동산**(不動産)
라 ; res immobiles
영 ; immovables
독 ; unbewegliche Sachen, Im mobilien
불 ; immeules

토지 및 그 정착물을 부동산이라 한다(민§99①). 선박·자동차·항공기·건설기계 등은 원래는 동산이지만 부동산에 준하는 취급을 받는다(상법·자동차 등 특정동산저당법). 토지의 개수는 등기부에 따라 일필을 일개로 취급하며, 토지소유권은 정당한 이익 있는 범위 내에서 일필의 토지의 상하에 미친다(민§212). 동산과 부동산을 구별하는 근거는 (1) 사회경제상의 차이로 부동산은 동산에 비하여 그 가치가 일반적으로 크고 소재가 일정하게 되어 있다. (2) 물건의 공시방법의 차이로 동산이 인도인 데 대하여 부동산은 등기를 하여야 한다. (3) 동산에는 선의취득이 인정되지만 부동산에는 인정되지 않는다. (4) 동산에는 타물권의 설정이 인정되지 않지만 부동산에는 인정된다.

**토지**(土地)
라 ;praedium　영 ; land
독 ;Grundstück　불 ; fonds de terre

토지란 일정한 범위에 걸친 지면에 정당한 이익이 있는 범위 내에서 그 수직의 상하(공중과 지하)를 포함시키는 것이다(민§212). 토지는 그 자연적 성질로 인하여 그 정착물과 함께 부동산으로 되며(§99①), 동산과 여러 가지 점에서 대립한다. 즉 토지의 구성물(암석·토사·지하수 등)은 토지와는 별개의 독립한 물건이 아니며, 토지의 소유권은 당연히 구성물에도 미친다. 특히 중세에는 토지에 대하여 많은 구속이 있었으나 근대에 들어서면서 소유권이 확립되면서 오늘날 토지소유자는 법령의 범위 내에서 자유로이 자신의 소유지를 사용·수익·처분을 할 수 있다(§211). 다만 광물의 채굴권에는 토지소유자의 소유권이 미치지 못한다(광업§7).

미채굴광물의 성질에 대하여 국가의 배타적인 채굴취득허가권의 객체라는 견해와 국유에 속하는 독립한 부동산이라는 견해가 있다. 토지는 소유자가 사용수익하는 외에 지상권·지역권·임차권에 의하여 타인이 사용·수익할 수 있다. 그리고 인접지와의 사이에서 상린관계(相隣關係)가 발생한다. 토지등기부상의 등기는 물권변동의 효력발생요건이 된다(민§186). 또한 토지등기부의 토지표시에 기초가 되는 것은 토지대장이며 토지의 개수도 토지대장의 기재에 의하여 결정된다.

## 일필의 토지(一筆의 土地)

토지는 연속되어 있으므로 인위적으로 토지를 구획하여 그 일구획을 하나의 부동산으로 한다. 토지는 부동산이므로(민§99①). 토지에 관한 물권은 등기를 성립요건으로 한다(§186). 1개의 부동산의 물권관계는 1개의 용지에 등기하여 공시한다. 즉 일필에 등기하기 때문에 1개의 토지를 일필의 토지라고 한다. 일필의 토지를 수필로 분할하거나 수필의 토지를 일필로 합병하고자 하는 경우에는 불필이나 합필의 절차를 밟아야 한다. 즉 분필절차를 밟기 전에 일필의 토지 중 일부만의 양도·제한물권의 설정·시효취득을 할 수 없다.

## 정착물(定着物)

토지의 정착물은 부동산이다(민§99①). 토지의 정착물이란 토지에 계속적으로 부착하여 있고, 또 계속적으로 부착된 상태에서 사용되는 것이 사회통념상 인정되는 물건을 말한다. 건물·수목·토지·토지에 부속된 기계 등이다. 법적평가의 차이에 따라 두 종류로 나눌 수가 있다 (1) 토지의 일부로서 취급되는 것으로 다리·돌담·연못·도랑·뿌려진 씨앗이나 비료 등이다. (2) 토지와는 별도의 부동산으로 취급되는 것으로 건물이나 입목에 관한 법률에 의하여 등기된 수목의 집단이 있다. 건물은 언제나 독립한 부동산이다. 건물의 개수는 등기부에 있는 것이 아니라 사회통념에 따른다. 일동(一棟)의 건물의 일부라고 하더라도 다른 부분으로부터 독립하여 사용하여 거래되는 것과 같은 경우에는 그 부분에 대하여 민법은 구분소유를 인정하고 있다. 또 입목에 관한 법률에 의하여 등기되어 있지 않은 수목 내지 그 집단은 독립된 부동산은 아니나 판례는 당사자가 이와 같은 수목을 토지와는 별도로 거래하는 대상으로 하는 것을 인정하며 또 관습에 따라서 명인방법(明認方法)을 실시함으로써 그 거래에 따라서 얻은 수림의 처분권을 제3자에게 대항할 수가 있는 것이라고 하고 있다. 밭이나 논에서 베어내기 이전의 벼나 보리 등 곡식에 대하여도 판례법상으로 그와 같이 다루고 있다. 그러나 토지에 고착하지 않는 물건은 정착물이 아니고 동산이다.

## 건물(建物)

영 ; building 독 ; Gebäude
불 ; baάtiment

토지의 정착물인 건조물로서 토지와

함께 부동산으로 인정된다(민§99①). 그 범위는 사회통념에 의하여 결정되는바 지붕과 담장이 있고, 거주·저장 등의 목적에 쓰이는 것을 가리키며 지하가·가도 밑에 있는 건물도 포함된다. 건물을 외국에서는 토지의 일부로 인정하나 우리나라에서는 토지로부터 독립한 부동산으로 취급하여 독립적으로 등기할 수 있다(부등§14①). 이러한 취급은 거래에는 편리하지만 대지의 사용 등에 관하여는 복잡한 법률관계를 초래한다. 건물은 구조상 및 거래상 독립성이 있으며 1개의 건물로서 등기할 수 있고 또 거래를 할 수 있다. 판례에 의하면 (1) 건축중의 건물은 지붕과 겉벽이 이루어졌을 때 독립한 부동산이 되어 등기를 할 수 있으며, (2) 도급건축에서는 재료를 도급인이 제공한 경우 외에는 원칙으로 일단 수급인의 물건이 되며 양도한 때에 도급인에게 소유권이 이전한다고 한다. 건물을 개축하거나 장소를 이전할 경우에 동일성이 있느냐의 여부는 이전의 저당권이 그대로 미치느냐의 여부에 커다란 문제가 되는 바 이것도 사회통념에 의하여 결정할 수밖에 없다.

## 동산(動産)

라 ; res mobiles
영 ; movables, chattels(personal)
독 ; bewegliche Sachen, Fahrn issachen, Mobilen
불 ; meubles

부동산 이외의 물건은 모두 동산이다(민§99②). 그러나 동산으로부터 부동산으로의 진행과정에 있는 건축 중의 건물이나, 그 반대과정에 있는 철거중의 건물의 경우에는 그것이 동산인지 부동산인지를 식별하는 것이 곤란한 때가 있다. 따라서 추상적으로 말하면 건물의 용도에 따른 사용을 할 수 있는 상태에 있느냐가 구별의 표준이 될 것이다. 동산의 수효는 사회통념에 의한다. 곡식·된장·간장·술 등은 용기에 의하여 수효가 정해진다. 동산과 부동산은 여러 가지 점에서 법률상의 취급이 다르다. 그 가운데 가장 중요한 차이점은 물권의 공시방법 내지 그 효력에 있다. 부동산물권은 등기로써 공시된다. 따라서 등기를 하지 않으면 부동산물권변동의 효력이 발생하지 않는다(민§186). 그러나 등기는 공신력이 없기 때문에 선의취득이 인정되지 않는다. 이에 대하여 동산권의 공시방법은 점유(占有)이다(민§200). 거래에 의하여 동산소유권을 얻은 자가 그 권리를 제3자에게 주장하기 위하여는 점유의 이전(인도)을 받을 필요가 있다(민§188, §523). 또한 비록 매도인에게 처분권이 없더라도 매수인이 동산을 선의로 매수하여 점유의 이전을 받으면 그 동산의 소유권을 취득한다(민§249).

동산·부동산의 법률상의 차이

| 구 분 | 부동산 | 동 산 |
|---|---|---|
| 용익물권의 설정 | 할 수 있다 | 할 수 없다 |
| 질권의 실행 | 경매법에 의한다 | 전집물(典執物)을 직접 변제에 충당하는 경우(§338). |
| 저당권의 설정 | 할 수 있다 | 원칙상은 할 수 없다. |
| 공시방법 | 등 기 | 점유 |
| 대항력 | 등 기 | 점유의 이전 |
| 공신력 | (등기부에 없다) | (점유에)있다 |

### 무체재산권(無體財産權)

독 ; Immaterialguterrecht, geistiges Eigentum

유체물에 대한 배타적 지배권인 물권에 반하여 무체적 이익에 대한 배타적 지배권의 총칭이다. 특허권·실용신안권·상표권·의장권·저작권 등과 같이 지능적 창작물을 독점적으로 이용하는 것을 내용으로 하며 재산적인 가치를 가지지만 유체물을 지배하는 권리는 아니다. 일반적으로 법률이 정하는 바에 따라 등록함으로써 배타적인 지배권이 발생하며 물권에 준하는 취급을 받는다. 무체재산권 가운데 저작권을 제외한 것을 공업소유권이라고 한다. 무체재산권에 관하여는 국제적인 분쟁이 일어나기 쉬우므로 여러 가지 국제조약이 체결되어 있다.

### 무체물(無體物)

불 ; meubles incorporels

유체물 이외의 물건을 말한다. 구민법은 독일민법을 따라서 무체물을 물건으로 인정하지 않았다(구민§85). 그러나 물건의 관념을 유체물 이외에 미치게 할 필요가 생기게 되어 현행법은 유체물 및 전기 기타 관리할 수 있는 자연력을 물건으로 하여(민§98) 유체물뿐만 아니라 전기 기타 자연력 즉 열·광·원자력·풍력 등이 에너지와 같은 일정한 요건을 갖춘 무체물도 법률상의 물건으로 인정한다. 원래 무체물을 법률상 물건으로 인정할 것이냐는 로마법 이래로 입법례가 나누어져 있다. 프랑스민법(프민§526, §529, §530)은 이것을 인정하였으나, 독일민법(독민§90)은 이것을 부정하였다. 그러나 스위스민법은 다시 이것을 인정하여 법률상의 지배를 할 수 있는 자연력도 동산으로 하였고(스민§713, §655), 우리 민법도 이에 따른 것이다. 형법상으로도 무체물은 재산죄의 객체가 된다.

### 유체물(有體物)

독 ; korperliche Gegenstände

공간의 일부를 차지하고 유형적 존재를 가지는 물건을 말한다. 고체·액체·기체 등과 같이 사람의 오관으로 인식할 수 있는 공간적·물리적인 의미에서의 존재인 물질을 유체물이라 한다. 구민법은 물건을 유체물에 한정하였지만 현행민법은 전기·열·광·원자력·풍력 등의 관리할 수 있는 자연력도 물건으로 규정하고 있다(민§98). 또한 형법상으로 관리할 수 있는 동력은 절도죄의 객체인 재물로 취급되다.

### 융통물·불융통물(融通物·不融通物)

라 ; res in commercio·res extra commercium

독 ; verkehrsfähige Sachen·verkehrsunfähige Sachen

불 ; choses alïenables·choses inalïenablé

사법상의 거래의 객체가 될 수 있는 물건을 융통물, 그렇지 않은 물건을 불융통물이라고 한다. 불융통물의 주요한 것은 공용물(예 : 관청의 건물), 공공용물(예 : 도로·하천), 법령으로써 거래가 금지된 금제품(예 : 아편·음란문서)등이 있다.

**주물과 종물**(主物과 從物)
독 ; Houptsache·Zubehör
불 ; chose principale·chose accessoire

물건의 사용방법을 보면 배와 노, 자물쇠와 열쇠, 시계와 시계줄, 칼과 칼집, 가옥과 창·덧문 등과 같이 별개의 물건상호간에 주종(主從)의 관계에 있는 경우가 적지 않다. 이와 같이 물건의 소유자가 그 물건의 상용에 공하기 위하여 자기소유인 다른 물건을 이에 부속한 때에는 그 물건을 주물이라 하고 주물(主物)에 부속된 다른 물건을 종물(從物)이라고 한다(민§100①). 민법은 법적 명확성과 거래의 안전을 위하여 그의 물권법질서는 단일물에서 출발하고 있다. 그러나 물건이 각각 경제상 독립적 존재를 가지고 있더라도 객관적·경제적 관계에 있어서 일방이 타방의 효용을 도와서 하나의 경제적 가치를 발휘하는 경우가 적지 않으며, 또한 그들은 서로 경제적 운명을 같이 하는 것이 보통이다. 여기에서 법률도 그들의 결합을 파괴하지 않고 사회경제상의 의의를 다할 수 있도록 법률적 운명을 같이 하도록 한 것이 이 이론이다. 주물과 종물을 구별하는 실익은 종물이 주물의 처분에 따르는 점에 있다(§100②). 처분이라 함은 소유권의 양도·임대차와 같은 채권적 처분도 포함한다. 민법은 주물위에 저당권이 설정된 경우 그 저당권의 효력이 종물에까지 미침을 명문으로 해결하였다(§358). 따라서 가옥을 매매하거나 저당권이 설정되면 그 가옥 내의 창이라든가 덧문 등에도 효력이 미치게 되며, 저당권 설정 후의 종물에도 그 효력이 미친다. 다만 강행규정이 아니므로 당사자가 반대특약을 하여도 무방하다. 그리고 위의 규정은 통상의 경우를 예정하여 만들어진 것이므로 당사자가 주물의 처분을 함에 있어서 특히 종물의 처분을 유보하지 못하도록 하는 것은 아니다.

> 저당권의 효력이 미치는 저당부동산의 종물이라 함은 민법 제100조가 규정하는 종물과 같은 의미로서 어느 건물이 주된 건물의 종물이기 위하여는 주물의 상용에 이바지하는 관계에 있어야 하고, 주물의 상용에 이바지한다 함은 주물 그 자체의 경제적 효용을 다하게 하는 것을 말하는 것으로서, 주물의 소유자나 이용자의 사용에 공여되고 있더라도 주물 그 자체의 효용과 직접 관계가 없는 물건은 종물이 아니다*(대법원 2000. 11. 2. 자 2000마3530)*.

**종물**(從物)
(독 ; Zubehör 불 ; chose accessoire)

민법은 거래의 안전과 명확성을 기하기 위하여 원칙적으로 단일물주의를 취하고 있으나, 서로 경제적 종속관계에 서 있는 복수의 물건에 대해 법률적으로 그 운명을 같이 하게 하기 위해 주물과 종물의 이론을 발전시켰다. 예컨대 자물쇠와 열쇠, 시계와 시계줄이 이러한 주물과 종물의 관계에 서 있다. 종물은 주물과 함께 동일한 소유자에게 속하며, 독립한 물건으로서 주물의 상용에 이바지하여야 한다(민법 100조1항). 종물은 주물과 그 법률적 운명을 같이하므로 주물에 대한 그 법률적 운명을 같이하므로 주물에 대한 소유권의 양도나 물권의 설정 및 매매·대체 등은 종물에도 그 효력을 미친다.

**부가물(附加物)**

저당부동산에 부수하여 그것과 일체를 이룬 물건을 뜻한다(민§358). 지상의 수목·주택의 조각 등과 같은 것이다. 부가물은 사회통념상 독립한 존재인 물건이 아니므로 그 부가가 저당권 설정의 전후인지를 불문하고 특약이 없는 한 저당권의 효력이 이에 미친다.

**특정물과 불특정물(特定物과 不特定物)**
독 ; bestimmte Sachen·unbestimmte Sachen
불 ; choses det́ermińees choses indet́ermi ńees

구체적인 거래에 있어서 당사자가 물건의 개성에 착안하여 지정한 목적물로 거래한 물건을 특정물이라 하고, 단순히 종류와 수량에 착안하여 그 개성을 묻지 않고 명시한 목적물로 거래한 물건을 불특정물이라 한다. 예컨대「이 쌀」의 매매는 특정물의 매매이고 「쌀 한 가마」는 불특정물의 매매이다. 대체·부대체는 거래상의 객관적 구별임에 대하여 특정·부특정은 구체적인 거래에 있어서의 당사자의 주관적 구별인 점이 다르다. 구별의 실익은 주로 채권의 효력에 관하여 생긴다. 즉 목적물의 보관의무의 경중(민§374), 인도의 조건(§462, §467), 위험부담(§537, §538), 하자담보책임(§570) 등이다. 실제적으로 특정물·불특정물과 대체물·부대체물의 구별은 대체로 일치하나 대체물도 「이 쌀」이라고 지정하면 특정물로 되고, 부대체물도 단순히 「말 1필」이라고하여 거래하면 불특정물이 된다. 종류채권이나 선택채권에 있어서는 그 특정에 주의를 요한다(민§375, §380~§386).

**원물과 과실(元物과 果實)**
독 ; Substanz, Muttersache
불 ; chose originare
독 ; Früchte
불 ; fruits

수익을 낳게 하는 물건이 원물이고 그로부터 생기는 수익을 과실이라고 하는데, 물건의 경제적 효용에 따른 분류이다. 또한 과실은 그것이 생기는 근원에 따라 천연과실과 법정과실로 나누어진다.

**천연과실(天然果實)**
라 ; fructus naturales
독 ; natürliche Früchte
불 ; fruits naturels

원물에서 그 경제적 용도에 따라 자연적으로 수취되는 산출물을 천연과실이라고 한다(민§101①). 즉 논이나 밭에서 자라나는 쌀·보리·밀 등 곡식이라든가 젖소로부터 짜낸 우유 등이다.

**미분리과실(未分離果實)**
라 ; fructus stanteset pendentes
독 ; stehende und hängende fraüchte

미분리과실이라 함은 원물에서 분리되기 이전의 천연과실을 말한다. 원물에 부착되어 있으므로 원물인 부동산 또는 동산의 일부이다. 예를 들면 수확하기 전의 농작물이나 광물이라든지 벌채 전의 수목 또는 사육하고 있는 동물의 태아 등이다. 원물과 일체가 된 부동산 또는 동산이므로 원물과 일체로서 권리의 객체이며, 원물과 일체로서 거래의 대상이 되지만, 미분리과실만 거래할 수도 있다(분리전의 과실만의 매매계약이나 예약). 이 경우에는 분리를 시기(확정기한 또는 불확정기한)로 하는 계약이 된다. 분리수취권을 매수인으로 하는 뜻의 계약도 유효하다(민§102①). 미분리의 천연과실은 개념적으로는 독립의 물건은 아니나 학설이나 판례는 명인방법(明認方法)을 써서 미분리된 채 거래될 경우에는 독립의 물건인 지위를 인정하고 있다.

**법정과실**(法定果實)
라 ; fructus civiles
독 ; juristische Früchte
불 ; fruits civils

원물(원본)을 사용하게 한 대가로 수취하는 금전 그 밖의 물건을 법정과실이라고 한다(민§101②). 천연과실에 대립하는 말이다. 즉 임료·대지의 지료·임금의 이자 등이다.

**원본**(元本)
영 ; capital　독 ; Kapital　불 ; foonds

광의로는 사용에 공함으로써 수익을 낳는 재산을 말한다. 보통은 법정과실을 낳는 원물(예 : 지료에 대한 대지), 그 중에서도 특히 이자에 대한 임금을 말하는데, 사용의 대가를 받는 특허권·전화가입권 등도 포함되는 점에서는 물건에 있어서의 원물보다 넓은 개념이다.

**과실의 수취**(果實의 收取)

(1) 천연과실의 수취할 권리여부는「천연과실이 원물로부터 분리할 때」를 기준으로 하여 정하여지며 이때에는 이것을 수취할 권리(예: 소유권·임차권)를 가진 자에게 귀속된다(민§102①). 천연과실의 수취권자는 원물의 소유자(민§211), 선의점유자(민§201), 지상권자(§279), 전세권자(§303), 유치권자(§323), 질권자(§343, §355), 저당권자(§359), 매도인(§587), 사용차주(§609), 임차인(§618), 특유재산의 관리자(§831), 친권자(§916~§923), 수증자(§1079) 등이다. (2) 법정과실은 그 지급시기를 기준으로 하는 것이 아니라 수취할 수 있는 권리의 존속기간에 따라 일수의 비율로 취득한다(§102②). 즉 법정과실은 이것을 수취하는 권리의 존속기간 일수의 비율로 각각 수취권자에게 귀속한다. 따라서 임대중의 건물이 양도되면 양도일 이전의 임대료는 전소유자가, 그 후의 임대료는 새로운 소유자가 각각 수취하게 된다. 그러나 이상의 규정은 특별한 규정(§587)이나 관습 또는 약정이 있는 경우에는 그에 따르게 된다.

## 대체물·부대체물(代替物·不代替物)

라 ; resfungibiles·res nonfungibiles
독 ; vertretbare Sachen·unvertret bare Sachen
불 ; choses fongibles·chosesnon- fogibles

금전이나 미곡처럼 거래상 물건의 개성을 문제로 하지 않고 단순히 종류·품질·수량 등에 의하여 정하여지며 동종·동질·동량의 물건으로 바꾸어도 당사자에게 영향을 주지 않는 물건을 대체물이라 하고, 이에 대하여 토지·예술품처럼 개성에 착안하여 같은 종류의 다른 물건으로 대체할 수 없는 물건을 부대체물이라고 한다. 특정물·불특정물의 구별과 약간 유사하나 당사자의 의사에 의하는 것이 아니라 물건의 객관적 성질에 의한 구별이라는 점에 차이가 있다. 즉, 대체물도 지정으로써 특정물이 될 수 있다. 이 구별의 실익은 소비대차·소비임치 등의 경우이다(민§598, §702).

## 목적물(目的物)

목적물이란 여러 가지 의미로 쓰이지만 대개 권리·의무 또는 법률행위의 직접 또는 간접적 대상을 가리키는 일이 많다. 물권의 목적물은 그것을 지배하는 직접적인 대상인 물건이지만 채권의 직접적 대상은 목적인 급부이며 목적물은 간접적인 대상에 지나지 않는다. 그러나 법문상 목적과 목적물은 혼용되고 있다.

## 법률행위(法律行爲)

독 ; Rechtsgeschäft
불 ; acte juridique

법률행위란 의사표시를 요소로 하는 사법상의 법률요건을 말한다. 일정한 권리 내지 법률관계의 창설·개폐를 목적으로 하는 의식적인 행위를 의사표시라고 한다. 법률행위는 일정한 법률효과의 발생을 목적으로 하는 한 개 또는 수 개의 의사표시를 불가결의 요소로 하는 법률요건 가운데 가장 중요한 것이다. 법률행위의 성립요건은 당사자·목적(내용)·의사표시이다. 따라서 법률행위가 이들 요건을 갖추어 확정적으로 완전한 효과를 나타내도록 하기 위하여서는 이것을 행하는 당사자가 행위능력을 가지며, 목적이 가능·적법하고 사회적 타당성을 가지며 확정 또는 확정할 수 있는 것이어야 하며 또한 의사표시가 그 결정에 하자 없이 완전하여야 하고 내심의 효과의사와 표시가 일치하여야 한다. (1) 의사표시의 결합의 상태에 따라 단독행위·계약·합동행위의 세 종류로 구별된다. 그러나 일방적인 행위인 단독행위로서 권리관계가 창설·개폐되는 경우는 계약의 취소·해제·추인·채무의 면제라고 하는 특수한 경우에 한하며, 통상적으로 합의(계약)에 의한다. 합동행위란 사단법인의 설립과 같이 의사표시가 병행 또는 집합하여 존재하는 경우이다. 이밖에도 여러 가지 표준에 의하여 ㉮ 요식행위와 불요식행위, ㉯ 유상행위와 무상행위, ㉰ 유인행위와 무인행위, ㉱ 생전행위와 사후행위, ㉲ 독립행위와 보조행위 ㉳ 채권행위와 물권행위, ㉴

주된 행위와 종된 행위 등으로 분류된다. (2) 법률행위의 해석. ㉮ 행위를 인식할 수 없을 만한 미성년자나 미친 자의 법률행위는 의사무능력자의 행위로서 무효가 된다. ㉯ 권한없는 자의 법률행위는 무효가 되지만 표현대리나 선의취득은 예외이다. ㉰ 행위방법이 법정되어 있는 경우에 그 방법에 의하지 않으면 불성립하거나 무효로 된다. 예를 들면 혼인·입양·인지는 가족법에 따라 신고하고, 상속의 포기나 취소는 법원에 신고하지 않는 한 성립하지 않는다(요식행위). 또한 질권설정은 목적물을 인도하지 않는 한 성립하지 아니하며(요물행위), 서면에 의하지 않는 증여나 법정대리인 내지 후견인의 동의가 없는 무능력자의 법률행위는 취소함으로써 무효가 된다. ㉱ 증거·관습·법률·조리를 적용해도 행위의 목적을 확정할 수 없는 경우에는 무효이다. ㉲ 소실한 가옥의 매매와 같이 행위의 목적을 실현할 수 없는 경우에는 무효이다. 실현할 수 있느냐의 여부는 행위 당시를 기준으로 하여 정한다. ㉳ 행위의 전 과정으로 보아서 그 법률행위가 공서양속에 반하는 경우라든가 공공질서에 관한 사항을 정한 법규에 위반하는 경우에는 무효이다.

## 법률행위 자유의 원칙
(法律行爲 自由의 原則)

사적생활에 관하여는 국가권력이 개입하거나 간섭해서는 안 되며, 사법의 법률관계는 개인이 그의 의사에 의해 다른 사람과 자유로이 법률관계를 형성할 수 있고, 개인이 의욕한 대로의 효과발생을 인정하는 것을 말한다. 이 법률행위 자유의 원칙은 계약에서 가장 뚜렷이 나타나기 때문에 계약자유의 원칙이라고도 한다. 이 원칙은 개인주의·자유주의를 기초로 하는 근대 사법의 기본원칙으로서 인류문화의 발전에 크게 기여하였으나, 자본주의경제의 발전은 빈부의 현격한 차이를 초래하는 등 여러 가지 폐단을 가져와 진정한 법률행위자유의 원칙은 기대할 수 없게 되었다. 이에 경제적 약자의 보호를 위해 법률행위 자유의 원칙은 각종 경제정책적·사회정책적 입법으로 제한받고 있다.

## 부관(附款)
(독 ; Nebenbestimmung)

법률행위로부터 일반적으로 발생할 효과를 제한하기 위하여 의사표시 하는 데 있어서 표의자가 특히 부가한 제한을 말한다. 부관은 법률행위의 내용을 이루는 것으로서 부속적 지위에 있으나, 별개의 의사표시는 아니다. 부관에는 민법상 법률행위에 있어서 붙이는 경우와 행정행위에 붙이는 경우 2가지가 있다. 민법상 부관은 조건 및 기한이 그 주요한 것이나, 증여나 유증에 부가되는 부담도 그 부관의 일종이다. 행정행위에도 부관이 붙여지는데 여기에는 조건·기한·부담·취소권의 유보·법률효과의 일부배제 등이 있다.

## 불완전한 법률행위
(不完全한 法律行爲)

법률행위로서의 완전한 효력을 발생하지 못하는 법률행위를 말한다. 이에는 법률행위의 효력발생요건이 구비되지 못한 경우와, 효력발생요건은 구비되었지만 당사자들이 그 효력발생을 보류한 경우가 있다. 법률행위의 효력발생요건으로는 당사자가 행위능력자이어야 하며, 법률행위의 내용이 확정·가능·적법·타당하여야 하고, 내심의 효과의사와 외부의 표시가 일치하여야 한다. 이러한 요건을 구비하지 못한 법률행위는 불완전한 법률행위로 된다. 예컨대 미성년자가 단독으로 한 법률행위, 내용상 불확정·불가능·불법·부당한 행위, 하자있는 의사표시 등이 여기에 속한다. 다음으로 법률행위의 효력발생요건은 구비되었으나 당사자들이 완전한 효력발생을 보류하여 불완전한 법률행위로 되는 경우도 있다. 이것도 법률행위의 효력이 직접 완전하게 발생하지 않기 때문이다. 예컨대 의사표시에 제한 있는 법률행위, 즉 부관 있는 의사표시인 조건과 기한, 부담이 이에 속한다. 불완전한 법률행위는 그 효과로서 완전한 권리를 발생시키지 못하고, 단지 불완전한 권리를 발생시키는데 그친다. 불완전의 정도가 심한 것은 처음부터 무효로 된다.

## 사실행위(事實行爲)
독 ; Realakt

사실행위란 외부에 표시하지 않은 내심적 의사로써 일정한 사실을 행하는 것이며 법률요건중의 적법행위의 하나이다. 점유(민§192), 무주물선점(無主物先占)(§252①②), 과실의 취득(§102) 등이다. 사실행위는 의사표시를 요하지 않는 다른 점에서 법률행위나 준 법률행위와 다르다. 그러나 학설 가운데는 준 법률행위를 표현행위와 비표현행위로 분류하여, 준 법률행위를 표현행위로, 사실행위를 비표현행위로 파악하는 입장도 있다. 준법률행위란 법률효과가 의사에 의하지 않고, 법률의 규정에 의하여 발생하는 것이므로 앞에서 말한 바와 같은 입장은 사무관리에 대하여는 타당하나 기타 사실행위에는 타당하지 않는 분류라고 할 수 있다. 사실행위는 일정한 사실상의 결과가 생기기만 하면 족하고 법률효과의 발생을 의욕하는 의사가 표현될 필요가 없으므로 무능력자라도 사실행위를 할 수 있다.

## 유상행위·무상행위
(有償行爲·無償行爲)

재산의 출연을 목적으로 하는 법률행위 가운데 일방의 법률행위의 내용의 이행(급부)이 대가(대상)를 수반하는 것은 유상행위라 하고, 대가를 수바하지 않는 것은 무상행위이다. 유상행위로는 매매·교환·임대차·고용·도급 등이 있으며, 무상행위로는 증여·사용대차 등이 있다. 유상행위는 대부분 유상계약(매매는 그 전형적인 것)인데 무상행위에는 증여 등의 무상계약 외에 유증(遺贈)·재단법인의 설립행위와 같은 무상의 단독행위가 있다. 또한 유상·무상의 구별은 보통 계약에 관하여 행하여지나(유상계약·무상계약), 성질상 단독행위라 할지라도 구별은 가능하다(예 : 일반유증·부담부유증).

## 의사표시(意思表示)

독 ; Willenserklärung
불 ; d'eclarationde volont'e

의사표시는 일정한 법률효과의 발생을 의욕하여 이를 외부에 표시하는 행위로서 법률행위의 요소이다. 즉 당사자의 의사표시는 그 내용에 따라 일정한 법률효과, 이른바 권리·의무의 변동인 권리의 발생·변경·소멸을 발생시킨다. 예를 들면 「취소한다」나 「판다」, 「산다」하는 것은 모두 일정한 법률효과의 발생을 목적으로 하는 의사표시이다. 법률행위의 불가결한 요소로서 「언어, 문자」 등에 의하여 명시적으로 행하여지는 것이 보통이지만, 「몸짓, 침묵」등 묵시적으로 행하여지는 것도 있다. 계약의 청약이나 승낙, 취소나 해소, 유언 등은 모두 의사표시이다. 의사표시를 단계적으로 분석하여 보면 의사표시는 먼저 (1) 어떤 동기에 의하여 일정한 법률효과의 발생을 목적으로 하는 의사(효과의사=표시자의 내심적 효과의사 즉 어떤 조건으로 매매한다는 의사)를 결정하고, 다음에 (2) 이 의사를 외부에 발표하고자 하는 의사(표시의사=표시행위의사 즉 표시행위를 하려는 의사)를 가지고 (3) 일정한 행위를 외부에 나타냄으로써(표시행위=외부 상대방에게 의사를 표명하는 행위) 성립한다. 이에 따라 객관적으로 판단된 효과의사(외부적 효과의사·표시상의 효과의사)가 상대방에게 전하여지는 것이다. 이러한 3단계 중에서 의사표시의 본체가 무엇인가에 관해서는 견해가 나누어진다. 앞서 열거한 것 가운데 (1) 동기와 내심적 효과의사 및 표시의사는 주관적인 것으로 오직 표의자만이 알고 있으며 상대방은 알 수 없는 것이다. (2) 표시행위와 표시상의 효과의사는 동일한 것으로서 상대방이 객관적으로 인식 파악할 수 있다. 그리고 의사표시는 상대방과 교섭하기 위한 수단이므로 의사표시의 본질은 표시행위와 표시상의 효과의사에 중점을 두어야 한다. 따라서 표시행위 및 표시상의 효과의사가 인정되면 의사표시는 성립하고 비록 내심적 효과의사나 표시의사가 결격되었다 할지라도 원칙상 의사표시는 효력이 있다(민§107 참조).

그러나 내심적 효과의사와 표시상의 효과의사가 불일치한다든가(의사의 흠결), 자유로운 의사에 의거하지 않았을 경우(하자있는 의사표시)에는 당해 법률행위는 무효 또는 취소할 수 있다(§107, §109). 즉 허위표시의 경우에는 일반적으로 이것을 의사표시로서의 가치를 인정할 필요가 없으므로 원칙상 무효로 한다(§108). 단 가족법상의 행위에는 예외적으로 본인의 효과의사를 특별히 존중하게 된다(§883). 또한 내심의 효과의사와 표시상의 효과의사의 차이로 인하여 특히 표의자의 책임을 부정할 경우에는 착오로서 취소할 수 있다(§109). 의사표시는 의사능력을 전제로 하고 있으므로 의사무능력자의 의사표시는 무효이다.

## 준법률행위(準法律行爲)
독 ; geschäftsähnliche Handlung

법률질서를 유지하기 위하여 당사자의 의사와는 관계없이 법률에 의하여 일정한 법률효과가 부여되는 자의 행위이다. 사람의 의사표시에 효과의사가 따르지 않으며 법률적 행위라고도 한다. 준법률행위는 의욕하였기 때문에 법률효과가 생긴다는 의사표시를 요소로 하는 법률행위와는 다르므로 의사표시의 통칙인 행위능력·착오·대리 등에 대한 규정은 원칙적으로 적용되지 않는다. 준법률행위에는 (1) 일정한 의식내용의 표현과 관련하여 일정한 효력이 인정되는 표현행위(의사통지·관념통지·감정표시)와 (2) 법률의 의사내용을 전제로 하는 일정한 행위의 객관적 가치에 중점을 두고 이에 일정한 법률효과가 인정되는 사실행위 즉 유실물습득(민§253)·선점(§252)·사무관리(§734) 등이 있다.

## 의사통지(意思通知)
독 ; Willensmitteilung

각종의 최고, 이행의 청구 및 거절등과 같이 자기의 의사를 타인에게 통지하는 사법상의 행위를 말한다. 예를 들면 계약취소의 여부에 관한 확답촉구(§15)·채무이행청구(§387)·변제수령거절(§460단, §487) 등이 있다. 이러한 행위는 의사통지자의 원함에 관계없이 사법상 일정한 효과를 발생시킨다. 즉 이행의 청구(최고)는 시효를 중단하고(§174), 채무자를 이행지체에 빠뜨려(§387②) 해제권을 발생시킨다(§544). 그러나 이들 효과는 행위자가 그것을 원했기 때문에 발생한 것이 아니고, 법률에 의하여 행위자가 반드시 원하지 않더라도 발생한다는 점에서 의사표시와 다르다. 준법률행위의 일종이다.

## 의사의 실현(意思의 實現)
독 ; Willensbetätigung,
Willensverwirklichung,
Willensäusserung

효과의사를 추측하여 판단(추단)하기에 족한 행위가 있기 때문에 의사표시로 취급되는 것을 말한다. 즉 의사표시로 취급되는 것을 말한다. 즉 의사표시와 같이 일정한 효과의사를 외부에 표시할 목적으로 행하여진 것으로 볼 수는 없는 행위이지만, 그것으로부터 일정한 효과의사를 추단할 수 있는 행위를 가리킨다. 이 의사실현에는 승낙의 의사를 표시하는 통지는 없으나, 승낙의 의사가 있음을 추단할 만한 행위가 있기 때문에 의사실현에 의한 계약의 성립을 인정하게 된다. 민법 532조는 청약자의 의사표시나 관습에 의하여 승낙의 통지를 필요로 하지 않는 경우에는 승낙의 의사표시로 인정되는 사실이 있는 때에 계약은 성립한다고 규정하고 있다. 의사실현으로 인정되는 경우는 예컨대, 청약과 동시에 송부된 물품을 소비하거나 또는 쓰기 시작하는 행위, 주문받은 상품을 송부하는 것, 여객으로부터의 청약을 받고 객실을 청소하는 경우 등을 들 수 있다. 의사실현으로 계약이 성립하는 시기는 의사실현의 사실이 발생한 때이다.

## 감정표시(感情表示)

독 ; Gefäusserung

용서와 같이 일정한 감정을 나타내는 행위를 말한다. 즉 이혼의 원인이 있어도 당사자의 일방이 용서하면 이혼의 소를 제기할 수 없게 되는 경우이다(민§841). 그 법률효과는 행위자의 원함과 관계없이 법률자체에 의하여 생기는 것이므로 의사표시가 아니다. 준법률행위의 일종이다.

## 관념통지(觀念通知)

독 ; Vorstellungsmitteilung

어떤 사실의 관념을 타인에게 표시하는 행위를 말한다. 사실의 통지라고도 한다. 예를 들면 사회총회나 주주총회의 소집통지(민§71, 상§363, §365)·채무의 승인(§168Ⅲ)·채권양도의 통지나 승낙(§450)·승낙연착의 통지(§528②, ③) 등이 있다. 이들 행위에서 생기는 법률효과는 통지자의 의욕여부와는 관계없이 법률에 의하여 직접 발생한다는 점에서 의사표시와 구별된다. 준 법률행위의 일종이다.

## 내재적 효과의사(內在的 效果意思)

표의자가 내심으로 진정 바라고 있는 의사를 말한다. 이것을 의사표시의 본체로 하는 것을 의사주의이론이라고 한다. 의사표시는 표의자의 의사가 표시행위를 통하여 그대로 표현되는 경우 즉 의사와 표시가 일치하는 때에 법률적 효과의사와 외부에 표시된 효과의사가 일치하지 않는 경우를 의사의 흠결이라고 한다.

## 의사해석(意思解釋)

법률행위나 계약의 해석에 의하여 당사자의 진의를 탐구하는 방법을 말한다. 때로는 입법자의 의사를 탐구하는 경우에 쓰이는 일도 있다. 즉 「법의 해석은 입법자의 의사해석으로 정해서는 안 된다」라고 하는 경우가 그 예이다. 그러나 의사 해석은 계약내용을 결정하는 표준으로 쓰인다. 「계약내용은 계약의 문자에 구애됨이 없이 의사해석에 의하여 정해야 한다」라는 것이 그 예이다. 그러나 이 경우에도 당사자의 내심에 존재하는 의사를 탐구해야 한다는 것이 아니라, 증서나 법규정의 문언에 구애됨이 없이 당사자가 애초에 의욕한 진의를 구명하여 그 계약이 체결된 당시의 사정 아래서 거래관행과 신의칙에 따라 당사자가 보통 가지고 있다고 인정되는 합리적인 의사를 표준으로 해야 한다. 당사자의 보통의사에 따른 해석이라고도 한다.

법률행위의 해석은 당사자가 그 표시행위에 부여한 객관적인 의미를 명백하게 확정하는 것으로서, 사용된 문언에만 구애받는 것은 아니지만, 어디까지나 당사자의 내심의 의사가 어떤지에 관계없이 그 문언의 내용에 의하여 당사자가 그 표시행위에 부여한 객관적 의미를 합리적으로 해석하여야 하는 것이고, 당사자가 표시한 문언에 의하여 그 객관적인 의미가 명확하게 드러나지 않는 경우에는 그 문언의 형식과 내용 그

> 법률행위가 이루어진 동기 및 경위, 당사자가 그 법률행위에 의하여 달성하려는 목적과 진정한 의사, 거래의 관행 등을 종합적으로 고려하여 사회정의와 형평의 이념에 맞도록 논리와 경험의 법칙, 그리고 사회일반의 상식과 거래의 통념에 따라 합리적으로 해석하여야 한다*(대법원 2001. 3. 23. 선고 2000다40858).*

## 의사표시수령능력(意思表示受領能力)

독 ; Empfangesfähigkeit

의사표시의 상대방이 의사표시를 인식할 수 있는 능력을 가리킨다. 그 정도는 행위능력보다 빈약해도 이론상 불편은 없다. 수동적인 능력이므로 의사능력이 있기만 하면 충분하지만 수령하면 법률효과가 수반되므로 민법은 의사표시의 상대방이 의사표시를 받은 때에 제한능력자인 경우에는 의사표시자는 그 의사표시로써 대항할 수 없도록 하고 있다. 다만, 그 상대방의 법정대리인이 의사표시가 도달한 사실을 안 후에는 그러하지 아니하다(민§112).

## 선량한 풍속 기타 사회질서

(善良한 風俗 其他 社會秩序)

영 ; public policy
독 ; öffentliche Ordnung und gute Sitten
불 ; orde public et bonnes moeurs

선량한 풍속이란 사회의 일반적 도덕이나 윤리관념으로서 모든 국민에게 요구되는 최소한도의 도덕률을 말한다. 사회질서란 국가사회의 일반적 이익인 공공적 질서를 말한다. 양자는 그 내용과 범위가 대부분 일치하므로 이론상 구별하기 곤란하다. 따라서 민법은 사회질서를 중심개념으로 하고 선량한 풍속은 그 한 부분으로 파악하고 있다(민§103). 사회질서란 사회적 타당성 내지는 사회성을 의미한다. 법률은 사회질서와 융합할 것을 이상으로 하므로 사회질서를 유지하기 위한 수단이기 때문에 반사회적이라고 보여지는 행위를 인정하지 않는다.

따라서 (1) 사인의 행위가 법률적으로 승인되기 위하여는 사회질서에 위반하지 않는 것을 요건으로 하여야 한다. 즉 개개의 강행규정에 위반하지 않더라도 사회질서에 위반한 사항을 내용으로 하는 법률행위는 무효이며(§103), 사회질서에 반하는 방법으로 타인에게 손해를 가한 자는 불법행위의 책임을 지며, 권리의 행사도 사회질서에 반할 때에는 권리남용으로 된다. 그밖에 자구행위·사기·강박 등의 사법상 행위가 위법인지 여부가 문제될 경우에 그 위법여부를 결정하는 표준은 사회질서에서 구하게 된다. 또한 범죄의 위법성도 실질에 있어서는 그 행위가 사회질서에 반하는 것을 실질적 요건으로 한다. 어떠한 행위가 반사회적인지를 상세히 설명하기는 곤란하나 대체로 그 기준은 다음과 같다. ㉮ 형법상 범죄로 되는 행위를 목적으로 하는 것. 예컨대 살인의 대가로서 금전을 주는 계약과 같은 것이다. 다만 사기나 협박에 의한 법률행위는 피해자가 취소함으로써 무효로 되는데 그친다(민§110). ㉯ 인륜·도덕에 반하는 행위를 목적으로 하는 것. 예컨대 일부일처제에 반하는 첩계약이나 본처와 이혼하고 나서 혼인한다는 약속으로 그때까지의 부양료를 줄 것을 내용으로 하는 계약과 같은 것이다. ㉰ 개인의 신체적·정신적 자유를 극도로 침해하는 행위를 목적으로 하는 것. 예컨대 인신매매나 매춘행위 혹은 경제적 활동의 자유를 과도히 제한하는 것이다. ㉱ 상대방의 급박하고 분별력이 없음을 틈타서 생존의 기초를 박탈하는 폭리행위를 목적으로 하는 것. ㉲ 현저한 사행적인 행위를 목적으로 하는 것. 예컨대 도박계약 등과 같은 것이다. ㉳ 기타 명예를 훼손하지 않는 대신으로 대가를 받는 계약이라든가 절의 주지의 지위를 대가로서 거래하는 행위 등과 같은 것이다.

(2) 법률규범의 내용이 사회질서에 위반할 때에는 법으로서 효력이 인정되지 않을 것이다. 그러나 이 이론을 더욱 철저히 관철한다면 사회질서에 반한다는 이유로 실정법으로서 존재하는 법규의 효력을 부인하게 되는데 이는 법적 안정성을 해하고 오히려 사회질서를 문란하게 할 우려가 있다. 따라서 법률에 명문의 규정이 있는 경우(예 : 민소§203Ⅲ)는 별문제이지만 일반적으로 이 이론을 과연 어떤 범위에서 인정할 것인가는 법해석론의 중심으로 다루어질 문제이다.

민법 제103조에 의하여 무효로 되는 반사회질서 행위는 법률행위의 목적인 권리의무의 내용이 선량한 풍속 기타 사회질서에 위반되는 경우뿐만 아니라, 그 내용 자체는 반사회질서적인 것이 아니라고 하여도 법률적으로 이를 강제하거나 법률행위에 반사회질서적인 조건 또는 금전적인 대가가 결부됨으로써 반사회질서적 성질을 띠게 되는 경우 및 표시되거나 상대방에게 알려진 법률행위의 동기가 반사회질서적인 경우를 포함한다*(대법원 2000. 2. 11. 선고 99다56833).*

## 임의법규(任意法規)

라 ; ius dispositivum
영 ; dispositive law
독 ; nachgiebiges Recht
불 ; droit facultatif

당사자의 의사에 의하여 그 적용을 배제할 수 있는 규정을 임의규정 또는 임의법규라고 한다. 공공의 질서에 관계되지 않는 규정이며 사적 자치를 원칙으로 하는 사법에 속하는 규정이 많다. 민법에서는 선량한 풍속 기타 사회질서에 관계없는 규정(민§105)을 임의규정이라고 하며, 계약에 관한 규정에 이를 널리 인정하고 있다. 임의규정은 그 작용으로부터 보충규정과 해석규정으로 나누어지나, 보충규정은 표시내용의 결함을 보충하는 기능을 하며, 해석규정은 표시내용의 불명료한 점을 일정한 의미로 해석하는 기능을 한다. 양자는 다같이 법률행위의 불완전한 것을 완전하게 하는 보완적 기능을 한다. 즉 임의 법규는 당사자의 의사표시가 없는 경우 또는 명확하지 않는 경우에 대비하여 그 공백부분을 메꾸거나 또는 명확하지 않은 부분을 분명하게 할 목적으로 만들어진 것이다(민§105). 규정중 「별단(別段)의 정함이 없는 때에는」이나 「정관에 별단의 정함이 없는 때에는」이라고 명기되어 있는 경우에는 그 임의 법규성은 명백하다. 그러나 그와 같이 명문이 없더라도 임의법규인 경우는 적지 않다. 채권편 특히 계약법의 대부분은 임의법규이다. 강행규정과 임의규정의 구별은 법문의 표현 및 기타 법규가 가지고 있는 가치 등을 고려하여 각 규정에 대하여 구체적으로 판단하는 수밖에 없다. 즉 사법이라 할지라도 물권의 종류·내용에 관한 규정(§185), 가족관계에 관한 규정(§826~§833, §909~§927, §1000~§1004). 특히 사회적 약자를 보호하고자 하는 규정(민§339) 등 기타 많은 강제규정들이 있다.

**강행법규**(强行法規)
라 ; ius cogens 영 ; imperative
독 ; zwingendes Recht 불 ; droitimpératif

당사자의 의사여부와 관계없이 강제적으로 적용되는 규정을 강행법규 또는 강행규정이라고 한다. 일반적으로 공공질서에 관한 사항을 정한 법규이며 공법에 속하는 규정은 거의 강행법규이다. 그러나 공법이라 할지라도 민사소송법의 합의관할에 관한 규정(민소§29①)과 같은 것은 임의규정이다. 다수설과 판례는 강행법규에는 효력규정과 단속규정이 있다고 본다. 이에 따르면 효력규정에 위반하는 행위의 경우 사법상 효과가 부정되지만, 단속규정에 위반하는 행위의 경우 벌칙의 적용이 있을 뿐이며, 그 행위 자체의 사법상 효과에는 영향이 없다고 본다. 사유재산제의 가장 중요한 부분인 물권의 종류나 내용을 정하는 물권편(§185~§372)과 경제적인 약자를 보호하기 위하여 자유경쟁의 조정을 도모하는 모든 법규의 대부분은 강행법규의 예이다.

**탈법행위**(脫法行爲)

광의로는 모든 법령의 금지규정을 잠탈(潛脫)하는 행위를 말한다. 협의로는 강제규정을 잠탈하는 행위를 말한다. 즉 직접적으로는 강행법규에 위반되지는 않지만 결과적으로 강행법규로 금지되어 있는 것과 동일한 효과를 발생시키는 행위로서 다른 수단을 통하여 합법성을 가장하는 행위를 말한다. 이른바 법망을 피해 가는 행위이다. 예컨대 공무원연금법이 금지하는 연금의 양도담보를 행하기 위하여 위임의 형식을 통하여 잠탈하려고 하는 행위이다. 탈법행위는 법률에 명문의 규정이 없는 경우에도 원칙적으로 무효이지만 명문으로 규정한 예도 많이 있다(예 : 공연금§32 등). 그러나 강행법규에 위반하는 것 같이 보이는 결과를 일으키는 행위일지라도 그 강행법규의 취지가 널리 이를 회피하는 수단까지도 금할 정도가 아닌 경우에는 그 행위를 탈법행위로서 무효로 할 필요는 없다. 예컨대 동산의 양도담보에 관한 효력을 인정하고 있는 경우와 같다.

**폭리행위**(暴利行爲)
독 ; Wucher 불 ; lésion

타인의 궁박·경솔·무경험 등을 이용하여 부당한 이익을 얻는 행위를 말한다. 궁박·경솔·무경험 등은 행위당사자의 사회적 지위, 직업 기타 법률행위 당시의 구체적 상황 등을 고려하여 판단할 것이다. 부당한 이익이라 함은 일반사회 통념상 정당한 이익을 현저히 초과하는 경우로서 사회적 공정성을 결한 것을 말한다. 법률행위의 윤리성과 공정성이 강조되는 오늘날의 법률에 있어서는 폭리행위는 공서양속위반이 되어 사법상 무효로 된다. 민법은 특별히 이에 관한 명문의 규정을 두고 있다(민§104). 또한 계약상의 금전대차의 이자에 관하여는 구 이자제한법에 특별한 제한을 두고 있으며 구 이자제한법(§1, §2) 독점규제및공정거래에관한법률을 두어 일상생활에서 발생하기 쉬운 부당한 거래를 억제하고 있다.

민법 제104조에 규정된 불공정한 법률행위는 객관적으로 급부와 반대급부 사이에 현저한 불균형이 존재하고, 주관적으로 위와 같이 균형을 잃은 거래가 피해 당사자의 궁박, 경솔 또는 무경험을 이용하여 이루어진 경우에 성립하는 것으로서, 약자적 지위에 있는 자의 궁박, 경솔 또는 무경험을 이용한 폭리행위를 규제하려는 데에 그 목적이 있다 할 것이고, 불공정한 법률행위가 성립하기 위한 요건인 궁박, 경솔, 무경험은 모두 구비되어야 하는 것이 아니고 그 중 일부만 갖추어져도 충분하며, 여기에서 '궁박'이라 함은 '급박한 곤궁'을 의미하는 것으로서 경제적 원인에 기인할 수도 있고, 정신적 또는 심리적 원박의 상태에 있었는지 여부는 그의 신분과 재산상태 및 그가 처한 상황의 절박성의 정도 등 제반 상황을 종합하여 구체적으로 판단하여야 한다*(대법원 1999. 5. 28. 선고 98다58825).*

## 관습(慣習)

영 ; Custom 독 ; Gewohnheit 불 ; costume

사회생활상 계속·반복하여 행해지며 어느 정도까지 일반인 또는 일정한 직업이나 계급에 속하는 사람을 구속하기에 이른 일종의 사회규범을 말한다. 관습이 사회의 법적 확신에 의하여 지지되어 일종의 법적 규범력을 취득하게 되면 관습이라 한다. 관습에까지 이르지 않았으나 얼마간 되풀이하여 반복된 사례는 관례라고 한다. 또한 관습으로서 행하여지고 있는 사항을 규범의 측면에서가 아니라, 행위의 측면에서 본 것이 관행이다. 관습은 법률행위의 해석에 있어서 중요한 구실을 한다(민§106). 관습은 법·도덕과 더불어 사회규범의 3형태를 이룬다.

## 사실인 관습(事實인 慣習)

독 ; verkehrssittn
불 ; usages admis dans les affaires

사회적으로 사실상 존재하는 관습이기는 하지만, 아직 법으로서 인정되지 않고 있는 것을 말한다. 따라서 민사상의 법원으로 인정되어 있는 관습법(민§1)은 아니며, 다만 법률행위의 내용을 확정함에 있어서 참고자료로 되는 업계나 각지의 관습을 사실인 관습이라고 한다. 법률행위의 해석에 있어서 법령 중에 선량한 풍속 기타 사회질서에 관계없는 규정(임의규정)과 다른 관습이 있는 경우에 당사자의 의사가 명확하지 않은 때에는 그 관습에 의한다(민§106). 즉 강행규정에 위반하지 않고 또한 임의규정 및 다른 관습이 있을 때에 당사자가 특히 그 관습에 의하지 않는다는 것을 명백히 한 경우를 제외하고는 그 관습은 임의규정에 우선한다. 반대로 법률행위의 당사자가 제반 사정으로 보아서 관습에 따를 의사가 없다고 인정되는 경우에는 그 관습은 참고자료가 될 수 없다.

관습법이란 사회의 거듭된 관행으로 생성한 사회생활규범이 사회의 법적 확신과 인식에 의하여 법적 규범으로 승인·강행되기에 이르른 것을 말하고, 사실인 관습은 사회의 관행에 의하여 발생한 사회생활규범인 점에서 관습법과 같으나 사회의 법적 확신이나 인식에 의하여 법적 규범으로서 승인된 정도에 이르지 않은 것을 말하는 바, 관습법은 바로 법원으로서 법령과 같은 효력을 갖는 관습으로서 법령에 저촉되지 않는 한 법칙으로서의 효력이 있는 것이며, 이에 반하여 사실인 관습은 법령으로서의 효력이 없는 단순한 관행으로서 법률행위의 당사자의 의사를 보충함에 그치는 것이다*(대법원 1983. 6. 14. 선고 80다3231)*.

## 명문(明文)

법령 중에서 어떤 사항을 명시적으로 규정하고 있는 조항을 가리켜 명문이라고 한다. 예컨대 민법 제1조 「민사에 관하여 법률의 규정이 없으면 관습법에 의하고, 관습법이 없으면 조리에 의한다」던가 상법 제1조 「상사에 관하여 본법에 규정이 없으면 상관습법에 의하고, 상관습법이 없으면 민법의 규정에 의한다」고 함과 같이 명시적인 조문을 명문이라고 한다.

## 보충규정(補充規定)

독 ; ergänzende Vorschrift

임의규정을 그 작용면에서 보아 당사자의 의사표시의 내용에 결여되어 있는 부분을 보충하기 위한 규정을 보충규정이라 한다. 당사자가 해당법규와 다른 정함을 두지 않았을 경우에 비로소 적용된다. 당사자의 의사표시가 불충분할 경우에 그것을 보충하여 생활관계를 합리적으로 규정하려고 하는 규정이다. 보충규정은 「다른 의사표시가 없으면」, 「다른 규정이 없을 때」, 「다른 약정이 없으면」 적용한다는 형식으로 규정하는 일이 많다(민§42, §358, §394, §829 등). 그러나 언제나 그러한 것은 아니며 결국 임의규정의 취지를 고려하여 정하여야 한다.

## 해석규정(解釋規定)

독 ; Auslegungsregel

임의규정을 그 작용면에서 보아 당사자의 의사표시의 내용이 불명확할 때 그것을 명백히 해석하기 위한 규정을 해석규정이라 한다. 해석규정은 「추정한다」라는 형식으로 규정되는 일이 많다(민§398④ 등). 그러나 보충규정과 마찬가지로 결코 한정되어 있는 것은 아니며 임의규정의 취지를 고려하여 정하여야 한다.

**최고**(催告)
독 ; Nahnung
불 ; avertissement

상대방에 대하여 일정한 행위를 할 것을 요구하는 통지로서 그 성질은 상대방 있는 일방적 의사의 통지이다. 최고가 규정되어 있는 경우에는 일정한 효과가 부여된다. 최고는 두 가지로 나눌 수 있다. 첫째는 의무자에 대하여 의무의 이행을 최고하는 경우이다. 채권자가 채무자에 대하여 하는 이행의 청구가 그 예인데, 만약 채무자가 최고에 응하지 않는 경우에는 이행지체(민§387②, §603②), 시효의 중단(§174), 계약해제권의 발생(§544) 등의 효과가 생긴다. 즉 기한이 정해져 있지 아니한 채무는 최고가 있은 때가 기한으로 되며 상대방은 이행지체가 된다(§387②). 그런데 돈을 빌려준 때에는 최고한 것만으로는 되지 않으며 상당한 유예기간을 두고 반환하라고 최고하지 않으면 안된다(§603②). 또 소멸시효가 진행되는 권리도 최고가 있으면 6개월 연장된다(§174). 이행지체를 이유로 계약을 해제할 때에도 상당한 기간을 정하여 최고하여야 한다(§544). 둘째는 권리자에 대하여 권리의 행사 또는 신고를 최고하는 경우이다. 만일 권리자가 최고에 응하지 않는 경우에는 그 효과로서 권리행사의 제한을 받는다. 이러한 경우로서의 제한능력자의 행위에 대한 상대방의 확답을 촉구할 권리(§15), 무권대리행위에 대한 추인의 최고(§131), 계약해제권의 행사여부에 대한 최고(§552), 매매의 일방예약에 있어서의 매매완결의 최고(§564②, ③), 선택권행사의 최고(§381), 법인의 청산절차에 있어서 청산인이 하는 채권신고의 최고(§88①, §89), 한정승인절차에 있어서 한정승인자가 일반상속채권자 및 유증자에 대하여 하는 권리신고의 최고(§1032), 상속인이 없는 경우에 있어서 상속재산관리인이 일반상속채권자 및 수증자에 대하여 하는 권리 신고의 최고(§1056), 유증의 승인 및 포기의 최고(§1077), 상속인 기타 이해관계인이 하는 상속인 기타 이해관계인이 하는 유언집행자의 지정에 관한 최고(§1094②) 등이 있다.

**추정**(推定)
독 ; Vermutung 불 ; présomption

명확하지 않은 사실을 일단 존재하는 것으로 정하여 법률효과를 발생시키는 것을 말한다. 법률관계 또는 사실이 명확하지 아니한 경우에 일반적으로 존재한다고 생각되는 상태를 표준으로 하여 일단 법률관계 또는 사실에 대한 판단을 내려서 법률효과를 발생시키고 당사자간의 분쟁을 회피시키는 경우가 있는데 이렇게 이루어진 판단을 추정이라고 한다. 민법은 증명하기 곤란함을 완화하기 위하여 여러 가지사항을 추정하고 있다. 즉 2인 이상이 동일한 위난으로 사망했을 때에는 동시에 사망한 것으로 추정된다(민§153①). 부부의 누구에게 속한 것인지 분명하지 아니한 재산은 부부의 공유로 추정하다(§830②). 그러나 당사자는 반증을 들어서 그 추정을 번복시킬 수 있다. 이

점에 있어서 법규상의 「본다」와 다른 것이다. 즉 「본다」의 경우에는 반증을 들어도 일단 발생한 법률효과는 번복되지 아니하나, 추정의 경우에는 반증에 의하여 법률효과도 번복된다. 추정된 사항이 진실에 반한다고 다투는 자는 반대증거를 제출하여야 한다.

## 의제·간주(擬制·看做)

진실에 반하는 사실이라고 하여도 법률상으로 특정되어 반대증거가 있어도 그 정한 사실을 변경시킬 수 없는 것을 의제라고 한다. 종래의 법문에서는 이러한 경우를「간주한다」는 말로 표현해 왔으나 현재에는「본다」는 말로 규정하고 있다. 실종선고를 받은 자는 비록 살아 있어도 사망한 것으로 보며(민§28), 미성년자가 혼인하면 성년으로 보고(민§826의 2), 태아는 손해배상의 청구권에 관하여는 이미 출생한 것으로 본다는 것과 같은 것이다.

## 법률요건·법률사실
(法律要件·法律事實)

권리변동의 원인인 사실을 법률요건이라 하며, 법률요건의 요소인 사실을 법률사실이라고 한다. 예를 들면 매매는 「당사자의 일방이 재산권을 상대방에게 이전할 것을 약속하고, 상대방이 이에 대하여 대금을 지급할 것을 약속함」으로써 성립하는 법률요건이며(민§563), 또 불법행위는 「고의 또는 과실로 인한 위법행위로 타인의 권리를 침해하여 손해를 입힘」으로써 성립하는 법률요건이다(§750). 이 경우에 「고의」라든가 「과실」, 「권리침해」와 같이 법률요건을 이루고 있는 개개의 사실을 법률사실이라고 한다. 즉 단독으로 혹은 다른 사실과 합쳐서 하나의 법률효과를 발생케 하는 사실이 법률사실이다. 법률요건은 수개의 법률사실의 결합으로 이루어질 경우(법률요건으로서의 계약은 청약·승낙의 2개의 의사표시 〈법률사실〉에 의하여 성립한다)와 1개의 법률사실이 그대로 법률요건이 되는 경우가 있다(유언·출생). 법률사실에는 사람의 정신작용에 의한 것(사람의 용태)과 그렇지 않은 것(사건)이 있으며, 용태는 다시 외부적 용태(행위)와 내부적 용태(심리상태)로 구분된다. 외부적 용태인 행위는 적법행위(의사표시·준법률행위)와 위법행위(채무불이행·불법행위)로 나누어지며 법률사실로서 가장 중요하다.

## 법률효과(法律效果)
독 ; Rechtserfolg

일정한 법률요건에 의거하여 법률상 생기는 효과, 즉 일정한 경우에 「일정한 권리의 변동이 생기는 것」을 법률효과라고 한다. 예컨대 매매라고 하는 법률요건(계약)에 기인하는 법률효과는 목적물의 인도채무와 대금의 지급채무이다. 법률효과는 주로 권리·의무의 발생·변경·소멸인데, 친족법상의 분신과 권리능력·행위능력 등의 득실(得失)과 같은 것도 있다.

## 대항력(對抗力)

이미 유효하게 성립한 권리관계를 제3자가 부인하는 경우에 그 부인을 물리칠 수 없는 법률상의 권능을 대항력이라고 한다. 즉 일단 성립한 권리관계를 타인에게 주장할 수 있는 힘이다. 따라서 대항력을 결한 경우에는 타방으로부터 권리관계를 부인할 수 있는 가능성이 있다는 것을 의미하는 것이며, 실제로 부인하는가 안하는가는 부인하는 자의 자유라고 해석된다. 예컨대 통정허위표시에 있어서 선의의 제3자는 허위표시를 무효로 주장하든 유효로 주장하든 자유라고 한다(민법 108조 2항). 이러한 대항력은 제3자에 대해서 주장할 때도 있지만 당사자 사이에서도 사용되어진다. 전자인 지명채권양도의 통지나 승낙은 제3자에게 하는 것이며(민법 405조), 후자는 위임종료의 사유가 그에 해당된다(민법 692조).

## 대항하지 못한다.(對抗하지 못한다)

이미 성립한 권리관계를 타인에 대하여 주장할 수 없는 것을 말하며 대항불능이라고도 한다. 예컨대 의사표시의 도달이 있는 경우 「상대방이 이를 받은 때에는 무능력자인 경우」에는 그 의사표시로써 대항하지 못한다는 것(민§112), 또는 상대방에 대한 추인, 예를 들면 무권대리인에 대한 추인은 상대방에게 대항하지 못한다(§132). 그 밖에도 우선권 있는 채권자에 대항하지 못한다는 등 여러 규정이 있다. 그리고 '대항하지 못한다'는 말은 선의의 제3자를 보호하고 거래의 안전을 확보하려는 경우에 쓰인다(§129, §110③, §92②단, §108②). 그러나 제3자의 범위 및 대항하지 못한다는' 것의 효과에 관하여는 각각의 경우에 있어서 학설이 일치하지 않음을 주의하여야 할 것이다.

## 대항요건(對抗要件)

이미 발생하고 있는 권리관계를 타인에게 대하여 주장할 수 있는 요건이다. 즉 대항할 수 있는 사유(민§426①, §451①)로 말미암아 채무자가 그 부담부분에 대하여 채권자에게 면책을 주장할 수 있는 요건이다. 예컨대 어떤 연대채무자가 다른 연대채무자에게 통지 없이 변제 기타 자기재산으로 공동면책을 한 경우에는 채권자에게 대항할 수 있는 것, 또는 보증인이 주된 채무자의 항변으로 채권자에 대항하는 것 따위의 여러 규정이 있다(§433, §434, §452). 이 요건이 결여되어 있는 경우에는 상대방 또는 제3자에 대하여 계쟁의 권리관계의 성립을 부인할 수 있지만, 그 객관적인 성립이 방해되는 것은 아니다. 이 점이 성립요건과 다르며 주로 당사자간에 효력을 발생한 법률관계를 제3자에 대하여 주장하는 경우에 사용되며(예외 : §692), 그 본래의 작용은 법률관계의 변동을 제3자에게 공시하여 거래의 안전을 기하려는 데에 있다. 그러나 공시의 원칙을 실현하기 위한 공시방법 중에서 효력을 발생시키는 요건이 아니라 다만 대항하기 위한 요건일 뿐이다. 종래에는 법률행위에 의한 물권변동에 있어서 의사주의를 채택한 결과 등기(구민§177)와 인도(구민§178)가 대항요건이 되어 있었으나 현행민법은 형식주의를 채택한 결과 이것이 효력발생요건으로 되어 있다. 대항요건으로 사용되는 형태에는 채권양도에 있어서의 통지와 승낙(민§450, §451①), 저작권법에 있어서의 등록(저작§52) 등이 그 예이다.

## 요식행위·불요식행위

(要式行爲·不要式行爲)

법률행위를 구성하는 의사표시가 서면이나 그 밖의 일정한 방식에 따를 것을 요하는 것이 요식행위이며, 방식에 따를 것을 요하지 않는 것이 불요식행위이다. 현행민법은 계약자유의 원칙을 인정하므로 법률행위의 방식은 자유이며, 불요식이 원칙이다. 즉 특정한 방식을 필요로 한다고 규정되어 있는 경우 이외의 법률행위는 원칙적으로 불요식행위에 속한다. 예컨대 재산적 법률행위의 대부분은 불요식행위이다. 그러나 거래의 신속과 안전을 요하는 경우 등에 있어서는 일정한 방식을 갖춘 행위가 요구된다. 예컨대 혼인(민§812)·협의이혼(§836)·인지(§855)·입양(§878)·유언(§1060)·법인설립(§33)·정관작성(§40)·어음수표행위(§1, §2)등은 요식행위에 속한다. 그러나 증여는 불요식행위이기는 하지만 서면에 의하지 않는 경우에는 취소할 수 있다(민§555).

## 불요식행위(不要式行爲)

독 ; formfreies Geschäft

법률행위의 요소인 의사표시를 일정한 방식에 의해 행할 것을 필요로 하지 않는 행위를 말한다. 계약자유의 원칙적용의 한 면으로서, 방식의 자유가 인정되므로 일반적으로 법률행위의 방식은 자유, 즉 불요식이 원칙이다. 그러나 특히 혼인 등 당사자가 진정으로 행위 할 것을 필요로 할 때, 유언·인지·정관작성·기부행위 등 법률관계를 명확하게 할 필요가 있는 때, 또는 외형을 신뢰하여 거래할 필요가 있는 어음·수표 행위 등은 예외적으로 일정한 방식을 필요로 하는 것이므로 요식행위이다.

## 진의 아닌 의사표시

(眞意 아닌 意思表示, 비진의표시)

표의자가 의사와 표시의 불일치를 스스로 알면서 하는 의사표시를 말하며, 비진의표시라고도 한다. 표의자가 단독으로 행하고 상대방이 있더라도 그와 통정하지 않는다는 점에서 통정허위표시와 구별되고, 이러한 의미에서 진의 아닌 의사표시를 단독허위표시라고도 한다. 사교적인 명백한 농담이나, 배우의 무대 위에서의 대사 등은 법률관계의 발생을 원하는 의사표시가 없음이 명백하므로 비진의 의사표시의 문제가 생기지 않으나, 상대방이나 제3자가 표의자의 진의 아님을 이해하리라는 기대 하에서 행하는 희언은 비진의 표시가 된다. 비진의표시는 원칙적으로 의사표시의 효력에 영향을 미치지 않아 표시된 대로 법률행위의 효력이 발생하나(민법 107조 1항 본문), 상대방이 표의자의 진의 아님을 알았거나 이를 알 수 있었을 경우에는 무효이다(민법 107조 1항 단서). 그러나 비진의표시가 무효로 되는 때에도 선의의 제3자에 대해서는 그 무효로서 대항하지 못한다(민법 107조 2항).

<u>진의 아닌 의사표시에 있어서의 '진의'란 특정한 내용의 의사표시를 하고자 하는 표의자의 생각을 말하는 것이지 표의자가 진정으로 마음 속에서 바라는 사항을 뜻하는 것은 아니므로</u> 표의자가 의사표시의 내용을 진정으로 마음 속에서 바라지는 아니하였다고 하더라도 당시의 상황에서는 그것이 최선이라고 판단하여 그 의사표시를 하였을 경우에는 이를 내심의 효과의사가 결여된 진의 아닌 의사표시라고 할 수 없다*(대법원 2001. 1. 19. 선고 2000다51919, 51926)*.

## 하자있는 의사표시

(瑕疵있는 意思表示)

타인의 사기 또는 강박에 의하여 행한 의사표시를 하자있는 의사표시라고 한다. 하자있는 의사표시는 어쨌든 표시행위에 상당하는 내심의 효과의사가 존재한다는 점에서 효과의 사자체를 결여하는 의사의 흠결과 구별된다. 내심적 효과의사의 형성과정에서 의사를 결정할 때에 동기가 자유롭지 못하고 타인의 부당한 간섭이 가하여진 경우에 표의자를 보호하기 위하여 민법은 이것을 취소할 수 있는 것으로 하였다 (민§110①). (1) 사기에 의한 의사표시 : 타인의 기망으로 인하여 착오에 빠진 결과로 이루어진 의사표시로서 취소할 수 있다(§110①). 그러나 이 취소로써 선의의 제3자에게는 대항하지 못한다(§110③). 그리고 채무자가 보증인을 기망하여 보증계약을 체결시킨 경우와 같이 상대방 이외의 제3자가 사기를 하였을 경우에는 상대방이 사기의 사실을 알았거나 알 수 있었을 경우에만 취소할 수 있다(§110②). 이 경우에도 그 취소로써 선의의 제3자에게 행하지 못한다(§110③). (2) 강박에 의한 의사표시 : 상대방 또는 제3자의 강박에 의하여 공포심이 생겨 그 결과로 이루어진 의사표시이며 그 하자의 결과는 사기에 의한 경우와 동일하다(§110①, ②, ③).

## 사기에 의한 의사표시

(詐欺에 의한 意思表示)

사기에 의한 의사표시란 기망행위에 의해 표의자가 착오에 빠져 하는 의사표시를 의미한다. 이는 의사표시의 형성과정에 상대방의 기망이 존재함으로써 의사표시에 하자가 존재하는 것이다. 사기에 의한 의사표시에서 사기란 고의로 사람을 기망하여 착오에 빠지게 하는 행위를 뜻한다. 사기에 의한 의사표시에 해당하기 위해서는 사기자의 2단계의 고의(사기자가 표의자를 기망하여 착오에 빠지게 하려는 고의와 표의자로 하여금 그 착오에 기하여 의사표시를 하게 하려는 고의), 기망행위의 존재 및 기망행위의 위법성, 기망행위와 표의자의 착오 사이에 인과관계가 있어야 한다. 사기에 의한 의사표시를 한 자는 그 의사표시를 취소할 수 있다(민법 제110조 1항). 그러나 상대방 있는 법률행위에서 제3자의 사기에 의한 의사표시를 한 경우에는 상대방이 그 사실을 알았거나 알 수 있어야 표의자는 의사표시를 취소할 수 있다(민법 제110조 2항). 그러나 이 취소로써 선의의 제3자에게는 대항하지 못한다(민법 제110조 3항).

## 강박에 의한 의사표시

(强迫에 의한 意思表示)

표의자가 타인의 강박행위에 의하여 공포심을 가지게 되고, 그 해악을 피하기 위하여 마음에 없이 행한 진의 아닌 의사표시를 말한다. 표시와 의사의 불일치에 관하여 표의자에게 자각이 있는 점에서 착오나 사기의 경우와 다르고, 비진의표시(심리유보) 또는 허위표시에 가깝다. 강박에 의한 의사표시를 성립시키기 위하여는 다음의 요건이 필요하다. ①강박자의 고의 : 강박하여 공포심을 가지게 하고, 그 공포심으로 인하여 의사표시를 하게 하려는 고의가 필요하다. 강박자는 표의자의 상대방이거나 그 외의 제3자이거나를 묻지 않는다. ②강박행위가 있을 것 : 강박행위란 해악을 표시하여 상대방으로 하여금 공포심을 가지게 하는 행위를 말한다. 해악은 재산적 해악이거나 비재산적 해악이거나를 불문하고, 장래의 것이거나 현재의 것이거나를 불문한다. 침묵도 경우에 따라서는 강박행위로 될 수 있다. 강박행위가 사회적으로 위법할 것을 요구하는 것은 사기의 경우와 같다. ③표의자가 강박의 결과 공포심을 일으킬 것. ④공포심에 의하여 의사표시를 할 것 : 공포심과 의사표시 사이에 인과관계가 있어야 한다. 이상의 요건을 갖춘 강박에 의한 의사표시는 취소할 수 있다(민법 110조1항). 그러나 선의의 제3자에게는 그 취소로 대항하지 못한다(민법 110조2항).

## 의사주의·표시주의

(意思主義·表示主義)
독 ; Willenstheorie·Erklärungstheorie

민법이 사인간의 법률관계를 규율하는 데는 개인의사존중과 거래안전 확보라는 두 가지 상반된 요건에 부딪히게 된다. 즉 당사자가 의도한대로의 법률효과를 인정하여 주는 것은 개인의 자유의사에 따라 법률관계를 규율한다는 근대사법상 의사자치의 사상에 적합한 것이기는 하지만, 반대로 상대방이나 제3자에게 뜻밖의 손실을 주는 등 거래의 안전을 희생시키는 결과가 생길 수 있다. 따라서 의사와 표시의 불일치가 있을 때 어느 쪽을 더 존중할 것이냐에 대하여 두 개의 주의가 대립한다. (1) 의사주의 : 표의자의 내심의 의사에 중점을 두고 이에 따라 법률효과를 부여해야 한다는 것이 의사주의이다. 개인의 내심적 효과의사(진의)를 존중하고 의사에 합치하지 않은 표시는 무의미하고 따라서 무효라고 하는 개인주의적인 견해이다. 행위자는 개인적 이익·정적 이익보호는 기할 수 있으나 상대방 또는 제3자의 이익을 해할 우려가 있다. (2) 표시주의 : 표시된 대로의 언행이나 문자를 중시하여 그에 따라 법률효과를 인정해야 한다는 주의이다. 즉 의사표시의 내용은 객관적 표시행위를 표준으로 하여 결정하여야 할 것이고 설사 행위자는 내심적 효과의사가 이와 상치되는 일이 있다 하더라도 불가피하다고 하는 주의이다. 사회본위의 입장으로서 행위자의 개인적·정적 이익을 희생시키더라도 동적 안전(거래안전)을 도모하고자 한다. 근대민법의 일반적 경향은 개인의사의 존중에서 거래안전의 확보로 옮겨지면서 의사주의에서 표시주의로 그 중점이 이행하였다. 우리 민법은 과거 의사주의에서 어느 정도 표시주의로 발전하기는 하였으나 아직 완전한 표시주의의 단계에는 이르지 못하였다.

의사와 표시와의 불일치의 경우를 민법에서 살펴보면, (1) 비진의 표시에 있어서는 표의자를 특히 보호할 필요가 없으므로 내심의 효과의사는 고려할 필요 없이 표시된 대로의 효과를 부여하여 상대방의 보호에 만전을 기하고 있으며(민§107① 본문), (2) 허위표시에서는 원칙적으로 무효로 하되, 그 내용을 알지 못한 선의의 제3자에게는 무효를 주장할 수 없게 하고 있다(민§108). 그리고 특히 문제되는 것은 (3) 착오인데 구법에서 의사주의를 따르고 있던 것을 현행민법은 표시주의로 바꾸었으며, 표의자의 이익과 상대방 및 제3자의 이익을 적절히 조화하고 있다. 즉 착오에 의한 의사표시는 법률효과에 아무런 영향을 미치지 않으나, 내용의 중요부분에 착오가 있는 때에는 취소할 수 있도록 한다. 그러나 표의자에게 중대한 과실이 있을 때에는 취소하지 못하며, 또 취소를 하였을 경우에도 선의의 제3자에게 대항할 수 없도록 하고 있다(§109). 이를 종합하여 볼 때 우리 민법은 표시주의원칙에서 서서 의사주의를 부분적으로 가미하고 있다. 그러나 가족법(신분법)에서는 표의자의 진의가 절대 존중되어야 하므로 총칙 상 표시주의가 적용되지 않는다.

## 정적 안정·동적 안정
(靜的 安定·動的 安定)

정적 안정이란 현재 가지고 있는 권리를 보호하는 것이다. 예를 들면 제한능력자제도(민§5~§17)나 착오(§109)는 정적 안정을 제일의 목적으로 하는 제도이다. 동적 안정이란 거래상대방을 보호하는 것이다. 일정한 외관을 신뢰하여 거래한 자에게 그가 신뢰한 대로의 권리의 취득을 인정하는 제도이다. 예를 들면 이사의 대리권에 대한 제한의 대항요건(§60)·사기·강박에 의한 의사표시(§110②, ③)·표현대리(§125, §126, §129)·선의취득(§249)·채권준점유자에의 변제(§471)·영수증소지자에의 변제(§471) 등의 제도가 있다. 상법상의 유가증권의 유통보호제도도 동적 안정 보호제도이다. 정적 안정과 동적 안정은 서로 대립하는 법제도이므로 입법정책상으로 양자의 조화점을 발견하여 실시하는 것이 타당하다. 그러나 기업거래관계에 있어서는 동적 안정이 중시되어야 한다.

### 묵시의 의사표시(黙示의 意思表示)
독 ; stillschweigende Willenserklärung

적극적이고 명백한 말이나 글자에 의한 것이 아니라 주위의 사정으로 미루어 보아 비로소 알 수 있는 의사표시를 말한다. 즉, 적극적인 표시행위에 의하지 않는 의사표시이다. 묵시의 의사표시는 간접적 의사표시라고도 한다. 명시의 의사표시에 대하는 것이지만, 의사표시의 뜻은 그것이 이루어졌을 때의 모든 객관적 사정을 종합하여 판단해야 하는 것이므로 묵시의 의사표시도 원칙적으로 명시의 의사표시와 동일한 효력을 가진다. 그러나 일정한 형식이 요구되는 요식행위에 있어서는 명시된 의사표시에 의하지 아니하면 효력이 발생하지 않는다(민§812, §878, §1060).

### 명시의 의사표시(明示의 意思表示)

묵시의 의사표시에 상대되는 말이다. 예컨대 상대방의 매매청약에 대하여 「사겠다」고 적극적으로 의사표시를 하는 것은 명시적 의사표시이고, 지기 집에 배달된 신문을 아무 말 없이 구독하는 것은 묵시에 의한 승낙의 의사표시이다.

### 은닉된 불합의(隱匿된 不合意)

계약의 당사자가 불합의의 존재를 모르는 경우로서, 무의식적 불합의라고도 한다. 이 경우에 당사자는 계약 내용에 관하여 합의가 있다고 믿지만 실제로는 그 합의가 없고 의사표시가 내용적으로 일치하지 않으므로 계약이 성립되지 않는다.

### 의사의 흠결(意思의 欠缺)
독 ; Willensmangel

표시상의 효과의사와 내심의 효과의사가 일치하지 않는 것이 의사의 흠결 또는 의사와 표시의 불일치라고도 한다. 이 경우 표시주의에 의하면 표시의사에 따라 유효한 것으로 성립하게 되지만 의사주의에 의하면 그 효과가 문제된다. 우리 민법은 절충주의 입장에서 불일치의 태양(態樣)에 따라 사회일반이익과 개인이익의 조화를 꾀하고 있다. 불일치는 (1) 표시자 자신이 의사와 표시와의 불일치를 자각하고 있는 의식적 불일치와 (2) 자각하고 있지 않은 무의식적 불일치로 나눌 수 있다. 단독으로 내심에 없는 것을 표시하는 비진의 의사표시(민§107)와 상대방과 통정하여 하는 통정허위표시(§108)는 의식적 불일치에 속하고 착오로 인한 의사표시(§109)는 무의식적 불일치에 속한다. 의사의 흠결에 있어서 착오는 표의자가 선의인 경우이며, 비진의 의사표시와 허위표시는 표의자가 악의(惡意)의 경우이다.

### 심리유보(心理留保)
라 ; reservatio mentalis
영 ; mental reservation

표의자가 진의가 아닌 것을 알면서도

행한 의사표시이다. 즉 표시와 내심적 의사가 일치하지 않는다는 것을 표의자 스스로가 알면서 하는 의사표시를 말한다. 진의를 마음속에 유보한 행위라는 의미에서 심리유보라고 하며 진의 아닌 의사표시, 비진의표시 또는 단독허위표시라고도 한다. 이것은 상대방을 속일 의도나 농담으로 행해진다. 그러나 그 동기가 어떠한 것이던지 심리유보는 표시한 대로의 효과를 발생하는 것을 원칙으로 한다(민§107① 본문). 다만 (1) 상대방이 의사자의 진의를 알고 있었던 경우나 (2) 비록 알지 못했다고 하더라도 보통 사람이라면 표의자의 진의를 알 수 있었을 것이라고 인정되는 경우에는 상대방을 보호할 필요가 없으므로 무효로 된다(§107①단). 그러나 이 무효는 선의의 제3자에게 대항하지 못한다(§107②). 가족법상의 행위(신분행위)에서는 절대적으로 본인의 의사를 존중하여야하기 때문에 심리유보는 가족법상의 법률행위에는 적용되지 않는다(§815 I, §883 I). 또 상법에서는 거래안전의 필요상 비진의 의사표시를 유효로 보는 경우도 있다(상§302③, §425①).

**은닉행위**(隱匿行爲)
독 ; verdedktes(dissimuliertes) Rechtsgeschäft

허위표시에 진의가 있는 행위가 숨어 있는 행위이다. 예를 들면 증여를 은닉하여 표면에서 매매를 가장하는 것과 같다. 은닉행위는 그 자신 법률행위의 요건을 갖출 때에는 그로써 효력을 발생한다.

**가장행위**(假裝行爲)
(영, simulation 독, scheingeschäft)

허위표시를 요소로 하는 법률행위를 말하며, 대표적인 예로서는 서로 통정하여 성립된 가장의 매매계약을 들 수 있다.

**통정허위표시**(通情虛僞表示)
라 ; simulation
독 ; Scheingeschäft, Simulation
불 ; simulation

표의자가 상대방과 통정하여 행한 진의 아닌 허위의 의사표시이다. 이러한 허위표시를 요소로 하는 법률행위를 통정허위표시 또는 가장행위라고 한다. 예를 들면 채권자의 압류를 면하기 위하여 타인과 통정하여 부동산의 소유명의를 타인에게 이전한 경우 그 매매는 허위표시에 속한다. 표의자 스스로가 의사와 표시의 불일치를 자각하고 있다는 점에서 비진의 표시와 같지만 상대방과의 통정에 대한 합의가 있다는 점에서 다르다. 허위표시는 원칙적으로 무효이다(민§108①). 그러나 사정을 알지 못하는 선의의 제3자를 보호하기 위하여 민법은 선의의 제3자에 대해서는 허위표시의 무효를 주장할 수 없게 하고 있다(민§108②). 여기서 말하는 제3자란 당사자 및 포괄승계인(상속인) 이외의 자로서 허위표시가 있은 후에 그 목적물에 대하여 이해관계를 가지게 된 자를 말한다.

### 착오(錯誤)

라 ; error 영 ; mistake
독 ; Irrtum 불 ; erreur

표의자가 내심의 의사와 표시의 내용이 일치하지 않는 것을 알지 못하고 행한 의사표시를 착오 또는 착오에 의한 의사표시라고 한다. 표의자가 의사와 표시의 불일치를 알지 못한다는 점에서 비진의 표시나 허위표시와 구별된다. 착오는 보통 다음과 같이 분류된다. (1) 내용의 착오 : 표시행위 자체에는 착오가 없으나 표시행위의 의미를 오해하는 경우이다. 예를 들면 보증채무와 연대채무를 같은 것이라고 오해하여 연대채무자가 될 것을 승낙하거나, 파운드와 달러가 같은 가치를 가지는 것이라고 믿고 100파운드로 살 것을 승낙한 경우이다. (2) 표시상의 착오 : 표시행위 자체를 잘못하여 내심적 효과의사와 표시상의 의사에 불일치가 생기는 경우이다. 예를 들면 10만원이라고 써야할 때에 잘못하여 100만원이라고 써버린 경우처럼 오기 하거나 잘못 말한 따위와 같은 것이다. (3) 동기의 착오 : 의사표시를 하게된 동기에 착오가 있는 경우이다. 예를 들면 가까운 곳에 철도가 가설되는 것이라고 오해하여 토지를 비싼 값으로 사들인 경우이다. (4) 표시기관의 착오 : 예를 들면 전보에 의한 의사표시를 할 때에 전신기사의 잘못으로 표의자가 말한 바와 다른 내용을 상대방에게 전한 것과 같은 경우이다. 이러한 경우에는 표시상의 착오와 마찬가지로 취급된다. 그런데 착오에 의한 의사표시가 취소할 수 있는 것으로 되느냐 되지 않느냐 하는 것은 오로지 그 착오가 법률행위의 중요부분에 관한 것이냐 아니냐에 따라서 정하여진다는 것에 유의하여야 한다(민§109①). 착오의 적용범위는 재산행위에 한하고 가족법상의 행위(신분행위)에는 적용되지 않는다(§815, §883). 그러나 재산행위 가운데서도 행위의 외형에 신뢰하여 대량·신속하게 이루어지는 상법상의 거래에 있어서는 착오의 법리가 배제되는 수도 있다(상§320, §427).

법률행위의 내용의 착오는 보통 일반인이 표의자의 입장에 섰더라면 그와 같은 의사표시를 하지 아니하였으리라고 여겨질 정도로 그 착오가 중요한 부분에 관한 것이어야 한다*(대법원 1998. 2. 10. 선고 97다44737)*.

### 중요부분의 착오·요소의 착오
(重要部分의 錯誤·要素의 錯誤)

민법은 착오의 용태에 의하지 않고「법률행위의 내용의 중요부분에 착오가 있는 때에는 그 법률행위를 취소할 수 있다」고 하였다(민§109). 구민법은 이를 요소의 착오라 하였는데 같은 의미이다. 법률행위의 중요부분이 무엇인가는 표의자의 주관에 의하여 정해지는 것이기 때문에 구체적으로 지시하는 것은 곤란하다. 그러나 일반적으로 그 부분의 착오가 없었더라면 본인이 의사표시를 하지 않았을 뿐만 아니라 일반인도 하지 않았으리라고 생각되는 객관적 중요성을 말한다. 이러한 중요부분이 어떠한 것인가에 대하여 대체로 살펴보면 다음과 같다. (1) 당사자인 사람에 관한 착오 : 가족법상의 행위(신분행위)나 증여에 있어서는 상대방이 누구인가 중시된다. 보증계약에 있어서는 주된 채무자가 누구인가가 중시된다. 따라서 이러한 점의 착오는 일반적으로 중요부분의 착오가 될 것이다. (2) 목적물에 관한 착오 : 매매에 있어서는 사람보다도 목적물이나 대금을 더 중요시하고 있다. 목적물의 시장가액과 대금액과의 사이에 현저한 차이가 있을 경우에는 일반적으로 중요부분에 착오가 있는 것이라고 추정될 것이다. 그러나 자기의 판단에 의하여 행해지는 투기적인 매매는 이에 해당되지 않는다. 또 매매 후 이행 전에 매수인이 대금지급능력이 없다는 것이 판명된 경우에도 중요부분에 착오가 있는 것이라고 추정된다. 이에 대하여 금전대차 등에서는 임차인의 지급능력에 대한 착오는 중요부분의 착오가 되지 않는 것이 보통이다. (3) 내용의 중요부분의 착오 : 법률행위의 성질에 관한 중요부분의 착오를 말한다. 그러나 착오가 표의자의 중대한 과실로 인한 경우에는 의사표시의 취소를 할 수 없게 된다(민§109①).

법률행위의 중요 부분의 착오라 함은 <u>표의자가 그러한 착오가 없었더라면 그 의사표시를 하지 않으리라고 생각될 정도로 중요한 것</u>이어야 하고 보통 <u>일반인도 표의자의 처지에 섰더라면 그러한 의사표시를 하지 않았으리라고 생각될 정도로 중요한 것</u>이어야 한다 *(대법원 1999. 4. 23. 선고 98다45546).*

## 내용의 중요부분의 착오
(內容의 重要部分의 錯誤)

의사표시의 내용 중에서 중요한 부분에 대해서 인식한 것과 사실이 불일치한 것을 말한다. 여기서 의사표시의 내용이란 당해 의사표시에 의하여 표의자가 달성하고자하는 사실적인 효과(효과의사)를 말한다. 또 내용의 중요부분이란 만약 그 부분에 관해서 착오가 없었더라면 표의자가 의사표지를 하지 않았을 뿐만 아니라 일반인도 하지 않았을 것이라고 여겨지는 부분을 말한다. 의사표시는 법률행위의 내용의 중요부분에 착오가 있는 때에는 취소할 수 있다(민법 109조 1항 본문). 그러나 그 착오가 표의자의 중대한 과실로 인한 때에는 취소하지 못한다(민법 109조 1항 단서). 중요부분에 관한 착오 여부는 당해 경우에 따라 구체적으로 판단해야 되지만, 일반적으로 중요부분의 착오의 예로 다음과 같은 것이 있다. (1) 혼인·입양·매매·증여 등 개인에 중점을 두는 법률행위에 있어서 당사자인 사람에 대한 착오, (2) 목적물의 동일성에 관한 착오, (3) 목적물의 성상이나 내력이 거래상 중요한 의미를 가지고 있는 경우 이에 대한 착오, (4) 물건의 수량이나 가격 등에 관한 착오는 일반적으로 중요한 부분의 착오가 되지 않으나, 그 물건의 객관적인 가격이나, 예기된 수량과 상당히 큰 차이가 있는 경우와 같은 때에는 중요부분의 착오가 된다. (5) 법률상태에 관한 착오, (6) 법률행위의 성질에 관한 착오 등에는 중요부분의 착오가 인정된다.

## 사기(詐欺)

라 ; dolus
영 ; fraud, deceit, misrepresentation
독 ; Betrug 불 ; dol

타인을 고의로 기망하여 착오에 빠지게 하는 위법행위이다. 타인을 기망한다는 것은 사실의 은폐도 포함하지만 그 위법여부는 경우에 따라 사회관념에 비추어 판단하여야 한다. 과대선전이나 과대광고는 모두 사실을 속이는 것이나 이를 보거나 듣는 쪽에서 과장되어 있다는 것을 예기할 수 있는 경우에는 사기로 되지 않는 것이 보통이다. 즉 사기가 성립되기 위해서는 타인을 기망하여 착오에 빠지게 하려는 고의가 있고 이로 인하여 타인이 착오에 빠졌음을 요한다. 이와 같이 표의자가 타인의 기망행위로 말미암아 착오에 빠진 상태에서 행한 의사표시가 사기에 의한 의사표시이다. 사기는 착오를 일으키지만 그 착오는 내심의 효과의 사결정의 동기에 있을 뿐이고, 표시의 내용에 나타나지 않는 점에서 의사표시의 내용의 착오(민§109)와 다르다. 사기에 의한 의사표시는 강박에 의한 의사표시와 함께 하자있는 의사표시이다. 사기에 의한 피해자에게는 민법상 두 가지의 구제방법이 주어져 있다. (1) 사기에 의하여 입은 손해는 불법행위를 이유로 하여 배상시킬 수 있으며(§750), (2) 사기에 의한 의사표시는 하자 있는 의사표시로서 취소할 수 있다(§110①, §140, §141). 취소된 행위는 처음부터 무효로 되기 때문에(§141), 상대방이 계약의 이행을 요구해도 거절할 수 있으며 이미 이행을 끝냈다면 이행한 물건의 반환이라든가 등기의 취소를 청구할 수 있다. 그러나 이 취소는 일정한 제한이 있다. 즉 상대방 이외의 제3자가 사기를 행한 경우에는 상대방이 그 사실을 알았거나 또는 알 수 있었을 경우에 한하여 취소할 수 있고(§110②), 사기에 의한 의사표시는 선의의 제3자에게 대항할 수 없다(§110③). 또한 재산행위 가운데 외관을 신뢰하여 대량 신속하게 이루어지는 상법상의 거래행위에는 적용되지 않는 것도 있다. 예를 들면 주식인수의 취소제한(상§320), 가족법상의 행위(신분행위)에 관하여는 따로 특칙이 있다.

## 기망(欺罔)

사람에게 착오를 일으키게 하는 행위를 말한다. 착오는 사실·가치·법률관계·법률효과에 관한 것을 불문하며 반드시 중요부분의 착오일 필요도 없다. 또한 언어나 거동을 통하여 적극적으로 허위의 사실을 날조하는 것뿐만 아니라 소극적으로 진실한 사실을 숨기는 것도 기망이 된다. 그러나 단순한 의견의 진술이나 희망의 표명은 기망이 되지 않는다. 부작위에 의한 기망은 일반적으로 당해거래에 관하여 사회관념상 또는 법률상 요구되어 있는 신의성실의 의무에 위반하는 경우에 한하여 위법이 되지만 위법성이 조각(阻却)되는 경우가 많다.

## 사술(詐術)

사람을 기망하는 술책을 말하며, 개정 전 민법에서 사용되던 표현이다. 개정 민법에서는 속임수라고 표현하고 있다. 민법 제17조 제1항은 「제한능력자가 속임수로써 자기를 능력자로 믿게 한 경우에는 그 행위를 취소할 수 없다.」고 규정하고 있으며, 제2항은 「미성년자나 피한정후견인이 속임수로써 법정대리인의 동의가 있는 것으로 믿게 한 경우에도 제1항과 같다.」고 규정하고 있다. 이 규정의 취지는 이러한 제한능력자는 보호할 가치가 없고, 오히려 상대방을 보호하여 거래의 안전을 도모하는 것이 타당하다는 데 있다. 따라서 판례는 이때의 사술(=속임수)을 사기보다도 넓게 해석하여, 일반인을 기망할 만큼 다소 교묘한 방법을 꾀함으로써 사술이 된다고 하고 있다.

**강박**(强迫)
라 ; metus 영 ; coercion, duress
독 ; Drohung 불 ; menance

사람을 고의로 위협하여 공포감을 일으키게 하는 위법한 행위를 말한다. 강박행위의 방법이나 위협의 종류는 사람이 공포를 야기 시키는 것이면 어떠한 것이라도 무방하다. 그러나 그것이 위법한 행위인가의 여부는 구체적인 경우에 당하여 행위의 목적과 수단과를 상관적으로 고찰하여 사회통념에 비추어 판단할 문제이다. 채무를 면제하지 않으면 압류 한다든가 부정행위를 고소·고발한다든가 하는 행위는 권리의 행사이므로 비록 상대방이 공포심을 가지더라도 일반적으로 강박이 되지 아니한다. 그러나 그것이 부당한 이익을 얻기 위한 수단으로서 사용된 경우에는 강박이 된다. 이와 같이 표의자가 타인의 강박행위에 의하여 공포심을 가지게 됨으로써 그 해악을 피하기 위하여 행한 진의 아닌 의사표시가 강박에 의한 의사표시이다. 피해자(표의자)는 강박에 의한 의사표시를 취소할 수 있다(민§110①). 그러나 강박에 의한 의사표시의 취소는 선의의 제3자에 대하여 대항할 수 없다(§110②, ③).

**도달주의**(到達主義)
독 ; Empfangstheorie
불 ; systeme de la réception

의사표시는 상대방에게 의사표시가 도달한 때, 즉 상대방의 지배권내에 들어간 때에 효력이 발생한다는 주의이며, 수신주의(受信主義), 수령주의(受領主義)라고도 한다. 여기서 도달이란 우편으로 배달을 받았을 때와 같이 사회통념상 의사표시를 분명히 알 수 있는(了知) 객관적 상태가 생겼다는 것을 말한다. 예컨대 편지가 상대방에게 배달되어 가족이나 동거인이 수령하면 도달된 것으로 본다. 의사표시의 불도착 또는 연착에 의한 불이익은 표의자에게 돌아간다. 상대방 있는 의사표시는 보통 표백(문서의 작성)·발신(투함)·도달(배달)·요지(독료)의 과정을 거치는데, 이때에는 언제 의사표시의 효과가 발생하는 것인가에 대하여 (1) 표백주의, (2) 발신주의, (3) 도달주의, (4) 요지주의의 4가지로 나누어진다. (1)과 (4)는 한쪽으로 치우쳐 타당하지 않고 (2)는 신속한 거래에 응하여 다수의 상대방을 획일적으로 취급하는 경우에 적당하지만 상대방에게 불리하다. 따라서 민법은 도달주의가 가장 적당하다고 보고 이것을 원칙으로 하고 있다(민§111). 이와 같이 도달주의 원칙에 대하여는 다음과 같은 점을 유의할 필요가 있다. 첫째는, 다른 무효원인이 있으면 도달해도 효과를 발생하지 않음은 물론이다. 둘째는 효력발생시기에 대하여 특별한 규정이 있는 경우에는 그에 의한다. 그 중요한 것을 들면 다음과 같다.

(1) 상대방이 제한능력자인 때에는 그 법정대리인이 도달한 것을 알지 못하는 한 의사표시의 효력이 발생한 것을 주장할 수 없다(§112). (2) 격지자간의 계약의 승낙과 같이 거래의 신속성이 요구되는 경우에는 발신주의를 취하고 있다(§15, §131, §455②, §531). (3) 요식행위나 요물행위 등은 소정의 요식을 거쳐서 물건을 인도하지 않으면 효력이 생기지 않는다. (4) 발신 후 도달 전에는 발신자가 임의로 의사표시를 철회할 수 있지만 도달 후에는 표의자가 발신 후 사망하거나 제한능력자가 되어도 그 때문에 의사표시가 무효로 되지 아니한다(§111②). (5) 상대방의 행방불명 등으로 그 소재를 알 수 없는 경우에는 공시송달에 의하여 그 의사표시의 효력을 발생시킬 수 있다(§113). 셋째로 대화자간의 의사표시는 표백·발신·도달·요지 사이에 시간적인 차이가 없으며, 상대방이 없는 의사표시는 표백이 있을 뿐이기 때문에 특별한 규정이 없다. 그런데 대화자간의 의사표시도 도달 후에 상대방이 요지할 수 없는 경우가 있다. 따라서 이 경우에도 상대방이 알 수 있는 상태에 있어야 효력이 생기는 것이라고 해석된다.

## 발신주의(發信主義)

의사표시가 발신되었을 때(서신을 우체통에 넣은 때, 종이에 기록하여 전보국의 창구에 의뢰한 때)에 효력을 인정하는 주의이다. 즉, 의사표시가 표의자의 지배범위를 벗어나서 발신되면 효력을 발생한다. 민법은 도달주의를 원칙으로 하고 있지만(민§111①), 격지자에 대한 의사표시의 효력발생시기에 관하여는 의사표시를 발신한 때에 의사표시의 효력이 발생하도록 하고 있다.

## 내용증명우편(內容證明郵便)

특수취급우편의 일종으로서 체신부가 당해 우편물인 문서의 내용을 등본에 의하여 증명하는 제도이다. 이는 일정한 내용을 가진 문서를 발송했다는 증거가 되며, 그 문서에 확정일자를 부여하는 효력이 있다

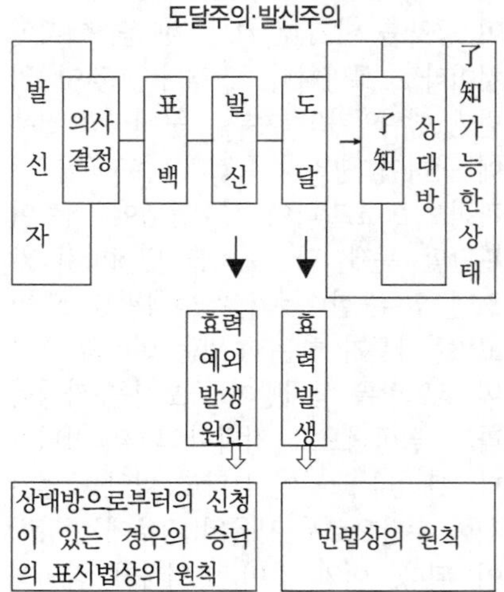

### 격지자·대화자(隔地者·對話者)

의사표시가 발신되면 그것을 요지하기까지 다소의 시간이 필요한 자를 격지자라고 하며, 반면에 의사표시를 곧 알 수 있는 위치에 있는 자가 대화자이다. 공간적으로 상격하여 있다 하더라도 전화나 수기신호 등에 의한 통신으로 상대방이 의사표시를 즉시 요지할 수 있는 상태에 있으면 대화자이다. 즉 민법(민§111①), 상법(상§52①) 등에서 격지자와 대화자를 구별하는 것은 단순히 공간의 격리를 문제 삼고 있는 것이 아니라 시간적 간격을 기준으로 발신·수신과 납득이 동시에 행해지느냐의 여부를 문제 삼고 있기 때문이다. 대화자간의 의사표시는 원칙적으로 바로 효력을 발생시키나, 격지자간의 의사표시는 원칙적으로 도달됨으로써 효력을 발생한다(민§111①). 그러나 거래의 신속을 필요로 하거나 상대방·제3자·채무자를 보호하여야 할 필요가 있을 때에는 예외적으로 발신주의를 취한다(민§15, §131, §455②, §531).

### 대리(代理)

영 ; agency, represntation
독 ; Stellvertrtung, Vertretung
불 ; repésentation

대리란 광의(廣義)로 타인(본인) 대신하여 어떤 행위를 하는 것을 말하지만 민법 총칙편에 정해진 대리란 대리인이 본인을 위한다는 것을 나타내어 의사표시를 하거나 의사표시를 받아 그 법률효과가 본인에게 직접 생기게 하는 것을 말한다(민§114~§136). 근대법에서 완성된 제도로서 본인의 행동범위를 넓게 확장하고, 또한 의사능력이 없는 자 등에게 대리인에 의한 거래의 길을 열어 주어 사적 자치를 확장·보완한다. 대리의 종류로는 임의대리·법정대리·공동대리·복대리·쌍방대리·무권대리·표현대리 등이 있다.

대리의 법률상의 특색을 보면 다음과 같다. (1) 대리인이 본인과 대립하는 지위에서 대리권을 가진다. 이 점에서는 대표와 다르다. 즉 법인의 이사는 법인을 위하여 여러 가지 의사표시를 하거나 의사표시를 받는데 그 방법이나 효과는 대리의 경우와 다를 바가 없지만 대리인이라고 하지 않고 대표자라고 한다. (2) 대리인의 행위는 어디까지나 대리인의 의사에 의한 독자적인 행위이다. 이 점에서 타인을 위하여 의사표시에 관계하나 표의자 또는 의사표시를 받는 자의 보조자에 불과한 고문·상담역·使者(사자) 등과도 다르다. (3) 대리인이 권한 내에서 행한 행위의 효과(권리·의무)는 모두 직접 본인에게 귀속한다(민§114). 이 점에서 어떤 사람이 다른 사람을 개입시켜 물건을 점유하는 이른바 간접점유(§194)와도 다르다. (4) 대리는 의사표시를 하는 것(능동대리)과 의사표시를 받는 것(수동대리)에 한한다. 따라서 불법행위와 사무관리의 대리는 인정되지 않는다. (5) 원금보증이 없는 투자신탁을 취급하는 사회는 타인(투자자)을 위하여 증권류의 거래(의사표시)를 한다. 더욱이 그 거래에 의한 이익이나 손실은 모두 투자자에게 귀속하지만 그 거래는 회사가 자기의 이름으로 행한다.

따라서 효과도 법률상으로는 회사에 귀속하므로 대리와는 다르다. 그러나 법률상으로는 어떻든 사실상으로는 대리와 같으므로 이와 같은 경우를 간접대리라고 하기도 한다. (6) 법률행위 중에는 성질상 본인 스스로의 의사결정을 요하는 것이 있다. 혼인·양자입양·유언 등의 가족법상의 행위(신분행위)가 그 예인데 이러한 종류의 행위에는 대리가 허용될 수 없다. 그리고 재산상의 행위에도 특별한 이유로 대리행위가 금지되는 것이 있다(근기§65①). (7) 대리인은 본인을 위한 것임을 표시하여 행위하는 것이 원칙이지만(현명주의 : 민§114), 상행위의 대리에는 이것이 불필요하다(상§48).

### 대리행위(代理行爲)

대리에 있어 행위의 당사자인 대리인과 상대방간의 법률관계를 말한다. 이러한 대리행위는 대리인이 본인을 위한 것임을 즉, 대리의사를 표시하여야 그 효력을 발생한다(민법 114조). 이를 현명행위라고 하는 데, 상행위에 있어서는 이 원칙이 적용되지 않는다. 일반적으로 통용되고 있는 대리인의 현명방법은 '갑의 대리인 을'인데, 반드시 본인의 성명을 명시하여야 하는 것은 아니며, 주위의 사정으로부터 본인이 누구인지를 알 수 있는 것으로 족하다. 대리인이 본인을 위한 것임을 즉, 대리의사가 표시되지 않는 대리인의 의사표시는 대리인 자신을 위한 것으로 간주된다(민법 115조 본문). 대리에 있어 법률행위의 당사자는 어디까지나 대리인이므로 의사표시에 관한 요건은 본인이 아니라 대리인에 관하여 정하여야 한다. 그러나 그러한 대리행위의 하자에서 생기는 효과(취소권·무효주장권 등)는 역시 본인에게 귀속하게 된다. 또한 대리에 있어서 본인은 법률행위의 당사자는 아니나, 법률행위가 직접 본인에게 귀속하므로, 선의·악의가 법률행위의 효력에 영향을 미치는 경우에는 비록 대리인이 선의이더라도, 본인이 악의이면 그 본인은 선의의 보호를 받을 자격이 없게 된다.

### 대리의사(代理意思)

자신이 한 법률행위의 효력을 직접 본인에게 귀속시키려는 대리인의 의사를 말한다. 대리행위는 본인을 위하여 하는 것이다. 즉 대리행위는 대리의사를 표시하여 행하여야 한다. 그러므로 갑의 대리인 을이라고 서명하거나, 甲회사 지배인 乙이라고 하는 것과 같이 대리자격을 표시하는 문언을 표시·기재하여 서명하는 것이 대리의사표현의 보통의 형식이다. 대리의사를 표시하지 아니하고 한 행위는 표의자 자신의 법률행위로서 효력이 발생한다. 대리인이 본인을 위하여 함을 나타내야 한다는 것을 현명주의라고 한다(민§114①).

### 사자(使者)

라 ; nuntius　영 ; assistant　독 ; Bote

사자는 표의자의 보조자로서 우편을 전함으로써 타인의 완성된 의사표시를 전달하거나 말을 전함으로써 타인이 결정한 의사를 상대방에게 표시하는 자이다. 법문에서 사자라는 말은 사용되고 있지 않으나 법률학에서는 표의자와 구별하기 위하여 사자라고 하는 말이 사용되고 있다. 사자가 잘못하여 다른 사람에게 편지를 전하거나, 다른 말을 전하면 의사표시는 도달하지 않은 것으로 된다. 상대방에게 의사표시의 내용을 잘못 전한 때에는 표의자의 착오와 같이 취급된다. 대리인과 유사하여 대리인의 규정이 유추적용될 수 있지만 대리인은 스스로 독립한 의사표시를 하는데 대하여 사자는 본인의 기관에 불과하다. 따라서 사자의 경우에는 본인이 행위능력이 있음을 요하며 착오·사기·강박·선의·악의 등에 관하여는 본인의 의사와 사자의 표시를 비교하여야 한다(민§116). 또 가족법상의 행위(신분행위)와 같은 대리를 허용하지 아니하는 행위라도 사자는 허용될 때가 많이 있다.

## 법정대리(法定代理)

독 ; gesetzlicher Vertret
불 ; repŕesent ĺegal

본인의 의사와는 관계없이 법률이 정하는 바에 따라서 대리권이 발생하는 대리이다. 현대사회는 자기재산을 스스로 관리 운용하는 것이 원칙이지만 이 원칙을 끝까지 관철하는 것이 적당하지 않거나 관철할 수 없는 경우가 많이 있다. 예를 들면 미성년자의 이익을 위하여, 파산자는 채권자 등의 이익을 위하여, 관리자가 부재인 경우에는 부재자 및 이해관계인의 이익을 위하여, 각기 그들을 대신하여 재산을 관리하거나 법률행위를 행할 자가 필요하다. 법률은 이와 같은 경우에 대비하여 각각 대리인을 두도록 배려하고 있다. 이것이 법정대리제도이다.

## 법정대리인(法定代理人)

독 ; gesetzlicher Vertreter
불 ; repŕesentant ĺegal

법정대리권을 가지는 자이다. 즉 본인의 대리권수여에 의하지 않고 대리권을 부여받은 자이다. 법정대리인은 크게 다음의 세 가지가 있다. (1) 본인에 대하여 일정한 지위에 있는 자가 당연히 대리인이 되는 경우이다. 예컨대 친권자(민§909, §911, §916, §920), 후견인(§931~§936, §938) 등이 이에 속한다. (2) 법원의 선임에 의한 경우이다. 예컨대 부재자의 재산관리인(§22,§23), 상속재산관리인(§1023②, §1053), 유언집행자(§1096) 등이 이에 속한다. (3) 본인 이외의 일정한 지정권자의 지정에 의한 경우이다. 예컨대 지정후견인(§931), 지정유언집행자(§1093, §1094) 등이 이에 속한다. 법정대리인은 임의대리인과 달리 복임권을 가진다.

## 임의대리(任意代理)

본인의 수권행위에 의하여 성립되는 대리이다. 임의대리란 본인의 활동 영역을 확장 보충하는 하나의 수단이다. 즉 자기가 신뢰하는 대리인을 사용함으로써 시간을 절약하며 경험이나 지식의 부족을 보충할 수가 있기 때문이다. 본인이 대리권을 주는 행위를 수권행위라고 한다. 수권행위는 위임계약과 합체하여 있는 일이 많으므로 구민법은 임의대리를 위임으로 인한 대리(위임대리)라 하였지만(구민§104 등), 수권행위는 위임에 한하지 않고 조합·고용·도합 등의 계약과도 합체하여 있을 수 있고 그러한 계약 없이도 대리권의 수여만이 별도로 행하여질 수도 있으므로, 이 용어는 적당하지 않다. 그러므로 현행민법은 법률행위에 의하여 수여된 대리권(임의대리 : 민§128)이라는 말을 쓰고 있다. 더욱이 수권행위의 성질과 위임·고용 등의 계약과는 법률상으로 별개의 행위라고 해석된다. 그 결과 위임·고용 등의 계약이 무효가 되어도 수권행위는 당연히 무효로 되지 않는 경우가 있을 수 있다. 따라서 그 한도 내에서는 거래의 안전에 기여하게 된다. 대리권을 증명하는 수단으로서 종종 위임장이 교부되며 그 특수한 것으로 백지위임장이 있다.

## 임의대리인(任意代理人)

본인의 의사에 기하여 대리권을 수여받은 자를 임의대리인이라고 한다. 임의대리인의 대리권은 본인과 대리인간의 수권행위에 의하여 발생한다.

## 수권행위(授權行爲)

독 ; Bevollmächtigung

대리권을 수여하는 법률행위를 말한다. 위임 기타 대리권수여의 기초가 되는 행위(예 : 고용·조합)와 실제로 일체가 되어 존재하는 것이 보통이지만 이론상으로는 별개의 행위이다. 그 성질에 관하여는 계약설과, 단독행위설로 나누어진다. 독일민법(독일민법§167)과 스위스 채무법(스위스채무법§32)은 명문으로 단독행위라고 정하고 있으며, 우리나라 통설도 본인의 단독행위라고 보고 있다. 다만 구민법하에서는 위임과 유사한 무명계약으로 보는 설이 우세하였었다. 그리고 대리권을 수여한 증거로서 동시에 위임장을 교부하는 일이 많지만 그것이 수권행위의 요건은 아니다.

수권행위의 유인성·무인성

| | |
|---|---|
| 무인성설 | 본인과 대리인간의 대리권을 수여하게 된 기초적 법률관계가 무효이거나 취소가 되더라도 수권행위는 영향을 받지 않으므로 대리권은 존속한다고 보는 견해이다. |
| 유인성설 | 본인과 대리인간의 대리권을 수여하게 된 기초적 법률관계가 무효이거나 취소되면 수권행위도 영향을 받아 실효된다고 보는 견해이다. |
| 수권행위이분설 | 수권행위를 본인이 대리인에게 하는 수권인 내부적 수권과 본인이 거래의 상대방에게 하는 수권인 외부적 수권으로 나누어 내부적 수권은 유인성을 가지나 외부적 수권은 무인성을 갖는다고 보는 견해이다. |

## 백지위임장(白紙委任狀)

위임장의 기명사항 가운데 일부를 기재하지 않고 백지로 남겨 둔 채 그것을 일정한 사람으로 하여금 보완시키고자 하는 형식으로 된 위임장으로서 다음과 같은 종류가 있다. (1) 위임하는 사항을 백지로 하여 기재하지 않는 것. 어떤 사람에게 공정증서를 위임함에 있어서 위임사항을 쓰지 않고, 공증인의 지시에 따라 기입할 것을 그 사람에게 위임하는 것이 이에 속한다. 이런 경우에 만일 수임자가 위임받은 이외의 사항을 기입하면 대리권의 범위를 넘어 남용이 되지만, 공정증서에 의한 계약의 상대편에 대하여는 표현대리인이 되는 일이 많다(민§126 참조). 그러나 수임자는 위임자에 대하여 계약위반의 책임을 진다는 것은 말할 것도 없다. (2) 수임자 즉 위임하는 상대편을 백지로 하여 기재하지 않은 것. 주요한 경우가 세 가지가 있다. ㉮ 주식회사에 출석하지 않은 주주가 의결권을 행사할 대리인을 백지로 하여 회사에 보내는 것. ㉯ 기명주식을 양도함에 있어서 첨부된 명의개서의 백지위임장. ㉰ 계약당사자의 일방이 후일 그 계약에 관하여 분쟁이 생길 경우의 해결을 위하여 자기를 대리할 자를 백지로 해놓고, 그 결정은 상대편에 위임하는 것. 다만 이 경우에는 불공정한 법률행위로서 무효로 보아야 할 경우가 많을 것이다(민§104).

**대리권**(代理權)
영 ; agent, represntative
독 ; Stellvertreter, Bevollmächtiger
불 ; repŕesentant

대리인이 가지는 대리행위를 할 수 있는 지위나 자격이다. 대리는 대리인이 행한 행위의효과가 직접 본인에게 귀속하는 제도이므로 대리인에게는 대리권이 필요하다. 대리권이 없는 대리행위를 무권대리라고 부르며 원칙상무효이나(민§130), 본인이 추인을 하면 이로서 대리권이 추완되고 무효하게 된다. 또한 표면상 대리권이 있는 것처럼 보이는 소위 표현대리에 있어서는 유권대리와 같이 본인이 책임을 부담한다(§129, §125). 대리권의 발생은 법정대리의 경우 법률의 규정(§911)이나, 법원의 선임(§936) 또는 특정인의 지정(§931)에 의하여 일어나며, 임의대리의 경우 본인의 의사에 따른 수권행위 등에 입각하여 발생한다. 대리권의 범위는 법정대리는 각각 법률의 규정에 의하고(예 :§920, §949), 임의대리는 그 수권능력의 내용에 의하여 정하여진다. 그러나 임의대리도 지배인이나 선장의 대리권은 법정되어 있다. 권한을 정하지 아니한 대리인은 관리행위만을 할 수 있다(§118). 그리고 자기계약·쌍방대리의 금지(§124)도 대리권제한의 한 예이다. 대리권의 소멸은 본인의 사망대리인의 사망·금치산·파산에 의하여 소멸하는 이외에(§127), 임의대리권은 그 원인된 법률관계의 종료나 수권행위의 철회에 의하여 소멸하게 되고(§128), 법정대리권은 친권의 박탈의 경우 등 특별한 규정에 의하여 소멸한다(§924, §927). 상행위의 위임에 의한 대리권은 본인의 사망으로 인하여 소멸하지 않는다(상§50).

**대리인**(代理人)
영 ; agent, representative
독 ; Stellvertreter, Bevollmächtiger
불 ; repŕesentant

대리를 할 수 있는 지위에 있는 자를 대리인이라고 한다. 대리는 본인을 대신하여 의사표시를 하는 제도이므로 대리인은 본인의 의사를 단순히 전달하는 사자와 다르다. 대리인의 행위는 효과만이 본인에게 귀속하므로 법인의 행위 그 자체가 되는 법인의 대표와도 다르다. 대리인은 스스로 의사표시를 할 수 있는 의사능력이 있어야함은 물론이지만 행위능력은 없어도 무방하다. 왜냐하면 대리행위의 효과는 직접 본인에게 귀속하고 대리인 자신에게는 미치지 않으므로 대리인은 행위능력자임을 요하지 않는다(민§117). 즉 대리인이 제한능력자로서 대리행위를 하더라도 제한능력자의 이익이 침해될 염려는 없기 때문이다. 또한 제한능력자의 대리행위에는 법정대리인의 동의를 요하지 않는다. 따라서 대리인이 제한능력자였다는 이유만으로는 본인이나 대리인은 물론 법정대리인도 그 대리행위를 취소할 수 없다. 다만 민법은 본인의 이익을 보호하기 위하여 제한능력자가 법정대리인이 되는 것을 금지하는 특칙을 정하는 경우가 많다(예 : 민§937).

(使者) 법문에는 사자라는 용어는 쓰지 않고 있으나 법학에서는 표의자와 구별하기 위하여 사자라는 용어가 사용되고 있다. 사자는 표의자의 보조자로서 편지를 전하던가, 말하는 것을 그대로 전하는 것인데 그런 의미에서는 우편배달인이나 전보의 전신기사와 같다. 사자가 잘못하여 다른 사람에게 편지를 전달하였다면 의사표시는 당연히 도달하지 않은 것이 된다. 이에 대하여는 상대방에 대하여 의사표시의 내용을 잘못 전했을 때에는 표의자의 착오와 같이 취급된다. 이에 반하여 대리인은 표의자이므로 의사표시의 효력이 표의자의 심리적 태양(態樣)-예를 들면 착오·사기·강박·선의·악의 등-에 의하여 좌우되는 경우에도 본인이 아니고 오직 대리인을 표준으로 하여 정하여 진다.

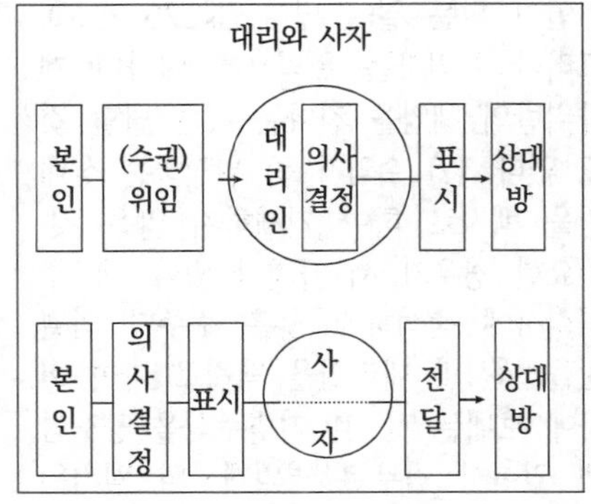


## 현명주의(顯明主義)

영 ; named principle disclosed principle
독 ; Offenheitsprinzip

대리인이 대리행위를 하는 경우에는 상대방에게 본인을 위한 것임을 표시하여야 한다(민§114①). 이것을 현명주의라고 부른다. 우리민법은 거래의 상대방을 보호하기 위하여 이 주의를 채택하고 있다. 본인을 위한 것임을 표시한다는 것은 그 행위의 법률효과를 본인에게 귀속시키려는 의사이므로 비록 대리인이 마음속으로 자기의 이익을 도모할 생각이었다고 하더라도 그것만으로 대리행위가 무효로 되는 것은 아니다. 대리인이 대리의사를 표명하지 않을 경우, 즉 현명하지 않고 행하여진 대리인의 행위는 대리행위가 될 수 없다(민§115본문). 그러나 원래 현명주의는 대리인의 입장에서 행동하는 것이라는 것을 상대방에게 알리기 위한 것이므로, 그러한 것을 상대방이 알거나 또는 알 수 있는 상태에 있으면 현명하지 않더라도 그 행위는 대리행위로서 효력을 발생한다(§115단, §114①). 현명주의의 취지는 상대방이 대리인에 대하여 의사표시를 하는 경우에도 마찬가지로 적용되어, 상대방이 대리인에게 본인을 위한 것임을 표시하지 않으면 본인에 대하여 효력을 발생하지 않는다(§114②). 상법상의 대리에는 상거래의 개성의 희박성 때문에 현명주의를 취하지 않는다. 즉 상행위의 대리에 대하여는「상행위의 대리인이 본인을 위한 것임을 표시하지 아니하여도 그 행위는 본인에 대하여 효력이 있다」고 하는 예외규정이 있다(상§48본문). 어음 행위에 있어서는 법률관계의 형식성 때문에 현명주의가 채택되고 있다(어8, 수§11). 본인을 위한 것임을 표시하는 의사표시는 명시적일 필요는 없으며 묵시적이라도 좋다(민§115단서). 수동대리의 경우에는 상대방이 대리인에 대하여 대리의사를 표시하여야 한다고 해석하여야 한다(§114②). 이 경우 대리인이 현명하여 수령하는 것이 불가능·불필요하기 때문이다.

## 관리행위(管理行爲)
불 ; actes d'administration

관리행위란 재산을 보존·이용·개량하는 행위를 말한다. 처분행위에 대한 개념이다. 부패하기 쉬운 물건을 매각하여 금전적 가치를 유지하는 것은 일종의 처분이지만 재산전체에서 보면 관리행위(보존행위)이다. (1) 보존행위 : 대리의 목적으로 되어 있는 재산의 현황을 유지하는 행위이다. 예컨대 가옥수리를 위한 도급·권리의 등기·시효의 중단 등 (2) 이용행위 : 대리의 목적인 재산의 성질을 변경하지 않는 한도에서 통상의 용법에 따라 이용하고 수익을 도모하는 행위이다. 예컨대 금전의 은행예금·가옥임대·황무지경작 등 (3) 개량행위 : 대리의 목적인 재산의 성질을 변경하지 않는 범위에서 그 사용가치 또는 교환가치를 증가하는 행위이다. 예컨대 택지조성을 위한 도급·무이자채권을 이자부로 바꾸는 행위 등. 대리권의 범위는 수권행위의 내용을 둘러싸고 다툼이 많으며 이 경우 본인과 대리인 사이의 종래의 관계와 수권행위를 하게 된 사정 등을 통하여 대리권의 범위를 확정하여야 하지만 그래도 역시 불명확한 경우가 있다. 그래서 민법은 대리권의 범위를 확정할 수 없는 대리인은 관리행위만을 할 수 있게 하였다(민§118).

## 처분행위(處分行爲)
독 ; Verfügungsgeschäft

처분행위는 두 가지로 나누어 볼 수 있다. (1) 관리행위에 대하는 관념 : 재산의 현황 또는 그 성질을 변하게 하는 사실적 처분행위(가옥의 파괴) 및 재산권의 변동을 발생하는 법률적 처분행위(가옥의 매각·주식의 入質(입질))를 총칭한다. 민법은 행위능력이나 권한을 정함에 있어서 때때로 이 관념을 사용한다(민§6, §149, §177, §619 등 참조). (2) 채무부담행위(Verflichtungsakt)에 대하는 관념 : 재산적 가치를 이전해야 할 채무를 발생함에 그치는 행위(채무부담행위)에 대하여 직접 이것을 이전하는 효과를 발생하는 행위를 가리킨다. 예컨대 매매에 있어서 목적물 이전채무·금전소유권이전을 하는 행위가 처분행위이다. 물권행위에 유사한 관념이라고 할 수 있다.

## 복대리(復代理)

영 ; sub-agency, substitution
독 ; Substitution

복대리란 대리인이 자지가 가지고 있는 대리권의 범위 내에서 특정한 자를 선임하여 그에게 권한 내의 행위의 전부 혹은 일부를 행하게 하는 것이다(민§120~§123). 대리인 자신의 이름으로 선임한 본인의 대리인이다. 복 대리의 특색은 다음과 같다. (1) 대리인은 자기의 이름으로 복대리인을 선임하는 것이며, 따라서 복대리인의 선임은 대리행위는 아니다. 법정대리인은 자기의 책임으로 언제라도 복대리인을 선임하나(§122), 임의대리인은 본인의 허락이 있거나 부득이한 사유가 있는 경우에 한하여 복대리인을 선임할 수 있다(§120). 그 반면에 임의대리인은 복대리인의 선임·감독에 대하여 과실이 있는 경우에 한하여 책임을 지는데 그친다(§121). (2) 복대리인은 대리인의 대리가 아니라 본인의 대리인이며 따라서 복대리인의 대리행위의 효과는 직접 본인에게 미친다(§123). (3) 복대리인은 대리인과의 내부관계에 의거하여 대리인의 감독에 따라야 하는 것은 당연하나 나아가서는 본인과의 사이에 대리인·본인간의 내부관계(위임·고용 등)와 동일한 관계가 생긴다(민§123②).

## 복대리인(復代理人)

독 ; Unterbevollmächtigter, Substitut
불 ; sous-représntant

대리인에 의하여 선임된 대리인을 말한다. 대리인의 대리인이 아니고, 본인의 대리인이다. 따라서 복대리인의 행위의 효과는 모두 직접 본인에 대하여 발생한다. 그러나 대리인의 감독에 복종하고 보수나 그 밖의 관계는 모두 대리인과의 사이에서 결정되며, 그 권한도 대리인의 권한을 초과할 수 없다.

## 복임권(復任權)

대리인이 복대리인을 선임할 수 있는 권능을 복임권이라고 한다. 법정대리의 경우에 언제나 복임권이 인정되나 임의대리의 경우에는 원칙적으로 인정되지 않으며 본인의 승낙이 있거나 부득이한 사유가 있을 경우에 한하여 인정하는데 불과하다(민§120). 복임권에 의거하여 복대리인을 선임한 경우에는 대리인은 그 선임·감독에 대하여 본인에게 책임을 진다(§121, §122).

## 자기계약(自己契約)

독 ; Selbstkontrahierung

법률행위의 당사자의 일방이 한편으

로는 상대방을 대리하여 자기와 계약을 체결하게 하는 것이다. 즉 자기 혼자서 본인의 대리인도 되고 계약의 나머지 일방의 당사자도 되는 것이다. 상대방대리라고도 한다. 자기계약은 본인의 이익이 침해될 위험이 있기 때문에 쌍방대리와 더불어 금지되어 있다(민§124본문). 따라서 본인의 이익을 해치지 않는 경우에는 금지되지 않는다. 민법은 그 예로서 채무의 이행을 들고 있으나(§124단), 그에 한하지 않고 주식의 명의개서·친권자의 미성년자에 대한 증여 등도 본인의 이익을 해치지 않기 때문에 금지되지 않는다. 또한 본인이 사전 또는 사후에 자기계약을 허락한 경우에는 그 계약은 물론 유효하다.

## 쌍방대리

독 ; Doppelvertretung

갑의 대리인 을이 병의 대리인도 겸하여 을 한사람이 갑과 병간의 계약을 체결하는 경우이다. 민법은 본인의 이익을 해할 우려가 있기 때문에 원칙적으로 이것을 금지한다(민§124본문). 다만 본인의 이익을 해하지 않는 경우에는 예외로 한다. 민법은 그 예로서 단순한 채무의 이행을 들고 있으나(§124단서), 그에 한하지 않고 주식의 명의개서·등기신청 등도 이에 포함시킨다. 또한 본인이 쌍방대리를 허락한 때에는 유효하며 허락이 없는 경우에도 절대무효로 되는 것이 아니고 무권대리행위로서 취급되어 그 추인이 인정된다. 그리고 법정대리인도 쌍방대리의 제약을 받으며 친권자·후견인이 본인의 이해에 상반되는 행위를 할 경우에는 별도로 특별대리인을 선임한다는 특칙이 있다(§921①). 법인의 이사가 제3자의 대리인으로서 당해 법인과 거래하는 경우에도 쌍방대리인와 유사한데 이런 경우에도 특별대리인을 선임하여야 한다는 규정이 있다(민§64). 한편, 회사의 대표기관에 대하여는 이사회의 승인 등을 요건으로 하므로 쌍방 대리의 제한규정은 적용되지 않는다(상§199, §269, §398, §564③).

> 민법 제124조는 "대리인은 본인의 허락이 없으면 본인을 위하여 자기와 법률행위를 하거나 동일한 법률행위에 관하여 당사자 쌍방을 대리하지 못한다."고 규정하고 있으므로 부동산 입찰절차에서 동일물건에 관하여 이해관계가 다른 2인 이상의 대리인이 된 경우에는 그 대리인이 한 입찰은 무효이다*(대법원 2004. 2. 13. 자 2003마44).*

## 표현대리(表見代理)

독 ; Scheivollmacht

대리권이 없음에도 불구하고 마치 대리권이 있는 것과 같은 외관을 나타내는 경우에 거래의 안전을 도모하기 위하여 본인에게 일정한 법률상의 책임을 지우는 제도이다(민§125, §126, §129). 대리권이 없는 자가 행한 대리행위는 무효이지만 대리권의 외관이 있는 경우에 본인은 그 무권대리행위에 대하여 무효를 주장할 수 없다. 이것이 표현대리이며 외형을 신뢰한 자를 보호한다는 점에서 선의취득과 동일한 원리에 입각한 제도이다. 표현대리는 다음의 세 가지 경우에 성립한다. (1) 대리권수여의 표시에 의한 표현대리 : 본인이 대리권을 수여하지 않았음에도 본인이 특정인(표현대리인)에게 대리권을 수여했다는 뜻을 제3자에게 표시한 경우이다. 이 경우 표현대리인이 표시된 대리권의 범위 내에서 제3자와 법률행위를 했을 때에는 본인에게 책임이 있다(§125 본문). 그러나 제3자가 대리권 없음을 알았거나 알 수 있었을 때에는 예외이다(§125단서). (2) 권한을 넘는 표현대리 : 대리권이 부여되었지만 대리인이 권한 외의 행위를 행한 경우이다. 이 경우에 권한이 있다고 믿을 만한 정당한 사유가 제3자에게 있을 때에는 본인에게 책임이 있다(§126). 법정대리의 경우에도 적용된다. (3) 대리권 소멸후의 표현대리 : 대리인이 대리권소멸 후에 대리행위를 하였을 경우이다. 이때에도 상대방이 선의인 경우에 상대방은 본인에게 대리의 효과를 주장할 수 있으며 본인은 선의의 제3자에게 대항하지 못한다(§129본문). 그러나 제3자가 과실로 인하여 그 사실을 알지 못한 경우에는 예외이다(§129단서). 소멸하기 전에 가지고 있던 대리권을 넘어서 대리행위를 한 경우에는 민법 제126조와 결합하여 표현대리가 성립한다. 표현대리의 효과로서 상대방은 본인에 대하여 유효한 대리행위로서의 효과를 주장할 수 있지만, 표현대리도 무권대리로서 처리할 수도 있다. 그리고 표현대리인이 본인에 대하여 일반원칙에 따른 불법행위의 책임을 짐은 물론이다.

유권대리에 있어서는 본인이 대리인에게 수여한 대리권의 효력에 의하여 법률효과가 발생하는 반면 표현대리에 있어서는 대리권이 없음에도 불구하고 법률이 특히 거래상대방 보호와 거래안전유지를 위하여 본래 무효인 무권대리행위의 효과를 본인에게 미치게 한 것으로서 표현대리가 성립된다고 하여 무권대리의 성질이 유권대리로 전환되는 것은 아니므로, 양자의 구성요건 해당사실 즉 주요사실은 다르다고 볼 수 밖에 없으니 유권대리에 관한 주장 속에 무권대리에 속하는 표현대리의 주장이 포함되어 있다고 볼 수 없다*(대법원 1983. 12. 13. 선고 83다카1489 전원합의체 판결)*.

### 일상가사대리권(日常家事代理權)
(독 ;Schlüssegewalt)

일상적인 가사에 대하여 부부 상호간에 인정되는 대리권을 말한다. 일상가사의 범위에 대해서 학설과 판례는 대립한다. 이 일상가사대리권은 원래 게르만법의 '열쇠의 기능'이란 법리에서 발달한 것이다. 그러나 오늘날은 별산제를 채택하고 있는 나라가 많아서 거래안전의 보호목적이 아닌 일상가사비용에 대한 부부의 연대책임만을 인정하고 있다. 일반적으로 인정되고 있는 학설·판례상의 일상가사의 범위는 부부공동생활에 통상 필요로 하는 필수품들, 예를 들어 쌀·부식 등 식료품의 구입, 세금, 자녀의 양육, 가구의 구입 등을 범위로 보고, 일상생활비를 초과하는 전화가입권의 매도담보, 가옥의 임대,

입원 등은 포함되지 않는다고 본다. 현행 민법은 부부평등의 원칙에 따라 부부는 일상가사에 대해 서로 대리권이 있어서(민법 827조1항), 부부의 일방이 일상가사에 관해 제3자와 법률행위를 한 때는 다른 일방이 이에 대한 책임을 같이 지게하고 있다(민법 832조).

### 공동대리(共同代理)

독 ;Gesamtvertretung, Kollektivvertretung

수인의 대리인이 공동으로만 대리할 수 있는 경우이다. 따라서 공동대리에 있어서 대리인의 한 사람이 대리행위에 참여하지 않거나 또는 한 사람의 대리인의 의사표시에 결함이 있는 때에는 그 대리행위는 유효하지 않거나 대리행위 자체에 하자있는 것이 된다. 그러므로 각 대리인에게는 공동대리가 그 대리권에 대한 제한이 된다. 그러나 수인의 대리인이 있더라도 법규나 수권계약에서 특히 공동대리로 할 것을 정하고 있지 않은 경우에는 각자는 단독으로 대리할 권한을 가지는 것이라고 해석된다. 수동대리에 있어서도 공동으로만 상대방의 의사표시를 수령하여야 하는가에 관해서는 상대방 보호와 거래안전보호라는 입장에서 이를 부정하는 견해와 공동대리가 능동대리에 한정되는 것이 아니라는 입장에서 긍정하는 견해가 대립하고 있다(상§12②). 또 수인의 대리인이 있는 경우에는 공동대리로 한다는 법률의 규정이나 수권행위의 특별한 정함이 없는 한 원칙적으로 단독대리이며 대리인 각자가 단독으로 본인을 대리한다(민§119). 공공대리의 제한에 위반하여 1인의 대리인이 단독으로 대리행위를 한 경우에는 권한을 넘는 무권대리행위가 된다.

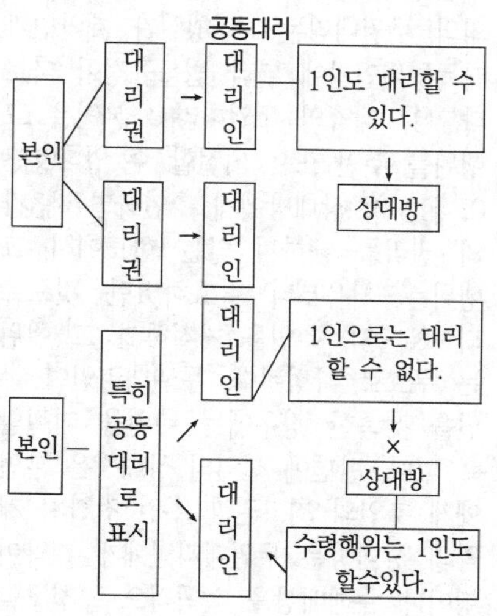


### 무권대리(無權代理)

독 ; vertretng ohne Vertretungsmacht
불 ; representation non-fondée

무권대리는 광의(廣義)로 대리권이 없는 자의 대리행위이다. 대리권이 전혀 없는 경우와 대리권의 범위를 벗어난 경우로 나눌 수 있다. 무권대리는 원래 본인이나 대리인에게 아무런 법률효과를 발생시킬 수 없으므로 무효이다. 다만, 무권대리인이 상대방에 대하여 불법행위상의 책임을 지는데 불과하다. 그러나 민법은 거래안전과 상대방보호를 위하여 무권대리인과 본인 사이에 특수한 관계가 있는 경우에는 무권대리행위에 의한 법률효과를 인정하고 본인에게 그 행위에 대하여 책임을 부담시키고 있는데 이를 표현대리라고 부른다(민§125, §126, §129). 그렇지 않을 경우에는 무권대리의 책임을 특히 무겁게 하였는데 이를 협의(狹義)의 무권대리라고 한다(민§130, §136). 협의의 무권대리는 그 행위가 계약인가 단독행위인가에 따라 법률규정이 다르다. (1) 계약의 무권대리 : 본인은 그 행위를 추인 또는 거절할 수 있다(§130, §132). 상대방에게 추인하면 제3자의 권리를 해하지 않는 한도에서 그 행위는 처음부터 유효하였던 것으로 되며(§133), 추인을 거절하면 그 행위는 무효로 확정된다. 무권대리인이 본인을 상속한 경우에는 추인을 거절할 수 없다. 반면에 선의의 상대방은 본인에게 추인의 최고권과 추인 전까지 계약의 상대방은 무권대리인에게 계약이행이나 손해배상을 선택적으로 청구할 수 있다(§135①). (2) 단독행위의 무권대리 : 유언이나 기부행위와 같이 상대방 없는 단독행위의 무권대리인 경우에는 완전히 무효이다. 그러나 상대방 있는 단독행위는 그 행위당시에 상대방이 대리인이라 칭하는 자의 무권리행위에 동의하였거나 그 대리권을 다투지 않은 때에는 계약의 경우와 동일하게 취급된다(§136 본문). 대리권 없는 자의 그 동의를 얻어 단독행위를 한 때에도 같다(§136단).

## 능동대리(能動代理)

본인을 위하여 제3자에게 의사표시를 하는 대리이다. 적극대리라고도 부른다. 예컨대 본인을 대신하여 계약의 청약을 하는 것이 능동대리이다. 이 대리행위가 본인을 위한 것임을 표시하는 것은 능동대리에서는 대리인 자신이다. 수동대리에 대한 말이다.

## 무효(無效)

영 ; invalidity, nullity
독 ; Ungültigkeit, Nichtigkeit, Unwirksamkeit
불 ; invalidité, nullité, infficacité

법률행위가 법률요건을 결하였기 때문에 당사자가 의도한 법률상의 효과가 발생하지 않는 것을 말한다. 무효는 목적으로 한 법률효과를 절대로 발생시키지 않는 점에서 추인에 의하여 유효하게 되는 취소와 다르다(민§139본문). 그러나 민법은 당사자가 그 무효를 알고 추인을 하였을 때에는 새로운 행위를 한 것으로 간주하고 장래에 있어서 유효한 것으로 한다(§139단서). 무효의 원인은 (1) 법률행위일반에 공통된 것으로 의사능력의 흠결·비진의 표시의 예외·허위표시·목적 위법·목적 불능·반사회질서행위 등이 있으며, (2) 특수한 법률행위에 한정되는 것으로 입양시 양자가 양친보다 연장자인 것(§883Ⅱ, §877①)·유언시 방법의 흠결(§1060) 등이 있다. 무효행위에 의하여 이미 이행된 경우에는 일반적으로 부당이익에 의하여 반환청구를 할 수 있다. 무효는 원칙적으로 누구에 대해서도 누구에 의해서 주장될 수 없는 것이 원칙이다(절대적 무효). 그러나 예외적으로 거래안전을 도모하기 위하여 무효의 효과를 특정한 제3자에게는 주장할 수 없도록 한 경우가 있다(§107②, §108② : 상대적 무효). 그밖에 전부무효와 일부무효로 나누어지기도 한다.

## 일부무효(一部無效)

독 ; teilweise Nichtigkeit

법률행위 가운데 일부분만이 무효로 되는 것이다. 법률행위의 일부에 관하여서만 무효원인이 있어도 전부무효로 되는 것이 원칙이지만, 그 무효부분이 없더라도 법률행위를 하였을 것이라고 인정될 때에는 그 부분만 일부무효가 되고 나머지 부분은 무효가 되지 않는다(민§137). 그러나 나머지 부분만으로써는 그 목적을 이룰 수 없는 경우에는 전부를 무효로 하게 된다.

## 유동적 무효(流動的 無效)

유동적 무효란 현재는 무효이나 추후 허가(또는 추인)에 의해 소급하여 유효한 것으로 될 수 있는 것을 말한다. 이와 대비되는 것으로, 일단 유효하지만 후에 무효로 될 수 있는 것을'유동적 유효'라고 한다. 우리 민법상 유동적 무효의 법적 근거로 들 수 있는 것은 '무권대리의 추인'에 관한 규정이다(§130 이하). 즉 대리권 없는 자가 타인의 대리인으로 한 계약은 본인이 이를 추인하기까지는 무효이나, 본인이 이를 추인하게 되면 계약시에 소급하여 그 효력이 발생하고, 그러나 추인을 거절하게 되면 본인에게 무효인 것으로 확정되는 점에서 그러하다.

대법원은 1991년에 처음으로 국토이용관리법의 적용과 관련하여 유동적 무효의 법리를 처음으로 도입하였다. 즉 동법은 규제지역에 속한 토지에 대한 거래시에는 허가를 받아야 하고, 이 허가를 받지 않고 체결한 계약은 무효로 하는데(동법 §21의3), 여기서 그 허가를 받기 전의 매매계약의 성격이 문제가 된 사안에서 "국토이용관리법상 허가를 받을 것을 전제로 하여 체결된 계약은 확정적으로 무효가 아니라, 허가를 받기까지 유동적 무효의 상태에 있고, 그 후 허가를 받게 되면 그 계약은 소급해서 유효한 것으로 되고, 허가 후에 새로이 거래 계약을 체결할 필요는 없다. 그러나 불허가가 된 때에는 무효로 확정된다."고 하였다[대판(전원합의체) 1991. 12. 24. 90다12243)].

## 무효행위의 전환(無效行爲의 轉換)

독 ; Konversion Umvwandlung

무효인 법률행위가 다른 법률행위의 요건을 갖추고 있을 경우에 당사자가 무효를 알았더라면 그 다른 법률행위를 하는 것을 의욕 하였으리라 인정될 경우에 그 다른 법률행위로서의 효력을 발생시키는 것을 말한다(민§138). 예컨대 발행어음의 법정요건이 흠결되어 있거나 비밀증서유언으로서 무효인 유언을 각각 내용이나 방식을 보충하여 차용증서나 자필증서유언으로 효력을 인정하는 것이다. 무효행위의 전환은 당사자의 의도를 최대한 충족시키면서 사적 자치의 원칙에 기초하고 있는 것이므로 공서양속에 반하는 무효인 경우와 같이 사인(私人)의 의사가 제약되는 행위까지 전환이 인정되는 것은 아니다.

## 취소(取消)

독 ; Anfechtung 불 ; rescision

일단 유효하게 성립한 법률행위의 효

력을 일정한 이유에서 후에 행위시로 소급하여 소멸케 하는 특정인(취소권자)의 의사표시를 말한다. 원래 취소라 함은 법률행위 당사자가 제한능력자인 경우(민§5②, §10, §13)·의사표시의 착오(§109①)·사기나 강박(§110②)을 이유로 하여 그 법률행위의 효력을 소급적으로 무효로 하는 것이며 민법 제140조 내지 제146조에서 일반적으로 규정한 취소는 이러한 의미이다. 그런데 민법은 원래무효인 것의 무효를 주장하는 의사표시(중혼의 취소 : §818, §810), 완전히 유효하게 성립한 행위의 효과를 소멸시키는 철회(미성년자에 대한 영업허락의 취소 : §7·상속의 승인이나 포기의 취소 : §1024)를 취소라고 하고 있으나 이는 본래의미의 취소가 아니며 따라서 민법 제140조 내지 제146조의 적용이 제한된다. 또한 가족법상의 행위(신분행위)의 취소(혼인·입양의 취소 : §816, §823, §884, §897)는 특수한 취소로서 일반적 취소와 구별되어 역시 민법 제140조 내지 제146조의 적용이 제한된다. 취소할 수 있는 행위도 취소가 있기 전까지는 그 행위를 유효한 것으로 다루어야 한다. 또한 추인을 하여 취소권이 포기되거나(민§143), 제소기간의 경과로 취소권이 소멸되어(§146), 그 행위는 완전히 유효한 것으로 확정된다. 이 점이 무효인 행위와 전혀 다른 것이다.

그러나 취소되면 그 법률행위는 처음부터 무효이었던 것으로 되고(민§141 본문), 당사자간에 일단 발생한 권리·의무는 처음부터 발생하지 않았던 것으로 된다. 취소권자는 제한능력자·착오 사기 및 강박에 의해서 의사표시를 한 자, 이러한 자들의 대리인 혹은 승계인이다(§140). 취소의 방법은 그 법률행위를 취소한다는 의사를 표시하면 되며(단독행위), 그밖에 아무런 형식도 필요로 하지 않는 것이 원칙이다. 다만 상대방이 확정되어 있으면 상대방에 대한 의사표시로써 하여야 한다(§142). 이밖에 재판상의 소로써 취소의 청구를 하지 않으면 안되는 것이 있다. 예를 들면 사해행위(§406), 가족법상의 행위(신분행위, §816, §825, §884, §897), 회사설립(상§184, §269, §552), 주식총회결의(상§376~§379) 등의 특수한 취소에는 재판상의 취소가 요구된다. 취소의 효과는 그 행위가 처음부터 무효였던 것으로 취급된다. 그러나 혼인·입양의 취소(민§824, §897) 등의 소급효는 제한된다. 또한 취소의 효과는 절대적인 것이 원칙이지만 사기나 강박에 의한 의사표시의 취소가 선의의 제3자에게 대항할 수 없는 것과 같이 상대적인 때도 있다(민§110③). 취소할 수 있는 권리는 추인을 할 수 있는 때로부터 3년, 법률행위를 한 때로부터 10년이 달하면 소멸한다(민§146).

무효와 취소(비교)

| 무 효 | 취 소 |
|---|---|
| 효력없는 것으로 되는 것에 특정인의 주장이 필요없이 당연히 효력없음. | 특정인의 주장이 (취소행위)있어야 효력이 없음. |
| 모든 자는 처음부터 효력없는 것으로 취급됨 | 취소없는 동안은 효력있는 것으로 취급됨. |
| 그대로 두어도 효력이 없는 것이 변함없음. | 그대로 두면 무효로 할 수 없게 됨. |

### 소급효(遡及效)
독 ; Rückwirkung
불 ; ŕetroactivite, effet ŕetroactif

법률행위 및 그 밖의 법률요건의 효력이 그 성립 이전으로 거슬러 올라가서 형성되는 것이다. 법률은 법률불소급의 원칙에 따라 소급효를 인정하지 않는 것이 원칙이다. 그러나 특정한 규정이 있는 경우에 한하여 인정된다. 예컨대 실종선고의 취소(민§29), 법률행위취소(§141, §406), 추인(§133), 소멸시효(§167, §147), 계약해제(§548), 상속재산의 분할(§1015) 등이 있다. 소급효가 인정되는 경우에는 원상회복의 권리·의무가 발생하는 것이 많다. 다만 반환의무가 현존하는 이익으로 제한되는 경우도 있다. 즉 무능력자는 그 행위로 인하여 받은 이익이 현존하는 한도에서 상환할 책임이 있다(§141단). 계속적 계약관계에서는 소급효가 인정되지 않는다. 혼인이나 입양의 취소에도 소급효는 인정되지 않는다(§824, §897). 법률을 시행할 때에도 예외적으로 소급효가 인정되는 경우가 있다.

### 철회(撤回)
영 ; revocation　　독 ; Widerruf

아직 종국적으로 법률효과를 발생하고 있지 아니한 의사표시를 그대로 장래에 효과가 발생하지 않게 하거나 일단 발생한 의사표시의 효력을 장래를 향하여 소멸시키는 표의자(表意者)의 일방적인 의사표시이다. 민법상으로는 철회도 취소라고 부른다. 그러나 취소는 일단 의사표시의 효과가 발생한 다음에 그 효과를 소급적으로 소멸시키는 것인데 대하여 철회는 다만 장래에 향하여서만 그 효과를 상실시키는 점에서 양자가 서로 다르다. 예를 들면 법정대리인은 미성년자에게 준 영업의 허가를 취소할 수 있는데(민§8②) 이는 이미 발생한 효력을 향해 저지시킨다는 의미이므로 철회이다. 또한 유언자는 언제든지 유언 또는 생전행위로써 유언의 전부나 일부를 철회할 수 있다(§1108①). 철회가 허용되지 않는 경우에도 그 의사표시에 관하여 취소원인이 있을 때에는 취소할 수 있다(§1024②).

### 추인(追認)
영 ; ratihabitio, confirmatio
독 ; Genehmigung, Bestätigung
불 ; ratification, confirmation

불완전한 법률행위를 사후에 이르러 보충하여 완전하게 하는 일방적인 의사표시이다. 세 가지의 경우가 있다. (1) 취소할 수 있는 행위의 추인(민§143) : 취소할 수 있는 행위에 의하여 발생한 불확정한 효력을 취소할 수 없는 것으로 확정하는 단독행위이다. 이론상으로는 취소권의 포기란 의미이다. 따라서 취소할 수 있는 불안정한 상태의 행위는 이후에 취소할 수 없게 되고 법률관계는 유효한 것으로 확정된다(§143①). 추인을 할 수 있는 자는 취소권자이다(§140). 그리고 추인의 방법은 취소와 같다. 취소할 수 있는 행위에 대하여 일정한 사유가 발생한 때에는 추인한 것으로 보며(법정추인 : §145), 소급효가 있다. (2) 무권대리행위의 추인(§130, §133) : 무권대리행위가 대리권 있는 행위와 같은 효력을 발생시키도록 하는 단독행위이다. 즉 무권대리행위는 본인이 추인함으로써 처음부터 유권대리였던 것과 마찬가지의 법률효과가 발생한다. 무권대리행위의 추인은 무효인 행위를 유효로 하는 성질을 가진다는 점에서 취소할 수 있는 행위의 추인과 다르다. 소급효가 인정된다. (3) 무효행위의 추인 : 무효인 행위는 추인하여도 유효하게 되지 않는다. 그러나 무효원인이 없어진 후에 당사자가 그 법률행위가 무효인 것을 알고 이를 추인한 경우에 민법은 당사자의 의사를 추측하여 비소급적 추인을 인정하고 있다. 이것은 편의상 새로운 행위를 한 것으로 본다. 따라서 새로운 행위를 하는 경우와 동일한 요건을 갖추어야 하며, 요식행위는 새로운 형식을 갖추어야 한다.

## 법정추인(法定追認)

취소할 수 있는 행위에 관하여 사회 사람들이 일반적으로 추인이라고 인정할 만한 행위가 행해졌을 경우 취소권자의 실제의 의사와는 아무런 관계도 없이 추인과 동일한 효과를 발생시키는 것을 말한다. 이것을 법정추인이라고 한다(민§145). 예컨대 미성년자가 행한 매매계약에 대하여 법정대리인인 친권자가 대금을 지급하거나 물품의 인도를 청구하거나 담보를 설정한 것과 같은 경우에는 취소권자(위의 예에서는 친권자)의 의사여하를 불문하고 추인과 동일한 효과가 생기며 취소할 수 있는 행위의 효과는 확정되는 것이다. 즉 이후에 (1) 그 의무의 전부 또는 일부를 이행하거나 이행의 청구를 한 때, (2) 경개계약(更改契約)을 하거나 담보를 제공한 때, (3) 그 행위로부터 얻은 권리를 양도한 때, 그리고 (4) 강제집행을 한 때에는 특별한 이의가 없는 한 추인한 것으로 보게 된다.

## 조건(條件)

라 ; comdicio 영 ; condition
독 ; Bedingung 불 ; condition

법률행위의 효력의 발생이나 소멸을 장래의 불확실한 사실의 성부(成否)에 걸리게 하는 경우에이사실을 조건이라고 한다. 예컨대 시험에 「합격하면」이라는 것처럼 법률행위의 효력의 발생에 관한 것인 때에는 정지조건이라고 하며, 반대로 「불합격하면」학비를 대주지 않겠다고 하는 것처럼 법률행위의 소멸에 관한 것인 때에는 해제조건이라고 한다. 조건은 그 성부가 불확실한 점에서 기한과 동일한 법률행위의 부관(附款)이기는 하지만 장래에 반드시 도달하는 기한과 다르다. 특수한 조건으로 불법조건·불능조건·수의조건·법정조건·기성조건 등이 있으나 뒤의 두 가지는 진정한 조건이 아니다. 법률행위에 조건을 붙이는 것은 자유이지만 혼인·입양·어음행위(어§12①)와 같이 확실한 효과를 발생시킬 필요가 있는 행위에는 조건을 붙일 수 없다. 또한 해제라든가 취소와 같은 단독행위에 조건을 붙이는 것은 상대방에게 불리하게 되므로 조건을 붙일 수 없다. 조건부법률행위의 효력이 발생하거나 소멸하는 것은 조건이 성취한 때부터이다. 그러한 조건의 성취에 의하여 불이익을 받는 당사자가 고의로 그 조건의 성취를 방해하였을 경우에는 상대방은 그 조건이 성취된 것으로 주장할 수 있다(민§150①). 반대로 조건의 성취에 의하여 이익을 받을 자가 고의로 신의성실의 원칙에 반하여 조건을 성취하였을 때에는 상대방은 조건불성취를 주장할 수 있다(§150②).

> <u>조건은 법률행위의 효력의 발생 또는 소멸을 장래의 불확실한 사실의 성부에 의존케 하는 법률행위의 부관</u>으로서 당해 법률행위를 구성하는 의사표시의 일체적인 내용을 이루는 것이므로, 의사표시의 일반원칙에 따라 조건을 붙이고자 하는 의사 즉 <u>조건의사와 그 표시가 필요</u>하며, 조건의사가 있더라도 그것이 외부에 표시되지 않으면 법률행위의 동기에 불과할 뿐이고 그것만으로는 법률행위의 부관으로서의 조건이 되는 것은 아니다*(대법원 2003. 5. 13. 선고 2003다10797)*.

## 정지조건(停止條件)

라 ; condicio suspensiva
영 ; condition precedent
독 ; aufschiebende Bedingung
불 ; condition suspensive

법률행위의 효력의 발생을 장래의 불확실한 사실에 유보해 두는 조건으로, 조건이 성취될 때까지 법률행위의 효력의 발생을 정지시킨다. 예를 들면 「혼인하면 이 집을 준다」고 하는 계약의 「혼인하면」이라는 것이 정지조건이다. 장래에 발생할지도 모르는 사실(위의 예에서 「혼인하면」)에, 법률행위를 한 위의 예에서 증여계약)효력을 발생케 하는 것을 말한다. 정지조건의 성취(혼인)에 의하여 법률행위는 그때부터 효력이 생기느냐 하는 것은 당사자의 특약에 따르게 되나 특약이 없으면 소급하지 아니한다(민§147③).

## 해제조건(解除條件)

라 ; condicio resolutiva
영 ; conditio subsequent
독 ; auflösende Bedingung
불 ; condition résolutoire

법률행위의 효력의 소멸을 장래의 불확실한 사실의 발생에 둔 조건이다. 예를 들면 「낙제하면 급비를 중단하겠다」고 하는 계약의 「낙제하면」이라고 하는 것이 해제조건이다. 장래에 발생할지도 모르는 사실(위의 예에서 「낙제하면」)에 이미 생긴 법률행위 (위의 예에서 급비계약)의 효력을 소멸케 하는 것을 말한다. 해제조건의 성취에 의하여 법률행위는 그때부터 효력을 잃게 되느냐 또는 소급하여 효력을 잃게 되느냐 하는 것은 당사자의 특약에 따르게 되나 특약이 없으면 소급하지 않는다(민§146③).

## 조건부법률행위(條件附法律行爲)

장래의 불확실한 사실의 성부에 효력의 발생(정지조건) 또는 소멸(해제조건)의 효과가 생기는 법률행위를 말한다. 그 효력은 조건의 성취 전과 성취 후에 따라 각각 다르다.

### 정지조건부법률행위
(停止條件附法律行爲)

장래의 불확실한 사실의 발생에 효력의 발생 여부가 결정되는 법률행위이다. 조건성취에 의하여 이익을 받는 자는 기대권을 가지며 이 기대권은 보호된다. 따라서 불능한 정지조건을 붙인 법률행위는 무효이다(민§151①). 정지조건의 성취의 효력은 원칙적으로 소급하지 않지만, 당사자의 특약으로써 소급시킬 수 있다(민§147③).

### 해제조건부법률행위
(解除條件附法律行爲)

해제조건이 붙은 법률행위이다. 해제조건이 성취되면 그 법률행위의 효력은 당연히 소멸한다(민§147②). 성취가 불능한 해제조건을 붙인 법률행위는 무조건이며, 그 법률행위는 유효이다. 불법한 해제조건을 붙인 법률행위는 그 자체가 무효이다(§151).

### 가장조건(假裝條件)

외관상으로는 조건같이 보이지만 사실상으로는 조건이 아닌 것이다. 이에는 (1) 기성조건(旣成條件), (2) 불법조건 (3) 불능조건, (4) 법정조건 등이 있다.

### 기성조건(旣成條件)
라 ; conditio in praesns vel n praeteritum collata

그 조건의 성부(成否)가 법률행위 당시에 이미 확정되어 있는 조건이다. 이러한 기성조건이 이미 성취되고 있는 경우에는 그것이 정지조건이라면 법률행위는 조건 없는 법률행위가 되며, 해제조건이라면 그 법률행위는 무효가 된다. 그러나 반대로 조건이 이미 불성취로 확정하여 있는 경우에는 그것이 정지조건이면 무효이며 해제조건이면 조건 없는 법률행위가 된다(민§151②, ③). 기성조건은 진정한 의미에서의 조건이라고 할 수 없다.

### 불법조건(不法條件)

조건이 붙여짐으로 인하여 행위의 전체가 위법성을 가지게 되어 선량한 풍속 기타 사회질서에 위반하는 것일 때에 이를 불법조건이라 한다. 예컨대 갑을 죽이면 백만원을 준다고 하는 것과 같은 경우이다. 조건인 사실자체가 불법한 것이 많은데 반드시 그렇다고 만은 볼 수 없다. 살인을 하지 않을 것을 조건으로 백만원을 준다고 하는 계약은 그 조건인 사실 자체만을 보면 아무런 불법이 되지 않으나 당연히 해서는 안될 비행을 특히 하지 않을 것을 조건으로 하여 돈을 주기 때문에 법률행위 전체로서 위법성을 띠게 되는 것이다. 이러한 조건부법률행위는 무효이다(민§151①).

### 불능조건(不能條件)

조건의 성취가 사실상·법률상·불가능한 조건이다. 예를 들면 물위를 걸으면 시계를 주겠다라는 것과 같이 사회통념상 그 현실이 불가능한 사실을 조건으로 하는 것이다. 불능조건을 정지조건으로 하는 법률행위는 법률행위전체가 무효이다. 기대권으로서의 가치를 가지지 않기 때문이다(민§151③). 또 불능조건을 해제조건으로 하는 법률행위는 조건 없는 법률행위가 된다(§151③). 불능의 해제조건만이 무효가 되기 때문에 일부무효가 된다.

### 법정조건(法定條件)

라 ; condicio iuris
독 ; Rechtsbedingung
불 ; condition de droit

법률이 법률요건으로 정하고 있는 사실을 법정조건이라고 한다. 즉 어떤 법률행위가 효력을 발생하기 위하여 필요한 조건을 미리 법률로써 규정하는 것이다. 예컨대 이행지체로 인한 계약의 해제를 위해서는 우선 최고를 하고 최고기간 내에 이행하지 않는 경우 해제권이 발생하는데(민§544), 최고기간내의 불이행이 해제권발생의 요건인데 이것을 법정조건이라고 한다. 본래 조건은 당사자가 법률행위의 내용으로서 임의로 정하는 것이므로 이것은 진정한 의미에서 조건으로 볼 수 없다. 따라서 최고기간 내에 불이행할 때에는 이를 해제한다라고 하는 의사표시는 조건부 해제의 법률행위라고 볼 수 없다.

### 수의조건(隨意條件)

라 ; condicio potestativa
독 ; Potestativbedingung
불 ; condition potestative

조건의 성부가 당사자의 일방적 의사만에 관계되는 것을 수의조건이라 한다. 이에 반하여「내일 비가 온다면」과 같이 조건의 성부가 당사자의 의사로는 어떻게 할 수 없는 사실에 관계되게 하는 조건을 비수의조건(非隨意條件)·우성조건(偶成條件)이라고 한다. 수의조건 가운데는「마음이 내키면 시계를 주겠다」고 하는 것과 같이 조건의 성부가 단순히 당사자의 자의에 매여 있는 순수수의조건과 「여행할 때는 너를 동반하겠다」고 하는 것과 같이 어떤 사실적 상태의 성부를 당사자가 임의로 결정하여 이것을 조건으로 하는 단순수의조건이 있다. 수의조건을 정지조건으로 하는 법률행위는 법률행위 전체가 무효이다. 기대권으로 파악할 필요가 없기 때문이다. 반면에 수의조건을 해제조건으로 하는 법률행위는 조건 없는 법률행위로서 해제조건만이 무효로 되어 일부무효가 된다.

### 조건부권리(條件附權利)

조건의 성부가 미정인 동안에 당사자 일방은 조건의 성취로 일정한 이익을 얻게 될 「기대」를 가지게 된다. 이 권리를 조건부권리라고 하며 이른바 기대권 또는 희망권의 일종이다. 민법은 이를 권리로서 보호하고, 조건부의무를 지는 상대방이 조건부권리자의 이익을 해치는 것을 금지함과 동시에 조건부 권리의무를 일반규정에 따라서 처분·보존·담보하는 것을 인정하였다(민§148, §149). 재산의 청산인 경우에는 조건부권리의 평가에 관하여 특칙이 있다(민§1035, 상§259④).

## 조건부채권(條件附債權)

채권관계의 발생이나 소멸이 조건의 성부에 달려 있는 채권이다(파§18, §238). 아직까지 성립하고 있지 않지만 장래 성립할지도 모른다는 기대가 걸려있는 채권(정지조건부채권)과 현재에 성립하고 있지만 장래 소멸될지도 모른다는 기대를 가지고 있는 채권(해제조건부채권)이 있다.

## 기한(期限)

라 ; dies
독 ; Termin, Zeitbestmmung 불 ; terme

법률행위효력의 발생·소멸 또는 채무의 이행을 장래 발생할 것이 확실한 사실에 의존하게 하는 법률행위의 부관이다(민§152~§154). 조건은 그 성취여부가 불확실한데 반하여 기한은 발생사실이 확실하다. 예를 들면 「비가 오면」은 언젠가는 비가 올 것이므로 기한이지만, 「10월 이내에 비가 오면」은 불확실하므로 조건이다. 기한은 도래시기가 언제인지 확실한 확정기한과 언제 도래할지 확실하지 않은 불확정기한의 두 가지가 있다. 「내년 2월 1일」은 확정기한이며, 「갑이 사망하는 날」은 불확정기한이 된다. 그리고 법률행위의 효력의 발생 또는 채무의 이행에 관한 기한을 시기라 하고, 법률행위의 효력소멸에 관한 기한을 종기(終期)라 한다(§152). 「내년 2월 1일부터 생활비를 지급하겠다」고 할 때에는 내년 2월 1일은 시기가 되지만, 「갑이 사망할 때까지 생활비를 지급하겠다」고 약속하였을 때 갑의 사망이라는 사실은 종기가 된다.

## 불확정기한(不確定期限)

독, ungewisse Zeitbestimmung
불, terme incertain)

기한으로 도래할 사실의 발생시기가 불확정한 기한을 말한다. 기한으로 도래할 사실은 장래 발생할 것이 객관적으로 확정되어야 하지만, 그 발생시기는 반드시 확정될 필요가 없다. 예컨대 '매년 1월 1일', '오늘부터 3개월 후'와 같이 발생할 시기가 달력 위에 처음부터 확정되어 있는 것을 확정기한이라 하고, '내가 죽은 때', '비가 온 때'와 같이 발생할 시기가 불확정한 기한을 불확정기한이라고 한다. 불확정기한도 도래할 것이 확정되어 있다는 점에서 성부 자체가 미확정인 조건과 다르다. 예컨대 '어떤 사람이 죽는다면'과 같은 것은 장래에 발생할 것이 객관적으로 확정되어 있는 사실을 조건으로 한 경우이지만, 그 본질은 조건이 아니라 불확정기한이다. 그러나 '어떤 사람이 올해 안에 죽는다면'과 같은 경우는 올해 안에 죽는다는 것이 불확정하기 때문에 진정한 조건이다. 불확정기한과 조건의 구별은 개념상으로는 명백하지만 구체적인 경우, 즉 채권계약에서 장래 발생할 것이 불확정한 사실이 발생한 때에 이행할 뜻을 약정한 경우에 이를 채무의 발생을 정지조건으로 할 것인가 또는 채무는 확정적으로 발생하고, 그 이행을 불확정기한으로 볼 것인가를 결정하는 것이 사실상 곤란한 경우가 많다. 이 경우 의사해석에 의해 결정할 문제이고, 당사자 사이에 장래 반드시 지급할 의사가 있는 때는 불확정기한이며, 당해 사실의 불발생의 경우에 채무를 면한다는 의사가 있을 때는 조건이다.

> 부관이 붙은 법률행위에 있어서 부관에 표시된 사실이 발생하지 아니하면 채무를 이행하지 아니하여도 된다고 보는 것이 상당한 경우에는 조건으로 보아야 하고, 표시된 사실이 발생한 때에는 물론이고 반대로 발생하지 아니하는 것이 확정된 때에도 그 채무를 이행하여야 한다고 보는 것이 상당한 경우에는 표시된 사실의 발생 여부가 확정되는 것을 불확정기한으로 정한 것으로 보아야 한다*(대법원 2003. 8. 19. 선고 2003다24215)*.

## 기한부법률행위(期限附法律行爲)

기한을 붙인 법률행위를 말한다. 즉 법률행위의 당사자가 그 효력의 발생·소멸 또는 채무의 이행을 장래에 발생하는 것이 확실한 사실에 의존하게 하는 부관이 붙은 법률행위이다. 기한을 붙이는가의 여부는 원칙적으로 행위자의 자유이지만 기한을 붙일 수 없는 법률행위도 있다. 예를 들면 혼인이나 입양에는 기한을 붙일 수 없으며, 취소·추인·상계 등은 시기를 붙일 수 없다. 기한부법률행위는 기한의 도래 전에는 당사자는 기대권과 기한의 이익을 가지며 기한이 도래하면 종기부의 경우는 그 효력을 잃고 시기부의 경우는 그 효력이 발생한다(민§152). 기한은 도래하는 것이 결정되어 있으므로 조건부법률행위와 같이 미확정한 상태가 발생하지 않는다.

## 기한이익(期限利益)

기한이익이란 법률행위에 기한이 붙음으로써 당사자가 얻는 이익을 말한다. 기한이익은 채무자측에 있다고 추정된다(민§153①). 그러나 무상임치와 같이 채권자 측에만 있는 것과 이자부 소비대차와 같이 채무자와 채권자 쌍방에 있는 것이 있다. 기한의 이익은 포기할 수 있으나 이자가 붙은 차금(借金)을 기한전에 변제할 경우는 대주(貸主)의 손해를 배상하지 않으면 안된다(§153②). 즉 기한의 이익이 상대방에게도 있는 경우에는 일방적으로 포기함으로써 상대방의 이익을 해하지 못한다(§153②단). 그리고 기한의 이익을 가진 채무자에 대하여 그 신용이 위험하게 될 일정한 사정 즉 채무자의 파산, 담보의 소멸·감소·담보제공의무의 불이행 등 그 신용을 잃는 사실이 있었을 때는 의무자는 기한의 이익이 박탈된다(§154, §148, §149).

## 시기·종기(始期·終期)

법률행위의 효력이 발생하는 시기 및 채무를 이행하는 시기를 시기라 하고, 법률효과가 소멸하는 시기를 종기(終期)라고 한다. 민법상의 기한에는 시기와 종기가 있는 바, 시기는 기한의 도래로 인하여 법률효과가 발생하며 종기는 기한의 도래로 인하여 소멸한다. 졸업할 때까지 매년 10만원씩 지급한다는 약속에서「졸업의 시기」는 채무의 종기에 해당한다.

## 기간(期間)

독 ; Frist 불 ; délai

일정한 시점에서 다른 시점까지의 시간적인 간격을 의미한다. 시간은 지금부터 1년·1주간·1시간과 같이 시간의 경과를 내용으로 하므로 일정한 시점을 나타내는 기일과는 다르다. 기간은 시효나 연령과 같이 법률상 여러 가지 효과가 주어지므로 민법에 일반적인 계산방법을 정하고 법령·재판상의 처분 또는 법률행위에 특별한 규정이 없는 경우에는 이에 따르도록 하고 있다(민§155). 그 계산방법에는 두 가지 방법이 있다. (1) 자연법적 계산방법 : 시간을 시·분·초로 정한 때에는 그 시점부터 기산하여 정해진 시점까지 사실 그대로 계산하는 방법이다(§156). (2) 역법적 계산방법 : 일(日)이상을 단위로 정한 경우에는 초일은 산입하지 않고 다음 날부터 계산하며 또 월 또는 년으로 단위를 정한 때는 일(日)로 환산하지 않고 력(曆)에 따라 계산하는 방법이다(§157, §160). 그러므로 주·월·년의 처음부터 기산하지 않을 때는 최후의 주·월·년에서 기산일에 해당하는 날의 전일을 만기로 한다. 예컨대 3월 20일에 지금부터 2개월이라고 하면 3월 21일부터 기산하여 5월 20일에 만료된다. 기간의 말일이 토요일 또는 공휴일에 해당하는 때에는 기간은 그 다음날로 만료일이 된다(§161). 위와 같은 기간계산의 원칙에는 예외가 있는데, 연령계산에 있어서는 초일을 산입하도록 되어 있으며(§158) 가족법상 신고기간은 신고사건발생일부터 기산하게 되어 있다. 재판의 확정일로부터 기간을 기산하여야 할 경우에 재판이 송달 또는 교부전에 확정된 때에는 그 송달 또는 교부된 날로부터 기산한다.

## 종기(終期)

독 ; Endtermin
불 ; terme final, terme extinctif)

시기에 상대되는 개념으로, 그 도래로써 법률행위의 효력이 소멸되는 기한(민법 150조2항)을 말한다.

## 기간의 기산점(期間의 起算點)

기간계산의 처음이 되는 시점이다. 만료점에 대한다. 민법은 기간이 시·분·초를 단위로 하는 기간의 계산은 즉시를 기산점으로 하며(자연법적 계산방법 민§156), 일·주·월·년을 단위로 하는 기간의 기산점은 기간이 오전 0시로부터 시작하는 외에는 초일을 산입하지 않고 다음날로부터 기산한다(역법적 계산방법 민§157). 그러나 역법적 계산방법에 관하여는 법령에 의하여 초일을 산입하는 것이 적지 않다(민§158, 형§84①, §85, 형소§66①단). 즉 기간이 오전 0시로부터 시작된 때에는 예외이며 연령계산에는 출산일을 산입한다. 가족법상 신고기간은 신고사건발생일부터 기산하게 되어 있다.

## 기간의 만료점(期間의 滿了點)

기간계산이 끝나는 시점이다. 기산점에 대한다. 기간이 시·분·초를 단위로 할 때에는 정해진 시·분·초의 종료를 만료점으로 하고(자연법적 계산방법), 일·주·월·년을 단위로 하는 경우에는 말일의 종료를 만료점으로 한다(역법적 계산방법). 말일의 종료라 함은 말일의 오후 12시가 경과함을 말한다(민§159). 일의 경우에는 당해 말일을 만료점으로 하고 주·월·년의 경우에는 력(曆)에 따라 계산한다. 주, 월 또는 연의 처음으로부터 기간을 기산하지 아니하는 때에는 최후의 주, 월 또는 연에서 그 기산일에 해당한 날의 전일로 기간이 만료한다. 월 또는 년으로 정한 경우에 최종의 월에 해당일이 없는 때에는 그 월의 말일로 기간이 만료한다(§160). 말일이 토요일 또는 공휴일에 해당할 때에는 그 익일에 종료한다(§161).

## 역법적 계산법(曆法的 計算法)

라 ; computatio civil

기간을 역법상의 단위 즉 일·주·월·년에 따라 계산하는 방법이다. 자연적 계산방법에 대립한다. 자연적 계산방법에 비하여 정밀하지는 않지만, 장기의 계산에 편리한 방법이다. 민법은 기간이 일 이상의 단위로 정해질 때에는 역법적 계산방법에 따르도록 규정하고 있다(민§157~§161).

## 연령(年齡)

연령은 책력(冊曆)에 따라서 계산하는데(민§160), 초일을 산입치 않는 민법상 기간의 일반적 계산방법과는 달리 초일, 즉 출생일부터 기산한다. 따라서 가령 4월 1일 출생한 자는 여섯 번째의 생일날 전일인 3월 31일이 만료함으로써 만 6세가 된다. 그 밖에 일정한 연령에 이르면 공법상·사법상의 자격·능력을 취득하는 요건이 되는 일이 많다(선거권·행위능력의 취득 따위).

## 시효(時效)

라 ; usucapio, praescriptio
독 ; Verjährung
불 ; prescription

일정한 사실 상태가 일정기간 계속되어 온 경우에 그 사실상태가 진정한 권리관계와 합치하는지 여부를 묻지 않고 법률상 사실상태에 대응하는 법률효과를 인정하여 주는 제도이다. 즉 일정한 사실상태가 일정한 기간동안 계속함으로써 법률상으로 권리의 취득 또는 권리의 소멸이 일어나게 하는 법률요건을 시효라 한다. 시효에는 타인의 물건을 오랫동안 점유함으로써 권리를 취득하게 되는 취득시효와 장기간 권리를 행사하지 않음으로써 권리가 소멸되는 소멸시효가 있다. 민법은 소멸시효에 관하여는 총칙편의 마지막 장에(민§162~§184), 취득시효에 관하여는 물권법에 소유권취득의 원인으로서 규정하고 있다(§245~§248). 이와 같은 시효제도를 두고 있는 근거는 (1) 일정한 사실의 영속상태를 기초로 하여 형성된 여러 가지 법률관계가 오랜 뒤에 진정한 권리자가 나타나서 이 사실상태를 뒤엎어버리게 되면 사회질서가 혼란에 빠진다는 점, (2) 영속한 사실상태가 과연 진정한 권리관계와 합치하는가 여부는 결국 소송에 의하여 가려지게 되는데 그 동안 증거자료의

散逸(산일)·멸실 등 擧證(거증)의 곤란이 따른다는 점, (3) 권리를 가지고 있는 자는 오래도록 방치하고 권리행사를 하지 않는 것은「권리위에 잠자는 자는 보호할 필요가 없다」(Lex vigilantibus, non dormientibu-s, subvent)는 원리에서 보호의 가치가 없다는 점을 든다. 또 시효의 효과는 기산일로 소급하므로(민§167) 취득시효에서는 처음 점유를 하거나 권리행사를 한 때로부터 권리자였던 것이 되고, 소멸시효에서는 권리를 행사 할 수 있었던 때부터 소멸한 것이 된다. 시효의 완성을 방해하는 사유로는 시효의 중단과 정지가 있으며 이미 완성한 시효의 이익을 받지 않겠다는 의사표시, 즉 시효의 포기가 인정되고 있다(민§184).

<u>시효제도의 존재이유는 영속된 사실상태를 존중하고 권리 위에 잠자는 자를 보호하지 않는다는 데에 있고 특히 소멸시효에 있어서는 후자의 의미가 강</u>하므로, 권리자가 재판상 그 권리를 주장하여 권리 위에 잠자는 것이 아님을 표명한 때에는 시효중단사유가 되는바, 이러한 시효중단사유로서의 재판상의 청구에는 그 권리 자체의 이행청구나 확인청구를 하는 경우만이 아니라, 그 권리가 발생한 기본적 법률관계에 관한 확인청구를 하는 경우에도 그 법률관계의 확인청구가 이로부터 발생한 권리의 실현수단이 될 수 있어 권리 위에 잠자는 것이 아님을 표명한 것으로 볼 수 있을 때에는 그 기본적 법률관계에 관한 확인청구도 이에 포함된다고 보는 것이 타당하다*(대법원 1992. 3. 31. 선고 91다32053 전원합의체 판결).*

## 시효의 정지*(時效의 停止)*

독 : Hemmung der Verjährung

시효기간의 만료시에 즈음하여 권리자에게 시효를 중단하는 것이 곤란한 사정이 있는 경우에 일정기간에 한하여 시효의 완성을 유예하는 것을 말한다. 이는 권리의 불행사가 권리자의 태만에 의한 것이라 할 수 없는 경우에 이를 보호하려는 하는 제도이다. 정지는 중단과 달리 이미 경과한 시효기간은 무효로 하지 않는다. 시효의 정지사유로는 다음과 같은 것이 있다. (1)시효기간 만료 전 6월내에 제한능력자의 법정대리인이 없는 때에는 그가 능력자가 되거나 법정대리인이 취임한 때로부터 6월내에는 시효가 완성하지 않는다(민법 179조). (2)제한능력자가 그의 재산을 관리하는 부·모 또는 후견인에 대하여 갖는 권리에 있어서 그 자가 능력자가 되거나 후임의 법정대리인이 취임한 때로부터 6월내에는 시효가 완성하지 않는다(민법 180조1항). (3)부부의 일방의 그 배우자에 대한 권리는 혼인관계가 종료한 때로부터 6월내에는 소멸시효가 완성하지 않는다(민법 180조2항). 이는 부부 사이에서 시효중단절차를 밟는다는 것이 실제상으로는 용이하지 않기 때문이다. (4)상속재산에 속하는 권리나 그에 대한 권리는 상속인의 확정, 관리인의 선임 또는 파산선고가 있는 때로부터 6월내에는 시효가 완성하지 않는다(민법 181조). (5)그밖에 천재 기타 사변으로 인하여 시효를 중단할 수 없을 때에는 그 사유가 종료한 때로부터 1월내에는 시효가 완성하지 아니한다(민법 182조). 여기서 천재란 지진·홍수 등의 자연력을 의미하고, 기타 사변이란 폭동·전쟁 등과 동시할 수 있는 외부적 장애를 의미한다. 권리자의 질병·부재 등의 주관적 사유는 포함하지 않는다.

## 시효의 원용(時效의 援用)

시효의 이익을 받을 자가 시효의 이익을 받겠다고 하는 주장을 시효의 원용이라고 한다. 시효가 완성되어 권리나 의무가 득실 가능한 상태에 놓여 있더라도 당사자의 주장이 없는 이상 법원은 시효완성사실을 가지고 재판할 수 없는 것이다. 즉 소멸시효에서 채권을 10년간 행사하지 아니하면 소멸시효가 완성한다고 규정하였을 뿐 그 완성의 효력이 무엇인가는 불명하지만 소송의 경우에는 소멸시효의 완성으로 이익을 받을 자가 이를 주장하지 않으면 법원은 이를 재판의 기초로 할 수 없다고 보고 있다. 즉 시효의 완성과 시효의 원용의 성질에 관하여는 견해가 갈리고 있는데 (1) 절대적 소멸설에 의하면 시효의 완성으로 권리가 절대적으로 소멸하는 것이며, 당사자가 주장하지 않는 동안에는 법원이 이를 재판의 기초로 할 수 없을 뿐이라고 한다. (2) 상대적 소멸설에 의하면 시효가 완성한 뒤에 이익을 받을 자가 원용을 하거나 이익을 포기함으로써 비로소 실체법상 권리관계가 확정하게 된다고 한다. 시효의 원용을 할 수 있는 자는 시효의 완성으로 권리를 취득하거나 의무를 면할 수 있는 이익이 있는 자에 한한다.

## 소멸시효(消滅時效)

라 ; praescriptio extinctiva
독 ; Verjährung
불 ; prescription extivctive

권리를 행사할 수 있음에도 불구하고 권리 불행사의 상태를 일정기간 계속함으로써 권리소멸의 효과를 생기게 하는 제도이다. 취득시효와 함께 널리 시효라고 불리운다. 소유권 외의 재산권은 모두 소멸시효에 걸리는 것이 원칙이지만 상린권(相隣權)·점유권·물권적 청구권·담보물권은 소멸시효에 걸리지 않는다.

(1) 채권의 시효기간은 ㉮ 민법은 10년(민§162①), 상사는 5년(상§64), ㉯ 의사·변호사의 직무에 관한 채권이나 운임 등의 특수한 채권에는 3년에서 1년까지의 단기의 시효기간이 인정된다(민§163, §164, 근기§41), ㉰ 10년 이하의 단기시효가 인정되는 채권에 대하여서도 그에 대하여 확정판결이 있은 때에는 그 효과기간은 10년으로 된다(민§165①). (2) 채권 이외의 재산권의 소멸시효는 20년이 원칙이다(민§162②), ㉮ 소유권은 소멸시효에 걸리지 않지만 타인이 취득시효로 취득하는 결과로서 소멸하는 경우가 있다. 또한 ㉯ 점유권은 점유하고 있는 사실만으로 성립하며(민§192①), 점유를 계속하는 한 점유권이 소멸되지 않으므로 소멸시효의 적용이 없다(민§192②). ㉰ 유치권도 그 존속을 위하여 점유의 계속이 요구되며(민§320①), 점유를 상실하면 유치권도 소멸하므로(민§328) 소

멸시효의 적용이 없다. ㉣ 담보물권은 피담보채권이 존속하는 한 독립하여 소멸시효에 걸리지 않는 것이 원칙이다(민§369). 결국 소멸시효에 걸릴 수 있는 물권은 지상권·지역권·전세권뿐이다. (3) 시효의 기산점은 권리를 행사할 수 있는 때부터이다(민§166②). (4) 소멸시효완성의 효과에 관하여는 소멸시효가 완성함으로써 권리자체가 절대적으로 소멸한다는 절대적 소멸설과 권리자체가 소멸하는 것이 아니라 다만 시효로 인하여 이익을 받는 당사자에게 권리의 소멸을 주장할 수 있는 권리를 발생시킬 따름이라고 하는 상대적 소멸설이 대립되어 있다. 판례는 기본적으로 절대적 소멸설을 따르는 것으로 평가된다(65다2445참조). 다만, 상대적 소멸설의 논리에 따르는 판례도 존재한다(79다1863참조). 상대적 소멸설에 의할 때 소멸시효는 당사자가 권리의 소멸을 주장(소멸시효의 원용)함으로써 비로소 권리가 소멸한다. 그리고 당사자는 소멸시효로 인하여 받는 이익을 포기(소멸시효이익의 포기)할 수도 있다. 소멸시효는 그 기산일에 소급하여 효력이 생긴다(민§167).

당사자의 원용이 없어도 시효완성의 사실로서 채무는 당연히 소멸한다*(대법원 1966. 1. 31. 선고 65다2445)*.

소멸시효기간 만료에 인한 권리소멸에 관한 것은 소멸시효의 이익을 받은 자가 소멸시효완성의 항변을 하지 않으면, 그 의사에 반하여 재판할 수 없다 *(대법원 1980. 1. 29. 선고 79다1863)*.

## 단기시효(短期時效)

독 ; kurze Verjährung

넓은 뜻으로는 일반채권의 시효기간인 10년(민§162①)보다 기간이 짧은 소멸시효를 말한다. 그러므로 단기시효에는 소멸시효가 5년인 일반상사채권(상§64)도 포함된다. 그러나 보통은 그보다 짧은 3년이하의 것을 가리킨다. 즉 우리 민법은 3년의 단기시효(§163)와 1년의 단기시효(§164)를 규정하고 있으며 상법에도 단기시효가 인정되고 있다(상§122, §662·어§70·수§51) 등). 그 취지는 보통 빈번하게 생기는 비교적 소액의 채권으로 수취증서의 교부·보존이 어려운 것에 대한 법률관계를 조속히 확정시켜 분쟁을 없애기 위한 것이다. 그러나 단기시효제도는 소액채권자에게는 불리한 제도이므로 간편하게 채권을 실현함으로써 소액채권자를 보호하기 위하여 소액사건심판법원을 설치·운영하고 있다. 또한 판결에 의하여 확정된 채권·파산절차에 의하여 확정된 채권, 재판상의 화해·조정 기타 판결과 동일한 효력이 있는 것에 의하여 확정된 채권은 단기소멸시효에 해당하는 것이라도 그 소멸시효는 10년으로 한다(민§165①, ②). 단 기한부채권에 있어서 기한에 이르기 전에 확정판결을 받은 경우와 같이 확정될 당시에 아직 변제기가 오지 않은 채권은 그러하지 아니하다(민§165③).

**취득시효**(取得時效)

라 ; prascriptio acquisitva, usucapio
독 ; Ersitzung
불 ; prescription acquisitve

타인의 물건을 일정기간 계속하여 점유하는 자에게 그 소유권을 취득케 하거나 소유권 이외의 재산권을 일정기간 계속하여 사실상 행사하는 자에게 그 권리를 취득케 하는 제도이다. 소멸시효와 함께 널리 시효라고 불린다. (1) 소유권의 소득시효의 요건은 다음과 같다. ㉮ 소유의 의사로서 점유하고 있으며 자주점유 이어야 한다. ㉯ 그 점유가 평온, 공연히 행해져야 한다. ㉰ 그 점유가 일정기간 계속되어야 한다. 그 기간은 ⓐ 부동산일 경우에는 점유자가 소유자로 등기가 되어 있지 않으면 20년이며 시효완료시 등기로써 소유권을 취득한다. 점유자가 소유자로 등기가 되어 있으면 10년 만에 소유권을 취득한다(민§245). 이 경우에 점유자가 처음 선의·무과실인 경우에는 10년, 그렇지 않은 경우에는 20년이다. ⓑ 동산의 경우에는 점유가 선의·무과실인 경우 5년, 그렇지 않은 경우 10년이다(§246). (2) 소유권 이외의 재산권의 취득시효의 요건은 소유권취득시효의 요건이 준용된다(§248). 따라서 부동산은 권리자로서 미리 등기되어 있는지의 여부에 따라 10년과 20년, 동산은 선의·무과실이냐에 따라 5년과 10년이다. 취득시효는 재산권에 한하여 적용되고 가족권(신분권)에는 적용되지 않는다. 직접 법률의 규정에 의하여 성립하는 재산권(예 : 점유권·유치권)과 법률에 의하여 시효취득이 금지된 재산권(예 : §294)은 취득시효의 목적이 될 수 없다. 또 재산적 지배권이 아닌 청구권(예 : 채권)과 형성권(예 : 취소권·해제권·해지권) 및 점유나 준점유를 수반하지 않는 물권(예 : 저당권) 등은 그 성질상 취득시효의 목적이 되지 않는다. 전세권은 사실상 그 예(例)가 드물지만 이론상 시효취득을 인정하여야 한다는 견해가 유력하다. 취득시효의 요건을 갖추면 권리취득의 효력이 확정적으로 생긴다. 취득시효로 인한 권리취득은 원시취득이며 그 점유를 개시한 때에는 소급한다(민§247①).

**이해관계인**(利害關係人)

이해관계인이란 특정한 사실에 관하여 법률상의 이해를 가진 자를 말한다. 즉, 그 사실의 여하에 따라 이미 보유하고 있는 자기의 권리·의무에 직접적인 영향을 받는 자이다(민§22, §27, §44, §63, §963).

**제척기간**(除斥期間)

영 ; limitation
독 ; Ausschlussfrist
불 ; délai préfix

어떤 권리에 대하여 법률이 예정하는 존속기간이다. 법정기간의 경과로써 당연히 권리의 소멸을 가져오는 것이다. 즉 권리의 존속기간인 제척기간이 만료하게 되면 그 권리는 당연히 소멸하는 것이 된다. 소멸시효와 비슷하지만 다음의 점이 다르다. (1) 제척기간에는 시효와 같은 포기·중단·정지라는 문제가 있을 수 없다. (2) 시효의 이익은 당사자가 원용함으로써 재판에서 고려되는 것이지만, 제척기간은 당연히 효력을 발생하기 때문에 법원은 이를 기초로 재판하지 않으면 안 된다. 그러나 어느 것이 제척기간에 해당하는가의 구별은 용이하지 않다. 민법은 제척기간에 대하여 여러 곳에 분산적으로 규정하고 있을 뿐 체계적으로 규정한 바가 없다. 대략 법문에「시효에 의하여」라고 규정된 것 이외에는 제척기간으로 해석되고 있다. 그 밖에도 조문에 관계없이 법문의 취지나 권리의 성질 등을 참작하여 실질적으로 판단해야 할 것이라는 견해도 있다. 점유보호청구권(민§204③, §205③)·매수인의 담보책임추구권(민§573, §575③)·매도인의 하자담보책임(민§582)에 관한 기간 등은 제척기간의 예이다.

## 시효의 중단(時效의 中斷)

독 ; Unterbrechung der Verjährung

시효의 진행 중에 시효의 기초가 되는 사실상태의 계속이 중단되는 어떤 사실(권리자의 권리행사·의무자의 의무승인)이 발생했을 경우에 시효기간의 진행을 중단시키는 것이다. 시효가 중단되면, 이미 진행한 시효기간은 효력을 전부 상실하게 되며, 그 중단사유가 종료하였을 때로부터 다시 시효기간을 계산하게 된다(민§178). 시효중단사유로는 (1) 민법이 정하고 있는 법정중단사유는 다음과 같다. ㉮ 청구(민§168Ⅰ) : 권리자가 시효의 완성으로 이익을 얻는 자에 대하여 그의 권리 내용을 주장하는 것이다. 즉 재판상의 청구인 소의 제기와 권리자가 의무자에 대하여 의무의 이행을 촉구하는 최고 등이 주요한 것이고 그 밖에도 지급명령·화해를 위한 소환·임의출석·파산절차의 참가(민§170~§174) 등이 있다. 다만 최고는 이를 한 후에 6개월 이내에 다시 소의 제기나 강제집행 등의 강력한 중단행위를 하여야 한다. ㉯ 압류, 가압류, 가처분(§168Ⅱ) : 압류는 확정판결 기타의 집행권원(채무명의)에 기하여 행하는 강제집행이며 가압류와 가처분은 강제집행을 보전하는 수단이다. ㉰ 승인(§168Ⅲ) : 즉 시효의 이익을 받을 당사자가 상대방의 권리의 존재를 인정하는 뜻을 표시하는 것이다(§177). (2) 자연중단사유는 취득시효완성의 요소인 점유 또는 준점유의 사실이 소멸하는 것이다(또는 점유의 상실). 이와 같은 법정중단사유는 취득시효와 소멸시효에 공통하는 것이고(§247②) 자연중단사유는 취득시효에 특유한 중단사유이다.

## 시효이익의 정지(時效利益의 停止)

독 ; Hemmung der verjährung

시효가 완성될 즈음에 권리자가 중단행위를 하는 것이 불가능하든가 현저하게 곤란한 사정이 있을 경우에 시효의 완성이 일시유예되는 것이다(민§179~§182). 시효완성에 있어서의 권리자의 불이익을 막기 위하여 시효의 진행을 일시정지 시키는 제도이다. 따라서 시효의 정지는 시효의 진행이 정지할 뿐이며 정지사유가 그치고 일정한 유예기간이 경과하면 시효가 완성한다. 즉 시효의 중단과 같이 경과한 기간이 효력을 잃게 되는 것이 아니라 일정기간 지나면 다시 시효가 계속 진행한다. 시효의 정지사유는 다음과 같다. (1) 제한능력자에게 법정대리인이 없는 경우(민§179), (2) 제한능력자가 재산관리인에 대하여 권리를 갖는 경우(§180①), (3) 부부간의 권리에 있어서 혼인해소가 있는 경우(§180②), (4) 상속인 미확정·상속재산에 관리인의 선임 또는 파산선고가 없는 경우(§181), (5) 천재기타 사변으로 시효의 중단이 불가능할 경우(§182)이다. 이 경우에 그 사유가 소멸한 때로부터 (1)~(4)의 경우에는 6월, (5)의 경우에는 1월간 시효는 완성하지 않는다. 민법은 시효의 정지를 해소시효에만 규정하고 취득시효에 관하여는 준용한다는 규정이 없다. 그러나 취득시효에 관하여 시효의 정지를 배척할 이유가 없으므로 취득시효의 완성으로 인한 권리를 상실하게 될 자에게도 소멸시효의 정지에 관한 규정을 유추적용 하여야 한다.

## 시효이익의 포기(時效利益의 拋棄)

시효로 생기는 법률상의 이익을 받지 않겠다는 일방적 의사표시이다. 이에 의하여 시효의 효과는 처음부터 없었던 것으로 확정된다. 시효제도는 영속한 사실상태를 정당한 법률상태로 높여주는 것인데 당사자가 이익을 받기를 원치 않을 때에는 이를 강제할 아무런 이유가 없다. 오히려 당사자의 의사를 존중하는 것이 옳다. 이것이 포기를 인정하는 이유이다. 그러나 시효이익을 받을 수 있는 자를 억압하거나 관련자의 농간에 의한 진의 아닌 포기는 부당하므로 민법은 시효의 완성 전에 미리 포기하는 것을 금하고 있다(민§184①). 시효이익의 포기방법은 어떤 것도 가능하다. 그런데 시효의 완성을 모르고 변제하였을 경우 이를 시효이익의 포기로 볼 것인지가 문제이다. 이 경우 이미 변제하였으므로 신의칙상 시효이익을 포기하지 않는다는 유보가 없는 한 포기로 보는 것이 타당하다.

# 물 권 법

## 물권(物權)

라 ; ius in re 영 ; real rights
독 ; Sachenrechte 불 ; droits reels

특정한 물건(또는 재산권)을 직접·배타적으로 지배하여 이익을 향수하는 것을 내용으로 하는 권리이다. 물권의 본질은 다음과 같다. (1) 그 목적물을 직접지배 하는 권리이다. 직접 지배란 권리의 실현을 위하여 타인의 행위를 요하지 않는다는 뜻이다. 따라서 권리 실현을 위하여 채무자의 행위를 요하는 채권과 다르다. (2) 배타적인 권리이다. 즉 동일물에 관하여 동일내용의 2개 이상의 물권이 동시에 존재할 수 없다(일물일권주의). 따라서 제3자를 해하지 않도록 엄격한 공시를 필요로 한다. 물권은 우선적 효력·소급적 효력을 가지고 있으므로 물권의 내용여하에 따라서 제3자에게 불의의 손해를 주지 않게 하기 위하여 물권의 종류 및 내용을 제한하여 당사자가 임의로 창설할 수 없으며, 오직 법률이나 관습법에 의해서만 창설된다(물권법정주의 : 민§185). 물권은 크게 소유권과 용익물권(지상권·지역권·전세권) 및 담보물권(유치권·질권·저당권) 그리고 사실상 지배관계에서 발생하는 점유권 등을 총칭한다. 물권에 있어서 직접 지배의 대상은 특정·독립의 물건을 원칙으로 하지만 예외적으로 권리질권 같은 재산권과 재단저당 같은 물건의 집합일 수도 있다. 물권의 효력에는 (1) 내용이 충돌하는 물권 상호간에는 먼저 성립한 물권이 후에 성립한 물권보다 우선하는 효력을 가지며, 물권과 채권이 병존하는 경우에는 그 성립의 선후에 관계없이 언제나 물권이 우선한다는 우선적 효력을 가진다. (2) 물권의 내용의 실현이 방해되거나 방해될 염려가 있는 경우에 그 방해자에 대하여 방해의 제거를 청구하는 권리인 물권적 청구권이 있다.

## 준물권(準物權)

민법상의 물권은 아니지만 배타적인 이용을 내용으로 하며 특별법에 의하여 물권으로서의 취급을 받는 권리로서 광업권·조광권·채석권·어업권 등이 이에 속한다. 무체재산권은 배타적 지배권이지만 특별한 취급을 받으므로 따로 구별한다.

## 우선적 효력(優先的 效力)

물권은 채권이나 다른 후순위물권에 우선한다는 효력을 말한다. 먼저 채권에 우선하는 효력에 관하여 보면, 물권과 채권이 충돌하는 경우에는 언제나 물권이 우선한다. 비록 채권이 물권보다 먼저 성립하였더라도 마찬가지이다. 다만 물권의 채권에 대한 우선적 효력은 물권이 절대적 효력을 가지는데 비하여, 채권은 상대적 효력을 갖는데 불과하다는 점에서 유래하는 것이므로 채권이 등기 또는 가등기에 의하여 절대적 효력 유사의 지위를 가지게 되면 그 순위에 의해 우선적 효력을 정할 수밖에 없는 것이다. 예컨대 등기된 부동산임차권은 그 후에 성립하는 물권에 우선한다(민법 621조). 다음 물권 상호간의 우선적 효력에 대하여 보면, 동일한 물건 위에 성립하는 물권 상호간에 있어서는 시간적으로 먼저 성립한 물권이 후에 성립한 물권에 우선한다. 일물일권주의원칙에 의하여, 소유권이 동일한 물건 위에 두 개 이상 성립하는 것은 불가능하지만 제한물권의 경우에는 가능하다. 따라서 지상권·지역권·전세권 등의 용익물권과 담보물권 상호간에 있어서는 그 성립의 순위에 따라 우선적 효력이 인정된다. 예컨대 저당권 뒤에 성립한 지상권은 저당권의 실행으로 소멸하지만 지상권 뒤에 설정된 저당권이 실행되면 지상권은 소멸하지 않고 경락인의 소유부동산에 존속하게 된다.

## 광업권(鑛業權)

광업권이란 탐사권과 채굴권을 말한다(광업§3). 탐사권이란 등록을 한 일정한 토지의 구역에서 등록을 한 광물과 이와 같은 광상(鑛床)에 묻혀 있는 다른 광물을 탐사하는 권리이고 채굴권이란 광구에서 등록을 한 광물과 이와 같은 광상에 묻혀 있는 다른 광물을 채굴하고 취득하는 권리를 말한다(광업§3).광업법에서 정하는 내용 이외에는 부동산에 관한 민법 기타의 법령의 규정이 준용된다(광업법§10). 탐사권은 상속, 양도, 체납처분 또는 강제집행의 경우 외에는 권리의 목적으로 할 수 없고, 채굴권은 상속, 양도, 조광권·저당권의 설정, 체납처분 또는 강제집행의 경우 외에는 권리의 목적으로 할 수 없다(광업§11). 광업권의 존속기간은 7년을 넘을 수 없고, 채굴권의 존속기간은 20년을 넘을 수 없다. 채굴권자는 채굴권의 존속기간이 끝나기 전에 대통령령으로 정하는 바에 따라 지식경제부장관의 허가를 받아 채굴권의 존속기간을 연장할 수 있다. 이 경우 연장할 때마다 그 연장기간은 20년을 넘을 수 없다(광업§12). 광업권의 설정을 받으려는 자는 광업권의 종류를 정하여 대통령령으로 정하는 바에 따라 산업통상자원부장관에게 출원하고 그 허가를 받아야 하고, 광업권설정의 출원을 하는 자는 광업권설정출원서에 대통령으로 정하는 바에 따라 작성한 광상에 관한 설명서, 그 밖에 산업통상자원부령으로 정하는 서류를 첨부하여 산업통상자원부장관에게 제출하여야 한다(광업§15).

## 어업권(漁業權)

영 ; fishery 독 ; Fischereirecht
불 ; droit de peche

일정한 구역의 공유수면에서 수산동식물의 포획·채취 또는 양식사업 등의 일정한 어업을 독점·배타적으로 영위할 수 있는 권리이다. 임어업과는 다른 권리이다. 그 대상이 되는 어업에는 정치망어업, 해조류양식어업, 패류양식어업, 어류등 양식어업, 복합양식어업, 마을어업, 협동양식어업, 외해양식어업의 8종이 있다(수산§8①). 어업권은 물권으로 하고 토지에 관한 규정이 준용된다(수산업법§16). 어업권자에 대하여는 그 면허를 받은 어업에 필요한 범위에서 「공유수면 관리 및 매립에 관한 법률」에 따른 행위가 허용된다(수산§18). 어업권은 시장·군수·구청장의 면허를 받아 등록함으로써 취득된다(수산업법 §8, §17). 면유효기간은 면허어업은 10년이며, 수산자원보호와 어업조정에 관하여 필요한 사항을 대통령령으로 정하는 경우에는 각각 그 유효기간을 10년 이내로 할 수 있다(수산§14). 이와 같이 어업권은 물권적인 사권이기는 하지만 그 임대차가 금지되고(수산업법§33), 양도성 및 담보도 공익적·정책적 입장으로부터 강하게 제한된다(수산업법§19, 21), 그 밖에 수산업법은 어업권이 특수한 물권이라는 점에 비추어 여러 가지 상세한 규정을 둔다. 어업권자가 면허를 받은 사항 중 성명·주소 등 대통령령으로 정하는 사항을 변경하려면 농림수산식품부령으로 정하는 바에 따라 시장·군수·구청장에게 변경신고를 하여야 한다(수산§20).

## 입어권(入漁權)

어업권자와의 계약을 바탕으로 그 소유하는 공동어업권 또는 특정한 구획어업권에 속하는 어장에서 그 어업권의 내용인 어업의 전부 또는 일부를 영위하는 권리이다. 공동어업의 어업권자는 종래의 관행에 의하여 그 어장에서 어업 하는 자의 입업(入業)을 거절할 수 없다(수산§40①). 입어권은 어업권과 마찬가지로 물권으로 보며 어업원부에의 등록을 제3자에 대한 대항요건으로 한다.

## 출판권(出版權)

독 ; Verlagsrecht 불 ; droit d'edition

저작물을 인쇄·간행할 수 있는 독점·배타적인 권리로서 저작권상의 한 형태이다. 저작권법 상으로는 저작권자가 출판자에 대하여 설정행위에 의하여 부여하는 권리를 의미하기도 한다. 이러한 의미에서 출판권은 저작물을 인쇄 그 밖에 이와 유사한 방법으로 문서 또는 도화로 발행하는 독점권이다(저작§63). 또 출판권자는 출판권을 표시하기 위하여 원칙적으로 각출판물에 저작권자의 검인을 첨부하여야 하며 저작권을 양도받은 경우에는 그 취지를 출판물에 표시해야 한다. 특약이 없는 한 존속기간은 3년(저작권법§63의2)이며 득실·변경·입질 등은 등록을 하지 않으면 제3자에 대항 할 수 없다(저작권법§54). 그 법적 성질은 일종의 용익물권이다.

## 물권과 채권의 차이

(物權과 債權의 差異)

중요한 재산권에 속하는 물권과 채권의 차이점은 다음과 같다. (1) 물권은 타인의 행위를 거칠 필요 없이 물건을 직접 지배하는 권리인 반면에 채권은 특정인에 대하여만 급부를 청구할 수 있는 권리이다. 따라서 채권에는 배타성이 없지만 물권에는 배타성이 존재한다. (2) 물권은 그 사용·수익을 보장하기 위하여 물권적 청구권이 인정되지만, 채권은 배타성이 없으므로 모든 사람에게 권리보호를 주장할 수 있는 물권적 청구권을 인정할 수 없다. (3) 물권은 내용이 서로 양립할 수 없는 물권 간에 병존할 수 없지만 채권은 동시에 수개의 같은 채권이 병존할 수 있다. 물권과 물권은 먼저 성립한 것이 우선하고, 물권과 채권은 언제나 물권이 우선한다. (4) 물권의 양도는 자유이지만 채권은 그렇지 못하다. (5) 물권은 이와 같이 채권에 비하여 광범하고 강한 효력을 가지므로, 일반인들을 보호하기 위하여 공시방법이 요청되며 또 그 종류를 법정하여 함부로 약정할 수 없도록 하고 있다(민§185). 그러나 채권은 법률이 규정하고 있는 것 이외에도 당사자의 계약에 의하여 얼마든지 정할 수 있는 점 등이 양자의 차이점이다.

## 동산물권·부동산물권

(動産物權·不動産物權)

그 객체가 되는 물건이 동산이면 동산물권, 부동산이면 부동산물권이라 한다. 특정한 동산 혹은 부동산을 직접 지배하는 배타적 권리이다. 근대민법은 양자를 구별하지 않고 통일적으로 취급하지만 그 경제적 가치 기타 물리적 성질에 있어서 상당한 차이가 있다. 우리 민법은 부동산물권의 변동은 등기(민§186)함으로써 효력이 생기고, 동산물권의 변동은 의사표시에 합치된 인도(현실인도·간이인도·점유개정·목적물반환청구권의 양도)에 의하여 그 효력이 생긴다(§188, §189, §190). 또한 용익물권은 동산에서는 성립되지 않고, 질권은 동산에서만 성립하며 저당권은 부동산에서만 성립된다.

## 부동산물권(不動産物權)

물권의 객체가 부동산인 물권을 말한다. 게르만법에서는 부동산물권법과 동산물권법이 각각 다른 원리를 가지고 발달하였으나 로마법은 양자를 같은 원칙에 따라 통일적으로 규율하였으며, 근대민법도 양자를 통일적으로 규율하고 있다. 그러나 각국의 민법에 있어서 물권은 그 객체가 동산이냐 부동산이냐에 따라 실제로 상당한 대립을 보이고 있으며 우리 민법상 부동산물권을 규율하는 원리는 대체로 다음과 같다. (1) 법률행위에 의한 부동산의 물권변동에 관하여는 등기라고 하는 엄격한 공시방법을 요구함으로써 거래의 안전을 도모하고, (2) 부동산거래에 관하여는 선의취득제도를 채택하지 않음으로써 진정한 권리자를 보호하며, (3) 부동산에 관하여는 법률에 의한 소유권 제한의 정도를 강화하고 있다. 이와 같은 부동산물권으로써 우리 민법상 규정되어 있는 것으로는 점유권·소유권·지상권·지역권·전세권·유치권·저당권 등이 있다.

## 물권적 효력·채권적 효력

(物權的 效力·債權的 效力)
독 ; dingliche Wirkung
불 ; shuldrechtiche Wirkung, obligatorische Wirkung

권리의 발생·변경·소멸의 효력을 누구에게나 주장할 수 있는 것이면 물권적 효력이고, 단순히 당사자 간에서만 주장할 수 있는 것이라면 채권적 효력이다. 예컨대 정지조건이 붙은 소유권의 이전행위에 있어서 조건의 성취와 함께 소유권이 이전할 때에 조건의 효력은 물권적이며, 단순히 일방이 타방에 대하여 소유권의 이전을 청구할 수 있을 때에는 채권적이다. 그러나 물권적이라는 말은 절대적·대세적이라는 뜻이고, 채권적이라고 말하는 것은 상대적·대인적이라는 뜻이므로 물권적 효력이 물권의 변동을 발생케 하는 경우에 한정하는 것은 아니다. 또한 물권적 효력이란 후에 이행을 남기지 않는 것을 말한다. 물권행위와 준물권행위에는 물권적 효력이 있다. 채권적 효력이란 후일에 이행을 남기는 것이다. 채권행위에는 원칙적으로 채권적 효력이 있지만 예외적으로 현실매매에는 채권행위와 동시에 매매가 이행되기 때문에 물권적 효력이 있다.

## 물권법(物權法)

독 ; Sachenrecht 불 ; droit des biens

물권법은 재산법의 한 영역으로 각종 재산에 대한 인간의 지배관계를 규율하는 법률이다. 형식적으로 물권법을 파악하면 민법 제2편 물권(§185~§372)이며, 이는 총칙·점유권·소유권·지상권·지역권·전세권·유치권·질권·저당권으로 구성된 제9장 188개조의 규정이다. 민법의 물권법 이외에 실질적으로 물권법에 속하는 특별법이 있다. 즉 부동산등기법·가등기담보에 관한 법률·공장저당법·광업재단저당법·자동차저당법·항공기저당법·건설기계저당법·광업법·상법상의 유치권·질권에 관한 특칙 등이 있다. 물권법은 강제법규적 성질을 가지므로 같은 재산영역이라 하더라도 채권법과 완전히 다르다.

## 거래법(去來法)

독 ; Verkehrsrecht

재산거래에 관한 법률의 전체를 말한다. 재산법 중 정적(靜的)인 재산내용에 관한 특권입법이나 조직법에 대하는 것으로 재산의 거래에 관한 법인 채권법·행위법 등이 이에 속한다. 거래법에서는 거래의 안전 또는 동적 안전이 강조된다.

## 배타성(排他性)

특정 물건 위에 하나의 물권이 성립하면 그와 양립할 수 없는 내용을 가진 물권은 동시에 병존할 수 없다(일물일권주의). 물권에는 배타성이 있으나 채권은 없는 것이 원칙이다. 따라서 갑이라는 배우가 같은 시간에 다른 장소에 출연하기로 여러 개의 계약을 맺어도 그 수개의 채권은 평등하게 성립할 수 있다. 그러므로 결국 물권의 배타성은 물권과 채권을 구별하는 표준이 되어 왔다. 공유의 경우는 일물 위에 수개의 소유권이 병존하는 것처럼 보이지만 이 역시 하나의 소유권이 분량적으로 분할되어 수인에게 귀속하고 있는 상태이므로 물권의 배타성의 예외는 아니다. 이와 같은 물권의 배타성을 인정하려면 거래의 안전을 위하여 그 성립을 엄격히 할 뿐 아니라 물권의 성립을 제3자가 알 수 있도록 하는 외형, 즉 점유나 등기와 같은 공시방법이 필요하게 된다(§186, §188).

## 대세권·대인권
(對世權·對人權)

→ 절대권·상대권

## 절대권·상대권(絶對權·相對權)
독 ; absolutes Recht relative Recht
불 ; droit absolu·droit relatif

절대권은 널리 일반인에 대하여 효력이 있는 권리이며 대세권(對世權)이라고도 한다. 물권·인격권·무체재산권 등과 같은 지배권이 전형이다. 절대권은 그 내용이 특정의 법익을 직접 지배하는 것이므로 일반인의 불가침의무를 필요로 한다. 이에 반하여 상대권은 특정인에 대하여 주장할 수 있는 권리이며 대인권이라고도 한다. 채권과 같은 청구권이 그 전형적인 예이다. 즉 채권도 채무자 이외의 제3자에 의하여 침해될 수 있으므로 오직 특정인(채무자)에 대하여서만 주장할 수 있는 권리라고 말할 수 없지만 특정인에 대한 관계가 그 거래의 중점이라는 것에는 변함이 없다. 권리에 대한 의무자의 범위에 의한 분류로서 주로 사권(私權)에 관하여 행해진다. 그러나 이 의무자의 범위는 그 권리가 권리로서 성립하기 위한 불가결의 내용을 말한다. 예컨대 소유권은 권리주체 이외의 모든 자에게 그 권리내용을 침해하지 않을 의무를 부담시키면 족하다는 것이다. 절대권에는 배타성이 있지만 상대권에는 배타성이 없는 것이 특색이다.

## 물권법정주의(物權法定主義)
독 ; numerus clausus der Sachenreshte

물권은 법률이나 관습법에 의하는 외에 임의로 창설하지 못한다는 주의이다. 물권의 종류나 내용은 민법 기타의 법률이 정하는 것에 한정함으로써 당사자가 그 밖의 물권을 자유롭게 창설할 수 없게 금지한다는 원칙이다(민§185). 즉 물권법에서는 채권법에서와 같은 계약자유의 원칙이 인정되지 않는다. 채권법상의 계약의 전형은 예외적인 것에 지나지 않지만, 물권법이 규정하는 물권의 종류와 내용은 확정적이고 정형적인 것이다. 이와 같이 채권법에서와 같은 계약자유의 원칙을 배척하고 물권법정주의를 택하는 근거는 다음과 같다. (1) 역사적·연혁적 이유 : 봉건적인 지배관계를 정리하여 토지에 관한 권리관계를 단순화함으로써 자유로운 소유권을 확립하고 봉건적 물권관계가 부활하는 것을 막기 위하여 물권의 법정화를 실현하였다. (2) 공시원칙의 관철 : 물권은 배타적 지배권이므로 거래의 안전과 신속을 위하여 공시하여야 한다. 그런데 동산물권의 공시방법인 점유는 당사자가 자유롭게 창설하는 모든 물권을 공시한다는 것이 불가능하며, 부동산물권의 공시방법인 등기도 여러 형태의 물권을 공시할 수는 있지만 너무 복잡하면 혼란을 가져와 공시의 목적을 달성하지 못할 염려가 있다. 따라서 물권의 종류와 내용을 미리 법률로써 한정하여 당사자에게 선택의 자유만을 인정하는 것이 가장 적절한 것이다. 그러나 물권법정주의는 격변하는 사회의 수요에 맞지 않는 불편도 초래하게 되므로 현 실정에 맞도록 물권의 내용을 완화할 수 있도록 새로운 관습법에 의한 물권의 창설을 인정하였다. 다만 이 경우에도 특정의 공시방법을 갖추어야 한다. 민법 제185조는 강행규정이므로 이에 위반하는 행위는 무효가 된다(민§105).

민법 제185조는, "물권은 법률 또는 관습법에 의하는 외에는 임의로 창설하지 못한다."고 규정하여 이른바 물권법정주의를 선언하고 있고, 물권법의 강행법규성은 이를 중핵으로 하고 있으므로, 법률(성문법과 관습법)이 인정하지 않는 새로운 종류의 물권을 창설하는 것은 허용되지 아니한다*(대법원 2002. 2. 26. 선고 2001다64165)*.

## 일물일권주의(一物一權主義)

한 개의 물건 위에는 동일한 내용의 물권이 동시에 두 가지 이상 성립하지 못한다는 원칙이다. 이 원칙을 일물일권주의라고 한다. 물권의 존재를 공시하여 거래의 안전을 기하기 위하여 필요한 것이기도 하다. 즉 (1) 하나의 물권 위에 동종의 서로 배척하는 내용의 물권이 두 가지 이상 성립할 수 없다. 물권의 배타적 지배권의 성격을 보장하기 위한 것이다. 그러나 내용이 모순되지 않는 물권, 예를 들면 소유권과 지상권의 양립·순위가 붙여지는 저당권은 이 원칙에 반하지 않는다. (2) 수개의 물건(집합물) 위에 한 개의 물건은 성립하지 않으며, 물건의 일부에도 하나의 물건이 성립하는 일이 원칙적으로는 없다. 그러나 물건의 구분소유(민§215,§집합건물의소유및관리에관한법률), 부동산의 일부 위의 전세권의 설정(민§303, 부등§139①) 등은 예외이다. 또한 각종재단저당법상의 집합물(공장재단·광업재단 등)은 한 개의 물건으로 간주되며, 수목의 집단은 토지에 부착되어 있지만 독립된 부동산으로 인정되어 거래시에는 명인방법(明認方法)이 채택된다.

## 물상청구권(物上請求權)

→ 물권적 청구권

## 물권적 청구권(物權的 請求權)

영 ; real action
독 ; dinglicher Anspruch
불 ; action réelle

물권의 내용의 실현이 어떤 사정으로 말미암아 방해 당하고 있거나 방해 당할 염려가 있는 경우에 물권자가 방해자에 대하여 그 방해의 제거 또는 예방에 필요한 일정한 행위를 청구할 수 있는 권리를 말한다. 물권적 청구권이라고도 한다. 물권적 청구권은 상대방에게 고의·과실이 있음을 필요로 하지 않으며 물권내용의 실현만을 그 본지로 하는 점에서 금전으로써 하는 손해배상을 내용으로 하는 불법행위에 의한 손해배상청구권과 다르다. 민법은 물권적 청구권으로 점유권에 기한 점유물반환청구권·점유물방해제거청구권·점유물방해예방청구권을 규정하고(민§204~§206), 그 이외에 소유권에 기한 물권적 청구권으로 소유권반환청구권·소유물방해제거청구권·소유물방해예방청구권을 규정하고 있다(§213, §214). 이 규정들은 지상권과 전세권에 준용되며(§290, §319, §213, §214), 소유물방해제거청구권과 소유물방해예방청구권에 관한 규정은 지역권과 저당권에 준용한다(§301, §370, §214). 물권적 청구권의 종류는 본권에 기한 것과 점유권에 기한 것으로 나눌 수 있다. 또한 그 내용도 반환청구권·방해제거청구권·방해예방청구권의 세 가지로 나눌 수 있다. 물권적 청구권은 절대권에 관하여서 인정되는 것이고 따라서 물권 이외의 무체재산권과 인격권에 관하여도 인정된다. 이와 반대로 채권과 같은 상대권에는 인정되지 않는다.

## 물권적 청구권과 다른 청구권의 경합

(物權的 請求權과 다른 請求權의 競合)

물권침해의 사실이 있으면 물권적 청구권을 발생시키는 동시에 다른 청구권을 병발시키는 경우가 있다. (1) 불법행위와의 관계 : 물권의 침해가 고의·과실에 의하여 행하여진 경우에는 물권적 청구권이 성립하는 것과 동시에 불법행위로 인한 손해배상청구권이 발생한다(민§750). 이러한 경우에는 양 청구권이 병립하는 것이며, 한쪽이 소멸되었다고 하여 다른 쪽이 당연히 소멸하는 것은 아니다. 그러나 침해자가 목적물을 반환하는 경우에는 손해배상의 범위가 축소될 수 있다. (2) 부당이익과의 관계 : 점유할 권리가 없는데도 타인의 물건을 점유하는 경우에는 물권적 청구권과 함께 부당이익반환청구권이 발생하게 된다(민§741). 그런데 이 두 권리의 병존을 인정할 것인가에 관하여는 어려운 해석문제가 있으며, 여러 견해가 존재한다. (3) 계약 등과의 관계 : 계약 그 밖의 법률관계가 존재함으로써(예컨대, 임차권·지상권·전세권 등) 물권침해의 상태가 정당한 권한에 의거하고 있는 경우에는 물권적 청구권이 발생하지 않는다. 그러나 그러한 법률관계가 종료하는 때에는 물권적 청구권은 그러한 법률관계에 의거하는 반환청구권과 병립하게 된다. 이 경우에 한 쪽의 이행이 있으면 다른 쪽도 당연히 소멸한다.

## 물권적 반환청구권

(物權的 返還請求權)

라 ; rei vindicatio

목적물에 대한 지배, 즉 점유가 전부 침탈 당하고 있는 경우에 물권자는 침탈자에 대하여 그 점유의 반환을 청구할 수 있다(민§204, §213). 물권적 청구권의 한 형태이며, 물권에서 파생한 하나의 독립한 효력이다. 예를 들면 소유자가 도난 당하거나 소유자의 토지·가옥을 무단사용·불법사용 하는 경우에 이에 대한 반환청구권 및 인도청구권 등이 그 예이다.

### 물권적 방해제거청구권
(物權的 妨害除去 請求權)
라 ; actio negatoria

목적물에 대한 지배가 부분적으로 침해되고 있는 경우, 즉 점유침탈 이외의 방법으로써 그 지배가 방해 당하고 있는 경우에 물권자는 침탈자에 대하여 그 방해의 제거를 청구할 수 있다(민§205, §214). 주로 부동산 특히 토지에 있어서 그 예가 많이 있다.

### 물권적 방해예방청구권
(物權的 妨害豫防請求權)

현실적으로 목적물에 대한 지배가 침해되고 있지는 않더라도 앞으로 침해 당할 위험이 존재하는 경우에 물권자는 상대방에 대하여 그러한 원인이 되고 있는 상태 또는 행위의 예방을 청구 할 수 있다(민§206, §214). 방해의 위험은 주로 부동산에 관하여 생긴다. 예를 들면 인가(隣家)의 담이 택지내로 무너지려는 경우 등이다.

### 가등기(假登記)된 청구권(請求權)

소유권·지상권·지역권·전세권·저당권·권리질권, 임차권의 설정·이전·변경 또는 소멸의 청구권을 보전하려할 때, 장래 일정한 조건하에 부동산물권을 취득할 수 있는 청구권이라고 부르기도 한다. 이러한 가등기된 청구권은 목적물이 특정되어 있고, 또 등기됨으로써 배타성이 부여되어 있다는 점에서 물권으로서의 일면을 갖추고 있으나, 청구권 자체는 채권적 성질을 가지는 것이므로 채권과 물권의 중간적 권리이다.

### 물권변동(物權變動)

물권의 동일성을 해하지 않는 범위내에서 물권의 주체·객체·내용 및 작용에 대하여 생기는 변화를 말한다. 물권의 발생·변경·소멸의 총칭이다(이는 객체면에서 본 것이고, 주체면에서 보면 물권의 취득·변경·상실 즉 득실변경이 된다). 민법상 물권의 취득원인에는 취득시효(§245, §248), 선의취득(§249, §251), 무주물의 선점(§252), 부합(§256, §257), 혼화(§258), 가공(§259), 유실물습득(§253), 매장물발견(§254), 상속(§1005) 등이 있고 민법 이외의 법률이 규정하는 것으로는 공용수용, 몰수(형§48) 등이 있다. 물권변동에 관하여는 당사자의 의사표시만으로 그 효력이 발생한다는 의사주의와 의사표시 이외에 어떤 형식을 요한다는 형식주의가 있다. 구민법은 의사주의(대항요건주의)를 취하고 있었으나, 현행민법은 거래의 안전을 보호하기 위하여 형식주의(성립요건주의)를 취하고 있다(§186, §188).

### 법률의 규정에 의한 물권변동
(法律의 規定에 의한 物權變動)

법률행위에 의하지 않은 물권변동을 총칭하는 것으로, 준법률행위 또는 사건에 의한 물권변동을 말한다. 즉 당사자의 의사와는 관계없이 일정한 목적하에 일정한 요건이 갖추어지면 당연히 물권변동의 효과가 발생하도록 법률이 규정하고 있는 경우이다. 따라서 이 경우에는 등기 또는 인도가 없어도 물권변동은 효력을 발생한다(민법 187조). 법률의 규정에 의한 물권변동은 여러 곳에 산재하고 있다. 즉 민법상으로는 취득시효(민법 245조 이하), 소멸시효(민법 162조 이하), 혼동(민법 191조), 무주물선점(민법 252조), 유실물습득(민법 253조), 매장물발견(민법 254조), 첨부(민법 256조 이하), 상속(민법 995조, 1005조) 등이 있고, 특별법상으로는 공용징수, 몰수(형법 48조), 경매(경매법 3조의1) 등이 있다.

## 법률행위에 의한 물권변동

(法律行爲에 의한 物權變動)

물권변동은 법률요건에 따라 법률행위·준법률행위·사건에 의해 발생하는데 그 중 가장 흔히 발생하고 중요한 것이 법률행위에 의한 물권변동이다. 이는 당사자의 의사에 의하여 일어나는 것이므로 사적자치의 원칙을 기본으로 하는 근대적 민법 하에서 법률행위에 의한 물권변동이 중요한 의미를 가지는 것은 당연하다. 법률행위에 의한 부동산물권변동은 등기, 동산물권변동은 인도가 있어야 효력이 발생한다. 법률행위에 의한 부동산물권변동은 민법 제186조, 동산물권변동은 민법 제188조 내지 190조에 의해 규율된다. 그러나 점유권 및 유치권은 성질상 이에 의해 규율되지 않는다.

## 원시취득·승계취득

(原始取得·承繼取得)

독 ; originaler Rechtserwerb, ursprünglicher Rechtserwerb·derivativer Rechtserweb, abgeleiterter Rechtserwerb

어떤 권리를 기존 권리와 관계없이 새로이 취득하는 것이 원시취득이다. 타인의 권리에 근거하지 않고 독립하여 취득하는 것이다. 무주물선점(민§252), 유실물습득(§253), 선의취득(§249~§251), 시효취득(§245~§248)등이다. 이에 대하여 타인이 가지고 있는 기존의 권리에 의거하여 권리를 취득하는 것이 승계취득이다. 양도, 상속등이다. 원시취득에 의하여 취득된 권리는 전혀 새로운 권리이므로 비록 그 전주(前主)의 권리에 어떠한 하자가 있었더라도 원시취득자에게 승계되지 않는다. 또한 취득한 물권의 객체가 타인의 지상권이나 저당권 등의 목적물로 되어 있었을 경우에도 원시취득함과 동시에 이들 부담은 모두 소멸한다. 승계취득은 전주(前主)가 보유하고 있는 권리를 그대로 취득하는 이전적 승계취득과 전주의 물건에 의거하여 이와 다른 새로운 물권을 승계하는 설정적 승계취득(예를 들면 소유자가 소유권에 의거하여 지상권(地上權)·전세권을 타인에게 설정할 때에 타인의 지상권·전세권을 승계하는 경우)으로 나누어진다. 이와 같은 물권행위가 있으면 물권변동이 일어난다. 이전적 승계는 다시 포괄승계(상속·포괄유증)와 특정승계(양도)로 나누어진다.

## 설정적 취득(設定的取得)

독 ; konstitutiver Rechtserwerb

승계취득의 일종으로 창설적 취득이라고도 한다. 예를 들면 甲이 그 소유지에 乙을 위하여 저당권을 설정하는 경우와 같이 전주(前主)의 기존 권리에 기인하여 새로운 권리를 창설하여 승계인에게 취득시키는 것이다.

## 포괄승계·특정승계

(包括承繼·特定承繼)

승계취득의 형태이다. 포괄승계는 단일한 원인에 의하여 전주의 모든 권리·의무의 전체를 일괄적으로 승계하는 것이며 일반승계라고도 한다. 이에는 상속·포괄유증·회사합병 등이 있다. 포괄승계의 승계인을 포괄승계인이라고 한다. 한편 각개의 권리·의무를 개별적인 원인에 의하여 승계하는 것을 특정승계라 한다. 예컨대 매매에 의한 승계와 같은 것이다. 특정승계의 승계인을 특정승계인이라고 한다. 그리고 포괄승계에 있어서 포괄승계인은 법률상 거의 전주와 동일시되므로, 개개의 권리·의무를 일괄승계한다고 보는 것보다는 차라리 전주의 법률상 지위를 그대로 승계한다고 보는 것이 적절할 것이다. 그러나 일신전속권이나 일신전속의무와 같이 성질상 그 승계가 허용되지 않는 것은 이에서 제외된다.

## 특정승계인(特定承繼人)

독 ; Singularsukzessor, Einzelnachfolger

타인의 권리를 개별적으로 취득하는 자이다. 포괄승계인에 대하는 것으로, 매매 등에 의한 보통의 권리승계인이 모두 이에 속한다.

## 물권행위(物權行爲)

독 ; dingliches Rechtsgeschaft

물권의 득실변경 즉 설정·이전·소멸을 목적으로 하는 법률행위다(물권적 법률행위). 예를 들면 채무를 담보하기 위하여 저당권을 설정하거나 매매계약에 의하여 소유권을 이전하는 계약 등을 물권계약 또는 물권행위라고 한다. 이에 대하여 채권행위는 채권을 발생시키는 법률행위이다. 물권행위와 채권행위는 다같이 계약인 것이 보통이지만 단독행위나 합동행위일 경우도 있다. 채권행위는 원칙적으로 당사자의 의사표시에 의하여 성립하지만, 물권행위에 대해서는 (1) 당사자의 의사표시만에 의하여 성립하고 그밖에 아무런 형식도 필요로 하지 않는 의사주의(불법주의, 대항요건주의)와 (2) 당사자의 의사표시 이외에 인도나, 등기와 같은 특정 형식을 구비하지 않으면 성립하지 않는다는 형식주의, 독법주의(독法主義), 성립요건주의로 나누어진다. 그런데 물권행위는 채권행위를 전제로 하지 않고 직접 물권 변동을 발생시키기도 하지만, 대부분의 물권행위는 독립하여 행하여지기보다는 채권계약의 이행 수단 또는 그와 관련하여 행하여진다. 독일민법과 같이 물권행위에 관하여 형식주의(성립요건주의)를 취하는 입법례에서는 물권행위는 채권행위와는 별개의 독립행위로 파악되지만 의사주의(대항요건주의)를 취하는 프랑스 민법 등에서는 명문규정으로 물권행위의 독자성을 부정하여 물권행위는 원인행위인 채권행위와 합체되어 행하여진다. 우리 민법은 물권행위에 대하여 형식주의를 취하지만 원인행위와의 관계에 관한 규정이 없으므로 물권행위의 독자성에 관하여 논쟁이 있다. 물권행위의 효력은 그 원인인 채권행위의 부존재·무효·취소·해제 등으로 당연히 영향을 받는다고 하는 것이 물권행위의 유인론이고, 이에 반하여 물권행위의 효력은 그 원인이 되는 채권행위의 운명에 아무런 영향도 받지 않으며 물권행위의 효력은 원인관계와 법률상 절연되어 있다는 것이 물권행위의 무인론이다. 물권행위의 무인성을 인정하려면 그 전제인 물권행위의 독자성을 인정하게 된다. 그러나 물권행위의 무인성을 인정하는 견해도 절대적 무인을 주장하지는 않으며 당사자가 원인관계의 유효를 조건으로 하는 때에는 유인이 된다는 상대적 무인성을 주장한다.

## 물권행위의 독자성·무인성
(物權行爲의 독自性·無因性)

채권행위가 있고 그 이행으로서 물권행위가 행하여지는 경우에, 물권행위는 원인행위인 채권행위와 별개로 행하여진다는 것을 물권행위의 독자성이라 하는데, 이에 대하여는 이를 인정하는 견해와 부정하는 견해가 대립하고 있다. 우리나라에서는 이를 부정하는 견해가 다수설이다. 한편 물권행위의 원인인 채권행위가 무효이거나 취소되는 때, 그 이행으로서 행하여진 물권행위에는 아무런 영향이 없다는 것이 물권행위의 무인성이다. 물권행위의 유인·무인의 문제는 물권행위의 독자성을 인정할 때에 비로소 일어나는 것이고, 물권행위의 독자성을 부정하는 법제나 학설의 입장에서는 물권행위는 당연히 유인성을 띠게 된다. 물권변동에 관하여 형식주의를 취하는 독일 민법에 있어서는 물권행위의 독자성을 인정하는 것으로 해석되고 있으며, 학설에 의해 무인성도 인정된다. 이에 비하여 같은 형식주의를 취하는 스위스 민법은 원인인 채권행위를 요식행위로 함으로써 입법으로 물권행위의 독자성을 부인하고 있으며, 따라서 무인성도 부인된다. 의사주의를 취하는 프랑스 민법은 물건의 소유권은 채권의 효력으로써 취득되고 이전된다고 하여 물권행위의 독자성을 부인하며 따라서 무인성도 부인된다. 역시 의사주의를 취하는 일본 민법에 있어서는 학설상 독자성·무인성을 부인하는 견해가 다수설이다. 우리 민법은 물권행위와 채권행위의 관계에 관하여 아무런 규정을 두고 있지 않으며, 학설은 독자성·무인성을 모두 인정하는 견해, 독자성·무인성을 부정하는 견해로 나누어진다. 판례는 물권행위의 독자성을 부정하고, 유인성론에 따른다(75다1394참조).

민법 548조 1항 본문에 의하면 계약이 해제되면 각 당사자는 상대방을 계약이 없었던 것과 같은 상태에 복귀케할 의무를 부담한다는 뜻을 규정하고 있는

바 계약에 따른 채무의 이행으로 이미 등기나 인도를 하고 있는 경우에 그 원인행위인 채권계약이 해제됨으로써 원상회복 된다고 할 때 그 이론 구성에 관하여 소위 채권적 효과설과 물권적 효과설이 대립되어 있으나 우리의 법제가 물권행위의 독자성과 무인성을 인정하고 있지않는 점과 민법 548조 1항 단서가 거래안정을 위한 특별규정이란 점을 생각할때 계약이 해제되면 그 계약의 이행으로 변동이 생겼던 물권은 당연히 그 계약이 없었던 원상태로 복귀한다 할 것이다*(대법원 1977. 5. 24. 선고 75다1394)*.

### 준물권행위(準物權行爲)

물건 이외에 권리의 변동을 직접 발생시키는 법률행위이다. 예를 들면 채권양도·채권면제 등이다. 단순히 당사자간에 권리 변동을 일으키는 채권·채무를 발생시키는 것이 아니라는 점에서 채권행위와는 다르며 물권의 설정·이전을 내용으로 하지 않는다는 점에서 물권행위와 다르지만, 채권변동의 직접적인 변동을 일으켜 원칙적으로 이행의 문제를 남기지 않는다는 점에서 물권행위에 가깝다. 따라서 준물권행위라고 부른다. 준물권행위에서도 물권행위와 같이 의사주의인가 형식주의인가 하는 준물권행위 자체로서의 성립요건 및 독자성·무인성 등의 원인인 채권행위와의 관계 등이 입법상·해석상 문제가 된다.

→ 물권행위

### 유인행위*(有因行爲)*

독 ; kausales Geschäft

원인과 분리하여서는 효력을 가지지 않는 법률행위를 유인행위라고 한다. 즉 특정한 법률행위를 기초로 하여 새로운 법률행위를 하였을 경우에 원인되는 법률행위의 유·무효에 따라 뒤에 행하여진 법률행위의 유·무효가 결정되는 행위이다. 일반적인 법률행위는 언제나 일정한 원인에 의하여 연쇄적 관련을 가지고 행하여지므로 유인행위인 것이 원칙이다. 그러나 우리 민법상 물권행위가 원인 되는 채권행위에 대하여 무인성을 갖는가의 여부에 대하여는 견해가 갈라진다. 통설은 물권행위는 원칙적으로 무인이지만 특약으로 유인으로 할 수 있다고 한다.

### 무인행위(無因行爲)

독 ; abstraktes Geschaft

원인과 분리하여도 출손(出損)의 효력에 영향이 없는 법률행위를 무인행위라고 한다. 즉 원인인 법률행위가 효력을 잃더라도 결과적 행위의 효력은 아무런 영향을 받지 않는 행위이다. 어음행위와 같이 거래의 안전을 특히 보호할 필요가 있는 것은 무인행위가 된다. 어음행위가 무인행위라는 견해에 대하여는 현재 소수의 이론이 있다. 무인행위에 있어서 무인성의 인정에 따른 재산상의 불균형은 부당이득제도에 의하여 시정된다. 즉 무인행위로 인하여 이익을 본 상대방은 부당이익이 생기게 되므로 따로 반환청구를 당하게 될 것이다.

## 물권계약(物權契約)

독 ; dingliches Vertrag

직접적으로 물권의 설정·이전·소멸을 목적으로 하는 계약으로서 물권행위의 대부분을 차지한다. 예를 들면 질권설정계약·지상권설정계약 등이다. 계약이 아닌 물권행위로는 유언·권리의 포기와 같은 단독행위와 사원 총회의 결의와 같은 합동행위가 있지만 그 예가 드물다.

## 물권적 의사표시(物權的 意思表示)

물권행위의 구성 요소로서 물권변동을 발생시킬 것을 내용으로 하는 의사표시이다. 물권변동은 등기나 인도를 통하여 그 효력이 발생한다(민§186, §188, 예외§187 참조). 등기나 인도는 물권행위의 효력을 제3자에게 공시하기 위한 것이며 효력발생의 요건이 된다.

## 물권적 합의(物權的 合意)

(독 ; Einigung)

물권변동을 목적으로 하는 의사표시, 즉 물권계약은 이를 특히 물권적 합의라고 하며, 물권적 의사표시라고도 한다. 일반적인 견해에 의하면 물권적 합의는 곧 물권행위를 가리키는 것이나, 물권적 의사표시와 공시방법을 합한 것을 물권행위라고 하는 견해에 의하면 물권적 합의는 물권행위의 한 요소가 된다.

## 공시의 원칙(公示의 原則)

독 ; Prinzip der Offenkundigkit, publizitä tsprinzip

물권의 변동은 언제나 그 사정을 외부에서 인식할 수 있도록 반드시 일정한 공시방법을 수반하여야 한다는 원칙이다. 물권은 배타성을 가지는 독점적 지배권이므로 그 내용은 제3자가 알 수 있도록 하지 않으면 일반인에게 예측할 수 없는 손해를 주어 거래안전을 해치게 된다. 따라서 이러한 물권거래의 안전을 위하여 인정되는 것이 공시제도이다. 공시방법에는 부동산의 경우에 등기(민§186)이고 동산의 경우에 인도(§188)이며 그밖에 수림의 집단에 인정되는 명인방법(明認方法)이 있다. 물권변동 시 공시방법을 갖추지 않는 경우에 대하여는 입법례가 둘로 나누어져 있다. (1) 공시방법을 갖추지 않으면 제3자에 대한 관계는 물론 당사자 간에서도 물권변동이 생기지 않는다는 성립요건주의(형식주의로 등기나 인도를 효력발생 요건으로 함 : 독법계와 우리민법)와 (2) 당사자간에는 물권변동이 일어나지만 공시방법을 갖추지 않는 한 그 물권변동을 제3자에게 대항하지 못하다는 대항요건주의(의사주의, 단순히 대항요건으로 함 : 불법계와 일본민법, 구민법)이 있다. 그런데 부동산물권에 관하여는 등기라는 완비된 공시방법이 인정되어 있어서 그 기능을 다하고 있지만 동산물권의 공시방법인 점유의 이전(인도)은 대단히 불완전하므로 그 기능을 다하지 못한다. 따라서 동산물권의 거래가 안전하게 행하여지는 것은 공시의 원칙에 의한 것이다. 이러한 동산물권의 공시 원칙을 관철하는 방법으로 (1) 일정한 상품의 권리를 증권화 하여 그 증권의 배서·교부를 공시방법으로 하는 것(예 : 상법상의 화물상환증·유가증권·선하증권·창고증권 등)과 (2) 특수한 동산물권에 관하여 공적장부에 의한 공시방법으로 등기·등록을 인정하는 것(선박·자동차·항공기·건설기계 등)이 있다. 공시제도는 본래 물권에서만 문제되었던 것이나 지금은 임차권과 같은 채권(민§621)·채권양도시의 통지, 승낙(§450)·혼인의 신고(§812)·회사설립의 등기(상§172)·어음상의 권리양도의 배서(어§14, §16)·특허권이전의 등록(특허§101①Ⅰ)·광업권이전의 등록(광업§38)·저작재산양도의 등록(저작§54) 등에 인정된다.

**공시주의**(公示主義)

공시주의라 함은 제3자의 이해에 영향을 미칠 수 있는 사항, 그 중에서도 특히 권리능력·행위능력 또는 권리의 발생·변동·소멸 등에 관하여 제3자로 하여금 그것을 알 수 있도록 공시하여 거래의 안전을 도모하려는 주의이다. 등기나 등록 등의 제도는 모두 이 주의의 구현이라고 할 수 있다.

**거래의 안전**(去來의 安全)

재산의 거래에 있어서 거래당사자와 당사자가 아닌 자와의 이해가 충돌하는 경우 그 지위를 보호하는 것을 말한다. 이 때 진정한 권리자의 보호에 중점을 두는 것을 정적 안전(靜的 安全)이라 하고, 진정한 권리자의 권리를 희생시키더라도 거래의 안전을 보호하기 위하여 외관을 신뢰한 자를 보호하는 것을 동적 안전(動的 安全)이라고 한다. 물론 이 동적 안전과 정적 안전이 적절히 타협하는 것이 가장 이상적이라 할 것이다. 그러나 근대법은 정적 안전의 보호에 주안점을 두었으며 자본주의가 발달함에 따라 재화의 유통이 빈번해짐으로써 그 유통의 신속과 안전을 위하여 동적인 안정을 점차 중시하게 되었다.

**공신의 원칙**(公信의 原則)
독 ; Prinzip des öffen tlichen Glaubens

물권의 존재를 추측케 하는 표상 즉 공시방법(등기·점유)에 의하여 물권의 외형을 신뢰하여 거래한 자는 비록 그 공시방법이 실질적 권리와 일치하지 않더라도 그 공시된 대로의 권리가 존재하는 것으로 인정하여 그 자를 보호하여야 한다는 원칙이다. 공신의 원칙은 물권의 공시방법으로 인정하는 표상을 신뢰한 자를 보호함으로써 거래의 안전을 도모하는 역할을 하는 동시에 진정한 채권자로 하여금 권리관계와 부합하지 않는 공시방법을 시정하여 공시와 권리관계를 부합시키도록 노력하게 하는 역할을 한다. 본래 진정한 권리가 없는 자로부터는 소유권을 취득할 수 없는 것이 원칙이다. 그러므로 공신의 원칙에 의한 매수인의 보호는 분명히 변칙적인 사례에 속한다. 그러나 상대방이 진정한 채권자인지의 여부를 정확히 조사한다는 것은 곤란하며 또 가능하다 하더라도 많은 시간을 요하게 되어 거래의 신속을 해치게 된다. 따라서 물권법이 규정하는 공시방법을 갖춘 자로부터 선의로 매수한 자는 보호되어야 한다는 결론이 성립할 수 있는 것이다. 공신의 원칙은 민법에서는 동산의 선의취득제도(민§249~§251)·지시채권의 선의취득제도(§514, §515)·표현대리제도(§125, §126, §129)·채권의 준점유자에 대한 변제의 보호제도(§470, §471) 등이 있으며 상법에서는 유가증권선의취득제도(상§65·어16②·수§21) 등이 있다. 그러나 공신의 원칙은 진정한 권리자에게 불이익이 된다. 따라서 우리 민법상 공신의 원칙은 부동산에 있어서는 인정되고 있지 않다. 그러므로 부동산의 경우에는 등기만을 믿고 안심하고 거래하지는 못한다.

### 공신력(公信力)

독 ; öffentlicher Glaube

원래 물권변동에 관하여 공시의 원칙을 취하였다 하더라도 그 외형적인 사실, 즉 권리관계의 표상이 언제나 진실된 권리관계와 일치된다고는 볼 수 없다. 따라서 표상을 신뢰하여 거래한 자라 하더라도 물권을 취득할 수 없다는 결과가 된다. 그러나 그렇게만 한다면 물권거래의 안전과 신속을 기대하기가 어렵기 때문에 물권의 표상에 대하여 그것을 신뢰한 자에게 물권을 취득케 하는 효력을 인정함으로써 무권리자를 보호할 필요가 생긴다. 이러한 효력을 공신력이라고 한다. 우리나라 민법상 동산에 관한 점유는 공신력을 가지고 있으나 부동산에 관한 등기는 공신력을 가지지 않는다.

### 등기의 공신력(登記의 公信力)

어떤 부동산등기를 신뢰하여 거래한 자가 있는 경우에 비록 그 등기가 진실한 권리관계에 합치되지 않는 것이더라도 그 자의 신뢰가 보호되는 등기의 효력을 말하는 것이다. 공신의 원칙을 인정하면 물권거래의 안전은 보호되는 반면, 진정한 권리자는 기존의 권리를 박탈당하게 된다. 따라서 공신의 원칙은 동적안전·정적안전 중 어느 쪽을 보호하여야 할 것인가를 검토하여 전자가 중요시되는 경우에 한해 인정될 수 있다. 공신의 원칙을 채용함에 있어서는 권리를 잃게 되는 진정한 권리자의 보호를 고려해야 한다. 우리 민법상 등기의 공신력은 부인되기 때문에 A가 B소유의 부동산을 자기의 소유명의로 등기한 후, 이를 C에게 매도하고 등기이전을 한 경우에 C가 비록 A명의로 되어 있던 등기를 신뢰하였더라도 C는 권리를 취득하지 못한다.

### 물권상실(物權喪失)

→ 물권소멸

### 물권소멸(物權消滅)

물권이 주체로부터 이탈하는 것을 말하며 물권상실이라고도 한다. 이것은 절대적 소멸과 상대적 소멸로 나누어 진다. 절대적 소멸은 권리가 누구를 위하여도 존속하지 않고 소멸하는 것, 즉 이 사회에서 기존의 물권 하나가 없어지는 것이다. 상대적소멸은 물권 그 자체는 존속하지만 물권이 타인에게 승계됨으로써 종래의 주체가 물권을 잃는 것이다. 이에는 권리자의 의사에 의하여 발생하는 경우와 그렇지 않은 경우가 있는데, 특히 의사에 의하여 물권을 상실하는 것을 물권의 양도라고 한다(민§188②). 각종 물권의 공통이 되는 소멸원인으로 목적물의 멸실·소멸시효·포기·혼동·공용징수·몰수 등이 있다.

## 목적물의 멸실(目的物의 滅失)

물권은 물건을 직접 지배하는 권리이므로 목적물이 멸실하면 그에 대한 물권도 소멸하는 것은 명문의 규정이 없어도 당연하다. 물권의 멸실 여부는 사회통념·거래관념에 따라 결정된다. 물건의 일부가 멸실한 경우에 동일성이 유지되는 한 그 물건에 대한 동일물권이 존속한다. 물건의 멸실이라도 물건의 소실과 같이 물리적으로 완전히 소멸하기도 하지만 멸실물의 물질적 변형물이 남는 경우가 있다. 이 경우 물권은 원칙적으로 목적물의 물질적 변형물에까지도 미친다. 예컨대 소유권이나 저당권은 무너진 집의 붕괴목재에까지 미친다. 또한 담보물권은 그 목적물이 멸실되더라도 경제적 가치로 보아 대위성(代位性)(예 : 화재보험금이나 손해배상청구권 등)이 있는 경우에는 그에 대하여 권리가 존속한다.

## 물권포기(物權抛棄)

물권을 소멸시킬 것을 목적으로 의사표시로 성립하는 단독행위이다(물권적 단독행위). 부동산물권의 포기에는 물권적 의사표시와 등기를 필요로 하고(민§186), 동산물권의 포기에는 물권적 의사표시와 점유의 포기를 필요로 한다. 점유를 수반하는 물권(소유권·질권·지상권(地上權)·전세권 등)의 포기에는 포기의 의사표시와 등기 이외에 그 점유도 포기하여야 한다. 소유권과 점유권의 포기는 상대방 없는 단독행위로서 단독으로 말소등기를 신청할 수 있다. 제한물권의 포기는 그 포기에 의하여 직접 이익을 얻는 자에 대하여 행하는 상대방 있는 의사표시이며 이 경우 말소등기신청에 대하여는 단독신청설과 상대방과의 공동신청설이 대립한다. 또한 포기는 원칙적으로 자유이지만 그로 인하여 타인의 이익을 해할 수 없다. 즉 민법은「지상권 또는 전세권이 저당권의 목적인 경우에 그 지상권 또는 전세권의 포기는 저당권자의 동의 없이 할 수 없다」고 규정하고 있다(민§371②). 포기도 법률행위의 일종이므로 선량한 풍속 기타 사회질서에 위반하는 경우에는 무효이다(민§103).

## 혼동(混同)

라 ; confusio
영 ; merger
독 ; Konfusion, Vereinigung

병존시킬 만한 가치가 없는 두 개 이상의 법률상의 지위 또는 자격이 동일인에게 귀속하는 것을 말한다. 일반적으로 두 개의 지위나 자격을 병존할 필요가 없기 때문에 그 가운데 한 편은 다른 편에 흡수되어 소멸하는 것이 원칙이다. 혼동은 주로 채권과 물권에 관하여 다같이 소멸원인이 된다(민§507, §191). → 물권의 혼동, 채권의 혼동 참조

## 물권의 혼동(物權의 混同)

입법례에 따라서는 독일민법과 같이 부동산물권은 혼동으로 인하여 소멸하지 않는 것도 있다(독민§889). 그러나 우리 민법은 동산물권과 부동산물권의 구별 없이 물권은 혼동으로 소멸하는 것이 원칙이다. 즉 (1) 소유권과 제한물권의 혼동 : 동일한 물건에 대한 소유권과 제한물권이 동일인에게 구속한 경우에는 제한물권이 소멸하는 것이 원칙이다(민§191① 본문). 예컨대 저당권자가 저당부동산의 소유권을 취득하거나 지상권자가 소유권자를 상속하는 경우 등에 그 저당권이나 지상권은 혼동으로 인하여 소멸한다. 그러나 혼동으로 인한 제한물권의 소멸을 인정하는 것이 소유권자나 제3자의 법률상의 이익을 부당하게 해치게 될 경우에 제한물권은 소멸하는 것은 부당하다. 이에 민법은 그 제한물권이 제3자의 권리의 목적인 때에는 소멸하지 않는다는 예외 규정을 두고 있다(민§191① 但). 이러한 예외도 다음의 두 가지로 나눌 수 있다. 즉 ㉮ 그 물건이 제3자의 권리의 목적인 때 : 예컨대 甲 소유의 토지에 乙이 1번 저당권을, 병이 2번 저당권을 가지고 있는 경우에 을이 갑의 소유권을 취득하여도 을의 1번 저당권은 소멸하지 않는다. 왜냐하면 만약 을의 저당권이 소멸하면 그 부동산이 병에 의하여 경매되는 경우에 병이 1번 저당권자로 격상되어 우선 변제를 받게 되어 병보다 선순위저당권자였던 을이 우선변제를 받지 못하게 되기 때문이다. ㉯ 혼동한 제한물권이 제3자의 권리의 목적인 때 : 예컨대 갑 소유의 토지 위에 지상권을 가지고 있는 을이 갑 소유권을 취득하여도 그 지상권이 병의 저당권의 목적인 경우에는 을의 지상권은 소멸하지 않는다. 만약 소멸한다면 그 지상권에 기한 병의 저당권이 소멸하여 병은 부당한 불이익을 받게 되기 때문이다. 그러나 제한권자를 존속시킬 아무런 이익이 없는 경우 예컨대 위의 ㉮에서 을이 2번 저당권일 경우와 ㉯에서 병도 갑 토지에 대하여 을의 지상권에 우선하는 저당권을 가지는 경우에는 소멸한다.

(2) 제한물권과 그 제한물권을 목적으로 하는 다른 권리와의 혼동 : 제한물권과 그 제한물권을 목적으로 하는 다른 권리가 동일인에게 귀속되는 경우에는 그 다른 권리는 소멸하는 것이 원칙이다(민§191②). 예컨대 지상권 위에 저당권을 가지는 자가 그 지상권을 취득하거나 지상권 위에 질권을 가지는 자가 저당권을 상속하는 경우에는 저당권이나 질권은 혼동으로 인하여 소멸한다(민§191②, §191① 본문). 그러나 이 역시 해석상 예외가 인정된다(§191②, §191① 단서). 즉 ㉮ 제한물

권이 제3자의 권리의 목적인 경우와 ㉯ 혼동한 제한물권이 제3자의 권리의 목적인 경우이며 그 근거는 소유권과 제한물권의 혼동에서와 동일하다. (3) 권리의 성질상 처음부터 양립하여 대립하지 않는 것은 혼동의 적용이 없다. 즉 ㉮ 점유권은 혼동으로 소멸하지 않는다(민§191③). 점유권은 점유라는 사실을 보호하는 권리이므로 소유권 기타 본권에 대하여 독자적인 존재의미를 가진다. ㉯ 광업권은 광물 채취를 목적으로 하는 지역에 관한 지배권이며 보통 지표의 이용을 목적으로 하는 토지소유권과는 별개의 독립한 권리이므로 양자는 양립할 수 있는 것이므로 혼동으로 소멸하는 일은 없다. 혼동으로 인한 물권의 소멸은 절대적이다. 혼동 이전의 상태가 어떤 이유로 복귀하더라도 일단 소멸한 권리는 부활하지 않는다. 그러나 혼동을 일으키는 전제가 된 권리의 취득행위 자체가 취소·무효·해제 등으로 말미암아 부정된 경우에는 혼동은 생기지 않았던 것으로 된다.

## 공용징수(公用徵收)

영 ; compulsory acquisition expropriation
독 ; Enteignung
불 ; expropriation

공용수용과 같은 말이다. 공익을 위하여 필요한 처분으로서 공용징수가 인정되는 경우에는 징수자는 원시적으로 권리를 취득하고 그 반면으로서 피징수자의 물권은 소멸된다. → 행정법편 참조

## 몰수(沒收)

영 ; confiscation of propery
독 ; Einziehung

몰수는 재산의 박탈을 내용으로 하는 재산형이다(형§41Ⅸ). 몰수에 의하여 국가는 권리를 원시적으로 취득하는 반면에 피몰수자의 물권은 소멸된다.

## 등기(登記)

영 ; registration
독 ; Eintragung
불 ; transcription, inscription

일정한 법률관계를 널리 사회에 공시하기 위하여 등기관이 법정절차에 따라서 등기부라고 불리는 공적 장부에 부동산에 관한 일정한 권리관계를 기재하는 것을 말한다. 즉 (1) 등기는 부동산의 권리관계 또는 표시에 관한 기재이다. 따라서 이와 관계없는 기재는 등기부상의 체재일지라도 단순한 절차상의 기재일 뿐 등기는 아니다. (2) 등기관의 과실 등으로 등기부에 기재되지 않으면 등기가 있다고 할 수 없다. 이 점이 가족법상의 신고와 다르다. 즉 등기부에 기재가 있을 때에 비로소 공시적 기능을 발휘할 수 있기 때문이다. (3) 등기가 당사자의 신청에 의한 것인지의 여부는 묻지 않는다. 따라서 그 기재가 관공서의 촉탁에 의한 것이든 등기관의 직권에 의한 것이든 모두 등기가 된다. (4) 등기는 국가기관인 등기관이 법정의 절차에 따라서 기재하여야 한다. 등기절차를 정하는 것은 부동산등기법과 부동산등기법시행규칙이다. 등기의 효력에 대하여 구민법상의 부동산등기에서는 일정한 사항을 제3

자에게 주장하는 대항요건으로 하였지만 현행민법상의 부동산등기와 상법상의 회사설립등기는 일정한 사항의 효력발생요건으로 하고 있다. 우리나라는 등기의 공신력을 인정하지 않고 있다.

**등록**(登錄)
영 ; registration
독 ; Registrierung
불 ; enregistrement

일정한 사실이나 법률관계를 행정관청 등에 비치되어 있는 공부에 기재하는 것이다. 광의로는 등기를 포함하지만(지방세법), 다음과 같은 점에서 등기와 다르다. (1) 등기는 등기소에 비치되어 있는 등기부에 등기하여 행하는 데 대하여, 등록은 일반행정청 등에 비치되어 있는 공부에 등록하여 행한다. (2) 등기는 권리의 효력발생요건 또는 대항요건인데 대하여, 등록은 권리의 종류에 따라서 그 효력이 다르다. ㉮ 특허권(특허법§87)·디자인권(디자인보호법§39)·실용신안권(실용신안법§21)·상표권(상표법§41) 등의 공업소유권 등록과 자동차저당(자동차 등 특정동산 저당법§5)의 등록은 권리의 효력발생요건이다. ㉯ 저작권(저작권법§53)·등록국채증권의 이전 및 입질(국채§6)의 등록과 어업권의 등록(수산§17)은 제3자에 대한 대항요건이다. ㉰ 의사(의료법§11)·수의사(수의사법§6)·변호사(변호사법§7)의 등록은 면허의 방법이다. ㉱ 자동차(자동차관리법§5)·선박(선박법§8, 상§743, §745)·항공기(항공법§5)의 등록은 일정한 행위를 하기 위한 요건이다.

**권리변동의 등기**
(權利變動의 登記)

소유권의 보존등기를 기초로 하여 그 후에 행하여지는 권리변동의 등기를 말한다. 즉 소유권의 이전·저당권의 설정 등은 우선 소유권의 보존등기를 하지 않고는 등기할 수 없다.

**멸실**(滅失)

물건이 경제적 효용을 전부 상실할 정도로 파괴된 상태이다. 예컨대 민법에 있어서 점유물의 멸실의 경우 선의의 점유자는 이익이 현존하는 한도에서 배상책임이 있으며 악의의 점유자는 그 손해의 전부를 배상할 책임이 있다(민§202 본문).

**대장**(臺帳)

부동산등기부 이외에 부동산에 관한 공적 장부로서 토지대장과 가옥대장이 있다.

**지적공부**(地籍公簿)

과세와 징세를 위하여 토지의 상황을 정확하게 파악하기 위한 기초자료로서 이용하기 위한 토적부(討籍簿)로서의 성격을 가진 공적 장부이다. 우리나라는 지적장부로서 토지대장과 임야대장 등을 가지고 있다. 이와 같이 토지에 관하여도 대장을 가지게 된 연유는 일제하에서 먼저 경작지를 중심으로 하는 토지조사를 바탕으로 하여 토지대장이 작성되었고, 이어서 토지조사에서 제외된 임야에 대한 조사·사정을 거쳐 임야대장을 만들었기 때문이다. 토지대장과 임야대장에 등록되는 것은 토지의 소재·지번·지목·면적·소유자의 성명 또는 명칭, 주소와 주민등록번호(국가 또는 지방자치단체, 법인 또는 법인 아닌 사단이나 재단 및 외국인의 경우에는 부동산등기법 제49조에 따라 부여된 등록번호) 등이다(공간정보의 구축 및 관리 등에 관한 법률 §71). 그러나 지적공부라고 할 때에는 이 두 대장이외에 공유지연명부, 대지권등록부, 지적도, 임야도 및 경계점좌표등록부 등 지적측량 등을 통하여 조사된 토지의 표시와 해당 토지의 소유자 등을 기록한 대장 및 도면(정보처리시스템을 통하여 기록·저장된 것을 포함한다)을 말한다(공간정보의 구축 및 관리 등에 관한 법률§2 19호). 지적소관청은 해당 청사에 지적서고를 설치하고 그 곳에 지적공부(정보처리시스템을 통하여 기록·저장한 경우는 제외한다)를 영구히 보존하여야 하며, 천재지변이나 그 밖에 이에 준하는 재난을 피하기 위하여 필요한 경우나 관할 시·도지사 또는 대도시 시장의 승인을 받은 경우 외에는 해당 청사 밖으로 지적공부를 반출할 수 없다(공간정보의 구축 및 관리 등에 관한 법률 §69).

## 임야대장(林野臺帳)

→ 지적공부(地籍公簿)

## 토지대장(土地臺帳)

영 ; cadaster
독 ; Kataster
불 ; cadastre

토지의 상황을 명확히 하기 위하여 토지의 소재·지번·지목(토지의 주된 사용목적)·면적·소유자의 성명 또는 명칭, 주소와 주민등록번호(국가, 지방자치단체, 법인 또는 법인 아닌 사단이나 재단 및 외국인은 그 등록번호) 및 고유번호 등을 등록하는 장부이다(공간정보의 구축 및 관리 등에 관한 법률 §71). 등기소에 비치하여 토지의 권리관계를 공시하는 토지등기부와는 다르지만, 이 두 장부는 서로 그 기재내용에 있어서 일치하여야 한다. 따라서 부동산 상황에 변동이 생긴 때에는 먼저 대장등록을 변경한 후에 등기부를 변경하게 된다. 그러나 권리자체의 변동에 관하여는 등기부를 기초로 하고 토지대장은 이에 따르게 된다. → 지적공부(地積公簿)

## 지목(地目)

토지의 현황·성질·이용목적 등을 표시하기 위하여 토지에 붙이는 명칭이다. 측량·수로조사 및 지적에 관한 법률은 지목을 토지의 주된 사용목적에 따라 전(田)·답(畓)·과수원·목장용지·임야·광천지(鑛泉地)·염전·대(垈)·공장용지·학교용지·주차장·주유소용지·창고용지·도로·철도용지·제방·하천·구거(溝渠)·유지(溜池)·양어장·수도용지·공원·체육용지·유원지·종교용지·사적지·묘지·잡종지로 구분하여 정한다(공간정보의 구축 및 관리 등에 관한 법률 §67), 토지의 지목이 다르게 된 때에는 토지소유자는 60일 이내에 소관청에 지목변경을 신청하여야 한다(공간정보의 구축 및 관리 등에 관한 법률 §81).

## 지번(地番)

지번이라 함은 필지에 부여하여 지적공부에 등록한 번호를 말한다(공간정보의 구축 및 관리 등에 관한 법률 §2). 모든 토지는 공간정보의 구축 및 관리 등에 관한 법률에 따라 필지마다 지번 등을 정하여 지적공부에 등록되어야 하는 것이다(공간정보의 구축 및 관리 등에 관한 법률 §64). 지적소관청은 지적공부에 등록된 지번을 변경할 필요가 있다고 인정하면 시·도지사나 대도시 시장의 승인을 받아 지번부여지역의 전부 또는 일부에 대하여 지번을 새로 부여할 수 있다(공간정보의 구축 및 관리 등에 관한 법률 §66).

## 가옥대장(家屋臺帳)

가옥의 소재·번호·종류·구조·건평과 소유자의 주소·성명 등을 등록하여 가옥상황을 명확하게 하는 장부이다. 세무관청에 비치되어 과세의 기본이 된다. 가옥의 사실상의 상황을 명확히 기재하는 점에서 등기소에 비치되어 가옥에 관한 권리관계를 공시하는 건물등기부와 구별되지만 양자는 동일사항에 관하여 일치하여야 한다. 따라서 건물의 사실상의 상황에 관하여는 대장의 기재를 등기부의 기재의 기초로 삼고, 건물에 관한 권리변동에 관하여는 등기부의 기재를 대장의 기재의 기초로 삼는다.

## 인도(引渡)

라 ; traditio　　영 ; delivery
독 ; Ubergabe　　불 ; délivrance

인도란 원래 동산에 대한 현실적·직접적인 지배의 이전인 현실의 인도를 의미한다(민§188①). 그러나 우리 민법상 인도는 점유의 이전을 말한다. 즉 인도에는 (1) 현실의 인도 이외에 (2) 간이인도(§188②) (3) 점유개정(§189) (4) 목적물반환청구권의 양도에 의한 인도 방법(민§190) 등도 인정된다. 인도는 동산물권변동의 공시방법이며 효력발생요건이다. 그러나 인도는 등기와는 달리 일반인에게 공시의 역할이 미약하다. 더구나 현실의 인도만이 아니라 관념의 인도까지 인정하기 때문에 더욱 불완전하게 된다. 이와 같은 불완전한 공시의 결점을 보완하기 위하여 동산거래시에는 선의취득자를 보호한다(민§249).

## 명도(明渡)

토지나 건물 또는 선박을 점유하고 있는 자가 그 점유를 타인의 지배하에 옮기는 것이다. 법문상으로는 인도로 규정하고 있으며(민사집행법 258조 1항) 명도라는 말은 사용하지 않는다.

## 현실의 인도(現實의 引渡)

직접 물건을 교부하는 것과 같이 물

건에 대한 사실상의 지배를 현실적으로 이전하는 것이다. 인도의 가장 원칙적인 방법이다. 어떠한 경우에 사실적 지배의 이전이 있다고 보느냐는 사회통념에 의하여 결정하게 된다. 즉 사회통념상 물건이 양도인의 지배권을 벗어나서 양수인의 지배권내로 갔다고 인정되면 되는 것이다. 예컨대 물건이 집에 배달된 경우 등에는 현실의 인도가 있는 것으로 된다. 민법 제188조 1항에서 말하는 인도는 현실인도를 의미한다.

> 물건의 인도가 이루어졌는지 여부는 사회관념상 목적물에 대한 양도인의 사실상 지배인 점유가 동일성을 유지하면서 양수인의 지배로 이전되었다고 평가할 수 있는지 여부에 달려있는 것인바, 현실의 인도가 있었다고 하려면 양도인의 물건에 대한 사실상의 지배가 동일성을 유지한 채 양수인에게 완전히 이전되어 양수인은 목적물에 대한 지배를 계속적으로 확고하게 취득하여야 하고, 양도인은 물건에 대한 점유를 완전히 종결하여야 한다*(대법원 2003. 2. 11. 선고 2000다66454).*

## 간이인도(簡易引渡)

라 ; traditio brevimanu
독 ; bergabe kurzer Hand

목적물의 양수인 또는 대리인이 이미 현실적으로 물건을 소지·점유하고 있을 때에는 따로 인도라는 절차를 밟을 필요가 없으므로 당사자의 의사표시만으로써 인도의 효과를 생기게 하는 제도이다(민§188②). 양수인이 이미 물건을 점유하고 있는 경우에는 점유권을 이전하는 편법의 일종이다. 예컨대 甲의 자동차를 임대한 乙이 甲의 자동차를 매수하는 경우에 일단 甲에게 되돌려 주었다가 다시 甲으로부터 인도를 받는다는 것은 번잡한 수고만 더하기 때문에 실제로 물건이동을 하지 않고 甲과 乙의 합의만으로 인도를 끝내버리는 간편한 인도방법이다.

## 점유개정(占有改定)

라 ; constitutum possessorium
독 ; Besitzkonstitut

양도인이 양수인의 점유매개자가 되어서 물건을 계속 소지하는 경우에 양도인이 앞으로는 양수인을 위하여 점유한다는 의사표시를 함으로써 인도의 효력이 생기게 하는 인도방법이다(민§189, §196②). 즉 양도인이 양수인에게 목적물을 양도하고서 다시 양수인에게 그 목적물을 임차하여 양도인이 물건을 계속 점유하는 경우이다. 소유권이전의 합의와 양수인에게 간접점유를 취득시키는 계약과의 두 가지 합의가 있게 된다. 그리고 이 두 합의(계약)는 불요식행위이며 묵시적으로 할 수 있으며 양자가 하나의 행위로 합체되어서 행하여지는 것이 보통이다. 일단 양수인에게 인도하였다가 다시 양도인이 빌어오는 절차의 번잡성을 피하기 위해 절차를 생략한 방법으로 양도담보의 경우에 실익이 많다.

## 목적물반환청구권의 양도
(目的物返還請求權의 讓渡)
라 ; cessio vindicationis

양도인이 제3자에게 점유시키고 있는 목적물, 즉 간접점유의 관계에 있는 물건을 그대로 양도하고자 할 경우에 양도인이 그 제3자에게 대한 반환청구권을 양수인에게 양도하면 그 동산의 인도가 있는 것이 되고 따라서 동산물권이 양도되는 제도이다(민§190, §196 ②). 즉 직접점유자에게 이후의 양수인을 위하여 그 물건을 점유할 것을 명하고 양수인이 이것을 승낙함으로써 점유의 이전, 이른바 동산의 인도가 생긴다. 주로 창고에 임치하여 둔 경우에 물건을 매매하고 계속하여 임치할 경우에 한 번 찾았다가 다시 임치하는 번잡을 피하기 위하여 행하여진다. 이 경우 반환청구권의 성질에 관하여 채권적 청구권설과 물권적 청구권설이 대립하지만 채권적 청구권설이 다수설이다.

## 입목(立木)

토지에 자라고 있는 수목의 집단이다. 입목은 민법상 토지의 정착물이며 가옥과 같이 독립된 부동산으로 취급되지 않는다. 따라서 원칙적으로 토지의 처분은 그 위에 자라고 있는 입목에도 미친다. 그러나 입목은 명인방법(明認方法)을 취함으로써 독립된 물건으로서 토지로부터 분리하여 거래할 수 있다. 또한 입목에 관한 법률은 입목을 독립한 부동산으로 보아 토지와 분리하여 양도하거나 이를 저당권의 목적으로 할 수 있도록 하였다(입목§3 ①, ②). 저당권의 목적이 된 입목소유자는 당사자간에 약정된 사업방법에 따라 그 입목을 조성·육림하여야 한다. 또한 입목소유자와 입목이 부착되어 있는 토지의 소유자가 경매 기타의 사유로 각각 다르게 되는 경우에는 토지소유자는 입목소유자에게 지상권을 설정한 것으로 간주되고 지료는 당사자의 약정에 의한다.

## 입목에 관한 법률

입목에 대한 등기 및 저당권의 설정 등에 관하여 필요한 사항을 규정한 법률이다. 종래 입목에 관하여 공시방법으로 관습법으로 발전한 명시방법만이 인정되었으나, 이 법에 의하여 등기가 가능하게 되었다(입목§13 ~ §21). 즉 토지에 부착된 수목의 집단으로서 소유자가 소유권보존등기를 하는 경우에 그 수목의 집단은 토지와 분리된 독립한 부동산이 되어 양도나 저당권의 목적이 될 수 있다(입목§3). 입목에 관하여 인정되는 물권은 소유권과 저당권뿐이다. 입목법은 이들의 물권변동에 관하여 특별규정을 두고 있지 않으므로 민법 제186조와 제187조의 일반규정에 의하게 된다.

## 명인방법(明認方法)

수목의 집단이나 미분리의 과실 등에 관한 물권변동에 있어서 관습법 또는 판례법에 의하여 인정되어 있는 특수한 공시방법이다. 수목이나 미분리과실 등의 소유권 양도에 인정된다. 명인방법은 소유권을 외부에서 인식할 수 있는 방법이어야 한다. 예를 들면 장래에 벌채할 목적으로 매수한 입목의 껍질을 벗기거나 페인트로 소유자의 이름을 기재하거나 귤밭에 새끼줄을 두르고 푯말을 세워 귤을 매수하였음을 공시하는 것 등이다. 그러나 명인방법에 의한 공시방법은 등기와 달리 완전한 것이 못되므로 소유권의 이전이나 보유의 경우에만 이용할 수 있으며 저당권과 같은 담보물권의 설정 등에는 이용할 수 없다. 또한 명인방법에는 공신력이 없으며, 수목이나 미분리과실이 분리되었을 경우에는 동산이 되어 채취할 권리가 있는 자에게 귀속된다(민§102① : 예컨대 토지소유권자·지상권자·임차권자 등). 수목의 집단에 관하여는 입목에 관한 법률이 제정되어 독립한 부동산으로 거래할 길이 열렸으나 입목에 관한 법률의 적용을 받는 수목은 매우 제한된 것이므로 앞으로도 명인방법은 많이 행하여질 것이다. 또한 입목법에 의하여 보존등기가 행하여진 입목은 수목 등에 관한 물권변동에 있어서 효과발생요건이 된다.

명인방법은 지상물이 독립된 물건이며 현재의 소유자가 누구라는 것이 명시되어야 하므로, 법원의 검증당시 재판장의 수령 10년 이상된 수목을 흰 페인트칠로 표시하라는 명에 따라 측량감정인이 이 사건 포푸라의 표피에 흰 페인트칠을 하고 편의상 그 위에 일련번호를 붙인 경우에는 제3자에 대하여 이 사건 포푸라에 관한 소유권이 원고들에게 있음을 공시한 명인방법으로 볼 수 없다*(대법원 1990. 2. 13. 선고 89다카23022).*

**점유**(占有)
라 ; possesio 영 ; possesion
독 ; Besitz 불 ; possession

물건에 대한 사실상의 지배를 말한다. 사실상 지배라 함은 사회통념상 물건이 어떤 사람의 지배하에 있다고 하는 객관적인 관계를 말한다. 사실상의 지배는 그 지배를 정당화하는 권리(소유권이나 임차권 등과 같은 본권(本權))에 의해 이루어지기도 하고, 훔쳐온 경우와 같이 아무 권리도 없이 단순히 사실상의 지배를 하고 있는데 불과한 경우도 있다. 그러나 우리 민법은 실질적인 권리인 본권의 유무를 떠나서, 즉 현존하는 지배관계가 어떠한 이유에서 발생했는가에 대하여 일체 불문하고 일단 그 사실상의 지배관계를 보호하고 사회의 평화와 질서를 유지하기 위하여 점유라는 지배의 사실적 외형에 점유권이라는 물권을 인정하고 여러 가지 법적 효과를 부여하고 있다. 이것이 占점유제도이다. 점유가 성립하면 사실적 지배 외에 주관적 의사를 필요로 하는가에 관하여 주관설과 객관설이 나누어져 있지만 현실의 지배사실이 있으면 그것으로 충분하다(민§192). 그러나 물건에 물리적 힘을 미칠 수 있을지라도 점유보조자는 점유할 수 없으며, 반대로 윤리적 실력행사는 미치지 아니할지라도 간접점유에는 점유가 인정된다.

물건에 대한 점유란 사회관념상 어떤 사람의 사실적 지배에 있다고 보여지는 객관적 관계를 말하는 것으로서 사실상의 지배가 있다고 하기 위하여는 반드시 물건을 물리적, 현실적으로 지배하는 것만을 의미하는 것이 아니고, 물건과 사람과의 시간적, 공간적 관계와 본권관계, 타인지배의 배제 가능성 등을 고려하여 사회통념에 따라 합목적적으로 판단하여야 할 것이고, 대지의 소유자로 등기한 자는 보통의 경우 등기할 때에 그 대지의 인도를 받아 점유를 얻은 것으로 보아야 할 것이므로 등기사실을 인정하면서 특별한 사정의 설시(說示) 없이 점유사실을 인정할 수 없다고 판단할 수는 없다 *(대법원 2001. 1. 16. 선고 98다20110)*.

**준점유**(準占有)
라 ; quasi possessioiuris
독 ; Rechtsbesitz
불 ; quast-possession

재산권을 사실상 행사하는 것이며, 점유에 관한 규정이 준용된다(민§210). 이 제도를 인정하는 목적은 물건의 사실상지배를 점유로써 보호하는 것과 마찬가지로 재산권의 사실상 지배도 보호하고자 하는 것이다. 따라서 권리점유라고도 한다. 순수한 점유권이 성립시킬 수 있는 소유권·지상권·전세권·질권·임차권은 준점유의 대상이 되지 못한다. 반면에 채권과 지역권·저당권 그리고 저작권·특허권·상표권과 같은 무체재산권은 준점유의 대상이 된다. 준점유의 효력은 점유의 효력과 같다. 즉 권리추정·과실취득·비용상환·점유보호청구권 등의 효력은 준점유에도 적용된다. 그러나 선의취득에 관한 규정은 준용되지 않는 것으로 해석된다. 다만, 채권의 준점유자에 대한 선의의 변제는 유효하다(민§471).

**본권**(本權)

본권이란 점유하는 것을 법률상 정당하게 하는 권리를 말한다. 즉 물건을 점유하여도 그 점유를 정당화하는 실질적인 권리에 의하여 점유하는 경우도 있지만 그렇지 않은 때도 있다. 예컨대 임차인·소유자는 각기 임차권·소유권이라는 권리에 의하여 정당하게 점유하는 자이다. 반면에 도둑과 같은 자는 그러한 권리 없이 사실상 점유하고 있을 뿐이다. 이와 같이 점유를 정당하게 하는 실질적인 권리를 본권 또는 점유할 권리라고 한다. 물건의 사용가치의 지배를 목적으로 하는 권리 즉 소유권·전세권·지상권·임차권 등은 모두 이러한 권리를 포함하고 있다.

**심소**(心素)
라 ; animus

어떠한 법률사실(예:주소·점유)의 구성요소로서 필요한 의사적 요소(정주(定住)의 의사·친구를 위한 의사 등)가 심소(心素)이며, 외형적 요소(거소의 사실·소지 등)가 체소(體素)(라;corps)가 된다. 심소와 체소의 구별은 점유에 관하여 가장 문제가 된다.

## 포제시오

라 ; possessio

로마법상의 점유제도이다. 로마법에 있어서는 물건에 대한 법률적 지배인 소유권(dominium)과 물건에 대한 사실적 지배인 점유(possessio)를 완전히 분리함으로써 possessio는 소유권 기타 본권의 유무와는 관계없는 사실적 지배 그 자체로서 보호되었으며 이를 위하여 점유보호청구권(action Pos sessire)을 인정하였다. 로마법상의 점유는 (1) 시민적 점유(possessio civili s)와 (2) 자연적 점유로 나누어진다. 시민적 점유라 함은 점유소권(interdic tum possess - orium)에 의하여 보호되는 점유로서 점유소권부 점유 (int erdictum possessorium) 혹은 「pos sessio」라고 부른다. 그러나 고전시대의 법학자들은 시민적 점유를 점유소권의 보호를 받는 점유 가운데 특히 시민법의 효과를 수반하는 점유 즉, 즉시 혹은 시효기간의 경과에 의하여 소유권취득을 할 수 있는 점유만을 가리킨다. (2) 자연적 점유라 함은 점유소권의 보호를 받지 않는 사실상의 점유, 즉 소지를 말한다. 이러한 possessio의 특색을 보면 ㉮ possessio는 권리관계로부터 분리하여 파악된 관념이므로 점유자가 소유권이나 채권 혹은 어떠한 권리를 갖느냐에 따라 아무런 차이도 생기지 않는다. ㉯ 따라서 possessio는 오직 한 종류밖에 없고 하나의 물건 위에 하나의 possessio가 성립할 따름이다. ㉰ 그러나 사실상의 지배를 갖는 모든 자에게 possessio가 인정되는 것이 아니라 임차인·사용차주 등은 사실상 지배를 하고 있어도 possessio가 인정되지 않는다. 우리 민법의 점유제도는 주로 possessio의 이론에 기초하고 있다.

## 게베레

영 ; seisin 독 ; Gewere 불 ; saisine

게르만법상의 물권제도이다. 물건에 대한 사실적 지배를 권리의 표현상식으로 보는 관념이다. 게르만법은 로마법과는 달라서 본권과 점유의 분화를 알지 못하였으며 외형에 나타난 사실적 지배와 추상적 권리를 언제나 일체된 것으로 파악하였다. 이러한 게베레의 효력은 세 가지가 있다. (1) 게베레를 수반하는 물건의 지배는 재판상의 증거에 의하여 뒤집혀질 때 가지는 정당한 것으로 간주되는 방어적 효력(권리방어적 효력), (2) 게베레를 수반하는 물적 지배가 침해되는 때에는 그 침해를 배제하여 권리의 내용을 실현할 수 있는 공격적 효력(권리실현적 효력·권리추정력), (3) 물건에 대한 지배권의 이전은 게베레의 이전이 있을 때에 비로소 완성된다는 이전적 효력(권리이전적 효력) 등이다. 이러한 관념은 근대의 점유제도 가운데도 계승되었다. 우리민법도 점유의 권리추정력·간접점유·선의취득 등은 게베레의 관념에서 온 것이다. 게베레를 현대적으로 풀어보면 「물권+점유」가 될 것이다.

## 소지(所持)

라 ; Detention, Innehabung
불 ; détention

민법상으로는 물건이 어떤 사람의 사실상의 지배권내에 들어있다고 볼 수 있는 상태이다. 사비니(Savigny) 대 예링(Jhering)의 유명한 점유논쟁에서 Jhering이 주장한 「detentio」 라고 하는 개념이다. 점유에 대하여는 주관설과 객관설로 나누어진다. (1) 주관설은 Savigny가 주장한 점유이론으로서 「자기를 위한 의사」를 「所有意思」로 보고 이 소유의사(심소)와 물건의 소지(體素)가 동시에 존재하고 있는 경우에 한하여 점유권이 발생한다고 하였다. 즉「소지+점유의사=점유」로 소지와 점유를 구분하였다. 이에 대하여 (2) 객관설은 Jhering이 주장한 것으로 심소는 「소지의사」일 필요는 없고 단순히 물건을 「소지하려는 의사」만으로도 충분하며 그 의사는 소지라는 사실상태 가운데 구현되므로 특별히 심소를 분리할 필요는 없다고 하였다. 즉 「물건에 대한 사실상의 지배=소지=점유」이므로 소지와 점유가 구별되지 않는다. 독일민법은 Jhering의 설을 다시 순화한 베커(Bekker)의 객관설에 입각하고 있으므로 소지를 점유로 인정하고 있으나 우리나라 민법은 사비니의 주관설에 근거를 두고 있으므로 단순한 소지에는 독립된 법적 효과를 인정하지 않는 경우가 많다. 그러나 우리나라 학설은 객관설의 경향을 띠고 해석하고 있기 때문에 실제로는 소지와 점유를 구별한다는 것은 매우 곤란하다.

## 점유보조자(占有補助者)

독 ; Besitzdiener, Besitzorgan

가사상(家事上)·영업상 기타 유사한 관계에 의하여 타인의 지시를 받고 물건에 대한 사실상의 지배를 하는 자이다(민§195). 예를 들면 타인의 상점에 고용되어 있는 점원은 점유보조자이고 주인은 점유자가 되는 것이다. 점유자의 수족이 되어 물건을 소지하는데 불과하므로 그 자신이 점유자가 되지는 못한다. 점유자와는 관계는 채권·채무관계가 아니라 상하지배관계에 놓여 있게 된다. 점유보조자는 점유권이 없으므로 점유보호청구권을 행사할 수 없으나 다만 현재의 사실상 지배를 침해하는 데 대하여는 자력구제권이 허용된다(§209).

## 악의점유·선의점유

(惡意占有·善意占有)

점유자가 자기에게 정당한 권원(權原)이 없다는 사실을 알면서도 점유하고 있는 상태를 악의 점유라고 한다(예 : 절도범인). 반면에 정당한 권원이 없다는 사실을 모르고 점유하는 상태를 선의의 점유라고 한다(예 : 착각하여 타인의 구두를 바꿔 신은 것). 정당한 권원이 없다는 사실을 확신하지 않는 경우 즉 의심을 하면서도 이를 점유하고 있는 경우에는 악의의 점유로 된다. 양자를 구분하는 실익은 취득시효에 있어서 악의는 20년 이상의 기간의 경과를 요하는 반면에 선의는 10년 이상이면 족하다고 하는 데에 있다(민§245).

그리고 동산의 즉시취득이 선의의 점유에 한하여 적용되고 있다는 점(§249)과 점유회복자에 대한 반환범위(§203) 등에 양자의 차이가 있다. 그밖에 점유자의 과실취득(§201)·점유자의 책임(§202)·점유자의 비용상환청구 등에도 차이가 있다. 점유자가 선의·악의인지가 불분명한 경우에는 점유자는 선의로 점유하고 있는 것으로 추정된다(§197①). 그러나 선의점유자가 본권에 관한 소에서 패소하면 그 소가 제기된 때에 소급하여 악의이었던 것으로 간주된다(§197②).

## 과실점유·무과실점유
(過失占有·無過失占有)

본권이 없는데도 불구하고 본권이 있는 것으로 오신(誤信)하는 경우에 그 오신에 관하여 과실이 있으면 과실점유(과실 있는 점유)이고 과실이 없으면 무과실점유(과실없는 점유)이다. 일반적으로 점유에 관하여 선의는 추정되고 있으나(민§197①), 무과실은 민법 제197조와 같은 규정이 없기 때문에 추정되지 않는다는 것이 통설이다. 따라서 무과실을 주장하는 자가 증명하여야 한다. 그러나 선의취득의 경우에는 예외적으로 무과실까지도 추정된다. 양자의 구별실익은 취득시효(§245~§248), 선의취득(§249~§251) 등에서 나타난다.

## 공연점유(公然占有)

공공연하게 내놓고 행하는 점유이다. 공연이라 함은 불특정이고 다수인이 알 수 있는 상태이므로 일부러 남에게 표시할 필요는 없으며 사물을 보통 소유하는 방법으로 점유한다면 공연한 점유가 된다. 점유자는 일반적으로 공연하게 점유한 것으로 추정된다(민§197). 동산의 선의취득(§249)·시효취득(§245②, §246) 등의 요건으로 사용되고 있다.

## 은비점유(隱祕占有)

점유사실을 타인에게 발각되지 않게 하기 위하여 은밀하게 가지는 점유이다. 공연점유에 대하는 말이다. 은비점유는 선의취득이나 시효취득을 하지 못할 뿐 아니라 점유물에서 생기는 과실을 반환할 의무를 진다(민§201②).

## 직접점유·간접점유
(直接占有·間接占有)

점유자와 물건 사이에 타인을 개재함이 없이 점유자가 물건을 직접적으로 지배하거나 점유보조자를 통하여 지배하는 것을 직접점유라고 한다. 반면에 어떤 자가 타인과의 일정한 법률관계에 기하여 그 타인에게 점유를 이전한 경우에 그에게 인정되는 점유가 간접점유이다. 사회에는 소유자가 소유물을 자신이 소지하고 있는 경우도 있지만, 그것을 타인에게 소지케 하고 자기는 그것을 관념상으로 지배하고 있는 경우가 있다. 예를 들면 건물의 소유권자 甲이 그 건물을 乙에게 임대하고 있는 경우에 乙은 직접점유자이고 甲은 간접점유자이다. 갑은 을을 매개로 하여 점유를 하고 있으므로 갑의 점유를 간접점유(대리점유)라고 하며 을은 점유매개자(Besitzmittler)가 된다. 이와 같이 점유는 중복하여 성립할 수 있다. 간접점유가 성립하려면 (1) 점유매개자가 물건을 점유할 것과 (2) 간접점유자와 점유매개자 사이에 지상권(地上權)·전세권·질권·사용임차·임대차·임치 기타의 관계, 즉 물건의 반환청구권의 존재를 전제로 하여 점유매개관계가 존재할 것을 필요로 한다(민§194). 이러한 관계가 없는 도난에 있어서의 피해자와 도난 사이에는 간접점유는 성립하지 않는다. 간접점유도 점유이므로 간접점유자는 원칙적으로 점유보호청구권(§207) 등 점유권의 모든 효력이 인정된다. 이점에서 점유보호자와 다르다.

## 자주점유·타주점유

(自主占有·他主占有)
독 ; Eigenbesitz·Fremdbesitz

자주점유란 소지의 의사를 가지고 하는 점유이다. 이에 비해 타주점유란 소유의 의사가 없는 점유, 즉 타인이 소유권을 가지고 있다는 것을 전제로 하는 점유이다. 권원의 성질상 자주점유인지 타주점유인지 판단할 수 없는 경우에는 자주점유로 추정한다(민§197①). 소유의 의사란 소유권자로서의 배타적 지배를 사실상 행사하려고 하는 의사를 말한다. 법률상지배권원(소유권)을 가지고 있거나 있다고 믿어야 하는 것은 아니다. 따라서 소유자는 아니지만 착오로 소유자라고 믿고서 점유하고 있는 자 혹은 물건을 절취한 자는 소유의사를 가지기 때문에 자주점유자이다. 그러나 지상권자(地上權者)·전세권자·질권자·임차인·수치인 등은 소유자가 따로 있다는 것을 전제로 점유하고 있기 때문에 타주점유자이다. 양자의 구별실익은 취득시효(§245), 무주물선점(§252)·점유자의 책임(§202)등에서 볼 수 있다.

점유자의 점유가 소유의 의사 있는 자주점유인지 아니면 소유의 의사 없는 타주점유인지의 여부는 점유자의 내심의 의사에 의하여 결정되는 것이 아니라 점유 취득의 원인이 된 권원의 성질이나 점유와 관계가 있는 모든 사정에 의하여 외형적·객관적으로 결정되어야 하는 것이다*(대법원 1997. 8. 21. 선고 95다28625 전원합의체 판결).*

## 소유의 의사(所有의 意思)

물건을 자기의 소유로 지배하려는 의사이다. 점유가 성립하는 데는 자기를 위한다는 의사로 충분하고 소유의 의사는 필요로 하지 않는다. 점유자는 소지의 의사가 있다고 추정된다(민§197). 소유의 의사를 가지고 행하는 점유를 자주점유라고 하며, 취득시효·무주물선점, 점유자의 책임 등의 요건이 된다(§245, §246, §202, §252).

자주점유는 소유자와 동일한 지배를 하려는 의사를 가지고 하는 점유를 의미하는 것이지, 법률상 그러한 지배를 할 수 있는 권한 즉, 소유권을 가지고 있거나 또는 소유권이 있다고 믿고서 하는 점유를 의미하는 것은 아니다(*대법원 1987. 4. 14. 선고 85다카2230*).

## 관리점유(管理占有)

독 ; Verwaltungsbesitz, Sequestrationsbesitz

수치물에 대한 임치인의 점유 같이 소유나 사용의 의사 없이 보관을 목적으로 하는 점유이다. 자주점유(自主占有)·용익점유(用益占有)에 대한다. 다만 관리점유에도 보관자 자신을 위하여 한다는 의사가 인정되므로 점유권은 성립한다.

## 단독점유·공동점유

(單독占有·共同占有)

단독점유는 한 개의 물건(혹은 물건의 일부)을 한 사람이 점유하는 것이다. 반면에 공동점유는 수인이 공동하여 동일물을 점유하는 것이다. 공동점유의 성립에는 공동점유자 각자가 자기를 위하여 하는 의사로써 충분하고 공동점유자 전원을 위하여 하는 의사를 요하지 않는다. 그러나 공동점유에 있어서의 각자의 점유는 완전한 것이 아니고 서로 제한된 상태에 있는 것으로 보아야 할 것이다. 또한 공동점유는 자주점유의 경우뿐만 아니라 타주점유의 경우에도 있을 수 있다. 그러나 공동점유란 수인이 공동하여 점유하는 것이므로 직접점유와 간접점유가 중첩되는 경우에는 공동점유는 성립될 수 없다.

## 하자점유·무하자점유

(瑕疵占有·無瑕疵占有)

점유에서 사용되는 하자란 악의(惡意)·과실·강폭(평온하지 않은 것)·은비(공연하지 않은 것)·불계속 등 완전한 점유로서의 효력발생을 방해하는 모든 사정을 말한다. 이러한 하자가 따르는 점유가 하자점유이고 전혀 하자가 없는 점유가 무하자점유이다. 진정한 권리자로부터 항변을 받는 것만으로는 악의나 과실의 하자는 될지라도 강폭한 점유가 있는 것으로 볼 수 없다. 그러나 점유의 선의(善意)·평온·공연(公然)과 전후양시(前後兩時)에 점유한 사실이 있는 경우의 점유의 계속은 명문에 의하여 추정된다(민§197②, §198). 따라서 점유자는 무과실만을 입증하면 무하자점유를 주장할 수 있다. 양자(兩者)의 구별실익은 취득시효(민§245~§248)·선의취득(§249) 등에서 볼 수 있다.

## 점유권(占有權)

독 ; Recht des Besitzes
불 ; droti de possession

점유권이란 점유라는 사실을 법률요건으로 하여 점유자에게 인정되는 물권의 일종이다(민§192~§209). 다른 물권과 같이 물건의 지배로부터 적극적으로 어떤 이익을 얻을 것을 내용으로 하는 것이 아니라, 물건에 대한 사실적인 지배상태를 일단 권리로서 보호하여 사인에 의한 교란을 금함으로써 사회의 평화와 질서를 유지하려는 제도이다. 다른 물권과는 지배권이라는 공통성 이외에는 배타성이나 우선적 효력이 없는 등 법률적 성질이나 사회적 작용에 있어서 현저한 차이가 있다. 점유권의 효력을 살펴보면 다음과 같다. (1) 점유권은 소유권이나 임차권과 마찬가지로 점유를 정당화하는 권리이다. 따라서 점유물에 대하여 행사하는 권리인 점유권은 적법하게 보유한 것으로 추정된다(권리의 추정 민§200). 예를 들면 시계를 절도한 자는 그 시계를 점유하고 있다는 점에서 일단 정당한 점유로 추정되기 때문에 도둑맞은 자는 자기가 소유자라는 이유로 도둑의 점유권을 침해할 수 없다. (2) 타인의 동산을 평온·공연하게 양수한 자가 선의(善意)·무과실로 그 동산을 점유한 경우에는 양도인이 정당한 소유자가 아닐지라도 즉시 그 동산의 소유권을 취득한다(동산점유의 공신력, 민§249). 이를 즉시취득 또는 선의취득이라고 한다. 예를 들면 일시 점유하고 있는 임차인을 소유자로 믿고 거래를 하고, 더구나 그렇게 믿는 것이 타당하다고 생각될 때에는 그 거래를 한 자는 보호되며 소유권을 취득한다. (3) 점유자는 점유의 방해를 받거나 받을 염려가 있는 때에는 물건의 반환이나 방해의 제거 또는 방해의 예방을 청구할 수가 있다(§204~§208). 이것을 점유보호청구권이라고 한다. 이밖에도 동산물권변동의 효력발생요건(§188)·취득시효의 기초(§245, §246)·자력구제권(§209)·과실취득권과 비용상환청구권(§201~§203)등 몇 가지 효력이 있다.

## 권리의 추정(權利의 推定)

특정인이 어떤 사실에 따라서 특정한 권리를 가지고 있다고 추정되는 것이다. 즉 점유자가 점유물에 대하여 행사하는 권리는 적법하게 보유하는 것으로 추정된다(민§197, §200). 이러한 추정을 받는 자는 그 권리를 다투는 자가 있더라도 스스로 권리자라는 것을 입증할 책임을 부담하지 않는다. 도리어 그 권리를 다투는 자 쪽에서 상대방이 권리자가 아니라는 것을 입증하여야 된다.

## 점유소권(占有訴權)

라 ; intrdictum
독 ; Besizklage
불 ; action possessoire

→ 점유보호청구권

## 점유보호청구권

(占有保護請求權)
라 ; interdictum possessionis
독 ; Besitzschutzanspruch
불 ; action posessoire

점유자가 점유의 방해를 받거나 방해의 염려가 있을 때 방해자에게 방해의 정지나 제거를 청구할 수 있는 권리이다(민§205~§209)·점유보호청구권은 점유물반환청구권·점유물방해제거청구권·점유물방해예방청구권의 세 가지 종류가 있다. 점유보호청구권이라고 하지만 실체법상의 권리이며 물권적 청구권의 일종으로서 민법에서는 이것만을 규정한다. 민법은 점유의 침해에 기한 손해배상청구권까지도 점유보호청구권의 내용으로 하고 있으나 손해배상청구권은 순수한 채권이지 물권적 청구권이 아니며 다만 편의상 함께 규정하고 있는 것에 불과하다. 사실상의 지배인 점유에 이와 같은 권리를 인정하는 이유는 사회의 질서유지를 확보하기 위해서이다. 이는 원칙적으로 자력구제를 금한다는 원칙에 대한 제도적 보장을 가능하게 한다. 다만 정당한 권리자는 자력구제를 할 수 있다(민§209). 점유보호청구권의 주체는 점유권자이다. 즉 직접·간접점유자 모두 주체가 되지만(§207), 점유보조자는 점유보호청구권을 행사하지 못한다.

## 점유물반환청구권

(占有物返還請求權)

독 ; Anspruch Wegen Besitzentziehung

점유자가 점유의 침탈을 당한 때에는 그 물건의 반환과 손해배상을 청구할 수 있는데 이 가운데 반환청구권을 점유물반환청구권이라 하며 점유회수청구권이라고도 한다(민§204①).

점유보호청구권의 일종이며, 물권적 반환청구권의 성질을 가진다. 이 반환청구권의 상대방은 현재 점유하고 있는 자이다. 자기의 의사로 점유를 이전하였거나 빼앗긴 물건이 매매 등에 의하여 침탈자로부터 선의의 특별승계인(예컨대 매수인)에게 이전되었을 경우에는 원칙으로 그 권리를 행사할 수 없게 된다(§204②). 그리고 간접점유자는 그 물건의 점유자에게 반환할 것을 청구할 수 있으며 점유자가 그 물건의 반환을 받을 수 없거나 받지 않을 때에는 자신에게 반환할 것을 청구할 수 있다(§207②). 손해가 있으면 상대방에게 고의나 과실이 있는 경우에 한해서 그 배상을 요구할 수가 있다. 그러나 여기서 손해배상청구권은 점유보호청구권의 내용은 아니고 불법행위의 효과에 불과하다. 점유물반환청구권과 손해배상청구권은 침탈을 당한 날로부터 1년 이내에 행사하여야 한다(§204③).

## 점유물방해제거청구권

(占有物妨害除去請求權)

점유자가 점유의 침탈 이외의 방법으로 점유를 방해받은 때에는 그 방해의 제거 및 손해배상을 청구할 수 있는데 이것을 점유물방해제거청구권이라고 한다(민§205①). 즉 점유가 부분적으로 방해된 데 불과한 경우에 그 방해의 제거를 청구할 수 있는 권리로서 점유보호청구권이라고도 한다. 점유보호청구권의 일종이며 물권적방해제거청구권의 성질을 가진다. 이 제거청구권의 상대방은 현재의 방해자이다. 방해가 존재하고 있는 동안이나 또는 그것이 종료한 날로부터 1년 이내에 행사하여야 한다(§205①). 그러나 공사로 인하여 방해를 받은 경우에는 공사착수 후 1년을 경과하거나 또는 그 공사가 완성한 때에는 방해의 제거를 청구하지 못한다(§205③). 또한 방해제거는 방해가 종료하면 청구할 수 없을 것이므로 1년이란 기간은 손해배상의 청구에만 적용된다. 손해가 있으면 상대방에게 고의나 과실이 있는 경우에 한해서 그 배상을 요구할 수가 있다. 여기서의 손해배상청구권은 점유보호청구권의 내용은 아니고 불법행위의 효과에 불과하다.

점유권에 의한 방해배제청구권(점유보유청구권)은 물건 자체에 대한 사실상의 지배상태를 점유침탈 이외의 방법으로 침해하는 방해행위가 있을 때 성립된다 *(대법원 1987. 6. 9. 선고, 86다카2942).*

## 점유물방해예방청구권
(占有物妨害豫防請求權)

점유자가 점유의 방해를 받을 염려가 있는 때에는 그 방해의 예방 또는 손해배상의 담보를 청구할 수 있는 것을 점유물방해예방청구권이라고 한다(민§206①). 점유보전청구권이라고도 하며 위험이 존재하는 동안은 언제라도 행사할 수가 있다. 점유보호청구권의 일종이며 물권적 방해예방청구권의 성질을 가진다. 공사로 인하여 방해를 받을 염려가 있는 경우에는 공사착수 후 1년을 경과하거나 또는 공사가 완성한 때에는 방해의 예방을 청구하지 못한다(§206②). 손해배상의 담보의 종류는 금전의 공탁이 보통이지만 제한은 없다.

방해예방청구권 (점유보전청구권)에 있어서 점유를 방해할 염려나 위험성이 있는지의 여부는 구체적인 사정하에 일반경험법칙에 따라 객관적으로 판정되어야 할 것이다*(대법원 1987. 6. 9. 선고, 86다카2942).*

## 점유의 소(占有의 訴)

점유보호청구권을 행사하는 소이다. 점유의 소에는 점유회수·보유·보전의 소(所)가 있다. 점유의 소는 점유할 권리의 유무에 관계없이 현재의 물적 지배를 침해당한 자는 누구나 점유소권을 가진다. 이에 대하여 소유권·지상권(地上權)·전세권 등의 실질적 권리에 의한 소를 본권의 소라고 부른다. 점유의 소는 사회질서의 유지를 목적으로 하고 본권의 소는 권리의 종국인 실현을 목적으로 하므로, 양자는 별개의 것으로 취급되며 서로 영향을 미치지 아니한다(민§208). 따라서 법원은 점유의 소에 대하여 본권에 관한 이유로 판단하여 재판해서는 안 된다. 예컨대 소유자가 그의 점유물을 빼앗긴 경우에는 점유권에 기한 점유물반환청구권의 소와 소유권에 기한 소유물반환청구권의 소를 제기할 수 있다. 본권의 소 이외에 점유의 소를 따로 인정하고 있는 이유는 물적 지배관계에 대한 사회질서를 유지하기 위한 데 있는 것이다. 자력구제의 금지원칙은 점유소권(占有訴權)에 의하여 제도적 보장이 가능하다 하겠다.

## 점유회수의 소(占有回收의 訴)

→ 점유물반환청구권 참조

## 점유보유의 소(占有保有의 訴)

→ 점유방해 제거청구권 참조

## 점유보전의 소(占有保全의 訴)

→ 점유물방해예방청구권 참조

## 지시에 의한 점유이전
(指示에 의한 占有移轉)

점유양도시 양도인이 물건을 간접점유하고 있을 때 직접점유자에게 앞으로는 그 물건을 양수인을 위하여 점유해 줄 것을 명하는 것만으로 현실의 인도 없이 점유권을 양수인에게 이전하는 인도방법이다. 민법에는 반환청구권의 인도에 의한 인도로 규정하고 있다(§190).

## 자력구제(自力救濟)
영 ; self-help
독 ; Selbsthilfe
불 ; Justice rivée

일반적으로 자기의 이익이나 권리를 방어·확보·회복하기 위하여 국가기관에 의하지 않고 스스로 사력을 행사하는 것을 말한다. 형법상으로는 자력행위라 하고 국제법에서는 자조행위(自助行爲)라 한다. 오늘날 법치국가에 있어서는 자력구제란 원칙상 허용되지 않는다. 그러나 국가기관의 구제절차를 기다리다가는 도저히 회복할 수 없는 손해가 발생할 것이 명백·절박한 상황하에서, 자기의 생명·신체·명예·재산등을 수호하기 위한 정당방위나 긴급피난은 예외적으로 허용되고 있다. 그러나 법률요건을 벗어나 자력구제는 위법성이 조각되지 않으며, 따라서 자력구제자체가 위법한 불법행위가 되어 손해배상의 책임을 져야 한다. 우리나라는 사법일반에 관한 자력구제를 인정하지 않고, 오직 점유자에게 일정한 경우에만 허용하고 있다. 다만 본권에 기한 자력구제도 인정하는 것이 학계의 다수설이다. 민법이 인정하는 것은 점유자의 자력구제권은 자력방어권과 자력탈환권의 두 가지이다. 자력구제권은 직접점유자와 점유보조자에게 인정된다. 그러나 간접점유자의 자력구제권에 대하여는 긍정설과 부정설이 대립한다.

## 자력방위권(自力防衛權)

점유자가 그 점유를 부정히 침탈 또는 방해당하는 경우 자력으로써 이를 방위할 수 있는 권리이다(민§209①). 이 경우 위법성이 조각(阻却)된다. 그러나 침해가 아직 끝나지 않고 침탈로 점유가 아직 상실되지 않은 때에 한한다. 그러나 위법성조각에 필요한 요건이 없음에도 불구하고 있다고 오신하여 자구행위를 한 자가 있다면 민법상의 규정은 없지만 착오에 과실이 없다고 할지라도 상대방에 대하여 손해배상의 의무를 지는 것으로 해석된다.

## 자력탈환권(自力奪還權)

불법한 사력(私力)에 의하여 점유가 침탈된 경우에는 실력으로써 이를 침탈할 수 있는 권리이다. 그러나 이 자력탈환권의 행사에는 시간적 한계가 있다. 즉 동산의 경우에는 가해자가 현장에 있거나, 또는 이를 추적한 때에만 실력으로써 탈환할 수 있고, 부동산의 점유침탈에 대하여는 침탈 후 즉시 가해자를 배제하여 점유를 회복하여야 한다(민§209②). 그리고 오상자력탈환(誤想自力奪還)의 경우에는 착오에 과실이 없다고 할지라도 상대방에 대하여 손해배상의 의무를 지는 것으로 해석된다.

## 소유권(所有權)

영 ; property, ownership
독 ; Eigentum
불 ; propríeté

물권 가운데 가장 기본적이고 대표적인 것으로서 목적물을 전면적·일반적으로 지배하는 권리이다. 소유자는 소유물을 법률의 범위 내에서 자유로이 사용·수익·처분할 수 있다(민§211). 소유권은 재산권의 기초이며, 자본주의사회의 법률상의 기본형태로서 오늘날 사유재산제도의 기초를 이루고 있다. 소유권의 내용인 물건의 지배는 전면성과 절대성을 가진다. 이점에서 일정한 목적의 범위 안에서만 물건을 지배할 수 있는 지상권·전세권·질권·저당권 등의 제한물권과 다르다. 또한 소유권은 설령 제한물권을 설정하더라도 일시적으로 물건의 사용에 있어서는 공백이 되지만 이것이 소멸되면 원래의 원만한 상태로 회복되는 강력성을 가지며, 존속기간의 예정을 허용하지 않고 소멸시효에도 걸리지 않는 배타적 지배권인 전형적인 물권이므로 그 상태가 침해된 경우에는 강력한 물권적 청구권이 생기는 물권적 지배권이다.

## 자유로운 소유권

(自由로운 所有權)
독 ; freies Eigentum

중세의 봉건적 소유권에 대하여 근대의 소유권을 자유로운 소유권이라고 부른다. 근대법에 있어서의 소유권은 봉권적 소유권에 가해졌던 여러 구속을 배제하고 목적물을 자유로 사용·수익·처분함을 내용으로 하는 권리가 되었다. 즉 근대적 소유권은 이 자유로운 성격을 통하여 자본의 기초로서의 작용을 하고, 근대자본주의의 근간을 이루므로 자본주의적 소유권이라고도 한다.

## 소유권절대의 원칙

(所有權絶對의 原則)

근대적 소유권은 봉건적 구속이 타파되고 자유로운 소유권으로서 발달하여 신성불가침의 권리로서 헌법상·형법상 완전히 보호되었다. 이에 따라 소유권이 소유자의 자유의사에 맡겨지게 되는 것을 소유절대의 원칙이라고 한다. 그러나 20세기에 들어서면서 사회일반의 복지요구에 따르게 하려는 사상이 고조되어 권리남용이나 공공복지에 의한 제한이라는 사고방식이 강조되면서 소유권의 제한이 불가피하게 되었다. 그러나 소유권의 자유를 근본적으로 부정하는 것은 불가능한 것이다.

## 상공(上空)

민법상 토지의 소유권은 땅의 상하에

미친다고 규정되어 있다(민§212). 그러나 현실적으로 지배력이 미쳐서 이익향수를 할 수 있는 한도에 그친다고 해석된다. 또한 전기사업법(§55~§60)·전기통신사업법(전기통신사업법§72~§75)·항공법 등에 제한이 있다. 기타 국제법상 문제가 되는 것은 국가의 영토 및 영수의 상공이다.

## 상린관계(相隣關係)

독 ; Nachbarschaft, Nachbarverhältnis
불 ; servitudes l'egales

인접하고 있는 부동산 소유자 또는 이해자 상호간에 있어서 각 부동산의 이해관계를 조절하기 위하여 서로 그 권능을 일정한 한도까지 양보·협력하도록 규정한 법률관계를 말한다(민§215~§244). 또한 그러한 상린관계로부터 발생하는 권리를 상린권(相隣權)이라고 한다. 인접한 부동산의 소유자가 각자의 소유권을 무제한으로 주장한다면 그들의 부동산의 완전한 이용을 바랄 수 없으므로 각 소유권 또는 이용권의 내용을 일정범위 안에서 제한하고 각 소유자로 하여금 협력시키는 제도이다. 그 작용은 지역권과 유사하므로 프랑스 민법에서처럼 법정지역권으로 규정한 입법례도 있지만 대부분의 국가에서는 이를 소유권의 한계로 규정하고 있다. 우리 민법은 부동산 소유권에 대하여 규정을 두고 지상권(地上權) 및 전세권에 준용하고 있으나(민§290, §319), 임차권에도 준용하여야 할 것으로 해석된다. 즉 건물구분소유(§215)·통행(§219)·배수와 유수(§221, §222)·경계(§237, §239)·경계넘는 수목(§240)·건축방법(§242, §243)·인지사용(§216)·안온방해금지(安穩妨害禁止)(§217)에 관한 것 등이 있다. 민법의 상린관계의 규정은 이웃간의 특별한 계약이 없을 때의 최소한의 규제를 정한 것이다. 만약 그 이상으로 인지를 사용할 수 있는 권리를 취득하려면 인지상(隣地上)의 지역권(§291~§302)을 설정해야 한다.

## 경계에 관한 상린관계

(境界에 관한 相隣關係)

인접하는 부동산을 이용하는 자 사이에 있어서 경계선을 확실히 하고, 이웃 거주자에게 불편을 끼치지 않도록 협력하여야 하는 법률관계를 말한다. 인접하여 토지를 소유하는 자는 이웃 토지소유자와 공동비용으로 통상의 경계표나 담을 설치할 수가 있다. 경계표나 담의 설치와 그 비용부담에 관해서 다른 관습이 있으면 그 관습에 의한다(민법 237조3항). 그리고 인지소유자는 자기의 비용으로 담의 재료를 통상보다 양호한 것으로 할 수 있으며, 그 높이를 통상보다 높게 할 수 있고 또는 방화벽 기타 특수시설을 할 수 있다(민법 238조). 이 때 담의 종류에 대해서는 당사자의 협의에 의해 정하여야 하나, 만일 협의가 이루어지지 못하는 경우에는 이웃 토지소유자의 승인을 요하지 않고 담의 특수시설을 할 수 있다. 이 경우의 담의 특수시설자는 그 시설에 관해 단독소유권을 가진다(민법 239조). 본래 소유권은 물건의 전부에 대해서만 성립하는 것이나, 이 경우에는 물건의 일부에 대해 소유권이 성립하는 특례에 속한다. 경계에 설치된 경계표·담·구거 등은 상린자의 공유로 추정한다(민법 239조). 물론 소유관계는 계약 또는 관습에 따라서 결정되는 경우도 있다 하겠으나, 공유에 속하는 것이 보통이므로 그렇게 추정하는 것이다. 다만 이 때의 공유는 경계에 설치된 경계표·담·구거 등의 공작물에 대해 분할을 청구하지 못한다고 규정하고 있다(민법 268조3항).

## 상린권(相隣權)

독 ; Nachbarrecht

→ 상린관계

## 구분소유(區分所有)

수인이 1동의 건물을 분할하거나 구분하여 각각 그 일부에 대하여 소유권을 가지는 것을 말한다(민§215). 상린관계의 한 모습이다. 1동의 건물을 구분한다는 것은 건물을 세로로 구분하는 경우뿐만 아니라 빌딩의 각층 객실을 구분하여 소유할 경우도 포함한다. 최근 아파트 등 공동건물의 건축이 늘어나면서 1실에 독립된 소유권을 인정할 필요가 생기고 있다. 따라서 부동산등기법은 건물의 분할 또는 구분에 관한 등기를 정하고 있으며(부등§104), 「집합건물의소유및관리에관한법률」이 제정되어 민법의 구분소유권에 관한 불비된 규정을 보완하고 있다. 구분소유자가 공동으로 사용하고 있는 부분은 구분소유권자 전원의 공유로 추정된다(민§215①). 이 공용부분은 공유자 전원의 합의가 없이는 단독으로 분할할 수 없고(§268③). 수선비 그 밖의 비용의 부담은 각자의 소유부분의 가액에 따라 분담한다(민§215②).

## 분할소유권(分割所有權)

독 ; geteites eigentum

하나의 소유권이 질적으로 분할되어 있는 상태를 분할소유권이라 한다.

즉 (1) 토지 위에 지료·소작료 등을 징수하는 상급소유권(Obereigentum)과 (2) 권리와 경작권 및 그 밖의 이용권이 병존하고 양단간에 주·종에 관계없이 모두 함께 자유로이 양도·상속을 할 수 있는 하급소유권(Untereigent-um)으로 나누어진다. 이는 중세독일에서 전형적으로 볼 수 있었던 것으로 근대적 소유권의 성립 이전에는 여러 국가에 그 예가 있었다. 그러나 근대적 소유권은 목적물을 전면적·일반적으로 지배하는 권리이므로 그 가운데 어느 하나가 완전한 소유권으로 되면, 다른 것은 그것을 제한하는 일시적인 종된 권리에 지나지 않게된다. 이에는 지료 등의 징수권자가 소유자가 되는 경우(우리나라)와, 그와는 반대로 이용권자가 소유자가 되고 지료 등의 징수권자가 일시적인 권리를 가지는 경우도 있다.

## 인지사용청구권(隣地使用請求權)

토지소유자가 경계나 그 근방에서 담 또는 건물을 축조하거나 이를 수선하기 위해 필요한 범위 내에서 이웃 토지의 사용을 청구할 권리이다(민§216①). 만약 이웃 사람이 승낙하지 않으면 승낙에 갈음하는 판결을 구해야 한다는 견해(민§389②)와 이웃 사람의 인용의무를 들어 판결을 구할 필요가 없다는 견해가 대립한다. 인지사용청구권의 상대방은 인지소유자뿐만 아니라 그밖에 인지를 이용하는 지상권자·임차인 등이다. 또한 인지의 주거에 들어가려면 이웃 사람의 승낙이 있어야 하며(민§216①단), 이 경우 판결로써 승낙을 갈음하지는 못한다. 이 경우 이웃 사람이란 건물 소유자를 가리키는 것이 아니라 현재 그 거주에서 거주하는 자를 의미한다. 위의 두 경우에 이웃 사람이 손해를 입은 경우에는 보상을 청구할 수 있다(§216②).

**안온방해**(安穩妨害)
영 ; nuisance
독 ; Immission
불 ; troublles de voisinage

안온방해란 매연·열기체·액체·음향·진동·기타 이와 유사한 것으로 이웃 토지의 사용을 방해하거나 이웃 거주자의 생활에 고통을 주는 것을 말한다. 이러한 안온방해는 원칙적으로 금지된다(민§217①). 현대의 사회생활은 어느 정도의 안온방해는 서로 용인하여야 하므로 토지사용이 통상의 용도에 적당한 것인 한 이웃 거주자는 이를 인용하도록 규정하고 있다(민§217). 그러나 그 정도가 지나칠 경우에 방해당한 자는 소유권 또는 점유권에 의거하여 방해배제청구권을 행사할 수 있으며 손해가 발생하면 손해배상을 청구할 수 있다.

**임밋시온**
독 ; Immisson

임밋시온이란 매연·취기·음향·진동 등이 이웃에 미치는 영향을 의미한다. 독일·스위스 등은 민법상 명문으로 과도한 임밋시온을 금지하고 있다(독민§906, 스민§684). 우리민법 제217조는 이들 규정을 따른 것이다.→ 안온방해

**뉴슨스**
영 ; nuisance

영미법에서는 안온방해를 nuisance(생활방해)라고 부르며 직접적인 가해행위에 의하지 않고 매연·가스·음향·광열 등의 방산으로 불법하게 손해를 발생시키면 손해배상의 책임을 진다. 일반공중에 대한 방해는 공적생활방해(public nuisance)로서 범죄가 되어 형벌의 제재 혹은 행정적 규제의 대상이 된다. 또한 특정인에 대한 방해는 사적생활방해(private nuisance)로서 보통법상 손해배상이 인정되고, 형평법상 금지명령청구권과 자력구제로서의 방해제거의 특권이 인정된다. 즉 영미법에서는 nuisance를 사법의 측면에서는 불법행위의 문제로 처리하고 있다.
→ 안온방해참조

**주위토지통행권**(周圍土地通行權)

어느 토지와 공로(公路) 사이에 그 토지의 용도에 필요한 통로가 없는 경우

에 그 토지소유자는 주위의 토지를 통행 또는 통로를 개설하지 않고서는 공로(公路)에 출입할 수 없거나 공로에 통하려면 과다한 비용을 요하는 때에는 그 토지소유자는 주위의 토지를 통행할 수 있고, 필요한 경우에는 통로를 개설할 수 있는 권리이다(민§219①). 그러나 이로 인한 손해가 가장 적은 장소와 방법을 선택하여야 한다(민§219①但). 통행권자(통행권자는 통행토지소유자의 손해를 보상하여야 한다(민§219②). 그러나 원래 공로로 통하고 있던 토지를 분할 혹은 일부 양도함으로써 공로에 통하지 못하게 된 토지가 된 경우에는 그 토지소유자는 공로에 출입하기 위하여 다른 분할자나 양수인의 토지 또는 잔존부분의 토지를 통과할 수 있다. 다만 이때에는 보상의 의무가 없다(민§220①, ②).

> 주위토지통행권은 그 소유 토지와 공로 사이에 그 토지의 용도에 필요한 통로가 없는 경우에 한하여 인정되는 것이므로, 이미 그 소유 토지의 용도에 필요한 통로가 있는 경우에는 그 통로를 사용하는 것보다 더 편리하다는 이유만으로 다른 장소로 통행할 권리를 인정할 수 없다*(대법원 1995. 6. 13. 선고 95다1088, 95다1095)*.

## 지하수(地下水)

지하에 있는 물을 말한다. 지하수는 토지의 구조부분이 되므로 토지의 소유권이 이에 미친다(민법 212조). (1)자연히 용출하는 지하수는 토지의 소유자가 이를 자유로 사용할 수 있다. 그러나 계속하여 타인의 토지에 흘러내려가는 경우에는 그 타인의 관습법상의 유수사용권을 취득하는 경우가 있으므로, 이때에는 용출지의 소유자도 이를 침해하지 못한다. (2)인공적으로 용출케한 지하수, 예컨대 자기 소유의 토지에 우물을 파서 지하수를 이용하는 경우에도 토지소유자는 타인의 이용권을 침해하지 않는 한도에서만 할 수 있을 뿐이다. 지하수는 지하에서 서로 연결되어 수맥을 이루고 있기 때문에 한 곳에서 우물을 파서 이용하면 다른 곳에서 수량이 감소하거나 또는 고갈되는 수가 있기 때문이다. 따라서 토지소유자가 함부로 토지를 파서 지하수를 이용하는 결과 다른 토지의 소유자가 지하수를 이용하지 못하게 되는 때에는 권리의 남용, 즉 불법행위가 된다. 필요한 용도 또는 수익이 있는 원천이나 수도가 타인의 건축 기타 공사로 인하여 단수·감수 기타 용도에 장해가 생긴 때에는 용수권자는 손해배상을 청구할 수 있다(민법 236조1항).

## 여수소통권(餘水疏通權)

고지대의 토지소유자가 침수지를 건조하기 위하여, 또는 가용(家用)이나 농(農)·공업용의 여수(餘水)를 소통하기 위하여 공로(公路)·공류(公流) 또는 지하도에 이르기까지의 낮은 지대에 물을 통과하게 할 수 있는 권리이다(민§226①). 인공적 배수를 위하여 타인의 토지를 사용하는 것은 원칙적으로 금지되지만 예외의 경우이다. 여수소통을 위한 장소와 방법은 저지대의 손해가 가장 적은 곳을 선택하여야 하며, 손해가 있으면 그 손해는 보상하여야 한다(§226).

## 유수사용권(流水使用權)

토지소유자가 이웃 토지로부터 흘러 들어오는 물을 음료·관개·유수(流水)·동력 등의 용도에 제공하기 위하여 사용하는 권리이다. 즉 자연히 흐르는 물은 저지소유자에게 필요한 것일 때에는 고지소유자는 자기의 정당한 사용범위를 넘어서 흘러내리는 물을 막을 수 없다(민§221②). 또한 토지소유자가 자기 소유지의 물을 소통하기 위하여 고지나 저지의 소유자가 시설한 공작물을 사용할 수 있다(§227). 다만 이러한 타인의 공작물을 사용하는 자는 그 이익을 받는 비율로 공작물의 설치와 보존의 비용을 분담하여야 한다(§227). 하천법 등의 공수법에도 유수사용권에 관한 규정이 정비되어 있으나 간혹 분쟁을 발생시킨다. 더욱이 최근에는 농업용수로의 사용과 수력발전을 위한 사용이 충돌을 일으키는 경우가 있으므로 그 입법적 해결이 요망되고 있다.

## 여수공급청구권(餘水供給請求權)

토지소유자가 과다한 비용이나 노력을 요하지 아니하고는 가용이나 토지이용에 필요한 물을 얻기 곤란한 때에는 이웃 토지소유자에게 보상하고 여수의 급여를 청구할 수 있는 권리이다(민§228). 여수를 공급하지 않으면 권리의 남용이 된다. 그러나 이웃 토지소유자도 자기의 필요량 정도 혹은 자기의 사용량보다 부족한 경우에는 여수공급의무가 없다. 여수의 유무는 사회통념에 따라 객관적으로 결정된다.

## 언의 설치 및 이용권 (堰의 設置 및 利用權)

수류지의 소유자가 언, 즉 둑을 설치할 필요가 있는 때에는, 그 언을 대안에 접촉하게 할 수 있는 권리를 말한다. 그러나 이로 인하여 생긴 손해에 대하여는 보상하여야 한다(민법 230조 1항). 대안의 소유자는 수류지의 일부가 그의 소유에 속하는 때에는 그 언을 사용할 수 있다. 그러나 이익을 받는 비율로 언의 설치·보존의 비용을 분담하여야 한다(민법 230조2항). 따라서 대안의 토지만을 소유하고 수류지의 일부를 소유하지 않는 자는 언을 접촉케 하고, 그로 인한 손해를 보상받을 뿐이다. 그러나 그러한 자도 수류이용권을 가지는 것이 보통이므로, 수류지소유자의 사용을 방해하지 않는 한도에서 언을 사용할 수 있다.

## 수류변경권(水流變更權)

구거(溝渠) 기타 수류지의 소유자가 양안(兩岸)의 토지소유자인 경우에 수로와 수류의 폭을 변경할 수 있는 권리이다. 그러나 하류는 자연의 수로에 일치하도록 하여야 하다(민§229②). 그러나 대안(對岸)의 토지가 타인의 소유인 때에는 그 수로나 수류의 폭을 변경하지 못한다(§229①). 다만 이러한 규정들은 다른 관습이 있으면 그 관습에 의한다(§229③).

## 용수권(用水權)

물의 이용을 목적으로 하는 권리를 말한다. 공수, 특히 하천의 물을 계속적·배타적으로 사용하는 권리로 수리권이라고도 한다. 그 이용의 목적은 관개·발전·수도·유수 등 여러 가지가 있다. 용수권은 관습에 의하여 성립되는 일도 적지 않으며, 부락의 관개용수 등은 그것이 많으나, 일반적으로 공수를 관리하는 관청의 허가(특허)에 의하여 생기고 또 그 성질은 사권이 아니라 공권이다. 일반인이 그것을 자유로이 사용하는 경우는 권리가 아니나, 이상과 같은 배타적인 용수권은 일종의 재산권으로 타인의 침해에 대하여는 물권에 준거하여 방해배제 또는 불법행위에 의한 손해배상의 청구권이 인정되며, 또 거래의 객체가 되기도 한다. 하천법은 물에 관한 공법적 규율의 대표적인 예이다. 민법은 상린관계에 관한 규정 중에서 유수의 변경 및 둑의 설치, 이용에 관한 규정을 두었으나(민법 229·230조), 이것들은 수류지의 소유권이 사인에 속하는 경우에만 적용되는 것일 뿐만 아니라, 유수를 수류지에 흐르는 채로 사용하는 경우에 관한 것이고, 수류지 이외의 토지로 끌어다 쓰는 경우에 관한 것이 아니다. 따라서 이러한 물의 이용은 토지소유권의 내용으로 생기게 되는 것이고, 토지소유권과 독립한 물의 이용 자체를 목적으로 하는 독립의 권리로서 민법에 규정된 것으로는 공유하천용수권(민법 231조 내지 234조)과 원천수도사용권(민법 235조 내지 236조)

## 공유하천용수권(公有河川用水權)

공유하천의 연안에서 농공업을 경영하는 자가 그 농공업에 이용하기 위하여 그 공용하천으로부터 인수하는 권리이다. 다만 타인의 용수를 방해하지 않는 범위 내에서 인수(引水)할 수 있다. 이는 종래 관습법상의 물권으로 인정되어 온 것을 성문화한 것이다. 그 법적 성질은 독립물권설과 상린권설이 대립된다. 공유하천용수권에 다른 관습이 있으면 그 관습에 따른다(§234).

## 공류(公流)

공공의 이해에 관계되는 유수(流水)이다. 하천법 등 행정법규의 대상이 되는 공수(公水)의 일종이다. 고지소유자(高地所有者)는 필요한 경우 공류에 이르기까지 타인소유의 저지에 여수를 통과시킬 수 있다(민§226①).

## 계표(界標)

경계를 표시하는 물건이다. 토지소유자는 인지소유자와 공동비용으로서 계표를 설정할 수 있다(민§237). 계표의 설치 및 보존비용은 상린자가 평등하게 이를 분담한다.

## 선의·악의(善意·惡意)

라 ; bona fides·mala fides
독 ; gutgläubig·bösgläubig
불 ; bonne foimauvaise foi

사법상 선의란 어떤 사실을 모르는 것이며, 악의란 알고 있는 것을 말한다. 법학상의 선의·악의의 개념은 윤리적인 평가와는 관계없이 일정한 사실에 관한 지(知)·부지(不知)라는 심리상태, 즉 내심적 사실에 따른 것이다. 법률요건으로서는 내부적 용태에 속하고 있는데 이것은 관념적 용태라고도 한다. 이러한 개념의 취지는 어떤 사정을 모르는 당사자나 제3자의 거래안전을 보호하기 위해서이며, 이 경우에 법문에는 선의의 상대방이나 선의의 제3자라는 용어를 사용한다(민§108②). 그러나 점유에 관한 선의(redlich)·악의(unredlich)의 구별에 있어 선의란 단지 어떠한 사실을 알지 못하는 데 그치지 않고 자기가 점유할 수 있는 권리가 있는 것으로 확신하는 것을 의미한다. 따라서 점유할 권리가 없음을 알지 못하여도 단지 의문을 가지는 것은 악의점유가 된다(민§201 등). 선의·악의에 관계된 조문으로는 (1)이익의 반환에 관한 민법 §30, §201, §741, §748① 등이 있고, (2) 동적 안전에 관한 민법 §30②, §110, §129, §249, §470 등이 있다. 그러나 예외적으로 선의·악의를 문자 그대로 윤리적인 가치판단에 의하여 구별하여 악의를 타인에게 해를 주려는 부정한 의사라는 뜻으로 사용하는 경우가 있다(민§840②).

## 제3자(第三者)

라 ; tertius
영 ; third party
독 ; Dritter
불 ; tiers, tierce personne

법률관계에 있어서 직접 참여하는 자를 당사자라고 하며, 당사자 이외의 자를 제3자라고 한다. 예를 들면 가옥의 매매에 있어서 매도인·매수인은 당사자이고, 목적 가옥의 차가인(借家人) 그 밖의 사람은 모두 제3자이다. 권리의무의 포괄승계인(상속인)은 계약의 당사자로서의 지위를 승계한 자로서 제3자는 아니다. 또 어떤 경우에는 일정한 법률관계에 있어서 일정사항을 주장하는 정당한 이익을 갖는 자만을 제3자라고 할 경우가 있다(민§110, §539). 법률상 거래안전을 위하여 제3자 보호(특히 선의의 제3자 보호)의 제도가 마련된다(§108②).

## 즉시취득(即時取得)

→ 선의취득

## 승계취득(承繼取得)

영 ; derivative acquisition
독 ; derivativer od. abgeleiteter Rechtserwerb
불 ; acquisition déeivée)

원시취득에 상대되는 개념으로, 타인의 소유한 권리에 기하여 권리를 취득하는 것을 말한다. 예컨대 매매·상속 등이 이에 속한다. 승계취득의 경우에는 취득자의 권리가 전주의 권리에 기하고 있기 때문에 전주의 권리에 하자나 제한이 있는 경우에는 승계인은 하자나 제한이 있는 권리를 취득한다. 다만 거래안전의 필요성에서 민법 제249조, 상법 제519조, 수표법 제21조에 의한 규정이 있는 것과, 부동산에 관해서도 등기가 없으면 원칙적으로 제3자에게 대항할 수 없다는 것(민법 186조, 621조2항)에 주의하여야 한다. 승계인이 권리를 취득했다는 것을 증명하려면 권리승계의 사실 외에 전주의 권리도 정당하게 존재했다는 것을 증명하여야 한다. 승계인은 원칙적으로 종된 권리도 취득한다. 승계취득에는 그 성질에 따라서 창설적 취득과 이전적 취득으로 나뉘어진다. 창설적 취득은 기존의 권리에 기하여 다른 권리를 창설하는 것으로, 예컨대 지상권·저당권의 설정 등이 이에 속한다. 이전적 취득은 소유권, 채권의 양도 등 기존의 권리를 기존의 상태로 취득하는 것을 말한다. 한편 승계취득을 포괄승계와 특정승계로 분류하는 견해도 있다.

## 등기부 취득시효(登記簿 取得時效)

부동산의 소유자로 등기한 자가 10년간 소유의 의사로 평온·공연하게 선의·무과실로 그 부동산을 점유한 때에는 소유권을 취득하는 제도를 말한다(민법 245조). 민법은 점유취득시효와 등기부취득시효(단기취득시효)의 두 가지를 인정하고 있다. 구민법은 점유취득시효만을 인정할 뿐이고, 독일민법은 등기부 취득시효만이 있을 뿐이다. 등기부 취득시효에 있어서 소유권을 취득한 자는 10년간 반드시 그의 명의로 등기되어 있어야 하는 것은 아니고 앞 사람의 등기까지 아울러 그 기간 동안 부동산의 소유자로 등기되어 있으면 된다는 것이 통설·판례의 입장이다. 등기부 취득시효에 있어서는 이미 시효취득자가 등기부상 명의인으로 되어 있으므로 등기는 그 요건이 아니다.

## 선의취득(善意取得)

독 ; Eigentumserwerb kraft guten Glaubens
불 ; acquisition de bonne foi

동산을 점유하고 있는 자를 권리자로 믿고서 평온·공연·선의(善意)·무과실로 거래한 자는 그 동산에 대한 권리를 무권리자로부터 원시 취득하는 제도이며 즉시취득이라고도 한다(민§249). 예컨대 갑이 을의 동산을 빌려서 점유하고 있는데 병이 갑으로부터 그 동산을 매수한 경우에, 갑은 소유권이 없으므로 병은 갑으로부터 소유권을 양수할 수 없지만 병이 갑이 권리외관을 신뢰하였다면 특별하게 소유권을 취득하게 하는 제도이다. 이 제도는 원래 게르만법의 「Hand wahre Hand(손이 손을 지킨다)」 또는 「Wo man sein Glauben gelassen hat, da muss man ihn suchen(동산을 임의로 타인에게 인도한 자는 타인으로부터만 반환을 받을 수 있다)」는 원칙에 개혁적인 근거를 가지고 있지만 오늘날에는 거래안전과 신속을 위하여 동산거래에 공신력을 기하기 위한 공신의 원칙의 표현이다. 우리민법상 선의취득의 요건을 보면 (1) 목적물이 동산이고 (2) 취득자가 평온·공연·선의·무과실로 점유를 취득하며 (3) 점유취득이 거래에 의한 승계취득이며 (4) 목적물이 도품(盜品)·유실물이 아니어야 하는 등이다. 어음·수표 그 밖의 유가증권의 소지인이 증권에 의하여 권리자로 추정되는 경우(증권의 소지·배서의 연속)에도 가령 앞의 소지자가 무권리자이었을 경우에는 이것에 대하여 악의나 중대한 과실이 증명되지 않는 한 선의취득이 인정된다(민§514, §524·상§65·어§16②·수§21).

## 즉시시효(卽時時效)

불 ; prescription instantan'ee

민법상 선의취득(§249)에 해당하는 용어로서, 프랑스법계에서 이것을 취득시효의 일종으로 규정함으로써 생긴 말이다(프§279).

## 도품(盜品)

도품이란 절도나 강도에 의하여 점유를 빼앗긴 물건이다. 도품인 것을 알면서도 거래하면 장물죄(7년이하의 징역 또는 1,500만원 이하의 벌금)가 성립된다(刑§362). 도품에 관하여도 선의취득은 성립된다. 그러나 피해자는 도난시부터 2년간 취득자에 대하여 회복을 청구할 수 있다(민§250). 이러한 규정은 도난자로부터의 직접취득자뿐만 아니라 그 자로부터 전수(傳受)·입질(入質)한 경우에도 적용된다. 회복청구시에는 무상회복이 원칙이다. 그러나 취득자가 경매·공개시장·동종류의 물품판매상인으로부터 매수하였을 경우에, 피해자는 취득자가 지급한 대가를 변상하고 그 물건의 반환을 청구할 수 있다(선의취득 : 민§251).

## 유실물(遺失物)

독 ; verlorene Sache
불 ; chose perdue

점유자의 의사에 의하지 않고 그 점유를 이탈한 물건으로서 도품이 아닌 것을 말한다. 따라서 사기·공갈·횡령 등의 목적물은 이에 포함되지 않는다. 유실물법은 특히「범죄자가 놓고간 것으로 인정되는 물건」·「착오로 인하여 점유한 물건」·「타인이 놓고 간 물건」·「일실한 가축」을 유실물에 준하는 것으로 하고 있다 (유실§11, §12). 유실물이 신고 되지 않고 거래되고 있는 경우에는 유실물주는 2년 내에 현점유자로부터 무상으로 반환을 청구할 수 있다(민§250). 선의취득의 한 예외로서 유실자로부터 전수(傳受)·입질(入質)한 경우에도 적용된다. 다만 유실물을 경매·공개시장·동종류의 물품판매상인에게서 선의로 매수하였을 경우에 매수인이 지급한 대가를 변상하여야만 반환청구를 할 수 있다(민§251).

## 유실물습득(遺失物拾得)

점유자의 의사에 반하여 점유를 이탈한 물건 가운데 도품이 아닌 것의 점유를 취득하는 것을 말한다. 그 법적 성질은 사실행위이다. 유실물은 법률이 정한 바에 따라 공고한 후 6개월 내에 소유권자가 나타나지 않을 경우에 습득자가 그 소유권을 취득하게 된다(민§253). 즉 유실물을 습득한 자는 신속히 유실물의 소유자에게 반환하거나 경찰서에 제출하여야 한다. 만약에 제출하지 않고 영득(領得)하면 점유이탈물횡령죄(1년 이하의 징역이나 3백만원 이하의 벌금 또는 과료)에 해당된다(형§360). 유실물 제출시 경찰서장은 물건의 반환을 받을 자에게 반환하거나 이를 공고하여야 한다(유실§1①, ②). 만약에 6개월 내에 소유권자가 나타난 경우에 소유권자는 물건가액의 100분의 5 내지 100분의 20의 범위 내에서 보상금을 습득자에게 지급하여야 한다(유실§4). 그러나 습득한 유실물이 학술·기예·고고(考古)의 중요한 자료가 될 경우에는 습득자가 소유권을 취득하지 못하고 국유가 된다(민§255). 이 경우 습득자는 국가에 대하여 적당한 보상을 청구할 수 있다(민§255). 표류물과 침몰물도 성질상은 유실물이지만 그 습득에 관하여는 수난구호법의 적용을 받는다(수구§35).

## 무주물(無主物)

무주물이란 현재소유자가 없는 물건을 말하며 무주산(無主産)이라고도 한다. 과거에 누군가의 소유물이었을지라도 그후에 무주로 되면 무주물이 된다. 야생하는 동물도 무주물이며, 소유자가 소유권을 포기한 동산도 무주물이다. 또한 사육하는 야생동물이 다시 야생상태로 돌아가면 무주물이 된다(민§252③). 땅에서 발견되는 물건에 대해서는 (1) 관서에 누구의 소유에 속하였고 현재도 상속인의 소유에 속하는 것으로 사회관념상 인정되는 물건은 매장물로 보지만, (2) 고생물의 화석류와 같이 과거 누구에게도 소유되지 않았던 것으로 인정되는 물건이나 소유되지 않았던 것으로 인정되는 물건이나 고대인류의 유물과 같이 과거 누구에게 소유되고 있었더라도 현재 그 상속인의 소유로 인정하기 어려운 물건은 매장물이 아니고 무주물이다. 미채굴광물은 광업권에 의하지 않고서는 채굴하지 못하므로 先占(선점)의 목적이 되지 않는다(광업§2). 광구에서 광업권이나 조광권에 의하지 아니하고 토지로부터 분리된 광물은 그 광업권자나 조광권자의 소유로 한다(광업§5).

## 선점(先占)

영, occupancy 독, Aneignung
불, ocupation

무주물선점을 가리키는 바, 무주의 동산을 소유의 의사로 점유한 자가 소유권을 취득하는 것을 말한다(민법 252조). 선점의 객체는 동산인 무주물이다. 무주의 부동산은 국유가 되므로 선점의 목적이 되지 않는다(민법 252조 2항). 과거에 관계없이 현재소유자가 없는 물건이 무주물이다. 사육하는 야생동물이 다시 야생상태로 돌아가면 무주물이다.

## 무주물선점(無主物先占)

라 ; occupatio
영 ; occupancy
독 ; Aneignung, Okkupation
불 ; occupation

소유의 의사로 무주의 동산을 타인에 앞서 점유하는 것을 말한다. 점유자는 그 효과로서 원시적으로 그 동산의 소유권을 취득한다(민§252①). 무주물선점에는 소유의 의사가 있어야 하는데 소유의사는 법률상으로 추정되고 있다(민§197). 무주물선점은 로마법 이래로 대부분의 민법에서 인정되는 제도이며, 그 법적 성질은 사실행위(혹은 비표현행위)이다. 선점은 선점자 자신이 직접 행함을 요하지 아니하고 점유보조자나 점유매개자에 의하여 행할 수도 있다. 그러나 학술·기예·고고(考古)의 중요한 자료에 대하여는 선점자의 소유권을 인정하지 않으며 그것은 국유가 된다(민§255①). 이 경우 선점자는 국가에 대하여 적당한 보상을 청구할 수 있다(민§255②). 또한 무주의 부동산은 국유가 되므로(§252②) 무주물선점의 목적이 될 수 없다. 그밖에 특별법상 독점적 선점권을 인정하는 단행법들이 있다. 즉 광업법·수산업법 등이다. 다만 수산업법 등에 의하여 어획이나 포획을 제한·금지할지라도 어획물이나 포획물에 대하여는 선점으로 인한 소유권의 취득을 인정한다. 즉 이 경우 금지위반의 제재는 있을지라도 사법상의 효력에는 영향이 없다.

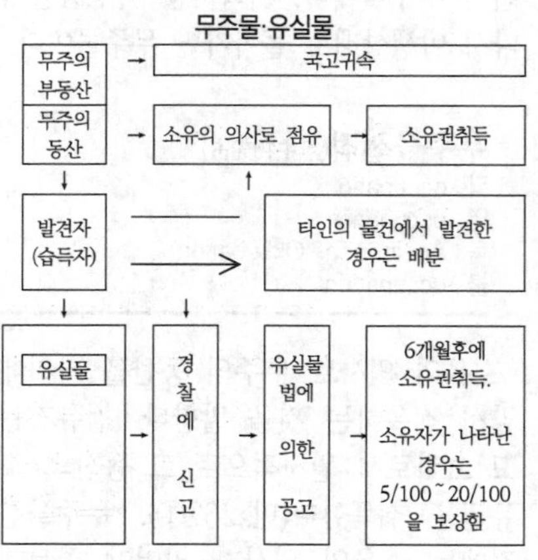


## 매장물(埋藏物)

라 ; tresaurus 불 ; Schatz 불 ; trésor

매장물이란 토지 그 밖의 물건(포장물)속에 매장되어 있어서 누구에게 속하는지 식별할 수 없는 물건이다. 매장물이란 보통의 상황 아래서는 쉽게 발견할 수 없는 상태에 있는 것으로서 그 원인이 인위적이든 자연적이든 이를 묻지 않는다. 또한 매장기간의 장단 여부는 문제되지 않는다. 또한 매장물은 실제로는 대부분 동산이지만 이론상 건물인 경우도 있을 것이며(예 : 옛 건물의 발굴), 포장물은 토지인 경우가 많으나 건물이나 동산이라도 무방하다(예 : 옛 의류 속에 포장된 물건은 매장물이다). 그러나 사회통념상 과거 누구의 소유에 속한 적이 없다고 인정되고 물건 또는 그 소유가 현재 계속되고 있는 것으로 인정될 수 없는 물건은 매장물이 아니라 무주물(無主物)이다.

## 매장물발견(埋藏物發見)

토지 그 밖의 물건(포장물) 속에 매장되어 있어서 누구에게 속하는지 식별할 수 없는 물건을 발견하는 것을 말한다. 매장물은 법률이 정하는 바에 의하여 공고한 후 1년 내에 그 소유자가 권리를 주장하지 않으면 발견자가 그 소유권을 취득한다(민§254전단). 여기서 말하는 법률이란 유실물법을 가리킨다. 그런데 관리자가 있는 선박·차량·건축물 기타 공중의 통행을 금지한 구내에서 타인의 물건을 습득한 경우 이외에 매장물에 관하여는 유실물법 제13조에서 본법을 준용한다고 규정하고 있다. 그밖에 매장물문화재에 관하여는 문화재보호법에 특칙이 있다. 매장물발견의 법적 성질은 사실행위이다. 그러나 타인의 토지기타 물건으로부터 매장물 발견자와 토지기타 포장물의 소유자가 절반씩 그 소유권을 취득한다(민§254). 매장물이 학술·기예·고고(考古)의 중요한 재료인 경우에는 이를 국유로 한다. 다만 매장물발견자와 매장물발견토지의 소유자는 국가에 대하여 적당한 보상을 청구할 수 있다(민§255).

## 첨부(添附)

라 ; accessio 영 ; accretion
독 ; Akzession 불 ; accession

소유자를 달리하는 두 개 이상의 물건이 결합하여 하나의 물건이 되거나 타인의 물건을 가공하여 새로운 물건이 생긴 경우이다. 즉 전자를 부합 혹은 혼화(混和)라 하고 후자를 가공(加工)이라 하는데 이들을 총칭하여 첨부라고 부른다. 첨부는 이것을 원상으로 회복하는 것이 불가능하지 않을지라도 사회경제적 입장에서 보아 심히 불이익하므로 원상으로 다시 복귀시키지 않고 첨부의 상태로 소유권의 귀속이 정하여진다(민§256~§261). 즉 일정한 자가 원시적으로 그 소유권을 취득하고 원래의 물건에 대한 다른 소유권 및 그 물건에 대한 권리는 소멸한다(§260①). 이 권리의 소멸에 의하여 손실을 입은 소유권자 및 그 밖의 권리자들은 부당이득의 법리에 의하여 구상권을 행사할 수 있다(§261).

## 부합물·합성물(附合物·合成物)

→ 부합 참조

## 가공물(加工物)

→ 가공 참조

## 부합(附合)

라 ; incorporatio 독 ; Verbindung
불 ; adjonction

소유자를 달리하는 두 개 이상의 물건이 결합하여 1개의 물건으로 되는 것이다. 분리시키려면 그 물건이 훼손되거나 과다한 비용을 들여야 하는 상태, 즉 물리적·사회적·경제적으로 보아서 분리불능의 상태가 되는 것을 말한다. 첨부의 한 형태이다. 예를 들면 구두의 밑창·반지의 보석·논에 심어 놓은 모 등이다. 부합의 경과로 생성한 물건을 부합물 혹은 합성물이라 한다. (1) 부동산에 다른 물건(동산)이 부합하였을 때에는 부동산의 소유자가 그 물건의 소유권을 취득하되(민§256), 타인의 권원(權原)에 의하여 부속시킨 물건은 그 부속시킨 자에 속한다(§256단). (2) 수개의 동산이 부합하였을 때에는 그 물건을 합성물이라고 한다. 이들 동산간에 주종의 구별이 있으면 주된 동산의 소유자가 전체 소유권을 취득하며(민§257전단), 주종의 구별이 없으면 각 동산의 소유자는 부합당시의 가격비율에 의하여 부합물을 공유한다(§257후단). 이와 같이 부합의 효과로서 그 일방이 소유권을 취득하고 타방이 소유권을 상실하게 되면 그 일방은 타방의 재산상의 손실로 인하여 이득을 보는 것에 해당하므로, 그 손실자는 이득자에 대하여 부당이득에 관한 규정에 따른 구상권을 행사하여 보상을 청구할 수 있다(§261).

**혼화**(混和)
영 ; confusion
독 ; Vermengung, Vermischung
불 ; mélange

소유자를 달리하는 물건이 합일되어 어느 부분이 누구의 소유에 속하는지 식별할 수 없게 되는 것이다. 혼화는 혼합과 융화의 총칭이다. 혼합은 곡물·금전 등과 같은 고형물이 합일하는 것이고 융화는 술·기름 등과 같은 유동물이 합일하는 것이다. 그 어느 것이나 객체인 물건이 다른 동종의 물건과 잘 섞여져서 원물을 쉽게 식별할 수 없게 된다는 특성이 있다. 그러나 이것은 부착과 합일이 쉽게 일어난다는 의미일 뿐이며 그 성질은 일종의 동산의 부합이라고 할 수 있다. 따라서 일반적으로 동산부합에 관한 규정이 준용된다(민§257~§258).

**가공**(加工)
라 ; specificatio
독 ; Verarbeitung
불 ; spécification

타인의 재료에 공작을 가하여 새로운 물건을 제작하는 것을 말한다. 즉 타인의 동산에 노력을 가하여 새로운 물건을 만들어 내는 것이다. 제작된 새로운 물건을 가공물이라고 한다. 첨부의 한 형태이다. 가공물은 원칙적으로 재료의 소유자에게 귀속되는 것이 된다(민§259). 다만 예외적으로 갑 소유의 화지에 을 화백이 그림을 그렸을 경우처럼, 가공물의 가격이 재료의 가격보다 현저하게 비싼 경우에는 가공자가 가공물의 소유권을 취득한다(§259①). 다만 특약이나 별도의 관습이 있거나 노동계약에 의한 경우에는 가공물의 가격이 아무리 높아져도 가공자가 소유권을 취득하지 못한다. 가공에 따른 소유권을 취득한 자는 상대방에 대하여 부당이득에 관한 규정에 의하여 보상금을 지급한다(§261). 상법은 가공에 관한 행위를 기본적 상행위로 규정하였다(상§46Ⅲ).

**소유물반환청구권**
(所有物返還請求權)
독 ; rei vindicatio
불 ;Herausgabeanspruch des Eigentümers,
Vindikatiosklage des Eigentümers

소유자가 그 소유에 속하는 물건을 점유한 자에 대하여 반환을 청구할 수 있는 권리를 말한다(민§213). 이 청구권은 물권적 청구권이다. 점유의 상실이나 방해의 여부는 사실심의 변론종결시를 표준으로 한다. 이 청구권의 주체(원고)는 점유를 잃은 소유자이다. 소유자가 간접점유하는 경우에는 점유매개자인 직접점유자에게 반환을 청구할 수 있으며, 직접점유자가 점유를 제3자에게 빼앗긴 때에는 그 제3자에 대하여도 반환을 청구할 수 있다. 청구권의 상대방(피고)은 현재 그 물건을 점유함으로써 소유자의 점유를 방해하고 있는 자이다. 타인의 점유를 빼앗은 자라도 청구시에 점유하고 있지 않으면 상대방이 되지 못한다. 상대방의 점유취득에 고의·과실 등의 귀책사유가 있어야 하는 것은 아니다. 그러나 상대방이 자기의 점유를 정당화할 권리를 가지는 경우에는 반환을 청구할 수 없다(§213단). 또한 상대방이 간접점유하고 있는 경우에는 그 직접점유자가 현재 목적물을 점유함으로써 소유물권을 방해하고 있는 것이므로 소유자는 그 직접점유자도 상대방이 된다. 상대방이 점유보조자를 통하여 점유하는 경우에는 본인인 상대방에 대하여만 반환을 청구할 수 있다

## 소유물방해제거청구권

(所有物妨害除去請求權)
라 ; actio negatoria
독 ; negatorischer Anspruch
불 ; action n'egatoire

소유자가 소유권을 방해하는 자에 대하여 그 방해의 제거를 청구할 수 있는 권리를 말한다(민§214). 이 청구권은 물권적청구권이다. 청구권의 주체(원고)는 소유권의 내용실현이 점유상실 이외의 방법으로 방해되고 있는 자이다. 현재 소유권을 방해당하고 있어야 하므로 방해당하고 있는 소유권을 타인에게 양도한 때에는 그 양수인만이 청구권을 가진다. 청구권의 상대방(원고)은 현재 방해상태를 일으켜 놓고 있는 자이다. 상대방이 객관적으로 방해하는 사정을 지배하는 지위에 있으면 되고 고의나 과실과 같은 귀책사유가 있어야 하는 것은 아니다. 따라서 방해가 원고가 아닌 타인의 행위 혹은 자연력에 의한 경우라도 현재 방해상태를 발생케 하고 있으면 상대방이 된다. 또한 반환청구와는 달리 목적물을 침탈당하지 않고 점유는 그대로 보유한다. 따라서 (1) 소유물이 이미 멸실한 경우 (2) 상린규정이나 특별법의 제한으로 소유자가 인용하여야 되는 경우 (3) 방해제거를 청구하는 것이 소유권의 남용이 되는 경우에는 청구권을 행사할 수 없다.

소유권에 기한 방해배제청구권에 있어서 '방해'라 함은 현재에도 지속되고 있는 침해를 의미하고, 법익 침해가 과거에 일어나서 이미 종결된 경우에 해당하는 '손해'의 개념과는 다르다 할 것이어서, 소유권에 기한 방해배제청구권은 방해결과의 제거를 내용으로 하는 것이 되어서는 아니 되며(이는 손해배상의 영역에 해당한다 할 것이다) 현재 계속되고 있는 방해의 원인을 제거하는 것을 내용으로 한다*(대법원 2003. 3. 28. 선고 2003다5917).*

## 소유물방해예방청구권

(所有物妨害豫防請求權)

소유권을 방해할 염려가 있는 자에 대하여 그 예방이나 손해배상의 담보를 청구할 수 있는 권리이다(민§214후단). 이 청구권은 물권적청구권이다. 청구권의 주체(원고)는 방해될 염려가 있는 소유권의 보유자이다. 청구권의 상대방(원고)은 장차 소유권을 방해할 염려가 있는 자이다. 청구권의 내용은 방해를 미연에 방지하는 조치를 청구

하거나 손해배상의 담보를 청구하는 것이다. 소유자는 두 가지를 다 청구하지는 못하고, 어느 한 가지만을 선택하여 청구할 수 있을 뿐이다. 예방청구는 상대방의 부작위를 청구하는 경우가 많으나, 작위를 청구하는 수도 있다.

## 공동소유(共同所有)

하나의 물건을 2인 이상의 다수인이 공동으로 소유하는 상태를 말한다. 일반적으로 공동소유의 형태는 공유·합유·총유의 세 가지를 든다. 일반적으로 소유를 권리주체의 면에서 보면, 단수의 권리주체가 한 개의 물건을 소유하는 경우가 압도적으로 많지만, 경우에 따라서는 한 개의 물건을 복수의 권리주체가 공동으로 소유하는 경우도 있다. 전자를 단독소유라 한다면 후자는 공동소유가 된다. 그러나 공동소유는 물건자체를 분할하여 소유하는 것이 아니고 권리를 분할하여 소유하는 것을 전제로 한다. 따라서 물건자체를 분할하여 소유하는 구분소유권과 명백히 다르다. 그런데 권리의 분할은 양적분할과 질적분할로 나누어질 수 있다. 하나의 소유권을 분수적으로 분할함으로써 甲·乙·丙이 각각 3분의 1씩을 갖는 경우는 소유권의 양적 분할이 된다. 반면에 소유권을 관리·처분·사용·수익 등의 여러 기능으로 분산하여 관리·처분과 같은 지배적 기능을 갑이 가지고, 사용·수익과 같은 경제적 기능은 을이 가짐으로써 양자의 기능을 내부적으로 결합시킴으로써 완전한 소유권을 실현시키는 경우라면 질적 분할이 된다. 소유권의 양적 분할은 개인주의적법제 아래서 인정되는 공동소유의 형태로서 공유가 이에 속하며, 소유권의 질적 분할은 단체주의법제 아래서 인정된 공동소유의 형태로 총유가 이에 속한다. 합유는 공유와 총유의 중간형태라 하여도 무방하다.

## 합수적조합(合手的組合)

→ 공동소유와 단체

## 지분적조합(持分的組合)

→ 공동소유와 단체

## 공동소유와 단체
(共同所有와 團體)

민법은 단체에 관한 통일적 규정을 두고 있지 않고 개별적으로 규정하고 있다. 즉 총칙편의 사단법인·물권법의 공동소유관계·채권법의 조합 등이다. 그런데 단체는 그 성질에 따라 사단과 조합으로 대별할 수 있다.

(1) 사단(社團)은 다수인이 결합하여 단체를 조직함으로써 하나의 단체로서의 단일성이 대외적으로 나타나고 개개의 구성원의 존재가 단체적 단일성에 흡수되어 버리는 모습이다. 예컨대 회사·노동조합·문·동창회 등이다. 즉 대외적으로 단체만이 표면에 나타나 각종 법률관계를 맺게 된다. 그러나 사단자체가 권리·의무의 주체로 되기 위하여는 법률상 단체에 법인격을 부여하여야 한다. 이에 대하여는 법인부인설·

법인의제설·법인실재설로 나누어진다. 한편 사단이면서도 법인격을 취득하지 않은 사단을 권리능력없는 사단 또는 법인격 없는 사단이라고 한다. 민법에는 이에 관한 규정이 없지만 그 사단으로서의 실재성을 감안하여 될 수 있는대로 사단법인에 준하여 취급하여야 한다(민소§52). 조합의 실체를 가지면서 사단법인의 형태를 취하는 것으로 합명회사와 합자회사가 있다. (2) 조합은 구성원의 독립적 개성이 중시되어 각 구성원이 권리·의무의 주체로서 표면에 나타나게 된다. 예컨대 수인이 공동투자하여 소규모의 사업을 경영하는 경우이다. 조합은 채권계약의 일종으로 취급된다(민§703~§724). 다만 어느 정도 단체성을 인정하여 가입·탈퇴·재산관계·해산 등에 관하여 단체적 제약을 두고 있어 일반채권계약과는 다르게 규율하고 있다. 조합은 다시 합수적 조합과 지분적 조합으로 나누어진다. 합수적 조합은 조합원이 미리 설정된 공동목적에 의하여 결합되고 그러한 결합관계를 기초로 물건을 공동으로 소유하며 공동목적에 관한 한 단독행동이 절대로 허용되지 않으며 전원일치의 의사로써만 행동한다. 지분적 조합은 수인이 우연히 어떤 물건을 공동소유하는 이외에 조합원간에 아무런 결합관계도 없다. 따라서 단독행위도 무제한 허용된다. (3) 결국 인적 결합은 사단법인·법인격없는 사단·합수적조합·지분적조합의 네 가지로 나누어진다. 이들의 단체의 소유결합관계는 각각 다르다. 즉 사단법인은 법인이라는 단일인격자로 나타나므로 그 소유형태도 개인소유와 같은 법인의 단독소유가 된다. 다음에 법인격없는 사단은 총유, 합수적 조합은 합유, 지분적 조합은 공유의 모습을 갖게 된다.

## 공유(共有)

독 ; Miteigentum  불 ; copropriété

공유란 물건의 지분에 의하여 수인의 소유로 귀속되고 있는 공동소유의 형태이다(민§262①). 공유의 법적 성질에 대하여는 다수인이 하나의 소유권을 분량적으로 분할하여 소유하는 상태라는 견해가 통설이다. 이들 다수인을 공유자라고 하며, 공유는 공동소유의 형태 가운데 가장 개인적 색채가 강하다(개인주의적 공동소유형태. 즉 공유에 있어서 수인은 한 개의 물건을 공동으로 소유하지만 공유자들 사이에는 어떠한 인적 결합관계나 단체적 통제가 없다. 따라서 목적물에 대한 각 공유자의 지배권능은 서로 완전히 자주·독립적이다. 공유는 당사자의 의사나 법률규정에 의하여 성립한다. 각자가 가지는 지배권능은 지분이라 하는데 이 지분권은 질적으로는 독립소유권과 다름없다. 따라서 각공 유자가 가지는 지분의 처분은 자유이며(민§263 ; 지분처분의 자유), 원칙적으로 언제든지 목적물의 분할을 청구하여 공동소유관계를 폐지함으로써 완전한 개인적인 단독소유권으로 전환할 수 있다(§268①) ; 분할청구의 자유). 다만 목적물이 동일하기 때문에 그 행사에 제약을 받고 있는데 지나지 않는다. 즉 공유자는 개인적 수요를 충족하기 위하여 공유물 전부를 지분의 비율에 따라 단독으로 사용·수익할 수 있다(§263). 그러나 지분과 달리 공유물은 동시에 다른 공유자 지분의 객체가 되므로 한 사람의 공유자가 단독으로 처분·변경을 위하여는 공유자 전원의 동의를 필요로 한다. 또한 공유물의 관리, 즉 이용·개량에 관한 사항은 공유자 지분의 과반수로써 결정한다(§265). 다만 보존행위는 공유자 전원에게 이익이 되므로 각 공유자가 단독으로 할 수 있다.(§265단). 공유물의 관리비용 기타 의무는 각공유자가 그 지분의 비율로 이를 부담한다(§226①). 공유자가 이러한 의무의 이행을 1년 이상 지체한 때에 다른 공유자는 상당한 가액으로 그 자의 지분을 매수할 수 있다(§266②).

공유관계 정리

| 공 유 | |
|---|---|
| 지분 | 공유지분 |
| 목적물 처분, 변경 | 공유자 전원 동의 |
| 지분 처분 | 자유 |
| 분할 청구 | 자유, 단 5년 내의 기간으로 금지특약가능 |
| 보존 행위 | 각자가 단독으로 가능 |
| 사용·수익 | 지분비율로 전체사용함 |
| 등기 | 공유자전원명의로 지분 등기함 |

## 준공유(準共有)
독 ; Quasimiteigentum

소유권 이외의 재산권의 공유를 말한다. 이에는 공유에 관한 규정을 준용한다. 그러나 이에 관해 다른 법률에 특별한 규정이 있으면 먼저 그 법률을 적용하여야 하고, 민법을 적용할 수는 없다(민법 278조). 준공유가 인정되는 소유권 이외의 재산권의 주요한 것은 지상권·전세권·지역권·저당권 등의 민법상의 물권과, 주식·광업권·저작권·특허권·어업권 등이다.

## 공유재산(共有財産)

공유재산이란 수인의 공유에 속하는 재산, 예를 들어 수인이 공동으로 양수하였거나 상속한 재산을 말한다. 수인이 한 채의 건물을 구분하여 각각 그 일부분을 소유한 때에는 건물과 그 부속물 중 공유하는 부분은 그의 공유로 추정하고(민법 215조), 경계에 설치된 경계표·담·구거 등은 상린자의 공유로 추정하며(민법 239조), 부부의 누구에게 속한 것인지 분명하지 않은 재산은 부부의 공유로 추정한다(민법 830조3항).

## 공유의 지분(共有의 持分)
독 ; Antei　영 ; quota
불 ; part indivise)

공유에 있어서 각 공유자가 가지는 권리가 지분인데, 지분의 법률적 성질에 관하여, 지분은 한 개의 소유권의 분량적 일부라고 하는 통설에 따르면 결국 지분이란 각 공유자가 목적물에 대하여 가지는 소유의 비율이라고 할 수 있다. 지분의 비율은 법률의 규정(민법 254조단서·257조·258조·1009조 등) 또는 공유자의 의사표시에 의하여 정해진다. 그것이 불명한 경우 각 공유자의 지분은 균등한 것으로 추정한다(민법 262조2항). 부동산 공유지분의 비율에 관한 약정은 이를 등기하여야 한다(부동산등기법 44조). 각 공유자는 공유물 전부를 지분의 비율로 사용·수익할 수 있다(민법 263조). 공유물의 처분을 위해서는 공유자 전원의 동의가 필요하다(민법 264조). 하지만 그 지분은 자유롭게 처분할 수 있다(민법 264조). 공유자는 공유물의 관리에 관한 사항, 즉 목적물의 이용 및 개량을 목적으로 하는 행위는 지분의 과반수로써 결정한다. 그러나 보존행위는 지분과 관계없이 각자가 단독으로 할 수 있다(민법 265조단서). 공유물의 관리비용 기타 의무(세금 등)는 공유자가 그 지분의 비율로 부담한다(민법 266조1항). 지분은 소유권과 같은 성질을 가지는 것으로 각 공유자는 단독으로 다른 공유자 및 제3자에 대하여 그의 지분을 주장할 수 있다.

## 공유물분할(公有物分割)

공유물을 공유자의 지분권에 따라 나누는 것을 말한다. 즉 각 공유자는 법률의 규정이나 별단의 특약이 없는 한 언제든지 공유물의 분할을 청구할 수 있다(민§268① : 공유물분할의 자유). 그러나 공유자는 계약(부분할계약)을 통하여 일정한 한도, 즉 5년 이내의 기간에 한하여 분할하지 않을 것을 약정할 수 있다(민§268①단). 또한 물건의 구분소유자(§215)·경계표(§239) 등의 공유자 등은 분할을 청구할 수 없다(§268②). 분할방법에는 현물분할·대금분할·가격배상에 의한 분할의 세 가지가 있다. 분할은 공유자간에 협의가 이루어지면 협의로서, 협의가 이루어지지 않을 경우에는 공유자가 법원에 재판상의 분할을 청구할 수 있다(§269). 분할의 결과 공유관계는 종료되고 분할시부터 각 공유자는 자기가 받은 부분에 대하여 단독 소유자가 된다. 따라서 다른 공유자가 분할로 인하여 취득한 물건에 대하여 그 지분의 비율로 매도인과 동일한 담보책임을 부담한다(§270). 또한 분할은 교환 또는 매매의 성질을 가지므로 분할의 효과는 소급하지 않는다. 그러나 예외적으로 상속재산의 분할의 효과는 상속개시시(즉 피상속인의 사망시)에 소급한다(§1015).

## 합유(合有)

독 ; Eigentum zur gesamten Hand

합유란 법률규정이나 계약에 의하여 수인이 조합체로서 물건을 소유하는 형태로서, 공유와 총유의 중간에 있는 공동소유관계이다(민§271①). 따라서 합유는 그 전제로서 조합체의 존재가 필요하다. 여기서 조합체란 동일목적에 의하여 결합되고 있으나 아직 동일적 활동체로서의 단체적 체제를 갖추지 못한 복수인의 결합체인 합수적 조합을 가리킨다. 합유는 계약이나 법률규정에 의하여 성립한다(§271①전단). 현행법상 법률규정으로 합유가 인정되는 경우는 민법상 조합재산(§704)과 신탁법상 수탁자가 수인인 신탁재산(신탁§50)이다. 그리고 부동산의 합유는 등기하여야 한다. 합유는 지분이 공동목적을 위하여 구속받으며 단독으로 자유로이 처분할 수 없고 분할을 청구하는 권리도 제한된다는 점에서 공유와 다르다(민§273). 또한 합유는 단체로서의 체제를 갖추지 못하고 단체적 통일성을 가지지 아니한 점에서 단일적 활동체로서 물건을 총유하는 법인격없는 사단과 다르지만, 합유의 기초인 조합체가 존재한다는 점에서는 총유와 비슷하다. 즉 공유는 개인적 색채가 가장 짙으며, 합유는 공동목적을 위하여 개인적인 입장이 구속되지만 持分(지분)이 존재한다는 면에서 總有(총유)보다는 개인적이다. 합유는 합유물을 처분·변경함에 있어서 합유자 전원의 동의가 있어야 한다(민§273①). 또 합유관계는 조합의 해산이나 합유물의 양도로 인하여 종료하며, 이 경우에 합유물의 분할에 관하여는 공유물의 분할에 관한 규정을 준용한다(민§274).

합유관계 정리

| 합 유 | |
|---|---|
| 지분 | 합유지분 |
| 목적물 처분, 변경 | 합유자 전원 동의 |
| 지분 처분 | 합유자 전원 동의 |
| 분할 청구 | 불가. 단, 조합체 해산 후에는 가능. |
| 보존 행위 | 각자가 단독으로 가능 |
| 사용·수익 | 조합계약에 의함 |
| 등기 | 합유자전원명의로 등기함 |

## 합유채권관계(合有債權關係)

한 개의 채권관계에 있어서 수인의 채권자 또는 채무자가 있는 경우에 각 채권자가 가지거나 각 채무자가 부담하는 비율이 잠재적인 것이기 때문에 총 채권자 또는 총 채무자가 공동하여서만 채권을 행사하거나 채무를 부담할 수 있는 것으로서 채권·채무의 합유적 귀속으로 보아야 할 관계를 말한다. 총채권관계와 함께 공동채권관계의 일종이다. 조합의 채권·채무와 같이 수인의 채권자나 채무자의 사이에 단체적 결합이 존재하는 경우에 생긴다. 합유채권관계는 채권·채무의 준합유관계로서 합유에 관한 규정이 준용된다(민§278).

## 총유(總有)

독 ; Gesamteigentum
불 ; propriéte collective

총유란 법인이 아닌 사단 등이 집합체로서 물건을 소유하는 공동소유의 형태이다(민§275). 공동소유 가운데 가장 단체적 색채가 농후한 것이며 게르만족의 촌락공동체의 공동소유관계에서 시작된 제도이다. 총유는 그 기초인 법인 아닌 사단에 있어서의 사원의 총합체가 하나의 단일적 활동체로서 단체의 체제를 갖추고 있는데 대하여 합유는 단체로서의 체제 즉, 단체적 단일성을 갖추지 못한 점에서 총유와 구별된다. 또 공유는 소유권의 관리·처분·사용·수익 등의 권능이 공유자 수인에게 분속(分屬)되지만, 총유는 목적물의 관리·처분 등의 권능이 구성원의 총체인 사단자체에 속하며 사용·수익 등의 권능은 각 구성원에게 귀속하여 양자가 단체적 통제하에 유기적으로 결합하여 하나의 소유권을 이루는 점에서 공유와 구별된다. 그 자격의 득실이나 단체원의 사용수익의 방법 등은 단체의 규약에 의하여 정해진다. 총유의 주체는 법인 아닌 사단 즉 법인격 없는 인적 결합체이다. 이른바 권리능력 없는 사단이나 종중등이 그 예이다. 객체가 다수의 물건으로 구성되는 재산인 경우에는 그 모든 재산이 총유의 객체이다. 또한 객체가 부동산이라면 그 부동산의 총유는 등기하여야 하며, 등기는 사단의 명의로 그 대표자 또는 관리인이 신청한다(부등§30). 총유관계는 사단의 정관 기타의 규약에 의하여 규율되지만, 이들에 정함이 없을 경우에는 (1) 총유물의 관리·처분은 사원총회의 결의로써 하며(민§276①), (2) 총유물의 사용, 처분은 정관 기타의 규약에 따라 각 사원이 할 수 있으며(민§276②), (3) 총유물에 대한 사원의 권리의무는 사원의 지위를 취득하거나 상실하는 동시에 당연히 취득 또는 상실된다(민§277), (4) 총유의 지분에 관하여는 지분을 전면적으로 부인하는 견해와 인정하는 견해가 대립된다.

총유관계 정리

| 총 유 | |
|---|---|
| 지분 | 없다. |
| 목적물 처분, 변경 | 사원총회 결의 필요 |
| 지분 처분 | 지분이 없다. |
| 분할 청구 | 불가함. |
| 보존 행위 | 총회결의를 얻어야 함. |
| 사용·수익 | 정관이나 규약에 의함. |
| 등기 | 비법인 사단의 단독명의로 등기함. |

## 준총유(準總有)

준공동소유의 한 유형으로 '법인 아닌 사단'이 소유권 이외의 재산권을 소유하는 것을 말한다. 준총유에 관하여 다른 법률에 특별한 규정이 없으면 총유에 관한 규정을 준용한다(민법 278조). 준총유가 인정될 수 있는 소유권 이외의 재산권에는 지상권·전세권·지역권·저당권 등의 민법상의 물권과, 주식·광업권·저작권·특허권·어업권 등이 있다. 채권에 관하여도 준총유가 인정되나, 채권의 내용이나 효력에 관하여는 불가분채권의 규정에 의하여야 하고, 채권에 대한 지배에 관하여서만 준총유로서 관계되는 규정에 따르게 된다. 따라서 채권을 준총유한다는 것은 그 채권이 '법인 아닌 사단'에 한 개의 권리로서 귀속하고 그 추심 기타의 처분은'법인 아닌 사단 '자체가 이를 할 수 있음에 그치고, 그 추심으로 얻을 수 있는 것은 '법인 아닌 사단'의 총유에 속하며, 사단의 각 성원은 개인으로서는 그 채권에 관하여 직접 아무런 권리도 가지지 않는다.

## 준공동소유(準共同所有)

독 ; Quasimiteigentum

준공동소유란 수인이 소유권 이외의 재산권을 공동으로 소유하는 형태이다. 원래 공동소유의 특색은 권리자가 복수라는 점에 있지 그 권리가 소유권인지의 여부에 있는 것은 아니므로, 다른 법률의 특별한 규정이 없으면 공유에 관한 규정이 준용된다(민§278). 따라서 준공동소유에는 준공유·준합유·준총유의 세 가지 형태가 존재할 수 있으며 각각 공유·합유·총유의 규정이 준용된다. 준공동소유가 인정되는 객체는 소유권을 제외한 지상권·전세권)지역권·

저당권 등 민법상의 물권과 주식 및 저작권·특허권·어업권 등의 무체재산권 등이다. 채권에도 준공동소유가 성립되지만 채권의 내용과 효력에 관하여는 불가분채권의 규정(민§409~§412)에 따라야하고 채권에 대한 지배에 관하여서만 준공동소유로서 각각 관계되는 규정에 의하게 된다.

**지분**(持分)
영 ; quota 독 ; Anteil 불 ; part indivise

지분이라는 용어의 의무는 여러 가지이다. (1) 공유관계 : 공유에서는 공유자에게 귀속되는 몫을 말하지만 이 경우도 두 가지로 구별할 수 있다. 즉, 지분은 ㉮ 각 공유자가 목적물에 대하여 가지는 소유의 비율자체를 가리키거나, ㉯ 이 지분에 기하여 각 공유자가 공유물에 대하여 가지는 권리(지분권)를 말한다. 그러나 공유에 관한 민법 규정상의 지분에는 두 가지 의미가 모두 포함되어 있어서 양자를 엄격하게 구별하여 사용하고 있지 않다. 지분의 비율은 공유자간의 계약이나 법률규정에 의하여 결정되지만 불명한 경우에는 각 공유자의 지분은 균등한 것으로 추정된다(민§262②). 공유자들은 그 지분을 처분할 수 있고, 그 지분비율에 따라서 공유물 전부를 사용·수익할 수 있다(§263). 또한 지분의 비율에 따라 공유물의 관리비용 기타 의무를 부담한다(§266①). 상법상 선박공유자의 지분은 민법상의 공유의 지분과 같은 의미이다. (2) 합유관계 : 합유에서는 합유자가 가지는 몫을 말한다. 즉 ㉮ 조합관계로부터 생기는 각 합유자의 권리·의무의 총체, 즉 조합체의 일원으로서의 지위를 가리키거나, ㉯ 합유물에 대하여 각 합유자가 가지는 권리로서 전원의 합의 없이는 그 지분을 처분하지 못하며 그 지분에 관하여 분할을 청구할 수 없다고 규정한 경우의 지분이다(민§273). (3) 총유관계 : 총유의 지분에 관하여는 지분을 전면적으로 부인하는 견해와 인정하는 견해가 대립한다. 총유에는 지분이라는 표현을 사용하고 있지 않지만 그 구성에 따라 사원이 총유물에 대하여 갖는 사용수익권 또는 권리·의무총체, 혹은 사원으로서 갖는 법률상의 지위를 지분으로 파악하기도 한다.

**사단법인의 지분**(社團法人의 持分)
영 ; share
독 ; Anteil, Teihabeschaft
불 ; part social

사단법인의 구성원이 가지는 몫을 말한다. 상법 중 회사법은 합명회사·합자회사·유한회사의 사원이 소유하는 몫에 대하여 지분이라는 용어를 사용한다(상§197, §222~§224, §249, §276, §555~§558). 여기서 지분이란 그 대상인 재산인 법인인 회사의 재산이므로 구성원인 사원의 공유나 합유에 속하는 공유재산이나 합유재산의 지분과는 그 의미가 좀 다르다. 사단법인의 지분에는 (1) 사원이 그 자격에서 사회에 대하여 권리·의무를 갖는 지위(사원권)를 의미할 경우(예컨대 지분양도·지분상속·지분입질·지분압류에 있어서의 경우가 여기에 해당한다)와 (2) 회사가 해산하였거나 사원이 퇴사하였을 경우, 사원이 그 자격에서 회사에 청구하거나 또는 회사가 지급하여야 할 계산상의 수액(數額)을 의미할 경우(예컨대 지분의 환급과 지분의 계산 등)가 있다. 또 협동조합에 있어서는 회사사원의 지분과 동일한 조합원의 지분의 관념이 있으며, 탈퇴시 지분의 환급은 청구할 수 있으나(농협§31·중협§26·수협§21, 등) 조합원의 지분의 공유는 금지되고 있다(농협§23,·중협§23·수협§24,).

## 지분권(持分權)

공유나 합유시 공유물 또는 합유물에 대하여 공유자나 합유자들이 일정한 비율로써 가지는 권리를 말한다. 그러나 민법·상법에서는 모두 이 용어를 쓰지 않고 지분이라는 용어로써 규정하고, 상법은 합명회사·합자회사·유한회사의 사원이 회사재산에 대하여 가지는 몫의 비율을 지분이라는 용어로써 규정한다.

공유자의 지분권은 양적으로는 소유권의 분수적 일부이지만 질적으로는 완전히 독립한 소유권이므로 그 성질·효력에 있어서는 소유권과 동일하고, 소유권에 관한 일반적 규정의 적용을 받는다. 즉 그 처분·상속·등기·인도 등은 모두 소유권에 준하며, 공유자의 1인이 그 지분을 포기하거나 상속인이 없이 사망한 때에는 그 지분은 다른 공유자에게 각각 지분의 비율로 귀속하며(민§267), 또 각 공유자는 각자의 지분에 대하여 단독으로 타 공유자나 제3자에게 주장할 수 있다. 즉 각 공유자는 그 지분권에 의하여 지분확인의 소·지분에 의한 물권적청구권·지분에 관한 시효의 중단 등을 할 수 있다. 그러나 합유자의 지분권은 공동목적을 위하여 구속되어 있으며, 독립의 권리로서의 성질을 가지지 않기 때문에 임의로 처분하지 못하고(민§273①). 또 각 합유자는 단독으로 지분의 확인·지분의 등기·방해제거 및 합유물의 반환을 청구할 수 없다고 해석한다.

## 용익물권(用益物權)

독 ; Natzungsrecht

타인의 토지 또는 건물을 일정한 목적을 위하여 사용·수익할 것을 내용으로 한 물권의 총칭이다. 사용권·이용권이라고도 한다. 또한 소유권과 같은 전면적·포괄적 권리가 아니고 한정된 범위 내에서의 지배권이라는 점에서 담보물권과 함께 제한물권에 속한다. 민법에서는 지상권·지역권·전세권이 용익물권에 해당하며 모두가 부동산을 객체로 하고 있다. 그러나 그 밖의 광업권·어업권 등도 같은 성질의 것이다. 민법은 소유권을 절대의 권리로 하고, 용익물권은 이를 한정된 범위에서 일시적으로 제한하는데 불과한 물권이라고 하고 있는데, 최근에는 토지를 실제로 이용하고 있는 자를 보다 더 보호해야 한다는 이용권강화의 견지에서 점차로 용익물권이 강화되어가고 있다.

## 용익권(用益權)

라 ; usus fructus 독 ; Niessbrauch
불 ; usu fruit

타인의 소유물을 그 본체를 변경하지 않고 일정기간 사용수익하는 물권이다. 사용수익권을 발생케 하는 용익물권·임차권 등을 가리키는 말로도 쓰인다. 일종의 인역권(人役權)으로서 구민법이 독·프랑스 민법을 따라 이 제도를 규정한 바 있었으나 현행민법은 이를 인정하지 않는다.

## 인역권(人役權)

특정인의 편익을 위하여 타인의 물건(동산·부동산)을 이용하는 물권이다. 예를 들면 타인의 집에서 낚시질이나 사냥을 하는 것 혹은 타인의 가옥에 거주하는 것 등이다. 로마법에서 널리 인정되었던 권리이나, 우리 민법에서는 인정하지 않고 있다.

## 제한물권(制限物權)

독 ; beschränktes Sachenrecht

특정된 방향이나 특정한 목적을 위하여 물건을 지배함으로써 이익을 향수할 수 있는 권리이다. 소유권의 기능의 일부를 제한하는 것이므로 제한물권이라고 한다. 즉 소유권을 제한함으로써 그 위에 성립할 수 있으며 스스로도 그 내용에 있어서 제한을 받게 되는 물권이다. 민법상으로 지상권·지역권·전세권 등의 용익물권과 유치권·질권·저당권 등의 담보물권 등은 모두가 제한물권이다. 소유권이 물건을 전면적으로 지배하고 자유로이 이용할 수 있는데 대하여 제한물권은 어떤 특정한 목적을 위해서 일시적으로 물건을 지배하는 권리인데 불과하다. 이러한 의미에서 소유권과 대립되는 개념이라 하겠다.

## 타물권(他物權)

라 ; ius in re aliena
독 ; Recht an fremder Sache

타인의 물건 위에 성립하는 물권을 말한다. 많은 학자들이 제한물권을 타인권이라고 부른다. 이는 소유권 이외의 물권이 모두 타인의 소유에 속하는 물건 또는 권리 위에 존재하는 권리이기 때문이다. 독일법에서도 제한물권이란 용어 이외에 타물권이라는 용어가 사용되며 로마법에서도 타물권이라는 말이 있었다. 그러나 제한물권은 간혹 자기의 물건 위에도 성립할 수 있으므로 적당하지 않다. 즉 제한물권이 타인의 권리의 목적으로 되어 있는 경우에는 소유물 위에 소유자의 제한물권이 성립할 수 있으며 특수지역권이 지역단체 소유의 지반위에 성립할 수 있기 때문이다.

## 권리설정(權利設定)

권리의 주체가 그 권리를 보유하면서 그 권리에 대하여 내용이 제한된 새로운 권리를 방생시키는 것이다. 예컨대 소유자가 지상권이나 질권과 같은 제한물권을 설정하는 경우이다. 이러한 제한물권의 설정에는 당사자의 설정계약 또는 단독행위가 있어야 하고, 계약 등이 유효하려면 저당권·지상권의 경우에는 등기를, 질권의 경우에는 점유의 인도를 필요로 한다.

## 지상권(地上權)

라 ; superficies
독 ; Erbbaurecht
불 ; droit de superficie

타인의 토지에 건물 기타 공작물이나 수목을 소유하기 위하여 그 토지를 사용하는 물권을 말한다(민§279~§290). 토지의 전면적 지배권인 소유권을 제한하여 일면적으로 지배하는 제한물권이며, 그 가운데 용익물권에 속한다. 이러한 지상권의 내용은 당사자가 임대차계약(임차권)을 체결하여 채권적 관계에 의하여도 동일한 목적을 달성할 수 있다. 또한 실제로도 지주에게는 우선적 효력·물권적 청구권·처분권한 등에서 임대차계약이 유리하므로 지상권을 설정하기보다는 임대차계약에 의하며, 일반적으로 지상권이라고 하는 것도 대부분은 임대차에 불과하다. 지상권의 취득은 지상권설정계약에 의하여 취득하는 것이 보통이지만 유언과 같이 지상권양도 등의 법률행위에 의하여 취득하는 경우도 있으며 당연히 지상권의 존재가 인정되는 법정지상권도 있다. 우리 민법은 지상권의 최장존속기간의 규정은 없으며 다만 지상물의 종류와 구조 등에 따라 30년·15년·5년의 최단존속기간의 제한만을 두고 있다(민280①). 만약 설정행위에 의하여 이 기간보다 단축된 기간을 정한 경우에는 그 존속기간을 각 종류에 해당하는 최단기간까지 연장한다(§280②). 지상권은 물권이므로 양도성·임대성이 있고 담보로 제공할 수 있다. 또한 지상권이 소멸한 때에는 지상권 설정자는 언제든지, 또 지상권은 일정한 조건하에 상대방에 대하여 지상물 매수청구권을 행사하여 지상물을 유지하거나, 투하자본을 회수할 수 있다(§283②, §285②). 지료는 지상권의 요소는 아니지만 그 약정을 등기하면 지상권의 내용으로 되어 물권적 효력이 있다. 지상권의 소멸원인은 토지의 멸실·존속기간의 만료·소멸시효(§162②)·(혼동)(§191)·토지의 수용·지상권에 우선하는 저당권의 실행으로 인한 매매 등과 같은 물권일반에 걸친 공통된 사유와 지상권설정권자의 소멸청구(§287)·지상권의 포기(§153②단, 371②)·지상권소멸에 대한 약정사유의 발생 등과 같은 지상권에만 특유한 사유가 있다.

## 지상권과 임차권의 이동

(地上權과 賃借權의 異同)

타인의 토지를 이용하여 건축)·식목하는 법률관계는 지상권설정 및 임대차계약에 의하는 방법이 있다. 그러나 토지소유자는 물권인 지상권에 의한 강력한 구속을 받는 것은 매우 불리하기 때문에 임대차를 택하는 것이 보통이며 토지이용자는 경제적으로 약자이므로 임대차취득에 만족하지 않을 수 없다. 현행민법의 구성은 토지사용권으로서의 지상권과 토지임차권의 두 가지 제도를 병존시키고 있다. 양자의 내용상의 이동은 다음과 같다.

권리의 성질 : 지상권은 배타성을 가

지고 토지를 직접 지배하는 물권으로 물권편(민§279~§290)에 규정되어 있는 반면에 임차권은 임대인에게 토지를 사용수익하게 할 것을 청구할 수 있는 채권에 불과하며 채권편(§618~§654)에 규정되어 있다.

대항력 : 지상권은 등기가 강제되어 제3자에게 대한 대항력을 가지는(민§186) 반면에, 채권은 당사자가 등기하지 않을 것을 약정할 수 있으므로 대항력을 갖지 못한다.

존속기간 : ㉮ 권리존속기간에 대한 약정이 있는 경우에 지상권은 최장기간의 제한이 없고 최단기간으로 사용목적에 따라 각각 30년·15년·5년의 제한이 있다(민§280). 임차권은 개정 전 민법에 의할 때에 원칙적으로 20년을 초과하지 못하는 제한이 있었다. 그러나 이 규정에 대해 입법취지가 불분명하고 계약의 자유를 침해하므로 헌법에 위반된다는 헌법재판소의 결정(2011헌바234, 2013. 12. 26. 선고)이 있었고, 이후 개정을 통해 임대차 존속기간에 제한을 둔 관련 규정을 폐지하였다. ㉯ 권리존속기간에 대한 약정이 없는 경우에는 지상권은 사용목적에 따라 각각 30년·15년·5년으로 하는 데 반하여(민§281), 임차권은 언제든지 해지통지할 수 있다(민§635). ㉰ 권리존속기간의 법정갱신에 관하여 지상권은 아무 규정이 없으나, 임차권은 법정갱신을 인정하고 있다(§639).

투하자본 회수 : ㉮ 지상권은 양도성이 있어서 지상권자가 임의로 양도·임대·담보로 제공할 수 있지만(§282), 임차권은 임대인의 동의없이 양도·전대할 수 없다(§629). ㉯ 지상권소멸시 지상권자는 지상권을 수거할 수 있으며 토지소유자에 대하여 지상권의 매수를 청구할 수 있으며(§283, §285), 이점에서는 임차권도 동일하다(§654, §615, §643).

대가관계 : ㉮ 지상권은 지료를 요소로 하지 않는데 대하여(§279), 임차권은 차임을 그 요소로 한다(§618). ㉯ 지상권에 지료약정이 있는 경우는 액수·지급시기·방법 등은 모두 계약에 의하여 결정되며 임대차 역시 동일하다. ㉰ 지상권 조세 기타 경제사정의 변동시 당사자에게 지료증감청구권의 행사를 인정하여 사정변경의 원리를 채용하며(§286), 임차권도 동일한 이유로 차임증감청구권을 인정한다(§628). 지상권은 2년 이상 지료지급이 연체되어야 지상권 소멸청구를 할 수 있는데 반하여(§287), 임차권은 연체액이 2기의 차임액에 달하면 해지청구를 할 수 있다(§640, §641).

## 법정지상권(法定地上權)

법정지상권이란 당사자의 계약에 의하지 않고 법률의 규정에 의하여 당연히 성립하는 지상권이다. 법정지상권이 성립하는 예로는 (1) 토지와 그 지상의 건물이 동일 소유자에게 속하는 경우에, ㉮ 건물에 대하여서만 전세권을 설정한 후 토지소유자가 변경된 경우(민§305①), ㉯ 어느 한쪽에만 저당권이 설정된 후 저당권의 실행으로 경매됨으로써 토지와 건물이 소유자가 다르게 된 경우(§366①), ㉰ 토지 또는 건물의 한쪽에만 가등기담보권·양도담보권·매도담보권이 설정된 후, 이들 담보권의 실행(이른바 귀속청산)으로 토지와 건물의 소유자가 다르게 된 경우(가등기담보등에 관한법률 제10조)와 (2) 토지와 입목이 동일인에 속하고 있는 경우에 경매 기타의 사유로 토지와 입목이 각각 다른 소유자에게 속하게 된 경우(입목§6)에는 건물이나 입목이 타인의 토지 위에 이유없이 존재하게 되어 버리므로 철거 혹은 수거하여야 하는 불합리한 일이 생긴다. 이 경우 민법은 건물이나 입목의 물권설정자는 건물이나 입목을 위하여 그 토지에 지상권을 설정한 것으로 보고, 건물이나 입목을 철거·수거하지 않아도 되게 하였다. 그 (지료는 당사자의 청구에 의하여 법원이 정한다(민§366). 법정지상권은 서구제국의 법제와는 달리 토지와 건물을 별개의 부동산으로 취급함으로써 일어나는 결함을 보완해 주는 제도이다.

법정지상권

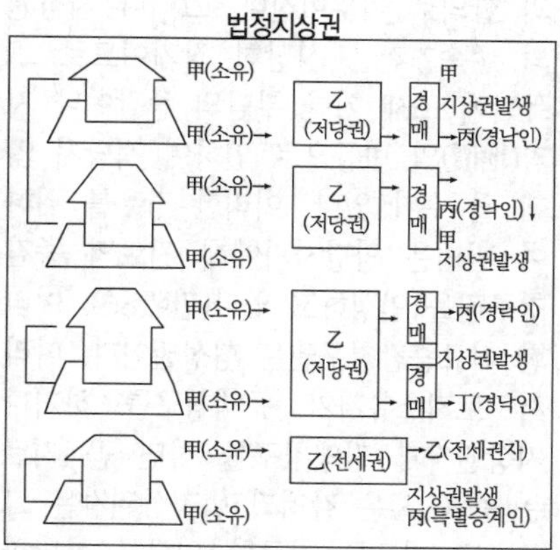


## 관습법상 법정지상권
(慣習法上 法定地上權)

관습법상 법정지상권이란 토지와 건물이 동일인에게 속하였다가 매매 기타 원인으로 토지와 건물 소유자가 달라지게 된 경우 그 건물을 철거한다는 등의 특약이 없는 한 건물소유자는 관습법에 의하여 등기 없이도 당연히 취득하는 지상권을 의미한다. 이는 판례가 관습법으로 인정한 것이다.

> 관습상의 법정지상권은 동일인의 소유이던 토지와 그 지상건물이 매매 기타 원인으로 인하여 각각 소유자를 달리하게 되었으나 그 건물을 철거한다는 등의 특약이 없으면 건물 소유자로 하여금 토지를 계속 사용하게 하려는 것이 당사자의 의사라고 보아 인정되는 것이므로 토지의 점유·사용에 관하여 당사자 사이에 약정이 있는 것으로 볼 수 있거나 토지 소유자가 건물의 처분권까지 함께 취득한 경우에는 관습상의 법정지상권을 인정할 까닭이 없다 할 것이어서, 미등기건물을 그 대지와 함께 매도하였다면 비록 매수인에게 그 대지에 관하여만 소유권이전등기가 경료되고 건물에 관하여는 등기가 경료되지 아니하여 형식적으로 대지와 건물이 그 소유 명의자를 달리하게 되었다 하더라도 매도인에게 관습상의 법정지상권을 인정할 이유가 없다*(대법원 2002. 6. 20. 선고 2002다9660 전원합의체 판결)*.

## 공작물(工作物)

일반적으로는 인공적 작업에 의하여 만들어진 물건을 말하지만 법률적으로는 「토지에 접착되어 설치된 공작물」을 가리키는 경우가 많다. 즉, 건물·담·동상·다리와 같은 지상물 외에 제방·터널·개천 따위도 이에 포함된다. 토지의 공작물에는 위험이 많으므로 하자로 인한 손해에 관하여는 점유자의 배상은 가중되어 소유자는 무과실책임을 지게 된다(민§758). 공작물의 범위를 공장·광산·철도 등의 기업에도 확장해야 한다고 주장하는 학자가 많다. 또한 이밖에 민법에는 공작물에 관한 규정이 많이 있다(§223, §279, §283, §285, §298, §300, §619, §668).

## 수거(收去)

종래 일정한 장소에 있던 공작물·수목 등을 권리자가 그 장소로부터 치우는 것을 말한다(민§285, §615). 즉 지상권·임차권 등의 권원에 의하여 타인의 토지 위에 건물 기타 공작물이나 수목을 가지고 있던 자가 그 용익권을 잃게 되면 공작물 등의 수거와 원상회복의무를 지게 되는 것이다.

## 지료(地料)

영 ; rent　　독 ; Rente　　불 ; rente

지상권자가 토지사용의 대가로 지주에게 지급하는 금전 그 밖의 물건(민§286)을 말하며 지대라고도 한다. 지상권에는 반드시 지료가 따라야 하는 것은 아니며, 당사자의 약정으로 그 유무·종류·금액·지급시기 등을 결정할 수 있다(부등§69). 지료에 관한 약정은 등기를 하여야만 물권적 효력이 있다(부동산등기법§69). 약정의 액(額)은 일반적으로 증감할 수 없는 것이 원칙이다. 그러나 당사자간의 지료액이 약정으로 결정된 후라도 물가변동 등 사정이 변경될 경우에는 양당사자는 지료증감청구권을 행사할 수 있다(민§286). 지상권자가 2년 이상의 지료를 연체한 경우에 지상권설정자가 지상권의 소멸을 청구할 수 있다(지상권소멸청구권)§287).

> 지상권에 있어서 지료의 지급은 그의 요소가 아니어서 지료에 관한 유상 약정이 없는 이상 지료의 지급을 구할 수 없다*(대법원 1999. 9. 3. 선고 99다24874).*

## 지료증감청구권(地料增減請求權)

지료가 토지에 관한 경제사정 등의 변경으로 부당하게 될 경우에 당사자가 지료의 증감을 청구할 수 있는 권리이다. 지료액은 원칙적으로 당사자간의 합의로 이루어진다. 그러나 지상권의 존속기간은 상당히 장기이므로 그 동안에 조세 기타 부담의 증감이나 지가(地價)의 변동으로 인하여 적당치 않게 될 수가 있다. 이러한 경우를 위하여 민법은 양당사자에게 지료의 증감청구권을 인정하고 있다(민§286). 이러한 지료증감청구권은 형성권이다. 따라서 토지소유자가 증액청구를 하거나 지상권자가 감액청구를 하면 곧 지료는 증액 혹은 감액되고 지상권자는 그 증감된 지료를 지급할 의무를 부담한다. 이 경우에 증감청구에 대하여 상대방이 불복하게 되면 법원에 제소할 수

밖에 없다. 법원의 판결에 의하는 지료의 증감은 그 감액청구를 한 때에 소급하여 효력이 생긴다. 그러나 지료액이 법원에 의하여 결정될 때까지는 종래의 지료액이나 감액된 지료액을 지급하더라도 지료는 체납되지 않는다.

지료증감청구권에 관한 민법 제286조의 규정에 비추어 볼 때, 특정 기간에 대한 지료가 법원에 의하여 결정되었다면 당해 당사자 사이에서는 그 후 위 민법규정에 의한 지료증감의 효과가 새로 발생하는 등의 특별한 사정이 없는 한 그 후의 기간에 대한 지료 역시 종전 기간에 대한 지료와 같은 액수로 결정된 것이라고 보아야 한다*(대법원 2003. 12. 26. 선고 2002다61934)*.

## 매수청구권(買受請求權)

매수청구권이란 부동산의 이용관계가 종료하는 경우에, 부동산의 소유자나 이용자는 부동산이용시에 이용자가 그 부동산에 부속시킨 물건에 대하여 일방적 의사표시로써 각각 상대방에게 매수를 청구할 수 있다는 권리를 말한다. 이 청구권은 그 권리를 행사하면 상대방의 승낙을 받을 필요가 없이 그 것만으로 매매가 성립하는 것이므로 일종의 형성권이다. 매수청구권은 부동산에 부속된 물건의 경제적 효용을 다하게 하는 작용을 하는 것이며, 특히 이 권리를 이용자가 행사하는 경우에는 이용자의 투하자본을 회수하는 작용을 하게 된다. 민법상 인정되는 매수청구권으로서는 (1) 지상권설정자 및 지상권자의 부속물매수청구권(민§285②, §283②), (2) 전세권설정자 및 전세권자의 부속물매수청구권(§316①, ②), (3) 토지임차인 및 전차인의 건물 기타 공작물의 매수청구권(§643, §644) 등이 있다.

## 지상물매수청구권
(地上物買受請求權)

지상물매수청구권은 지상권이 소멸한 경우나 토지임대차계약의 기간이 만료된 경우에 지상권설정자와 지상권자 및 토지임차인과 전차인이 각각 상대방에 대하여 상당한 가격으로 건물등의 공작물이나 수목 그밖의 지상물의 매수를 청구하는 권리이다(민§283②, §285②, §643, §644). 이 청구권은 지상권소멸시나 토지임대차계약종료시에 행사할 수 있는데 다음의 두 경우로 나누어 진다. 즉 (1) 지상권설정자나 토지임차인은 언제든지 지상권자 및 토지임차인에게 지상물매수청구권을 행사할 수 있다(민§285). (2) 지상시설이 현존하는 때에, 지상권자나 토지임차인은 계약의 갱신을 청구할 수 있지만(지상권경신청구권), 지상권설정자나 토지임차인이 갱신을 원하지 않는다면 그 경우에 한하여 지상물매수청구권을 행사할 수 있다(§283). 이 청구권은 일종의 형성권이며 따라서 이 권리를 행사하면 상대방의 승낙을 기다릴 필요없이 매매가 성립한 것과 동일한 법률관계가 생긴다.

## 지상권갱신청구권
(地上權更新請求權)

→ 지상물매수청구권 참조

## 구분지상권(區分地上權)

지하 또는 지상의 공간은 상하의 범위를 정하여 건물 기타 공작물을 소유하기 위한 지상권의 목적으로 할 수 있다는 것이다(민§289의2). 즉 공중권·지중권·지하권을 통틀어서 구분지상권이라 부른다. 구분지상권은 토지의 상하의 어떤 층만을 객체로 한다. 예를 들면 1필의 토지의 어떤 층에만 설정할 수도 있다. 따라서 구분지상권이 설정되더라도 목적이 되는 층 이외의 층, 즉 구분지상권이 미치지 못하는 토지부분에 관하여는 토지소유자 또는 용익권자가 사용권을 갖는다. 이 경우 상호간의 이용의 조절문제는 상린관계에 관한 규정을 준용한다(§290). 그러나 설정행위에서 구분지상권의 행사를 위하여 토지소유자의 사용권을 제한하는 특약을 체결할 수 있다(민§289조의2① 후단). 또한 당해 토지에 대한 용익권을 가지는 제3자의 승낙을 얻어서 설정된 경우에는 그들 제3자는 구분지상권의 정당한 행사를 방해하지 않을 의무를 부담하며(§289조의2②후단), 구분지상권자는 방해행위의 제거를 청구할 수 있다. 또한 구분지상권자는 공작물을 소유하기 위하여서만으로 한정된다. 구분지상권은 지상권의 일종이므로 역시 물권이다. 따라서 구분지상권은 지상권에 관한 설명이 원칙적으로 타당하게 된다. 구분지상권의 설정은 설정에 관한 물권적 합의와 등기에 의한다.

## 분묘기지권(墳墓基地權)

타인의 토지에 분묘를 설치한 자가 그 분묘를 소유하기 위하여 분묘의 기지부분의 타인소유의 토지를 사용할 것을 내용으로 하는 권리이다. 이 권리는 관습에 의하여 인정된 물권으로서 판례에 의하면 「지상권에 유사한 일종의 물권」이라고 한다. 판례는 이 권리가 성립되는 경우로 (1) 소유자의 승낙을 얻어 그 소유지 내의 분묘를 설치한 경우, (2) 타인소유의 토지에 승낙없이 분묘를 설치하고 20년간 평온·공연하게 그 분묘의 기지를 점유함으로써 분묘기지권을 시효로 취득한 경우, (3) 자기소유의 토지에 분묘를 설치할 자가 그 후에 분묘기지에 대한 소유권을 유보하거나 또는 분묘도 함께 이전한다는 특약을 하지 않고 토지를 처분한 때에 그 분묘를 소유하기 위하여 분묘기지권을 소유한 경우 등이다. 분묘기지권은 분묘형태자체가 일종의 명인방법으로서의 기능을 하므로 등기할 필요는 없다.

타인 소유의 토지에 소유자의 승낙 없이 분묘를 설치한 경우에는 20년간 평온, 공연하게 그 분묘의 기지를 점유하면 지상권 유사의 관습상의 물권인 분묘기지권을 시효로 취득하는데, 이러한 분묘기지권은 봉분 등 외부에서 분묘의 존재를 인식할 수 있는 형태를 갖추고 있는 경우에 한하여 인정되고, 평장되어 있거나 암장되어 있어 객관적으로 인식할 수 있는 외형을 갖추고 있지 아니한 경우에는 인정되지 않으므로, 이러한 특성상 분묘기지권은 등기 없이 취득한다*(대법원 1996. 6. 14. 선고 96다14036)*.

**지역권**(地役權)
라 ; chervitus praediorum
영 ; easement
독 ; Grunddienstbarkeit
불 ; servitude prédiale

일정한 목적을 위하여 타인의 토지를 자기토지의 편익에 이용하는 권리로서 토지용익물권의 일종이다(민§291). 지역권에 있어서 편익을 받는 토지를 요역지라 하고 편익을 제공하는 토지를 승역지라고 한다. 로마법의 부동산역권에서 유래한다. 지역권의 내용은 임대차계약이나 상린관계(§215~§244)에 의하여 목적을 달성할 수 있지만 이들과는 상당한 차이가 있다. 지역권설정은 토지소유자뿐 아니라 지상권자·전세권자·임차권자(부인설도 있다)간에도 할 수 있다(§292①). 지역권은 유상이든 무상이든 무방하다(통설). 또한 지역권은 요역지소유권으로부터 분리되어 존재할 수 없고 이에 종된 권리로서 요역지의 처분과 동시에 이전하며, 요역지소유권으로부터 분리하여 양도하거나 권리의 목적으로 하지 못한다(수반성§292). 요역지 전부를 위하여 승역지 전부를 이용할 수 있으며 공유나 분할의 경우에 관계자 전부에 대하여 효력을 가진다(불가분성§293,§295). 지역권의 종류로는 (1) 적극지역권과 소극지역권, (2) 계속지역권과 불계속지역권, (3) 표현지역권과 불표현지역권으로 나누어진다. (2)와 (3)은 시효취득과 관련하여 구별의 실익이 있다. 즉 지역권은 「계속되고 표현된 것에 한하여」 시효취득할 수 있다(§294). 그러나 지역권은 일반적으로 설정계약에 의하여 취득되며 그밖에 유언·상속·양도 등으로 취득한다. 다만 설정계약이든 시효취득이든 등기에 의하여 효력이 생긴다(§186, §245①, §294). 지역권의 소멸은 요역지나 승역지의 소멸·지역권자의 포기·혼동·존속기간의 만료·약정소멸사유의 발생·승역지의 시효취득·지역권의 소멸시효(지역권은 20년간 행사하지 않으면 소멸시효에 걸린다 : §162②)·승역지의 수용 등으로 소멸한다. 그러나 지역권은 요역지에 부착하는 권리이기 때문에 용역지의 소유자가 바뀌어도 소멸되지 않는다.

**요역지**(要役地)
라 ; praedium dominans
독 ; herrschendes Grundstück
불 ; fonds dominant

→ 지역권 참조

**승역지**(承役地)
라 ; praedium serviens
독 ; dienendes Grundstuck

→ 지역권 참조

## 계속지역권(繼續地域權)

중단 없이 권리의 내용이 실현되는 지역권을 말하는데, 그 예로는 통로의 개설, 송전선의 부설 등을 들 수 있다. 지역권의 행사가 시간적으로 계속되는가에 따라서 계속지역권과 불계속지역권으로 분류되는 것인데, 불계속지역권과는 지역권의 취득시효 및 소멸시효 기간의 기산점에 관해서 그 구별의 실익이 있다. 즉 지역권의 시효취득은 계속지역권이어야 한다는 점과, 소멸시효의 기산점에 있어서 불계속지역권은 최후로 권리행사를 한 때임에 비해 계속 지역권의 경우는 권리불행사시라는 점에 구별의 실익이 있다고 하겠다.

## 법정지역권(法定地役權)
(불, servitude légale)

상린관계와 같은 뜻으로, 지역권이 당사자의 계약에 의하여 생기는 소유권의 확장·제한인데 대해, 법정지역권 즉 상린관계는 지역권의 내용과 대단히 비슷하나, 법률에 의하여 정하여진 소유권내용 그것의 당연한 확장·제한인 점에 그 차이점이 있다. 상린관계는 인접하고 있는 부동산 소유자 상호간의 이용을 조절하기 위함에 그 취지가 있다. 인접한 부동산 소유자가 각자의 소유권을 무제한 주장한다면, 그들의 부동산의 완전한 이용은 어렵게 된다. 이에 각 소유자가 갖는 권리를 어느 정도까지 제한하고, 각 소유자에게 협력의 의무를 부담시킴으로써 인접하는 부동산 상호간의 이용의 조절을 기하려는 것이다. 그러므로 상린관계의 규정은 소유권의 제한이라고 볼 수 있다. 그러나 각 소유자는 각각의 소유권 행사를 그 범위 밖에까지 넓힐 수 있고, 타인의 협력도 요구할 수 있으므로, 어떤 의미에서는 소유권의 확장도 된다. 따라서 상린관계는 각 소유권의 내용의 확장과 제한으로서 법률상 당연히 발생하는 소유권의 최소한의 이용의 조절이며, 소유권 그 자체의 기능이 미치는 범위라고 볼 수 있다.

## 특수지역권(特殊地役權)

어느 지역의 주민이 집합체의 관계로 각자가 타인의 토지에 초목·야생물 및 토사의 채취·방목 기타의 수익을 하는 권리를 말한다(민§302). 이를 총유적 토지이용권·특수토지수익권·입회권 등이라고도 부른다. 특수지역권은 토지수익권으로서 제한물권이며 인역권(人役權)의 일종이다. 이러한 토지수익권은 목적토지의 소유권이 (1) 수익을 하는 어느 지역의 주민전체의 총유에 속하는 형태와 (2) 일정지역의 주민의 총유에 속하지 않고 타인(국가 기타 공·사법인 및 개인 등)의 소유에 속하는 형태로 나누어진다. (1)은 토지의 총유로 민법의 총유에 관한 규정을 적용하며 (2)는 지역권을 적용하면 되지만 실질적으로 준총유에 귀속하므로 마찬가지로 총유에 관한 규정을 준용할 여지가 크다(§278). 다만 민법의 규정과 다른 관습이 있으면 관습이 우선적으로 적용된다(§302).

**역권**(役權)
라 ; servitus 독 ; Dienstbarkeit
불 ; servitude

일정한 목적을 위하여 타인의 물건을 이용하는 물건이다. 원래 로마법에서는 용익물권(타물권)으로서 인역권(人役權)과 지역권을 포함하는 역권만을 인정하였을 뿐이었으므로 소유권과 대립해서 중요한 작용을 하였다. 즉 인역권이란 특정인의 편익을 위하여 타인의 물건을 이용하는 권리이고 지역권은 특정의 토지의 편익을 위하여 타인의 토지를 이용하는 권리이다. 그러나 근대사회의 일반적 경향은 지상권과 임차권에 중점을 두고 있다. 우리 민법도 지역권만 제도화하는데 그치고 있다(민§291, §302).

**전세권**(傳貰權)

전세금을 지급하고 농경지를 제외한 타인의 부동산을 점유하여 그 부동산의 용도에 좇아 사용·수익함을 내용으로 하는 물권이다(민§303~§319). 이는 종래 채권인 전세로 임대차(특히 건물의 이용권)에 유사한 계약으로 행하여져 온 전세의 관습을 토대로 하여 민법이 용익물권으로 규정하여 물권화한 권리이다. 전세권이 소멸하면 목적부동산으로부터 전세금의 우선변제를 받을 수 있는 효력이 인정된다(§303①). 즉 용익물권 이지만 한편으로는 담보물권의 성질도 가지는 특수한 물권이다. 그러나 전세권의 담보물권성은 부수적·종적인 것에 지나지 않는다. 전세권은 전세권설정계약을 통하여 설정되며 등기하여야 효력이 생긴다(§186). 그 밖에 양도·상속·취득시효로도 취득한다. 설정행위에서 금지되지 않는 한, 전세권자는 전세권을 타인에게 양도 또는 담보로 제공할 수 있으며 그 존속기간 내에서 그 목적물을 타인에게 전전세(轉傳貰)·임대할 수 있다(§306). 전세금반환이 지체된 때에는 전세권자에게는 경매를 청구할 권리가 있다(§318). 전세권존속시기는 10년을 한도로 하며 갱신할 수 있지만 역시 10년을 넘지 못한다. 당사자의 약정기간이 10년을 넘는 경우에는 10년으로 단축된다(§312①). 건물에 대한 전세권 약정 기간은 최소한 1년이어야 하며, 1년 미만으로 약정한 경우에는 1년으로 본다(§312②). 존속기간을 약정하지 않은 경우에는 각 당사자는 언제든지 상대방에 대하여 전세권의 소멸을 통고할 수 있으며, 상대방의 전세권은 이 통고를 받은 후 6월이 경과하면 소멸한다(§313). 그러나 아직도 전세의 대부분은 채권관계로 남아있는 실정이다. 이러한 채권적 전세 가운데는 민법의 임대차규정이 적용되는 것과 그 밖의 주택임대차보호법의 적용을 받는 것이 있다.

**전세권자**(傳貰權者)

전세권을 가진 자를 말한다. 즉 전세금을 지급하고 전세권설정자의 부동산을 점유하여 그 부동산의 용도에 좇아 사용·수익할 권리를 가진 자이다(민§303). 전세권자에게는 점유권·사용 및 수익권·유익비의 상환청구권·부속물수거권·매수청구 및 경매청구권의 권리가 있으며 목적물관리의무·원상회복의무 등의 의무가 있다.

## 전전세(轉傳貰)

전세권자가 전세권을 기초로 하여 그 전세기간 내에서 그 전세권을 목적으로 하는 전세권을 다시 설정하는 것을 말한다(민§306). 그러나 이는 설정행위로 금지할 수 있다. 일종의 전세권이므로 물권적 합의로 설정하며 등기를 하여야 한다. 전세금지급은 전전세(轉傳貰)에 있어서도 반드시 지급되어야 한다. 전세금에 대하여는 학설의 대립이 있지만 원전세금을 넘지 않아야 한다는 것이 다수설이다. 전전세가 설정되어도 원전세권은 소멸하지 않는다. 그러나 전세권자는 전전세하지 않았더라면 면할 수 있었을 불가항력으로 인한 손해에 대하여서도 그 책임을 부담한다(§308). 전전세권이 존속하는 동안에 전세권자는 전전세의 기초가 되는 전세권을 소멸시키는 행위를 하지 못하지만 행하지 않는 범위에서는 처분 행위를 할 수 있다. 전세권이 소멸하면 전전세권도 소멸한다. 전전세권자도 경매권을 행사할 수 있다(§318).

## 부속물매수청구권 (附屬物買受請求權)

전세권자 또는 건물 기타 공작물의 임차인이나 전차인이 목적물 사용의 편익을 위하여 전세권설정자나 임대인의 동의를 얻어 부속시킨 물건이나 그로부터 매수한 부속물을 계약의 종료시에 전세권설정자 또는 임대인에 대하여 매수할 것을 청구하는 권리(민법 316조 2항, 646조, 647조)를 말한다. 이 권리는 명목은 청구권이지만 차가인이 부속물의 매수청구의 의사표시를 함과 동시에 당연히 시가에 따른 매매가 성립하므로 본질적으로는 형성권이다. 부속물매수청구권은 전세권자 또는 차가인이 임차건물에 투하한 자본의 회수를 용이하게 함과 동시에, 건물의 객관적 가치를 증가시키고 있는 부속물을 그 건물로부터 제거함으로써 생기는 사회적·경제적 퇴비를 방지하기 위하여 인정된 제도이다.

## 부속물수거권(附屬物收去權)

전세권이 소멸하는 경우에는, 전세권자는 그 목적부동산을 원상회복하여야 하고, 그 목적물에 부속시킨 물건을 수거할 수 있는데(민법 316조 1항 본문), 이를 부속물수거권이라 한다. 민법은 '존속기간의 만료로 인하여 소멸한 때'라고 하지만 어떤 사유로 인하여 소멸한 경우에나 마찬가지로 해석하여야 한다. 부속물의 수거와 원상회복은 권리인 동시에 의무이며, 수거는 전세권이 소멸한 후 지체 없이 하여야 한다. 그러나 부속물수거권은 전세권설정자가 매수청구권을 행사하는 경우에는 인정되지 않는다.

## 소멸청구(消滅請求)

지상권설정자 및 전세권설정자가 지상권자나 전세권자에 대하여 지상권 또는 전세권을 소멸시키는 단독적 물권행위를 말한다. 그리고 이 소멸청구를 할 수 있는 지상권 또는 전세권설정자의 권리를 소멸청구권이라 하며, 그 법적 성질은 형성권의 일종이다. 따라서 지상권 또는 전세권설정자에 의한 소멸청구의 일방적 의사표시가 있으면 지상권 또는 전세권소멸에 관한 물권적 합의가 있은 때와 같이 법률관계가 성립하며, 이러한 권리소멸의 효력은 등기를 함으로써 생긴다고 하겠다. 먼저 지상권의 소멸청구는 지상권자가 2년 이상의 지료를 지급하지 아니한 때에 할 수 있으며(민법 287조), 그 지상권이 저당권의 목적인 때나, 그 토지에 있는 건물·수목이 저당권의 목적이 된 때에는 소멸청구를 한 것을 저당권자에게 통지한 후 상당한 기간이 경과하여야 효력이 생긴다(민법 288조). 다음 전세권의 소멸청구는 전세권자가 설정계약 또는 그 목적물의 성질에 의하여 정하여진 용법에 의하지 아니한 사용·수익으로 인해 전세부동산에 변경이 가해졌거나 손해가 발생한 때에는, 전세권 설정자는 전세권자에 대하여 원상회복 또는 손해배상도 청구할 수 있다(민법 311조).

## 소멸통고(消滅通告)

소멸청구와 함께 전세권을 소멸시키는 단독적 물권행위를 말한다. 그 법적 성질은 형성권의 일종으로 전세권 소멸효과가 생기려면 등기하여야 한다(민법 186조). 전세권의 존속기간을 약정하지 아니한 때에는 각 당사자는 언제든지 상대방에 대하여 전세권 소멸의 통고를 받을 수 있고, 상대방이 이 통고를 받은 날로부터 6월이 경과하면 전세권은 소멸한다(민법 313조). 또 전세권의 목적물의 전부 또는 일부가 불가항력으로 인하여 멸실된 때에는 그 멸실된 부분의 전세권은 소멸하는데, 일부멸실의 경우에 전세권자가 그 잔존부분으로 전세권의 목적을 달성할 수 없는 때에는 전세권설정자에 대하여 전세권 전부의 소멸을 통고하고, 전세금의 반환을 청구할 수 있다(민법 314조).

## 담보물권(擔保物權)

담보물권이란 일정한 물건을 채권의 담보에 제공하는 것을 목적으로 하는 물권이다. 제한물권이란 점에서는 용익물권과 동일하지만 물건의 물질적 이용을 목적으로 하는 것이 아니라 오직 물건의 교환가치를 파악하고, 이에 의하여 채권을 담보하는 점에서 다르다. 담보물권은 채권자평등의 원칙의 예외로서 인정되는 제도이다. 예컨대 甲(갑)을 포함한 10명의 채권자들이 乙(을)에게 각각 10만원씩의 채권을 가지고 있다면 을의 채무가 모두 100만원이나 되지만 을의 재산이 50만원밖에 없는 경우에는 을의 파산이나 강제집행의 경우 갑을 포함한 각 채권자들은 각각 5만원밖에 받지 못하게 된다.

따라서 갑은 채권확보를 위해 특정재산에서 우선적으로 채권구제를 받을 수 있는 권리를 설정할 필요가 있는 것이다. 이와 같이 채권자가 취득한 특권을 담보물권이라고 한다. 담보물권의 목적이 되는 재산은 원칙적으로 특정재산이 아니면 안 된다. 담보물은 대개 채무자가 제공하지만 그 친구나 친척 등이 채무자를 위해서 담보물을 제공하는 경우도 있다. 이러한 자를 물상보증인이라고 한다.

담보물권의 종류 : 민법상 법정담보물권(유치권)과 약정담보물권(질권·저당권)이 인정되지만 사업상 선박저당권이 있으며 그 밖의 특별법상의 재단저당·담보부사채·자동차저당·항공기저당 등이 인정된다. 또한 명문의 규정은 없으나 관습법에 의하여 확립된 양도담보의 제도도 담보물권의 일종이다.

담보물권을 통한 채권확보방법 : 담보물권은 채권자가 자기의 채권을 확보하기 위한 물권이며 그 채권의 확보방법은 두 가지가 있다. 채권자가 변제하지 않는 경우에 채권자는 ㉮ 담보물을 경매해서 그 대금에서 우선적으로 변제를 받는 방법으로 질권·저당권이 이에 해당하며 ㉯ 담보물의 점유를 채권자의 수중에 두고, 채무자가 이를 변제하지 않을 때 간접적으로 변제를 독촉한다는 방법으로 유치권과 질권이 이에 해당한다.

담보물권의 성격 : ㉮ 부종성 : 채권이 없으면 담보물권도 성립하지 않는다. 또 채권이 소멸하면 담보채권도 소멸한다. 담보물권이 채권의 담보라는 목적을 위하여 존재하는 권리라는 점에서 오는 당연한 성질인 것이다. 그러나 금융거래의 편의상 채권이 아직 발생하지 않았으나 장차 발생하는 것이 확실한 경우에, 미리 담보물권을 설정해 둘 필요가 생기게 되므로 학설도 점차로 이와 같은 요청을 받아들여서 드디어 근담보제도가 명문화하게 되자 그 한도내에서 담보물권의 부종성은 다소 완화되고 있다. 그러나 이것은 약정담보권인 질권·저당권에 대하여 말하는 것이며 유치권에 대하여는 부종성이 엄격히 관철된다. ㉯ 수반성 : 담보물권은 채권을 담보하는 것이기 때문에 그 채권이 양도되면 원칙적으로 이에 수반해서 이전된다. ㉰ 불가분성 : 담보물권은 채권전부의 변제를 받을 때까지는 소멸하지 않는다. 예컨대 100만원 채권중 이미 90만원의 변제를 받았다고 하여도 담보물권은 전부에 대하여 존속한다. ㉱ 물상대위성 : 담보의 목적물이 매각·임대되거나 멸실·훼손됨으로써 그 소유자가 매각대금·임료·손해배상금·보험금 등의 청구권을 취득하는 경우에는 담보물권은 이러한 청구권 위에 그대로 존속한다. 왜냐하면 이러한 청구권은 본래의 담보물의 가치를 대표하는 것이기 때문이다. 다만, 유치권에는 이러한 성질이 없다.

## 가치권(價値權)

물건의 교환가치를 취득함을 목적으로 하는 권리이다. 물건의 물질적 이용을 목적으로 하는 권리인 물질권에 대칭되는 개념이다. 예를 들면 질권이나 저당권은 채무자가 기간 내에 채무변제를 하지 않은 경우에 다른 채권보다 우선적으로 변제를 받을 수 있는 권리이다(민§329, §356, §342, §370). 가치권은 실정법상의 용어가 아니며 용익물권에 대하여 담보물권의 특질을 명확히 하기 위한 대립개념으로 사용되는 용어이다. 담보물권은 기능적으로 채권을 담보하며, 채무불이행이 있을 경우에 목적물로부터 우선 변제를 받는 것만으로써 충분하고 목적물의 물질적 이용에 관계하지 않으므로 소유권·이용물권에 대하여 가치권이라 불려진다. 즉 질권이나 저당권 궁극적인 실현은 경매의 매득금에 대한 우선변제권에 있다. 경매의 매득금은 질물이나 저당물건의 교환가치가 현실화한 것이다. 따라서 질권이나 저당권은 물(物)의 교환가치를 지배하는 권리라고 할 수 있다. 특히 저당권의 가치권으로서의 성격은 근대저당권법의 발전에 의하여 점점 독립적인 것으로 나타나고 있다.

## 일반담보·특별담보
(一般擔保·特別擔保)

특별담보란 특정의 재산이 특정의 채권의 담보가 되는 것을 말한다. 즉 담보물권의 목적으로 되는 것을 가리키지만 한편으로 특별담보의 목적으로 되어 있는 특정재산을 뜻하는 때도 있다. 이에 대하여 일반담보란 채무자의 전재산 중에서 특별담보의 목적이 되어 있는 것과 압류가 금지되어 있는 것을 제외한 그 나머지의 전재산이 모든 채권자를 위하여 변제에 충당되는 것을 말하며, 한편으로는 그 전재산, 즉 일반담보의 목적이 되는 재산을 가리키는 일도 있다. 즉 채무자의 총재산을 총 채권자의 일반담보라고 할 때에는 전자를 말하고, 사해행위(詐害行爲)는 일반담보를 감소시키는 행위라고 할 때에는 후자를 뜻한다.

## 비전형담보(非典型擔保)

민법은 담보물권으로서 유치권·질권·저당권을 규정하고 있으며, 그밖에 전세권도 일종의 담보물권으로 하고 있다. 그러나 오늘날의 담보물권제도에 있어서의 실질적·중심적 기능인 적극적 신용수수의 역할을 하는 물적 담보제도로서 민법이 정한 제도는 질권과 저당권뿐이라고 할 수 있다. 그런데 실제 거래계에서는 이러한 민법상의 담보물권제도를 불만스럽게 여기고 새로운 형태의 담보제도를 개발하여 이용하게 되었다. 즉 본래는 담보수단으로서 구성되어 있지 않은 민법상의 제도를 담보수단으로 전용하는 방법을 취해오고 있다. 여기서 유치권·질권·저당권 등의 민법이 예정한 본래의 담보방법을 전형담보라고 하는 반면, 민법이 예정하지 않았던 새로운 담보방법을 비전형담보 또는 변칙담보라고 부르는 것이다.

## 인적 담보·물적 담보
(人的 擔保·物的 擔保)

인적 담보제도란 금전채권의 실현시 그 거점이 되는 책임재산으로서 채무자의 책임재산 뿐만 아니라 다른 제3자의 책임재산도 추가하는 방법의 담보제도이다. 채권법에서 다루는 보증채무 및 연대채무)등이 인적 담보이다. 복수의 책임재산이 있으므로 전체적으로 책임재산의 총액이 증대하는 동시에 지급불능의 위험이 분산되어 금전채권의 실현이 보다 확실하게 된다. 물적 담보는 책임재산을 이루는 재화 가운데 어느 특정의 것을 가지고 채권의 담보에 충당하는 제도이다. 즉 채무자의 채무불이행이 있게 되면 채권자는 그 교환가치로부터 채권자평등의 원칙을 깨뜨려서 다른 채권자보다 우선하여 변제를 받는 제도이다. 물권법상의 담보물권은 그 전형적인 예이다.

## 법정담보물권·약정담보물권
(法定擔保物權·約定擔保物權)

담보물권에는 법정담보물권과 약정담보물권의 두가지가 있다. 법정담보물권은 특수한 채권에 대하여 일정한 요건에 의거하여 법률상 당연히 발생하는 것으로 (1) 유치권, (2) 법정질권·법정저당권, (3) 우선특권이 이에 해당한다. 약정담보물권은 채권자와 채무자가 애당초에 약속하고 성립시켜 발생하는 것으로 (1) 질권, (2) 저당권, (3) 전세권이 이에 해당한다.

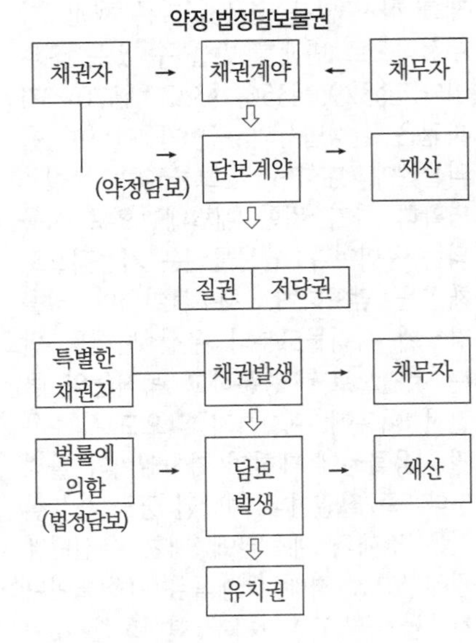


## 약정담보물권(約定擔保物權)
(독 ; Verträgliches Pfandrecht)

당사자 사이의 계약에 의해 성립하고 재화의 자금화를 목적으로 하는 담보물권을 말한다. 민법상의 약정담보물권으로는 질권과 저당권이 있다. 또한 전세권의 경우 우선변제적 효력이 인정되기 때문에(민법 303조) 이를 용익물권인 동시에 일종의 담보물권으로 보아 약정담보물권의 범주에 포함시켜도 무방할 것이다. 약정담보물권은 법정담보물권에 대립되는 개념이다. 법정담보물권은 당사자의 의사와 상관없이 법률상 당연히 성립하는데 반해, 약정담보물권은 당사자 사이의 계약에 의해 성립하여 채권을 담보하는 제한물권이다.

## 물상담보(物上擔保)
독 ; Reallast

독일 민법상 일정한 권리자에 대하여 토지소유자가 회귀적 급부(예 : 곡물·금전의 급부, 가옥수선)를 할 채무를 부담하고(이 점에서 토지채무와 다르다) 그 변제가 토지로서 담보되는 제도를 말한다(독민§1105이하). 물적부담이라고도 한다. 권리자는 토지를 현금화(환가)하여 채권의 변제를 받는 것이다. 채권담보를 위하여 또는 농민의 공동상속인을 위하여 설정되는 일이 많은 데 봉건적인 기원에 속하는 것이 적지 않아 정리되었다.

## 물상보증인(物上保證人)
독 ; Drittverpfänder
불 ; caution réelle

타인의 채무를 위하여 자기가 소유하는 재산을 담보에 제공하는 것을 물상보증이라고 하고 그 재산을 담보에 제공한 사람을 물상보증인이라고 한다. 타인의 채무를 위하여 채무자와 계약으로 저당권 또는 질권을 설정한다. 물상보증인은 보증인과 달라서 채무를 부담하지 않으므로 채권자는 이에 대하여 청구를 하거나 그의 일반재산에 대하여 집행하지는 못한다. 그러나 담보권이 실행되거나 또는 물상보증인이 변제를 했을 때에는 물상보증인은 채무자에 대하여 보증인과 동일한 구상권을 취득한다(민§341, §370). 물상보증인은 변제를 하는데 이해관계를 가진 제3자로서 채무자의 의사에 반하여 변제할 수 있으며(민§469②), 변제에 의하여 당연히 채권자를 대위한다(민§481).

## 물상대위(物上代位)
독 ; Surrogation
불 ; surbroagtion

물상대위란 담보의 목적물이 멸실·훼손되더라도 그것의 교환가치를 대표하는 것이 존재하는 경우에는 그 위에 담보물권이 존속하게 되는 것을 말한다. 예컨대 담보가옥이 소실한 경우 저당권자는 화재보험금을 우선적으로 수령할 수 있으며 담보물권의 목적물이 멸실하였을 때에도 담보물권은 손해배상금 등의 청구권 위에 잔존하여 우선변제 받는다. 물상대위는 교환가치가 현실화되었다는 이유로 인정되므로, 우선변제권이 없는 유치권에는 물상대위의 적용이 없다. 민법은 질권에 관하여 물상대위의 규정을 두고 이것을 저당권에 준용하고 있다(민§342). 물상대위는 멸실·훼손 기타에 의하여 채무자 등 또는 물상보증인이 취득하는 청구권(보험금·손해배상·보상금 등의 청구권) 위에 그 효력을 미치는 것이고 지급된 금전 등위에 그 효력을 미치는 것이 아니다. 따라서 물상대위가 실효성이 있게 하려면 보험금이나 손해배상금 등이 채무자에게 지급 또는 인도되기 전에 압류하여야 한다(민§342). 이때 압류는 대표물의 특정성을 유지하여 제3자에게 예측하지 못한 손해를 입히지 않기 위한 것이므로, 대위권을 행사하는 담보물권자가 스스로 할 필요는 없으며, 다른 채권자가 압류한 경우에도 대위권을 행사할 수 있다는 것이 통설과 판례이다.

**유치권**(留置權)
영 ; lien
독 ; Zurückbehaltungsrecht, Retentionsrecht
불 ; drit de rétention

타인의 물건이나 유가증권을 점유하고 있는 자가 그 물건 또는 유가증권에 관하여 발생한 채권의 변제를 받을 때까지 그 물건 또는 유가증권을 유치하는 권리이다(민§320~§328). 예컨대 시계수리상은 수리대금의 지급을 받을 때까지는 수리한 시계를 유치하여 그 반환을 거절할 수 있다. 이를 유치적 작용이라 하는데 채권자는 이를 이용하여 간접적으로 채무자에게 수리대금의 지급을 강제하는 역할을 하여 수리대금청구권을 확보한다. 유치권은 그 물건에 관해서 생기게 된 채권에 대해서 법률상 당연히 생기는 법정담보물권이다. 따라서 담보물권에서 인정되는 부종성·수반성·불가분성을 가진다. 그러나 물상대위성은 없다. 동시이행의 항변권과는 같은 취지이지만 유치권은 물권인 점에서 다르다. (1) 유치권의 성립 : 유치권은 법정담보물권이므로 법률이 정하는 일정한 요건을 구비함으로써 법률상 당연히 성립한다. 그러나 당사자간의 특약에 의하여 유치권의 발생을 억제할 수 있다. 유치권이 성립하려면 ㉮ 채권자가 타인의 물건·유가증권을 점유하여야 한다. ㉯ 채권이 물건 또는 유가증권에 관하여 생긴 것일 것(견련관계), 즉 보관·운송·수선 등 뿐만 아니라 그 물건이나 유가증권으로부터 생기는 손해 등에 관하여 생긴 청구권도 포함한다. ㉰ 점유가 불법행위에 의하지 않아야 한다. ㉱ 채권이 변제기에 있어야 한다. 그러나 상사유치권에 대하여는 상법에 특칙이 있는데(상§58), 채무자소유의물건이나 유가증권에 대하여서만 성립하고 물건·유가증권과 채권과의 사이에 직접적인 견련관계를 필요치 않으며 채권의 성립과 물건이나 유가증권의 점유의 취득이 당사자간의 상행위에서 생기면 충분하고 특정한 물건 또는 유가증권에 대하여 생긴 채권뿐만 아니라 다른 채권에 대하여서도 그 지급이 있을 때까지 그 물건이나 유가증권을 유치할 수 있다.

(2) 유치권의 효력 : ㉮ 유치권자는 채권의 변제가 있을 때까지 목적물을 유치할 수 있다(유치적 효력). ㉯ 유치권자는 유치물에서 생기는 천연과실 및 임료 등의 법정과실을 수취하여 다른 채권자에 우선하여 과실로써 채권의 변제에 충당할 수 있다(민§323). ㉰ 유치권자는 별제권(파§84)과 경매권을 가진다(민§322). 다만 경매시 우선변제권이 없다는 데 이론이 없지만(민§320) 다른 채권자가 그 물건을 경매에 붙여 경락인이 결정되었다 해도 경락인은 우선 유치권자에게 그 채권액만큼을 먼저 경락대금에서 지급하지 않으면 그 물건을 받아내지 못하게 되어 있으므로 사실상은 유치권도 우선적으로 변제를 받을 수가 있다. ㉱ 유치권자는 유치물의 보관상 주의의무를 지며 사용·수익할 수 없으나(민§324), 비용상환청구권을 가진다(§325). (3) 유

치권의 소멸 : 유치권은 유치물의 점유를 잃으면 소멸하고, 또 채무자는 상당한 담보를 제공하여 유치권소멸의 청구를 할 수 있다(§327~§328).

## 민사유치권(民事留置權)

민법상의 일반적인 유치권을 상사유치권에 대한 명칭으로 부르는 용어이다. 유치권에는 유치적 효력과 현금화(환가)효력이 있다. 법정담보물권이라는 점에서는 상사유치권이나 민사유치권이 모두 같다. 그러나 그 성립요건에서 약간의 차이가 있다.

→ 유치권. 상사유치권 참조.

## 질권(質權)

라 ; pignus　영 ; pledge
독 ; Pfandrecht
불 ; nantissement, gage

채권자가 채무담보로서 채무자나 제3자(물상보증인)로부터 인수한 물건을 채무변제가 있을 때까지 유치하여 채무변제를 간접적으로 강제하다가, 채무자가 변제하지 않을 경우 그물건을 현금화(환가)하여 우선적 변제를 받을 수 있는 담보물권이다(민§329~§355). 채권자로서 질물(質物)을 받을 사람을 질권자, 질물을 제공한 사람을 질권설정자라고 한다. 질권은 저당권과 함께 약정담보물권으로 금융을 얻을 수 있는 수단으로 사용된다. 질권은 목적물점유를 채권자에게 이전하여야 하므로 채권자가 목적물을 계속 이용해야 하는 공장·생산용구 등을 담보로 금융을 얻으려는 경우에는 채권자·채무자 양쪽에 모두 불편한 것이며 이 경우는 오히려 저당권이 편리하다. 반면에 일용품과 같이 채무자에게 주관적 사용가치가 큰 물건에 대하여는 질권이 큰 역할을 하게 된다. 그러나 질권이 유치적·현금화(환가)효력을 가지는데 반하여(민§335), 저당권은 유치적 효력이 없다. 또한 질권은 물권일반의 성격인 부종성·수반성·불가분성·물상대위성(§342)이 인정된다. 질권에는 동산질·권리질이 있다. 현행민법은 부동산질을 폐지하였다. 또한 이러한 민사질 이외에 상법 그밖의 특별법상의 질권인 상사질·영업질·공익질 등이 있다. 질권은 질권자와 질권설정자간의 계약에 의하여 성립한다. 채권에 의하여 담보되는 질권의 범위는 원금·이자(저당권의 경우와 같이 제한은 없음)·위약금)·질권실행)·실물보존비용·손해배상채권에 미친다. 질권자는 질권의 보존범위 내에서 사용·수익할 수 있으며 자기의 책임으로 전질(轉質)을 할 수도 있다(§336). 질권자가 우선적으로 변제를 받는데는 민사집행법의 규정(민사집행법§271, §272)에 의하는 것이 원칙이며 동산질이나 권리질에는 특별한 현금화(환가) 방법도 인정되고 있다(§338). 그러나 변제기일전의 계약으로 질권자에게 질물(質物)의 소유권을 취득케하는 유질계약은 채무자 이익보호를 위하여 금지되고 있다(§339).

## 유치적 효력(留置的 效力)

유치권자·질권자와 같이 점유의 권리를 수반하는 담보물권자가 담보목적물을 유치하여 간접적으로 변제를 강제하는 효력을 말한다(민§335, §320). 유치권은 이 효력에 의하여서만 담보의 목적을 다한다. 그러나 질권은 목적물을 경매하여 우선변제를 받는 효력을 가지며(§329), 동산질권에서는 실제로 유치적 효력이 큰 실익을 발휘한다.

**동산질권**(動産質權)
독 ; Faustpfand 불 ; gage

동산을 목적물로 하는 질권을 말한다. 장신구·공동품·귀금속·의류 등의 입질(入質)로서 질권 가운데 가장 일반적인 형태이며 서민금융의 수단으로서 중요하다. 동산질권의 설정에는 합의 이외에 질권자에 대한 목적물 인도를 요하고(민§330), 점유개정에 의하여 인도에 대신할 수 없다. 이것은 특히 동산질권에 유치적 효력을 확보하기 위한 것이다. 점유가 침탈되면 점유보호청구권에 의하여 보호된다. 그러나 침탈 이외의 사유로 점유를 상실하면 질권을 상실하게 되느냐에 관하여 질권에 기한 반환청구권을 인정하는 견해(다수설)와 부인하는 견해가 있다. 증권에 의한 상품입질은 증권을 질권자에게 배서·교부함으로써 효력이 생기고 증권의 인도가 상품자체의 인도와 동일시 된다. 유질계약은 금지되지만(§339), 가격이 적은 것을 목적으로 하는 동산질권의 질물까지도 정식 경매를 한다면 불합리한 결과가 생기므로, 특히 법원의 허가를 얻은 경우에 한해서 간편한 현금화(환가) 방법에 의한 변제충당의 방법을 인정하고 있다. 이 경우에는 질권자는 미리 채무자 및 질권설정자에게 통지하여야 한다(§338 ②). 또 질권의 과실을 수취하여 우선변제를 받을 수도 있다(§343, §323 전단).

**법정질권**(法定質權)
독 ; gesetzliches Pfandrecht

법률의 규정에 의하여 성립하는 질권이다(민§648, §650). 당사자간의 계약에 의하여 설정되는 보통의 질권과는 그 성립의 원인을 달리한다. 그러나 일단 성립한 후에는 성질이나 효력에 있어서 보통의 질권과 동일하다. 법정질권이 성립하기 위하여는 부동산임대인(채권자)이 목적물을 압류하여야한다. 압류에 의하여 채권자의 간접점유가 성립한다. 법정질권에 대하여는 동산질권에 관한 규정이 준용된다. 현행민법상의 법정질권은 (1) 토지임대인의 임대차에 관한 채권에 의하여 임차지에 부속 또는 그 사용의 편익에 공용한 임차인 소유의 동산 및 그 토지의 과실을 압류한 경우(민§648)와 (2) 건물 기타 공작물의 임대인이 임대차에 관한 채권에 의하여 그 건물 기타 공작물에 부속한 임차인소유의 동산을 압류한 경우(§650)에 성립한다.

**권리질권**(權利質權)
독 ; Pfandrecht an Rechten
불 ; gage sur les droits

물건 이외의 재산적 권리의 목적으로 하는 질권이다(민§345 ~ §355). 즉 질권은 동산 위에 성립하는 외에 채권이나 주식과 같은 재산권에도 성립한다. 질권은 원래 유체물(특히 동산)에 대하여 인정된 제도인데, 재산권이 경제상 중요한 지위를 점하기에 이르러 종래의 질권의 개념을 확장하여 권리를 입질하는 것이 인정되었다. 현재 권리질권은 은행금융 등에서 중요한 작용을 하고 있다. 권리질권의 설정은 법률의 다른 규정이 없으면 그 권리양도에 관한 방법에 의하여야 한다(§346). 권리질의 목적이 될 수 있는 권리는 양도를 할 수 있는 재산권이다. 채권·주긷·무체재산권 등 그 범위가 넓다(§331, §345). 그러나 재산권일지라도 사용·수익을 목적으로 하는 권리(예 : 지상권·전세권·부동산임차권 등)는 권리질의 목적으로 할 수 없다(§345但). 광업권에도 처분의 제한이 있다(광§11). 특허권·저작권 등의 무체재산권에는 목적물의 인도라는 개념이 없으며 등록을 효력발생요건으로 하므로 이들 권리에 대한 질권은 질권이라고는 하지만 저당권적 성격을 가진다('등록질'이라고도 한다).

### 채권질권(債權質權)

독 ; Forderungspfandrecht

채권을 목적으로 하는 질권으로 권리질권 가운데 하나이다. 채권은 양도 할 수 있으므로 질권의 목적이 될 수 있다. 즉 채권질권의 설정은 채권양도의 방법에 의하므로 채권의 종류에 따라 다르다(민§346). 채권이 재화로서 중요한 지위를 차지하는 현재로는 그 작용이 크다. 특히 증권화된 채권(지시채권·무기명채권)에 있어서 현저하다. 채권질권이 설정되면 입질채권에 관한 변제·포기 따위의 처분이 금지된다. 질권자는 입질채권을 직접 청구할 수 있거나 민사소송법의 규정에 의하여 행할 수 있다(§382①, §383).

### 부동산질권(不動産質權)

독 ; Nutzpfand
불 ; antichrèse

토지·건물 등 부동산을 목적으로 하는 질권이다. 그 내용은 구민법상 질권자는 원칙적으로 목적물을 용익하고 그 수입을 세금·관리비용 등의 부담 및 피담보채권의 이자 등에 충당하도록 규정하였었다(구민§356~§359). 그러나 저당권의 발달로 그 효용이 없어지게 되고 금융업자도 부동산의 점유와 용익에는 관심을 기울이지 않는다는 실정을 고려하여 현행법은 이를 폐지하였다.

### 비점유질(非占有質)

독 ; Jungerd Satzung

비점유질이란 그 설정에 질물(質物)의 점유를 요하지 않는 질권이다. 현행법상 인정되지 않으나 저당권과 분화하지 않았던 시대에 이와 같은 질권이 존재한 바 있었다. 예컨대 로마법상 actio serviana에 의하여 보호되었던 사업용 기구의 질권이 있다. 저당권의 원시형태라 할 수 있다.

## 유질(流質)

라 ; lex commissoria
독 ; Verfallklausel
불 ; pacte commissoire

변제기 전에 계약으로 채무자가 채무의 이행을 하지 않을 때에는 채권자가 질권의 소유권을 질권자에게 취득하게 하거나 채권자가 질권을 임의로 처분하여 그 매매대금을 우선적으로 채권변제에 충당하는 것이다. 민법은 서민금융의 법적 수단인 질권의 사회적 기능에 비추어 차주(借主)의 경제적 빈궁을 이용하여 부당한 이익을 보지 못하도록 유질계약을 금지한다(민§339). 그러나 상업질권(상§59)에 대하여는 예외적으로 유질계약을 인정한다. 또한 금지되는 것은 변제기 전의 유질계약 뿐이며 변제기 이후 당사자간에 질권을 처분하는 계약을 하는 것은 자유이다.

## 전당포(典當鋪)

영 ; pawnshop
불 ; boutique de prêteur sur gage

물품(동산) 및 유가증권 위에 민법에 규정된 질권을 취득하여 유질기간동안 전당물로서 담보하고 그 채권의 변제를 받지 못할 때에는 그 전당물로서 변제에 충당하는 약관을 붙여서 금전을 빌려주는 영업적 금융업자이다. 일제 때부터 질옥취체법(1895년법14호)으로 전당업을 단속하였으나 서민금융기관으로서 중요한 구실을 하였으므로 5·16 이후 전당포영업법(1961년 11월 1일 법률 제763호 개정있었음)을 제정하여 이를 규율하고 있었으나 1999년 폐지되었다.

## 유질계약(流質契約)

질권설정자가 질권설정계약과 동시에 또는 채무변제기 전의 계약으로서 변제에 갈음하여 질권자에게 질물의 소유권을 취득하게 하거나 기타 법률에서 정한 방법에 의하지 아니하고 질물을 처분케 하는 약정을 하는 것을 말한다. 우리 민법은 이 유질계약을 금지하고 있다(민법 339조). 유질계약을 허용하면, 궁박한 상태에 있는 채무자가 자금의 융통을 위하여 고가물의 입질을 강요당하여 폭리행위의 희생물이 될 우려가 있기 때문에 이를 금지하는 것이다. 채무변제기 전의 유질계약을 금지하는 것이며, 변제기 후의 유질계약은 일종의 대물변제로서 유효하다. 금지에 해당하는 유질계약의 효력은 당연무효이다. 민법 제399조는 강행규정이므로 당사자의 합의로도 이를 배제할 수 없다. 이러한 유질계약의 금지는 상법에 예외규정이 있다. 즉 상행위에 의한 채권을 담보하기 위해서 설정된 질권에는 민법 제339조가 적용되지 않는다(상법 59조). 그런데 이와 같은 민법상의 유질계약의 목적은 환매·양도담보 등 다른 제도에 의해 달성될 수 있으므로 유질계약만을 금지함에 실효성이 없다. 또한 절대적으로 유질계약을 금지하면 채무자의 자금융통의 길을 막게 되어 채무자 보호의 본래목적에서 벗어나게 된다.

**전질**(轉質)
라 ; pignus pignoris
독 ; Afterpfand
불 ; sous-engagement, arrîere-gage

질권자가 질물(質物)을 자기의 책임으로, 그 권한 안에서 자기의 채무의 담보로 다시 입질하는 것이다(민§336). 질권설정자의 승낙을 얻어서 행하는 전질을 승낙전질이라고 하며, 질권설정자의 승낙을 얻지 않고 질권자 스스로의 책임으로 전질하는 것을 책임전질이라한다. 승낙전질은 주로 당사자간의 계약에 의하여 그 내용이 정하여지고 민법 제336조의 전질은 책임전질에 관한 것이다. 책임전질의 성질에 대하여는 채권·질권공동입질설과 질물재입질설이 대립하고 있다. 전질권의 피담보채권은 원질권의 피담보채권을 초과할 수 없으며, 전질권의 존속기간은 원질권의 존속기간 내이어야 하며, 전질권의 실행에는 원질권의 실행기가 도래하였을 것을 요한다. 원질권의 피담보채권에 관하여서는 변제 기타의 처분이 금지되며 전질권의 설정에 대하여 원채무자에게 통지하고 또는 승낙이 있었을 때에는 원채무자의 원질권자에의 변제는 효력을 발생하지 않는다. 또한 책임전질에 있어서는 전질하지 아니하였으면 발생하지 않았을 불가항력으로 인한 손해에 대하여서도 책임을 진다(민§336).

**책임전질**(責任轉質)

→ 전질 참조

**승낙전질**(承諾轉質)

→ 전질 참조

**저당권**(抵當權)
독 ; hupothek
불 ; hypotèque

채권자가 채무자 또는 제3자(물상보증인)로부터 점유를 옮기지 않고 그 채권의 담보로 하여 제공된 목적물에 대하여 채무자가 변제를 하지 않을 때에는 일반채권자에 우선하여 변제를 받는 권리이다(민§356~§372). 질권과 같은 약정담보물권이며, 금융의 수단으로 이용되고 있다. 저당권은 질권과는 달리 목적물을 유치하지 않고 저당권설정자가 계속 사용·수익할 수 있으므로 기업시설의 담보화에 유용하고 근대적 금융에 유리하다. 부동산과 같이 설정자가 계속 사용할 필요가 있는 경우에는 저당제도가 특히 중요한 작용을 발휘하게 된다. 그러나 점유를 수반하지 않으므로 제3자에게 저당권의 설정되어 있음을 알 수 있도록 하기 위하여 저당권은 등기·등록과 같은 공시방법을 갖추어야 성립할 수 있다. 민법상 부동산과 지상권 및 전세권이 저당권의 목적으로 될 수 있지만, 동산은 저당권의 목적이 되지 않는다. 그러나 경제발전과 더불어 그 목적 범위가 점차로 확대되어 각종 재단저당·동산저당(공장저당·자동차저당 등)이라는 특수한 저당권분야가 형성되었다. 저당권은 약정담보물권이므로 저당권자와 저당권설정자간의 저당권설정합의와 등기(대항요건)를 함으로써 성립한다. 저당권이 설정되어 있는 부동산에 대하여 지상권이나 임차권이 설정되어도 저당권자에게는 대항하지 못한다. 하나의 저당권에 2개 이상의 저당권이 설정되면 등기의 전후에 따라 1번저당·2번저당으로 부르며 1번저당이 소멸하면 2번저당이 승격하여 1번저당이 된다(순위승진의 원칙). 후순위의 저당권자는 선순위의 저당권자가 경매대금에서 변제를 받은 다음에야 변제를 받을 수 있다. 저당권자는 다른 채권자를 위하여 자기 저당권을 포기하거나 양도할 수 있다.

## 법정저당권(法定抵當權)

(독 ; gesetzliche Hypothek)

토지임대인의 일정범위의 차임채권을 보호하기 위하여 법률의 규정에 의해 당연히 성립되는 저당권을 말한다(민법 649조). 법정저당권이 성립되는 토지임대인의 채권은 변제기를 경과한 최후 2년의 차임채권에 한하며 법정저당권의 목적은 임대차의 목적이 된 토지위에 있는 임차인소유의 건물이다. 법정저당권의 효력발생을 위해서는 토지임대인이 그 목적물인 건물을 압류하여야 한다. 법정저당권의 성립은 법률의 규정에 의한 물권변동이므로 등기를 요하지 않는다(민법 187조). 법정저당권은 저당권과 동일한 효력이 있다(민법 649조). 특히 토지임대인은 변제기를 경과한 최후 2년의 차임채권에 관하여 그 지상에 있는 임차인소유의 건물로부터 우선변제를 받을 수 있다는 것이 주된 효력이다. 법정저당권과 그 건물 위에 존재하는 다른 저당권과의 순위는 일반원칙에 따라 그 성립의 시, 즉 압류등기시의 선후에 의해 정하여진다. 부동산공사의 수급인은 보수에 관한 채권을 담보하기 위하여 그 부동산을 목적으로 한 저당권의 설정을 청구할 수 있는데(민법 666조), 이 경우의 저당권은 법률에 의해 당연히 성립하는 것은 아니므로 엄밀한 의미에서 법정저당권은 아니지만, 당사자의 합으로써 설정되는 것은 아니라는 점에서 보통의 저당권과 다르고 법정저당권과 같다.

## 동산저당(動産抵當)

영 ; chattel mortgage
독 ; Mobiliarhypotek
불 ; gage sans déplacement

항공기·자동차·증기·선박 등처럼 공시방법으로서 등록·등기를 할 수 있고, 목적물을 계속 채무자가 사용·수익하는 것이 요청되는 특수한 동산에 관해 자동차 등 특정동산 저당법, 상법 등에 의하여 목적물의 점유를 설정자에게 맡겨두고 단지 관념상으로만 목적물을 지배하며, 채권이 변제되지 않는 경우에 그 목적물로부터 우선변제를 받는 저당권을 설정함으로써 금융을 얻을 수 있는데, 이러한 제도를 동산저당이라 한다. 동산저당제도는 채무자가 목적물에 대한 사용·수익권을 계속 보유하므로 금융을 얻는 자나 금융을 주는 자 모두에게 효율적이다. 또한 이중담보가 가능하므로 동산의 담보가치를 최대한으로 발휘할 수 있다. 그러나 등기·등록으로 공시할 수 있는 동산은 제한되어 있으므로 동산저당의 목적물에는 한계가 있으며 설정이나 실행절차가 복잡하다는 단점이 있다.

## 재단저당(財團抵當)

공장·광업·운수사업 등의 기업에서 그 기업의 경영을 위한 토지·건물·기계·기구·재료 등의 물적 설비와 그 기업에 관한 면허·특허 그 밖의 특권 등을 결합하여 일괄적으로 하나의 물건(재단)으로 취급하고, 그 위에 저당권을 설정하는 제도이다. 본래 민법상 물권은 개개의 물건 위에 성립하는 것이므로 어떤 기업전체를 개개의 부분으로 담보하는 것은 가치상 불리하고 절차상 복잡하다. 따라서 특별법으로써 재단을 구성한 것을 일체로 하여 저당권의 목적이 될 수 있도록 하고 있다. 즉 재단저당제도는 법기술상 두 가지 요소를 포함한다. 하나는 다수의 물건 또는 권리를 재단이라는 단일체로 파악한다는 점이며, 다른 하나는 재단을 한 개의 부동산으로 보아 등기하여 공시하는 것이다.

## 공장저당(工場抵當)

공장저당법에 의하여 공장에 속하는 재산상에 설정되는 특수한 저당권이다. 공장을 중심으로 하여 공장에 관한 시설이 재단을 구성할 때에는 공장재단저당이 되지만, 공장저당법은 재단설정의 절차를 취하지 않고 단순히 공장에 속하는 토지 및 건물 위에 설정된 저당권에 관하여도 그 효력의 범위를 민법의 저당권보다 확장한다(공저§3). 이러한 저당권도 재단을 구성하지 않는 공장저당이며 넓은 의미에서 공장저당의 일종으로 간주된다.

## 공장 및 광업재단 저당법
(工場 및 鑛業財團 抵當法)

공장재단 또는 광업재단의 구성, 각 재단에 대한 저당권의 설정 및 등기 등의 법률관계를 적절히 규율함으로써 공장 소유자 또는 광업권자가 자금을 확보할 수 있게 하여 기업의 유지와 건전한 발전 및 지하자원의 개발과 산업의 발달을 도모함을 목적으로 제정된 법률이다. 원래 공장저당법과 광업재단저당법이라는 별개의 법률로 규정하고 있었으나, 두 법률은 모두 기업의 재산 일체를 하나의 담보물로 허용하는 공통의 목적을 가지고 있으므로 2009년 3월 25일 법 개정을 통하여 하나의 법률로 통합하였다. 이에 기업담보에 관한 기본법의 기틀을 마련하게 되었다.

## 공장재단(工場財團)

공장에 속하는 일정한 기업용 재산으로 구성되는 일단(一團)의 기업재산으로서 공장 및 광업재단저당법에 따라 소유권과 저당권의 목적이 되는 것을 말한다. 공장재단은 1개의 부동산으로 보며 소유권과 저당권 외의 권리의 목적이 되지 못한다. 다만 저당권자가 동의한 경우에는 임대차의 목적물로 할 수 있다(공광저§12). 공장재단은 공장에 속하는 토지, 건물, 공작물, 기계, 기구, 전봇대, 전선, 배관, 레일, 그 밖의 부속물, 항공기, 선박, 자동차 등 등기나 등록이 가능한 동산, 지상권 및 전세권, 임대인이 동의한 경우에는 물건의 임차권, 지식재산권 등으로써 구성된다(공광저§13). 공장재단은 공장재단등기부에 소유권보존등기를 함으로써 설정하고, 공장재단의 소유권보존등기의 효력은 소유권보존등기를 한 날부터 10개월 내에 저당권설정등기를 하지 아니하면 상실된다(공광저§11). 공장 소유자는 하나 또는 둘 이상의 공장으로 공장재단을 설정하여 저당권의 목적으로 할 수 있다. 공장재단에 속한 공장이 둘 이상일 때 각 공장의 소유자가 다른 경우에도 같다(공광저§10). 그리고 공장이란 영업을 하기 위하여 물품의 제조, 가공에 사용하는 장소를 말한다.

## 광업재단(鑛業財團)

공장 및 광업재단저당법에 의하여 저당권을 설정할 수 있는 재단이다. 토지, 건물, 그 밖의 공작물, 기계, 기구, 그 밖의 부속물, 항공기, 선박, 자동차 등 등기 또는 등록이 가능한 동산, 지상권이나 그 밖의 토지사용권, 임대인이 동의하는 경우에는 물건의 임차권 지식재산권 등으로 구성된다(공광저§53),

## 자동차 등 특정동산 저당법
(自動車 등 特定動産 抵當法)

건설기계, 「선박등기법」이 적용되지 아니하는 선박, 자동차, 항공기 등 등록의 대상이 되는 동산(動産)의 저당권에 관한 사항을 정하여 그 담보제공에 따른 자금 융통을 쉽게 하고, 저당권자·저당권설정자 및 소유자의 권익을 균형 있게 보호함을 목적으로 제정된 법률이다. 원래 「건설기계저당법」, 「소형선박저당법」, 「자동차저당법」, 「항공기저당법」등 4개의 법률로 규정하고 있던 사항을 2009년 3월 25일 법 제정을 통하여 하나로 통합한 것이다. 이는 저당 목적물만 다를 뿐 등록할 수 있는 동산의 저당이라는 같은 내용을 규정하고 있고, 규정체계와 내용도 매우 유사하며, 소관 부처가 동일한 점을 고려하여 1개 법률로 통합함으로써 정부의 집행편의 위주로 되어 있는 법률체계를 국민 중심의 법률체계로 환원하고, 법률 제·개정에 따른 행정낭비를 줄이며, 국민들이 쉽게 법률을 이해하고 준수하도록 하려는 것이었다.

## 소유자저당(所有者抵當)
독 ; Eigentümerhypothek

부동산의 소유자가 자기소유의 부동산 위에 스스로 저당권을 가지는 것을 말한다. 독일민법은 공평·합리성의 견지에서 이러한 소유자저당제도를 채용하고 있다(독민§1163, §1168, §1173, §1177). 이는 후순위저당권의 순위승진을 방지하고 토지소유자를 위하여 순위를 확보하여 주며 새로이 저당권을 설정하는 절차를 생략하고 저당권의 이용을 촉진하기 위한 것이다. 우리 민법은 소유권과 저당권이 동일인에 귀속되면 저당권은 혼동에 의하여 소멸된다는 로마법 이래의 법리를 답습하여(민§191①전단), 담보물권의 부종성을 엄격히 지켜서 이 제도를 인정하지 않는다. 다만 그 물권이 제3자의 권리의 목적이 된 경우에 저당권은 소멸되지 않는다고 함으로써(§191단), 예외적으로 소유자저당이 인정된다.

## 유저당(流抵當)

저당채무의 변제기한 전의 특약에 의하여 변제가 없는 경우에 저당권자는 저당목적물을 취득(소유권이전형)하거나 이를 임의로 매각하여 우선변제에 충당하는 것(임의환가형)을 말한다. 저당직류라고도 한다. 우리 민법은 유질(流質)만을 금지하고 있으며(민§339), 동규정이 저당권에 준용되지 않으므로 유저당(流抵當)을 금지하고 있지 않다. 따라서 저당권자가 유저당약정을 하면 유효한지가 문제된다. 임의환가형 유저당을 허용하는 데에는 별다른 문제가 없다. 그러나 소유권이전형 유저당은 민법 제607조와 제608조와 관련하여 문제가 된다. 채무자가 채무불이행시 저당권자가 저당부동산의 소유권을 취득하는 형태의 유저당은 일종의 대물변제예약이 되는데, 이 경우 민법 제607조, 제608조가 적용되게 된다. 따라서 저당물의 가액이 피담보채무의 원리금을 초과하는 경우에는 동 규정에 위반되게 되는데 이 경우 대물변제의 예약은'그 효력이 없다'라고 규정되어 있어 이를 어떻게 해석할지 견해가 나뉜다. 이에 대하여 일부무효설은 제607조에 위반한 대물변제 예약은 무효이나 전부 무효는 아니고 초과부분만 무효로 된다고 보는 견해이다. 무효행위전환설은 대물변제 예약이 무효라도 무효행위 전환의 법리에 의해 약한 의미의 양도담보로서의 효력이 인정된다고 보는 견해이다. 채권담보의사설은 제607조에 위반한 대물변제 예약은 무효이나 그 속에 포함된 담보계약은 독립적으로 효력을 갖는다는 견해이다. 대법원은 대물변제예약은 무효이나 그 대물변제의 예약에는 약한 의미의 양도담보계약을 함께 맺은 것으로 보아 약한 의미의 양도담보계약은 유효한 것으로 본다(68다762참조).

## 유통저당(流通抵當)

독 ; Verkehrshypothek

독일 민법상 저당권 뿐 아니라 피담보채권에도 등기의 공신력·추정력을 미치는 저당권이다(독민§1138, §891~§893). 따라서 채권이 무효인 경우에도 등기부상의 저당권을 양수한 자는 보호된다. 그러나 양수인은 채권을 취득하는 것이 아니고 채권이 없는 토지채무를 취득한다. 독일에서는 이와 같은 유통저당을 원칙으로 한다. 이것은 유통에 적합하고 보전저당과는 달라서 주로 장기의 투자목적에 이용된다(투자저당). 최근에는 유통저당의 유통을 간편하게 하기 위하여 저당권의 증권화가 이루어지고 있지만 우리 민법은 모두 인정하지 않고 있다.

## 매매저당(賣買抵當)

매매형식에 의한 저당제도로서 매매담보라고도 한다. 금전을 차용하는 자가 목적물을 대여인에게 매도하여 그 대금으로써 대부를 받고 일정기한 내에 원리금에 상당하는 금액으로 목적물을 다시 사는 방법을 취하는 저당형태이다. 만약 차용인이 다시 사지 않으면 소유권은 확정적으로 대여인에게 귀속하고 대부관계는 소멸한다. 양도담보와 비슷한 제도이다.

## 전저당(轉抵當)

저당권자가 그 저당권을 자기의 채무의 담보에 다시 제공하는 것을 말한다. 저당권자가 피담보채권으로부터 분리된 상태에서 투자자본을 회수하고 저당권의 유동성을 확보하는 수단이 된다. 그러나 우리 민법은 저당권의 부종성을 엄격히 고수하여 피담보채권으로부터 분리하여 타인에게 양도하거나 다른 채권의 담보로 하지 못하도록 저당권의 처분을 금지하였다(민§361). 따라서 저당권만을 담보로 제공할 수는 없고, 오로지 피담보채권과 함께 입질(入質)할 수 있을 뿐이다.

## 저당증권(抵當證券)

영 ; mortgage debenture
독 ; Hypothekenbrief
불 ; lettre de gage

저당권부채권의 유통을 편리하게 하고, 부동산신용에 있어서의 자금의 공급을 원활하게 할 목적으로 저당권과 피담보채권과의 양자를 결합하여 화체시킨 유가증권이다. 당사자의 특약에 의하여 저당권자가 신청함으로써 관할등기소에서 발행한다. 채권과 저당권은 일체가 되어 배서에 의하여 양도된다. 증권소지인은 기한도래 후에 저당권을 실행하여 우선변제를 받을 수 있으나 부족액에 관하여 일정한 요건하에 각 배서인에 대하여 어음과 같이 상환청구할 수 있다. 증권을 발행함에 있어서 이해관계인에게 이의여부를 촉구함으로써 등기부에서 전서된 증권기재에 어느 정도의 공신력을 부여하며, 또한 증권유통시 하자에 대하여는 어음에 준하여 그 안전성을 보장한다. 독일민법의 Hypothekenbrief(저당증권)과 스위스의 Pfandtitel(담보증권)등이 그 예이지만, 우리민법은 아직 이를 인정하지 않는다.

## 제3채무자(第三債務者)

채권자 甲과 채무자 乙 두 사람이 있는 경우에 채무자 乙에게 채무를 지고 있는 제3자이다. 예를 들면 입질된 채권의 채무자(민§349, §353③), 압류된 채권의 채무자(§498, 민사집행법§244) 등이 이에 속한다.

## 제3취득자의 변제
(第三取得者의 辨濟)

저당부동산에 대하여 소유권이나 지상권 또는 전세권을 취득한 제3자가 저당권자에게 부동산으로 담보된 채권을 변제하고 저당권의 소멸을 청구할 수 있는 것이다(민§203②, §367, §369, §481~§485 참조). 이는 저당권자의 담보가치의 실현에 지장을 주지 않고 동시에 제3자 취득자의 지위를 보호하려는 것으로서 민법 제469조의 경우보다 한층 더 강력한 보호를 하고 있는 것이다. 예컨대 저당부동산의 제3취득자가 하는 변제제도(§364) 등이 있다.

**토지채무**(土地債務)
독 : Grund schuld

토지로부터 일정한 금액을 지불받을 수 있는 물권으로 독일민법상 저당권과 유사한 제도이다. 토지소유자는 변제의무는 없지만 변제기에 변제하지 않으면 권리자는 강제집행에 의하여 토지를 현금화(환가) 하여 변제받을 수 있다. 이점에서 저당권과 유사하다. 그러나 저당권은 채권이 소멸하면 저당권도 소멸하는 데 대하여 토지채무는 채권담보를 위하여 설정되지만 채권이 소멸하여도 토지채무에는 변경이 없다. 토지채무는 토지채무설정의 원인관계에 불과하여 토지소유자는 단지 부당이익을 이유로 하여 토지채무의 반환을 요구할 수 있을 뿐이다.

**근담보**(根擔保)

일정한 계속적 거래관계로부터 장래에 발생하게 될 다수의 불특정 채권을 담보하기 위하여 질권이나 저당권을 설정하는 것을 말한다. 즉 근질과 근저당을 일컬어 근담보라고 한다.

**근저당**(根抵當)
독 : Höchstbetragshypothek, Maximalhypothek

계속적인 거래관계로부터 발생하는 다수의 채권을 담보하기 위하여 담보물이 부담하여야 될 최고액을 정하여 두고 장래 결산기에 확정하는 채권을 그 범위안에서 담보하는 저당권이다(민§357). 장래의 채권의 담보이기는 하지만 특정·단일의 채권을 담보하는 것이 아니라, 증감변동 하는 일단의 불특정채권을 최고한도 내에서 담보하는 점에 특색이 있다. 근저당은 은행과 그 거래처간의 신용의 계속적 물품공급계약에서 생기는 수많은 채권을 일괄하여 담보하기 위하여 관행으로 인정되어 온 것을 명문으로 인정한 것이다. 근저당과 보통의 저당권과의 차이는 (1) 보통의 저당권이 현재 확정액의 채권에 부종하여 성립하는 데 반하여 근저당권은 피담보채권의 발생 또는 채권액의 확정이 장래의 결산기일이며, (2) 보통의 저당권은 변제에 따라 피담보채권의 소멸, 즉 채권액의 소멸이 이루어지는 데 반하여, 근저당은 현재의 채무 없이도 저당권이 설립하고 한 번 성립한 채권은 변제되어도 차순위의 저당권의 순위가 승격하지 않으며, 결산기 전의 변제는 피담보채권(액)의 소멸을 가져오지 않고, 또한 (3) 보통의 저당권에 있어서는 피담보채권액이 등기되는 데 반하여, 근저당에서는 피담보채권 최고액이 등기되는 것이다. 근저당은 근저당이라는 뜻과 채권의 최고액 및 채무자를 등기하여야 한다(부

등§140②). 계속적 거래관계가 종료하면 채권액이 확정되고 근저당권자는 우선변제를 받을 수 있게 된다. 그 효력은 보통의 저당권과 다르지 않으나, 비록 채권액이 많더라도 약정된 최고액 이상의 우선변제권은 없다.

> 근저당권은 그 담보할 채무의 최고액만을 정하고, 채무의 확정을 장래에 보류하여 설정하는 저당권으로서, 계속적인 거래관계로부터 발생하는 다수의 불특정채권을 장래의 결산기에서 일정한 한도까지 담보하기 위한 목적으로 설정되는 담보권이므로 근저당권설정행위와는 별도로 근저당권의 피담보채권을 성립시키는 법률행위가 있어야 한다*(대법원 2004. 5. 28. 선고 2003다70041)*.

## 근보험(根保險)

근저당 및 이와 동일한 같은 목적을 가진 질(質)(근질(根質))과 보증(근보증)의 총칭이다. 당좌임월계약과 같이 계속적 거래관계로부터 생기는 채무의 일정액을 한도로 하여 담보하는 것을 목적으로 한다. 민법은 근저당에 관하여만 명문으로 규정하고 있다(민§357).

## 증담보(增擔保)

일단 질권이나 저당권 등을 설정한 다음 담보물을 증가시키는 것이다. 담보물이 담보물권설정 후에 파괴되거나 값이 하락한 경우에는 채권을 충분히 담보할 수 없으므로 채권자가 담보물의 추가제공을 요구하게 된다. 보통은 채무자 쪽에서 이에 응할 의무는 없으나, 채권자에게 증담보를 청구할 권리를 부여한 특약이 있으면 증담보를 청구할 수 있다.

## 공동저당(共同抵當)

독 ; Gesamthypothek

동일한 채권의 담보로서 수개의 부동산 위에 저당권을 설정하는 것이다(민§368). 저당권불가분의 이론에서 보면 공동저당에 있어서 각 부동산은 어느 것이나 채권전액을 담보하는 것이 되며, 그 채권의 전액 또는 일부를 변제받을 수 있게 된다. 그러나 이렇게 되면 각 부동산 담보가치는 불필요하게 구속되며 후순위 저당자 및 일반채권자가 불이익을 볼 우려가 있다. 따라서 민법은 (1) 공동저당의 목적물의 전부가 동시에 경매되는 경우에는 각 저당부동산의 가액에 응하여 공동저당권자의 채권액을 안분하여 공동저당권자는 각 저당부동산으로부터 배분액만큼의 우선변제를 받고 배분액을 넘는 부분을 후순위 저당권자의 변제에 충당한다(민§368①). (2) 공동저당물 가운데 일부 부동산에 관해서만 경매가 있어 그 대가를 배당할 경우에는 공동저당권자는 그 대가로부터 채권전액에 관하여 변제를 받는다. 그러나 민법은 이 경우에 후순위 저당권자를 보호하여 공동저당권자가 저당부동산 전부를 동시에 집행했다면 다른 부동산으로부터 우선변제를 받았을 금액을 한도로 하여 후순위저당권자가 공동저당권자를 대위하여 저당권을 행사할 수 있게 하였다(§368②).

**공동담보**(共同擔保)

동일한 채권을 담보하기 위하여 여러 개의 물건 위에 담보물권이 존재하는 것이다. 공동저당은 그 가장 중요한 형식 가운데 하나이다(민§368).

**양도저당**(讓渡抵當)
영 ; mortgage

영미법상의 제도이다. 채무의 이행을 담보하기 위하여 부동산 혹은 동산을 이전하여, 채무자가 채무를 이행하면 이를 다시 채무자에게 이전하는 것이다. 이에는 보통법상과 형평법상의 두 가지로 나누어진다. 보통법상으로는 저당권의 설정은 채무자의 채무불이행을 조건으로 한 재산권의 양도에 둔다. 그러나 형평법상으로는 채무이행을 위하여 특정의 재산을 담보하는데 지나지 않으며 재산권의 양도·이전은 아니다.

**양도질**(讓渡質)

양도담보나 매도담보에 있어서 목적물의 점유를 채권자 또는 매수인에게 이전하여야 하는바, 점유를 이전하지 않는 경우를 특히 양도질이라고 한다.

**양도담보**(讓渡擔保)
독 ; Sicherungsübereignung

담보물의 소유권 그 자체를 채권자에 이전하고, 일정한 기간 내에 채무자가 변제하지 않으면 채권자는 그 목적물로부터 우선변제를 받게 되지만, 변제하면 그 소유권을 다시 채무자에게 반환하는 담보제도이다. 민법이 규정하는 담보제도는 아니지만 경제적 필요에 의하여 많이 이용되고 있다. (1) 양도담보의 법적 성질에 대하여는 ㉮ 양도담보는 담보목적으로 소유권을 신탁적으로 이전한 것으로 보는 신탁적 소유권이전설과 ㉯ 소유권은 채권자에게 이전하지 않고 여전히 채무자에게 있으며, 채권자는 양도담보권이라는 일종의 담보권을 가지는 것에 불과하다고 보는 담보물권설로 나뉘어 있다. (2) 양도담보의 종류로는 ㉮ 목적물의 점유를 채권자에게 이전하는 양도저당과 채무자가 계속하여 점유·이용하는 양도질 ㉯ 융자받는 자가 융자하는 자에게 담보목적물을 매각하고(이 경우 매매대금의 지급이 융자금의 교부를 의미한다) 일정기간 내에 채무자가 채권자에게 매매대금을 반환하면 목적물을 찾아 갈 수 있는 것으로 약정하는 것과 같이 신용의 수수를 매매의 형식으로 행하고 당사자 사이에 따로 채권·채무 관계를 남기지 않는 매도담보와 채권자와 채무자가 소비대차계약을 하고 채무자가 소비대차에서 생긴 채무의 담보로서 물건의 소유권을 채권자에게 이전하여 신탁의 수수를 채권채무의 형식으로 남겨두는 협의의 양도담보가 있다. (3) 양도담보의 기능으로 다음을 들 수 있다. ㉮ 양도담보는 동산을 채권자에게 인도하지 않아도 되므로 일상사용에 필요한 동산도 담보로 제공할 수 있다. ㉯ 담보물권에서는 현금화

(환가) 절차가 번잡하고 많은 비용이 드는 데 반하여 양도담보는 목적물의 현금화(환가)방법을 당사자가 임의로 정할 수 있다. ㉰ 동산·부동산 뿐 아니라 형성과정에 있는 재산권으로 담보할 수 없는 것도 양도담보로 담보화할 수 있다.

## 가등기담보(假登記擔保)

양도담보와 더불어 소유권이전의 형식을 취하는 담보방법으로, 채권담보를 위하여, 채권자와 채무자(또는 제3자) 사이에서 채무자(또는 제3자)소유의 부동산을 목적물로 하는 대물변제예약 또는 매매예약등을 하고, 동시에 채무자의 채무불이행이 있는 경우에 발생하게 될 장래의 소유권이전 청구권을 보전하기 위한 가등기를 하는 변칙적인 담보를 말한다. 가등기담보계약과 가등기를 함으로써 성립되는 가등기담보의 성질에 관하여는, (1)가등기담보권은 일종의 담보물권인 특수저당권이라고 하는 견해와 (2)가등기담보는 신탁적 소유권이전이며 다만 채권자·채무자·제3자간의 관계에 관하여는 담보물권의 법리가 준용 또는 유추적용되어야 한다는 견해가 있다.

## 매도담보(賣渡擔保)

독 ; Sicherungskauf

매매의 형식에 의한 물적 담보이다. 융자를 받는 자가 목적물을 융자자에게 매도하고, 대금으로 융자를 받아 일정기한 내에 원리금에 상당한 금액으로써 이것을 환매하는 방법을 취하는 담보형식이다. 환매하지 않는다면 목적물은 확정적으로 융자자에 귀속하여 융자관계는 끝난다. 소유권이전형식에 의한 담보방법이라는 점에서 양도담보와 비슷한 제도이다. 그러나 매도담보는 융자를 받는 자가 융자에 관한 채무를 부담하지 않으므로 융자자는 변제를 청구하는 권리를 가지지 못하며, 목적물이 멸실하면 그것은 융자자의 손실로 돌아간다. 민법의 환매(민§590~§695)는 이에 해당하는 것인데, 환매기간·환매대금 등의 제한이 있으므로, 보통은 재매매의 예약의 방법으로 환매를 실행한다. 그러나 일반적으로 매도담보라는 말은 양도담보의 의미로 사용하는 일이 많다. 이 제도는 종래 관습법으로 존재하던 것을 민법이 성문화한 것이다. 용익권을 보유한 채 재산을 담보로 제공하므로 특히 부동산 담보에 편익이 있다.

## 채 권 법

### 채권·채무(債權·債務)

독 ; Obligation, Forderun ·Schuld

특정인(권리자)이 다른 특정인(의무자)에 대하여 특정의 행위(給付:급부)를 청구할 수 있는 권리를 채권이라고 하고, 그러한 급부를 하여야 할 의무를 채무라 한다. 이 권리자인 특정인을 채권자라 하고, 의무자인 특정인을 채무자라고 한다. 채권과 채무로 인하여 결합되는 당사자의 관계를 채권관계라 한다. 오늘날의 사회생활에서는 상품의 매매·금전의 임차·차지·차가·근로계약 등은 물론, 불법행위로부터 발생하는 손해배상채권 등 채권관계가 경제상 중요한 역할을 하고 있으며 채권은 재산관계의 중심이 되고 있는 것이다. 과거 재산권 가운데서 중요한 지위를 차지하였던 소유권과 같은 물권도 오늘날에는 그 역할을 채권에 일보 양보를 했다고 해도 과언이 아니다. 왜냐하면 오늘날에는 소유자가 직접 생산 활동을 하기 보다는 기업인은 돈을 끌어들이고 노동력을 고용하고, 상품을 매매하는 등 생산·소비과정의 대부분이 어떤 행위로든 채권관계에 의해서 이루어지고 있기 때문이다. 채권은 물권과 함께 재산권의 주류를 이루고 있다. 물권과 채권의 차이는 물권은 물건에 대한 지배권을 갖는데 대하여 채권은 사람에 대한 청구권으로서 배타성이 없다. 따라서 동일한 물건에 물권과 채권이 성립하면 물권이 우선한다. 채무자가 채무를 이행하지 않는 때에는 채권자는 원칙적으로 강제이행을 구하거나 손해배상을 청구할 수 있다. 또한 일정한 요건하에서 채권자 대위권과 채권자 취소권을 행사할 수 있다.

### 주채무(主債務)

(독 ; Hauptschuld)

보증채무에 의해 담보된 채무를 말한다. 우리 민법은 '보증채무는 주채무의 이자·위약금·손해배상 기타 주채무에 종속한 채무를 포함하며(민법 429조1항)', '보증인의 부담이 주채무의 목적이나 형태보다 중한 때에는 주채무의 한도로 감축한다(민법 430)'고 규정하고 있다. 한편 주채무를 부담하는 자를 주채무자라 한다.

### 채권법(債權法)

독 ; Obligationenrecht das
Recht der Schuldverhältnisse

불 ; droit des obligations

채권관계를 규율하는 법규의 전체이다. 물권법과 함께 재산법에 속한다. 그 주요한 법원(法源)은 민법 제3편이나 민법의 다른 편과 그 밖의 법률에도 채권에 관한 규정이 많이 있다. 그러나 그 대부분이 임의법규인데 그 이유는 채권은 채권자·채무자의 관계이며 그 이해는 당사자 사이에 국한되는 것이 보통이므로 공적 질서에 관계되는 것이 적기 때문이다. 또한 채권법은 지방적·민족적 색채가 희박하여 원칙적으로 보편성을 가지며 신의성실의 원칙에 의하여 지배된다.

## 채권행위(債權行爲)

당사자 사이에 채권·채무의 관계를 발생시키는 법률행위를 말한다. 법률행위·고용·임대차·증여 등이 그 예이다. 그 대부분은 계약이다. 당사자 사이에 채권·채무관계를 발생하게 하는 것일지라도 손해배상채권을 발생하게 하는 불법행위 등은 법률행위가 아니므로 채권행위라고 할 수 없다. 채권행위에 대립하는 개념은 물권행위이다. 물권행위라고 하는 것은 소유권이전행위나 저당권 등의 담보물권설정행위와 같이 직접 물권의 변동을 목적으로 하는 법률행위이다. 이 외에도 가족권(신분권)의 변동을 목적으로 하는 신분행위가 있다.

## 채권자평등의 원칙

(債權者平等의原則)

독 ; Prinzip der Gleichbehandlung des Gläubigers

동일한 채무자에게 여러 사람의 채권자가 있을 때는 채권발생의 원인이나 시효의 전후에 관계없이 모든 채권자는 채무자의 총재산으로부터 균등하게 변제를 받을 수 있다는 원칙이다. 물권의 경우에는 공시방법이 있지만, 채권에는 공시방법이 없다. 또한 모든 채권은 금전채권으로 전환되고(물건의 인도채무도 이행을 하지 않을 때에는 금전배상으로 전환한다.) 결국은 채무자의 전재산을 대상으로 하고 있다. 그러므로 채권자는 채무자의 어느 재산에도 이해관계가 있는 것이다. 이와같이 채권에는 공시방법이 없기 때문에 모든 채권자는 서로가 자기 이외에 어떤 채권자가 있는지 알지 못하며 모든 채권자가 채무자의 전 재산에 똑같은 이해관계를 지니게 될 때, 어떤 채권자가 다른 채권자에 우선해서 채무자의 재산으로부터 변제를 받을 것을 인정한다는 것은 불공평한 것이다. 이것이 바로 채권자평등의 원칙을 마련하게 된 이유이다. 그래서 법률은 어떤 채권자가 채무자의 재산을 압류하였을 경우에는 다른 채권자는 압류채권자와 균등하게 배당요구를 할 수 있다고 정하고(민사집행법§217), 또한 채무자 회생 및 파산에 관한 법률은 채무자의 재산을 공정하게 환가·배당함을 그 목적으로 하고 있음을 규정하고 있다. 채권자취소권이 모든 채권자의 수익을 위하여 행사된다는 취지도 채권자 평등의 원칙의 한 가지 적용이다(민§406). 그러나 채권자 평등의 원칙은 어떠한 경우에도 관철시킬 수 있는 것은 아니다. 채권자 가운데는 어떻게 하든 우선변제를 받으려고 하는 사람이 있을 것이고, 또한 일정한 채권자에게 우선변제권을 부여하는 것이 공평한 경우도 있기 때문이다. 그 때문에 민법은 공시를 수반한 물적 담보제도를 설정하고 있는 것이다. 전자의 요청을 위하여는 저당권과 질권을 인정하고 후자의 요청을 위하여는 유치권을 인정하고 있다.

## 특약(特約)

당사자간의 특별한 합의이다. 법률은 특약이 없는 일반적 경우를 규율하는 법규를 설정하는데, 특약이 있을 때에는 법규정에 갈음하여 특약에 따르는 경우가 많다. 그러나 당사자 사이에 어떤 특약이 있더라도 그것은 임의규정에 관한 사항일 경우에 한하여 효력이 있으며 강행규정일 경우에는 그 특약은 효력이 없다. 즉 법령 중 선량한 풍속 기타 사회질서에 관계없는 규정과 다른 의사를 표시한 때에 한하여 그 특약에 따르게 된다(민§105).

## 특정(特定)

물건의 인도채무에 있어서 인도해야 할 물건은 어떤 특정한 물건으로 지정하는 것을 말한다. 만약 갑의 집을 인도하는 경우처럼 처음부터 인도할 물건이 특정되고 있는 경우에는 여기서 문제가 되지 않는다. 종류채권이나 선택채권처럼 인도물이 아직 특정하지 않은 경우에 특정의 문제가 발생한다. 종류채권에서 목적물을 특정하는 것은 당사자의 계약으로 결정되는 경우가 많지만 사건에 그런 결정이 없을 때에는 채무자가 급부에 필요한 행위를 완료하였을 때 즉 채무자가 채무의 내용에 따라 변제의 제공을 한 때에 특정된다. 따라서 지참채무일 때에는 채무자가 채권자의 주소로 지참하여 채권자가 언제든지 수령할 수 있는 상태에 놓여진 때 비로소 특정이 되고, 추심채무일 때에는 채무자가 언제라도 인도할 수 있도록 채권자에게 그 취지를 통지하였을 때 특정된다(민§460). 선택채권일 때에는 특별한 결정이 없을 경우, 원칙적으로 채무자가 선택의 의사표시를 하였을 때 특정한다(민§382). 특정이 되면 그 이후는 특정물인도채무와 다를 바가 없다.

## 특정물채권(特定物債權)

특정물의 인도를 목적으로 하는 채권이다. 거래상 당사자는 인도할 물건을 「이 말(馬)」혹은 「1번지 토지」와 같이 지정해야 한다. 이점에서 종류채권이나 불특정물채권에 대립된다. 특정물을 인도할 채무자는 그 목적물을 이행기의 현상 그대로 인도하면 되며 목적물이 훼손된 경우라도 인도할 때의 현상 그대로 인도하면 된다(민§462). 또한 그 인도를 할 때까지는 선량한 관리자의 주의를 다하여 보존할 의무를 진다(§374).

## 종류채권(種類債權)

독 ; Gattungsschuld, Gattungsobligation
불 ; obligation de genre

일정종류에 속하는 물건의 일정수량의 급부를 목적으로 하는 채권이다. 예컨대 「쌀 2가마니」, 「비누 1다스」와 같이 다만 종류와 분량만이 정하여져 있고 어디에 있는 쌀이라고 특정되지 않은 「불특정물」의 인도를 목적으로 하는 채권이다. 불특정물인 상품의 매매에서 흔히 볼 수 있는 것처럼, 종류채권이 차지하는 비율은 크다. 일반적으로는 당사자 사이에 품질은 어느 정도의 것을 급부하는가를 미리 결정하던가 혹은 계약의 성질상 품질은 이미 결정되고 있을 것이다. 그러나 정하여지지 않을 경우에는 품질은 중등품질의 물건으로 급부(給付)하여야 한다(민

§375①). 종류채권은 미리 당사자가 특약을 해서 합의를 보고, 또한 채무자나 제3자가 지정을 하여 「이 물건」이라고 결정하는 때도 있지만, 그런 결정이 없을 때는 채무자가 인도에 필요한 행위를 완료하였을 때 특정한다(종류채권의 특정). 채권의 목적물이 특정되면 그로부터 채무는 특정물인도채무와 같게 되고, 채무자는 그 물건을 선량한 관리자의 주의로 보관해야 하고(§374), 그 물건이 채무자의 책임 있는 사유로 멸실한다면, 채무자는 손해배상을 해야 한다(§390).

## 보관(保管)

독 ; Gewahrsam

공간적 관계에 있어서 물건을 자기의 사실상의 지배범위 내에 두어, 그 물건의 멸실·훼손을 방지하고 보존·관리하는 것을 말한다. 보관하는 물건은 타인의 물건인 것이 보통이나, 반드시 타인의 물건에 한하는 것은 아니다. 보관이란 순수하게 그 물건과의 공간적 관계를 의미하기 때문에, 그 물건에 대해 소유권이나 처분권은 없다. 또 보관은 양도되거나 상속될 수 없다.

## 제한종류채권(制限種類債權)

독 ; beschränkte Gattungsschuld

종류채권 중에서 그 종류에 관하여 다시 일정한 내용의 제한이 있는 것이다. 예컨대 쌀 10가마를 인도할 채무는 순수한 종류채권이지만, 일정한 창고 안에 있는 쌀 10가마를 인도할 채무는 제한종류채권이다. 혼합종류채권(gemischte Gattungsschuld), 또는 한정종류채권(begrenzte Gattungsschuld)이라고도 한다. 순수한 종류채권에는 그 종류의 물건의 거래가 허용되는 한 이행불능이 되지 않으나 제한종류채권에는 그 제한 내에 있어서 불능으로 되면(前例에서 그 창고안의 쌀이 모두 유실되면) 이행불능이 되는 점에 차이가 있다.

> <u>제한종류채권에 있어 급부목적물의 특정은, 원칙적으로 종류채권의 급부목적물의 특정에 관하여 민법 제375조 제2항이 적용되므로, 채무자가 이행에 필요한 행위를 완료하거나 채권자의 동의를 얻어 이행할 물건을 지정한 때에는 그 물건이 채권의 목적물이 되는 것</u>이나, 당사자 사이에 지정권의 부여 및 지정의 방법에 관한 합의가 없고, 채무자가 이행에 필요한 행위를 하지 아니하거나 지정권자로 된 채무자가 이행할 물건을 지정하지 아니하는 경우에는 선택채권의 선택권 이전에 관한 민법 제381조를 준용하여 채권의 기한이 도래한 후 채권자가 상당한 기간을 정하여 지정권이 있는 채무자에게 그 지정을 최고하여도 채무자가 이행할 물건을 지정하지 아니하면 지정권이 채권자에게 이전한다*(대법원 2003. 3. 28. 선고 2000다24856)*.

## 종류채권의 특정

(種類債權의 特定)

종류채권의 목적물은 구체적으로 정하여지지 않고 종류와 수량에 의해서만 추상적으로 정해져 있으므로 종류채무를 실제로 이행하기 위해서는 정해진 종류의 물건 중에서 소정의 수량의 물건이 구체적으로 선정되어야 하는데, 이를 종류채권의 특정 내지 집중이라고 한다. 민법에 규정된 특정의 방법으로는 채무자가 하여야 할 모든 행위를 완료한 때, 즉 채무의 내용에 따라 변제의 제공을 하거나, 채권자가 부여한 지정권에 기하여 채무자가 특정의 물건을 지정·분리할 때 특정이 생긴다. 지참채무의 경우에는 목적물이 채권자의 주소에 도달하여 채권자가 언제든지 수령할 수 있는 상태에 놓여진 때에 특정이 있게 되며, 추심채무에 있어서는 채무자가 인도할 목적물을 분리해서 채권자가 추심하러 온다면 언제든지 수령할 수 있는 상태에 두고, 이를 채권자에게 통지하면 특정하게 된다. 송부채무의 경우에는 제3지가 채무의 본래 이행장소인 때에는 지참채무와 같으나, 채무자가 호의로 본래 이행장소가 아닌 제3지에 송부하는 때에는 채무자가 목적물을 분리하여 그 제3지에 발송한 때에 특정이 생기게 된다. 목적물의 특정으로 종류채권은 특정채권으로 전환된다.

## 지참채무(持參債務)

독 ; Bringschuld

채무이행의 장소가 채무자의 주소 또는 영업소로 되어 있는 채무를 말한다. 채권자가 채무자에게 받으러 오는 추심채무에 대립하는 용어이다. 당사자가 특히 추심채무라고 결정을 하거나 법률에 의하여 추심채무가 된 경우(상§56)를 제외하고는 지참채무가 원칙이다(민§467). 더욱이 지정물의 인도는 특약이 없는 한 계약당시에 그 물건이 존재하고 있던 장소가 이행지로 되고 있다(민§467). 지참채무에서 채무자는 이행지에 채권자에게로 가서 이행하지 않으면 이행지체가 된다.

## 추심채무(推尋債務)

채무이행의 장소가 채무자의 주소 또는 영업소로 되어 있는 채무이다. 채무자가 채권자에게로 가서 이행하는 지참채무에 대한 용어이다. 당사자가 특히 추심채무라고 결정하거나 어음·수표채무와 같이 법률로써 추심채무라고 결정하고 있는 경우(상§56) 이외에는 지참채무가 원칙이다(민§467). 추심채무에서는 이행기가 도래하였을 지라도 채권자가 추심을 하지 않는 한 이행지체가 되지 않는다.

## 송부채무(送付債務)

독 ; Schickschuld

채무를 이행함에 있어서 채권자 및 채무자의 주소나 영업소 이외의 제3지에 목적물을 송부하여야 할 채무이다. 그러나 제3지가 이행의 장소인 때에는 목적물의 특정은 지참채무의 경우와 같아진다.

## 조합채무(組合債務)

민법상 조합이 사회적으로 활동하는 과정에서 부담하는 채무를 말하는 것이 보통이다. 조합채무도 조합재산의 하나로서 조합원 전원에게 합유적으로 귀속한다. 한편 조합은 법인격이 없으므로 채무의 주체가 되지 못하기 때문에 결국 각 조합원의 채무가 되어 각 조합원도 조합채무에 대하여 책임을 져야 한다. 즉 조합채무에 대하여는 각 조합원이 그의 개인재산을 가지고 책임을 지는 외에 조합원 전원이 조합재산을 가지고 공동으로 책임을 진다. 그리고 이 두 책임은 병존적이기 때문에 채권자는 채권 전액에 관하여 조합전원을 상대로 하여 조합재산에 대해 집행할 수도 있고, 각각의 조합원을 상대로 하여 그의 개인적 재산에 대하여 집행할 수도 있다.

### 분리주의(交付主義)
독 ; Ausscheidungstheorie

종류채무의 특정에 관한 학설이다. 다시 분리주의는 (1) 채무자가 급부해야 할 물건을 같은 종류 중에서 분리했을 때에 특정이 성립한다는 학설과, (2) 분리하고 또 이것을 채무자에 통지했을 때에 특정이 성립한다는 학설이 있다. 그리고 천연과실의 귀속에 관하여 분리의 시기를 표준으로 하는 주의를 말할 때도 있는데 과실의 생산기간이 표준이라고 하는 생산주의에 대립되는 개념이기도 하다.

### 교부주의(交付主義)
독 ; Leiferungstheorie

종류채권의 지정에 관한 학설이다. 예링이 제창하였다. 채무자가 물건의 급부(給付)를 하는데 필요한 행위를 완료했을 때, 예컨대 송달채무의 경우에는 물건을 발송하였을 때에 특정한다고 한다. 우리민법(§375②)과 독일민법(독민§243②)은 대체로 이 주의(主義)에 해당한다.

### 금전(金錢)
영 ; money 독 ; Geld 불 ; espéce

재화의 교환의 매개물로서 국가가 정한 물건을 말하는 바, 국가에 의하여 강제통용력을 가지는 화폐는 물론, 거래상 화폐로 통용되는 자유통화까지도 포함시키기도 한다. 금전에 대한 선의취득 규정의 적용 여부에 관하여 우리 민법 제250조 단서는 '도품이나 유실물이 금전인 때에는 그러하지 아니하다'고 하여 금전에 대하여는 도품·유실물의 특칙을 인정하지 않으면서 선의취득 규정을 적용한다. 그러면 금전이 도품이나 유실물이 아닌 경우에, 그 선의취득에 관하여 민법 제514조 또는 수표법 제21조를 적용할 것이냐가 문제된다. 이론상으로는 후자가 타당하나, 이 경우 유가증권의 선의취득에 있어서는 민법 제250조 본문과 제251조가 정하는 것과 같은 도품·유실물에 대한 특칙은 적용되지 않으므로 민법 제250조 단서는 유명무실해 진다.

### 금전채권(金錢債權)
독 ; Geldschuld

일정한 액수의 금전을 지급할 것을 목적으로 하는 채권이다. 일종의 종류채권이라고도 할 수 있다. 그 내용이 일정한 가치고 물건은 금전자체이므로 목적물의 특정이나 이행불능의 문제는 생기지 않는다. 다만 이행지체의 문제만이 생길 뿐이다. 금전채권의 종류에는 금액채권·금종채권·특정금전채권·외화채권 등이 있다. 그리고 이행지체에 의한 지연배상에 대해서 금전채권은 특수한 취급을 받고 있다(민§397). 즉 채무자의 고의·과실이나 실손해의 유무에 관계없이 채무자가 금전채무를 이행지체한 때에는 지연이자를 지급해야 한다. 더구나 금전에는 개성이 없기 때문에 채무자는 어떤 화폐나 지폐로 지급해도 상관없지만, 특별히 만원권 지폐로 지급한다고 정할 수도 있다. 외국의 통화로 금액을 결정하였다 할지라도 이에 대한 특약이 없으면 지급할 경우에는 우리나라 화폐로 지급해도 무방하다(민§378).

금전채무 불이행에 관한 특칙을 규정한 민법 제397조는 그 이행지체가 있으면 지연이자 부분만큼의 손해가 있는 것으로 의제하려는 데에 그 취지가 있는 것이므로 지연이자를 청구하는 채권자는 그 만큼의 손해가 있었다는 것을 증명할 필요가 없는 것이나, 그렇다고 하더라도 채권자가 금전채무의 불이행을 원인으로 손해배상을 구할 때에 지연이자 상당의 손해가 발생하였다는 취지의 주장은 하여야 하는 것이지 주장조차 하지 아니하여 그 손해를 청구하고 있다고 볼 수 없는 경우까지 지연이자 부분만큼의 손해를 인용해 줄 수는 없는 것이다*(대법원 2000. 2. 11. 선고 99다49644)*.

## 금약관(金約款)

영 ; gold clause 독 ; goldklasel
불 ; clause d'or

화폐가치의 변동에 의한 손해를 방지하기 위하여 금전채권에 붙여지는 약관이다. 그 내용은 여러 가지가 있으나 다음의 두 가지로 구별할 수 있다. (1) 1만원의 채무를 변제기에 있어서의 1만원의 금화로 지급하는 것과 같이 금화 또는 금으로 지급할 것을 약속하는 금화약관 또는 금화채무약관, (2) 1만원의 채무를 1냥 100원의 비율로서 계산할 금 1관을 포함하는 금화 또는 그것과 동일가치의 다른 통화로 지급할 것을 약속하는 금화가치약관 또는 금가치약관이다. 금화약관 또는 금화채무약관은 지폐가치가 폭락한 경우에는 적당한 대책이 되지만 평가절하의 경우에는 그 대책이 되지 못하므로 금화가치약관 또는 금가치약관이 주로 쓰인다.

## 금액채권(金額債權)

일정액의 금전의 인도를 목적으로 하는 채권이다. 고유의 의의(意義)에 있어서의 금전채권이며 보통 금전채권이라고 하면 금액채권을 의미한다. 당사자 사이의 특약이 없는 한 채무자의 선택에 따라 각종의 통화로 변제할 수 있다.

## 금종채권(金種債權)

독 ; Geldsortenschuld

당사자 사이의 약관으로 특정한 종류

에 속하는 통화의 일정량의 급부를 목적으로 하는 채권이다. 채권의 목적인 특종의 통화가 변제기에 강제통화력을 잃은 경우에는 강제통용력 있는 다른 화폐로 변제하여야 한다(민§376).

### 특정금전채권(特定金錢債權)

특정의 금전의 급부를 목적으로 하는 채권이다. 이는 순전한 특정물채권에 지나지 않으며 금전채권으로서의 특질은 전혀 없다.

### 외국금전채권(外國金錢債權)

독 ; Geldschuld in fremder Währung

외국화폐의 급부를 목적으로 하는 금전채권이다. 그 취급은 내국금전채권과 다름이 없으나 다만 한국의 통화로 변제할 수 있도록 특히 규정하고 있다(민§377, §378·어§41·수§36). 채권의 목적이 다른 나라 통화로 지급할 것인 경우에 그 통화가 변제기에 강제통용력을 잃은 때에는 그 나라의 다른 통화로 변제하여야 한다(민§377).

### 이자채권(利子債權)

독 ; Zinsobligation
불 ; obligation de l'intérêt

이자의 지급을 목적(내용)으로 하는 채권을 말한다. 이자채권은 소비대차나 소비임치에 수반하는 경우가 많으나, 매매대금을 준소비대차로 고쳐 이자를 붙이는 경우도 있다. 소비대차는 민법상에 있어서는 이자를 붙인다는 내용의 특약에 의하여 이자를 붙이게 되는데 상법상으로는 당연히 이자를 붙이게 된다(민§602). 지연이자라고 불리우는 것은 실은 이행지체로 인한 손해이며(§390참조), 지연이자청구권은 본래의 이자청구권이 아니나, 이자나 이자청구권과 똑같이 취급한다. 이자채권에 대하여는 기본권인 이자채권과 지분권인 이자채권의 두 가지로 나누어 볼 수 있다. 기본권인 이자채권이란 일정시기에 일정률의 이자가 생기게 하는 것을 목적으로 하는 채권이다. 그리고 이 기본적인 이자채권에 입각하여 일정시기에 일정액의 이자청구권이 구체적으로 발생한다. 이것을 지분권적 이자채권이라고 한다. 예를 들어, 이율을 월 1분으로 하여 이자 월말 지급의 특약으로 2년의 기간을 정하여, 원본 10만원의 소비대차를 하면 이 계약관계는 기본권인 이자채권이 있는 소비대차이며, 각 월말마다 지분권인 1천원의 이자채권이 발생한다. 이는 원본채권에 부종(附從)하여 독립성이 없으며 원본채권양도의 경우에도 이에 부종(附從)한다. 그러나 이미 현실화한(발생한) 지분권인 이자채권은 독립의 존재로서 원본채권이 양도되어도 특약이 없으면 이에 수반되지 않고 독자적으로 소멸시효가 진행한다. 지분권인 이자채권에 관한 저당권의 효력에 대하여는 민법 제360조를 참조하기 바란다. 이율의 특약이 없는 경우에는 민법상으로는 년5분이며 상법상으로는 년6분으로 정하여져 있다. 이것을 법정이율이라고 한다(민§379·상§54).

## 이자(利子)

영 ; interest 독 ; Zins 불 ; intérêt

유동자본인 원본채권액과 존속기간에 비례하여 지급되는 금전 기타의 대체물이다. 법정과실의 일종이다(민§101). 원본채권에 대하여 년1할이라 하는 것처럼 일정한 이율로 정기적으로 계산된다. 따라서 원본채권이 없는 대금이나 원본을 소각하는 월부상환금은 모두 이자가 아니다. 또한 고정자본의 사용의 대가인 임료는 이자가 아니다. 이자는 금전 그 밖의 대체물에 한한다(그렇지 않으면 이율이 있을 수 없다). 그리고 이자는 법률에 규정에 있는 경우(법정이자)와 특약이 있는 경우(약정이자)에 한해서만 발생한다. 원래 유럽에서는 중세기까지 기독교의 교리에 의하여 이자가 금지되어 왔으나 상업의 진흥과 함께 이를 교묘히 위반하는 여러 가지 방법이 퍼지게 되자 차츰 그 금지가 완화되어 근세법이 계약자유의 원칙을 채용하기에 이르러 이자의 자유가 일반원칙이 되었다. 그러나 채무자 보호를 위하여 중리를 금하거나 일정률 이상의 고리를 금하는 제도는 오늘날에도 여러 나라에 존재한다. 우리나라에서는 이자를 이자제한법으로 규제하고 있다가 98년 폐지하였으나 2007. 3. 29. 법률 제8322호로 다시 제정하였다. 이자제한법은 금전대차에 관한 계약상 최고이자율은 연 24퍼센트로 하고, 이 최고이자율을 초과하는 부분은 무효로 한다(§2①~③). 채무자가 최고이자율을 초과하는 이자를 임의로 지급한 경우에는 초과 지급된 이자 상당액은 원본에 충당되고, 원본이 소멸한 때에는 그 반환을 청구할 수 있다(§2④). 이자제한법은 대차원금이 10만원 미만인 대차의 이자와 다른 법률에 따라 인가·허가·등록을 마친 금융업 및 대부업에는 적용되지 않는다(§2⑤, 7). 자금의 수급상황에 따라 금리가 자유로이 정해질수 있도록 하여 자원배분의 효율성을 도모하고자 하기 위함이다.

## 중간이자(中間利子)

장래에 일정한 급부를 할(예컨대 1년 후에 10만원을 지급할) 채권의 현재가액을 산정하기 위해 그 급부의 가액으로부터 공제하는 이자이다(10만원에서 1년간 이자를 공제하게 된다). 파산의 경우에 기한 미도래의 채권의 현재가액을 산정할 때에 중간이자의 공제가 필요하게 된다. 중간이자의 산정방법에는 카르프초우식(Garpzowsc-he Methode), 호프만식(Hoffammische Mefhode), 라이프니쯔식(Leibnizsde M-ethode) 산정법의 3가지가 있는데, 호프만식이 가장 널리 이용되고 있다.

## 라이프니츠식 계산법

(라이프니츠式 計算法)

독 ; Leibnitzsche Methode

무이자기한부 채권의 기한이 아직 도래하지 않은 시기에 있어서, 그 현가를 산정하는 방법의 하나로, 채권의 명의액을 s, 변제기한까지의 연수를 n, 법정이율을 i라 하면, 현재 채권가액 p=

$s/(1+i)^n$가 된다. 이는 소요의 현재가액에 대하여 현재 이후 변제기에 이르기까지의 법정이자를 가한 액이 명의액과 같게 산정하는 것이다. 이처럼 라이프니츠식 계산법은 이자의 계산에 복리법을 사용하는데 비해, 호프만식 계산법은 단리법에 의하는 까닭에 정확도는 뒤지나 간편하여 파산법 등에 일반적으로 사용된다.

## 호프만식 계산법

(호프만式 計算法)
독 ; Hoffmannische Methode

무이자기한부채권의 기한이 아직 도래되지 않은 경우에 그 현재가액을 산정하는 방법이다. 이것은 현재가액에 대하여 현재(예 : 파산선고시) 이후 변제기에 이르기까지의 법정이자(민사는 년5분, 상사는 년6분)을 더한 것이 채권의 명의액과 같도록 산출한다. 일반거래 사회에 널리 통용되는 방법으로서 우리나라에서도 이 방식이 취하여지고 있으며 특히 명문으로 규정되어 있는 경우도 있다. 즉 파산법에서 기한부채권은 파산선고시에 변제기에 이른 것으로 간주하는 바(파§16), 그 금액을 곧 파산채권으로 하는 것은 그 채권자를 부당하게 이롭게 하는 결과가 되므로 이와 같은 계산법에 의하여 중간이자를 공제하고 배당에 참가할 수 있게 한다. 민사소송에 있어서 불법행위에 의한 손해배상액의 산정 기타의 경우에도 이 방법이 사용될 때가 많다. 또 이밖에 카르프초우(Garpzow)식 계산법(채권액 또는 장차 취득하여야 할 총액에서 장래의 기간 중에 생겨날 이자를 공제하는 방법), 라이프니츠(Leibriz)식 계산법(현재가액에 대하여서 장래의 기간 중에 생길 이자를 복리계산에 의하여 채권액 또는 장래 취득하여야 할 총액에서 공제하는 방법)이 있다.

## 약정이자(約定利子)

독 ; vereinbartar zins

당사자의 약정에 의하여 발생하는 이자이다. 법정이자에 대립된다. 당사자가 이자를 받을 결정을 하였을 때는 이율도 정하는 것이 보통인데 약정이자의 이율은 당사자가 자유롭게 정할 수 있다. 이자를 받을 약속은 했지만 이율을 정하지 않는 경우에는 법정이자율(민법상의 경우라면 년5분, 상법상의 경우라면 년6분)에 의한다(민§379·상§54). 이자의 계산은 따로 의사표시가 없는 한 채권의 존속기간일수의 비율로써 한다(민§102②).

## 법정이자(法定利子)

독 ; gesetzlicher zins
불 ; intérêt légal

법률의 규정에 의하여 당연히 생기는 이자이다. 약정이자에 대립된다. 법률이 이자를 생기게 하는 이유는 부당이득반환(민§548, §748), 출자대가(§425, §688, §701)의 취지 등 여러 가지이다. 즉 당사자가 계약을 하지 않아도 공평의 관점에서 법률에 특별히 규정하여 이자를 받도록 인정한 것이다. 법정이자의 이율은 민법상의 채무에 대하여도 연5분(§379), 상법상의 채무에 대하여는 연6분(상§54)으로 정하여져 있다(법정이율).

### 선이자(先利子)

채무자가 지급하여야 할 이자를 미리 계산해서, 이를 약정의 원본액에서 공제한 잔액만을 교부하는 경우, 미리 계산해서 약정원본에서 공제되는 이자를 선이자라고 한다. 예컨대 100만원을 월리(月利) 구분으로 3개월간 빌리는 경우에 이자 9만원을 약정원본액 100만원에서 미리 공제해서, 실제로는 91만원을 채무자에게 빌려주고 3개월 후에 100만원을 반환받는 경우가 여기에 해당한다. 선이자를 사전공제한 경우에는 그 공제액의 채무자가 실제로 수령한 금액을 원본으로 하여 이자제한법 제2조 제1항에서 정한 최고이자율(연 24%)에 따라 계산한 금액을 초과하는 때에는 그 초과부분은 원본에 충당한 것으로 본다(이자제한법 §3).

### 간주이자(看做利子)

예금(禮金), 할인금, 수수료, 공제금, 체당금(替當金), 그 밖의 어떤 명칭에 불구하고 금전의 대차와 관련하여 채권자가 받은 것은 이를 이자로 보는데, 이를 간주이자라고 한다(이자제한법 §4).

### 이율(利率)

영 ; rate of interest
독 ; Zinsfuss
불 ; taux de l'intérêt

원본에 대한 이자의 비율이다. 원본에 대한 백분비로 표시하는 것이 보통이다(예 : 연6푼·월1푼). 이율은 약속으로 정해지는 것이 보통이지만(약정이율) 약정이율이 없는 경우에는 법률로 정한 이율(법정이율)을 표준으로 한다(민§379, 상§54).

### 약정이율(約定利率)

독 ; vereinbarter Zinsfuss

당사자의 계약으로 정한 이율이다. 법정이율에 대립된다. 이율은 약정으로 정할 수 있지만 폭리를 허용한다는 것은 사회정의에 반(反)하는 일이기 때문에 금전대차에 대한 약정이율은 이자제한법의 제한을 받는다. 금전대차에 관한 계약상의 최고이자율은 연 24퍼센트이다(이자제한법 §2①, 이자제한법 제2조 제1항의 최고이자율에 관한 규정 1). 계약상의 이자로서 최고이자율을 초과하는 부분은 무효로 한다(이자제한법 2③). 채무자가 최고이자율을 초과하는 이자를 임의로 지급한 경우에는 초과지급된 이자 상당액은 원본에 충당되고, 원본이 소멸한 때에는 그 반환을 청구할 수 있다(동 §2④).

### 법정이율(法定利率)

독 ; gesetzlicher Zinsfuss

법률로써 정하여진 이율이다. 약정이율에 대립한다. 민법상으로는 년5분(민§379), 상법상으로는 년6분이다(상§54). 이율의 약정이 없는 경우에 법정이자가 적용된다. 그리고 금전채무불이행의 경우의 손해배상(지연이자)도 법정이율보다 높은 약정이율의 약속이 없는 때에는 법정이율에 의한다(민§397①전단). 그러나 금전채무의 이행명령 판결을 선고할 경우 이율은 대통령령으로 정하도록 되어 있고(소촉§3) 공탁금의 이율은 대법원규칙으로 정한다(공탁§6).

### 폭리행위(暴利行爲)

독 ; Wucher 불 ; lésion

타인의 궁박·경률·무경험 등을 이용하여 부당한 이익을 얻는 행위이다. 이는 행위당시의 사회적 지위·직업 기타 법률행위 당시의 구체적 상황 등을 고려하여 판단할 것이다. 부당한 이익이란 일반 사회통념상 정당한 이익을 현저히 초과하는 경우로서 사회적 공정성을 결한 것을 말한다. 폭리행위는 민법 제103조에서 규정하고 있는 공서양속 위반으로서 일반적으로 무효가 된다. 그밖에 민법전 가운데서도 유질계약의 금지규정(§339)이 있어서 일상생활상 빈발하는 부당한 거래를 억제하고 있다.

### 중리(重利)

라 ; anatocismus
영 ; compound interest
독 ; Zinsezins 불 ; anatocime

기일이 도래된 이자를 원본에 가산하여 원본의 일부로써 다시 이자가 생기게 하는 것이다. 복리(複利)라고도 한다. 이자가 이자를 낳는 결과가 되어 채무자의 부담을 현저하게 증대시킴으로 로마법 이래로 중리를 금지하는 예가 많으나(독민§138②, §248①, §289·프민§1154·구소민§213·스채§314③), 우리 민법은 이를 금지하지 않으므로 특약으로 유효하다. 다만, 이자제한법은 이자에 대하여 다시 이자를 지급하기로 하는 복리약정은 이자제한법 제2조 제1항에서 정한 최고이자율을 초과하는 부분에 해당하는 금액에 대하여는 무효로 한다고 규정하고 있다(§5). 중리가 발생하는 데는 두 가지 경우가 있다. (1) 법정중리 : 상법 제76조에 규정하는 바와 같이 법률의 규정에 의하여 직접 인정되는 중리를 법정중리라고 한다. (2) 약정중리 : 이에 대하여 당사자의 계약에 의해서 중리를 발생시키는 것이 있다. 미리 중리를 계약하거나 이자가 발생하고 나서 그것을 원본에 산입하는 등 중리의 특약의 내용에는 여러 가지가 있다.

### 고리(高利)

법령에서 허용하고 있는 이율에 비하여 부당하게 높은 이율의 이자이다. 고리로 인한 사회 결제적 폐단을 없애기 위하여 옛날에는 종교적으로 금지하는 법률을 만들었고 근래의 여러 나라에서는 이자를 제한하는 법률이 제정되었으며 고리를 제한 또는 금지하고 있다.

### 고리대(高利貸)

英 ; usurer

아주 높은 이율의 이자로써 채무자에 대하여 금전을 대부하는 것을 말한다. 고리화는 단순히 금전대부에 대하여 비싼 이자를 받을 뿐 아니라 이밖에도 유담보·대물변제의 예약 등 탈법수단으로 폭리를 취득하는 예가 많다. 민법은 이와 같은 반사회적 행위를 단속하고 채무자를 보호하기 위하여 여러 가지 강행규정을 두고 있다(민§606~§608, §339).

### 고리대자본(高利貸資本)
독 ; Wucher Kapital

타인에게 대부(貸付)하고 이자를 취득하는 화폐자본이다. 주로 자본주의 초기의 수공업시대에 행해졌던 것으로서, 그 후 그 형태가 변천하여 오늘날의 은행자본이 되었다.

### 고리금지법(高利禁止法)
영 ; usury law

이자대체에 관하여는 예로부터 신분계급 또는 이율에 제한이 가해지고 있었는데 중세의 사원법은 철저하게 이자를 금지하였으며 많은 국가가 이에 추종하였으나 근세에 와서는 자유주의의 대두에 의하여 이자계약의 자유가 설명되어 각국의 이자금지는 차츰 완화되거나 철폐되었다. 그 결과로써 고리대를 방지할 필요가 생겨 독일에서는 1880년, 프랑스에서는 1886년, 영국에서는 1854년에 각각 이자제한의 법률을 제정하였다. 우리나라에도 이자제한법에 의하여 고리가 금지된다,

### 기본채권·지분채권
(基本債權·支分債權)

일정률 또는 일정액을 일정기 혹은 일정한 조건하에서 청구할 수 있다는 추상적·기본적인 채권을 기본채권이라고 하며 각기에 이자·임대료·배당·납입 등을 청구하는 현실적이며 개별적인 채권을 지급채권이라 한다. 기본채권은 기본적 존재이며 이것을 발생시킨 법률관계(예 : 소멸대차·임대차·주주(株主)인 관계 등)와 발생·이전·소멸을 같이 하는데 반하여 지분채권은 기본채권으로부터 파생하는 바 일단 발생하면 독립적 존재를 취득하여 그 이전·소멸 등에 관하여 법률상 별개의 취급을 받는다.

### 원본(元本)
영 ; capital　독 ; Kapital　불 ; fonds

그 사용의 대가로서 금전 또는 그 외 다른 물건(법정과실)을 받을 수 있는 재산을 말한다. 원본이라고 하는 개념은 유체물인 원본을 포함할 뿐만 아니라 법정과실이 발생하는 재산이라면 특허권과 같은 무체재산도 포함된다. 그러나 일반적으로 원본이라고 할 때에는 더 좁은 의미로 사용되는 경우가 많다. 즉 이자가 발생하는 대금만을 원본 또는 원금이라 한다. 사용의 대가로서 이자를 발생시키는 금전을 원본이라고 하기 때문에, 이자에 이자를 붙이는 복리의 경우에는 이자를 발생시킨 이자는 원본으로 전화(轉化)하게 된다. 이것을 원본에로의 이자의 산입이라고 한다.

## 모라토리움
라 ;moratorium　영 ;moratorium

비상시에 채무자를 위하여 법령으로써 지급유예를 하는 것이다. 유럽 여러 나라에서 예로부터 행해진 제도이다. 그 채무는 공공단체의 채무·모종의 은행예금을 제외한 일체의 사법상의 금전채무이다. 이에 수반하여 어음 그 밖의 유가증권에 관한 권리보전행위의 기간도 연장된다. 법령의 시행 전에 변제기가 도래한 채무가 유예기간 중 지연이자의 발생을 정지하느냐는 문제이나 판례는 무이자의 채무에 대하여는 발생을 정지하고, 약정이율에 의한 것에 관하여는 그 발생을 정지하지 않는다고 한다. 또한 시효기간이 유예기간만큼 연장되느냐의 문제도 있으나 판례는 이것을 부정한다.

## 선택채권(選擇債權)
라 ; obligatio alternativa
독 ; Wahlschuld
불 ; obligation alternative

채권의 목적이 수개의 급부 중에서 선택에 의하여 정하여지는 채권이다(민 §380). 수개의 급부(給付)가 처음부터 개별적으로 예정되어 있는 점에서 종류채권과 다르며 수개의 급부가 각각 대등한 지위를 갖고 있는 점에서 임의채권과 다르다. 선택채권은 계약 이외에 법률의 규정에 의해서 발생한다. 이 선택채권을 변제하려면 우선 어느 것을 급부할 것인지 선택할 필요가 있는데 이것을 선택채권의 특정 또는 집중이라고 한다. 선택권자는 보통 계약으로 정하여져 있지만 이러한 약정이 없을 때에는 민법은 채무자에게 선택권이 있다고 규정하고 있다(§380). 채무자가 언제까지나 선택을 하지 않을 때는 선택권은 상대방에게로 이전된다(§381). 선택권의 행사에 의하여 채권은 처음부터 선택된 급부를 목적으로 한 것으로 된다(§386). 더구나 몇 개인의 급부가운데 이행불능의 급부가 있을 때에는 이 채권의 목적은 잔존한 것에 존재한다(§385①).

## 선택권(選擇權)

선택채권에 있어서 몇 개의 급여 중에서 하나를 선택하는 권리이다. 형성권의 일종이다. 선택권자는 원칙적으로 채무자이나 법률행위 또는 법률규정에 따로 규정이 있을 때에는 예외이다(민 §380).

## 임의채권(任意債權)
라 ; ovligatio facultativa
독 ; Schuld mit alternative Ermächtigung
불 ; obligation facultative

채권자 또는 채무자가 채권의 본래의 목적인 급부에 갈음하여 다른 급부를 할 수 있는 채권이다. 본래의 급부에 갈음하여 다른 급부를 할 수 있는 채무자의 권리를 대용권이라 하고, 이에 갈음하는 급부를 대용급부라고 한다(대용급부권). 채권자는 대용급부를 청구할 권리를 가지지 않는다. 또 본래의 급부에 대하여 다른 급부가 보충적이라는 점에서 선택채권과 다르다. 따라서 본래의 급부가 불능이 되어도 대용

급부가 채권의 목적이 되는 것은 아니다. 민법상 별도의 규정은 없으며 계약 또는 법률의 규정(민§378, §443, §764 등)에 의하여 발생할 때가 있다.

### 급부의 선택(給付의 選擇)

선택채권의 목적인 여러 개의 급부중 하나의 급부를 선정하는 의사표시이다(민§382, §383). 한번 선택한 후에는 임의로 철회·변경할 수 없다. 선택을 하면 그 효력은 소급하므로(민§386) 선택된 하나의 급부만을 목적으로 하는 특정물채권이 처음부터 있었던 것으로 된다.

### 정기금채권(定期金債權)

독 ; Rentenrecht 불 ; rente

일정한 기간동안 정기적으로 반복하여 금전(또는 그 밖의 대체물)의 급부를 받을 것을 목적으로 하는 채권이다. 종신정기금·연금·부양료·지료(地料)와 같은 것이다. 매기에 발생하는 채권은 그 기초인 정기금채권으로부터 유출하는 지분채권이고, 정기금채권은 이러한 지분채권을 낳는 기본채권이다. 회귀적 급부를 목적으로 하므로 일정액을 수회에 분할하여 급부하는 경우에는 정기금채권이 아니다. 시효·저당권의 효력에 관하여 특칙이 있다.

### 무인채무(無因債務)

독 ; abstrakte Schuld

그 채무를 발생시킨 원인(예: 매매·대차)이 유효하건 무효하건 관계없이 언제나 독립한 효력을 인정받는 채무이다. 독립한 재화로서 유통되는 채권에 관하여 인정되는 제도로서 이에 대하는 채권을 무인채권이라 한다. 무인채권은 증권에 화체(化體)되는 경우가 많으며(예 : 어음), 그 경우에는 무인증권의 하나가 된다. 그러나 증권에 화체되지 않고 단순히 서면의 기재로써 인정받는 일이 있다. 독일 민법상 채무의 승인 및 채무약속에 의하여 발생하는 채권은 이에 속한다. 그리고 무인채무를 발생시키는 행위는 일종의 무인행위이다.

### 무인채권(無因債權)

독 ; abstrakte Forderung

→ 무인채무 참조

### 급부(給付)

독 ; Leistung

급부란 채무의 내용(목적)이며 채무자의 행위이다. 현행법은 각 경우에 따라 이행·지급·행위·급여 등의 용어를 쓴다. (1) 급부(給付)는 주는 채무와 하는 채무 및 (2) 가분급부와 불가분급부 등 여러 가지로 분류할 수 있다.

### 주는채무·하는채무
(주는債務·하는債務)

물건의 인도를 목적(내용)으로 하는 채무를 주는 채무라 하며 물건의 인도 이외의 채무자의 행위를 목적으로 하는 채무를 하는 채무라고 한다. 주는채무의 경우에 채권자는 일정량의 물건을 인도 받음으로써 만족할 수 있으므로 채무자 이외의 제3자로부터의 변제도 원칙상 가능하다(민§469). 하는 채무는 일정한 적극적인 행위를 내용으로 하는 작위의무와 소극적으로 일정한 행위를 하지 않을 것을 내용 하는 부작위채무로 분류할 수 있다. 또한 채무자 이외의 제3자의 급부행위일지라도 채권자가 만족할 수 있는 대체적 급부와 채무자 이외의 자의 급부행위로서는 만족할 수 없는 비대체적 급부도 있다. 예를 들면 도급채무는 일반적으로 대체성이 있는 하는 채무이나 화가나 가수가 이행하여야 할 채무는 일반적으로 대체성이 없는 하는 채무이다. 이 분류는 강제이행의 방법에 차이가 있다. 주는 채무는 강제이행으로서는 직접적인 강제가 적절한 데 대하여 하는 채무에 있어서는 인도주의의 견지에서 직접강제는 허용되지 않는다.

## 부작위채무(不作爲債務)

독 ; Forderung auf Unterlassen
불 ; obligation de ne pas faire

채무자가 어떤 일정한 행위를 하지 않는 것(소극적 급부)을 목적으로 하는 채무이다. 예를 들면 상업상의 경쟁을 하지 않는 채무·관망을 방해할 건축을 하지 않는 채무 등이다. 작위채무와 대립하는 관념이다. 강제이행의 방법에 관하여는 민법에 특별한 규정이 있다(민§389③). 그밖에 소멸시효의 기산점에 관하여는 약간 특별한 취급을 필요로 한다.

## 가분급부·불가분급부

(可分給付·不可分給付)

목적물의 성질이나 가치를 해하지 않고 분할하여 급부할 것을 허용하고 있는 경우를 가분급부라고 하고 그것이 허용되지 않는 경우를 불가분급부라고 한다. 계약 내용에 의하여 불가분급부로 되는 경우와 채무의 성질에 따라서 당연히 불가분급부로 되는 경우가 있다. 가분급부에 대하여는 분할채무가 원칙이나(민§408), 불가분급부에 대하여는 불가분채무가 성립한다(민§409).

## 반대급부(反對給付)

독 ; Gegenleistung

쌍무계약에 있어서 당사자 일방의 급부에 대하여 상대방의 급부를 서로 반대급부라고 한다. 매매에 있어서 매도인의 목적물의 소유권이전의무와 매수인의 대금지급의무와는 반대급부 관계에 있다. 서로 반대급부의 채무를 부담하는 쌍방계약에 있어서는 동시이행의 항변권과 위험부담에 관한 규정이 있다(§536, §537).

## 대체적 급부(代替的 給付)

'하는 채무' 중 제3자가 채무자에 갈음하여 이행하여도 채권의 목적으로 달성할 수 있는 급부를 말한다. 대체적 작위채무라고도 한다(민법 389조 2항 후단). 예컨대 가옥을 인도하거나 도로를 수선하거나 신문지상에 사죄광고를 하는 급부(채무)가 이에 해당한다. 이러한 급부를 내용으로 하는 채무를 강제이행하려 할 때에는 직접강제·간접강제의 방법을 사용할 수 없고 대체집행을 하여야 한다.

### 대인적 청구권(代人的 請求權)
독 ; Persönliche Ansprü che

청구권은 크게 대인적 청구권과 대물적 청구권으로 나누어진다. 그 구별의 기준에 대해서는 (1) 상대권에서 발생한 것을 대인적 청구권, 절대권에서 발생한 것을 대물적 청구권으로 하는 설과 (2) 권리의 지배력의 회복을 목적으로 하는 소유물 반환청구권 같은 것은 대물적 청구권이고 그 외에는 모두가 대인적 청구권이라는 설(說)이 있다.

### 오브리가띠오
라 ; obligatio

로마법상 채권·채무관계 등을 뜻한다. 고전시대에 있어서는 악티오(Actio,訴權)의 상관관념으로 사용되었다. 오브리가띠오는 어떤 실체관계(계약·불법행위 등)에서 발생하는가는 소송상 어떤 실체관계를 기재한 방식서의 사용이 허용되는가에 달려있으며, 또 여러 가지 오브리가띠오는 방식서의 종류에 따라 개별화되어 있었다. 따라서 로마계약법에서는 단순한 합의가 그 자체로서 소송에 의한 보호를 받는다는 것(방식자유의 원칙)은 있을 수 없었다. 악티오를 결여한 오브리가띠오의 존재는 생각할 수 없었으나 고전시대 이래 오브리가띠오로서는 성립할 수 없는 계약관계 중 어떤 것을 주체로 한 채무 등에 일정한 법적 효과를 인정하였는데 이것이 나뚜라리스·오브리가띠오(Naturalis oblig- atio : 이른바 자연채무)이다. 비잔틴시대에는 「오브리가띠오는 악띠오의 어머니」라는 주장과 채권관계라고 하여 실체관계가 소권(訴權)에 앞선다는 이론이 대두되었었다.

### 책임있는 채무(責任있는 債務)

책임있는 채무란 강제집행을 받을 책임이 하는 채무를 말한다. 채무자가 임의로 이행을 하지 않을 때에는 채권자는 판결로써 채무이행을 강제하고, 또한 강제이행(강제집행)을 할 수 있다(민§389). 이와 같이 채무는 일반적으로 강제집행을 받을 책임이 있다. 이것을 책임있는 채무라고 한다. 그러나 예외적으로 강제집행을 받지 않는 책임이 없는 채무도 있다. 이것을 책임없는 채무라고 한다. 책임없는 채무의 채권자는 강제집행을 할 수 없다. 또한 판결로 강요할 수 없는 채무를 자연채무라고 한다. 채무는 당사자간에 강제집행을 하지 않겠다는 취지의 특약으로써 책임없는 채무가 된다. 그러나 이 특약이 사해행위인 경우는 취소의 대상이 된다. 법률규정으로 책임이 한정되는 것에는 한정승인이 있으며, 책임이 특정재산에 한정되는 경우는 수탁자의 수익자에 대한 책임(신탁§38), 선박소유자의 책임(상§746) 및 물상보증인의 책임 등이 있다.

### 자연채무(自然債務)

라 ; obligatio naturalis
독 ; Naturalobligation
불 ; obligation naturelle

만일 채무자가 자진변제를 하면 유효한 변제가 되지만(부당이득이 되지 않는다). 채무자가 변제하지 않는 경우에 채권자가 법원에 소를 제기할 수 없는 채무(소권없는 채무)이다. 또는 소를 제기하여 판결을 구할 수는 있으나 그 판결에 의하여 강제집행을 청구할 수 없는 것(책임없는 채무)도 포함하여 말하는 경우도 있다. 원래 채무의 본체는 급부함을 요한다(Leisten sollen)라는 구속이며, 급부하지 않았을 때의 채무자의 책임(Hafung)은 채무와는 별개의 존재가 된 것이다. 로마법에는 소권 없는 채무, 즉 자연채무가 많이 존재하였고, 프랑스 민법 및 우리나라 구민법은 이를 인정하였다. 그러나 현대의 민법에서는 채무가 원칙적으로 소권(訴權) 및 강제집행의 기능을 포함하므로 독일 민법 및 우리나라의 현행민법은 이에 대하여 아무런 규정도 두고 있지 않다. 따라서 자연채권의 관념을 인정하느냐 안하느냐에 관하여 학설이 나뉘어 있다. 그러나 현행법하에서도 소권없는 채무(예 : 불법원인급부), 화의(和議)에 있어서 일부 변제를 받은 부분의 채무(파§298·화§61) 또는 강제이행을 요구할 수 없는 채무(강제집행을 하지 않는 특약있는 채무, 한정승인을 행한 채무의 적극재산을 초과하는 부분)가 존재하는 것은 명백한 것이다. 따라서 학설의 논쟁은 이들 경우를 종합하여 자연채무 또는 책임없는 채무라는 관념을 인정하느냐 안하느냐에 귀착한다. 최근의 학설은 이를 인정하는 방향으로 기울어지고 있다. 채무의 이행을 당사자간의 도덕에 맡기고 법적인 강제를 가하지 않는 채권·채무관계를 인정하더라도 불합리한 바가 없기 때문이다.

### 급부불능(給付不能)

채권의 목적인 급부가 실현불가능한 것이다. 급부의 가능·불가능 여부는 사회적 통념으로 정해진다. 법률적 불능과 사실상불능, 원시적불능과 후발적불능, 전부불능과 일부불능 등으로 나누어 설명할 수 있으며 그 불능의 효과는 각각의 원인에 따라서 다르게 된다. 원시적으로 불능한 급부는 당초 채무가 성립하지 않으며 후발적불능은 위험부담(민§537) 또는 손해배상(§551)의 문제가 생기게 된다(이행불능 참조).

### 이행(履行)

→ 급부(給付)

### 이행의 제공(履行의 提供)

채권자의 협력을 필요로 하는 채무에 있어서 채무자가 급부의 실현에 필요한 모든 준비를 다해서 채권자의 협력을 요구하는 것을 말한다. 민법은 이행제공의 방법으로서 '현실의 제공'과 '구두의 제공'을 인정하고 있다(민법 460조). 변제를 위한 채권자의 협력이 변제를 수령하는 것뿐이거나 또는 채무자의 이행행위와 동시에 협력하여야 할 때에는 채무자는 자기가 하여야 할 급부행위를 채무의 내용에 좇아 현실적으로 하여야 하는데, 이것이'현실의 제공'이며, 제공의 원칙적 방법이다. 이에 대하여 채권자가 미리 변제의 수령을 거절하거나, 채권자가 미리 협력하여야 할 경우에는 변제의 준비가 되어 있다는 통지와 협력의 최고만으로 제공의 효력이 인정되며, 이것을 '구두의 제공'이라 한다. 이행제공의 효과로서 채무자는 채무불이행의 책임을 면하게 되며, 약정이자는 그 발생을 정지한다.

## 가분이행·불가분이행
(可分履行·不可分履行)

→ 가분급부·불가분급부

## 이행기(履行期)
독 ; Leistungszeit

채무자가 채무를 이행하여야 할 시기이다. 변제기 또는 기한이라고도 한다. 이행기는 당사자 사이의 계약에 의하여 결정하는 것이 보통이지만 당사자가 특히 결정을 하지 않아도 급부의 성질로 결정되는 것 또는 거래의 관습에 의해서 결정되는 것도 있다. 또한 민법은 이행기가 결정되지 않는 경우의 보통규정을 두고 있다(민§603, §613, §698 등). 이 규정에 의해서도 결정되지 않는 경우에는, 채권발생과 동시에 이행기가 도래한 것이라고 생각되고 있다. 이행기는 법률상 여러 가지 효과와 결부되고 있다. 그 이행기에서 중요한 것을 열거하면 다음과 같다. (1) 채무자가 이행을 하지 않고 이행기가 지나면 이행지연의 책임을 진다(민§387). 채무이행의 기한이 없는 경우에 채무자는 이행청구를 받은 때로부터 지체책임이 있다(§387②)는 점에 주의해야 한다. 정기행위에 있어서는 이행기의 경과에 의하여 즉시 해제권이 발생한다(§545). (2) 채권의 소멸시효는 이행기로부터 진행한다(§166). (3) 양쪽이 서로 같은 종류를 목적으로 한 채무를 부담한 경우에 채무의 이행기가 도래하였을 때는 각 채무자는 대등액에 관하여 상계할 수 있다(§492). (4) 쌍방계약으로 양쪽의 채무가 이행기에 있다면 동시이행의 항변권이 성립한다(§536). (5) 이행기가 채무자의 이익을 위하여 정하여졌을 때에는 채무자는 기한의 이익을 포기할 수 있다(§153②).

## 이행지(履行地)
독 ; Leistungsort
불 ; lieu de paiment

채무자가 이행을 하여야 할 장소이다. 이행지는 채무의 성질 또는 당사자의 명시 혹은 묵시의 의사표시로 정하여지는 일이 많으나, 이 경우 민법은 보충적 규정을 두어서 특정물의 인도는 채권발생의 당시 그 물건이 존재하였던 장소를, 특정물 인도 이외의 급여는 채권자의 현주소를 이행지로 한다(민§4670. 그러나 영업에 관한 채무의 변제는 채권자의 현 영업소에서 하여야 한다(§467②단). 그리고 지시채권이나 무기명채권과 같은 증권적채권은 채무자의 현 영업소를 이행지로 한다(§516, §526). 이행지가 채권자의 주소인 것을 지참채무, 채무자의 주소 또는 영업소인 것을 추심채무, 그 밖의 제3자인 것을 송부채무라고 한다. 민사소송법상 재산권의 소는 이행지의 법원에 제기할 수 있다(민소§8후단).

## 이행보조자(履行補助者)

독 ; Erfüllungsgehilfe

이행보조자라고 하는 경우에는 다음의 두 가지 경우가 포함된다. 첫째로는 채무자가 채무를 이행하는데 있어서 자기의 수족처럼 사용하고 있는 자(협의의 이행보조자)이다. 예를 들면 운송회사의 운전사인데 채무자는 이런 자들을 언제라도 공유할 수 있지만 그의 고의·과실에 대하여는 이것을 채무자 자신의 고의·과실로서 채무불이행의 책임을 부담해야 하는 것이다. 둘째로 채무자를 대신해서 독립된 입장에서 이행하는 자(이행대용자)이다. 수치인(受置人)에 갈음하여 임치물을 보관하는 자가 그 예이다. 이 경우 이행보조자 사용이 금지되었는데도(민§120, §657② 등) 사용한 때는 채무자가 모든 책임을 져야 한다. 사용이 허용된 경우에는 채무자가 그 선임·감독에 고의·과실이 있는 경우에만 책임을 진다(§122).

민법 제391조에서의 이행보조자로서의 피용자라 함은 일반적으로 채무자의 의사관여 아래 그 채무의 이행행위에 속하는 활동을 하는 사람이면 족하고, 반드시 채무자의 지시 또는 감독을 받는 관계에 있어야 하는 것은 아니므로 채무자에 대하여 종속적인가 독립적인 지위에 있는가는 문제되지 않는다*(대법원 1999. 4. 13. 선고 98다51077, 51084).*

## 이행지체(履行遲滯)

독 ; Leistungsverzug

채무자가 채무의 이행이 가능함에도 불구하고 채무자의 책임 있는 사유에 의하여 이행기에 그 이행을 하지 않고 부당하게 이행을 지체하는 것이다. 이행하려고 생각하면 이행할 수 있는 상태에 있다는 점에서 이행불능과는 다르다. 이행기는 당사자 사이에 결정하는 경우가 많지만, ○년 ○월 ○일이라고 확정적으로 정하였을 때에는 그 기한이 경과하면 지체가 되고 또한 상경을 하면 시계를 주겠다고 하는 것처럼 불확정한 기한을 정하였을 때는 채권자가 상대방이 상경한 사실을 알았을 때(상경하였을 때가 아니라)부터 지체가 된다. 기한을 정하지 않았을 때는 채무자가 이행청구를 받을 때로부터 지체가 된다(민§387). 이행지체를 이유로 하여 손해배상을 받으려면 채무자에게 지체에 대한 고의나 과실이 있어야 한다(§390). 그러나 금전채무에 대하여서는 특별한 규정이 있다. 이행지체의 불가항력 또는 손해의 유무에 관계없이 지체이자를 받을 수 있다(§397). 그리고 계약에 있어서 당사자 일방이 그 채무를 이행하지 아니하는 때에는 상대방은 상당한 기한을 정하여 이행을 최고하고,

그 기간 내에 이행하지 않을 때는 계약을 해제할 수 있다(§544).

**이행불능**(履行不能)
영 ; impossibility of performance
독 ; Unmöglichkeit der Leistung
불 ; impossibilité d'exécution

채무가 성립할 당시에는 이행이 가능하였으나, 후에 채무자의 고의 또는 과실로 인하여 이행이 불가능하게 된 경우를 말한다. 불가항력으로 인한 불능이라고 하더라도, 이것이 일단 이행지체가 된 후에 발생한 것일 때에는 결국은 채무자에게 책임이 있다고 할 수 있다. 이행의 일부가 불능이 되는 경우는 원칙적으로 그 부분에 대하여서만 불능의 효과가 생기며, 나머지만으로 채권의 목적을 달성할 수 없을 경우에만 전부불능과 동일하게 다루어진다. 이행불능이 된 경우에는 채권자는 채무자에 대하여 손해배상(전보배상)을 청구할 수 있다(민§390). 그리고 이 채무가 계약에 근거하고 있을 때에는 채권자는 계약을 해제할 수 있다(§546). 넓은 의미로는 채무성립 당시에 이미 이행을 할 수 없는 상태인 경우(원시적 불능)도 이행불능이라고 하지만, 이런 경우에는 계약은 성립되지 않으므로 앞에서 말한 문제는 발생하지 않는다. 또한 채무성립 후에 이행불능이 된 경우(후발적불능)에도 이것이 불가항력으로 인한 것일 때에는 채무는 소멸한다. 그리고 쌍방계약의 경우에는 위험부담이 문제될 뿐이다. 채무자가 이행지체가 된 후에 이행불능이 생기는 경우에는 원칙적으로 불능이 채무자에게 과실이 없는 경우에도 채무자에게 책임이 있으므로 손해배상을 하여야 한다.

채무의 이행이 불능이라는 것은 단순히 절대적·물리적으로 불능인 경우가 아니라 사회생활에 있어서의 경험법칙 또는 거래상의 관념에 비추어 볼 때 채권자가 채무자의 이행의 실현을 기대할 수 없는 경우를 말한다*(대법원 2003. 1. 24. 선고 2000다22850)*.

**원시적 불능**(原始的 不能)

처음부터 이행이 불능한 것을 말한다. 예컨대 소실된 가옥의 매매계약의 경우이다. 이행불능의 일종이다. 후발적불능(계약성립 후에 집이 소실한 경우)과는 달리, 계약은 당초부터 성립될 수 없고, 따라서 대급지급이나 채무불이행으로 인한 손해배상문제는 발생하지 않는다. 그러나 매도인이 이행불능을 알고 있었다거나 또는 과실로 모르고 있었던 경우에는, 매수인이 계약의 효력이 있다고 생각하고, 이사를 할 준비를 하거나 다른 싼 집을 살 기회를 잃었다고 하는 손해(신뢰이익)를 매도인에게 배상시켜야한다는 주장도 있다(계약체결상의 과실).

**후발적 불능**(後發的 不能)

계약이 성립한 때는 이행이 가능했지만, 후에 이행이 불가능하게 된 경우를 말한다. 예를 들면 매매계약 당시에는 존재하고 있었던 가옥이 계약체결 후 이를 인도하기 전에 소실한 경우이다. 원시적 불능과는 달리 일단 효력이 있는 계약이 성립되었기 때문에 계약을 한 그 후의 효과가 문제가 된다. 불능이 채무자의 책임 있는 사유에 의하여 발생하였을 때)에는 채무불이행으로서 채권자는 손해배상을 청구할 수 있다. 이에 대하여 채무자의 귀책사유가 없을 때(예를 들면 천재지변이나 대화재로 인하여 연소하였을 때)에는 채무는 소멸하지만 채무가 쌍무계약(별항)에서 발생한 경우에는 위험부담(별항)의 문제가 생긴다.

**객관적 불능**(客觀的 不能)
독 ; objektive Unmöglichkeit)

급부가 당해 채무자에게만 불능인 주관적 불능과는 달리, 누구에게 있어서도 불능인 경우를 말한다. 이에 관하여는 현행 민법상 불능은 객관적 불능만을 가리킨다는 견해, 또 그 구별의 표준에 관해, 채무자의 일신적 사정에 의한 불능을 제외한 불능이 객관적 불능이라는 견해 등 여러 설이 있으나, 유력설은 구별 불필요설이다.

**귀책사유**(歸責事由)

일정한 결과를 발생하게 한 데 대하여 법률상 책임의 원인되는 행위이다. 보통 고의·과실을 요하나 자기의 지배하에 있는 자의 과실 및 신의칙상 이와 동시할 수 있는 원인행위도 포함하는 경우가 있다(민§390, §546, §538). 귀책사유의 판단은 공평하고 적정한 책임의 분담을 실현하는 데 의미가 있다.

**일시적 불능**(一時的 不能)

채무의 이행이 일정기간 일시적으로 불가능한 것이다. 그러나 이행이 일시적으로 불가능하더라도 변제기에 있어서 가능한 것이 분명하면 채무의 성립이나 존속에는 영향이 미치지 않는다.

**계속적 불능**(繼續的 不能)

채무의 이행이 일시적이 아니라 계속적으로 불능이면서 그 불능이 제거될 시기도 알 수 없는 경우를 말한다. 이행불능이 채무자의 귀책사유에 의한 경우에 채권자는 손해배상을 청구할 수 있으며(민법 390조), 이때의 손해배상은 성질상 전보배상이다. 또한 채무자의 책임 있는 사유로 인하여 이행이 불능으로 된 때에는 채권자는 계약을 해제할 수 있다(민법 546조). 이 해제권의 행사는 손해배상의 청구를 방해하지 않는다(민법 551조).

**지체**(遲滯)
라 ; mora 독 ; Verzug 불 ; demeure

채무자가 이행기에 이행을 하지 않거나 또는 채무자가 변제를 받아야 함에도 정당한 이유 없이 이를 받지 않는 것이다. 전자를 이행지체 또는 채무자지체라 한다. 지체를 한 자는 이후에 상대방의 의무불이행에 대하여 책임을 묻지 못할뿐더러 손해배상이나 이용부담의 불이익을 입는 경우가 있다(민§390, §400, §403).

### 채권자지체(債權者遲滯)
라 ; mora creditoris
독 ; Verzug des Gläubigers
불 ; demeure ducréancier

채무자가 이행의 제공을 하였는데도 채권자가 그 수령을 받을 수 없거나, 수령을 거절하는 것이다(민§400). 수령지체라고도 한다. 채무의 이행에 관하여 적극적인 수령행위를 필요로 하지 않는 것에서는 채권자지체의 문제가 생기지 않는다. 민법은 공탁에 의하여 채무자가 단독으로 채무를 면할 수 있도록 하였다(§400, §403). 채권자의 수령의무가 있는가에 대하여는 부정설과 긍정설이 대립한다. 부정설에 따르면 채권자는 수령의무를 부담하는 것이 아니기 때문에 채권자가 수령을 거절해도 그것은 무방하다. 따라서 채권자가 수령을 거절한다고 해도 이로 인하여 채무자가 채권자에 대하여 손해배상을 청구한다거나 계약을 해제할 수 있는 것이 아니다. 다만 채무자는 일단 이행을 하려고 했으니까 그 이후에 이행지체로써 손해배상청구를 받지 않는다고 한다. 긍정설에 따르면 채권자는 거래상 신의성실의 책임이 있으므로 채무자가 제공한 이행을 수령할 의무가 있다는 것이다. 따라서 채권자의 책임으로 돌아갈 이유에 의해서 채권자가 수령을 거절하였을 경우에는 일종의 채무불이행이라고 생각해야 되며 채무자는 손해배상이나 계약의 해제를 청구할 수 있다.

채권자지체의 본질

| | |
|---|---|
| 채무 불이행설 | 채권자의 급부수령의무를 법적 의무로 인정하여 채권자지체는 채권자의 채무불이행으로 보는 견해이다. |
| 법정 책임설 | 채권자지체는 공평이나 신의칙의 관점에서 채권자에게 일정한 불이익을 부담시킬 뿐 채권자에게 채무불이행책임을 묻는 제도는 아니라는 견해이다. |
| 절충설 | 기본적으로 법정책임설에 바탕을 둔 것으로서 일반적으로 채권자는 수령의무를 부담하는 것은 아니지만, 예외적으로 계약의 유형에 따라서 채권자에게 부수의무로서 수취의무를 인정하는 견해이다. |

### 수령지체(受領遲滯)

→ 채권자지체

### 수령거절(受領拒絶)

채권자의 이행의 수령을 거절하는 의사표시를 말한다. 이처럼 채권자가 이행의 수령을 거절하는 때에는 이행의 제공이 있는 때로부터 지체책임이 있다(민법 400조). 그런데 채권자가 미리 변제받기를 거절하는 경우에는 변제자는 변제준비의 완료를 통지하고 그 수령을 최고하면 된다(민법 460조 단서). 채권자가 변제를 받지 않을 때에는 변제자는 채권자를 위하여 변제의 목적물을 공탁하여 그 채무를 면할 수 있다(민법 487조).

### 수령의무(受領義務)
(독 ; Annhmepflicht)

채권자의 협력의무, 즉 채무자측의 행위만으로는 완료시킬 수 없는 급부에 있어서 채권자가 그 완료에 협력하여야 할 의무를 말한다. 이는 제공된 이행을 받아들여야 할 채권자의 의무이다. 독일민법(433·640조)은 매매도급에서 이 수령의무를 규정하고 있으나, 우리 민법 제400조는 채권자가 이행을 받을 수 없거나 받지 아니한 때에는 이행의 제공 있는 때로부터 지체책임이 있다고 규정할 뿐, 명문으로 이를 규정하고 있지 않다. 한편 이 개념은 채권자의 협력, 즉 수령을 요하는 급부에서 문제가 되며, 부작위 및 의사표시를 목적으로 하는 급부에서는 문제되지 않는다. 수령의무의 논점은 어떤 개념을 우리법상 인정할 것인가, 인정하지 않을 것인가, 특히 수령지체의 본체를 수령의무의 위반으로 파악할 수 있는가 없는가이며 실제상의 차이는 채무자에게 수령지체에 기한 계약해제권·손해배상청구권을 부여할 수 있는가 없는가이다. 종래 소극설, 즉 수령의무를 인정하지 않는 설이 지배적이었으나, 최근 수령의무를 인정하는 긍정설이 유력하게 대두되고 있다.

## 채무불이행(債務不履行)

채무자가 채무의 내용에 따른 이행을 하지 않는 것을 말한다(민§390). 채무의 내용에 따른 이행인지의 여부는 법률규정·계약취지·거래관행·신의성실의 원칙 등을 고려하여 판단한다. 채무불이행에는 이행지체·이행불능·불완전이행 등 세 가지 유형이 있다(§390참조). 부작위채무에 있어서는 채무자가 금지되어 있는 행위를 하였을 때 채무이행이 된다. 채무불이행 시에는 채무본래의 이행이 가능하다면 강제이행을 할 수 있다(§389). 또한 담보권실행과 계약해제(§544, §546) 및 손해배상청구가 가능하다(§390, §392~§397). 그러나 이러한 채무자의 책임이 발생하기 위해서는 채무자의 귀책사유가 있어야 하며 학설과 판례는 거증책임이 채무자에게 있다고 한다.

## 불완전이행(不完全履行)

독 ; unvolkomme Erfüllung, manglhafte Erfüllung

채무자가 이행기에 이행을 하였지만 그 이행이 채무의 내용을 좇은 완전한 것이 아닌 것이다. 민법에는 직접적인 규정은 없지만, 민법 제390조에서 이를 유추 적용할 수 있다. 채무불이행의 한 형태이다. 불완전한 이행이 채무자의 고의나 과실에 의한 때에는 채권자는 그로 인하여 발생한 손해의 배상을 청구할 수 있다. 또한 불완전이행의 경우에는 추완이 가능한 한 채권자는 완전한 이행을 청구할 수 있다. 이에 대하여 판례는 채무자가 불완전한 급부를 일단 인수하였다면, 그 이후에는 추완청구를 할 수 없고, 하자담보책임(민§580)을 물을 수 있다고 규정하고 있을 뿐이다. 추완이 불가능한 경우에는 채권자는 손해배상 이외에 계약의 해제를 청구할 수 있을 뿐이다.

## 지급불능(支給不能)

영 ; insolvency
독 ; Zahlungsungähigkeit

채무자가 금전을 가지지 않았거나 가

까운 시일내에 채무를 변제할 가망이 없기 때문에(이른바 지급수단의 흠결)이로 이하여 이미 이행기에 있거나 또는 청구를 받고 있는(금전) 채무의 전부 또는 중요한 부분을 이행할 수 없는 상태이다. 일반적 파산원인이 된다. 즉각적인 이행을 요하는 채무이행에 필요한「금전의 흠결」이 중심적 개념이고, 이것이 채무자의 자력의 불충분한 징후라고 간주되어 파산원인으로 정해지기 때문이다. 따라서 채무액을 초과하는 자산을 갖고 있더라도 금전의 흠결이 있게 되면 지급불능이 될 수 있고, 반대로 도덕상·기술상·기업상의 신용에 의하여 금전의 융통을 받을 수 있는 한 지급불능이 되지 않는다. 지급불능은 객관적 상태이며, 채무자의 인식을 불문한다. 이점에서 지급정지와 다르다.

## 이행거절(履行拒絶)

독 ; Erfüllugnsverweigerung

급부 그 자체는 가능하지만 채무자가 채권자에 대하여 이행할 의사가 없는 취지를 통지하는 일종의 의사통지이다. 의사통지는 서면 또는 구술로도 가능하다. 의사를 표명하는 점에서 의사와 상관없이 발생하는 이행불능과 구별되며 이행기도과라는 사실에 기하지 않는 점에서 이행지체와도 구별된다. 쌍방계약의 일방의 당사자가 이행거절을 할 때에는 반대급부의 수령거절도 포함한다고 볼 수 있는 것이 보통이므로 다른 당사자는 구두상의 제공만으로 동시이행의 항변을 배척할 수 있다(민 §400, §460, §536). 그러나 그 이상으로 상대방의 이행거절을 이유로 전보배상의 청구 또는 최고 없이 해제를 할 수 있는지 그 여부는 의문이며, 원칙적으로 부정하는 것이라고 해석된다.

## 이행이익(履行利益)

독 ; Erfüllungsinteresse

계약이 완전히 이행되는 경우에 채권자가 받게 되는 이익을 손해로 산출하는 것이며 적극적 계약이익이라고도 한다. 예컨대 계약완전이행시 채무자가 받게 되는 이익 등이다. 신뢰이익에 대립하는 말이다. 채무이행을 이유로 하는 손해배상은 원칙적으로 이행이익의 배상이며 신뢰이익의 배상은 특별한 경우뿐이다.

## 신뢰이익(信頼利益)

독 ; Vertrauensinteresse

무효인 계약을 유효라고 믿었기 때문에 입은 손해를 말하며 소극적 계약이익이라고 한다. 예컨대 계약체결비·이행준비비용 등이다.

## 대상청구권(代償請求權)

독 ; Surrogationsanspruch

어떤 원인으로 말미암아 채무가 이행불능이 되어, 이와 동일한 원인에 의하여 채무자가 이익을 얻게 된 경우 이 채무의 목적물에 대신하는 이익을 채권자가 청구하는 권리이다. 매수인에게 인도해야 할 건물이 제3자로 말미암아 타버렸을 때에 매수인으로부터 매도인에 대하여 취득하는 손해배상청구권의 이전을 청구하는 권리 등이 이에 속한다. 민법에는 규정이 없으나 공평의 원칙에 의하여 해석상 안정되어 있다. 이행불능이 채무자의 책임 없는 사유로 생긴 경우에 이 이론의 실익이 있다.

대상청구권 인정여부

| | |
|---|---|
| 긍정설 (다수설) | 민법에서 대상청구권을 규정하고 있지는 않으나 후발적 불능의 효과로서 해석상 이를 부정할 이유가 없다는 견해이다. |
| 제한적 긍정설 | 위험부담, 제3자의 채권침해, 채권자대위권 등 다른 제도와 충돌되지 않는 범위 내에서만 인정하자는 견해이다. |
| 판례 | 긍정설(92다4581참조) |

우리 민법에는 이행불능의 효과로서 채권자의 전보배상청구권과 계약해제권 외에 별도로 대상청구권을 규정하고 있지 않으나 해석상 대상청구권을 부정할 이유가 없다*(대법원 1992. 5. 12. 선고 92다4581, 92다4598).*

## 가격배상(價格賠償)

(영 ; price reparation)

공유자 1인이 공유물 전부를 취득하여 다른 공유자에게 각자의 지분에 따라 그 가격을 배상하는 방법을 일컫는데, 광의로는 물건의 대가를 금전으로 현금화(환가)하여 배상하는 것을 말한다.

## 손해배상(損害賠償)

영 ; compensation for damage
독 ; Schadeneratz
불 ; dommages-intérêts, réparation des dommages

일정한 사실에 의하여 타인에게 입힌 손해를 전보(塡補)하고 손해가 발생하지 않은 것과 똑같은 상태로 원상 복귀시키는 것이다. 손해배상청구권의 발생 원인은 계약에 의한 경우 즉 손해담보계약도 있으나, 대부분의 경우는 위법행위 즉 채무불이행과 불법행위이다(민§390이하, §750~§766). 민법에는 손해배상청구권에 관한 일반규정은 없고 채무불이행과 불법행위의 경우에 각각 그 성립요건이나 배상범위나 방법이 정하여져 있다. 배상해야 하는 손해는 재산적·정신적 손해이며, 재산감소 같은 적극적 손해뿐만 아니라 증가할 재산이 증가하지 못한 소극적 손해도 포함된다. 손해의 범위는 손해배상책임을 발생케 한 원인 사실과 인과관계(상당인과관계)에 있는 것에 한한다. 손해배상은 금전배상을 원칙으로 하며 예외적으로 원상회복이 인정된다(§394, §763, §764, 광§93). 채권자가 손해배상으로써 채권의 목적인 물건 또는 권리의 가액전부의 배상을 받았을 경우에 채무자가 그 물건 또는 권리에 대하여 채권자를 대위한다(§399. 채무불이행의 경우에 명문으로 규정되어 있으나 불법행위의 경우에도 유추 적용된다. 이는 채권자에게 실질손해 이상으로 이익을 주는 일을 막기 위한 취지이다.

### 금전배상(金錢賠償)
독 ; Geldersatz

모든 손해를 금전으로 평가하여 그 금액을 납부함으로써 행하는 손해배상 방법이다. 원상회복방법에 대한 것이다. 민법은 채무불이행이나 불법행위에 의한 손해는 당사자간에 특별한 의사표시가 없으면 그 손해의 내용이 물질적이건 정신적이건 불문하고 금전으로 배상한다고 규정하고 있다(§394, §763).

### 적극적 손해(積極的 損害)
라 ; damnum emergens
독 ; positiver Schaden

이미 가지고 있던 재산에 적극적인 감소가 발생하는 것이다. 예컨대 물건이 멸실·훼손되는 것이다. 소극적 손해에 대비되는 개념이다. 민법상 채무불이행이나 불법행위로 인하여 발생하는 배상청구에는 적극·소극의 모든 손해가 대상이 된다.

### 재산적 손해(財産的 損害)

재산상 받는 손해로서 정신적 손해에 대하는 것이다. 그 액은 금전적으로 산출된다. 재산의 침해의 경우 뿐 아니라 신체 등의 인격적 이익의 손해의 경우에도 재산적 손해가 생기므로(치료비·상실이익 등)그 어느 경우에도 동시에 정신적 손해를 발생시킨다. 손해배상에 있어서는 재산적·정신적인 두 손해가 모두 배상된다(민§750~§752 참조).

### 무형적 손해(無形的 損害)

재산적 손해에 상대되는 개념으로 고통이나 슬픔 등과 같이, 위법한 행위로 인하여 받는 정신상의 손해를 말한다. 신체·자유·명예·생명 등의 인격적 이익에 대한 침해는 일면, 예컨대 치료비의 지출 등과 같은 재산적 손해를 발생시키지만, 거의 모든 경우에 정신적 손해를 발생시킨다. 정신적 손해의 배상을 인정하느냐의 여부는 입법주의의 문제이다. 독일 민법 등에서는 정신적 침해에 대한 보상을 제한적으로 인정하고 있으나, 우리 민법에서는 언제나 인정하고 있다(민법 751조). 정신적 손해의 배상을 위자료라고 한다.

### 소극적 손해(損害)
라 ; lucrum cessans
독 ; negativer Schaden,
entgangener Gewinn

얻을 수 있었던 새로운 재산의 취득이 방해된 경우의 손해이다. 얻을 수 있었을 이익의 상실이라고도 한다. 적극적 손해에 대립되는 말이다. 전매(轉賣)로 인하여 얻을 수 있었던 이익의 상실 등이 그 예이다. 손해배상에 있어서는 적극적·소극적인 양손해(兩損害)가 모두 배상된다.

### 지연배상(遲延賠償)

채무이행이 지연됨으로써 발생한 손해를 배상하는 것이다. 예를 들면 가옥의 인도가 지연된 경우에 이행지체의 기간동안의 가임(家賃)의 상당액을 배상하는 것과 같은 경우이다. 이행지체로 인하여 손해가 발생한 경우에는 본래의 급부청구에 가산하여 지연배상이 청구되어 본래의 급부의 청구와 兩立(양립)한다. 이 점이 이행에 대신하는 손해의 배상(전보배상)과 다르다. 배상하는 손해액은 보통은 실손해이지만 민법에서는 특히 금전배상을 지연한 경우에 대한 규정을 설정하고 실손해의 유무에 관계없이 지연이자를 받을 수 있다고 하였다(민§397).

## 전보배상(塡補賠償)

채무자의 과실로 채무이행이 불가능하게 되거나 이행을 지체하여 본래의 급부를 받는다고 해도 이미 채권자에게 이익이 없는 때에, 채권자가 수령을 거절하고 이행에 갈음하여 청구하는 손해배상을 말한다(민§395). 예를 들면 시가 1억원의 가옥을 9천만원에 매수하기로 하였는데 매도인의 과실로 인하여 가옥이 소실되었다거나, 이행이 지체되고 있는 동안에 매수인이 외국으로 가지 않으면 안될 경우에 가옥의 인도에 갈음하여 지급되는 가옥상당액(1억원)이다. 더구나 매수인은 대금을 지급하지 않아도 되므로 실제로는 가격과 대금의 차액(1천만원)을 지급하는데 불과한 것이다(손익상계). 따라서 시가로 매매를 하였을 때에는 특별히 손해가 없는 경우도 있다. 이행불능에 의한 손해배상은 모두 전보배상(塡補賠償)이다. 이행지체에 의한 손해배상은 지연배상을 원칙으로 하지만, 지체 후의 이행이 채권자에게 아무런 이익을 부여하지 않을 경우에는 예외적으로 이행에 갈음하여 전보배상을 청구할 수 있다. 채무자가 이행의 의사가 없을 경우에도 청구할 수 있다고 해석된다.

## 과실책임주의(過失責任主義)

영 ; principle of liability with fault
독 ; Prinzip der Culpahafung, Verschuldungsprinzip
불 ; théorie de faute

자기의 고의나 과실에 대하여서만 가해행위의 책임을 진다는 주의이다. 자기책임의 원칙이라고도 한다. 근대민법은 과실책임주의를 기본원칙의 하나로 한다. 우리 민법은 이 원칙을 불법행위에 관한 규정에 표명하고 있다(민§750, §390). 이로써 개인은 경제활동에 있어서 최대한의 자유가 보장되어 왔다. 그러나 근대자본주의발전에 공헌한 이 과실책임주의는 오늘날 대기업의 발생에 수반하는 새로운 사태에 당면하여 그 결함을 드러내게 되었는데 이같은 과실책임주의의 결함을 수정하기 위하여 등장한 것이 무과실책임의 이론이다. 민법은 예외적으로 특별위험에 대하여 무과실책임을 인정하고 있으며(§758 등), 특별법에서 무과실책임의 경향이 증대되고 있다.

## 무과실책임주의(無過失責任主義)

영 ; liability without fault, absolute liability
독 ; Schadenersatzpflichtohne Verschulden
불 ; responsabilité sans faute, responsabilité objective

손해발생에 있어서 고의 또는 과실이 없는 경우에도 그 배상책임을 진다는 주의이다. 과실책임주의와 대립하는 개념이다. 이는 근대의 과실책임주의가 기계문명 발달과 자본주의의 고도화로 인해 수정을 가할 수밖에 없었다. 즉 공장 등에서 유해한 폐수나 가스가 방출되어 타인에게 손해를 입힌 경우에, 가해자는 피해방지에 최선을 다하면 무과실이 되므로 손해배상의 의무를 면하게 된다. 그러나 경영주는 그 기업에 의하여 막대한 이익을 보면서도 자기 때문에 일어난 피해가 무과실이란 이유로 책임을 전혀 지지 않는다는 것은 불합리하다. 이 같은 대기업의 책임을 둘러싸고, 종래의 과실책임주의가 수정되어 무과실책임을 인정하는 근거로는 (1) 위험한 시설의 소유자는 그에 따라 생기는 손해에 대해서도 책임을 져야 한다는 위험책임론, (2) 큰 이익이 돌아가는 데에는 손실까지도 돌아가게 해야한다는 보상책임론, (3) 손해의 원인을 준 자에게 배상책임을 지워야 한다는 원인책임론, (4) 불법행위에 의한 배상책임은 손해의 공평한 분담을 주장하는 사상에 따라 정해져야 한다는 구체적 공평론등이 있다. 우리나라 법에서는 민법상 감독자나 사용자의 책임에 있어서(§755, §756) 무과실의 입증책임을 그들에게 전환시켜 무과실의 입증을 곤란케 하거나, 이를 받아주지 않음으로써 실제 무과실책임에 가까운 결과책임을 부담시키는 사례가 있고, 또 공작물소유자의 손해배상책임에 관한 규정(§758)도 무과실책임에 흡사함을 볼 수 있다. 특별입법으로서는 광업법 제75조에 의한 광업권자의 광해배상의무 등에서 무과실책임의 예를 볼 수 있다. 그 밖에 자동차손해배상보장법에서도 앞에 예시한 민법상 특수불법행위와 같이 과실책임주의에 수정을 가하고 있다(자동차손해배상보장법§3).

## 사정변경의 원칙

(事情變更의 原則)
라 ; clausula rebus sic stantibus

계약체결당시의 사회적 사정이 변경되면 계약은 그 구속력을 잃는다고 하는 원칙이다. 일단 계약을 한 이상 이것을 당연히 지켜야 한다. 그러나 어떤 경우를 막론하고 계약을 지키라고 한다면 때로는 신의공평에 반하는 부당한 결과를 발생할 수도 있다. 이와 같이 (1) 당사자의 책임 없는 사유(인플레 등)로 (2) 계약 당시에는 당사자가 미처 예상할 수도 없었던 것 (3) 현저한 사정의 변경이 발생하였을 경우에는 신의·공평의 견지에서 계약내용을 개정하던가(지대의 증액 등), 만약에 그것이 불가능할 때는 계약의 해제를 인정해야 한다는 것이다. 법문상 일반적으로 이 원칙을 승인한 규정은 없지만 학설상 주장되고 있으며 판례에도 이 원칙을 적용한 것이 있다. 그러나 계약의 변경을 안이하게 인정하게 되면 거래계는 혼란에 빠질 우려가 있기 때문에 이 원칙은 구체적 사정에 따라 신축성 있게 해석해야 할 것이다.

사정변경의 원칙

| (요 건) | (효 과) |
|---|---|
| ① 계약당시 예상하지 않았던 것 | 계약내용의 개정 |
| ② 현저한 사정의 변경이 있었다는 것 | 계약해제 |
| ③ 이 변경이 당사자의 책임으로 돌아가지 않는 것 | |

### 인과관계(因果關係)

영 ; causation
독 ; kausalzusammenhang, Kausalität
불 ; causalitе́

일반적으로 어떤 선행사실(원인)과 후행사실(결과)의 필연적 관계를 가리킨다. 어느 행위가 일정한 효과를 나타냈을 경우에 행위자의 책임을 전제로서 인과관계가 문제된다. 민법상 불법행위나 채무불이행에 의한 손해배상책임을 논할 경우에 중요하다. 이에는 (1) 행위와 손해와의 사이에 조금이라도 논리적 인과관계가 있으면 그 손해에 대하여 책임을 져야한다는 조건설과 (2) 경험적·일반적으로 그 행위로부터 흔히 생겨날 결과에 대하여서만 책임을 지면된다는 상당인과관계설이 대립되고 있다. 최근의 학설과 판례는 상당인과관계설을 채택하고 있다.

### 과실상계(過失相計)

라 ; compensatio culpae
독 ; Culpakompensation, konkurrierendes verschulden
불 ; faute commune

불법행위나 채무불이행으로 인한 손해배상청구의 경우에 그 손해의 발생 또는 그 증대에 대하여 피해자(채권자·배상권리자)에게도 과실이 있으면 배상유무 및 손해액을 정하는데 참작하는 것이다(민§396, §763). 상계라고는 하나 고유한 의미의 상계(§492, §499)는 아니며 오로지 자기의 과실에 의한 손해를 전부 타인에게 전가하는 것은 형평의 정신에 반한다는 취지의 제도이다. (1) 채무불이행에 대하여 채권자의 과실이 있을 때에는 반드시 그 과실을 참작하여 배상액을 정하여야 하며, 때로는 채무자의 책임을 면제하는 수도 있다. (2) 불법행위에 대한 피해자의 과실은 배상액에 참작할 수는 있으나 가해자의 책임을 면제할 수는 없다(§763). 그리고 피해자의 과실이 경미한 때에는 반드시 그 과실을 참작하지 아니하여도 된다.

> 불법행위에 있어서 피해자의 과실을 따지는 <u>과실상계에서의 과실은 가해자의 과실과 달리 사회통념이나 신의성실의 원칙에 따라 공동생활에 있어 요구되는 약한 의미의 부주의를 가리키는 것</u>으로 보아야 한다*(대법원 1999. 2. 26. 선고 98다52469)*.

### 손익상계(損益相計)

라 ; compensatio lucri cum damno
독 ; Vorteilsausgleichung, Vorteilsaufrechnung

손해배상청구권자가 손해를 본 것과 같은 원인에 의하여 이익도 보았을 때에는 손해에서 그 이익을 공제한 잔액을 배상해야 할 손해로 하는 것이다. 예컨대 생명침해에 의한 손해배상액은 사망자가 얻을 수 있었던 수입액(손해)에서 지출해야 하는 생활비(이익)를 뺀 것이다. 민법에는 이에 관한 규정이 없으나 손해배상의 성질상 당연한 사항이다. 그 공제되는 이익의 범위는 손해의 원인인 사실과 상당인과관계에 있는 이익이라고 해석된다. 여기서 상계란 진정한 의미의 상계는 아니다. 민법상 직접적인 규정은 없지만 주로 공평의 요구에 따라 손해배상의 성질상 당연히 인정된다.

## 위약금(違約金)

계약금의 채무를 이행하지 못할 때 채무자가 채권자에게 지급할 것으로 미리 약정한 금원을 말한다. 기일이 되어도 채무의 이행이 지체될 경우에는 1일당 ○○원씩 지급을 한다거나 채무를 전혀 이행하지 않는 경우에는 ○○원을 지급하겠다고 약정한 그 금원이다. 위약금의 성질은 채무불이행에 의한 손해배상과는 별도로 지급되는 제재금으로서 의미를 지닐 수도 있지만, 일반적으로는 위약금 이외에는 배상금을 받을 수 없는 손해배상액의 예정인 것이다. 민법은 명확하게 판단할 수 없는 경우에는 위약금을 배상액의 예정이라고 추정하고 있다(민§398④). 채권자는 채무불이행의 사실이 증명되기만 하면 그 손해의 발생여부와 관계없이 예정된 위약금을 청구할 수 있다. 다만 법원은 그 예정액이 부당하게 과다한 경우에는 적당히 감액할 수 있다(§398②). 노동계약시 위약금약정은 금지된다(동기§4).

위약금의 성질

| (1) 위약금=손해배상액예정=배상액≠실손해액 |
|---|
| (2) 위약금+실손해액=배상액 |
| (3) 위약금+X=실손해액=배상액 |
| §398은 (1)로 추정하고 있다 |

## 배상액의 예정(賠償額의 豫定)

영 ; previously fixed amount of damages
독 ; Vertragstrafe, Konventionalstrafe
불 ; clause pénale

채무불이행의 경우에 채무자가 지급하여야 할 손해배상의 액을 당사자 사이에 미리 정하여 두는 것을 말한다. 배상액을 예정하였을 때는 채권자는 채무가 이행되지 않으면 채무자의 귀책사유나 손해발생 여부에 관계없이 즉시 예정된 배상액을 청구할 수 있다. 그러나 실제의 손해가 예정액 이상일지라도 예정액 이상으로 청구할 수는 없다. 예정된 배상액은 공서양속에 위반하지 않는 한 유효하지만, 예정액이 부당하게 과다한 경우에는 법원은 적당히 감액할 수 있다(민§398②). 근로계약의 불이행에 대하여는 위약금 또는 손해배상액의 예정이 금지되고 있다(근기§20).

## 지연이자(遲延利子)

금전채무의 이행이 지체되었을 경우에 지급하는 손해배상금이다. 연체이자라고도 한다. 이자라고는 하지만 원금(원본)을 사용하는 대가로서 지급되는 이자의 의미는 아니고 단지 채무액의 일정한 비율을 지연된 기간에 따라서 지급한다는 점이 통상의 이자와 비슷하여 이렇게 부르고 있는데 지나지 않는다. 여기서 일정한 비율이란 본래의 금전채권에 대해서 약정이율이 정하여지고, 이에 따라 이자를 지급할 때의 약정이율인 것이며, 그렇지 않을 때는 법정이율(년5분 내지 6분)이다(민§37

9). 지연이자의 특징은 금전채무가 아닌 채무의 이행지체에 의한 손해배상과는 달리 채무자의 책임으로 돌아갈 사유가 없어도, 또한 실손해가 없을 때에는 일정한 금액을 지급한다는 점이다. 더구나 당사자 사이에 미리 지연이자의 요건과 다른 요건으로 손해의 배상을 예정해 두는 것은 무방하다.

**대위**(代位)
독 ; Surrogation 불 ; subrogation

권리의 주체 또는 객체인 지위에 대신한다는 의미의 용어로 민법상 여러 가지 경우에 쓰인다. (1) 채권자의 대위권(민§404)은 대위자(채권자)가 피대위자의 지위를 대신하여 그 권리를 행사함을 말하고, (2) 대위변제(§480, §485)·배상대위(§399)·보험자대위(상§681, §682) 따위는 피대위자가 가진 일정한 물건 또는 권리가 법률상 당연히 대위자에게 이전되는 것을 말하며, (3) 물상대위(민§342)는 담보물권의 효력이 그 목적물에 대신하는 것 위에 미치는 것을 말한다.

**배상자대위**(賠償者代位)

채권자가 그 채권의 목적인 물건 또는 권리의 가액전부를 손해배상으로 받은 때에는 채무자는 그 물건 또는 권리에 관하여 당연히 채권자를 대위하는 것을 말한다. 시계를 빌리고 있는 자나, 이것을 수선하기 위하여 보관하고 있는 자는 자기의 부주의로 인하여 그 시계를 도둑맞거나 잃어버린 경우 시계의 반환에 대신하여 손해배상을 하지 않으면 안 된다. 그런데 시계의 대가를 배상한 다음에 그 시계를 찾았을 때에는 그 시계는 누구의 소유물이 되는가? 만약 원래의 소유주에게 돌려주어야 한다면 그는 시계와 대가를 이중으로 취득하게 되므로 불공평하다. 그래서 민법은 이런 경우에 채권자가 그 채권의 목적인 물건 또는 권리의 가액전부를 손해배상으로 받은 때에는 채무자는 그 물건 또는 권리에 관하여 당연히 채권자를 대위한다(민§399)고 규정하고 있다. 따라서 이런 경우에는 시계는 차주(借主)·보관자의 소유가 된다. 이것을 배상자의 대위라고 한다.

> 민법상 손해배상자의 대위의 취지는 채권자가 채권의 목적이 되는 물건 또는 권리의 가격 전부를 손해배상으로 받아 그 만족을 얻었을 때에는 그 물건 또는 권리에 관한 권리는 법률상 당연히 채무자에게 이전되는 것이고 그에 관하여 채권자나 채무자의 양도 기타 어떤 특별한 행위를 필요로 하는 것이 아니다 *(대법원 1977. 7. 12. 선고 76다408).*

**채권자대위권**(債權者代位權)
불 ; action subrogatoire, action oblique, action indirecte

채권자가 자기의 채권을 보전하기 위하여 필요한 경우에 채무자가 행사를 해태(懈怠)하고 있는 권리를 자기의 이름으로 대신하여 행사하는 권리이다(민§404). 예를 들면 채무자의 일반재산이 채무자의 전채무(全債務)보다도 부족함에도 불구하고, 채무자가 자기의 대금을 회수하지 않거나 소멸시효를 중단시키지 않을 때, 채권자가 이를 대신하여 수금을 하거나 시효중단을 시키는 경우의 권리를 말한다. 채권의 대외적 효력의 하나이며, 대위소권 또는 간접소권이라고도 한다. 재판상에서나 재판외에서도 행사할 수 있다. 따라서 취소·해제·해지 등의 형성권도 행사할 수 있다. 그러나 일신전속권에 속하는 권리는 채권자가 대신하여 행사할 수 없다. 원래 이런 권리의 행사를 채권자에게 인정한 것은, 그것이 채권자전체의 이익이 된다는 취지에서 채무자의 일반재산이 전 채무액에 부족한 경우에 한한다는 것이 원칙이었다. 그러나 판례는 이 취지를 확대하여 예외적으로 (1) 갑으로부터 을 그리고 을로부터 병에게로 부동산이 이전된 경우에 병이 을을 대신하여 을의 자력에 관계없이 을의 갑에 대한 이전등기청구권의 행사가 가능하다고 판시하였고, (2) 병이 임차하는 토지를 불법점유한 갑에 대하여 을의 자력에 관계없이 병은 을이 가지고 있는방해배제청구권(명도청구권)을 행사할 수 있다고 판시했다. 채권자대위권이 행사됨으로써 얻은 재산이나 권리는 채무자에게 귀속하고 총 채권자가 그 이익을 받는다.

**채권자취소권**(債權者取消權)
라 ; actio pauliana
독 ; Giäubigeranfechtungrecht
불 ; action révocatioire, action paulien

채권자가 자기의 채권의 보전을 위하여 필요한 경우에 채무자의 부당한 재산처분행위를 취소하고 그 재산을 채무자의 일반재산으로 원상 회복하는 권리이다(민§406). 사해행위취소권 또는 폐파소권이라고도 한다. 예를 들면 채무자의 일반재산이 채무자의 전채무보다 부족함에도 불구하고 제3자에게 부동산을 매우 싸게 매도하거나 증여·채무면제 해주는 경우에 채권자가 이런 행위의 취소를 법원에 청구하여 부동산을 되찾거나 채무를 면제하지 못하도록 하는 것이다. 채권대외적효력의 하나로서 취소의 목적이 되는 사해행위의 결과 잔존재산만으로는 전채무를 변제하는 것이 부족할 경우에 채권자는 취소권을 행사할 수 있다. 사해행위에는 증여·채무부담행위 등이 포함된다. 그러나 사행행위에 신분상의 행위는 포함되지 않는다. 다만 부동산의 시가에 의한 매각이나 기존채무의 변제는 사해행위가 아니다. 채권자취소권이 성립하기 위하여는 채무자·수익자·전득자(轉得者)의 악의가 필요하다. 채권자취소권의 소의 피고는 이득반환청구의 상대방, 즉 수익자나 전득자이다. 그러나 채무자를 피고로 할 수는 없다. 원상을 회복한 재산은 채무자에게 복귀하고 총채권자의 이익을 위하여 효력이 있다(§407). 즉 공동의 담보인 채무자의 일반인 재산이 확보되는 결과가 된다. 그러나 취소권을 행사한 채권자가 우선적 지위를 획득하는 것은 아니다. 채권자취소권은 채권자가 취소원인을 안 날로부터 1년, 법률행위가 있은 날로부터 5년 내에 행사하여야 한다(§406).

## 사해행위취소권(詐害行爲取消權)

채권자를 해함을 알면서 행한 채무자의 법률행위(사해행위)를 취소하고 채무자의 재산을 회복하는 것을 목적으로 하는 채권자의 권리를 말한다(민법 406조 1항). 채권자취소권은 소송법상의 권리가 아니라 실체법상의 권리이다. 또 이 권리는 채무자 회생 및 파산에 관한 법률상 부인권과 그 목적에서 동일하다. 이 제도는 채권자대위권과 함께 채무자의 책임재산의 보전을 위한 것이다. 다만, 대위권과는 채권의 공동담보의 보전이라는 목적에서는 동일하나, 채권자대위권은 행사되더라도 채무자나 제3자에게는 본래 있어야 할 상태를 만들어 내는데 지나지 않으므로 그 영향은 크지 않다. 그러나 채권자취소권의 행사는 채권자와 제3자 사이에 본래 있어서는 안 되는 상태를 만들어 내는 것이 되어 채무자 및 제3자에게 미치는 영향이 대단히 크다는 점에서 차이가 있다. 따라서 그 성립요건에 관해서는 공동담보 보전의 필요성, 채무자 및 제3자의 이해관계를 비교·형량하여 엄격하게 정해야 한다. 채권자취소권제도는 로마법에서 그 기원을 찾을 수 있다.

## 무자력(無資力)

특정인이 부담하는 채무의 총액이 그 자가 현재 소유하는 적극재산의 총액을 초과하는 것이다. 채무초과와 동일한 의미이다.

## 전득자(轉得者)

권리의 양수인으로부터 다시 그것을 양도받은 자를 모두 포함하여 전득자라고 부른다. 그러나 민법에서는 특히 사해행위에 관하여 수익자와 맞서는 관념으로 이 말을 쓰고 있다. 즉 채무자가 행하는 사해행위의 상대방이 수익자이고, 그 자로부터 다시 목적인 권리의 전부나 일부를 취득한 자를 전득자라 부른다(민§406). 채무자 회생 및 파산에 관한 법률상의 부인권에 관한 전득자(채회파§110)도 같은 뜻이다.

## 다수당사자의 채권

(多數當事者의 債權)

독 ; Mehrheit von Glä ubigern, Mehrheit von Schuldnern

하나의 급부에 대하여 채권자가 복수인이고 채무자가 1인인 경우 및 채권자와 채무자가 모두 복수인 경우를 다수당사사의 채권관계라고 한다. 여기에는 분할채무(민§408), 불가분채무(§411) 및 연대채무가 있다(§414). 부진정연대채무는 특수한 예이다. 보증채무(§428)나 연대보증채무(§437단)에 있어서 주채무는 단일하며 종채무가 부속하고 있으나 이들도 모두 다수당사자의 채무에 포함시킬 수 있다. 왜냐하면 보증채무도 하나의 채무이므로 채권자에게 있어서는 주채무자와 보증채무자(보증인)의 복수의 채무자가 있기 때문이다. 민법은 다수당사자의 채권관계는 특별한 의사표시가 없으면 분할채권관계로 한다(§408).

## 분할채권관계(分割債權關係)

독 ; teilbares Schuldverhältnis
불 ; obligation divisible

하나의 가분급부를 목적으로 하는 다수당사자의 채권관계이다. 불가분채권관계란 동일한 급부에 2인이상의 채권자 또는 채무자가 있을 때, 분할할 수 있는 급부를 말한다. 예를 들면 甲·乙·丙 세사람이 丁에 대하여 3만원의 채권을 가지고 있을 때, 각각 1만원씩의 채권으로 분할할 수 있는 경우에 그 3만원의 채권이다(丁의 입장을 기본으로 한다면 가분채무 또는 분할채무가 된다). 우리 민법은 다수당사자의 채권관계에서는 분할채권관계를 원칙으로 한다(민§408). 즉 급부가 가분(可分)이고 특별한 의사표시가 없으면 각 채권자 또는 채무자는 균등한 비율로 권리를 갖고 의무를 진다. 그러나 이 원칙을 고집하면 현실에 맞지 않는 경우도 있으므로 특별한 약속이나 의사표시가 없어도 연대채무(또는 불가분채무)로서 취급하는 것이 타당한 경우가 많다. 상사(商事)의 경우가 특히 그러하다(상§57).

## 불가분채권·불가분 채무

(不可分債權·不可分債務)
독 ; teibares Scchuldverhältnis
불 ; obligation divisible

다수의 채권자나 채무자가 하나의 불가분급부를 목적으로 하는 채권을 가지고 채무를 부담하는 경우의 채권·채무관계이다(민§409~§412). 여기서 불가분급부란 (1) 분할하면 경제적 가치를 잃거나 멸하는 성질상의 불가분과 (2) 당사자의 의사표시에 의하여 불가분이 된 급부(給付)를 의미한다. 예를 들면 1대의 자동차급부에 관하여 甲·乙·丙이 공동으로 丁에게 구입한 경우는 불가분이며, 갑·을이 100만원을 분할하지 않고 병으로부터 받은 채권은 의사표시에 의한 불가분이다. 불가분채권관계에서 각 채권자는 단독으로 변제를 수령할 수 있으며(§409, §410), 각 채권자는 채무자에 대하여 전부의 이행을 청구할 수 있다(§411). 채무자가 1인의 채권자에게 이행하면 다른 채권자의 채권도 소멸한다(§409). 불가분채무에 있어서는 각 채무자가 각자 전부급부의 의무를 지고 1인의 채무자의 이행에 의하여 다른 채무자의 채무도 소멸한다(§411). 그 밖의 점에서는 각채권·채무는 독립한 것으로 취급된다(§410①, §411, §412 참조).

## 연대채무(連帶債務)

독 ; Gesamtschuld, passives Gesamtschuldverhältnis
불 ; obligations solidaires, solidarité pssive

수인의 채무자가 채무전부를 각자 이행할 의무가 있고 채무자 1인의 이행으로 다른 채무자도 그 채무를 면하게 되는 다수당사자의 채무이다(민§413). 각 채무자의 채무가 독립되어 있고 주종의 차(差)가 없다는 점에서 보증채무와 다르다. 그 점이 보증채무보다도 유력한 담보제도가 되는 원인의 하나이다. 그 성질에 대하여서는 단일채무설·중첩채무설·복수채무설로 나누어진다. 연대채무는 법률의 규정에 의하여 발생하는 경우(민§35②, §760, §832·상 §24, §57①, §81, §138 등)와 법률행위에 의하여 발생하는 경우(연대의 계약)가 있다. 채권자는 연대채무자 중의 1인 또는 수인 또는 전원에 대하여 전부 또는 일부를 청구할 수 있다. 수인 또는 전원에 대하여 청구할 때는 동시에 청구할 수도 있고 순차로 청구할 수 있다(민§414). 연대채무자의 1인에 대하여 변제·대물변제·공탁·수령지체·상계·청구·경정·면제·혼동·시효가 발생하면 그의 효력은 다른 연대채무자에게도 미치지만(§416~§422) 그 이외의 사유가 발생해도 다른 자와는 관계가 없다(§423). 연대채무자 내부에서는 부담부분이 정해져 있다. 즉 연대채무자의 한 사람이 채무를 변제하고 그 밖의 자기의 출재로 공동면책을 받을 때에는 다른 채무자에 대하여 구상권을 가진다(§425①). 그 부담부분의 비율은 특약이 있다면 그에 의하고 특약이 없으면 균등한 것으로 추정된다(§425①). 구상권의 범위는 채무가 면책된 날 이후의 법정이자 및 피할 수 없는 비용 기타 손해배상을 포함한다(§425②). 그러나 연대채무자 가운데 1인이 변제를 하려면 그 전후에 다른 연대채무자에게 통지할 의무가 있다. 이 통지를 해태하면 구상권에 제한을 받게 된다.

### 인적담보(人的擔保)

불 ; sureté personelle

채권의 안전을 기하기 위하여 채무자 이외의 특정인의 신용에 의한 채권의 담보를 말한다. 결국 보증인이나 연대보증인의 전재산에 인적 책임에 의한 담보를 세우는 것이 된다. 따라서 인적 담보는 담보인의 일반재산의 상황에 따라 좌우된다. 대인담보라고도 하며, 보증이나 연대채무 등이 그 주요한 것이고 그밖에 불가분 채무관계에서도 인적 담보의 실효를 가지게 된다.

### 물적담보(物的擔保)

특정한 재산에 의한 채권의 담보를 말한다. 인적 담보에 대하는 말이다. 저당권·질권이 가장 중요한 것이다. 인적 담보는 담보하는 사람이 자력을 잃으면 가치가 없게 되는데 대하여, 물적 담보는 그 물건의 가치가 유지되는 한 이것에 따라 목적을 달성할 수 있으므로 오늘날의 경제조직에 있어서는 인적 담보보다 훨씬 중요한 작용을 영위한다고 할 것이다.

### 물적신용(物的信用)

그 기초가 직접 물적인 것에 존재하는 신용이다. 질권(민§329~§355)·저당권(§356) 등이 대표적이다. 따라서 예컨대 대부를 할 경우에 담보물권을 설정하는 담보부대부 등은 물적 신용에 의하게 된다.

### 인적책임(人的責任)

독 ;persönliche Haftung, Personenhaftung

자신의 총재산으로써 그 자신의 채무를 담보하는 것을 말한다. 물적 책임 및 인적 유한책임에 대응하는 말로써 무한책임과 같은 뜻으로 쓰인다. 보통의 채무는 인적 책임이며, 채권자의 채무는 완제를 받을 때까지 그 채무자의 총재산에 대하여 강제집행을 할 수 있다.

**양적 유한책임**(量的 有限責任)
독 ; quantitativbeschränkte Haftung

채무자의 재산은 그 전부가 책임의 대상이 되나 책임액이 양적으로 일정액으로 한정되어 있는 경우, 즉 물적유한과 같이 특정물 또는 특정재물에 국한되지 않으나 책임의 범위가 일정수량에 국한되어 있는 경우의 책임이다. 예컨대 최고액을 정한 신용보증과 같은 경우이다.

**물적책임**(物的責任)

특정물 또는 특정재산이 어떤 채무의 담보로 되어 있는 상태를 말한다. 질권·저당권의 설정은 물적 책임을 지는 행위이다.

**물적 유한책임**(物的 有限責任)

채무자의 재산중의 특정한 물건 또는 재산만이 채무의 담보가 되는 것을 말한다. 유한책임의 일종이며, 한정승인을 행한 상속인의 책임에 상속재산에 국한되는 것이 그 예(민법 1028조, 1031조)이다. 이들 재산이 채무액보다 부족할 때에도 채권자는 채무자의 다른 재산에 대하여 강제집행을 하지 못한다. 채무자의 재산이 채무의 일정액을 한도로 하여 담보가 되는 양적 무한책임 또는 인적 유한책임과 구별된다. 무한책임이 원칙이고, 유한책임은 특히 법률로써 정한 경우에 한하여 인정된다.

**인적집행**(人的執行)
독 ; Personalexekution

채무자의 재산뿐 아니라 그 노동력·육체도 집행의 목적물로 하는 강제집행이다. 채권자의 만족을 도모하는 강제집행방법의 분류에 있어서 물적 집행에 대립하는 것이다. 그러나 개인의 인격존중을 기초로 하는 근대법에서는 자취를 감추었으며, 우리나라 법은 전혀 이 종류의 집행을 인정하고 있지 않으나 부대체적 작위의무의 간접강제의 수단 혹은 집행보전의 방법으로서 채무자의 구속(채무구류)을 인정하는 입법도 있다(독민§888, §890, §901, §913, §918, §933 등).

**연대무한책임**(連帶無限責任)

수인이 연대하여 각각 그 전 재산으로써 채무자의 채무를 변제할 책임을 지는 것이다. 원래 하나의 사유로 수인이 채무를 부담할 경우에는 각자는 분할한 액의 채무를 부담하는 것이 원칙이므로(민§408). 연대책임을 부담하는 것은 예외이다. 그러나 채무는 무한책임이 원칙이므로 연대채무도 무한책임을 원칙으로 한다. 따라서 연대채무에 관하여 특히 연대무한책임이라는 이론적 필요는 요하지 않는다. 다만 유한책임이 아니라는 점을 강조하기 위하여 이같이 부르는 것이다.

## 연대의 면제(連帶의 免除)

불 ; remise de la solidarité

연대채무에 있어서 채권자가 각 채무자에 대하여 전액을 청구할 수 있는 권리를 포기하고 부담부분에 한하여서만 청구하겠다고 하는 채권자의 의사표시이다. 일종의 채무의 면제이다. 모든 연대채무자에 대하여 연대의 면제를 하면 분할채무로 변하지만(절대적 연대면제) 일부의 연대채무자에 대하여서만 연대면제를 하면 그 이외의 연대채무자는 그대로 전액을 변제할 의무를 진다(상대적 연대면제). 이 경우 전액변제의 의무를 진 연대채무자 중에 변제자력이 없는 자가 있을 때에는 무자력자가 변제할 수 없는 부분에 대하여 연대의 면제를 받은 자가 부담하여야 할 부분을 채권자가 부담하도록 하여, 연대의 면제를 받은 자는 부담부분 이상의 부담을 지지 않도록 하고 있다(민§427).

## 공동면책(共同免責)

채무자가 수인인 채무관계 즉 불가분채무·연대채무·보증채무에 있어서 채무자의 한 사람이 하는 변제가 그 밖의 채무의 소멸 또는 소멸을 생기게 하는 행위로서 총채무자를 위하여 그 효력이 생기게 하는 것이다. 자기가 비용을 부담함으로써 공동의 면책을 생기게 한 채무자는 원칙적으로 구상권을 갖는다(민§425, §411, §448②).

## 공동채무자(共同債務者)

동일한 채권에 대하여 공동으로 채무를 지는 자를 말한다. 즉 수인이 각자 채무를 부담하는데 한 사람이 이행한다면 그것으로 인하여 전원의 채무가 소멸하는 것과 같은 관계에 있는 것이 보통이고, 불가분채무자·연대채무자·주된 채무자와 보증인 등이 그 예이다. 한 사람의 이행으로 인하여 채무가 소멸함으로써 내부적으로 구상권이 생길 수 있다.

## 구상권(求償權)

타인이 부담하여야 할 것을 자기의 출재(出財)로써 변제하여 타인에게 재산상의 이익을 부여한 경우 그 타인에게 상환을 청구할 수 있는 권리이다. 일종의 반환청구권이다. 민법상 대표적인 것으로는 (1) 연대채무자의 1인이 채무를 변제한 경우에 다른 연대채무자에게, (2) 주채무자의 부탁으로 보증인·물상보증인이 된 자가 과실없이 주채무를 소멸시킨 때에 주채무자에게(민§441①), (3) 타인의 행위에 의하여 배상의무를 부담케 된 자가 그 타인에게(§465, §756, §758), 타인 때문에 손해를 입은 자가 그 타인에게(§1038, §1051, §1056), (4) 그리고 변제에 의해서 타인에게 부당이익을 발생하게 하였을 경우에는 변제자가 그 타인에게(§745) 각각 구상권에 의한 반환청구를 인정하고 있다. 이 경우 (1)에서의 구상권은 채무면제된 날 이후의 법정이자 및 불가피한 비용 기타의 손해배상을 포함한다(§425). 이 경우에 다른 연대채무자에게 사전 혹은 사후에 통지하지 아니하고 변제 기타 자기의 출재로 공동면책이 된 경우에 다른 연대채무자가 채권자에게 대항할 수 있는 사유가 있을 경우에 그 부담부분에 한하여 면책행위를 한 연대채무자에게 대항할 수 있고, 그 대항사유가 상계인 때에는 상계로써 소멸할 채권은 그 연대채무자에게 이전된다.(§426①) 면책행위를 알지 못한 다른 연대채무자가 선의로 다시 채권자에게 변제 기타 유상의 면책행위를 한 때에는 그 연대채무자는 자기의 면책행위의 효력을 주장할 수 없다(§426②). 연대채무자 가운데 상환의 자력이 없는 자가 있을 경우에는 구상권자 및 다른 자력 있는 채무자가 그 부담부분에 비례하여 분담하지만, 구상권자에게 과실이 있을 때에는 다른 연대채무자에 대하여 분담을 청구할 수 없다(§427①). 분담할 다른 채무자가 채권자로부터 연대의 면제를 받은 때에는 그 채무자의 분담할 부분은 채권자 부담으로 한다(§427②). 또한 (2)에서의 보증인은 특정한 경우에는 출재(出財)에 앞서 미리 구상(求償)할 수 있다(§422, §443).

**부진정연대채무**(不眞正連帶債務)
독 ; unechte Solidaritat
불 ; solidarité imparfaite

수인이 동일한 목적을 지닌 채무를 부담하고 각채무자가 각각전부의 급부의무를 지며 1인의 채무자의 완전한 이행에 의하여 다른 채무가 소멸하는 관계이다. 예를 들면 수치물(受置物)을 부주의로 도난당한 수치인의 채무불이행에 의한 배상의무와 절취자의 불법행위에 의한 배상의무의 관계이다(§755, §756, §759 등). 이런 경우는 하나의 공동목적을 위하여 수인이 채무를 부담하지만 이들은 연대채무와는 달리 채무자상호간에 독립되어 있고 공동목적을 위하여 협력할 주관적 관계성이 없다. 그러므로 부진정연대채무에서는 부담부분이 없다. 또한 채무는 독립적이므로 1인의 채무자에게 생긴 사유가 채권을 만족시키는 사유(변제 · 대물변제 · 공탁 · 상계) 이외의 사유(이행청구, 채무의 승인, 채무면제, 소멸시효의 완성 등)라면 타자에게 아무런 영향을 미치지 못한다. 따라서 구상권도 특별한 규정이 없는 한 당연히 발생하지 않는다. 그러나 공동불법행위에서와 같이 채무자들 사이에 특별한 내부관계가 있는 경우에는 구상관계가 인정되기도 한다. 이와 관련하여 판례는 부진정연대채무의 관계에서 대체로 구상을 인정하지 않았으며, 공동불법행위의 경우에만 구상을 인정해 왔다. 그러나 최근에는 일반적으로 구상을 인정하려는 듯한 판시도 하고 있다(2005다19378).

이른바 부진정연대채무의 관계에 있는 복수의 책임주체 내부관계에 있어서는 형평의 원칙상 일정한 부담 부분이 있을 수 있으며, 그 부담 부분은 각자의 고의 및 과실의 정도에 따라 정하여지는 것으로서 부진정연대채무자 중 1인이 자기의 부담 부분 이상을 변제하여 공동의 면책을 얻게 하였을 때에는 다른 부진정연대채무자에게 그 부담 부분의 비율에 따라 구상권을 행사할 수 있다*(대법원 2006. 1. 27. 선고 2005다19378)*.

## 독립채무(독立債務)

다른 채무에 연관되지 않고 존재하는 채무를 말한다. 예컨대 취소의 원인이 있는 채무를 보증한 자가 보증계약당시에 그 원인이 있음을 안 경우에 주채무자의 불이행 또는 취소가 있는 때에는 주채무와 동일한 목적의 독립채무를 부담한 것으로 본다(민§436).

## 보증채무(保證債務)

주채무자가 그의 채무를 이행하지 않을 경우 그 이행의 책임을 지는 제3자의채무를 말한다. 주채무와 동일한 내용을 지닌 종속된 채무로서 주채무를 담보하는 작용을 한다(민§428~§448). 주채무가 없으면 보증채무는 성립할 수 없고, 주채무의 무효·취소는 보증채무의 무효·취소를 가져온다(부종성). 그러므로 주채무자가 제한능력자이기 때문에 그의 법정대리인이 주채무를 취소한 경우에는 보증채무도 소멸한다. 그러나 보증인이 당초에 주채무자가 제한능력자라는 것을 알고 있었을 때에는 보증채무는 소멸하지 않는다. 또한 채권이 양도(채권자가 바뀔 때)되어도 보증채무는 소멸되지 않지만(수반성), 채무인수(채무자가 바뀔 때)일 때에는 소멸한다. 보증인이 이행해야 하는 것은 특약이 없는 한 주채무는 물론 주채무의 이자·위약금·손해배상 기타 주채무에 종속된 채무가 포함된다. 채권자가 보증인에게 청구를 할 때에는 보증인은 먼저 주채무자에게 청구하라고 항변할 수 있다(최고의 항변권). 또한 보증인은 주채무자의 변제자력이 있는 사실 및 그 집행이 용이함을 증명하여 먼저 주채무자의 재산에 대하여 집행할 것을 항변할 수 있다(검색의 항변권). 이 두 가지 경우에 채권자가 보증인의 항변에도 불구하고, 채권자의 해태로 인하여 주채무자로부터 일부의 변제를 받지 못한 경우에는 변제를 받았을 한도에서 보증인은 주채무자가 채권자에 대하여 가지고 있는 채권으로 상계할 수 있다. 주채무자에 대하여 소멸시효의 중단 및 기타 여러 가지 사유가 발생하면 그것은 보증인에 대하여도 효력이 있다. 보증인이 주채무를 변제하면 당연히 주채무자에 대하여 구상할 수 있다(민§441). 보증인은 변제를 하기 전후에 주채무자에게 통지하여야 하며, 이에 대한 통지를 해태하면 구상권의 제한을 받게 된다(§445). 고용되어 일하는 피용자가 장래에 만약 부당한 행위를 하여 고용주에게 손해배상책임을 부담하는 경우를 위하여 신원보증인을 세우게 하는 경우가 있다. 이것은 일종의 조건부채무의 보증이다. 이에 대하여는 신원보증법이라고 하는 특별법이 제정되어 있다.

## 부종성(附從性)

독 ; Akzessorität

어떤 권리·의무가 주된 권리·의무의 경제적 목적을 달성하는 수단인 경우에 법률상 그 성립·존속·태양(態樣)·소멸 등에 주된 권리·의무와 운명을 같이 하는 성질을 말한다. 예컨대, 채권을 담보하기 위하여 저당권·질권을 설정하거나(물적 담보) 보증인을 세운다면(인적 담보), 거기에는 근본이 되고 있는 주된 권리와 의무 이외에 저당권·질권과 관련된 권리·의무 그리고 보증채무 및 그에 대한 권리라는 형식으로 종속된 권리·의무가 발생한다. 이런 경우에 종속한 권리·의무는 주된 권리·의무가 성립하지 않으면 성립할 수 없고, 주된 권리·의무가 소멸하면 역시 소멸하다. 그러나 부속성을 엄격히 요구하면 실제의 거래에 있어서 적합하지 않는 일이 일어나기 때문에 부종성의 완화가 필요한 예로는 장래의 채권을 위한 질권·저당권·근담보·소유자저당 등이다. 즉 근저당·근질(根質)·근보증의 경우와 같이 대금의 한계를 정하고(예를 들면 100만원까지라는 계약)그 범위 내에서 차용하고 변제를 하는 거래관계에서는 그 한계 즉 100만원의 채무를 위하여 근저당·질권 또는 보증채무가 설정된다.

보증채무는 주채무와 동일한 내용의 급부를 목적으로 함이 원칙이지만 주채무와는 별개 독립의 채무이고, 한편 보증채무자가 주채무를 소멸시키는 행위는 주채무의 존재를 전제로 하므로, 보증인의 출연행위 당시에는 주채무가 유효하게 존속하고 있었다 하더라도 그 후 주계약이 해제되어 소급적으로 소멸하는 경우에는 보증인은 변제를 수령한 채권자를 상대로 이미 이행한 급부를 부당이득으로 반환청구할 수 있다*(대법원 2004. 12. 24. 선고 2004다20265)*.

## 수반성(隨伴性)

종속한 권리·의무가 주된 권리나 의무의 처분에 따라서 이전하고 이와 법률상의 운명을 같이 하는 성질이다. 수반성은 종속한 권리·의무가 가지고 있는 부종성에서 당연히 생기는 성질이다. 예컨대, 채권이 양도되면 저당권·질권보증금(가임채권 등의 담보)·보증채무 등도 당연히 신권리자와 채무자간의 관계로서 이전하게 된다. 주된 권리·의무의 이전이라는 것은 양도 기타 약정의 경우나 강제집행 또는 대위(예를 들면 대위변제)등, 법률의 규정에 의한 경우일지라도 마찬가지이며 종속한 권리·의무가 수반한다는 것에는 변함이 없다. 단 채권양도와 같은 경우에는 물론 대항요건을 갖추고 있어야 한다.

보증채무는 주채무에 대한 부종성 또는 수반성이 있어서 주채무자에 대한 채권이 이전되면 당사자 사이에 별도의 특약이 없는 한 보증인에 대한 채권도 함께 이전하고, 이 경우 채권양도의 대항요건도 주채권의 이전에 관하여 구비하면 족하고, 별도로 보증채권에 관하여 대항요건을 갖출 필요는 없다*(대법원*

*2002. 9. 10. 선고 2002다21509).*

## 보증의 방식(保證의 方式)

2015년 2월 3일 민법 개정시 보증의 방식에 관한 제428조의2가 신설되었다. 보증에 관한 기존 규정만으로는 보증인의 보호에 불충분하고, 「보증인 보호를 위한 특별법」은 그 적용 범위가 아무런 대가 없이 호의(好意)로 이루어지는 보증으로 제한되어 있으므로 일반 보증인을 보호하기 위하여 보증 방식에 대한 규정을 신설한 것이다. 이에 의하면 보증은 그 의사가 보증인의 기명날인 또는 서명이 있는 '서면'으로 표시되어야 효력이 발생하며, 보증의 의사가 전자적 형태로 표시된 경우에는 효력이 없다. 또한 보증인이 보증채무를 이행한 경우에는 그 한도에서 방식의 하자를 이유로 보증의 무효를 주장할 수 없도록 하고 있다.

## 근보증(根保證)

근보증이란 일정한 계속적인 거래관계로부터 장차 발생하게 될 불특정·다수의 채무를 보증하는 것을 말한다. 이와 관련하여 2015년 2월 3일 민법 개정시 근보증에 관한 제428조의3이 신설되었다. 이에 의하면 보증은 불확정한 다수의 채무에 대해서도 할 수 있으나, 이 경우 보증하는 채무의 최고액을 서면으로 특정하여야 하며, 채무의 최고액을 서면으로 특정하지 아니한 보증계약은 효력이 없도록 하였다.

## 보증인(保證人)
(독 ; Bürge)

채권관계에 있어서 주채무자 이외에 동일한 내용의 채무를 부담하는 종된 채무자를 두어서 주채무자의 채무에 대한 채권을 담보하는 제도를 보증이라 하는데, 이 보증에서 종된 채무자를 말한다. 보증인의 조건은 채권자가 보증인을 지명한 경우 외에는 보증인으로 되는 자는 행위능력 및 변제자력이 있어야 하며, 변제자력이 없게 된 때에는 채권자는 보증인의 변경을 청구할 수 있다. 보증인은 주채무자가 이행하지 아니한 채무를 이행할 의무가 있고, 보증채무에 관한 위약금 기타 손해배상액을 약정할 수 있다. 주채무자의 항변포기는 보증인에게 효력이 없고, 보증인은 주채무자의 항변으로 채권자에게 대항할 수 있다. 주채무자가 채권자에 대하여 취소권·해제권·해지권이 있는 동안은 보증인은 채권자에 대하여 채무의 이행을 거절할 수 있다. 채권자가 보증인에게 채무의 이행을 청구한 때에는 보증인은 주채무자의 변제자력이 있는 사실 및 그 집행이 용이할 것을 증명하여 먼저 주채무자에게 청구할 것과, 그 재산에 대해 집행할 것을 항변할 수 있다. 그러나 보증인이 주채무자와 연대하여 채무를 부담한 때에는 그러하지 아니한다. 또 주채무자의 채권에 대한 상계로 채권자에게 대항할 수 있다.

## 채권자의 정보제공의무와 통지의무
(債權者의 情報提供義務와 通知義務)

2015년 2월 3일 민법 개정시 채권자의 정보제공의무와 통지의무에 관한 제436조의2가 신설되었다. 이에 의하면 채권자는 보증계약을 체결할 때 보증계약의 체결 여부 또는 그 내용에 영향을 미칠 수 있는 주채무자의 채무 관련 신용정보를 보유하고 있거나 알고 있는 경우에는 보증인에게 그 정보를 알려야 한다. 보증계약을 갱신할 때에도 또한 같다. 또한 채권자는 보증계약을 체결한 후에 ① 주채무자가 원본, 이자, 위약금, 손해배상 또는 그 밖에 주채무에 종속한 채무를 3개월 이상 이행하지 아니하는 경우, ② 주채무자가 이행기에 이행할 수 없음을 미리 안 경우, ③ 주채무자의 채무 관련 신용정보에 중대한 변화가 생겼음을 알게 된 경우 중 어느 하나에 해당하는 사유가 있는 경우에는 지체 없이 보증인에게 그 사실을 알려야 한다. 만약 보증인의 청구가 있으면 채권자는 주채무의 내용 및 그 이행 여부를 알려야 한다. 채권자가 이러한 의무를 위반하여 보증인에게 손해를 입힌 경우에는 법원은 그 내용과 정도 등을 고려하여 보증채무를 감경하거나 면제할 수 있다.

## 항변권(抗辯權)
라 ; exceptio 독 ; Einrede

청구권의 행사를 특정한 조건이 성취될 때까지 일시적으로 거부하여 연기의 효과를 발생시키는 권리이다. 보증인의 항변권(민§437, §438)·동시이행의 항변권(§536)·최고(催告)의 항변권·검색의 항변권 등이 그 예이다. 항변권의 행사에 의하여 청구권의 효력이 저지되며, 그 내용은 항변권의 종류에 따라 다르다(§536, §438 참조). 그러나 그 어느 것도 항변권의 행사에 의하여 법률효과가 발생하므로 항변권은 형성권의 하나라고 볼 수 있다. 항변권은 청구를 일시적으로 저지하고 연기의 효력을 발생시키는 연기적·정지적 항변권(dilatorische od. vorübergehende Einrede)과 청구를 영구적으로 저지하고 청구권소멸의 효과를 발생시키는 부정적·영구적 또는 멸각적 항변권(peremptorische od. dauernde Einrede)의 두 가지로 나눌 수 있다. 독일민법의 소극시효의 항변권은 부정적·영구적 또는 멸각적 항변권에 속하다.

## 최고의 항변권(催告의 抗辯權)
독 ; Einrede der Mahnung
불 ; bénefice de avertissment

채권자가 보증인에게 채무의 이행을 청구한 때는 보증인은 먼저 주채무자가 자력이 있다는 사실 및 그 집행이 용이하다는 것을 증명하여 먼저 주채무자에게 청구할 것을 항변할 수 있는 권리이다(민§437). 보증인의 1차적 항변권으로서 검색의 항변권과 함께 보증채무의 보충성에 기하는 항변권이다. 보증인의 항변에도 불구하고 채권자가의 해태로 인하여 채무자로부터 전부나 일부의 변제를 받지 못한 경우에는 채권자가 해태하지 아니하였으면 변제받았을 한도 내에서 보증인은 그 의무를 면한다(§438). 다만 이 항변은 채권자가 주채무자에게 최고하면 효력을 상실하게 되므로 유력한 항변이라고는 할 수 없다. 주채무자가 파산 한 때 행방불명의 경우(§452단) 또는 보증인이 연대보증인인 때에는 예외적으로 이 항변권이 인정되지 않는다.

**검색의 항변권**(檢索의 抗辯權)
라 ; beneficium excussionis
독 ; Einrede der Vorausklage
Rechtswohltat der Verausklage
불 ; b'enefice de discussion

채권자가 보증인에게 채무의 이행을 청구한 경우에 보증인은 주채무자에게 변제자력이 있다는 사실 및 집행이 용이함을 증명하여, 먼저 주채무자에게 집행하라고 그 청구를 거절할 수 있는 권리이다(민§437 본문). 이것은 보증채무의 보충성에 입각하여 최고의 항변권과 함께 인정된 것이다. 따라서 보충성이 인정되지 않는 연대보증인에 대하여서는 검색의 항변권이 인정되지 않는다(§437단). 검색의 항변을 하려면 주채무자에게 변제자력이 있는 사실 및 그 집행이 용이하다는 것을 증명하여야 한다. 여기서 변제자력이라는 것이 채무의 전액을 변제하는데 있어서 충분한 자력인지의 여부에 대하여는 학설이 일치하지 않으나, 현행법의 해석으로는 거래관념상 상당한 액을 변제 할 수 있는 자력을 의미한다. 다음에 집행이 용이하다는 것은 채권자가 집행을 위하여 현저한 시일과 비용을 요함이 없이 용이하게 그 채권을 실행할 수 있다는 것을 말한다. 일반적으로 말한다면 금전·유가증권 등은 집행이 용이하지만 부동산은 그렇지 않다고 할 수 있다. 검색의 항변을 하게 되면 채권자는 먼저 주채무자의 재산에 대해서 집행해야 한다. 만약에 그것을 해태하였기 때문에 주채무자로부터 전부의 변제를 받을 수 없을 때는 채권자가 즉시 주채무자의 재산을 집행했더라면 변제 받았을 한도에서 보증인은 그 의무를 면한다(§438).

**연대보증**(連帶保證)
독 ; Solidarbürgschaft
불 ; cautionnement solidaire

보증인이 주채무자와 연대하여 채무를 부담하는 보증을 말한다. 다만, 연대보증도 보증채무의 일종이기 때문에 부종성이 있다는 점에서 연대채무와 다르며 일반의 보증채무와는 동일하다. 즉 주채무가 성립되지 않으면 연대보증도 성립되지 않으며 주채무가 소멸되면 연대보증도 역시 소멸된다. 또한 보통의 보증채무와는 달리 연대보증인에게는 최고 및 검색의 항변권이 없다(민§437단). 특약이나 법률의 규정에 의하여 성립된다(상§57②). 채권자는 주채무자의 자력의 유무에 불문하고 즉시 연대보증인에게 청구하고 강제집행을 할 수 있다(민§437). 그러나 그 범위는 주채무의 범위를 넘지 못한다. 주채무자 또는 연대보증인에 관하여 생긴 사유의 효력에 관하여는 보통의 보증의 경우와 동일하다. 연대보증인이 변제한 경우의 주채무자에 대한 구상권은 보통의 보증의 경우와 동일하나 연대보증은 특약에 의하여생기는 것이 원칙이므로, 보통의 보증 가운데서 오로지 부탁 받고 보증한 경우의 규정(§441~§443)이 적용된다.

**분별의 이익**(分別의 利益)
라 ; beneficiumdivisionis
독 ; b'enefice de division

공동보증에 있어서는 각보증인이 채무에 대하여 보증인의 수에 따라 균등비율로 분할하여 책임을 부담한다. 이를 분별의 이익이라 한다. 공동보증에서는 각보증인이 1개의 계약으로 보증인이 되었거나 별개의 계약으로 보증인이 된 경우일지라도 각 보증인간에 균등하게 분할하고 그 분할된 부분을 보증하기로 되어 있다(민§439). 연대보증인은 분별의 이익을 지니지 않는다. 또한 주채무가 불가분채무라면 보증인에게는 분별의 이익은 없다. 그렇기 때문에 이런 경우에는 각보증인은 금액의 채권을 변제할 책임을 부담하게 되는 것이다. 더구나 상사채무의 경우에도 분별의 이익이 없다(상§57).

**공동보증**(共同保證)
독 ; Mitbürgschaft
불 ; cautionnement conjoint

동일한 주채무에 관하여 수인이 채무를 균등하게 분할하여 부담하는 보증을 말한다. 수인이 동시에 1개의 계약으로 보증인이 된 경우는 물론 순차적으로 별개의 계약으로 보증인이 된 경우에도 각보증인은 채무액을 전보증인에게 균등하게 분할하고 그 일부를 보증하게 된다(민§439). 이것을 분별의 이익이라고 한다. 이 분별의 이익은 연대보증인 또는 불가분채무의 보증인에게는 없다. 공동보증인은 변제한 금액을 주채무자에게 구상할 수 있다. 공동보증인이 다른 보증인에 대하여 구상권을 행사할 때는 (1) 분별의 이익이 있는 경우에는 자기의 부담부분을 넘는 변제를 하였을 때 다른 보증인에 대하여 구상권을 행사할 수 있고(§448②). (2) 분별의 이익이 없는 경우에는 연대채무자간의 구상권에 관한 규정을 준용한다(§448①).

**채권양도**(債權讓渡)
독 ; Abtretung der Forderung, Ubertragung der Forderung
불 ; transport oucessionde la créance

채권의 동일성을 유지하면서 채권을 이전할 것을 목적으로 하는 구채권자와 신채권자간의 계약을 말한다. 채권의 양도는 원칙적으로 인정되고 있다(민§449~§452). 예외적으로 채권양도가 금지되는 경우가 있다. 첫째, 법률에 의하여 금지되고 있는 경우(예를 들면 친족간의 부양청구권 및 연금청구권 등)이고 둘째, 채권의 성질로 미루어 허용될 수 없는 경우(예 : 사용차주의 채권§610, §629 등)이며, 셋째, 채권자와 채무자 사이에 미리 양도하지 않는다는 특약이 있는 경우(단, 이 특약은 선의의 제3자에게 주장할 수 없다)이다. 양도는 양도인과 양수인의 합의만으로 효력을 발생하지만 양도의 효력을 제3자에게 주장하기 위하여는 다음과 같은 요건이 필요하다. 첫째로 채무자를 상대로 주장하려면 양도가 있었다는 것을 양도인으로부터 채무자에게 통지하거나 채무자가 그것을 승낙해야 한다. 둘째로 채무자 이외의 제3자에게 주장하기 위하여는 통지나 승낙이 확정일자가 있는 증서(예를 들면 내용증명우편 등)로 하여야 한다. 이상은 보통의 채권(지명채권)에 대하여 서술한 것이다. 채권에는 이밖에 증권적 채권(지시채권, 무기명채권, 기명소지인출급채권)이 있다. 지시채권의 양도효력을 제3자에게 주장하기 위하여는 증권에 양도의 내용을 배서하여 양수인에게 교부해야 하며 무기명채권과 기명소지인출급채권의 경우에는 증권의 인도(교부)에 의한다. 단 상법상의 증권적 채권은 증권의 배서교부에 의하여 당사자 및 제3자에 대하여 효력을 발생한다(지시채권 참조).

> 기존의 채권이 제3자에게 이전된 경우 이를 채권의 양도로 볼 것인가 또는 경개로 볼 것인가는 일차적으로 당사자의 의사에 의하여 결정되고, 만약 당사자의 의사가 명백하지 아니할 때에는 특별한 사정이 없는 한 동일성을 상실함으로써 채권자가 담보를 잃고 채무자가 항변권을 잃게 되는 것과 같이 스스로 불이익을 초래하는 의사를 표시하였다고는 볼 수 없으므로 일반적으로 채권의 양도로 볼 것이다*(대법원 1996. 7. 9. 선고 96다16612)*.

## 지명채권(指名債權)

채권자가 특정되어 있는 채권이다. 통상적인 채권이다. 증권적 채권과는 달라서 지명채권은 그 채권의 성립·존속·행사·양도 등을 위하여 증서 즉 증권의 작성·교부를 필요로 하지 않는다. 따라서 증서는 단순한 증거로서의 역할을 할뿐이다. 지명채권의 양도는 자유이지만, 채무자에 대한 통지 또는 채무자의 승낙이 없는 한, 양수인은 채무자에 대하여 채권의 취득을 주장할 수 없다(민§450①). 또한 이 통지나 승낙은 확정일자 있는 증서에 의하지 아니하면 채무자 이외의 제3자에게 대항하지 못한다(§450②).

## 지시채권(指示債權)

독 ; Orderforderung 불 ; créance à orde

특정인 또는 그가 지시한 자에게 변제하여야 하는 증권적 채권이다. 어음·수표·창고증권·화물상환증·선하증권·기명주식은 원칙적으로 지시채권이다. 법률의 규정에 의하여 당연히 지시채권이 되는 것도 있고, 그밖에 민법상 임의로 지시채권을 성립시킬 수 있지만, 실제상 그 예는 거의 없다. 민법은 어음법이나 수표법에서와 같이 증권의 배서교부를 채권양도의 성립조건으로 하고 있다.

## 선택무기명증권

(選擇無記名證券)

독 ; alternatives Inhaberpapier

불 ; titre auporteur alternatif

증권 위에 특정인을 권리자로 기재함과 동시에 증권소지인도 권리자로 인정하는 취지를 기재한 증권이다. 기명식소지인출급 또는 선택무기명증권이라고도 한다. 수표법 제5조 2항은 선택무기명식증권인 수표를 소지인출급식수표로 본다고 규정하고 있으나, 어음법에서는 선택무기명식증권으로 발행하는 것을 금하고 있다(어§1Ⅵ, §75, §76). 선택무기명증권에는 상법 제65조에 의하여 민법이 준용되므로, 이 증권의 양도는 무기명식증권에서와 같이 증권의 교부로써 양도의 효력이 생긴다(민§523). 대개의 경우, 무기명증권과 동일한 효력을 인정받으나 면책증권에 지나지 않는 경우도 있다(민§525).

**무기명채권**(無記名債權)
독 ; Forderung auf den Inhaber
불 ; créance au porteur

증권면 위에 채무자는 기재되어 있으나 채권자는 특정하지 않고 그 성립·존속·행사에 반드시 증권을 필요로 하며 정당한 소지인에 대하여 변제하여야할 증권적 채권이다. 상품권·승차권·극장의 입장권·무기명국채 등이 이에 속한다. 이 무기명채권을 표시하는 증서를 무기명증권이라고 한다는 점에 유의하여 지시채권에 관한 여러 규정을 준용하였다(민§523, §524).

**면책증권**(免責證券)
독 ; Legistimationspapier

채무자가 증권의 소지인에게 변제를 하면 소지인이 정당한 권리자가 아닌 경우라도 채무자가 악의나 중대한 과실이 없는 한 채무를 면할 수 있는 효력을 가진 증권이다.자격증권이라고도 부른다. 면책증권은 권리의 유통확보나 그 행사를 위하여 작성한 것이 아니고 채무자의 변제정리의 목적을 가지는 것이다. 예를 들면 철도수화물상환증·극장 등의 휴대물예치증·적하수취증·은행예금증서 등이 이에 해당한다. 면책증권은 특정인간의 채권·채무관계에 관한 증거증권에 채무자의 이익을 위해 면책력을 인정한 것에 지나지 않으며, 권리를 표시하는 것이 아니기 때문에 유가증권은 아니다. 따라서 면책증권의 양도라는 것은 있을 수 없다. 증권에 화체(化體)된 증권적 채권이 아니므로 채권의 행사에 증권의 제시를 꼭 필요로 하는 것이 아니며 분실하여도 공시최고절차에 의하여 무효로 할 필요가 없다. 그러나 증권에 면책성이 있다는 것은 변제를 용이하게 하므로 유가증권과 같이 유통성을 존중하는 증권은 대부분 면책증권성을 갖는다.

**변제**(辨濟)
라 ; solutio
영 ; performance, payment
독 ; Erfüllung, Zahlung
불 ; paiement

채무자가 채무의 내용에 따라 급부를 실현하는 행위를 말한다. 변제가 있으면 채권자는 목적을 달성하고 채권은 소멸된다(민§460~§486). 이행과 동의어이지만 이행은 채권의 효력에서 본 용어이고, 변제는 채무의 소멸에서 본 용어이다. 변제로 되는 급부는 사실행위일 수도 있고 법률행위일 수도 있다. 변제를 완료하기 위하여는 채무자와 채권자가 서로 협력을 필요로 하는 경우가 많다. 즉 채권자도 채무변제에 협력해야 하는 신의성실의 원칙상의 의무가 있다. 이 채무자의 행위를 변제의 제공이라고 하고 채권자의 행위를 변제의 수령이라고 하는데 모두가 신의성실의 원칙이나 거래관습에 따라서 그 내용과 정도를 결정하여야 한다. 변제는 채무의 내용에 따라서 정하여진 이행기에 일정한 장소에서 하여야 하며(민§467), 변제비용은 다른 의사표시가 없으면 채무자가 부담한다(§473). 변제는 대물변제와 제3자 변제 및 대위변제가 가능하다. 또한 변제는 채권자만이 수령할 수 있다는 것이 원칙이지만 예외적으로 채권자일지라도 압류를 당하거나(민사집행법§227①, §276, §296③) 파산하였을 경우와 같이 수령권한이 없는 경우가 있으며 수령권한이 없는 자에 대한 변제가 유효인 경우도 있다(예금증서와 인장을 소지한 자나, 수령증의 지참인이 진정한 수령권한이 있는 자가 아닌데도 이 자에게 변제를 한 경우). 변제를 채무자 자신이 증명하는 것은 곤란하므로 민법은 수령증청구권과 채권증서반환청구권을 인정하고 있다(민§474, §475).

## 우선변제(優先辨濟)

채권자 가운데 한 사람이 다른 채권자에 우선하여 받은 변제를 말한다. 물론 채무자의 재산이 전채무를 변제하기에 부족한 경우에 그 실익이 있다. 각 채권자는 제각기 동등한 지위에서 채권액에 비례하여 변제를 받는 것을 원칙으로 하는데, 이것을 채권자 평등의 원칙이라고 한다. 그러므로 예외적으로 법률이 인정한 경우에 우선변제를 받을 수 있다. 민법이 인정한 채권 가운데 우선변제를 받을 수 있는 것은 담보물권 중에 질권·저당권이 있는 경우의 채권이다. 이밖에도 특별법에 의한 채권, 예를 들면 세금이나 건강보험·산재보험·복지연금·자동차손해보험 등의 할부금을 징수하는 청구권이 우선권으로 인정되고 있다.

## 배당변제(配當辨濟)

상속받은 재산으로 변제할 것을 법적으로 규정한 채무이행방법을 말한다. 상속은 원칙적으로 채무도 이전되는 것이므로 한정상속이나 포기의 의사표시를 하지 않으면 단순상속이 되어 채무이행의 의무도 수계받는다. 단 상속재산의 분리청구기간(민법 1045조)과 상속채권자와 유증받은 자에 대한 공고기간(민법 1046조)이 만료되기 전에는 변제거절권이 인정된다(민법 1051조 1항). 그러나 이 기간만료후에 상속인은 상속재산으로써 재산분리의 청구 또는 그 기간내에 신고한 상속채권자, 유증받은 자와 상속인이 알고 있는 상속채권자, 유증받은 자에 대하여 각 채권액 또는 수증액의 비율로 변제 하여야 한다. (민법 1051조 2항 본문). 그러나 질권·저당권 등의 우선권 있는 채권자에 대해서는 상속재산으로써 우선적으로 변제하여야 한다(민법 1051조 2항 단서). 상속재산관리인, 유언집행자, 또는 상속인은 상속재산으로써 상속채권자와 유증 받은 자에 대한 채무를 완제할 수 없는 것을 발견한 때에는 지체없이 파산의 신청을 하여야 한다. 그리고 배당변제의 절차는 변제방법과 비슷하므로, 한정승인의 경우 변제에 관한 제1035조나 제1038조의 규정이 준용된다(민법 1051조 3항).

**변제수령자**(辨濟受領者)
영 ; person accepting performance
독 ; Empfänger der Erfüllung

채권의 변제를 수령할 권한이 있는 자를 말한다. 즉 그에게 변제하면 변제가 유효하게 되어서 채무가 소멸하는 자이다. 채권자 및 그 대리인 등 정당하게 채권자의 권리를 행사하는 자만이 수령권한을 가지고 있으나 한편에 있어서는 채권자에게 수령권한이 없는 경우가 있다(민§472·파§7 등). 다른 한편에 있어서는 채권자 이외의 자 즉 채권의 준점유자(민§470), 영수증소지자(§471), 지시채권 또는 지명소지인·출급채권의 증서소지인(§518) 등이 수령권한을 가지는 경우와 같이 예외가 있다.

**제3자의 변제**(第三者의 辨濟)
영 ; performance of a third person
독 ; Erfüllung der dritten Person

제3자가 자기의 이름으로 타인의 채무를 변제하는 것이다. 채무의 내용이 채무자 자신이 하지 않으면 목적을 이룰 수 없는 경우를 제하고 원칙적으로 제3자의 변제는 유효하므로(민§469①), 채권자는 수령을 거절하지 못한다. 제3자 변제를 하는 경우 채무자의 위탁을 받지 않아도 무방하고, 경우에 따라서는 채무자의 의사에 반하여도 변제할 수 있다(§469②). 그러나 이행보조자·이행대행자·대리인의 변제는 채무자에 의한 변제이며, 제3자의 변제는 아니다. 제3자는 본래의 채무변제 이외에 공탁·대물변제할 수 있으나, 자기의 채권으로 상계할 수는 없다. 제3자의 채무변제원인은 채무자의 위임·사무관리·채무자에 대한 증여 등이다. 그러나 (1) 일신전속권인 채무(민§469①但), (2) 당사자가 반대의 의사를 표시한 때(§469①단), (3) 이해관계 없는 제3자의 변제가 채무자의 의사에 반할 때에는(§469②) 변제할 수 없다. 또한 제3자가 변제를 하면 제3자는 채무자에 대하여 구상권을 취득하고, 이 구상권을 확실히 하기 위하여 대위제도가 인정된다.

**변제의사**(辨濟意思)
독 ; Erfüllungswille

변제를 함으로써 채무를 소멸시키려고 하는 의사를 말한다. 변제의 법률적 성질에 관한 학설 중에 변제를 법률적 행위라고 하는 학자는 변제에는 변제의사가 필요하다고 한다. 그러나 통설은 이것이 필요치 않다고 하며 변제는 법률적 행위가 아니고 준법률행위라고 한다. 즉 변제에 의하여 채무가 소멸하는 것은 채권의 목적을 달성하기 때문이지 변제자의 효과의사 때문이 아니며 또 급부가 어떤 채무를 위하여 행하여졌는가는 변제자의 의사에 의하는 것이 아니라 객관적 사정에 의하여 정하여지기 때문이라 한다.

### 연부(年賦)

채무를 해마다 일정액씩 나누어서 지급하는 변제방법이다. 매매대금의 지급이나 금전대차의 결제에도 쓰인다. 일부변제가 정기적으로 행하여지는 것이지만 정기금채권은 아니며 법문상에 규정도 없다. 연부금(年賦金)을 그 기한 내에 지급하지 않을 때는 기한의 이익을 잃게 되며 전액을 일시에 변제하여야 한다는 약관이 많다. 연부는 일시에 모두 변제할 수 없는 채무자에게 기한을 유예하기 위하여 행해지지만 부동산 담보의 대부 등에서는 대부의 안전을 도모하기 위하여 원리의 분할 상환의 방법이 많이 쓰인다.

### 영수증(領收證)

영 ; receipt 독 ; Quittung 불 ; quittance

채권자가 채무의 변제를 받았다는 것을 증명하기 위하여 채무자에게 교부하는 증서를 말한다. 특별한 형식이 정해져 있는 것이 아니므로 변제를 받은 증거가 되는 증서이면 족하다. 다만 영수증의 증거이므로 목적물의 표시, 수령의 문언, 수령인의 서명, 일자의 기재, 상대방의 표시 등을 기재하는 것이 실제로 필요할 것이다. 변제를 한 자는 변제를 수령한 자에게 영수증의 교부를 청구할 수 있다(민§474). 변제와 영수증의 교부는 동시이행관계에 있다. 영수증의 작성비용은 채권자가 부담한다. 영수증은 채권소멸의 증거가 되지만, 이밖에 영수증의 소지자를 변제를 받을 권한이 있는 자라고 오신하고 변제를 한 경우, 예를 들면 해고된 수금원이 영수증을 지참하였기 때문에 이를 지급한 경우 이 변제는 변제자에게 과실이 없는 한, 효력이 있다(§471). 그러나 이 영수증이 위조된 것인 때에는 이에 대한 변제는 무효이다.

### 법정충당(法定充當)

변제의 충당방법 가운데 법률이 정하는 순서에 따라 행하여지는 것이다. 어떤 채권자에 대하여 동종류의 복수의 채무를 지고 있는 채무자가 총채무를 변제하기에 부족한 급부를 할 경우에는 그 급부를 어느 채무의 변제로 할 것인가를 정하여야 한다. 변제의 충당은 우선 채무자가 지정할 수 있고 채무자가 지정하지 않으면 채권자가 지정할 수 있다(민§476). 그리고 채무자나 채권자가 충당의 지정을 하지 않을 경우에는 법률의 규정에 의하여 충당이 결정된다(§477). 이것을 법정충당이라고 한다. 법정충당보다도 유리한 충당을 하기 위하여는 채무자는 충당의 지정을 할 것(어느 채무의 변제인가를 채권자에게 통지한다)이 긴요하다. 법정충당의 순서는 (1) 이행기가 도래한 채무 (2) 채무자에게 변제이익이 많은 채무이다. 이 경우 그 채무액에 비례하여 각 채무의 변제에 충당한다. 또한 변제는 비용·이자·원본의 순서로 충당한다(§479).

## 변제충당(辨濟充當)

독 ; Anrechnung der Zahlung, Imputation der Zahlug

채무자가 동일한 채권자에 대하여 동종의 목적을 갖는 수개의 채무를 부담한 경우 또는 1개의 채무의 변제로서 수개의 급부를 하지 않으면 안 될 경우 및 채무자가 1개 또는 수개의 채무에 대하여 원금 외에 이자 및 비용을 지급할 경우에 있어서 변제로서 제공한 급여가 채무전부를 소멸시키는 데 부족한 경우에는 그 급여를 어느 채무 또는 어느 급여의 변제에 충당할 것인가를 정하는 것을 말한다(민§476①, §478). 변제충당권자는 원칙적으로 변제자이지만 변제수령자일 수도 있다(§476). 충당의 방법으로는 (1) 변제자와 변제수령자와의 계약에 의한 충당, (2) 충당권자의 일방적 의사표시에 의한 충당(§476), (3) 법정충당의 세 가지가 있다. 특히 수개의 채무가 있는 경우에는 이를 충당하는 순서가 문제가 된다. 동일한 채무자에게 2개 이상의 채무가 있을 때 어느 채무를 위하여 변제하였는지 불명일 때는 민법의 규정에 따라서 이를 충당한다(§476). 더구나 원본, 이자, 비용에 있어서는 이에 관하여 특약이 없는 한 비용, 이자, 원본의 순으로 충당한다(§479).

## 지정변제충당(指定辨濟充當)

채무자가 동일한 채권자에 대하여 같은 종류를 목적으로 한 수개의 채무를 부담한 경우에 변제의 제공이 그 채무전부를 소멸하게 하지 못하는 때, 변제자가 그 당시 어느 채무를 지정하여 그 변제에 충당하는 것을 말한다(민§476①). 채무자(변제자)가 지정을 하지 아니할 때에는 채권자(변제받는 자)는 그 당시 어느 채무를 지정하여 변제에 충당할 수 있다(§476②본문). 다만 채무자가 그 충당에 대하여 즉시 이의를 할 수 있다(§476②但). 위의 변제충당은 상대방에 대한 의사표시로써 하게 되어 있다(§473③). 그리고 채무자나 채권자가 변제에 충당할 채무를 지정하지 아니한 때에는 법률의 규정에 의하여 변제충당이 결정된다(§477). 이것을 법정변제충당이라고 한다. 1개의 채무에 수개의 급여를 요할 경우에 채무자(변제자)가 그 채무전부를 소멸하게 하지 못할 급여를 한 때에는 앞에서 설명한 지정변제충당과 법정변제충당의 규정을 준용하게 되어 있다(§478). 이것을 부족변제의 충당이라고 한다. 그리고 채무자가 1개 또는 수개의 채무의 비용 및 이자를 지급할 경우에 채무자(변제자)가 그 전부를 소멸하게 하지 못한 급여를 한 때에는 비용·이자·원본의 순서로 변제에 충당하도록 되어 있다(§479①).

## 현실의 제공(現實의 提供)

독 ; tatsächliches Angebot

변제의 제공 중에서 변제자가 급부의 대부분을 완료하고 채권자에 대하여 수령의 청구를 하는 것을 말한다. 목적물을 매수인에게 송부할 약속이 있는 경우에 매도인이 이를 현실로 매수인의 주소로 보내는 것 등이 그 예이다.

구두상의 제공에 대한 관념이지만 변제의 제공의 원칙이다(민§460).

### 변제의 제공(辨濟의 提供)

독 ; Angebot der Leistung
불 ; offre de paiement

채무자가 변제를 위하여 필요한 모든 행위를 완료하고 채권자의 수령을 구하는 것이다. 이행의 제공이라고도 한다. 민법상 변제제공의 방법은 (1) 채무의 내용에 좇아서 현실제공으로 이를 하여야 한다(민§460본문). 이것을 현실제공이라고 한다. 예를 들면 금전의 지참채무는 금전을 가지고 지급장소로 나가야 하는 것이다. (2) 예외로서 채권자가 미리 변제받기를 거절하거나, 채무의 이행에 채권자의 행위를 요하는 경우에는 변제준비의 완료를 통지하고 그 수령을 최고하면 된다(§460단). 이것을 구두(口頭)의 제공이라 한다. 예를 들면 가임인상(家賃引上)을 둘러싼 분쟁으로 인하여 그 달의 가임을 가주(家主)가 받지 않는 경우에 가임이 준비되었으니까 받으라고 통지를 하거나 채권자가 지정하는 장소에 상품을 송부할 경우에 상품발송의 준비를 하고 송부처의 지정을 바라는 것과 같은 경우이다. 이러한 구별은 정도의 문제로서 거래관행과 신의성실의 원칙에 의하여 결정되어질 문제이다. 그러나 수령거절의 정도가 매우 강고하고 수령거절이 명확한 경우일지라도 채무자는 변제의 제공을 요하는가 하는 문제가 생긴다. 이점에 대하여 최근 대법원에서는 변제제공의 필요가 없다고 했지만, 그 후 변제의 제공을 요한다는 판결도 있어 아직 명확히 결정되지 않고 있다. 더구나 변제를 제공하면 그때로부터 채무자는 채무불이행으로 인하여 발생하는 모든 책임을 면할 수 있고(§461), 경우에 따라서 채권자가 수령을 거절하면 수령지체가 되는 것이다.

### 채무승인(債務承認)

광의로는 채무자가 채무를 부담하고 있음을 인정하는 관념의 통지(시효 중단의 사유인 승인〈민§168, §177〉이 이에 해당한다)까지 포함하나 협의로는 채무의 존재를 인정하고 그 채무에 구속된다는 요지의 의사표시만을 가리킨다. 그러나 그 중에도 여러 가지가 있는바 단순히 채권자의 입증을 필요로 하지 않는다는 뜻을 가진 것, 채무자에 있어서 채무의 존재를 다투지 않는다는 뜻을 가진 것(영국법의 IOY(I owe you)〉는 이에 해당한다), 또 채권의 존재·액수 등이 분명한 경우에 이것을 확정적인 채무로서 효력을 부여하는 뜻을 가진 것(독일법의 Schulderkenntnis가 이에 해당된다)등이 있다. 가장 나중의 경우는 특히 무인(無因)의 채무승인이라고 부르며 채무약속과 같이 무인채무를 발생한다. 우리 민법에는 규정은 없으나 어느 종류의 것을 인정하더라도 무방하다고 해석되고 있다.

### 채무인수(債務引受)

독 ; Schuldübernahme
불 ; cession de dette

채무의 동일성을 유지하면서 그 채무

를 그대로 인수인에게 이전하는 것을 목적으로 하는 계약을 말한다. 즉 갑의 을에 대한 채무를 인수인인 병에게 이전하는 계약이다. 채권관계변동의 일태양(一態樣)이다. 우리민법은 제453조에서 채권자와의 계약에 의한 채무인수를 규정하고 있으며 학설과 판례에서도 이를 인정하고 있다. 채권자·채무자·인수인 삼면계약은 물론이며 채무자의 의사에 반하지 않는 한 채권자와 인수인의 계약으로도 할 수 있으며(민§453). 또 채무자와 인수인과의 계약으로도 할 수 있는데 이 경우에는 채권자의 승낙에 의하여 그 효력이 생긴다. 효과로서 채무는 동일성을 잃지 않고 인수인에게 이전하고, 채무자는 채무를 면하고, 인수인은 채무자가 가졌던 모든 항변권을 수계(受繼)한다(§458). 담보물권과 보증채무는 채무자가 설정한 담보물권을 제외하고는 이전하지 않는다(§459). 그러나 보증인이나 물상보증인이 동의한 경우에는 보증채무나 담보채무가 이전한다(§459단§).

## 병존적 채무인수
(倂存的 債務引受)
독 ; kumulative Schuld übernahme

제3자(인수인)가 채무관계에 가입하여 채무자가 되고 종래의 채무자와 더불어 새로이 동일내용의 채무를 부담하는 채권자·인수인간의 계약을 말한다. 중첩적·부가적·첨부적·확보적·보존적·첨부적 채무라고도 한다. 이런 채무인도에 대하여 보통의 채무인수를 면책적 채무인수라고 부른다. 면책적 채무인수인지 병존적 채무인수인지는 당사자의 의사의 해석으로 정하여진다. 의사가 분명하지 않을 때에는 현실거래의 실제가 채무담보를 위하여 인수계약이 행하여지므로 병존적 채무인수로 보는 것이 타당하다. 병존적 채무인수는 채권자와 인수인 사이의 계약에 의하여 채무자의 의사에 반하여 이를 행할 수 있다. 여기서 문제가 되는 것은 구채무자와 인수인이 어떤 관계에 있는가 하는 것인데 연대채무관계·불가분채무관계·부진정연대채무관계, 보증채무관계 등 여러 가지설로 나누어지고 있다. 계약의 내용에 따라서 결정할 수밖에 없는데, 계약의 내용이 확실하지 않을 때에는 연대채무관계라고 해석하는 설이 통설이다.

## 면책적 채무인수(免責的 債務引受)
독 ; befreiende Schuldübernahme

→ 병존적 채무인수 참조

## 대물변제(代物辨濟)

채무자가 부담하고 있던 급부 대신에 다른 급부를 함으로써 채권을 소멸시키는 채권자와 변제자 사이의 계약을 말한다. 변제와 동일한 효력을 가지지만(민§466), 계약이라는 점에서 차이가 있다. 또한 현실급여를 요하므로 단지 다른 급부를 할 의무만을 지는 것은 경개(更改)이지 대물변제가 아니다. 요물(要物)·유상계약이므로 물건에 하자가 있더라도 대물변제로 일단 소멸된 채권은 당연히 부활되지는 않으며 채권자는 매매의 하자담보의 규정을 준용하여 계약의 해제 또는 손해배상을 청구할 수 있다(§580). 대물변제는 소비대차에 부수하여 예약이란 형식으로 많이 행하여지는데, 소액의 채무를 위하여 고액의 재산을 이전하게 되는 일이 많으므로 민법은 질권에 의한 대물변제의 예약, 즉 유질계약을 금지한다(§339). 또한 소비대차에 있어서 대물변제의 예약(대물반환의 예약)을 한 경우에는 借主(차주)가 사용물에 갈음하여 이전할 것을 예약한 다른 재산권의 예약 당시의 가액이 그 차용액 및 이에 붙인 이자의 합산액을 넘지 못하도록 하고 있다(§607, §608).

## 대물변제의 예약

(代物辨濟의 豫約)

대물변제를 미리 예약하는 것을 말한다. 예를 들면 100만원을 차임하는데 있어서 기한에 변제를 하지 않을 때에는 이를 대신하여 가옥의 소유권을 이전한다는 계약을 하는 경우이다. 특히 소비임차에 관하여 설정된 담보물권의 목적물에 관하여 많이 행하여진다. 대물변제의 예약은 그 내용의 차이에 따라서 그 결과도 달라진다. (1) 예약의 내용이 만약에 기한 변제를 하지 않을 때에는 목적물의 소유권이 당연히 채권자에게 이전한다는 내용일 경우에는 정지조건부 대물변제계약이다. 따라서 목적물에 관하여 강한 양도담보계약이 행하여진 것과 같은 결과가 된다. 그러므로 변제하지 않은 사실이 있었다면 소유권은 그대로 채권자에게 귀속하게 된다. 그러나 목적물에 대하여 채무자가 채권자에게 질권 또는 저당권을 함께 설정하고 있을 때에는 유질계약은 무효이기 때문에(민§339), 대물변제의 예약도 무효인데 반하여 저당권설정계약은 유효이기 때문에 대물변제의 예약은 효력이 있다. (2) 예약을 본계약으로 하는 권리(예약완결권)가 채권자·채무자의 한쪽 또는 양쪽에 보류되어 있을 때에는 참된 의미의 대물변제의 예약이다. 이 경우는 매매의 예약(별항)의 규정을 준용하여 다루어진다. 그러나 채권자에게만 보류되고 있는 경우가 많을 것이다. 그 때에는 첫째의 경우와 똑같은 결과가 된다. 또한 (1)이든 (2)이든간에 그 물건의 예약당시의 가액이 차용액과 이에 붙인 이자의 합산액을 넘어서는 아니되며, 이를 넘는 경우에는 그 예약은 효력이 없다(§607, §608).

## 대물반환의 예약

(代物返還의 豫約)

대물변제가 예약의 형식으로 행하여지는 것을 말한다. 그 성질에 관해서는 두 가지로 요약된다. (1) 정지조건부 대물변제계약이라는 점이다. 즉 만약에 기한 내에 변제를 하지 않으면 목적물의 소유권이 당연히 채권자에게 이전된다고 하는 것이 그것이다. 따라서 목적물에 관하여 강한 양도담보계약이 행하여진 결과와 같게 된다. 그것이 담보물권의 목적물인 때에는 유질·유저당과 관련하여 그 효력이 검토되어야 한다. (2) 진정한 의미의 대물변제의 예약이라는 점이다. 즉 만약에 채권자·채무자의 일방 또는 쌍방의 특정의 물건의 급부로써 대물변제를 할 수 있는 권능을 보유할 뿐인 경우가 그것이다. 채권자만이 이 권능을 보유하는 경우에는 채권자의 의사에 의하여 강한 양도담보계약 또는 유담보계약과 같은 효력을 지니게 되므로 정지조건부 대물변제예약과 마찬가지로 취급하여야 한다. 그리고 어느 경우에 있어서나 그 물건의 예약 당시의 가액이 이에 붙인 이자의 합산액을 넘어서는 안되며(민법 607조), 이를 넘는 경우에는 그 예약은 효력이 없다(민법 608조). 이는 채권자의 폭리로부터 채무자를 보호하기 위한 규정이며, 강행규정이다.

### 대위변제(代位辨濟)

독 ; surrogierte Erfüllung
불 ; paiement avecsubrogation

제3자 또는 공동채무자의 한 사람이 채무자를 위하여 변제를 하여 채무자 또는 다른 공동채무자에 대하여 구상권을 취득한 경우에 이 구상권의 효력을 확보하기 위하여 종래 채권자가 가지고 있었던 채권에 관한 권리가 구상권의 범위안에 법률상 당연히 변제자에게 이전하는 것을 가리켜 변제자의 대위 또는 대위변제라고 한다(민§480, §481).

### 변제자대위(辨濟者代位)

제3자 또는 공동채무자(연대채무자·보증인·불가분채무자 등)의 한 사람이 채무자를 위하여 변제한 경우, 채권자 또는 다른 공동채권자에 대하여 대위한 자는 자기의 권리에 의하여 구상할 수 있는 범위에서 가지고 있었던 채권에 관한 권리가 법률상 당연히 변제자에게 이전하는 것을 말한다. 채권자의 승낙 또는 변제에 의한 대위는 임의대위와 법정대위로 나누어진다. 변제할 정당한 이익이 없는 자는 채권자의 승낙이 있어야만 대위할 수 있으며(임의대위), 이 때 채권자의 승낙은 변제와 동시에 행해져야 한다(민법 480조 1항). 임의대위에 있어서 채무자는 누가 변제에 의한 대위를 하였는가, 또는 채권자의 승낙이 있었느냐의 여부를 미리 알 수 없으므로, 민법은 채무자의 보호를 위하여 지명채권양도의 대항요건과 그 효력에 관한 규정(민법 450조 내지 452조)을 준용하고 있다(민법 480조 2항). 이에 따라 채무자에 대하여 대위를 가지고 대항하려면, 채권자의 채무자에 대한 대위통지 또는 채무자의 대위승낙을 필요로 하며(대판 1962.1.25. 4294 면상 183), 채무자 이외의 제3자에 대하여서는 확정일자 있는 증서로써 하여야 한다. '변제할 정당한 이익이 있는 자'는 채권자의 승낙을 필요로 하지 않고 변제로 법률상 당연히 채권자를 대위한다(민법 481조 : 법정대위). 여기서 '변제할 정당한 이익이 있는 자'라 함은 불가분채무자·연대채무자·보증인·물상보증인·담보물의 제3취득자, 후순위담보권자 등을 말한다.

### 임의대위(任意代位)

변제함에 있어서 정당한 이익을 가지

지 않는 자가 채무자를 위하여 변제함과 동시에 채권자의 승낙을 얻어 채권자를 대위하는 경우를 임의대위라고 한다(§480①). 변제에 정당한 이익을 가지지 않는 자가 변제시 채권자의 승낙을 얻지 못하면 대위의 효과가 생기지 않는다. 따라서 채권양도의 경우와 동일한 대항요건 즉 채무자에의 통지와 승낙을 요한다.

**법정대위**(法定代位)

변제를 함에 있어서 정당한 이익을 갖는 자가 변제에 의하여 당연히 채권자에 대위하는 경우를 법정대위라고 한다(민§480①). 여기서 변제를 함에 있어서 정당한 이익을 갖고 있는 자란 물상보증인·담보부동산의 제3취득자·보증인·연대채무자 등을 말한다. 이들은 채무자를 위하여 변제를 하기만 하면 대위가 되며(§481), 그 결과로서 채무자 또는 다른 공동채무자에 대하여 구상권을 가지게 된다.

**일부대위**(一部代位)

채권의 일부에 대하여 변제가 있었을 경우에 생기는 대위이다. 이 경우에는 대위자는 그 변제한 가액에 비례하여 채권자와 함께 그 권리를 행사한다. 그러나 이러한 경우에도 채무불이행을 원인으로 하는 계약의 해제 또는 해지는 채권자만이 할 수 있고, 채권자는 대위자에게 그 변제한 가액과 이자를 상환하여야 한다(민§483).

**상계**(相計)
라 ; compensation
영 ; set-off
독 ; Aufrechung, kompensation
불 ; compensation

채권자와 채무자가 서로 동종의 채권·채무를 가지는 경우에 그 채권과 채무를 대등액에 있어서 소멸케 하는 일방적 의사표시이다(민§492). 예컨대 갑에게 500만원을 차재(借財)한 을이 갑에 대하여 300만원의 외상대금이 있을 때에 을은 자기의 300만원의 채권과 갑의 자기에 대한 채권 가운데 300만원을 소멸시키는 것이다. 일종의 채권담보적 작용을 한다. 상계는 광의로는 당사자사이의 계약에 의한 상계(상계계약)를 포함하지만 협의로는 일방적인 의사표시에 의한 상계만을 가리킨다. 상계하는 측의 채권(앞의 예에서 300만원인 을의 채권)을 자동채권이라고 하고, 상계를 당하는 측의 채권을 수동채권이라고 한다. 양 채권이 상계할 수 있는 사정에 놓여질 때 이를 상계적상(相計適狀)이라고 한다. 상계는 상대방에 대한 의사표시에 의하지만 이것은 재판상이거나 재판 외이거나를 불문한다. 상계의 의사표시가 있으며 상계적상 시로 소급하여 효력을 발생한다. 상계의 상대방이 수개의 채권을 지니고 있을 경우에는 어느 채권을 먼저 충당할 것인가 하는 문제가 발생하지만, 이에 대하여는 변제의 충당에 관한 규정(§476~§479)이 준용된다.

상계는 쌍방이 서로 상대방에 대하여 같은 종류의 급부를 목적으로 하는 채권을 가지고 자동채권의 변제기가 도래하였을 것을 그 요건으로 하는 것인데, 형벌의 일종인 벌금도 일정 금액으로 표시된 추상적 경제가치를 급부목적으로 하는 채권인 점에서는 다른 금전채권들과 본질적으로 다를 것이 없고, 다만 발생의 법적 근거가 공법관계라는 점에서만 차이가 있을 뿐이나 채권 발생의 법적 근거가 무엇인지는 급부의 동종성을 결정하는 데 영향이 없으며, 벌금형이 확정된 이상 벌금채권의 변제기는 도래한 것이므로 달리 이를 금하는 특별한 법률상 근거가 없는 이상 벌금채권은 적어도 상계의 자동채권이 되지 못할 아무런 이유가 없다*(대법원 2004. 4. 27. 선고 2003다37891)*.

## 상계적상(相計適狀)

당사자 양쪽이 서로 대립한 동종의 채권을 가지고 또한 상계하려고 하는 자의 채권(자동채권)이 변제기에 있어서 상계를 할 수 있는 상태에 있는 것이다. 상계적상이 되려면 (1) 자동채권과 수동채권이 존재하고 있어야 한다. 단 자동채권이 시효로 소멸하여도 그의 소멸 이전에 양 채권이 동시에 존재하고 있다면 무방하다. (2) 양 채권이 변제기에 도래하고 있어야 한다. 단 수동채권은 변제기가 도래하지 않았다고 할지라도 상계하는 자가 변제기 이전에 지급할 의사가 있다며 무방하다. 상계적상에 있으면 단독의 의사표시로 상계할 수 있는 것이 원칙이다. 그러나 (1) 상계금지의 특약이 있는 경우(민§492②), (2) 채권의 성질이 상계를 허용하지 않을 경우(부작위채무·상호노무를 제공하는 채무 등)(민§492①단), (3) 상계되는 쪽의 채권(수동채권)이 불법행위에 입각한 손해배상채권인 경우나 압류가 금지된 채권의 경우(§496, §497·상§334, §596 등), (4) 자동채권의 처분이 금지되어 있는 경우 등에는 상계가 허용되지 않는다.

당사자 쌍방의 채무가 서로 상계적상에 있다 하더라도, 별도의 의사표시 없이도 상계된 것으로 한다는 특약이 없는 한, 그 자체만으로 상계로 인한 채무 소멸의 효력이 생기는 것은 아니고 상계의 의사표시를 기다려 비로소 상계로 인한 채무 소멸의 효력이 생긴다*(대법원 2000. 9. 8. 선고 99다6524)*.

## 상계계약(相計契約)

독 ; Aufrechnungs vertrag, Kompensations vertrag

수인이 상호간에 채권을 가지고 있는 경우에 서로의 채권을 대등액만큼 소멸시키는 계약이다. 일종의 유상계약이며, 당사자의 의사표시만 합치되면 효력이 있다. 이점에서 일방적 의사표시만으로 효력을 발생하는 상계와 다르다. 예를 들면 불법행위에 의하여 발생한 채권이나 압류금지의 채권을 상계에 의하여 소멸시킬 수 있다. 어음의 決濟(결제)(어음교환)도 상계계약의 원리에 입각하여 행하여지는 것이며, 이 의미에서 광의의 상계제도는 화폐에 의존하지 않는 거래를 가능하게 한다. 상계계약의 내용은 해석에 의하여 결정된다. 그러나 특별한 의사표시가 없으면 상계계약의 성립은 민법상의 상계와 마찬가지로 소급효를 가진다고 한다.

**경개**(更改)
라 ; novatio 영 ; novation
독 ; Novation, Schuldersetzung, Schuldumwandlung
불 ; novation

채무의 중요한 부분을 변경함으로써 신 채무를 성립시킴과 동시에 구 채무를 소멸시키는 계약이다(민§500~§505). 경개의사에 의하여 구채무를 신채무로 변경시키는 점에서 대물변제와 비슷한지만 대가를 현실로 주지 않는 점에서 다르다. 경개계약의 당사자는 경개의 종류에 따라 다르다. (1) 채무자 변경으로 인한 경개 : 즉 을의 갑에 대한 채무를 소멸시키고 병의 갑에 대한 채무를 성립시키는 경개는 갑, 을, 병 3인의 계약으로 할 수 있음은 물론이지만, 갑, 병만의 계약으로 할 수 있다. 다만, 을의 의사에 반하는 때에는 효력이 생기지 않는다(§501). (2) 채권자변경으로 인한 경개 : 즉 갑의 을에 대한 채권을 소멸시키고 병의 을에 대한 채권을 성립시키는 병의 을에 대한 채권을 성립시키는 경개는 갑, 을, 병 3인의 계약에 의한다고 해석되고 있다. (3) 채무의 목적변경으로 인한 경개는 동일채권자·채무자간의 계약이다. 경개계약에는 아무런 형식을 필요로 하지 않는다. 다만 채권자 변경으로 인한 경개는 확정일자 있는 증서로 하지 아니하면 이로써 제3자에게 대항하지 못한다(§502). 경개의 효력으로서 구채무가 소멸되고 신채무가 성립하지만 신, 구 양 채무는 동일성이 없으므로 구채무의 담보·보증·항변권 등은 원칙적으로 소멸한다. 다만 질권·저당권은 특히 이를 신 채무에 옮길 수 있지만(§505)본문), 제3자가 제공한 담보는 그 승낙을 얻어야 한다(§505단). 그리고 경개는 유인계약(有因契約)이므로 구채무가 존재하지 않으면 신 채무는 발생하지 않으며, 신채무가 생기지 아니하면 구채무가 소멸되지 않는 것이 원칙이다. 그러나 이에는 두 가지 예외가 인정된다.

첫째는 갑, 을, 병 3인의 계약으로 갑, 을간의 채권을 소멸시키고 병, 을간의 채권을 성립시키는 경우에, 을이 이의(異義)를 보유하지 아니하고 이 계약을 한 때에는 비록 갑, 을간의 구채권이 존재하지 않는 경우에도 병, 을간의 신 채권은 성립하는 것이다(§503, §451①준용). 둘째는 예컨대, 10만원의 채무를 말(馬) 한 마리의 채무로 변경하는 경개에 있어서, 그 말이 이미 사망하였기 때문에 이것을 목적으로 하는 신채무가 성립되지 않는 경우에 만약 당사자가 이 사실을 알고 있으면 신채무의 불성립에도 불구하고 구 채무는 소멸되는 것이다(민법 제504조의 규정의 반대해석에서 생긴다).

**채무면제**(債務免除)
라 ; acceptilatio
독 ; Erlass
불 ; remise de ladette

채권자가 채무자에 대한 일방적인 의사표시에 의하여 채권을 무상으로 소멸시키는 것이다. 즉 면제는 채권자의 단독행위이며 그것은 채권의 포기에 지나지 않는다. 그러나 계약에 의한 면제도 유효하며 이것을 면제계약이라고 한다. 면제를 하려면 채권을 포기하겠다는 의사가 채무자에 대하여 표시되었다면 어떤 방법이든 무방하다. 예컨대 명확히 면제하겠다는 통지를 할 뿐만 아니라 채권증서를 묵(墨)으로 말소하여 이것을 채무자에게 보내면 면제한 것으로 본다. 또한 일부면제나 조건을 붙이는 것이 가능하다. 그러나 만약에 채권에 질권이 설정되어 있으면 면제를 할 수 없으며, 면제에 의하여 제3자의 권리를 해할 때는 면제는 허용되지 않는다(민§506). 또한 연대채무자의 1인에 대한 채무면제는 그 자의 부담부분에 대하여서만 절대적 효력을 발생한다(§419).

**채권혼동**(債權混同)
라 ; comfusio
영 ; merger
독 ; Konfusion, Vereinigung
불 ; confusion

병존시켜 놓을 필요나 이유가 없는 두 개의 법률상의 지위가 동일인에게 귀속하는 것이며, 주로 물권(민§191)과 채권(§507)의 소멸원인으로서 의미가 있다. 채권과 채무가 상속이나 회사합병 등에 의하여 동일인에게 귀속되었을 경우에는 그 채권은 소멸한다(§507). 그러나 그 채권이 제3자의 권리의 목적으로 되어 있을 때에는 예외이다. 또한 어음·수표에 있어서는 당사자의 개념이 매우 형식화되어 있으므로 혼동의 법리는 전혀 성립되지 않는다(§509①·어§11③·수§14③).

**공탁**(供託)
라 ; depositio　영 ; deposit
독 ; Hinterlegung　불 ; consignation

법령의 규정에 의하여 금전·유가증권 또는 그밖의 물품을 공탁소 또는 일정한 자에게 임치하는 것이다. 공탁의 성질은 공탁공무원의 수탁처분과 공탁물 보관자의 공탁물 수령으로써 성립하는 하나의 공법상의 법률관계이다. 공탁을 하는 경우는 공법·사법에 걸쳐 대단히 많으나 크게 나누면 4종류가 된다. (1) 채무소멸을 위하여 하는 공탁(변제공탁) : 채무자가 채무를 면하는 수단으로서 가장 중요한 실체법상의 의미를 가진다. 이 공탁에 의하여 의무를 면할 수 있는 경우(공탁원인)는 일반적으로 채권자의 수령거절·수령불능 및 채무자가 과실 없이 채권자를 확실히 알 수 없는 때이며(민§487) 그밖에도 법률에 규정되는 경우가 있다(상§67③, §803). (2) 채권담보를 위하여 하는 공탁(담보공탁) : 상대방에게 생기는 손해의 배상을 담보하기 위한 수단으로서 주로 민사소송법·민사집행법 및 세법에 그 예를 볼 수 있다(민소§213, 민사집행법 §280, §301·상속세및증여세법시행령§23①). (3) 단순히 보관이란 의미로 하는 것(보관공탁) : 타인의 물건을 즉시 처분할 수 없는 경우에 일시공탁에 의하여 보관하는 것(§353, §362, §589·민사집행법§292, §222 등). (4) 그밖에 특수한 목적을 위하여 하는 것(특수공탁) : 예컨대 공직선거의 입후보자가 하는 공탁 따위가 있다.

공탁의 성질

| | |
|---|---|
| 사법관계설 | 제3자를 위한 임치계약으로 이해하는 견해이다. |
| 공법관계설 | 국가기관의 처분행위인 점을 고려하여 공법관계로 이해하는 견해이다. |
| 양면관계설 | 절차면은 공법관계이나, 실체면은 사법관계로 보는 견해이다. |
| 판례 | 기본적으로 공법관계설로 이해된다(91다3924참조). |

**계약**(契約)
영 ; contract 독 ; Vertrag
불 ; contrat

일정한 법률효과의 발생을 목적으로 하는 서로 대립된 두 개 이상의 의사표시의 합치에 의하여 성립하는 법률행위이다. 계약은 하나의 법률행위이다. 본인의 의사표시에 의하여 권리의무를 발생하거나 변경하는 행위를 법률행위라고 하는데 계약은 단독행위와 같이 그의 일부에 속한다. 그러므로 계약에는 민법의 법률행위에 관한 여러 규정들이 적용된다. 그런데 민법 제3편의 계약은 채권관계를 발생시키는데 한정되고 있는 소위 채권계약으로서 공법상의 계약(관할의 합의나 행정주체간의 계약) 및 물권계약(지상권설정계약이나 저당권설정계약, 그리고 준물권계약(채무양도와 같이 즉시 채권이행의 효과를 발생한 뒤에 채무의 이행의 문제를 남기지 않는 계약)과 가족법상의 계약〈신분계약(혼인이나 입양)〉과는 다르다. 계약은 서로 대립하고 있는 의사표시의 합치에 의해서 성립한다. 보통은 청약·승낙이라고 하는 서로 대립되고 있는 두 개의 의사표시의 합치로 성립한다. 단 예외로서 청약만으로써 즉 호텔방을 예약해 둔다든가(의사실현), 양쪽의 당사자가 동일내용의 청약(교차청약)을 하는 경우에 계약이 성립하기도 한다(민§533①).

**준계약**(準契約)
영 ; quasi-contract 불 ; quasi contrat

로마법에서는 계약도 불법행위도 아닌 사유에 의하여 계약과 비슷한 채권관계를 발생하는 경우에 이것을 일괄하여 준계약이라고 하여 채권발생원인이라고 생각하였다. 사무관리·후견·우연한 공유·유증·부당이익등이 그 예이다. 이중 어떤 것은 체계상 다른 부분에 흡수되었으며, 프랑스 민법에서는 사무관리와 비채변제(非債辨濟)만이 이에 속하고(프·민§1370 이하), 독일·스위스 및 우리나라의 민법은 이 관념을 인정하지 않고 있다.

**합동행위**(合同行爲)
영 ; joint act독 ; gesamtakt
불 ; acte joint

수인이 공동으로 동일한 목적을 향하여 행하는 의사표시의 결합에 의하여 성립하는 법률행위이다. 예컨대 많은 사람들이 단체를 조직하는 경우이다. 수인이 의사표시를 한다는 점에 있어서는 계약과 동일하다. 그러나 합동행위에서는 수인의 의사가 동일한 목적 및 방향(예를 들면 단체를 조직한다는 목적)에서 합치한다는 점이 계약과는 다르다. 단체법상의 법률행위의 전형으로서 계약의 규정이 반드시 적용되지 않는다는 점에 구별의 실익이 있다.

**단독행위**(單독行爲)
영 ; unilateral act
독 ; einseitges Geshäft
불 ; acte unilatéral

취소원인이 있어 어떤 계약을 취소하는 것과 같이 일방적인 의사표시에 의하여 법률효과를 발생케 하는 법률행위이다. 따라서 서로 대립하는 2개 이상의 의사표시의 합치로 성립하는 계약(쌍방행위)과 수인이 공동으로 동일 목적을 향하여 행하는 의사표시의 결과에 의하여 성립하는 합동행위와 다르다. 취소·추인의 경우와 같이 일정한 상대방에 대해서 행하는 단독행위와 유언이나 기부행위와 같이 반드시 상대방을 필요로 하지 않는 것이 있다. 전자를 상대방 있는 단독행위라 하고 후자를 상대방 없는 단독행위라고 한다. 단독행위는 행위자의 의사만으로 효력이 생기고, 이 행위로 인하여 영향을 받는 자의 의사를 무시하는 것이므로 민법이 특히 인정하는 경우 이외에는 자유로이 할 수 없다.

**부합계약**(附合契約)
불 ; contrat d'adhesion

계약 당사자의 한쪽이 결정한 것에 대해 다른 한쪽은 사실상 그대로 따를 수밖에 없는 계약이다. 부종계약(附從契約)이라고도 한다. 오늘날 일반인이 대기업과 체결하는 운송·보험·전기의 공급·고용의 계약과 같은 것이다. 불란서의 살레이유(Saleilles)가 포괄적인 승인을 부합한다(adhérer)라는 뜻으로 contrat d'adhé- stion이라 이름 지은 것이 그 시초이다. 이러한 현상은 기업의 독점화에 따라서 차츰 확대되어 일반인은 계약내용의 절충은 물론 계약을 체결해야 할지 그 여부의 자유마저 충분히 못가지게 되어 계약자유의 원칙은 실질적으로 타당의 범위가 좁아진다. 그러므로 부합계약의 본질이 계약이냐 제도이냐가 논란의 대상이 되는 것이다. 또한 부합계약의 합리성을 확보하기 위하여는 국가의 행정적인 감독이 필요하므로 현재 어느 정도 그것이 실현되고 있다.

**계약강제**(附合契約)
독 ; Kontrahierungszwang Vertragszwang

특정한 계약의 체결이 법령에 의하여 강제당하는 것이다. 근대법은 계약자유의 원칙의 내용으로 계약체결의 자유를 원칙으로 하고 있으나 오늘날에는 공익적 독점사업이나 공익적 직업에 관한 의무와 같이 법률상 계약의 체결을 강제하는 것이 증가되었다. 이것에는 (1) 전기사업, 철도운송사업, 철도소운송업, 숙박업 등의 공익적·독점적 기업이나 공증인, 집행관, 의사 등의 공공적 직무에 관한 공법적인 응수(應需) 등의 공공적 직무에 관한 공법적인 응수의무, (2) 차지·차가관계에 있어서의 건물·부속물의 매수청구권·주주의 주식의 매수청구권과 같이 상대방의 승낙없이 일방인 단독의 의사표시로써 계약을 성립시키는 것, (3) 농업용 임야의 사용권의 설정·채석권의 설정과 같이 일정한 자의 신청에 대하여 협의 의무를 과하고, 협의가 성립하지 않을 때에는 국가기관의 재정으로써 당연히 계약의 효과를 발생시키는 것, (4) 공출의무와 같이 일정한 자에 신고의 의무를 과하거나 배급의 등록제와 같이 일정한 자를 상대로 계약을 체결하지 않으면 안되는 것 등의 여러 가지 형태가 있다. 계약강제의 경우에 있어서의 법적 효과는 위반자에게 공법상의 책임 또는 민법상의 배상책임을 과하는 경우와 강제당하는 자의 의사에 관계없이 계약을 성립시키는 경우 등이 있다.

**계약자유의 원칙**(契約自由의 原則)
영 ; librty of contract

개인이 자기의 의사에 따라 계약의 내용이나 형식 및 계약체결을 자유로이 할 수 있는 원칙이다. 소유권의 절대·과실책임의 원칙과 함께 근대민법의 3대 원칙을 이루고 있다. 계약자유의 내용으로서는 체결의 자유·상대방선택의 자유·내용결정의 자유·방식의 자유 등 4가지를 드는 것이 보통이다. 이 원칙은 자본주의의 초기에 특히 강조되고 있었지만 오늘날에는 제한을 받고 있다. (1) 내용결정의 자유에 대해서는 민법이나 노동기준법 등 법률이 정한 조건이 아니면 계약을 할 수 없도록 제한하는 경우가 있다. 또한 보험계약이나 근로계약과 같은 부합계약(당사자의 일방인 기업자가 계약내용을 일방적으로 결정하고 상대방은 그 내용을 좇음으로써 성립하는 계약)에서는 당사자 일방의 자유는 사실상 박탈되고 있다. (2) 제정법상 형식의 자유가 명확히 박탈되고 있는 경우(현상광고의 청약 또는 노동계약 등이 그 예이다)는 적다. 그러나 서면으로 표시되지 않은 증여는 효력이 약하여 각 당사자는 이를 해제할 수 있다(민§555). (3) 계약을 체결하느냐 체결하지 않느냐의 자유 즉 체약의 자유에도 제한이 따른다. 독점적인 기업(우편·철도·가스·수도)이나 공공적인 사업(의사·조산사 등) 및 사회정책인 제도(건물의 매수청구권의 행사)에서는 제약이 되는 수가 있다. (4) 상대방을 누구를 선택할 것인가 하는 상대방 선택의 자유도 재판이나 노동조합 및 노동관계조정법 등의 법률에 의하여 박탈되고 있는 경우가 있다.

**전형계약**(典型契約)
독 ; typischer Vertrag

법률에 일반적으로 행하여지는 계약의 전형으로서 특히 규정을 둔 계약이다. 유명계약이라고도 한다. 민법에서는 증여, 매매, 교환, 소비대차, 사용대차, 임대차, 고용, 도급, 여행계약, 현상광고, 위임, 임치, 조합, 종신정기금, 화해에 이르기까지 도합 15종의 전형계약을 규정하고 있다. 참고로 전형계약 중 여행계약은 2015년 2월 3일 민법 일부개정(2016년 2월 4일 시행)시 신설된 것으로서, 계속적으로 증가하는 추세인 여행과 관련하여 이를 직접 규율하는 법령이 없어 여행자 보호에 취약한 부분이 있다는 문제의식에 따라 이를 보완하기 위하여 여행계약에 관한 기본적인 사항을 규정한 것이다. 이밖에 상법에서는 창고계약·운송계약·보험계약 등을 규정하고 있다.

### 비전형계약(非典型契約)

독 ; atypischer Vertrag, nichtbenannter Vertrag, Innominatkontrakte
불 ; contrats innommes

전형계약 이외의 계약이다. 전형적인 명칭이 없으므로 무명계약이라고도 한다. 계약자유의 원칙에 의하여 채권계약에서는 공서양속에 위반하지 않는 한 어떠한 비전형계약도 허용된다. 계약자유의 원칙에 의하여 전형계약 이외의 계약을 체결하는 것도 자유이며, 실제상 비전형계약일 경우가 많다. 그러나 물권만은 배타성이 있으므로 관습법 및 민법이 규정하는 종류와 내용의 것 이외에는 창설하지 못하므로(물권법정주의:민§185) 비전형계약이란 있을 수 없다.

### 혼합계약(混合契約)

독 ; gemischter Vertrag

비전형계약의 일종으로서 2개 이상의 전형계약의 내용을 혼합하는가, 1개의 전형계약의 내용과 전형계약 이외의 것이 혼합한 계약이다. 혼성계약(混成契約)이라고도 한다.

### 유명계약(有名契約)

독 ; benannter Vertarg

법률이 일정한 명칭과 요건 및 규정을 두고 있는 계약의 종류이다. 전형계약과 동일하다. 무명계약에 상대되는 개념이다. 매매, 증여, 임대차 등 15종의 민법상 유명계약이 있으나 그 밖의 계약도 자유로 할 수 있다(계약자유원칙). 등기 없는 전세계약 등은 무명계약의 예이다.

### 무명계약(無名契約)

독 ; nichtbenannter Vertrag, Innominatkontrokt

법률이 일정한 명칭을 붙여서 규정하고 있는 계약(민법 제3편 제2장 제2절 내지 제15절에 정한 15종의 전형계약) 이외의 계약을 말한다. 비전형계약이라고도 하며 유명계약에 대하는 말이다. 원칙적으로 계약자유의 원칙에 의하여 민법이 정한 유명계약 이외의 어떠한 계약도 자유로이 체결할 수 있다. 무명계약 중에는 2종 이상의 전형계약의 성질을 겸유한 것도 있고 전형계약의 구성요소에 속하는 사항과 어떠한 전형계약의 구성요소에도 속하지 않는 사항을 혼합시킨 내용을 가진 것도 있다. 이 경우 특히 전자의 경우를 가리켜 혼합계약이라고 한다.

### 유상계약(有償契約)

독 ; entgeltlicher Vertrag
불 ; contrat 'a titre on'ereux

계약의 각 당사자가 서로 대가적(對價的) 의미를 가지는 재산성의 출연을 하는 계약이다. 재산적 출손에 대한 상호 의존관계는 각 당사자가 상호 채무를 부담하는 쌍방계약에 있어서는 필연적으로 존재한다. 그러나 유상계약의 범위는 쌍무계약보다 넓다. 모든 쌍무계약은 유상계약이라고 할 수 있지만, 모든 유상계약은 쌍무계약이라고는 할 수 없다. 즉 소비대차와 같은 편무계약도 유상계약이라고 할 수 있기 때문이다. 유상계약에 속하는 것은 민법의 전형계약 가운데서는 매매·교환·현상광고·임대차·고용·도급·조합·화해 등이다. 민법은 유상계약에 관하여 매매의 규정을 준용하도록 규정하고 있다(민§567).

## 무상계약(無償契約)

독 ; unentgeltlicher vertrag
불 ; contrat `a titre gratuit

증여계약 등과 같이 경제적인 출연은 한쪽 당사자만 하고, 상대방에서는 이에 대응하는 반대급부를 하지 않는 계약을 말한다. 편무계약은 대부분이 무상계약이다. 그러나 이자 있는 소비임차는 이자라고 하는 경제적인 지급을 수반하지만(이른바 유상계약이다) 임주(賃主)와 차주(借主)의 채무는 서로 대등한 관계가 아니므로 편무계약이다. 민법의 전형계약 가운데 증여·사용임차는 무상계약이다. 그리고 임치소비대차·위임·종신정기금은 당사자의 의사에 따라 유상 또는 무상이 되므로 성질상 일정하지 않다.

## 낙성계약(諾成契約)

독 ; konsensual Vertrag
불 ; contrat consensuel

당사자 사이에 의사표시가 일치하기만 하면 계약이 성립하고 그밖에 다른 형식이나 절차를 필요로 하지 않는 계약이다 요물계약(要物契約)에 대한 용어이다. 민법이 정하고 있는 15종의 전형계약 가운데 현상광고를 제외한 나머지는 모두 낙성계약이다.

## 요물계약(要物契約)

독 ; Realvertrag 불 ; contrat ŕeel

당사자의 합의 외에 물건의 인도 기타 급부의 완료가 있어야 성립할 수 있는 계약을 요물계약(要物契約)이라고 한다. 민법이 정하고 있는 15종의 전형계약 가운에 현상광고만이 요물계약이다. 단 주의할 것은 동산의 질권설정계약(민§330)과 같이 계약법 이외의 규정에 의한 요물계약도 있다는 것이다.

## 쌍무계약(雙務契約)

독 ; gegenseitiger Vertrag,
zweiseitiger Vertrag
불 ; contrat synallagmatique

당사자양쪽이 서로 대가적 의미를 가지는 채무를 부담하는 계약을 쌍무계약이라 한다. 민법에서 규정하고 있는 15종의 전형계약(典型契約) 가운데 매매 이외에 임대차·교환·도급·조합·화해·고용 등은 쌍무계약이다. 위임·임치는 유상이면 쌍무계약, 무상이면 편무계약이다. 여기에 상호의 채무가 대가적 의미를 가지고 있다는 것은 그 채무의 객체인 이행이 객관적·경제적으로 서로 균형이 되는 가치를 가지고 있는 것이 아니고, 상호적으로 이행해야 할 일이 의존관계를 가지고 채무의 부담이 교환적인 원인관계에 서는 것을 뜻한다. 쌍무계약과 편무계약의 구별하는 실익은 쌍무계약에 있어서는 동시이행의 항변(민§536), 위험부담(§537)의 문제가 일어나고, 편무계약에는 그러한 문제가 생길 여지가 없는 점에 있다.

### 편무계약(片務契約)

독 ; einseitiger Vertrag
불 ; contrat unilateral

편무계약이라 함은 증여의 경우와 같이 당사자 일방만이 급부를 하고, 상대방은 이에 대응하는 반대급부를 하지 않는 계약을 말한다. 이것은 쌍무계약과는 달리 동시이행의 항변권이나 위험부담 등의 문제가 발생하지 않는다. 민법에서 정하고 있는 15종의 전형계약 가운데 증여 이외에 소비대차·무상의 위임·무상의 임치·사용대차가 편무계약에 속한다.

### 대가(對價)

독 ; Aquivalent 불 ; equivalent

광의로는 대상, 즉 자기의 재산·노력 등을 타인에게 주거나 이용시키는 보수로서 받는 재산상의 이익이다. 물건의 매도대금·건물의 임대·노무의 제공에 대한 매매대금·이자·차임(借賃)·노동임금 등이다. 이러한 대가(대상)의 유무에 따라서 유상계약·무상계약·유상행위·무상행위로 구분된다. 협의로는 넓은 뜻의 대가 중에 그 제공의 의무가 법률적으로 서로 대응하는 관계에 입각하는 것이다. 예컨대 이자부 소비대차에 있어서 차주의 이자의 지급의무에 대응하는 임주(賃主)의 원본대여의무는 광의의 대가관계가 있으므로 유상계약에는 틀림없으나 법률상 차주의 이자의 지급의무가 선이행될 것을 전제하므로 이자는 여기에서 말하는 뜻의 대가가 아니다. 양쪽의 채무가 대가의 관계에 있느냐의 여부에 의하여 쌍무계약·편무계약으로 나눈다.

### 견련(牽連)

독 ; Konnexität 불 ; conexite

사물 상호간에 연결되어 있는 의존성을 견련(牽連) 또는 관계이라 부르고, 이것에 법률상의 뜻을 부여하는 경우를 말한다. 예컨대 유치권에 있어서 담보된 채권과 물건이, 쌍무계약의 경우에 양쪽의 채무가 견련관계에 있다고 한다.

### 단순계약(單純契約)

영 ; simple contract

영미법에서 날인계약으로서의 요건을 갖추지 않은 구술 또는 서면에 의한 계약으로 약인(約印)을 수반함으로써 비로소 법률상 유효하게 되는 것이다. 구술계약이라고 하지만 반드시 구술에 의한 것에 국한되는 것은 아니다.

### 담보계약(擔保契約)

당사자 일방(담보자)이 어떤 사실에 관하여 상대방(피담보자)에게 손해를 가하지 않을 것을 약정하는 계약이다. 특정한 사실을 조성하기 위하여 이루어질 때도 있으며, 피담보자가 어떤 사람을 고용하거나 어떤 사람과 신용거래를 함에 있어서 체결되는 경우도 있다. 보증계약과 다른 점은 담보자가 독립하여 배상책임을 지는 점에 있으나 이들은 서로 유사한 계약이므로 실제적으로 계약이 어느 쪽에 속하는지 구별이 분명하지 않은 때가 많다. 예컨대 신용보증·신원보증 따위이다. 담보계약의 법률상의 성질은 편무·무상·낙성·불요식 계약이다.

### 계속적 채권관계

(繼續的 債權關係)
독 ; dauernde Schuld verhältnisse

계속적 급여나 회귀적 급여를 목적으로 하는 채권관계이다. 급여가 어느 일정기간을 통하여 실현되는 것으로서 어느 일정시점에 급여를 실현하는 일시적 채권관계에 대한다. (1) 가스·수도의 공급처럼 일정한 종류의 부정기간(不定期間) 계속하여 공급하기로 약정하는 계속적 공급계약에 의한 채권관계나 (2) 임금·고용 등의 계속적 채권계약에 의거한 채권관계나 (3) 신용보증·신원보증 등의 계속적인 채권관계의 특질은 기본적인 계약관계를 전제로 하여 당사자가 포괄적인 지위를 취득하고 이에 입각하여 개개의 권리의무가 파생하는 점에 있다. 사회적·경제적으로는 노동자의 고용관계 및 부동산의 임대차계약 등이 중요한 것인데 이론적으로는 특히 계약관계의 존속을 강행법(사회법)에 의하여 강제하는 경우가 허다하다.

### 계속적 급부(繼續的 給付)

독 ; sukzessive Leistung

가스의 공급·신문의 배달 등과 같이 계속적 공급계약에 의하는 급부나, 가옥의 임대·노무의 공급 등 계속적 채권관계에 의하는 급부를 말한다. 그리고 경업(競業)을 하지 않는다는 계속적 부작위의 급부 등과 같이 계속적으로 행하여지는 급부이다. 보통의 매매와 같이 1회에 한한 급부에 대하는 관념이다. 신문의 배달과 같이 일정한 기간 반복적으로 하는 급부를 회귀적 급부라 하고 다른 것을 협의의 계속적 급부라고 하는 경우도 있다.

### 계속적 공급계약

(繼續的 供給契約)
독 ; Sukzessivliefer ungsvertrag

종류로써 정해진 물건을 일정기간 혹은 수요가 있는 동안 일정한 대금으로 계속하여 공급할 것을 약정하는 계약이다. 매매의 특수한 형태. 그 중에서 일부의 공급과 대금은 개별적으로는 대응하지만 계약은 전체로서 단일하므로 매도인은 전월분의 대금미지급을 이유로 금월분의 공급의 청구에 대하여 동시이행의 항변을 할 수 있으며 또 1회의 채무불이행을 이유로 장래에 대하여 계약전부의 해제를 할 수도 있다.

### 청약(請約)

영 ; offer
독 ; Antrag, Angebot, Offerte
불 ; offre, pollicitation

승낙과 함께 일정한 내용의 계약을 성립시킬 것을 목적으로 하는 일방적 의사표시이다. 청약만으로는 계약이 성립하지 않으므로 법률행위가 아니라 법률사실이다. 승낙으로써 계약은 곧 성립하므로 청약을 할 자를 유인하는 청약의 유인과는 다르다. 청약은 일반 불특정인에 대하여서도 행할 수 있다(예 : 현상광고). 청약의 효력발생시기는 의사표시의 효력발생시기에 관한 일반원칙(즉 도달주의)에 의한다(민§111①). 따라서 청약의 도달전에 청약자가 사망하거나 능력을 잃더라도 효력발생에 영향이 없는 것이 원칙이지만(§111②), 청약자가 반대의 의사를 표시하거나 또는 상대방이 사망·능력 상실의 사실을 알았을 때에는 영향을 받는다고 볼 것이다. 청약은 그것만으로는 상대방을 구속하는 효력을 가지지 않는다. 그러나 청약을 받은 상대방은 승낙여부를 결정하기 위하여 준비를 하는 것이 보통이므로 청약자가 임의로 철회하는 것을 인정하면 상대방에게 부당한 손해를 입히게 되므로 민법은 승낙기간을 정한 청약은 철회할 수 없으며(§528①), 승낙기간을 정하지 않은 청약은 승낙을 얻는데 상당한 기간 동안은 철회할 수 없는 것으로 하였다(§529). 이를 청약의 구속력이라고 한다. 또한 승낙은 청약이 승낙적격을 가지는 동안에 하지 않으면 안 된다. 즉 승낙기간을 정한 청약은 그 기간 내에 한하여 승낙할 수 있다. 승낙기간을 정하지 않은 청약의 승낙적격에 대하여서는 규정이 없으나 청약자가 철회하지 않는 한 무제한으로 승낙적격을 가진다는 것은 타당하지 않으며 상당한 기간을 경과한 후에는 승낙적격을 잃는다고 해석하여야 한다.

> 계약이 성립하기 위한 법률요건인 청약은 그에 응하는 승낙만 있으면 곧 계약이 성립하는 구체적, 확정적 의사표시여야 하므로 <u>청약은 계약의 내용을 결정할 수 있을 정도의 사항을 포함시키는 것이 필요</u>하다*(대법원 2005. 12. 8. 선고 2003다41463)*.

## 청약의 유인(請約의 誘引)

영 ; invitation of offer
독 ; Einladung zu Offerte

상대방에게 청약을 하게끔 하려는 의사의 표시이다. 그러나 상대방이 청약의 유인에 따라 청약의 의사표시를 하여도 그것만으로 청약이 바로 성립하는 것은 아니고, 청약을 유인한 자가 다시 승낙을 함으로써 비로소 계약이 성립된다. 따라서 청약을 유인한자는 상대방의 의사표시에 대하여 낙부(諾否)를 결정할 자유를 가진다. 이와 같이 청약과 청약의 유인과는 이론상 다르지만, 실제상 양자를 구별한다는 것은 곤란한 경우가 있다. 대가(貸家)라고 하는 표시, 상품목록의 배부, 정당한 값을 적은 패를 붙인 상품의 진열, 「셋집구함」의 신문광고 등의 경우가 그 예이다. 그 구별의 표준은 대체로 그 행위가 계약의 내용을 지시하고 있느냐, 계약의 당사자가 누구라도 상관이 없는 성질의 것이냐, 거래의 관습은 어떠하냐 등이다.

## 승낙(承諾)

청약의 상대방이 청약에 의하여 계약

을 성립시킬 목적으로 청약자에 대하여 행하는 의사표시이다. 이 승낙은 청약의 내용과 일치하여야 한다. 즉 청약에 대하여 조건이나 변경을 가한 승낙은 청약의 거절과 동시에 새로운 청약을 한 것으로 간주된다(§534). 청약수령자는 원칙적으로 승낙할 의무는 없으나 특별한 경우에 승낙이 강제되는 경우도 있다(상§53, §54·공증§4). 승낙의 방식은 불요식이며 아무 제한이 없다. 승낙은 청약의 승낙적격이 있는 동안에 하여야 한다. 승낙기간을 정한 청약에 대하여는 그 기간 내에 승낙의 통지가 도달하였을 때에 계약이 성립한다(민§528②). 기간 내에 도달할 수 있는 발송이 지연되었을 때에는 청약의 효력이 상실된 후이기 때문에 보통 계약은 성립될 수 없을 것이다. 그러나 승낙자는 계약이 성립된 것이라고 생각하고 있으므로 이 기대를 보호하기 위하여 청약자가 연착하였다는 통지를 즉시 하지 않으면 계약은 성립되는 것이다(§528③). 승낙기간을 정하지 않은 청약에 대하여는 승낙의 통지를 받을 상당한 기간 내에 청약은 철회할 수 없다. 이것을 청약의 구속력이라고 한다. 이 기간이 지나면 당연히 효력을 잃는다(§529).

### 승낙적격(承諾適格)
(독 ; Annahmefähigkeit)

계약의 실질적 효력으로서, 승낙이 있다면 계약을 성립시킬 수 있는 청약의 효력을 말한다. 그 효력은 승낙이 도달한 때로부터 발생하며, 승낙기간의 만료, 청약의 철회, 청약의 거절 또는 청약자가 사망하고 그 상대방이 그것을 아는 것 같은 경우에 소멸한다. 이에 대하여 현행 민법은 계약의 청약은 이를 철회하지 못하고(민법 527조), 승낙의 기간을 정한 계약의 청약은 청약자가 그 기간 내에 승낙의 통지를 받지 못한 때에는 그 효력을 잃으며, 또 승낙의 통지가 승낙기간 후에 도달한 경우에 보통 그 기간 내에 도달할 수 있는 발송인 때에는 청약자는 지체 없이 상대방에게 그 연착의 통지를 하여야 한다. 그러나 그 도달 전에 지체의 통지를 발송한 때에는 예외로 한다. 그리고 청약자가 지연의 통지를 하지 아니한 때에는 승낙의 통지는 정착하지 아니한 것으로 본다(민법 538조1·2·3항, 또 승낙의 기간을 정하지 않은 계약의 청약은 청약자가 상당한 기간 내에 승낙의 통지를 받지 못한 때 효력을 잃고, 격지자간의 계약은 승낙의 통지를 발송한 때 성립하며 승낙의 통지가 필요하지 아니한 경우에는 계약은 승낙의 의사표지로 인정되는 사실이 있는 때에 성립한다(민법 529·531·532조). 당사자 간에 동일한 내용의 청약이 상호교차 된 경우에는 양청약이 상대방에게 도달한 때에 계약이 성립하고, 승낙자가 청약에 대하여 조건을 붙이거나, 변경을 가하여 승낙한 때에는 그 청약의 거절과 동시에 새로 청약한 것으로 본다(민법 533·534조).

**교차청약**(交叉請約)
독 ; Kreuzofferte

동일내용을 가진 계약의 청약이 당사자 양쪽으로부터 행하여지는 것이다. 교차청약은 청약과 승낙에 의하지 않는 특수한 계약성립의 태양(態樣)이다. 계약은 청약과 승낙이 합치됨으로써 성립한다. 그러나 서로 대향하는 의사표시가 동시에 이루어짐으로써 선후의 구별을 할 수 없는 경우가 있다. 그러나 이런 경우에도 서로 대향하고 있는 의사표시가 합치되고 있으므로 계약의 성립을 인정하여야한다. 계약성립의 시기는 최후의 청약이 도달한 때이다(민§111, §533).

**현상광고**(懸賞廣告)
독 ; Auslobung
불 ; promesse publique

광고자가 어느 행위를 한 자에게 일정한 보수를 지급할 의사를 표시하고, 응모자가 그 광고에 정한 행위를 완료함으로써 성립하는 계약(민§675)이다. 가출인의 수색, 유실물의 수색, 학술적 발명 등에 널리 쓰이는 방법이다. 민법상 전형계약의 일종이다. 현상광고는 일종의 요건계약이며 또 유상·편무계약이다. 광고자는 광고에 정한 행위완료자에 대하여 광고소정의 보수를 지급할 의무를 진다(§675). 광고에 정한 행위를 한 자가 수인인 때에는 먼저 그 행위를 완료한 자가 보수를 받을 권리를 가진다(§676①). 즉, 최초로 지정행위를 완료한 자에 대해서만 계약이 성립한다. 수인이 동시에 지정행위를 완료한 때에는 각각 균등한 비율로 보수를 받을 권리를 취득하는 것이 원칙이지만, 만약 보수가 그 성질상 분할할 수 없거나, 광고에 1인만이 보수를 받을 것으로 정한 때에는 추첨에 의한다(§676②). 특히 문제되는 것은 광고가 있음을 알지 못하고 광고에 지정한 행위를 완료한 경우인바, 이 경우에는 청약에 대하여 승낙을 한 것은 아니므로 계약은 성립되었다고 볼 수 없다. 그러나 민법은 이 경우에도 계약의 성립을 인정하여 보수청구권을 갖는다는 특별규정을 두고 있다(§677). 민법은 현상광고의 철회에 관하여 특수한 규정을 두고 있다. 광고자가 광고에 지정행위의 완료기간을 정한 때에는 그 기간만료 전에는 광고를 철회하지 못한다(§679①). 광고에 행위의 완료기간을 정하지 아니한 때에는 지정행위의 완료 전에 자유롭게 철회할 수 있으나, 그 방법은 전의 광고와 동일한 방법에 의함을 요한다. 동일한 방법으로 철회할 수 없을 때에는 그와 유사한 방법으로 철회할 수 있으나 이 철회는 철회한 것을 알지 못한 제3자에 대하여는 철회로서의 효력이 생기지 아니한다(§679①·②).

민법 제675조에 정하는 현상광고라 함은, 광고자가 어느 행위를 한 자에게 일정한 보수를 지급할 의사를 표시하고 이에 응한 자가 그 광고에 정한 행위를 완료함으로써 그 효력이 생기는 것으로서, 그 광고에 정한 행위의 완료에 조건이나 기한을 붙일 수 있다*(대법원 2000. 8. 22. 선고 2000다3675)*.

## 우수현상광고(優秀懸賞廣告)

광고에 정한 행위를 완료한 자가 수인인 경우 그 중 우수한 자에게만 보수를 지급할 것을 정하는 것이다. 이 광고에는 응모기간을 정해야 한다(민§678①). 우수의 판정은 광고 중에 정한 자가 하고, 광고 중에 판정자(判定者)를 정하지 아니한 때에는 광고자가 특정한다(§678②). 우수한 자가 없다는 판정은 할 수 없다(§678③본문). 다만 광고 중에 다른 의사표시가 있거나 정하여져 있는 때에는 그것에 의한다(§678③단). 그리고 응모자는 판정에 대하여 이의를 하지 못한다(678④). 수인의 행위가 동등으로 판정된 때에는 각각 균등한 비율로 보수를 받을 권리가 있고, 보수가 그 성질상 분할할 수 없거나 광고에 1인만이 보수를 받을 것으로 정한 때에는 추첨에 따라 결정한다(§678⑤).

## 제3자를 위한 계약

(第三者를 위한 契約)
라 ; pactum in favorem tertii
영 ; contract for the benefit of a third person
독; Vertrag zugunsten Dritter, Vertrag auf Leistung an Dritte
불 ; stipulation pourautrui

계약당사자가 아닌 제3자로 하여금 계약당사자의 일방에 대하여 일정한 급부를 청구할 권리를 취득시킬 것을 목적으로 하는 계약을 말한다(민§539, §542), 예컨대 갑·을간의 계약으로써 갑이 상대방 을에 대하여 카메라를 급부할 채무를 지고, 을이 그 대가로서 3만원을 직접 제3자 병에게 지급하는 것과 같은 경우이며 갑을 수약자(要約者), 을을 낙약자(諾約者), 병을 수익자(제3자)라고 한다. 이 계약은 賣買(매매)·증여·임대차 등과 같이 특수한 계약유형은 아니고, 그들 계약조항 중에 제3자에게 그 계약의 효과의 일부인 권리를 취득시킬 것을 내용으로 하는 약관(이것을 제3자 약관이라고 한다)이 삽입되어 있는데 지나지 않는다는 점에 특색이 있다. 이 계약의 실익은 낙약자의 출연을 요약자 스스로 취득하여 이것을 다시 제3자에게 급부하는 절차를 생략하여 낙약자로부터 직접 제3자에게 급부하게 하는 점에 있으며, 실제상 타인을 위하여 보험계약·신탁계약·임치계약·운송계약·연금계약·매매계약 등을 할 경우에 많이 행하여지고 있다. 제3자의 권리는 제3자가 수익의 의사표시를 하였을 때에 발생하며(그러나 보험·신탁·공탁의 경우에는 수익의 의사표시를 요하지 않는다), 일단 권리가 발생한 후에는 계약당사자가 이것을 변경하거나 소멸시킬 수는 없다(민§541·상§639·신탁§51). 제3자가 취득하는 권리의 내용은 요약자(要約者)·낙약자(諾約者)간의 계약에 의하여 정하여지는 것이며, 그 권리는 이 계약에 의하여 생기는 것이므로, 낙약자는 그 계약에 기인하는 항변으로써 제3자에게 대항할 수 있다(§542). 요약자·낙약자간의 법률관계도 그 계약에 의하여 정하여지는 것인데 요약자도 제3자에게 소정의 급부를 할 것을 낙약자에 대하여서 청구할 수 있는 것으로 해석된다.

### 제3자(第三者)

라 ; tertius　영 ; third party
독 ; Dritter　불 ; tiers

어떤 법률관계에 있어서 직접 참여하는 자를 당사자라고 하며, 그 이외의 자를 제3자라고 한다. 당사자에 대하는 말이다. 예를 들면 가옥의 매매에 있어서 매도인·매수인이 당사자이고, 목적가옥의 임차인, 그밖의 사람은 모두 제3자이다. 그러나 권리의무의 포괄승계인(상속인)은 계약당사자로서의 지위를 승계한 자로서 제3자는 아니다. 또 때에 따라서는 일정한 법률관계에 있어서 일정사항을 주장하는 정당한 이익을 갖는 자만을 제3자라고 할 경우가 있다(민§110, §539). 법률상, 거래안전을 위하여 제3자보호(특히 선의의 제3자 보호)의 제도가 마련된다(§108② 등).

### 계약체결상의 과실

(契約締結上의 過失)
(독 ; culpa in confrahendo)

계약 체결을 위한 준비단계에 있어서 또는 계약의 성립과정에 있어 당사자 일방이 자신에게 책임 있는 사유로 상대방에게 손해를 가한 경우 부담하는 배상책임을 말한다. 1861년 예링(Jhering)에 의해 주창된 이 제도는 계약이 아직 성립되지 않아 당사자 사이에 기본적인 채권·채무가 발생하지 않더라도 신의원칙에 입각하여 당사자간에는 법률행위적 의무가 생긴다고 보아 체약상의 과실책임을 인정하고 있다. 우리 민법은 535조에서 원시적 불능의 경우에 한하여 계약체결상의 과실을 인정하고 있다.

### 낙약자·요약자

(諾約者·要約者)
영 ; promissor·stipulator

민법상 제3자를 위한 계약에 있어서 제3자에 대하여 채무를 부담하는 자를 낙약자, 그 상대방을 요약자라고 하다. 양자 간에는 제3자의 권리를 취득하는 점 이외에는 보통의 계약과 같으며 동시이행의 항변이나 위험부담 등의 규정이 적용되는 것이 일반적이다.

### 수령능력(受領能力)

독 ; Empfangsfähigkeit

타인의 의사표시의 내용을 이해할 수 있는 능력이다(법적 자격). 행위능력이 의사표시의 능동적 능력인데 대하여 수령능력은 의사표시의 수동적 능력이다. 의사표시는 상대방에 도달하는 것으로써 효력을 발생하나, 상대방에 수령능력이 없는 경우에는 그 의사표시의 도달로써 대항할 수 없다(민§112본문). 수령능력자에 대하여 수령능력은 타인의 의사표시의 내용을 이해할 수 있는 능력이므로, 행위능력보다 정도가 낮아도 무방하다. 그러나 민법은 제한능력자를 수령무능력자로 하고 있다(§112본문). 수령무능력자에 대하여 의사표시를 하여도 표의자는 의사표시의 효력을 주장할 수 없으므로 수령무능력자에 대한 의사표시는 그 법정대리인 앞으로 할 필요가 있다. 다만, 수령무능력자가 의사표시를 수령한 경우라도, 법정대리인이 그 수령을 안 이상 의사표시는 도달된 것으로 표의자가 주장할 수 있게 하였다(§112단).

## 동시이행의 항변권

(同時履行의 抗辯權)
라 ; exceptio non adimpleti contractus
독 ; Einrede des nicht erfüllten Vertrages
불 ; exception tirée de l'inexecution

쌍무계약의 당사자 일방이 상대방이 그 채무이행을 제공할 때까지 자기의 채무이행을 거절할 수 있는 권리를 말한다(민§536①). 쌍무계약에 있어서 공평의 원칙상 인정되는 것으로 유치권과 그 취지를 같이 한다. 동시이행의 항변권은 비단 매매의 경우뿐만이 아니라 모든 쌍무계약에 있어서 발생하는 것이다. 보통 쌍무계약에서는 양쪽의 채무 사이에 즉, 일방의 채무와 상대방의 채무와의 사이가 서로 동시이행의 관계에 있기 때문이다. 쌍무계약이라도 당사자의 일방이 먼저 이행할 특약이 있는 때에는 동시이행의 항변권은 없다(선이행의무 : 민§536①단). 당사자 일방이 상대방에게 먼저 이행하여야 할 경우에 상대방의 이행이 곤란한 현저한 사유가 있는 때에는 동시이행의 항변권이 있다(§536②). 또한 동시이행의 항변은 해제에 의한 원상회복의무(§549)와 담보책임(§583) 그리고 수급인의 담보책임(§667①)·종신정기금의 해제와 동시이행 등의 경우에도 똑같이 취급된다. 또한 계약의 무효 및 취소의 경우에 생기는 반환의무에도 이 원리가 적용된다. 동시이행의 항변권을 행사하려면 다음의 요건이 필요하다. (1) 동일한 쌍무계약에서 발생하는 양쪽의 채권이 존재하여야 한다. (2) 상대방의 채무가 이행기에 있어야 한다. 먼저 이행할 의무가 있을 때에는 항변권을 상실한다. (3) 상대방이 채무의 이행이나 변제의 제공을 하지 않았을 때이다. 한 번이라도 제공하면 항변권이 영구히 소멸할 것인가의 여부는 의문이지만 소멸하지 않는다는 것이 판례이다. 그 효력은 (1) 항변권이 있는 한 채무의 이행을 거절할 수 있으며 거절을 해도 채무불이행이 되지 않는다. (2) 소송을 하면 상대방의 급부(대금지급)와 상환하여 급부하라는 제한승소판결을 받을 수 있다.

## 계약불이행의 항변

(契約不履行의 抗辯)

쌍무계약의 당사자 일방이 그 채무의 이행 또는 이행의 제공을 할 때까지 타방 당사자가 자기채무의 이행을 거절할 수 있다는 것을 말하는 것으로(민법 536조), 공평의 원칙에 입각하여 쌍무계약에서 생기는 대립하는 채무 사이에 이행상의 견련관계를 인정하려는 제도이다. 이 계약불이행에 대한 항변권은 민법 549조·583조·667조3항·728조 등에 준용된다.

## 연기항변(延期抗辯)

좁은 뜻의 항변 가운데 하나로서 청구권의 행사를 저지하고 일시적인 이행을 거절할 수 있는 효력을 가지는 것이다. 일시항변이라고도 한다. 예컨대 동시이행의 항변(민§536)과 같이 상대방이 이행의 제공을 행할 때까지 자기의 채무의 이행을 거절하고 또 보증인의 최고·검사의 항변(§437)과 같이 채권자가 일정한 행동을 할 때까지 이행을 하지 않는 것이다.

### 채무자주의(債務者主義)

쌍방계약에 있어서 일방의 채무가 채무자의 책임으로 돌아가지 않는 사유로 인하여 이행불능이 되어 소멸한 경우에 타방의 채무도 또한 소멸한다는 주의이다. 채권자주의에 대한다. 민법은 채무자주의를 원칙으로 하지만(민§537, §538) 예외적인 경우가 있다.

### 위험부담(危險負擔)

독 ; Gefahrtragung

쌍방계약에 있어서 일방의 채무가 당사자의 책임에 돌릴 수 없는 사유에 의하여 이행불능으로 소멸한 경우에 타방의 채무는 어떻게 하느냐 하는 문제이다. 예컨대, 가옥을 매매하는 계약을 체결한 후에 그 목적인 가옥이 화재로 소실된 때에는 이 쌍방계약에서 생긴 일방의 채무인 가옥인도의 채무는 이행불능으로 소멸된다. 이 경우 다른 일방이 부담하는 대금지급의 채무의 운명은 어떻게 되는 것인지가 문제된다. 이 경우에 어느 편에 위험을 부담시키느냐 하는 것은 이론적으로만 결정지을 수는 없으며, 입법정책적으로 해결하지 않으면 안된다고 하여 로마법 이래 채권자주의와 채무자주의가 대립된다. 우리민법은 채무자주의를 채택하고 있다(민§537). 구민법에서는 특정물에 관한 물권의 설정 또는 이전을 목적으로 하는 쌍무계약에 대하여서는 채권자주의를 채택하고 있었다(구민§534, §535). 그러나 현행민법에서는 구법과 달리 채무자주의를 일관시키고 있다. 이것은 당사자의 채무가 이행불능으로 인하여 소멸하는 때에는 이와 교환적인 의의를 가지는 다른 당사자의 채무도 소멸하게 하는 것이 쌍무계약의 성질상 당연하기 때문이다. 위험부담의 중심문제는 쌍무계약의 당사자 일방의 채무의 이행불능이 당사자 양쪽의 어느 쪽에도 책임없는 사유로 인하여 생긴 경우에 관한 것이다. 그러므로 채무의 이행불능이 채무자의 책임있는 사유로 인한 것인 경우에는 채무는 손해배상의무로 변하고 위험부담의 문제는 생길 여지가 없으며, 또 채권자의 책임있는 사유 및 채권자의 수령지체 중 당사자 양쪽의 책임없는 사유로 인한 이행불능의 경우는 항상 채권자가 위험을 부담함이 공평하므로 입법주의를 논의할 여지가 없다(§538). 다만 위험부담의 민법상 규정은 임의규정이므로 당사자의 의사로 다르게 정할 수 있다.

### 해제(解除)

영 ; concellation, rescission
독 ; Rücktritt 불 ; résolution

일단 유효하게 성립한 계약을 소급적으로 소멸시키는 일방적인 의사표시이다. 계속적 채권관계의 효력을 장래에 대하여 소멸시키는 해지, 일정한 사실의 발생에 의하여 계약이 당연히 소멸하다고 하는 실권약관, 당사자의 합의에 의하여 계약의 효력을 소멸시키는 합의해제와는 각각 약간의 차이가 있다. 채무자가 채무를 이행하지 않았을 때와 그밖에 특별한 경우(법정해제권·약관해제권)에는 계약을 해제할 수 있다. 해약의 의사표시는 이것을 표시한 이상 철회하지 못한다(민§543②). 계약당사자가 수인이 있는 경우에는 그 전원이 해제의 의사표시를 하여야 하며, 상대방이 수인인 경우에는 그 전원에 대하여 의사표시를 하여야 한다(§547①). 이것을 해제권불가분의 원칙이라고 한다. 계약이 해제되면 계약으로써 생긴 법률적 효과는 계약당시에 소급하여 소멸된다(해제의 소급효). 따라서 아직 이행하지 않은 부분에 대하여서는 채무가 소멸하고 이행을 한 부분에 관하여는 상대방에게 부당이익반환의무의 일종인 원상회복의무가 생긴다(§548). 또 계약을 해제하여 손해가 있을 때에는 손해배상의 청구를 할 수 있다(§551). 해제를 하여도 계약이 있었다는 사실을 부정할 수 있는 것은 아니므로 이행의 준비로써 지출된 비용이나 이행기가 경과함으로써 목적물의 가격이 변동되어 손해를 보는 경우 등이 있으므로 원상회복의무 외에 손해배상이 인정되는 것이다.

## 해제권(解除權)

독 ; Rücktrittsrecht

유효하게 성립한 계약을 일방적 의사표시에 의하여 소급적으로 해소시키는 권리를 해제권이라 한다. 계약당사자의 일반적 의사표시에 의하여 기존의 계약을 소급적으로 소멸시키는 일종의 형성권이다. 해제는 이 해제권에 의거한 것이므로 합의해제(해제계약)와는 다르다. 해제권은 당사자의 유보계약(예 : 해약금〈민§565〉)과 같은 계약에 의하여 생기는 경우도 있으나(약정해제권), 법률의 규정에 의하여 생기는 경우가 많다(법정해제권〈§543〉). 상대방에 대하여 일방적 의사표시로써 행한다. 일단 해제의 의사표시를 하였을 때에는 후에 철회하는 것은 허용되지 않는다(§543②). 또 계약당사자의 한쪽 또는 양쪽이 수인인 경우에는 어느 편에서 해제를 하든지 간에 그 당사자 전원으로부터 또는 그 전원에 대하여 행하여지지 않으면 안 된다. 이것을 해제권불가분의 원칙이라고 한다(§547①).

## 해제계약(解除契約)

기존계약의 당사자가 그 계약을 체결하지 않은 것과 같은 효과를 가지게 하는 것을 내용으로 체결하는 계약으로, 반대계약이라고도 한다. 효과 면에서는 해제와 같지만, 당사자 간의 합의로써 이루어지는 점에서, 형성권인 해제권에 기한 일방적 의사표시로써 행사되는 해제와 다르다. 따라서 민법의 해제에 관한 규정은 해제계약에는 적용되지 아니한다. 합의해제의 요건이나 내용은 원칙상 합의 자체에 의하기 때문이다.

### 실권약관(失權約款)
라 ; lex commissoria
독 ; Verwirkungsklausel

채무자에게 채무불이행이 있을 경우에는 채권자측의 특별한 의사표시가 없더라도 당연히 계약의 효력이 없어지고, 채무자의 계약상의 권리를 상실하게 하는 뜻의 약관이다. 실효약관이라고도 한다. 이것은 해제권의 보유가 아니라 채무불이행을 해제조건으로 하는 조건부행위로 생각된다. 따라서 이 점에서 해제와 다르다. 월부판매(月賦販賣) 등에 그 예가 많으나(1회의 이행연체가 있으며 즉시 물품을 반환시키는 약관), 이것이 채무자에게 너무 가혹한 결과가 되는 경우에는 공서양속위반(민§103)으로서 무효가 되는 경우가 있다.

### 합의해제(合意解除)

계약 당사자 양쪽의 합의에 의하여 계약의 효력을 소급적으로 소멸시키는 것이다. 본래 해제(법정해제)는 채무불이행의 사유가 있을 때 일방적으로 행하는 단독행위라는 점에서 계약인 합의해제와 다르다. 합의해제는 일종의 계약이므로 해제권이 없더라도 양 당사자가 자유롭게 할 수 있다는 점에 특색이 있다.

### 법정해제권(法定解除權)

법률의 규정에 의하여 당연히 해제할 수 있는 권리가 발생하는 것이다. 약정해제권과 대립하는 용어이다. 일반적으로 이행지체 등 채무의 불이행에 의한 해제권이 이에 해당하는데 매도인의 담보책임 등 특별한 규정(민§576)에 의한 경우도 있고 사정변경의 원칙에 의한 해제권도 똑같이 취급되고 있다. 이행지체일 경우는 상당한 기간을 정하여 이를 최고하고 이 최고기간이 지나면 법정해제권을 행사할 수 있다(§544). 이행불능인 경우에는 최고를 하지 않아도 계약을 해제할 수 있고(§545), 이행불능인 때에는 채권자는 최고 없이 계약을 해제할 수 있다(§546). 불완전이행의 추완(追完)을 허용하는 경우에는 이행지체에 준하고 추완을 불허하는 경우에는 이행불능에 준하는 것이다.

### 약정해제권(約定解除權)
독 ; vertragsmassiges Rü cktrittsrecht

당사자의 계약에 의하여 발생하는 해제권이다. 이 해제권은 당사자의 한쪽 또는 양쪽을 위하여 유보하는 수도 있으나 반드시 당초의 계약으로써만 할 수 있는 것은 아니고 후일 별개의 계약으로써도 할 수 있다. 민법은 이에 대하여 일반적인 규정은 두지 않았지만, 민법 제543조는 그것을 전제로 한 규정이며 매매계약에 있어서의 해약금의 교부(민§565)와 환매의 특약(§590~§595)등이 그 예이다.

### 해지(解止)

계속적 계약관계를 당사자의 일방적 의사표시에 의하여 장래에 대하여 소멸시키는 것이다. 소급효를 가지지 않고 장래에 대하여서만 효력을 가진다는 점에서 해제와 다르다. 해지권의 발생원인은 계약과 법률의 규정이 있다. 민법이 규정하고 있는 해지권의 발생사유로는 (1) 존속기간의 약정이 없는 경우에는 비교적 용이하게 해지권을 인정하지만(민§603②, §613②, §635, §660, §689, §699), 존속기간의 약정이 있는 경우에는 일정한 요건 하에서 해지권을 인정하였으며(§659, §661, §698), (2) 중대하게 신의칙에 반하는 사유가 있었거나(§625, §640, §641, §658), 계약관계를 존속시키는 것이 중대하게 신의칙에 반하게 되는 경우(§614, §627②, §637) 등에 해지권을 인정하였다. 해지권은 장래에 대한 채권관계의 소멸이므로 원상회복의 의무는 발생시키지 않지만 손해배상청구에 영향을 미치지 않는다(§551). 당사자의 일방 또는 양쪽이 수인인 경우에는 해지의 의사표시는 그 전원으로부터 또는 전원에 대하여라는 점은 해제에 있어서와 동일하다(§547). 혼인이나 입양 등 신분상의 계약관계를 장래에 향하여 무효로 하는 이혼이나 파양도 그 성질은 해지와 같다.

## 약정해지권(約定解止權)

당사자의 계약에 의해 계약을 실효시키는 권한을 말한다. 여기서 해지라 함은 계속적인 계약을 장래에 향하여 실효시키는 것을 말한다. 이것은 장래에 향하여 실효시키는 것을 말한다. 이것은 장래에 향하여 계약을 소멸시키는 점에서 해제의 소급적 효력과 구별된다.

## 해지통고(解止通告)

독 ; kündigung

현존하는 계속적인 계약관계를 장래에 향하여 소멸시키는 일방적 행위이다. 해지통고를 하는 권리인 고지권(告知權)은 형성권에 속한다. 해제와 달라서 해지에는 소급효가 없으며, 따라서 원상회복의 의무를 발생케 하는 일이 없다. 학설은 해제와 구별하기 위하여 해지라고 한다. 민법전에서는 경우에 따라서 해제 또는 해약의 신청이라고 한다(민§311, §610, §636, §637).

## 정기행위(定期行爲)

독 ; Fixgeschäft

일정한 일시나 기간 내에 이행되지 않으면 계약체결의 목적이 달성되지 않는 것과 같은 계약이다. 정기매매인 것이 보통이다. 여기에는 결혼식 화환주문과 같이 그 성질상 당연히 정기행위가 되는 절대적 정기행위와 당사자의 약속에 의하여 정기행위가 되는 상대적 정기행위가 있다. 어느 경우에나 이를 해제하는 데는 새삼 최고를 할 필요가 없고 언제나 해제할 수 있다(민§544, §545). 상사매매에 있어서는 이행기 경과 후 즉시 이행을 청구하지 아니하면, 계약은 해제된 것으로 본다(상§68).

## 원상회복의무(原狀回復義務)

독 ; Naturalherstellung, Naturalrestitution

계약해제의 효과로 계약이 이루어지지 않았던 이전의 상태로 복귀시키는 의무를 말한다. 원상회복의무의 성질에 대해서는 부당이익반환청구인지 법률상 특별한 청구인지 대립한다. 계약해제의 경우 계약의 각 당사자가 상대방에 대하여 부담하게 되는 원상회복의무는 현존이익의 반환의무 뿐 아니라 처음부터 급부를 받지 않았던 것과 마찬가지의 법률상태로 되돌아가게 하는 채무이기 때문에 부당이익의 반환의무와는 그 내용을 달리한다(민§548, §741). 손해배상의 경우도 원칙적으로는 손해발생 전의 상태로 환원시킬 의무가 발생하게 되는 것인데, 우리민법은 원칙적으로 원상회복의무를 인정하지 않고 금전배상주의에 의거(§394, §763)하고 있다. 그러나 예외적인 경우에 원상회복주의를 취한다. 즉 (1) 불법행위가 명예훼손을 원인으로 한 때에 법원은 피해자의 청구에 의하여 손해배상과 함께 「명예회복에 적당한 처분」을 명할 수 있도록 규정하고 있으며(민§764), (2) 광해(鑛害)의 배상에 대해서 원상회복이 인정되고(광§93), (3) 기업간의 부정한 수단에 의한 경쟁에 대하여는 영업상의 신용을 회복하는데 필요한 조치를 명할 수 있도록 규정하여(부정경§6) 예외적으로 원상회복주의를 취한다.

## 증여(贈與)

라 ; donatio 英 ; gift
독 ; Schenkung
불 ; donation

한쪽 당사자(증여자)가 대가없이 자기의 재산을 상대방(수증자)에게 주겠다는 의사를 표시하고 상대방이 이를 승낙함으로써 성립하게 되는 계약이다(민§554~§562). 증여는 낙성계약이며, 또 무상·편무계약이다. 증여계약의 성립에는 따로이 방식을 요하지 않으나, 서면에 의하지 않은 증여는 아직 이행하지 않은 부분에 대하여 언제라도 각 당사자가 이를 해제할 수가 있다(§555, §558). 이것은 증여자에게 신중을 기하게 함과 동시에 그 진의를 명확히 하고 증거의 확실을 도모하기 위한 제도이다. 또 수증자가 증여자에 대하여 중대한 망은행위(忘恩行爲)를 한 때 또는 증여계약 후에 증여자의 재산상태가 현저히 악화하여 그 이행으로 생계에 중대한 영향을 미칠 경우에는 증여자는 아직 이행하지 아니한 부분에 대하여 해제할 수 있다(§556~§558). 또한 증여는 무상계약이므로 증여자는 담보책임을 지지 않는 것(§559)이 원칙이지만, 특약이 있을 경우, 증여자가 하자·흠결을 알고서 고지하지 아니한 경우(악의의 경우) 및 부담부증여의 경우에는 예외로서 담보책임을 진다(§559①단·②). 증여의 특수한 형태로는 부담부증여·현실증여·사인증여가 있다.

### 부담부증여(負擔附贈與)

라 ; donatio submobo
독 ; Schenkung unter einer Auflage
불 ; donation avec charges

수증자가 증여를 받음과 동시에 증여자 또는 제3자에게 어떠한 급부를 부담으로 하는 부관(附款)을 갖는 증여이다. 예컨대 100평의 토지를 증여하는데 그 중의 30평은 증여자의 자동차주차장으로 사용한다든가 선박을 1척 증여하는데 매월 1회씩 무료로 증여자의 운송물을 선적하게 한다는 것처럼 부담이 있는 증여를 말한다. 이것도 증여이기 때문에 증여의 규정을 따르지만 부담가격의 한도에서는 대가관계가 있는 계약으로 되어야 할 것이다. 그러므로 증여이기는 하나 쌍무계약의 규정을 따르고(민§561), 또한 유상계약과 같이 담보책임을 부담하게 되는 것이다.(§559).

상대부담 있는 증여에 대하여는 민법 제561조에 의하여 쌍무계약에 관한 규정이 준용되어 부담의무 있는 상대방이 자신의 의무를 이행하지 아니할 때에는 비록 증여계약이 이미 이행되어 있다 하더라도 증여자는 계약을 해제할 수 있고, 그 경우 민법 제555조와 제558조는 적용되지 아니한다*(대법원 1997. 7. 8. 선고 97다2177)*.

### 현실증여(現實贈與)

독 ; SRealsthenrurg, Handschenrung

증여의 목적을 즉시 수증자에게 인도하여 버리는 증여를 현실증여라고 한다. 현실증여는 채권계약인 증여와 동일하게 보아 민법상증여의 규정을 적용하여야 한다.

### 정기증여(定期贈與)

정기적으로 일정한 급부를 하는 증여이다(민§560). 매달 10만원씩 준다고 하는 것이 그 예이다. 존속기간의 특약이 없으면 당사자의 사망에 의하여 효력을 상실한다는 점에서 종신정기금과 그 성질을 같이 한다.

### 사인증여(死因贈與)

증여자의 사망으로 인하여 효력이 발생하는 것으로서 생전에 미리 계약을 맺으나 그 효력발생은 증여자의 사망을 법정조건으로 하는 증여이다(민§562). 일종의 정지조건부증여이다. 유증은 단독행위이기 때문에 상대방의 승낙이 필요없지만 사인증여는 생전의 계약이므로 승낙이 필요하다. 그러나 유증의 경우일지라도 수유자(受遺者)는 이것을 포기할 수 있으며, 행위자의 사망에 의하여 효력을 발생하는 사인행위인 점에서 유증과 같으므로 유증에 관한 규정이 준용된다(§562).

민법 제562조는 사인증여에 관하여는 유증에 관한 규정을 준용하도록 규정하고 있지만, 유증의 방식에 관한 민법 제1065조 내지 제1072조는 그것이 단독행위임을 전제로 하는 것이어서 계약인 사인증여에는 적용되지 아니한다*(대법원 1996. 4. 12. 선고 94다37714, 37721)*.

### 매매(賣買)

라 ; emptio venditio 영 ; (contract of)sale
독 ; kauf 불 ; vente

당사자의 일방(매도인)이 어떤 재산권을 상대방에게 이전할 것을 약정하고 상대방(매수인)은 이에 대하여 그 대금을 지급할 것을 약정함으로써 성립하는 낙성·쌍무·불요식의 유상계약이다(민§533). 민법은 매매를 채권관계상 유상계약의 전형적인 것으로서 상세한 규정을 두어(§563~§589), 그 규정들은 다른 유상계약에 준용하고 있다. 매도인은 목적물을 완전히 매수인에게 인도할 의무를 부담한다. 즉 (1) 소유권 그 자체를 이전해야 한다. (2) 권리변동의 효력발생요건으로서의 등기를 이전해 주어야 한다. (3) 모든 권리증서와 그밖에 이에 속한 서류를 인도하여야 한다. 여기서 특히 중요한 것은 매도인의 담보책임이다. 이것은 매매의 목적물인 물건 또는 권리에 불완전한 점이 있는 경우에 매도인이 대금을 감액하고 계약의 해제를 당하고 손해배상을 부담해야 하는 책임이다. 매수인은 대금을 지급하고 그 지급이 지체되었을 때에는 이자를 지급하여야 한다. 단, 목적물의 인도가 지체되었을 때에는 그러하지 아니하다(§587). 매매는 대금을 결정하는 방법에 따라 자유매매·경쟁매매·입찰·시험매매 등이 있으며, 특수한 것으로 계속적 공급계약·분할지급약관부매매 등의 형태가 있다.

### 매도인(賣渡人)

민법상 매매계약에 있어서 목적물을 파는 쪽 당사자를 매도인 또는 매주(賣主)라고 한다. 상대방(매수인)에 대하여 대금의 지급을 청구할 수 있으며 그 자신은 목적물의 재산권을 이전할 의무가 있다(민§563). 사업상으로는 매매에 있어서 매수인이 목적물의 수령을 거부할 경우에 그 목적물을 공탁·경매할 수 있는 권리를 가지며 이 경우에는 매수인에 대하여 통지의무를 부담한다.

### 매수인(買受人)

민법상 매매계약에 있어서 사는 쪽의 당사자를 말한다. 상대방인 매도인에 대하여 재산권이전청구권을 가지며 스스로는 대금지급의무를 부담한다(민§563). 상법상으로 상인간의 매매에 있어서는 매수인은 목적물을 수령할 때에는 하자나 수량의 부족을 검사하여 매도인에게 통지할 의무가 있으며, 만약 통지하지 아니한 경우에는 계약의 해제, 대금감액 또는 손해배상을 청구하지 못한다(상§69). 이와 같은 경우에 매매계약을 매수인이 해제한 경우에는 매도인의 비용으로 매매의 목적물을 보관 또는 공탁하여야 한다.

### 현실매매(現實賣買)

독 ; Realkauf, Handkauf, Naturalkauf

목적물과 대금을 동시교환으로 하는 매매를 현실매매라고 한다. 자동판매기에 의한 매매와 서점에서 대금을 지급하고 서적을 사는 경우와 같은 것이 그 예이며, 즉시매매라고도 한다. 통상

매매에서는 매도인은 물품의 인도, 매수인은 대금지급의 채무를 부담하고 나중에 그 채무의 이행을 시키는 것인데, 현실매매에서는 급부가 동시에 이루어져서 이행의 청구를 생각할 여지가 없는 점에 특색이 있다. 현실매매에 있어서는 뒤에 이행할 채무를 남기지 않으므로 먼저 채무를 부담하고 뒤에 이것을 이행하는 보통의 매매와 같으냐가 문제되는 바, 이 경우에도 당사자 양쪽이 대금지급의무와 목적물의 소유권을 이전할 채무를 부담한다는 것이 적어도 관념적으로 선행되고 채무의 이행으로서 서로 상환으로 대금과 목적물의 소유권을 이전하여야 한다고 생각하여야 한다. 따라서 현실매매에 있어서도 채권계약인 매매와 마찬가지로 민법의 매매에 관한 규정이 적용되며, 목적물에 하자가 있는 경우에 하자담보의 규정의 적용이 있다고 해석하여야 할 것이다(민§580, §581).

**공매**(公賣)

광의로는 법률의 규정에 의거하여 공적 기관에 의하여 강제적으로 행하여지는 매매로서 사인간의 임의매매와 대립된다. 민법상의 강제집행의 수단으로서 행하여지는 경매는 그 주요한 것이다. 협의로는 조세체납처분의 최종단계로서의 공매 즉 재산현금처분을 뜻한다(국징§61이하). 좁은 뜻에서의 공매의 특색은 수세관리(收稅官吏)에 의하여 행하여진다는 것, 공매의 종결에 의하여 채무가 소멸된다는 것 등이다. 그런데 공매에 의한 재산취득이 원시취득인가의 여부에 관하여는 설이 일치되지 못하고 있다. 국세징수법§61·§67에 의하면 세무공무원이 압류한 동산·부동산·유가증권·무체재산권과 제3자로부터 받은 물건은 원칙적으로 공매에 붙이는 것으로 하고 있다.

**경쟁매매**(競爭賣買)

일반적으로 계약내용에 관하여 다수인을 서로 경쟁시켜 그 중에서 가장 유리한 조건을 제시하는 자를 선택하여, 그 자와 매매를 성립시키는 매매방법이다. 주로 증권거래소가 개설하는 유가증권시장에서 체결되는 거래방법으로 쓰인다.

**경쟁계약**(競爭契約)

계약의 내용에 관하여 다수인을 경쟁시켜 그 중 가장 유리한 내용을 제시하는 자를 상대방으로 하여 체결하는 계약이다. 입찰이나 경매의 방법에 의한 것이 그것인바, 계약체결을 신청할 수 있는 자가 한정되어 있는가의 여부에 따라 지명경쟁계약과 일반경쟁계약으로 나누어 볼 수 있다.

**경매**(競賣)
독 ; Versteigerung

매도인이 다수자 중에서 구술로 매수신청을 시키고 최고가격의 신청인에게 매도하는 매매방법이다. 입찰에 의한 매매가 서면에 의하여 행해지는 점에서 다르다. 개별적 매매에 비해서 비교적 높게 그리고 또 공평하게 행하여지므로 국가기관에서 행하는 경우에 이용되는데, 물론 사인이 행하는 때도 있다. 국가기관에서 행할 경우를 공적경매 또는 공매라고 부른다. 이 중에서 협의로는 민사집행법상의 강제경매에 대하여 경매법 폐지. 즉 재산의 보관 또는 정리의 방법으로서 현금화(환가)하는 이른바 자조매각(自助賣却)과 저당권·질권 등 타인의물건에 대한 담보권의 실행으로서 행하여지는 것 등이다. 이런 종류의 경매의 성질에 대해서는 견해가 나누어져 있으나, 비송사건이라고 하는 설이 유력하다. 어떻든 임의경매(담보권실행등을 위한 경매)와 민사집행법상의 강제집행에 의한 경매와는 절차가 전반적으로 같고, 특히 부동산의 경매에는 임의경매(담보권실행등을 위한 경매)도 강제경매에 관한 민사집행법의 규정을 많이 준용하고 있다. 따라서 양자가 경합할 수 있는 경우에는 어느 쪽이든지 먼저 개시한 절차에 그 후의 신청을 흡수시켜서 배당요건의 효력을 발생시켜 양자의 연락을 도모하고 있다. 그러나 임의경매(담부권실행등을 위한 경매)에서는 성질상 채권자·채무자의 대립은 없고 집행권원(채무명의)을 필요로 하지 않으며, 또 일반채권자의 배당요구가 원칙적으로 인정되지 않는 것은 강제집행에 있어서의 경매와 다르다.

## 입찰(入札)

경쟁계약의 경우 매수희망자로 하여금 자기의 청약가격을 문서에 기재하여 이것을 제출하도록 하고 최고가격 청약자에 대하여 낙찰시키는 행위이다. 구술에 의한 경매와는 달라서 서로 경쟁자가 표하는 청약내용을 알 수 없으므로 자기가 상당하다고 믿는 가격을 부르게 하는 데 특색이 있다. 입찰에 부친다는 뜻의 표시는 청약의 유인인 경우가 많다. 따라서 입찰은 청약, 낙찰은 승낙에 해당한다. 입찰에 있어서 위계 또는 위력 그 밖의 방법으로 경매 또는 입찰의 공정을 해한 자는 2년 이하의 징역 또는 7백만원이하의 벌금에 해당하는 처벌을 받는다(형§315).

## 견본매매(見本賣買)

영 ; sales by sample

견본이나 모형에 의하여 목적물의 품질과 속성을 미리 정하여 두는 매매이다. 견품매매라고도 한다. 보통 불특정물의 매매에 사용되며 견품대로의 물건이 급부되지 않으면 채무불이행이 있는 것으로 되어 계약의 해제와 손해배상이 문제된다. 또한 특정물매매의 경우에는 하자담보책임이 생겨서 견본과 동일한 것을 다시 제공하여야 할 의무가 생긴다. 또한 견품과의 동일품질 여부는 사회통념, 특히 거래관행에 의하여 결정되지만 그 입증책임은 매도인에게 있다(판례). 상법에서는 견본을 견품이라 한다(상§95).

## 정기매매(定期賣買)

독 ; Fixhandelskauf

그 계약의 성질상 또는 당사자의 의

사표시에 의하여 일정한 시기에 이행되지 않으면 계약의 목적을 이룰 수 없는 매매를 말한다. 예컨대 결혼식에서 쓸 의복·음식물의 매매와 같다. 기한대로 이행되지 않았을 때에는 상대방은 최고(催告) 없이 곧 계약을 해제할 수 있다(민§545). 상사매매의 경우에는 신속함을 중히 여기므로 상대방이 기간경과 후에 즉시 해제한 것으로 간주한다(상§68).

## 제작물공급계약
(製作物供給契約)
독 ; Werklieferungsv ertrag

당사자의 일방이 재료를 사용하여 제작한 물건을 공급할 것을 약정하고, 상대방이 이에 대하여 보수를 지급할 것을 약정하는 계약이다. 주문에 의한 가구나 양복의 제작이 그 예이다. 주문에 의한 제작이라고 하는 점에서는 도급의 성질을 가지며, 제작물의 소유권을 보수를 받고 이전한다고 하는 점에서 매매의 성질을 갖는 혼합계약으로서 매매의 매도도급(賣渡都給)이라고도 부른다. 따라서 도급과 매매의 혼합계약으로서 제작에 관하여는 매매의 규정을 적용한다.

당사자의 일방이 상대방의 주문에 따라 자기 소유의 재료를 사용하여 만든 물건을 공급할 것을 약정하고 이에 대하여 상대방이 대가를 지급하기로 약정하는 이른바 <u>제작물공급계약은, 그 제작의 측면에서는 도급의 성질이 있고 공급의 측면에서는 매매의 성질</u>이 있어 이러한 계약은 대체로 매매와 도급의 성질을 함께 가지고 있는 것으로서, 그 <u>적용 법률은</u> 계약에 의하여 제작 공급하여야 할 물건이 <u>대체물인 경우에는 매매로 보아서 매매에 관한 규정이 적용</u>된다고 할 것이나, 물건이 특정의 주문자의 수요를 만족시키기 위한 <u>부대체물인 경우에는 당해 물건의 공급과 함께 그 제작이 계약의 주목적이 되어 도급의 성질을 띠는 것</u>이다(*대법원 1996. 6. 28. 선고 94다42976*).

## 담합행위(談合行爲)

토건(土建)의 도급·입찰을 함에 있어서 입찰자끼리 협정을 맺는 것이다. 협정하여 입찰한 결과 경쟁입찰의 사실이 없음에도 경쟁입찰을 가장하면 타인을 기망한 것으로 되어 사기죄의 성부가 문제될 수 있다.

## 소유권유보계약(所有權留保契約)

매매에 있어서 매도인이 경매대금의 완제를 받을 때가지 소유권을 보유하는 계약이다. 할부약관이 붙은 매매에서 종종 이같은 계약을 수반한다. 매수인은 대금 전액을 지급할 때까지 매도인의 소유물을 빌리는 형식이 된다. 매수인은 대금을 완제할 때까지는 조건부권리(대리권)을 가지는데 그치므로 목적물을 처리할 수 없으나 매도인도 매수인의 기대권(期待權)을 해치는 행위는 할 수 없다.

## 이중매매(二重賣買)

매도인이 동일한 목적물을 2인 이상의 매수인에게 매매하는 것이다. 채권은 배타성이 없으므로 채권계약의 단계, 즉 권리이전청구를 내용으로 하는 채권이 발생할 뿐인 단계에서 이중매매를 하더라도 두 매수인의 권리는 서로 충돌하지 않는다. 따라서 채권계약으로서 제1의 매수인과 제2의 매수인에게 이중으로 매매계약을 체결하더라도 아무런 문제가 되지 않는다. 이행에 이르렀을 때에는 두 매수인 가운데 먼저 등기나 인도 또는 대항요건을 갖춘 자가 완전한 권리를 취득하고 다른 편의 매매계약은 이행불능이 된다.

## 대금(代金)

매매에 있어서 재산권이전의 대가로서 매수인이 지급하는 금전이다. 지급의 시기·장소·대금이자의 지급 등에 관하여는 당사자 간에 특약이 있으면 그것에 따르고 특약이 없는 경우에는 보충규정이 적용된다(민§563, §568, §585, §587). 대금지급과 목적물의 소유권이전은 서로 동시이행의 관계에 있다.

## 계약보증금(契約保證金)

계약을 체결할 때에 당사자 일방이 계약가액의 일부를 지급하는 금전을 말한다. 계약보증금을 지급하는 목적에는 여러 가지가 있다. (1) 계약보증금은 계약이 확실히 성립되었다고 하는 증거의 의미를 가진다. (2) 위약금은 어느 한편이 임의로 계약을 철회할 때, 이를 위약한 벌로서 몰수 할 수 있는 것이다. 여기에는 계약보증금을 몰수하고 다시 손해배상을 받을 수 있는 것과, 계약보증금만을 몰수할수 있는 것이 있다. (3) 해약금은 매수인이 계약보증금을 포기하고 매도인은 계약보증금의 배액(倍額)을 지급하여 매매계약을 해제할 수 있다. 이들 가운데, (1)은 모든 계약보증금이 지니고 있는 효력이며, (2)와 (3) 가운데 어느 것에 해당할 것인가 하는 것은 계약의 취지에 따라서 결정된다. 매매에서는 당사자의 특약이 없으면 해약금으로 본다(민§565).

## 담보책임(擔保責任)

계약의 당사자가 급부한 목적물에 하자가 있는 경우에 부담하는 손해배상과 그밖의 책임이다. 증여(민§559)·도급(§667~§672)·소비대차(§602) 등에 관한 규정이 있으나 특히 매매에 관한 규정(민§569~§584)이 널리 유상계약 일반에 준용된다(§567). 즉 매매의 목적물에 권리의 하자(소유권의 전부 또는 일부가 타인에게 귀속되거나 타인의 권리에 의하여 제한되거나 또는 제시된 수량이 부족한 때) 또는 물건의 하자가 있을 경우에 매수인은 계약의 해제권·대금감액의 청구권·손해배상의 청구권 등 3종의 권리를 부여받는다. 권리의 하자인 경우에는 추탈담보(追奪擔保), 물건의 하자가 있는 경우에는 하자담보라고 불리 운다. 이것은 다른 유상계약에 준용된다(§567). 도급의 경우에도 동일하게 수급인에게 해제권·하자보수청구권·손해배상청구권의 3종의 권리가 부여된다. 이러한 담보책임의 근거는 대가적 관계에 있는 급부를 하는 계약당사자간의 공평을 도모하고, 거래에 대한 일반적인 신뢰를 확보한다는 점에서 구할 수 있다. 따라서 무상계약에 있어서의 담보책임(예 : 증여자)은 하자를 알고 알리지 않은 경우에 한하지만 유상계약에서의 담보책임(예 : 매도인·도급인)은 하자를 몰랐을 경우에도 부담되는 일종의 무과실책임이다. 구민법에 있어서는 불특정물의 매매에 있어서의 매도인이 하자있는 물건을 급부한 경우에 하자담보의 규정의 적용이 있는가에 대하여 문제가 되었으나 현행 민법은 이를 입법적으로 해결하여 불특정물의 매매에 있어서도 목적물의 특정 후에 그것에 하자가 있는 경우에는 하자담보책임을 물을 수 있도록 하였다(§581). 그리고 담보책임은 특약으로 면제할 수 있으나 하자를 알면서도 고지하지 않았을 때에는 책임을 면하지 못한다(§584, §672).

## 매도인의 담보책임
(賣渡人의 擔保責任)

매매에 의해 매수인이 취득하는 권리나 권리의 객체인 물건에 하자 내지 불완전한 점이 있는 때에 매도인이 매수인에 대하여 부담하는 책임을 말한다. 매도인에게 이러한 담보책임을 인정하는 것은 매매계약의 유상성에 비추어 매수인을 보호하고 일반거래의 동적 안전을 보장하기 위해서이다. 매도인의 담보책임은 매도인의 고의나 과실 등의 귀책사유를 그 요건으로 하지 않으므로 일종의 무과실책임으로서, 특정물의 매매에 있어서 뿐만 아니라 불특정물매매에서도 인정된다. 민법상 규정된 담보책임의 발생원인을 살펴보면, (1) 권리에 하자가 있는 경우로는 ① 재산권의 전부 또는 일부가 타인에게 속하는 경우(민법 569조 내지 573조. 그러나 민법 571조는 매도인 보호를 위한 특별규정이며 담보책임에 관한 것은 아니다), ② 재산권의 일부가 전혀 존재하지 않는 경우(민법 574조), ③ 재산권이 타인의 권리에 의하여 제한을 받는 경우(민법 575조 내지 577조)이고, (2) 물건에 하자가 있는 경우로는 ① 특정물매매에 있어서 목적물에 하자가 있는 경우(민법 580조), ② 종류매매(불특정물매매)에 있어서 목적물에 하자가 있는 경우(민법 581조, 582조)이다. 또 경매에 있어서의 담보책임(민법 578조, 580조 2항)으로서 매도인이 부담하여야 할 책임의 내용은 각 경우에 따라서 다소 다르지만, 대체로 매수인은 일정한 요건 하에서 계약해제권·대금감액청구권·손해배상청구권·완전물급부청구권을 갖는다. 손해배상의 범위에 대해서는 신뢰이익의 배상이라는 견해와 이행이익의 배상이라는 견해가 나누어져 있다. 권리의 전부가 타인에게 속하여 매도인이 매수인에게 그 권리를 이전할 수 없는 경우 매도인은 담보책임을 진다(민법 570조). 그러나 매도인이 계약 당시에 매매의 목적이 된 권리가 자기에게 속하지 않음을 알지 못하여, 그 권리를 취득하여 매수인에게 이전할 수 없는 때에는 매도인은 손해를 배상하고 계약을 해제할 수 있으며(민법 571조 제1항), 특히 매수인이 악의인 때에는 매도인은 손해백상을 하지 않고서, 다만 권리이전이 불능임을 통지하고 해제할 수 있다(민법 571조 제2항).

**추탈담보책임**(追奪擔保責任)
독 ; Haftung wegen Eviktion
불 ; garantie contre l'eviction

매매의 목적인 권리에 하자가 있는 경우에는 매도인이 부담하는 담보책임이다(민§570~§579). 로마법에서는 매매의 목적물인 권리가 제3자에게 속하고 있기 때문에 매주(買主)가 매수한 권리를 후에 제3자로부터 추탈당한 경우의 매주책임을 가리키는 말로서 사용되어 왔으나 우리 민법에서는 추탈의 유무에 불구하고 민법§570~§579에 일반적인 담보책임을 규정하고 있으므로 특별히 이와 같은 용어를 구별할 실익은 없다.

**하자담보책임**(瑕疵擔保責任)
독 ; Gewährleistung wegen Mängel der Sache
불 ; garantie contre les vices de lachose

매매의 목적물에 하자가 있는 경우에 매도 등의 인도자가 부담하는 담보책임이다. 거래상 요구되고 있는 통상의 주의로도 이를 알지 못한 때는 매수인은 계약을 해제하고 손해배상을 청구할 수 있다(민§580). 이것은 매매의 목적인 재산권에 하자가 있는 경우 즉 물질적으로 하자가 있는 경우에 한한다. 예를 들면 매도인으로부터 매수한 가옥이 표면으로 보아서는 알 수 없지만 부실공사로 인하여 파손이나 무너질 것 같은 상태에 놓여 있는 경우이다. 그러나 전파사에서 텔레비전을 샀는데 부분품이 불량하여 이를 사용할 수 없을 때는 하자담보가 아니라 채무불이행(불완전이행이 된다)의 책임으로서 교환청구 및 해제 또는 손해배상청구를 할 수 있다는 것이 유력한 학설이다. 또한 상인간의 매매에 있어서는 담보책임의 효과로서 매도인에게 하자가 있다는 통지를 하지 않으면 대금감액 또는 손해배상을 청구하지 못한다(상§69).

**환매**(還買)
독 ; wiederkauf 불 ; réméré, rachat

매도인이 일단 매각한 목적물에 대하여 대금상당의 금액을 매수인에게 지급하고 다시 사는 계약이다. 민법상 환매는 일반적으로 매매계약의 해제라고 해석되며, 환매권은 일종의 해제권으로 간주되며 재산권으로 양도성을 갖는다고 본다. 환매권은 일정기간 내에 다른 특약이 없으면 최초의 대금계약의 비용을 제공하여 환매권자의 일방적 의사표시에 의하여 행하여진다(민§594①). 환매를 할 수 있는 것은 동산이나 부동산을 가리지 않는다. 부동산의 경우에는 환매특약을 등기하여 보전할 수 있다. 환매는 매매계약과 함께 이루어지는 계약으로 일종의 해제권 유보있는 매매이다. 따라서 일단 매매행위가 끝나면 환매를 한다는 특약을 알 수 없다. 그것은 재(再) 매매의 예약에 의해서 행하여진다. 환매가 이루어지면 목적물은 매도인에게 복귀한다(해제의 경우의 원상복구와 동일). 이 경우 매수인의 수취과실과 매도인(환매권자)의 대금의 이자와는 특별한 약정이 없으면 상계한 것으로 간주되고(§590③), 또 매수인이 지급한 비용의 상환청구가 인정된다(§594). 그러나 민법에서 정하고 있는 환매의 규정(§590~§595)은 실제의 거래와 부합되지 않으므로 보통 매매의 예약의 규정(§564)을 적용하는 경우가 많다.

## 물권적 취득권(物權的 取得權)

독 ; dingliches Erwerbsrecht
Amnwartscharftsrecht

장래의 일정한 조건하에 의사표시를 함으로써 재산권을 취득함을 내용으로 하는 배타적인 권리이다. 형성권의 하나이다. 독일민법의 선매권(Vorkaufsrecht, 독·민§1094이하)이 그 적례이며 우리 민법에는 이러한 의미의 물권적 취득권은 인정되지 않으나 부동산의 매매의 예약완결권(민§564)·환매권(§590)으로서 등기된 것은 이것과 유사하다.

## 대금감액청구권(代金減額請求權)

매매의 목적이 되는 권리의 일부가 다른 사람에게 속하게 되어 매도인이 이를 매수인에게 이전할 수 없는 경우 및 수량을 지시하여 매매한 물건이 수량부족이거나 일부멸실한 경우에 매도인의 담보책임의 효력으로서 매수인은 그 부족한 부분 또는 멸실부분의 비율에 따라서 대금의 감액을 청구할 수 있다(민§572~§874, §578). 선의의 매수인은 이와는 별도로 손해배상을 청구할 수 있다(§572②, ③). 이 권리의 행사는 매수인이 선의인 경우에는 사실을 안 날, 악의인 경우에는 계약한 날로부터 1년의 제척기간이 있다.

## 예약(豫約)

라 ; pactum de contrahendo
독 ; Vorvertrag
불 ; avantcontrat, promesse

장래 일정한 계약을 체결할 것을 미리 약정하는 계약이다. 장래 체결될 본계약에 선행하는 것이다. 예약에 있어서는 당사자의 한쪽 또는 양쪽이 상대방에 대하여 본계약의 청약을 하면 타방이 이를 승낙할 의무를 진다. 청약할 권리를 일방만이 가지고 있는 때에는 편무예약, 양쪽이 가지고 있을 때에는 쌍무예약이라고 한다. 예약자체는 항상 채권계약이나, 예약으로써 장래 체결되어야 할 본계약은 채권계약 뿐만 아니라, 질권·저당권의 설정과 같이 물권계약이나 혼인과 같은 신분상의 계약인 경우도 있다. 그리고 광의에 있어서는 당사자의 한쪽 또는 양쪽이 예약완결권을 가지는 경우까지를 포함하여 널리 예약이라고 한다. 민법이 매매의 일방예약에 관하여 규정하고(§564) 이를 다른 유상계약에 준용하여 당사자간에 예약이 있는 때에는 본계약을 성립시킬 권리가 있는 당사자가 본계약을 성립시킬 의사표시를 한 때에는 상대방의 승낙을 요하지 않고 성립된다고 정하고 있는 것이 이것이다(§564, §567). 예약은 본계약의 내용을 결정한다. 본계약이 불능·불법 등의 이유로 무효인 때에는 예약도 무효가 된다. 예약권리자가 본계약의 청약을 한 때에는 예약의무자는 이에 대하여 승낙을 할 채무를 지며, 이 의무위반에 대하여서는 채무불이행에 의한 손해배상 및 예약해제를 할 수 있으며, 또 예약권리자는 승낙에 갈음할 재판을 구할 수도 있다(§389② 참조). 본계약이 요식행위인 때에 예약도 또한 그 방식에 따라야 할 것인가의 여부에 대하여서는 문제가 있는데, 통설은 본계약을 요식행위로 하는 취지에 따라 결정된다고 한다.

### 매매의 예약(賣買의 豫約)

장래에 매매를 성립시킬 것을 미리 약속하는 것(예약)이다. 매매의 예약은 크게 나누어 두 종류가 있다. 하나는 당사자의 일방적인 의사표시만으로 매매계약이 성립하는 것이며 또 하나는 일방이 청약을 하고 상대방이 이를 승낙하면 이에 따라 매매계약이 성립하는 것이다. 후자의 경우에는 상대방이 승낙하지 않으면 매매계약이 성립될 수 없다. 그러나 상대방이 계속 승낙하지 않으면 그 승낙의 의사표시를 법원에 청구해야 되므로 아무런 의의가 없다. 그래서 실제로 행하여지고 있는 것은 전자인 경우가 많다. 이것을 매매에 있어서의 일방의 예약이라고 한다. 민법은 「매매의 일방예약은 상대방이 매매를 완결할 의사를 표시하는 때에 매매의 효력이 생긴다」(민§564)라고 정하고 있으므로 이 경우만을 규정한 것이 된다. 일방의 예약에 있어서 일방적으로 본계약(매매계약)을 체결할 권리를 가지고 있는 자가 본계약을 하겠다는 의사표시를 하면 그것만으로 상대방의 승낙을 기다릴 필요없이 매매계약이 성립한다. 이러한 권리를 예약완결권이라고 한다. 예약완결권은 일종의 형성권이며 토지 또는 건물을 목적으로 할 때는 가등기를 할 수 있다(부등§3). 예약완결권을 소유하고 있는 자의 상대방은 최고에 의해 이를 소멸시킬 수 있다(§564②, ③).

### 재매매의 예약(再賣買의 豫約)

매매계약에 있어서 매도인이 장래 목적물을 도로 사겠다고 예약하는 것이다. 매도인의 재매매의 청약에 대하여 매수인이 승낙의무를 지는 것과, 승낙없이 바로 재매매가 성립되는 것이 있는데 후자가 보통이다(민§564). 이것은 환매약관부매매의 일종으로서 환매와 똑같이 금융에 대한 담보작용을 하는 점에 그 경제적 의의가 있다. 환매는 재매매의 예약에 비하여 요건이 엄격한 데 대하여 재매매의 예약은 대금·기간 등을 자유로이 정할 수 있기 때문에 담보형식으로서의 효용을 발휘하고 있다. 그리고 그 예약완결권의 가등기로써 예약권리자는 제3자에게 대항할 수 있게 된다.

**내금**(內金)

금전채무의 일부변제로서 지급하는 금전이다. 그러나 보통 매매·도급 등의 쌍무계약을 맺음에 있어서 대금·보수의 일부로서 금전의 대금·보수의 지급에 앞서 지급되는 금전을 말한다. 해약권 유보의 효력을 발생하지 않는데서 계약금과 다르지만 실제상 이 두 가지를 구별하는 데는 상당한 어려움이 있다.

**교환**(交換)
영 ; exchange 독 ; Tausch
불 ; échangé

당사자 양쪽이 금전의 소유권 이외의 재산권을 상호 이전할 것을 약정함으로써 성립하는 계약이다(민§596). 유상·쌍무의 계약이며 일반적으로 매매에 관한 규정이 준용된다(§567). 그러나 현재로는 물물교환은 거의 중요성이 없다. 토지의 교환 등의 경우 이외에는 거의 행하여지지 않는다. 이런 경우에도 각각 특별법이나 관습이 우선하여 민법의 규정은 오히려 보충적 의미를 가질 뿐이다. 자기의 물건이 상대방의 물건보다 가격이 쌀 때는 재산권이전과 동시에 금전에 의한 보충지급을 한다. 갑의 토지와 을의 가옥에 300만원을 현금으로 가산하여 교환하는 경우 등이다. 이런 경우의 300만원을 금전의 보충지급이라고 한다. 금전의 보충지급에 대하여는 매매대금에 관한 규정을 준용한다(§597). 유상계약이므로 서로 담보책임이 있다.

일반적으로 교환계약을 체결하려는 당사자는 서로 자기가 소유하는 교환 목적물은 고가로 평가하고, 상대방이 소유하는 목적물은 염가로 평가하여, 보다 유리한 조건으로 교환계약을 체결하기를 희망하는 이해상반의 지위에 있고, 각자가 자신의 지식과 경험을 이용하여 최대한으로 자신의 이익을 도모할 것이 예상되기 때문에, 당사자 일방이 알고 있는 정보를 상대방에게 사실대로 고지하여야 할 신의칙상의 주의의무가 인정된다고 볼만한 특별한 사정이 없는 한, 일방 당사자가 자기가 소유하는 목적물의 시가를 묵비하여 상대방에게 고지하지 아니하거나, 혹은 허위로 시가보다 높은 가액을 시가라고 고지하였다 하더라도, 이는 상대방의 의사결정에 불법적인 간섭을 한 것이라고 볼 수 없으므로 불법행위가 성립한다고 볼 수 없다*(대법원 2001. 7. 13. 선고 99다38583)*.

**소비물·비소비물**
(消費物·非消費物)

소비물이란 한 번 쓰면 없어져서 같은 용도에 따라 사용할 수 없는 물건(예 : 쌀·석유·식료품 등)을 말하고, 비소비물이란 한 번 사용되어도 없어지지 않고 두 번 이상 같은 용도로 사용할 수 있는 물건을 말한다. 이의 구별의 실익은 (1)소비대차(민법 598조)와 임치(민법 693조), (2)소비대차(민법 598조)·사용대차(민법 609조)·임대차(민법 618조) 등의 구별에 있다.

## 소비대차(消費貸借)

라 ; mutuum
영 ; loan for consumption
독 ; Darlehn
불 ; prêt de consommation

당사자의 일방(貸主)이 금전 기타의 대체물이 소유권을 상대방(借主)에게 이전할 것을 약정하고 상대방은 그것과 동종·동질·동량의 물건을 반환할 것을 약정함으로써 성립하는 계약이다(민§598~§608). 금전이나 미곡등의 대차가 대표적인 것이다. 소비대차는 임대차와 사용임차가 목적물 그 자체를 반환하는 것과는 달리 차주가 목적물의 소유권을 취득하여 이를 소비한 후에 다른 동가치의 물건을 반환하는 점에 특색이 있다. 낙성·편무계약이다. 법률상은 무이자의 무상계약이 원칙이지만 실제로는 이자있는 유상계약이 많다(상§55 참조). 차주의 이자지급의무는 특약에 의하여 발생하기로 되어 있는데 상인간의 금전소비대차에 있어서는 특약이 없어도 임주(貸主)는 법정이자(년 6분)를 청구할 수 있다(상§54).

> 민법상 소비대차는 당사자 일방이 금전 기타 대체물의 소유권을 상대방에게 이전할 것을 약정하고 상대방은 그와 같은 종류, 품질 및 수량으로 반환할 것을 약정함으로써 그 효력이 생기는 이른바 낙성계약이므로, 차주가 현실로 금전 등을 수수하거나 현실의 수수가 있은 것과 같은 경제적 이익을 취득하여야만 소비대차가 성립하는 것은 아니다*(대법원 1991.4.9. 선고 90다14652)*.

## 준소비대차(準消費貸借)

당사자의 한쪽이 소비대차에 의하지 아니하고 금전 기타의 대체물을 지급할 의무가 있는 경우에 당사자가 그 물건으로써 소비대차의 목적으로 할 것을 약정하는 계약(민§605)이다. 매매대금을 차금으로 바꾸는 경우 같이 기존의 채무를 소멸시키고, 기존채무에 관하여 소비대차와 동일한 효력을 생기게 하는 것을 목적으로 하는 계약이다. 민법은 「소비대차에 의하지 아니하고」부담한 채무라고 하고 있으나, 과거의 소비대차상의 채무에 관하여도 준소비대차계약을 체결하는 것은 무방하다고 하는 것이 종래의 판례의 태도이다. 준소비대차는 기존의 채무의 존재를 전제로 하므로, 기존채무가 처음부터 없거나 또는 소멸된 때에는 성립하지 아니한다. 반대로 준소비대차가 무효 또는 소멸되어도 기존의 채무는 소멸하지 않는 것으로 된다. 준소비대차는 그 성립의 요건이 다를 뿐 소비대차로서의 효력은 보통의 소비대차와 같다. 준소비대차의 경우에 신구채무(新舊債務)가 동일성을 가지느냐는 담보소멸시효 등이 문제가 되는데 현재의 판례는 양자는 원칙적으로 동일성을 잃지 않으며 다만 당사자의 의사에 의하여 동일성을 상실시킬 수 있다고 한다.

> 경개나 준소비대차는 모두 기존채무를 소멸케 하고 신채무를 성립시키는 계약인 점에 있어서는 동일하지만 경개에 있어서는 기존채무와 신채무와의 사이

에 동일성이 없는 반면, 준소비대차에 있어서는 원칙적으로 동일성이 인정된다는 점에 차이가 있는 바, 기존채권 채무의 당사자가 그 목적물을 소비대차의 목적으로 할 것을 약정한 경우 그 약정을 경개로 볼 것 인가 또는 준소비대차로 볼 것인가는 일차적으로 당사자의 의사에 의하여 결정되고 만약 당사자의 의사가 명백하지 않을 때에는 의사해석의 문제이나 특별한 사정이 없는 한 동일성을 상실함으로써 채권자가 담보를 잃고 채무자가 항변권을 잃게 되는 것과 같이 스스로 불이익을 초래하는 의사를 표시하였다고는 볼 수 없으므로 일반적으로 준소비대차로 보아야 한다*(대법원 1989.6.27. 선고 89다카2957)*.

## 사용대차(使用貸借)

라 ; commodatum 독 ; Leihe
불 ; prê ́ausage, commodat

당사자의 일방(貸主)이 상대방(借主)에게 무상으로 사용·수익하게 하기 위하여 목적물을 인도할 것을 약정하고 상대방은 이것을 사용·수익한 후 그 물건을 반환할 것을 약정함으로써 성립되는 계약이다(민§609~§617). 친구로부터 교과서를 차용하는 경우와 같은 것이 이것이며, 실제경제상의 효용은 별로 크지 않다. 이것은 차용물이용후에 그 물건(동일물)을 반환하는 점에 특색이 있으며, 이 점에서 소비대차와 다르며 임대차와 비슷하다. 그러나 사용대차는 물건의 이용이 대가의 지급을 하지 않는 무상인 점에서 임대차와도 본질적으로 다르다(§612, §623 참조). 차주의 사용·수익은 그 목적물의 성질에 의하여 정하여진 용법에 좇아서 하여야 하며, 임주(貸主)의 승낙이 없으면 제3자에게 그 차용물을 사용·수익시킬 수 없다(§610). 차주가 이에 반하는 행위를 한 때는 대주는 즉시 계약을 해지할 수 있다. 사용대차에 있어서 목적물의 반환의 시기를 정한 경우에는 차주는 그 시기에 반환을 하여야 하며 반환시기를 정하지 않는 경우에는 차주가 소정의 목적에 따라서 사용수익을 하는 데 족한 기간이 경과한 때에는 임주(貸主)는 언제든지 계약을 해지할 수 있다. 무상계약인 사용임차는 개인적인 색채가 강하므로 차주의 사망 또는 파산선고로 인하여 대주가 계약을 해지할 수 있다는 규정은 이에 대한 표현이라고 할 수 있다.

## 대물대차(代物貸借)

금전을 소비대차의 목적으로 하는 경우에 차주가 현금에 갈음하여 유가증권(약속어음·예금통장·인장) 기타의 물건을 인도받고 금전으로 반환할 것을 약정하는 대차이다. 그런데 대물대차에 있어서 금전에 갈음하는 유가증권 기타 물건의 가액은 수시로 변동하기 때문에 소비대차의 차용액의 결정시기에 관하여 다툼의 우려가 있고 임주(貸主)가 차주(借主)의 약한 지위를 악용하여 그 시가가 차용금액보다도 훨씬 낮은 유가증권 기타의 물건을 차용금에 갈음하여 교부함으로써 교묘하게 이자제한에 관한 강제규정의 적용을 배제하고 폭리를 취하는 수가 있으므로 민법은 유가증권 기타 물건의 인도시의 가액으로서 차용액으로 하며(민§606)이에 위반하여 차주에 불리한 당사자의 약정은 무효이다(§608).

### 전대차(轉貸借)

독 ; Untermiete, Unterpacht
불 ; souslocation

임대인이 임차물을 다시 제3자에게 유상 또는 무상으로 사용·수익하게 하는 계약이다. 임대인과 임차인간에 임대관계는 여전히 존속하며 임차인과 전차인(轉借人)간에 새로이 임차관계가 발생한다. 전대차에는 임대인의 동의를 필요로 하는바 임대인의 동의없이 전대(轉貸)하면 임대인은 임대차를 해지할 수 있다(민§629). 그 승낙이 있는 적법한 전임차에서는 전차인은 임대인에 대하여 직접 차임지급 등의 의무를 진다(§630). 또한 임대인과 임차인의 합의로 계약을 종료시키는 때에는 전차인의 권리는 소멸하지 않는다(§631). 다만 건물의 소부분(小部分)을 타인에게 사용하게 한 경우에는 위 규정들에 적용되지 아니한다(§632). 임대차계약이 해지의 통고로 인하여 종료한 때에는 임차인은 그 사유를 전차인에게 통지하여야 하며, 통지가 있은 때로부터 일정한 유예기간이 경과하여야 전대차의 해지의 효력이 생긴다(§638).

### 임대차(賃貸借)

라 ; Locatio conductiorei
독 ; Miete und Pacht
불 ; louage des choses

당사자의 일방(賃貸人)이 상대방(임차인)에 대하여 어떤 물건을 사용·수익하게 할 것을 약정하고, 상대방이 이에 대하여 차임을 지급할 것을 약정함으로써 성립하는 계약(민§618~§654). 유상·쌍무·낙성계약이다. 임차인은 물건의 사용·수익을 내용으로 한, 임용한 물건자체를 반환하지 않으면 안 되는 점에서 소비대차와 다르고 사용대차에 유사하나, 차임의 지급이 요소로 되어 있는 점에서 사용대차와도 다르다. 임대차 중에서 중요한 사회적 기능을 지니고 있는 것은 택지·건물·농지의 임대차이다. 타인의 토지를 이용하는 제도로서는 임대차 이외에 지상권(§279)·전세권(§303) 등이 있다. 존속기간의 약정이 없을 경우에는 당사자는 언제든지 해지통고를 할 수 있다(고지기간의 경과를 요한다〈§635②〉). 임대차에 있어서 임대인은 목적물을 임차인의 사용수익에 필요한 상태를 유지하게 할 적극적 의무를 부담하며, 임차인은 임차물을 반환할 때까지 「선량한 관리자의 주의」로 그 목적물을 보존하고 계약 또는 임대물의 성질에 의하여 정한 용법에 따라서 사용수익하여야 한다. 또한 민법은 임차인이 임대인의 승낙없이 임차인으로서의 권리 즉 임차권을 양도하거나 임차물을 전대하는 것을 금하고 만약에 임차인이 이에 반하여 무단히 제3자에게 임차물의 사용수익을 하게 하면 임대차를 해지할 수 있다고 정하고 있다.

### 보증금(保證金)

부동산임대차, 특히 건물임대차에 있어서 임차인의 채무를 담보하기 위하여 임차인 또는 제3자가 임대인에게 교부하는 금전기타의 유가물을 말한다. 보증금의 성질에 대해서는 정지 조건부 반환채무를 수반하는 금전소유권의 이전으로 이해되어 임대차가 종료하는 때에, 임차인의 채무불이행이 없으면 전액을, 만일에 채무불이행이 있으면 그 금액 중에서 당연히 변제에 충당되는 것으로 하고 잔액을 반환한다는 조건으로 금전소유권을 임차인(또는 제3자)이 임대인에게 양도하는 것이라고 한다. 보증금계약은 임대차에 종된 계약이므로 임대차가 유효하게 성립해야만 보증금계약도 유효하게 된다. 보증금은 차임의 부지급, 임차물의 멸실·훼손 등 임대차관계에서 발생하게 되는 임차인의 모든 채무를 담보하므로, 임대인은 이 보증금으로부터 다른 채권자에 우선하여 변제 받을 수 있다. 임대인은 보증금으로 연체차임 등에 충당할 수도 있고, 혹은 충당하지 않고서 그 지급을 임차인에게 청구할 수도 있다.

## 임차권(賃借權)

임대차계약에 의하여 임차인이 목적물을 사용·수익할 수 있는 권리이다. 임차권의 성질은 임대인의 사용·수익하게 할 채무에 대응하는 임차인의 사용·수익청구권이라는 채권에 부수하는 일종의 권리이다. 따라서 임차인은 임대인 이외의 제3자에 대하여 이것을 주장하여 대항하지 못한다. 용익물권에 비하여 일반적으로 임차인의 지위가 약하므로, 특히 부동산(건물·대지 등)의 임차권의 강화가 꾀하여지고 있다. 부동산의 임차권은 등기하면 그 때부터 제3자(그 부동산에 관하여 물권을 취득한 자, 예컨대 매수인·저당권자 등)에 대해서도 효력이 생기며(§621②), 별도 약정이 없는 한, 임차인은 임대인에게 임대차등기의 절차에 협력할 것을 청구할 수 있고(§621①), 토지임대차(건물·대지 임대차)의 경우에는 이를 등기하지 않은 때에도 임차인이 그 토지상의 건물을 등기한 것을 요건으로 하여, 그 토지의 임차권에 대항력을 인정하였다(§622①). 또한 선박임대차에 있어서는 임차인에게 당연히 등기청구권이 인정되고 있는데(상§765), 이와 같은 임차인의 지위강화의 현상을 임차권의 물권화라고 한다. 존속기간이 만료한 때에는 일정한 경우에는 임차인은 계약의 경신(更新)을 청구할 수 있고(경신청구권〈민§643〉) 또한 임대차의 기간경과 후에 여전히 사용·수익을 계속하는 때에는 임대차는 경신한 것으로 본다(묵시의 경신〈§639〉). 임차인은 임대인의 동의가 없으면 임차권의 양도 또는 전대차를 할 수 없으며, 임차인이 임대인의 동의없이 임차권을 양도 또는 전대한 때에는 임대인는 계약을 해지할 수 있다(민§629). 또한 임차인이 임차지상에 건물 기타의 공작물을 건설했다든가 하여 다대한 자본을 투자한 경우에는 그 회수가 곤란하므로, 일정한 경우에 민법은 임차인에게 지상물매수청구권과 부속물매수청구권을 인정하고 있다(§644②, §647). 이외에 임차인이 방해제거청구권을 가지느냐가 논란되고 있으나, 판례는 목적물의 인도 후에는 이것을 긍정하고 있다.

**차임**(借賃)

영; rent 독; Mietzins, pachtzins 불; loyer

임차금에 있어 임차물의 사용수익의 대가로서 지급되는 금전 및 기타의 물건을 말한다. 즉 차임은 반드시 금전이어야 하는 것은 아니며, 당사자의 약정으로 자유로이 정할 수 있다. 차임의 액에 관하여는 민법상 아무런 규정이 없다. 따라서 이 또한 당사자의 약정으로 자유로이 정할 수 있다. 그러나 이 점이 문제이며, 차임은 큰 도시 같은 곳에서는 이를 제한할 것이 요청된다. 실제로 특별법으로 그와 같은 통제를 하고 있는 나라가 많다. 당사자가 약정으로 차입금을 일단 정한 후에 특별한 사정으로 그 증액 또는 감액을 청구할 수 있는 경우가 있다. 이에 대하여는 민법 뿐 아니라 주택임대차보호법에도 특별규정이 있다. 차임과 같은 의미로서 토지의 경우에는 지대, 가옥의 경우에는 지료(민법 286·287)라는 용어를 사용하고, 임대차에서는 차임이라는 용어를 사용한다.

**차임증감청구권**(借賃增減請求權)

임대물에 대한 공과부담의 증감 기타의 경제사정의 변동으로 약정한 차임이 부당한 것으로 된 때에 임대인이나 임차인이 장래에 대한 차임의 증액을 청구할 수 있는 권리를 말한다(민법 628조). 민법에 명문으로 규정되어 있는 이 권리는 계속적 채권관계에 있어서 문제되는 '사정변경의 원칙'을 정면으로 인정한 것이므로 타당하다. 즉 이 권리는 차임을 약정한 때와 그 약정차임의 증감을 청구하는 때의 경제사정에 변동이 있어야 한다. 민법은 공과부담의 증감을 들고 있으나, 그것은 하나의 예시에 지나지 않으며, 차임액을 결정하는 데 관계되는 모든 경제사정의 변동은 증·감액의 사유가 된다. 부동산 임대차에 있어서 부동산 가액의 변동이 그 주요한 것이 될 것이다. 또 그러한 경제사정의 변동은 증·감액의 사유가 된다. 이 증감청구권의 성질은 형성권이며 또한 재판 외에도 얼마든지 사용될 수 있다. 따라서 청구의 의사표시가 상대방에게 도달한 때로부터 차임의 객관적으로 상당한 부분까지 증액·감액된다.

**단기임대차**(短期賃貸借)

처분의 능력 또는 권한없는 자가 임대차를 하는 경우에 일정기간 이상의 장기의 것은 허용되지 않는 단기의 임대차를 말한다. 즉, 한정치산자와 같이 재산관리능력은 있으나 처분능력이 없는 자나, 권한을 정하지 아니한 대리인(민§118)과 같이 타인의 재산에 대하여 관리의 권한만이 있고, 처분할 권한이 없는 자가 임대차를 하는 경우에는 그 임대차는 다음 각호의 기간을 넘지 못하도록 되어 있다(§619). (1) 식목·채염 또는 석조·석회조·연와조 및 이와 유사한 건축을 목적으로 한 토지의 임대차는 10년, (2) 기타 토지의 임대차는 5년, (3) 건물 기타 공작물의 임대차는 3년, (4) 동산의 임대차는 6월. 그리고 위의 기간은 갱신할 수 있다(§620본문). 그러나 기간만료 전 토지에 대하여는 1년, 건물 기타 공작물에 대하여는 3월, 동산에 대하여는 1월내에 갱신하여야 한다(§620但).

## 대여(貸與)

임대차·사용대차·소비대차 등의 계약에 의하여 당사자 일방이 금전 기타의 물건 또는 유가증권을 교부하고 일정한 시기에 반환할 것을 약속하고 상대방으로 하여금 특정한 금전 또는 물건·유가증권을 소비 또는 사용수익하게 하는 것이다.

## 용익임대차(用益賃貸借)

독 ; Pacht

독일 민법상 물건의 사용·수익을 목적으로 하는 임대차를 말한다(독민§581이하). 소작이 그 대표적인 것으로, 대략 우리나라의 임대차에 해당한다. 독일민법은 용익임대차 외에도 물건의 사용만을 목적으로 하는 사용임대차를 인정하고 있다.

## 예고기간(豫告期間)

미리 통지를 하고 일정기간이 지남으로써 법률효력이 발생하는 기간이다. 예컨대, 임대차의 경우에 임대인의 해지의 통지 후 토지에 있어서와 건물 및 그밖에 공작물에 있어서는 6개월, 동산에 있어서는 5일이 각각 경과해야 효력이 발생한다(민§635).

## 대주(貸主)

민법상 대주란 사용대차 및 소비대차의 한 쪽 당사자로서 목적물의 소유자를 의미하는 것이다(민§602, §610, §613 등).

## 임대료(賃貸料)

영 ; rent 독 ; Mietzins, Pachtzins
불 ; loyer

임대차계약에 있어서 임차물의 사용대가로 지급하는 금전 또는 기타 물건을 말한다. 임대차에서는 차임(토지의 경우에는 지료, 건물의 경우에는 가임(家賃)이라고 하나 민법은 지료(地料)라는 말을 쓴다)이라고 부른다(민§618, §632). 때로는 임대료를 보다 넓게 해석하여 예컨대 지상권의 대가인 지료를 포함하여 사용하는 일도 있다. 임대료의 지급시기는 별다른 특약이 없는 한 후불로 한다(§633). 임대료의 액은 당사자간 계약으로 자유로이 정하되, 일정한 경우에는 증감할 수 있다(§628).

## 임대인(賃貸人)

임대차계약에 있어서 당사자의 일방으로서의 상대방이다. 즉 임차인에 대하여 목적물을 사용·수익하기로 약정한 자를 말한다. 임대인은 임차인에 대하여 아래와 같은 권리·의무를 진다. 목적물을 사용·수익시킬 의무, 담보책임, 비용상환, 차임청구권 등이 있다(민§623, §624).

## 계약의 갱신(契約의 更新)

존속기간이 정하여져 있는 계약에 있어서(예: 임대차) 그 기간이 만료되었을 때에, 계약의 동일성을 유지하면서 기간만을 연장하는 것이 통례이나(약정경신), 일정한 사실이 있을 때에 법률상 갱신을 청구할 수 있거나 갱신의 추정을 받을 경우가 있다(법정경신·묵시의 갱신〈민§283①, §639①〉). 건물 또는 공작물의 소유 등을 목적으로 하는 지상권이나 토지임대차의 경우에는 일정한 요건하에 지상권자나 임차인에게 갱신청구권을 인정하고 있다(§283, §643). 또 갱신 후의 존속기간은 당사자의 계약에 의하여 정하여지는데, 그 최장기 또는 최단기가 제한되는 일이 있다(§284, §312②,).

## 계약갱신청구권(契約更新請求權)

지상권이 소멸한 경우에 있어서 지상물이 현존하는 때 또는 건물 기타의 공작물의 소유 또는 수목·채염·목축을 목적으로 한 토지임대차에 있어서, 그 기간이 만료한 경우에 건물·수목 기타의 토지시설이 현존할 때에 지상권자 또는 토지임차인이 지상권설정자 또는 임대인에 대해 계약의 갱신을 청구할 수 있는데, 그 권리를 가리켜 계약갱신청구권이라 한다(민법 283조·643조). 그러나 이러한 갱신청구권의 성질은 형성권은 아니라 하겠다. 민법 283조의 경우 "지상권이 소멸한 경우"라고 규정하고 있으나, 결국 갱신청구권이 발생하는 것은 존속기간의 만료로 인하여 소멸하는 경우에 한하게 된다. 지상권자 또는 임차인의 갱신청구로 곧 계약갱신의 효과가 발생하는 것은 아니며, 다만 지상권설정자 또는 임대인이 갱신청구에 불응하는 경우에는 지상권자의 지상물매수청구권 또는 임차인의 지상시설의 매수청구권이 발생하게 된다. 그러므로 갱신청구가 있는 때에 지상권설정자 또는 임대인이 이에 응하느냐 또는 지상물을 매수하느냐의 양자 중 어느 하나를 택하여야 할 뿐, 계약갱신만을 감수하여야 하는 것은 아니다. 여기서 지상권자의 지상물매수청구권 또는 임차인의 지상시설매수청구권은 이른바 형성권이라 하겠다. 지상권자 또는 임차인이 이러한 이익을 갖는 범위 내에서 갱신청구권은 권리성을 띠게 되는 것이다. 민법 283조와 634조의 규정은 강행규정이며, 이에 위반하는 것으로서 지상권자 또는 임차인에게 불리한 약정은 그 효력이 없다.

## 임대차의 갱신(賃貸借의 更新)

기간을 정한 임대차계약에서 계약기간이 만료한 경우 임차인이 임차물을 계속 사용·수익하려고 할 때에는 임대인과 재계약을 체결함으로써 임대차를 갱신할 수 있다. 이러한 재계약 외에, 임대차의 기간 만료 후에 임차인이 목적물의 사용·수익을 계속하고 있고 임대인이 이를 알면서도 이의를 제기하지 않는 경우 전임대차(前賃貸借)와 동일조건으로 다시 임대차를 한 것으로 보는 묵시의 갱신을 할 수도 있다(§639).

## 묵시의 갱신(黙示의 更新)

계약의 존속기간이 만료한 후 일정한 사실이 있으면 계약의 갱신으로 추정할 수 있다는 것이다. 임대차의 기간만료 후에 임차인이 임차물의 사용·수익을 계속할 경우에 임대인이 이것을 알고도 이의를 말하지 않을 때에는 전임대차와 동일조건으로써 다시 임대차를 한 것으로 추정되며(민§639①), 고용기간만료 후 근로자가 계속 노무에 종사하고 있는 것을 사용자가 알면서 이의를 제기하지 않을 경우에는 이전 계약과 동일한 조건으로써 재차 고용계약이 이루어진 것으로 추정되는(§662①) 것이 그 예이다. 이 경우에는 기간의 약정이 없는 임대차 또는 고용으로 된다. 그러나 당사자는 해지의 통고를 할 수 있다(§639①단, §662①단). 또한 이전의 임대차 또는 고용에 관하여 제3자가 제공한 담보는 인계되지 않고 기간의 만료로 인하여 소멸한다(§639②, §662②). 당사자의 의사의 여하를 불문하고 일정한 사실이 있으면 법률상 당연히 계약의 갱신이 있었던 것으로 보는 것이므로 일종의 법정갱신이다.

## 법정갱신(法定更新)

→ 묵시의 갱신참조

## 고용(雇用)

라 ; locatio conduction operatum
독 ; Dienstvertrag
불 ; louage de services, contrat de travail

당사자일방(노무자)이 상대방(사용자)에 대하여 노무를 제공할 것을 약정하고, 상대방이 이에 대하여 보수를 지급할 것을 약정함으로써 성립하는 계약을 말한다(민§655). 낙성의 유상·쌍무계약이다. 노무공급계약의 일종이기는 하지만 사용자의 지휘에 따라서 노무자체의 공급을 목적으로 하는 점에서 도급 또는 위임과 다르다. 고용의 기간은 장기에 관하여는 직접의 제한이 없으나 보통 3년을 넘거나, 또는 당사자의 일방 또는 제3자의 종신을 기간으로 하는 때에는 각 당사자는 3년을 경과한 후에는 언제든지 해지할 수 있다(§659①). 일용고용도 가능하다. 노무자는 스스로 노무를 제공할 의무가 있으며, 사용자의 동의 없이 제3자로 하여금 자기에 갈음하여 노무를 제공하게 하지 못한다(§657②). 이에 위반한 때에는 사용자는 계약을 해지할 수 있다(§657③). 노무자는 사용자에 대해서만 노무를 제공할 의무를 진다. 즉 사용자는 노무자의 동의 없이 노무청구권을 제3자에게 양도하지 못한다(§657①). 사용자는 계약으로 정한 보수를 지급할 의무가 있다. 보수 또는 보수액의 약정이 없는 때에는 관습에 의하여 지급해야 한다(§656①). 보수는 약정한 시기에 지급해야 하며, 시기의 약정이 없으면 관습에 의하고, 관습이 없으면 약정한 노무를 종료한 후 지체없이 지급해야 한다(§565②). 고용기간의 약정이 있는 때에는 그 기간의 만료로 인하여 고용계약은 종료하는데 그 기간만료 후 노무자가 계속하여 그 노무를 제공하는 때에는 임대차의 경우와 동일한 묵시의 경신이 인정된다(§662).

고용기간의 약정이 없는 때에는 당사자는 언제든지 계약해지의 통고를 할 수 있다(§660①). 이 경우에는 상대방이 해지의 통고를 받은 날로부터 1월이 경과하면 해지의 효력이 생긴다(§660②). 기간으로 보수를 정한 때에는 상대방이 해지의 통고를 받은 당기초의 1기를 경과함으로써 해지의 효력이 생긴다(§660③). 그러나 고용에 관한 특별법이라고 할 수 있는 근로기준법은 거의 모든 고용관계에 대해서 민법상의 고용에 관한 규정에 수정을 가하고 있다.

## 노무공급계약(勞務供給契約)

독 ; arbeitslieferungsvertrag

타인의 노무 또는 노동력을 이용하는 계약이다. 구체적으로는 (1) 노무자체의 이용을 목적으로 하고, 따라서 이것을 지시하여 일정한 목적을 향하여 효과를 발휘시키는 권능은 사용자에 속하는 고용과 (2) 타인의 노력에 의하여 완성된 일정한 일을 목적으로 하고, 따라서 노무자가 스스로 그 노무를 按配(안배)하고 그 위험에 있어서 일의 완성에 노력하는 도급, 그리고 (3) 일정한 사무의 처리라고 하는 통일된 노무를 목적으로 하고, 따라서 반드시 완성된 사무의 결과만을 목적으로 하지 않지만, 사무의 처리는 노무자가 그 독자의 식견·재능에 의하여 하는 위임이 있다.

## 도급(都給)

라 ; locatio conductio operis
독 ; Werkvertrag
불 ; louage d'industrie, louage d'ouvrage

당사자의 일방(수급인)이 어느 일을 완성할 것을 지정하고 상대방(도급인)이 그 일의 결과에 대한 보수지급을 약정하는 계약(민§664~§674)이다. 구민법상에서는 청부라 하였다. 상법상 운송계약은 도급의 특수한 경우의 것이다(상§114~§150). (1) 도급의 성질은 유상·쌍무·불요식의 낙성계약으로서 광의(廣義)의 노무공급계약이지만 고용에 있어서와 같이 노무제공 그 자체가 목적이 아니고 노무로서 일을 완성시키는 점에 본질적인 특징이 있다. 수급인은 일의 완성과 목적물의 인도의무를 지며(가옥의 수리 등은 인도를 요하지 않는다), 도급인은 보수지급의 의무를 진다. 특약이 없는 한 일의 완성까지는 보수를 받을 수 없고, 수급인이 목적물인도의 의무를 질 때에는 인도와 보수지급은 동시이행의 관계에 선다(민§665). 일의 완성 전의 위험(재해)은 수급인의 부담으로 돌아가지만 일의 완성 후, 인도전에 생긴 위험은 보통 도급인이 부담한다. 그리고 일의 결과에 하자가 있을 때에는 수급인은 그 유책사유 유무에 불구하고 도급인에 대한 담보책임을 진다(§671). 수급인이 아직 일을 완성하지 않은 동안에는 도급인은 손해를 배상하고 언제든지 계약을 해제할 수 있다(§673). 또한 도급인이 파산선고를 받은 때에는 수급인 또는 파산관재인은 계약을 해제할 수 있다(§674①). 그리고 완성된 목적물의 하자로 인하여 계약의 목적을 달성할 수 없는 때에는 도급인은 계약을 해제할 수 있다(§668본문).

## 여행계약

생활 속에 대중화·보편화되어 계속적으로 증가하는 추세인 여행과 관련하여 여러 가지 법적 문제가 발생하고 있으나 민법에 이를 직접 규율하는 법령이 없어 여행자 보호에 취약한 부분이 있으므로 이를 보완하기 위하여 2015년 2월 3일 민법 개정 시 여행계약의 의의, 해제·해지, 담보책임에 관한 사항 등 여행계약에 관한 기본적인 사항을 신설하였다(2016년 2월 4일부터 시행). 여행계약은 당사자 한쪽이 상대방에게 운송, 숙박, 관광 또는 그 밖의 여행 관련 용역을 결합하여 제공하기로 약정하고 상대방이 그 대금을 지급하기로 약정함으로써 효력이 생긴다(§674의2). 여행자는 여행을 시작하기 전에는 언제든지 계약을 해제할 수 있다. 다만, 여행자는 상대방에게 발생한 손해를 배상하여야 한다(§674의3). 부득이한 사유가 있는 경우에는 각 당사자는 계약을 해지할 수 있다. 다만, 그 사유가 당사자 한쪽의 과실로 인하여 생긴 경우에는 상대방에게 손해를 배상하여야 한다(§674의4①). 여행자는 약정한 시기에 대금을 지급하여야 하며, 그 시기의 약정이 없으면 관습에 따르고, 관습이 없으면 여행의 종료 후 지체 없이 지급하여야 한다(§674의5). 여행에 하자가 있는 경우에는 여행자는 여행주최자에게 하자의 시정 또는 대금의 감액을 청구할 수 있다. 다만, 그 시정에 지나치게 많은 비용이 들거나 그 밖에 시정을 합리적으로 기대할 수 없는 경우에는 시정을 청구할 수 없다(§674의6①). 여행자는 시정 청구, 감액 청구를 갈음하여 손해배상을 청구하거나 시정 청구, 감액 청구와 함께 손해배상을 청구할 수 있다(§674의6③). 여행자는 여행에 중대한 하자가 있는 경우에 그 시정이 이루어지지 아니하거나 계약의 내용에 따른 이행을 기대할 수 없는 경우에는 계약을 해지할 수 있다(§674의7①). 계약이 해지된 경우에는 여행주최자는 대금청구권을 상실한다. 다만, 여행자가 실행된 여행으로 이익을 얻은 경우에는 그 이익을 여행주최자에게 상환하여야 한다(§674의7②).

## 위임(委任)

라 ; mandatum 영 ; mandate
독 ; Auftrag 불 ; mandat

사법상 당사자의 일방(위임자)이 상대방을 신뢰하여 사무의 처리를 위탁하고 상대방(수임자)이 그것을 수락함으로써 성립되는 계약(민§680~§692)이다. 노무공급계약의 일종이지만, 일정한 사무의 처리라고 하는 통일된 노무를 목적으로 하는 점에 특색이 있다. 사무의 내용은 매매·임대차 등의 법률행위인 경우도 있고 그렇지 않은 경우도 있다. 위임의 성질은 원칙적으로 무상·편무계약이지만 보수의 약정이 있는 경우가 많고 이 경우에는 유상·쌍무계약이 된다. 그리고 위임은 낙성·불요식의 계약이지만 실제에 있어서는 위임장이 교부되는 예가 많다. 이것은 성약서(成約書)에 불과하나 보통 대리권 수여의 증거로 쓰인다. 수임자는 보수의 유무에 관계없이 위임의 본지에 따라 선량한 관리자의 주의를 가지고 위임사무를 처리해야 하며(§681), 사무처리 상황의 보고의무(§683), 사무처리에 당하여 수취한 금전 그 밖의 물건 및 과실의 인도의무(§684①), 위임자를 위하여 취득한 권리의 이전의무(§684②), 자기를 위하여 사용한 금전의 이자지급 및 손해배상의무 등을 진다(§685). 위임자는 보수지급의무(유상의 경우)를 지는 외에 비용선급의 의무, 지출비용 및 이자의 상환의무 등 민법소정의 의무를 진다(§686, §687, §688). 위임은 당사자 간의 신뢰에 기초되는 것이므로 그 신뢰가 무너지면 각 당사자는 언제든지 그 이유를 제시하지 않고 해지할 수 있다(§689). 또한 위임은 당사자 한쪽의 사망이나 파산으로 종료되고, 수임인이 성년후견개시의 심판을 받은 경우에도 종료된다(§690). 또한 위임종료의 경우에 급박한 사정이 있는 때에는 수임인·그 상속인이나 법정대리인은 위임인· 그 상속인이나 법정대리인이 위임사무를 처리할 수 있을 때까지 그 사무의 처리를 계속하여야 한다(§691). 위임종료의 사유는 이를 상대방에게 통지하거나 상대방이 이를 안 때가 아니면, 이로써 상대방에게 대항하지 못한다(§692).

## 위임장(委任狀)

형식적인 의미로는 타인에게 어떠한 사항을 위임한 사실을 기재한 문서를 말하나, 실제에 있어서는 그 사항에 관한 대리권을 수여한 것을 표시하는 문서로서, 대리권 수여의 증거로 쓰인다. 위임장의 일부(대리할 사항, 대리권 수여의 상대방)를 백지로 하여 둔 것을 특히 백지위임장이라고 한다. 위임장 중에서 가장 많은 문제점을 가지고 있다. 국제법상으로는 영사(領事)에 관한 위임장이 있다.

## 위탁(委託)

법률행위 또는 사실행위를 타인에게 의뢰하는 것이다. 위임, 준위임·주선·운송·신탁·어음 등 여러 가지 법률관계의 기초를 이룬다. 위탁을 받은 자는 어느 정도까지 자유재량을 행사할 수 있고 위탁자와의 사이에 신임관계가 생기는데 특색이 있다. 위탁을 한 자와 위탁을 받은 자의 명칭은 법률관계에 따라 다르다. 예컨대 위임의 경우에는 위임자·수임자이고, 신탁의 경우에는 위탁자·수익자라고 한다.

## 임치(任置)

라 ; depositum 영 ; deposit
독 ; Verwahrung 불 ; dépôt

당사자의 일방(수치인)이 상대방(임치인)을 위하여 금전이나 유가증권 기타 물건을 보관하는 계약이다(민§693~§702). 구민법은 이것을 기탁(寄託)이라 하고, 요물계약으로 하였으나, 현행의 민법은 임치계약을 낙성계약으로 하였다. 보관료를 지급하는 경우와 그렇지 않은 경우가 있는바, 전자는 유상·쌍무계약이고, 후자는 무상·편무계약이다.

목적물은 동산인 경우가 많지만 부동산일 수도 있다. 상법상의 임치에 대하여서는 특칙이 있으며(상§62, §152, §154), 특히 그 특수형태인 창고업에 대하여서는 상세한 규정이 구비되어 있다(상§155~§168). 임치물의 보관은 무상임치의 경우에는 「자기재산과 동일한 주의」를 가지고 보관하면 충분하지만(민§695), 유상임치의 경우에는 선량한 관리자의 주의를 가지고 보관하지 않으면 안된다(상법상으로는 비록 무상이라 하더라도 선관의무을 진다 〈상§62〉). 임치인은 반환시기를 정하였다 하더라도 언제든지 계약을 해지할 수가 있으며, 수치인도 부득이한 경우에는 기한 전이라도 계약을 해지할 수 있다(민§698, §699).

## 수치인(受置人)

임치에 의하여 임치인으로 부터 금전이나 유가증권 기타의 물건의 보관을 위탁받은 자를 말한다. 수치인은 가장 기본적인 의무로서 임치물 보관의무를 부담한다. 임치가 무상인 경우에는 수치인은 자기재산과 동일한 주의를 가지고 보관하여야 한다(민법 695조). 만일 임치가 유상이면 선량한 관리자의 주의의무를 가지고 보관하여야 한다(민법 374조). 또한 상인이 그 영업범위 내에서 물건의 임치를 받은 경우에는 비록 무상이더라도 선관주의가 요구되며(상법 62조), 공중접객업자가 손님으로부터 받은 임치물에 관하여는 특히 무거운 책임을 지게 된다(민법 694조). 수치인은 자신이 임치물을 보관하는 것이 원칙이지만 임치인의 승낙이나 부득이한 사정이 있는 때는 제3자에게 보관시킬 수 있다(민법 701조). 이런 경우에 수치인은 그가 선임한 복수치인의 선임·감독에 귀책사유가 있을 때에만 그 복수치인이 채무불이행에 대하여 책임을 진다(민법 121조 1항). 또한 복수치인을 임치인이 지명한 때에는 그 복수치인의 부적임 또는 불성실을 알면서도 임치인에게 통지나 해임을 해태한 경우에만 책임을 진다(민법 112조2항). 복수치인은 임치인과 제3자에 대하여 수치인과 동일한 권리·의무를 갖는다(민법 123조2항). 수치인은 보관에 따르는 부수적 의무로서 임치물에 대한 권리를 주장하는 제3자가 소를 제기하거나 압류한 때에는 지체 없이 임차인에게 이를 통지할 의무를 진다(민법 696조). 또한 위임의 규정의 준용에 의하여 수치인은 임치물의 보관을 위하여 받은 금전 기타의 물건 및 그 수취한 과실을 임치인에게 인도하여야 하며, 수치인이 임치인을 위하여 자기의 명의로 취득한 권리는 임차인에게 이전하여야 한다(민법 684·701조). 또한 수치인이 임치인의 금전을 자기를 위하여 소비한 때에는 그 소비한 날 이후의 이자를 지급하여야 하며, 그밖에 손해가 있으면 이를 배상하여야 한다(민법 685·701조).

## 선관주의의무(選管主義義務)

독 ; die im Verkehr erforderliche Sorgfalt
불 ; diligentia boni patris familias, les soins d'un bon pére de famille)

선관주의 즉 선량한 관리자의 주의라

함은 그 사람의 직업 및 사회적 지위에 따라 거래상 보통 일반적으로 요구되는 정도의 주의를 말한다. 일반적·객관적 기준에 의해 요구되는 정도의 주의를 말한다. 일반적·객관적 기준에 의해 요구되는 주의를 결하는 것을 추상적 과실이라 하는데, 이는 민법상의 주의의무의 원칙이다. 이에 반해 행위자의 구체적·주관적 주의능력에 따른 주의만이 요구되어 주의의무가 경감되는 경우가 있다. 예를 들면, 자기재산과 동일한 주의(민법 695조), 자기의 재산에 관한 행위와 동일한 주의(민법 922조), 고유재산에 대하는 것과 동일한 주의(민법 1022조) 등이다. 이러한 정도의 주의를 결하는 것을 구체적 과실이라고 한다.

**소비임치**(消費任置)
라 ; depositum irregulare
독 ; Hinterlegungsdarlehen, unregelmässige Verwahrung
불 ; dépôt irregulier

수치인이 임치물을 소비하고 후일 그와 동종·동질·동량의 물건을 반환할 것을 약정하는 임치(민§702)이다. 불규칙임치라고도 한다. 우편예금이나 은행예금 등이 예가 된다. 소비임치의 특징은 임치물의 소유권이 수치인에게 이전하며 임치물이 대체물이고 소비물이라는데 있다. 일반적으로 소비대차에 관한 규정이 준용된다. 그러나 소비대차는 차주(借主)의 이익을 위하여 체결되는 데 대하여 소비임치는 임치인의 이익을 위하여 체결되는 것으로 경제적 목적에 차이가 있다. 그러므로 반환시기에 약정이 없는 경우의 반환청구는 소비대차에 있어서는 상당한 유예기간을 둠에 반하여 소비임치에 있어서는 언제든지 할 수 있다(§603②, §702단). 비록 반환시기가 약정되고 있다 할지라도 필요한 사정이 있으면 임치인은 그 기한 전일지라도 반환청구를 할 수 있다(§699).

**조합**(組合)
라 ; societas 영 ; partnership
독 ; Gesellschaft 불 ; société

2인 이상의 영업자가 상호출자하여 공동사업을 경영할 것을 약정하는 계약(민§703 ~ §724)이다. 출자는 그 종류·성질에 제한이 없고 금전 그 밖의 재산·노무·신용 등 재산적 가치가 있는 것이면 된다(§703②). 사업은 영리를 목적으로 하지 않는 것이거나 일시적인 것(당좌조합)이어도 좋다. 그러나 공동으로 경영하는 것이어야 하므로 이익은 전원이 받는 것이어야 한다. 따라서 한 사람만이 이익을 보는 사자조합(獅子組合)이나 익명조합은 민법상의 조합이 아니다. 조합계약은 낙성계약으로 각 조합원이 지는 출자의무는 대가관계에 있으므로 유상·쌍무계약이다. 쌍무계약이라고는 하지만 보통의 쌍무계약과는 달라 각 조합원의 채무는 모두 공동목적을 위하여 결합되어 있는 점에 특색이 있으며, 쌍무계약에 관한 일반적 규정을 조합에 적용함에 있어서는 일정한 제한을 받는다. 첫째 동시이행의 항변에 관한 것으로 각 조합원은 업무집행자로부터 출자를 청구 당하면 자기 이외에 출자를 하지 아니한

다른 조합원이 있어도 동시이행의 항변을 행사하지 못한다. 둘째 위험부담에 있어서도 일(一) 조합원의 출자의무가 불능으로 되어도 그 조합원이 조합관계로부터 탈퇴할 뿐이고, 다른 조합원간의 조합관계는 존속한다. 조합은 공동목적을 가진 인적 결합체로서 일종의 단체성을 가지며, 사단과 대비된다. 그러나 조합은 사단과는 달리 단체로서의 단일성이 약하고 각 조합원의 개성이 강하며, 각 조합원이 공동목적에 의하여 결합되는데 불과하다. 대외적으로는 사단이 법인격(사단법인)을 갖는데 대하여 조합은 법인격을 갖지 않는 것이 보통인데, 내부관계에서 오는 단체의 유형과 법인격과는 반드시 일치하지 않고, 법인이 아닌 사단(권리능력 없는 사단)이 있는가 하면 반면에 조합의 실체를 갖는 법인(합명회사)도 있다. 또 민법상의 조합은 아니나 조합의 이름을 갖는 특별법상의 법인이 있다(예 : 노동조합·협동조합·공공조합 등).

## 조합의 업무집행
(組合의 業務執行)

조합의 관리나 업무는 원칙적으로 조합원전원이 다수결에 의하여 행하여진다. 다만 조합계약(또는 추가계약)에 의하여 1인 또는 수인의 조합원을 업무집행자로 정한 때에는 그에게 위임되고 다른 조합원은 검사권만을 갖는다(민§706, §710). 업무집행의 방법은 통상업무 이외는 업무집행자의 과반수로 결정한다(§706③). 그러나 조합의 통상업무는 각 조합원 또는 각 업무집행자가 전행(專行)할 수 있다(§706③본문). 다만 그 사무의 완료 전에 다른 조합원 또는 업무집행자의 이의가 있는 때에는 즉시 중지하여야 한다(§706③但). 조합계약으로 업무집행자를 정하지 아니한 경우에는 조합원의 3분의 2이상의 찬성으로써 이를 선임한다(§706③). 위의 업무집행자의 직무는 마치 수임인 직무에 유사하므로 민법은 이에 관하여 수임인의 권리·의무에 관한 규정을 전부 준용하고 있다(§707). 그러나 그 관계는 위임과 같이 양당사자가 언제든지 해지할 수 있는 것이 아니고(§689①), 정당한 사유가 없으면 사임하지 못하며, 또 다른 조합원의 일치가 아니면 해임하지 못한다(§708). 조합의 업무를 집행하는 조합원은 그 업무집행의 대리권이 있는 것으로 추정한다(§709). 즉 대외적으로는 전적으로 대리의 이론에 의한다. 일반적으로 업무집행자가 대리권을 갖고 그 자만이 정당한 대리인으로서 행동한다(조합대리). 그러나 대리권이 없는 조합원 또는 업무집행자의 대외적 행위는 표현대리의 이론에 의하여 해결되는 경우가 많을 것이다.

## 조합재산(組合財産)
독 ; gesellschaftsvermögen

민법상의 조합을 구성하는 조합원의 합유에 속하는 재산을 의미한다. 조합원이 출자한 재산이 그 중요한 부분을 이루나, 그밖에 각 조합원에 대한 출자청구권, 조합의 공동사업으로 취득한 재산, 조합재산에서 생긴 과실 등도 이에 속한다. 조합재산은 조합원 개인의 고유의 재산인 경우에는 어느 정도의 독자성이 있으며, 총조합원의 합유에 속한다(민§271, §704). 따라서 조합원은 조합청산 전에 조합재산의 분할을 청구하지 못하며, 조합원 전원의 동의 없이 조합재산에 대한 지분을 처분할 수 없다. 또한 조합원의 지분에 대한 압류는 그의 장래의 이익 배당 및 지분의 반환을 받을 권리에 대해서만 효력이 미친다(§714). 또한 조합의 채권도 총조합원에게 합유적으로 귀속하며, 조합의 채무자는 그 채무와 조합원에 대한 채권과는 상계할 수 없다(§715). 조합채무는 대개는 조합재산으로부터 변제되지만, 조합채권자는 직접으로 조합원의 개인재산에 대해서 집행할 수도 있다. 조합원 각자가 부담하여야 할 채무의 비율은 출자액에 따르고, 채권발생당시 조합원의 손실부담비율을 모를 때에는 채권자는 각 조합원에게 균분하여 그 권리를 행사할 수 있다(§711①, §712). 조합원 중에 변제할 자력 없는 자가 있으면 그 변제할 수 없는 부분은 다른 조합원이 균분하여 변제하여야 한다(§713). 다만, 법인격 있는 특별법상의 조합의 재산은 법인의 재산이므로 일반의 조합재산과 다르다.

## 조합의 탈퇴와 가입
(組合의 脫退와 加入)

조합원은 조합에서 임의로 탈퇴할 수도 있고(민§716①), 사망·파산·성년후견의 개시·제명 등에 의해 비임의로 탈퇴할 수도 있다(§717). 조합계약으로 조합의 존속기간을 정하지 아니하거나 조합원의 종신까지 존속할 것을 정한 때에는 각 조합원은 언제든지 탈퇴할 수 있다(§716①본문). 그러나 부득이한 사유 없이 조합에 불리한 시기에 탈퇴하지 못한다(§716①단). 또 조합원의 존속기간을 정한 때에도, 조합원은 부득이한 사유가 있으면 탈퇴할 수 있다(§716②). 또한 조합원의 제명은 정당한 사유 있는 때에 한하여 다른 조합원의 일치로써 이를 결정한다(§718①). 이 제명결정은 제명된 조합원에게 통지하지 아니하면 그 조합원에게 대항하지 못한다(§718②). 탈퇴는 탈퇴자와 다른 조합원과의 사이에 지분의 환급문제를 발생시키고, 조합을 청산하게 한다. 가입에 관하여는 민법에 규정이 없지만 탈퇴를 허용하고 있는 이상 당연히 가입도 허용되어야 한다.

## 조합의 해산과 청산
(組合의 解散과 淸算)

각 조합원은 부득이한 사유가 있는 때에는 조합의 해산을 청구할 수 있다(민§720). 조합은 해산에 의하여 종료한다. 청산은 해산한 조합의 재산관계의 정리이며, 법인의 청산과 비슷하다. 조합이 해산한 때에는 청산은 총조합원 공동으로 또는 그들이 선임한 자가 그 사무를 집행한다(§721①). 이 경우의 청산인의 선임은 조합원의 과반수로써 결정한다(§721②). 청산인이 수인인 때에는 업무집행은 그 과반수로써 결정한다(§722, §706② 후단준용). 조합원 중에서 청산인을 정한 때에는 그 청산인은 정당한 사유 없이 사임하지 못하며, 다른 조합원의 일치가 아니면 해임하지 못한다(§723, §708준용). 청산인의 직무 및 권한은 법인의 청산인의 그것과 동일하다(§724①, §87준용). 잔여재산은 각 조합원의 출자가액에 비례하여 이를 분장한다(§724②).

> 민법 제720조에 규정된 조합의 해산사유인 부득이한 사유에는 경제계의 사정변경이나 조합의 재산상태의 악화 또는 영업부진 등으로 조합의 목적달성이 현저히 곤란하게 된 경우 외에 조합원 사이의 반목·불화로 인한 대립으로 신뢰관계가 파괴되어 조합의 원만한 공동운영을 기대할 수 없게 된 경우도 포함되며, 위와 같이 공동사업의 계속이 현저히 곤란하게 된 이상 신뢰관계의 파괴에 책임이 있는 당사자도 조합의 해산청구권이 있다*(대법원 1993. 2. 9. 선고 92다21098).*

## 집합재산(集合財産)

독 ; Gesamthandsvermögen

특별재산 중에서 1인의 주체에 속하는 것에 대하여 수인의 주체에 속하는 것을 특히 이같이 부르는 일이 있다. 조합재산(민§704). 공동상속재산(§1006) 등이 그 예이다. 이들 경우에는 수인의 주체간에도 어떤 인적 견련관계가 있으며, 집합재산의 관리는 이 인적 조합관계를 규율하는 규범에 의거하여 행해지는 일이 많다.

## 해산(解散)

영 ; winding up, dissolution
독 ; Auflösung
불 ; dissolution

존속이유를 잃은 법인이 본래의 권리능력을 상실하는 것이다. 사단법인과 재단법인에 공통한 해산사유로서는 존립기간의 만료, 정관에 정한 해산사유의 발생, 법인의 목적의 달성 또는 달성의 불능, 파산, 설립허가의 취소가 있다. 사단법인만에 특유한 해산사유로서는 사원이 없게 되는 것 및 총회의 해산결의가 있다(민§77). 사단법인의 총회에서 해산결의를 함에는 정관에 다른 규정이 없으면 총사원의 4분의 3 이상의 동의가 있어야 한다(§78). 해산한 법인은 청산의 절차가 개시되며, 청산의 목적의 범위 안에서만 법인으로서 권리능력이 존속한다(청산법인). 민법은 법인이 아닌 조합이 그 조합관계를 종료하여 재산의 정리를 할 단계에 들어가는 것도 해산이라고 하고 있다(§720~§724). 이것은 가장 넓은 의미로서 단체가 그 존재를 잃고 재산의 정리 상태에 들어가는 점에서는 법인의 해산의 경우와 같으나 조합의 해산은 그 인격의 소멸원인이 아니라는 점에 차이가 있다.

## 종신정기금계약(終身定期金契約)

영 ; life annuity
독 ; Leibrentenvertrag
불 ; contrat de rente vigère

한 쪽 당사자가 자기, 상대방 또는 제3자의 종신까지 정기로 금전 기타의 물건을 상대방 또는 제3자에게 지급할 것을 약정함으로써 성립하는 계약(민§725)이다. 정기에 지급하는 금전 기타 물건을 정기금이라 한다. 이 계약의 특색은 특정인의 終期(종기), 즉 사망시까지 정기금 채권이 존속하는 것이며, 사망이라는 불확정적인 우연한 사실에 계약의 존속이 구속된다는 점에서 일종의 사행계약이라는 데에 있다. 이 계약의 성질은 정기금 채무를 부담함에 있어서 아무 대가 없이 증여로 할 경우에는 무상계약이고, 외상채무·소비대차채무 기타 원본을 수취하여 종신 정기금으로 하는 경우는 유상계약이며, 모두 제3자를 위한 계약이다. 그리고 당사자의 의사의 합치만으로 성립하고, 또한 아무런 방식도 요하지 아니하므로 성낙·불요식계약이다. 정기금의 목적물은 보통 금전이고 그 외에 「기타의 물건」도 될 수 있으나 이는 대체물임을 요한다. 「정기로 지급한다」함은 매년·매월처럼 일정한 기간을 두고 규칙적으로 돌아오는 시기마다 지급함을 말하며, 매기에 지급하는 금액은 동일함을 요하지 않는다. 정기금채무의 불이행에는 채무불이행의 일반원칙이 적용되지만, 특히 정기금 채무자가 원본을 수취한 경우에는 정기금채권자는 최고 없이 계약을 해제하여 원본의 반환을 청구할 수 있고, 또한 손해가 있으면 그 배상도 청구할 수 있다. 그러나 이미 수취한 정기금이 있는 경우에는 원본의 이자를 공제한 금액을 정기금 채무자에게 반환하여야 한다(§727). 채권자의 사망으로 종신정기금계약은 종료되지만, 그 사망이 정기금 채무자의 귀책사유로 인한 때에는 정기금 채권자 또는 그 상속인은 민법 제727조에 의하여 계약해제·손해배상의 청구를 하든지 법원에 추정생존연한을 인정받든지 할 수 있다(§729①, ②). 종신정기금계약은 보험적 작용을 하는데, 실제로 사인끼리 적용되는 일은 드물고 공공의 제도로 이용되는 일이 많다.

**화해**(和解)

라 ; transactio 영 ; compromise
독 ; Vergleich 불 ; transaction

분쟁당사자가 서로 양보하여 당사자 사이의 분쟁을 종지할 것을 약정함으로써 성립하는 계약(민§731)이다. 재판상의 화해(소송상의 화해 및 제소전의 화해)에 대하여 재판외의 화해라고도 한다. 양쪽 당사자가 주장을 포기·변경하여 양보할 채무를 진다는 점에서 쌍무계약이며, 양쪽 모두 양보로써 제공을 받는 점에서 유상계약이다. 법률관계는 화해의 결과에 따라 정하여지며(§732), 후에 화해의 내용에 반하는 확증이 나타나더라도 화해의 결과는 상실되지 아니한다. 그러나 친족관계의 분쟁과 같이 당사자가 임의로 처분할 수 없는 분쟁에 대하여서는 화해할 수 없다(§846참조). 그리고 화해계약의 의사표시에 착오가 있어서도 화해계약을 취소하지 못한다(§733본문). 그것은 화해로 인하여 법률관계가 창설적 효력을 가지기 때문이다. 그러나 화해당사자의 자격 또는 화해의 목적인 분쟁 이외의 사항에 착오가 있는 때에는 예외로 한다(§733단).

## 사무관리(事務管理)

라 ; negotiorum gestio
독 ; Geschäftsführung ohne uftrag
불 ; gestion k'affaire

법률상의 의무없이 타인을 위하여 그 사무를 관리하는 행위를 말한다(민§734~§740). 부탁받지 않고 부재자의 집을 수리하는 것이나 도망쳐 달아난 가축을 잡아서 먹이를 주는 행위 등이다. 타인의 사무를 간섭하는 것은 안 되지만 공동생활에서 권리나 의무가 없는 경우에도 호의로 하는 때에는 그 행위는 어느 정도까지 시인되어야 한다. 그래서 민법은 한편으로 관리자에 대하여 적어도 타인의 사무를 관리하기 시작한 이상, 가장 본인에게 이익이 되는 방법으로 관리를 계속할 의무를 지우는 동시에 다른 한편으로 본인에 대하여 관리자가 지출한 비용을 상환할 의무를 지우고 있다(§734~§740). 사무관리의 성질은 준법률행위이다. 본인에게 불리하거나 본인의 의사에 반하는 것이 명백하지 않을 경우에 의무 없이 타인을 위하여 그 사무를 관리함으로써 성립한다. 관리자가 사무의 관리를 시작한 때에는 지체없이 본인에게 그 뜻을 통지하여야 한다(§736본문). 관리자는 본인·상속인 등이 그 사무를 관리할 수 있게 될 때가지 관리를 계속하여야 한다. 그러나 관리의 계속이 본인의 의사에 반하거나 본인에게 불리함이 명백하 때에는 그렇지 않다(§737). 급박한 위해가 있는 경우에는 물건을 파손하였더라도 악의 또는 중대한 과실이 없는 한 손해배상의 책임이 없다(§735). 본인은 사무의 관리를 위탁한 것은 아니므로 계약상의 채무는 지지 않으나 관리자가 지급한 비용을 상환하여야 하며, 또한 관리자가 본인을 위하여 부담한 채무를 변제하지 않으면 안된다(§739). 관리자가 사무관리를 함에 있어서 과실없이 손해를 받은 때에는 본인의 현존이익의 한도 내에서 그 손해의 배상을 청구할 수 있다(§740). 본인은 관리자에게 원칙적으로 보수를 지급해야 할 의무는 지지 않으나 유실물의 습득이나 수난구호의 경우에는 각각 특별법에 의하여 보상금·보수를 지급해야 한다고 규정되어 있다(유실§4, 수구§28~§32).

사무관리의 인정근거

| | |
|---|---|
| 사회부조설 | 타인의 사무에 간섭하면 위법하여 불법행위가 되지만 상호부조의 정신에 따라 위법성을 조각시키는 것이 사무관리의 취지라는 견해이다. 이에 의하면 사무관리가 성립하기 위해서는 사무관리의사가 있어야 한다. |
| 귀속성설 | 타인사무관리에 따른 본인과 관리인의 재산관계를 다루기 위한 제도를 사무관리로 이해하는 견해이다. 따라서 사무관리가 성립하기 위해서는 객관적으로 타인의 사무이면 충분하고, 사무관리의사는 요건으로 하지 않는다. |
| 판례 | 사회부조설의 태도이다(94다59943참조). |

사무관리라 함은 의무 없이 타인을 위하여 그의 사무를 처리하는 행위를 말하는 것이므로, 만약 그 사무가 타인의 사무가 아니라거나 또는 사무를 처리한 자에게 타인을 위하여 처리한다는 관리의사가 없는 경우에는 사무관리가 성립

**될 수 없다**(*대법원 1995. 9. 15. 선고 94다59943*).

## 준사무관리(準事務管理)

독 ; unechte Geschafsfü hrung ohne Auftrag

권리가 없음을 알면서 타인의 사무를 자기를 위한 의사로써 관리하는 것이다. 예컨대, 타인의 가옥을 임대하여 비싼 가임(家賃)을 받든가, 타인의 특허권을 행사하여 고율의 이자를 받는 경우에 진정한 권리자와 관리자 사이에 성립되는 관계를 말한다 일반적 사무관리의 관계는 타인을 위하여 하는 의사를 갖고 관리한 경우인데 대하여 준사무관리에 있어서는 자기를 위하여 하는 의사를 가지고 하는 것이므로, 사무관리에 준하는 관계라고 칭하는 것이다. 준사무관리는 원래 불법행위 또는 부당이득의 규정에 의하여야 할 것이지만, 본인의 청구를 용이하게 하고 본인의 지위를 보호하려는 뜻에서 인정되는 것이다. 이러한 뜻에서 명문이 없는 우리 민법의 해석으로서도 이것을 인정하려는 설이 유력하다(독일 민법에는 명문규정이 있다〈독민§687②〉).

## 보존비(保存費)

채권의 소멸시효중단을 위한 비용이나 건물의 수리비 등과 같이 점유물의 멸실·훼손을 방지하기 위하여 지출한 비용을 말한다. 즉 점유자가 점유물을 점유하고 있는 동안 그 점유물에 관해 지출한 비용이 있으면 점유물을 반환할 때에 점유회복자에게 그 지출한 비용을 청구할 수 있는 바, 그 비용에는 민법상 필요비와 유익비가 있는데, 필요비에는 보존비·수선비·사육비·공조공과 등이 있다. 민법 제203조 제1항은 '점유자가 점유물을 반환할 때에는 회복자에 대하여 점유물을 보존하기 위하여 지출한 금액, 기타 필요비의 상환을 청구할 수 있다. 그러나 점유자가 과실을 취득한 경우에는 통상의 필요비는 청구하지 못한다.'고 규정하고 있다.

## 유익비(有益費)

독 ; nützliche Verwendung
불 ; dépenses utiles)

필요비에 상대되는 개념으로, 물건의 개량·이용을 위하여 지출되는 비용을 말한다. 유익비라고 할 수 있기 위하여서는 목적물의 객관적 가치를 증가하는 것이어야 하나, 목적물 자체의 가치를 증가하여야 하는 것은 아니다. 예컨대 가옥의 임차인이 집 앞 통로의 포장비용을 지출한 때에도, 그것이 가옥의 가치를 증가시킨 한도에서 유익비가 될 수 있다. 타인의 물건에 관하여 지출한 유익비는 그것을 지출함으로써 생긴 가액의 증가가 현존하는 경우에 한하여 상환을 청구할 수 있다(민법 203조2항, 325조2항, 367조, 594조, 611조, 626조2항). 이는 유익비를 지출하여 목적물의 가치가 증가한 때에는 부당이득이 되므로 상환케 하는 것이다. 상환의무자는 지출금액이나 현존하는 증가액 중의 어느 하나만을 선택하여(민법 380조이하) 상환하면 된다. 그러나 사무관리에 있어서는 지출한 유익비만을 상환하여야 한다(민법 739조1항). 유익비의 청구자는 유치권은 가지나, 법원은 상환의무자의 청구에 의하여 상당한 기간을 허여할 수 있으며, 이때에는 유치권이 소멸한다. 유익비·필요비 이외에는 사치비라고 한다.

## 현존이익의 한도
(現存利益의 限度)

어떤 사실에 의하여 받은 이익이 그 후의 멸실·훼손·소비 등에 의하여 감소한 경우에 그 잔여의 이익을 현존이익이라고 말한다. 이익은 반드시 원형으로 남아 있음을 요하지 않고 이익의 경제적 가치, 즉 수익자의 증가된 재산상태가 현존하면 된다. 이익의 현존여부는 반환청구당시를 표준으로 하며, 수익자가 받은 이익은 현존하는 것으로 추정되기 때문에 이익이 현존하지 않는다는 사실은 수익자가 입증함을 요한다. 민법은 취득한 이익을 전부반환 시키는 것이 과중하다고 생각되는 때에는 이것을 제한하기 위하여 이 표준을 사용하여 현존이익의 한도내에서만 반환하도록 하였다. 민법은 「현존이익의 한도」라고 표현할 때도 있고(§444②, §739③), 「이익이 현존하는 한도」(§29②, §141단) 또는「이익이 현존한 한도」(§748①)로 표현할 때도 있다.

## 비채변제(非債辨濟)
라 ; condictioindebiti
독 ; Zahlung einer Nichtschuld
불 ; paiement de l'indu

협의로는 채무가 없는데도 불구하고 변제하는 것이며, 광의로는 그 이외에 기한 전의 변제나 타인의 채무의 변제까지도 포함하는 의미이다. (1) 협의의 비채변제(非債辨濟) : 채무가 존재하지 않는데도 불구하고 변제를 하게 되며, 법률상의 원인을 결하는 것이므로 일반적으로는 부당이익이 성립하고 반환청구가 인정되는 것이지만, 변제당시 「채무의 부존재를 알고 있을 경우」에는 그 급부한 것의 반환을 청구할 수 없다(민§742). (2) 기한전의 변제 : 기한도래 전의 변제는 법률상의 원인을 결(缺)하고 있다고는 할 수 없으므로 부당이익은 성립하지 않고 반환청구도 할 수 없다. 그러나 착오에 의하여 기한 전에 변제하였을 경우에는 그에 의하여 얻은 채권자의 이익(기한까지의 은행이자 등)의 반환청구를 할 수 있다(§743). (3) 타인의 채무변제 : 채무자가 아닌 자가 타인의 채무인 것을 알면서 변제하는 경우와 타인의 채무를 자기의 채무로 오인하고 변제하는 경우가 있다. 전자는 제3자의 변제로서 유효하나(§469), 후자는 무효가 되고 부당이익이 성립되어 반환청구를 할 수 있다. 그러나 후자의 경우에 대하여서는 선의의 채권자를 보호하기 위하여 채권자가 선의로 증서를 훼멸하고, 담보를 포기하고 또는 시효로 인하여 그 채권을 잃었을 경우에는 반환청구가 인정되지 않고(§745①), 변제자는 채무자에 대하여 구상권을 행사할 수 있는데 불과하다. (4) 도의관념에 적합한 비채변제(非債辨濟) : 채무없는 자가 착오로 인하여 변제한 경우에 그 변제가 도의관념에 적합한 때에는 그 반환을 청구하지 못한다(§744).

## 부당(不當)

일반적으로 법의 이념에 비추어 적당하지 않은 것을 말한다. 용례에 따라 다의적인 바, (1) 민법 제741조의 부당이득에서의 '부당'은 법률상 원인 없이 타인의 손실로 인해 이익을 얻는 것을 뜻하고, (2) 위법에 상대되는 개념으로도 쓰이는 바, 이때는 예컨대 '행정처분이 위법은 아니지만 부당하다'고 고하는 경우처럼, 법규위반은 아니지만 제도의 목적상 타당하지 않다는 의미이다.

## 부당이득(不當利得)

법률상의 원인없이 타인의 재산이나 노무 등의 손실에 의하여 이익을 얻는 것이다. 예를 들면 채무자가 이중변제를 한다든가, 타인의 산림을 자기의 산림으로 오인하여 수목을 벌채하였을 경우이다. 형평의 이념에 입각하여 부당한 이득자는 손실자에게 그 이득을 반환하여야 한다는 것이 이 제도의 취지이다. 즉 부당이득은 손실자에게 그 이득을 반환하여야 한다는 것이 이 제도의 취지이다. 즉 부당이득은 손실자의 급부행위에 의하여 발생하는 경우도 있고 첨부와 같이 손실자의 급부행위 없이 발생하는 경우도 있지만 일반적으로는 부당이익의 반환의무를 부담하게 하는 것은 권리자의 의사에 반하는 재산적 이익을 인정할 수 없다는 근대법의 원리에 유래하고 있다. (1) 부당이득이 성립하려면 ㉮ 타인의 재산 또는 노무에 의하여 이익을 얻을 것 : 그 이득은 적극적 이득은 물론이고 소극적 이득(당연히 부담하여야 할 채무를 면한 것 같은 것)을 포함한다. ㉯ 그 이득에 의하여 타인에게 손실을 입히는 것 : 부당이득이 되려면 이득과 손실과의 사이에 직접적인 원인관계가 필요하게 된다. ㉰ 그 이득이 법률상의 원인을 결하는 것일 것 :「법률상의 원인없다」고 하는 것은 이득의 직접원인인 법률요건이 없는 등 실질적으로 보아 이러한 이득을 수익자에게 유보시킨다는 것이 법률의 이념인 공평관념에 반하는 것으로 인정될 것 등이다. (2) 부당이득의 효과로서 손실자에게는 이득반환청구권이 생긴다. 원물반환이 원칙이지만 그 것이 불가능하면 가격반환의 방법에 의할 수 있다(§747). 반환의 범위는 ㉮ 이득자가 선의인 경우에는 현존이익에 한하며, ㉯ 악의인 경우에는 받은 이익과 그 이자를 반환하고 또한 손해가 있으면 그 배상책임이 있다(§748). (3) 특수한 부당이득이란 특수한 요건하에 성립하는 부당이득이다. 민법은 불법원인급부와 비채변제에 대한 규정을 설정하고 있다(§742, §746).

## 악의의 수익자(惡意의 受益者)

부당이득에 있어서 법률상 원인없이

어떤 이익을 취득하고 있음을 알면서 수익을 한 자이다. 악의의 수익자의 이득반환의 범위는 선의의 수익자의 경우보다 넓어서, 그 받은 이익에 이자를 붙여 반환하고 손해가 있으면 이를 배상하여야 한다(§748).

**불법원인급여**(不法原因給與)
라 ; condictio obiniustam causam, condictio obturpem causam
독 ; Kondiktio wegen verwerflichen Empfanges
불 ; refus k'action pour cause k'indignité

불법의 원인에 기하여 행하여진 급부를 말한다. 불법원인급부라고도 한다. 인신매매나 도박판에서 금전의 수수가 이루어진 경우와 같이 불법한 원인에 의하여 행하여진 급부이다. 이러한 급부는 본래 공서양속에 반하는 무효의 것이며, 법률상의 원인이 없는 이득이 되어 부당이득의 반환이 대상이 되어야 하겠지만 그렇게 하는 것은 오히려 불법적인 행위에 국가가 조력하는 것이 되어 법의 이념에 반하기 때문에 그 반환을 청구할 수 없게 하였다(민§746전단). 그러나 불법의 원인이 수익자에게만 존재하는 경우에는 부당이득 반환청구권이 인정된다(§746후단). 여기에서 「불법」의 의미에 대하여 견해가 나뉜다. 최광의설은 선량한 풍속 기타 사회질서 위반 외에 강행법규 위반도 포함한다는 견해이고, 광의설은 선량한 풍속 기타 사회질서 위반을 의미한다고 본다. 협의설은 선량한 풍속 위반을 뜻하며, 도덕적 비난 가능성이 있어야 한다고 보는 견해이다. 대법원은 광의설의 태도로서 제103조 위반의 경우를 의미한다고 이해한다(83다430 참조).

> 자민법 제746조가 규정하는 불법원인이라 함은 그 원인될 행위가 선량한 풍속 기타 사회질서에 위반하는 경우를 말하는 것으로서 설사 법률의 금지에 위반하는 경우라 할지라도 그것이 선량한 풍속 기타 사회질서에 위반하지 않는 경우에는 이에 해당하지 않는 것이다*(대법원 1983. 11. 22. 선고 83다430)*.

**불법행위**(不法行爲)
라 ; delictum 영 ; tort
독 ; unerlaubte handlung
불 ; acte illicite, delit(civil)

고의 또는 과실로 인한 위법행위로 타인에게 손해를 입히는 행위이다(민§750). 불법행위로 인하여 생긴 손해는 가해자가 배상하여야 되며(민§751), 이 손해배상의무는 계약과 더불어 채권발생의 원인이 되는 양대지주가 되고 있다.

(1) 성립요건 : 일반적 불법행위의 성립요건은 다음과 같다. ㉮ 가해자에게 고의·과실이 있을 것 : 이것은 과실책임주의의 표현으로서, 최근에는 대기업의 발전과 더불어 무과실책임주의가 증가하는 추세에 있다. ㉯ 행위자(가해자)에게 책임능력이 있을 것 : 자기행위의 책임을 변식(辨識)할 능력이 없는 미성년자와 심신상실자는 불법행위책임을 부담하지 아니한다(§753, §754). ㉰ 위법성이 있을 것 : 구민법은 이에 해당하는 요건을 권리침해라고 했으나 현행 민법은 「위법행위」라는 용어를

사용, 가해행위가 객관적으로 보아 권리침해 여하를 불문하고 위법이며 타인의 권익을 침해하였을 경우에는 불법행위가 성립되게 하였다. 위법성을 결정함에는 침해된 이익(피침해이익)과 침해하는 행위(침해행위)의 태양(態樣)과의 양면을 비교하여 생각하지 않으면 안 되는바, 이 요건은 불법행위의 요건으로서 실제상 가장 중요한 것이다. 그리고 일반적으로 위법성이 있는 경우라 할지라도 정당방위·긴급피난·자력구제·사무관리·권리의 정당한 행사 등의 사유가 있을 경우에는 위법성이 조각된다. ㉣ 손해가 발생할 것 : 손해에는 재산상 손해와 정신적 손해를 모두 포함한다. ㉤ 가해행위와 손해 발생과의 사이에 인과관계가 존재할 것(이른바 상당인과관계를 필요로 한다) : 특수한 불법행위에 대하여서는 타인의 행위에 대한 책임을 인정하고 또 고의·과실의 거증의 책임을 전환하거나 무과실책임을 인정하기도 하여 그 성립요건이 특수화되어 있다(§755~§760). 특수한 불법행위에는 민법상 다음 다섯 가지이다. ㉮ 책임무능력자를 감독하는 자의 책임(민§755), ㉯ 피용자의 행위에 대한 사용자의 책임(§756), ㉰ 공작물을 점유 또는 소유하는 자의 책임(§758), ㉣ 동물의 점유자의 책임(§759), ㉤ 공동불법행위(§760) 그리고 민법 이외의 특별법에 의한 특수불법행위로서는 근로기준법상의 재해보상, 광업법상의 광해배상 등이 있으며 여기에는 무과실책임이 인정된다.

(2) 효과 : 불법행위에 의하여 피해를 당한 자는 손해배상청구권을 취득한다. 그 내용은 채무불이행으로 이한 손해배상청구권의 내용과 비슷하다. 배상의 무자는 원칙적으로는 가해자인데, 특수불법행위에서는 가해자 이외의 사람(사용자, 감독자 등)에게 배상의무가 과하여질 경우가 있다. 배상의 방법은 금전배상을 원칙으로 하지만, 사죄광고의 방법과 원상회복을 인정하는 경우도 있다(민§762, §394준용, §764·광§93). 또한 손해배상청구권은 3년의 단기소멸시효에 걸린다(민§766). 또 불법행위를 이유로 하는 손해배상청구권에 관해서는 태아는 이미 출생한 것으로 본다(§762).

## 준불법행위(準不法行爲)

불 ; quasi-délit

로마법에서는 불법행위의 성립은 특히 위법성이 강한 경우에만 국한되었고 별도로 불법행위에 준하여 손해배상의 채무를 발생하는 경우를 정하고 있었다. 예컨대 도로에 버리거나 떨어뜨린 물건에 의하여 손해를 끼친 자의 책임이나 여관의 사용인이 손님에게 끼친 손해에 대한 여관 주인의 책임과 같다. 프랑스 민법은 이를 계승하여 「불법행위 및 준불법행위」라는 구절을 두었다. 그러나 오늘날 이 양자를 구별할 실익이 없으므로, 독일 민법과 우리 민법은 이를 인정하지 않고 있다.

## 계속적불법행위(繼續的不法行爲)

계속적 불법행위란 가해행위가 연속하여 행하여지고, 손해도 연속적으로 발생하는 불법행위이다. 토지의 불법점거나 부당한 체포·감금행위 등이 전형적인 예이다. 앞의 예에서 정당한 권리자가 본권의 소에 의하여 인도를 청구한 경우 이에 불응하면 손해의 발생이 계속되는 것이므로, 소멸시효나 지연이자의 취급에 있어서 보통의 불법행위와는 취급을 달리한다.

## 공동불법행위(共同 不法行爲)

수인이 공동으로 불법행위를 하여 타인에게 손해를 가한 경우이다. 이에는 세 가지의 태양이 있다. (1) 각자가 저마다 일반불법행위의 요건을 갖추는 협의의 공동불법행위(민§760①전단) : 예를 들면 수인이 공동으로 타인의 가옥을 파괴하는 행위이다. (2) 가해자가 불명한 공동불법행위(§760②) : 예를 들며 수인이 한사람을 구타한 경우에 그 중의 한사람의 행위로 손해를 입혔으나 그것이 누구의 행위인지 알 수 없는 경우이다. (3) 불법행위자를 교사 또는 방조하는 행위(§760③) : 이러한 자는 직접의 가해자와 그 가해행위 자체를 공동으로 하는 것은 아니지만 민법은 이것 또한 공동불법행위로 보고 있다. 공동불법행위자는 연대하여 손해배상의 책임을 진다(민§760①후단 : 부진정연대채무). 공동불법행위자에게 연대책임을 부담하게 하는 취지는 가해자들의 각자 행위의 경중을 문제삼기 전에 피해자가 누구에게나 배상금을 전부 받을 수 있도록 피해자를 보호하기 위함이다.

## 불법행위능력(不法行爲能力)

독 ; Deliktsfähigkeit

불법행위로 인한 손해배상의 책임을 지는 능력이다. 불법행위의 책임을 부담할 수 있는 능력이므로 자연인에 관하여는 책임능력이란 말이 사용되며, 불법행위능력이란 말은 주로 법인에 대하여 사용된다. 우리 민법 제35조에는 「법인의 불법행위능력」이라 칭하고 그 1항에 「법인은 이사 기타 대표자가 그 직무에 관하여 타인에 가한 손해를 배상할 책임이 있다」라고 규정하고 있다. 따라서 법인자체의 불법행위능력의 유무에 관하여 견해가 대립되고 있다. 법인의제설에 의하면 법인은 스스로 행위를 할 수 없는(행위능력이 없는) 것이므로 불법행위능력도 없는 것이 당연하며 이 규정은 특히 법인의 대표자인 개인의 행위에 대하여 법인이 책임을 질 것을 정책적으로 인정한 것이라고 한다. 반면에 법인실제설에 의하면 대표자의 행위는 법인자체의 행위이며 법인도 당연히 불법행위능력을 가지고 있으므로, 이 규정은 이와 같은 당연한 것을 규정한 것에 불과하다고 한다. 법인실재설이 오늘날의 통설이다.

## 책임능력(責任能力)

독 ; Zurechnungsfähigkeit

위법행위로 인한 자기행위에 대해 책임을 질 수 있는 능력이다(민§753~§754, 불법행위능력이라고도 하다). 대개는 판단능력·의사능력을 기초로 하다. 자기의 행위가 불법행위로서 법률상의 책임을 발생하게 한다는 것을 지각할 수 있는 정신능력이며, 반드시 배상책임이라는 법률적인 의미까지 이해하고 있을 필요는 없다. 즉, 책임능력은 법률행위의 유효요건인 의사능력을 책임의 면에서 보아서 파악한 개념이지만 의사능력보다는 약간 높은 정신능력으로 인식되고 있으며, 대체로 12세를 전후하여 책임능력이 있는 것으로 취급된다. 이것이 결여된 미성년자·심신상실자는 불법행위에 의한 배상책임을 지지 않는다(민§753, §754 : 감독의무자의 책임이 생길 때가 있다). 행위능력이 일률적인 데 반하여(민§5 ~ §17) 책임능력은 개별적으로 결정되는 점에 특징이 있다.

**고의**(故意)
라 ; dolus 영 ; intention
독 ; Vorsatz 불 ; intention

자기의 행위가 일정한 결과를 발생시킬 것을 인식하고 또 이 결과의 발생을 인용하는 것을 말한다. 과실에 대하는 말이다. 형법에서는 원칙적으로 고의의 경우만을 처벌하고 과실의 경우에는 처벌하지 않기 때문에(형§14), 고의와 과실과의 구별이 중요하다. 그러나 사법상 고의는 책임을 발생시키는 조건으로서 과실과 동일하게 취급받는 일이 많고(민§390, §750), 법문상에도 과실이란 말이 고의를 포함하는 때가 많다. 따라서 사법상은 고의와 과실의 관념상의 구별에 관하여 형법과 같이 크게 논의할 실익이 없다. 그러나 그 실익이 전혀 없는 것은 아니다. 예를 들면 불법행위의 성립요건에 있어서 채권침해의 경우에는 침해자의 고의가 요구된다고 해석하고 있으며 또 효과에 있어서도 고의로 인한 불법행위의 경우에는 특별한 사정에 의한 손해라고 볼 수 있는 것을 배상액에 산입한다고 할 것이다.

불법행위에 있어서 고의는 일정한 결과가 발생하리라는 것을 알면서 감히 이를 행하는 심리상태로서, 객관적으로 위법이라고 평가되는 일정한 결과의 발생이라는 사실의 인식만 있으면 되고 그 외에 그것이 위법한 것으로 평가된다는 것까지 인식하는 것을 필요로 하는 것은 아니다*(대법원 2002. 7. 12. 선고 2001다46440)*.

**과실**(過失)
라 ; culpa
영 ; negligence
독 ; Fahrlässigkeit
불 ; faute

어떠한 사실을 인식할 수 있었음에도 불구하고 부주의로 인식하지 못한 것이다. 고의에 대하는 말이다. 민법에서는 위법한 행위의 효과에 관하여 고의와 과실을 구별하지 않는 것이 원칙이므로(예 : 민§750) 과실이 고의를 포함하는 것으로 해석되는 경우가 적지 않다(§385②, §396, §627 등). 과실은 부주의의 정도에 따라 중과실(현저히 심한 부주의)·경과실(다소 주의를 결하는 것)로 나누어지는데 민법·상법 등에서 과실이라 하면 경과실을 말하고, 중과실을 의미하는 경우에는 특히 「중대한 과실」이라 한다(민§109, §518, §735·상§137③, §648, §651, §653·어§16②·수§21단). 과실은 또한 그 전제로 되는 주의의무의 표준에 따라 추상적 과실(그 직업이나 계급에 속하는 사람으로서 보통 요구되는 주의, 즉 선량한 관리자의 주의를 결하는 것)과 구체적 과실(그 사람의 일상의 주의능력의 정도의 주의를 결하는 것)로 나누어지는데, 민법·상법에서 과실이라고 할 때에는 추상적 과실을 말하고, 구체적 과실을 표준으로 할 때에는 특히 「자기재산과 동일한 주의」(민§695), 「자기의 재산에 관한 행위와 동일한 주의」(§922), 「고유재산에 대하는 것과 동일한 주의」(§1022) 등으로 표시한다. 이론적으로 말하면 추상적 과실 중에 경과실·중과실의 구별이 있을 수 있을 뿐만 아니라, 구체적 과실 중에도 경과실·중과실로 나누어 볼 수 있겠지만 법률은 후자의 구별을 하고 있지 않다. 결국 추상적·구체적 과실에서와 상관없이 경과실(선량한 관리자의 주의를 조금이라도 결하는 것), 중과실(선량한 관리자의 주의를 현저하게 결하는 것), 구체적 과실(그 사람의 일상의 주의능력의 정도를 조금이라도 결하는 것)의 세 가지를 구별하는 것으로 족하다.

<u>불법행위의 성립요건으로서의 과실은 이른바 추상적 과실만이 문제되는 것</u>이고 이러한 과실은 <u>사회평균인으로서의 주의의무를 위반한 경우를 가리키는 것</u>이지만, 그러나 여기서의 '사회평균인'이라고 하는 것은 추상적인 일반인을 말하는 것이 아니라 <u>그때 그때의 구체적인 사례에 있어서의 보통인을 말하는 것</u>이다*(대법원 2001. 1. 19. 선고 200 0다12532).*

## 구체적 과실(具體的 過失)

라 ; culpa in concreto

개개의 행위자의 주의능력을 표준으로 하여 그 사람이 자기의 일상 사무를 처리함에 있어서 가지고 있는 정도의 주의를 결하는 과실이다. 민법은 특히 주의의무를 경감하는 경우에 이를 표준으로 하고 있다.

## 원인주의(原因主義)

손해배상책임의 근거를 고의나 과실에 구하지 않고 손해발생의 집단에 중점을 두는 입장이다. 과실주의에 대하여 특히 원인주의라고 부른다.

## 주의의무(注意義務)

독 ; Sorgfaltspflicht

어떤 행위를 함에 있어서 일정한 주의를 하여야 할 의무이다. 그 기준에 따라서 선량한 관리자의 주의와 자기를 위하는 것과 동일한 주의로 나누어진다. 주의의무에 위반하면 과실이 있게 되어 여러 가지 책임을 지게 되는 것이다.

## 채권침해(債權侵害)

독 ; Forderungsverletzung

채권은 채권자와 채무자라는 당사자간의 관계에 불과하기 때문에 제3자에 대하여 아무 효력을 미치지 않으며 따라서 제3자가 채권을 침해해도 불법행위가 되지 않는다는 견해가 지배적이었다. 그러나 최근에 와서는 제3자의 채권침해와 불법행위성립을 인정하는 이론이 일반화되고 있다. 위법한 채권침해에 있어서 불법행위가 위법성을 띠느냐 하는 것에 대하여 판례는 고의에 의한 채권침해에 대해서만 그것도 단순한 고의만으로는 족하지 않고 가해의사 있는 고의를 요건으로 하여 불법행위의 성립을 인정하려는 경향이 짙어지고 있다.

**명예훼손**(名譽毁損)
영 ; libel and slander
독 ; Ehrverletzung
불 ; infamation etnjure, attainte `a l'honneur

특정인에 대한 사회적 평가를 저하시키는 행위이다. 형법상으로는 명예훼손죄를 구성하고 민법상으로는 불법행위가 성립한다(민§750, §751①). 오로지 공익을 도모할 목적으로 행한 경우에는 그로 인하여 어떤 특정인의 사회적인 평가가 저하되는 결과를 빚어낸다고 하더라도 불법행위가 성립되지 않는다. 예를 들어 신문보도가 진실일 경우에는 비록 특정인에 대한 사회적인 평가가 그로 인하여 저하되는 한이 있을지라도 불법행위가 성립되지 않는 경우가 많을 것이다. 이에 반하여 신문이 강간의 피해자의 성명을 밝힌 경우에는 비록 진실이라고 하더라도「오로지 공공의 이익」을 위한 것이라 볼 수 없기 때문에 불법행위가 성립될 가능성이 있다고 생각된다. 타인의 명예를 훼손한자에 대하여는 법원은 피해자의 청구에 의하여 손해배상에 갈음하거나 손해배상과 함께 명예회복에 적당한 처분을 명할 수 있다(§764).

**사죄광고**(謝罪廣告)

민법 제764조에서는 "타인의 명예를 훼손한 자에 대하여는 법원은 피해자의 청구에 의하여 손해배상에 갈음하거나 손해배상과 함께 명예회복에 적당한 처분을 명할 수 있다."고 규정하고 있다. 이와 관련하여 헌법재판소는 민법 제764조의 "명예회복에 적당한 처분"에 사죄광고를 포함시키는 것은 헌법에 위반된다고 판단한 바 있다(89헌마160).

**위자료**(慰藉料)
독 ; Schmerzensgeld
불; réparation dudommage(ou préjudice) morale

불법행위에 의해서 발생하는 손해는 재산적인 손해와 정신적인 손해로 나눌 수 있는데 정신적인 손해에 대한 배상도 인정되고 이에 대한 배상을 위자료라고 한다. 생명·신체·자유·명예·정조 등의 침해로부터 발생하는 손해의 배상인 것이 보통이다. 피해자의 정신상의 고통을 금전으로 평가하여 배상을 청구하는 위자료의 손해배상으로서의 성격을 부정하고 일종의 사적 제재로 한다는 견해도 있었지만 오늘날에는 위자료를 피해자의 주관적인 고통에 대한 위자료라기보다는 자칫하면 경직화하기 쉬운 법적 처리에 구체적 타당성을 부여하는 기술적 구성이라는 견해가 유력하다. 우리 민법은 위자료를 정신적 손해의 배상으로서 전면적으로 인정하는 입장을 취하고 있고(민§751, §752), 명문은 없으나 해석상 채무불이행의 경우에도 인정되고 있다. 금전으로 평가하여 금전배상을 하는 것이 원칙이나(§394, §763), 명예훼손의 불법행위의 경우에는 금전배상에 갈음하거나 금전배상과 함께 사죄광고 등 명예회복에 적당한 처분을 하는 것이 허용된다(§764). 재산적 손해의 경우와 마찬가지로 상당인과관계설에 의하지만 사람의 정신적 고통을 일률적으로 금전으로 평가하기는 곤란한 것이어서 결국은 당사자의 자력·지위·직업·경력 등 모든 사정을 고려하고 피침해이익, 침해의 방법·정도 등을 교량하여 결정한다. 종래의 통설은 위자료청구권을 일신전속권이라 해석하고 다만 피해자가 생전에 그 청구의 의사를 표시하였을 경우에만 그것을 금전의 지급을 목적으로 한 권리로서 상속되는 것으로 해석하고 있다. 근래의 학설은 사자에게 청구의 기회를 주었다면 반드시 청구하였으리라고 믿어진 경우나 피해자 자신이 포기하였다고 간주될 만한 특별한 사정이 없는 한 위자료청구권의 상속을 인정해야 한다고 하고 있다.

**정당방위**(正當防衛)
영 ; self-defence
독 ; Notwehr
불 ; l'egitime d'efense

타인의 불법행위에 대하여 자기 또는 제3자의 권리를 방위하기 위하여 부득이하게 행한 가해행위를 말한다(민§761①본문). 이런 경우에는 손해배상책임이 없다. 가해행위가 부득이했다고 할 수 있기 위하여는 첫째로 그 행위 이외에 적절한 수단이 없어야 한다. 둘째로 침해행위에 의해서 침해된 이익이 작아야 한다. 예를 들면 절도범을 살해하면 정당방위가 될 수 없다. 이 가해행위는 불법행위자에 대한 반격이거나 제3자에 대한 것이거나를 가리지 않는다. 이 점에서 형법상 정당방위와 다르다. 다만 피해자인 제3자는 불법행위자에 대하여 손해배상을 청구할 수 있다(§761①단).

**긴급피난**(緊急避難)
영 ; necessity
독 ; Notstand
불 ; 'etat de n'ecessit'e

급박한 위난을 피하기 위하여 부득이 타인에게 손해를 가하는 것이다. 형식적으로는 정당방위의 경우와 마찬가지로 불법행위이지만 실질적으로는 위법성이 없기 때문에 손해배상책임이 없다(민§761②). 예를 들어 갑이 기르고 있는 개(물건)가 을에게 덤벼들어 을이 그 개를 살해한 경우 을은 갑에 대하여 이에 대한 손해배상의 책임을 지지 않는다. 정당방위와의 차이는 정당방위가 사람의 행위에 의하여 위험이 발생한 경우인데 대하여 긴급피난은 물건에 의해서 위험이 발생한 경우라는 것이다. 형법상에서도 긴급피난이 문제가 되지만 그 개념은 민법의 경우와는 차이가 있다.

**보상책임**(報償責任)
독 ; Equivalenzprinzip

무과실책임을 인정하는 근거로서 사회생활에 있어서 막대한 이익을 얻은 자는 그 수익활동에서 비롯되는 손해에 대하여 항상 책임을 져야 한다는 사고방식이다. 이익이 있는 곳에 손실을 돌려야 한다는 공평의 관념에 기초하는 것이다(민법의 사용자 책임(민§756)은 이러한 사고의 구현이며 그것을 적당히 확장하여 큰 이익을 얻는 기업자에게는 그 책임도 넓게 인정해야 한다고 주장하는 사람이 많다. 위험책임과 무과실책임이론의 중추를 이루고 있다.

**위험책임**(危險責任)
독 ; gefahrdungshaftung
불 ; responsabilite derisque

무과실책임을 인정하는 이론적 근거로서, 사회에 대하여 위험을 조성하는 자(예컨대 위험한 시설의 소유자 등)는 그 시설에서 생기는 손해에 대해 항상 책임을 져야 한다고 하는 발상이다. 우리 민법상 공작물소유자의 책임(민§758①단)을 이같은 위험을 내포하고 있는 현대적 대기업, 예컨대 운송업·광업 등에도 확장시켜야 한다는 견해가 많다.

**사용자책임**(使用者責任)
영 ; vicarious liability of master
독 ; Hafung des Geschäftsherrn füreinen Verrichtungsgehilfen
불 ; responsabilite des maîtres oucommettants

어떤 사업을 위하여 타인을 사용하는 자는 피용자가 그 사업의 집행에 관하여 제3자에게 가한 불법행위로 인한 손해를 배상할 책임을 말한다(민§756①본문). 사용자의 배상책임이라고도 한다. 사용자책임은 민법이 규정하는 특수적 불법행위의 일종이다. 근대법은 자기의 과실에 대해서만 책임을 진다고 하는 자기책임, 과실책임의 원칙을 취하는데 사용자책임은 타인의 불법행위에 관하여 책임을 지고 자기의 직접적인 과실없이 책임을 진다고 하는 점에서 책임무능력자의 감독자의 책임(§755), 공작물점유자 등의 책임(§758), 동물점유자의 책임(§759)과 함께 예외를 이루고 있다. 그러나 사용자는 피용자의 선임 및 그 사무·감독에 상당한 주의를 한 때, 또는 상당한 주의를 하여도 손해가 있을 경우에는 책임을 면한다(§756①단). 또한 사용자가 책임을 진때에는 피용자에 대하여 구상권을 사용할 수 있다(§756③). 이러한 점에서는 보상책임 또는 기업책임의 원리가 약화되었다고 볼 수 있다. 그리고 사용자에 갈음하여 그 사무를 감독하는 자도 사용자와 같은 책임을 진다(§756②).

## 제조물 책임(製造物 責任)

독 : Product Liability / Manufacturer's Liability

제조자로부터 소매상을 통하여 판매된 상품(제조물)에 어떤 결함 내지 하자가 있어 소비자나 이용자 또는 기타의 자가 인적·재산적 손해를 입은 경우에, 제조자가 부담하는 배상책임을 말하며, 이와 관련하여 제조물 책임법이 제정되어 있다. 상품의 하자, 제조자의 과실, 상품의 하자와 손해배상 사이의 원인관계에 대한 입증책임은 소비자가 지나, 이때에는 엄격한 증명을 필요로 하지 않고 상식적으로 보아 개연성이 높으면 인과관계를 추정하고 있다. 보통 상품의 하자는 제조 내지 검사에 있어 제조자의 과실에 의하는 경우가 많으므로 하자의 존재가 인정되는 경우에는 과실의 존재가 인정될 수 있다. 제조물의 대부분이 고도의 기술을 바탕으로 제조되고, 이에 관한 정보가 제조업자에게 편재되어 있어서 피해자가 제조물의 결함여부 등을 과학적·기술적으로 입증한다는 것은 지극히 어렵다. 이에 대법원도 이를 고려하여 제조물이 정상적으로 사용되는 상태에서 사고가 발생한 경우 등에는 그 제품에 결함이 존재하고 그 결함으로 인해 사고가 발생하였다고 추정함으로써 소비자의 입증책임을 완화하는 것이 손해의 공평·타당한 부담을 원리로 하는 손해배상제도의 이상에 맞는다고 판시한 바 있다. 이러한 대법원 판례의 취지를 반영하여 2018년 4월 19일 시행되는 개정 제조물 책임법에서는 피해자가 '제조물이 정상적으로 사용되는 상태에서 손해가 발생하였다는 사실' 등을 증명하면, 제조물을 공급할 당시에 해당 제조물에 결함이 있었고, 그 결함으로 인하여 손해가 발생한 것으로 추정하도록 하여 소비자의 입증책임을 경감하였다. 한편, 개정 제조물책임법에서는 일정한 요건 하에 징벌적 손해배상제를 도입하여 제조업자의 악의적 불법행위에 대한 징벌 및 장래 유사한 행위에 대한 억지력을 강화하고, 피해자에게는 실질적인 보상이 가능하도록 하였다. 이에 따라 제조업자가 제조물의 결함을 알면서도 그 결함에 대하여 필요한 조치를 취하지 아니한 결과로 생명 또는 신체에 중대한 손해를 입은 자가 있는 경우에는 그 자에게 발생한 손해의 3배를 넘지 아니하는 범위에서 배상책임을 지도록 하였다(제조물책임법 제3조 2항).

> 이른바 <u>제조물책임이란 제조물에 통상적으로 기대되는 안전성을 결여한 결함으로 인하여 생명, 신체나 제조물 그 자체 외의 다른 재산에 손해가 발생한 경우에 제조업자 등에게 지우는 손해배상책임</u>이고, 제조물에 상품적합성이 결여되어 제조물 그 자체에 발생한 손해는 제조물책임이론의 적용 대상이 아니다*(대법원 1999. 2. 5. 선고 97다26593).*

## 토지공작물소유자의 책임

(土地工作物 所有者의 責任)

건물이 무너져서 통행인이 부상을 당하였거나 도로가 패여 있어 오토바이가 전도(轉倒)하여 운전자가 다쳤다거나 토지의 공작물을 원인으로 손해가 발생하였을 때에 그 공작물의 소유자 또는 점유자가 지는 배상책임(민§758)이다. 하천·항만의 제방·도로·건널목 등 토지공작물의 범위는 광범하다. 토지공작물소유자의 책임이론은 기업책임을 확립하는 데 유력한 근거가 된다. 매연이나 수은 등의 공해에 대하여도 기업설비의 설치관리에 있어서의 과실로 보아 사용자책임과 더불어 기업책임을 형성할 수 있을 것이다.

### 민사책임(民事責任)

영 ; civil laibility
독 ; zivilrechtliche Verantwortlichkeit
불 ; resonsabilite civile

불법행위에 의한 손해배상책임이다. 사법상의 책임으로 범죄로서 형벌을 가하는 형사책임에 대립되는 개념이다. 옛날에는 양자 간에 구별이 없었으나 오늘날에 있어서는 완전히 분화하여 민사책임에는 반드시 손해의 발생을 요건으로 하고 객관적 실손해의 발생을 중시하여 고의·과실을 구별하지 않고 또는 무과실책임도 인정하는 경향에 있다. 또한 민사책임이란 말은 광의(廣義)로는 불법행위에 의한 손해배상책임 이외에 채무불이행의 경우를 포함하여 민사상의 손해배상책임의 의미로 사용되는 경우도 있다. 손해배상채무는 원칙적으로 금전채무이다(민§394, §763). 채무불이행책임과 불법행위책임과의 관계에 대하여는 청구권 경합설과 법조경합설과의 대립이 있다. 민사책임에서는 배상이라는 말을 쓰는데, 이는 위법행위를 법률요건으로 하지 않는 경우의 보상과 구별된다.

## 친 족

### 친족(親族)

일정범위의 혈연과 혼인관계에 있는 자들 상호간의 신분상 법률관계를 친족관계라 하고, 그 사람들을 서로 친족이라고 한다(민§762). 1990년 1월 13일 법률제4199호 개정민법에서는 친족의 범위를 크게 조정하여 (1) 부계·모계 차별 없이 8촌이내의 혈족, (2) 4촌 이내의 인척, (3) 배우자(사실혼관계의 배우자는 포함되지 않음)로 하여 개정전보다 모계혈족 및 처족인척범위가 확대되었으며 반면에 부족인척의 범위는 반으로 축소되었다(§777). 개정민법은 친족범위를 부모양계친족개념으로 전환시켰으며, 현대 문명국가의 친족관념은 부모양계개념으로 보고 있는 것이 일반적이다. 현행법에서도 판례는 친족의 개념정의가 일치하지 않고 있다. 지금까지의 판례를 보면 (1) 제932조의 직계혈족에 모계혈족인 외조모가 포함된다(대판§ 1982. 1. 29. 91스 25~29 공675호 228). (2) 이종형제자매는 제777조 소정의 4촌 이내의 모계혈족에 해당하지 않는다(대판§ 1980. 9. 9. 80도 1355 공642호 13139호) (3) 외조모의 형제자매는 친족으로 보지 않는다(대판 1980. 4. 22. 80도 485 공634호 12833). (4) 재산상속권자인 형제자매는 피상속인의 부계방계혈족만을 의미한다고 하여 모계의 형제자매를 포함시키지 않는다(대판 1975. 1. 14. 74다 1503, 공5

08호 8292). 입법례로서 독일·프랑스 민법은 친족자체의 범위를 일반적으로 한정하지 않고, 근친혼·부양의무·상속 등의 구체적 법률관계에 대하여 친족관계의 범위를 정하고 있다. 친족관계는 출생·혼인·입양·인지 등에 의하여 발생하고 사망·혼인의 취소나 해소·파양에 의하여 소멸된다(민§775, §776). 특정한 친족관계에 있는 자에게는 부양의무(§974)·상속(§997~§1118)·근친혼금지 등의 민법상 효과가 발생되는 이외에 형법상 범인은닉·절도 등에 인적 처벌조각사유가 되며(형§344·§365), 재판상 제척·증언거부의 사유가 되는(민소§41~§50, §314·형소§17~§25, §148)등 여러 가지 효과가 인정된다.

### 친족법(親族法)

영 ; law of domestic relations
독 ; Familienrecht
불 ; droit de famille

친족이나 가족 등의 신분관계 및 그 신분관계에 따르는 권리·의무를 규정한 법률규정이다. 친족법은 상속법과 합하여 신분법 또는 가족법이라고 한다. 민법의 일부로서 민법전 제4편에 규정되어 있으며 제767조부터 제979조에 이르는 199개조로 되어 있다. 친족법은 모두가 부부·친자·가족 및 친족 등의 인간본연의 결합관계에 관한 법이므로 타산적·우발적 결합관계에 관한 재산법에 비하여 민족적·지방적 관습이 존중되고 비합리적·연혁적이라는 특색이 있다.

### 가족권(家族權)

가족법상의 특정한 지위에 따라 부여되는 권리를 말한다. 신분권이라고도 한다. 여기서 특정한 지위란 부와 처, 부모와 자 등의 관계를 말한다. 이처럼 자를 보호·교양할 권리(민법 913조)나, 거소지정권(민법 914조), 징계권(민법 915조), 부양청구권(민법 979조)과 같이 가족법상의 지위에 의하여 주어진 권리를 가족권이라고 하는데, 신분권은 재산권과는 달리 동시에 의무가 따르는 경우가 많다. 친권의 경우에 있어서 부 또는 모가 친권을 남용하거나 현저한 비행 기타 친권을 행사시킬 수 없는 중대한 사유가 있는 때에는 자의 친족 또는 검사의 청구에 의하여 법원은 그 친권의 상실을 선고할 수 있기 때문에(민법 924조), 가족권이 부당하게 행사되지 않아야 함은 당연한 것이다. 또한 가족권은 일신전속이어서 상속이나 양도를 할 수 없음이 원칙이고, 시효에 따른 취득·소멸이 되지 않는다.

### 신분행위(身分行爲)

신분행위란 신분상의 법률효과를 일으키는 법률행위이다. 부부재산계약(민§829~§833)·혼인(§807~814)·입양(§866~§882)·유언(§1060~§1064) 등이 이에 속한다. 신분행위도 법률행위이므로 민법총칙의 적용이 있을 것 같으나 그 특수성에 비추어 일반적으로 적용되지 않고 가족법 독자의 입장에서 다루어진다. 즉 신분행위는 본래 합리적인 이해판단에 의하여 행하여지는 것이 아니고, 비합리적·정서적 요소를 가지기 때문에 가족법(신분법)상의 행위에 대하여 요구되는 판단력은 보다 고도의 것이어야 한다. 따라서 신분행위능력자일 경우에도 의사능력만 있으면 완전히 유효한 법률행위를 할 수 있다. 또 신분행위는 행위자의 의사를 존중해야 하므로 전면적으로 의사주의가 취하여지고 그 하자도 가족법(신분법) 독자의 원리에 의하여 규율된다. 예컨대 당사자의 합의가 없는 혼인은 절대무효가 된다(§815 I). 본인이 직접적인 의사표시를 필요로 하므로 대리를 인정하지 않는 것이 원칙이다.

**배우자**(配偶者)

영 ; spouse
독 ; Ehgatte, Ehgattin
불 ; ́epoux, ́epouse

혼인으로 말미암아 결합된 남녀의 일방을 상대방에 대하여 부르는 말이다. 민법상 배우자는 친족이지만 촌수는 무촌이다. 배우자를 친족에 포함시키는 입법례는 구미에는 없다. 배우자의 신분은 혼인(신고)에 의하여 취득되고 혼인의 해소에 의하여 상실한다. 따라서 혼인신고가 되어 있지 않으면 배우자가 아니다(내연관계). 부부의 일방이 사망하였을 경우의 사망배우자에 대하여 타방을 생존배우자라고 한다.

**혈족**(血族)

자기의 직계존속과 직계비속을 직계혈족이라 하고, 자기의 형제자매와 형제의 직계비속·직계존속의 형제자매 및 그 형제의 직계존속을 방계혈족이라 한다(민§768). 혈족은 다시 자연적인 혈통이 연결되어 있는 자연혈족과 양자와 같이 혈통이 연결되어 있는 것으로 의제된 법정혈족으로 나누어진다.

**직계혈족**

→ 혈족 참조(직계혈족)

**방계혈족**(傍系血族)

→ 혈족 참조

**법정혈족**(法定血族)

자연적인 혈통의 연결이 없음에도 불구하고 친자라고 하는 혈통이 이어져 있는 것으로 의제되어 친족관계를 가지는 자이다 즉 생리적으로 존재하지 않는 혈족관계를 법의 의제(擬制)에 의하여 승인받은 자이다. 예컨대 양자로 들어가면 양부모등은 법정혈족이 된다. 또한 동생의 아들을 양자로 삼으면 삼등친(三等親)이라는 혈연이 있기는 하지만 새로이 친자관계라는 혈연이 법적으로 의제된다(민§772). 그러나 개정전 양친자관계와 함께 법정혈족으로 취급하였던 계모자관계(§773 : 1990년 1월 13일 폐지)와 적교모서자관계(嫡嬌母庶子關係)(§774 : 1990년 1월 13일 폐지)는 인척관계로 전환되었다.

**자연혈족**(自然血族)

혈통이 연결되어 사실상 혈연관계에

있는 자를 말한다. 자연혈족관계의 발생은 출생이라는 자연적 사실에 의하는 것을 원칙으로 하며, 당사자의 특별한 의사표시를 필요치 않는다. 다만 혼인외의 출생자는 모와의 관계에서는 출생으로 발생하는 것이 원칙이지만 부에 대한 관계에서는 그 부의 인지나 이를 대신하는 인지의 재판이 있어야만 비로소 혈연관계가 발생한다. 자연혈족관계는 당사자의 사망에 의해서만 소멸하지만 그 사망을 사망자를 통하여 맺어진 생존자의 혈연관계에는 영향을 미치지 않는다. 또한 새롭게 법정혈족관계가 성립하여도 그때까지의 자연혈족관계는 존속한다.

### 존속(尊屬)

자기의 선조 및 그들과 같은 세대에 있는 혈족이다. 자기의 자손 및 그들과 같은 세대에 있는 혈족을 비속이라한다. 자기의 배우자나 자기와 같은 세대에 있는 형제자매 등은 존속도 비속도 아니다. 인척에 관해서도 이러한 구별이 있는가에는 학설의 다툼이 있지만 종래 통설은 긍정하고 있다. 단 직계존속·직계비속이라고 하는 것과 같이 직계·방계라는 개념과 연결하여 고찰할 때에는 인척은 포함되지 않는다. 존속은 양자가 될 수 없고(민§877), 형법상 존속살인에 대해서는 형을 가중(사형, 무기, 또는 7년이상의 징역)하고 있다(형§250②).

### 비속(卑屬)

아들이나 손자 등과 같이 어떤 사람을 기준으로 하여 혈연관계에 있어서 그 자에 뒤따르는 세대에 있는 자이다. 존속에 대립하는 개념이다 아들과 손자 등의 직계비속과 생질 등의 방계비속이 있다. 피상속인의 직계비속은 상계시 첫 순위의 상속인으로 취급된다(민§1000 I).

### 인척(姻戚)

자기의 혈족의 배우자, 배우자의 혈족, 배우자의 혈족의 배우자를 말한다(민§769, §771). 인척관계는 혼인의 취소나 이혼에 의하여 소멸하며 부부의 일방이 사망한 후에 생존배우자가 재혼한 때에도 인척관계는 종료한다(§775).

### 친계(親系)

佛; ligne de la parenté

친족관계를 혈통의 연결에 의하여 계통적으로 본 각종계열의 총칭이다. 관점에 따라서 (1) 남계, 여계 (2) 부계, 모계 (3) 직계, 방계, (4) 존속, 비속의 네 종류가 있다. 이 가운데 법률상 의미를 가지는 것은 (3)과 (4)이며, (1)과 (2)는 법률상 의미가 없는 것이다.

### 직계친·방계친
(直系親·傍系親)

친자와 같이 특정인 사이에 혈통이 서로 직상직하(直上直下)하는 관계에 있어서 연결되는 친족을 직계친(直系親)이라 하고, 공동의 시조를 통하여 서로 혈통이 연결되는 친족을 방계친이라고 한다. 양자의 구별의 실익은 부양의무(민§974~§979)와 상속권(§984~994)등이 있다.

## 존속친·비속친
(尊屬親·卑屬親)

혈통의 연결이 자기의 부모와 동열이상에 있는 자를 존속친이라고하며 자기의 子와 동열이하에 있는 자를 비속친이라고 한다. 부모·조부모는 직계존속이며, 백숙부모(伯叔父母)는 방계존속이다. 반면에 자·손은 직계비속이고 생질은 방계비속이다. 자기와 동열에 있는 형제자매·종형제 등은 존속도 비속도 아니다. 이 구별의 실익은 혼인금지(민§809)·입양금지(§877)등에 있다.

## 직계비속(直系卑屬)

직계존속에 상대되는 개념으로, 자·손과 같이 본인으로부터 출산된 친족의 호칭을 말한다. 직계비속에 대하여는 다음과 같은 효과가 인정된다. 즉 (1) 미성년의 직계비속에 대하여는 친권상의 권리·의무가 있고(민법 913조 내지 927조), (2)직계비속에 대하여는 부양의무가 있으며(민법 974조1호), (3)상속에 있어서 상속권의 우위가 인정된다(민법 984조1·2호, 1000조1항1호).

## 직계존속(直系尊屬)

직계비속에 상대되는 개념으로, 부모·조부모와 같이 본인을 출산하도록 한 친족을 말한다. 직계존속에 대하여서는 다음과 같은 효과가 인정된다. 민법상 (1)부부나 양친자의 일방이 타방의 직계존속에 대하여 가한 혹은 그로부터 당한 심히 부당한 대우는 이혼 또는 파양의 원인이 되며(민법 840조3·4호, 905조2·3호), (2)직계존속에 대하여는 부양의무가 있다(민법 974조1호).

## 촌(寸)

촌이란 친족 상호간의 혈연연결의 멀고 가까움의 차이를 나타내는 척도이며 친등(親等)이라는 말이 사용되기도 한다(민§985①, §1000②). 촌은 원래 손마디 관절을 의미하는 것으로 오늘날 사회적으로 촌자가 친족의 지칭어로 사용되기도 한다. 예컨대 종형제를 사촌이라고 부르는 경우이다. 그러나 직계혈족에 관하여는 촌수로 대칭하지 않는 것이 관습이다. 촌수가 적으면 많은 것보다 근친임을 의미한다.

## 친등(親等)

영 ; degree of consagnguinity
독 ; Verwandtschaftsgrad
불 ; degŕe deparenté

친족관계의 원근의 관계를 나타내는 단위로서 촌(寸)과 동일하다. 친족단체내의 신분의 상하를 나타내는 계급적 친등제와는 다르며, 현대법에서는 혈연의 원근만이 문제되고 있다. 친등은 세대의 수에 따라서 정해진다. 민법은 방계의 친등계산에 있어서 로마식을 채용하고, 공동시조에 이르는 세수(世數)를 합산하지만(민§770~§772), 게르만법을 근원으로 하는 카논식은 이것을 합산하지 않고 공동시조에 이르는 세수 중에서 많은 편으로써 친등을 정한다. 인척의 친등은 배우자를 기준으로 하여 계산한다. 친등의 원근은 우리 민법에서는 친족의 범위결정의 기준이 되고, 또 친족법상의 법률효과의 기준이 되기도 한다.

## 성(姓)

자기가 출생한 계통(혈연)을 표시하는 표지이다. 즉 모계시대에는 모계의 혈통을 표시하였고, 부계시대에는 부계의 혈통을 표시하였다. 우리나라의 성은 씨족사회의 씨족명이 아니라 중국에서 수입된 한성(漢姓)으로서 특권세습계급의 칭호인데 고려시대 이전에는 오늘날과 같은 성이 없었고, 고려시대에 이르러서 百姓(백성)에게 일반적으로 성을 가질 수 있게 하였다. 그러나 이같이 성을 일반적으로 사용하게 된 시기는 이미 부계중심사회였으므로, 성은 각 개인의 부계혈통을 표시하는 표식이었다. (1) 민법상 자녀의 성은 부의 성을 따르는 것이 원칙이며, (2) 부의 인지를 받지 못한 혼인 외의 출생자는 모의 성을 따르고, (3) 부모를 알 수 없는 자는 법원의 허가를 얻어 성을 창설하지만 창설 후에 부 또는 모를 알게 될 때에는 그 부 또는 모의 성을 따른다(민§781). 우리나라 관습상 성의 변경은 허용되지 않고, 민법도 이를 인정하지 않았으나 2005. 3. 31. 민법 개정으로 2008. 1. 1. 부터는 子의 복리를 위하여 子의 성을 변경할 필요가 있을 때에는 부, 모 또는 자의 청구에 의하여 법원의 허가를 받아 이를 변경할 수 있다(§781⑥).

## 본(本)

본이라 함은 개인의 소속시조의 발상지명을 표시하는 것을 말한다. 본관·관적·적관·족본·관향·본향·선향 등의 여러 가지 이름으로 불리우며 이를 줄여서 본·적·향이라고도 한다. 본은 혈족계통을 나타냄에 있어서 성과 불가분의 관계가 있는데, 본과 더불어 성을 병칭하여야 비로소 동족의 표식이 된다. 그러나 성과 본이 동일하다고 하여도 반드시 동족인 것은 아니며 동족이라고 하여 반드시 동본인 것은 아니다. 즉 이족에는 동성이본(예: 연안이씨와 한산이씨)·이성동본(예 : 경주최씨와 경주김씨)·동성동본(예 : 속칭 主洪이라는 남양홍씨와 속칭 唐洪이라는 남양홍씨)이 있고, 동족에는 이성동본(예 : 안동김씨와 안동권씨)·동성이본(예 : 강릉김씨와 광산김씨)·동성동본(예 : 영일정씨의 양가)이 있다. 가족관계의 등록 등에 관한 법률에서 가족관계등록부의 작성시 본을 기재사항으로 하고 있다(§9②). 자는 부의 성과 본을 따른다. 다만 부모가 혼인신고시 모의 성과 본을 따르기로 협의한 경우에는 모의 성과 본을 따른다. 그리고 부가 외국인인 경우에는 모의 성과 본을 따를 수 있고, 부를 알 수 없는 경우에는 모의 성과 본을 따른다(§781①~③). 종전에는 성과 본의 변경이 허용되지 않았으나, 2005. 3. 31. 민법 개정으로 자의 복리를 위하여 子의 성과 본을 변경할 필요가 있는 때에는 부, 모 또는 자의 청구에 의하여 법원의 허가를 받아 이를 변경할 수 있다(§781⑥).

## 호적(戶籍)

종전의 호적이란 (1) 가의 법률상의 소재라는 의미와 (2) 가를 단위로 하여 그 가에 속하는 자의 신분에 관한 사항을 기재한 공문서 자체를 의미하기도 하였다. 호주와 가족에 관하여 실친·양친·출생년월일 등 그 者의 혈연관계, 호주에 관하여 전 호주와의 관계, 가족의 호주와의 관계, 타가에서 입적한 자에 대하여는 원적과의 관계 등이 기재되었다. 호적은 가적이며 일가일적이었고, 호적은 호주를 기준으로 하여 가별로 되었었다. 그러나 호주제도가 폐지됨에 따라(2005. 3. 31.) 호적도 폐지되었다.

## 가족관계등록부(家族關係登錄簿)

종전의 호적부에 대신하여 국민의 (1) 성명·본·성별·출생연월일 및 주민등록번호, (2) 출생·혼인·사망 등 가족관계의 발생 및 변동에 관한 사항, (3) 그 밖에 가족관계에 관한 사항으로서 대법원규칙이 정하는 사항을 기록하는 공적 장부를 말한다. 가족관계기록부는 등록기준지에 따라 개인별로 구분하여 작성한다(가족관계의 등록 등에 관한 법률 §9).

## 가족관계의 등록 등에 관한 법률
(家族關係의 登錄 등에 관한 法律)

종전의 호적법이 폐지되고 그 대체입법으로 제정된 것이 가족관계의 등록 등에 관한 법률(2007. 5. 17. 법률 제8541호)이다. 이 법은 국민의 출생·혼인·사망 등 가족관계의 발생 및 변동사항에 관한 등록과 그 증명에 관한 사항을 규정함을 목적으로 한다. 이 법은 124개의 조문과 부칙으로 구성되어 있다. 제1장 총칙, 제2장 가족관계등록부의 작성과 등록사무의 처리, 제3장 등록부의 기록, 제4장 신고(통칙, 출생, 인지, 입양, 파양, 친양자의 입양 및 파양, 혼인, 이혼, 친권 및 후견, 사망과 실종, 국적의 취득과 상실, 개명 및 성·본의 변경, 가족관계 등록 창설), 제5장 등록부의 정정, 제6장 불복절차, 제7장 신고서류의 송부와 법원의 감독, 제8장 벌칙으로 구성되어 있다.

## 가족(家族)

종전에는 가족이란 일가의 구성원으로서 호주가 아닌 자를 말하고, 동일한 호주면에 기재되어 있는 것이 요건이었었다. 즉, 민법상의 가족은 호주를 중심으로 한 호적상의 공동체를 말하고, 현실적으로 생활을 같이 하고 있는지의 여부는 관계가 없었다. 그러나 2005. 3. 31. 민법개정으로, 민법상 가족은 (1) 배우자·직계혈족 및 형제자매 (2) 생계를 같이 하는 직계혈족의 배우자·배우자의 직계혈족 및 배우자의 형제자매를 말한다(§779).

**호주**(戶主)

호적법상 일가의 가장으로서 그 가의 구성원인 가족을 통솔하는 자이다. 2005. 3. 31. 민법개정으로 호주제도는 폐지되었다.

**정혼**(定婚)

친권자들이 그 자녀들끼리의 혼인을 약속하는 것을 말한다. 그러나 정혼은 혼인당사자의 의사에 의한 것이 아니므로 오늘날에는 약혼으로 인정되지 않으며 또한 법률적으로 아무런 효과가 생기지 않는 무효행위이다.

**약혼**(約婚)
영 ; engagement, promise of marrige
독 ; Verlöbnis
불 ;promesse de mariage

장차 혼인관계에 들어갈 것을 약정하는 당사자 사이의 가족법상(신분상)의 계약이다. 따라서 실질적인 혼인생활을 하면서 다만 혼인신고만을 하지 않고 있는 이른바 사실혼과 구별된다. 또한 정혼이라는 용어는 남녀양가의 주혼자들이 당사자의 혼인을 약정하는 것을 의미하므로 당사자에 의하여 이루어지는 신분적 합의인 약혼과는 다르다. 약혼은 당사자의 합의로써 성립한다. 따라서 대리는 허용되지 않는다. 개정전에는 남자는 만18세, 여자는 만16세에 달하면 자유로이 약혼할 수 있었으나 2007. 12. 21.민법 개정으로 남·여 모두 만18세가 된 경우 부모 또는 미성년후견인의 동의를 얻어 약혼할 수 있도록 되었다(민§801전단). 미성년자는 부모의 동의를 얻어야 하고(§801전단, §808①), 부모가 모두 동의권을 행사할 수 없을 때에는 미성년후견인의 동의를 얻어야 한다(§801, §808①). 피성년후견인은 부모 또는 성년후견인의 동의를 얻어야 한다(§802, §808②). 당사자가 위와 같은 동의없이 한 약혼이라도 무효는 아니며 당사자 또는 그 법정대리인이 약혼을 취소할 수 있는데 그친다고 해석된다(§817유추). 약혼의 체결방식에 대하여는 민법상 규정이 없으며 따라서 아무런 방식도 필요치 않는다. 또한 약혼은 강제이행을 청구하지 못하므로(§803) 언제나 해제할 수 있다. 약혼의 해제는 상대방에 대한 의사표시로써 한다. 다만 정당한 사유없이 약혼이 해제된 경우에 당사자 일방은 과실있는 상대방에 대하여 손해배상을 청구할 수 있다(§806①). 손해배상의 범위는 재산상의 손해 이외에 정신상의 고통도 포함된다(§806②). 정신상의 고통에 대한 배상청구권은 양도 또는 승계하지 못한다. 다만 당사자 사이에 이미 그 배상에 관한 계약이 성립되거나 심판을 청구한 후에는 일반재산권과 구별될 이유가 없으므로 타인에게 양도 또는 승계할 수 있다(§806③).

일반적으로 약혼은 특별한 형식을 거칠 필요 없이 장차 혼인을 체결하려는 당사자 사이에 합의가 있으면 성립하는 데 비하여, 사실혼은 주관적으로는 혼인의 의사가 있고, 또 객관적으로는 사회통념상 가족질서의 면에서 부부공동생활을 인정할 만한 실체가 있는 경우에 성립한다*(대법원 1998. 12. 8. 선고 98므961)*.

## 약혼의 해제(約婚의 解除)

약혼을 한 당사자가 합의 또는 법정된 사유에 의하여 약혼관계를 해소시키는 행위를 말한다. 민법 제804조는 당사자 일방에 다음과 같은 사유가 있을 때에는 상대방이 약혼을 해제할 수 있는 것으로 하고 있다. 즉 (1) 약혼 후 자격정지 이상의 형의 선고 받은 때, (2) 약혼 후 성년후견개시나 한정후견개시의 심판을 받은 때, (3) 성병, 불치의 정신병 기타 불치의 병질이 있는 때, (4) 약혼 후 타인과 약혼 또는 혼인한 때, (5) 약혼 후 타인과 간음한 때, (6) 약혼 후 1년 이상 생사가 불명할 때, (7) 정당한 이유 없이 혼인을 거절하거나 그 시기를 지연하는 때, (8) 기타 중대한 사유가 있는 때 등이다. 약혼의 해제는 상대방에 대한 의사표시로 한다. 그러나 상대방에 대하여 의사표시를 할 수 없는 때에는 그 해제의 원인이 있음을 안 때에 해제된 것으로 본다(민법 805조). 약혼을 해제한 때에는 당사자의 일방은 과실 있는 상대방에 대하여 이로 인한 재산상·정신상의 손해배상을 청구할 수 있다(민법 806조 1·2항). 정신상 고통에 대한 배상청구권은 양도 또는 승계하지 못하지만, 당사자 사이에 이미 그 배상에 관한 계약이 성립되거나 소를 제기한 후에는 그러하지 아니하다(민법 806조 3항).

종전에 서로 알지 못하던 갑과 을이 중매를 통하여 불과 10일간의 교제를 거쳐 약혼을 하게 되는 경우에는 서로 상대방의 인품이나 능력에 대하여 충분히 알 수 없기 때문에 학력이나 경력, 직업 등이 상대방에 대한 평가의 중요한 자료가 된다고 할 것인데 갑이 학력과 직장에서의 직종·직급 등을 속인 것이 약혼 후에 밝혀진 경우에는 갑의 말을 신뢰하고 이에 기초하여 혼인의 의사를 결정하였던 을의 입장에서 보면 갑의 이러한 신의성실의 원칙에 위반한 행위로 인하여 갑에 대한 믿음이 깨어져 갑과의 사이에 애정과 신뢰에 바탕을 둔 인격적 결합을 기대할 수 없어 갑과의 약혼을 유지하여 혼인을 하는 것이 사회생활관계상 합리적이라고 할 수 없으므로 민법 제804조 제8호 소정의 '기타 중대한 사유가 있는 때'에 해당하여 갑에 대한 약혼의 해제는 적법하다*(대법원 1995. 12. 8. 선고 94므1676, 1683)*.

## 예물(禮物)

약혼이 성립된 때에 그 증표로 남자측과 여자측 사이에서 교환하는 금품을 말한다. 그러나 예물의 교환과 약혼의 성립과는 아무런 관계가 없다. 다만 문제가 되는 것은 약혼의 해제나 파기의 경우에 예물의 처리에 관한 것이다. 원래 예물의 성격은 증여(민§554)이다. 따라서 혼인불성립을 해제조건으로 한 것이다. 그러므로 합의해제의 경우에는 반환문제는 합의 중에 결정되겠지만 합의가 없으면 부당이득(§741)으로 반환하여야 하며 반환을 청구할 수 있다.

당사자 양쪽에게 귀책되지 않는 사유로 인하여 혼인이 이행불능으로 된 경우에도 동일하다. 이에 반하여 한쪽 당사자에게 과실이 있는 경우의 약혼파기는 책임없는 자만이 반환청구권을 가지거나 반환의무를 부담하지 않으며 책임있는 자는 받은 물건을 반환하고 준 물건의 반환을 청구할 수 없게 된다. 만약 양쪽에 과실이 있다면 양쪽은 과실없는 경우에 준하여 과실상계(§492)의 원리를 가미함으로써 반환범위를 결정하여야 할 것이다.

## 혼인(婚姻)

영 ; marriage 독 ; Ehe 불 ; mariage

부부관계를 성립시키는 신분행위를 말한다. 혼인은 혼인장애사유가 없는자 사이에 혼인에 대한 합의가 있고, 가족법이 정한 바에 의하여 신고함으로써 성립한다(법률혼주의). 혼인식은 혼인성립과 관계가 없다. 종전에는 혼인신고를 제출하여도 위법한 경우에는 심사에 의하여 수리되지 않을 수도 있었으나 2005. 3. 31. 개정 민법은 민법 제807조(혼인적령), 제808조(동의를 요하는 혼인), 제809조(근친혼 등의 금지), 제810조(중혼의 금지) 및 제812조 2항(혼인신고시 당사자 쌍방과 성년자인 증인 2인의 연서한 서면 제출)의 규정 기타 법령에 위반함이 없는 때에는 반드시 이를 수리하여야 하는 것으로 규정하였다(§813). 신고는 당사자양쪽과 성년자인 증인 2인이 연서(連書)하고 가족법에 의한 사항을 기재한 혼인신청서를 부의 본적지인 시·읍·면장에게 제출하여야 한다(민§812). 신고는 구술 혹은 우송할 수 있지만 대리인에 의한 신고는 허용되지 않는다. 등록사무담당공무원은 위의 수리요건에 위반하는지의 여부를 심사할 형식적 심사권만을 가지며, 당사자의 혼인의사를 심사할 실질적 심사권은 가지지 않는다. 혼인은 (1) 당사자간에 혼인의 합의가 없는 때, (2) 근친혼 등의 금지 규정(8촌 이내의 혈족 사이의 혼인금지 : 제809조 1항)에 위반한 때, (3) 당사자간에 직계인척관계가 있었거나 있었던 때, (4) 당사자간에 양부모계의 직계혈족관계가 있었던 때 등의 경우에 무효로 된다(§815). 혼인의 효과는 (1) 미성년자도 혼인으로 성년으로 된다(§826의2 : 성년의제). (2) 상호간의 동거·부양·협조의무가 있다(§826 : 상호부조), (3) 부와 처 사이에는 친족관계가 형성된다(§777 Ⅲ). (4) 부부생활비는 부부가 공동으로 부담한다(§833 : 공동생활). (5) 서로 상속권을 가지게 된다(§1003①).

## 법률혼주의(法律婚主義)

혼인의 성립은 일정한 법률상의 절차를 통하여 이루어진다는 주의로서 민사혼주의라고도 한다. 사회적 사실로서 존재하고 있는 혼인관계를 혼인으로 보는 사실혼주의나 일정한 관습상·종교상의 양식을 거치는 관습혼주의·교회혼주의와 다르다. 근세에 세속적 생활에 대한 국가권력의 확립에 따라 법률혼주의가 성립되었다. 우리 민법도 가족법에 따른 법률혼주의이다.

## 사실혼(事實婚)

혼인신고를 하지 않고서 사실상 혼인생활을 하며 동거하고 있는 남녀관계이다. 민법은 법률혼주의를 채택하고 있으므로 혼인식 여부와 혼인생활기간의 장단에 관계없이 혼인신고를 하지 않은 동안은 사실혼이 된다. 종래 내연관계라고 불려 온 사실혼은 법률상 의미의 혼인이 아니기 때문에 원칙적으로 혼인의 효력에 관한 민법규정이 적용되지 않는다. 다만 판례는 사실혼을 혼인예약으로 보고, 강제이행의 청구는 할 수 없지만(민§803) 이를 파기하였을 때에는 상대방에 대하여 손해배상의무를 져야 한다고 판시한 바 있다. 또한 민법 이외의 특별법규 가운데 사실상의 처에 대하여 법률상의 혼인에 준하는 효과를 인정하고 있다(공연금§3①). 그러나 사실혼을 전면적으로 법률혼과 동일시할 수 없으므로 혼인관계에 있는 당사자일방은 법률의 심판을 받음으로써 혼인 신고할 수 있는 길을 열어 놓았다(가소§2①나류사건 1호). 또한 심판청구 이외에 부당파기자의 책임을 비롯하여 혼인의 신분적 효과는 일반적으로 인정하여야하므로 동거·부양·정조의 의무 등은 인정하여야 한다. 그리고 재산관계에 관하여는 일상가사에 관한 연대책임·혼인비용 부담문제 등은 부부와 동일하게 다루어도 좋으나 친족관계발생·출생자의 적출생 등의 그 밖의 법률관계에 관하여는 동일하게 다룰 수 없다.

> 일반적으로 약혼은 특별한 형식을 거칠 필요 없이 장차 혼인을 체결하려는 당사자 사이에 합의가 있으면 성립하는데 비하여, <u>사실혼은 주관적으로는 혼인의 의사가 있고, 또 객관적으로는 사회통념상 가족질서의 면에서 부부공동생활을 인정할 만한 실체가 있는 경우에 성립</u>한다*(대법원 1998. 12. 8. 선고 98므961).*

## 내연관계(內緣關係)

→ 사실혼

## 근친혼(近親婚)

영 ; marriage of near relation, incest
독 ; Inzest 불 ; inceste

가까운 친족관계에 있는 자 사이의 혼인을 말한다. 근친혼의 금지는 예로부터 많은 민족에게 널리 인정되어온 원칙이며 오늘날은 우생학적 이유와 도덕적 이유에서 금지된다. 우리 민법도 처음에는 민법 제809조에서 근친혼의 혼인금지범위를 (1) 동성동본의 혈족간 (2) 남계혈족의 배우자·부의 혈족 및 기타 8촌 이내의 인척이거나 인척이었던 자 사이에서는 혼인하지 못한다고 규정하고 있었으나 1997. 7. 16 95헌가 6내지 13(병합) 사건에서 민법 제809조 제1항이 헌법불합치 결정을 받았고, 이에 2005년 3월 31일 개정을 통하여 남녀평등과 혼인의 자유를 침해할 우려가 있는 동성동본금혼제도를 폐지하고 근친혼금지제도로 전환하되, 근친혼제한의 범위를 합리적으로 조정하였다. 이에 따라 8촌 이내의 혈족(친양자의 입양 전의 혈족을 포함한다) 사이에서는 혼인하지 못하며, 6촌 이내의 혈족의 배우자, 배우자의 6촌 이내의 혈족, 배우자의 4촌 이내의 혈족의 배우자인 인척이거나 이러한 인척이었던 자 사이에서는 혼인하지 못하도록 하였다. 또한 입양관계가 소멸된 경우에는 6촌 이내의 양부모계(養父母系)의 혈족이었던 자와 4촌 이내의 양부모계의 인척이었던 자 사이에서는 혼인하지 못하도록 규정하였다(민§809). 만약 8촌 이내의 혈족간에 혼인한 경우, 혼인당사자간에 직계인척관계가 있거나 있었던 경우, 혼인당사자간에 양부모계의 직계혈족관계가 있었던 경우에 이러한 혼인은 무효이다(민§815). 이외의 근친혼의 경우에는 혼인 취소사유에 해당한다(민§816).

## 동성동본불혼의 원칙
(同性同本 不婚의 原則)

동성동본 혈족간의 혼인을 금지하는 원칙이다. 우리나라는 고려시대까지 내혼제가 성행하였으나 중국에서 기원한 동성동본불혼이 조선시대부터 도입되었다고 한다. 이 동성동본 불혼은 근친혼, 특히 혈족·근친자간의 혼인을 금지하고자 하는 데 취지가 있다. 우리민법 제809조는 동성동본인 혈족간에는 혼인하지 못한다고 규정하고 있었다. 그러나 우리헌법재판소는 민법 제809조 1항 위헌제정사건(1997년 7월 16일 95헌가 6내지 13(병합)에서 동조항을 헌법불합치 결정을 내림으로써 2005. 3. 31. 민법 제809조의 전문개정이 이루어졌다. 따라서 다음에 해당하는 경우에는 혼인을 할 수 없고 그 외의 친족이나 인척간에는 혼인을 할 수 있다(§809). (1) 8촌 이내의 혈족(친양자의 입양전의 혈족 포함)사이 (2) 6촌 이내의 혈족의 배우자, 배우자의 6촌 이내의 혈족, 배우자의 4촌 이내의 혈족의 배우자인 인척이거나 이러한 인척이었던 자 사이 (3) 6촌 이내의 양부모계의 혈족이었던 자와 4촌 이내의 양부모계의 인척이었던 자 사이

## 자유혼인(自由婚姻)

부모의 동의를 얻지 않고 할 수 있는 혼인이다. 현행민법은 미성년자가 혼인할 때에는 부모의 동의를 얻어야 하며, 부모 중 일방이 동의권을 행사할 수 없을 때에는 다른 일방의 동의를 얻어야 하고, 부모가 모두 동의권을 행사할 수 없는 때는 미성년 후견인의 동의를 얻어야 하다(민§808).

## 입부혼(入夫婚)

입부혼은 종전 민법 제826조 3항·4항에서 규정하고 있던 것으로, 처가에 入籍(입적)할 약속으로 남자가 호주되는 여자와 혼인하는 것을 말한다. 이 경우 출생자는 모가(母家)에 입적하여 姓과 本을 따르며 모가에 입적하는 것으로 하였다. 그러나 입부혼제도는 2005. 3. 31. 민법 개정시에 폐지되었다.

## 일부다처혼(一夫多妻婚)

영 ; polygamy
독 ; Polygamie
불 ; poligamie

한 남자가 수명의 여자와 혼인할 수 있는 혼인제도이다. 예로부터 여러 민족에 존재하였다. 유럽에서는 기독교가 이를 부정하였다. 아시아 지역에는 오늘날에도 이 형태가 잔존하는 곳이 많다. 우리나라에서는 법률상 일부다처제가 부정되고 있다(민§810).

## 중혼(重婚)

배우자가 있는 자가 거듭하여 혼인을 하는 것이다. 일부일처제의 입장에서 중혼은 금지되고 혼인취소사유가 된다(민§810, §816Ⅰ). 따라서 후혼에 관하여는 취소의 소송을 제기할 수 있고(§810. §818), 전혼에 관하여는 이혼원인이 될 수 있다(§840Ⅰ). 우리나라의 혼인신고절차상 중혼의 혼인신고는 수리되지 않으므로 실제상 중혼이 생기는 예는 극히 드물다.

## 과거기간(寡居期間)

여자의 재혼이 금지되는 기간이다. 대혼기간(待婚期間)이라고도 한다. 원칙적으로 여자는 전혼(前婚)의 해소 또는 취소일부로부터 6개월이 경과하지 않으면 재혼할 수 없었으나(개정 전 민법 제811조). 이 규정은 2005. 3. 31. 민법 개정시에 폐지되었다.

## 부(夫)

혼인관계에 있는 남자, 즉 처가 있는 남자를 말한다. 내연관계에 있는 부는 법률상 부가 아니다. 현행민법은 헌법의 정신에 비추어 혼인에 있어서의 부부평등의 원칙을 채용하여 부와 처의 권리·의무를 동등하게 규정하고 있다(민§826, §827, §829 내지 §833).

## 가부권(家父權)

⇒ 가장권

## 가부장제(家父長制)

가족형태 중 가장인 남자가 강력한 권한을 가지고 가족을 통제하고 지배하는 것을 말한다. 1990년 개정 가족법에서는 호주제도를 대폭 수정하여 현재까지 가부장제의 성격이 강하게 남아있었던 민법을 현대에 맞게 고쳤으나 호주제도는 존치시켜 가부장제도는 형식상으로 우리민법에 아직 남아있다고 할 수 있었다. 그러나 호주제도가 2005. 3. 31. 민법 개정시에 폐지되었다.

## 처(妻)

혼인관계에 있는 여자이다. 혼인으로써 그 신분을 취득하고 혼인의 해소 또는 취소에 의해 그 신분을 잃는다. 법률상의 처만을 의미하며 이른바 사실혼의 처를 포함하지 않는다. 구민법은 부권우월(夫權優越)의 사상 하에서

처를 무능력자로 규정했으나 현행법은 이를 폐지하고 처의 재산관계는 남녀 평등의 원칙에 의한 부부재산의 규정에 의하여 규율된다(민§829~§833).

## 가사대리권(家事代理權)

부부는 일상의 가사에 관하여 서로 대리권이 있는데, 이는 현행 민법 제827조에서 보장하고 있다. 일상가사란 부부의 공동생활에서 필요로 하는 통상의 사무를 말하는데, 학설과 판례는 부부공동생활에 통상 필요로 하는 쌀·부식 등의 식료품의 구입, 연료·의복류의 구입, 가옥의 임차, 집세·방세 등의 지급 또는 접수, 전기요금·수도요금·전화요금의 지급, 세금의 납부 등의 가족의 의식주에 관한 사무나, 가족의 보건·오락·교제, 자녀의 양육·교육 등에 관한 사무가 일상가사의 범위에 속하나, 일상생활비로서 객관적으로 타당시되는 범위를 초과한 소비대차, 전화가입권의 매도담보, 가옥의 임대, 순수한 직무상의 사무, 입원, 어음배서행위 등은 일상가사에 포함되지 않는 것으로 본다. 부부 상호간의 가사대리권과 관련하여 문제가 되는 것은 민법 제126조의 표현대리의 적용여부인데, 대법원 판례는 부가 직장관계로 별거중에 처가 보관중인 부의 인장을 사용하여 부의 부동산에 저당권을 설정하고, 저당권자가 그 부동산을 경락취득한 것에 대하여, "비록 부가 자기의 처에게 저당권설정에 관한 권한을 수여한 사실이 없다하더라도, 부부 사이에는 일사의 가사에 관하여 대리권이 있는 것이므로, 위 처의 행위는 권한 밖의 법률행위를 한 경우에 해당한다고 할 수 없을 것이요, 저당권을 취득한 상대방이 위에서 본바와 같이 처에게 그러한 권한이 있다고 믿을 만한 정당한 이유가 있다면, 본인 되는 부는 처의 행위에 대하여 책임을 져야 되는 것이다.(대법원 1967. 8. 29. 67다1125)"라고 판시하고 있다.

> 대리가 적법하게 성립하기 위하여는 대리행위를 한 자, 즉 대리인이 본인을 대리할 권한을 가지고 그 대리권의 범위 내에서 법률행위를 하였음을 요하며, 부부의 경우에도 일상의 가사가 '아닌' 법률행위를 배우자를 대리하여 행함에 있어서는 별도로 대리권을 수여하는 수권행위가 필요한 것이지, 부부의 일방이 의식불명의 상태에 있어 사회통념상 대리관계를 인정할 필요가 있다는 사정만으로 그 배우자가 당연히 채무의 부담행위를 포함한 모든 법률행위에 관하여 대리권을 갖는다고 볼 것은 아니다*(대법원 2000. 12. 8. 선고 99다37856)*.

## 일상가사채무(日常家事債務)

부부가 혼인의 효과로서 일상가사에 관하여 제3자에 대하여 부담하는 채무를 말한다. 우리나라의 경우 일상가사는 보통 처가 처리하는 것이지만 일상가사 자체가 부부를 중심으로 한 가족의 공동생활을 위한 것이므로 민법은 부부의 일방이 일상가사에 관하여 제3자와 법률행위를 한 때에는 다른 일방은 이로 인한 채무에 대하여 연대책임이 있다. 그러나 이미 제3자에 대하여 다른 일방의 책임 없음을 명시한 때에는 그러하지 아니하다(민법 832조). 여기서 일상가사란 예컨대 주식·부식 등 생활필수품의 구입, 집세의 지급, 의료비의 지출 등과 같이 가족의 공동생활을 유지하기 위하여 처리할 필요가 있는 모든 사항을 말한다.

민법 제832조에서 말하는 일상의 가사에 관한 법률행위라 함은 부부가 공동생활을 영위하는데 통상 필요한 법률행위를 말하므로 그 내용과 범위는 그 부부공동체의 생활 구조, 정도와 그 부부의 생활 장소인 지역사회의 사회통념에 의하여 결정되며, 문제가 된 구체적인 법률행위가 당해 부부의 일상의 가사에 관한 것인지를 판단함에 있어서는 그 법률행위의 종류·성질 등 객관적 사정과 함께 가사처리자의 주관적 의사와 목적, 부부의 사회적 지위·직업·재산·수입능력 등 현실적 생활상태를 종합적으로 고려하여 사회통념에 따라 판단하여야 한다*(대법원 1999. 3. 9. 선고 98다46877)*.

## 동거의무(同居義務)

독 ; Die Zusammenwohnenspflicht

혼인의 효과 중의 하나로 부부가 공동생활을 함에 있어서 부담하는 한 집에서 함께 살아야 할 의무(민법 826조 1항 본문)를 말한다. 그러나 정당한 이유로 일시적으로 동거할 수 없는 경우에는 서로 용인해야 한다(민법 826조 1항 단서). 부부 중 일방이 동거의무를 위반하는 경우에는 타방은 동거를 청구할 수 있고, 이에 응하지 않는 때에는 악의의 유기로서 이혼원인이 된다고 할 것이다(민법 840조 2호). 동거의 장소는 1990년 민법 일부개정 전에는 부가 지정하도록 되어 있었으나 현행민법은 부부공동의 의사로 협의에 따라 정하되, 협의가 이루어지지 않는 경우에는 당사자의 청구에 의하여 가정법원이 이를 정하도록 규정하고 있다(민법 826조 2항).

## 부부간의 계약취소권

(夫婦間의 契約取消權)

개정 전 민법에 규정되어 있던 권리로서, 부부간에 계약을 한 때에는 그 계약을 혼인 중 언제든지 부부의 한쪽에서 취소할 수 있는 권리이다(개정전 민§828). 부부사이의 계약은 애정에 사로잡힌 다던가 압력에 눌려서 체결됨으로써 진의에 의하지 않는 경우가 많으며 또한 부부는 애정과 신뢰를 바탕으로 하는 논리적 결합이기 때문에 법률적 구속을 가할 필요가 없다는데 있었다. 그러나 계약을 강제당할 처라면 취소조차도 할 수 없는 경우가 많을 것이며 반대로 부의 취소권 남용으로 처의 지위가 위협 당할 염려가 많으므로 계약취소권을 두지 않는 것이 타당하다는 주장이 지배적이었다. 이에 2012년 2월 10일 민법 개정시 동 조항은 삭제되었다.

민법 제828조에서 "혼인 중"이라 함은 단지 형식적으로 혼인관계가 계속되고 있는 상태를 의미하는 것이 아니라, 형식적으로는 물론 실질적으로도 원만한 혼인관계가 계속되고 있는 상태를 뜻한다고 보아야 하므로 혼인관계가 비록 형식적으로는 계속되고 있다고 하더라도 실질적으로 파탄에 이른 상태라면 위 규정에 의한 계약의 취소는 할 수 없다 *(대법원 1993. 11. 26. 선고 93다40072).*

## 부부재산제(夫婦財産制)

독 ; eheliches Güterrecht
불 ; régime matrimonial

혼인에 의하여 부부간에 생기는 재산관계를 규율하는 제도이다. 우리 민법의 부부재산제는 혼인당사자의 계약으로 자유로이 그 재산관계를 정하는 것(부부재산계약)과 법률의 규정에 의하여 정하는 것(법정재산제)으로 나누어 진다.

## 부부재산계약(夫婦財産契約)

영 ; marriage settlement
독 ; Ehevertrag
불 ; contrat de mariage

부부사이에 혼인성립 전에 그 혼인중의 재산에 과하여 자유로이 체결하는 계약을 말한다(민§829). 부부재산계약의 체결에는 통상 재산법적 행위능력을 필요로 하는 것이 보통이지만, 혼인에 따르는 것이므로 혼인체결의 능력이 있으면 충분하다고 본다. 부부재산계약은 자유이지만, 재산계약은 혼인신고 전에 등기소의 등기부에 등기하지 않으면 부부의 승계인이나 제3자에게 대항하지 못한다(§829④). 혼인 전의 재산에 관하여 약정을 한 경우에는 혼인중 이를 변경하지 못한다. 다만 정당한 사유가 있을 때에 한하여 법원의 허가를 얻어 변경할 수 있다(민§829①, ②). 즉 약정에 의하여 부부의 일방이 타방의 재산을 관리하는 경우에 부적당한 관리로 인하여 그 재산을 위태하게 하는 때에는 다른 일방은 자기가 관리할 것을 법원에 청구할 수 있으며 그 재산이 부부의 공유인 때에는 그 분할을 청구할 수 있다(§829②). 재산계약 중에 미리 관리자의 변경이나 공유재산의 분할에 관하여 정한 것이 있는 때에는 이에 따라 관리자를 변경하거나 분할할 수 있다(§829⑤). 그러나 어느 경우나 그 사실을 등기하지 않으면 제3자에게 대항 할 수 없다(§829⑤). 이러한 부부재산계약은 민법상 법정재산제와는 다른 내용의 부부재산계약이 체결될 것을 예정하고 있지만 부부평등의 원리에 반하는 계약은 무효라고 본다.

## 법정재산제(法定財産制)

혼인에 있어서 부부재산계약이 체결되지 않았던 경우에는 부부 사이의 재산관계는 법정재산제의 규정에 의한다. 법정재산제에는 부부가 재산을 공유한다는 공동재산제와 부부의 특유재산제 그리고 부부가 전혀 따로 소유하고 관리하는 별산제의 세 가지 형식이 있다. 민법상으로는 (1) 부부의 공동생활비용은 당사자간에 특별한 약정이 없으면 부부가 공동으로 부담하며(민§833), (2) 부부는 일상가사에 관하여는 서로 대리권이 있으며(§827①), (3) 일상가사에 관한 채무는 부부가 연대책임을 진다(§8320. (4) 소속이 불분명한 재산은 부부의 공유로 추정한다(§830②).

**부부별산제**(夫婦別産制)
영 ; separation of goods
독 ; allgemine Güterrennung
불 ; régime de separation des biens

재산상 부부는 각각 혼인 전부터 가졌었던 고유재산과 혼인생활 중에 자기의 명의로 취득한 재산을 그의 특유재산으로 하여 각자에게 속하게 하는 제도이다. 이 제도의 취지는 사람은 언제나 독립된 인격의 주체이므로 부부사이라도 인격상 재산상 독립의 권리를 가진다는 것이다.

**특유재산**(特有財産)
라 ; peculium

부부의 일방이 혼인 전부터 가진 고유재산과 혼인중 자기 명의로 취득한 재산을 특유재산으로 하여 각자가 관리·사용·수익한다(민§830, §831). 원래 로마의 가장이 그 권력에 복종하는 가족이나 노예에 자유로운 수익권(후에는 처분권까지 포함)을 준 재산이다. 현대법에 있어서는 모든 개인이 권리능력을 가지므로 아내나 자녀나 자기의 고유재산을 소유 할 수 있음은 당연한 일이므로 특유재산이라는 개념은 존재의 의의를 잃어버렸다.

**고유재산**(固有財産)

상속·양도 등에 의하여 취득한 재산이 그 청산이나 보관 그밖에 특정한 목적 때문에 그 사람이 본래 소유한 재산과 구별하여 관리하는 경우에 그 본래의 재산을 말한다. 상속재산에 대한 상속인의 고유재산과 신탁재산에 대한 수탁자의 고유재산 등이 그 예이다.

**이혼**(離婚)
영 ; divorce 독 ; Ehescheidung
불 ; divorce

부부가 생존 중에 혼인을 해소하는 것이다. 출생으로 발생하는 신분관계는 사망에 의하여 소멸되지만, 계약에 의하여 창설되는 신분관계는 사망 이외에 당사자의 합의나 재판에 의해서도 소멸되는 수가 있다. 즉 이혼은 사망에 의하지 않은 배우자 관계의 소멸이다. 이혼은 (1) 협의상이혼(민§834 ~ §839의2)과 (2) 재판상이혼(§840 ~ §843)으로 나누어진다. 이혼한 부부사이에 자가 있을 때에 그 양육에 관한 사항은 협의로 정한다(§837①). 협의가 되지 않거나 협의할 수 없을 때에는 가정법원은 당사자의 청구 또는 직권에 의하여 그 자의 의사·연령·부모의 재산상황 기타 사정을 참작하여 양육에 필요한 사항을 정하며 언제든지 그 사항을 변경 또는 다른 적당한 처분을 할 수 있다(§837④). 자를 양육하지 아니하는 부모 중 일방은 면접교섭권을 가진다(§837의2). 또한 이혼한 자의 일방은 타방에 대하여 재산분할 청구권을 가진다(§839의 2). 이혼이 성립되면 부부사이에 생긴 모든 권리의무는 소멸된다.

## 이혼무책주의(離婚無責主義)

재판상 이혼에 있어서 이혼의 법정원인을 어떻게 할 것인가에 관한 입법주의 중 일정한 사유가 발생하여 부부공동생활체를 계속 유지시킬 수 없는 경우에는 부부 쌍방 중 어느 일방의 책임 유무에 관계없이 이혼을 인정한다는 입장을 말하는 바, 파탄주의라고도 한다. 이에 비하여 이혼유책주의는 당사자 일방에게 이혼의 책임이 있는 경우에만 타방은 이혼청구를 할 수 있는 입법주의를 말한다. 우리 민법은 제840조에서 제1호부터 제5호까지는 유책주의 이혼원인을 제6호에서는 파탄주의 이혼주의 이혼원인을 규정하고 있다. 판례는 민법 제840조 각호의 이혼원인에 대해 상호 독립적인 것으로 보면서 전환성을 인정하지 않지만, 무책주의를 보다 폭 넓게 받아들여 법원의 후견적 역할을 강조한다는 의미에서 제1호 내지 제5호는 제6호의 전형적인 예시라고 봄이 타당할 것이다. 제6호의 '혼인을 계속하기 어려운 중대한 사유'라 함은 혼인의 본질에 상응한 공동생활의 회복이 불가능하다고 인정될 만큼 심각하게 혼인을 파괴한 사유를 말한다고 해석하여야 한다. 구체적으로는 불치의 정신병, 성병의 감염, 배우자의 범죄, 혼인 전의 부정행위, 성격차이와 애정상실 등이 원인이 되어 혼인관계가 심각하게 현저하게 파괴된 경우를 들 수 있다.

## 이혼소송(離婚訴訟)
독 ; Scheidungsklage

법정의 이혼원인에 해당하는 사실이 존재하는 경우에 부부의 일방이 타방을 상대방으로 하여 심판을 청구함으로써 하는 이혼을 말한다(가사소송법 나류사건 4호). 이 심판의 청구는 이혼권의 주장이며, 조정이 선행되므로(가사소송법 50조) 원칙적으로 제3자에 의한 제기는 허용되지 않는다. 재판상 혼인의 소는 가정법원의 전속관할로 한다(가사소송법 22조).

## 이혼신고(離婚申告)

협의상 이혼의 경우에 하는 신고를 말한다. 협의상 이혼은 가정법원에 확인을 받아 가족관계의 등록 등에 관한 법률에 정한 바에 의하여 신고함으로써 그 효력이 생기는데, 이 신고는 당사자 쌍방과 성년자인 증인 2인의 연서한 서면으로 하여야 한다(민법 836조). 이혼의 신고서에는 (1)당사자의 성명·본 및 등록기준지 (2)당사자의 부모와 양친의 성명 및 등록기준지, (3)민법 909조 제4항의 규정에 의하여 친권을 행사할 자가 정하여진 때에는 그 취지와 내용을 기재하여야 한다.

## 이혼의 무효(離婚의 無效)

현행 우리 민법에는 이혼의 무효에 관한 규정을 두고 있지 않으나, 협의이혼도 신분행위의 일종이므로 민법총칙의 규정이 아니라, 혼인에 관한 규정을 유추 적용하여, 당사자간에 이혼의 합의가 없는 때에는 이를 무효원인으로 하여야 한다.

### 이혼의 취소(離婚의 取消)

일정한 원인으로 인하여 이혼의 효과를 소멸시키거나, 이를 목적으로 하는 소송행위를 말한다. 취소의 방법은 언제나 재판으로 하여야 하며, 취소의 효과에 관해서는 그 성질상 소급효를 인정하여야 한다. 이혼의 취소에 관하여는 그 성실상 소급효를 인정하여야 한다. 이혼의 취소에 관하여는 민법총칙의 취소에 관한 규정이 적용되지 않으므로 선의의 제3자의 사기에 의한 이혼은 상대방 배우자가 선의인 경우에도 취소할 수 있다(민법 110조3항). 또 제3자의 사기에 의한 이혼은 상대방 배우자가 선의인 경우에도 취소할 수 있다(민법 110조2항). 민법 838조에 의해 사기 또는 강박으로 인하여 이혼의 의사표시를 한 자는 그 취소를 가정법원에 청구할 수 있으며, 사기 또는 강박으로 인한 이혼은 사기를 안 날 또는 강박을 면할 날부터 3개월을 경과한 때에는 그 취소를 청구하지 못한다(민법 839·823조).

### 이혼의 효과(離婚의 效果)

이혼이 성립함으로써 나타나는 법적 권리·의무관계의 변동을 말한다. 이혼은 배우자의 사망과 더불어 혼인의 해소원인이 된다. 양자는 일단 유효하게 성립한 혼인이 종료하게 된다는 점에서는 공통하여 혼인의 취소와는 구별되지만, 이혼의 경우에서는 인척관계 등 혼인의 모든 효과가 종료함에 반하여(단 혼인관계의 권리장애적 효과는 존속 ; 민법 809조2항), 배우자의 사망에 있어서는 모든 것이 종료하지 않고 부부의 일방이 사망한 경우에 생존배우자가 재혼한 때에 인척관계가 종료한다(민법 775조2항). 이혼에는 협의상 이혼·재판상 이혼 나아가 조정 이혼 등이 있으나, 그 효과에 있어서는 다를 바가 없고, 다만 가정법원의 개입에 있어서 정도의 차이가 있다. 이혼이 성립되면 부부라는 배우자관계는 해소되고, 혼인으로 발생된 일체의 효과는 장래에 향하여 소멸되므로, 재혼할 수도 있으며, 종래의 인척관계도 사망의 경우와는 달리 소멸된다(민법 775조).

### 면접교섭권(面接交涉權)

영 ; visitation rights
독 ; Umgangsrecht
불 ; droit de visite

이혼 등에 의하여 미성년자인 자에 대한 친권자나 양육권자가 아닌 자가 그 자와 면접·교통·방문·숙식 등을 할 수 있는 권리를 말한다. 이 제도는 일찍부터 영·미·독·불 등의 여러 나라에서 인정하여 오는 것을 1990. 1. 13. 우리 개정민법에서 받아들여 이혼 후 친권자나 양육권자가 아닌 부모의 일방에게 자의 면접·방문을 할 수 있는 면접교섭권을 두게 된 것이다. 그러나 부모에게만 면접교섭권을 인정하고 있어 자녀는 면접교섭권의 객체로 인식되는 문제가 있어왔다. 이에 2007. 1

2. 21. 민법 개정에 의하여 자녀에게도 면접교섭권을 인정하였다(민§837의2①). 또한 2016. 12. 2. 민법 개정을 통해 일정한 경우에 조부모의 면접교섭권을 인정하였다. 즉, 자녀를 직접 양육하지 아니하는 부모 일방이 사망하거나 질병, 외국거주, 그 밖에 불가피한 사정으로 면접교섭권을 행사할 수 없을 때에는 그 부모의 직계존속이 가정법원에 손자녀와의 면접교섭을 청구할 수 있도록 하였다(§837의 2②). 면접교섭권의 내용은 구체적 사정에 따라 당사자의 협의, 조정, 심판에 의해 정해지고, 가정법원은 자녀의 복리를 위하여 필요한 때에는 당사자의 청구 또는 직권에 의하여 면접교섭권을 제한하거나 배제할 수 있다(§837의 2③). 면접교섭권은 부모의 일신전속의 자연권으로서, 합의에 의하여 일시적으로 행사를 중지할 수 있지만 영구적으로 포기할 수 없고, 또한 친권과 달리 면접교섭권은 반드시 행사하여야 한다.

## 재산분할청구권(財産分割請求權)

이혼한 자의 일방이 타방에 대하여 재산분할을 청구할 수 있는 권리이다(민§839의2). 혼인생활이 계속되면 부부의 상호협력을 통하여 재산이 축적된다. 그러나 주로 이러한 재산은 부의 명의로 되는 수가 많다. 따라서 이러한 상태에서 이혼을 하게 되면 처는 재산축적에 대한 아무런 대우를 받지 못하고 불우한 상태에 빠지므로 부부공동생활 중 축적된 재산에 대한 처의 협력을 인정하여 처가 갖게 될 잠재적 지분을 인정하게 된 것이다. 재산분할청구권의 성질에 대하여는 위자료적 성질로 보는 견해와 부부재산의 청산 내지는 잠재적 지분의 반환적 성질을 지닌다는 견해가 있다. 재산분할의 유무·액수·방법 등은 우선 당사자의 협의에 의하지 않을 때는 당사자의 청구에 의하여 가정법원은 재산분할여부·분할액수·분할방법 등을 결정한다(§839의2②). 가정법원이 참작하여야 할 사항으로는 이혼부부의 재산상태·청구자의 재산형성에 대한 기여도·가사노동의 대가·혼인기간의 장단·당사자의 취업·연령·건강상태·재혼과 취직의 가능성·이혼에 대한 유책성 여부·혼인생활비용 부담실태 등이다. 재산분할권을 부양적 성질로 보면 부양청구권이 일신전속적 성질을 가지므로 상속은 부정되지만 청산적 성질로 본다면 상속이 가능하다. 재산분할청구권은 이혼한 날로부터 2년이 경과하면 소멸한다(§839의2③). 그리고 사실혼에도 유추적용되어야 할 것이다. 재산분할청구권과 관련하여 재산분할청구권이 구체적으로 확정되기 전에 재산분할청구권을 피보전권리로 하는 사해행위취소권이 인정되는지 여부에 대하여 다툼이 있었다. 이에 2007. 12. 21. 민법 개정에 의하여 부부의 일방이 상대방 배우자의 재산분할청구권 행사를 해함을 알고 사해행위를 한 때에는 상대방 배우자가 그 취소 및 원상회복을 법원에 청구할 수 있도록 재산분할청구권을 보전하기 위한 사해행위취소권을 인정하였다(§839의3신설). 이에 따라 재산 명의자가 아닌 배우자의 부부재산에 대한 잠재적 권리 보호가 강화될 것으로 기대된다.

## 협의상이혼(協議上離婚)

부부는 그 원인 여하를 묻지 않고 협의로써 이혼을 할 수 있다(민§834). 즉 근대 혼인법은 남녀평등의 원칙에 입각하여 부부의 자유의사를 존중한다. 따라서 당사자가 합의만 이루어지면 특별한 사유 없이도 당사자 양쪽과 증인 2인이 연서한 서면을 가정법원의 확인을 받아 가족법의 정한 바에 따라 신고를 함으로써 이혼은 성립한다(§836). 이 점은 재판상의 이혼만을 인정하고 협의상의 이혼을 인정하지 않는 구미제국(舊美諸國)의 대다수의 입법례에 비하여 현저한 특색을 이룬다. 금치산자는 후견인의 동의를 얻어서 이혼할 수 있다(§835, §808② 준용). 이혼당사자는 그 자의 양육에 관한 사항을 협의에 의하여 정한다(§837①). 이러한 협의가 자의 복리에 반하는 경우에는 가정법원은 보정을 명하거나 직권으로 그 자의 의사·연령과 부모의 재산상황, 그 밖의 사정을 참작하여 양육에 필요한 사항을 정한다(§837②). 그러나 협의가 되지 않거나 협의할 수 없는 경우에 가정법원은 직권으로 또는 당사자의 청구에 의하여 그 자의 연령·부모의 재산상태 기타 사정을 참작하여 양육에 필요한 사항을 정하며 언제든지 그 사항을 변경 또는 다른 적당한 처분을 할 수 있다(§837④, ⑤). 또한 사기·강박에 의하여 이혼의 의사표시를 한 자는 그 취소를 가정법원에 청구할 수 있다(§838). 그러나 사기를 안 날이나 강박을 면할 날로부터 3개월을 경과한 때에는 취소청구권은 소멸한다(§839, §823준용). 협의이혼과 관련하여 2007. 12. 21. 민법 개정으로 인하여 협의이혼시 자녀 양육사항 및 친권자 지정 합의를 의무화하였다(법 제836조의2제4항 신설). 개정 전 법에 의하면 당사자 사이에 자녀 양육사항 및 친권자 지정에 관한 합의 없이도 이혼이 가능함에 따라 이혼 가정 자녀의 양육환경이 침해되는 문제가 있어왔다. 이에 개정법은 협의이혼 하고자 하는 부부에게 양육자의 결정, 양육비용의 부담, 면접교섭권의 행사여부 및 그 방법 등이 기재된 양육사항과 친권자결정에 관한 협의서 또는 가정법원의 심판정본을 이혼 확인시 의무적으로 제출하도록 하였다.

## 이혼숙려기간(離婚熟慮其間)

개정 전 법에 의하면 협의이혼제도는 당사자의 이혼의사 합치, 가정법원의 확인, 호적법에 의한 신고 등 간편한 절차만으로도 이혼의 효력이 발생함으로써 혼인의 보호보다는 자유로운 해소에 중점을 두고 있다는 문제점이 있어왔다. 이에 2007. 12. 21. 민법 개정으로 이혼숙려기간을 도입하였다(법 제836조의2제2항 및 제3항 신설). 즉, 협의이혼 당사자는 일정 기간(양육하여야 할 자녀가 있는 경우는 3개월, 양육하여야 할 자녀가 없는 경우는 1개월)이 경과한 후 가정법원으로부터 이혼의사 확인을 받아야만 이혼이 가능하도록 하였다. 이에 따라 신중하지 아니한 이혼이 방지될 것으로 기대된다.

### 재판상이혼(裁判上離婚)

법정의 이혼원인에 의거하여 부부의 일방이 타방에 대하여 소송에 의하여 행하는 이혼이다(민§840). 재판이혼이라고도 하며 가정법원의 심판에 의하므로 심판이혼이라고도 한다. 민법 제840조는 재판상 이혼의 원인으로서 (1) 배우자의 부정행위 (2) 배우자의 악의의 유기 (3) 배우자 또는 그 직계존속에 의한 심히 부당한 대우 (4) 자기의 직계존속에 대한 배우자의 심히 부당한 대우 (5) 배우자의 3년 이상의 생사불명 (6) 그 밖의 혼인을 계속하기 어려운 중대한 사유 등의 6종을 열거하고 있다. 그러나 먼저 가정법원에서 조정을 받고 조정이 성립되지 않으면 비로소 조정등본이 송달된 날로부터 2주일 내에 서면으로 재판이혼의 심판을 청구할 수 있다(가심§2① 나류사건 4호). 그리고 위의 재판상 이혼원인이 있는 경우에도 법원은 일체의 사정을 고려하여 혼인의 계속이 상당하다고 인정될 때에는 이혼의 청구를 기각할 수 있다(이른바 상대적 이혼원인). 또한 배우자의 부정행위는 다른 일방의 사전동의나 사후용인을 한때 또는 이를 안 날로부터 6월, 그 사유가 있은 날로부터 2년을 경과하면 이혼을 청구하지 못한다(민§841). 또한 기타원인으로 인한 이혼청구는 다른 일방이 안 날로부터 6월, 그 사유가 있은 날로부터 2년을 경과하면 청구하지 못한다(§842).

### 조정이혼(調停離婚)

가사소송법은 재판이혼에 관하여 조정전치주의를 채용하므로(가소§2① 나류사건 4호), 재판이혼의 심판을 청구하기 위하여는 먼저 가정법원에 조정을 신청하여야 한다(가소§50). 조정을 통하여 당사자 사이에 이혼에 대한 합의가 성립되면 그것으로 조서에 기재함으로써 확정판결과 동일한 효력이 있으므로(가소59, 민소§220), 이혼은 성립한다. 이것이 조정이혼이다. 조정이혼은 당사자 사이에 합의가 있어야 성립하므로 협의이혼에 가깝다. 그러나 협의이혼신고는 창설적 신고임에 반하여 조정이혼신고는 보고적 신고이다.

### 이혼원인(離婚原因)

재판상의 이혼원인으로서 법률상 규정되어 있는 사유이다. 즉 이혼원인을 특정한 사유에 한정하고 그 사유가 있는 경우에 이를 근거로 이혼을 청구하면 당연히 이혼선고가 내려지는 경우이다. 이 사유들은 절대적 이혼원인이라고 한다. 반면에 이혼원인이 법정되어 있더라도 구체적인 사건에 대하여 이혼을 명할 것인가 그 여부의 판단을 법원의 재량에 위임하는 경우에는 이들 이혼원인은 상대적 이혼원인이라고 한다. 우리 민법은 상대적 이혼원인을 따르고 있다(민§840).

### 악의유기(惡意遺棄)

이혼이나 파양의 원인중 하나이다.

이혼에 있어서는 동거의무의 불이행을 의미하며, 파양에 있어서는 부양의무의 불이행을 뜻한다. 그리고 여기에서 말하는 악의란 특히 상대방에 대한 악의를 뜻한다(민§840, §905).

### 정조의무(貞操義務)

부부간에 서로 지고 있는 性的인 순결을 지켜야 할 신의성실의 의무를 말한다. 민법은 이것을 적극적으로 규정하고 있지는 않지만 혼인의 본질상 당연히 인정되는 의무이다. 간접적으로는 부정행위를 이혼원인으로 하고 있는 점에서 알 수 있다(민§840Ⅰ). 제3자에 의하여 한쪽 배우자의 정조가 침해당하였을 경우에는 다른 배우자는 침해한 제3자에 대하여 불법행위의 책임을 물을 수 있게 된다. 따라서 정조의 침해는 직접 침해당한 측과 그 배우자의 양자에게 불법행위가 되는 수가 있다.

### 친자(親子)

친자라 함은 자연적 혈연관계에 의거하는 친생자와 법률상 친생자에 준하는 법정친자를 포함하는 말이다.

### 친생자(親生子)

영 ; legitmate child
독 ; cheliches kind
불 ; enfant l'egitimes

법률상 혼인 중에 출생한 자이다. 아내가 혼인 중 포태한 자는 남편의 자로 추정하고(민 §844①), 남편은 친생부인의 소에 의해서만 이 추정을 부인할 수 있다(§847~§852). 친생자는 상속에 있어서 상속인이 수인인 때에는 균분으로 받는다(§1009①).

### 혼인중의 자(婚姻中의 子)

부모의 법률상 혼인관계에서 출생한 子이다 혼인중의 자가 되기 위한 조건은 (1) 부모가 혼인하였을 것 (2) 부의 자일 것 (3) 부부의 혼인 중 처가 포태하였을 것 등이 필요하다. 혼인중의 출생한 자는 적출(嫡出)의 추정을 받아 혼인중의 자로서의 신분을 취득한다(§844). 또한 혼인전에 출생한 자라도 차후에 부모가 혼인하면 혼인중의 자로서의 신분을 취득한다(§855②).

### 혼인외의 자(婚姻外의 子)

영 ; bastard illegitimate child, child orn out wedlock
독 ; uneheliches Kind
불 ; enfant naturel

혼인관계에 있지 않은 남자에게서 출생한 자를 말한다. 구법에서는 서자·사생자·서출자라는 용어를 사용하였으나 현행법에는 이와 같은 계급적 의미의 용어는 존재하지 않는다. 혼인이 취소된 경우에는 그 효과가 소급하지 않으므로 그 혼인관계 중에 출생한 자는 혼인중의 자이다 혼인외의 출생자와 부의 법률상 친자관계는 인지가 없으면 발생하지 않는다. 다만 부모가 혼인하면 혼인중의 출생자로 된다.

### 법정친자(法定親子)

친자에 준하는 법률이 특히 친자와 동일한 관계를 의제한 자이다. 과거 민법에서는 법정친자로는 양친자(민§772)·계모자(§773)·적모서자(§774)의 세 가지를 규정하였으나 1990년 1월 13일 민법 개정시 계모자와 적모서자는 삭제하여 이제는 양친자만이 유일하게 법정친자로 남게 되었다.

### 양친자(養親子)

양친과 양자간의 친자관계이다. 양자는 신고일부터 양친의 친생자로서의 신분을 취득한다(민§722). 양친자는 법정친자이지만 법률적으로는 친생자와 다를 바가 없다. 양친자관계는 입양의 취소 또는 파양으로서 소멸하게 된다(§776).

### 서자(庶子)

혼인외의 출생자를 부가 인지한 경우 부에 대해 그 자를 서자라고 하는 것이다 역사적으로 서자제도가 생기게 된 것은 부권적인 가족제도를 고수하려는 취지에서였으나, 현행 민법은 이 명칭을 없애고 혼인 외의 출생자라고 한다.

### 서자차별법(庶子差別法)

조선 태종 때의 일부 유학자들의 주장으로 만들어진 법으로, 적출자와 서자의 차별을 엄격히 하여 그 자손에 이르기까지 벼슬길을 막는 것을 내용으로 한다. 그러나 현대에는 이같은 법제는 사라지고 공·사법 전 분야에 걸쳐 인격평등이 실현되고 있다.

### 계모자관계(繼母子關係)

계모자관계는 원래 계자와 계모 및 그 혈족·인척 사이의 법정친족관계, 즉 전처의 출생자와 그 부의 후처와의 친자관계를 말하는 것이었으나 1990년 1월 13일 개정민법에서 삭제되었다.

### 계친자(繼親子)

부모중 일방의 자녀와 그의 친부모가 아닌 다른 일방의 부모와의 친자관계인데(예:전처의 자녀와 현재의 처와의 관계). 이 역시 1990년 1월 13일 개정에서 삭제되었다고 볼 수 있다.

### 계후자(繼後者)

양자를 입양한 후에 출생한 친생자를 말한다. 조선 명종 8년(1553년)에는 양자한 뒤 친자를 낳았을 때는 친자가 봉사하고 양자는 중자, 즉 차자와 같이 대우하여 파양하지 않기로 되어 있었다. 또한 인조 때에는 최명길의 소청에 의하여 양자가 이미 있는 때에는 친자가 탄생하여도 친자를 차자로 하였으며 헌종 때 이후에 이르러 친생자를 차자로 하는 것이 영구적이 되었다.

### 가봉자(加捧子)

부의 입장에서 볼 때 처의 전부의 출

생자를 말한다. 가봉자가 될 자가 타가의 가족인 때에는 그 호주의 동의를 얻어야 한다는 규정(민법 §784조 삭제)은 폐지되었다.

## 가봉자 입적(假捧子 入籍)

⇒ 인수입적

## 친생추정되는 자
(親生推定되는 子)

법률상 혼인 중 포태한 자이다. 이러한 자는 부의 자로 추정한다(민§844①). 또한 혼인성립의 날로부터 200일 후 또는 혼인관계가 종료한 날로부터 300일 내에 출생한 자는 혼인 중에 포태한 것으로 추정한다(§844②, ③). 다만, 헌법재판소는 개정 전 민법 제844조 제2항의 내용 중 "혼인관계종료의 날로부터 300일 내에 출생한 자"에 관한 부분은 아무런 예외 없이 그 자를 전남편의 친생자로 추정함으로써 친생부인의 소를 거치도록 함으로써 입법형성의 한계를 벗어나 모가 가정생활과 신분관계에서 누려야 할 인격권, 혼인과 가족생활에 관한 기본권을 침해한다고 판단하며 헌법불합치 결정을 한 바 있다(2013헌마623). 이에 2018년 2월 1일 시행된 개정 민법에서는 헌법재판소의 헌법불합치결정의 취지를 반영하여 친생부인의 허가 청구를 규정한 제854조의2와 인지의 허가 청구를 규정한 제855조의2를 신설하였다. 이에 따라 혼인관계가 종료된 날부터 300일 이내에 출생한 자녀에 대하여 어머니와 어머니의 전(前) 남편은 친생부인의 허가 청구를, 생부(生父)는 인지의 허가 청구를 할 수 있도록 하여 친생부인(親生否認)의 소(訴)보다 간이한 방법으로 친생추정을 배제할 수 있도록 하였다. 자연의 혈연이 있으면 법률상으로 친자관계로 인정하는 것이 바람직하지만, 아무리 자연과학이 발달했다 하더라도 남자가 자연적 혈연의 존부를 정확히 식별하는 것은 불가능하기 때문에 친생추정의 규정을 두고 있는 것이다. 추정은 반증에 의하여 다툴 수 있기 때문에 부가 자기의 자가 아니라고 생각 될 때에는 법원에 친생부인의 소를 제기할 수 있다. 우리 민법은 친생부인의 소는 자 또는 그 친권자인 모를 상대로 하여 출생을 안날로부터 1년 내에 제기하여야 한다(§847)고 규정하고 있었다. 그러나 1997. 3. 27 헌법재판소는 이 규정 1항중 '그 출생을 안 날로부터 1년내'의 기간 부분이 헌법에 위반된다고 위헌결정을 내렸다. 현재는 이를 개정하여 그 '사유가 있음을 안 날부터' '2년내'에 이를 제기하여야 한다고 규정하고 있다(§847①). 이와 반대로 혼인외의 자는 부의 인지에 의하여 친자관계가 성립한다.

## 친생부인의 소(親生否認의 訴)

친생부인의 소란 친생의 추정을 받은 자에 대하여 친자관계를 부인하기 위하여 제기되는 소를 말한다. 「친생부인의 소는 부 또는 처가 다른 일방 또는 자를 상대로 하여 그 사유가 있음을 안 날부터 2년 내에 이를 제기하여야 하고, 상대방이 될 자가 모두 사망한 때에는 그 사망을 안 날부터 2년 내에 검사를 상대로 하여 친생부인의 소를 제기할 수 있다(§847).」 만일 남편이나 아내가 피성년후견인인 경우에는 그의 성년후견인이 성년후견감독인의 동의를 받아 친생부인의 소를 제기할 수 있다. 만약 성년후견감독인이 없거나 동의를 할 수 없을 때에는 가정법원에 그 동의를 갈음하는 허가를 청구할 수 있다. 또한 성년후견인이 친생부인의 소를 제기하지 아니하는 경우에는 피성년후견인은 성년후견종료의 심판이 있은 날부터 2년 내에 친생부인의 소를 제기할 수 있다(§848). 자의 출생 후에 친생자임을 승인한 자는 다시 친생부인의 소를 제기하지 못한다(§852).

## 인지(認知)

독 ; Anerkennung
불 ; reconnaissance

혼인외의 자를 자기의 자라고 인정함으로써 법률상의 친자관계를 발생시키는 의사표시이다. 혼인외의 자는 법률상 부를 가질 수 없으며 생부나 생모가 가족법이 정한 바에 의하여 신고함으로써 부 또는 모를 확정하게 된다. 혼인외의 자와 부사이의 부자관계는 인지라는 사실에 의하여 생기지만 모자관계는 보통 자의 분만이라는 사실로서 명백하기 때문에 특히 모의 인지를 필요로 하지 않는다. 그러나 모자관계가 분명치 않은 기아 등의 경우에는 모의 인지를 필요로 한다. 현행법상 인지에는 임의인지와 강제인지가 있다. 임의인지는 인지하려는 부의 의사가, 강제인지는 반대로 인지를 받으려는 자의 의사가 그 본체를 이루고 있다. 인지가 있으면 일반적으로 법률상 부자관계 또는 모자관계가 발생하고 인지는 그 자의 출생시에 소급하여 효력이 생긴다(§860). 그러나 인지의 소급효는 제3자가 이미 취득한 권리를 해칠 수는 없다(§860단).

## 인지의 취소(認知의 取消)

인지가 사기·강박 또는 중대한 착오로 인하여 이루어진 때는 이를 취소할 수 있다(민법 861조). 사기자 또는 강박자는 인지를 받는 자이건 제3자이건 묻지 않는다. 그 취소를 하려면 사기나 착오를 안 날 또는 강박을 면한 날로부터 6월 이내에 가정법원에 그 취소를 청구해야 한다(민법 861조). 인지의 취소를 하려면 가정법원에 우선 조정을 신청하여야 하며 조정이 성립되지 않으면 판결로써 한다. 그리고 취소의 결과는 다른 법률행위결과와 달리 소급한다.

## 임의인지(任意認知)

혼인외의 자를 부 또는 모가 임의로 하는 인지로서 자유인지라고도 한다(민 §855①전단). 인지는 가족법의 정하는 바에 의하여 신고함으로써 효력이 생기므로(§859①), 요식행위이다. 자를 인지할 수 있는 자는 그 자의 진정한 부 또는 모이다. 인지하기 위하여는 의사능력이 있어야 하고, 의사능력만 있으면 미성년자라도 누구의 동의없이 인지할 수 있다. 그러나 부가 피성년후견인인 경우에는 성년후견인의 동의를 받아 인지할 수 있다(§856). 인지는 유언으로도 할 수 있으며(유언인지), 이 경우 유언집행자가 이를 신고하여야 한다(§859②). 피인지자는 혼인외의 子이다. 子가 사망한 경우에도 그 직계비속이 있는 때에는 그 사망한 子를 인지할 수 있다(§857). 또한 아직 포태 중에 있는 子를 인지할 수도 있다(§858). 무효인 인지는 법률상 당연무효이지만 그 무효를 확정하기 위하여 子 및 이해관계인은 가정법원에 인지의 무효확인의 심판을 청구할 수 있다(가소§2①가) 일단 행하여진 인지는 철회할 수 없지만, 사기·강박 또는 중대한 착오로 인하여 인지를 한 때에는 사기나 착오를 안 날 또는 강박을 면한 날로부터 6월내에 법원의 허가를 얻어 이를 취소할 수 있다(민§861·가소§2①나). 자 또는 이해관계인이 인지에 관하여 이의가 있는 경우에는 그 신고가 있은 것을 안 날로부터 1년 내에 가정법원에 이의의 소를 제기할 수 있다(민§862·가소§2①나). 이 경우에 부 또는 모가 이미 사망한 때에는 그 사망을 안 날로부터 2년 내에 검사를 상대로 하여 이의의 소를 제기 할 수 있다(민§864).

## 강제인지(强制認知)

부 또는 모가 임의로 인지하지 않는 경우에 子편에서 재판에 의하여 부자(모자)를 상대로 청구하는 인지로서(민§863·가소§2①나), 재판인지(소송상의 인지)라고도 한다. 소의 청구인은 자와 그 직계비속 또는 법정대리인이다. 피청구인은 부 또는 모이며, 부 혹은 모의 의사와는 아무관계가 없다. 부 또는 모가 사망한 때에는 그 사망을 안 날로부터 2년 이내에 검사를 상대로 하여 인지의 소를 제기할 수 있다(§864). 재판이 확정된 경우에는 심판을 청구한 子가 재판확정일로부터 10일 이내에 재판의 등본 및 확정증명서를 첨부하여 가족법에 따라 그 취지를 신고하여야 한다. 강제인지는 심판에 의하여 효력이 생기므로 그 신고는 보고적 신고이다.

> 인지청구권은 포기할 수 없고, 포기하였다 하더라도 효력이 발생할 수 없다*(대법원 1999. 10. 8. 선고 98므1698).*

## 조정인지(調停認知)

가사소송법은 강제인지에 관하여 조정전치주의를 채택하고 있으므로(가소2①나), 인지의 재판을 청구하려면 제소에 앞서 가정법원의 조정을 신청하여야 한다. 그리하여 가정법원의 조정에 의하여 당사자 사이에 인지에 대한 합의가 성립되면 그것을 조서에 기재함으로써 확정판결과 동일한 효력을 발생시키기 때문에 인지는 성립된다. 이것이 조정인지이다. 조정인지는 조정에 있어서 당사자 사이에 합의가 있어야 성립되기 때문에 임의인지에 가깝다. 조정인지의 경우에도 인지신고를 하여야 하지만 그 신고는 보고적인 것에 불과하다.

**준정**(準正)
영 ; legitimation
독 ; Legitimation
불 ; légitimation

법률상 혼인관계가 없는 부모 사이에 출생한 자가 그 부모의 사후의 혼인으로 인하여 혼인중의 子로서의 신분을 취득하는 것을 말한다(민§855②). 로마법에서 비롯된 것이나, 子의 이익을 위하고 또 혼인외의 남녀관계를 정상적인 혼인관계로 이전시킬 수 있다는 정책적인 고려에 적당한 제도이므로 유럽제국에 계승되어 세계 여러 나라에서 일반적으로 채택하고 있다. 현행민법과 학설상 인정되는 준정에는 (1) 혼인에 의한 준정 : 혼인외의 子(자)가 이미 부모의 인지를 받고 있는 경우에 부모의 혼인에 의하여 그 혼인시부터 혼인중의 子로서의 신분을 취득하는 것으로 혼인준정(婚姻準正)이라고도 한다(§855②). (2) 혼인중의 준정 : 부모의 혼인전에는 인지되지 않았던 혼인외의 子가 부모의 혼인후 부가 인지함으로서 그 때부터 혼인중의 子로 되는 것으로 인지준정(認知準正)이라고도 한다. (3) 혼인취소후의 준정 : 혼인전의 출생자가 부모의 혼인중에는 인지되고 있지 않다가 그 혼인의 취소 또는 소멸된 후에야 인지됨으로써 혼인 중의 子의 신분을 취득하는데(§855②), 그의 효력은 준정시에 발생할 뿐 그 子의 출생시에 소급하지 않는다(불소급효).

**양자**(養子)
영 ; adoptive-child, adopted child
독 ; angenommenes Kind
불 ; adopté, fils adoptif

입양에 의하여 혼인중의 자로서의 신분을 취득하는 법률상 의제된 법정친자이다. 양자는 친생자와 동일한 법률상의 효력이 부여된다. 양자에 대하여 의제(擬制된 父母(부모)로 된 자를 양부모(양부·양모)라고 한다. 양자는 입양일자로부터 양친의 혼인중의 자와 동일한 신분을 취득하며, 양자의 배우자·직계비속과 그 배우자는 양자의 양가에 대한 친계(親系)를 기준으로 하여 친족관계가 발생한다(민§772). 그러나 양자의 생가의 부모 그 밖의 혈족에 대한 친족관계는 여전히 유지되고, 양친자관계는 입양이 취소되거나 파양한 경우에 소멸된다(§776). 존속이나 연장자는 양자로 할 수 없다(§877). 미성년자를 입양하려는 사람은 가정법원의 허가를 받아야 하며(§867), 양자가 될 미성년자는 원칙적으로 부모의 동의를 받아야 한다(§870①). 가정법원은 부모가 3년 이상 자녀에 대한 부양의무를 이행하지 아니한 경우이거나, 부모가 자녀를 학대 또는 유기(遺棄)하거나 그 밖에 자녀의 복리를 현저히 해친 경우에는 부모가 동의를 거부하더라도 입양의 허가를 할 수 있다(§870②).

**입양**(入養)
라 ; adoptio
영 ; adoption
독 ; Adoption
불 ; adoption

부모와 그 혼인중의 자간의 친자관계와 동일한 법률관계를 당사자간에 설정할 것을 목적으로 하는 창설적 신분행위이다. 자연의 혈연이 없음에도 불구하고 있는 것과 같이 법적으로 의제하는 제도가 입양이다. 현행 법률은 자의 복리증진을 위한 양자제도가 지배적이다. 또한 1990년 1월 13일 법률 제4199호 개정민법은 사후양자(§880)·서양자(婿養子)(§876) 직계비속장남의 입양금지(§875)·호주상속양자의 동성동본성(§877②)·유언양자(§886)·호주상속양자의 파양금지(§898②) 등을 모두 폐지하였다. 입양의 성립요건은 다음과 같다. (1) 실질적 성립요건 : ㉮ 당사자 사이에 입양합의가 있을 것(§883Ⅰ), ㉯ 양친은 성년자일 것(§866), ㉰ 대낙입양(代諾入養)의 경우에는 일정한 자가 승낙할 것(§870①), ㉱ 성년양자는 부모 등의 동의를 얻을 것(§870①), ㉲ 미성년양자는 부모·후견인의 동의를 얻을것(§871), ㉳ 피성년후견인은 성년후견인의 동의를 얻을 것(§873), ㉴ 배우자 있는 자는 공동으로 입양을 할 것(§874①), ㉵ 양자는 양친의 존속 또는 연장자가 아닐 것, (2) 형식적 요건 : ㉮ 입양의 신고를 할 것(§878). 신고의 방식과 수리는 혼인의 경우와 동일하다. ㉯ 입양의 무효와 취소에 관하여도 혼인의 무효·취소와 거의 동일하다. ㉰ 입양은 가족관계의 등록 등에 관한 법률의 규정에 정한 바에 의하여 신고함으로써 효력이 생긴다(§878). 양자의 효과로는 양자와 양친 사이에 법정친자관계가 발생하고 이러한 기본적인 효과에 따라서 양자는, 그 직계비속이나 배우자와 양친의 혈족·인척 사이에도 법정친족관계가 발생하여(§722), 자연혈족의 경우와 동일하게 부양관계나 승계관계가 인정된다(§974, §984~§994). 양자가 미성년자인 경우에는 생부나 생모의 친권을 벗어나서 양부 또는 양모의 친권에 복종하게 된다(§909①, ②, ⑤).

## 친양자(親養者)

친양자제도는 2005. 3. 31 민법 개정시에 새로 도입되어 2008. 1. 1.부터 시행된 제도이다. 친양자는 부부의 혼인중의 출생자로 간주되는 것을 말한다(민법 §908의 3①). 친양자는 양자가 마치 양친의 친생자인 것처럼 양친의 성과 본을 따를 뿐만 아니라 가족관계등록부(종전의 호적부)에도 양친의 친생자로 된다. 양자는 양부모의 자녀로 출생한 것으로 다루어지므로, 친양자입양은 '제2의 출생'으로 다루어진다. 친양자제도는 그 효과면에서 입양아동이 법적으로뿐만 아니라 실제 생활에 있어서도 마치 양친의 '친생자와 같이' 입양가족의 구성원으로 편입·동화되는 제도이다. 현행 민법상의 입양(보통양자)과는 달리 친양자는 법원의 선고(허가)에 의해서만 성립한다(민법 §908의 3①). 친양자를 입양하려면 (1) 3년 이상 혼인중인 부부로서 공동입양을 하여야 하고(다만, 1년 이상 혼인중인 부부의 일방이 그 배우자의 친생자를 친양자로 하는 경우는 예외), (2) 친양자로 될 자가 미성년자이어야 하고, (3) 친양자로 될 자의 친생부모가 친양자 입양에 동의하여야 하며(단, 부모가 친권상실의 선고를 받거나 소재를 알 수 없거나 그 밖의 사유로 동의할 수 없는 경우에는 예외), (4) 친양자가 될 사람이 13세 이상인 경우에는 법정대리인의 동의를 받아 입양을 승낙하여야 하고, (5) 친양자가 될 사람이 13세 미만인 경우에는 법정대리인이 그를 갈음하여 입양을 승낙하여야 한다(§908의 2①). 친양자를 입양하고자 하는 사람은 친양자 입양 재판의 확정일부터 1개월 이내에 재판서 등본 및 확정증명서를 첨부하여 입양신고를 하여야 한다(가족관계의 등록등에 관한 법률 §67).

## 부부공동입양(夫婦共同入養)

배우자 있는 자가 양자를 함에 있어서는 배우자와 공동으로 해야 하는 것(민법 874조 1항)을 말한다. 그리고 양자가 되는 자가 부부인 경우에는 공동으로 할 필요는 없고 다른 일방의 배우자의 동의를 얻어야 한다(민법 874조 2항). 배우자의 일방에게 양자를 할 때에 공동으로 할 수 없거나 양자가 될 때에 동의를 할 수 없는 사정이 있을 경우에 다른 일방이 양자를 하거나 할 수 있느냐가 문제되나, 이 경우 단독으로 양자를 하거나 양자를 할 수 있다고 해석된다고 본다. 그리고 배우자의 혼인 중의 출생자를 양자로 하는 경우도 공동으로 해야 할 것이다. 마찬가지로 배우자의 부모의 양자가 되는 경우에 다른 일방 배우자의 동의를 얻어야 한다고 본다. 배우자가 있음에도 불구하고 공동으로 하지 않고 양자를 하는 입양신고를 하거나, 배우자가 있는데도 다른 일방의 동의를 얻지 않고 양자가 되는 입양신고를 하면 수리가 거부될 것이지만(민법 881조), 만약 잘못 수리되면 배우자가 취소를 청구할 수 있다(민법 884조 1호, 888조 전단). 그러나 그럴만한 정당한 사유가 있다면 취소청구를 할 수 없다고 보아야 한다. 일반의 무효나 취소원인이 있어도 마찬가지이다.

## 연장자양자(年長者養子)

자기보다 나이가 많은 자를 양자로 하는 것이다. 그러나 양친보다 나이가 많은 자는 관습상으로나 법규상으로는 양자로 할 수 없다(민§877).

## 유언양자(遺言養子)

양친이 되는 자의 유언에 의하여 행해지는 입양이지만(민§880), 1990년 1월 13일 법률 제4199호 개정민법에서 삭제되었다.

## 대낙양자(代諾養子)

양자가 될 자가 13세미만인 때는 그 법정대리인이 그에 갈음하여 입양의 승낙을 정할 수 있는 바(민법 869조), 이를 대낙양자라고 한다. 입양은 신분행위이기 때문에 대리를 인정하는 것이 원칙적으로는 허용되지 않는다. 그러나 양자로 될 자가 유아인 경우가 많기 때문에 의사능력이 없는 경우가 많다. 그렇기 때문에 예외적으로 법정대리인 대낙규정을 설치하였다. 여기서 대낙권자는 법정대리인 즉 친권자 또는 후견인이다. 부모의 공동친권의 경우에는 공동하여 대낙하여야 한다. 이 경우에 재산관리권이 없는 친권자(민법 925조)라 할지라도, 입양대낙은 신분에 관한 것이므로 대낙할 수 있다고 보아야 할 것이다. 후견인이 법정대리인으로서 대낙하는 경우에는 민법 제871조(미성년자입양동의)를 유추하여 후견인이 대낙할 때에도 가정법원의 허가를 얻어야 한다고 해석하여야 할 것이다. 이를 위반한 입양은 무효이다(민법 883조). 대낙은 일종의 대리라고 볼 수 있으므로 대낙권이 없는 자가 한 대낙은 일종의 무권대리라고 본다. 따라서 자가 13세 이상이 되어 이를 추인하면 유효가 된다.

## 양가(養家)

입양에 의하여 양자가 된 자 쪽에서 본 양친의 가를 말한다. 양자가 파양으로 양가에서 나오는 경우에는 특별한 법률적 효과를 가지지 않는다.

## 친가(親家)

2008년 시행된 개정 민법 시행 전 개념으로서 혼인 또는 입양으로 타인의 가에 입적한 자 쪽에서 본 친부모의 가(家)를 뜻한다. 참고로 2008년 시행된 개정 민법에서는 호주를 중심으로 가(家)를 구성하는 호주제를 폐지하였고, 이에 따라 호주제를 전제로 한 입적 등에 관한 규정 등을 삭제하였다.

## 입양의 무효(入養의 無效)

입양이 법률에 정한 사유가 있는 경우에 무효로 되는 것을 말한다. 민법상 무효원인으로는 (1) 당사자간에 입양의 합의가 없는 때(민§883Ⅰ), (2) 13세 미만의 자가 양자가 될 경우에 대낙권자(代諾權者)인 법정대리인의 승낙을 받지 못한 때(§883Ⅱ, §869준용), (3) 양자가 양친의 존속이거나 연장자일 때(§883Ⅱ, §877준용) 등이 있다. 입양의 무효는 혼인의 무효와 같이 당연무효이지만 다툼이 있는 경우에는 가정법원에 입양무효의 재판을 청구할 수 있다(가소§2①가(1)). 이 재판의 효력은 제3자에게도 미친다(가소§2①가(1)). 심판이 확정되면 소를 제기한 者는 판결의 확정일로부터 1월내에 판결의 등본 및 확정증명서를 첨부하여 그 취지를 신고하여야 한다. 입양이 무효로 된 때에는 당사자의 일방은 과실이 있는 상대방에 대하여 재산상·정신상의 손해배상을 청구할 수 있다(민§806, §897).

## 입양의 취소(入養의 取消)

법률에 정한 사유가 있는 경우에 특정의 청구권자가 가정법원에 입양의 취소를 청구함으로써 그 재판에 의하여 일단 성립되었던 양친자관계를 취소시키는 것이다. 민법상 취소원인과 취소권자로는 (1) 미성년자가 양자를 하였을 때(민§884Ⅰ, §866)이며 양부모·양자와 그 법정대리인 또는 직계혈족이 취소권자이다(§885). (2) 양자로 될 자가 부모 또는 기타 직계존속의 동의를 얻지 않았을 때(§884Ⅰ, §870), 법정대리인이나 동의권자가 취소권자이다(§886후단). (3) 배우자가 있는 자가 배우자와 공동으로 하지 않고 양자를 하였거나 또는 양자가 되었을 경우(§884Ⅰ, §874준용), 배우자가 취소권자이다(§888). (4) 입양당시 양부모와 양자 중 어느 한쪽에게 악질이나 그 밖에 중대한 사유가 있음을 알지 못한 때(§884Ⅰ), 취소권자는 양부모와 양자이다(§896). (5) 입양이 사기 또는 강박으로 인하여 된 때(§884Ⅲ), 취소권자는 사기나 강박으로 인하여 입양을 한 자이다(§897). 그러나 (1)은 양친이 성년에 달한 때에는 취소권이 소멸된다(§889). (2)와 (3)의 경우에는 그 사유가 있음을 안 날로부터 6월, 그 사유가 있는 날로부터 1년을 경과하면 취소권은 소멸한다(§894). (4)의 경우에는 취소권자는 그 사유가 있음을 안 날로부터 6월을 경과하면 그 취소를 청구하지 못한다(§896). (5) 취소권자는 사기를 안 날 또는 강박을 면한 날로부터 3월을 경과한 때에는 취소권은 소멸한다(§897, §823). 입양취소의 효력은 입양성립일에 소급하지 않는다(§897, §824). 입양으로 인하여 발생한 가족관계는 그 취소로 인하여 종료한다(§776).

**파양**(罷養)

양친자관계성립 후에 생긴 사유로 양친자관계를 해소하는 것이다. 파양은 입양성립 후에 생긴 사유로 인하여 입양을 해소하는 것이며, 입양의 취소와 구별되어야 한다. 파양의 효과는 입양으로 인하여 생긴 양자관계의 효과를 장래에 향하여 소멸시킨다. 파양으로 양자와 양친간 및 양자와 양친의 혈족과의 친족관계가 종료하고, 양자의 배우자 및 직계관계도 종료된다(민§776). 따라서 그 사이의 친족관계·상속관계도 소멸한다. 그러나 혼인장애는 남는다(§809②). 민법상 파양에는 협의상 파양과 재판상 파양이 있으며 가사소송법상의 조정상 파양이 있다.

**협의상 파양**(協議上 罷養)

입양의 당사자가 협의에 의하여 하는 파양이다(민§898①). 입양의 당사자는 그 원인여하를 묻지 않고 협의로써 파양을 할 수 있다(§898①). 다만, 2012년 2월 10일 민법 개정에 의하여 미성년자에 대한 파양은 재판으로만 할 수 있도록 하였다. 피성년후견인의 협의상 파양의 경우에도 피성년후견인인 양부모는 성년후견인의 동의를 받아 파양을 할 수 있다(§902). 파양은 형식적 요건으로 파양신고를 해야 한다(민§904, §898준용). 가족법상의 신고에 의하여 효력을 발생하는바 신고의 방식은 혼인신고에 준한다(§903). 그 무효·취소의 사유·절차 등은 협의상의 이혼에 있어서와 같다.

**재판상 파양**(裁判上 罷養)

법률이 정한 파양원인에 기인하여 양자와 양친간의 소송에 의하여 행해지는 파양이다. 즉 입양당사자는 법정의 파양원인에 의거하여 타방을 상대방으로 하여 가정법원에 파양재판을 청구할 수 있다(민§905. 가소§2①가(2)). 민법 제905조는 파양원인으로 (1) 양부모가 양자를 학대 또는 유기하거나 그 밖에 양자의 복리를 현저히 해친 경우, (2) 양부모가 양자로부터 심히 부당한 대우를 받은 경우, (3) 양부모나 양자의 생사가 3년 이상 분명하지 아니한 경우, (4) 그 밖에 양친자관계를 계속하기 어려운 중대한 사유가 있는 경우의 4개를 열거하고 있는데 이들 사유가 있는 경우에도 법원은 일체의 사정을 고려하고 양친관계의 계속을 상당하다고 인정할 때에는 파양의 청구를 기각한다(이른바 상대적 파양원인). 파양의 소에 관하여는 가사소송법에 특칙이 있다(가소§30, §31). 그러나 파양재판청구에는 제한이 있어서 (1) 양자가 13세 미만인 경우에는 입양의 승낙을 한 사람이 양자를 갈음하여 파양을 청구할 수 있으며, (2) 양자가 13세 이상의 미성년자인 경우에는 그 입양의 동의를 한 부모의 동의를 받아 파양을 청구할 수 있다. 또한 (3) 양부모나 양자가 피성년후견인인 경우에는 성년후견인의 동의를 받아 파양을 청구할 수 있다(§906). 검사는 미성년자나 피성년후견인인 양자를 위하여 파양을 청구할 수 있다. 양자의 생사불명을 사유로 하는 경우를 제외하고 다른 법정사유로써 하는 파양재판의 청구는 다른 일방이 그 사유를 안 날로부터 6개월, 그 사유가 있은 날로부터 3년을 지나면 하지 못한다(§907, §905 Ⅰ~Ⅲ·Ⅴ).

## 조정파양(調停罷養)

가사소송법은 재판상파양에 관하여 조정전치주의를 채택하고 있기 때문에(가소§2①가(2)) 재판파양의 심판을 청구하기 위하여는 우선 가정법원에 조정을 신청하여야 한다(가소§50). 조정에 의하여 성립되는 파양을 조정파양이라고 하는데 그 성질은 조정이혼의 경우와 동일하다.

## 친권(親權)

영 ; right and duties of the parents
독 ; elterliches Gewalt
불 ; puissance paternelle

부 또는 모가 자를 보호·양육하고 그 재산을 관리하는 것을 내용으로 하는 권리·의무의 총칭이다(민§909~§927). 연혁적으로는 가부(家父)의 절대적 지배권력의 제도에서 발달한 것이지만 오늘날은 부모로서의 의무를 다하는 권리로 이해된다. 부모는 미성년자인 자의 친권자가 된다. 양자의 경우에는 양부모(養父母)가 친권자가 된다. 친권의 내용은 다음과 같다. (1) 자의 보호·교양(§913) ·거소지정(§914)·징계(§915)·영업허가(§8①) 등의 子의 신분에 관한 권리의무를 가지며, (2) 子의 특수재산을 관리할 수 있다(§916). 다만 친권자와 子에 대한 무상증여자가 친권자의 관리권을 배제한 경우(§918)에는 그 재산에 관하여 관리권을 갖지 못한다. 또한 재산행위라도 그 子의 행위를 목적으로 하는 채무를 부담할 경우에는 子 자신의 동의가 필요하다(§9

20). 子가 성년이 되면 친권자는 그 친권을 잃으나 친권자는 정당한 사유가 있을 때에는 법원의 허가를 얻어 그 법률행위의 대리권과 재산관리권을 사퇴할 수 있다(§927①). 친권을 행사함에 있어서는 자의 복리를 우선적으로 고려하여야 한다(§912). 친권남용 따위의 중대한 사유가 있을 때에는 법원은 자녀, 자의 친족 또는 검사 또는 지방자치단체의 장의 청구에 의하여 친권상실 또는 일시 정지를 선고 할 수 있으며(§924) 또 관리가 소홀했을 때에는 관리권의 상실을 선고할 수 있다(§925). 또한 가정법원은 거소의 지정이나 징계, 그 밖의 신상에 관한 결정 등 특정한 사항에 관하여 친권자가 친권을 행사하는 것이 곤란하거나 부적당한 사유가 있어 자녀의 복리를 해치거나 해칠 우려가 있는 경우에는 자녀, 자녀의 친족, 검사 또는 지방자치단체의 장의 청구에 의하여 구체적인 범위를 정하여 친권의 일부 제한을 선고할 수 있다(§924의2). 2005. 3. 31. 개정 전 법에서는 자는 친권에 '복종한다'는 표현을 사용하여 친권관계가 명령복종의 권위적인 관계로 보여 졌으나, 개정법은 이러한 권위적인 표현을 삭제하고, 친권행사의 기준규정으로서 '친권을 행사함에 있어서는 자의 복리를 우선적으로 고려하여야 한다.'라는 제912조의 규정도 신설하여 의무적 성격도 갖도록 하였다.

## 보호·교양권(保護·教養權)

친권자는 자를 보호하고 교양할 권리와 의무가 있다(민법 913조). 이 규정은 친권의 근본취지를 표시한 것이다. 보호는 주로 신체에 대한 보호이고, 교양은 정신의 발달을 꾀하는 것으로서 자의 정신·육체 모두를 건전한 인간으로 육성하는 것이다. 그 구체적인 내용으로서 거소지정권 이하의 기능이 규정되어 있다. 여기서 자의 보호·교양이라고 하는 것은 실제로 보호하고 교육하며 양육하는 것을 말하며, 반드시 그 비용을 수반하는 것은 아니다. 만약 자가 제3자에게 불법행위를 한 경우에 책임능력이 없을 때에는 친권자는 감독의무자로서 손해배상의 책임이 있다(민법 755조 1항 본문, 753조). 그러나 감독의무를 게을리 하지 않은 때에는 책임이 없다(민법 755조 1항 단서).

## 친권자(親權者)

친권을 행사하는 자를 친권자라고 한다. 부모는 미성년자의 친권자가 되고, 양자의 경우에는 양부모가 친권자가 된다(§909). (1) 친권은 부모가 혼인중인 때에는 부모가 공동으로 행사하나, 부모의 의견이 일치하지 않을 때에는 당사자의 청구에 의하여 가정법원이 정한다(민§909①, ②). 부모의 일방이 친권을 행사할 수 없을 때에는 다른 일방이 행사한다(§909③). 미성년자가 친권자인 경우에는 그 법정대리인이 대리행사한다(§910, §911). (2) 혼인외의 자가 인지된 경우와 부모가 이혼한 경우에는 부모가 협의로 친권을 행사할 子를 정하고, 협의할 수 없거나 협의가 이루어지지 않으면 가정법원은 직권으로 또는 당사자의 청구에 의하여 친권자를 지정한다(§909④). 추정된 부로부터 인지되지 않은 혼인외의 子는 생모가 친권을 행사한다. 왜냐하면 모자관계는 분만이라는 사실자체로 결정되기 때문이다. 가정법원은 혼인의 취소, 재판상 이혼 또는 인지청구의 소의 경우에는 직권으로 친권자를 정한다(§909⑤)

**공동친권**(共同親權)

부모가 공동으로 행사하는 경우의 친권이다. 민법상 미성년자인 子에 대한 친권행사에 있어서 부모의 친권공동행사를 원칙으로 하고 있으나 부모가 의견이 일치하지 않을 경우 당사자의 청구로 가정법원이 결정하도록 함으로써(§909②단), 친권의 부권적 요소를 완전히 배제하였다. 이 때 가정법원은 子의 최선의 복리증진을 기준으로 결정한다.

**친권의 변경**(親權의 變更)

가정법원은 자의 복리를 위하여 필요하다고 인정되는 경우에는 자의 4촌 이내의 친족의 청구에 의하여 정하여진 친권자를 다른 일방으로 변경할 수 있다(§909⑥). 이를 친권의 변경이라고 한다.

**부권**(父權)

부권은 (1) 父즉 남자인 가장이 가족을 통솔하기 위하여 가지는 가장권, 가부권(Patria·potestas) (2) 부권제 가족형태에서 모권에 대하여 부의 가족에 대한 지배권을 의미할 때 사용되는 부권 혹은 (3) 부가 가지는 친권 등 여러 가지 뜻으로 사용된다.

**모권**(母權)

어머니가 가족을 통제하기 위하여 가지는 권력이다. 모가 가족의 지배권을 가지는 가족의 형태를 모권제도라 한다.

**모권설**(母權說)
영 ; theory of matriarchy
독 ; Mutterrechtstheorie
불 ; th'eore de matriarchie

고대에 있어서 부권중심사회에 앞서서 어머니가 가족생활뿐 아니라 당시의 사회의 지배권을 가진 때가 있었다고 하는 설이다. 바호펜(J.J. Bacho fen 1815~1887)이 1861년에 모권론(das Mutterrecht)에서 주장하였다. 그 후 미국의 인류학자 모르간(Leuis Henry Morgan 1818~1881)이 현재까지 남아 있는 미개사회의 자료에 의하여 모권설의 논증을 시도한 바 있었다.

**후견**(後見)
라 ; tutela 英 ; guardianship
독 ; Vormundschaft
불 ; tutelle

제한능력자나 그 밖에 보호가 필요한 사람을 보호하는 것을 말한다. 2011년 3월 7일 개정민법에 의할 때, 후견에는 법정후견과 임의후견이 있다. 법정후견에는 미성년후견·성년후견·한정후견·특정후견이 있으며, 임의후견에는 후견계약에 의한 후견이 있다. 후견의 직무를 행하는 것을 후견의 기관이라 하고 이에는 집행기관과 감독기관이 있다. 집행기관으로는 후견인, 감독기관으로는 미성년후견감독인, 성년후견감독인, 가정법원이 있다.

## 후견계약(後見契約)

우리 민법은 과거 법정후견제도만 두고 있었다. 그러나 2011년 3월 7일 개정민법에서 후견계약에 관한 내용이 신설됨으로써 임의후견제도가 도입되었다. 후견계약은 질병, 장애, 노령, 그 밖의 사유로 인한 정신적 제약으로 사무를 처리할 능력이 부족한 상황에 있거나 부족하게 될 상황에 대비하여 자신의 재산관리 및 신상보호에 관한 사무의 전부 또는 일부를 다른 자에게 위탁하고 그 위탁사무에 관하여 대리권을 수여하는 것을 내용으로 하는 계약을 말한다.

## 후견인(後見人)

라 ; tutor 영 ; guardian
독 ; Vormund 불 ; tuteur

후견사무를 직접 행하는 기관이다. 후견에는 (1) 미성년자후견 : 친권자가 없거나 친권자가 법률행위의 대리권 및 재산관리권을 행사할 수 없을 때에 개시된다(민§928). 가정법원은 민법 제931조에 따라 지정된 미성년후견인이 없는 경우에는 직권으로 또는 미성년자, 친족, 이해관계인, 검사, 지방자치단체의 장의 청구에 의하여 미성년후견인을 선임한다. 미성년후견인이 없게 된 경우에도 또한 같다. (2) 성년후견인 : 가정법원의 성년후견개시심판이 있는 경우에는 그 심판을 받은 사람의 성년후견인을 두어야 한다. 이러한 성년후견인은 가정법원이 직권으로 선임한다. 가정법원이 성년후견인을 선임할 때에는 피성년후견인의 의사를 존중하여야 하며, 그 밖에 피성년후견인의 건강, 생활관계, 재산상황, 성년후견인이 될 사람의 직업과 경험, 피성년후견인과의 이해관계의 유무(법인이 성년후견인이 될 때에는 사업의 종류와 내용, 법인이나 그 대표자와 피성년후견인 사이의 이해관계의 유무를 말한다) 등의 사정도 고려하여야 한다. 후견인은 법정의 결격사항에 해당하는 者가 아니어야 한다(§937). 또한 후견인은 정당한 사유가 있는 경우에는 가정법원의 허가를 얻어 사퇴할 수 있다(§939). 가정법원은 피후견인의 복리를 위하여 후견인을 변경할 필요가 있다고 인정되는 경우에는 직권 또는 피후견인의 친족, 후견감독인이나 검사, 지방자치단체의 장의 청구에 의하여 후견인을 변경할 수 있다.

## 지정후견인(指定後見人)

미성년자에 대하여 친권을 행사하는 부모가 유언으로 지정한 미성년자의 후견인이다(민§931본문). 그러나 법률행위의 대리권과 재산관리권 없는 친권자는 지정후견인을 지정하지 못한다

(§931단). 지정은 유언으로써만 하여야 하기 때문에 친권자의 생존 중에 후견이 개시되는 경우에는 지정후견인이란 있을 수 없다.

## 법정후견인(法定後見人)

개정전 민법에 의할 때, 지정후견인이 없는 경우에 법률규정에 의하여 당연히 선임하게 되는 후견인을 의미하였다(민§932). 미성년자의 직계혈족·3촌 이내의 방계혈족의 순위로 후견인이 되는데 만약 직계혈족 또는 방계혈족이 수인인 때에는 최근친(最近親)을 선순위로, 동순위자가 수인인 때에는 연장자를 선순위로 하였다(§935①). 미성년자에 대하여 양자의 친생부모와 양부모가 구존(俱存)하는 경우에는 양부모를 선순위로 하고 그 밖의 생가혈족과 양가혈족의 촌수가 동순위인 경우에는 양가혈족을 선순위로 하였었다(§935②). 다만, 2011년 3월 7일 민법 개정으로 인하여 후견인의 법정순위를 폐지하고, 가정법원이 피후견인의 의사 등을 고려하여 후견인과 그 대리권·동의권의 범위 등을 개별적으로 결정하도록 하였다.

## 선정후견인(選定後見人)

일정한 자의 청구에 의하여 가정법원이 선임한 후견인이다.

## 선임후견인(選任後見人)

법원에 의해서 선임된 후견인을 말한다.

## 친족회(親族會)

2011년 3월 7일 민법 개정에 의하여 2013년 7월 1일부터 친족회와 관련된 조항은 삭제되었다. 개정 전 민법에 의할 때 친족회라 함은 무능력자의 보호 등 가족·동족집단의 중요한 사항을 결정하기 위하여 친족이 협의하는 합의체를 말한다. 친족회는 후견인을 지정할 수 있는 친권자에 의하여 지정된 자 및 친족이나 이해관계인의 청구에 의하여 법원이 본인이나 그 집에 있는 자 중에서 선임한 3인 이상 10인 이하로 구성되며, 친족회 대표자는 소송행위 그 밖의 외부에 대한 행위에 있어서 친족회를 대표하였다(민§961~§963). 친족회의 소집은 본인·그 법정대리인·배우자·직계혈족·會員(회원)·이해관계인 또는 검사의 청구에 의하여 법원이 이를 하고(§966), 그 의사의 결의방법은 회원과반수의 찬성으로써 결정하였다(§967①). 그러나 과반수의 찬성으로 행한 서면결의로써 친족회의 결의에 갈음한 경우에는 친족회의 소집을 청구할 수 있는 자는 2월 이내에 그 취소를 법원에 청구할 수 있다(§967③). 친족회에서 의견을 진술할 수 있는 자는 본인·그 법정대리인·배우자·직계혈족·4촌 이내의 방계혈족인바 친족회에서 결의할 수 없거나 결의를 하지 않을 때에는 친족회의 소집을 청구할 수 있는 자는 그 결의에 갈음할 재판을 법원에 청구할 수 있었다(968, §969). 친족회원은 정당한 사유가 있는 때에는 법원의 허가를 얻어 사퇴할 수 있었다(§970). 또 친족회원에 부정행위 또는 그 밖의 사유가 있는 때에는 법원은 직권 또는 본인·법정대리인 혹은 친족이나 이해관계인의 청구에 의하여 그 회원을 해임할 수 있었다(§971). 그리고 친족회의 결의에 대하여 이의가 있을 때에는 2월 이내에 이의의 소를 제기할 수 있었다(§972). 친족회는 친족협의 또는 친족단합을 목적으로 하는 과거의 관행을 법제화한 것이나, 최근 가족동족집단이 점점 해체되어 가고 내부적 이해관계의 대립이 날카로워짐에 따라서 법률상의 제도로서의 친족회의 그 본래의 사명을 다하지 못하게 되어 가는 경향이 있었다. 이에 개정 민법에 의하여 폐지한 것이다.

## 부양(扶養)

독 ; unterhalt 불 ; alimentaire

부양이라 함은 자기의 자력 또는 노력에 의하여 생활을 유지할 수 없는 자에 대한 경제적 급부(생활비지급·현물제공 등)를 말한다(민§975). 민법상 부양은 생활유지의 부양과 생활질서의 부양으로 나누어진다. 부부사이의 부양(§826①)과 부모와 미성년자 사이의 부양 등이 생활유지의 부양에 속하고 친족사이의 부양(§974Ⅰ, Ⅲ)이 생활질서의 부양에 속한다.

## 부양청구권(扶養請求權)

독 : Unterhaltsanspruch

부양의무에 기하여 부양을 받을 권리를 말한다. 부양청구권은 (1)부양의무자가 존재하고 또 그 자에게 부양능력이 있는 경우, 즉 부양가능상태와, (2) 자기의 자력이나 노력으로는 생활할 수 없는 자의 존재, 즉 부양필요상태가 모두 구비되어 있으면 당연히 발생한다. 부양청구권에 관하여는 학설이 나뉘나, 현실의 이행을 하여야 할 시기는 부양권리자가 부양의 청구를 한 때로서 문제를 처리하는 것이 타당할 것이다. 또 부양청구권의 처분은 금지하고 있다(민법 979조). 이는 신분권으로서는 비교적 재산적 색채가 강하기는 하나 부양이란 이것을 받을 자가 현실적으로 스스로 이를 받아야 할 것이기 때문이다. 따라서 상계에 적합하지 않고(민법 497조), 채권자가 이를 압류할 수도 없으며, 상속의 대상이 되지 않는다(민법 1005조 단서).

## 부양의무자(扶養義務者)

부양의무는 다음과 같은 일정한 신분을 가지는 자 사이에서만 발생한다. (1) 직계혈족 및 배우자 사이(민§974Ⅰ), (2) 생계를 같이 하는 그 밖의 친족사이(§974Ⅲ)에서 발생한다. 부양의무자가 수인인 경우에 부양을 할 자의 순위는 먼저 당사자의 협정으로 정하도록 한다(§976①전단). 그러나 협정이 성립되지 않거나 협정할 수 없는 때에는 당사자의 청구에 의하여 가정법원이 그 순위를 결정하고(§976①, 가소§2①나(2)), 이 경우에 가정법원은 수인을 공동의 부양의무자로서 선정할 수 있다(§976②). 또한 가정법원은 당사자의 협정이나 심판이 있은 후라도 사정변경이 있는 경우에는 당사자의 청구에 의하여 그 협정·심판을 취소 또는 변경할 수 있다(민§978·가소2①나9 2)). 부양을 받을 권리자가 수인 있는 경우에 부양의무자의 자력이 그 전원을 부양할 수 없는 때에도 역시 우선 당사자의 협정에 의하고 그 것이 불가능하면 가정법원의 심판에 의하여 정하며, 그 후라도 가정법원은 그 협정이나 심판을 취소 또는 변경할 수 있다(민§976①후단②, §978, 가소§2①나(2)). 부양액이나 부양방법에 대하여는 먼저 당사자 사이의 협정에 따라 정해지지만 협정이 이루어지지 않으면 당사자의 청구에 의하여 가정 법원이 부양권리자의 생활정도와 부양의무자의 자력 그 밖의 여러 사정을 참작하여 정하게 된다(민§977, 가소§2①나(2)). 그러므로 사정에 따라서는 생활비를 지급함으로써 할 수 있을 것이고, 의·식·주등 현물을 제공함으로써 할 수도 있다. 부양청구권은 양도·입질·상계를 할 수 없으며, 대위행사·상속도 할 수 없고, 압류할 수도 없다.

### 호주승계(戶主承繼)

호주승계란 사람의 사망 그 밖의 일정한 사유를 원인으로 하여 행하여지는 호주권의 승계를 말한다. 호주승계제도는 2005. 3. 31. 민법 개정시에 폐지되었다.

## 상 속

### 상속(相續)

영 ; inheritance, succession
독 ; Erbgang, Erbfolge
불 ; héredite succession

상속이란 사망자 등의 재산을 승계하는 것을 말한다. 1990년 1월 13일 법률 제4199호 개정민법의 상속법 구조에서는 호주상속제도를 호주승계제도로 대치하여 그 편별(編別)에서도 호주승계제도는 친족편으로 넘어가게 되었다. 따라서 상속법은 재산상속만 되었다. 따라서 상속법은 재산상속만을 규율하게 되었으며 상속법상 상속은 재산상속만을 의미한다. 상속의 형태로는 상속인을 법정하는 법정상속주의와 상속인에게 선출하게 하는 자유상속주의가 있는데 법정상속주의에는 단독상속과 공동상속이 있다.

### 단독상속(單독相續)

공동상속에 상대되는 개념으로, 상속인이 1인으로 한정되어, 피상속인의 가장으로서의 지위나 전 유산을 단독으로 승계하는 상속형태를 말한다. 우리 민법은 재산상속에 있어 공동상속으로 하고 있다.

### 자유상속주의(自由相續主義)

누구를 상속인으로 할 것인가 피상속인의 자유의사에 맡겨진 입법주의으로,

법정상속주의와 대립하는 주의이다. 상속은 주로 재산의 상속이므로 소유권의 자유·계약의 자유와 연계되어 유증의 자유가 인정되기에 이르렀고, 영미법계에서 상속인의 선정도 피상속인의 자유의사에 맡기고 있다. 거기에서는 상속순위의 규정은 상속인의 지정이 없는 경우의 보충적 규정이 된다. 그러나 영미법에서도 부당한 유언의 효력은 제한되므로, 결과적으로는 대륙법계와 별 차이가 없다.

## 상속법

영 ; law of inheritance or succession
독 ; Erbrecht
불 ; droit de succession

상속에 관한 법률관계를 규율하는 법규의 총체이다. 친족법과 함께 가족법(신분법)을 구성한다. 우리나라 현행상속법의 주된 규정은 민법 제5편에 있으며 가사소송법 등 기타의 법령 중에도 상속에 관한 규정이 많이 포함되어 있다. 상속법은 1977년 12월 31일(법률 제3051호)에도 상속분의 조정, 유류분제도의 신설 등 큰 재정이 있었으며, 그 후 10여년만인 1990년 1월 13일에 다시 개정(법률 199호)이 이루어졌다. 즉 개정된 상속에서는 호주상속제도가 폐지되고 호주승계제도로 변화되었으며, 그 편별(編別)에 있어서도 호주승계제도는 친족편으로 넘어가는 등 대폭적인 개정이 단행되었다. 이에 따라 구조면에서 현대상속법의 체계를 갖추게 되었다. 즉 현행 제5편 「상속」이란 표제는 제2장 재산상속의 머리로 옮겨지고, 제1장 상호상속은 제8장 호주상속으로 하여 친족편에 속하게 되었다. 개정 상속법상 상속은 재산상속을 의미하기 때문에 현행법 제2장 재산상속이 제5편 상속 제1장 상속으로 되고(§997~§1059), 제2장 유언(§1060~§1111), 제3장 유류분(§1112~§1118)으로 상속법이 구성된다. 또한 2002. 1. 14에도 상속회복청구권이 기간 상속인의 승인, 포기의 기간, 법정단순승인에 대한 개정이 이루어졌고, 2005. 3. 31.에도 상속결격사유(§1004), 한정승인의 방식(§1030), 배당변제(§1034) 등에 대한 개정이 이루어졌다.

## 유산채무(遺産債務)

상속재산의 일부를 이루는 채무, 피상속인이 지고 있던 채권자에 대하는 채무와, 피상속인의 사망에 의해 발생한 수유자(受遺者)에 대하는 채무의 양자를 포함한다. 학문상의 용어로 민법에는 없다.

## 상속재산(相續財産)

독 ; Erbschaft, Nachlass
불 ; succession

상속에 의하여 개개의 상속인이 계승하는 재산을 포괄적으로 부르는 말이다. 피상속인이 가진 소유권·채권 등의 적극재산과 함께 피상속인이 지고 있던 채무·유증에 의한 채무 등의 소극재산도 포함한다. 상속재산은 보통 상속인의 고유한 재산과 혼동해 버리지만 상속의 한정승인·재산분리·상속재산의 파산 등에 의하여 그 청산을 행할 경우는 상속인의 고유한 재산으로부터 분리된 일종의 特別財産(특별재산)으로 취급된다. 그리고 유산분배의 공동재산은 공유라고 하나(민§1006), 학설상으로는 합유 또는 합유채권관계라고 하는 설이 있다. 상속재산을 구체적으로 살펴보면 다음과 같은 것이 있다. (1) 상속재산에 들어가는 것 : 권리로서는 소유권·지상권·저당권·질권·점유권 등의 물권, 매매·증여·소비대차·임대차·도급계약 등에 의거한 채권, 저작권·특허권·실용신안권·디자인권·상표권 등의 무체재산권과 사원권이 있다. 또 의무로서는 금전채무는 물론, 피상속인이 부담하고 있던 매도인으로서의 담보책임, 불법행위나 채무불이행으로 인한 손해배상의무, 계약의 해제나 해지를 받는 지위등이다. (2) 상속재산에 들어가지 않는 것 : 일신전속권은 상속인에게 승계되지 아니한다(§1005단). (3) 상속재산에 들어가는지, 아닌지가 의심스러운 것 : 살해·치사(致死)등을 당한 때의 위자료(정신적 고통의 손해배상) 청구권은 판례에 의하면 피해자가 청구의 포기를 표시하고 사망한 때 이외에는 상속인에게 승계된다. 다만 피해자가 사망의 순간에 「분하다」고 하는 말을 남기는것(청구의 의사)을 필요로 한다고 한다.

## 상속인의 순위(相續人의 順位)

피상속인으로부터 상속재산을 승계하는 자를 상속인이라 하는데 상속인의 상속순위는 다음과 같다. (1) 제1순위자 : 제1순위의 상속인은 피상속인의 직계비속과 피상속인의 배우자이다(민§1000①). 피상속인의 직계비속이면 되고, 남녀에 의한 차별, 혼인중의 子와 혼인외의 子에 의한 차별, 연령의 고하에 의한 차별 등을 인정하지 않는다. 피상속인의 배우자는 피상속인의 직계비속과 직계존속이 있는 경우에는 그 상속인과 동순위로 공동상속인이 되고 그 상속인이 없는 때에는 단독상속인이 된다(§1003①). 피상속인의 배우자의 상속분은 직계비속 또는 직계존속과 공동으로 상속할 때는 직계비속·존속의 상속분의 5할을 가산한다(§1009②). 태아는 상속순위에 관하여는 이미 출생한 것으로 본다(§100③). (2) 제2순위자 : 제2순위자의 상속인은 피상속인의 직계존속이다. 피상속인의 직계존속이면 어떠한 차별도 없다. 직계존속이 수인있는 경우에는 최근친을 선순위로 하고 동일한 촌수의 상속인이 수인 있는 경우에는 동순위로 공동상속인이 된다(§1000②). (3) 제3순위자 : 제3순위의 상속인은 피상속인의 형제자매이다(§1000①Ⅲ). 피상속인의 형제자매이면 되고 어떠한 차별도 없다. 형제자매가 수인있는 경우에는 동순위로 공동상속인이 된다(§1000②후단). (4) 제4순위자 : 제4순위의 상속인은 피상속인의 4촌 이내의 방계혈족이다(§1000①Ⅳ). 4촌이내의 방계혈족 사이에서는 근친자에 우선하여 상속인이 되고, 같은 촌수의 혈족이 수인있는 경우에는 동순위로 공동상속인이 된다. 그리고 여자에 대하여 상속분상의 차별도 없으며 상속순위 상으로는 아무런 차별도 없다. 이 경우에도 역시 태아는 이미 출생한 것으로 간주한다.

## 상속권(相續權)

상속권은 민법상 두 가지 의미로 사용된다. (1) 상속개시전 상속권 : 상속개시전에 추정상속인이 가지는 상속에 대한 기대권으로서 현상대로 상속이 개시되면 상속인이 될 수 있다는 불확정한 권리이다. (2) 상속개시후 상속권 : 상속의 결과 상속인이 취득한 포괄적인 권리로서(민§1005) 상속개시에 의하여 발생하는 확정적인 권리이다.

## 상속회복청구권(相續回復請求權)

라 ; hereditatis petitio
독 ; Erbschaft anspruch, Erbschaftsklage
불 ; pétition d'hérédité

상속권이 없음에도 사실상 상속의 효과를 보유하는 참칭(僭稱) 상속인에 대하여 진정한 상속인이 상속권의 확인을 요구하고 아울러 재산의 반환과 같은 상속의 효과 회복을 청구하는 권리(민§999)이다. 자격을 상실한 상속인 또는 참칭상속인이 상속재산을 점유하고 있다고 하면 악의의 경우는 물론이고, 비록 선의일지라도 진정상속인의 상속권을 침해한 것이 된다. 그래서 진정상속인은 참칭상속인에 대하여 침해된 상속권의 회복을 청구할 수 있게 된다. 청구권자는 상속인 또는 그 법정대리인이고 상대방은 참칭상속인이다. 다만, 참칭상속인으로부터 상속재산을 양수한 제3자가 있으면 그 제3자고 상대방이 된다. 다만 상속회복청구권은 그 침해를 안 날로부터 3년, 상속권의 침해행위가 있은 날부터 10년을 경과하면 소멸된다(§999).

## 대습상속(代襲相續)

독 ; Repräsentation
불 ; succession pararepresentation

추정상속인인 직계비속이 상속개시전에 사망 또는 상속결격으로 인하여 상속권을 상실한 경우에 그 사람의 직계비속이 그 者에 갈음하여 상속하는 것이다. 이전에는 호주상속 개시 전에 호주상속인이 될 직계비속 남자가 사망하거나 결격자로 된 경우에, 그 직계비속인 남자가 있는 때에 한하여 그 직계비속이 사망하거나 결격된 자의 순위에 갈음하여 호주상속인이 되게 규정했었으나 1990년 1월 13일 법률 제419호 개정민법에서 삭제되었다. 따라서 현행민법상 대습상속이란 재산상속개시 전에 상속인이 될 직계비속 또는 형제자매가 사망하거나 결격자로 된 경우에 그 자에게 직계비속이 있으면 그 직계비속에 갈음하여 그 직계존속(피대습자)과 동순위로 상속인이 되는(민§1001) 경우의 상속을 말한다. 이는 직계비속 사이에서는 촌수가 가까운 자가 우선한다는 원칙에 대한 예외를 인정한 것이다. 이 대습상속을 승조상속이라고도 한다. 이에 대하여 추정상속인이 그대로 상속하는 경우를 본위상속이라고 한다. 또 민법은 피대습자의 배우자에게도 대습상속권을 인정하여(§1003②), 그 상속상의 지위를 강력하게 보호하고 있다. 즉 민법은 직계비속·형제자매·배우자에 대하여 대습상속을 인정하고 있다.

민법 제1000조 제1항, 제1001조, 제1003조의 각 규정에 의하면, 대습상속은 상속인이 될 피상속인의 직계비속 또는 형제자매가 상속개시 전에 사망하거나 결격자가 된 경우에 사망자 또는 결격자의 직계비속이나 배우자가 있는 때에는 그들이 사망자 또는 결격자의 순위에 갈음하여 상속인이 되는 것을 말하는 것으로, 대습상속이 인정되는 경우는 상속인이 될 자(사망자 또는 결격자)가 피상속인의 직계비속 또는 형제자매인 경우에 한한다 할 것이므로, 상속인이 될 자(사망자 또는 결격자)의 배우자는 민법 제1003조에 의하여 대습상속인이 될 수는 있으나, 피대습자(사망자 또는 결격자)의 배우자가 대습상속의 상속개시 전에 사망하거나 결격자가 된 경우, 그 배우자에게 다시 피대습자로서의 지위가 인정될 수는 없다 *(대법원 1999. 7. 9. 선고 98다64318, 64325).*

## 상속결격(相續缺格)

라 ; indignitas(successionis)
독 ; Erbunwürdigkeit
불 ; indignité

상속결격이란 일정한 사유(결격사유)가 있을 경우에 법률상 당연히 상속인으로서의 자격을 상실하는 것을 말한다. 민법은 상속인으로서의 결격자를 다음과 같은 자로 규정하고 있다(민§1004). (1) 고의로 직계존속·피상속인·그 배우자 또는 상속의 선순위자나 동순위에 있는 자를 살해하거나 살해하려 한 자, (2) 고의로 직계존속, 피상속인과 그 배우자에게 상해를 가하여 사망에 이르게 한 자, (3) 사기 또는 강박으로 피상속인의 상속에 관한 유언 또는 유언의 철회를 방해한 자, (4) 사기 또는 강박으로 피상속인의 상속에 관한 유언을 한게 한 자, (5) 피상속인의 상속에 관한 유언서를 위조·변조·파기 또는 은닉한 자 등은 상속인으로서의 자격을 상실한다.

## 단독상속(單독相續)

상속인이 재산 전체를 상속 1인으로 하는 상속형태이다. 공동상속에 대하는 말이다. 장자상속·말자상속 등이 있다. 신분상속에 있어서는 그 성질상 단독상속이 행해지나 근대의 재산상속에 있어서는 일반적으로 공동상속이 이루어지고 있다.

## 말자상속(末子相續)

영 ; ultimogeniture

막내아들이 단독 상속하는 상속형태로 장자상속에 대한다. 일반적인 것은 아니나 분포지역은 비교적 넓다고 한다. 성숙한 아들이 차례로 집을 떠나는 결과 마지막에 남은 아들이 가(家)를 계승하는 데서 생긴 제도로서 유목민족들에게서 자주 볼 수 있다.

## 일자상속(一子相續)

독 ; Anerbenrecht

일자상속은 단독상속의 뜻으로도 사용되나 Anerbenrecht의 역어로서 사용되는 것이 보통이다. 이것은 균분상속에 의한 농지의 세분화를 방지하기 위하여 중세 및 근세의 독일 농민간에 행해진 상속형태인바, 일자상속인(대개는 장남)이 농지 그밖의 농업자산을 상속함과 동시에 다른 자녀에게 그 보상으로 현금 또는 연금을 주는 것이다. 그 경우 일자상속인은 상속분에서 우대되는 것이 보통이다(3분의 1인 Voraus 등). 일종의 공동상속이지만 실질적으로는 단독상속과 공동상속의 중간적 성질을 가진다.

## 공동상속(共同相續)

공동상속이란 상속인이 수인있는 경우에 상속재산을 그 상속분에 따라 분할하게 될 것이나 그 분할까지는 전 상속인의 공유로 되고(민§1006), 수인의 상속인이 각자의 상속분에 따라 피상속인의 권리의무를 승계하는 상속형태를 말한다(§1007). 상속인이 1인만 있는 경우에는 그 1인이 전상속재산을 승계한다(단독상속). 그러나 실제에 있어서는 상속인이 수인있는 경우가 많다. 이 경우에는 상속재산은 그 상속인의 상속분에 따라 분할하게 되는데 그 분할까지는 전상속인의 공유로 한다(§1006). 그러나 본조에서 명시된 「공유」(§262 ~ §270)로 볼것인가(공유설) 또는 「합유」(§271 ~ §274)로 해석해야 할 것인가(합유설)에 관하여 견해가 나누어 진다. 이는 공동상속의 본질문제로서 상속재산의 공동소유적 귀속에 대한 우리나라의 다수설은 공유설이다. 민법상 상속재산의 공동소유형태를 공유로 본다면 상속재산전체에 대한 공동소유관계는 성립될 수 없고, 개개의 상속재산에 대하여 각 공동상속인이 그 상속분에 따라 지분을 가지며(§262) 그 지분은 상속재산의 분할 전에 단독으로 자유처분할 수 있다(§268). 또 채권채무도 그 목적이 가분하다면 법률상 당연히 각 공동상속인에게 분할되는 것이 원칙이다(§408). 이에 대하여 소수설로서 합유설이 있다. 민법상 상속재산의 공동소유형태를 합유로 본다면 공동상속인은 전 상속재산에 대한 상속분을 가지므로(§271①), 개개의 상속재산에 대한 상속분을 가지지 못하고, 설사 가진다고 하더라도 그것을 임의로 처분할 수 없다(§273). 또 채권채무는 상속재산이 분할되기까지 상속재산에 포함되어 공동상속인에게 불가분적으로 귀속된다. 공유설이 타당하다고 생각된다. 판례도 분할할 수 없는 채권은 별도로 하고 분할 가능한 예금채권 등은 상속분에 따라 분할 귀속된다고 해석하고, 대체로 「공유」로 보고 있다.

## 공동상속인(共同相續人)

독 ; miterbe 불 ; cohéritier

상속재산을 공동상속하는 상속인을 말한다. 각 공동상속인의 상속분에 따라서 피상속인의 권리·의무를 계승한다(민§1007). 상속재산은 일단 공유가 되지만(§1006), 유산의 분할에 의하여 상속이 개신된 때에 소급하여 각인에게 귀속한다(§1015).

## 기여분(寄與分)

공동상속인 중 상당한 기간 동거·간호 그 밖의 방법으로 피상속인을 특별히 부양하거나 피상속인의 재산의 유지 또는 증가에 특별히 기여한 자가 있는 경우에는 상속분산정에 있어서 그 기여분을 가산하여 주는 제도이다(민§1008의2). 상속인간의 공평을 유지하기 위하여 타당한 것이다. 기여분 제도는 1990년 1월 13일 법률 제4199호 개정민법에서 그 필요성이 인정되어 채택된 제도이다. 기여분을 청구할 수 있는 자는 상속인에 한한다. 상속인 이외의 자, 예컨대 사실혼 배우자나 사실상의 양자는 기여분청구권자가 될 수 없다. 기여분은 먼저 공동상속인의 협의로 정하고(§1008의 2①), 협의가 되지 않거나 협의할 수 없는 때에는 가정법원이 기여자의 청구에 의하여 정한다(§1008의②). 가정법원은 기여의 시기, 방법 및 정도와 상속재산의 액 그밖의 사정을 참작하여 기여분을 정한다(§1008의2②). 이것은 기여분이 절대적인 가액으로서 독립하여 산정될 수 있는 성질의 것이 아니고 다른 상속인과의 상대적 관계에서 정해진다는 것을 밝힌 것이다. 한편 기여분은 상속이 개시된 때의 재산가액에서 유증의 가액을 공제한 액을 넘지 못한다고 제한하고 있다(§1008의2③). 이것은 유증이 기여분보다 우선한다는 것으로 기여분을 상속채권과 같이 절대적인 것으로 오인할 가능성을 미리 방지한 것이다. 상속개시 후의 기여에 대해서는 본조의 문언으로 보아 부정하여야 할 것으로 생각되나 실정을 보면 상속개시 후 장기에 걸쳐 상속재산의 분할이 완료되는 경우가 있고, 따라서 이런 기간에 공동상속인 중의 1인이 재산관리를 충실하게 하여 상속재산의 유지를 하였다면 획일적으로 부정할 필요는 없을 것이다.

### 상속분(相續分)

독 ; Erbteil

동순위의 공동상속인 각자가 전상속재산에 대하여 가지는 승계의 비율을 말한다(민§1009). 일반적으로는 그 비율을 말하지만 그 비율에 의하여 구체적인 수액인 지분을 상속분이라고도 한다. 다만 어느 것이나 구체적인 재산이 아니고 추상적인 재산의 범위를 가리킨다. 상속분은 민법의 규정에 의하여 정해진다(법정상속분).

### 양수상속분(讓受相續分)

상속인이 수인있는 경우에 그 공유에 속하는 상속재산에 대하여 분할 전 각자의 상속분을 타인에게 양도하는 것은 자유이나, 이것을 무조건으로 허용하면 제3자가 상속재산의 분할에 참여하게 되어, 다른 공동상속인에게 중대한 영향을 미치게 되므로, 민법은 공동상속인중에 그 상속분을 제3자에게 양도한 자가 있는 때에는 다른 공동상속인이 그 가액과 양도비용을 상환하고 그 상속분을 양도할 수 있도록 한 것을 말한다(민법 1011조 1항). 이 제도는 가중심적인 가산옹호의 제도로서 부당하며, 실제에 있어서도 이용될 가능성이 적은 것으로서 폐지하는 것이 입법론상 타당하다.

## 지정상속분(指定相續分)

피상속인은 우선 유언에 의하여 유증의 형식으로 상속분을 지정할 수 있는데, 이 지정에 의하여 정해진 상속분이 지정상속분이다. 지정상속분은 상속인의 유류분을 침해하지 않으면 어떠한 비율로도 지정할 수 있다.

## 법정상속분(法定相續分)

유증의 형식을 통하여 피상속인의 상속분에 대한 지정이 없는 경우에 민법의 규정에 의하여 결정되는 상속분이다. 우리 민법은 동순위의 상속인이 수인 있는 때에는 그 상속분은 균분하는 것을 원칙으로 한다(민§1009①). 그러나 다음과 같은 예외가 있다. (1) 피상속인의 배우자의 상속분은 직계비속과 공동으로 상속하는 때에는 직계비속의 상속분의 5할을 가산하고, 직계존속과 동등으로 상속하는 때에도 직계존속의 상속분의 5할을 가산한다(§1009②). (2) 대습상속인의 상속분은 피대습상속인의 상속분에 의한다(§1010①). 그리고 피대습상속인의 직계비속이 수인인 때에는 그 상속분은 피대습상속인의 상속분의 한도에서 전술한 방법(§1009)에 의하여 결정된다(§1010②전단). 배우자가 대습상속하는 경우(§1003②)에도 동일하다(§1010②후단). 그리고 공동상속인 중에 피상속인으로부터 재산의 증여 또는 유증을 받은 자는 특별수익자 그 수증재산이 자기의 상속분에 달하지 못한 때에는 부족한 부분의 한도에서 상속분이 있다(§1008). 공동상속인 중에 피상속인의 재산유지 또는 증가에 특별히 기여한 자(피상속인을 특별히 부양한 자 포함)가 있을 때에는 상속개시 당시의 피상속인의 재산가액에서 공동상속인의 협의로 정한 그 자의 기여분을 공제한 것을 상속재산으로 보고 법정상속분 및 대습상속분에 의하여 산정한 상속분에 기여분을 가산한 액으로써 그 자의 상속분으로 한다. 그리고 그것이 협의되지 않거나 협의할 수 없을 때에는 가정법원이 기여자의 청구에 의하여 여러 가지의 사정을 참작하여 기여분을 정한다. 그 기여분은 상속이 개시된 때의 피상속인의 재산가액에서 유증의 가격을 공제한 액을 넘지 못한다(§1008의2).

## 포괄승계(包括承繼)

독 ; Universalsukzession, Gesamtnachfolge

포괄승계란 상속인이 상속개시된 때로부터 피상속인에게 일신전속적인 것을 제외하고 그 재산에 관한 포괄적 권리의무를 승계하는 것을 말한다(민§1005). 포괄승계는 상속개시의 때, 즉 상속인이 사망한 때에 행하여지며 따로 상속인의 의사표시나 신고를 필요로 하지 않고 개시된다. 포괄승계의 대상이 되는 재산에는 일신전속권을 제외한 모든 재산적 가치있는 권리 및 의무(의무의 경우에는 상대방〈권리자〉에서 보아 재산적 가치가 있으면 된다)이다. 포괄승계한 상속재산은 상속인이 이전부터 가지고 있던 재산과 마찬가지로 상속인의 재산을 구성하게 되는

데, 부동산의 경우에는 등기를 필요로 하지 않으나(§187본문) 등기를 하지 아니하면 이를 처분하지 못한다(§187단). 기명주식인 때에는 명의개서(상§337①)가 없으면 제3자에 대항하지 못한다. 또 분묘에 속한 1정보 이내의 금양임야(禁讓林野)와, 600평 이내의 묘토(墓土)인 농지, 족보와 제구의 소유권은 제사를 주재하는 자에게 승계된다(민§1008의3).

**상속재산분할**(相續財産分割)
독 ; Auseindersetzung der Erbschaft
불 ; partage

공동상속의 경우에 일단 그 상속인의 공유가된 유산을 상속분에 따라 분할하여 각 상속인의 재산으로 하는 것이다(민§1012~§1018). 상속재산의 분할요건은 (1) 상속재산에 대하여 공동소유관계가 있어야 한다. (2) 공동상속인이 확정되어야 한다. (3) 분할의 금지가 없어야 한다. 피상속인은 유언으로 상속재산의 분할방법을 정하거나, 또는 이를 정할 것을 제3자에게 위탁할 수 있는데 이 경우 공동상속인의 협의에 의하나, 협의가 조정되지 않으면 가정법원에 분할청구를 신청한다(가소§2). 그러나 피상속인 또는 법원은 일정기간, 즉 상속개시의 날로부터 5년을 초과하지 않는 기간 내에서만 상속재산의 분할을 금지할 수 있다(민§1012). 분할을 청구할 수 있는 자는 상속을 승인한 공동상속인이다. 포괄적 수증자도 분할을 청구할 수 있다(§1078). 공동상속인의 대습상속인 또는 상속분을 양도받은 제3자 및 상속인의 채권자도 상속인에 대위하여 분할 청구를 할 수 있다. 분할은 상속재산에 속하는 물건·권리의 종류 및 성질·각 상속인의 직업 그 밖의 모든 사정을 참작하여 행한다. 따라서 일반의 공유물의 분할과 같이 현물분할의 원칙으로 하는 것이 아니라 어느 자가 전답을 취하고, 다른 자가 현금을 취한다는 가격분할이라도 무방하다. 판례는 성질상 나눌 수 있는 금전채권이나 금전채무는 상속개시와 동시에 분할된다고 하지만 학설은 반대한다. 분할의 효력은 상속개시된 때에 소급하나 그 때까지는 제3자가 취득할 권리는 해치지 못한다(§1015).

상속재산을 분할하는 방법에는 지정분할·협의분할·법원분할의 3가지가 있다. (1) 지정분할 : 피상속인은 유언으로 상속재산의 분할방법을 정하거나 이를 정할 것을 제3자에게 위탁할 수 있다(민§1012전단). (2) 협의분할 : 공동상속인은 피상속인에 의한 지정분할이 없을 때에는 분할요건이 갖추어져 있는 한, 언제든지 그 협의에 의하여 분할을 할 수 있다(§1013①) (3) 법정분할 : 상속재산의 분할방법에 관하여 협의가 성립되지 않는 경우에는 전부 또는 일부의 공동상속인은 가정법원에 그 분할을 청구할 수 있다(§1013, §269①). 또한 상속재산을 현물로써 분할할 수 없거나 분할로 인하여 현저히 그 가액이 멸손될 염려가 있을 때에는 법원은 그 물건의 경매를 명할 수 있다(§1013②, §269②).

<u>상속재산의 협의분할</u>은 공동상속인 간

의 일종의 계약으로서 공동상속인 전원이 참여하여야 하고 일부 상속인만으로 한 협의분할은 무효라고 할 것이나, 반드시 한 자리에서 이루어질 필요는 없고 순차적으로 이루어질 수도 있으며, 상속인 중 한사람이 만든 분할 원안을 다른 상속인이 후에 돌아가며 승인하여도 무방하다*(대법원 2004. 10. 28. 선고 2003다65438, 65445).*

## 대상분할(代償分割)

상속재산의 성질상 분할할 수 없을 때 상속인 중 1인이 취득하고 나머지 상속인에게 그 지분을 금전으로 지급하는 방식을 말한다. 이 방법은 현물분할이나 현금화(환가) 분할을 피하는 것이 좋은 때에 적당한 방법이므로 상속재산이 농지·공장·병원·점포와 같은 것으로서 그 후계자인 상속인의 소유로 하는 것을 다른 공동상속인들도 원하는 경우를 대비한 방법이다. 대상분할을 할 경우에 가장 문제되는 것은 채무자의 지급능력이다. 제도의 취지에 따라 일괄지급이 좋겠지만, 지급능력이 부족한 때에는 분할지급도 인정해야 할 것이다. 분할지급의 이익을 주었으므로 다른 일방에게는 이자의 이익을 주어야 하는 것이 당연하다.

## 상속재산분할효과(相續財産分割效果)

상속재산의 분할효과로는 분할의 소급효·분할 후 피인지자의 청구권·공동상속인담보책임으로 나누어 볼 수 있다. (1) 분할의 소급효 : ㉮ 상속재산의 분할은 상속이 개시된 때에 소급하여 그 효력이 발생한다(민§1015본문). 이것은 상속재산을 분할하면 각 공동상속인에게 귀속되는 재산은 상속개시 당시에 이미 피상속인으로부터 직접분할을 받은 자에게 이전하여 승계된 것으로 보는 것을 의미한다. ㉯ 상속재산분할의 소급효는 제3자의 권리를 해칠 수 없다(§1015단). 상속개시부터 분할 시까지 상속재산에 관하여 행한 제3자의 거래안전을 보호하기 위하여 이 규정을 둔 것이다. (2) 분할후의 피인지자 등의 청구권 : 인지 또는 재판확정에 의하여 공동상속인이 된 자는 분할 기타의 처분을 한 공동상속인에 대하여 그 상당분에 상당한 가액의 지급을 청구할 수 있다(§1014). 이 청구권은 일종의 상속회복청구권이다. (3) 공동상속인 사이의 담보책임 : ㉮ 공동상속인은 다른 공동상속인이 분할로 인하여 취득한 재산에 대하여 그 상속분에 따라서 매도인과 같은 담보책임이 있다(§1016). 매도인과 같은 담보책임이란 추탈 및 하자담보책임을 말한다. 그 내용에는 손해배상책임과 분할계약의 전부 또는 일부의 해제청구권까지도 포함한다. ㉯ 상속채무자의 자력에 대한 담보책임 : 공동상속인은 다른 공동상속인이 분할로 인하여 취득한 채권에 대하여 분할당시의 채무자의 자력을 담보한다(§1017①). 변제기에 달하지 아니한 채권이나 정지조건부채권에 대하여는 변제를 청구할 수 있는 때의 채무자의 자력을 담보한다(§1017②). ㉰ 무자력공동상속인의 담보책임분담 :

담보책임 있는 공동상속인 중에 상환의 자력이 없는 자가 있는 때에는 그 부담부분은 구상권자와 자력 있는 다른 공동상속인이 그 상속분에 응하여 분담한다(§1018본문). 그러나 구상권자의 과실로 인하여 상환을 받지 못하는 때에는 그 손해는 구상권자 자신이 부담해야하고 다른 공동상속인에게 그 분담을 청구할 수 없다(§1018단).

## 상속의 승인(相續의 承認)

독 ; Annahme der Erbschaft
불 ; acceptation de la succession

상속개시 후에 상속인이 상속을 수락하는 의사표시를 하는 것이다. 상속은 사람의 사망에 의하여 당연히 개시되지만 유산이 채무초과인 경우에는 상속인에게 불이익하게 되므로 민법은 상속의 승인·포기를 상속인의 의사에 의하여 선택시킨다(민§1019~§1044). 상속의 승인에는 상속인이 아무런 이의 없이 피상속인의 채무에 대하여 무한책임을 지는 단순승인과 피상속인의 채무에 대하여 상속에 의하여 얻은 재산을 한도로 하는 유한책임을 지는데 그치는 한정승인의 두 가지가 있다. 상속의 승인은 법률행위이므로 상속인이 무능력자인 경우에는 법정대리인이 동의하여야 하며, 동의 없는 승인은 나중에 취소할 수 있다. 또 승인은 상속재산의 전부에 대하여 하며, 그 일부에 대해서만 하는 것은 허용되지 아니한다. 또 승인은 상속개시 있음을 안 날로부터 원칙으로 3개월 이내에 함을 요하며(§1019①본문), 승인을 할 때까지는 자기의 고유재산에 대하는 것과 동일한 주의로써 상속재산을 관리하여야 한다(§1022본문).

## 단순승인(單純承認)

단순승인이란 상속인이 상속재산의 승계를 무조건적으로 수락하는 것을 말한다. 단순승인으로 상속인은 피상속인의 권리·의무를 승계하게 되고(민§1025), 나중에 취소(철회)할 수 없게 된다. 그리고 상속재산과 상속인의 고유재산은 완전히 일체화된다. 상속인은 상속개시가 있음을 안 날로부터 3월내에 단순승인을 할 수 있고, 이 기간은 이해관계인 또는 검사의 청구에 의하여 가정법원이 연장할 수 있다(§1019①). 단순승인에는 특별한 신고를 요하지 아니한다. 다음의 사유가 있는 경우에는 상속인이 단순승인을 한 것으로 보게 된다(§1026). 즉 (1) 상속인이 상속재산에 대한 처분행위를 한 때, (2) 상속인이 상속개시 있음을 안 날로부터 3월내에 한정승인 또는 포기를 하지 아니한 때, (3) 상속인이 한정승인 또는 포기를 한 후에 상속재산을 은닉하거나 부정소비를 하거나 고의로 재산목록에 기입하지 아니한 때 등이다. 그러나 상속인이 상속을 포기함으로 인하여 차순위상속인이 상속을 승인한 때에는 위의 (3)의 사유는 상속의 승인으로 보지 아니한다(§1027). 상속인은 단순승인을 하기 전에 상속재산을 조사할 수 있고(§1019 2항), 상속인이 상속채무가 상속재산을 초과하는 사실을 중대한 과실없이 승인기간 내에 알지 못하고 단순승인을 한 경우에는 그 사실을 안 날로부터 3월내에 한정승인을 할 수 있다.(민법 제1019조 3항, 1026조) 미성년자 상속인의 경우 스스로 법률행위를 할 수 없기 때문에 법정대리인이 상속을 단순승인하거나 특별한정승인을 하지 않으면 상속채무가 상속재산을 초과하더라도 미성년자 상속인 본인의 의사와 관계없이 피상속인의 상속채무를 전부 승계하여 상속채무에서 벗어날 수 없고 성년이 된 후에도 정상적인 경제생활을 영위하기 어렵게 되는 문제가 있고, 대법원 2020. 11. 19. 선고 2019다232918 전원합의체 판결에서도 상속채무가 상속재산을 초과함에도 미성년자 상속인의 법정대리인이 한정승인이나 포기를 하지 않는 경우의 미성년자 상속인을 특별히 보호하기 위하여 별도의 입법조치가 바람직하다는 다수의견 등에 따라 2022.11.민법개정으로 '미성년자인 상속인이 상속채무가 상속재산을 초과하는 상속을 성년이 되기 전에 단순승인한 경우에는 성년이 된 후 그 상속의 상속채무 초과사실을 안 날부터 3개월 내에 한정승인을 할 수 있다. 미성년자인 상속인이 한정승인을 하지 아니하였거나 할 수 없었던 경우에도 또한 같다' 내용 추가되었다.(제1019조 4항)

## 법정단순승인(法定單純承認)

상속인이 상속재산을 자기의 고유재산과 혼합하거나 상속재산을 처분한 후에 한정승인 또는 포기를 하면 상속채권자가 손해를 입을 염려가 있으므로, 이러한 사유가 있는 때에 상속인은 한정승인이나 포기를 못하게 하여 당연히 단순승인 한 것으로 한다. 이것을 법정단순승인이라고 하는데, 다음과 같은 경우가 이에 해당한다. 즉 (1)상속인이 상속재산에 대한 처분행위를 한 때(민법 1026조 1호), (2) 상속인이 상속개시있음을 안 날로부터 3월내에 한정승인 또는 포기를 하지 아니한 때(민법 1026조 2호) (3) 상속인이 한정승인 또는 포기를 한 후에 상속재산을 은닉하거나 부정소비하거나 고의로 재산목록에 기재하지 않은 때(민법 1026조 3호) 등의 경우는 단순상속으로 본다. 그리하여 상속의 원칙적 효과가 발생하고 상속인은 상속채무에 대해서도 무한책임을 지게 되며, 상속채권자는 상속재산에 대하여 각각 강제집행을 할 수 있다. 단순승인이 확정되면, 설사 그 후에 한정승인·포기의 신고가 수리되어도 그것은 무효이다.

## 한정승인(限定承認)

한정승인이란 상속인이 상속재산의 한도에서 피상속인의 채무와 유증을 변제한다고 하는 조건을 붙여서 상속을 수락하는 것을 말한다(민§1028). 한정승인은 상속개시가 있음을 안 날(보통은 피상속인의 사망의 날)로부터 3개월 이내에 상속재산의 목록을 첨부하여 가정법원에 신고하여야 한다(§1030①). 상속채무가 상속재산을 초과하는 사실을 과실없이 알지 못하여 단순승인을 하였다가 다시 한정승인을 하는 경우(§제1019③) 상속재산 중 이미 처분한 재산이 있는 때에는 그 목록과 가액을 함께 제출하여야 한다(§1030②). 상속인이 수인인 때에는 각 상속인은 그 상속분에 응하여 취득할 재산의 한도에서 그 상속분에 응한 피상속인의 채무와 유증을 변제할 것을 조건으로 상속을 승인할 수 있다(§1029). 한정승인이 있으면 한정승인자는 승인을 한 날로부터 5일 내에 상속채권자와 수증자에 대하여 일정한 기간(2개월 이상으로 하여야 한다)내에 그 채권 또는 수증을 신고하지 않으면 청산에서 제외한다고 하는 공고를 하고(§1032①), 이에 응한 자에게 변제를 한다. 그러나 이 공고와는 별도로 알고 있는 채권자에 대하여는 각각 그 채권신소를 최고하여야 하며 또 알고 있는 채권자를 그냥 청산에서 제외할 수는 없다(§1032②, §89). 변제는 제1로 저당권 등의 우선권을 가진 채권자, 제2로 일반채권자, 제3으로 수증자, 제4로 신고를 하지 아니한 채권자의 순으로 한다(§1034~§1040).

<u>상속의 한정승인은 채무의 존재를 한정하는 것이 아니라 단순히 그 책임의 범위를 한정하는 것</u>에 불과하기 때문에, 상속의 한정승인이 인정되는 경우에도 상속채무가 존재하는 것으로 인정되는이상, 법원으로서는 상속재산이 없거나 그 상속재산이 상속채무의 변제에 부족하다고 하더라도 상속채무 전부에 대한이행판결을 선고하여야 하고, 다만, 그 채무가 상속인의 고유재산에 대해서는 강제집행을 할 수 없는 성질을 가지고 있으므로, 집행력을 제한하기 위하여 이행판결의 주문에 상속재산의 한도에서만 집행할 수 있다는 취지를 명시하여야 한다*(대법원 2003. 11. 14. 선고 2003다30968).*

## 상속의 포기(相續의 拋棄)

독 ; Ausschlagung der Erbschaft
불 ; renonciationa al succession

상속이 개시된 후에 상속인이 행하는 상속거부의 의사표시이다. 민법은 상속재산이 채무초과인 경우를 고려하여 상속의 승인이나 포기를 상속인에게 선택하게 한다(§1041). 상속의 포기를 할 수 있는 자는 상속권이 있고 또 상속순위상에 해당하는 자에 한한다. 상속인이 상속을 포기한 때에는 이해관계인 또는 검사 등에 의하여 가정법원에 대한 기간연장의 청구가 없는 한, 상속개시된 것을 안 날로부터 3개월 내에 가정법원에 포기의 신고를 하여야 한다(§1041, §1091①). 상속의 포기는 상속이 개시된 때에 소급하여 그 효력이 발생한다(§1042). 따라서 상속포기자는 상속개시당초부터 상속인이 아닌 것으로 확정된다. 포기한 상속재산의 귀속은 상속인이 수인인 경우에는 그 상속분은 다른 상속인의 상속분의 비율로 그 상속인에게 귀속된다(§1043). 유처(遺妻)와 혈족상속인을 분리하여 별도로 다루고 있는 민법 제1003조 1항과 제1009조 2항 등을 민법 제1043조의 법문에 적당히 보충하여 해석할 필요가 있다. 즉 「상속인이 수인인 경우」란 제1순위의 상속인인 직계비속이라든가 제3순위의 상속인인 형제자매가 수인있는 경우를 의미하며, 또 「다른 상속인」중에 유처는 포함되지 않는다. 상속을 포기한 자는 그 포기로 인하여 상속인이 된 자가 상속재산을 관리할 수 있을 때까지 재산의 관리를 계속하여야 한다(§1044①).

> 유류분을 포함한 상속의 포기는 상속이 개시된 후 일정한 기간 내에만 가능하고 가정법원에 신고하는 등 일정한 절차와 방식을 따라야만 그 효력이 있으므로, 상속개시 전에 한 상속포기약정은 그와 같은 절차와 방식에 따르지 아니한 것으로 효력이 없다*(대법원 1998. 7. 24. 선고 98다9021)*.

**재산분리**(財産分離)
라 ; separatio bonorum
불 ; séparation des patrimonines

재산분리란 상속에 의한 상속재산과 상속인의 고유재산과의 혼합을 방지하기 위하여 상속개시 후에 상속채권자·수유자 또는 상속인의 채권자의 청구에 의하여 상속재산과 상속인의 고유재산을 분리하여 상속재산에 관한 청산을 목적으로 하는 재판상의 처분을 말한다. 상속이 개시되면 원칙적으로 상속재산은 상속인은 피상속인의 채권자(상속채권자)나 수유자에 대하여서와 상속인 자신의 채권자에 대하여 혼합된 전 재산을 가지고 변제하여야 한다. 이 경우에 상속인이 채무초과이면, 상속채권자·수유자는 상속인의 채권자 때문에 자기의 채권의 완전한 만족을 받지 못하게 될 우려가 있다. 반대로 상속재산이 채권초과이면, 상속인의 채권자가 불리하게 된다. 재산분리는 이와 같은 상속채권자·수유자 또는 상속인의 채권자의 불이익을 방지하기 위한 것이다. 가정법원에 대하여 상속재산과 상속인의 고유재산과의 분리를 청구할 수 있는 자는 상속채권자·수증자·상속인의 채권자이다(민§1045①). 재산분리의 청구기간은 상속이 개시된 날로부터 3개월 내에 하여야 함을 원칙으로 한다(§1045①). 그러나 상속개시 후 3개월의 기간이 경과하더라도 재산상속인이 승인이나 포기를 하지 않는 동안은 재산분리의 청구를 할 수 있다(§1045②). 재산분리의 대상이 되는 재산은 상속개시 당시에 피상속인에게 속하고 있던 모든 재산이 된다. 상속채권자·수증자 또는 상속인의 채권자에 의한 재산분리의 청구가 있는 경우에는 가정법원의 분리명령에 의하여 일정한 절차를 밟아 상속재산과 상속인의 고유재산이 아직 혼합되지 아니한 경우에는 상속인은 그 상태를 유지해야 하고 이미 혼합된 경우에는 두 재산을 분리하여야 한다. 법원에 의하여 재산분리의 명령이 있는 때에는 피상속인에 대한 상속인의 재산상 권리·의무는 소멸되지 않는다(§1050). 따라서 분리된 상속재산과 상속인의 고유재산은 그것이 권리자에게 이전될 때까지 상속인은 관리자로서의 권리의무를 계속하여지게된다. 또 단순승인을 한 상속인은 재산분리의 명령이 있는 때에는 상속재산에 대하여 자기의 고유재산과 동일한 주의로써 관리하여야 한다(§1048①). 상속인은 상속재산의 분리청구기간만료전 또는 상속채권자와 수증자에 대한 공고기간 만료 전에는 상속채권자와 수증자에 대하여 변제를 거절할 수 있다(§1051①). 재산분리의 청구기관과 상속채권자에 대한 공고기간만료 후에 상속인은 상속재산을 가지고 재산분리의 청구 또는 그 기간 내에 신고한 상속채권자·수증자와 상속인이 알고 있는 상속채권자·수증자에 대하여 각 채권액 또는 수증액의 비율로 변제하여야 한다(§1051②본문). 그러나 우선권 있는 채권자의 권리를 해칠 수 없으므로(§1051②단), 질권자·저당권자 등에 대하여는 상속재산으로써 우선적으로 변제하여야 한다. 상속채권자와 유증받은 자는 상속재산만으로는 채권 전액을 받을 수 없는 경우에 한하여 상속인의 고유재산으로부터 채권의 변제를 받을 수 있고(§1052①), 이 경우에 상속인의 채권자는 상속인의 고유재산으로부터 우선 변제를 받을 권리가 있다(§1052②).

## 상속인부존재(相續人不存在)

불 ; successionvacante

상속인부존재라 함은 재산상속인의 존재여부가 분명하지 아니한 상태를 말한다(민§1053①). 상속개시 후 재산상속인의 存否(존부)가 불분명한 경우에는 상속인을 수색하기 위하여 일정한 절차가 필요할 뿐만 아니라, 상속재산의 최후의 귀속자인 국고를 위하여 또는 상속채권자와 수증자 등의 이익을 위하여 상속재산에 대한 관리와 청산을 할 필요가 있다. 따라서 민법은 재산상속인부존재제도를 설정하여 상속인의 수색을 위하여 일정한 공고절차와 함께 상속재산의 관리·청산의 절차에 관한 규정을 두고 있다.

(1) 상속재산의 관리 : ㉮ 재산상속인의 존부가 분명하지 않는 때에는 가정법원은 제777조에 의한 피상속인의 친족 기타 이해관계인 또는 검사의 청구에 의하여 상속재산관리인을 선임하고 지체없이 이를 공고하도록 되어 있다(민§1053①). ㉯ 재산관리인의 권리의무에 관하여는 부재자를 위한 재산관리인에 관한 규정이 준용되고(§1053②), 그리고 재산관리인은 상속채권자나 수증자의 청구가 있는 때에는 언제든지 상속재산의 목록을 제시하고 그 상황을 보고할 의무가 있다(§1054). 관리인의 임무는 그 상속인이 상속을 한 때에 종료하고(§1055①), 이 경우에는 관리인은 지체없이 그 상속인에 대하여 관리의 계산을 하게 되어 있다(§1055②). (2) 상속재산의 청산 : ㉮ 법원이 상속재산관리인의 선임을 공고한 후 3개월 내에 상속인의 존부를 알 수 없는 때에는 관리인은 지체없이 일반상속채권자와 수증자에 대하여 2개월 이상의 기간을 정하 그 기간 내에 채권 또는 유증을 신고할 것을 공고하게 되어 있다(1055②). 이 경우의 공고절차는 비영리법인의 해산에 관한 규정이 준용된다(§1056②). ㉯ 관리인은 채권신고최고의 공고절차를 취한 후 한정승인의 경우와 동일한 방법으로써 상속채권자 또는 수증자에 대하여 변제를 하게 되어 있다(§1056②). ㉰ 재산관리인 선임에 관한 공고와 이에 後行(후행)하는 청산공고기간이 경과하여도 상속인의 존부를 알 수 없는 때에는 가정법원은 관리인의 청구에

의하여 1년 이상의 기간을 정하여 상속인이 있으면 그 기간 내에 권리를 주장할 것을 공고하게 되어 있다(§1057). 이 기간 내에 상속권을 주장하는 자가 없는 때에는 가정법원은 피상속인과 생계를 같이 하고 있던 자, 피상속인의 요양간호를 한 자 및 기타 피상속인과 특별한 연고가 있던 자의 청구에 의하여 상속재산의 전부 또는 일부를 분여할 수 있다. 이 청구는 제1057조의 기간(상속인 수색의 공고기간인 1년 이상의 기간) 만료 후 2월 이내에 하여야 한다(§1057의 2). (3) 상속재산의 국가귀속 : 민법 제1057조의 2의 규정에 의하여 분여되지 아니하는 때에는 상속재산은 국가에 귀속한다(§1058①). 그리고 상속재산이 국가에 귀속된 후에는 상속재산으로 변제를 받지 못한 상속채권자나 유증을 받은 자가 있는 때에도 그 변제를 국가에 청구할 수 없다(§1059).

## 특별연고자 상속재산분여
(特別緣故者 相續財産分與)

가정법원은 상속인 수색의 공고를 하여도 상속권을 주장하는 자가 없는 때에는 피상속인과 생계를 같이 하고 있던 자, 피상속인의 요양간호를 한 자, 기타 피상속인과 특별한 연고가 있던 자의 청구(이 청구는 상속인 수색의 공고기간이 만료된 후 2월내에 하여야 함)에 의하여 상속재산의 전부 또는 일부를 분여할 수 있다(민§1057의2). 이것이 특별연고자에 대한 상속재산분여 제도이다. 이 제도는 1990년 1월 13일 법률 제4199호 개정상속법에 창설된 제도이다. 특별연고자가 상속재산의 분여를 받는 지위에 따르는 상속재산 분여청구권도 일반적인 권리와 동일한 성질을 가지고 있다. 특별연고자의 유형으로는 (1) 생계동일자, (2) 요양간호를 한 자, (3) 기타 피상속인과 특별한 연고가 있던 자이다. 청산기간은 상속인 수색공고기간 만료 후 2개월 이내이다(§1057의2②, §1056). 그러나 본인의 청구가 있을지라도 모든 청구가 인정되는 것이 아니라 가정법원에서 그 청구의 상당성이 인정되어야 할 것이다. 이 상당성은 가정법원의 자유재량에 의하여 결정되며 특별연고자의 종류, 성별, 직업, 연령, 상속잔여재산의 종류, 액, 내용, 소재, 교육정도 등 일체의 사정이 종합적으로 고려될 것이다. 가정법원에서 특별연고자의 분여청구권이 인정되면 상속재산의 전부 또는 일부에 대한 분여처분이 있게 된다. 이 처분에 의한 금전 그 밖의 급부심판은 집행력을 가지며(가소§41), 부동산등기 등의 권리이전은 단독으로 청구할 수 있게 된다. 그리고 특별연고자가 분여받은 재산은 원시취득으로 보아, 변제를 받지 못한 상속채권자나 수증자는 이에 대하여 아무런 청구도 할 수 없다고 보아야 한다.

## 유언(遺言)
라 ; testamentun 영 ; will
독 ; Testamen 불 ; testament

유언이란 유언자의 사망과 동시에 일정한 효과를 발생시키는 것을 목적으로 하는 상대방이 없는 단독행위를 말한다. 사유재산제도에 입각한 재산처분의 자유의 한 형태로서 사람이 생전뿐 아니라 유언에 의하여 사후의 법률관계(주로 재산관계)까지 지배하는 것을 인정한 것이다. 그러나 법률은 유언으로 할 수 있는 사항을 다음과 같이 한정하고 있다. (1) 상속에 관한 사항 : ㉮ 상속재산분할방법의 지정 또는 위탁(민§1012전단), ㉯ 상속재산분할금지(§1012후단), (2) 상속 이외의 유산의 처분에 관한 사항 : ㉮ 유증(§1074~§1090). ㉯ 재단법인의 설립(§47②), ㉰ 신탁의 설정(신탁§2), (3) 신분상의 사항 : ㉮ 인지(§859②), ㉯ 친생부인(§850), ㉰ 후견인의 지정(§931), ㉱ 친족회원지정(§962), (4) 유언의 집행에 관한 사항 : 유언집행자의 지정 또는 위탁(§1093). 또한 본인의 최종의 사인가를 명확히 해 둘 필요에서도 엄격한 방식이 요구된다(유언의 요식성: 민§1060참조). 일단 한 유언도 자유로이 철회할 수 있고, 이 철회권을 포기하지 못하게 되어 있다(§1108참조). 민법은 유언의 해석에 관하여도 엄격한 기준을 정하고 있다. 즉 전후의 유언이 저촉되거나 유언 후의 생전행위가 유언과 저촉되는 경우에는 그 저촉된 부분의 전(前) 유언은 이를 철회한 것으로 본다(§1109), 유언의 목적이 된 권리가 유언자의 사망 당시에 상속재산에 속하지 아니한 때에는 유언은 그 효력의 없다(§1087①본문)는 등의 규정이 그것이다. 그러나 유언이 임종시에 행하여지는 것이 많은 우리나라의 실정에서 본다면 내용이 불명확한 경우도 적지 않다.

## 유언의 효력(遺言의 效力)

유언은 유언자가 사망한 때로부터 그 효력이 생긴다. 따라서 유언에 의하여 이익을 받는 자도 유언자가 사망할 때까지는 아무런 권리도 취득하지 못한다. 또 상대방 없는 의사표시라는 유언의 성질상 유언자가 사망하였을 때 특별한 조치 없이 바로 효력이 생긴다. 또 유언인지(민법 859조2항)와 같이 유언내용으로 되어 있는 사항 자체가 원래 요식행위인 경우에는 그 효력의 발생시기가 유언자체의 효력이 생기는 때, 즉 유언자의 사망시인가 또는 유언집행자가 형식적 요건의 구비나 절차를 완료한 때인가에 관하여는 견해가 대립된다. 정지조건이 있는 경우에는 그 조건이 유언자의 사망 후에 성취한 때에는 그 조건이 성취한 때로부터 그 효력이 생기니, 유언자가 유언 중에서 그 효력을 사망시에 소급시키는 것은 무방하다(민법 1073조2항·147조3항). 해제조건이 있는 유언의 경우에도 이에 준하여 해결된다. 유언에 시기를 붙였을 경우에는 그 이행은 기한이 도래한 때에 비로소 청구할 수 있게 된다고 보며(민법 152조1항), 종기를 붙인 경우에는 기한의 도래에 의하여 그 효력을 잃는다. 다만 유언의 효력은 유언자가 사망한 때이다.

## 유언인지(遺言認知)

생전인지에 상대되는 개념으로, 생부 또는 생모가 유언에 의하여 혼인외의 출생자를 인지하는 것을 말한다. 즉 인지는 유언으로도 이를 할 수 있으며, 이 경우에는 유언집행자가 이를 신고해야 하는 바(민법 859조2항), 유언에 의한 인지가 있는 경우는 유언집행자는 그 위임일로부터 1개월 이내에 인지에 관한 유언증서 등본 또는 유언녹음을 기재한 서면을 첨부하여 인지신고서를 제출해야 한다.

## 유언증언(遺言證言)

유언작성에 참여하는 증인을 말한다. 유언의 진실성을 확보하기 위해서 민법은 녹음에 의한 유언(민법 1067조), 공정증서에 의한 유언(민법 1068조 ; 증인 2인), 비밀증서에 의한 유언(민법 1069조 ; 증인 2인 이상), 구두증서에 의한 유언(민법 1070조 ; 증인 2인 이상)에서 증인이 참여해야 함을 규정하고 있다. 유언증인의 자격에는 제한이 없으나 성질상 미성년자(민법 1072조1항1호), 금치산자와 한정치산자(민법 1072조1항2호), 유언에 의하여 이익을 받을 자 및 그 배우자와 직계혈족은 그 자격이 없으며(민법 1072조1항3호), 공정증서에 의한 유언에 있어서는 공증인법 제13조에 결격자를 규정하고 있다.

## 유언능력(遺言能力)

유언을 유효하게 할 수 있는 능력이다. 유언도 일종의 의사표시이기 때문에 의사능력이 없는 자가 한 유언은 비록 형식을 구비하더라도 무효이다. 그러나 유언이 효력을 발생한 때에는 유언자는 생존하고 있지 아니하므로 행위자를 보호하는 취지의 제한능력자 제도를 그대로 엄격히 유언에 적용할 필요가 없다. 그래서 민법은 제5조·제10조와 제13조의 규정은 유언에는 적용하지 않는 것으로 하고 있다(§1062). 그러나 유언도 이에 효력이 인정되기 위해서는 그것이 정상적인 의사에 의하는 것이 필요하다. 그래서 민법은 미성년자에 관하여는 만17세를 능력의 표준으로 하고 그 이하의 자의 유언은 모두 무효로 하고 있다(§1061). 또 피성년후견인은 그 의사능력이 회복된 때에 한하여 유언을 할 수 있고(§1063①), 이 경우에는 의사가 심신회복상태를 유언서에 부기하고 서명 날인하도록 되어 있다(§1063②). 유언자가 유언당시 유언능력을 가지고 있는 한, 후에 그 능력을 잃더라도 유언의 효력에 영향은 없다.

## 수증능력(受贈能力)

수증능력이란 유증의 이익을 양수 할 수 있는 능력으로서 수증자가 될 수 있는 능력을 말한다. 수증능력은 의사능력의 존재를 전제로 하지 않으며, 권리능력자이면 된다는 점이 의사능력을 전제로 하는 유언능력과 다르므로 의사무능력자·법인·태아도 수증자가 될 수 있다(§1064, §100③). 그러나 민법은 재산상속인의 결격사유를 수증자의 경우에도 준용하여(§1064, §1004), 재산상속인으로서의 결격자는 수증능력도 없는 것으로 하고 있다.

## 유언자유의 원칙
(遺言自由의 原則)
독 ; Tesfierfierfreiheit

유언에 의하여 자기의 재산을 자유로이 처분할 수 있는 원칙이다. 계약자유의 원칙과 함께 사적 자치의 원칙의 한 부분을 이룬다. 그러나 유산에 관하여는 배우자나 자녀는 일정한 비율로 상속할 권리를 가지는 것이 인정되고, 또한 자녀사이의 상속권의 평등이 법정되어 있으므로 이에 의해서 유언의 자유가 제한 될 수 있다.

## 무유언주의(無遺言主義)

가산을 공유하는 사상을 기초로 하는 상속법제에 있어서는 상속인은 반드시 피상속인의 가족 또는 친족이어야 하며, 유언 그 밖의 사후처분에 따라 타인을 상속인으로 지정하는 것을 불허하는데 유언이 없는 경우에는 원칙적으로 법정상속을 인정하고 이를 그 피상속인의 의사로 추정하는 뜻으로 간주한다.

## 유언의 방식(遺言의 方式)

유언의 방식이라 함은 요식행위인 유언에 관하여 민법이 요구하고 있는 일정한 방식을 말한다. 민법이 요구하는 일정한 방식에 따르지 않으면 유언은 무효가 된다(민§1060참조). 그러나 근소한 차질로 인하여 무효로 하는 것은 오히려 부당하므로 판례는 법률의 규정을 약간 부드럽게 해석하는 경향이 있다. 유언의 방식에는 보통 방법으로서 자필증서·녹음·공정증서·비밀증서와 구수증서이 5종이 있다(§1065).

민법 제1065조 내지 제1070조가 유언의 방식을 엄격하게 규정한 것은 유언자의 진의를 명확히 하고 그로 인한 법적 분쟁과 혼란을 예방하기 위한 것이므로, 법정된 요건과 방식에 어긋난 유언은 그것이 유언자의 진정한 의사에 합치하더라도 무효라고 하지 않을 수 없다*(대법원 2006. 3. 9. 선고 2005다57899)*.

## 자필증서에 의한 유언
(自筆證書에 의한 遺言)

유언자가 유언의 전문과 연월일·주소·성명을 자서하고 날인하는 방식에 의한 유언이다(민§1066①). 자필증서에 의한 유언을 집행하기 위하여는 반드시 가정법원에 의한 검인절차를 받도록 되어 있다(민§1091·가소§2①). 그리고 자필증서에서 문자를 삽입하거나 유언문을 삭제 또는 변경하는 경우에는 유언자가 이를 자서(自書)하고 날인하도록 되어 있다(§1066②).

## 녹음에 의한 유언
(錄音에 의한 遺言)

유언자가 유언의 취지, 그 성명과 연월일을 구술하고 이에 참여한 증인의 유언의 정확함과 그 성명을 구술하는 방식에 의한 유언이다(민§1067). 금치산자가 그 의사능력이 회복되어 녹음에 의한 유언을 하는 경우에는 참여한 의사는 심신회복의 상태를 유언서에 부기하고 서명날인하는 대신에(§1063) 그 취지를 녹음해야 할 것이다. 이 방법에 의한 유언은 인간이 생존 당시의 육성을 사후에도 들을 수 있을 뿐만 아니라, 복잡한 내용의 유언까지도 간단히 할 수 있는 점으로 과학적인 혜택이 크다 하겠다.

## 공정증서에 의한 유언

(公正證書에 의한 遺言)

유언자가 증인 2인이 참여한 공증인의 면전에서 유언의 취지를 말로 전하고 공증인이 이를 필기·낭독하여 유언자와 증인이 그 정확함을 승인한 후 각자가 서명 또는 기명하고 날인하는 방식에 의한 유언이다(§1068). 공정증서에 의한 유언의 집행에 있어서는 검인절차가 필요 없다는 장점이 있지만 반면에 유언내용이 타인에게 누설되기 쉽고 상당한 비용이 소요된다는 단점도 있다.

## 비밀증서에 의한 유언

(秘密證書에 의한 遺言)

유언자가 필자의 성명을 기입한 증서를 엄봉·날인하고 이를 2인 이상의 증인이 면전에 제출하여 자기의 유언서인 것을 표시한 후 그 봉서표면에 제출 년, 월, 일을 기재하고 유언자와 증인이 각자 서명 또는 기명날인하는 방식에 의한 유언이다(민§1069①). 이 비밀증서에 의한 유언방식은 자기의 성명을 자서(自書)할 수 있는 자이면 모두 할 수 있을 뿐만 아니라, 자필증서에 의한 유언방식과 공정증서에 의한 유언방식을 절충한 유언방식이므로 유언내용이 비밀을 유지하고, 그 누설을 방지하는 동시에 유언의 존재와 내용을 확실하게 할 수 있는 장점이 있다. 그리고 비밀증서의 방식에 의하여 작성된 유언봉서는 그 표면에 기재된 날로부터 5일 내에 공증인 또는 법원서기(현 주사보 이상)에게 제출하여 그 봉인상에 확정일자를 받도록 되어 있다(§1069②). 비밀증서에 의한 유언에 있어서 그 방식상 요건을 흠결한 경우에는 비밀증서유언으로서의 효력이 발생하지 못한다. 그러나 민법은 비밀증서로는 흠결이 있더라도 그 증서가 자필증서의 방식에 적합한 때에는 자필증서에 의한 유언으로서 효력을 인정한다(§1071) 따라서 무효로 된 비밀증서유언이 자필증서유언으로서 전환되기 위하여는 유언서전문과 연월일·주소·성명의 자서(自書)와 날인이 있어야 한다.

## 구수증서에 의한 유언

(口授證書에 의한 遺言)

질병, 기타 급박한 사유로 인하여 자필증서·녹음·공정증서 또는 비밀증서 등의 방식으로서 유언을 할 수 없는 경우에 유언자가 2인 이상의 증인의 참여로 그 1인에게 유언의 취지를 구수하고 그 수수를 받은 자가 이를 필서·낭독하여 증인이 그 정확함을 승인한 후 각자가 서명 또는 기명하고 날인하는 방식에 의한 유언이다(민§1070①). 구수증서(口授證書)의 방식에 의한 유언은 그 증서 또는 이해관계인이 급박한 사유가 종료한 날로부터 7일내에 가정법원에 검인을 신청하도록 되어 있다(§1070②가소§2① 라류사건 36호).

> 민법 제1065조 내지 제1070조가 유언의 방식을 엄격하게 규정한 것은 유언자의 진의를 명확히 하고 그로 인한 법적 분쟁과 혼란을 예방하기 위한 것이므로, 법정된 요건과 방식에 어긋난 유언은 그것이 유언자의 진정한 의사에 합치하더라도 무효라고 하지 않을 수 없는바, 민법 제1070조 제1항이 구수증서에 의한 유언은 질병 기타 급박한 사유로 인하여 민법 제1066조 내지 제1069조 소정의 자필증서, 녹음, 공정증서 및 비밀증서의 방식에 의하여 할 수 없는 경우에 허용되는 것으로 규정하고 있는 이상, 유언자가 질병 기타 급박한 사유에 있는지 여부를 판단함에 있어서는 유언자의 진의를 존중하기 위하여 유언자의 주관적 입장을 고려할 필요가 있을지 모르지만, 자필증서, 녹음, 공정증서 및 비밀증서의 방식에 의한 유언이 객관적으로 가능한 경우까지 구수증서에 의한 유언을 허용하여야 하는 것은 아니다*(대법원 1999. 9. 3. 선고 98다17800)*.

## 검인(檢認)

검인이란 가정법원이 유언서 또는 유언녹음의 존재 및 내용을 인정하는 것을 말한다. 자필유언증서나 비밀유언증서 또는 녹음을 보관하는 자나 이것을 발견한 자는 유언자가 사망한 후 지체없이 유언증서 또는 유언녹음을 가정법원에 제출하여 그 검인을 청구하여야 하다(민§1091①). 검인에 의하여 유언자 또는 유언녹음의 존재를 명확히 하고, 또한 유언 등의 위조·변조를 방지하려는 것이다. 그러나 검인은 유언서나 유언녹음의 내용을 심사하는 것이 아니고 단지 외형을 검사·인정하여 그 형식적 존재를 확보하는 절차에 불과하므로 검인에 의하여 무효인 유언서나 유언녹음이 유효하게 되는 것은 아니다. 그리고 공정증서나 구수증서에 의한 유언에 관하여는 검인을 필요로 하지 아니한다(§1091②). 또 가정법원이 봉인된 유언증서를 개봉할 때에는 유언자의 상속인, 그 대리인 기타 이해관계인의 참여가 있어야 한다(§1092). 구수증서의 방식에 의한 유언은 그 증서 또는 이해관계인이 급박한 사유가 종료한 날로부터 7일 내에 가정법원에 검인을 신청하여야 한다(§1070②). 이 경우의 검인은 위에서 설명한 검인과는 달리 유언의 진부(眞否), 즉 유언이 유언자의 진의에서 나온 것인가 아닌가를 판정하는 것이다. 따라서 앞의 검인과 구별하기 위하여 확인이라는 용어를 쓰는 것이 타당하다고 본다.

## 공동유언집행(共同遺言執行)

수인이 공동으로 하는 유언집행을 말한다. 유언집행자가 수인인 경우에는 임무의 집행의 가부는 그 과반수의 찬성으로 결정한다. 가부동수로 인하여 과반수를 얻을수 없는 경우에는 이를 해임하고 새로운 유언집행자를 선임한다(민법 1106조·1096조). 하지만 보존행위는 각자가 이를 수 있다.

### 유언집행자(遺言執行者)

영 ; executor, adminstrator
독 ; Testamentsvollstrecker
불 ; exécuteur testamentaire

유언집행자란 유언의 내용을 실현시키기 위한 직무권한을 가진 자를 말한다. 위임계약의 수임인의 지위에 있다. 유언집행자에는 유언자가 직접 지정하거나 유언자의 위탁을 받아 제3자가 지정한 지정유언집행자(민§1093)와, 유언자 또는 제3자에 의하여 지정된 유언집행자가 없는 경우에 상속인이 당연히 취임하게 되는 법정유언집행자(§1095), 그리고 유언집행자가 없는 경우 또는 사망 기타의 사유로 인하여 유언집행자가 없게 된 경우에 가정법원이 선임하는 선정유언집행자(§1096)의 세 가지가 있다. 제한능력자와 파산선고를 받은 자는 유언집행자가 되지 못한다(§1098). 지정 또는 선임에 의한 유언집행자는 상속인의 대리인으로 보는 동시에 유언집행자의 관리처분 또는 상속인과의 법률관계에 대하여는 위임관계의 규정을 준용하고 있다(§1103). 즉 유언집행자는 유언의 집행에 필요한 모든 행위를 할 권리·의무가 있다. 지정 또는 선임에 의한 유언집행자는 정당한 사유가 있는 때에는 가정법원의 허가를 얻어 그 임무를 사퇴할 수 있고(§1105), 또 지정 또는 선임에 의한 유언집행자가 그 임무를 해태하거나 적당하지 아니한 사유가 있는 때에는 가정법원은 상속인 기타의 이해관계인의 청구에 의하여 유언집행자를 해임할 수 있다(§1106).

### 선임유언집행자(選任遺言執行者)

유언집행자가 없거나 사망·결격 기타 사유로 인하여 없게 된 때에는 법원은 이해관계인의 청구에 의하여 유집행자를 선임하여야 하고, 법원이 유언집행자를 선임한 경우에는 그 임무에 관하여 필요한 처분을 명할 수 있다. 또 지정에 의한 유언집행자는 유언자의 사망 후 지체없이 이를 승낙하거나 사퇴할 것을 법원에 통지하여야 한다. 상속인 기타 이해관계인은 상당한 기간을 정하여 그 기간 내에 승낙여부를 확답할 것을 지정 또는 선임에 의한 유언집행자에게 최고할 수 있다. 그 기간 내에 최고에 대한 확답을 받지 못한 때에는 유언집행자가 그 취임을 승낙한 것으로 본다(민법 1096조, 1097조 1·2·3항).

### 지정유언집행자(指定遺言執行者)

유언자가 직접 지정하거나 지정을 위탁받은 제3자가 지정한 유언집행자를 말한다. 지정에 의한 유언집행자는 유언의 사망 후 지체없이 이를 승낙하거나 사퇴할 것을 상속인에게 통지하여야 하며, 선임에 의한 유언집행자는 선임의 통지를 받은 후 지체없이 이를 승낙하거나 사퇴할 것을 법원에 통지하여야 한다. 상속인 기타 이해관계인은 상당한 기간을 정하여 그 기간 내에 승낙여부를 확답할 것을 지정 또는 선임에 의한 유언집행자에게 최고할 수 있다. 그 기간 내에 최고에 대한 확답을 받지 못한 때에는 유언집행자가 그 취임을 승낙한 것으로 본다(민법 1097조).

**유증**(遺贈)
라 ; legatum 영 ; devise, legacy
독 ; Vermächtnis 불 ; legs

유증이란 유언자가 유언에 의하여 재산을 수증자에게 무상으로 증여하는 단독행위를 말한다. 유증에 의하여 재산을 받는 자를 수증자라고 하며, 유증을 이행하는 상속인을 유증의무자라고 한다. 유증은 자유이므로 (1) 재산의 전부 또는 일부를 그 비율액(유산의 몇 분의 몇)으로 증여하는 포괄적 유증과 (2) 특정한 재산을 증여하는 특정한 유증을 할 수 있으며, 수증자를 각각 포괄적 수증자, 특정수증자라고 한다. 또한 수증자에게 일정한 부담을 지우는 부담부유증도 가능하다. 포괄적 수증자는 재산상속인과 동일한 권리의무가 있으므로(민§1078), 포괄적 유증을 하면 유언에 의하여 정해진 비율의 상속분을 가지는 상속인이 1인 증가했다고 생각하면 된다. 포괄적 유증의 효과는 다음과 같다. 즉 (1) 상속인과 같이 유언자의 일신에 전속한 권리·의무를 승계한다(§1005). 이 승계는 유언의 효력이 발생하는 동시에 당연히 생기고(물권적 효력) 유증의무자의 이행의 문제가 생기지 아니한다. (2) 그리고 포괄적 수증자와 상속인, 포괄적 수증자와 다른 포괄적 수증자와의 사이에는 공동상속인 상호간에 있어서와 동일한 관계가 생긴다. 즉 상속재산의 공유관계가 생기고(§1006, §1007), 분할의 협의를 하게 된다(§1013①). (3) 유증의 승인·포기에 관하여도 재산상속의 단순 또는 한정승인·포기를 할 필요가 있고, 이것을 가정법원에 신고하지 않으면 단순한 포괄적 유증승인이 있는 것으로 보게 된다. 이와 같이 포괄적 수증자의 권리·의무의 내용에 있어서는 상속인과 거의 차이가 없다. 그러나 수증자가 상속개시 전에 사망한 경우에는 원칙으로 유증이 실효되므로 대습상속이 인정되지 않는다는 점이 상속과 다르다.

유증이 포괄적 유증인가 특정유증인가는 유언에 사용한 문언 및 그 외 제반 사정을 종합적으로 고려하여 탐구된 유언자의 의사에 따라 결정되어야 하고, 통상은 상속재산에 대한 비율의 의미로 유증이 된 경우는 포괄적 유증, 그렇지 않은 경우는 특정유증이라고 할 수 있지만, 유언공정증서 등에 유증한 재산이 개별적으로 표시되었다는 사실만으로는 특정유증이라고 단정할 수는 없고 상속재산이 모두 얼마나 되는지를 심리하여 다른 재산이 없다고 인정되는 경우에는 이를 포괄적 유증이라고 볼 수도 있다*(대법원 2003. 5. 27. 선고 2000다73445)*.

### 단순유증(單純遺贈)

유언에 아무런 조건이나 기한 및 부담을 붙이지 않고 재산의 무상증여를 하는 보통의 유증을 말한다. 단순유증의 효력은 유언자가 사망한 때로부터 발생한다(민법 1073조).

### 수증능력(受贈能力)

수증자 적격을 말하며, 수유능력이라고도 한다. 자연인과 법인을 불문하고 권리능력자로서 유언효력 발생시에 있어서 현존함으로써 족하다. 태아도 상속순위에 관하여는 이미 출생한 것으로 보기 때문에 수증능력이 있다. 그러나 (1)고의로 직계존속·피상속인, 그 배우자 또는 상속의 선순위나 동순위에 있는 자를 살해하거나 살해하려 한 자, (2) 고의로 직계존속, 피상속인과 그 배우자에게 상해를 가하여 사망에 이르게 한 자 (3) 사기 또는 강박으로 피상속인의 상속에 관한 유언 또는 유언의 철회를 방해한 자, (4) 사기 또는 강박으로 피상속인의 상속에 관한 유언을 하게 한 자, (5) 피상속인의 기타 상속에 관한 유언서를 위조·변조·파기 또는 은닉한 자는 상속인이 되지 못하므로 수증결격자로 취급되어 수증능력을 갖지 못한다(민법 1004·1064조).

### 수증자(受贈者)

수증자란 유언에 의한 증여(유증)를 받는 자를 말한다. 자연인뿐만 아니라 법인도 수증자가 될 수 있다. 상속인과 동일한 결격사유가 인정된다(민§1064, §1004). 또 수증자는 유언이 효력을 발생한 때(유언자가 사망한 때)에 생존해 있어야 한다. 유언자의 사망 전에 수증자가 사망한 경우에는 수증자인 지위의 승계(일종의 대습수증(代襲受贈))는 인정되지 아니하므로 결국 유증은 그 효력이 생기지 아니한다(§1089①). 그러나 유언 중에 특히 수증자의 상속인의 승계를 인정한다는 뜻을 표시하고 있으면(보충유증) 그것에 따른다. 또 태아는 유증에 있어서도 이미 출생한 것으로 보게 된다(§1064, §1000③). 따라서 태아에게 유증할 수도 있다. 수증자에는 포괄적 유증을 받는 포괄적 수증자와 특정유증을 받는 특정수증자가 있다. 수증자에게 인도할 때까지 유증의 목적물은 상속인이 점유·관리하게 되는데 이 때에도 상속인이 그것을 사용·수익하는 것은 허용되지 아니한다(§1080 ~ §1090). 또 특정수증자는 상속인에 대하여 유언자의 사망 후에 언제든지 유증을 승인 또는 포기할 수 있고(§1074①), 승인이나 포기는 유언자의 사망시에 소급하여 효력이 생긴다(§1074②). 그 외에 수증자에게 채무를 지우는 부담부유증의 제도가 있으며(§1088), 이 경우에는 부담시킨 채무를 이행하지 않으면 유증이 취소되는 수가 있다.

### 유류분(遺留分)

독 ; Pfichtteil 불 ; ŕeserve ĺegale

일정한 상속인을 위하여 법률상 유

보된 상속재산의 일정부분을 말한다. 피상속인의 사망 후에 있어서의 상속인의 생활을 보장하고 또 상속인간의 공평을 도모하기 위하여 인정된 제도이며, 피상속인은 아무리 자기의 재산이라고 하여도 유류분을 침해해서까지 처분할 수는 없는 것이다. 즉 일정한 근친에게 재산을 상속시키는 것이 사회적으로 보다 합리적이므로 법정상속주의가 채용되고, 이를 유지하기 위하여는 재산의 일정부분을 상속권자를 위하여 보류하지 않으면 안된다. 유류분은 이러한 요구를 조화시키기 위한 제도이다. 그런데 유류분은 모든 상속순위자에게 인정되는 것이 아니고, 제3순위의 재산상속인, 즉 피상속인의 형제자매에 이르기까지만 인정된다(§1000~§1003참조). 유류분권리는 피상속인의 증여 및 그 유증으로 인하여 그 유류분에 부족이 생긴 때에는 부족한 한도에서 그 재산의 반환을 청구할 수 있다(§115①). 이것을 부족분에 대한 반환청구권이라고 한다. 이 경우에 증여 및 유증을 받을 자가 수인인 때에는 각자가 얻은 유증가액의 비율로 반환하여야 한다(§115②). 그리고 증여에 대하여는 유증을 반환받은 후가 아니면 이것을 청구할 수 없다(§1116). 위의 반환청구권은 유류분권리자가 상속의 개시와 반환하여야 할 증여 또는 유증을 한 사실을 안 때로부터 10년을 경과하면 시효에 의하여 소멸된다(§1117).

## 유류분권리자의 상속순위
(遺留分權利者 相續順位)

유류분권리자의 순위와 유류분의 비율은 상속인으로서의 순위에 따라서 각각 차이가 있다(민§1112). (1) 피상속인의 직계비속은 그 법정상속분의 2분의 1(§1112Ⅱ). (2) 피상속인의 배우자는 그 법정상속분의 2분의 1(§112Ⅱ). (3) 피상속인의 직계존속은 그 법정상속분의 3분의 1(§112Ⅲ). (4) 피상속인의 형제자매는 그 법정상속분의 3분의 1(§1112Ⅳ). 그리고 유류분은 태아에 대해서도 인정된다. 대습상속인도 피대습자의 상속분의 범위 내에서 유류분을 가진다(§1118에 의한 §1001, §1010의 준용). 이상과 같은 모든 경우에 유류분권을 행사할 수 있는 자는 재산상속의 순위상 상속권이 있는 자이어야 한다. 즉 예컨대 제1순위 상속인인 직계비속이 있는 경우에는 제2순위 상속인인 직계존속에 대해서 유류분권이 인정되지 않는다.

## 유류분 산정방법
(遺留分 算定方法)

유류분의 산정방법은 다음과 같다. (1) 유류분은 피상속인의 상속개시시에 있어서 가진 재산의 가액에 증여재산의 가액을 가산하고 채무의 전액을 공제하여 이를 산정한다(민§1113①). (2) 조건부의 권리 또는 존속기간이 불확정한 권리는 가정법원이 선임한 감정인의 평가에 의하여 그 가격을 정한다(§113②). (3) 증여는 상속개시 전의 1

년간에 행한 것에 한하여 그 가액을 산정한다(§1114전단). 그러나 당사자 쌍방이 유류분 권리자에 손해를 가할 것을 알고 증여를 한 때에는 1년 전에 한 것도 함께 산정한다(§1114후단). (4) 공동상속인 중에 피상속인으로부터 특수수익분을 받은 것이 있으면 그것은 비록 상속개시 1년 전의 것이라고 하더라도 모두 산입하게 된다.

# 민 사 특 별 법

## 섭외사법(涉外私法)

대한민국에 있어서의 외국인 및 외국에 있어서의 대한민국 국민의 섭외생활관계에 관하여 준거법을 정한 법률이었다. 본법이 채택하고 있는 국제사법상의 특색은 (1) 법률관계에 관하여 그 성질에 따라서 적용할 법률을 정한 것, 즉 법률관계성질설을 채택하였으며, (2) 원칙적으로 이른바 완전쌍방적 저촉규정의 형식을 가지고 있으며, (3) 속인법으로서 본국법주의를 채택하였으며, (4) 국제민법과 국제상법을 통일적으로 규정하였다는 것 등이다. 전문 3장 47조 부칙으로 된 우리나라의 국제사법에 관한 단행법전이었다. 지금은 국제사법으로 변경되었다.

## 가족관계의 등록 등에 관한 법률
(家族關係의 登錄 등에 관한 法律)

국민의 출생·혼인·사망 등 가족관계의 발생 및 변동사항에 관한 등록과 그 증명에 관한 사항을 규정함을 목적으로 2007. 5. 17. 제정된 법률이다. 2005. 3. 31. 개정 민법은 호주제도를 폐지하였고, 이에 따라 호적법을 폐지하고 그 대체입법으로 가족관계의 등록 등에 관한 법률이 제정된 것이다. 본법은 124개조와 부칙으로 구성되어 있으며, 제1장 총칙, 제2장 가족관계 등록부의 작성과 등록사무의 처리, 제3장 등록부의 기록, 제4장 신고(통칙, 출생, 인지, 입양, 파양, 친양자의 입양 및 파양, 혼인, 이혼, 친권 및 후견, 사망과 실종, 국적의 취득과 상실, 개명 및 성·본 변경, 가족관계등록 창설), 제5장 등록부의 정정, 제6장 불복절차, 제7장 신고서류의 송부와 법원의 감독, 제8장 벌칙 등에 관한 규정이 있다.

## 주민등록법(住民登錄法)

주민의 등록에 관한 사항을 정한 법률이다. 과거의 기류법(寄留法)에 대신한 법률이다. 이 법에서 주민이란 30일 이상 거주할 목적으로 그 관할 구역안에 주소 또는 거소를 갖는 자이다(주민등록법§6①). 주민등록사무소의 관할청은 시장(서울특별시장, 광역시장 제외)·군수 또는 자치구청장이다(주민등록법§2①). 주민등록사항의 기재를 위하여 주민등록표를 개인별 및 세대별로 작성비치하고 세대별 주민등록표 색인부를 비치, 기록한다(주민등록법§7①). 주민의 등록 또는 그 등록사항의 정정이나 말소는 주민의 신고에 의한다(주민등록법§8본문). 신고는 신고사유가 발생한 날로부터 14일 이내에 하여야 하며(주민등록법§11) 등록 의무자는 원칙적으로 세대주이다(주민등록법§11).

## 국가에 귀속하는 상속재산이전에 관한 법률

(國家에 歸屬하는 相續財産移轉에 관한 法律)

민법 제1058조 제1항의 규정에 의하여 국가에 귀속하는 상속재산의 관리인은 피상속인의 주소지를 관할하는 세무서장에게 지체없이 그 상속재산의 관리를 이전할 것을 목적으로 제정한 법률이다. 이 경우에 피상속인의 주소가 외국인 때에는 영사 또는 영사의 직무를 행하는 者에게 지체없이 그 상속재산의 관리를 이전할 것을 규정하고 있다.

## 주택임대차보호법

(住宅賃貸借保護法)

주택임대차보호법이라 함은 주택의 임대차에 관한 민법에 대한 특례를 규정함으로써 임대인을 보호하고 국민의 주거생활의 안정을 보장함을 목적으로 하여 제정된 법률이다. 민법에서 말하는 「전세」는 주택을 매매하거나 저당잡힐 때처럼 등기부에 「등기」한 경우만 가리키는 것이다. 따라서 보통 행하는 전세는 거의 대부분 등기가 되어 있지 아니하기 때문에 엄밀한 의미에서 「전세」가 아니다. 등기를 하지 않고 보통 보증금을 내거나 월세로 들어가 있는 경우는 법률상 「임대차」라고 부른다. 즉, 등기를 한 경우는 민법의 보호를 받게 되고, 등기하지 않는 경우에는 주택임대차보호법의 보호를 받게 되는 것이다.

## 가등기담보 등에 관한 법률

(假登記擔保 등에 관한 法律)

차용한 금전의 반환에 관하여 차주가 차용한 금전에 갈음하여 다른 재산권(예컨대 집이나 땅의 소유권)을 이전할 것을 예약한 경우에 그 재산의 가액에서 차용액(이자를 포함한다)을 공제한 나머지 금전(청산금)을 임주(채권자)가 반드시 차주(채무자)에게 돌려주게 함으로써 임주(고리대금업자)의 횡포를 막고 차주(일반서민)을 보호할 목적으로 제정된 법률이다. 이 법률은 18개 조문과 부칙으로 구성되어 있다.

## 부동산등기법(不動産登記法)

부동산등기에 관한 사항을 규정함을 목적으로 하여 제정된 법률이다. 이 법률상의 부동산등기라 함은 토지·건물에 대한 등기를 말한다. 물적편성주의로서 일필일용지주의를 취하고 있다.

## 이자제한법(利子制限法)

1962. 1. 15. 법률 제971호로 제정되었던 이자제한법은 1998. 1. 13. 자금의 수급상황에 따라 금리가 자유로이 정해질 수 있도록 하여 자원배분의 효율성을 도모하고자 폐지되었다가 2007. 3. 29. 법률 제8322호로 다시 제정되었다. 이자제한법은 이자의 적정한 한도를 정함으로써 국민경제생활의 안정과 경제정의의 실현을 목적으로 한다(§1). 금전대차에 관한 계약상의 최고

이자율은 연 20퍼센트를 초과하지 아니하는 범위 안에서 대통령령으로 정한다(이자제한법 §2①,이자제한법 제2조 제1항의 최고이자율에 관한 규정)계약상의 이자로서 최고이자율을 초과하는 부분은 무효로 하고, 채무자가 최고이자율을 초과하는 이자를 임의로 지급한 경우에는 초과 지급된 이자 상당액은 원본에 충당되고, 원본이 소멸한 때에는 그 반환을 청구할 수 있다(이자제한법 §2③·④). 대차원금이 10만원 미만인 대차의 이자에 관하여는 이자의 최고한도에 관한 제한을 받지 않는다(§2⑤). 그리고 다른 법률에 따라 인가·허가·등록을 마친 금융업 및 대부업에는 이자제한법을 적용하지 아니한다(§7).

## 채무자 회생 및 파산에 관한 법률
(債務者 回生 및 破産에 관한 法律)

종전의 회사정리법·화의법·파산법 및 개인채무자회생법을 통합하여 제정한 법률이다. 이 법은 채무자 회생 및 파산에 관한 사항이 파산법·회사정리법·화의법·개인채무자회생법에 분산되어 있어서 각 법률마다 적용대상이 다를 뿐만 아니라, 특히 회생절차의 경우 회사정리절차와 화의절차로 이원화되어 그 효율성이 떨어지므로 상시적인 기업의 회생·퇴출체계로는 미흡하다는 지적에 따라 이들을 하나의 법률로 통합한 이른바 '통합 도산법'이라 할 수 있다. 이 법은 재정적 어려움으로 인하여 파탄에 직면해 있는 채무자에 대하여 채권자·주주·지분권자 등 이해관계인의 법률관계를 조정하여 채무자 또는 그 사업의 효율적인 회생을 도모하거나 회생이 어려운 채무자의 재산을 공정하게 환가·배당하는 것을 목적으로 한다. 또 파산선고로 인한 사회적·경제적 불이익을 받게 되는 사례를 줄이기 위해 정기적 수입이 있는 개인채무자에 대하여는 파산절차에 의하지 아니하고도 채무를 조정할 수 있는 개인회생제도를 두고 있다.

## 공탁법(供託法)

법령의 규정에 의하여 행하는 공탁의 절차를 정한 법이다(1958. 7. 29 법률 제492호). 공탁사무의 집행자와 공탁물보관자의 지정에 관한 규정, 공탁절차의 대강과 공탁공무원의 처분에 대한 항고절차 등을 규정하고 있다. 상세한 공탁절차에 대하여는 따로 공탁규칙이 있다. 공탁이라 함은 유가증권 기타 물품의 공탁소에 임치하는 것으로서 공법·사법에 걸쳐서 많은데 대체로 (1) 채권소멸을 위한 공탁 즉, 채무자가 채권자의 협력 없이 채무를 면하는 수단으로(변제공탁), (2) 채권담보를 위한 공탁 즉, 상대방에 생길 손해의 배상을 담보하기 위한 수단으로(담보공탁), (3) 단순히 보관하는 의미로 하는 것(보관공탁)과 기타 특수한 목적으로 하는 것(특수공탁)등을 말한다.

## 실용신안법(實用新案法)

실용적인 고안을 보호·장려하고 그 이용을 도모함으로써 기술의 발전을 촉진하여 산업의 발전에 이바지함을 목적으로 하는 법률이다.

## 특허법(特許法)

발명을 보호·장려하고 그 이용을 도모함으로써 기술의 발전을 촉진하고 산업에 이바지하게 함을 목적으로 하는 법률이다.

## 발명진흥법(發明振興法)

발명을 장려하고 발명의 신속하고 효율적인 권리화와 사업화를 촉진함으로써 산업의 기술경쟁력을 제고하고 나아가 국민경제발전에 이바지함을 목적으로 한 법률이다.

## 국적법(國籍法)

헌법 제2조 제1항에 기하여 대한민국의 국민이 되는 요건을 규정하는 법률이다.

## 저작권법(著作權法)

저작자의 권리와 이에 인접하는 권리를 보호하고 저작물의 공정한 이용을 도모함으로써 문화의 향상발전을 이바지함을 목적으로 하는 법률이다.

## 재외법(在外法)

외국에 있는 내국인에 관한 사항을 규정하는 법률이다. 외인법(外人法)에 대응하여 사용된다. 재외법에는 공법과 사법이 있다. 예컨대 내국인의 국외범에 관한 형법 제3조, 외국에서 하는 송달의 방법에 관한 민사소송법 제191조 등은 공법의 예이고, 외국에서의 혼인신고에 관한 민법 제814조, 외국에서의 입양신고에 관한 민법 제882조 등은 사법의 예이다. 재외법은 외인법과 함께 섭외적 색채를 띠고 있어 국제사법과 비슷하나, 사법적 사항뿐만 아니라 공법적 사항까지도 포함하고 있으며, 재외법이 실질법임에 반하여 국제사법은 사법적 사항만을 규정하고 또 내외제국인에 관한 간접법이라는 점에서 차이가 있다.

## 가사소송법(家事訴訟法)

가사소송에 관한 절차를 정한 법률이다. 혼인관계(가사소송법§22~§25), 친생자관계(가사소송법§26~§29), 입양관계(가사소송법§30~§31)에 관한 사건을 가사소송사건으로 규정하고, 친권, 후견인, 상속, 유언(가사소송법§34~§48) 등은 가사비송사건으로 규정하며, 그 외 조정전치주의를 채택하고 있다. 본법은 민사소송법에 대하여 특별법의 지위를 차지하며, 동시에 공익성이 강조되므로 처분권주의를 제한하고 직권탐지주의를 채택하는 등 민사소송법에 대하여 많은 예외규정을 두고 있다.

## 가사소송(家事訴訟)

넓은 의미의 가사소송은 가정법원의 전속관할에 속하는 소송으로, 가사사건을 그 성질에 따라 가사소송사건과 가사비송사건으로 나누고, 가사소송사건은 가류·나류 및 다류로, 가사비송사건은 라류 및 마류로 세분하여, 그 중 나류 및 다류 가사소송사건과 마류 가사소송사건을 조정의 대상으로 하였다. 가사소송사건은 판결로, 가사비송사건은 심판으로 재판한다. 1990년 민법의 일부개정으로 사후양자선정의 허가를 가사심판사항에서 삭제하고, 이혼 등의 경우에는 미성년자인 자의 친권을 행사할 자의 지정, 기여분의 결정, 특별연고자에 대한 상속재산의 분여 등을 가정법원의 관장사항으로 규정하여 그 재판절차를 정하고 있다. 또 친생자관계존부확인 등을 위한 혈액형 검사 등의 수검명령, 금전의 정기적 지급 또는 유아의 인도명령을 위반한자에 대하여는 일정한 경우에 30일의 범위내에서 감치에 처할 수 있도록 하였다.

## 가사조정(家事調停)

가정 또는 친족 사이의 분쟁에 관하여 가사소송법이 정하는 바에 따라 가정법원이 행하는 조정을 말한다. 가사소송법상 나류 및 다류 가사소송사건과 마류 가사비송사건에 대하여 가정법원에 소를 제기하거나 심판을 청구하고자 하는 자는 먼저 조정을 신청하여야 하는 바, 이를 조정전치주의라 한다. 이 사건에 관하여 조정을 신청하지 아니하고 소를 제기하거나 심판을 청구한때에는 가정법원은 그 사건을 조정에 회부하여야 한다. 그러나 공시송달에 의하지 아니하고는 당사자의 일방 또는 쌍방을 소환할 수 없거나, 그 사건이 조정에 회부되더라도 조정이 성립될 수 없다고 인정할 때에는 그러하지 아니하다(가사소송법 50조). 가사조정에 관하여는 가사소송법에 특별한 규정이 있는 경우를 제외하고는 민사조정법의 규정을 준용한다. 다만, 민사조정법 제18조(대표당사자) 및 제23조(진술의 원용제한)의 규정은 이를 준용하지 아니한다. 가사조정사건은 그에 상응하는 가사소송사건이나 가사비송사건을 관할하는 가정법원 또는 당사자가 합의로 정한 가정법원의 관할로 하며, 또 가사소송법 제13조 제3항 내지 제5항의 규정은 가사조정사건에 준용한다(가사소송법 51조). 가사조정사건은 조정장 1인과 2인 이상의 조정위원으로 구성된 조정위원회가 처리하며, 조정담당판사는 상당한 이유가 있을 때에는 당사자가 반대의 의사를 명백하게 표시하지 아니하는 한 단독으로 조정할 수 있다(가사소송법 52조). 조정위원회 조정 시 당사자의 이익 외의 조정으로 인하여 영향 받게 되는 모든 이해관계인의 이익을 고려하고 분쟁의 평화적·종국적 해결을 이룩할 수 있는 방안을 마련하여 당사자를 설득하여야 하며, 또 자의 친권을 행사할 자의 지정과 변경·양육방법의 결정 등 미성년자인 자의 이해와 직접 관련되는 사항을 조정함에 있어서는 미성년자인 자의 복지가 우선적으로 고려되어야 한다(가사소송법 58조). 조정은 당사자사이에 합의된 사항을 조서에 기재함으로써 성립하는데, 조정 또는 확정된 조정에 갈음하는 결정은 재판상 화해와 동일한 효력이 있다. 그러나 당사자가 임의로 처분할 수 없는 사항에 대하여는 그러하지 아니하다(가사소송법

59조). 조정신청 된 민사사건의 청구에 관하여 조정신청인이 제소신청을 함(가사소송법 57조2항)에 있어서는 민사조정법 제36조의 규정에 준용하며, 이 경우 가정법원은 결정으로 당해 민사사건을 관할법원에 이송하여야 한다(가사소송법 60조). 조정의 목적인 가사사건의 청구에 관하여 민사조정법 제36조의 규정에 따라 제소신청 또는 심판에의 이행청구가 있거나, 가사소송법 제50조 제2항의 규정에 의하여 조정에 회부된 사건을 다시 가정법원에 회부할 때에는 조정장 또는 조정담당판사는 의견을 첨부하여 기록을 관할 가정법원에 송부하여야 한다(가사소송법 61조).

## 가사비송사건(家事非訟事件)

가사비송사건에는 가사소송법상 라류·마류 사건이 있는데, 가사비송절차에 관하여는 이 법에 특별한 규정이 있는 경우를 제외하고는 비송사건절차법 제1편의 규정을 준용한다. 다만, 비송사건절차법 제15조의 규정은 이를 준용하지 아니한다(가사소송법 34조). 가사소송법과 대법원규칙으로 관할법원을 정하지 아니한 가사비송사건은 대법원 소재지의 가정법원의 관할로 하며, 가사소송법 제13조 제2항 내지 제5항의 규정(가사소송관할)은 가사비송사건에 준용한다(가사소송법 35조). 가사비송사건의 청구는 가정법원에 심판청구를 함으로써 하며, 심판의 청구는 서면 또는 구술로 할 수 있는데, 심판청구서에는 (1) 당사자의 본적·주소·성명·생년월일, 대리인이 청구할 때에는 대리인의 주소와 성명, (2) 청구의 취지와 원인, (3) 청구의 연월일, (4) 가정법원의 표시등을 기재하고 청구인 또는 대리인이 기명날인 하여야 한다. 구술로 심판청구를 할 때에는 가정법원의 법원서기관·법원사무관·법원주사 또는 법원주사보 앞에서 진술하여야 한다. 이 경우에 법원사무관등은 위 각호의 사항을 기재한 조서를 작성하고 이에 기명날인 하여야 한다(가사소송법 36조).

## 가정법원(家庭法院)

가정에 관한 사건과 소년에 관한 사건의 처리를 목적으로 설립된 법원을 말한다. 가정법원은 각 부의 장 및 판사 그리고 조정위원회로 구성된다. 조정위원회는 조정장 1인과 조정위원 2인 이상으로 조직되며, 조정장 또는 조정담당판사는 가정법원장·지원장이 그 법원의 판사중에서 지정한다(가사소송법 52조 1항). 조정위원은 학식과 덕망이 있는 자로서 매년 미리 가정법원장 또는 가정법원지원장이 위촉한 자 또는 당사자의 합의에 의하여 선정된 자 중에서 각 사건마다 조정장이 지정한다(가사소송법 53조 2항). 가정법원의 관장사항을 가사소송사건과 가사비송사건으로 대별하고, 성질에 따라 가사소송사건을 가류(7개항목), 나류(12개항목), 다류(3개항목)사건으로 나누고, 가사비송사건을 라류(44개 항목), 마류(10개 항목)사건으로 나누었다. 가사소송사건 중 나·다류사건과 가사비송사건중 마류에 대하여는 조정전치주의에 의하여 조정을 거쳐 재판을 한다(가사소송법 50조).

## 소액사건심판법(少額事件審判法)

지방법원 및 지방법원지원에서 소액의 민사사건을 간이한 절차에 따라 신속히 처리하기 위하여 민사소송법에 대한 특례를 규정한 법률이다. 소송물의 가액이 3,000만원을 초과하지 아니하는 민사사건에 대하여 적용한다(소액사건심판법§2, 동규칙§1의2). 상고 및 재항고의 제한(소액사건심판법§3), 구술에 의한 소의 제기(소액사건심판법§4) 등에 관하여 규정하고 있으며 기타 소송대리(소액사건심판법§8)·심리절차(소액사건심판법§9)·증거조사(소액사건심판법§10) 등에 관하여는 특별규정을 두고 있다.

## 신탁법(信託法)

신탁에 관한 일반적인 사법적 법률관계를 규율함을 목적으로 제정된 법률이다. 법제일반에 걸쳐서 대륙법의 영향을 받은 우리나라는 처음에는 신탁에 관한 일반적인 규정이 없었으나, 일제시대 조선 민사령이 구신탁법(1911년)을 의용함으로써 신탁에 관한 일반적 규정을 보게 되었다. 이 법은 신탁의 설정·공시·영업, 신탁관계인, 신탁재산, 수탁자의 권리·의무, 수익자의 권리·의무, 신탁의 종료, 신탁의 감독 등을 규정하고 있다.

## 실화책임에 관한 법률
(失火責任에 관한 法律)

개정 전 실화책임에 관한 법률이라 함은, 실화자에게 중대한 과실이 있는 경우에 한하여 불법행위로 인한 손해배상책임을 지우게 할 목적으로 제정한 법률이었다. 이 법률에 의하면 경과실로 인한 경우에는 실화자에게 손해배상책임이 없고, 중대한 과실이 있는 경우에 한하여 불법행위로 인한 손해배상책임(민§750)을 지도록 되어 있었다. 그러나 실화(失火)의 경우 중대한 과실이 있을 때에만 「민법」 제750조에 따른 손해배상책임을 지도록 한 규정에 대하여 헌법재판소가 헌법불합치 및 적용중지 결정을 하였다(헌재 2007. 8. 30. 2004헌가25). 이에 따라 2009. 5. 8. 이러한 취지를 반영하여 경과실의 경우에도 「민법」 제750조에 따른 손해배상책임을 지도록 하는 한편, 「민법」 제765조와 달리 생계곤란의 요건이 없어도 실화가 경과실로 인한 경우 실화자, 공동불법행위자 등 배상의무자에게 손해배상액의 경감을 청구할 수 있도록 하고, 법원은 구체적인 사정을 고려하여 손해배상액을 경감할 수 있도록 하여, 실화로 인한 배상의무자에게 전부책임을 지우기 어려운 사정이 있는 경우에 가혹한 손해배상으로부터 배상의무자를 구제하려는 것으로 개정하였다.

## 신원보증법(身元保證法)

신원보증관계를 적절히 규율하는 것

을 목적으로 하여 제정된 법률이다. 이 법률에서 신원보증계약이라 함은, 피용자가 업무를 수행하는 과정에서 그의 책임있는 사유로 사용자에게 손해를 입힌 경우에 그 손해를 배상할 채무를 부담할 것을 약정하는 계약을 말한다 (신원보증법 §2).

## 자동차손해배상보장법

(自動車損害賠償保障法)

자동차손해배상보장법이라 함은, 자동차로 인한 인사사고에 관하여 자동차의 보유자에게 무과실책임과 동일한 손해배상책임을 인정하는 동시에 정부가 재보험하는 강제보험제도에 의하여 피해자에게 정액의 보험금급여를 보장(손해의 사회보장화)한 법률이다. 피해자는 자기를 위하여 자동차를 운행하는 자가 그 운행으로 인해 다른 사람이 사망 또는 부상한 경우, 피해자는 보험가입자 등에게 이에 대한 손해배상책임을 물어 보험금 등을 자기에게 직접지급할 것을 청구할 수 있다. 또 자동차의 보유자에 대해서 손해배상을 청구할 수 있다. 자동차 보유자가 피해자에게 손해배상금을 지급한 경우에는 보험사업자에게 보험금의 한도 금액 안에서 그가 피해자에게 지급한 금액을 청구할 수 있다. 또한 무과실의 입증책임은 가해자에게 지우고 있는 점에서, 입증책임의 전환이 행하여져 있고, 그만큼 가해자의 면책사유가 감소되어 결과적으로는 무과실배상책임에 가까운 것으로 되어 있다.

## 모자보건법(母子保健法)

모성 및 영유아의 생명과 건강을 보호하고 건전한 자녀의 출산과 양육을 도모함으로써 국민의 보건향상에 기여하게 함을 목적으로 제정된 법률이다. 인공임신중절수술의 허용한계를 규정하여(모자보건법§14) 종래 학설로 주장되어 오던 낙태죄의 위법성 조각사유를 명문화하였다.

## 건축법(建築法)

건축물의 대지, 구조, 설비의 기준 및 용도 등을 정하여 건축물의 안전, 기능 및 미관을 향상시킴으로써 공공복리의 증진에 이바지함을 목적으로 하는 법률이다.

## 공장 및 광업재단 저당법

(工場 및 鑛業財團 抵當法)

이 법은 공장재단 또는 광업재단의 구성, 각 재단에 대한 저당권의 설정 및 등기 등의 법률관계를 적절히 규율함으로써 공장 소유자 또는 광업권자가 자금을 확보할 수 있게 하여 기업의 유지와 건전한 발전 및 지하자원의 개발과 산업의 발달을 도모함을 목적으로 한다. 종래 공장저당법과 광업재단저당법으로 규율하고 있었으나 기업의 재산 일체를 하나의 담보물로 허용하는 공통의 목적을 가지고 있는 두 법을 하나의 법률로 통합하여 기업담보에 관한 기본법의 기틀을 마련하기 위하여 2009. 3. 25. 전면개정하였다.

## 중소기업협동조합법
(中小企業協同組合法)

중소기업자가 상호부조의 정신에 의거한 협동사업을 행함에 필요한 조직을 규율함으로서 그들의 경제적인 기회균등과 자주적인 경제활동을 조장하여 그 경제적 지위의 향상과 국민경제의 균형 있는 발전을 도모함을 목적으로 제정된 법률을 말한다. 이 법에서의 중소기업협동조합이란 중소기업자가 그들의 경제적인 기회균등과 자주적인 경제활동을 조장하여 그들의 경제적 지위의 향상을 도모하기 위하여 중소기업협동조합법에 의하여 설비하는 조합이다. 협동조합·사업협동조합·협동조합연합회·협동조합중앙회의 4종이 있다.

## 의료법(醫療法)

국민의료에 관하여 필요한 사항을 규정함으로써 의료의 적정을 기하여 국민의 건강을 보호증진함으로 목적으로 하는 법률이다.

## 보증인보호를 위한 특별법

이 법은 보증에 관하여 「민법」에 대한 특례를 규정함으로써 아무런 대가 없이 호의(호의)로 이루어지는 보증으로 인한 보증인의 경제적·정신적 피해를 방지하고, 금전채무에 대한 합리적인 보증계약 관행을 확립함으로써 신용사회 정착에 이바지함을 목적으로 하여 2008. 3. 21. 법률 제8918호로 제정되었다. 우리나라 특유의 인정주의에 따라 특별한 대가를 받지 아니하고 경제적 부담에 대한 합리적 고려 없이 호의로 이루어지는 보증이 만연하고 채무자의 파산이 연쇄적으로 보증인에게 이어져 경제적·정신적 피해와 함께 가정파탄 등에 이르는 등 보증의 폐해가 심각하므로 보증채무의 범위를 특정하고, 보증인에게 정신적 고통을 주는 불법적 채권추심행위를 금지하며, 금융기관과 보증계약을 체결할 때에는 채무자의 신용에 대한 정보를 보증인이 제공받도록 함으로써 합리적인 금전거래를 확립하려는 것이다.

# 부 동 산 등 기 법

## 총 칙

### 사실의 등기·권리의 등기
(事實의 登記·權利의 登記)

사실의 등기는 부동산의 상황을 명백히 하는 등기로서 등기용지 가운데 표제부에 하는 등기가 이에 속한다. 즉 부동산의 위치·사용목적(건물의 경우에는 구조)·면적을 표시하여 그 등기용지가 어느 부동산에 관한 것인지를 밝혀주는 등기이다. 표제부등기라고도 한다. 한편 권리의 등기는 등기용지 가운데 갑구란과 을구란에 하는 부동산의 권리관계에 관한 등기이다. 양자의 구별실익은 (1) 등기의 실체법상의 효력인 효력발생요건이 권리의 등기에 대하여서만 인정되고, (2) 등기절차가 다르며, (3) 등기관의 심사권한에 차이가 있다는 점에 있다.

### 창설적 등기(創設的 登記)

등기가 행하여짐으로써 새로이 부동산물권의 변동이 생기는 것으로 형식적 등기라고도 한다. 등기가 행하여지는 효력의 성질에 따른 분류로서 정정적 등기에 대한 것이다. 기입등기와 변경등기는 언제나 창설적 등기이며 말소등기는 창설적 등기일 수도 있고 정정적 등기일 수도 있다.

### 정정적 등기(訂正的 登記)

현재의 등기가 실질적 권리관계와 합치하지 않는 경우에 이를 합치시키기 위하여 행하는 등기이다. 창설적 등기에 대한 것이다 경정등기와 회복등기 그리고 멸실등기는 정정적 등기이며, 말소등기는 정정적 등기일 수도 창설적 등기일 수도 있다.

### 기입등기(記入登記)

새로운 등기원인(예 : 매매에 의한 소유권이전·토지나 건물의 저당권설정)이 발생한 경우에 그 등기원인에 입각하여 새로운 사항을 등기부에 기재하는 등기이다. 일반적으로 등기라 하면 이 것을 가리킨다. 소유권보존등기·소유권이전등기·저당권설정등기 등이다. 이미 기재를 필하고 있는 등기의 말소·변경·회복의 경우와 구별하는 뜻에서 기입등기라고 부른다.

### 본등기(本登記)

→ 종국등기

### 종국등기(終局登記)

등기의 본래의 효력인 물권적 효력을 발생시키는 등기이다. 따라서 완전한 등기효력을 가지지 못하는 예비등기와 구별된다. 가등기에 대응하는 뜻으로 가등기에 의하여 순위가 보전된 등기를 본등기라고도 한다(부등§6②). 종국등기는 그 기재내용에 따라 기입등기·변경등기·말소등기·회복등기로 분류되며 그 형식에 의하여 주등기와 부기등기로 구별된다.

## 예비등기(豫備登記)

장래 행하게 될 종국등기에 대비하여 그 권리보전을 하기 위한 등기이다. 예비등기만으로는 대항력을 발생하지 못하는 점에서 본등기와 다르다. 예고등기와 가등기 등 종류가 있다.

## 가등기(假登記)

독 ; Vormerkung

종국등기를 할 수 있을 만한 실체법적 또는 절차법적 요건을 구비하지 못한 경우에 본등기를 위하여 미리 그 순위를 보존하게 되는 효력을 가지는 등기이다(부등§3). 예비등기의 일종이다. 가등기의 효력은 (1) 그 자체로는 완전한 등기로서의 효력이 없으나 후에 요건을 갖추어 본등기를 하게 되면 그 본등기의 순위는 가등기의 순위로 되므로, 결국 가등기를 한 때를 기준으로 하여 그 본등기의 순위가 확정된다는 본등기순위보전의 효력(부등§6②)과, (2) 본등기 이전에 가등기가 불법하게 말소된 경우에 가등기 명의인은 그 회복을 청구할 수 있는 가등기 자체의 효력(청구권보존의 효력)이 있다.

## 가등기가처분(假登記假處分)

가등기를 함에는 당사자간의 협력이 필요한바, 상대방이 가등기신청에 동의하지 않는 경우 법원에 대하여 가등기를 필해야 한다는 취지의 가처분명령을 신청하고, 이 명령에 의거하여 일방적으로 행하는 가등기를 가등기 가처분이라고 한다(부등§37, §38). 가등기하려는 자는 그 부동산의 주소지를 관할하는 지방법원에 이를 신청하고, 매매계약자나 농지매매계약서 등 상대방이 당연히 가등기에 응할 의무가 있다는 것을 소명한 서면 등을 제출하면 보증금의 공탁 등이 필요 없이 가등기를 해야 한다는 가처분명령정본을 교부하여 준다. 그것을 등기소에 제출하면 권리증이나 상대방의 날인 없이도 가등기를 할 수가 있다.

## 예고등기(豫告登記)

등기원인의 무효나 취소로 인한 등기의 말소나 회복의 소송이 제기된 경우(패소한 원고가 재심의 소를 제기한 경우를 포함)에 이를 제3자에게 경고하기 위하여 수소법원이 직권으로 등기소에 촉탁하여 행하여지는 등기이다. 예고등기는 소의 제기가 있었다는 사실을 공시함으로써 제3자에게 경고를 준다는 사실상의 효과를 가질 뿐 물권변동의 효력발생과는 관계없는 특수한 등기이다. 본래 등기의 공신력이 인정되지 아니하는 법제에서 거래의 안전을 보호하기 위하여 인정되는 제도이나, 예고등기로 인하여 등기명의인이 거래상 받는 불이익이 크고 집행방해의 목적으로 소를 제기하여 예고등기가 행하여지는 사례가 있는 등 그 폐해가 크므로 2011.4.12 개정에서 폐지되었다.

## 등기소와 등기관

### 등기기관(登記機關)

등기기관으로서는 등기소가 있고 등기소에는 등기관이 있다.

### 등기소(登記所)

등기사무를 담당하는 국가기관을 말한다. 등기소라는 명칭을 가진 기관만이 등기소는 아니다. 즉 등기사무를 담당하는 국가기관은 법원이며(법조§2③, §36), 법원가운데 지방법원과 동 지원이 등기사무에 관하여는 등기소인 것이다. 한편 지방법원은 관할지역내에 그의 등기사무의 일부를 처리하기 위하여 법원 외에 따로 등기소라는 명칭을 가진 관서를 둘 수 있다(법원조직법§3③). 이 등기소의 설치·폐지 및 관할구역은 대법원규칙으로 정하도록 하고 있다(법원조직법§3③). 각 등기소는 원칙적으로 자기 관할지역내에 소재하는 부동산을 목적으로 하는 권리에 관하여서만 등기사무를 행할 권한을 가진다(부등§7①). 각 등기소의 관할구역은 대체로 행정구역인 시·읍·군을 기준으로 하여 정하여 있다.

### 등기관(登記官)

등기관이란 지방법원과 동 지원 및 등기소에 근무하는 법원서기관·등기사무관·등기주사 또는 등기주사보(법원사무관·법원주사 또는 법원주사보 중 20

01년 12월 31일 이전에 시행한 채용 시험에 합격하여 임용된 사람을 포함한다) 중에서 지방법원장(등기소의 사무를 지원장이 관할하는 경우에는 지원장을 말한다)이 지정한 자로서 등기사무를 처리하는 공무원이다. 등기사무는 그 성질상 공평·엄정하게 처리하여야 하므로 일정한 등기사무소에 관하여는 등기관의 제척에 관한 규정을 두고 있다(부동산등기법§12). 등기관의 고의·과실로 사인에게 손해를 준 경우에 관한 손해배상규정은 없다. 따라서 국가배상법에 따라 국가가 배상책임을 지게되고, 국가는 그 등기관에 대하여 구상권을 가진다(국배§2).

> 등기공무원은 등기신청이 있는 경우 당해 등기원인의 실질적 요건을 심사함이 없이 신청서 및 그 첨부서류와 등기부에 의하여 등기요건의 충족 여부를 형식적으로 심사할 권한만을 가지고 있어서 신청인이 그 확정판결에 기하여 소유권이전등기를 신청하고 있는 경우에는 등기관이 부동산실권리자명의등기에 관한법률 제8조 제2호의 특례에 해당하는지 여부에 관하여 다시 심사를 하여 명의신탁약정 및 그 명의신탁등기의 유·무효를 가리는 것은 등기관의 형식적 심사권의 범위를 넘어서는 것이어서 허용될 수 없다*(대법원 2002. 10. 28. 자 2001마1235)*.

## 등기장부

### 등기부(登記簿)

부동산에 관한 권리관계와 권리객체인 부동산의 상황을 기재하는 공적 장부이다. 구체적으로는 개개의 부동산에 관한 일정양식의 등기용지를 편철한 장부이다. 이것은 등기소에 비치되고 있는데 토지등기부와 건물등기부의 두 가지가 있다(부등§14①). 등기부와 그 부속서류는 사변(事變)을 피하기 위한 경우를 제외하고는 등기소 밖으로의 이동은 금지되고 있으며 영구 보존하도록 되어 있다. 그러나 신청서 기타 부속서류에 대하여 법원의 명령 또는 촉탁이 있는 때에는 그러하지 아니하다. 원래 등기부는 토지·건물에 대한 권리관계를 일반인에게 공시하기 위한 것이기 때문에 누구나 신청하면 등기부 또는 부속서류를 열람할 수 있으며 수수료를 납부하고 등기부의 등본이나 사본의 교부를 청구할 수 있으며 등기부의 부속서류 중 이해관계 있는 부분에 한하여 열람을 청구할 수 있다(부등§19).

### 물적편성주의(物的編成主義)

독 ; System des Realfoliums

등기의 대상인 부동산을 표준으로 하여 등기를 편성하는 주의이다. 즉 등기부를 편성하는 방식으로써 목적부동산인 각각의 토지·건물의 권리관계를 1 등기용지에 사용하여 등기부를 편성하는 방식이다. 이에 대하여 부동산의 소유자인 권리자를 기준으로 하여 1인에 1등기용지를 사용하여 편성하는 방식을 인적편성주의라고 한다. 물적편성주의는 공시방법이 간명하다는 장점이 있지만 특정인이 가지고 있는 부동산의 권리의 총괄조사에는 인적편성주의가 유리하다. 인적편성주의는 프랑스에서 물적편성주의는 독일 등에서 행하여지고 있다. 우리나라의 부동산등기법은 물적편성주의를 취하여 1필의 토지 또는 1동의 건물에 대하여 1등기용지를 사용하도록 하였다(부등§15).

## 인적편성주의(人的偏性主義)

독 ; System des Personalfoliums

→ 물적편성주의

## 등기용지(登記用紙)

등기용지란 하나의 부동산에 대하여 등기내용을 기재하는 용지를 말한다. 2011년 4월 12일 부동산등기법 전부개정 전에 사용되었던 표현이다. 현재에는 등기부 전산화 작업이 완료되어 모든 등기사무가 전산정보처리조직으로 처리되므로 이를 등기사무처리방식의 원칙으로 규정하고 있으며, 종이등기부를 전제로 한 규정 또는 용어(등기용지, 기재, 날인 등)는 전산등기부와 부합하지 아니하므로 모두 삭제되었다.

## 등기번호란(登記番號欄)

등기번호란은 등기가 처음으로 기재되는 차례로서 각 토지나 건물대지의 지번을 기재하는 란이다.

## 표제부(表題部)

표제부는 토지·건물의 표시에 관한 사항이며, 다시 표시란과 표시번호란으로 나누어진다. 표시란에는 부동산의 상황 즉 토지의 소유권·지번·지목·평수 등이나 건물의 소유지·종류·구조·건평 등 및 그 변경사항을 기재하여 목적 부동산의 동일성을 표시하며 표시번호란에는 표시란에 등기한 순서를 기재한다.

## 갑구(甲區)

갑구는 소유자가 누구인가라는 관계사항을 기재하며, 다시 사항란과 순위번호란으로 나누어진다. 사항란에는 소유권에 관한 사항을 기재하고 순위번호란에는 각 사항란의 기재의 순위를 표시하는 번호를 적는다.

## 을구(乙區)

을구는 저당권이라든가 임차권 등 소유권 이외의 권리관계를 각각 기재하며, 다시 사항란과 순위번호란으로 나누어진다. 사항란에는 소유권이외의 권리에 관한 사항을 기재하고 순위번호란에는 그 기재의 순서를 적는다.

## 일필일등기기록주의

(一筆一登記記錄主義)

등기부기재에 있어서 1필의 토지마다

1개의 등기기록을 써서 그 토지에 관한 법률관계를 그 용지에 기재하는 주의이다. 등기를 정확·명료하게 하기 위한 것이다.

## 등기절차

### 등기신청권(登記申請權)

등기관에 대하여 등기를 신청 할 수 있는 권리이다. 등기권리자와 등기의무자는 모두 등기신청권이 있다. 그러나 등기권리자가 단독으로 등기신청을 할 수 있다는 점에서 등기청구권과 구별된다. 또한 등기관이라는 국가기관에 대한 일종의 공법상의 권리인 점에서도 사법상의 권리인 등기청구권과 다르다.

### 등기청구권(登記請求權)

등기권리자가 등기의무자에 대하여 등기의 신청에 노력할 것을 청구하는 권리이다. 등기는 당사자의 공동신청으로 하는 것이 원칙이므로 등기청구권이 없으면 등기제도는 실효를 거둘 수 없게 된다. 등기신청권은 등기관이라는 국가기관에 대하여 등기를 신청하는 공법상의 권리이지만 등기청구권은 사인에 대한 사법상의 권리이다. 등기청구권은 원인행위인 채권행위로부터 발생하므로 채권적 청구권이라는 견해와 물권적 합의에 근거가 있으므로 물권적 청구권이라는 설이 대립한다. 등기청구권은 계약에 입각한 권리변동에 한하지 않으며 진실과 합치되지 않는 등기가 존재하는 모든 경우에 발생하는 것이라고 하여도 좋다. 다만 중간생략등기의 경우는 중간자의 승낙을 얻어야 한다. 또한 임차인의 지위를 강화하기 위하여 부동산임차인은 반대의 약정이 없으면 임대인에 대하여 임대차등기절차에 협력할 것을 청구할 수 있다(민§621①).

## 등기원인(登記原因)

등기를 행할 원인이 되는 사실이다. 창설적 등기의 경우에는 매매나 증여와 같은 계약·소유권의 시효취득 등이 있다. 정정적 등기(訂正的 登記)의 경우에는 등기의 오기·계약의 무효·상속·토지의 멸실 등이 있다. 등기신청 시에는 등기신청서와 더불어 등기원인을 증명하는 정보, 등기원인인에 대하여 제3자의 허가, 동의 또는 승낙이 필요한 경우에는 이를 증명하는 정보, 등기상 이해관계 있는 제3자의 승낙이 필요한 경우에는 이를 증명하는 정보 또는 이에 대항할 수 있는 재판이 있음을 증명하는 정보, 신청인이 법인인 경우에는 그 대표자의 자격을 증명하는 정보, 대리인에 의하여 등기를 신청하는 경우에는 그 권한을 증명하는 정보 등을 등기소에 제공하여야 한다.

## 등기권리자·등기의무자 (登記權利者·登記義務者)

등기절차상 등기를 함으로써 등기부상 종래보다 유리한 지위를 차지하게 되는 자를 등기권리자라고 한다. 예컨대 등기부상 새로운 소유자로 기재되는 자이다. 반대로 등기부상 종래보다 불리한 지위를 차지하게 되는 자를 등기의무자라고 한다. 예컨대 지금까지는 소유자로 기재되어 있었지만 당해등기 이후에는 등기부상 과거의 소유자가 된 자이다. 등기는 법률에 다른 규정이 없는 경우에는 등기권리자(登記權利者)와 등기의무자(登記義務者)가 공동으로 신청한다. 다만 실체법상의 등기권리자나 등기의무자는 절차상의 형식적인 자격 이외에 실체법상의 사권인 등기청구권을 가진 자와 그에 대응하는 의무자이다 이러한 실체법적으로 의미하는 자와 절차법적으로 의미하는 자가 일치하는 때도 있지만 그렇지 않을 경우도 있다. 예를 들어 갑이 부동산을 을에게 매도한 경우 매수인은 매도에 대하여 이전등기를 하라는 등기청구권이 있지만 이 경우에 실체상 또는 절차상 매수인이 등기권리자이고 매도가 등기의무자이다. 그러나 매수인이 이전등기를 하려 하여도 매도가 응하여 주지 않을 경우 매도는 등기절차상으로는 등기의무자이지만 실체법상의 등기청구권의 관계에 있어서는 등기권리자가 된다.

## 등기의무자(登記義務者)

등기는 원칙적으로 등기권리자와 등기의무자의 공동신청에 기하여 행하여지는 바(부동산등기법 28조), 등기절차상의 등기의무자는 등기가 행하여짐으로써 실체적 권리관계에 있어 권리의 상실 또는 기타의 불이익을 받는 자라는 것이 등기부상 형식적으로 표시되는 자를 말한다. 이에 비해 실체법상의 사권인 등기청구권을 가진 자와 그에 대응하는 의무자가 각 실체법상의 등기권리자·등기의무자이다.

## 등기명의인(登記名義人)

토지와 가옥에 관한 권리관계를 표시하는 부동산등기부상에 그 물권의 권리자로서 기재되어 있는 자를 말한다. 그러나 부동산에 대해서는 공신의 원칙이 인정되고 있지 않으므로(공신의 원칙 참조), 부동산실명의인을 신뢰한 제3자가 손해 입을 우려가 있다.

## 주등기(主登記)

갑구·을구의 순위번호란에 독립된 번호를 붙여서 행해진 사항란의 등기이다. 형식에 따른 것으로 부기등기에 대한 것이며 독립등기라고도 한다. 번호는 기존등기의 표시번호나 순위번호에 이뤄지는 등기의 순서에 따라서 붙여진다. 등기는 원칙적으로 이 주등기의 형식으로 행하여진다.

## 부기등기(附記登記)

그 자체로서는 독립된 번호가 없고 기존의주등기의 번호를 그대로 사용하고, 다만 이 주등기번호의 아래에 부기○호라는 번호기재를 붙여서 행하여지는 등기이다(부등§5). 부기등기라는 형식이 인정되는 것은 어떤 등기가 다른 기존의 등기(주등기)의 순위를 그대로 보유케 할 필요가 있는 경우에 대비하기 위하여서이다(예 : 변경등기·경정등기·소유권 이외에 권리의 이전등기 등).

## 등기신청(登記申請)

등기는 당사자의 신청 또는 관공서의 촉탁에 따라 한다. 다만, 법률에 다른 규정이 있는 경우에는 그러하지 아니하다(부등§22). 등기신청은 등기권리자와 등기의무자가 공동으로 하는 것이 원칙이다(부등§23). 다만, 소유권보존등기(所有權保存登記) 또는 소유권보존등기의 말소등기(抹消登記)는 등기명의인으로 될 자 또는 등기명의인이 단독으로 신청한다. 그리고 상속, 법인의 합병, 그 밖에 대법원규칙으로 정하는 포괄승계에 따른 등기는 등기권리자가 단독으로 신청하며, 판결에 의한 등기도 승소한 등기권리자 또는 등기의무자가 단독으로 신청한다. 부동산표시의 변경이나 경정(更正)의 등기 역시 소유권의 등기명의인이 단독으로 신청한다. 또한 등기명의인표시의 변경이나 경정의 등기는 해당 권리의 등기명의인이 단독으로 신청한다. 등기신청은 대리인에 의해서도 가능하다(§24). 등기신청에 필요한 서면으로는 (1) 등기신청서, (2) 등기원인을 증명하는 정보, (3) 등기원인에 대하여 제3자의 허가, 동의 또는 승낙이 필요한 경우에는 이를 증명하는 정보, (4) 등기상 이해관계 있는 제3자의 승낙이 필요한 경우에는 이를 증명하는 정보 또는 이에 대항할 수 있는 재판이 있음을 증명하는 정보 (5) 신청인이 법인인 경우에는 그 대표자의 자격을 증명하는 정보 (6) 대리인에 의하여 등기를 신청하는 경우에는 그 권한을 증명하는 정보. (7) 등기권리자(새로 등기명의인이 되는 경우로 한정한다)의 주소(또는 사무소 소재지) 및 주민등록번호(또는 부동산등기용등록번호)를 증명하는 정보(다만, 소유권이전등기를 신청하는 경우에는 등기의무자의 주소(또는 사무소 소재지)를 증명하는 정보도 제공하여야 한다), (8) 소유권이전등기를 신청하는 경우에는 토지대장·임야대장·건축물대장 정보나 그 밖에 부동산의 표시를 증명하는 정보 등이 있다(부등규§46).

## 신청주의(申請主義)

원칙적으로 등기는 당사자의 신청에 의하여 행하여진다는 것(부동산등기법 23조1항)을 말한다. 또 등기신청은 공동신청의 원칙, 즉 등기권리자와 등기의무자 또는 대리인이 등기소에 출석하여 이를 신청할 수도 있고 대법원규칙으로 정하는 바에 따라 전산정보처리조직을 이용하여 신청정보 및 첨부정보를 보내는 방법(법원행정처장이 지정하는 등기유형으로 한정한다)으로도 신청할 수 있다(부동산등기법 제24조). 한편, 공동신청에 의하지 않더라도 등기의 진정을 보장할 수 있는 사정이 있거나, 등기의 성질상 등기의무자가 없을 경우에는 등기권리자나 등기명의인의 단독신청이 인정된다. 즉, (1)소유권보존등기(所有權保存登記) 또는 소유권보존등기의 말소등기(抹消登記), (2)상속, 법인의 합병, 그 밖에 대법원규칙으로 정하는 포괄승계에 따른 등기, (3) 판결에 의한 등기, (4)부동산표시의 변경이나 경정(更正)의 등기, (4) 등기명의인표시의 변경이나 경정의 등기 등은 단독으로 신청한다(부동산등기법 제23조). 한편, 등기원인이 발생한 후에 등기권리자 또는 등기의무자에 대하여 상속이나 그 밖의 포괄승계가 있는 경우에는 상속인이나 그 밖의 포괄승계인이 그 등기를 신청할 수 있으며(부동산등기법 제27조), 채권자는 민법 제404조에 따라 채무자를 대위하여 등기를 신청할 수 있다(부동산등기법 제28조).

## 등기신청서(登記申請書)

등기신청시 일정한 사항을 기재하고 신청인이 기명·날인하여 제출하는 서류를 등기신청서라 한다. 소유권등기명의인이 등기의무자로서 등기를 신청할 때에는 인감증명서를 제출하여야 한다.

## 등기필증(登記畢證)

등기소에서 교부하는 등기완료의 증명서이다. 즉 등기가 완료되었을 때 등기소에서 등기신청시 제출한 등기원인을 증명하는 서면이나 신청서의 부본에 신청서의 접수연월일, 접수번호, 순위번호와 등기필의 뜻을 기재한 뒤 등기소인을 찍어 이를 등기권리자에게 교부하여야 한다. 등기필증이 있으면 권리자로 추정되므로 권리증이라고도 한다. 단순한 증명서에 지나지 않으나 실제상으로는 등기필증에 등기의 위임장을 첨부하여 부동산의 매매·담보 등이 행해지는 일이 많다. 그리고 다음번 등기를 신청할 때에는 이를 제출하여야 한다.

## 보증서(保證書)

등기필증을 멸실·분실하였을 때 등기의무자가 본인임을 보증하는 서면이다. 그 등기소에서 등기의무자 또는 그 법정대리인이 보증인이 되어 본인임을 보증하는 서면 2통에 신청서를 첨부하여 등기소에 제출하면, 이 보증서로써 등기필증을 가름하게 된다. 등기필증을 대신하는 보증서로 행한 등기신청이 소유권에 관한 것일 때에는 신청서를 제출하면 등기소로부터 등기신청에 착오가 없다는 내용의 회신이 있은 이후에 등기신청은 접수되고 등기를 한다.

## 실질적 심사주의(實質的 審査主義)

독 ; materillees Legalitätsprinzip

사실의 실체 이른바 권리의 실체관계까지 심사하는 주의를 실질적 심사주의라고 한다.→ 형식적 심사주의

## 형식적 심사주의(形式的 審査主義)

독 ; formelles Legalitä tsprinzip

광의(廣義)로는 법률의 절차에 있어서 형식요건만을 조사하여 판단하는 주의를 말한다. 실질적 심사주의에 대한다. 특히 증거신청에 있어서 등기법령이 정하는 형식적 요건을 구비하고 있는가의 여부에 대해서만 심사할 권한을 등기관에게 부여하고 실체법상의 권리관계와 일치하는지의 여부에 대한 심사권한은 부여하지 않는 주의를 말한다. 우리나라 부동산등기법은 형식적 심사주의를 채택하여 등기의 신청을 각하할 수 있는 경우를 한정적으로 규제하고 있다(부등§29).

## 중간생략등기(中間省略登記)

부동산물권이 최초의 양도인으로부터 중간취득자에게, 중간취득자로부터 최종취득자에게 전전이전(轉轉移轉)되어야 할 경우에 그 중간취득자의 등기(중간등기)를 생략하여 최초의 양도인이 직접 최후의 취득자에게 등기하는 것을 말하다. 등기관도 형식적인 심사권한 밖에 없으므로 이러한 등기도 그대로 등기가 된다. 이는 등록세 기타의 세(貰)부담을 경감하고 그 밖의 절차와 비용을 절약하기 위한 편법으로 구민법시대로부터 널리 관행적으로 행하여지고 있다. 중간생략등기의 효력에 대하여 유효설과 무효설이 대립하는데 유효설이 다수설이다.

> 최종 양수인이 중간생략등기의 합의를 이유로 최초 양도인에게 직접 중간생략등기를 청구하기 위하여는 관계 당사자 전원의 의사합치가 필요하지만, 당사자 사이에 적법한 원인행위가 성립되어 일단 중간생략등기가 이루어진 이상 중간생략등기에 관한 합의가 없었다는 이유만으로는 중간생략등기가 무효라고 할 수는 없다*(대법원 2005. 9. 29. 선고 2003다40651)*.

## 입목등기(立木登記)

소유권보존등기를 받을 수 있는 수목의 집단은 시·군에 비치되는 입목등기원부에 등록된 것에 한한다(입목§8 ~

§11). 또한 그 소유권양도나 저당권설정에 관하여는 입목등기부에의 등기에 의하여 공시된다(입목에관한법률§2, §3②). 소유권보존등기는 입목이 부착된 토지의 소유자 또는 지상권자로서 등기기록에 등기된 자, 위에 해당하는 자의 증명서에 의하여 자기의 소유권을 증명하는 자, 판결에 의하여 자기의 소유권을 증명하는 자가 신청할 수 있다(입목§16). 한편, 소유권보존의 등기를 신청하는 경우에 그 보존등기에 관하여 토지의 등기기록상 이해관계 있는 제3자가 있을 때에는 제3자의 승낙이 있어야 한다(입목§17). 입목등기부는 물적 편성주의에 따라 편철된다(입목§13).

## 공동담보목록(共同擔保目錄)

공동담보의 등기신청서에 첨부되는 담보목적물을 표시한 목록이다. 공동담보의 목적부동산이 5개 이상인 때에 저당권설정신청서에 이것을 첨부하도록 한다(부등§78). 이는 각 부동산의 등기에 관하여 공동담보로 되어 있는 다른 부동산을 표시하는 불편을 피하기 위하여 설정된 제도이다. 공동담보목록은 등기부의 일부로 본다(부등§78).

## 건물등기(建物登記)

건물등기부에 대한 일정한 권리관계를 기재하는 일을 말한다. 민법상 건물은 토지의 정착물로서 토지와는 별개의 독립한 부동산으로 취급되며(민법 99조1항), 토지등기부와는 별도로 건물등기부가 있다(부동산등기법 14조1항). 건물을 등기하려고 하면 건물이라고 볼 수 있는 정도의 실체가 있어야 한다. 짓고 있는 건물이 언제 독립한 부동산이 되느냐 또는 헐고 있는 건물이 언제부터 건물이 아닌 것이 되느냐는 양도와 관련하여 중요한 문제이다. 이에 대하여 일정한 표준은 없고 사회통념 내지 거래관념에 의하여 결정하여야 한다. 건물은 1동의 건물을 1개의 물건으로 취급하는 것이 원칙이고, 부동산등기법상으로도 1동의 건물에 대하여 1개의 등기기록을 사용하게 되어있다(부동산등기법 15조). 그러나 예외적으로 수인이 1동의 건물을 소유할 것을 내용으로 하는 구분소유를 인정하고 있다(민법 215조). 1동의 건물을 수인이 구분하여 소유하는 경우에는 각 부분의 등기를 할 수 있고, 그 경우에 구분건물의 소유자는 1동에 속하는 다른 구분건물의 소유자를 대위하여 그 건물의 표시에 관한 등기를 신청할 수 있다(부동산등기법 46조).

## 보존등기(保存登記)

물권취득자가 자기의 권리를 보존하기 위하여 하는 등기로, 등기관이 미등기부동산에 대하여 법원의 촉탁에 따라 소유권의 처분제한의 등기를 할 때에는 직권으로 소유권보존등기를 하고, 처분제한의 등기를 명하는 법원의 재판에 따라 소유권의 등기를 한다는 뜻을 기록한다(부등§66). 이것은 권리의 설정·이전 이외의 방법으로 이미 취득한 소유권에 대하여 처음으로 행하여지는 등기이다. 보존등기는 우선 그 부동산에 관하여 등기용지를 설치하여 협상을 공시하고 그 후의 등기의 기초로 하는 것으로서 소유자가 단독으로 신청하는 것이 원칙이다. 취득시효에 의한 소유권취득은 권리의 성질도 이전도 아니므로 그 소유권취득등기는 성질상 권리보존을 위한 등기이지만 형식상 이전등기가 행하여진다. 그리고 보존등기의 신청서에는 등기원인을 적을 필요가 없으므로(§64), 신축·매립 등과 같은 권리취득의 원인은 공시되지 않는다.

## 이전등기(移轉登記)

매매·증여 등의 법률행위나 또는 상속과 같은 사실에 의하여 생기는 권리의 이전에 관한 등기를 말한다. 그러나 가장행위에 의하여 타인에게 권리이전의 등기를 한 자가 자기의 등기명의의 회복을 꾀하는 경우나, 취득시효로 인한 취득과 같이 이론상은 권리의 이전이 없는데도 절차상은 이전등기를 할 수 있는 경우가 있다. 또 토지수용에 의한 권리취득은 이전등기에 의할 것이고 하고 있다. 이전등기는 이른바 권리변동의 등기이며, 등기의 내용에 의한 분류상으로는 기입등기에 속한다.

## 독립등기(독立登記)

절차상 기존의 등기와 독립하여서 행하여지는 등기를 말한다. 표시란에 등기할 때는 표시부번호란에, 갑구나 을구에 등기할 때는 순위번호란에, 각각 기존의 등기의 표시번호나 순위번호에 이어지는 독립한 번호를 붙여 행하는 등기이다. 이를 신등기라고도 하며, 등기는 원칙적으로 독립등기의 형식으로 행하여진다. 독립등기에 부기등기가 행하여진다. 독립등기에 부기등기가 행하여지면 독립등기를 주등기라고도 한다.

## 경정등기(更正登記)

당초의 등기절차에 있어서 신청인이나 등기관은 착오 또는 유누(遺漏)가 있어서 원시적으로 등기와 실질관계와의 사이에 불일치가 생긴 경우에 이를 시정하기 위하여 하는 등기이다(부등§32).

## 변경등기(變更登記)

등기가 행하여진 후에 후발적으로 등기사항에 변경이 생긴 경우에 기존등기내용의 일부를 변경하는 등기이다(부등§35). 종국등기의 일종이다. 즉 등기의 기재내용과 부동산실체관계가 불일치하게 되는 경우에 기재와 실체가 합치되도록 변경보정 하는 등기를 말한다. 예를 들면 토지의 분필·합필 혹은 건물의 분할·구분 그리고 부동산의 합병 등의 등기는 사실의 등기로서의 변경등기이며, 저당권 이율변경을 위한 등기 등은 권리의 등기로서의 변경등기이다. 경정등기와 변경등기로서의 변경등기이다. 경정등기와 변경등기를 합하여 광의(廣義)의 변경등기라고 하는데 대비하여 협의(狹義)의 변경등기라고 한다.

## 분필등기(分筆登記)

토지등기부상 1필로 등기되고 있는 토지를 2필 이상의 토지로 분할하는 것이다. 예를 들면 토지의 일부를 타인에게 매도하거나 1필의 토지를 상속인의 수에 따라 분할하기 위해서는 분필을 하여야 한다. 분필등기의 신청은 소유자가 행하는 것이 원칙이다. 분필을 하려는 자는 분필후의 토적측량도를 첨부하여 신청하여야 하다. 즉○○○구 ○○동 ○○번지의 토지를 셋으로 분할한다면 ○번지의 1, ○번지의 2, ○번지의 3이라는 토번(土番)의 토지가 각각 1필의 토지로서 독립하여 등기부에 기재되고 각 등기용지의 표시란에 어느 토지에서 분할하여 이전하였는가 하는 것이 기재된다.

## 합필등기(合筆登記)

토지등기부상 독립된 토지로서 등기되고 있는 수필의 토지를 합필하여 1필의 토지로서 등기하는 것이다. 소유자가 신청하는 것이 원칙이다. 그러나 다음의 경우와 같이 地目(지목)이 틀리는 토지는 합필할 수 없다. (1) 당해토지에 저당권 등을 설정하였거나, (2) 문자가 틀리거나 (3) 한편의 토지가 미등기이거나 (4) 각 토지가 접속하지 않았거나 (5) 한편의 토지가 택지이고 다른 한편이 농지의 경우 등이다. 갑·을·병 소유의 토지를 갑에게 합필하려면 을과 병토지의 등기용지는 폐쇄되고, 갑토지는 을·병의 부분만큼 그 지적이 증가하고, 갑의 토지등기부에 ○년 ○월 ○일 을·병의 토지를 합필하였다는 내용이 개재된다.

## 합병등기(合併登記)

한 개의 토지 또는 건물의 일부를 분할하여 다른 토지나 건물에 합병하는 것이다. 즉 분필과 합필이 결합하여 행해지는 등기이다. 이러한 합병등기는 동일한 소유자에게 속하는 토지나 건물에 대하여서만 인정되고 있다. 토지에 대하여는 甲地에서는 분할에 의한 변경등기를 乙地에서는 합병에 의한 변경등기를 할뿐이며, 새로운 등기용지의 개설이나 그 등기용지를 폐쇄하지 않는다. 건물의 경우는 甲건물의 등기용지는 폐쇄되고 乙건물에는 합병으로 인한 변경등기를 한다.

## 구분등기(區分登記)

1동의 건물에 독립하여 부동산이 될 수 있는 부분이 여러 개가 있는 경우 그 각 부분을 양도하거나 그 일부분만을 임대를 할 경우, 이에 대응한 소유권이전등기나 임대권의 설정등기를 하기 위하여는 그 1동의 건물을 수개의 건물로 하는 등기 즉 각 부분을 1개의 건물로 하는 등기를 하여야 한다. 이 등기를 구분등기라고 한다. 건물소유자의 신청에 의하여 행하여지며, 그 신청서에는 구분하기 전의 건물·구분한 건물을 표시하고, 구분후의 각건물의 도면 및 가층의 평면도를 첨부하여야 한다.

### 말소등기(抹消登記)

기존의 등기의 전부를 말소하는 등기를 말한다. 즉 등기에 대응하는 실체관계가 없는 경우에 그 등기를 법률적으로 소멸시킬 목적으로 행하여지는 등기이다. 따라서 변제나 저당권말소 등과 같이 유효하게 등기된 권리가 후에 소멸한 경우나 목적부동산의 원시적 부존재 등과 같이 처음부터 부적법한 등기는 말소등기를 하여 기존의 등기를 전부 소멸시켜야 한다. 이 점이 어떤 내용을 존속시키면서 일부만을 보정하는 변경등기와 구별된다. 말소등기는 단지 등기면의 기재사항을 실선으로 주말(朱抹)하는 것뿐만이 아니라 적극적으로 「○월 ○일 제○번의 등기말소」라는 내용을 새로이 기입하여야 한다. 말소등기 뿐 아니라 변경·경정·멸실등기에도 주말을 하게 된다.

### 회복등기(回復登記)

기존의 등기가 부당하게 소멸된 경우에 이를 부활·재현하는 등기를 말한다. 등기를 실체관계에 합치하게 하기 위하여 행하여지는 것으로 종국등기의 일종이다. 회복등기는 구등기의 소멸원인이 무엇이냐에 따라서 (1) 멸실회복등기와 (2) 말소회복등기가 있다.

### 멸실회복등기(滅失回復登記)

등기부의 전부 또는 일부가 멸실한 경우에 그로 인하여 소멸된 등기의 회복을 목적으로 하는 등기로서 회복등기의 일종이다.

### 말소회복등기(抹消回復登記)

구등기의 전부 또는 일부가 부적법하게 말소된 경우에 그 말소된 등기의 회복을 목적으로 하는 등기로서 회복등기의 일종이다. 예컨대 저당권소멸의 원인이 없음에도 불구하고 부적법하게 저당권말소등기가 있는 때에 행하여지는 등기이다.

### 등기말소(登記抹消)

부동산물권변동의 원인인 매매·상속·취득시효 같은 법률관계에 의하여 등기원인이 소멸한 경우에 말소의 등기를 함으로써 등기를 말소하는 것이다.
→ 말소등기 참조

### 멸실등기(滅失登記)

부동산이 멸실된 경우에 행하여지는 등기이다. 멸실등기는 사실의 등기이지만 부동산이 멸실된 경우에는 부동산의 권리도 소멸한다. 즉 토지가 함몰하여 없어지거나 건물이 소실·파괴되어 한 개의 부동산 전체가 멸실하였을 경우에는 그 멸실을 등기하고 당해 등기용지를 폐쇄하는 것이다. 그러나 토지나 건물의 일부가 멸실한 때에는 면적이나 건물표시의 변경등기가 행하여질 뿐이고 멸실등기를 하는 것은 아니다. 멸실등기자의 신청이 있을 때에는 등기소는 그 등기용지의 표시란에 멸실의 원인을 기재하고 기타 기재내용을

朱抹(주말)하여 그 등기용지를 폐쇄한다. 또한 등기를 필한 토지가 하천부지가 된 경우에는 당해 관청으로부터의 촉탁에 의하여 하천부지가 되었다는 내용을 기재한다.

## 상속등기(相續登記)

소유권·지상권 등 부동산등기에 의하여 공시되는 권리가 상속으로 인하여 피상속인으로부터 상속인으로 이전하였다는 것을 나타내는 등기이다. 상속의 경우에는 직전의 권리자(피상속인)가 이미 사망하였거나, 비록 생존하고 있다 하더라도 가족관계등록부 등에 의하여 상속사실을 증명하는 것은 쉬운 일이다. 그러므로 상속에 의한 등기는 가족관계등록부등 상속을 증명하는 시·구·읍·면의 장의 서면 또는 이를 증명함에 족한 서면을 첨부하고, 등기권리자인 상속인이 신청하면 된다. 그러나 상속인이 수인이 있는 경우에는 우선 전원공유의 상속등기를 하고, 후에 유사분할절차의 결과에 따라 그 부동산을 취득하기로 결정된 특정의 상속인만의 소유로 하기 위한 등기를 하는 것이 원칙이다. 그런데 유산분할이 끝날 때까지 피상속인의 명의로 그냥 둔 채 상속인 전원의 공동상속등기를 생략하고 유산분할의 결과에 따라서 결정된 특정한 상속인의 명의로 상속등기를 직접 하기도 한다.

## 등기세(登記稅)

재산권 기타 권리의 취득·이전·변경·말소에 관한 사항의 등기를 신청하는 경우에 원칙으로 지방세법에 의한 등기세의 납부를 필요로 한다. 그 과세기준은 대개 그 토지나 건물의 재산세평가액에 근거를 두고 있다. 등기세는 대통령령이 정하는 바에 의하여 현금으로 납부하고 영수증서를 신청서에 첨부하여야 한다.

■ 편 저 대한법률콘텐츠연구회 ■

(연구회 발행도서)

· 민법 지식정보법전
· 형법·형소법 지식사전
· 헌법 지식사전
· 민사집행 지식정보법전
· 민사소송 지식정보법전
· 법률용어사전
· 2023년 판례와 같이보는 소법전
· 노동관계법 지식사전

2024 법률과 용어·판례를 같이보는

**민법 법령·판례·용어 사전**

2024년 01월 05일 인쇄
2024년 01월 10일 발행

편 저 대한법률콘텐츠연구회
발행인 김현호
발행처 법문북스
공급처 법률미디어

주소 서울 구로구 경인로 54길4(구로동 636-62 )
전화 02)2636-2911~2, 팩스 02)2636-3012
홈페이지 www.lawb.co.kr

등록일자 1979년 8월 27일
등록번호 제5-22호

ISBN 979-11-93350-11-9 (93360)

정가 38,000원

▌역자와의 협약으로 인지는 생략합니다.
▌파본은 교환해 드립니다.
▌이 책의 내용을 무단으로 전재 또는 복제할 경우 저작권법 제136조에 의해 5년 이하의 징역 또는 5,000만원 이하의 벌금에 처하거나 이를 병과할 수 있습니다.

법률서적 명리학서적 외국어서적 서예·한방서적 등

최고의 인터넷 서점으로

각종 명품서적만을 제공합니다

**각종 명품서적과 신간서적도 보시고**

**법률 · 한방 · 서예 등 정보도**

**얻으실 수 있는**

핵심법률서적 종합 사이트

www.lawb.co.kr

(모든 신간서적 특별공급)

대표전화 (02) 2636 - 2911